Angelika Henschel · Rolf Krüger · Christof Schmitt
Waldemar Stange (Hrsg.)

Jugendhilfe und Schule

Angelika Henschel
Rolf Krüger
Christof Schmitt
Waldemar Stange (Hrsg.)

Jugendhilfe und Schule

Handbuch für eine gelingende Kooperation

VS VERLAG FÜR SOZIALWISSENSCHAFTEN

Bibliografische Information Der Deutschen Nationalbibliothek
Die Deutsche Nationalbibliothek verzeichnet diese Publikation in der Deutschen Nationalbibliografie; detaillierte bibliografische Daten sind im Internet über <http://dnb.d-nb.de> abrufbar.

1. Auflage 2008

Lektorat: Stefanie Laux

Der VS Verlag für Sozialwissenschaften ist ein Unternehmen von Springer Science+Business Media.
www.vs-verlag.de

Umschlaggestaltung: KünkelLopka Medienentwicklung, Heidelberg
Druck und buchbinderische Verarbeitung: Krips b.v., Meppel
Gedruckt auf säurefreiem und chlorfrei gebleichtem Papier
Printed in the Netherlands

ISBN 978-3-531-15289-9

Inhalt

III. Best Practice

Vorwort

Ausgangspunkt für die Vorlage dieses Buches bildet das im Jahr 2000 vom Land Niedersachsen aufgelegte Präventions- und Integrationsprogramm (PRINT), das unter anderem dazu diente, abweichendem Verhalten von Mädchen und Jungen durch eine verbesserte Kooperation von Schule und Jugendhilfe entgegenzuwirken. Das Forschungs- und Entwicklungsteam NetzwerG der Leuphana Universität Lüneburg wurde im Rahmen des Programms beauftragt, für den Zeitraum von 2000 - 2006 ein Weiterbildungscurriculum zu entwickeln und Fortbildungen durchzuführen, die sich an Lehrkräfte und in der Sozialen Arbeit Tätige richtete (vgl. hierzu Stange: „Weiterbildung als strategischer Ansatz zur Verbesserung der Kooperation von Schule und Jugendhilfe: gemeinsame Qualifizierung von Fachkräften aus Schule und Jugendhilfe in Tandemkursen" in diesem Buch). Die einjährigen Weiterbildungen verfolgten das Ziel, Nöten von Mädchen und Jungen in der Schule und Jugendhilfe mit Präventions- und Integrationsangeboten zu begegnen. Durch Vernetzung und Zusammenarbeit der beiden Kooperationspartner sollten insbesondere diejenigen Jugendlichen Unterstützung und Förderung erfahren, die sozial ausgegrenzt und bildungsbenachteiligt sind.

Die im Rahmen der Fortbildungen bearbeiteten Themen sowie die in Fachtagungen behandelten Fragestellungen, die mit einer verbesserten Kooperation von Schule und Jugendhilfe einhergehen können, möchten wir durch dieses Handbuch einer breiteren Öffentlichkeit zugänglich machen. Da die Forderung nach einer verbesserten Zusammenarbeit zwischen Schule und Jugendhilfe nicht neu ist, beide Systeme sich in ihrer Kooperation im praktischen Alltag mitunter jedoch mit vielfältigen Schwierigkeiten, die unter anderem historisch und strukturell bedingt sind, konfrontiert sehen, möchten wir versuchen, durch dieses Buch Anregungen für eine gelingende Zusammenarbeit zu geben.

Im *Grundlagenteil A* werden aus Sicht der Sozialisationsinstanzen Jugendhilfe und Schule aktuelle Erkenntnisse sowie Ergebnisse von Studien vorgestellt, die verdeutlichen, dass beide Institutionen angesichts neuerer gesellschaftlicher Entwicklungen und Problemlagen von Mädchen und Jungen ihre Konzepte, Organisationsstrukturen und ihren Bildungsbegriff kritisch hinterfragen müssen, wenn sie denjenigen Jugendlichen, die zu den Bildungsverlierern gehören, angemessene gesellschaftliche Teilhabe ermöglichen wollen. Da die Zusammenarbeit der beiden Institutionen durch unterschiedliche Strukturvorgaben erschwert wird, ist es notwendig, sich mit diesen Strukturbedingungen auseinanderzusetzen, wenn Kooperation gelingen soll, weshalb auch in diesem Teil des Buches auf die jeweiligen Rahmenbedingungen eingegangen wird.

Aktuelle Probleme, mit denen Jugendhilfe und Schule konfrontiert sind, können durch die Kooperation der Sozialisationsinstanzen besser bewältigt werden, wie die Aufsätze im Kapitel B – *Ausgewählte Problemstellungen* – zeigen. Die Berücksichtigung der Lebenslagen beider Geschlechter, deren angemessene Unterstützung und Förderung durch Jugendhilfe und Schule sowie die Auswirkungen von Kinderarmut und deren Folgen werden unter anderem in diesem Kapitel thematisiert. Aber auch die Zunahme abweichenden Verhaltens bei Jugendlichen, das sich in Gewalt, im Rechtsradikalismus oder in der Schuldistanzierung Ausdruck verschaffen kann, bleibt eine Herausforderung für Pädagogen und Pädagoginnen, der ebenfalls durch vernetztes Handeln besser begegnet werden kann.

Wie sich die Kooperation von Schule und Jugendhilfe trotz der unterschiedlichen strukturellen Bedingungen konstruktiv gestalten kann, wird anhand von Beispielen im Kapitel C – *Praxis gestalten* – gezeigt. Rechtliche Fragestellungen einerseits, wie auch Formen und Ansätze von gelungener Kooperation andererseits, werden hier vorgestellt, wobei auch ein Blick in andere Bundesländer bzw. ins Ausland als Anregung für eigenes Handeln dienen kann. Da dieses Handbuch nicht nur die aktuellen theoretischen Diskussionen um die Kooperation von Schule und Jugendhilfe aufzeigen möchte, sondern auch Anwendungsbeispiele für die Praxis zur Verfügung stellen will, werden darüber hinaus konkrete und gelungene Kooperationsmodelle mit ihren Konzepten im Kapitel *Best Practice* vorgestellt.

Bildung und Erziehung vollziehen sich für Kinder und Jugendliche auf vielfältige Weise und in unterschiedlichen Sozialisationsinstanzen. Neben der Familie kommt deshalb auch den Institutionen Schule und Jugendhilfe besondere Bedeutung bei der Entwicklung, Unterstützung und Förderung von Mädchen und Jungen zu. Die Komplexität der heutigen Wissensgesellschaft, die unter anderem durch eine Pluralisierung der Lebensstile und eine stärkere Individualisierung gekennzeichnet ist sowie die Zunahme von Kinderarmut mit ihren spezifischen problematischen Folgen verzeichnet, machen Bildung und Erziehung zu einer zentralen gesellschaftlichen Herausforderung. Um Bildungsbenachteiligungen entgegenzuwirken, die sich in Deutschland vor allem aus dem Herkunftsmilieu ergeben, wie die PISA-Studien verdeutlichen, bedürfen vor allem diejenigen Kinder und Jugendlichen der Unterstützung durch Schule und Jugendhilfe, die sich als gesellschaftlich Benachteiligte oder Ausgegrenzte erfahren. Damit auch sie die Chance erhalten zu lernen, sich Wissen kritisch auszuwählen und anzueignen sowie selbstbestimmt und handlungsfähig nicht nur zukünftigen Qualifikationsanforderungen zu entsprechen, sondern neben der Weltaneignung auch Persönlichkeitsbildung zu erfahren, bedarf es einer verbesserten Kooperation von Schule und Jugendhilfe. Hierzu gehört auch, ein umfassenderes Bildungsverständnis zu entwickeln, das eben mehr als Wissensvermittlung meint und nicht nur auf Schule beschränkt ist.

Eine gezielte Zusammenarbeit von Schule und Jugendhilfe, die unter Einbezug des jeweiligen Umfelds, der Lebenslagen und unterschiedlichen Lernbedingungen von Mädchen und Jungen erfolgt, kann präventiv und integrativ wirken und somit Exklusionsprozessen vorbeugen bzw. diese verhindern. Sie trägt zur Kompetenzentwicklung und Persönlichkeitsbildung der Jugendlichen bei und schafft neue Lern- und Erfahrungsräume. Dabei ist es notwendig, dass sich Schule für das Gemeinwesen öffnet und sich beide Bildungsinstitutionen aufeinander zu bewegen, sich strukturell und sachlich aufeinander beziehen sowie ihre jeweiligen Kompetenzen und Grenzen in der Zusammenarbeit erkennen, akzeptieren und respektieren. Die Bildungsteilhabe und damit auch die gesellschaftliche Partizipation der nachwachsenden Generation ließe sich eher gewährleisten, wenn es gelänge, Schulentwicklungs- und Jugendhilfeplanung systematischer miteinander zu verzahnen. Ein neues Gesamtsystem, das sicherlich auch durch die Einrichtung der Ganztagsschulen befördert wird, welches Bildung, Erziehung und Betreuung miteinander verzahnt und somit der künstlichen Trennung der Lernorte entgegenwirkt, wird die zukünftige Herausforderung für die Sozial- und Bildungspolitik sein. Wir hoffen, mit dem vorliegenden Buch Anregungen geben zu können, diesen Prozess der Kooperation zu befördern.

Angelika Henschel, Rolf Krüger, Christof Schmitt und Waldemar Stange

Rolf Krüger / Waldemar Stange

Kooperation von Schule und Jugendhilfe: die Gesamtstruktur

1 Einleitung

Über das Feld der Kooperation von Schule und Jugendhilfe im Allgemeinen und die Schulsozialarbeit im Besonderen ist ausgiebig geschrieben worden. Dennoch herrscht bezüglich der strukturellen Einordnung des Themas ein ungewöhnliches Durcheinander. Das mag der Tatsache geschuldet sein, dass hier zwei Systeme – trotz gemeinsamer Wurzeln, aber doch mit sehr unterschiedlicher Geschichte und divergierenden Rechtsgrundlagen – aufeinandertreffen. Diese Verwirrung ist nicht gerechtfertigt, weil die logische Gesamtstruktur eher einfacherer Art ist. Um diesen Knoten gleich von vornherein aufzulösen und die zahlreichen Beiträge dieses Handbuches angemessen einordnen zu können, wird im Folgenden – in der gebotenen Kürze – der Rahmen skizziert, in dem sich das Handbuch bewegt.

2 Kooperationsstruktur

Um das Gesamtsystem zu verstehen, ist es wichtig, nicht vom Begriff der *Schulsozialarbeit*, sondern vom Begriff der *Kooperation* auszugehen. Wer kooperiert hier mit wem und warum zu welchen Themen?

Es gibt mittlerweile eine kaum noch zu überschauende Flut an Stellungnahmen zur Notwendigkeit einer breiteren Zusammenarbeit von Jugendhilfe und Schule (u.a. Deutsches Jugendinstitut, Deutsche Bundesarbeitsgemeinschaft Jugendsozialarbeit – Jugendaufbauwerk [BAG JAW], Kultusministerkonferenz [KMK] und Arbeitsgemeinschaft für Jugendhilfe [AGJ], Deutscher Verein für öffentliche und private Fürsorge, Jugendministerkonferenz, Arbeitsgemeinschaft der Obersten Landesjugendbehörden, Arbeitsgemeinschaft für Erziehungshilfe, Deutscher Bundesjugendring, Bundesarbeitsgemeinschaft der Landesjugendämter).

Alle Stellungnahmen konvergieren in dem Punkt, dass es bei der gemeinten Kooperation zunächst einmal um die Zusammenarbeit zweier prinzipiell *selbständiger* Institutionen in einer breiten Palette von Aufgabenfeldern geht, von denen die *Schulsozialarbeit* nur eine der existierenden Unterformen ist. *Schulsozialarbeit* darf also keineswegs gleichgesetzt werden mit der Kooperation als ganzer. Sie ist lediglich eine spezifische Form der Zusammenarbeit von Schule und Jugendhilfe, gleichzeitig aber auch ein Handlungsfeld der Jugendhilfe (siehe dazu die Grafik im Abschnitt 3).

Die Kultusministerkonferenz (KMK) und die Arbeitsgemeinschaft für Jugendhilfe (AGJ) bündeln in ähnlicher Weise „*Aufgabenbereiche der Zusammenarbeit*" (zu 1-5: vgl. Zusammenarbeit von Schule und Jugendhilfe 2004: 1136 ff.):

1. Tageseinrichtungen für Kinder und Schule
Die Zusammenarbeit von Kindergarten und Grundschule (insb. für die Schulanfänger und Schulanfängerinnen: Übergang in die Institution Schule) und Betreuung der Schulkinder in Tageseinrichtungen usw. sind seit Langem ein wichtiger Kooperationsbereich.

2. Freizeit und interessengebundene Angebote (schulbezogene Angebote der Jugendarbeit)
Es gibt viele Möglichkeiten der Kooperation der Schule mit der außerschulischen Jugendarbeit, z.B. die Entwicklung von gemeinsamen Förderangeboten auch außerhalb des Unterrichtes – zumal hier eine breite Nutzung der oft viel sinnlicheren, bunteren und offeneren Methoden, die für den Bereich außerschulischer Bildung und Erziehung charakteristisch sind, neue Chancen eröffnet: Die Schule könnte hierbei ohne festgelegte Zeitstrukturierungen und Rollenfestlegungen, ohne Leistungsbewertung und auf der Basis von Freiwilligkeit neue Arbeitsansätze – „wie Projektunterricht, Arbeitsgemeinschaften, über den Unterricht hinausgehende Entfaltung schulischen Lebens, Kontaktaufnahmen zu relevanten Bereichen im Gemeinwesen, Aufsuchen außerschulischer Lernorte, Öffnung von Schule für außerschulische Veranstaltungen" (ebd.: 1136) vorantreiben. Von der Jugendhilfe her könnten solche Aktivitäten als Unterstützung der Bemühungen um die in SGBVIII § 1 (4) geforderte Schaffung kinder- und familienfreundlicher Lebensbedingungen interpretiert werden.

3. Übergang von Schule in Ausbildung
Die Vorbereitung junger Menschen auf eine Berufsausbildung und den Eintritt in das Erwerbsleben sind zentrale Aufgaben der Schule (Intensivierung der Zusammenarbeit zwischen Schule, Arbeitsverwaltung, Wirtschaft, Kinder- und Jugendhilfe). Die schulbezogene Jugendsozialarbeit kann diese Vorbereitung auf die berufliche Ausbildung und die Arbeitswelt mit vielfältigen Hilfen bei der Berufsorientierung und der Berufsfindung insbesondere für benachteiligte Schülerinnen und Schüler und deren soziale und berufliche Integration unterstützen. Die schulbezogene Jugendsozialarbeit bietet aber nicht nur Unterstützung beim Übergang von der Schule in den Beruf, sondern fördert auch Projekte mit schulmüden Jugendlichen etc.

4. Erzieherischer Kinder- und Jugendschutz
Suchtprävention, Medienpädagogik, Schutz vor sexuellem Missbrauch, Gewalt gegen Kinder und unter Kindern und Jugendlichen sind wichtige Themen auch für die Schule. Sie braucht hier das Spezialwissen der Jugendschutzkräfte der Fachbehörden (Jugendämter) und der freien Träger der Kinder- und Jugendhilfe. Der Deutsche Verein nennt viele „neue Risiken (z.B. Verschuldung), Umgang mit den neuen Medien, Aids-Prävention, Sucht- und Drogenprobleme. Für die Jugendhilfe bietet es sich an, ihren Auftrag gemeinsam mit der Schule wahrzunehmen, weil sie nur so die Gelegenheit hat, durch die Zusammenarbeit im Unterricht alle Schülerinnen und Schüler eines Jahrgangs zu erreichen" (Deutscher Verein für öffentliche und private Fürsorge 2001: 1167).

5. Kinder und Jugendliche in besonderen Problemlagen
Kinder und Jugendliche in besonderen Problemlagen (die sich sowohl schulisch in Lern- und Leistungsdefiziten als auch in außerschulischen Verhaltensauffälligkeiten, Entwicklungsverzögerungen usw. äußern), können durch gleichzeitige Fördermaßnahmen der

Schule und der Kinder- und Jugendhilfe unterstützt werden. Auch die erforderliche Elternarbeit ist zwischen Schule und Jugendhilfe abzustimmen. Nur eine kooperativ abgestimmte Durchführung von Förder-, Hilfe- und Schutzmaßnahmen für einzelne Schüler und Schülerinnen und ihre Eltern und deren Beratung in individuellen Konfliktsituationen und Notlagen verspricht eine gewisse Chance auf Erfolg.

6. Schulsozialarbeit und schulbezogene Angebote der Kinder- und Jugendhilfe (dazu: Deutscher Verein für öffentliche und private Fürsorge 2001: 1167f.):
Schulsozialarbeit bietet als Regelangebot in sozialen Brennpunkten, insbesondere in Hauptschulen, ergänzende Unterstützung der erzieherischen Arbeit der Schule (frühzeitige Prävention, Intervention und Integration bei persönlichen und sozialen Konflikten). Wichtig: Schulsozialarbeit soll direkt an der Schule, einem zentralen lebensweltlichen Ort der Kinder und Jugendlichen, stattfinden. Aber die rechtliche Unabhängigkeit von der Schulaufsicht muss gewährleistet sein. Wichtig sind eine stärkere Partizipation von Schülerinnen und Schülern und Eltern und die Implementierung ganzheitlicher Maßnahmen (Beratung und Einzelfallarbeit – oft mit Art Clearingfunktion –, Gruppenarbeit, Angebote offener Jugendarbeit – z.B. Freizeitangebote, Schülercafé oder Schülertreff –, gemeinsame Veranstaltungen mit Lehrerinnen und Lehrern, Elternarbeit, Stadtteilarbeit).

Typische thematische Schwerpunkte der Schulsozialarbeit können darüber hinaus noch sein:

- „Lebensweltbezogene Schülerberatung
- Soziale Kompetenzförderung in Gruppen
- Kooperation mit Schulleitung
- Beratung von Lehrer /innen
- Mitwirkung in schulischen Gremien
- Netzwerkarbeit im Gemeinwesen
- Öffentlichkeitsarbeit
- Offenes Förderangebot
- Mitwirkung bei Unterrichtsprojekten
- Erlebnispädagogische Angebote
- Arbeit mit Schülergremien
- Berufsorientierung
- Streitschlichterprogramm/ Mediation ...
- Schülerfirma“ (Schönmann/Arbeitsgruppe der Landesarbeitsgemeinschaft Schulsozialarbeit in Niedersachsen 2005: 2f.).

7. Erzieherische Hilfen
„Den Hintergrund schulischer Probleme bilden oft erzieherische Probleme bzw. Probleme in der Familie. Umgekehrt ist der Anlass zu einem Antrag auf eine Hilfe zur Erziehung oft ein schulisches Problem, das heißt, die Schule macht familiäre Probleme oft erst nach außen sichtbar. Zeitgemäße Jugendhilfe, insbesondere die Angebote und Träger im Rahmen der Hilfen zur Erziehung, sind auf eine stärkere Zusammenarbeit mit der Schule angewiesen. Ihr Auftrag, erzieherische Defizite abzubauen und die soziale Integration zu ermöglichen, kann nur mit der Schule erreicht werden. Dabei muss die Schule dafür gewonnen

werden, gemeinsam mit den Eltern und den unterstützenden Angeboten der Erziehungshilfe frühzeitig zusammenzuwirken mit dem Ziel, die betroffenen Kinder bzw. Jugendlichen in das Regelschulsystem zu integrieren. So sollten die Klassenlehrer möglichst in das Hilfeplanverfahren nach § 36 SGB VIII einbezogen, kontinuierlich informiert und bei Absprachen beteiligt werden. In besonderer Weise ist im Rahmen der Hilfen zur Erziehung die Zusammenarbeit zwischen Schulen für Erziehungshilfe (Sonderschulen) und dem örtlichen Jugendamt bzw. freien Trägern der Jugendhilfe erforderlich. Gerade weil es sich bei den Kindern und Jugendlichen in der Regel um stark sozial benachteiligte mit erheblichen Erziehungsdefiziten ausgestattete junge Menschen handelt, sind Bildung und Erziehung enger aufeinander abzustimmen und präventive und ausgleichende Ansätze von besonderer Bedeutung. Für die Mitarbeiterinnen und Mitarbeiter der Erziehungshilfe muss es Standard sein, in allen Fällen, in denen es um die Betreuung schulpflichtiger Jugendlicher geht, sich regelmäßig (mindestens zweimal jährlich) mit der Schule abzusprechen. Die Mitarbeiter der Erziehungshilfen müssen sich dabei den Schulen als Kooperationspartner offensiv anbieten und regelmäßig Kontakte zwischen allen Beteiligten und Verantwortlichen herstellen" (Deutscher Verein für öffentliche und private Fürsorge 2001: 1169).

8. Erziehungs-, Jugend- und Familienberatung
Gerade in Situationen des Übergangs und der Transition (vgl. dazu Griebel/Niesel 2007, 191 ff.) gibt es vielfältige Probleme, Schwierigkeiten im Entwicklungsprozess, Verhaltensauffälligkeiten und Konflikte. Die vom Kinder- und Jugendhilfesystem (SGB VIII § 28) vorzuhaltenden Erziehungs-, Jugend- und Familienberatungsstellen könnten hier – wenn sie ihre Arbeit mehr als bisher unter dem Kooperationsaspekt von Schule und Jugendhilfe interpretieren würden – „psychodiagnostische Klärung, Beratung und therapeutische Hilfen" anbieten: „In der Zusammenarbeit zwischen Schulen und Erziehungs- und Familienberatungsstellen haben sich bewährt:

- die Einladung von Fachkräften aus Erziehungsberatungs- und Familienberatungsstellen zu Informationsveranstaltungen für Eltern
- das Angebot von Beratungsgesprächen in Räumen der Schule (z.B. an Elternsprechtagen)
- der Hinweis durch Lehrer, insbesondere Beratungslehrer und Schulpsychologen, dass Eltern die Möglichkeiten der Beratungsstellen nutzen können
- die fachliche Beratung im Einzelfall für Lehrer durch Fachkräfte der Erziehungsberatungsstellen,
- gemeinsame Gespräche von Eltern, Kindern, Lehrern und Beratern zur Erarbeitung von gemeinsam getragenen Lösungen, um so abgestimmte Formen der Interaktion zu fördern.

Regelmäßige Kontakte zwischen Schulen, Beratungslehrern und Schulpsychologen sowie den Erziehungs- und Beratungsstellen erleichtern die notwendige Kooperation im Einzelfall und fördern die Zusammenarbeit bei allgemeinen Fragen der Erziehung und Entwicklung von Kindern und Jugendlichen" (Deutscher Verein für öffentliche und private Fürsorge 2001: 1170).

3 Rechtliche Aspekte der Zusammenarbeit von Schule und Jugendhilfe

Die jeweils besonderen Strukturen von Schule und Jugendhilfe machen sogar die rechtlichen Regelungen zur Zusammenarbeit unübersichtlich und schwierig.

Schulrechtliche Regelungen sind verfassungsrechtlich ausschließlich der Länderkompetenz zugewiesen. Die jugendhilferechtlichen Vorgaben gehören zur so genannten konkurrierenden Gesetzgebung, d.h. die Länder sind zur Regelung befugt, soweit der Bund keine Regelung getroffen hat. Dies alles hat zur Folge, dass es 16 verschiedene Schulgesetze in Deutschland gibt, in denen Verpflichtungen zur Zusammenarbeit mit der Jugendhilfe zu suchen sind, so z.B. § 25 Nds. Schulgesetz. Im Bereich der Jugendhilfe finden wir drei Vorschriften, die auf Schule verweisen; der § 81 SGB VIII enthält eine Verpflichtung zur Zusammenarbeit, die allerdings nur für die öffentlichen Jugendhilfeträger verbindlich ist, da dieser der Normadressat des Gesetzes ist. Der § 11 Abs. 2 Nr. 3 (schulbezogene Jugendarbeit) und der § 13 Abs. 1 (schulbezogene Jugendsozialarbeit) gehören zu den Leistungsvorschriften des SGB VIII. Es handelt sich in beiden Fällen allerdings um Leistungen ohne subjektiven Rechtsanspruch. Landesausführungsgesetze können prinzipiell auch subjektive Rechtsansprüche in diesen Bereichen einräumen.

Beide Leistungsbereiche sind sowohl von freien Trägern als auch von öffentlichen Trägern erbringbar. Über die Rangfolge entscheidet das – wenn auch politisch wenig beachtete – Subsidiaritätsprinzip aus § 4 SGB VIII. In der Praxis werden die beiden Leistungsbereiche als Rechtsgrund für die Einrichtung der Schulsozialarbeit betrachtet. Sie ist eine besondere Unterform der Zusammenarbeit von Schule und Jugendhilfe.

Neben der *Schulsozialarbeit als Teil der Jugendhilfe* haben sich in vielen Bundesländern – meist programmfinanzierte – Maßnahmen etabliert, die wir *Sozialarbeit als Teil der Schule* nennen wollen. Es handelt sich hierbei um Stellen, die über die Kultusbürokratie direkt den Schulen zugewiesen werden. Die Mitarbeiter/-innen sind also Teil des Schulsystems und nicht des Jugendhilfesystems. Die hieraus entstehende besondere Abhängigkeit wurde an anderer Stelle erörtert.

Das Gesamtsystem der Zusammenarbeit von Schule und Jugendhilfe wird im nachfolgenden Schaubild dargestellt.

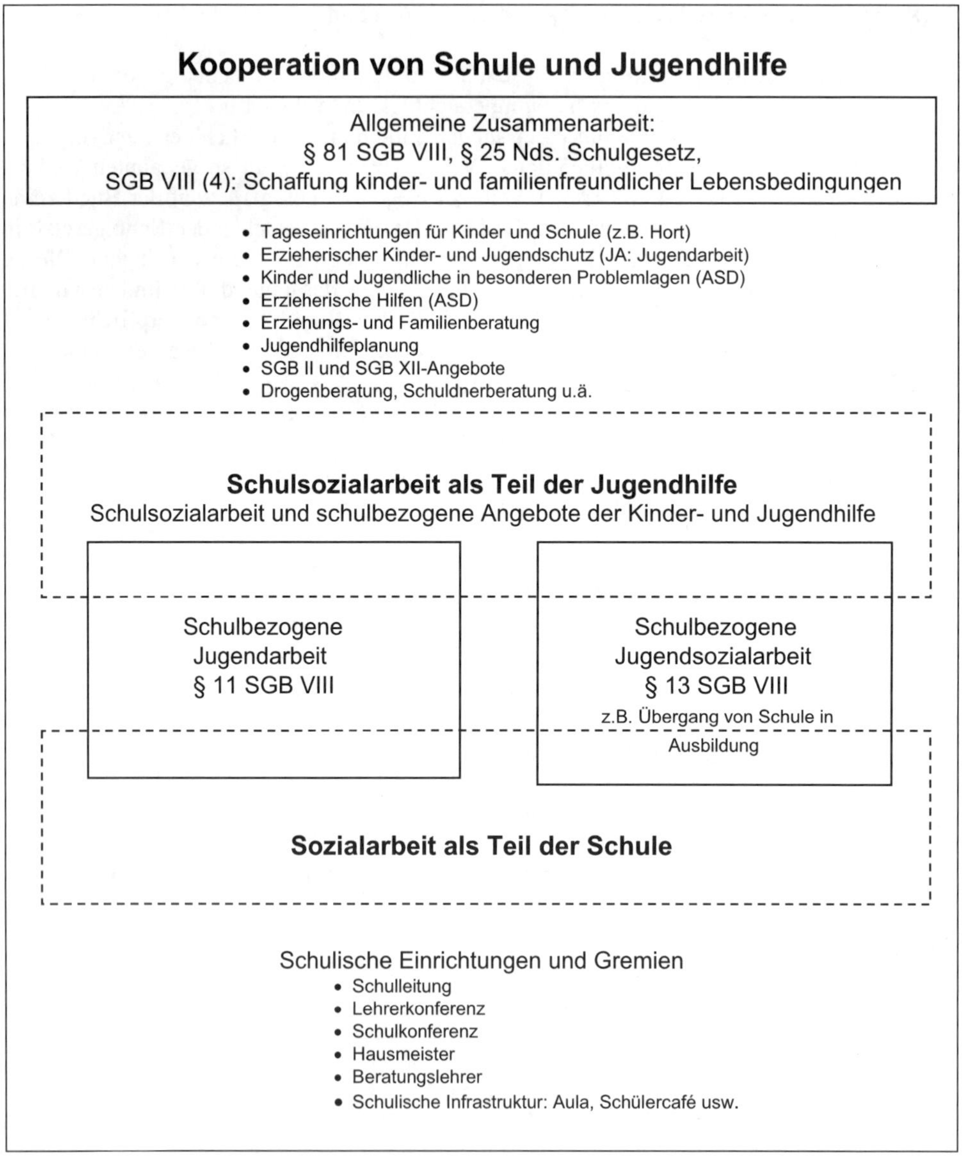

Abb. 1: Gesamtsystem der Zusammenarbeit von Schule und Jugendhilfe

4 Zielgruppen von Schulsozialarbeit

„Alle Schüler/innen
- alle Schüler/innen, insbesondere sozial benachteiligte und individuell beeinträchtigte,
- Schüler/innen,
- Migranten/innen.

Schüler/innen mit Problemen
- Schüler/innen mit kurzfristigen schulischen, beruflichen, sozialen oder persönlichen Konflikten (Beratungsbedarf),
- Schüler/innen mit verfestigten schulischen, beruflichen, sozialen und persönlichen Konflikten (z.B. Drogen, Spielsucht, Schulangst, Schulaversion) …,
- hyperaktive, konzentrationsschwache Schüler/innen.

Gruppen oder Klassen ...

Lehrer/innen ...
- Lehrer/innen, die bei der Lösung von Konflikten mit Schüler/innen oder Eltern an Grenzen stoßen …

Schulleitung ...

Schulgremien
- Gesamtkonferenz, Schülerrat, Schulelternrat.

Eltern ...
- alle Eltern, besonders jene, die von der Schule nicht mehr erreicht werden oder die Kontakte möglichst meiden.

Gemeinwesen ...
- Kontaktpersonen der Schüler/innen,
- Bildungsträger,
- freie und öffentliche Träger der Jugendhilfe,
- Facheinrichtungen und Beratungsstellen,
- Personen und Vereine aus Kultur, Sport, Medien und Politik,
- öffentliche Ämter und Institutionen z.B. Ministerien, Stiftungen, Firmen,
- Presse und Rundfunk,
- Sponsoren“ (Schönmann, Ralf/Arbeitsgruppe der Landesarbeitsgemeinschaft, Schulsozialarbeit in Niedersachsen 2005: 8f.).

5 Formen der Zusammenarbeit: geregelte Strukturen vor Ort

Die Formen der Kooperation hängen davon ab, ob es sich im konkreten Fall um eine kreisfreie Stadt, einen Kreis oder um kreisangehörige Städte und Gemeinden handelt. Bei kreisfreien Städten decken sich viele Zuständigkeiten (als öffentlicher Jugendhilfeträger und Schulträger). Bei kreisangehörigen Städten und Gemeinden eines Landkreises sind unterschiedliche Zuständigkeiten vorhanden (Kreis als öffentlicher Jugendhilfeträger, kreisangehörige Städte und Gemeinden in vielen Fällen Schulträger). Diese unterschiedlichen Strukturen können unter Umständen die Kooperation beeinträchtigen und erschweren, müssen dies aber nicht zwangsläufig, wenn die Beteiligten ernsthaft gewillt sind, das

Kooperations- und Vernetzungssystem aktiv und nachhaltig zu gestalten. Ihnen stehen dabei eine Reihe unterschiedlicher, maßgeschneidert nutzbarer Ansatzpunkte, Planungs- und Gestaltungsinstrumente zur Verfügung (vgl. Deutscher Verein für öffentliche und private Fürsorge 2001: 1162ff.; und Zusammenarbeit von Schule und Jugendhilfe 2004: 1138ff.):

1. Verbindliche Ansprechpartner
Schule und Kinder- und Jugendhilfe bestimmen jeweils konkrete Ansprechpartner und Ansprechpartnerinnen – z.B. *Beauftragte* für die Zusammenarbeit (schriftliche Fixierung verlässlicher Entscheidungs- und Beratungsstrukturen sämtlicher zu koordinierender Ebenen, In-Pflicht-Nahme und letztendliche Verantwortlichkeit bei den jeweiligen Leitungen).

2. Regionale Arbeitskreise Schule und Jugendhilfe
Kleinräumige, spezielle Arbeitskreise für die konkrete umsetzungsbezogene Kooperation vor Ort oder Integration der Themen in bereits bestehende Arbeitskreise wie die Stadtteilkonferenz.

3. Sozialraumbezogene Kooperationsformen wie Stadtteilkonferenzen
Vernetzung aller Einrichtungen im Stadtteil, kooperative Situationsanalysen für die gemeinsamen Adressaten – Kinder und Jugendliche –, sozialraumbezogene Problemlösungsansätze und Handlungsstrategien, Kontakte zu weiteren Kooperationspartnern der Schule aus Bereichen wie z.B. Sport, örtliche Kulturvereine usw.

4. Gegenseitige Beteiligung an den standardmäßigen Dienstbesprechungen und themenbezogenen Arbeitskreisen
Bei geeigneten Themen sollte eine Teilnahme der Kinder- und Jugendhilfe an Lehrer- und Schulkonferenzen sowie an Dienstbesprechungen der Schulleiter/-innen und der Lehrkräfte und umgekehrt selbstverständlich werden. Es geht also nicht nur um die Teilnahme der Schulsozialarbeiter, sondern auch der relevanten Träger der Kinder- und Jugendhilfe – zumindest bei wichtigen spezifischen Fragen, bei Beratungen über die Gestaltung des Schullebens und der Integration in den Sozialraum, bei der Sicherstellung jugendhilfenaher Alltagssettings der außerunterrichtlichen Freizeit- und Betreuungsangebote, der Beratungsangebote (Sozialberatung, Drogen- und Suchtberatung usw.), bei gemeinsamen Präventionsstrategien, Früherkennungssystemen u.ä.

5. Zusätzlich regelmäßige gemeinsame Besprechungen nur zur Koordination der Kooperation
Ansprechpartner und Ansprechpartnerinnen der Schulen im Jugendamtsbezirk und die der Jugendhilfe treffen sich regelmäßig – mindestens aber einmal im Schuljahr.

6. Beteiligung von Schulen an der kommunalen Jugendhilfeplanung nach § 80 SGB VIII
Sehr wichtig ist die gemeinsame Bedarfsermittlung, Planung und Gestaltung von Freizeitangeboten, Angeboten der Ganztagsbetreuung u.ä. im Rahmen der kommunalen Jugendhilfeplanung. Die Beteiligung auch der Schulen an der Ausgestaltung der örtlichen sozialräumlichen und lebensweltbezogen Jugendhilfe- und Angebotsstruktur unter Berücksichtigung der Bedürfnisse der jungen Menschen und ihrer Familien eröffnet besondere Chancen. Das betrifft auch das Schulumfeld, die Stadtteilorientierung mit neuen Konzepten zur Öffnung der Schule ins Gemeinwesen usw. Sämtliche „Leistungen, die als solche einen Schulbezug aufweisen (z.B. schulbezogene Jugendarbeit, Jugendsozialarbeit im Rahmen schulischer und beruflicher Ausbildung, Förderung schulpflichtiger Kinder in Tageseinrichtungen, Erziehungsberatung bei Schulproblemen, Eingliederungshilfe für Schüler und Schülerinnen und Teilleistungsgestörte), und Leistungen, die mit vergleichbaren Aufgaben oder Angeboten im Schulbereich korrespondieren (z.B. Familienbildung, Elternarbeit, Erziehungsberatung, Tagesbetreuung schulpflichtiger Kinder, erzieherischer Kinder- und Jugendschutz, Jugendarbeit, Jugendsozialarbeit, Förderung emotional und sozial beeinträchtigter Kinder und Jugendlicher, Begleitung im Übergang von der Schule ins Berufsleben, Eingliederungshilfe)" müssen Gegenstand der Jugendhilfeplanung sein (Zusammenarbeit von Schule und Jugendhilfe 2004: 1140).

7. Beteiligung am Jugendhilfeausschuss und am kommunalen Schulausschuss
Vertreter aus dem Bereich der Schulen oder der Schulverwaltung sollten als beratendes Mitglied am Jugendhilfeausschuss beteiligt werden. Die regelmäßige Befassung – mindestens aber einmal im Jahr – des Jugendhilfeausschusses mit der Kooperation von Schule und Jugendhilfe sollte (unter Hinzuziehung weiterer Vertreter der Schulen) Standard sein – ebenso die Mitwirkung von Vertretern der Kinder- und Jugendhilfe in kommunalen Schulausschüssen.

8. Kooperation im Bereich der Schulentwicklungsplanung
Die Standortplanung von Schulen ist von Jugendhilferelevanz. So können z.B. Raumkonzeptionen aus Sicht der Jugendhilfe und Sozialpädagogik oder die gemeinsame Planung von Ganztagsangeboten für schulpflichtige Kinder usw. Gegenstand kooperativer Beratungen im Schulausschuss des Rates oder des Kreises sein.

9. Nutzung der Arbeitsgemeinschaften nach § 78 SGB VIII
Im Allgemeinen ist diese Institution zwar jugendhilfelastig: Träger der Kinder- und Jugendhilfe aus einem bestimmten Handlungsfeld koordinieren und beraten sich, z.B. im Hinblick auf die Angebots- und Infrastruktur. Lehrer der Schulen sind jedoch ohne Probleme integrierbar und bei der Entwicklung gemeinwesenbezogener Projekte auch wichtige Kooperationspartner.

10. Gegenseitige Öffnung von Fortbildungsangeboten, Durchführung gemeinsamer Fortbildungsveranstaltungen
Das Fortbildungsangebot für die Fachkräfte der Schule und der Kinder- und Jugendhilfe auf lokaler, regionaler und Landesebene – von der schulinternen Fortbildung über die Fortbildungsangebote der Jugendämter bis zu denen der Bezirksregierungen – kann gegenseitig

bekannt gemacht und geöffnet werden. Die gemeinsame Planung von Fortbildungsveranstaltungen und gemeinsame Fachtagungen von Schule und Kinder- und Jugendhilfe sollten selbstverständlich werden.

11. Gegenseitige Informationsbesuche und Austausch von Informationsmaterialien
Einblick in die jeweiligen Aufgabenfelder und Arbeitsweisen, gegenseitiges Kennenlernen von Praxis und Alltag in der Schule und der Jugendhilfe, Hospitationen und Praktika für Lehramtsstudenten und -studentinnen und Lehramtsanwärtern in relevanten Einrichtungen der Kinder- und Jugendhilfe, Hospitationen für Studierende sozialarbeiterischer Berufe in Schulen und Schulberatungsdiensten usw. sollten ebenso Standard werden. Das gilt auch für den geregelten Austausch von Informationsmaterialien.

12. Weitere spezifisch ortsbezogene Ansätze und Strukturen
- Teilnahme der Jugendhilfe an regelmäßigen *Schulleitertreffen* der einzelnen Schulformen zur Erörterung von Themen und Fragen der Zusammenarbeit
- *Arbeitskreise* zu gemeinsamen Themen, z.B. zur Integration behinderter Kinder, zur konkreten Strukturierung von Ganztagsangeboten für schulpflichtige Kinder
- Kriminalpräventive Räte
- übergreifende *Projektgruppen* von Schülerinnen und Schülern usw.
- Begleitung durch die entsprechenden Schulaufsichtsstellen (wichtige Initiativfunktionen, auch hier regelmäßiger fachlicher Austausch und Reflexion von Kooperationsprozessen, Erfahrungen und Anregungen)
- Kooperationszusammenhänge mit der Arbeitsverwaltung (Übergang Schule – Beruf, Berufsberatung, Arbeitsvermittlung, Förderung von Maßnahmen zur Eingliederung in die Arbeitswelt und Jugendsozialarbeit/Jugendberufshilfe).

Literatur

Bundesarbeitsgemeinschaft Jugendsozialarbeit-Jugendaufbauwerk (BAG JAW) (1995): Stellungnahme der Bundesarbeitsgemeinschaft Jugendsozialarbeit – Jugendaufbauwerk (BAG JAW) zur schulbezogenen Jugendsozialarbeit vom 23.11.1995 zum Thema „Jugendsozialarbeit und Schule". In: Jugend Beruf Gesellschaft, BAG JAW (Hrsg.). 4/1995. 244-248

Deutscher Verein für öffentliche und private Fürsorge (2001): Weiterentwickelte Empfehlung und Arbeitshilfe für den Ausbau und die Verbesserung der Zusammenarbeit der Kinder- und Jugendhilfe mit der Schule. Frankfurt am Main, DV 10 / 01 – AF II. 9. März 2001). In: Hartnuß/Maykus(Hrsg.) (2004): 1141-1176

Fthenakis, Wassilios et al. (2007): Auf den Anfang kommt es an. Perspektiven für eine Neuorientierung frühkindlicher Bildung. Bonn, Berlin: Bundesministerium für Bildung und Forschung

Griebel, Wilfried/Niesel, Renate (2007): Forschungsergebnisse und pädagogische Ansätze zur Ausgestaltung des Überganges vom Kindergarten zur Grundschule. In: Fthenakis et al. (2007): 191ff.

Hartnuß, Birger/Maykus, Stefan (Hrsg.) (2004): Handbuch Kooperation von Jugendhilfe und Schule. Berlin: Eigenverlag des Deutschen Vereins für öffentliche und private Fürsorge

Präsidium des Deutschen Landkreistages (2004): Positionspapier des Deutschen Landkreistages „Schule und Jugendhilfe" – Beschluss des Präsidiums vom 12. November 2002. In: Hartnuß/Maykus (Hrsg.) (2004): 1126-1133

Schönmann, Ralf/Arbeitsgruppe der LAG Schulsozialarbeit in Niedersachsen (2005): Schulsozialarbeit in Niedersachsen: Qualitätsstandards und Beispiele. Berlin: Deutsche Kinder- und Jugendstiftung, Arbeitshilfe 02

Zusammenarbeit von Schule und Jugendhilfe (2004): Bericht über gemeinsame Beratungen von Kultusministerkonferenz (KMK) u. Arbeitsgemeinschaft für Jugendhilfe (AGJ). In: Hartnuß/Maykus (Hrsg.) (2004): 1134-1140

Teil A – Grundlagen

Hans Thiersch

Bildung und Sozialpädagogik *

Alle reden von Bildung – und wir in der Sozialpädagogik auch. Das Problem aber ist, dass unsere Diskussion – mit dem Verweis auf Ansätze, Konzepte und nicht unbeträchtliche Erfolge – ganz unter uns bleibt. Die allgemeine öffentliche Diskussion braucht uns offenbar nicht; wir beteiligen uns, wir wollen gehört sein, aber man hört uns nicht.

Es hat keinen Zweck die Situation zu beklagen; sie muss analysiert werden. Was mit Bildung gemeint ist, ist im allgemeinen Sprachgebrauch ebenso wie z.B. als Thema von Bestsellern (Schwanitz) deutlich: Bildung ist Weltwissen, ist Unterweisung, Unterricht und Information, Bildung ist das, was Schule, Lehre und – im weiten Sinn genommen – belehrende Information vermitteln. Das ist nun sicher nicht das primäre Geschäft der Sozialpädagogik – ihre Themen sind soziales Lernen, Ressourcenarbeit, Hilfen zur Lebensbewältigung. Mit Bildung und den sie vermittelnden Institutionen hat Sozialpädagogik immer schon Probleme gehabt. Sozialpädagogik agiert in der Parteilichkeit für die, die im Bildungswesen oft die Verlierer sind, sieht das Bildungswesen also gleichsam von unten und außen. Warum also – so die naheliegende Frage – reden wir jetzt von Bildung und bleiben nicht bei unserem Geschäft?

Die derzeitige Situation aber ist vertrackter. Bildung wird allerorten beredet, weil sie in Krisen geraten ist. Vielfältige Untersuchungen decken Defizite auf, die die Gesellschaft in ihrem Selbstbewusstsein und als Leistungsstandort treffen. Die Diskussion ist erregt, Tagungen jagen einander, politische und pädagogische Konzepte werden entwickelt, Reformen, der Wille zu Reformen – und vor allem die Rhetorik der Reform – breiten sich aus. Die Diskussion bezieht sich im Mainstream zunächst auf Fragen des Unterrichts, der Unterrichtsform, der Standardisierung und Prüfung von Lernleistungen, ebenso aber auf Fragen der Organisation der Bildungseinrichtungen und – nicht zuletzt – auf Strukturprobleme, also Selektions- und Integrationsfunktionen des Bildungswesens. Dieser Mainstream der Diskussion aber entspricht den Forschungsergebnissen nur bedingt; sie verweisen vor allem auch darauf, dass das Bildungswesen seine Intention (wie sie vor allem im Bildungsaufbruch der 70er Jahre noch einmal sehr pointiert worden war), Bildungschancen für alle zu eröffnen und darin Bildung und soziale Gerechtigkeit zu verbinden, nur höchst unzulänglich erfüllt. In diesem Horizont wird es notwendig, über Rahmenbedingungen zu diskutieren, über die Verbindung von Bildungs- und Arbeitsmarktpolitik, über Familienpolitik, über Migrationspolitik und über Stadtplanungspolitik.

---

* Dieser Beitrag wurde in dem Sammelband „Schule und Soziale Arbeit. Zur Reform der öffentlichen Erziehung und Bildung in Österreich" von Gerald Knapp und Karin Lauermann (Hrsg.) (2007) im Hermagoras-Verlag, Klagenfurt veröffentlicht – der Abdruck geschieht mit freundlicher Genehmigung.

Diese neue pädagogische und politische Diskussion bringt auch Sozialpädagogik neu ins Spiel. Konzepte der Kindertagesbetreuung und Elternarbeit, Konzepte der Schulsozialarbeit und der Kooperation mit der Sozialarbeit z.B. in Ganztagsschulen, Konzepte aber auch der Kooperation zwischen Schule und sozialpädagogischen Angeboten – in der Jugendarbeit oder den Erziehungshilfen – werden diskutiert und realisiert; es zeichnen sich neue Perspektiven einer intensivierten Zusammenarbeit ab.

Diese Situation aber ist für die Sozialpädagogik doppeldeutig. Sie wird – zum einen – in neuer Weise gebraucht und die derzeitige bildungs- und sozialpolitische Großwetterlage in ihrer politischen Intention von der Sozialgesellschaft hin zur Bildungs- und Informationsgesellschaft machen ihr diese neuen Aufgaben attraktiv. Der Sozialpädagogik bietet sich die Chance, im Trend gesellschaftlicher Dringlichkeit aus dem Schatten ihrer traditionellen Randständigkeit herauszutreten und an gesellschaftlicher Akzeptanz, an Status und an Geld zu gewinnen. Dass die hier zur Diskussion stehenden Aufgaben für die Sozialpädagogik wichtig sind und ausgebaut werden müssen, kann nicht zur Diskussion stehen; zur Diskussion aber stehen Bedeutung und Struktur dieser Aufgaben im Spektrum der primären, spezifischen Aufgaben der Sozialpädagogik. Bindet sie sich zu eng an das Bildungswesen, dann könnte es sein – so wird vielfältig befürchtet –, dass sie das Erstgeburtsrecht ihres Eigenauftrags und ihrer eigenen Arbeitszugänge verkauft gegen das Linsengericht der notwendigen und willkommen geheißenen Unterstützung im Bildungswesen. Das Bildungswesen – so heißt es pointiert – kann gar nicht anders, als die Sozialpädagogik, die ihr helfend und stützend beigeordnet wird, in ihre Aufgaben hinein zu nehmen, sie gleichsam zu verschlingen. Sozialpädagogik, so die Konsequenz, kann sich dem nur entziehen, indem sie sich in der Betonung ihrer Eigenheit und ihrer eigenen Aufgaben fernhält.

Diese Diskussion zum Verhältnis von Schule und Sozialpädagogik gewinnt an Schärfe im gegebenen gesellschaftlichen Kontext. Die Dramatik und Dringlichkeit nämlich der neuen Bildungsdiskussion hat ihren Grund vornehmlich in Strukturproblemen von Produktion und Markt, in Problemen des Wirtschaftsstandorts. Es geht – abgekürzt formuliert – vor allem darum, Bildung als Bildung zur Leistungsfähigkeit in den Gesetzen der modernen Produktions- und Konsumgesellschaft zu praktizieren, Bildung zielt auf Humankapital. Muss Sozialpädagogik, wenn sie ihrem genuinen Arbeitsauftrag treu bleiben will, nicht auf Gegenposition gehen?

So notwendig diese Auseinandersetzungen um die Rolle der Sozialpädagogik in der derzeitigen politischen und bildungspolitischen Situation sind, so scheinen sie mir doch in ihrem primär institutionellen Bezug zu eng gefasst. Ich verstehe dagegen diese Diskussion gleichsam als Spitze eines Eisbergs, es geht um die weiter gefasste Frage einer Neuvermessung von Bildung und Bildungsaufgaben in den Umbrüchen unserer Gesellschaft und darin dann auch – aber erst gleichsam in einem Nebenzug – um die Verortung der spezifisch sozialpädagogischen Handlungszugänge. Das aber ist ein weites Gelände, in dem ich hier natürlich nur einige Feldwege zur Orientierung markieren kann.

In einem solchen Vorhaben kann es nicht darum gehen, die Bedeutung von Bildung – und die der Aufgaben von Schule und Sozialpädagogik – zu definieren, gleichsam dogmatisch festzulegen. Begriffe und Konzepte bestimmen sich immer nur im Kontext, also von der Intention her, die sich in ihnen präsentiert. Unter diesem Aspekt ist die Diskussionssituation zum Bildungsbegriff besonders schwierig; er wird – gleichsam als Catch-as-all-Konzept – in unterschiedlichen, sich ergänzenden, aber auch widersprüchlichen Bedeutungen, in weiter und enger Bedeutung benutzt. Diese unterschiedlichen Bedeutungen – sozusagen Teilbereiche und Annäherungen in einem Komplex Bildung – zunächst zu verfolgen und zu klären scheint mir notwendig. Ich hoffe, dass sich so Konturen von Bildung rekonstruieren lassen, in denen die Probleme der gegenwärtigen Situation transparenter werden.

Um unterschiedliche Begriffe zu bestimmen, gebe ich zunächst die Skizze einer Bildungsbiografie – schematisiert und knapp.

Karin ist – wie alle Kinder – als Neuling in gegebene Verhältnisse hineingeboren; sie findet sich in ihrer Familie, die Teil einer spezifischen, materiell, sozial, traditional bestimmten – Lebenswelt ist. Karin lernt. Sie hat Grundbedürfnisse nach Versorgung, Pflege und Vertrauen; sie ist neugierig, will verstehen, sich bewegen und handeln. Allmählich wachsen ihre Möglichkeiten; sie erfährt, was sie kann, was die anderen können und von ihr erwarten, wo sie sich anstrengen muss; sie lernt, was gilt und was nicht gilt, was erlaubt und nicht erlaubt ist. So bildet sich Karin allmählich ein Bild von den anderen Menschen und der sie umgebenden Welt und darin ein Bild von sich. Sie erwirbt sich, wie man formuliert, soziales und kulturelles Kapital. So heranwachsend aber gerät sie auch in Konflikte zwischen ihren Grundbedürfnissen und den Erwartungen und Möglichkeit in ihrem Lebensfeld. In den dramatischen Auseinandersetzungen mit der Familie, der Schule und dem Freundeskreis profilieren sich in Anpassungen, Ablehnungen und Neuentwürfen, in Kämpfen und Suchbewegungen die unterschiedlichen Kompetenzen und darin ein Bild von der eigenen Position in ihrer Lebenswelt. Karin entwickelt eine Geschichte ihrer selbst und darin ihren Lebensentwurf. Diese Entwicklungen ergeben sich in Auseinandersetzungen in unterschiedlichen strukturierten Arrangements, nacheinander in der Familie in ihren so ganzheitlichen Anregungen und Aufgaben im Medium eines allgemeinen Interesses und Wohlwollens am Kind, dann im Kindergarten mit seiner Gruppe und offenen Aufgaben und schließlich in der Schule, in der im Klassenverbund gesammelten Erfahrungen, und lernen sich konzentrieren auf die Bewältigung strukturierter, curricular geordneter vornehmlich kognitiver Aufgaben zum Erwerb eines Weltbildes. Im Freundeskreis geht es eher – wie auch schon in der Familie – um allgemeine Lebenskompetenzen. In der Berufsausbildung setzen sich dagegen Spezifizierung und Leistungserwartungen, wie sie die Schule präsentiert, noch einmal fort.

In dieser Normalentwicklung ergeben sich nun für Karin besondere Probleme. Die Familie ist überfordert – in der Angst vor Randständigkeit und sozialem Abstieg ist das Leben stressig und unbefriedigend; sie wird zeitweise durch sozialpädagogische Familienhilfe unterstützt. Trotzdem gerät Karin in der Schule zunehmend in Schwierigkeiten, sie braucht Beratungen, findet aber in der Jugendarbeit – im Mädchenclub – zwar Freundinnen und Distanz zu ihren Verhältnissen, nicht aber die hinreichende Sicherheit für ihre Lebensplanung; sie gerät in problematische Szenen und kriminell-süchtiges Protestverhalten; erst nach Kämpfen findet sie – gestützt durch Psychiatrie und Sozialpädagogik – zu einem Verhältnis zu ihrer Welt und zu sich, in dem sich wieder weiterführende Perspektiven entwickeln können.

Gewiss ist dies ganz vereinfacht und damit trivialisiert; eine solche Skizze genügt aber hoffentlich, um ein Grundmuster und verschiedene Bedeutungen von Bildung deutlich zu machen: Menschen finden sich in Verhältnissen, die sie sich im Medium von Selbstbildung und in der Unterstützung von Selbstbildung lernend aneignen, sie lernen in verschiedenen Phasen, Stufe um Stufe, in vielfältigen und vielfältig unterschiedlichen Lebensarrangements: in den gleichsam privaten und in Institutionen, die um des Lernens willen organisiert sind.

Bildung ist Selbstbildung in der Auseinandersetzung mit Welt, so wie sie sich in den unterschiedlichen Lebens- und Lernfeldern präsentiert. In einer ersten Stufe, gleichsam im Umgang, in der Lebenswelt mit ihren Regeln, Vorbildern, Geschichten und Perspektiven bilden sich – vor und neben allen institutionellen oder professionellen Anstrengungen – Lebenskompetenzen. Solche Bildung wird als *informelle Bildung* bezeichnet. Diese Bildungsprozesse werden ergänzt durch die in pädagogisch inszenierten, um der Erziehung und Bildung willen organisierten Institutionen; Schule mit ihrer Konzentration auf Unterricht und Weltwissen gilt als *formalisierte Bildung*, die von den Angeboten der Sozialpädagogik als der zwar auch inszenierten, aber anders organisierten Bildung unterschieden wird; sie gilt als *nicht formalisierte Bildung*.

Im Durchgang durch die unterschiedlichen informellen und formalisierten und nicht formalisierten Bildungserfahrungen findet der Mensch im Prozess der Selbstbildung sein Profil und sein Bild von sich. Die unterschiedlichen Zugänge gehören im Horizont der Biografie und ihrer Gestaltung zusammen; Bildung – als Lebensprojekt – realisiert sich im Durchgang durch die unterschiedlichen Zugänge. Ich fasse die in diesem Komplex Bildung benutzten unterschiedlichen Bedeutungen von Bildung noch einmal zusammen:

- Bildung meint Selbstbildung als Prozess, orientiert an Bildung als Ziel.
- Bildung meint Lebensbildung, die Aneignung also sozialen und kulturellen Kapitals, informelle Bildung als Ausbildung von Lebenskompetenzen.
- Bildung meint – gleichsam spezialisiert – Weltwissen, Information, Stoff der Weltaneignung und
- Bildung meint – dem entsprechend – Schule oder schulische Arrangements als strukturierte, curricular geordnete, formalisierte Bildungsgänge.
- Bildung meint – ebenso – soziale Bildung, wie sie – wiederum im weiten Horizont auf Lebenskompetenzen bezogen – in den non-formalisierten, professionell-institutionellen Arrangements der Sozialpädagogik praktiziert wird; diese Aspekte von Bildung werden bis in die jüngste Zeit weithin nicht unter dem Begriff von Bildung subsumiert, sondern unter dem Titel von Erziehung; Sozialpädagogik realisiert sich – so in Gesetz und allgemeinem Sprachbrauch – weithin im Arrangement von Erziehungshilfen.

Zu diesen Unterscheidungen scheinen mir Zusatzklärungen notwendig.

Natürlich lassen sich die verschiedenen Segmente im Bildungsgeschehen den unterschiedlichen Begriffen der informellen, formalisierten und nicht formalisierten Bildung zuordnen. Diese Terminologie aber scheint mir nur bedingt glücklich. Bildung als Selbstbildung ist in diesen Unterscheidungen nicht ausdrücklich repräsentiert; insofern decken sie nicht das Ganze – und vielleicht auch nicht den Kern – im Bildungsgeschehen. Vor allem aber ist die Bezeichnung von Sozialpädagogik als nicht formalisierte Bildung problematisch, weil dies vom Negativen her bestimmt ist (wie es allerdings der Tradition und der Definition von Sozialpädagogik seit Gertrud Bäumer entspricht). Ich verwende deshalb im Folgenden den Begriff einer *sozialpädagogischen Bildung*.

So notwendig aber nun diese Unterscheidungen in Bildungszugängen sind, so bleiben sie doch in ihrem Verhältnis zueinander eigentümlich schillernd. Selbstbildung und Bildung als Stoff im curricularen Angebot z.B. sind sehr unterschiedliche Tatbestände; indem sie aber mit dem gleichen Wort bezeichnet werden, fällt der Glanz von Selbstbildung auch auf die curricularen Arrangements, auch wenn diese – in der Vorgabe von Stoff und der Verbindung mit Prüfungen – den Prozess von Selbstbildung nicht unbedingt befördern, ja erschweren und desavoieren. In der Diskussion lässt sich nicht selten beobachten, dass Schwierigkeiten im Umgang mit Stoff gleichsam dadurch weggeredet werden, dass man auf Bildung als Selbstbildung überschwenkt. Und: Indem sozialpädagogische Bildung von der Tradition her nicht unter dem Bildungsbegriff subsumiert wird, wird schon in der benutzten Terminologie ihre Nachrangigkeit deutlich. Der erzogene Mensch ist – im allgemeinen Sprachverständnis – noch nicht der gebildete Mensch; Erziehung, so wird unterstellt, schafft Voraussetzungen für Bildung, wird selbst aber nicht im weiten Horizont der Zielprojektion eines gelingenden Lebens gesehen. Wenn nun in der neuen Diskussion Sozialpädagogik im Kontext von Bildung diskutiert wird, wird damit deutlich, dass sie als notwendiger Beitrag zur Bildung als Selbstbildung in der Auseinandersetzung mit Welt verstanden werden muss. Sozialpädagogik ist nicht, wie es der Titel von Erziehungshilfe suggerieren könnte, der schulischen Bildung nachgeordnet, sondern der schulischen Bildung parallel geordnet als eigengewichtiger, spezifischer Beitrag zur Selbstbildung in der Aneignung von Wirklichkeit.

Die bisherige Ungleichgewichtigkeit zwischen der schulischen und der sozialpädagogischen Bildung und die neue Notwendigkeit, über sie hinaus zu einem gleichberechtigten Nebeneinander zu kommen, ergibt sich aus der historischen Entwicklung des Bildungswesens und aus neueren gesellschaftlichen Verwerfungen.

Für die Neuzeit charakteristisch ist der Ausbau spezifischer pädagogischer institutionalisierter Inszenierungen. Neuzeit ist – ganz verkürzt und generell formuliert – bestimmt durch spezifische Anforderungen an Rationalität, an Wissen, an Selbstbeherrschung. Sie verlangen neue und aufwendige Formen der Unterstützung. Diese werden dem Gesetz der Neuzeit entsprechend arbeitsteilig, also in der Einrichtung eigener, spezialisierter Institutionen und zugehöriger Professionen realisiert. So entsteht zunächst die Schule – und wird in der Ausweitung der allgemeinen Schulpflicht und in den Differenzierungen des allgemeinen und beruflichen Schulwesens und schließlich in der zunehmenden Intensivierung und Verlängerung des Schulbesuchs zu der für die Neuzeit charakteristischen dominanten Lerninstitution. Bildung wird schulische Bildung und okkupiert – durch ihre gesellschaftliche Bedeutung – den Komplex Bildung mit diesem Verständnis.

Damit ist aber nur ein Segment der Unterstützungen im Prozess der Selbstbildung institutionalisiert, nämlich, auf kognitive Fragen bezogen, der Erwerb von Weltwissen und – damit einhergehend – Berufsqualifikation. Gewiss ging mit der Institutionalisierung der Schule zunächst die Hoffnung einher, Unterstützungen auch zum sozialen Lernen zu bieten; das Konzept des erziehenden Unterrichts zielte darauf und die Rede des 19. Jahrhunderts von der sozialpädagogischen Schule zeigt, dass in der Schule – diesem ursprünglichen Selbstverständnis entsprechend – auch soziale Aufgaben angegangen werden sollten.

Diese Unterstellung der Integration von Weltwissen und sozialem Lernen aber erwies sich schon in der deutschen Klassik als illusionär in Bezug auf diejenigen, deren Lebensressourcen eingeschränkt waren. Pestalozzi forderte elementare Bildung als Allgemeinbildung. Dies setzt voraus, dass Bildung nur im Kontext sozialer Strukturen gesehen werden kann, die Bildungschancen möglich machen oder einschränken, ja verunmöglichen und die es zu ändern und neu (mit) zu gestalten gilt. Bildung meint als soziale Bildung den Zusammenhang von Verhältnissen und Verhalten. Damit einher geht die ausdrückliche Förderung des Ineinanderspiels der unterschiedlichen kognitiv-intellektuellen, sozialen und praktischen Kompetenzen; Bildung wird Bildung von Kopf, Herz und Hand. Diesem Konzept einer sozialen Bildung entsprechend konzipiert Pestalozzi sozialpädagogische Arrangements: Dorfgemeinschaften, die – im Horizont dessen, was wir heute Gemeinwesenarbeit oder sozialräumliche Bildung nennen würden – einen Bildungsraum schaffen oder Strukturen einer Heimerziehung (in Stans), in der verwahrloste Kinder im Medium allseitiger Versorgung lernen können, dass sich auch für sie sinnvolle Lebensperspektiven öffnen.

Dieses Konzept einer sozialpädagogischen Bildung wird im Lauf des 19. Jahrhunderts zunehmend wichtig. Es entstehen unterschiedliche Konzepte der Heimerziehung (Rettungshausbewegung), der Regulierung der Pflege- und Vormundschaftsverhältnisse, des Kindergartens als Hilfe für Kinder und ihre Mütter, der Jugendarbeit und – nicht zuletzt – der Hilfen für Menschen in besonderer Not. In dieser Ausweitung aber verschiebt sich das Aufgabenfeld der sozialpädagogischen Bildung. Die besonderen Verhältnisse von Armut und Not erscheinen als generelle Strukturprobleme der modernen Gesellschaft. Der sich durchsetzende Industriekapitalismus schafft Proletarisierung und Verelendung, er provoziert neue politische, kämpferische und solidarische Auslegungen und Praxen des Kampfes gegen Verelendung und Entfremdung. In diesem Horizont versteht sich sozialpädagogische Bildung – so Natorp – ebenso als generelle Frage nach der Bildung bildender Verhältnisse wie nach der menschlichen Bildung in den Verhältnissen.

Diese verallgemeinerte Bestimmung des sozialpädagogischen Bildungsverständnisses entwickelt und profiliert sich bis in unsere Gegenwart. Verwerfungen in den Produktions- und Konsumtionsformen, Verwerfungen zwischen Reich und Arm, zwischen in neuer Weise ungleich verteilten Ressourcen und eingeschränkten Partizipationschancen, Lebenslagen der Exklusion und Randständigkeit in der Erfahrung, in dieser Gesellschaft unnütz und überflüssig zu sein, Verwerfungen schließlich in der Unübersichtlichkeit und Vielfältigkeit von Lebenslagen der geschlechtsspezifisch geprägten Lebensverhältnisse oder der unterschiedlichen ethnischen Herkunft lassen sich unter dem Titel der Entgrenzung fassen (siehe Böhnisch/Schröer/Thiersch). Damit ist zum einen die Unübersichtlichkeit und Offenheit heutiger Lebensverhältnisse gemeint, zum anderen aber das neue Primat ökonomischer, wirtschaftsbedingter Interessen, das Bildung unter das Postulat der Ausbildung zum Humankapital stellt, einhergehend mit einer Dethematisierung sozialer Probleme, einer Privatisierung der Lebens- und Lernschwierigkeiten, die die neuen Verhältnisse erzeugen und – nicht zuletzt – einer Moralisierung derer, die in ihnen Verlierer sind. Entgrenzung meint zum zweiten das Spiel von Offenheit und notwendigen neuen Verbindlichkeiten, die im Medium von Entscheidung und Wahl verhandelt und realisiert werden müssen, ein Spiel, das gerade an den Rändern im Widerspruch von Erwartungen und Unmöglichkeiten so strapaziös und kränkend ist. Die darin liegenden Zumutungen für die Gestaltung von Bildung schaffen neue Aufgaben für die Sozialpädagogik. Sozialpädagogik intensiviert sich an den Rändern und rückt zugleich bis in die Mitte der Gesellschaft vor. Es entsteht das breit gefächerte Angebot von der Tagesbetreuung über Erziehungshilfen zur Jugendarbeit, von Ausbildungs-, Übergangs- und Beschäftigungsprojekten zur Arbeit mit besonders belasteten Gruppen und – vor allem – zu den Konzepten der regional und sozialräumlich orientierten Ressourcen- und Infrastrukturarbeit und -politik. Dieser Ausbau der Sozialpädagogik führte zur Rede vom sozialpädagogischen Jahrhundert, wie Thomas Rauschenbach und ich es formuliert haben. In diesen Entwicklungen hat der heutige Anspruch, Sozialpädagogik als Bildung und neben der Schule als eigenständigen Bereich von Bildung, zu verstehen, sein fundamentum in re.

Diese Entwicklungen können in ihren inhaltlichen Profilierungen und Aufgaben nur verstanden werden, wenn sie bezogen werden auf jenes Projekt Bildung der Moderne, das zu den beschriebenen institutionellen und professionellen Entwicklungen geführt hat, sie bestimmt und als klassisches Bildungsideal gefasst wurde. Das Konzept Bildung – sowie ich es oben skizziert habe – als Selbstbildung in der Aneignung von Welt, um die eigene Lebensgestalt zu finden, wird im Bildungsideal aufgenommen und in spezifischer Weise pointiert.

Ich gehe noch einmal zu Pestalozzi zurück. In den gegebenen gesellschaftlichen Verhältnissen verfängt – so heißt es bei ihm – der Mensch sich in Macht- und Konkurrenzkämpfe; die einen beuten die anderen aus, an denen nur die „Dienstform" interessiert; sie trauen sich selbst nicht, sie stehen in Angst, sie werden sich so gleichgültig wie es die anderen ihnen sind. Wenn in solchen Strukturen Selbstbildung gelingen soll, braucht es Möglichkeiten, an die im Menschen – unter allen gesellschaftlichen Verzerrungen – liegenden Anlagen zur Selbstgestaltung seines Lebens anzuknüpfen, ihm also die Erfahrung von Wohlwollen, Freundlichkeit und Anerkennung zu ermöglichen. Der Mensch – ausgebildet an Kopf, Herz und Hand – muss lernen, der Wirklichkeit und sich selbst zu trauen. „Alles, was es lieb macht, das will das Kind. Alles, was ihm Ehre bringt, will es, alles, was große Erwartungen in ihm rege macht, das will es. Alles, was in ihm Kräfte erzeugt, was es aussprechen macht, ich kann es, das will es" (Pestalozzi 1944: 9). So in der Ermöglichung und Erfahrung von Anerkennung wird der Mensch „Werk seiner selbst", er wird fähig, sein Leben verantwortlich zu leben, sich also als Subjekt seiner selbst zu erfahren und fähig zu Wohlwollen und Liebe den anderen gegenüber.

Dieser Entwurf eines gelingenden Lebens lässt sich – im Kontext der damaligen klassischen Diskussion – näher bestimmen.

- Bildung zielt auf Individualität, der Mensch gilt nicht als Mitglied seines Standes, seiner Klasse oder seines Milieus; er ist einmalig, unverwechselbar und muss dies leben.
- Bildung zielt darin auf Idealität; die Individualität des Menschen ist nicht beliebige Einmaligkeit, sondern orientiert am Bild des Menschen, wie er sein sollte und sein könnte.
- Bildung hat eine Doppelgestalt; sie zielt ebenso auf die Fähigkeit, sich in den gegebenen Verhältnissen als tüchtig zu erweisen wie auf Distanz zu den Verhältnissen, auf die Fähigkeit zu Kritik und Widerstand.
- Solche Bildung steht allen zu; Bildung ist Allgemeinbildung; in der beschriebenen Erweiterung und Präzisierung als soziale Bildung steht sie im Horizont sozialer Gerechtigkeit, die auf bildende Lebensstrukturen und eine Gesellschaft der Bürger in einer Demokratie zielt.

Dieses klassische Ideal einer Bildung als Entwurf eines gelingenden Lebens ist bestimmt durch gesellschaftliche Verhältnisse, die heute so sicher nicht mehr gelten, es ist geprägt von einer gleichsam natürlichen Übereinstimmung von Weltaneignung und Selbstbildung, von Individualität und Idealität. Es ist – damit einhergehend und gesellschaftspolitisch gesehen hochproblematisch – benutzt worden als Ideologie, um den Status des Bürgertums zu befestigen, und um sich in historischen Erinnerungen und allgemein abstrakten Denk- und Verhaltensmaximen von der gegebenen gesellschaftlichen Wirklichkeit zu distanzieren. Hinter diesen Konkretisierungen aber ist das Bildungsideal das Grundmuster eines Lebensentwurfs, der auch in den heutigen, entgrenzten Lebensverhältnissen produktiv genutzt werden kann; von ihm her lassen sich Aufgaben der schulischen und sozialpädagogischen Bildung für unsere Situation näher bestimmen und in ihren gegenwärtigen Repräsentationen kritisch transparent machen.

Die Entgrenzung der Verhältnisse macht Bildung als Selbstbildung zum zentralen Moment in der Lebensgestaltung.

Die Unübersichtlichkeit der Lebensstrukturen und die Vielfältigkeit und Offenheit von Weltwissen macht Selbstbildung zum zentralen Moment der Lebensgestaltung. Es scheint mir nicht uninteressant, dass diese neue gesellschaftliche Betonung von Selbstbildung gestützt wird durch Ergebnisse ebenso der Systemtheorie – die im Zeichen der Selbstreferentialität von Systemen die Frage der Selbstorganisation in den Mittelpunkt stellen – wie, neuerdings mit besonderer Intensität, die Ergebnisse der neurobiologischen Forschung, die davon ausgeht, dass Kompetenz und Intensität der Selbstbildung ein im Menschen angelegtes zentrales Steuerungsmoment zum Lernen sind.

Bildung als Selbstbildung zielt in der Offenheit heutiger Verhältnisse und in den verblassten bestimmenden Lebensmustern auf die Ausprägung der je individuellen eigenen Linie; Bildung zur Individualität gewinnt eine neue Bedeutung, die unter dem Titel der Biografizität erörtert wird. Sie okkupiert Kräfte und Anstrengungen. In dieser Konzentration liegt die Gefahr, dass der Zusammenhang von Individualität und Verbindlichkeiten (von Idealität) sich löst; er muss im Postulat der sozialen Verantwortung ausdrücklich intendiert und realisiert werden.

Bildung in der Offenheit heutiger Verhältnisse gelingt nur im Zusammenspiel aller Kompetenzen, die als Bildung von Kopf, Herz und Hand nicht untereinander hierarchisiert, sondern in ihren gegenseitigen Unterstützungen und Ergänzungen ausdrücklich thematisiert werden.

Solche Bildung ist ein riskanter Entwurf ins Offene; die Frage von Offenheit und Verbindlichkeit, von – wie Keupp formuliert – Patchwork-Identität und neuer Kohärenz wird zur Aufgabe. Sie verlangt Reflexivität. In den Offenheiten und Widersprüchen der Situation konkretisiert sich Reflexivität in den Aufgaben und Fähigkeiten der Wahl und Entscheidung und nicht zuletzt als Kompetenz, sich in Konflikten zu behaupten. Dies muss sich verbinden mit dem Widerstand gegen die Verführung, sich aus strapaziösen Offenheiten in fundamentalistische Denk- und Handlungsmuster zurückzuziehen.

Bildung als soziale Bildung konkretisiert sich gegenüber den Tendenzen der Dethematisierung sozialer Probleme, der Privatisierung von Bewältigungsaufgaben und der Moralisierung derer, die an den Rand geraten und ausgegrenzt sind. Sie insistiert auf dem Anspruch auf Allgemeinbildung in besonders belastenden Lebenslagen. Bildung muss ebenso ausgelegt werden gegenüber neuen Formen einer Vereinfachung, die Bildung nur als nützliche Ausbildung von Humankapital gelten lassen will und darin Selbstbildung verdünnt zur Fähigkeit sich zu präsentieren und in der Konkurrenz auf dem Markt zu behaupten.

Im Horizont dieses Bildungsideals ergeben sich Konsequenzen für die Praxis der schulischen und sozialpädagogischen Bildung und ihr Verhältnis zueinander. – In ihren spezifischen strukturellen Zugängen haben die Bereiche unterschiedliche Möglichkeiten, auf die spezifischen Bedingungen und Forderungen der Moderne zu reagieren. Im Folgenden will ich mich auf diesen Aspekt beschränken; die Probleme im Alltag, in dem strukturell angelegte Möglichkeiten so oft nicht nur verschüttet, sondern auch konterkariert sind, will ich nicht näher diskutieren, ebenso wie ich die prinzipielle Gefährdung aller Bildung in der

Gegenwart im Zeichen ihrer Entleerung und Ausbeutung für das Folgende voraussetze und nicht immer wieder neu konkretisiere. Ich versuche Bildung in Momenten zu skizzieren, in denen sich im Horizont des Bildungsideals ihre Eigensinnigkeit und Widerstandsfähigkeit Interessen und Gefährdungen unserer Zeit sich profilieren, beweisen und beweisen kann. Ein solcher Ansatz aber darf sich nicht überschätzen. Bildungsinstitutionen haben Aufgaben und Chancen, die genutzt und ausgebaut werden müssen. Sie bleiben aber bestimmt und damit begrenzt in den vorgegebenen gesellschaftlichen Strukturen und Entwicklungen. Bildung im Anspruch des Bildungsideals von reflexiver, mündiger Lebensgestaltung und Gerechtigkeit ist ein Moment in der Gestaltung von Gesellschaft. Auch dies aber muss und kann ich hier nicht weiter verfolgen.

Die neue Betonung von Selbstbildung, Individualität und Reflexivität geht einher mit einem neuen Aufwand und einem neuen Bedeutungszuwachs in den den Bildungsprozess unterstützenden Institutionen von Schule und Sozialpädagogik.

Schulische und sozialpädagogische Bildung bestärken sich in ihrer Eigenart. Schule als Repräsentant von Weltwissen und seiner curricular geordneten Vermittlung dehnt sich in der Wissens- und Informationsgesellschaft notwendig aus und wird in ihren Arrangements und Ansprüchen anspruchsvoller. Jugendzeit – im weiten Sinn genommen – wird Schul-, Lern- und Ausbildungszeit; sie verlängert und intensiviert sich. Parallel dazu wächst die Sozialpädagogik in dem ihr aus der Entwicklung heraus zukommenden Status eines eigensinnigen Bildungsbereichs, in dem sich die Zuständigkeiten für Aufgaben in der Breite unterschiedlichster Lebenslagen und Lebensphasen differenzieren und stabilisieren.

In diesen Bildungsbereichen profilieren sich die Aufgaben innerhalb der Bereiche und im Zusammenspiel der Bereiche.

Ehe dies aber erörtert werden kann, scheint es mir notwendig, darauf zu verweisen, dass sich das Nebeneinander dieser Bildungsbereiche zunehmend verundeutlicht; die Institutionen öffnen sich, Arbeitszugänge überlappen sich und gehen ineinander über. Der Zusammenhang von Aufgaben und Kompetenzen, wie er im Bildungsideal als notwendige Reaktion auf heutige entgrenzte Lebensverhältnisse thematisiert wurde, bestimmt zunehmend die Praxis der Bildungsbereiche, sie überwächst die traditionell gewachsenen Grenzen. So liegt es nahe, die Zuordnung von Institution und Arbeitszugang zu entkoppeln. Dies legen internationale Vergleiche nahe, ebenso wie neuere Ansätze in der deutschen Diskussion zu Modellschulen oder Ganztagsschulen und Ganztagsbetreuung. Eine solche Diskussion aber nur über Arbeitszugänge, unabhängig und gleichsam jenseits von Institutionen, wäre fahrlässig, wenn sie die hier gegebenen, aus der Geschichte heraus gewachsenen Ungleichzeitigkeiten und Ungleichheiten überginge und verschleierte. Die Hierarchisierung der Aufgaben einhergehend mit dem so unterschiedlichen gesellschaftlichen Status und Bezahlungsordnungen blockiert die anlaufenden und überfälligen Entwicklungen und belastet sie mit wechselseitigen Vorurteilen: Schule z.B. agiert vor dem Hintergrund ihres gesicherten Status in gleichsam unanfechtbar scheinender Selbstverständlichkeit, während Jugendhilfe – komplementär dazu – ins Moralisieren verfällt und für sich die Anwaltschaft für die eigentlichen Interessen des Kindes in Anspruch nimmt. Es gilt ein neues Verhältnis der Anerkennung von Gleichwertigkeit und Unterschiedlichkeit in Aufgabe, Problemsicht und Zugängen zu praktizieren. (Mich beschäftigt sehr, wie es z.B. innerhalb der Jurisprudenz möglich ist, sich im gleichen Verfahren vor Gericht in unterschiedlichen, ja auch gegeneinander agierenden Rollen im prinzipiell gleichen professionellen Status anzuerkennen.)

Indem scholarisierte Bildung sich am Konzept einer Bildung als Risiko eines offenen Lebensentwurfs orientiert, wird das alte Konzept des erziehenden Unterrichts wieder aufgenommen und neu formuliert. Die Lernbereiche werden umstrukturiert; soziale, politische und ästhetische Gegenstände gewinnen neu an Bedeutung; das Prinzip des Exemplarischen wird betont, individualisierende Lern- und zunehmend auch Beratungsarrangements setzen sich durch, ebenso wie die Organisation des Lernens im Projektlernen. Scholarisierte Bildung versteht sich in Konzepten von Ganztageseinrichtungen und Lernwerkstätten, im Konzept des „Haus des Lernens“, oder als Community School, wie sie sich als Bildungs- und Lernzentrum in der Gemeinde präsentiert. Kooperation mit Eltern wird selbstverständlicher ebenso wie die mit unterschiedlichen Initiativen und Aktivitäten im Gemeinwesen. In diesen Neukonzeptionen ergeben sich Bezüge zu jenen Bildungsaufgaben, in denen traditionellerweise die Sozialpädagogik tätig war, Erfahrungen gesammelt und Methoden ausgearbeitet hat. Zum einen erweitern sich Selbstverständnis und Handlungsrepertoire der Lehrer in der Schule, zum anderen aber ergeben sich vielfältige Formen der integrierten Arbeit und Kooperation mit Sozialpädagogen, z.B. in Form einer Schulsozialarbeit, die, unterschiedlich organisiert, zwischen der Mitarbeit im Kollegium bis zur geregelten Kooperation mit Kollegen in anderer Trägerschaft, praktiziert wird und vor allem in Kooperation mit Eigenangeboten der Sozialen Arbeit, sei es in verbindlichen gemeinsamen Projekten, sei es in Verweisungen und Vermittlungen. Vorhaben in Tandem-Strukturen erweisen sich als besonders effektiv.

Den konstitutiven Postulaten von Selbsttätigkeit und Selbstbildung als Orientierung im Offenen und Widerständigen entspricht in der Sozialpädagogik das Grundprinzip der Hilfe zur Selbsthilfe und die zentrale Bedeutung der alle Praxis eröffnenden und begleitenden Diagnose und Hilfeplanung als Steuerungsinstrumenten, um mit allen jeweils Beteiligten gemeinsam – aber in den Widersprüchen zwischen sozialen Strukturen, biografisch geprägten Ressourcen und Möglichkeiten der sozialpädagogischen Hilfe – auszuhandeln, was realisiert werden kann. Dem entspricht methodisch die Frage, wie im offenen Feld Anfänge gefunden werden können, die zu verfolgen Erfolg verspricht und institutionell die Vielfältigkeit des Angebots in seiner im Einzelnen sehr unterschiedlichen Ausgestaltung. Das Wissen um die Risiken des offenen Aushandelns hat zur breiten Entwicklung einer spezifischen, die gegenseitige Verlässlichkeit anzielenden Vertragskultur geführt und vor allem zur zunehmend selbstverständlichen Praxis von Teambesprechungen, Praxisberatungen, Supervisionen und Evaluationen. Dieses Arbeitskonzept, das so natürlich – das habe ich ja betont – nur als ideales Muster skizziert ist, kommt – so scheint mir – den spezifischen Strukturen der entgrenzten Moderne in besonderer Weise entgegen und ist darin ein weiterführendes Modell zur Gestaltung von Bildungsformen.

In einzelnen sozialpädagogischen Arbeitsfeldern gibt es Öffnungen und Überlappungen zum curricularen Lernen analog zu den Öffnungen im scholarisierten Lernen. Dies wird besonders deutlich in der Kindertagesbetreuung und in der Jugendarbeit.

Die derzeitige Neuvermessung der Kindertagesstättenarbeit im Horizont von Bildung setzt neue Impulse zur Auseinandersetzung mit curricular strukturierten Bildungsmustern. Diese Ansprüche werden stellenweise sehr direkt in der angestammten Priorität des Schulischen angemeldet und gestützt in der Angst, die rechtzeitige Ausbildung von Kompetenzen und gesellschaftlicher Konkurrenzfähigkeit zu versäumen. Hier gilt es die spezifischen Formen des kindlichen Lernens im Horizont des Projekts Bildung zu behaupten – wie es in der Tradition als Zusammenklang von Bildung, Erziehung und Betreuung intendiert war und gerade im OECD-Bericht besonders herausgestellt worden ist und sie mit neuen Möglichkeiten zu vermitteln. In der neuen Beachtung von Reformansätzen, in einer neuen Sensibilität für kindliche Neugier, Arbeits-, Entdeckungs- und Forscherlust und in den vielfältigen Bildungsplänen, die zwischen den Polen von Selbstbildung und Lernvorgabe, besonders auch in Bezug auf Sprache, ausgespannt sind, geht es darum, die Möglichkeiten kindlicher Verstehens- und Spiellust mit arrangierten, strukturierten Herausforderungen zu verbinden. Neben den kognitiv-gestaltenden Aufgaben dürfen die sozialen nicht vernachlässigt werden, wie sie der sozialpädagogischen Tradition der Kindergartenpädagogik entstammen. Kinder erfahren sich hier im Allgemeinen zum ersten Mal in einer großen Gruppe; sie lernen es, ihre eigenen Interessen zu artikulieren, sie mit und neben anderen durchzusetzen, Bündnisse zu finden und durchzuhalten und Konflikte zu klären. Sie lernen im Kontext der Gruppe neue Beziehungen zu Erwachsenen aufzubauen und sich in ihren individuellen, milieuspezifischen, geschlechtsspezifischen, ethnischen und religiösen Bedingtheiten und Ressourcen zu sehen und zu leben. Die Arbeit im Kindergarten versteht sich in der Gemeinsamkeit des mit den Eltern geteilten Erziehungsgeschäfts, damit ergeben sich auch besondere Chancen einer gleichsam präventiven Achtsamkeit, um auf besondere Belastungen und sich abzeichnende Verhaltensschwierigkeiten mit kompensierenden Unterstützungen reagieren zu können. Kindergärten können als Kinderhaus oder Familienzentrum sozialer Mittelpunkt der Gemeinde sein – ähnlich wie Community Schools.

Jugendarbeit hat spezifische Chancen zur Bildung in den Konstellationen des freiwilligen geselligen Umgangs, in den darin sich ergebenden Erfahrungen von Zusammengehörigkeit und Abgrenzung, in den Gelegenheiten zur Klärung und Gestaltung von Lebensfragen am „dritten Ort“, der den fest gelegteren Räumen von Familie, Schule und Ausbildung gegenüber offener ist, in der Kultivierung des Konfliktmanagements, in der alltäglichen Mitbestimmung und -gestaltung, in der politischen Einmischung. In der Jugendarbeit gab und gibt es immer auch deutlich curricular strukturierte Momente, in der politischen Bildungsarbeit, in der Kulturarbeit, in vielfältigen Projekten, die ästhetische Intentionen verfolgen, aber zunehmend auch spezifisch kompensatorische Bedürfnisse – z.B. in Bezug auf Sprachlernen – erfüllen. Hier gilt es, die Besonderheit von Bildungsprozessen deutlich zu machen und die curricularen Momente in den spezifischen Möglichkeiten der Jugendarbeit zu realisieren und deutlich profiliert herauszustellen.

Schließlich: So sehr sich in der jüngeren Diskussion diese Arbeitsfelder mit ihren Problemen der Vermischung und Überlappung von Bildungszugängen in den Vordergrund drängen, so wenig ist darin der Kern der Frage des Verhältnisses von Bildung und Sozialer Arbeit getroffen. Soziale Arbeit als Bildung zu verstehen, bedeutet in aller Erfahrung und Praxis in Eigenheit und Können im spezifischen sozialpädagogischen Zugang Selbstbildungsprozesse in der Spannung von Verhältnissen und Verhalten, von Selbsttätigkeit und Unterstützung, von Orientierung in der Gesellschaft und Widerständigkeit zu verstehen. Dies gilt für Prozesse in der Sucht- und Drogenarbeit wie in der Familienhilfe; es gilt ebenso auch für eine Stadtteilarbeit, die jenen Gruppen, die traditionellerweise am Rand bleiben und ihre eigenen Probleme in der Einschüchterung des Schweigens nicht artikulieren können, dazu verhilft, dass sie sie erkennen, formulieren und in die öffentliche Auseinandersetzung einbringen.

Wenn sich so die Eindeutigkeit der Arbeitskonzepte und Zuständigkeiten auflösen, stellen sich neue Aufgaben ebenso für die Koordination wie für die Veränderung des pädagogischen Selbstkonzepts. Wenn das komplexe Feld der Bildungszugänge nicht in Unübersichtlichkeit, in Neben- und Gegeneinander zerfallen soll, braucht es bewusste Anstrengungen zur Koordination und Planung und ein der Komplexität von Bildung komplementäres Konzept des Sozialraums, zur Kooperation und Koordination von Bildungszugängen in der Region. Kooperation ist nötig ebenso als institutionalisierte Bildungsplanung wie im konkreten Fall, damit Angebote, Trägerverantwortlichkeit, Rahmenverfahren und Arbeitserwartungen abrufbar sind, in denen sich der Einzelfall angehen lässt. Der Offenheit des Feldes mit seinen vielfältigen Optionen entspricht die Klärung von transparenten Verfahren und Definitionen von gegenseitigen Erwartungen, damit auch in Konflikten Handlungsfähigkeit gegeben ist. – Solche Kooperationen in dem heute gegebenen Feld von Hierarchien, Zuständigkeit und Arbeitskonturen zu fordern, ist billig, sie zu realisieren, ist immer aufwändig und schwierig und im Gelingen auch abhängig von unterschiedlichen regionalpolitischen und sozialpolitischen Faktoren und vor allem von einer offenen kommunikativen Planung, die nicht nur an Effektivität und Erledigung orientiert ist und damit alle Anstrengung kommunikativer Verständigung unterläuft.

Ausblick

Institutionell professionell inszenierte Bildung ist eingebettet in Lebensbildung und ihre alltäglichen Bildungserfahrungen; formalisierte und non-formalisierte Bildung lagert – so habe ich eingangs formuliert – auf der informellen Bildung auf.

Die Frage nach diesem Verhältnis verlangt eigene ausführliche Erörterungen (s. dazu z.B. den 12. Jugendbericht). Ich muss mich hier darauf beschränken, nur noch ganz knapp einige Probleme zu skizzieren, die mir im Zeichen der heutigen entgrenzten Situation für eine weitere Klärung von Selbstverständnis und Arbeitszugang der Sozialpädagogik wichtig scheinen.

Lebensbildung – Selbstbildung und der Erwerb von Lebenskompetenzen im Alltag des informellen Lernens in der Lebenswelt – ist ambivalent, geprägt zum einen durch gesellschaftliche Strukturen, durch ihre Ressourcen und Einschränkungen und zum anderen durch die Eigensinnigkeit und Eigenkräftigkeit der Bewältigungsaufgaben und -leistungen (s. dazu meine Arbeiten zur Lebensweltorientierten Sozialen Arbeit).

Macht und ökonomische Zwänge, Verunsicherung, Randständigkeit und Ausgrenzung bestimmen und begrenzen Lebensbildung als informelle Bildung. Eine erste Antwort auf dieses Wissen ist – der Ursprungsintention des modernen Bildungsprojekts folgend – die weitere Intensivierung der inszenierten Bildung vor allem auch die Erweiterung von Zuständigkeiten und Räumen, wie es zzt. für die Kindertagesbetreuung und die Ganztagseinrichtungen diskutiert und in die Wege geleitet wird. Diese Anstrengungen müssen gegen die gegenwärtig so blühende bloße Rhetorik vorangetrieben werden, flankiert durch den überfälligen Abbau der Selektionsstrukturen, die die Intentionen der Demokratisierung blockieren und unterlaufen.

Die Lebenswelt des informellen Lernens ist zum anderen die Welt der eigensinnigen Lebensbewältigung. Familien, Gruppen von Peers, Nachbarschaften, Freundschaften, berufliche und politische gemeinsame Aktivitäten vermitteln in ihrer eigenen Logik Lebenskompetenzen, um in der unmittelbaren Erfahrung komplexer Situationen anstehende Aufgaben pragmatisch im Zusammenspiel von Wissen, Fühlen und praktischen Handlungsregeln zu bewältigen.

Inszenierte pädagogische Bildungsgänge müssen sich auf diese Lebenskompetenzen beziehen. Sie sind Voraussetzung, Möglichkeit zur Anknüpfung und Potenzial der Kritik. In ihrer je unterschiedlichen Logik können Lebensbildung und inszenierte Bildung sich blockieren, nebeneinander herlaufen und einander fremd bleiben. Es gilt, sie in ihren Möglichkeiten gegenseitig herauszufordern, zu nutzen, zu befruchten und zu steigern – es gilt lebensweltliche Bildungserfahrungen zu respektieren und spezifisch-institutionell-professionelle Möglichkeiten zu nutzen. Dies ist die Intention vielfältiger Konzepte und Modelle der neueren pädagogischen Diskussion, z.B. des kritisch-exemplarischen Lernens bei Freire, des lebensweltlich orientierten Lernens in der Community School, der Lebenswelt- oder Subjektorientierung in der Sozialen Arbeit mit den Prinzipien der Alltagsnähe, der biografischen Arbeit, des Empowerment und der Sozialräumlichkeit. Es ist ebenso die Ratio neuer Konzepte der Elternarbeit im gemeinsamen Erziehungsauftrag der Kindertagesbetreuung oder der Kooperation und Vernetzung mit Betroffenen- und Bürgerinitiativen. Die hier liegenden Spannungen, Widersprüche und Vermittlungen zwischen Lebensbildung und pädagogisch inszenierter Bildung werden neuerdings eindringlich und dramatisch in Darstellungen heutiger Lebensgeschichten und pädagogisch inszenierter Bildungskarrieren verfolgt. In der Bearbeitung dieser Spannung, also im Bezug der professionell-institutionellen Hilfen zu Lebenskompetenzen und in der Öffnung zu Alltag und Sozialraum liegen – so scheint mir – besondere Erfahrungen und Chancen der Sozialen Arbeit, die es auszubauen und generalisiert zu nutzen gilt.

Die Passung zwischen den informellen Bildungsprozessen in der Lebenswelt und den pädagogischen Inszenierungen ist eines, ein anderes ist die notwendige Unterstützung der Eigensinnigkeit der Bildungsprozesse in der Lebenswelt, also die Respektierung und Förderung eigenständiger Lebens- und Bildungsräume und -gelegenheiten. Hier geht es um die politisch-sozialpolitische und pädagogische Herstellung bildender Bedingungen in der Lebenswelt; dem dienen die Schaffung und Stärkung eigener, stabiler Lebens- und Erfahrungsräume in lebensweltlicher Selbstzuständigkeit und die Unterstützung und Ermutigung durch Initiativen und vor allem durch Kinder-, Familien- und Jugend-, Stadtteil- und Arbeitspolitik.

Von hier aus ergibt sich noch einmal eine Erweiterung für das oben skizzierte Kooperationsnetz schulischer und sozialpädagogischer Bildungsmöglichkeiten im Stadtteil: es öffnet sich zum Konzept einer Bildungsszene, in dem Möglichkeiten des Lebenlernens mit denen des pädagogisch inszenierten Lernens vermittelt sind, also Notwendigkeiten, Chancen, Optionen und Träume, aber auch Schwierigkeiten und gegenseitige Vorurteile gesehen, gemeinsam ausgehandelt und gelebt werden. Dem entsprechen dann neue Profile und Überlappungen in den unterschiedlichen, aber gleichgewichtigen Formen der Unterstützung und Hilfe. Bildung als Selbstbildung realisiert sich im wechselweise sich unterstützenden Zusammenspiel informeller und formalisierter Bildungsgänge in einer Gesellschaft der Bürger, die sich als Gestalt und Ziel auch in der Bildungsszene repräsentiert. In diesem Kontext sozialpädagogische Bildung verorten zu können, scheint mir ein nicht unbeträchtlicher Gewinn der neuen Bildungsdiskussion.

Literatur

Böhnisch, Lothar/Schröer, Wolfgang/Thiersch, Hans (2005): Sozialpädagogisches Denken. Weinheim: Juventa

Bundesministerium für Familie, Senioren, Frauen und Jugend (Hrsg.) (2006): 12. Kinder- und Jugendbericht: Bericht über die Lebenssituation junger Menschen und die Leistungen der Kinder- und Jugendhilfe in Deutschland; Bildung, Betreuung und Erziehung vor und neben der Schule. Berlin

Pestalozzi, Johann H.: Gesammelte Werke. Herausgegeben von Bosshart, Emilie (1946). Bd. 8.. Zürich: Rascher

Otto, Hans-Uwe/Rauschenbach, Thomas (Hrsg.) (2004): Die andere Seite der Bildung: zum Verhältnis von formellen und informellen Bildungsprozessen. Wiesbaden: VS-Verlag

Seel, Helmut/ Scheipl, Josef (2004): Das österreichische Bildungswesen am Übergang ins 21. Jahrhundert. Graz: Leykam

Thiersch, Hans (2002):Positionsbestimmungen der Sozialen Arbeit. Weinheim: Juventa

Thiersch, Hans (2006): Lebensweltorientierte Soziale Arbeit. Weinheim: Juventa

Reinhard Uhle

Bildungsstandards

Auf ihrer 298. Plenarsitzung am 23./24.05.2002 fassten die Kultusminister der bundesdeutschen Länder (KMK) „den Grundsatzbeschluss für ausgewählte Schnittstellen der allgemeinbildenden Schularten Bildungsstandards zu erarbeiten, diese als verbindliche Vorgaben für die schulische Arbeit in den Ländern einzuführen und ihre Einhaltung von den Ländern überprüfen zu lassen" (Mannsfeld 2004: 297). Mit diesen Worten beschreibt der sächsische Staatsminister für Kultus den Beginn eines politischen Programms, für „mehr Vergleichbarkeit der schulischen Bildung, für mehr Gleichwertigkeit der Schulabschlüsse zwischen den Ländern zu sorgen und damit die Durchlässigkeit im Bildungssystem zu erhöhen – zugleich aber auch den Schulen mehr Eigenverantwortung zu geben" (ebd.: 298), wie er weiter erläutert.

Die Kultusministerkonferenz reagiert nach Ansicht des sächsischen Ministers mit der Einführung von Bildungsstandards vor allem auf die internationalen und nationalen Vergleichsstudien PISA 2000 und PISA 2000-E, in denen für ihn sichtbar wurde, dass die Leistungen von Schülern und Schülerinnen in Deutschland gegenüber anderen Staaten defizitär und zwischen den Bundesländern und zwischen Einzelschulen gravierende Leistungsunterschiede zu bemerken sind. Andere verweisen auf frühere Studien wie die „International Reading Literacy Study" von 1994 oder die Internationale Mathematik- und Naturwissenschaftsstudie (TIMSS), in denen ein „mediokres Abschneiden in internationalen Schulleistungsstudien" (Köller 2007: 14) deutscher Schüler/-innen konstatiert wurde. Auf jeden Fall kam es im Zusammenhang mit solchen Studien in verschiedenen Plenarsitzungen der Kultusministerkonferenz (KMK) zu Beschlüssen zu landesweiten und länder-übergreifenden Einführungen von Vergleichsarbeiten, zur Formulierung erster Bildungsstandards für einzelne Fächer für den mittleren Schulabschluss, für die Klasse 4 der Grundschule, für den Hauptschulabschluss und den mittleren Abschluss in naturwissenschaftlichen Fächern. Seitdem ist der Ausdruck „Bildungsstandard" ein viel diskutierter Begriff.

Der häufigen Verwendung des Ausdrucks seither entspricht eine Vielheit von Aufgaben, denen das Schulsystem und deren Mitgliedern mit dem Begriff ausgesetzt wurden, entsprechen Hoffnungen, Wünsche, Kritiken und Befürchtungen, die mit dem Ausdruck verbunden werden. Im Durchgang durch verschiedene Diskurskontexte, in denen der Begriff verwendet wird, sollen solche Aufgabenzuschreibungen und Kritiken an „Bildungsstandards" im Folgenden sichtbar gemacht werden, nämlich 1. als Aufgabenbeschreibung an das Bildungssystem in wissenschaftlichen Expertisen, 2. als Anforderung an das konkrete Handeln von Lehrer/-innen und Schüler/-innen im Bildungssystem, 3. als Hoffnung und Befürchtung in der Öffentlichkeit und 4. als Problem für ein Bildungsverständnis in sozialpädagogischem Kontext.

1 „Bildungsstandards" im Kontext wissenschaftlicher Expertisen

Der Ausdruck „Standard" ist zunächst ein alltagssprachlicher Begriff, der nach Klieme (2005: 6) „das Gewöhnliche, Eingespielte, Normale, das jeder Extravaganz und jeden Eigensinns beraubt ist", bezeichnet. Standards in der Produktion von Gütern oder Standards von Produkten entsprechen vorgegebenen Normen oder Normalitäts-Erwartungen. Andererseits sprechen wir auch von „hohen Standards", wie Klieme weiter ausführt, und benennen damit besondere Qualitätserwartungen beim Erwerb von Gütern. Diese sollen etwas Besonderes sein, nicht das Gewöhnliche und Selbstverständliche enthalten. Der Ausdruck verweist also gleichzeitig auf Normalität und Besonderheit.

Auch der Ausdruck „Bildung" wird alltagssprachlich unterschiedlich verwendet. Einmal bezeichnet er alles, was irgendwie mit Lehren und Lernen im privaten und öffentlichen Bereich zu tun hat. Wenn man seinen Horizont durch die Hilfe von Büchern und anderen Trägern kulturellen und technischen Wissens erweitert, so lernt man oder „bildet" sich. Wenn in öffentlichen Institutionen wie Kindergärten, Schulen, Weiterbildungseinrichtungen und Universitäten Unterricht erteilt wird, wird „Schul-" bzw. „Hochschulbildung" erteilt. Aber diese Identität von Lernen, Unterricht und Lehranstalt mit Bildung bzw. Bildungseinrichtung kann auch aufgehoben werden. Dann gilt nur eine bestimmte Qualität des Selbstlernens als „Selbstbildung", gilt nur eine bestimmte Qualität der Inhalte und Formen des Unterrichtens als „bildender" Unterricht, gelten nur bestimmte Lehranstalten als „Bildungseinrichtungen". Mit „Bildung" werden in solchen Fällen hohe Erwartungen an die durch Lehre zustande kommende Verbreitung sowie an die durch Lernen zustande kommende Aneignung von Kultur und Technik und an die entsprechenden Institutionen angesprochen. Im Allgemeinen geht es bei „Bildung" darum, jemanden durch Belehrung nicht nur für etwas zu qualifizieren, sondern Kulturgüter, Schulen und Unterricht so zu präsentieren, dass Inhalte, Orte und Prozesse des Lehrens und Lernens der Persönlichkeitsbildung von Lernenden dienen, zumindest aber als lebensbedeutsam wahrgenommen werden.

Hohe oder zumindest höhere Erwartungen an das Schulsystem zu richten ist entsprechend auch das Anliegen aller um den Ausdruck „Bildungsstandards" ringenden Diskurse. Zur Einrichtung eines staatlich kontrollierten Bildungssystems vor allem im 19. Jahrhundert gehörte immer auch eine Standardisierung dieses Systems in der Form amtlicher Vorschriften über „Schulzeit, Schulbesuch, Versäumnisse beim Schulbesuch, die Höhe des Schulgelds, die Auswahl der Lehrkräfte, die Durchführung des Unterrichts, Stundenpläne, Lehrmittel, Regeln und Maßnahmen zur Disziplin sowie Aufgaben der Schulaufsicht" (Oelkers 2004: 18). In der neueren Diskussion um Bildungsstandards werden solche Formen der Vereinheitlichung von Erwartungen an das Bildungssystem jedoch als „input"-Erwartungen charakterisiert, um sie von „output"-Erwartungen abzugrenzen. Denn die oben genannte neuere Diskussion um Bildungsstandards bezieht sich weniger auf solche Traditionen der Standardisierung als amtlicher Vereinheitlichung des Bildungssystems, als vielmehr auf angloamerikanische Besonderheiten von Bildungspolitik, vor allem seit den achtziger Jahren des 20. Jahrhunderts. Obwohl schon Mitte des 19. Jahrhunderts in England der Ausdruck „standard" zur Bezeichnung von Leistungsstufen zwischen I - VI verwendet wurde, mit denen Schulinspektoren die Leistungen von Schüler/-innen einstuften, kam es erst in den siebziger Jahren im Zusammenhang mit der Einführung eines englischen „nationalen Curriculums" zur Einrichtung eines „Office for Standards in Education", dem nationale Leistungsüberprüfungen und -inspektionen aufgegeben wurden (vgl. Klieme 2005: 7). In den USA wurde 1983 ein Bericht über Leistungsrückgänge amerikanischer Schüler/-innen in den darauf folgenden Jahren Anlass für das heutige Verständnis von „Standards", das aber als Englisch „standard" zu verstehen ist, nämlich als Entwicklung eines auf Standards basierten Schulsystems. Grundlegend für ein solches Verständnis von Standards ist, dass 1. klare Ziele des Lernens festgelegt werden, 2. Schüler/-innen die Möglichkeit geboten werden soll, diese Ziele zu erreichen und 3. über ein System von Leistungsmessung geprüft wird, ob und wie die Ziele erreicht werden (vgl. Berner/Stolz 2006: 15f.). Die Orientierung an klaren Erziehungszielen solcher „Standards in Education" führte dazu, diese Bezeichnung in den deutschen Ausdruck „Bildungsstandards" zu übersetzen. Nicht Vereinheitlichung durch administrative Vorgaben und Vorschriften über Klassengrößen, Lehrpläne, Lehrmittel usw. steht damit im Focus der Diskussion, sondern die Beaufsichtigung und Überprüfung der Erfüllung von Erwartungen an das Bildungssystem.

Entsprechend heißt es in einem Bericht über das sogenannte „Klieme-Gutachten" (Klieme/Avenarius/Blum et al. 2003), das zur wissenschaftlichen Grundlage der oben genannten KMK-Entscheidungen zur Einführung von Bildungsstandards wurde, dass mit „Bildungsstandards" einerseits Maßstäbe „für verantwortliches professionelles Handeln" von Lehrkräften, andererseits Maßstäbe zur „Lenkung und Kontrolle der Qualitätsentwicklung in Schulsystemen" sowie letztlich Maßstäbe für „Anforderungsniveaus (...) [sc. an] Klassen, Schulen, Schulformen und Länder" (Klieme 2004a: 625) benannt werden sollen. Damit bezieht sich dieses Gutachten, diese Expertise zur Implementation von „Bildungsstandards" zum einen auf Evaluierung und Kontrolle des Schulsystems sowie auch auf Vereinheitlichung von Anforderungen und Bildungszielen des Schulsystems und zum andern auf Standardsicherung der Professionalität von Lehrkräften und von Lehrer/-innenbildung.

Die unterschiedlichen Bezüge von Bildungsstandards einerseits auf das Bildungssystem und andererseits auf die Professionalität der Lehrkräfte führen zu einer auch wissenschaftlich unterschiedlichen Akzentuierung des Ausdrucks „Bildungsstandard".

Für die Evaluierung und Kontrolle des Bildungssystems gelten „Standards" von Bildung als normative und für alle verbindliche Vorstellungen davon, „wann Bildungsprozesse gut oder weniger gut, erfolgreich oder nicht erfolgreich verlaufen" (Klieme 2005: 6). Sie sollen Lehrerkräften, Schüler/-innen, Eltern, vor allem aber der Schulaufsicht dienen, zu überprüfen, ob die pädagogische Arbeit in den Schulen Gelingensansprüchen genügt, ob Schüler/-innen z.B. hohe oder verbesserte Lernergebnisse zeigen. Der Ausdruck wird hier auf die Vorgabe von Output-Zielen bezogen, um über Prüfungen und Tests die Qualität von Bildungseinrichtungen zu prüfen. Mit dem Ausdruck „Standard" wird damit auf Niveaus des Festlegens, Erreichens und Prüfens von Bildungsergebnissen aufmerksam gemacht. Deshalb sollen nach Klieme als wichtigste Leitlinie einer an Standards orientierten Bildungspolitik Qualitätssicherungsinstrumente angelsächsischer Tradition verwendet werden, um die Arbeit in Schulen zu regeln und zu prüfen. Das Ziel besteht darin: „Leistungsstandards im empirischen Sinne (= gemessene Lernergebnisse) sollen länderübergreifend auf ein ähnliches Niveau gebracht werden und zugleich – soweit möglich – angehoben werden, und Leistungsstandards im diagnostische Sinne (= Benotungsmaßstäbe) sollen angeglichen werden" (Klieme 2004a: 627). Dazu sollen die oben angesprochenen angelsächsischen Standard-Bestimmungen dienen. Hier werden „Standards im normativen Sinne (= Erwartungen)“ beschrieben als Erwartungen (a) an die Lernergebnisse von Schüler/-innen, sind Messlatten für gutes oder weniger gutes Lernen und werden als Performance-Standards bezeichnet. Diese normativen Standards beziehen sich (b) auf Erwartungen an die Inhalte von Unterricht, gelten dann als Content Standards oder beziehen sich (c) auf Erwartungen an Unterrichtsbedingungen, werden Opportunity-To-Learn-Standards (ebd.) genannt. Qualitätsentwicklung heißt, bestimmte normative Erwartungen an das Bildungssystem als verbindlich für alle Schulen zu vereinbaren und deren Einhaltung bzw. Erreichen zu überprüfen.

Als Merkmale „guter Bildungsstandards“ gelten im Klieme-Gutachten z.B. bezogen auf die Content-Standards, also auf die Inhalte und Gegenstände von Unterricht, dass diese Standards auf bestimmte „Lernbereiche“ und „Grundprinzipien“ von Fächern bezogen sind und von diesen wenige „Kernbereiche“ zum Lehr- und Überprüfungsgegenstand werden. Bezogen auf Performance-Standards gelten als „gute Bildungsstandards“, dass Lernerwartungen „kumulativ“ aufgebaut und „systematisch vernetzt“ sind, d.h. den Aufbau von Stufen des Erwerbs immer höherer Niveaus und Verbindung zu verschiedenen gewünschten Befähigungen und Fertigkeiten zeigen und dass sie als „verständlich“ für Lehrkräfte, Schüler/-innen, Eltern ebenso wahrgenommen werden wie als erreichbar (vgl. von Saldern/Paulsen 2004: 73ff.). Entsprechend gelten als gute Opportunity-To-Learn-Standards wünschenswerte Ressourcen zur Erteilung von Unterricht.

Wichtig für Bildungsstandards wird die Verknüpfung von „Standards“, „Bildung“ und „Qualität“. Denn mit Performance-Standards, Content-Standards und Opportunity-To-Learn-Standards mit entsprechenden guten Merkmalen soll systematisch die Qualität des Bildungssystems hinsichtlich von Bildungsergebnissen verbessert und überprüft werden. Nötig dazu ist es, „Bildung“ zu spezifizieren. Als Bildungsprinzip von allgemeinbildenden Schulen steht nicht mehr wie bisher nur „Wissenschaftsorientierung“ und „Kritik“ im Vordergrund. Der damit angesprochene Erwerb wissenschaftlicher Attitüden und Verfahren zu Problemlösungen, die den Wissenschaften analog sind, bestimmte seit den siebziger Jahren das Bildungsverständnis aller Schulen in Deutschland, während nun mit Bildungsstandards der Erwerb von „Kompetenzen“ in den Vordergrund rückt. Kompetenzen werden dabei als Zusammenspiel von Kenntnissen, Fertigkeiten und Einstellungen verstanden, die über die Beschäftigung mit bestimmten Inhalten (Contents) in Kompetenzbereichen erworben und zu sachverständigem Umgang mit kulturellen und technischen Gegenständen verwendet werden können. Als grundlegend gilt die Definition von Kompetenz durch den pädagogischen Psychologen Weinert: Kompetenzen sind hier „die bei Individuen verfügbaren oder durch sie erlernbaren kognitiven Fähigkeiten und Fertigkeiten, um bestimmte Probleme zu lösen, sowie die damit verbundenen motivationalen, volitionalen und sozialen Bereitschaften und Fähigkeiten, die Problemlösungen in variablen Situationen erfolgreich und verantwortungsvoll nutzen zu können“ (Weinert 2002: 27f.). Die kognitive, willentliche und in sozialen Bezügen sich zeigende Befähigung zu einem erfolgreichen Umgehen-Können mit Dingen wird damit als gewünschtes Ergebnis schulischer Bildungsprozesse hervorgehoben. Kompetenzen umfassen damit sowohl Bereitschaften, Fähigkeiten, Dispositionen (man kann Autofahren, ohne es gerade zu tun) als auch praktische Handlungen (man fährt gerade ein Auto, bremst, schaltet, beachtet Verkehrsregeln usw.). Sie lassen sich in „Schlüsselkompetenzen“ als Fähigkeiten und Fertigkeiten, die in den verschiedensten kulturellen und technischen Bereichen als nötig erachtet werden, und in spezielle Kompetenzen, wie z.B.

Lesekompetenz oder mathematische Kompetenz, ausdifferenzieren (vgl. Klieme 2004). Darüber hinaus – und für die Leistungsüberprüfung von Bildungsergebnissen besonders wichtig – lassen sie sich in Kompetenzstufen bzw. -niveaus unterscheiden, um festzustellen, ob Schüler/-innen etwas mehr oder weniger gut können. Damit kommt es bei der Verwendung des Ausdrucks „Bildungsstandards" zu Unterscheidungen zwischen „Mindeststandards", „Regelstandards" und „Maximalstandards". Mit ersterem Ausdruck werden Kompetenzen benannt, die nicht unterschritten werden dürfen. Die zweite Bezeichnung betont Kompetenzen, die durchschnittlich – mit Abweichungen nach oben und unten – zu erwerben sind und die dritte Bezeichnung verweist auf Kompetenzen, die die besten Schüler/-innen erreichen sollen (vgl. Böttcher 2006a: 691ff.).

Die bisher entwickelten Ausdifferenzierungen und Verknüpfungen von Standards, Bildung, Qualität und Kompetenzen zeigen Ähnlichkeiten, aber auch Unterschiede mit der Rede über Bildungsstandards in der Lehrer/-innenbildung. Für die Sicherung der Professionalität des Lehrer/-innenberufs spricht die für Lehrkräftebildung vorgenommene Expertise der „Arbeitsgruppe des Sekretariats der Ständigen Konferenz der Kultusminister der Länder in der Bundesrepublik Deutschland" (2004) auch von „Bildungsstandards" im Sinne von Kompetenzen, die dieser Beruf verlangt. Auch in dieser Expertise wird als „Standards" die Anzahl inhaltlicher „Kompetenzen" hervorgehoben, über die hier Lehrer/-innen für die Ausübung ihres Berufes verfügen sollen. Hier fungieren „Standards" als Hinweise auf dasjenige Wissen und Können, das in elf Kompetenzbereichen als nötig erachtet wird, wie z.B. zur Planung von Unterricht, zur Motivation von Schüler/-innen, zur Förderung selbstbestimmten Lernens, zur Ausübung von Erziehungsaufgaben usw. Im Beschluss der Kultusministerkonferenz vom 16.12.2004 werden diese Kompetenzbereiche aufgeführt, allerdings ohne Hinweise auf Kompetenzstufen (vgl. Sekretariat der Ständigen Konferenz der Kultusminister der Länder in der Bundesrepublik Deutschland 2005).

In der Expertenvorlage für diesen Beschluss werden „Standards" jedoch nicht nur als Wissens- und Könnensbestände von Lehrer/-innentätigkeiten benannt, sondern auch als Ausprägungsgrade beschrieben, über die man „minimal", als „Regelfall" oder „gut" mithin gestuft verfügen soll (vgl. Sekretariat der Ständigen Konferenz der Kultusminister der Länder in der Bundesrepublik Deutschland 2004: 22ff.). Die Bildungsdiskussion um die Einführung solcher Standards kennt jedoch noch andere Akzentuierungen von „Standards", wenn es dort um die Beherrschung von „Standardsituationen" geht, vor die Lehrkräfte gestellt sind. Hier bezeichnen „professionelle Standards im Lehrberuf" eine bestimmte Qualität des Wissens und Könnens von Lehrkräften zur Behandlung von Schulproblemlagen. Lehrer/-innen handeln dann auf hohem Standard, wenn sie ihre Aufgaben unter Einbeziehung und Integration von theoretischem, empirischem, lebensweltlichem und traditionellem Handlungswissen erfüllen (vgl. Oser 2001; Reh 2005; Terhart 2005). In diesem Kontext ist von Bildungsstandards dann die Rede, wenn immer wiederkehrende problematische Unterrichtssituationen von Lehrenden mit einer Handlungsstrategie bearbeitet werden, in der wissenschaftliches, Alltags- und Traditionswissen miteinander verknüpft werden. Das Handeln der Lehrkräfte soll mithin durch ein bestimmtes Wissen bestimmt werden, das kein „träges Wissen" darstellen soll, sondern handlungsbestimmendes Wissen.

2 „Bildungsstandards“ im Kontext von Schulpraxis

Über Beschlüsse der KMK wurde und wird die Fokussierung des Bildungssystems auf Bildungsstandards, auf normative Erwartungen an das Bildungssystem, wie sie in den Expertisen zum Ausdruck gebracht werden, zum bildungspolitischen Erwartungshintergrund an Schulen. Zusammen mit anderen Konzepten wie denen zur Verbesserung von Sprachkompetenz im vorschulischen Bereich, zum Ausbau von Ganztagsschulen, zur Förderung benachteiligter Schüler/-innen, zur Umstellung von Lehrplänen entweder auf „Kernlehrpläne“, z.B. in NRW, oder auf „Bildungspläne“, z.B. in Baden-Württemberg, zur Veränderung von Lehrer/-innenausbildung werden „Bildungsstandards“ zu einer neuen „Bildungspolitik nach PISA“ (Kiper 2007). In den Bundesländern entstehen „Initiativen zur Sicherung und Weiterentwicklung der Qualität von Unterricht und Schule auf der Grundlage verbindlicher Standards sowie einer ergebnisorientierten Evaluation“ (ebd.: 47). Dazu soll die Einführung von Parallel- und Vergleichsarbeiten bundesweit sowie innerhalb von Schulen und Ländern und von zentralen Abschlussprüfungen für die verschiedenen Schulabschlüsse (Haupt- und Realschulabschluss, Abitur) dienen. Schulen sollen eigenverantwortlich arbeiten, aber mit Hilfe der Einführung von Bildungsstandards mit ihrem Akzent auf gewünschte, von Schüler/-innen in ihrer Schulkarriere zu erwerbende Kompetenzen als Könnensleistungen in bestimmten Kompetenzbereichen auf ihren Lernerfolg überprüft werden.

Dies hat Auswirkungen auf das professionelle Handeln von Lehrkräften und auf das Lernen von Schüler/-innen in zweierlei Hinsicht. Erstens müssen sich Lehrende und Lernende auf Beschlüsse der KMK zwischen 2002 und 2006 und entsprechende Umsetzungen in den Bundesländern und an ihren jeweiligen Schulen einstellen. Es erwartet sie, dass in festen Zeitabständen in der dritten Jahrgangsstufe und am Ende der Sekundarstufe I der Erwerb von Kompetenzen bei Schüler/-innen überprüft wird. Sie sind aufgefordert, aus solchen Evaluationen über Lernstandserhebungen, Vergleichs- und Parallelarbeiten Rückschlüsse für ihr eigenes Tun und ihr schulisches Umfeld zu ziehen (vgl. Hosenfeld 2005). Darüber hinaus müssen Lehrende einheitliche Prüfungsanforderungen für Fächer wie Deutsch, Mathematik, erste Fremdsprache und Naturwissenschaften zum Erwerb von Abschlüssen am Ende der Sekundarstufe I und für die Hochschulreife in Rechnung stellen, in denen bestimmte Kompetenzbereiche verpflichtend vorgeschrieben sind. Zweitens muss Unterricht so konzipiert werden, dass Schüler/-innen fachliche und Grundkompetenzen, die in den Kompetenzbereichen vorgeschrieben werden, auch erlernen können. Drittens muss es zu einer Vereinheitlichung von lerndiagnostischen Urteilen bzw. von Beurteilungsmaßstäben kommen, z.B. auf Gewichtungen von Einzelfähigkeiten innerhalb komplexer Aufgabenlösungen durch Schüler/-innen. Bildungsstandards – so sagt es Klieme (2006: 67) – führen zu neuen „impliziten Standards“ der Unterrichtung, insofern „kompetenzbasierte Bildungsstandards als Grundlage für die Weiterentwicklung didaktischer Kulturen“ wahrgenommen werden müssen.

Bildungsstandards regeln zunächst die Prüfungen, auf die Lehrende ihre Schüler/-innen vorbereiten sollen, insofern in Prüfungsaufgaben konkretes Verhalten beschrieben werden soll, das als Lernergebnis in den oben genannten Fächern erwartet wird. So werden als Bildungsstandards für das Fach Biologie (wie für Physik und Chemie) vier Kompetenzbereiche unterschieden: „(1) Fachwissen, (2) Erkenntnisgewinnung, (3) Kommunikation und

(4) Bewertung“ (Köller 2007: 19) und ausdifferenziert. „Fachwissen“ zu beherrschen heißt z.B. „Lebewesen, biologische Phänomene, Begriffe, Prinzipien, Fakten kennen und den Basiskonzepten zuordnen“ (ebd.) zu können. Die Standards orientieren sich in diesem Falle an internationalen Überlegungen zur naturwissenschaftlichen Grundbildung („Scientific Literacy“) oder im Falle der ersten Fremdsprache z.B. am „Gemeinsamen europäischen Referenzrahmen für Sprachen“ (Europarat 2001). In den bisherigen, für Schulen verpflichtend gemachten Bildungsstandards mit ihren Kompetenzbereichen werden nur zum Teil Niveaus von Kompetenzen unterschieden und die erwarteten Kompetenzen nur zum Teil genau präzisiert. Eine solche Herstellung konkreter Aufgaben und Testitems für die Kompetenzbereiche ist in Entwicklung. Denn ab dem Jahre 2009 sollen regelmäßig empirische, die Bundesländer vergleichende Überprüfungen von Schüler/-innen auf der Basis neu ausgearbeiteter Bildungsstandards erfolgen, soll nicht mehr mit den bisherigen Testverfahren der PISA-Vergleichsstudien gearbeitet werden, über die bisher solche Vergleiche durchgeführt wurden (vgl. Köller 2007: 21). In den jetzigen Prüfungen ohne solche Vorarbeiten aber kommen vor allem zwei Grundgedanken von Bildungsstandards zur Geltung. Geprüft werden einerseits Kompetenzbereiche und andererseits Kompetenzerwartungen in der Form von Can-Do-Statements (ebd.: 20), d.h. von Befähigungen dazu, dass Schüler/-innen anwendungsorientiert angelegte Aufgaben lösen, die im Zusammenhang mit bestimmten Inhalten, mit Bildungszielen, mit Grundprinzipien und Kernbereichen von Fächern stehen.

Dies hat zur Folge, dass Schüler/-innen systematisch auf diese Art der Überprüfung ihrer Lernergebnisse vorbereitet werden müssen, sollen die Lernergebnisse nicht defizitär sein. „Mit Bildungsstandards in der Schule [sc. zu] arbeiten“ (Artelt/Riecke-Baulecke 2004: 39ff.) heißt, diese als zentrales Aufgabenfeld für Schulmanagement, Schulprogramme und Schulentwicklung zu verstehen. Lehrpersonen müssen im Sinne der Lehrer/-innenbildung „kompetent“ sein, um zum Aufbau von Kompetenzen bei Lernenden unterrichtend Hilfe zu leisten. Sie müssen ihren Unterricht so planen und durchführen, selbst überprüfen und mit Kollegen und Kolleginnen beraten, dass diejenigen Fähigkeiten und Fertigkeiten von Schülerinnen und Schülern erworben werden, die in sogenannten Bildungsplänen als Standards ausgewiesen werden. Einen Vorschlag dazu entwickelt etwa einer der Beteiligten an den baden-württembergischen Bildungsplänen, der Autor Ziener (2006: 43ff.). Er zeigt an Beispielen, wie Lehrende in ihrer Unterrichtsvorbereitung „Kompetenzexegese“ vornehmen, Unterrichtseinheiten nach Kompetenzgesichtspunkten konzipieren, Kriterien und Indikatoren für kompetenzorientierte unterrichtliche Interaktionen berücksichtigen und für Kompetenzbildung geeignete Unterrichtsmethoden auswählen müssen, um den Vorgaben durch Bildungsstandards gerecht zu werden. Bei „Kompetenzexegese“ hebt er die Notwendigkeit hervor, die in den Lehrplänen für die Fächer und Jahrgänge geforderten Kompetenzbereiche und Kompetenzstufen in erkennbares und erwartetes Können von Schülerinnen und Schülern übersetzen zu können. Bei Unterrichtsplanung zur Generierung von Kompetenzen ist ihm vor allem die Begründung von Themen im Zusammenhang mit den gewünschten zu erwerbenden Kompetenzen und eine entsprechende Planung des Unterrichtsverlaufs wichtig. Als Indikatoren für kompetenzorientierte unterrichtliche Interaktion gelten ihm vor allem Lehrarrangements, die Schüler/-innen zu Mitwissenden über und Mitmachenden beim Erlernen von Kompetenzen werden lassen, gelten ihm Arbeitsformen, über die Lernende „eigene“ Lösungswege finden, und gelten ihm Medien und Unterrichtsmaterialien als wichtig, mit denen etwas hergestellt oder gemacht wird.

Die hier vorgetragenen Beispiele und Empfehlungen beinhalten keine neuen didaktisch-methodischen Grundgedanken, sondern zeigen nur, wie das neuere Steuerungsinstrument des Bildungssystems, genannt „Bildungsstandards“, bestimmte Akzentuierungen professionellen Unterrichtens verlangt. Bildungsstandards sollen sich nämlich an „Handlungen und Operationen“ (Klieme/Avenarius/Blum et al. 2003: 15) von Schülerinnen und Schülern orientieren. Um Befähigungen dazu zu vermitteln, die über die Formulierung von Bildungsstandards erwartet werden, müssen Lehrende ihre bisherige Praxis der Unterrichtsvorbereitung, der Unterrichtsdurchführung, der Verwendung von Unterrichtsmedien, der Diagnose von Lernleistungen usw. nicht aufgeben, aber diese über neue didaktische und methodische Prinzipien, Leitgedanken und Leitlinien anders akzentuieren. Denn der Bezug auf Bildungsstandards, wie er in neuen Bildungs- oder Kernlehrplänen zum Tragen kommt, stellt das Lernen von Schülerinnen und Schülern in den Vordergrund. Dies hebt Hartmut von Hentig vor allem für Bildungspläne hervor, wenn er zur „Einführung in den Bildungsplan 2004“ des Landes Baden-Württemberg schreibt: „Lehrpläne geben an, was ‚gelehrt‘ werden soll. Ein Bildungsplan gibt an, was junge Menschen im weitesten Sinne des Wortes ‚lernen‘ sollen: Auf welche Anforderungen und Ziele hin sie sich am Besten an welchen Erfahrungen formen und welche Mittel zur Gestaltung ihres Lebens, welche Übung in welchen Fähigkeiten dabei dienlich sind – Mittel und Fähigkeiten, die ihnen ermöglichen, als Person und Bürger in ihrer Zeit zu bestehen“ (von Hentig 2006: 7).

3 Bildungsstandards im Kontext öffentlicher Diskussionen

Die Einführung kompetenzbasierter Bildungsstandards in das deutsche Schulsystem hat eine Vielzahl öffentlicher Reaktionen durch Parteien, Verbände, Gewerkschaften, Gruppierungen, durch Wissenschaftler und Betroffene zur Folge. Bleiben wir nur auf der Ebene von wissenschaftlichen Diskussionen, so werden in Sammelbänden (vgl. z.B. Fitzner 2004; Rekus 2003; Eder et al. 2006; Böttcher et al. 2006; Benner 2007a) und in Themenheften pädagogischer Zeitschriften etwa mit den Titeln „Standards. Unterrichten zwischen Kompetenzen, zentralen Prüfungen und Vergleichsarbeiten“ (Becker et al. 2005) bzw. „Bildung und Standards. Zur Kritik der ‚Instandardsetzung‘ des deutschen Bildungswesens“ (Schlömerkemper 2004b) Hoffnungen, Wünsche, Befürchtungen, offene Fragen, Mängel, Kritiken und Ablehnungen der Einführung von Bildungsstandards intensiv artikuliert. Die Vorbehalte gegen die Einführung von Bildungsstandards beziehen sich vor allem (a) auf die Qualität der vorgesehenen Evaluationsinstrumente, (b) auf die Legitimität der Festlegung der Elemente von Bildungsstandards, (c) auf deren Wirksamkeit zur Verbesserung von Schulqualität und Lernleistungen, (d) auf den Sinn der gewünschten Effekte und (e) auf das neue Bildungsverständnis, das mit Bildungsstandards verbunden ist. Im Einzelnen lautet die Kritik:

- Es bestehen (a) zwischen den unterschiedlichen Erhebungen (Schulleistungstest, Lernstandserhebungen, Parallelarbeiten usw.) ganz unterschiedliche Gütekriterien und Arten der Leistungsbeurteilung, die zur Anwendung kommen, und sie dienen nicht miteinander korrespondierenden Zwecken (vgl. z.B. Schwippert 2005; Benner 2007a; Heid 2007).

- „Bildungsstandards fallen nicht vom Himmel“, sagt (b) Tenorth (2005: 30) und macht mit anderen (z.B. Lange 2004; Maag Merki 2005; Winter 2005) damit darauf aufmerksam, dass Bildungsstandards nur Vereinbarungen zwischen Politikern, Test- und Aufgabenkonstrukteuren darstellen. Sie folgen nicht unbedingt der Logik des besseren Arguments, sondern sind interessenbezogen. Denn Bildungsstandards erwerben ihre Legitimation durch Verfahren der Einigung etwa innerhalb der KMK oder innerhalb der Bildungspolitiker eines Landes bzw. durch Entscheidungen von Wissenschaftlergruppen, welche Kompetenzen mehr oder weniger zentral gewichtet werden.
- Bildungsstandards sind (c) eingebettet in Wirkungsannahmen zur Verbesserung des Schulsystems und vor allem schulischer Lernleistungen. Ob und inwiefern die gewünschten Verbesserungen eintreten, kann man im Vorhinein problematisieren. Man kann die bisherige Nicht-Abstimmung der Einzelmaßnahmen und Einzelkomponenten bei der Einführung von Bildungsstandards als Fehlen einer „Programmlogik“ kritisieren, die organisationstheoretisch als zentral für den möglichen Erfolg von Schulveränderungen wahrgenommen wird. Erhoffte Wirkungen sind dann eher unwahrscheinlich (vgl. z.B. Böttcher 2004, 2006a, 2006b). Die Wirkungsannahme der Verbesserung von Lernleistungen durch Bildungsstandards kann aber auch problematisiert werden, indem auf das unterschiedliche Gewicht von Einflussfaktoren auf Schulleistungen wie Schul-Ebene, Unterrichts-Ebene, Ebene der Schülermerkmale verwiesen wird. Im Durchgang durch Befunde zur besonders hohen Gewichtung von Schüler/-innenmerkmalen, also Gegebenheiten wie „fachspezifisches Interesse, das Fähigkeitsselbstkonzept, das emotionale Erleben, die Selbstwirksamkeitserwartung sowie die sogenannten metakognitiven Fähigkeiten bzw. der Arbeitsstil und die Lernstrategie“ für Lernerfolge von Schüler/-innen, verweist Zedler (2007: 69f.) darauf, dass die Einführung von Bildungsstandards gerade diese Merkmale nicht in den Mittelpunkt stellt. „Man muss nicht Prophet sein“, so endet seine Überlegung, „um vorherzusagen, dass die Misserfolge der bisherigen Maßnahmen [sc. eine] Reformkorrektur erforderlich machen werden“ (ebd.: 78).
- Bildungsstandards zielen (d) auf Vereinheitlichung und Kontrolle des Bildungssystems. Genau dies aber wird als Problem einer „überbetreuten Schule“ (Gallin 2005) oder als Herstellung „standardisierter Schüler“ (Spinner 2005) bzw. des „standardisierten Individuums“ (Becker 2004: 22) gesehen. Denn diese Vereinheitlichung hat Kosten, insofern nur wenige ausgewählte wünschenswerte Lernprozesse und Lernergebnisse von Schülerinnen und Schülern als wichtig wahrgenommen werden und die „Qualität“ von Schule sich nicht in der Ermöglichung von „Kompetenzen“ erschöpfen darf (vgl. z.B. Plöger 2005; Regenbrecht 2005; Rekus 2005).
- Solche Kritik an Vereinheitlichung und Kontrolle des Schulsystems beruft sich (e) im Allgemeinen auf bildungstheoretisches Gedankengut, indem das Bildungsverständnis von Bildungsstandards als unzulänglich thematisiert wird. So wird darauf verwiesen, dass sich Bildungsstandards vor allem an fachbezogenen Kompetenzen zuungunsten von fachübergreifenden orientieren und damit traditionelle Bildungsideale und Bildungsziele wie „Mündigkeit, Verantwortungsbereitschaft, Kooperationsfähigkeit“ (Schlömerkemper 2004a: 7) aus dem Blick kommen. Die Vernachlässigung solcher Ideale, die im Zusammenhang mit dem klassischen Bildungsgedanken von der Menschwerdung des Menschen durch Auseinandersetzung mit Kultur stehen, bedeutet Ökonomisierung der Bildung, insofern die Einführung von Bildungsstandards als „politischer

Handlungszwang [sc. zu sehen ist], das Bildungswesen angesichts des internationalen Konkurrenzdrucks und der Funktionalität schulischen Lernens für die Produktion von Zukunftswissen ‚fit' zu machen" (Messner 2004: 29). Kritik am Bildungsverständnis im Ausdruck „Bildungsstandards" setzt auf „Bildung der Persönlichkeit", auf den Prozess der Einflussnahme auf Selbstbildung durch Förderung von Selbstwahrnehmung und Selbstgestaltung durch eigenständige Weltaneignung. Einem solchen Bildungsverständnis werden Bildungsstandards mit ihren Beschreibungen von Kompetenzen nicht gerecht. Deshalb kommt es zu den Fragen: „Fördern ‚Bildungsstandards' die allgemeine Schulbildung?" (Herrmann 2005) oder „Sichern Bildungsstandards die Bildungsaufgabe der Schule?" (Regenbrecht 2005).

4 Bildungsstandards im Kontext von Sozialpädagogik

Kritik an der Verengung und Verkürzung des Bildungsgedankens im Begriff „Bildungsstandards" findet sich auch im sozialpädagogischen Diskurs um Bildung im Zusammenhang mit den PISA-Studien und der Einführung von Bildungsstandards. An den PISA-Studien wird vor allem das Ergebnis betont, dass soziale Herkunft und soziale Milieus die Chancen zur Partizipation an unserer Wissens- und Bildungsgesellschaft behindern (vgl. z.B. Bock/Andresen/Otto 2006), um für ein „neues Verhältnis von Bildung und Jugendhilfe" (Bundesministerium für Familie, Senioren, Frauen und Jugend 2001) einzutreten. Für dieses neue Verhältnis ist die Begrenzung einer durch Standards bestimmten Bildung auf überprüfbare und fachbezogene Kompetenzen ein besonderes Problem. Von daher thematisiert der sozialpädagogische Diskurs ebenfalls die oben genannte bildungstheoretische Forderung, Bildung als Persönlichkeitsentwicklung zu begreifen und allgemeine Bildungsideale nicht auszuklammern. Im Unterschied zur Kritik an der „Standardisierung von Bildung" im Kontext schulbezogener Diskurse, die Persönlichkeitsentwicklung eher als Begegnung und Auseinandersetzung mit zentralen Momenten von Kultur verstehen, thematisiert sozialpädagogische Kritik eher biografische bzw. soziale Prozesse von Persönlichkeitsentwicklung als Selbstsozialisation oder Selbstbildung auch außerhalb institutionalisierter Bildung. Dabei kommt das Scheitern von Jugendlichen in formellen Bildungssystemen ebenso in den Blick wie Orte informellen Lernens, außerschulische Bildungs- und Freizeitangebote, Kinderbetreuung und Lebensbewältigungshilfen. Ob dabei Persönlichkeitsentwicklung als Selbstbildung mit Qualitätsansprüchen an diese Persönlichkeitsentwicklung oder als Selbstsozialisation ohne solche Ansprüche zu verstehen ist, ist ebenso umstritten wie die Bestimmungen der Qualität von Selbstbildung in solchen Kontexten.

Wenn Selbstbildung etwa von Thiersch (2006) als „Leben lernen" oder als „Lebensbildung" aufgefasst wird, dann kommen vor allem zwei Kritiken an Bildungsstandards in den Blick der Sozialpädagogik. Erstens macht diese Art des Bildungsverständnisses darauf aufmerksam, dass die Aufgabe, das Leben zu lernen, nicht in Bildungsstandards mit deren Orientierung an verbindlichen Zielen, Inhalten, Niveaus und Kernbereichen von Fächern sowie an Erfassung und Bewertung von Lernergebnissen als bestimmbare Kompetenzen übersetzbar ist. Sozialpädagogik/Soziale Arbeit muss eher auf unbestimmte Kompetenzen setzen, wenn sie sich „als Hilfe zur Selbstbildung in der Komplexität von Lebensverhältnissen, also als Beitrag zur sozialen Gerechtigkeit in Bezug auf Lebenskompetenzen und Lebensräume, in denen sich Kompetenzen entfalten können" (ebd.: 30) versteht. Bildung darf dann nicht unter dem Primat der Produktion von Zukunftswissen gesehen werden, wie es auch die schulische bildungstheoretische Kritik an Bildungsstandards sagt, sondern Bildung muss vor allem als Erwerb von reflexiven und sozialen Kompetenzen verstanden werden. Zweitens macht diese Kritik an den Begrenzungen von Bildung durch Bildungsstandards darauf aufmerksam, dass für die Sozialpädagogik Bildungsprozesse in vielfältigen Räumen von Bedeutung sind: „in der frühkindlichen Erziehung, der Familienarbeit, der Jugend- und Gemeinwesenarbeit, (...) in vielfältigen Formen der Kooperation mit anderen, mit der Schule, mit der Berufsbildung, der Justiz, der Psychiatrie" (ebd.: 28).

Im Unterschied zu den Expert/-innen-, schulpraxisbezogenen und öffentlichen Diskussionen um Bildungsstandards als Standards für formelle (schulische) Bildung ist der sozialpädagogische Diskurs um Bildung auf non-formelle, informelle und inzidentelle Bildungsprozesse bezogen, um Unterscheidungen der UNESCO, UNICEF und Weltbank aus den siebziger Jahren (vgl. Belle 2006: 69) aufzugreifen. Von daher sind in diesem Diskurs nur wenige Aspekte der facettenreichen Problematik von Bildungsstandards von Bedeutung. Thematisch wird vor allem der Gedanke von Bildungs- als Kompetenzerwerb, wie dies bereits bei der Vorstellung von Bildung als Lebensbildung bei Thiersch erkennbar wird. Non-formelle, informelle und inzidentelle gelingende Bildung tragen intentional und nicht-intentional in irgendeiner Form zu „Daseins- oder Lebenskompetenz" (Fuchs 2006: 214) bei. Von daher kann die Förderung von Kompetenzen, vor allem verstanden als Förderung sogenannter „Basiskompetenzen" oder „Schlüsselkompetenzen" zum Anliegen von Sozialpädagogik/Sozialer Arbeit werden, werden Kompetenzmodelle wie auch bei Bildungsstandards zum Anliegen sozialpädagogischer Bildungsforschung. Dabei partizipiert diese sozialpädagogische Beschäftigung mit Kompetenzen und Kompetenzentwicklung eher insofern an Diskussionen um Bildungsstandards, als durch diese Diskussionen dem Begriff „Kompetenz" eine große Verbreitung in der Literatur von Bildungsverwaltung beschert wurde. Dies führte und führt zu Umformulierungen dessen, was im Zusammenhang mit Flexibilitätsforschungen am Arbeitsmarkt in den siebziger Jahren als Konzept von „Schlüsselqualifikationen" entwickelt wurde. War vor dreißig Jahren noch von „Schlüsselqualifikationen" oder „core skills" oder „key qualifications" mit Katalogen von Qualifikationen oder Hinweisen auf Methoden-, Sozial- und Selbstkompetenzen die Rede, so heute von „Schlüsselkompetenzen", für die ebenfalls Methoden-, Sozial- und Selbst- sowie Sach- bis hin zu emotionalen Kompetenzen von Bedeutung sind.

Der Berufs- und Qualifikationsbezug einer solchen Thematisierung von Kompetenzmodellvorstellungen ist nicht nur an seinem Bezug zur Arbeitsmarktforschung, sondern auch daran erkennbar, dass die Förderung des Erwerbs von Basiskompetenzen bildungsökonomisch als „Investition in Humankapital" oder als „öffentliches Gut" (Stettes 2006) aufgefasst wird. Mit Basiskompetenzen werden nämlich diejenigen basalen Kompetenzen umschrieben, die Startchancen auf den Berufsmarkt bzw. Ausbildungsreife beinhalten. Ohne solche Kompetenzen wird eine bildungsferne Bildungsbiografie wahrscheinlich, gelten Bildungs- und Beschäftigungsfähigkeit als bedroht, so dass es sich lohnt, in Förderungsmaßnahmen zum Erwerb von Basiskompetenzen zu investieren. Generell können mit dem Slogan „Kompetenzen fördern – Chancen sichern" (Friedrich-Ebert-Stiftung, Wirtschafts- und Sozialpolitik, Forschungs- und Beratungszentrum 2005) Förderprogramme als Programme zur Kompetenzentwicklung zum „Start in den Beruf" postuliert werden. In solchen Programmen sollen Schlüsselkompetenzen bzw. Schlüsselqualifikationen und fachliche Kompetenzen im Sinne von Bildungsstandards zur Geltung kommen. Während ersteres eher Aufgabe von sozialpädagogischer Betreuung und praktischer Tätigkeit in Betrieben ist, wird letzteres eher eine Aufgabe schulischer Nachförderung. Im Kontext von Sozialpädagogik/Sozialer Arbeit werden Bildungsstandards also dann thematisch, wenn es um Ausbildungsverbünde bzw. -netzwerke zwischen Berufsbildung und Sozialpädagogik geht. Dabei macht die sozialpädagogische Bildungskritik darauf aufmerksam, dass der Gedanke der Kompetenzentwicklung als Persönlichkeitsentwicklung für ökonomische Verwertbarkeit zu viele Verluste beinhaltet. „Nicht der gesamten Persönlichkeit des Menschen wird die zentrale Aufmerksamkeit geschenkt, sondern die personale Ausgestaltung von Qualifikationen für spezifische Aufgaben rückt ins Zentrum des Interesses“ (Belle 2006: 65). Jugendsozialarbeit müsse aber über Projekte und soziale Räume die Möglichkeit bieten, dass die Personen selbst und ihre Bewältigungsaufgaben von Lebenssituationen als Bildungsaufgaben in den Blick kommen können.

Einen anderen Kontext als den von Qualifizierung, Bildung und Hilfe stellt der Zusammenhang von Bildung, Betreuung und Erziehung dar, wie er für das frühkindliche bzw. vorschulische Bildungswesen von Bedeutung ist. Auch hier kommt es zur Thematisierung von Kompetenzmodellen, wenn Forderungen nach Stärkungen individueller Kompetenzen und nach Förderung von Basiskompetenzen erhoben werden. Kompetenzen stellen hier Ziele vorschulischer Arbeit dar, die eher aus psychologischen Theorien zu „sensorischen, motorischen, kognitiven, emotionalen, ästhetischen, sprachlichen und mathematischen“ (Anger/Seyda 2006: 63) Entwicklungsverläufen von Kindern abgeleitet werden. Kompetenzen sind hier nicht wie in der schulischen Diskussion von Bildungsstandards auf fachliche Anforderungen bezogen, sondern werden als psychische Gegebenheiten angesprochen, die es in verschiedenen Kulturgebieten auszubilden gilt. Zu Basiskompetenzen zählen dann Fähigkeiten in Sprache, Wertentwicklung, Mathematik, Technik, Naturwissenschaften, Kunst, Bewegung usw., aber auch soziale Kompetenzen wie Empathie, Kooperationsfähigkeit usw. Hier wird „Bildung (...) als ‚ein umfassender Prozess der Entwicklung der Fähigkeiten (verstanden), die es dem Menschen erlauben, zu lernen, sein Leistungspotenzial zu entwickeln, zu handeln, Probleme zu lösen und Beziehungen einzugehen‘ (...)“ (ebd.). Dieses Bildungsverständnis orientiert sich mit dem Hinweis auf Handeln und Problemlösungslernen zwar an den Forderungen von Can-Do-Statements bei standard-basierter Unterrichtung, steht aber stärker in Zusammenhang mit dem sozialpädagogischen Diskurs um Bildung als Persönlichkeitsentwicklung im Sinne einer Förderung individueller Stärken und Vermeidung von Schwächen eines Menschen. Über frühe Förderungen sollen Entwicklungsrisiken präventiv angegangen und bessere Bildungsbiografien ermöglicht werden. Damit unterscheidet sich dieser Diskurs massiv von dem schulpädagogischen Diskurs um Leistungssteigerung des Bildungssystems, weil es hier um Steigerung der Voraussetzungen für die Inklusion in das weitere Bildungssystem geht. Es gibt aber eine semantische Nähe zu dem schulpädagogischen Diskurs dahingehend, dass Kompetenzentwicklung als zentrales Aufgabenfeld von Pädagogik/Erziehungswissenschaft generell gesehen wird.

Literatur

Anger, Christina/Seyda, Susanne (2006): Elementarbereich: Frühkindliche Bildung, Betreuung und Erziehung. In: Institut der deutschen Wirtschaft Köln (Hrsg.) (2006): 61-90

Artelt, Cordula/Riecke-Baulecke, Thomas (2004): Bildungsstandards. Fakten, Hintergründe, Praxistipps. Schulmanagement-Handbuch 111. München: Oldenbourg

Becker, Georg (2004): Bildungsstandards – Ausweg oder Alibi?. Weinheim: Beltz

Becker, Gerold/Bremerich-Vos, Albert/Demmer, Marianne/Maag Merki, Katharina/Priebe,Botho/Schwippert, Knut/Stäudel, Lutz/Tillmann, Klaus-Jürgen (Hrsg.) (2005): Standards. Unterrichten zwischen Kompetenzen, zentralen Prüfungen und Vergleichsarbeiten. Friedrich Jahresheft XXIII. 2005. Velber: Friedrich-Verlag

Belle, Andreas (2006): Bildung und Jugendsozialarbeit: eine empirische Untersuchung zur Irritation und Transformation von inkorporierten Handlungsroutinen benachteiligter Jugendlicher in Projekten der Jugendsozialarbeit. Unter: http://bieson.ub.uni-bielefeld.de/volltexte/2006/848/index.html

Benner, Dietrich (Hrsg.) (2007a): Bildungsstandards. Chancen und Grenzen, Beispiele und Perspektiven. Paderborn: Schöningh Paderborn

Benner, Dietrich (2007b): Unterricht-Wissen-Kompetenz. Zur Differenz zwischen didaktischen Aufgaben und Testaufgaben. In: Benner (Hrsg.) (2007a): 124-138

Berner, Esther/Stolz, Stefanie (2006): Literaturanalyse zu Entwicklung, Anwendung und insbesondere Implementation von Standards im Schulsystemen: Nordamerika. m Auftrag der Schweizerischen Konferenz der kantonalen Erziehungsdirektoren. Zürich: Pädagogisches Institut der Universität Zürich

Bock, Karin/Andresen, Sabine/Otto, Hans.-Uwe (2006).: Zeitgemäße Bildungstheorie und zukunftsfähige Bildungspolitik. In: Otto/Oelkers (Hrsg.) (2006): 332-347

Böttcher, Wolfgang (2004): Bildungsstandards und Kerncurricula – Potenzielle, intendierte und nicht-intendierte Effekte eines zentralen Reformprojektes. In: Schlömerkemper (Hrsg.) (2004): 231-244

Böttcher, Wolfgang (2006a): Outputsteuerung durch Bildungsstandards. In: Buchen/Rolff (Hrsg.) (2006): 673-710

Böttcher, Wolfgang (2006b): „Standard-Based Reform" oder: Kann man für die Schulreform von den USA ausgehen? In: Eder/Gastager/Hofmann (Hrsg.) (2006): 71-84

Böttcher, Wolfgang/Holtappels, Heinz Günter/Brohm, Michaela (Hrsg.) (2006): Evaluation im Bildungswesen. Eine Einführung in Grundlagen und Praxisbeispiele. Weinheim und München: Juventa

Buchen, Herbert/Rolff, Hans Günter (Hrsg.) (2006): Professionswissen Schulleitung. Weinheim und Basel: Beltz

Bundesministerium für Familie, Senioren, Frauen und Jugend (Hrsg.) (2001): Zukunftsfähigkeit sichern! Für ein neues Verhältnis von Jugendhilfe und Bildung. Berlin

Eder, Ferdinand/Gastager, Angela/Hofmann, Franz (Hrsg.) (2006): Qualität durch Standards? Beiträge zum Schwerpunktthema der 67. Tagung der AEPF. Münster: Waxmann

Fitzner, Thilo (Hrsg.) (2004): Bildungsstandards. Internationale Erfahrungen-Schulentwicklung-Bildungsreform. Evangelische Akademie Bad Boll: Evang. Akademie Bad Boll

Friedrich-Ebert-Stiftung, Wirtschafts- und Sozialpolitik, Forschungs- und Beratungszentrum (Hrsg.) (2005): Kompetenzen fördern – Chancen eröffnen. Neue Wege der beruflichen Qualifizierung für Jugendliche mit besonderem Förderbedarf. Bonn

Fuchs, Max (2006): Ganztagsschule und neoliberaler Umbau des Sozialstaates als Herausforderung für Schule und Jugend(kultur)arbeit. In: Otto/Oelkers (Hrsg.) (2006): 206-222

Heid, Helmut (2007): Was vermag die Standardisierung wünschenswerter Lernoutputs zur Qualitätsverbesserung des Bildungswesens beizutragen? In: Benner (Hrsg.) (2007a): 29-48

Herrmann, Ulrich (2005): Fördern „Bildungsstandards" die allgemeine Schulbildung? In: Rekus (Hrsg.) (2005): 24-52

Hosenfeld, Ingmar (2005): Rezeption-Reflexion-Aktion. Wie lassen sich Lernstandserhebungen und Vergleichsarbeiten pädagogisch nutzen? In: Becker/Bremerich-Vos/Demmer et al. (Hrsg.) (2005): 112-114

Institut der deutschen Wirtschaft Köln (Hrsg.) (2006): Bildungsfinanzierung und Bildungsregulierung in Deutschland. Eine bildungsökonomische Reformagenda. Köln: Deutscher Instituts-Verlag

Kiper, Hanna (2007): Bildungspolitik nach PISA. Chancen und Risiken der neuen Steuerungsinstrumente. In: PÄD-Forum: unterrichten erziehen. Jg. 35. H. 1. 43-50

Klieme, Eckhard (2004 a): Begründung, Implementation und Wirkungen von Bildungsstandards. Aktuelle Diskussionslinien und empirische Befunde. In: Zeitschrift für Pädagogik. Jg. 50 H. 5. 625-634

Klieme, Eckard (2004 b): Was sind Kompetenzen und wie lassen sie sich messen? In: Pädagogik 56 H. 6. 10-13

Klieme, Eckard (2005): Bildungsqualität und Standards. Anmerkungen zu einem umstrittenen Begriffspaar. In: Becker/Bremerich-Vos/Demmer et al. (Hrsg.) (2005): 6-7

Klieme, Eckard (2006): Bildungsstandards als Instrumente zur Harmonisierung von Leistungsbewertungen und zur Weiterentwicklung didaktischer Kulturen. In: Eder/Gastager/Hofmann (Hrsg.) (2006): 55-70

Klieme, Eckard/Avenarius, Hermann/Blum, Werner et al. (2003): Zur Entwicklung nationaler Bildungsstandards. Eine Expertise. Hrsg. vom Bundesministerium für Bildung und Forschung. Bonn

Köller, Olaf (2007): Bildungsstandards, einheitliche Prüfungsanforderungen und Qualitätssicherung in der Sekundarstufe II. In: Benner (Hrsg.) (2007): 13-28

Lange, Herman (2004): Welche Standards gelten für Bildungspolitiker? – Irritationen durch ein notwendiges Unternehmen. In: Schlömerkemper (Hrsg.) (2004b): 219-230

Maag Merki, Katharina (2005): Welche Bildungsstandards sollen's denn sein? Zwischen komplexem Bildungsauftrag und dem Wunsch nach Fokussierung. In: Becker/Bremerich-Vos/Demmer et al. (Hrsg.) (2005): 74-75

Messner, Rudolf (2004): Was Bildung von Produktion unterscheidet. In: Schlömerkemper (Hrsg.) (2004b): 26-47

Meyerhöfer, Wolfram (2004): Zum Kompetenzstufenmodell von PISA. In: Journal für Mathematik-Didaktik. Jg. 25. H. 3/4. 294-305

Oelkers, Jürgen (2004): Zum Problem von Standards aus historischer Sicht. In: Fitzner (Hrsg.) (2004): 11-42

Oser, Fritz (2001): Standards: Kompetenzen von Lehrpersonen. In: Oser/Oelkers (Hrsg.) (2001): 215-342

Oser, Fritz/Oelkers, Jürgen (Hrsg.) (2001): Die Wirksamkeit der Lehrerbildungssyteme. Von der Allrounderbildung zur Ausbildung professioneller Standards. Chur/Zürich: Rüegger Verlag

Otto, Hans.-Uwe/Oelkers, Jürgen (Hrsg.) (2006): Zeitgemäße Bildung. Herausforderung für Erziehungswissenschaft und Bildungspolitik. München: Reinhardt Verlag

Regenbrecht, Aloysius (2005): Sichern Bildungsstandards die Bildungsaufgabe der Schule? In: Rekus (Hrsg.) (2005): 53-76

Reh, Sabine (2005): Die Begründung von Standards in der Lehrerbildung. In: Zeitschrift für Pädagogik. Jg. 51 H. 2. 260-265

Rekus, Jürgen (Hrsg.) (2005): Bildungsstandards, Kerncurricula und die Aufgabe der Schule. Münster: Aschendorf

Schlömerkemper, Jörg (2004a): „Standards" dürfen „Bildung" nicht ersetzen! In: Schlömerkemper (Hrsg.) (2004b): 5-9

Schlömerkemper, Jörg (Hrsg.) (2004b): Bildung und Standards. Zur Kritik der „Instandardsetzung" des deutschen Bildungswesens. Die Deutsche Schule, 8. Beiheft. Weinheim und München: Juventa

Sekretariat der Ständigen Konferenz der Kultusminister der Länder in der Bundesrepublik Deutschland (2003): Bildungsstandards in Fach Deutsch für den Mittleren Schulabschluss. Beschluss der Kultusministerkonferenz vom 4.12.2003. (http://www.kmk.org/schul/Bildungsstandards/Deutsch_MSA_BS_04-12-03.pdf; 22.08.2005)

Sekretariat der Ständigen Konferenz der Kultusminister der Länder in der Bundesrepublik Deutschland (2004): Standards für die Lehrerbildung. Bericht der Arbeitsgruppe. Ms 2004.

Sekretariat der Ständigen Konferenz der Kultusminister der Länder in der Bundesrepublik Deutschland (2004 a): Vereinbarungen über Bildungsstandards für den Primarbereich (Jahrgangsstufe 4). Beschluss der Kultusministerkonferenz vom 15.10.2004 a)
(http://www.kmk.org/schul/Bildungsstandards/RV-jg4-BS307KMK.pdf, 22.08.2005)

Sekretariat der Ständigen Konferenz der Kultusminister der Länder in der Bundesrepublik Deutschland (2004 b): Vereinbarungen über Bildungsstandards für den Hauptschulabschluss (Jahrgangsstufe 9). Beschluss der Kultusministerkonferenz vom 15.10.2004 b); http://www.kmk.org/schul/Bildungsstandards/RV-jg9-BS307 KMK.pdf, 22.08.2005-08-23

Sekretariat der Ständigen Konferenz der Kultusminister der Länder in der Bundesrepublik Deutschland (2005): Standards für die Lehrerbildung: Bildungswissenschaften. Beschluss der Kultusministerkonferenz vom 16.12.2004. In: Zeitschrift für Pädagogik. Jg. 51 H. 2. 280-290

Schwippert, Knut (2005): Tests. Oder: Wie man Äpfel mit Birnen vergleicht. In: Becker/Bremerich-Vos/Demmer et al. (Hrsg.) (2005): 15-17

Stettes, Oliver (2006): Bildungsökonomische Grundlagen: Investitionen in Humankapital. In: Institut der deutschen Wirtschaft Köln (Hrsg.) (2006): 31-60

Tenorth, Heinz-Elmar (2005): Auch eine Konvention bedarf der Rechtfertigung. Legitimationsprobleme bei Bildungsstandards. In: Becker/Bremerich-Vos/Demmer et al. (Hrsg.) (2005): 30-31

Terhart, Ewald (2005): Standards für die Lehrerbildung – ein Kommentar. In: Zeitschrift für Pädagogik. Jg. 51 H. 2. 276-279

Thiersch, Hans (2006): Lebenlernen, Bildungskonzepte und sozialpädagogische Aufgaben. In: Otto/Oelkers (Hrsg.) (2006): 21-36 von Hentig, Hartmut (2004): Einführung in den Bildungsplan (Baden-Württemberg). In: Ministerium für Kultus, Jugend und Sport Baden-Württemberg (2004): Bildungsplan; http://www.bildung-staerkt-menschen.de /service/downloads/Sonstiges/Einfuehrung_BP.pdf (03.07.2006)

von Saldern, Matthias/Paulsen, Arne (2004): Sind Bildungsstandards die richtige Antwort auf PISA. In: Schlömerkemper (Hrsg.) (2004b): 66-100

Weinert, Franz Emanuel (2001): Vergleichende Leistungsmessung in Schulen – eine umstrittene Selbstverständlichkeit. In: Weinert (Hrsg.) (2001): 17-31

Weinert, Franz Emanuel (Hrsg.) (2001): Leistungsmessung in Schulen. Weinheim, Basel: Beltz

Winter, Felix (2005): Standards auch von unten. Warum die Schule die Leistungsbewertung nicht delegieren darf. In: Becker/Bremerich-Vos/Demmer et al. (Hrsg.) (2005): 76-77

Zedler, Peter (2007): Vernachlässigte Dimensionen der Qualitätsentwicklung und Qualitätssicherung von Unterricht und Schule, Erziehung und Bildung. In: Benner (Hrsg.) (2007a): 61-82

Martin Bonsen / Wilfried Bos / Nicole Kummer

Interpretation von Leistungsvergleichsdaten – Fragen an das deutsche Schulsystem

Die Ergebnisse der PISA-Studie haben gezeigt, dass in Deutschland ein besonders enger Zusammenhang zwischen schulischem Erfolg und Merkmalen des familiären Hintergrundes von Schülerinnen und Schülern besteht. Bildungsbeteiligung und Kompetenzerwerb sind demnach in hohem Maße sowohl mit der sozialen Herkunft als auch mit einem möglichen Migrationshintergrund der Schülerfamilien verknüpft (vgl. Baumert/Stanat/Watermann 2006). Die Daten aus PISA, aber auch aus der Grundschuluntersuchung IGLU, in denen der Migrationshintergrund auf der Grundlage des Geburtslandes der Eltern erfasst wurde, zeigen anschaulich die Benachteiligung von Schülerinnen und Schülern aus zugewanderten Familien. Die entscheidende Hürde in ihrer Bildungskarriere liegt nach Einschätzung der Autoren der PISA-Studie in einer mangelhaften Sprachkompetenz und einer unzureichenden Beherrschung der deutschen Sprache (vgl. Baumert 2002: 199).

In der Folge werden Kinder mit Migrationshintergrund häufiger vom Grundschulbesuch zurückgestellt oder verlassen die Hauptschule ohne einen Abschluss (vgl. Böhmer 2006: 5). Von den Kindern, deren Eltern beide im Ausland geboren wurden (etwa 15% der Schülerinnen und Schüler in PISA 2000), besuchen nur circa 15% ein Gymnasium, hingegen knapp 50% eine Hauptschule. Diese Aufteilung entspricht dem Muster der Bildungsbeteiligung, das in Deutschland um 1970 beobachtet werden konnte (vgl. Baumert/Schümer 2002: 195). Für die öffentliche Verantwortung gerät es somit zu einer zentralen Herausforderung „die Unabhängigkeit zu erhöhen, die zwischen dem Zufall der familialen Herkunft und den Chancen auf Förderung und Erfolg besteht“ (Gogolin 2006: 16).

Wenige Wochen nach der Veröffentlichung der ersten Ergebnisse aus PISA hat die ständige Konferenz der Kultusminister (KMK) ein Sieben-Punkte-Programm zur Weiterentwicklung der öffentlichen Bildung vorgestellt. Dieses umfasst folgende Ziele und Maßnahmen (vgl. KMK 2004: 2):

- Verbesserung der Sprachkompetenz bereits im vorschulischen Bereich
- Bessere Verzahnung von vorschulischem Bereich und Grundschule mit dem Ziel einer frühzeitigen Einschulung
- Verbesserung der Grundschulbildung und durchgängige Verbesserung der Lesekompetenz sowie des grundlegenden Verständnisses mathematischer und naturwissenschaftlicher Zusammenhänge
- Wirksame Förderung benachteiligter Kinder, insbesondere solcher mit Migrationshintergrund
- Konsequente Weiterentwicklung und Sicherung der Qualität von Unterricht und Schule auf der Grundlage verbindlicher Standards sowie einer ergebnisorientierten Evaluation

- Verbesserung der Professionalität der Lehrertätigkeit, insbesondere im Hinblick auf diagnostische und methodische Kompetenz als Bestandteil systematischer Schulentwicklung
- Ausbau von schulischen und außerschulischen Ganztagsangeboten mit dem Ziel erweiterter Bildungs- und Fördermöglichkeiten, insbesondere für Schülerinnen und Schüler mit Bildungsdefiziten und besonderen Begabungen.

Diese von der KMK anvisierten Ziele betreffen alle Bereiche öffentlicher Bildung. Im Folgenden werden zentrale Befunde der großen Leistungsvergleichsstudien sowie deren Bedeutung für Reformansätze der bestehenden Schul- und Vorschulpraxis, auch unter Bezugnahme auf die Kooperation von Schule und Jugendhilfe, skizziert.

1 Elementarbereich: Notwendigkeit der Verbesserung der Förderqualität im Kindergarten

Die verschiedenen Formen institutioneller Betreuung von Kindern zwischen dem dritten Lebensjahr bis zum Eintritt in die Grundschule können unter dem Begriff des Kindergartens subsumiert werden. Diese Einrichtungen leisten traditionell Betreuung und Erziehung, zunehmend setzt sich der Anspruch der Bildung durch. Es ist mittlerweile weithin anerkannt, dass Bildung von Kindern nicht erst mit dem Eintritt in die Vor- oder Grundschule beginnt, sondern Kinder gerade im Kindergarten im sozial-emotionalen und kognitiven Bereich Kompetenzen erwerben, die ihnen später helfen, die Anforderungen in der Grundschule zu bewältigen. Ergebnisse der IGLU-Studie verdeutlichen die Bedeutung des Kindergartens für den späteren schulischen Kompetenzerwerb (Abb. 1): Kinder, die länger als ein Jahr einen Kindergarten besuchen, sind gleichaltrigen Kindern mit Kindergartenerfahrung von weniger als einem Jahr in ihren Lesekompetenzen am Ende der vierjährigen Grundschulzeit um ein Schuljahr voraus (vgl. Bos et al. 2004c: 84).

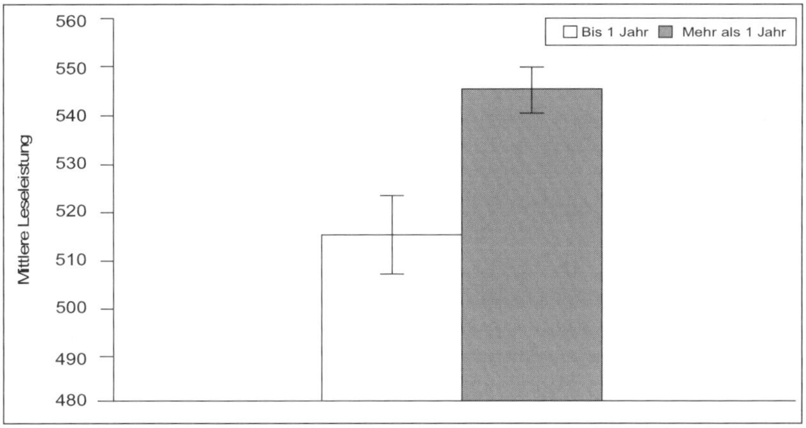

Abb. 1: Lesekompetenz nach Dauer des Besuchs von Vorschule oder Kindergarten (Bos et al. 2004c: 84)

Dieser Befund verdeutlicht, dass schon im Kindergarten für die Schullaufbahn der späteren Schülerinnen und Schüler wichtige Grundlagen vermittelt werden. Die an den Elementarbereich anschließenden Bildungsinstitutionen können dann systematisch auf die schon ausgebildeten Kompetenzen der Kinder aufbauen, weswegen diese Möglichkeit der Schulvorbereitung und Bildung grundsätzlich allen Kindern über einen längeren Zeitraum eröffnet werden sollte (vgl. Blossfeld et al. 2007: 37).

Der Blick auf andere Länder des europäischen Auslandes offenbart ein in der Tendenz defizitäres Angebot für den Elementarbereich in Deutschland. So zeichnen sich beispielsweise die *Primary School* in England, die *Basisschool* in den Niederlanden und die *Förskola* in Schweden durch eine relativ frühe Einschulung aus. In diesen und weiteren Ländern wurden zudem Rahmencurricula erlassen, die zum einen als Orientierungsgrundlage für die Bildungs- und Erziehungsarbeit und zum anderen als politisch-administratives Steuerungsinstrument der Qualitätssicherung und Qualitätsentwicklung dienen sollen (vgl. Oberhuemer 2003: 39).

In Deutschland besuchen Kinder im gleichen Alter noch keine Schule, sondern nehmen an den eher betreuenden Angeboten der Kindergärten teil (vgl. Knauf 2004). Dies erscheint problematisch, weil zur Verbesserung von Bildungschancen und Bildungsgerechtigkeit gerade der Förderqualität der Kindergärten eine herausragende Bedeutung zugemessen wird. Dabei wird vor allem eine gezielte Förderung kindlicher Kompetenzen in spezifischen Bildungsbereichen gefordert, über deren tatsächliche Verbreitung und Realität in der pädagogischen Praxis der Kindergärten bislang allerdings nur wenig bekannt ist (vgl. Blossfeld et al. 2007: 38f.).

Damit der Bildungsauftrag des Kindergartens nicht beliebig ausgelegt werden kann, ist ein Bildungskonzept vonnöten (vgl. Godemann 2003). Eine solche konzeptionelle Verbindlichkeit könnte unter anderem dazu beitragen, dass der Übergang vom Kindergarten in die Grundschule transparenter und einheitlicher gestaltet wird. Bestehende Probleme der strukturellen und kulturellen Differenzen zwischen Elementar- und Primarbereich könnten somit verringert und die schon lange geforderte Intensivierung der Kooperation zwischen Kindergarten und Grundschule erleichtert werden (vgl. OECD 2001: 46ff.). Ein verbindliches Bildungskonzept könnte die inhaltliche Ausgestaltung der Kooperation erleichtern und in verschiedenen Kooperationsaktivitäten Berücksichtigung finden.

Das Forschungsprojekt „Frühes Lernen – Kindergarten und Grundschule kooperieren“ wurde im Frühjahr 2003 als eines von mehreren sogenannten PISA-Projekten eingerichtet (vgl. Carle/Samuel 2004) und fokussiert auf drei Schwerpunkte, mit denen der Übergang vom Kindergarten in die Grundschule verbessert werden sollte: die Abstimmung von Bildungsangeboten, eine verstärkte gemeinsame Elternarbeit sowie den Aufbau einer adäquaten Kommunikationsstruktur. Weitere praktische Möglichkeiten der Kooperation zwischen Kindergarten und Schule sind u.a. Treffen zwischen den Leitungen beider Einrichtungen, ein wechselseitiger Informationsaustausch über die Arbeit in beiden Institutionen, wechselseitige Besuche von Erziehern und Lehrern in den jeweils anderen Lerngruppen, die wechselseitige Teilnahme an Elternversammlungen sowie der vorbereitende Besuch von Kindergartengruppen in der Schule (vgl. Blossfeld et al. 2007: 41).

Die Intensivierung und Qualifizierung der Zusammenarbeit von Kindergarten und Grundschule muss jedoch berücksichtigen, dass das Handeln im Zentrum durch Rahmenbedingungen im Umfeld gestützt oder gestört wird.

Mit Blick auf in europäischen Nachbarländern bereits realisierte Maßnahmen, lassen sich in diesem Zusammenhang die folgenden Veränderungen fordern (vgl. Knauf 2004: 319f.):

- Zusammenfassung des Schul- und Jugendbereichs in *einer* Verantwortlichkeit (Bildung)
- Aufeinander abgestimmte Ausbildungen von Erzieherinnen und Grundschullehrerinnen am *gleichen akademischen Ausbildungsort*
- kommunale Verantwortung für die Sicherung eines *aufeinander bezogenen* und langfristig integrierten Angebots elementar- und grundschulpädagogischer Einrichtungen
- Verpflichtung von Kindergärten und Grundschulen, im Rahmen der *regelmäßigen Veröffentlichung ihrer pädagogischen Konzepte* auch über die Zusammenarbeit mit den Partnereinrichtungen in der jeweils anderen Stufe des Bildungssystems zu berichten. Im Rahmen von Qualitätssicherungsmaßnahmen wird dieser Bereich ebenfalls als wichtiges Kriterium berücksichtigt.
- Betonung der *Pflicht zur Weiterentwicklung* alltäglicher Kooperationsmaßnahmen mit Hilfe von expliziten Arbeitsplatzbeschreibungen und Dienstplänen für die Leitungen und die pädagogischen Fachkräfte in Kindergärten und Grundschulen (in den Bereichen Diagnostik, Dokumentation, Elternberatung, Förderplanarbeit und der Schärfung eines gemeinsamen Bildungs- und Kompetenzbegriffs).

Diese in europäischen Nachbarländern bereits verwirklichten Maßnahmen lassen sich im Kern auch auf weitere Bereiche der Kinder- und Jugendhilfe übertragen. Auch zwischen dieser und der Grundschule wird die Entwicklung institutionenübergreifender Bildungskonzepte gefordert (vgl. z.B. Hartnuß/Maykus 2004), wobei auf die Möglichkeiten der Orientierung an der Praxis anderer Länder verwiesen wird (vgl. Oberhuemer 2003).

2 Primarstufe: Umgang mit Heterogenität und Risikoschülern

Nach der deutschen Beteiligung an dem von der OECD durchgeführten „Programme for International Student Assessment“ (PISA, vgl. Baumert et al. 2001; Prenzel et al. 2004), mit dem sich das Hauptaugenmerk zunächst auf die Sekundarstufe I richtete, wurde im Jahr 2001 mit der Beteiligung an PIRLS/IGLU (Progress In International Reading Literacy Study/Internationale-Grundschul-Lese-Untersuchung) eine international angelegte Vergleichsstudie für den Grundschulbereich in Deutschland durchgeführt (vgl. Bos et al. 2003b, 2004b, 2005). Erhoben wurden zu diesem Zeitpunkt die Kompetenzen von Kindern am Ende der vierten Jahrgangsstufe im Lesen, in Rechtschreibung, Textproduktion, Mathematik und den Naturwissenschaften.

Für die deutschen Schülerinnen und Schüler zeichnet sich in dieser Studie ein insgesamt recht positives Bild ab. Im mathematischen Bereich ergeben die durchschnittlichen Leistungen der deutschen Schülerinnen und Schüler am Ende der Grundschule keine Hinweise auf ausgeprägte Schwächen (vgl. Walther et al. 2003). So können die besten Schülerinnen und Schüler im internationalen Vergleich durchaus mithalten, sind von der internationalen „Spitzengruppe“ jedoch um einige Punkte entfernt. Im naturwissenschaftlichen Bereich lassen sich ebenfalls keine Hinweise auf bedeutsame Leistungsdefizite deutscher Schülerinnen und Schüler feststellen (vgl. Prenzel et al. 2003: 181).

Insgesamt zeigt die IGLU-Studie aber auch, dass es eine Gruppe von Schülerinnen und Schülern gibt, die einer verstärkten Aufmerksamkeit bedürfen. So heben Bos et al. (2003b) hervor, dass mehr als ein Drittel der in IGLU getesteten Kinder im Lesen nicht die Kompetenzstufe III („Implizit im Text enthaltene Sachverhalte aufgrund des Kontextes erschließen") erreichen. Diese nicht unerhebliche Gruppe von Schülerinnen und Schülern wird ohne weitere, systematische Förderung der Lesekompetenz wahrscheinlich Schwierigkeiten in der Erarbeitung neuer Lerngegenstände in allen Fächern haben und benötigt somit in der Sekundarstufe I weiterhin eine gezielte Leseförderung. Dieses Ergebnis deutet zunächst nicht auf eine im internationalen Vergleich außergewöhnliche Schieflage der Kompetenzen deutscher Grundschülerinnen und -schüler hin. Da diese aber nach dem vierten Schuljahr auf eine Sekundarschule wechseln, in der normalerweise eine grundlegende Lesekompetenz vorausgesetzt wird und der Basis-Leseunterricht der Grundschule nicht weitergeführt wird, ergibt sich bei internationaler Betrachtung eine besondere Situation: Während in anderen Ländern noch zwei weitere Jahre gezielter Leseunterricht in der meist sechsjährigen Primarschule erfolgt, endet dieser für viele Schülerinnen und Schüler in Deutschland mit dem Eintritt in die Sekundarschule. Damit jedoch die Entwicklung der Lesekompetenz auch in der weiterführenden Schule international anschlussfähig bleibt, muss der gezielte Leseunterricht auch in der Sekundarschule weitergeführt werden. Da hier zunehmend nach dem Fachlehrerprinzip unterrichtet wird, ist neben einer curricularen Verankerung der Leseförderung in den Klassenstufen fünf, sechs und sieben auch eine Reform der Lehrerbildung erforderlich: Alle Lehramtsanwärter, gleich welches Fach angestrebt wird, benötigen eine entsprechende Leseunterricht-Ausbildung.

Innerhalb der förderungsbedürftigen Gruppe von Schülerinnen und Schülern gibt es zusätzlich einen Anteil von „Risikokindern", deren geringe Lesekompetenz so gering ist, dass sie dringend darüber hinausgehende Förderung benötigen. Eine besondere Gruppe unter diesen „Risikoschülern" bilden die Kinder mit familiärem Migrationshintergrund. Nach den Ergebnissen aus IGLU schneiden Schülerinnen und Schüler, deren Eltern nicht in Deutschland geboren sind, in annähernd jedem Test schlechter ab als ihre deutschen Klassenkameraden. Eine Ausnahme bildet der Mathematiktest, in dem die Schülerinnen und Schüler mit Migrationshintergrund weniger schlechte Ergebnisse erzielen. Dies kann als Indiz für „eine schwächere Bindung des Unterrichtsgegenstandes an die deutsche Sprache interpretiert" werden (Bos et al. 2003b: 298).

Um diese Kinder aufzufangen und ihnen gleichwertigere Chancen einzuräumen, ist die Einrichtung von Ganztagsschulen eine weithin akzeptierte Strategie (vgl. Appel et al. 2005; Otto/Coelen et al. 2005; Holtappels et al. 1994; Höhmann et al. 2005). Nach einer Meinungsumfrage des Forsa Instituts, befürworteten im Jahr 2003 circa 79% aller Bundesbürger die flächendeckende Einrichtung von Ganztagsschulen (vgl. BMBF 2003). Im Rahmen von Ganztagsschulen bestehen vermehrte Möglichkeiten der Intensivierung einer Kooperation zwischen Schule und Kinder- und Jugendhilfe[1].

Die (Fach-) Öffentlichkeit hat erstaunt, dass die zuvor durch PISA offenbar gewordenen Schwächen in den Testleistungen 15-jähriger deutscher Schülerinnen und Schüler nicht in gleicher Weise bei den Grundschulkindern auftraten. IGLU zeigt, dass deutsche Viertklässler im internationalen Vergleich mit Kindern aus 35 Ländern an elfter Stelle platziert sind, während die in PISA getesteten 15-jährigen Schülerinnen und Schüler im Vergleich

1 Vgl. hierzu auch die Beiträge der übrigen Autoren in diesem Band.

mit Jugendlichen aus 32 Ländern auf dem 21. Platz zu finden sind (zu den methodischen Problemen und Einschränkungen der Vergleichbarkeit der Ergebnisse beider Studien vgl. Voss/Schwippert/Carstensen 2004). Hier drängt sich die Hypothese auf, dass es in der Sekundarstufe I offenbar nur unzureichend gelingt, die Leistungsressourcen deutscher Schülerinnen und Schüler am Ende der Grundschulzeit nutzbar zu machen und erfolgreich zu fördern.

Da die Zeit zwischen dem Ende der vierten Klassenstufe und dem Ende der Pflichtschulzeit in allen Bundesländern mit einer kritischen Entscheidung für jeden einzelnen Schüler über den Besuch einer für ihn möglichst optimalen weiterführenden Schule verbunden ist, lohnt sich an dieser Stelle ein Blick auf den Übergang von der Grundschule in die Sekundarstufe. Die Zuweisung zu einer spezifischen Schulform hängt in den verschiedenen Bundesländern wesentlich von der pädagogischen Einschätzung des Lehrpersonals der Grundschulen oder – je nach gesetzlicher Regelung – vom Elternwillen ab. Von den Lehrkräften der Grundschule wird also erwartet, dass sie am Ende der Grundschulzeit eine möglichst angemessene und valide Prognose darüber abgeben, in welcher Schulform ein Kind zukünftig am besten gefördert werden kann.

Die empirische Sicht auf die Übergangsentscheidung am Ende der Grundschulzeit offenbart eine deutlich verbesserungsbedürftige Empfehlungspraxis. So zeigen die Ergebnisse der IGLU-Studie, dass Schullaufbahnempfehlungen offenbar nur zu einem Teil an der Leistungsfähigkeit eines Kindes ausgerichtet werden und besonders im mittleren Leistungsbereich häufig Schullaufbahnempfehlungen ausgesprochen werden, die keinen klaren Bezug zum Kriterium der Leistung erkennen lassen. Wie stark die Kompetenzbereiche der Kinder mit unterschiedlichen Schullaufbahnempfehlungen überlappen, verdeutlicht Abbildung 2.

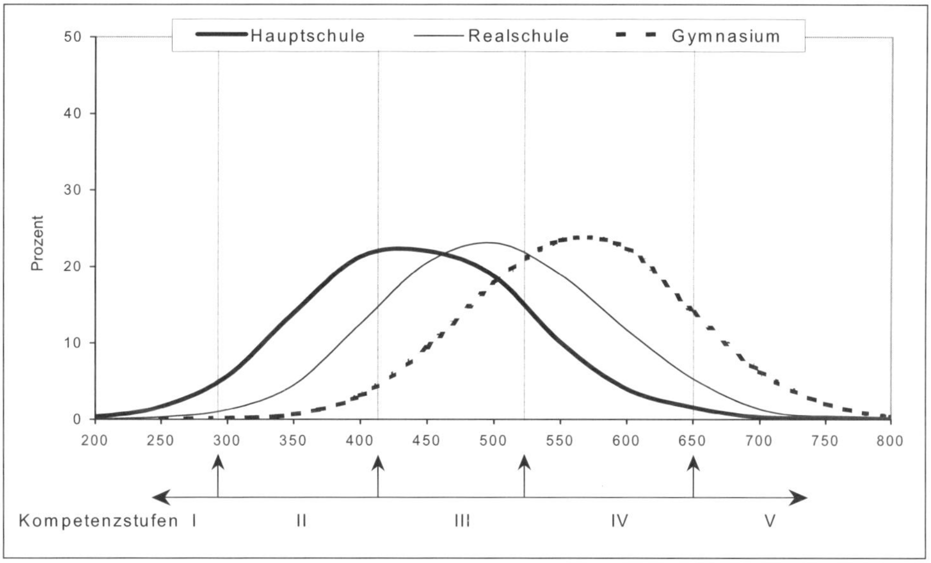

Abb. 2: Schullaufbahnempfehlungen von Lehrkräften für Deutschland differenziert nach mathematischer Kompetenz der Kinder in Prozent (Bos et al. 2004d: 195)

Die beobachtbare Leistungsstreuung bei Kindern mit gleicher Schullaufbahnempfehlung dürfte zu einem großen Teil dem Umstand geschuldet sein, dass Lehrkräfte im Alltag die Leistungen ihrer Schülerinnen und Schüler nicht anhand möglichst objektiver Kompetenztests, sondern vielmehr mit ad hoc selbst angefertigten Instrumenten (z.B. Klassenarbeit oder Test) erfassen und bewerten. Die so begründete Benotung spiegelt die tatsächliche Fachleistung oft nicht wider, sodass sich für die Gesamtverteilung der Noten in der Regel ein dem Bild der Schullaufbahnempfehlung sehr ähnliches Phänomen erkennen lässt. Auch bei dieser Verteilung zeigen sich zwar eindeutig nach Schulformzuweisung versetzte Mittelwerte, jedoch ebenfalls sehr große Überlappungsbereiche. Wird z.B. die Mathematiknote als wesentliches Entscheidungskriterium für die Schullaufbahnentscheidung herangezogen – und dies ist in den meisten Bundesländern gängige Praxis –, so lässt sich der relativ geringe Zusammenhang zwischen objektiv messbarer Kompetenz und Übergangsempfehlung verstehen. Die Noten in Deutsch und Mathematik erklären in Deutschland nach den Ergebnissen der IGLU-Studie 66% der Variabilität der Übergangsempfehlungen (vgl. Bos et al. 2004b: 206f.).

Vor dem Hintergrund gesetzlicher Regelungen und den einmütigen Beschlüssen der Kultusministerkonferenz muss es als Problem verstanden werden, wenn der soziale Hintergrund eines Kindes im Zusammenhang mit der Schullaufbahnempfehlung eine wichtige Rolle spielt. Immerhin 20% der Varianz der Schullaufbahnempfehlungen lassen sich mit den Variablen „Migrationsstatus“ und „Sozioökonomischer Status“ erklären (ebd.: 213f.).

Da also bei der Grundschulempfehlung mehr oder weniger uneinheitliche Kriterien angelegt werden, erhalten die Schülerinnen und Schüler, die bei IGLU der gleichen Kompetenzstufe zuzuordnen wären, ungleiche Noten und Empfehlungen. Dem konzeptionellen Anspruch einer leistungsbezogen stratifizierten Sekundarstufe kann mit einer solchen Übergangsempfehlungspraxis nicht mehr entsprochen werden. Offenbar kann weder das Ziel einer leistungsbezogenen Selektion, noch infolge dessen das Prinzip homogener Lerngruppen in der Sekundarstufe I zufriedenstellend erreicht werden. Für die weiterführenden Schulen bedeutet dies, dass die Grundannahme, mit leistungsbezogen „vorsortierten“ Schülergruppen arbeiten zu können, kaum realistisch ist und Schulen nicht selten mit Maßnahmen wie Klassenwiederholungen oder Abschulung auf die tatsächliche Heterogenität reagieren.

Um eine gerechte Zuweisung der Schülerinnen und Schüler zu einer ihrem Leistungsvermögen angemessenen Schule zu ermöglichen, wäre eine Orientierung der Benotungspraxis an übergreifenden Standards erforderlich. Zwar können Lehrkräfte bei der Leistungsbewertung auf ein einheitliches Notensystem zurückgreifen, aber die Kriterien zur Benotung können sehr unterschiedlich sein. Infolgedessen kann es durchaus passieren, dass innerhalb einer Schule und zwischen den verschiedenen Fächern kaum Einheitlichkeit besteht. Zudem wird die Benotung in der Regel durch das klasseninterne Bezugssystem beeinflusst, d.h. die Leistungsverteilung innerhalb einer Klasse wird als Maßstab genutzt (vgl. Ingenkamp 1976).

Bos et al (2003a: 136f.) weisen in diesem Zusammenhang auf die Notwendigkeit einer grundlegenden Optimierung der bestehenden Praxis hin. Gelinge diese nicht, so stelle sich das mehrgliedrige System selbst in Frage. Notwendig sind demnach einheitliche Bildungsstandards sowie eine Ausbildung von Lehrpersonen, die deren diagnostische Kompetenzen verbessert.

3 Sekundarstufe I – Heterogenität als Herausforderung für das Gesamtsystem

Nach der Veröffentlichung der PISA-Ergebnisse dominierten in Deutschland vor allem zwei Fragen die öffentliche Debatte: Zum einen sorgte der Befund für Aufregung, dass die deutschen Sekundarschülerinnen und -schüler im internationalen Vergleich nur unterdurchschnittliche oder gerade einmal durchschnittliche Leistungen in relevanten Kompetenzbereichen zeigen. Zum anderen gab die Analyse der Bedeutung der sozialen Herkunft Anlass zur Besorgnis über die Lage und Funktionsweise des deutschen Bildungssystems (vgl. Blossfeld et al. 2007: 39). Zwar ist in allen PISA-Teilnehmerstaaten ein Zusammenhang zwischen Kompetenz und sozialer Herkunft festzustellen, allerdings ist dieser Zusammenhang gerade in Deutschland besonders eng. Aus deutscher Sicht ist deshalb das Ergebnis des internationalen Vergleichs interessant, dass ein hohes durchschnittliches Kompetenzniveau durchaus mit einer gleichzeitig schwachen Kopplung zwischen sozialer Herkunft und Kompetenz erreicht werden kann (Abbildung 3). Die stark ausgeprägten Disparitäten im deutschen Bildungswesen stellen mit anderen Worten keinesfalls eine hinzunehmende, notwendigerweise eintretende Tatsache dar, sondern scheinen eher die Folge einer spezifischen deutschen Bildungsorganisation und Bildungsgestaltung zu sein.

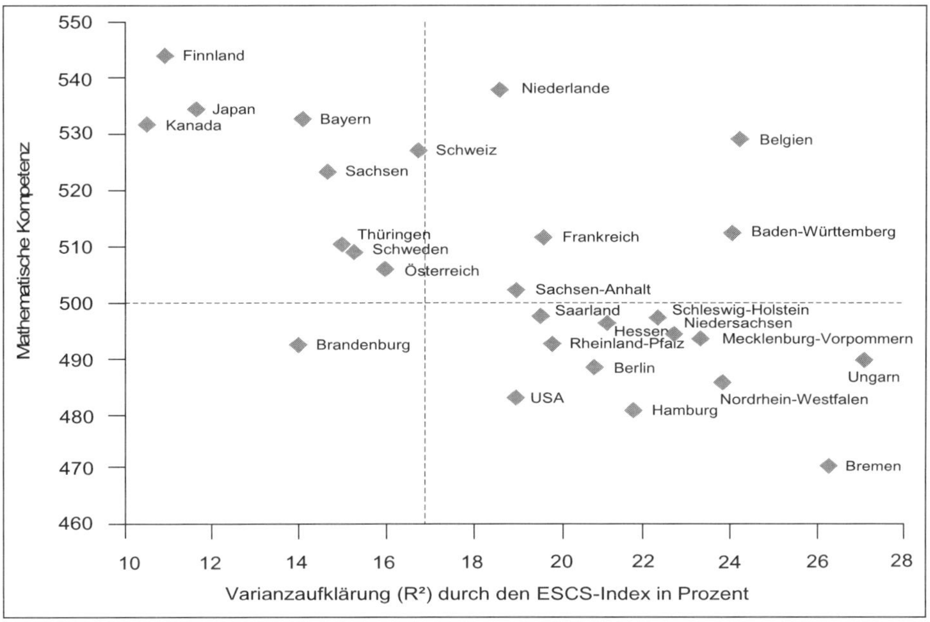

Abb. 3: Mathematische Kompetenz in Relation zur Kopplung von Herkunft und Kompetenz (Varianzaufklärung [R^2] durch den ESCS-Index) bei PISA 2003 (Blossfeld et al. 2007: 32)

Soziale Disparitäten werden in PISA über Variablen zum sozialen Hintergrund und zum Migrationshintergrund der Schülerinnen und Schüler erfasst und analysiert. Neben die hervorgehobene Bedeutung der sozialen Herkunft für den Kompetenzerwerb tritt in Deutschland ein nicht unerheblicher Effekt des Migrationshintergrundes der Schülerinnen und Schüler. Dabei zeigt sich ein bemerkenswertes Ergebnis: Während Kinder und Jugendliche mit Migrationshintergrund in vielen Staaten ein nur niedriges Kompetenzniveau entwickeln, ergeben sich in Deutschland systematische Unterschiede zwischen zugewanderten Jugendlichen und der in Deutschland geborenen sogenannten „zweiten Generation". Jugendliche der letzteren Gruppe schneiden deutlich schlechter ab, obwohl sie in Deutschland aufgewachsen und zur Schule gegangen sind. Es zeigt sich auch, dass die Faktoren soziale Herkunft und Migrationshintergrund eng miteinander verknüpft sind. So schneiden Jugendliche mit Migrationshintergrund in Tests vor allem deshalb so schlecht ab, weil sie aus Familien mit sehr geringem sozioökonomischem Status kommen. Da der Faktor Migration aber offenbar einen eigenen Beitrag zur Erklärung der Kompetenzentwicklung leistet, kommt es bei einigen Schülerinnen und Schülern zu einer für den schulischen Kompetenzerwerb problematischen Kombination von Migration und sozialer Herkunft.

Eine Herausforderung für die zukünftige Gestaltung der Sekundarstufe ergibt sich aus der Tatsache, dass die Kopplung zwischen Kompetenz und sozialer Herkunft bei IGLU am Ende der vierten Klasse etwas geringer ausfällt als die Kopplung in der im Rahmen von PISA getesteten 9. Klassenstufe. Dies ist ein Hinweis darauf, dass sich die Disparitäten im Verlauf der Sekundarstufe eher vergrößern und ein „Schereneffekt" eintritt. Die soziale Schere wird dann besonders bedeutsam, wenn Lebensbedingungen, welche die schulische Entwicklung negativ beeinflussen, kumuliert auftreten und sich als Folge eine Gruppe von Risikoschülern herausbildet, deren Bildungsbeteiligung und Kompetenzentwicklung dauerhaft gefährdet ist. Dass eine solche Risikogruppe nicht entsteht bzw. deutlich reduziert wird, ist eine der zentralen Herausforderungen für Bildungspolitik und Bildungsgestaltung.

Maßnahmen zur Überwindung der durch den internationalen Vergleich des Leistungsstandes der 15-jährigen Schülerinnen und Schüler offenbar gewordenen Probleme des deutschen Bildungssystems lassen sich unterschiedlichen Handlungsebenen zuordnen.

Natürlich deuten schwache Ergebnisse im internationalen Vergleich zunächst auf Probleme in der Qualität des schulischen Unterrichts hin. Hier ist es vor allem die pädagogische Herausforderung heterogener Lerngruppen, die in Deutschland offenbar nur in unbefriedigender Art und Weise gelöst wird. So zeigen Videoanalysen (vgl. Seidel 2006), dass Lehrerinnen und Lehrer im Umgang mit einzelnen Schülerinnen und Schülern trotz sehr unterschiedlich zusammengesetzter Klassen kaum eine Variation ihrer Instruktionspraxis erkennen lassen. Unabhängig von den Kompetenzprofilen der Schülerinnen und Schüler erweist sich die Art und Weise des Unterrichtens als stabil: Lehrpersonen dominieren mit 80% Gesprächsanteilen die Kommunikation in der Klasse; es werden überwiegend Kurz- bzw. Reproduktionsfragen gestellt, die auf reine Wiedergabe bereits erlernten Wissens abzielen. Rückmeldungen an die Lernenden beschränken sich überwiegend auf „ja-nein"-Äußerungen und die Funktion der Schüleräußerungen in den Interaktionen mit den Lehrpersonen ist überwiegend darauf beschränkt, Stichworte für den weiteren Gesprächsverlauf zu liefern. In nur circa 5% der Fälle erforderten die Fragen der Lehrenden die Verknüpfung verschiedener Inhalte. Dieses charakteristische Muster der schulischen Lernbegleitung zeigt sich unabhängig davon, ob es sich bei der unterrichteten Klasse um eine relativ homogen schwach, relativ homogen stark oder deutlich heterogen zusammengesetzte Klasse handelt (ebd.). Somit ergibt sich ein unter pädagogischem Anspruch problematisches Bild vom schulischen Umgang mit Heterogenität, der sich auf die Kurzformel „gleicher Unterricht für alle, unabhängig von den individuellen Kompetenzprofilen der Schüler“ (Blossfeld et al. 2007: 79) bringen lässt.

Der Umgang mit Heterogenität und die offenbar mangelhafte Anpassung des Unterrichts an individuelle Lernvoraussetzungen tragen dazu bei, dass in Deutschland bei einer Reihe von Schülerinnen und Schülern eine kumulative Kompetenzentwicklung gebremst wird. Auf unterschiedliche Lernvoraussetzungen mit gleichem Unterrichtsangebot zu reagieren entspricht nicht der aktuellen Forderung nach einer Individualisierung im Unterricht. In anderen im internationalen Vergleich erfolgreichen Ländern scheint eine gewisse Adaptivität des Unterrichts offenbar besser realisiert zu werden.

Neben der Forderung einer besseren individuellen Förderung im Rahmen eines adaptiven Unterrichts wurde nach PISA Kritik an der unzureichenden Passung der für Deutschland typischen Organisationsform schulischen Lernens laut. Ausgangspunkt dieser Kritik ist die Tatsache, dass zur Kompensation erheblich differenter Ausgangsbedingungen der Schülerinnen und Schüler deutlich mehr Lernzeit erforderlich ist, als in der traditionellen „Halbtagsschule“ zur Verfügung steht. Die Erweiterung der täglichen Schulzeit steht folgerichtig im Mittelpunkt des im Jahr 2003 begonnenen Investitionsprogramms „Zukunft Bildung und Betreuung“, mit dem das Bundesministerium für Bildung und Forschung eine moderne Infrastruktur im Ganztagsschulbereich unterstützen will. Ziel des Programms ist es, zusätzliche Ganztagsschulen zu schaffen und bestehende Ganztagsschulen zu verbessern. Begründet wird der Ausbau der Ganztagsschule mit der Annahme, diese könne eine intensivere Lernförderung, eine bessere Begabungsausschöpfung und mehr Chancengleichheit gewährleisten. Empirische Forschungsergebnisse deuten allerdings darauf hin, dass die pädagogischen Wirkungen eines Ganztagesbetriebs weniger im kognitiven und fachlichen Bereich als vielmehr in einer Verbesserung des Sozialverhaltens, der Sozialbeziehungen und der Lernbereitschaft liegen (vgl. Radisch/Klieme 2004). Die intendierten Effekte im Bereich der Fachleistungen wurden bislang noch nicht nachgewiesen. Ohne Zweifel werden sich diese aber auch nicht einstellen können, wenn die pädagogischen Chancen der Ganztagsschule nicht explizit für die fachliche Förderung genutzt werden.

Neben der Unterrichtsebene und der Organisationsebene wird mit der Einführung von fachbezogenen Bildungsstandards auch auf Systemebene auf die niedrigen Kompetenzstände der deutschen Schülerinnen und Schüler im internationalen Vergleich reagiert. Nach PISA 2000 hat sich die KMK entschieden, in ganz Deutschland verbindliche Bildungsstandards einzuführen. Um eine empirische Überprüfung der erreichten Standards zu ermöglichen, werden die Kompetenzen überprüfbar und fachbezogen formuliert. Sie sind abgrenzbar, d.h. es lässt sich mittels geeigneter Testverfahren bestimmen, ob eine Schülerin oder ein Schüler über eine bestimmte Kompetenz verfügt oder nicht. Die Einhaltung der Standards soll sowohl landesweit als auch länderübergreifend überprüft werden (vgl. KMK 2004; Klieme et al. 2003). Im Rahmen der Qualitätsentwicklung im Bildungswesen haben die Standards die Funktion, Schulen Rückmeldung zu den realisierten Unterrichtsergebnissen zu liefern. Wenn Schulen Qualitäts- und Unterrichtsentwicklung betreiben sollen, so bedeutet dies, dass sie sich regelmäßig des Erfolgs ihrer Arbeit vergewissern (interne Evaluation) und sich einer externen Bewertung ihres „Outputs“ stellen müssen. Die zentralen Bildungsstandards liefern hierfür die notwendigen Vergleichsmaßstäbe.

Neben den vornehmlich innerhalb des Systems selbst zu realisierenden Maßnahmen der systemweiten Implementation von Bildungsstandards und einer Reform des Unterrichts eröffnet die Einrichtung von Ganztagsschulen ein konkretes Handlungsfeld zur verstärkten Kooperation zwischen Kinder- und Jugendhilfe und Schule. An vielen Ganztagsschulen wird das außerunterrichtliche Angebot durch außerschulische Träger durchgeführt, die dann die Gestaltung und Durchführung des Nachmittagsangebots vom Mittagessen über die Hausaufgabenbetreuung bis hin zu Freizeitangeboten übernehmen. Auch die Beteiligung außerschulischer Träger an der Entwicklung des Konzepts der Ganztagsschule kann in diesem Zusammenhang eine sinnvolle Maßnahme sein.

4 Sekundarstufe II – die Grundbildung und Leistungsspitzen verbessern und den Hochschulzugang verbreitern

Neben der Grundschulstudie IGLU und der am Ende der Sekundarstufe I ansetzenden PISA-Studie wurden deutsche Schülerinnen und Schüler auch in den allgemeinbildenden und beruflichen Schulen der Sekundarstufe II in den Bereichen mathematische und naturwissenschaftliche Grundbildung getestet. Die „Dritte Internationale Mathematik- und Naturwissenschaftsstudie (TIMSS)“ zeigte im Jahr 2000 ein ebenfalls unbefriedigendes Bild im internationalen Vergleich (vgl. Baumert/Bos/Lehmann 2000). Auch in dieser Studie lag die Testleistung deutscher Schüler – betrachtet im Kontext vergleichbarer Länder – nur im unteren Bereich. Die Abstände zu den leistungsstärkeren Ländern vergrößern sich vom Ende der 8. Jahrgangsstufe bis zum Ende der Sekundarstufe II. Die Abstände zu Ländern mit schwächeren Leistungsergebnissen verringern sich dagegen. Potenziell leistungsstärkere deutsche Schülerinnen und Schüler können im Vergleich mit Spitzenschülern europäischer Nachbarländer nicht bestehen:

- Im Vergleich zu Schülerinnen und Schülern aus wichtigen Nachbarländern erreichen die deutschen Schülerinnen und Schüler mit ihren Leistungen als einzige nicht den internationalen Mittelwert.
- Die deutschen Spitzenschüler schneiden ebenfalls nur mittelmäßig ab. Vergleicht man die jeweils teststärkeren Schüler, so haben nur diejenigen aus Italien, Griechenland, Tschechien – aber auch aus den USA – schlechtere Testergebnisse.
- In der internationalen Spitzengruppe sind die deutschen Schüler nicht vertreten.
- Etwa 70% der Schülerinnen und Schüler beherrschen im Bereich der mathematischen Grundbildung nur einfache Routinen und überschreiten dieses Fähigkeitsniveau nicht. 30% verfehlen ein auch niedrig definiertes Sockelniveau mathematischer Grundbildung.
- 40% der Gymnasiasten der Oberstufe lassen nennenswerte Unsicherheiten im Bereich elementarer Rechenfähigkeiten erkennen. Die Ebene mathematischen Argumentierens in alltagsnahen Kontexten erreichen fast ausschließlich Schüler aus Bildungsgängen, die zur Hochschul- oder Fachhochschulreife führen.

- Die bereits in der Sekundarstufe I feststellbare Leistungsschere zwischen den Schulformen öffnet sich in der Sekundarstufe II weiter. Insbesondere wachsen die Leistungsunterschiede zwischen Hauptschul- und Realschulabsolventen.

Der Anteil der Schülerinnen und Schüler, die nicht ein für die erfolgreiche Bewältigung der beruflichen Erstausbildung notwendiges Mindestniveau in den Basiskompetenzen erreichen, ist somit problematisch hoch. Wiederum lässt sich hier der Zusammenhang zwischen sozialer Herkunft und Migrationshintergrund erkennen, wodurch der Ausgleich von Disparitäten zur zentralen Herausforderung für *alle* Stufen der schulischen Bildung in Deutschland gerät.

Ein Modell, das offenbar geeignet ist, den Weg zur Hochschulreife auch für Schülerinnen und Schüler aus sozialschwächeren Familien zu ebnen, kann in Baden-Württemberg beobachtet werden. Hier wird mit dem beruflichen Gymnasium ein Bildungsgang (Klassen 11 bis 13) angeboten, der neben den allgemeinbildenden Fächern der gymnasialen Oberstufe auch berufsbezogene Angebote, wie zum Beispiel Wirtschaft und Technik, vorhält. Voraussetzung für den Besuch des beruflichen Gymnasiums ist die mittlere Reife, Ziel des Besuchs der Erwerb des Abiturs.

Ein Vergleich von beruflichen und allgemeinbildenden Gymnasien (vgl. Köller et al. 2004) zeigt, dass berufliche Gymnasien offenbar einen Weg bieten, insgesamt die Anzahl von Abiturienten zu erhöhen. Der Zugang zur Hochschulreife wird an diesen Schulen auch solchen Schülerinnen und Schülern eröffnet, die von der Grundschule nicht direkt in das allgemeinbildende Gymnasium wechseln. Es zeigt sich, dass besonders Schülerinnen und Schüler aus sozial schwächeren Familien auf die beruflichen Gymnasien wechseln und diesen alternativen Weg zur Hochschulreife nutzen. Das berufliche Gymnasium trägt somit zur Öffnung von Bildungswegen bei und stellt so in Baden-Württemberg eine sinnvolle Modernisierungsmaßnahme des Schulsystems dar.

Der Beitrag der Jugendhilfe zur Förderung von Schülerinnen und Schülern in der Sekundarstufe II muss im Vergleich zu den Angeboten, welche schulbegleitend in den vorausgehenden Schulstufen realisiert werden, anders akzentuiert werden. Aufbauend auf den Kooperationsmöglichkeiten in der Sekundarstufe I wären hier vor allem der Ausbau und die Vertiefung der überfachlichen Kompetenzen und der Qualifikationen von Schülerinnen und Schülern im Rahmen von (außer-) unterrichtlichen und (außer-) schulischen Maßnahmen als Ziele der Kooperation zwischen Jugendhilfe und Schule zu nennen.

5 Fazit

Die internationalen Vergleichsstudien – insbesondere PISA – haben die Aufmerksamkeit und Diskussion auf bedeutsame Schwachstellen des deutschen Schulsystems gelenkt. Neben einem für Deutschland unbefriedigenden mittleren Kompetenzniveau und einer im internationalen Vergleich zu schmal ausgeprägten Leistungsspitze stellt insbesondere das Abschneiden der Schülerinnen und Schüler im unteren Leistungsbereich eine Herausforderung dar. In kaum einem OECD-Staat ist die Entwicklung von Fachkompetenzen so stark sozialschichtabhängig wie in Deutschland. Die im gegliederten Schulsystem nachweisbaren differentiellen Fördereffekte schulformspezifischer Entwicklungsmilieus verstärken diese

Koppelung und bedingen sie zum Teil (vgl. Baumert 2003: 219). Besondere Aufmerksamkeit erfordert auch der Umgang mit kulturellen Unterschieden in der Schule. So erreichen viele Jugendliche mit Migrationshintergrund, selbst wenn sie in Deutschland geboren wurden, kaum das Mindestniveau an Basiskompetenzen, das für einen erfolgreichen Übergang in eine berufliche Erstausbildung erforderlich wäre (ebd.).

Aus einer solchen Globaldiagnose lassen sich Handlungsnotwendigkeiten ableiten, die natürlich in erster Linie durch die Schule als wichtigste Bildungsinstitution eingelöst werden müssen, aber auch den Kindergarten und außerschulische Partner der Kinder- und Jugendhilfe betreffen. Hierzu gehören:

- die Entwicklung und Förderung von Basiskompetenzen, mit dem besonderen Schwerpunkt auf Sprachkompetenz, durch alle Bildungsstufen hindurch
- der damit einhergehende Ausgleich von herkunftsbedingten Disparitäten
- die Kooperation der Bildungsbereiche untereinander, aber auch mit außerschulischen Bildungseinrichtungen und
- schließlich die Entwicklung von Bildungskonzeptionen und -zielen in den zusätzlichen außerschulischen Bildungsbereichen.

Diese Aspekte finden u.a. Entsprechung im eingangs zitierten Sieben-Punkte-Plan der Kultusministerkonferenz und betreffen alle Bildungsbereiche und -stufen. Die Kinder- und Jugendhilfe kann hierzu einen wesentlichen Beitrag leisten, indem sie bei der Unterstützung innerhalb sowie außerhalb von Schulen spezifische Angebote unterbreitet und die Schullandschaft durch gezielte regionale Angebote ergänzt. Auch bei der Einrichtung von Ganztagsschulen kann die Kinder- und Jugendhilfe unterstützend wirken.

Grundsätzlich sollte die Initialisierung und Konkretisierung von Kooperationen zwischen Schule und Partnern innerhalb festgelegter Verträge und Konzepte geschehen. Die Unterschiedlichkeit von Schule und Kinder- und Jugendhilfe hinsichtlich ihrer Ausrichtungen ist hierbei wesentlich und kann äußerst sinnvoll komplementär genutzt werden.

Literatur

Appel, Stefan/Ludwig, Harald/Rother, Ulrich/Rutz, Georg (Hrsg.) (2005): Jahrbuch Ganztagsschule 2006. Schulkooperationen. Schwalbach: Wochenschauverlag

Baumert, Jürgen (2003): Transparenz und Verantwortung. In: Killius/Kluge/Reisch (Hrsg.) (2003): 213-228

Baumert, Jürgen/Bos, Wilfried/Lehmann, Rainer (Hrsg.) (2000): TIMSS/III – Dritte Internationale Mathematik- und Naturwissenschaftsstudie. Opladen: Leske + Budrich

Baumert. Jürgen/Klieme, Eckhard/Neubrand, Michael/Prenzel, Manfred/Schiefele, Ulrich/Schneider, Wolfgang/ Stanat, Petra/Tillmann, Klaus-Jürgen/Weiß, Manfred (Hrsg.) (2001): PISA 2000. Basiskompetenzen von Schülerinnen und Schülern im internationalen Vergleich. Opladen: Leske + Budrich

Baumert, Jürgen/Artelt, Cordula/Klieme, Eckhard/Neubrand, Michael/Prenzel, Manfred/Schiefele, Ulrich et al. (Hrsg.) (2002): PISA 2000 - Die Länder der Bundesrepublik Deutschland im Vergleich. Opladen: Leske + Budrich

Baumert, Jürgen/Schümer, Gundel (2002): Familiäre Lebensverhältnisse, Bildungsbeteiligung und Kompetenzerwerb im nationalen Vergleich. In: Baumert/Artelt/Klieme/Neubrand/Prenzel/Schiefele et al. (Hrsg.) (2002): 159-202

Baumert, Jürgen/Stanat, Petra/Watermann, Rainer (Hrsg.) (2006): Herkunftsbedingte Disparitäten im Bildungswesen. Differenzielle Bildungsprozesse und Probleme der Verteilungsgerechtigkeit; vertiefende Analysen im Rahmen von PISA 2000. Wiesbaden: VS-Verlag

Blossfeld, Hans-Peter/Bos, Wilfried/Lenzen, Dieter/Müller-Böling, Detlef/Oelkers, Jürgen/Prenzel, Manfred/ Wößmann, Ludger (2007): Bildungsgerechtigkeit. Jahresgutachten 2007. Wiesbaden: VS-Verlag

Bos, Wilfried/Lankes, Eva-M./Schwippert, Knut/Valtin, Renate/Voss, Andreas/Badel, Isolde/Plaßmeier, Nike (2003a): Lesekompetenzen deutscher Grundschülerinnen und Grundschüler am Ende der vierten Jahrgangsstufe im internationalen Vergleich. In: Bos/Lankes/Prenzel/Schwippert/Valtin/Walther (Hrsg.) (2003b): 69-142

Bos, Wilfried/Lankes, Eva-M./Prenzel, Manfred/Schwippert, Knut/Valtin, Renate/Walther, Gerd (Hrsg.) (2003b): Erste Ergebnisse aus IGLU. Schülerleistungen am Ende der vierten Jahrgangsstufe im internationalen Vergleich. Münster: Waxmann

Bos, Wilfried/Lankes, Eva-M./Plaßmeier, Nike/Schwippert, Knut (Hrsg.) (2004a): Heterogenität. Münster: Waxmann

Bos, Wilfried/Lankes, Eva-M./Prenzel, Manfred/Schwippert, Kurt/Valtin, Renate/Walther, Gerd (Hrsg.) (2004b): IGLU. Einige Länder der Bundesrepublik im nationalen und internationalen Vergleich. Münster: Waxmann

Bos, Wilfried/Valtin, Renate/Lankes, Eva-M./Schwippert, Kurt/Voss, Andreas/Badel, Isolde/Plaßmeier, Nike (2004c): Lesekompetenzen am Ende der vierten Jahrgangsstufe in einigen Ländern der Bundesrepublik Deutschland im nationalen und internationalen Vergleich. In: Bos/Lankes/Prenzel/Schwippert/Valtin,/Walther (Hrsg.) (2004b): 49-92

Bos, Wilfried/Voss, Andreas/Lankes, Eva-M./Schwippert, Kurt/Thiel, Oliver/Valtin, Renate (2004d): Schullaufbahnempfehlungen von Lehrkräften für Kinder am Ende der vierten Jahrgangsstufe. In: Bos/Lankes/Prenzel/Schwippert/Valtin/Walther (Hrsg.) (2004b): 191-228

Böhmer, Maria (Beauftragte d. Bundesregierung für Migration, Flüchtlinge und Integration) (Hrsg.) (2006): Gleiche Chancen für alle. Möglichkeiten und Perspektiven der Sprachförderung in Kindergarten und Grundschule. Dokumentation einer Fachtagung am 19.10.2006, Bundespresseamt Berlin. http://www.bundesregierung.de/Content/DE/Publikation/IB/Anlagen/2007-03-06-gleiche-chancen-fuer-alle,property=publicationFile.pdf

Bundesministerium für Bildung und Forschung (BMBF) (2003): Pressemitteilung 167/03, Berlin, 21.09.2003. http://www.ganztagsschulen.org/338_440.php. oder http://www.ganztagsschulen.org/_downloads/ Forsa_ Umfrage_GTS_Tabelle.pdf

Carle, Ursula/Samuel, Annette (2005): Frühes Lernen - Kindergarten und Grundschule kooperieren. Abschlussbericht. Bremen: Universität

Godemann, Jasmin (2003): PISA als Chance für den Kindergarten! Bildung für eine nachhaltige Entwicklung als Ausgangspunkt für die Neuformulierung von Bildungszielen. In: DGU-Nachrichten. 27/28. 33-38

Gogolin, Ingrid (2006): „Wertschätzung und Förderung von Mehrsprachigkeit" und „Deutsch lernen" sind kein Widerspruch. In: Böhmer (Beauftragte der Bundesregierung für Migration, Flüchtlinge und Integration) (Hrsg.) (2006): http://www.bundesregierung.de/Content/DE/Publikation/IB/Anlagen/2007-03-06

Hartnuß, Biger/Maykus, Stephan (Hrsg.) (2004): Handbuch Kooperation von Jugendhilfe und Schule. Ein Leitfaden für Praxisreflexionen, theoretische Verortungen und Forschungsfragen. Berlin: Eigenverlag des deutschen Vereins für öffentliche und private Fürsorge

Holtappels, Heinz G. (1994): Ganztagsschule und Schulöffnung - Perspektiven für die Schulentwicklung. Weinheim und München: Juventa

Höhmann, Katrin/Holtappels, Heinz G./Kamski, Ilse/Schnetzer, Thomas (2005): Entwicklung und Organisation von Ganztagsschulen. Dortmund: Institut für Schulentwicklungsforschung

Ingenkamp, Karlheinz (Hrsg.) (1976): Die Fragwürdigkeit der Zensurengebung. Texte und Untersuchungsberichte. 6., überarb. u. erw. Aufl. Weinheim/Basel: Beltz

Klieme, Eckhard/Avenarius, Herrmann/Blum, Werner/Döberich, Peter/Gruber, Hans/Prenzel, Manfred/Reiss, Kristina/Riquarts. Kurt/Rost, Jürgen/Tenorth, Heinz-Elmar/Vollmer, Helmut J. (2003): Zur Entwicklung nationa ler Bildungsstandards – Expertise. Hrsg. vom Bundesministerium für Bildung und Forschung. Berlin

Knauf, Tassilo (2004): Vom Kindergarten in die Schule - Notwendige Entwicklungen nach PISA. In: Die Deutsche Schule. 96. Jg. 2004. H. 3: 313-321

Kultusministerkonferenz (KMK) (2004): Stellungnahme der KMK zu den Ergebnissen von PISA 2003 (internationaler Vergleich). http://www.kmk.org/aktuell/pm041206.htm

Oberhuemer, Pamela (2003): Bildungsprogrammatik für die Vorschuljahre. Ein internationaler Vergleich. In: Fthenakis (Hrsg.) (2003): 38-56

OECD (Hrsg.) (2001): Starting Strong. Early Childhood Education and Care. Paris: Organisation for Economic Cooperation and Development

Otto, Hans Uwe /Coelen, Thomas (Hrsg.)(2005): Ganztägige Bildungssysteme. Innovation durch Vergleich. Münster: Waxmann

Prenzel, Manfred/Baumert, Jürgen/Blum, Werner/Lehmann, Rainer/Leutner, Detlev/Neubrand, Michael /Pekrun, Reinhard/Rolff, Hans-Günter/Rost, Jürgen/Schiefele, Ulrich (Hrsg.) (2004):PISA 2003. Der Bildungsstand der Jugendlichen in Deutschland. Ergebnisse des zweiten internationalen Vergleichs. Münster: Waxmann

Prenzel, Manfred/Geiser, Helmut/Langeheine, Rolf/Lobemeier, Kerstin (2003): Das naturwissenschaftliche Verständnis am Ende der Grundschule. In: Bos/Lankes/Prenzel/Schwippert/Valtin/Walther (Hrsg.) (2003b): 143-187

Radisch, Falk/Klieme, Eckhard (2004): Wirkung ganztägiger Schulorganisation. In: Die Deutsche Schule. Jg. 96. H. 2. 153-169

Seidel, Tina (2006): The role of student characteristics in studying micro teaching-learning environments. In: Learning Environments Research. 9(3). 253-271

Voss, Andreas/Schwippert, Kurt/Carstensen, Claus H. (2004): IGLU und PISA: Überlegungen zur Vergleichbar keit der deutschen IGLU- und PISA- Ergebnisse. In: Bos/Lankes/Plaßmeier/Schwippert (Hrsg.) (2004a): 301-310

Walther, Gerd/Geiser, Helmut/Langeheine, Rolf/Lobemeier, Kerstin (2003): Mathematische Kompetenzen am Ende der vierten Jahrgangsstufe. In: Bos/Lankes/Prenzel/Schwippert/Valtin/Walther (Hrsg.) (2003b): 117-140

Matthias von Saldern

Schulstrukturen und Qualitätsentwicklung von Schule in der Bundesrepublik Deutschland

Das Schulsystem in Deutschland ist einerseits zwar die größte zusammenhängende Organisation im öffentlichen Dienst mit dem Ziel der flächendeckenden Beschulung der jungen Generation, andererseits aber ist es geplant und gesteuert von 16 Länderparlamenten. Es ist also nicht möglich, generell von *dem* deutschen Schulsystem zu sprechen, auch wenn die Kulturministerkonferenz (KMK) ohne Gesetzgebungskompetenz ihren Koordinationsaufgaben nachzukommen sucht. Daher soll im Folgenden ein Überblick über die maßgeblichen Eckpunkte, die bundesweit eine Rolle spielen, gegeben werden.

Betrachtet man im Zeitalter der Globalisierung das deutsche Schulsystem in seiner Vielfalt, dann fällt einerseits auf, dass es (neben Österreich und zwei Kantonen in der Schweiz) eine Schulstruktur aufweist, die international eher die Ausnahme darstellt. Dies ist Folge einer jahrzehntelangen Resistenz gegenüber internationalen Entwicklungen im Bereich der Schulstrukturen. Dieser außergewöhnlichen Schulstruktur steht aber, fast paradox, eine sehr dynamische Anpassung des deutschen Schulsystems in Fragen der Qualität gegenüber. Dies führt u.a. dazu, dass Qualitätsmodelle, die für andere Schulstrukturen in anderen Ländern entwickelt worden sind, auf ein Schulsystem angewendet werden, dass sich anders gliedert. Im Folgenden sollen daher eine Einführung zur Schulstruktur (innere Schulverfassung) in der Bundesrepublik Deutschland und eine Übersicht über derzeit diskutierte Qualitätsmodelle (äußere Schulverfassung) gegeben werden.

1 Zur Frage der Schulstrukturen in Deutschland

1.1 Formen von Schulstrukturen

Im Allgemeinen werden drei Formen der Struktur des Schulsystems unterschieden: Zum einen das sogenannte *Isolationssystem*, bei dem vom Beginn an die Schülerschaft in „Säulen" beschult wird. Dieses System herrschte im Deutschen Reich bis 1919 vor: Neben Gymnasium, Mittelschule und Volksschule gab es als viertes Glied die Hilfsschule. Diese drei Schulformen sind nicht aus pädagogischen Gründen heraus entwickelt worden, sondern aus gesellschaftlichen Anforderungen: Die Gymnasien aus den sog. Latein- bzw. Stadtschulen, die Volksschule aus der vorwiegend ländlichen Volksschule und die Mittelschule (auch Realschule), weil der Fächerkanon von Gymnasium und Volksschule den Anforderungen aus der Wirtschaft seit Mitte des 19. Jahrhunderts nicht nachkommen konnte.

Die zweite Strukturierungsmöglichkeit heißt *Gabelungssystem*. Nach einer gemeinsamen Schulzeit werden die Schülerinnen und Schüler unterschiedlichen Bildungsgängen zugewiesen. Dieses System ist international häufig zu beobachten, wobei der Zeitpunkt, zu dem die Schülerinnen und Schüler unterschiedlichen Bildungsgängen zugeteilt werden, sehr unterschiedlich ist. Für das deutsche Reich galt seit 1920 (Gründung der Grundschule im Reichsgrundschulgesetz) dieses System, wobei die Kinder ab Klasse 5 aufgeteilt wurden. Diese neue Schulform (Grundschule) war die erste flächendeckende Einheitsschule, über deren Länge vor ihrer Gründung heftig diskutiert wurde.

Dieses System überdauerte die Zeit der Weimarer Republik, obwohl es hier aus heutiger Sicht sehr fortschrittliche alternative Schulen gab, deren Klammer man heute als Reformpädagogik bezeichnet. Auch im Dritten Reich gab es kaum Modifikationen der Schulstruktur, weil sie gut zur Ideologie passte.

Nach der Kapitulation verlangten die alliierten Siegermächte, dass Deutschland eine achtjährige Grundschule einführt (Kontrollratsdirektive Nr. 54). Man lehnte sich an dem US-amerikanischen Modell an. Durch den Start des Kalten Krieges traten allerdings Bildungsfragen in den Hintergrund, die Bundesländer im Westen erhielten wieder die Kulturhoheit, um der Zentralisierung und der damit verbundenen Machtfülle entgegenzuwirken, und installierten das alte System erneut. In der sowjetischen Besatzungszone (SBZ, später DDR) wurde das Modell der Alliierten allerdings konsequent umgesetzt.

Die dritte Strukturform nennt man *Stufensystem*. Dieses System verzichtet komplett auf eine äußere Differenzierung der Schülerinnen und Schüler und zeichnet sich vor allem durch eine äußerst flexible innere Differenzierung aus. Dieses Stufensystem wird besonders in den Skandinavischen Ländern konsequent umgesetzt, die in den sechziger Jahren, nach den ersten internationalen Schulvergleichsuntersuchungen, ihr gegliedertes System hin zur Einheitsschule umgestellt hatten.

1.2 Zur Begründung des deutschen Schulsystems

Die Frage ist nun, ob man das deutsche Gabelungssystem pädagogisch begründen kann. Wie angedeutet, ist dieses System eher historisch entstanden, wobei der Zugang sich an die Ständegesellschaft anlehnte. Eine pädagogische Begründung im wissenschaftlichen Sinne gab es bisher nicht, auch wenn Weinstock (1936) im Dritten Reich versuchte drei Begabungstypen ausfindig zu machen, die letztendlich den drei Schultypen entsprechen sollten. Auf S. 31 spricht Weinstock vom Modell der drei Qualifikationen, auf den Seiten 36-44 ordnet er den drei Qualifikationen die drei Schultypen zu und auf S. 43 spricht er von „Begabung“ als „erbbiologischen Tatsachen“.

Auch Ergebnisse der neueren anthropologischen Forschung gehen zwar davon aus, dass die Menschen unterschiedlich begabt sind. Die Begründung nach einer äußeren Differenzierung ergibt sich dadurch indes nicht, ganz im Gegenteil reagieren moderne Schulsysteme mit starker Binnendifferenzierung und Individualisierung auf die unterschiedlichen Fähigkeiten und Fertigkeiten ihrer Klientel. Dies vor dem Hintergrund, dass es keine auf Dauer festgelegten Begabungstypen gibt. Eine derartige Behauptung lässt sich wissenschaftlich nicht halten. Es widerspricht allen Forschungen z.B. aus dem Bereich der Hochbegabungsforschung, die zwischenzeitlich sehr elaborierte Modelle vorgelegt haben.

Dennoch könnte man ja gewissermaßen in einem Gedankenmodell versuchen, das deutsche Schulsystem nachträglich pädagogisch zu begründen. Vier Voraussetzungen wären notwendig, um das deutsche Gabelungssystem zu rechtfertigen:

1. Leistungsfähigkeit ist bei neun- bis zehnjährigen Kindern erkennbar und prognostizierbar.
2. Die Leistungsfähigkeit bleibt über maximal acht bis neun Jahre stabil.
3. Die Leistungsfähigkeit ist über alle Fächer in etwa gleich verteilt.
4. Die Einteilung nach der Klasse 4 (bzw. 6) basiert ausschließlich auf der Leistungsfähigkeit.

Erst, wenn man diese vier Voraussetzungen erfüllt, kann man ein Gabelungssystem wie das unsere sinnvoll begründen. Im Folgenden soll auf diese vier Voraussetzungen eingegangen werden, um zu fragen, ob diese Voraussetzungen erfüllt werden können.

Zu 1: Die schulische Leistungsfähigkeit ist bei Neun- bis Zehnjährigen tatsächlich recht gut erkennbar. Die diagnostische Kompetenz der Grundschullehrerinnen und Grundschullehrer ist besser als gemeinhin angenommen. Die mit der Klasse 4 (in wenigen Bundesländern in Klasse 6) verbundene Grundschulempfehlung für den weiterführenden Bildungsgang ist indes empirisch nicht zu unterlegen, weil die zukünftige Leistungsentwicklung in etwa nur für zwei Jahre vorhersagbar ist. Die kognitive Entwicklung ist bis zum Ende der Pubertät (übrigens auch danach) sehr dynamisch und veränderbar, sodass eine Zuweisung in feste Bildungsgänge nicht sachangemessen ist. Die Folge ist, was empirisch durch zahlreiche, auch öffentlich diskutierte Studien gezeigt wurde, dass ca. 50% der Grundschulempfehlungen den späteren Abschluss nicht abbilden (Bos 2004). Dies wussten die Gesamtschulen in Deutschland allerdings seit ihrer Gründung: Sie können die Grundschulempfehlung ihrer Fünftklässler vergleichen mit deren späterem Abschluss.

Zu 2: Die Annahme also, dass die Leistungsfähigkeit stabil bleibt, ist falsch. Im Grunde geht das deutsche Schulsystem davon aus, dass Schülerinnen und Schüler gleichen Alters jahrgangsweise fortschreiten (Prinzip der Jahrgangsklasse), ein Modell, das empirisch widerlegt ist. Tatsächlich ist es so, dass das deutsche Schulsystem Reparaturmaßnahmen implementieren musste, die außergewöhnlich kostenintensiv sind. Dazu gehört zum einen das Überspringen (was selten der Fall ist), zum anderen das Sitzenbleiben, für das außergewöhnlich hohe Ressourcen zur Verfügung gestellt werden müssen. Hinzu kommt das Abschulen, das heißt, dass „höhere“ Schulen Schüler und Schülerinnen in eine „niedrigere“ Schulform abgeben können.

Zu 3: Die Leistungsfähigkeit ist nicht über alle Fächer gleich verteilt. Es gibt unterschiedliche Interessen und – wenn auch dynamische – Begabungen und vor allem auch unterschiedliche Wertigkeiten in den Fächern. Das Sitzenbleiben zum Beispiel wird dann eingeleitet, wenn ein Schüler in einem bis zwei Fächern Noten vorweist, die ein Fortschreiten nicht erlauben. Das Kuriose dabei ist, dass man auch in den Fächern sitzenbleibt, in denen man die Leistung eigentlich erfüllt hat. Die Folge ist der sog. Cooling-Down-Effekt. Man strengt sich nicht mehr an, was dazu führt, dass Sitzenbleiber keineswegs gute Schüler werden, sondern erneut zum leistungsschwächsten Viertel der Klasse gehören (Baumert 1997, 1998).

Zu 4: Die Zuweisung in Bildungsgänge wird in allen Schulsystemen auch durch die soziale Schicht bestimmt. Bereits die erste PISA-Studie kann den Nachweis führen, dass Bildungserfolg und soziale Schicht hoch korreliert sind. Das deutsche System allerdings sticht deshalb heraus, weil hier der Einfluss der sozialen Schicht am größten ist. Innerhalb der Bundesrepublik Deutschland, und damit weltweit, ist es das Bundesland Bayern, das die stärkste soziale Selektion vorweist.

Alle Versuche, durch Tests, Probeunterricht oder weitere Gutachten die Prognosevalidität der Grundschulempfehlung zu erhöhen, schlagen fehl, weil die kognitive Entwicklung der Kinder noch nicht abgeschlossen ist. Entwicklungspsychologische Erkenntnisse gehen so nahezu spurlos an den bildungspolitischen Entscheidungen vorbei.

Die Folgen dieser Bildungspolitik werden deutlich bei der Analyse der Leistungsverteilungen in den Schularten des gegliederten Systems durch PISA 2000 und 2003, aber auch schon vorher durch TIMSS. In allen Studien ist klar nachgewiesen worden, dass sich die Leistungsverteilungen in den verschiedenen Schulformen sehr stark überlappen. Diese Fehlzuweisungen sind allerdings so neu nicht: Helmut Fend hat bereits 1982 darauf hingewiesen und auch Studien wie LAU aus Hamburg (Lehmann, 2004) unterlegen diese Annahme, dass die Homogenisierung von Schulen nicht gelingt.

Nicht nur der Zeitpunkt zum Ende der Grundschulzeit, sondern auch weitere Selektionspunkte können im Schulsystem ausgemacht werden. Es beginnt bereits vor der Grundschule: Etwa 12% der einschulungswilligen Kinder wird nicht in die Grundschule aufgenommen (Statistisches Bundesamt 2005), sondern zurückgestellt. Auch das Förderschulsystem in der Bundesrepublik Deutschland zeigt sich als besonders selektiv. Während andere Nationen im Bereich der Integration bzw. Inklusion weiter fortgeschritten sind, ist bei uns die Aussonderung von Kindern mit Behinderungen besonders frühzeitig umgesetzt. Besonders auffällig ist die Tatsache, dass Schüler und Schülerinnen mit Lernbehinderungen einer eigenen Schulform zugewiesen werden. Diese ist international nur selten zu beobachten, weil man dort begründet, dass eine Lernbehinderung auch schul-bedingt sein kann, sodass dies eigentlich keine Form von Behinderung ist. Zudem muss festgestellt werden, dass die Sonder-/Förderschule L die stärkste soziale Selektion aufweist, was besonders Migrantenkinder trifft.

Im Förderschulsystem selbst sind ebenso Selektionsmechanismen zu beobachten, z.B.: von der der Gruppe der Lernbehinderten zur Gruppe der Geistigbehinderten. Weiterhin wird nach der Grundschule (wie bereits genannt) eine Aufteilung der Schülerinnen und Schüler in Schulformen des gegliederten Schulsystems durchgeführt, nach Verlassen der Schule greifen dann weitere unfaire Selektionsmaßnahmen wie z.B. der Numerus clausus als Zulassungsbedingung bestimmter Studienfächer. (Der NC ist unfair, weil Noten aus unterschiedlichen Bundesländern, ja sogar Schulen nicht vergleichbar sind.) Zudem verlassen etwa 16% eines Jahrgangs die Schule bundesweit ohne Abschluss (Statistisches Bundesamt 2005).

Es kann daher gesagt werden, dass das deutsche Schulsystem pädagogisch nicht zu begründen ist. Diese Aussage ist empirisch gut unterlegt, gilt aber nur für drei Schulformen des gegliederten Systems, weil die Förderschule derzeit empirisch ausgeblendet wird.

1.3 Neuere Entwicklungen

Die Diskussion in den Medien läuft immer so ab, als ob die drei- (besser vier-) gliedrigen Schulsysteme die Standardsysteme in den Ländern der Bundesrepublik Deutschland seien. Dies ist aber nicht der Fall. Mit dem Beitritt der DDR zum Geltungsbereich des Grundgesetzes wurde zwar vom runden Tisch verlangt, die neunjährige Einheitsschule zu behalten, in den neuen Ländern wurde dennoch das gliedrige System eingeführt, mit einer ganz spezifischen Besonderheit: Haupt- und Realschule wurden meistens zusammengefasst. Sie heißen Mittelschule (Sachsen), Regelschule (Thüringen), Sekundarschule (Sachsen-Anhalt), Verbundene Haupt- und Realschule (Mecklenburg-Vorpommern). Aber auch in den sog. alten Bundesländern sind Tendenzen zu beobachten, Haupt- und Realschule zusammenzufassen. Dies geschah im Saarland flächendeckend durch die sog. Erweiterte Realschule, in Rheinland-Pfalz partiell durch die sogenannte Regionale Schule und auch in Schleswig-Holstein ebenso durch die Regionale Schule. Das Schulsystem in Hamburg ist gerade im Veränderungsprozess, es wird vermutlich zweigliedrig sein, wobei beide Säulen zum Abitur führen können. Das mehrgliedrige Schulsystem zeichnet sich offenbar durch Zentralisierungstendenzen aus.

Parallel zum gegliederten System gab es seit den 60er Jahren (der Zeitraum, zu dem auch die skandinavischen Länder komplett auf ein Gesamtschulsystem umgestellt haben) Entwicklungen in einzelnen Bundesländern, auch Gesamtschulen einzuführen. Einige Länder waren wegen des Föderalismus sehr aktiv, andere weniger. Derzeit gibt es in der Bundesrepublik über tausend Gesamtschulen.

Aktuell wird eine neue Schulform diskutiert, die als *Gemeinschaftsschule* bezeichnet wird. In Schleswig-Holstein ist sie bereits eingeführt, bei einigen politischen Parteien zum Programmpunkt erhoben. Die Gemeinschaftsschulen sind vom Konzept her dem skandinavischen Modell sehr ähnlich, unterscheiden sich also auch von den Gesamtschulen, die intern stellenweise eine intensive Differenzierung durch A-, B- oder C-Kurse eingeführt hatten. Diese Form der äußeren Differenzierung innerhalb eines Schulsystems ist durchaus problematisch, sodass die erfolgreichsten Schulen in Deutschland darauf gänzlich verzichteten und ausschließlich über innere Differenzierung und Individualisierung beschulen. Diese Vorzeigeschulen sind nun auch diejenigen, die von den Befürwortern der Gemeinschaftsschule als Modelle angesehen werden.

Verfolgt man die Diskussion zur Bewältigung der PISA-Ergebnisse und der weiterer Studien, dann fällt es also auf, dass trotz der Beharrungstendenzen auch im Bereich der Schulstrukturen Bewegung zu beobachten ist. Dies ist allerdings stellenweise weniger auf pädagogische Überlegungen zurückzuführen, sondern auf den Schülerrückgang, der sich besonders im ländlichen Bereich sehr deutlich abzeichnet. Die beschriebenen neueren Entwicklungen versuchen, den demografischen Faktor aufzufangen. Nur in wenigen Bundesländern versucht man noch eher verkrampft, die Mehrgliedrigkeit aufrechtzuerhalten. Hier werden einzügige Schulen zugelassen, mehrere Jahrgänge gemeinsam beschult, weil man eine Einheitsschule oder gemeinsame Schule verhindern möchte.

Insgesamt betrachtet befindet sich die Schulstruktur in den deutschen Bundesländern in Bewegung. Aber auch in den Ländern, die politisch das mehrgliedrige System befürworten, wird es zu massiven Änderungen kommen, weil die Schülerzahlen stellenweise dramatisch absinken. Derzeit gibt es kein Bundesland mehr, das noch über ein klar gegliedertes Schulsystem verfügt.

2 Zur Qualitätsdiskussion im Schulbereich

Die Funktionsweise unseres Schulsystems steht seit den 60er Jahren des letzten Jahrhunderts in der Kritik. Erst nachdem die PISA-Studie eine breite Öffentlichkeit erreicht hat, wird neben der Diskussion um bessere Schulstrukturen auch die Frage gestellt, wie das Schulsystem im Weiteren optimiert werden kann. Die Kultusministerkonferenz (KMK) legte deshalb einen Maßnahmenkatalog vor, der aus politischen Gründen die Frage der Schulstruktur ausblendete, aber dennoch zahlreiche gute Hinweise für Ansatzpunkte einer besseren Qualität von Schule aufwies. Dazu gehörte die frühe Sprachförderung, die Einführung von Ganztagsschulen (siehe den Beitrag von Edelstein in diesem Band), die Einführung von Bildungsstandards (siehe den Beitrag von Uhle in diesem Band; v. Saldern/Paulsen 2004) und weitere Maßnahmenvorschläge. Da die KMK keine Weisungsbefugnis hat, sind diese Maßnahmen, zu denen auch überregionale Lernerfolgsmessungen gehören, in den einzelnen Bundesländern unterschiedlich umgesetzt worden. Um die Vielzahl dieser Ansätze etwas zu systematisieren, sei darauf hingewiesen, dass Organisationen auf dreierlei Wegen gesteuert werden können: Input, Prozess und Output. Diese drei Steuerungsmodelle sollen im Folgenden diskutiert werden, weil nur so die Qualitätsdiskussion im Schulbereich verstanden werden kann.

Bei der *Inputsteuerung* versucht man überwiegend durch Vorgaben ein System zu steuern. Im schulischen Bereich gehören dazu die Zurverfügungstellung von Ressourcen, Lehrpläne, vorgegebene Lernzeiten, im Allgemeinen also Erlasse und Verwaltungsvorschriften. Dieses Modell ist mit der Hoffnung verbunden, dass sich zum einen die Schulen daran halten, und wenn sie dies tun, dass die Ergebnisse gut sind. Diese Form der Steuerung von Schulsystemen ist dem Modell der allgemeinen Verwaltung entnommen, hat aber zu zahlreichen „grauen“ Maßnahmen geführt. Hierbei handelt es sich um Entscheidungen vor Ort, die manchmal nicht in Einklang mit den Erlassen stehen, weil die spezifische Situation einer Schule es nicht anders zulässt (siehe unten). Dieses Modell der Inputsteuerung hat zudem den Nachteil, dass an keiner Stelle die tatsächliche Qualität von Schule gemessen und ausgewertet wurde.

Zum zweiten Ansatz, der *Prozesssteuerung*, gehören alle Maßnahmen, die die Prozesse innerhalb einer Schule verbessern. Dazu gehören Fragen der Lernkultur, der internen Abläufe, der Entscheidungsstrukturen sowie das Zusammenarbeiten der unterschiedlichen Instanzen wie Schulleitung, Gesamtkonferenz usw. Dieses Modell wurde eine Zeit lang im politischen Raume favorisiert, weil man dadurch erhoffte, die immer schlechter werdende Ressourcenlage zu kaschieren. Die Prozessorientierung (die, richtig angewendet, durchaus Vorteile hat) führt stellenweise zu dem Phänomen, dass der Prozess wichtiger wurde als das Ergebnis. So wurden neue Steuerungsmodelle implementiert, ohne dass vorher empirisch nachgewiesen wurde, dass diese Steuerungsmodelle zu einer höheren Schulqualität führen.

Zudem wurden diese Steuerungsmodelle oft aus Institutionen übertragen, die man eher als Produktionsstätte oder Dienstleistungsbetrieb ansehen kann. Es wurden auch sprachliche Entgleisungen deutlich, Schüler wurden zu Kunden, Lehrkräfte zu Dienstleistern usw.

Beispiele für eine verstärkte Prozessorientierung sind z.B. die Implementierung bestimmter Qualitätsmodelle von großen Beraterfirmen oder das Modell EFQM. Stellenweise wurden durch diese Maßnahmen andere Qualitätsideen konterkariert: Viele Qualitätsmodelle definieren klar, was unter Qualität verstanden wird. Die Schulen sollten aber andererseits eigene Profile bilden, so wird es gleichzeitig gefordert. Der innere Widerspruch, Profilbildung vs. starre Qualitätsentwicklungsmodelle, wird derzeit erst in Ansätzen thematisiert. Zudem sind Modelle wie z.B. EFQM vom Ansatz her eigentlich gut, weil flexibel, allerdings wurden in einigen Bundesländern EFQM-Modelle in einer ganz bestimmten Ausprägung sogar per Erlass durchgesetzt, die zu einem außergewöhnlichen Maß von Selbstbeschäftigung geführt haben und im Grunde kontraproduktiv wirkten, weil sie vielfach Ressourcen gebunden haben.

Ein weiteres Beispiel liegt in der Veränderung der *inneren Verfassung* der Schule. Während es früher eigentlich nur zwei Instanzen innerhalb der Schule gab (Schulleitung und Gesamtkonferenz), wurden später sogenannte Steuergruppen eingeführt, deren rechtliches Verhältnis gegenüber der Schulleitung oder der Gesamtkonferenz oft im Unklaren blieb. Zudem wurden durch die Steuergruppen oft nur die Aufgaben abgefangen, die die höhere Ebene (Bezirksregierung, Schulbehörden, Schulämter usw.) nach unten abgegeben hatten, um selbst die erwünschten Einsparungen nachzuweisen. Eine neuere Entwicklung ist die sog. *Selbstständige* oder auch *Eigenverantwortliche Schule*. Oft wird hier stark in die innere Verfassung der Schulen eingegriffen: Neue Instanzen werden erdacht (z.B. Schulvorstand), die Schulleitungen gestärkt (was eine gute Ausbildung der Schulleitungen eigentlich voraussetzt) und Vieles mehr. Andere, bereits früher diskutierte Modelle zur inneren Schulverfassung werden dabei gar nicht mehr diskutiert (Schulleitungen auf Zeit, Wahl der Schulleitung durch die Gesamtkonferenz, konsequenter Einbezug der Kommune usw.).

So wurden bei dem Prozesssteuerungsmodell zwar die Schulen durch eine geringere Anzahl von Erlassen (siehe Inputsteuerung) auf der einen Seite entlastet, aber durch die Vorgabe von Qualitätsentwicklungsmodellen (stellenweise sogar durch Erlasse erzwungen) auf der anderen Seite wieder stark belastet, so dass Schulen gar nicht die Freiräume erhalten haben, die für die notwendige individuelle Entwicklung zu besserer Qualität notwendig gewesen wären.

Ein weiteres Vorgehen im Bereich der Prozesssteuerung ist die sogenannte *Schulinspektion* (in manchen Bundesländern unterschiedlich bezeichnet). Hier geht es im Grunde um die Idee, dass auswärtige Fachleute „mit dem fremden Blick“ eine Schule besuchen und nach einem Kriterienraster eine Beurteilung abgeben. Die Idee der Schulinspektion ist vorwiegend aus den Niederlanden importiert worden, wo 90% des Schulsystems privatisiert ist und einer starken öffentlichen Kontrolle untersteht. Diese Form der Qualitätsentwicklung ist auf den ersten Blick positiv zu bewerten, weil die Mitglieder einer derartigen Inspektionsgruppe auch aus dem Schulbereich kommen und den notwendigen „Stallgeruch“ mitbringen. Auch sind die Kriterienlisten, die man leicht im Internet finden kann, so aufgebaut, dass die wichtigsten Merkmale erfasst werden. Das Hauptproblem der Schulinspektion, so wie sie derzeit durchgeführt wird, ist nicht die Inspektion selber, sondern die Konsequenzenlosigkeit, die sich nach der Inspektion beobachten lässt. Eine Inspektion macht nur dann Sinn, wenn guten Schulen geholfen wird, ihre Stärken zu sichern und schlechte Schulen Möglichkeiten erhalten (meist in Form von Ressourcen), die eigene Lage zu verbessern. Derzeit werden die Schulen mit den Ergebnissen weitgehend alleine gelassen in der Hoffnung, sie würden das alles selber regeln können. Und wenn der Staat hilft, dann meist durch sog. Zielvereinbarungen. Aus dem Hochschulbereich ist bekannt, dass derartige Zielvereinbarungen letztlich Vorgaben des Staates sind. Ob dies im Schulbereich auch so sein wird, werden spätere Evaluationen zeigen.

Insgesamt betrachtet ist die Hilfe bei der Verbesserung interner Prozesse durch Qualitätsentwicklungsmodelle oder Peers sinnvoll. Allerdings werden derzeit zu viele Qualitätsentwicklungsmodelle den Schulen angeboten bzw. sie werden dazu verpflichtet. Die Schulen haben so im Schulalltag kaum noch Luft, sich in Ruhe auf sich selbst zu besinnen und ihren Weg für eine Verbesserung ihrer bisherigen Leistung zu wählen. Hier ist Aktionismus zu beobachten, der kontraproduktiv wirkt. Zudem fehlen neutrale Evaluationen der staatlichen Interventionen: Wenn Schulen intern und extern bewertet werden, dann muss dies auch für die staatlichen Institutionen gelten.

Die dritte Form der Steuerung, die *Outputsteuerung*, ist der jüngste Ansatz, der in den letzten Jahren verstärkt Beachtung findet. Hier geht es darum zu beobachten, mit welchen Fähigkeiten und Fertigkeiten die Schülerinnen und Schüler die Schule verlassen. Es werden dazu Schulabschlüsse teilweise zentral geprüft und auch für verschiedene Klassenstufen Leistungsvergleiche durchgeführt, die den Schulen zurück gemeldet werden. Dieser Ansatz ist eigentlich sinnvoll, wären da nicht auch hier einige Probleme in der Umsetzung: Zum einen kann man eine Diskrepanz beobachten zwischen den angebotenen Tests und dem, was in den meisten Schulgesetzen als Auftrag von Schule formuliert wird: nämlich zur Persönlichkeit zu werden und als mündiger Bürger sich aktiv an der Gestaltung von Gesellschaft zu beteiligen. Es wird deshalb hier darauf hingewiesen, weil die Tests und Leistungsvergleiche vorwiegend auf den kognitiven Bereich der Kernfächer reduziert bleiben. Andere Fächer, die ebenfalls wesentlich sind wie z.B. Musik oder Kunst oder gar Sport werden derzeit völlig ausgeklammert. Dies führt zu Effekten, die eigentlich gar nicht beabsichtigt waren: Man verzichtet lieber auf eine Schulstunde im ästhetischen Bereich als auf eine Schulstunde im Kernbereich. Auch wird nicht diskutiert, ob die derzeitige Fächerstruktur noch zeitgemäß ist.

Des Weiteren stellt sich auch hier die Frage, was mit den Ergebnissen dieser Leistungsvergleiche geschieht. Sinnvoll ist es durchaus, die Ergebnisse der Leistungsvergleiche den Schulen zurück zu melden. Dann weiß die Schule, wo sie steht und in welchen Bereichen sie nacharbeiten muss. In manchen Bundesländern ist dann die Idee aufgekommen, sogenannte Rankings zu erstellen und auch zu veröffentlichen. Dies ist nicht nur pädagogisch unsinnig, sondern auch ein schwerer Fehler, wie man z.B. in England beobachten kann. Schulen werben sich gegenseitig die guten Schüler kurz vor dem Test ab.

Dort, wo in den Bundesländern Rankings veröffentlicht wurden, wurde eigentlich nur der soziale Einzugsbereich von Schulen in eine Reihenfolge gebracht. Es ist im Weiteren überhaupt nicht entscheidend, auf welchem Rangplatz eine Schule steht, sondern, ob sie die Herausforderung annimmt und versucht sich ausgehend von diesem Rangplatz zu verbessern. Eine schlechte Schule, die nach drei Jahren sich dem guten Bereich nähert, leistet vielleicht mehr als eine gute Schule, die sich durch den guten sozialen Einzugsbereich gar nicht verschlechtern kann.

Stellt man die drei Steuerungsmodelle nebeneinander, dann muss man zum Schluss kommen, dass jeder dieser Ansätze seine Vorteile hat. Das Inputmodell kann erreichen, dass die Schulen in Deutschland weitgehend ähnlich behandelt werden und dass eine gewisse Vergleichbarkeit der schulischen Realität und der Abschlüsse gewährleistet ist. Das Prozessmodell kann Schulen helfen, ihre internen Prozesse zu durchleuchten, um dadurch effizienter zu gestalten, um mehr Ressourcen in die eigentliche pädagogische Arbeit zu stecken. Das Modell der Outputsteuerung ist eigentlich das ehrlichste Modell, weil man ungeachtet von Inputs oder Prozess darauf schaut, welche Leistungen eine Schule im Endeffekt erreicht hat.

Alle drei Modelle können – jedes für sich – allerdings daran kranken, dass zu viele Maßnahmen ergriffen werden: beim Inputmodell wären das z.B. die Fülle von Erlassen, beim Prozesssteuerungsmodell die Zahl der Qualitätsmodelle, die möglich sind, und beim Outputmodell die überhöhte Anzahl von überregionalen Messungen. Im Einzelnen:

- Wie bereits erwähnt, entstehen beim Inputmodell die sog. *grauen Maßnahmen*. Biewer (1993) konnte zeigen, dass viele Erlasse von den Schulen gar nicht umgesetzt werden können. Daher stellt sich die Frage, warum Schulen nicht pro Kopf Ressourcen erhalten, die sie dann selbst einsetzen können, um die in (ehrlichen) Zielvereinbarungen fixierten Ziele zu erreichen.
- Auch bei der Prozesssteuerung kann man sich des Eindrucks nicht erwehren, dass hier zuviel des Guten gemacht wird: Nicht nur, dass unterschiedliche Modelle gleichzeitig gefahren werden, sondern auch die Tatsache, dass die innere Logik mancher dieser Modelle für Schulen einfach nicht passt, führt dazu, dass die Erfolge ausbleiben. Andere pädagogische Institutionen wie z.B. die Volkshochschulen haben alle von außen kommenden Qualitätsmodelle geprüft und verworfen. Sie haben in einigen Bundesländern inzwischen ein eigenes Qualitätsmodell entwickelt, das situationsangepasst ist und die pädagogische Arbeit tatsächlich verbessert.
- Das Output-Steuerungsmodell mit den benannten Problemfeldern kumuliert die Probleme: Insgesamt betrachtet kann sich eine Schule, die sowohl input-, prozess- wie auch outputgesteuert ist, nicht mehr bewegen. Dem Aktionismus im politischen Raum, aber auch manchen in den Schulen Verantwortlichen muss erneut ein wichtiges Prinzip der „Lernenden Organisation“ nahe gebracht werden: Langsamer ist schneller.

Nun kommt man allerdings um den Eindruck nicht herum, dass in Deutschland alle drei Modelle gleichzeitig gefahren werden sollen. Zum einen hat man die Zahl der Erlasse noch nicht so stark reduziert, wie es für das günstige Funktionieren der anderen beiden Modelle notwendig wäre. Unsinnig sind zudem Erlasse, die den Schulen eigentlich Entlastung bringen sollen, wobei bestimmte soziale Gruppen gar nicht Berücksichtigung finden: So erhält eine Schule z.B. mehr Ressourcen, wenn der Ausländeranteil hoch ist. Russische Aussiedlerinnen und Aussiedlerkinder werden hier nicht berücksichtigt, weil sie einen deutschen Pass haben. Dennoch ist mit der pädagogischen Arbeit mit dieser sozialen Gruppe ein erhöhter Anspruch verbunden.

Bei dieser Zustandsbeschreibung im Bereich der Qualitätsmodelle für Schulen muss man allerdings darauf hinweisen, dass zahlreiche Schulen sich um Qualitätsentwicklung noch gar keine Gedanken gemacht haben. Wie in anderen Institutionen auch, hängt es sehr von den verantwortlichen Personen ab, ob in jahrelang eingeschliffenen Bahnen weitergearbeitet wird oder ob man sich ernsthaft Gedanken darüber macht, wie sich eine verändernde Welt auf die eigene Schule auswirkt. Im Zuge dieser Überlegungen wird immer wieder die wesentliche Rolle der Schulleiterin oder des Schulleiters thematisiert. Es zeigt sich sehr deutlich, dass deren Rolle maßgeblich für den Erfolg oder den Misserfolg von Qualitätsüberlegungen ist. Ein Grund dafür ist, dass für Schulleitungen keine gesonderte akademische Ausbildung vorliegt. Hinzu kommt, dass der Besetzungsvorgang häufig auch von außerfachlichen Kriterien gekennzeichnet ist.

3 Restriktionen, Selbstrestriktionen und notwendige Freiheitsgrade

Das deutsche Schulsystem ist, wie sich bereits andeutete, von Restriktionen, aber auch Selbstrestriktionen gekennzeichnet, die nicht immer sinnvoll sind. Dabei muss man drei Ebenen unterscheiden: die einzelne Lehrkraft, die Schule oder das ganze Schulsystem. Für *Selbstrestriktionen* ist also die jeweilige Ebene Klasse/Lehrkraft, Schule oder Schulsystem selbst verantwortlich. Für *Restriktionen* ist die jeweils darüber liegende Ebene zur Verantwortung zu ziehen.

3.1 Die Ebene Schulsystem

Für die Ebene des Schulsystems wird die These vertreten, dass das deutsche Schulsystem – wie oben gezeigt – einen misslungenen Homogenitätsversuch darstellt. Welche Restriktionen und Selbstrestriktionen liegen nun bezüglich der Schulsystemebene vor? Eine *Restriktion* ist sicherlich durch den Zwang der Koordinierung der Abschlüsse im allgemeinbildenden Schulsystem durch die Kultusministerkonferenz (KMK) gegeben. Die KMK hat allerdings in ihren schriftlichen Vereinbarungen keine Selbstverpflichtung z.B. zum gegliederten Schulsystem abgegeben. Dies bedeutet, dass die einzelnen Bundesländer Schulsysteme implementieren könnten, die eine offensichtlich nicht funktionierende Homogenisierung von Schülerschaften vermeidet (und damit – nebenbei bemerkt – sozial gerechter wird). Zu den *Selbstrestriktionen* auf Schulsystemebene gehört aber genau diese Festlegung, nämlich an der Gliedrigkeit trotz der Ergebnisse der internationalen Schulvergleichsuntersuchungen festzuhalten. Weitere Überlegungen wären möglich:

- Es wäre z.B. die Fächerstruktur neu zu diskutieren. Kaum ein Land trennt z.B. in der Sekundarstufe I die Naturwissenschaften so, wie es die deutsche Kultusadministration tut.
- Die Einführung des Abiturs nach 12 Jahren hat zu einer erheblichen Mehrbelastung aller Beteiligten geführt. Vor allem wurde der Schulstoff nicht genügend reduziert, was in der Mittelstufe (wenn man die Hausaufgaben und evtl. Nachhilfe mit einbezieht) zu einer Zahl von Schulstunden führt, die einer Vollzeitarbeitsstelle entspricht.
- Die Trennung zwischen allgemeinbildendem und berufsbildendem Schulsystem ist teuer und inhaltlich nicht mehr haltbar. Hier sei auf Schweden verwiesen.

3.2 Die Ebene der einzelnen Schule

Eine der maßgeblichen Faktoren in der Frage des Umgangs mit Heterogenität ist die Jahrgangsklasse. Die Unsinnigkeit dieser Organisationsform wurde bereits von Ingenkamp (1969) nachgewiesen. Er konnte zeigen, dass dieser Versuch Schule zu organisieren gerade die Probleme produziert, die er ursprünglich zu lösen vorgibt: Die Schaffung von Leistungsheterogenität unter der falschen Annahme, Lebensalter und Leistungsstatus würden stark zusammenhängen. Die Annahme, dass alle Schülerinnen und Schüler tempogleich lernen, ist falsch. Dennoch ist die Jahrgangsklasse ein stabiles Merkmal des deutschen Schulsystems. Folge sind Ausgleichsmaßnahmen, die das Schulsystem in Gang halten, dem Einzelnen aber schaden und volkswirtschaftlich unsinnig sind. Die Lehrkraft vor Ort kann durch didaktische Variabilität nur einen Teil der Heterogenität in der Schulklasse abfangen. Der andere Teil wird durch radikalere Maßnahmen bearbeitet:

Sehr schlechte und sehr gute Schülerinnen und Schüler werden durch organisatorische Maßnahmen aus der Jahrgangsklasse entfernt (z.B. Sitzenbleiben, Überspringen von Klassenstufen). Letztlich konzentriert sich also die Lehrkraft auf den angemessenen Umgang mit den Schülerinnen und Schülern im mittleren Leistungsbereich und setzt dazu sogenannte Modifikationsstrategien ein (dazu gehören z.B. individuell maßgeschneiderte Hausaufgaben, Nachhilfe, Förderunterricht usw.), was allerdings auch nicht immer geschieht. Diejenigen Schülerinnen und Schüler, die nicht als „Mittelkopf" zu klassifizieren sind, werden sogenannten Selektionsstrategien unterworfen. Was man nun eigentlich von der Lehrkraft vor Ort erwartet, ist, über eine Veränderung der Modifikationsstrategien noch besser auf die Heterogenität in der Schulklasse zu reagieren. Was man hierbei allerdings nicht hinterfragt, ist, ob die Selektionsstrategien selbst erfolgreich sind. Diese Frage kann nach allen vorliegenden Untersuchungen vor allem für das Sitzenbleiben nur verneint werden. Zum einen ist die Zahl der Abschulungen von einer „höheren" Schulform auf eine „niedere" sehr viel höher als die Zahl der Aufschulungen. Zum anderen hat sich herausgestellt, dass das Sitzenbleiben für die weitere Lernbiografie einer Schülerin oder eines Schülers nicht unbedingt förderlich ist (s.o.). Zudem ist es außerordentlich teuer und fördert die Überalterung der Schülerinnen und Schüler.

Eine wesentliche Maßnahme wäre nun, das Organisationsprinzip der Jahrgangsklasse abzuschaffen. Es liegen genügend internationale Erfahrungen, aber auch ältere, bewährte nationale Konzepte vor, die als Anregung herangezogen werden können. Sie alle basieren auf der Idee einer Schaffung von Lerngruppen, die z.B. je nach Leistungsfähigkeit, Motivation usw. immer wieder neu zusammengestellt werden. Derartige Kurssysteme gibt es im deutschen Schulsystem erst in der gymnasialen Oberstufe, das seinerseits aber auch wieder starr ist, weil es nicht unterschiedliche Tempi zur Erlangung des Abiturs zulässt: Warum sollte ein Hochleister nicht nach 2 Jahren Oberstufe das Abitur zuerkannt bekommen, der etwas schwächere Schüler evtl. nach 3 oder sogar 4 Jahren?

Mit der damit geforderten Flexibilisierung der Schule würde man allerdings auch über weitere Maßnahmen bzgl. anderer Restriktionen nachdenken müssen. Ansatzpunkte sind:

- In Deutschland sind die Schülerwochenstunden pro Fach z.B. fest vorgeschrieben, was nicht unbedingt Sinn ergibt: Ein schlechter Schüler müsste in einem Fach zusätzlichen Unterricht bekommen, ein sehr guter Schüler braucht vielleicht gar nicht so viel Unterricht wie vorgegeben und könnte schon Universitätskurse besuchen. Dies würde zu einer z.B. halbjährlichen oder jährlichen Neuzuweisung zu Leistungsgruppen führen.

- Auch wird vorgegeben, wie viele Stunden eine Lehrkraft in der Schule zu unterrichten hat. Dies sollte in einem gewissen Rahmen vor Ort in den Schulen entschieden werden, um flexibel auf die jeweilige Schülerpopulation zu reagieren. Auch die Stundenplanerstellung würde dadurch stark vereinfacht.
- Unter rein organisatorischen, aber auch pädagogischen Gesichtspunkten wäre weiterhin zu überlegen, ob die klassische Unterrichtsstunde von 45 Minuten nicht grundsätzlich in Frage gestellt wird. Die effektive Lernzeit ist in 90-Minuten-Blöcken höher, die Zergliederung des Lernstoffes geringer. Vorzeigeschulen und auch die junge Gemeinschaftsschule gehen diesen Weg.

3.3. Die Ebene der Lehrkraft

Es wurde schon mehrfach angedeutet, dass die Handlungsmöglichkeiten vor Ort durch die *Restriktionen* der jeweils höheren Ebenen eingeschränkt werden. Die unterste Ebene (die Klasse bzw. die Lehrkraft) ist hier besonderem Druck ausgesetzt, weil über ihr ja zwei Ebenen Vorgaben machen, die die Aufgabe, pädagogisch angemessen mit der Schulklasse umzugehen, teilweise unmöglich werden lassen: Die Zuweisung der Lehrerwochenstunden und damit der Arbeitszeiten, die Zuweisung der Schülerwochenstunden, das Jahrgangsklassensystem, kurze Pausen, in der Regel 45-Minuten-Stunden und vieles mehr. Einige Handlungsvorgaben beziehen sich sogar direkt auf die Sicherung der Normalverteilung der Schülerleistungen. Man denke nur an den Eingriff der Schulleitung, wenn die Notenverteilung z.B. einer Klassenarbeit extreme Werte zeigt.

Aber auch auf dieser Ebene der Lehrkraft gibt es *Selbstrestriktionen.* Die bedeutsamste liegt in der Macht der Tradition: Bestimmte Unterrichtsformen, gewohnte Interaktionsformen werden ungern verändert. Man wird noch genauer untersuchen müssen, wie stark der Habitus einer Lehrkraft derartige Selbstrestriktionen bereits beinhaltet. Dies alles liegt aber daran, dass es noch keine flächendeckende Fortbildungspflicht für Lehrkräfte gibt. Coaching- oder Supervisionssysteme sind unbekannt, vielleicht aus Kostengründen nicht gewollt.

Es kommt also hinzu, dass auch viele Lehrkräfte einer „Ideologie der Homogenität" ihrer Klasse unterliegen: Staatlich sanktioniert werden Schülerinnen und Schüler, die dem angeblichen Homogenitätsideal nicht entsprechen, über das Sitzenbleiben bzw. Überspringen von Klassen oder die Abschulung auf niedrigere Schulformen entfernt. Es ist allerdings dieselbe Berufsgruppe, die sich stellenweise vorbildlich zeigt, was das Ausreizen der Möglichkeiten für einen angemessenen Umgang mit ihrer Schülerschaft angeht. Aber sie stoßen dabei aus den genannten Gründen an ihre Grenzen.

4 Zur Rolle der Jugendhilfe in den Qualitätsmodellen für Schule

Es gibt zahlreiche Kriterienlisten dafür, was eine gute Schule ausmacht. Einige dieser Listen fokussieren nur auf guten Unterricht, andere versuchen auch außerunterrichtliche Qualitätsmerkmale zu erfassen. Auffällig dabei ist, dass der stärkste Partner außerhalb der Schule, die Jugendhilfe, bei keinem der Qualitätsmodelle vorkommt. Wenn überhaupt, dann wird die Jugendhilfe als „externer Partner" gekennzeichnet, dem allerdings kein höherrangiger Wert zugesprochen wird wie der Elternarbeit oder dem benachbarten Fußballverein. Man muss sich daher die Frage stellen, ob es sinnvoll ist, dass ausschließlich Schulexpertinnen und -experten Qualitätskriterien für Schule entwickeln. Es sollte vielleicht ein Weg gefunden werden, sich darauf zu besinnen, dass Schule einen Auftrag für die Gesellschaft hat und dass daher die Schule von ihrem singulären Status entbunden wird, um ihr Eingebettetsein in eine Vielfalt von Institutionen, die sich um Jugend kümmern, zu betonen.

Eine derartige Neuorientierung setzt aber andere administrative Rahmenbedingungen voraus: Zum einen muss die Trennung zwischen Jugendhilfe und Schule bereits auf ministerieller Ebene aufgehoben werden. Es muss ein Ministerium verantwortlich werden für diesen Lebensabschnitt Kind-Jugendlicher, der dann beides umfasst: Schule und andere unterstützende Organisationen. Zum anderen müssen die Institutionen auf kommunaler Ebene zusammengelegt werden, um effizienter und zielorientierter arbeiten zu können.

5 Fazit

Das deutsche Schulsystem ist einerseits immer noch weitgehend von Denkverboten und inzwischen veralteten Traditionen bestimmt. Andererseits ist es einer geradezu hektischen Qualitätsdiskussion unterworfen.

Eine wichtige Erkenntnis aus der sog. *Lernenden Organisation* scheint noch nicht Maxime des Handelns geworden zu sein: Die Probleme von heute sind die Lösungen von gestern. Eine Weiterentwicklung des Schulsystems und seine Anpassung an neue Herausforderungen sind aber etwas völlig Normales. Wegen der fehlenden Flexibilität wirken Maßnahmen zur Qualitätssteigerung häufig als Belastung.

Zudem ist die derzeitige Qualitätsdiskussion mit einer Geschwindigkeit belastet, die stellenweise kontraproduktiv wirkt. Hier wird eine weitere Regel der Lernenden Organisation verletzt: Langsamer ist schneller. Zu viele Modelle versprechen eine Qualitätssteigerung. Eine Entwicklung aus dem Innen heraus scheint derzeit kaum möglich.

Nach dem Grundgesetz sind alle Menschen vor dem Gesetz gleich. Dies impliziert auch Gleichbehandlung der Schülerinnen und Schüler. Gleichbehandlung bedeutet aber nicht, dass alle gleich behandelt werden. Es bedeutet Ungleichbehandlung der Ungleichen. Und dies auf individueller Ebene.

Literatur

Baumert, Jürgen et al. (1997): TIMSS – mathematisch-naturwissenschaftlicher Unterricht im internationalen Vergleich. Opladen: Leske + Budrich

Baumert, Jürgen/Bos, Wilfried/Waterman, Rainer (1998): TIMSS/III. Schülerleistungen in Mathematik und den Naturwissenschaften am Ende der Sekundarstufe II im internationalen Vergleich. Berlin: MPI

Biewer, Werner (1993): Steuerung und Kontrolle öffentlicher Schulen. Neuwied: Luchterhand

Bos, Wilfried (2004): IGLU. Einige Länder der Bundesrepublik Deutschland im nationalen und internationalen Vergleich. Münster: Waxmann

Fend, Helmut (1982): Gesamtschule im Vergleich. Bilanz der Ergebnisse des Gesamtschulversuchs. Weinheim: Beltz

Ingenkamp, Karlheinz (1969): Zur Problematik der Jahrgangsklasse. Weinheim: Beltz

Lehmann, Rainer H. (2004): LAU 11. Aspekte der Lernausgangslage und der Lernentwicklung - Klassenstufe 11 - Ergebnisse einer längsschnittlichen Untersuchung in Hamburg. Hamburg: Behörde für Bildung und Sport (Forschung)

Saldern, Matthias von/Paulsen, Arne (2004): Sind Bildungsstandards die richtige Antwort auf PISA? In: Schlömerkemper (2004): 66-100

Schlömerkemper, Jörg (Hrsg.)(2004): Bildung und Standards. Zur Kritik der 'Instandardsetzung' des deutschen Bildungswesens. Weinheim: Juventa

Statistisches Bundesamt (Hrsg.) (2005): Fachserie 11, Reihe 1. Wiesbaden

Weinstock, Heinrich (1936): Die höhere Schule im deutschen Volksstaat. Versuch einer Ortsbestimmung und Sinndeutung. Verpflichtung und Aufbruch. Berlin: Verlag die Runde

Wolfgang Edelstein

Ganztagsschule: ein entwicklungspädagogischer Systemwechsel?

Ganztagsschule ist eigentlich etwas Triviales, eine alltägliche organisatorische Selbstverständlichkeit in den Schulsystemen der Nachbarländer, die die Schulzeit durch eine Mittagspause rhythmisieren und schulische Aktivitäten über den Vormittag und einen Teil des Nachmittags verteilen. Die deutsche Halbtagsschule ist so etwas wie ein deutscher Sonderweg. Eineinhalb Jahrhunderte galt der Besuch der Primarschule als hinreichender Arbeitsauftrag und voller Arbeitstag für Schüler wie Lehrer. Erst als in der zweiten Hälfte des 19. Jahrhunderts in Preußen die „verwaltete Schule" (Becker 1993) mit landesweit mehr oder weniger gleichförmigen Anforderungen und Organisationsprinzipien entstand, nahm die Volksschule – zugleich unter dem Druck der ökonomischen Verhältnisse – die Gestalt einer Vormittagsschule an, die am Nachmittag Zeit ließ für die Arbeit der Kinder in Landwirtschaft und Handwerk. Industrialisierung und Rationalisierung haben dann aus der Schule einen baulich, zeitlich, inhaltlich und personell durchrationalisierten Betrieb gemacht, der sich mit normierten Klassengrößen und -frequenzen, straff organisierten Stundenplänen, vorgeschriebenen curricularen Einheiten und administrativ regulierten Personaleinsätzen lückenlos in die rational geordnete Welt des preußischen Staates einfügte.

Im Vergleich dazu erschienen jetzt die früheren jahrgangsübergreifenden Lerngemeinschaften in den ungegliederten Zwergschulen retrograd. Und das waren sie auch tatsächlich in vieler Hinsicht, wir sollten sie nicht romantisch verklären. Natürlich war die gegliederte, gestufte, verwaltete, letztlich rational durchstrukturierte Schule auch ein Fortschritt, ein Effizienzgewinn, welcher der „Industrieschule" Akzeptanz einbrachte. Doch fast von Anfang an, spätestens seit der Wende vom 19. zum 20. Jahrhundert, gab es eine teils kulturkritische, teils pädagogisch motivierte Kritik an der „Industrieschule". Reformschulen wie die Freie Schulgemeinde Wickersdorf, die Landerziehungsheime von Hermann Lietz oder die Odenwaldschule von Paul Geheeb stellten konstruktive Alternativen bereit: Diese waren meist als Internate gleichsam natürliche Ganztagsschulen, suspendierten die Selektion nach der Grundschule zugunsten ganzheitlicher Lebensverhältnisse auf dem Lande und lösten die rigide Struktur der weiterführenden Schule zugunsten einer Art individualisierender Gesamtschule auf. Ein wenig war dies neuromantische Lebensreform und Zivilisationskritik, zum anderen jedoch fundierte pädagogische Kritik.

Hier ist kein Raum für eine historische Erzählung über die Schulkritik und Reformgeschichte des 20. Jahrhunderts. Auf besonderen Wegen oder vielmehr Irrwegen hat die deutsche Geschichte für die Erhaltung der Ständeschule des 19. Jahrhunderts gesorgt und sie als dreigliedriges Schulsystem fast unangefochten in das 21. Jahrhundert befördert.

Nach dem heiß umkämpften und letztlich weitgehend erfolglosen Versuch, die Kosten dieses Systems mit den Mitteln der Gesamtschule zu dämpfen, scheint es heute erstmalig zu gelingen, mit der zeitlichen Organisation der Halbtagsschule ein zentrales Element dieses ultrastabilen Schulsystems mit seinen Hauptkomponenten – kurze Grundschule, selektive Gliederung der Sekundarschule, zeitlich kompakt organisierte Halbtagsschule – wirksam in

Frage zu stellen. Dabei nimmt die Ganztagsschule in einer funktionellen Reformstrategie eine Schlüsselstellung ein: negativ, weil sie das bestehende System nicht problematisiert und damit eine strukturbezogene Diskussion vermeidet, wie sie seinerzeit von der Gesamtschule ausgelöst wurde – eine Diskussion, die noch heute traumatisch und reformverhindernd nachwirkt; positiv, weil die Ganztagsschule nun die Chance zu eröffnen scheint, die Folgen und Wirkungen des bestehenden Systems innerhalb des Systems selbst zu kompensieren. Ob sie damit systemerhaltend oder systemverändernd wirken wird, erscheint zum gegenwärtigen Zeitpunkt unentschieden. Konkret wird dies davon abhängen, ob die *offene* oder die *gebundene Ganztagsschule* das Rennen macht. Denn nur die gebundene Ganztagsschule dürfte nachhaltig etwas am System ändern.

Diese Frage soll uns hier nicht beschäftigen, weil wir zunächst den Spuren der Entwicklung hin zur Ganztagsschule folgen wollen. Dazu gehört zunächst die Einsicht, dass die gängige Halbtagsschule keineswegs die naturgegebene Form der Schule ist; dass erst der historische Blick dem pädagogischen Bewusstsein die Erkenntnis öffnet, dass die Halbtagsschule nicht die selbstverständliche Gestalt der Schule ist, ähnlich wie der vergleichende Blick über die Grenzen erforderlich erscheint, um das dreigliedrige Schulsystem mit früher Selektion für weiterführende Schullaufbahnen in je eigenen Institutionen bereits im 10. Lebensjahr als kritischen Sonderfall zu entdecken.

Aus den historisch gewordenen Strukturen sind Institutionen, Professionen, Ideologien und Privilegien hervorgegangen, die den Bildungsprozess in die institutionellen Formen gegossen haben, die ihn noch immer bestimmen. Da ist die unhinterfragte Selbstverständlichkeit der kurzen, in der Regel vierjährigen Grundschule. Anderswo geht die Grundschule nach weiteren Jahren der kindlichen Entwicklung in der Regel ohne institutionelle oder strukturelle Hemmnisse in eine einheitliche weiterführende Schule über, die ohne Selektion und Gliederungszwang Optionen für unterschiedliche Neigungen, Perspektiven oder Zielsetzungen bereithält. Aus der real existierenden deutschen Grundschule wächst die ihr zugeordnete Profession der Grundschullehrer/innen hervor. Der unterhinterfragten Selbstverständlichkeit des gegliederten Schulsystems entsprechen die unterschiedlichen Lehrerprofessionen mit ihren verschiedenen universitären Bildungsgängen, Studienverläufen und Statussicherungssystemen. Zur Kompensation der Halbtagsschule wachsen die Angebote der Sozialen Arbeit, der Freizeitpädagogik, der Jugendpolitik, des Nachhilfemarkts; aus den faktischen Selbstverständlichkeiten des Schulsystems und seiner selektiven Prozesse entstand die Identifikation der politischen Klasse mit dem Halbtagsgymnasium, das ihr die Schulerfahrung vermittelt hat, die sie ebenso offensichtlich wie irrtümlich als die universelle, natürliche und immergültige betrachtet und die unhinterfragt den Hintergrund ihrer bildungspolitischen Urteile und Entscheidungen bildet: Die Schulerfahrung im selektiven Gymnasium scheint den Mitgliedern der politischen Klasse den natürlichen Lauf der Dinge zu spiegeln. In Wirklichkeit spiegelt diese Schulerfahrung den Klassenhabitus einer bildungspolitisch privilegierten Schicht, für den die Evidenz der sozialen Selbstverständlichkeiten spricht. Als Antwort auf diese vielfach determinierte Lage bringt nun die Ganztagsschule eine neue Situation und mit dieser eine neue Gelegenheitsstruktur hervor.

Seit einigen Jahren ist die schulpolitische Diskussion nach langer Karenzzeit auf breiter Front aufgebrochen. Dazu haben nicht zuletzt die enttäuschenden Ergebnisse der PISA-Studien beigetragen (Deutsches PISA-Konsortium 2001). Zwar ist die Diskussion von Seiten der Politik, insbesondere der KMK und der Länder, von einem konservativen politischen Impuls gesteuert: Die allseits als notwendig anerkannte Leistungsverbesserung des Schulsystems soll und kann nach Meinung der Verantwortlichen des Systems ohne Systemveränderung herbeigeführt werden. Demnach haben die Leistungsmängel der 15-Jährigen mit Struktur und Beschaffenheit des deutschen Schulsystems wenig zu tun. Der vergleichende Blick auf die erfolgreichen Einheitsschulsysteme – Finnland und die anderen skandinavischen Schulsysteme, Kanada, Neuseeland, insbesondere übrigens und unerwartet Südtirol, das seine Schulen zu flexibel individualisierten Gemeinschaftsschulen umgebildet hat – wird durch Hinweise auf Leistungsverbesserungen in Sachsen und Sachsen-Anhalt, auf die Leistungsqualität der Gymnasien in Bayern und Baden-Württemberg offensiv neutralisiert.

PISA hat es infolgedessen nicht vermocht, die Strukturdebatte über das dreigliedrige Schulsystem anzufachen. Im Gegenteil scheinen die für PISA technisch verantwortlichen und durch PISA legitimierten Experten der Bildungsforschung und Evaluation sich mit der KMK in einer strukturkonservativen schulpolitischen Allianz zusammengefunden zu haben, welche die Strukturdebatte unter Verweis auf eine missratene Gesamtschulreform erfolgreich abwehrt.

Indessen haben Prozesse, die das soziale Leben in Deutschland in den vergangenen Jahrzehnten immer deutlicher bis in den Alltag der Familien hinein geprägt haben, die Angemessenheit des Schulsystems zunehmend in Frage gestellt. Die wachsende Beteiligung der Frauen am Erwerbsleben hat ihre traditionelle Rolle als Hüterin von Haus und Herd mehr oder weniger obsolet gemacht. Damit fällt eine wesentliche Voraussetzung der Halbtagsschule – die Gewissheit nämlich, dass die Schulkinder nach der Vormittagsschule zuhause ein Mittagessen und danach eine Betreuung in der Familie erwartet, die zugleich für die erforderliche Vorbereitung auf die Schule am nächsten Tag Sorge trägt.

Eine weitere Entwicklung betrifft die wachsende Zahl alleinstehender Erzieher (faktisch meist Erzieherinnen), die durch zunehmende Scheidungsraten – statistisch wird nahezu jede zweite Ehe geschieden – eine bedeutende quantitative Größe vor allem im Armutssegment der Schulpopulation repräsentieren. Diese Gruppe ist besonders belastet und besonders verletzlich: Denn einerseits wird ihr die Betreuungsleistung aufgebürdet, die die Halbtagsschule verursacht, andererseits wird ihr eine berufliche Erwerbstätigkeit angesonnen, die sie vor dem Abstieg in die Sozialhilfe mit den entsprechenden Implikationen bewahren soll. Engagiert sich die alleinerziehende Mutter auf dem Arbeitsmarkt, steht die von Schule und Gesellschaft geforderte Betreuung auf dem Spiel, mit schichtspezifisch ausgeprägten Nachteilen und Risiken für die Kinder – jedenfalls in bestimmten Altersgruppen und Entwicklungsphasen. Der Druck auf die alleinerziehende Mutter verstärkt sich von beiden Seiten: die *Betreuungs- und Versorgungsfalle*!

Diese sozioökonomischen Entwicklungslinien bilden den Hintergrund für die Entscheidung der vorigen Bundesregierung, mit dem Investitionsprogramm Zukunft der Bildung und Betreuung (IZBB) für die Einrichtung von Ganztagsschulen in den Jahren 2003 bis 2007 (jetzt verlängert bis 2008/9) vier Milliarden Euro bereitzustellen. Diese Maßnahme, die weniger zur Änderung der Schule als zur Mobilisierung ihres Betreuungspotenzials gedacht war, betrifft mittlerweile nach groben Schätzungen – genaue Zahlen liegen zurzeit nicht vor – etwa 5.000 Schulen. Das ist zwar angesichts der 44.000 Schulen in Deutschland immer noch eine recht kleine Zahl.

Doch im Vergleich mit den Schulentwicklungsprogrammen der BLK für Bildungsplanung und Forschungsförderung handelt es sich mit über 10% aller Schulen nicht um ein marginales Modellprogramm mit maximal vielleicht 200 Schulen, sondern um eine Intervention in den Systemkontext.

Diese Intervention bleibt zwar pädagogisch diffus und schulpolitisch mit den Alternativen *offene* (d.h. unspezifisch und ohne Verpflichtung für die Schüler) vs. *gebundene* (d.h. für die Schüler verpflichtende) Ganztagsschule doppelt kodiert und ambivalent. Gleichwohl stellt sie die bei Weitem umfänglichste und potenziell folgenreichste Veränderung der Schullandschaft in Deutschland seit den 70er Jahren dar. Damit stellt sich die Frage, welche soziale und entwicklungspsychologische, welche pädagogische Bedeutung die Ganztagsschule erlangen kann.

Um diese Frage angemessen zu beantworten, müssen wir die Aufmerksamkeit auf einen weiteren Sachverhalt lenken, der die soziale Entwicklung in der Bundesrepublik im vergangenen Jahrzehnt und länger in wachsendem Maße bestimmt hat: die *Familien- und Kinderarmut* (Butterwegge 2000; Edelstein 2006). An dieser Stelle können Struktur und Beschaffenheit der Armut in Deutschland nicht Gegenstand der Analyse sein. Ein paar Hinweise auf den Umfang des Phänomens müssen genügen. Bei den Armen handelt es sich um eine quantitativ bedeutsame Gruppe. Das Statistische Bundesamt (1998) gibt laut Datenreport 1997 die Zahl der (relativ) armen Kinder und Jugendlichen bis 18 Jahre mit 2,8 Millionen an, das sind ca. 20% der entsprechenden Altersklassen. Kinder bis 15 Jahre stellen im Jahr 2002 33% aller Sozialhilfeempfänger. Der Paritätische Wohlfahrtsverband (2005) schätzt in seiner Analyse der Effekte von Hartz IV, dass in Deutschland jedes siebte, in Ostdeutschland jedes vierte Kind auf Sozialhilfeniveau lebt.

Die Lage der Kinder hat sich in den vergangenen Jahren deutlich verschlechtert. Die Bundesrepublik ist in Bezug auf Kinderarmut von einem mittleren auf den 18. Rangplatz der OECD zurückgefallen. Laut Bericht des Paritätischen Wohlfahrtsverbandes lebt in den großen Städten bis zu einem Drittel der Kinder in Armut und marginalisiert, nach Hartz IV formal alimentiert durch ein Sozialgeld in Höhe von 209 Euro. Nur mit höchster Beunruhigung können wir die Folgen der Marginalisierung großer Gruppen häufig auch kulturell entfremdeter junger Menschen zur Kenntnis nehmen. Warum sollten diese Jugendlichen denn moralische Solidarität mit einer Mehrheitsgesellschaft entwickeln, die sie von ihren Lebensformen, ihren Institutionen und ihren Perspektiven ausschließt? Als zentrales Instrumentarium dieser Exklusion erscheint nun das dreigliedrige Schulsystem.

Die soziokulturelle Segregationsleistung des gegliederten Schulsystems beruht auf einer zeitlichen Organisation, die den Übergang in die weiterführenden Schulen sehr frühzeitig reguliert und ihn zugleich legitimiert, indem Erfolg und Misserfolg im Selektionsprozess den Fähigkeiten der Individuen selbst zugeschrieben werden. Dabei erfordert die Entwicklung der Fähigkeiten für diesen Übergang Entwicklungsressourcen, die je nach den kulturellen Voraussetzungen der Individuen und den Sozialisationsbedingungen des Elternhauses sehr ungleich verteilt sind (Butterwegge/Holm/Zander 2004). In keinem anderen Land wird zur Entwicklung des kulturellen Habitus, der für den Übergang erforderlich ist, und insbesondere zum Ausgleich der mitgebrachten Unterschiede des kulturellen Kapitals den Lernenden so wenig Zeit und Spielraum gegeben. Diese Restriktion der Entwicklungsressourcen in einer extrem kurzen Grundschulzeit von meist nicht einmal vier Jahren bis zur Übergangsentscheidung macht daraus einen weltweit einmaligen Mechanismus der Reproduktion der Strukturen sozialer Ungleichheit durch das Bildungssystem. In Verbindung mit der Entwicklung der Hauptschule zur Restschule und dem Wertverlust des Hauptschulabschlusses auf dem Lehrstellen- und Arbeitsmarkt wird daraus ein besonders folgenreicher Mechanismus der intergenerationellen Reproduktion von Armutsverhältnissen.

Um die Perspektive der Benachteiligten des Schulsystems zu verstehen, ist es sinnvoll, auf die Arbeits- und Erfahrungsweise zurückzugreifen, die für die Soziale Arbeit kennzeichnend ist: Sie macht die subjektive Perspektive ihrer Klienten, in unserem Fall die Perspektive armer Kinder, zum Ausgangspunkt der Arbeit mit ihnen. Für viele Kinder aus bildungsfernen und kulturell benachteiligten Milieus gilt, dass sie im Rahmen einer verkürzten Entwicklungsperspektive von drei oder vier Jahren sich den lernkulturellen Habitus der Mittelschichtkinder nicht aneignen können, die in ihren Elternhäusern die Basiskompetenzen der Mittelklassenkultur erwerben. Die Schulen unterstellen diese Basiskompetenzen als selbstverständliche Voraussetzungen für anspruchsvolle schulische Lernprozesse: sprachliche Differenzierung im Ausdruck, Aufmerksamkeit für Information, sozial kompetente Interaktionsformen, Belohnungsaufschub, Konzentrationsfähigkeit, Neugier und Initiative. Für das kulturelle Kapital, das diese Lerndispositionen in der Mittelschicht bilden, besitzen Kinder aus sozial restriktiven und ökonomisch armen Verhältnissen kein schulisch verwertbares Äquivalent. Ihr sprachlicher Ausdruck ist weniger artikuliert, das Vokabular beschränkter, der Satzbau elementar; die Aufmerksamkeit für Information begrenzt, die sozialen Interaktionen wenig differenziert, die Motivation kurzschrittiger, auf kurzfristige Abläufe eher gestimmt als auf fernere Ziele; deshalb ist Belohnungsaufschub unrealistisch. Unter dem Druck beengter Verhältnisse werden Neugier und Initiative häufiger bestraft. Wir sprechen beschönigend von anregungsarmen Umwelten.

Differenzierte Fragen, hypothetische Antworten, komplexe Sachverhalte, der Ausdruck von Möglichkeit, der Wechsel der sozialen Perspektiven, all diese vermeintlichen Selbstverständlichkeiten der sozialen und kognitiven Erfahrungswelt der Mittelschichten müssen in der kognitiv weniger differenzierten und emotional eingeschränkteren Realitätserfahrung, wie sie für Armutsverhältnisse typisch ist, durch intensive Zuwendung und professionell angeleitete Förderung erst hervorkultiviert, erst zeitintensiv entwickelt werden. Dafür fehlt es den Lehrpersonen an Zeit. Das restriktive Zeitbudget der Schule, die geringen finanziellen, sächlichen und insbesondere personellen Ressourcen, die Überlastung der Lehrkräfte, ihre auf Unterricht statt auf den Lernprozess der Schüler fixierten Strategien – all das bildet die Elemente eines Systems, das Kinder aus Armutsverhältnissen dort festhält, wo sie herkommen, während es jene Kinder voranbringt, die mit den entsprechenden kognitiven und motivationalen Strategien vertraut sind. Diese Kinder haben dafür die Unterstützung ihrer Elternhäuser und auch ihrer Peers, die jenen fehlen. Darauf beruht die Reproduktion der soziokulturellen Klassenverhältnisse in der Schule und die Rolle der Schule als Agentur dieser Reproduktion.

An dieser Stelle tritt nun die Ganztagsschule mit einem potenziell tiefgreifend veränderten Zeitregime in Erscheinung. Die Gewährung zusätzlicher Entwicklungsressourcen – Zeit, Zuwendung, pädagogische Kompetenz – versetzt die Schule in die Lage, armutserzeugte kognitive, motivationale und interaktionale Deprivationsfolgen zu kompensieren. Diese Argumentation geht von den Entwicklungseinschränkungen armer Kinder aus, die deren Chancen in einem selektiv gegliederten Schulsystem nachhaltig beeinträchtigen. Für diese Kinder stellt die Ganztagsschule erstmals ein systematisch angelegtes Kompensationsangebot zur Verfügung. Doch sobald uns die Bildungsarmut sozial benachteiligter Kinder die Augen für die entwicklungspädagogischen Erfordernisse geöffnet hat, die für den Ausgleich ungleicher Bildungschancen geboten sind, wird sich das Blickfeld erweitern und das Augenmerk von der ausschließlichen Fixierung auf das in seiner Entwicklung beeinträchtigte Armutssegment lösen. Wir sollten nunmehr den Blick über die von Armut Betroffenen hinaus auf die gesellschaftlich folgenreichen Deprivationen insgesamt richten, von denen faktisch alle bis auf die privilegiertesten Kinder betroffen sind. Wir gehen zwar von den Deprivationsverhältnissen im Armutssegment der Gesellschaft aus und lernen vom Bildungsschicksal der Armen, welchen Lernhindernissen sie ausgesetzt sind. Auf diesem Hintergrund können wir nun jene Entwicklungsbereiche skizzieren, in denen gesellschaftlich folgenreiche Deprivationen und pädagogisch chancenreiche Fördermöglichkeiten zusammentreffen. Im Blick auf diese Bereiche ist die Mehrheit aller Kinder „arm“ – in folgenreicher Weise erfahrungsarm. Die *Erfahrungsarmut* stellt einerseits besondere Anforderungen an die Bildungswirksamkeit der Ganztagsschule, die entgegenkommende Verhältnisse für die Entwicklung von Kompetenzen auch in den bisher vernachlässigten Bereichen schulischer Bildung bereitstellen soll. Diese defizitären Entwicklungsbereiche stellen andererseits besondere Forderungen an die Kompetenzen der Professionen, in deren Aufgabenbereich die Förderung der Kinder und Jugendlichen fällt, für die Schulen nach dieser Konzeption ausgelegt sein sollten. So wird der Beruf der Lehrer überfachliche Elemente professionellen Handlungs- und Steuerungswissens benötigen, das in der Ausbildung der Lehrer an den Universitäten bislang keine Rolle spielt (obwohl es in den neu formulierten Standards der Kultusminister für die Lehrerbildung bereits in allgemeiner Form zum Ausdruck kommt, vgl. Kultusministerkonferenz 2004). Doch die Professionen der Sozialen Arbeit könnten in den auf ganztägiges Lernen umgestellten Schulen eine weitaus größere Rolle spielen als bisher, weil gerade sie über die überfachlichen Handlungskompetenzen verfügen, die für eine Entwicklungsförderung von Individuen in Gruppen erforderlich sind. Gemeinsam mit den Schülern können Lehrer, Sozialarbeiter, Eltern und Akteure der Zivilgesellschaft die Organisation einer Schule vorantreiben, die gleichermaßen der Bildung, Entwicklung und Förderung ihrer Schüler dient.

Vom Problem der Bildungsarmut ausgehend sollen im Folgenden die entwicklungspädagogischen Aufgaben skizziert werden, die über das Armutssegment der Gesellschaft hinaus die pädagogischen Grundbedürfnisse aller Kinder nach verstehendem und motiviertem, nach aktivem Lernen beschreiben.

1 Unterbrechung des Armutszyklus

Die Milieus, in denen arme Kinder leben, sind kulturell anregungsarm und tragen in Ermangelung kultureller Stimulierung ein großes Risiko sozialer und kultureller Deprivation. Aus psychologischen Armutsstudien wissen wir eine Menge über die sozialökologischen und psychologischen Eigenschaften solcher Milieus, die kollektiv zu Ghettobildung, individuell zu armutsbestimmten Lebensverläufen disponieren, die überproportional häufig problembelastete Schullaufbahnen aufweisen, ohne reguläre Schulabschlüsse bleiben, durch Ausbildungsmangel in anhaltende Arbeitslosigkeit, im ungünstigen Fall schließlich in Devianz- und/oder Sozialhilfekarrieren führen (Butterwegge/Klundt/Zeng 2004). Armut beeinträchtigt die Entwicklungschancen der von ihr betroffenen Kinder und erzeugt häufig dissoziale Bewältigungsstrategien, die zur Reproduktion der Armutsverhältnisse führen und diese gleichsam zwischen Generationen *sozial vererben*.

Um den Armutszyklus zu unterbrechen, sind schulische Interventionen erforderlich, die den Deprivationskontext durch schulisch vermittelte und schulisch organisierte Anregungen und motivationsförderliche Handlungsangebote auflösen. Die komprimierte Halbtagsschule mit den für sie charakteristischen Sequenzen von lehrerdominierten 45-Minuten-Lektionen mit ihren der Mittelschichtmentalität entsprechenden Anforderungen an kognitive Leistungsfähigkeit, Persönlichkeitseigenschaften und motivationale Dispositionen ist nicht dazu geeignet, die typischen Einstellungen und spezifischen Bedürfnisse armer Kinder anzusprechen und den Armutshabitus aufzulösen. Dafür bieten variable Formen der Projekt- und Gruppenarbeit, die motivationale Anregung einer Didaktik des situierten Lernens, zeitlich rhythmisierte und flexibel organisierte Lern- und Arbeitsformen erheblich bessere Erfolgsaussichten. Zeit ist die zentrale pädagogische Ressource für die kognitive und motivationale Entwicklungsförderung armutsgeschädigter Kinder. Voraussetzungen für Beschäftigungsfähigkeit zu schaffen, Jugendlichen den Weg zu Lehre und Arbeit zu ebnen, dadurch Voraussetzungen für Inklusion, für die Integration in die Gesellschaft zu schaffen, Arbeitslosigkeit und der Bildung von Sozialhilfekarrieren vorzubeugen, all das ist unmittelbar und mittelbar auf Zeit als pädagogische Ressource, d.h. auf pädagogische Strategien angewiesen, die nur in Ganztagsschulen mit ihrem erweiterten Zeitbudget und den damit gegebenen Chancen variabler Lehrstrategien, individueller Unterstützung und funktional gestalteter Gruppenkomposition erfolgreich zum Einsatz kommen können. Im Blick auf diese Bedürfnisse sind die allermeisten Schulkinder in gewisser Hinsicht arm, also bedürftig.

2 Arbeit mit Kindern und Jugendlichen mit Migrationshintergrund

Ein bedeutender Teil der Migrantenkinder stammt aus den beschriebenen Armutsmilieus oder umgekehrt: Ein erheblicher Teil der armen Kinder stammt aus fremdkulturellen Lebenswelten und der größte Teil von ihnen besucht Haupt- und Sonderschulen. Für die Migranten gilt das Deprivationsrisiko in besonderem Maße, weil sie zu den durch Armut geprägten Einstellungen und Dispositionen, Versagenserfahrungen und gelernter Hilflosigkeit zusätzlich noch ihre fremdkulturelle Distanz zur Schule als einer sie faktisch abweisenden Institution der deutschen Mittelschicht und ihrer Kultur mitbringen. 40% aller Kinder werden in Deutschland in Migrantenfamilien geboren. Kinder aus Migrantenmilieus sind nach den Befunden der PISA-Studie stark überrepräsentiert im leistungsschwächsten Segment der Schülerpopulation. Und konsistente und überdauernde Leistungsschwäche in der Schule sagt Arbeitslosigkeits- und Sozialhilfekarrieren mit hoher Wahrscheinlichkeit vorher. Eine drängende Aufgabe der Ganztagsschule besteht darin, die Integration der Migrantenkinder in den Leistungskontext der Schule zu normalisieren. Die notwendigen Sprachfertigkeiten zu erzeugen ist nur ein Aspekt des Problems. Dabei geht es keineswegs bloß um den grammatisch korrekten Ausdruck und ein angemessen differenziertes Lexikon. Vielmehr geht es um die Fähigkeit, die subjektive Befindlichkeit und die Wahrnehmung der sozialen Welt zu differenzieren, sie in sozial akzeptierten Formen zu thematisieren und kommunizierbar zu machen – nicht nur in der Umgangssprache. Es ist zwar eine vordringliche Aufgabe der Ganztagsschule, den Teufelskreis von Migrantendasein, Arbeitslosigkeit und Sozialhilfe zu unterbrechen, doch wichtiger ist die Aufgabe, die Reflexionsbarrieren und Reduktionsformen der Migrantenkulturen zu überwinden. Für diese Aufgaben ist die Kooperation von Lehrern, Sozialarbeitern und Berufspädagogen die Lösung der Wahl – eine Verbindung von beruflichen Kompetenzen, die es andernorts so gar nicht gibt. Die Verbindung sprachpädagogischer, berufspädagogischer und freizeitpädagogischer Angebote in gemischten Gruppen hebt auf persönlichkeitsstabilisierende, sozial sensibilisierende und integrationsintensive Leistungen gleichermaßen ab. Die scheinbar hochspezifische kultur- und sprachpädagogische Aufgabe erweist sich bei näherem Hinsehen als entwicklungspädagogische Aufgabe par excellence.

3 Gesundheitserziehung, Bewegungstraining, Sportangebote

Viele Jugendliche sind übergewichtig, nach Schätzungen bis zu 20%, Tendenz zunehmend. Besonders Kinder der Unterschicht sind betroffen, arme Kinder haben schlechte Ernährungsgewohnheiten und große Gesundheitsbelastungen. Doch es ist auch hier der Fall, dass arme Kinder das allgemeinere Problem nur besonders deutlich anzeigen. Die Gesundheitsprognose der Übergewichtigen ist schlecht. Die Wahrscheinlichkeit, dass sie ein Leben mit physischen Beeinträchtigungen führen, ist hoch. Diabetes, Koronarkrankheit, Skelett- und Gelenkerkrankungen der heute übergewichtigen Kinder werden ein ohnehin bereits überfordertes Gesundheitssystem zusätzlich belasten, wenn sie erwachsen sind. Die Ganztagsschule muss die Kinder und über sie die Familien an eine gesunde Ernährung gewöhnen und das dafür erforderliche Wissen und die dazu gehörenden Einstellungen auch an die Eltern vermitteln. Vor allem aber müsste sie ein bewegungsintensives Sportangebot zur Verfügung stellen – ohne den Leistungsdruck, der vom herkömmlichen Sportunterricht ausgeht. Denn dieser kann die übergewichtigen Kinder nicht motivieren. Die Erfahrung dauerhafter Unterlegenheit schränkt die Motivation der Betroffenen folgenreich ein. Fehlende Anerkennung zersetzt die Überzeugung eigener Wirksamkeit, die für den Aufbau zielorientierter Aktivitätspotenziale unerlässlich ist. Die Ganztagsschule stellt eine Gelegenheitsstruktur für die Aktivierung dieser Kinder her, die eine Halbtagsschule schon aus Zeitgründen nicht bieten kann. Auch die Sportvereine können ein solches Angebot außerhalb strukturierter institutioneller Bedingungen, wie sie die Ganztagsschule bietet, nur schwer an die potenziellen Nutzer heranbringen, die sie mit ihren Angeboten gegenwärtig nicht ansprechen können.

Die Ganztagsschule kann ein bedeutendes gesundheitspolitisches Anreizsystem darstellen, das geeignet ist, die Gesundheitskosten langfristig positiv zu beeinflussen. Für den Aufbau des Angebots ist eine Mitwirkung der Sportvereine in Kooperation mit medizinischem und psychotherapeutischem Sachverstand erforderlich. Vor allem ist eine Gestaltung der Bildungsprozesse, der schulisch organisierten Aktivitäten wichtig, die Befriedigung und Erfolg statt Demütigung und Misserfolg versprechen. Solche Aktivitäten könnten projektdidaktisch, theaterpädagogisch und erlebnispädagogisch kompetente Sozial- und Freizeitpädagogen übernehmen, die Spielräume der Ganztagsschule nutzen, um ein organisches

Konzept des variablen, vielseitigen und konstruktiven Lernens in eine Schule einzubringen, die sich als aktivierende und zugleich befriedende Lebensform für Kinder und Jugendliche begreift.

4 Zivilgesellschaftliche Erziehung und Bildung: Demokratie als Lebensform

Eine zivilgesellschaftliche Kultur wird durch den Rückbau von Subventionen und wachsende Finanzprobleme der Kommunen zunehmend auf Initiativen und Handlungsinteressen der Bürger angewiesen sein. Didaktische Prozesse und thematische Inhalte, die der Bildung und der Ausbildung von Fähigkeiten, Fertigkeiten, Dispositionen und Motiven zum Handeln in der Zivilgesellschaft dienen, fordern eine Priorität, die in der Schule nur unter einem veränderten Zeitregime realisiert werden kann, denn nur dann wird das Leben in der Schule als zivilgesellschaftlich motivierende Lebenswelt strukturiert werden können. Demokratie als Lebensform ist die politische Seite der Zivilgesellschaft. Verantwortungsübernahme, Autonomieförderung, Partizipationserfahrung und Planungskompetenz sind zentrale Elemente einer Demokratiepädagogik, die auf Aktivierung der mikropolitischen Gemeinschaft in der Schule und auf deren Einbettung in das soziale und politische Leben der Gemeinde setzt. Projekte als didaktische Großform fördern die Beteiligung an Planungsprozessen sowie die Verantwortungsübernahme der beteiligten, planenden, durchführenden, evaluierenden und ihre Leistungen und Produkte gemeinsam präsentierenden Schüler. Projekte fördern die Motivation und die Autonomie der Handelnden, die Selbstwirksamkeit der Akteure und die gegenseitige Anerkennung der Teilnehmer an zivilgesellschaftlichen Vorhaben. Deshalb sind Projekte nicht nur soziale, sondern auch individuell entwicklungsförderliche Initiativen, die die kognitive, die sozio-moralische und die Persönlichkeitsentwicklung vorantreiben. Indem sie die individuelle Entwicklung fördern, dienen sie der Integration aller Kinder in einer von ihrer Herkunft unabhängigen Community.

Politische Handlungsfähigkeit im kommunalen Nahraum erscheint für die Entfaltung einer demokratischen Zivilgesellschaft umso wichtiger, je abstrakter sich die Handlungsformen der „großen“ Politik auf staatlicher, überstaatlicher und globaler Ebene darstellen, je weiter weg von den im Nahraum verankerten Lebensverläufen die das Leben bestimmenden Entscheidungen der Politik fallen. Die mikropolitische Gestaltung des Nahraums setzt eine Mitwirkung der Beteiligten voraus, für die in der herkömmlichen Halbtagsschule die Anreize schon aus Zeitgründen fehlen. Partizipatorische Unterrichtsformen und selbstregulierte Mitwirkung an der Entwicklung der Schulgemeinschaft ist eine zugleich politische und moralische Herausforderung an die Schule, die erst in der Ganztagsschule den erforderlichen Handlungsspielraum erhält. Nur als demokratische und demokratieförderliche Lebensform bietet die Schule eine ernsthafte Perspektive zur Prävention rechtsextremistischer Ersatzangebote, an deren Attraktivität die Unzufriedenheit mit einer als sinn- und perspektivlos, freudlos und unfreundlich bewerteten Schule nachweislich einen erheblichen Anteil hat (Sturzbecher 2001). Schon für sich genommen ist die von EU, OECD und Europarat gemeinsam getragene Forderung, dass die Schule die nachwachsende Generation zu Demokraten erzieht – Education for democratic citizenship – Grund genug für die Ganztagsschule (Bîrcéa et al. 2004). Denn als demokratische Lebenswelt lässt sich Schule nur als ganztägig organisierte Lernwelt gestalten.

5 Kulturelle Aktivierung der Schule

Viele Schulen fördern kulturelle Projekte, spielen Theater, unterhalten einen Schulchor, eine Musikgruppe oder gar ein Schulorchester. Vor allem Gymnasien kultivieren Traditionen kultureller Aktivität, die einem Teil der Schüler die Erfahrung kreativer Beteiligung an der Kultur vermitteln. Unter den 44.000 deutschen Schulen ist dies indes nur eine Minderheit, die die kulturelle Armut des Schulsystems, seine zeitlichen, finanziellen und personellen Zwänge durchbricht. Auch hier sind arme Kinder mehr betroffen als andere, denn arme Kinder erhalten überhaupt nur in Schulen Chancen zu kultureller Aktivität. Ihnen fehlen ja die Mittel, die kulturelle Armut der Schulen privat zu kompensieren, etwa privaten Musikunterricht zu nehmen. Wieder gilt hier verstärkt der Satz, dass arme Kinder das allgemeine Problem der Deprivation bloß besonders deutlich anzeigen. Denn kulturelle Armut, das Fehlen einer lebendigen ästhetischen Bildung, die mangelnde Förderung der künstlerischen und kreativen Entwicklung ist ein Defizit, das die Mehrheit der Schüler in unseren ästhetisch verarmten Schulen trifft, die für die ästhetische Bildung wenig Ressourcen, vor allem immer weniger Zeit zur Verfügung stellen. Hier stellt die rhythmisierte Ganztagsschule eine regelrechte Befreiung dar. Im Blick auf die kulturelle und künstlerische Aktivierung der Schulen ist eine Kooperation mit sozialpädagogischer Kompetenz und zivilgesellschaftlichen Akteuren in der Ganztagsschule eine Hoffnung der zivilen Gesellschaft. Für die lernenden Individuen ist die Entfaltung der kreativen Potenziale für den Lebensvollzug und das innere Gleichgewicht besonders wichtig. Umgekehrt ist eine zivilgesellschaftliche Kultur für ihre eigene Qualität auf die Kultivierung von Interessen und den Aufbau von Handlungskompetenzen im kreativen Bereich angewiesen.

Es erscheint umso dringlicher, die kulturelle Qualität der Zivilgesellschaft auf lokaler Ebene in den Schulen und mithilfe der Schulen gleichsam von unten aufzubauen, als die öffentliche Versorgung mit kulturellen Leistungen durch die Austrocknung der finanziellen Ressourcen, die hierfür ehedem zur Verfügung standen, mittelfristig mehr als gefährdet erscheint. Einerseits kommt es deswegen auf die Kultivierung des Nachwuchses an, um das Bedürfnis nach lokalen und überlokalen kulturellen Angeboten und Leistungen zu erhalten. Andererseits und vor allem kommt es freilich darauf an, Gelegenheiten zu kultureller Selbsttätigkeit zu entfalten, die Kindern und Jugendlichen die Erfahrung eigener schöpferischer Leistungsfähigkeit, ästhetische Wahrnehmungsmuster und kulturelle Perspektiven erschließt.

Der kulturellen Austrocknung der Schulen kann die Ganztagsschule, anders als die zeitlich überregulierte Halbtagsschule, Chancen kultureller Aktivierung entgegensetzen, für die Pädagogen, Sozialpädagogen und lokale Akteure gemeinsam eine kooperative Basis schaffen können. Die meisten Schulen könnten vor Ort mit Vereinen, lokalen Künstlern, Institutionen der Kunst- und Musikpflege kooperieren. Solche Möglichkeiten sollten genutzt werden, um die Schule als kulturelle Einheit im mikropolitischen Kontext der Kommune zu beleben und jeder einzelnen Schule ihre spezifische kulturelle Identität zu verleihen. Damit würde der Schule neben ihrer Aufgabe der Förderung individueller, sozialer und politischer Kompetenzen eine kulturelle Funktion zuwachsen, die ihr in ihrer heutigen Isolierung vom kulturellen, kommunalen und politischen Leben, von Ausnahmen und Leuchttürmen abgesehen, weitgehend fehlt.

Die soziokulturellen Wertorientierungen, Kompetenzen und Lebensformen, die der Ganztagsschule zur Kultivierung empfohlen werden, sind auf fachliche und überfachliche Bildungsprozesse angewiesen, für die das zeitlich prohibitiv eng geknüpfte Raster der halbtägigen Unterrichtsschule allzu wenig Zeit lässt. Entgegenkommende Verhältnisse für Bildungsprozesse, die zur Überwindung der Armutskulturen, zur Integration von Kindern fremdkultureller Herkunft, zu Gesundheitserziehung, zu einer ästhetischen Bildung, schließlich zu demokratischen Verhältnissen an den Schulen und zur Bildung eines demokratischen Habitus der Schüler führen, sind für eine entwicklungspädagogisch wirksame Gestaltung der Institution auf die zentrale Ressource Zeit angewiesen, die in den Halbtagsschulen einer Organisationsrationalität zum Opfer fällt, die individuelle Förderung und Zuwendung beschränkt, die Organisation kooperativen Lernens unterbindet, demokratisches Handeln und eine aktive Entwicklungsförderung besonders der Benachteiligten des Schulsystems grundlegend einschränkt. Nicht nur kompensatorische, sondern auch traditionelle Bildungsziele, soziale Integration und Chancengleichheit sind auf eine konstruktive und flexible Organisation schulischer Aufgaben und Arbeitsformen angewiesen, die durch die rigide zeitliche Organisation der Halbtagsschule praktisch verhindert werden. Damit aber läuft die dominante Schulform in diesem Lande dem Gebot der Entwicklungsförderung und der Verpflichtung der Schule auf das Kindeswohl systematisch zuwider und verletzt die Prinzipien der Menschenrechte, der Demokratie, der sozialen Inklusion und der Nachhaltigkeit, die von der Europäischen Union, der OECD und dem Europarat als Leitwerte für die Entwicklung ihrer Bildungssysteme proklamiert worden sind.

Literatur

Becker, Hellmut (1993): Die verwaltete Schule: Hellmut Becker zum 80. Geburtstag. In: Recht der Jugend und des Bildungswesens. Jg. 41 H.2. 129-226

Bîrcéa, César/Kerr, David/Mikkelsen, Rolf et al. (2004): All-European Study on Education for Democratic Citizenship Policies. Strasbourg: Council of Europe

Butterwegge, Christoph (2000): Kinderarmut in Deutschland. Ursachen, Erscheinungsformen und Gegenmaßnahmen. Frankfurt a.M./New York: Campus

Butterwegge, Christoph/Holm, Karin/Zander, Margeritha (2004): Armut und Kindheit. Wiesbaden: VS-Verlag

Butterwegge, Christoph/Klundt, Michael/Zeng, Matthias (2004): Kinderarmut in Ost- und Westdeutschland. Ein empirischer Vergleich der Lebenslagen. Wiesbaden: VS-Verlag

Deutsches PISA-Konsortium (2001): PISA 2000. Basiskompetenzen von Schülerinnen und Schülern im internationalen Vergleich. Opladen: Leske + Budrich

Edelstein, Wolfgang/Fauser, Peter (2001): Gutachten zum Programm „Demokratie lernen und leben" der Bund-Länder-Kommission für Bildungsplanung und Forschungsförderung. Materialien zur Bildungsplanung und zur Forschungsförderung. Heft 96. Bonn

Edelstein, Wolfgang (2006): Bildung und Armut. Der Beitrag des Bildungssystems zur Vererbung und zur Bekämpfung von Armut. In: Zeitschrift f. Soziologie der Erziehung und Sozialisation (ZSE). 26 Jg., H. 2. 120ff.

Himmelmann, Gerhard (2005): Demokratie Lernen als Lebens-, Gesellschafts- und Herrschaftsform. Ein Lehr- und Arbeitsbuch. 2. Auflage. Schwalbach/Ts: Wochenschau-Verlag

KMK (2004): Standards für die Lehrerbildung. Bildungswissenschaften. Beschluss vom 16.12.2004

Paritätischer Wohlfahrtsverband (2005): „Zu wenig für zu viele". Kinder und Hartz IV. Eine erste Bilanz der Auswirkungen des SGB II. Dokument vom 25.08.2005 unter: www.infothek.paritaet.org/pid/fachinfos.nsf/65e974296cf7e729c12569f9007071a6/1a9bbe1f92ccff53c1257067005cd498?OpenDocument

Statistisches Bundesamt (1998): Datenreport 1997. Zahlen und Fakten über die Bundesrepublik Deutschland. Schriftenreihe Band 340. Bonn: Bundeszentrale für politische Bildung

Sturzbecher, Dietmar (2001): Jugend in Ostdeutschland. Lebenssituationen und Delinquenz. Opladen: Leske + Budrich

Astrid Kaiser

Geschlechtergerechte Schule – eine Chance für Mädchen (und Jungen)

1 Vorwort: Probleme des weiblichen Geschlechts in Hochschule und Arbeitswelt

Nach vielen Jahren öffentlicher Gleichstellungsdebatte und schulischer Koedukationskritik sollte man annehmen, dass das Thema Geschlechtergerechtigkeit heute nicht mehr akut ist. Dies ist mitnichten der Fall. Wenn wir Untersuchungen aus den letzten 10 Jahren betrachten, werden wir feststellen, nicht nur Jungen haben Probleme mit den Schulleistungen, sondern Mädchen haben insbesondere im mathematisch-naturwissenschaftlichen Bereich deutliche Probleme des Zugangs. Beide Geschlechter bilden durch stereotype Rollenzuweisungen immer noch unterschiedliche Fähigkeitsbereiche aus, während bestimmte Potenziale verkümmern.

Naturwissenschaften und vor allem Physik/Chemie sind diejenigen schulischen Angebote, die bei Mädchen bislang am stärksten auf Desinteresse, Distanz oder gar Ablehnung stoßen (Helwig 1997; Hoffmann 1989). Dieser Trend schlägt sich bei der Kurswahl in der gymnasialen Oberstufe und bei der Studienfachwahl erheblich zuungunsten des weiblichen Geschlechts nieder (Helwig 1997; Horstkemper 2002; Statistisches Bundesamt 2003).

Die Daten des statistischen Bundesamtes zeigen, dass die Anzahl der weiblichen Studierenden in den naturwissenschaftlichen Fächern nahezu grundsätzlich geringer ist als die der männlichen Studenten. Lediglich das Studienfach Biologie bildet dabei eine Ausnahme.

Die Studiengänge Chemie und Physik tauchen in der Rangliste der 20 am stärksten besetzten Studienfächer bei den weiblichen Studierenden gar nicht auf. Dagegen studieren bei den Männern 19.799 Physik und 14.041 Chemie und belegen somit die Plätze 11 und 17 auf der Rangliste der Studienfächer der Männer.

Auffällig ist zudem die Geschlechterverteilung der Studierenden im Bereich Informatik, der ebenfalls den Naturwissenschaften zuzuordnen ist. Während 58.244 männliche Studierende in diesem Studiengang eingeschrieben sind, stehen ihnen nur 8.701 Studentinnen zur Seite. Genauer gesagt, liegt der Frauenanteil der Studenten im Studienfach Informatik bei lediglich 13% (Statistisches Bundesamt 2003: 392).

Gleichzeitig erweist sich auf dem Arbeitsmarkt, dass im Bereich neuer Medien und Naturwissenschaft/Technik innovative Arbeitsplätze mit hoher Reputation entstehen, während die Arbeitsmarktsegmente, die stärker von Frauen angestrebt werden, von materiellen Restriktionen betroffen sind.

Die Daten der geschlechtsspezifischen Berufssegregation[1] belegen die Permanenz der Interessenpolarisierung (Statistisches Bundesamt 2003: 389). Die Ingenieurwissenschaften sowie der Bereich Mathematik, Naturwissenschaften vereinen gemeinsam 44,6% der männ-

---

1 Bei der Berufseinmündung kehrt sich der Trend zu mehr und besseren allgemeinen Abschlüssen bei Mädchen um, hier zeigen sich deutlich bessere Positionen beim männlichen Geschlecht (vgl. die bildungsstatistische Studie von 2004 der GEW http://www.gew.de/wissen/wissenspool/texte/bildungsbiographie_juni_04.pdf).

lichen Studenten in ihren Studiengängen, wohingegen nur 20,1% der weiblichen Studenten in diesen Studienfächern eingeschrieben sind. Der Großteil der weiblichen Studenten, genauer gesagt 32,2%, gehört der Fächergruppe „Sprach- und Kulturwissenschaften" an, womit erneut die scheinbar geschlechtsbezogene Interessenverschiebung bestätigt wird. Unterstützt durch die Tatsache, dass nur 13,3% der eingeschriebenen männlichen Studenten im Wintersemester 2002/2003 bundesweit in dieser Fächergruppe vertreten waren.

Aus den Daten des Statistischen Bundesamtes zu den Erwerbstätigen im April 2002[2] geht hervor, dass der Anteil der weiblichen Erwerbstätigen innerhalb der Berufgruppe „Chemiker/-innen, Physiker/-innen, Mathematiker/-innen" weniger als ein Fünftel ausmacht. Ähnliche Anteile ergeben sich auch bei der Zahlenanalyse der „Chemieberufe", die noch einmal separat aufgeführt werden, dort stehen 132.000 männlichen 30.000 weibliche Erwerbstätige gegenüber. Deutlich wird die Diskrepanz innerhalb der Berufswahl ferner bei der Darstellung der Ingenieurberufe. In diesem Berufszweig ist nur jeder achte Erwerbstätige eine Frau (Statistisches Bundesamt 2003: 110).

Ähnliche Abstufungen lassen sich auch den Daten über die Geschlechterverteilung bei den an den Hochschulen tätigen Dozent/-innen und Assistent/-innen im Bereich „Mathematik, Naturwissenschaften" entnehmen (Statistisches Bundesamt 2003: 396). Lediglich jede fünfte Stelle ist in dieser Kategorie mit einer Frau besetzt.

2 Untersuchungen zur Lage der Mädchen in der Schule

Die Debatte um Mädchen und Schule setzte in den 1960er Jahren ein. Besonders häufig zitiert wurde damals die Studie von Helge Pross (1969) zur Bildungsbenachteiligung von Mädchen. Sie hatte Ende der 1960er Jahre in die bildungspolitische Debatte die Kunstfigur des besonders benachteiligten katholischen Arbeitermädchens vom Lande transportiert.

Auf der Ebene von formalen Abschlüssen und Noten haben die Mädchen in den letzten Jahren im Bildungssystem aufgeholt.

Jahr	*Hauptschule*		*Gymnasien*	
	Schülerinnen	*Schüler*	*Schülerinnen*	*Schüler*
1985	43,0%	57,0%	52,2%	47,8%
1997	41,3%	58,5%	55,1%	44,9%

Abb. 1: Geschlechterverteilung an niedersächsischen allgemeinbildenden Schulen (Nds. Landtag, Drucksache 14/659)

2 nach Berufsgruppen und ausgewählte Berufsordnungen (Ergebnisse des Mikrozenzus)

Mädchen kommen nicht nur gleich viel wie Jungen auf weiterführende Schulen, sie schließen auch mit besseren Noten ab. An den Schulen für Lernbehinderte ist die Mehrheit männlich, Jungen wiederholen häufiger die Klasse als Mädchen. An Realschulen und Gymnasien ist wiederum die Mehrheit der Lernenden weiblich.

Die harten statistischen Fakten zeigen, dass die Erwartungen einer geschlechtergerechten Schule nicht zutreffen. Denn auch nach vielen Jahrzehnten Genderdebatte gibt es auch gegenwärtig noch gravierende Differenzen aufzuzeichnen, die zum Gleichbehandlungsgebot des Grundgesetzes in krassem Widerspruch zu stehen scheinen. Ich belege dies an den vom Statistischen Bundesamt 2005 herausgegebenen Daten:

Besuch der folgenden Schulart bundesweit:	*Mädchen*	*Jungen*
Hauptschule	473.674	610.626
Gymnasium	55,8%	44,2%
ohne Hauptschulabschluss in Niedersachsen	3.189	5.587
mit allgemeinem Hochschulabschluss in Niedersachsen	10.964	7.978
verspätete Einschulung in Niedersachsen	2.793	5.077

Abb. 2: Daten zu Differenzen im Bildungssystem (vgl. Statistisches Bundesamt 2005: 12, 122, 137)

Die Geschlechterfrage ist also trotz langer Emanzipationsdebatte noch nicht im Sinne eines egalitären Bildungssystems geklärt. Die Kategorie Geschlecht wirkt sich immer noch deutlich im Bildungssystem aus.

Auf Seiten der Noten und Schulabschlüsse scheinen die Mädchen deutlich überlegen zu sein. Bezogen auf die Grundschule konnte dies bereits 1985 belegt werden (Schümer 1985), für das Gymnasium war dann in den 1990er Jahren der bessere Leistungsstand von Mädchen belegbar. Aber auch dieser Tatbestand zeigt wiederum Mängel in der Gleichbehandlung – diesmal zuungunsten des männlichen Geschlechtes. Es geht also nicht darum, Mädchen und Jungen durch starre Bilder von männlich und weiblich einzuengen, sondern ihnen noch mehr Möglichkeiten zu eröffnen, damit kein Kind in der Grundschule wegen des Geschlechts Begrenzungen in den individuellen Qualifizierungsmöglichkeiten erfährt. Denn es wird mehrfach in der Literatur belegt, dass „Mädchen mit androgyner und männlicher Geschlechtsrollenidentität ein besseres Selbstvertrauen als jene mit weiblicher oder undifferenzierter Geschlechtsrollenidentität“ (Keller 1998: 110) haben. Diese Befunde, dass weniger stereotype Orientierungen die Lebenstüchtigkeit fördern, lassen sich auch aus früheren internationalen Untersuchungen ableiten (vgl. Hagemann-White 1984).

Für Lehrerinnen und Lehrer ist die Frage der Geschlechterdifferenz nicht nur ein didaktisches Problem, sondern auch eine alltägliche Belastungsfrage, denn die Verhaltensauffälligkeiten von Schülerinnen und Schülern sind gerade im Unterrichtsalltag deutlich nach Geschlecht separiert. „In einer Untersuchung zu Verhaltensauffälligkeiten in über 100 Hamburger Grundschulklassen tritt die Problematik des Jungenverhaltens besonders deutlich hervor. Die Studie belegt, dass „(...) im Schnitt 82% der beobachteten Auffälligkeiten auf Jungen und nur 17,5% auf Mädchen entfallen" (Thies/Röhner 2000: 36).

Aufgeschlüsselt nach auffälligen Verhaltensbereichen zeigen sich die folgenden Geschlechtsunterschiede:

Auffälligkeitsbereich	*Jungen Anteile in %*	*Mädchen Anteile in %*
Lernen für Belohnung	90	10
Hypermotorik	88,8	11,2
Erregbarkeit, Ungehemmtheit	88,2	11,8
Motorik fein/grob	86,7	13,3
Regeln nicht einhalten	85,9	14,1
Dominanzverhalten/Aggression	84,8	15,2
Mangelnde Spielkompetenz, Kreativität	84,6	15,4

Abb. 3: Geschlechtsunterschiede nach auffälligen Verhaltensbereichen (Thies/Röhner 2000: 36; nach Daten des Arbeitskreises Schulentwicklung Hamburg 1993)

Die Differenzierung der Geschlechter ist im schulischen wie außerschulischen Bereich zu beobachten. Besonders die selbst gewählten Spielwelten von Jungen und Mädchen unterscheiden sich drastisch (Nötzel 1987; Fuchs 2001); so bevorzugen Jungen Spiele mit Bauen, Konstruieren und Technik, während Mädchen Rollenspiele, Regelspiele, Puppenspiele sowie Symbolspiele bevorzugen und Alltagshandlungen in der Familie spielerisch verarbeiten (Thies/Röhner 2000: 38). Auch inhaltlich unterscheiden sich die Spielwelten der Geschlechter im Grundschulalter: „Während Jungen in abenteuerlichen Welten und Szenarien spielen, wenden sich Mädchen dem Lebendigen, insbesondere Tieren zu und erproben Alltagshandeln" (Thies/Röhner 2000: 76). Wenn Grenzen der Stereotype überschritten werden, ist dies eher als Folge wechselseitiger Anregung zu sehen. So stellten Thies und Röhner fest, „dass immer dann, wenn Mädchen mit jungentypischem Spielzeug spielen, sie Jungen als ihre Interaktionspartner angeben" (Thies/Röhner 2000: 76).

Ein weiterer Beleg für den heimlichen Lehrplan der Geschlechtererziehung ist die Häufigkeit der Interaktionen. Die internationalen Untersuchungen (Enders-Dragässer/Fuchs 1989; Spender 1985; Skinnigsrud 1984; Frasch/Wagner 1982) von Australien über Indonesien, Europa bis hin zu den USA zeigen: Mädchen kommen im Unterricht viel weniger zu Wort als Jungen.

Es gilt bei der unterrichtlichen Aufmerksamkeit durch die Lehrkräfte die Regel „2/3 zu 1/3" (vgl. Spender 1985) zuungunsten der Mädchen. Dies ist unabhängig davon, ob die betreffenden Lehrerinnen für sich selbst die Förderung von Mädchen bewusst anstreben. Die Schere des Patriarchats sitzt also noch tief im unterrichtlichen Unbewussten. An der Oberfläche des Geschehens sieht es so aus, als würden die lautstark sich artikulierenden, weniger disziplinierten und sich ständig über die eigene Unterprivilegierung beschwerenden Jungen deshalb mehr Beachtung finden. Die Mädchen dagegen werden mit ihrer sozialen ausgleichenden Kompetenz (vgl. Enders-Dragässer/Fuchs 1989) durch geringere Beachtung und Förderung durch ihre Lehrkräfte belohnt. Diese geringere Beachtung der Schülerinnen mag ein Faktor dafür sein, dass das Selbstvertrauen und die Attribuierung von guten Schulleistungen als Folge des eigenen Könnens bei Mädchen trotz gegenwärtig bis zum Abitur besseren Schulleistungen geringer sind. In Bereichen ausgeprägter Kompetenzen, wie den Sprachen, kann die Schulleistung gegenüber den Jungen dadurch nicht verringert werden. In sensiblen Kompetenzbereichen, wie den Naturwissenschaften, scheinen die Selbstabwertung und geringeres Selbstvertrauen in deutschen Schulen immer noch wirksam zu sein.

Die Ergebnisdaten aus einer eigenen Untersuchung an Grundschulen im Raum Kassel sehen folgendermaßen aus:

Gesamtzahl der Einzelinteraktionen	*Interaktionen Lehrkraft zu Schülerin*	*Interaktionen Lehrkraft zu Schüler*	*Prozentuales Verhältnis*
3.596	43,5%	56,5%	43,5% : 56,5%

Abb. 4: Interaktionsdiskrepanz (Kaiser 1994)

Die Interaktionsdiskrepanz dieser Untersuchung entspricht in der Tendenz den Ergebnissen allen bislang vorliegenden Studien, ist aber in ihrer quantitativen Ausprägung weniger stark polarisiert als in anderen Untersuchungen. Die pauschalisierte Interaktionsrelation muss – ähnlich wie in der Reutlinger Studie, bei der die Jungen auch in der Kategorie Disziplintadel „bevorzugt" von ihren Lehrkräften behandelt wurden (vgl. Frasch/Wagner 1982: 266) – auf die verschiedenen Interaktionssituationen bezogen werden. Aus einigen Untersuchungen ist die Hypothese, unterrichtliche Interaktionsdiskrepanzen auch methodenbedingt zu sehen, nicht von der Hand zu weisen, wenn wir uns die Einzelergebnisse pro Kategorie anschauen. Hierzu zeige ich Ergebnisse einer eigenen Studie in Indonesien:

Kategorie	*Mädchen : Jungen absolute Relation*	*Mädchen : Jungen prozentuale Relation*
Aufruf ohne Melden:	45 : 70	39% : 61%
Drankommen mit Melden (gewollt):	92 : 95	49% : 51%
Hilfestellung/ Impuls/ Lob für:	49 : 72	40% : 60%
Vorführen/ Tadel:	41 : 44	48% : 52%
Disziplintadel:	40 : 166	20% : 80%
SchülerIn-initiierte Interaktion:	50 : 179	22% : 78%
L. (Lehrkraft) geht zu Kind:	68 : 226	23% : 77%
L. gibt Hilfe:	266 : 348	43% : 57%
Kind geht zu L.:	191 : 283	40% : 60%

Abb. 5: Interaktionsrelationen zwischen Mädchen und Jungen in Grundschulen der Minangkabau in Indonesien (eigene Berechnungen, Kaiser 1996)

Neuere Untersuchungen an der Grundschule wollen aus dekonstruktivistischer Perspektive eine vorgängige Definition von Mädchen und Jungen vermeiden und fragen vorrangig nach der Entstehung der Geschlechtermuster. Erste Ansätze in dieser Richtung finden wir im von Krappmann und Oswald geleiteten Projekt zu sozialen Interaktionen in der Grundschule (Krappmann/Oswald 1985; Krappmann/Oswald 1995). Dort wurde versucht, die sozialen Interaktionen in Grundschulklassen durch teilnehmende Beobachtung näher zu erfassen. Die Ergebnisse zeigten ein durchaus differenziertes Bild von den verschiedenen Motiven und Interaktionsweisen von Mädchen und Jungen, indem vor allem auf die Definitionsmacht der peers im Interaktionsgeschehen einer Grundschulklasse hingewiesen wurde. In diesem Kontext ist ein einfaches bipolares Schema nicht adäquat. 1998 veröffentlichten Breidenstein und Kelle eine an der Laborschule Bielefeld durchgeführte ethnografische Studie (Breidenstein/Kelle 1998). Deren Ergebnisse dokumentieren, wie innerhalb der peer-culture ebenfalls spezifische Definitionen von Geschlechterpolarisierung zum Tragen kommen, wie die Kinder selbst Differenz deutlich aufbauen, wenn auch in der Konkretion viele Relativierungen vorher geäußerter pauschaler Geschlechtsmusterdefinitionen aufgehoben werden.

Die Stereotype der Geschlechter wirken also weiterhin nach. Sie werden von allen Akteuren in die konkreten Handlungssituationen eingebracht. Allerdings spielt die Genderfrage in der alltäglichen pädagogischen Arbeit keine besondere Rolle. Es gibt kaum Schulen, die diese Frage in ihr Schulprogramm aufnehmen (vgl. Koch-Priewe 2002).

Für weitere Forschungsprozesse fordern Heinzel/Prengel (1998) mehrperspektivische Sichtweisen, die sowohl die universell-gesellschaftliche Perspektive aller Kinder, die zweigeschlechtliche Perspektive in der Grundschule, die plurale Perspektive, die sich von der starren Bipolarität löst und verschiedene Geschlechtermuster betrachtet und die individuelle Perspektive mit dem Fokus auf die große Vielfalt an Mustern und Möglichkeiten im jeweiligen Individuum betrachten.

3 Zum Verhältnis von Mädchen zu Naturwissenschaften

Wir wissen aus etlichen Untersuchungen, dass Mädchen auch heute noch eine gewisse Distanz zu naturwissenschaftlich-technischem einnehmen. Ihr Interesse ist deutlich anders als das der Jungen profiliert: Sie interessierten sich etwa im Bereich der Chemie für Inhalte, „die für sie eine persönliche Bedeutung haben. Es sind dies vor allem Inhalte, die etwas mit Chemie im Haushalt, Reinigung, Ernährung, Schmuck oder Naturerscheinungen zu tun haben. Jungen präferieren dagegen Inhalte mit technischem Hintergrund: Erdöl, Gebrauchsmetalle oder Kunststoffe" (Häußler et al. 1998: 122).

Mädchen bevorzugen konkrete und lebensnahe Anwendungsbereiche auch bei physikalischen Inhalten. „Mädchen reagieren bei Inhalten aus der Physik meistens sensibler als Jungen auf einen Wechsel des Anwendungsbereichs. So interessieren sich z.B. 80% der Mädchen für eine Pumpe, die als künstliches Herz Blut pumpt, aber nur 40% für eine Pumpe, die Erdöl aus großer Tiefe an die Erdoberfläche pumpt. Jungen interessieren sich zu etwa 60% für Pumpen, gleich welchen Typs" (Häußler et al. 1998: 122).

Neben den Interessen gibt es noch weitere Persönlichkeitsdimensionen, über die sich die Geschlechterdifferenzen im naturwissenschaftlichen Lernen verstärken. Besonders die Erfolgserwartung ist bei Mädchen deutlich geringer ausgebildet. „Selbst bei gleichem Leistungsniveau schätzen Mädchen besonders in männlich stereotypisierten Domänen ihre Fähigkeiten niedriger ein und haben eine geringere Erfolgserwartung (…). Sie attribuieren Misserfolge stärker auf mangelnde Fähigkeiten (…) und zeigen weniger positive Emotionen nach einem Erfolg (…), während Jungen zuversichtlicher sind und Erfolge stärker auf Fähigkeiten attribuieren (…). Die suboptimalen Attributionsmuster der Mädchen (…) werden dabei für eine ungünstige Leistungsentwicklung verantwortlich gemacht" (Rustemeyer 2000: 113f.). Diese Selbsteinschätzung von Mädchen, das sie glauben, die eigene Anstrengung sei entscheidend für Erfolge, zieht sich durch viele Untersuchungen. So belegt Wienekamp-Suhr: „Für die Begründung ihrer Erfolge im Chemieunterricht gaben 47,3% der Mädchen besonders Anstrengung bzw. intensives Lernen für das Fach an, bei den Jungen wurde diese Antwort nur von 25,6% gegeben. Letztere führten die Erfolge im Chemieunterricht zu 25,5% auf ihre Begabung zurück. Sie gaben die Antwort: Ich kann mir chemisches Wissen leicht merken. Im Gegensatz dazu besaßen nur 12,1% der Mädchen die Selbstsicherheit, diese Begründung anzukreuzen, obwohl man vermuten muss, dass sicherlich mehr Mädchen aufgrund ihrer Leistungen Anlass hätten, diese Antwort anzukreuzen. Bei Misserfolgen gaben 16,7% der Jungen Pech bei den Arbeiten an, 49,3% meinten, dass sie sich zu wenig angestrengt bzw. zu wenig für das Fach getan hätten. Die Begründung für

Misserfolge lag bei den Mädchen nur zu 9,1% beim Pech, aber sie meinten mit 49,1%, dass sie sich bei Misserfolgen zu wenig angestrengt bzw. zu wenig für das Fach getan hätten" (Wienekamp-Suhr 1992: 94).

Derartige Unterschiede verschwinden nicht etwa im Laufe der Schulzeit, sondern nehmen sogar zu. „Die TIMSS-II-Daten zeigen, dass in der Sekundarstufe I die Geschlechterunterschiede im Allgemeinen größer werden. Der Gesamtunterschied – über alle Länder hinweg betrachtet – beträgt 17 Punkte" (Prechtl 2006: 21). Auch in den Schulleistungen bleiben die Mädchen insgesamt in Naturwissenschaften noch hinter den Jungen zurück, auch wenn sie sonst schon beträchtlich bei der früheren Bildungsbenachteiligung aufgeholt haben und weit bessere Schulnoten und allgemeinbildende Schulabschlüsse insgesamt erreichen als Jungen (Prechtl 2006: 19). „In den Bereichen Mathematik und Naturwissenschaften sind nach wie vor die Mädchen benachteiligt. Innerhalb der Naturwissenschaften ist dabei die relative Schwäche in Physik und Chemie besonders ausgeprägt" (Stanat /Kunter 2001: 267).

Auch in der IGLU-Studie lässt sich nachweisen, dass Mädchen weniger häufig als Jungen schon in der Grundschule höhere Kompetenzstufen erreichen:

Stufen naturwissenschaftlicher Kompetenz (Grundschule)		*Gesamt* *(in Prozent)*	*Mädchen* *(in Prozent)*	*Jungen* *(in Prozent)*
Stufe V	(>637) Naturwissenschaftliches Denken	8,1	6,6	9,7
Stufe IV	(523-637) Beginnendes naturwissenschaftliches Verständnis	33,7	30,9	36,5
Stufe III	(469-522) Anwenden naturwissenschaftlicher Begriffe	21,3	21,9	20,7
Stufe II	(401-468) Anwenden alltagsnaher Begriffe	20,2	21,0	19,4
Stufe I	(323-400) Einfache Wissensproduktion	12,8	14,3	11,4
	(<323) Vorschulisches Alltagswissen	3,9	5,3	2,4

Abb. 6: Verteilung der an IGLU teilnehmenden Grundschülerinnen und Grundschüler auf die Stufen naturwissenschaftlicher Kompetenz (Bos et al. 2003a: 174)

Spannend ist der Blick auf den internationalen Vergleich in der IGLU-Studie. Danach haben Mädchen zwar in Deutschland schlechtere Leistungen in Mathematik und Naturwissenschaften und der Jungenanteil ist in höheren Kompetenzstufen besonders stark (Jahnke-Klein 2007: 87). Allerdings ist diese Differenz nicht an die Geschlechter generell gebunden. In Lettland, Singapur und Neuseeland gibt es diese Differenz zuungunsten der Mädchen nicht (vgl. Jahnke-Klein 2007: 88). Auch in der auf die Sekundarstufe I bezogenen PISA-Studie lassen sich im internationalen Vergleich erstaunliche Unterschiede sehen. So weisen in dieser höheren Altersstufe die deutschen Mädchen noch auffälliger schlechtere Leistungen in Mathematik und Naturwissenschaften auf. Der Unterschied in Mathematik ist statistisch signifikant. Doch offensichtlich ist dies nicht mit den Genen, Hormonen oder sonstigen biologischen Faktoren zu erklären, denn in anderen Ländern, die an dieser internationalen OECD-Studie teilgenommen haben, ist dies nicht der Fall. Besonders in Neuseeland, Island, Finnland und der Russischen Föderation waren die Mädchen z.T. signifikant besser in den Leistungen als Jungen (vgl. Jahnke-Klein 2007: 88). Wenn offensichtlich in anderen Ländern andere Geschlechterrelationen in den Schulleistungen zu finden sind, heißt dies auch, dass diese durch bestimmte äußere Bedingungen beeinflusst worden sind. Damit ist auch deutlich, dass veränderte Bedingungen auch in Deutschland eine andere Kompetenzentwicklung bei Mädchen hervorrufen können.

4 Bedingungen, die das naturwissenschaftliche Lernen von Mädchen in der Schule beeinträchtigen können

Es scheint so zu sein, als sei ein wichtiger Weg zu gleichen Bildungschancen für beide Geschlechter über die besonderen inhaltlichen Schwerpunkte zu gehen. Denn „auch bei TIMSS-II waren die Geschlechterdifferenzen zugunsten der Jungen besonders ausgeprägt, wenn Aufgaben aus den Bereichen Erdkunde, Physik und Chemie gestellt wurden. Gleiche Leistungen zeigten Mädchen und Jungen, wenn ihnen Aufgaben mit Inhalten zur Biologie oder Umweltthemen vorgelegt wurden“ (Prechtl 2006: 21).

Deshalb ist es gegenwärtig sinnvoll, am Interesse an ökologischen Inhalten der Mädchen anzuknüpfen, um an Beispielen von Umweltproblemen in durchaus anspruchsvolle Bereiche der Naturwissenschaften einzuführen.

Der wesentliche Vorteil dieses Ansatzes liegt auch darin, dass hier „normaler“ Unterricht für alle Kinder angeboten wird und die Mädchen nicht als gesondert zu fördernde Gruppe behandelt werden. Derartige Etikettierung kann gerade zur Verstärkung führen: „Die Fokussierung auf Mädchen(-förderungsmaßnahmen), wie sie in der Mehrzahl der Modellversuche vorgenommen worden ist, ist jedoch aus zweierlei Gründen als problematisch anzusehen: einerseits bedeutet sie Vernachlässigung der Jungen und damit andererseits Anpassung von Mädchen an eine männliche Norm, die als allgemein gesetzt wird“ (Nyssen 2004: 399).

In derartigen Unterrichtsbeispielen ergibt sich ein Ansatz inklusiver Mädchenförderung in Naturwissenschaften. Dabei wird keine Besonderung der Mädchen vorgenommen. Vielmehr ist dies integriert in einen sinnvollen Unterricht für alle.

Neben der Gestaltung der Inhalte scheint auch auf der psychologischen Ebene viel Potenzial zu liegen, Mädchen zu fördern. Dazu gibt es einen interessanten Widerspruch in den internationalen Vergleichsstudien. Nach diesen Ergebnissen haben Mädchen im Problemlösen auch in Deutschland höhere Kompetenz (= Indikator für das kognitive Potenzial) im mathematisch-naturwissenschaftlichen Bereich. Dieses Potenzial steht im Widerspruch zu den geringeren Leistungen. D.h. das Potenzial wird nicht für die Schulleistung genutzt, es ist vor allem ein Problem des Zugangs für Mädchen (vgl. Jahnke-Klein 2007: 88). Diese Diskrepanz zeigt, dass Mädchen könnten, wenn sie nicht durch psychische Sperren an der Umsetzung ihrer potenziell angelegten Fähigkeiten gehindert werden. Als psychologische

Faktoren, die sich negativ auf die Leistungen von Mädchen im mathematisch-naturwissenschaftlichen Bereich auswirken können, nennt Jahnke-Klein in Zusammenfassung vieler einzelner Untersuchungen:

- Rollenverhalten
- Selbstkonzept
- Interesse
- Angst
- Selbstvertrauen
- Attribuierung bei Erfolg anders
- Wirksame Stereotype als männliche Domäne
- Differente Erwartungshaltungen der Lehrpersonen (vgl. Jahnke-Klein 2007: 89ff.).

Weiterhin weist Jahnke-Klein darauf hin, dass auch der Unterrichtsstil im mathematisch-naturwissenschaftlichen Unterricht Mädchen in besonderer Weise beeinträchtigt. Sie hält in Anknüpfung an vor allem mathematikdidaktische Untersuchungen den fragend-entwickelnden Unterrichtsstil für ungünstig, um Mädchen gleiche Entfaltungsmöglichkeiten in den Leistungen wie Jungen zu gewähren. Nach Klieme und Baumert ist es typisch für den deutschen Mathematik-, aber auch weitgehend für den Physikunterricht, eng geführte fragend-entwickelnde Gespräche zu nutzen. Diese Struktur lässt der Schülerin/dem Schüler jedoch nur begrenzt Raum für verständnisintensives Lernen (2001: 5).

Dem entspricht Jahnke-Kleins empirisch belegtes Plädoyer für sinnstiftenden Mathematikunterricht (Jahnke-Klein 2001), das einem curricularen Konzept im Kontext entspricht. Jahnke-Klein hat zudem auf den Mathematikunterricht bezogen nachgewiesen, dass Mädchen und Jungen über unterschiedliche Strategien des Umgangs verfügen. Mädchen suchen stärker die Sicherheit im Verstehen, während Jungen – unabhängig von ihrer tatsächlichen Leistungsfähigkeit – riskante mathematische Anforderungen bevorzugen.

Gerade die stereotype Sozialisierung und damit Polarisierung schränkt Mädchen (und auch Jungen) dabei ein, die gesellschaftlich definierten Grenzen an Denk- und Verhaltensweisen zu überschreiten. Pädagogische Einflussnahme auf die Geschlechtermuster stößt an Machbarkeitsgrenzen. Denn Schule steht nicht außerhalb der Gesellschaft, sondern ist ein Teil von ihr. Von daher wirken in der Schule die allgemeinen gesellschaftlichen Symbole der Geschlechterbilder durchgreifend. Pädagogisch veränderndes Handeln ist nur in diesem Rahmen möglich und kann lediglich eine Differenzierung innerhalb der gegebenen Handlungsmuster erreichen. Deshalb können auch keine veränderten Persönlichkeitsleitbilder durch pädagogische Willensanstrengung erzielt werden. So kann es auch kein pädagogisches Ziel sein, androgyne Persönlichkeiten fördern zu wollen. Dies würde die Kräfte von Schule als Teil dieser Gesellschaft sprengen. Eine Anpassung der Mädchen an das Muster der Jungen würde wiederum am ethischen Ziel, eine Symmetrie anstelle einer Hierarchie zwischen den Geschlechtern herzustellen, vorbei gehen.

Bei Anerkennung dieser Rahmenbegrenzungen sollte aber erreicht werden, dass Mädchen nicht in ihrer Entwicklung durch starre Geschlechterstereotypen eingeschränkt werden. Sigrid Metz-Göckel (1988) drückt dies mit dem Begriff der „Geschlechtspotenziale“ aus, unter dem sie versteht, dass die Menschen beider Geschlechter verschiedene Möglichkeiten haben, breitere Fähigkeiten zu entwickeln als die engen Stereotypgrenzen vorschreiben. Es kommt also nur darauf an, die Möglichkeiten menschlicher Entwicklung für beide Geschlechter zu erweitern ohne sie dabei in den jeweilig defizitären Rollen festzuschreiben. Hier ist also ganz deutlich ein Kompetenzansatz gefragt, bei dem die Fähigkeiten beider Geschlechter durch Unterrichtsimpulse entwickelt und nicht beschnitten werden, wie es in der gesellschaftlichen Alltagspraxis oft geschieht. Anknüpfend an diese Gedanken wurden im Niedersächsischen Schulversuch „Soziale Integration in einer jungen- und mädchengerechten Grundschule" (Kaiser et al. 2003) vielfältige Praxisanregungen entwickelt und erprobt.

5 Utopie einer geschlechtergerechten Schule: Veränderte Inhalte und Methoden

Alison Phipps[3] schließt gegenwärtig an der Universität Cambridge/UK eine internationale Vergleichsstudie über alle weltweit entwickelten didaktischen Konzeptionen zur Förderung von Mädchen im Bereich „Science" ab. Sie unterscheidet dabei 4 Grundmuster an Zugangsweisen (approaches):

1) Kontextansatz: Naturwissenschaftliche Inhalte in sinnvollen Kontexten anbieten, phänomenologischer Ansatz, kein Formelunterricht
2) Kursansatz (Alltagsmaterialansatz): Methodisch mit Materialien aus der Alltagswelt experimentieren, einfache Experimente anstelle komplizierter Apparaturen
3) Homogenisierungsansatz: Gruppierung nach Geschlecht (partiell, kurzzeitig, themenspezifisch oder dauerhaft)
4) Modellansatz: Integration von naturwissenschaftlich kompetenten Frauen als Identifikationsobjekte in den Unterricht.

1) Kontextansatz

Im Rahmen einer Längsschnittstudie (Kraul/Horstkemper 1999) wurden deutliche Interessenunterschiede zwischen Mädchen und Jungen der Jahrgänge fünf bis zehn für das Unterrichtsfach Physik festgestellt. Gleichzeitig konnte aufgezeigt werden, dass die Unterrichtsqualität steigt, wenn sich die Lehrkräfte an den Interessen der Mädchen orientierten und damit weniger aus der Systematik des Faches, sondern stärker Bezug nehmend auf die Lebenswelt die didaktischen Vorgänge strukturierten. Beide Geschlechter erzielten bessere Leistungen und entwickelten ein stärkeres Interesse gegenüber physikalischen Sachverhalten und Problemlagen (Horstkemper 2002).

Nach der Interessensstudie von Hoffmann (1989) sind vor allem die folgenden Kriterien für die inhaltliche Strukturierung des Unterrichts von großer Bedeutung. Dies heißt vor allem, dass Naturwissenschaften in gesellschaftliche und ökologische Kontexte eingebunden werden.

3 Diese Studie ist zurzeit noch nicht veröffentlicht, die Kategorien entstammen einem Interview der Antragstellerin mit Alison Phipps in Cambridge vom Oktober 2003.

Erweitert wird der Kriterienkatalog im von Wyatt entwickelten Ansatz „Science for girls“ (1996), der auf das von der Society for Canadian Women in Science and Technology (SCWIST) entwickelte Konzept “Science for Girls and other intelligent Beings” zurückgeht:

- Anwendungsbezug (Kontext)
- Alltagsbezug (Materialbeschaffenheit für Experimente)
- kommunikative Lernformen
- sinnvolle Bezüge (eingebunden in Projekte oder Themen)
- Anschaulichkeit – Ausgehen von konkreten Phänomen
- Handlungsbezug – Schülerinnen und Schüler entdecken handelnd naturwissenschaftliche Probleme.

Dieser Kontextansatz würde bedeuten, dass die Curricula und Lehrbücher auf die besonderen Interessen der Mädchen bezogen umgeschrieben werden. Dies widerspricht nicht der Gleichberechtigung beider Geschlechter. Während der Physikdidaktiker Martin Wagenschein (1965: 350) noch aus seinem Erfahrungswissen folgerte: „Ich habe im Koedukationsunterricht immer die Erfahrung gemacht: Wenn man sich nach den Mädchen richtet, ist es auch für die Jungen richtig, umgekehrt aber nicht“, gibt es mittlerweile viele empirische Belege, dass Mädchen einen besseren Zugang zu Naturwissenschaften und Technik auch durch veränderte Inhaltskontexte erwerben können. Generell zeigen die Ergebnisse des Kieler BLK-Modellversuchs „An den Interessen von Mädchen und Jungen orientierter Physikunterricht“ (Hoffmann 1993), dass der Ansatz, mädchengerechte Curricula zu implementieren, gleichzeitig auch eine besondere Interessenssteigerung von Jungen bewirkt. Insofern kann generell gesagt werden, dass der didaktische Fokus auf Mädchen im Kontextansatz gleichzeitig eine gemeinsame Förderung von Mädchen und Jungen impliziert.

Um den Unterricht mädchengerecht zu gestalten, sollten die Versuche und Fragestellungen folgenden Kriterien genügen:

1. eine interessante Fragestellung
2. eine so alltagsnahe Problematik, dass die Mädchen selbst Erklärungen suchen und vergleichen können
3. eine Toleranz gegenüber Fehlvorstellungen im Vergleich zur Wissenschaft, dafür ein Ausgehen von Alltagsvorstellungen und konstruktives Vorgehen
4. allmählicher Aufbau von tragfähigem Wissen, das geeignet ist, Sinn in natur-wissenschaftlichen Fragen zu finden.

So gestalteter Unterricht kann schrittweise in Projektunterricht übergehen.

2) Kursansatz mit Alltagsmaterialien

Für diesen Ansatz sprechen die Untersuchungen Jahnke-Kleins im 9. Schuljahr von Gymnasien. Auf naturwissenschaftlichen Unterricht übertragen hieße dies, dass Mädchen stärker von kursartigen mädchengerechten Konzepten profitieren. Wyatt (1996), die einen derartigen Kurs für Mädchen entwickelt hat, betont darüber hinaus, dass es zur Motivierung der Mädchen sehr wichtig ist, mit Alltagsmaterialien zu arbeiten. Dies ist mittlerweile in vielen Lernwerkstätten Standard, dass die Versuche nachhaltiger für Mädchen sind, wenn mit einfachen Materialien experimentiert wird und nicht mit teuren technischen Apparaturen.

In Wyatts Ansatz (1996) sind folgende methodische Prinzipien im Sinne des Alltagsmaterialansatzes konzeptionell eingegangen:

- Die Motivation für die Versuche entstammt dem Alltag: Fußspuren entschlüsseln, Kleidung finden, Tiere beobachten, Tüten erfinden und basteln, Kochen, Zeit sparen beim Silberputzen, Zaubertricks vorführen etc.
- Die Versuche sind nicht mit teuren und für Mädchen abschreckenden Apparaturen durchzuführen, sondern mit einfachen Mitteln wie Witz, Bleistift, Papier, Backpulver, Alufolie, Steinen, Zitrone, einer Blechdose und anderen.
- Die Versuche sind einfach und phantastisch, so dass sie zum Machen unmittelbar animieren.
- Die Sprache entstammt dem Alltag von Mädchen und spricht sie an.
- Keine Laboratmosphäre.
- Diese Prinzipien machen naturwissenschaftlichen Unterricht – besonders auf der Seite der Vorbereitung des Unterrichts – deutlich einfacher, weil nicht teuere Apparaturen verlangt werden, sondern Dinge, die in Küche, Hauhalt oder Schule ohnehin vorhanden sind.
- Wesentlich gerade beim Ansatz mit Alltagsmaterialien ist, dass Mädchen dabei besonders ihre Sprachkompetenz zur Lösung der naturwissenschaftlichen Problemsituation einbringen können. Bildung entsteht erst, wenn verschiedene Vorstellungen ausgetauscht werden, so ist das bloße Experimentieren noch nicht bildungswirksam. Aber mit dem Einbringen der Sprache, haben Mädchen auch eher Zugang zu den Inhalten.
- In einem derartigen Unterricht gibt es vielfältige Sprechanlässe:
  - Es können Ideen geäußert werden.
  - Es gilt, viele Erfahrungen und Alltagswissen einzubringen, damit die Problemstellung plastisch wird.
  - Schülerinnen und Schüler werden immer wieder angeregt, Fragen zu stellen.
  - Gruppenarbeit fördert es, dass Beobachtungen mitgeteilt werden.
  - Vor Beginn der Versuche sollen alle erst einmal Vermutungen anstellen.
  - Es gilt, die Ergebnisse gemeinsam zu diskutieren.
  - Alle sollen dabei zu argumentieren lernen.
  - Die Planungen der eigenen Versuche müssen beschrieben werden.

Die mündliche Kommunikation geht nahtlos in schriftsprachlichen Ausdruck über, indem Beobachtungen protokolliert, Ergebnisse präsentiert, Versuchsabläufe skizziert und Vergleiche grafisch dargestellt werden.

3) Homogenisierungsansatz

Der Homogenisierungsansatz nach Geschlecht in den Naturwissenschaften wurde zuerst im Kieler BLK-Modellversuch (Hoffmann 1993) erprobt. Homogene Halbgruppen bei veränderten Curricula erwiesen sich als besonders produktiv, um dem Abfall des Interesses für Naturwissenschaften bei Mädchen gegen Ende der Sekundarstufe entgegen zu wirken. Der niedersächsische Schulversuch (Kaiser et al. 2003) hat schon im ersten Schuljahr eine Mädchenstunde und eine Jungenstunde pro Woche zum sozialen Lernen durchgeführt. Der Versuch insgesamt hat gezeigt, dass schulische Interventionen nicht die generellen differenten Sozialisationsprozesse unmittelbar zu beeinflussen vermögen, Freizeitinteressen, Spielvorlieben und Zukunftsvorstellungen bilden sich gemäß der allgemeinen gesellschaftlichen Differenz heraus (Kaiser et al. 2003). Allerdings konnte in den Mädchenstunden beobachtet werden, dass Mädchen Verhaltensweisen einübten, die nicht dem typischen weiblichen Muster entsprechen. Gerade als Übungsfeld für das Grenzensetzen von Mädchen scheinen Mädchenstunden besonders gut geeignet zu sein. In vielen Protokollszenen von Mädchenstunden konnten wir feststellen, dass Mädchen dabei sowohl klar die Konflikte benennen wie auch die positiven Wünsche artikulieren konnten, ohne dass nun die Jungen zum einzigen Problem erklärt wurden, sondern dass auch das Schwimmen oder andere schulische Ereignisse gleichermaßen als mitteilenswertes Problem angesehen wurden.

Für die Mädchenstunden wurde im Schulversuch empfohlen, reihum als Begrüßungsritual den eigenen Namen laut auszurufen und dabei durch körpersprachliche Unterstützung wie Aufstampfen mit dem Fuß der eigenen Stärke Nachdruck zu verleihen.

Ein weiteres besonderes Merkmal der Mädchenstunden ist neben dem Anfangsritual das szenische Ritual, das den Stunden auch Erfahrungsqualität verleihen soll. Duftlampe, Kerze, Gesprächsstein und Samtdecke wurden als ein mögliches Ensemble für das Arrangement der Mädchenkreismitte den Versuchsschulen vorgeschlagen.

Mädchenstunden sollten im Schulversuch einer inneren Struktur folgen. Für den niedersächsischen Schulversuch wurde an Grundschulen die folgende Reihenfolge der Phasen einer Mädchenstunde entwickelt:

1) Begrüßungsrituale
2) Gemeinsame stärkende Atemübung
3) Interaktionsübung
4) Gesprächskreis zu einem aktuellen Konflikt (z.B. Umgang von Freundinnen miteinander)
5) Interaktionsübungen zum Thema der Stunde
6) Gespräch, ein konkretes Problem zum Konflikt zu lösen
7) Abschlussrituale
8) Weitergabe des Mädchenbuches.

Inhaltlich wurde für die Mädchenstunden versucht, symbolische Zugangsweisen zu ermöglichen, um ein Gegengewicht zu bloß kognitiv strukturierten Lernformen zu setzen. Symbolisches Lernen – wie es etwa in Interaktionsübungen, Fantasiereisen, szenischen Spielen möglich ist – setzt auf einer komplexeren Lernebene an. Die Hypothese hinter diesem Ansatz ist, dass die Geschlechterbilder in der Gesellschaft ebenfalls durch komplexe symbolisch vermittelte Muster in die Persönlichkeitsstrukturen schon kleiner Kinder eingeprägt werden und daher durch einfache kognitive Reflexion nicht so schnell auflösbar sind.

So gut wie alle Kinder fanden die Mädchenstunden und Jungenstunden besonders positiv (Kaiser 2001). Diese verändern aber nicht die Identität der Geschlechter, sie können dennoch Kompetenzgewinn fördern. Unsere Beobachtungen zeigten, dass gerade in den Jungenstunden und Mädchenstunden mehr die Stereotype überschreitende Aussagen zu finden waren als im regulären Unterricht. Denn Kinder brauchen Zeit, um über das eigene Bild, was ein Mädchen und was ein Junge ist, nachzudenken, um für sich selbst neue Wege und Ziele zu erkennen. Dazu sind im Rahmen der koedukativen Schule spezielle Mädchen- und Jungenstunden sehr wichtig. Damit kann dem Bild, dass die Mädchen sich selbst als brav und schön sehen und die Jungen als große Könner, möglicherweise entgegengewirkt werden.

Das Konzept der Mädchenstunden und Jungenstunden (Kaiser 2001) im Schulversuch traf auf hohe Akzeptanz bei den Mädchen und Jungen, die allerdings nur geringe partielle Geschlechtertrennung befürworteten, aber generell im koedukativen Klassenverband unterrichtet werden wollten.

Die Supervision und Fortbildung der Lehrerinnen und Lehrer im Schulversuch wurde von diesen als Ansatz, um die Geschlechterperspektive immer deutlicher zu erkennen wahrgenommen. Sie nannten es: „Wir sehen jetzt mit der Schulversuchsbrille". Und genau auf diesen Perspektivwechsel zum permanenten Einbezug der Geschlechterperspektive kommt es an.

In anderen Projekten wurde die zeitweilige Geschlechtertrennung vor allem im naturwissenschaftlich-technischen Unterricht vorgenommen und als positiv für die Förderung von Interesse und Kompetenz im naturwissenschaftlich-mathematischen Bereich untersucht (Hofmann 1993; Nyssen 1996; Kessels 2002). Kessels bestätigt auch die Ergebnisse des niedersächsischen Schulversuchs, dass homogene Gruppierung eher beiträgt, Stereotype zu minimieren „In den koedukativen Gruppen verhielten sich die Mädchen nach eigenen Angaben deutlich geschlechttypisierter, in dem sie sich von dem ‚Jungenfach' Physik distanzierten, ihre Fähigkeiten für gering hielten und wenig motiviert waren. Auf das physikbezogene Selbstkonzept und die Motivation der Jungen hatte die Gruppenkonstellation dagegen keine Auswirkung" (Kessels 2002: 224). Alle diese unterschiedlich angelegten Projekte in der Sekundarstufe I belegen, dass in der Tat die geschlechtshomogene Gruppierung sich positiv auf die Kompetenzentwicklung der Mädchen ausgewirkt hat. Kreienbaum/Urbaniak (2006) schlagen sogar vor, die „'Zufällige methodische Trennung' als schulorganisatorisches Konzept" (ebd. 2006: 147) zu wählen. Danach lernen die Kinder nach dem Zufallsprinzip in einem Fach separiert nach Geschlecht in den übrigen Fächern gemeinsam. Das jeweilige Fach mit der Geschlechtertrennung wechselt nach einem Schulhalbjahr. Nach Auskunft der Autorinnen habe in Evaluationen dieses Konzept eine sehr positive Resonanz gezeigt.

4) Modellansatz

Das Modelllernen ist in der Geschlechterfrage von großer Bedeutung. Kinder und Jugendliche lernen, was männlich und weiblich sein soll, durch die erwachsenen Vorbilder in ihrer Umwelt. Mädchen brauchen Vorbilder von Frauen, die es geschafft haben, sich mit Technik und Naturwissenschaften zu beschäftigen. Abgeordnete bzw. Physikerinnen als Gäste in der Schule können schon gute Vorbilder bieten. Hier gilt es, nicht nur Lehrerinnen für naturwissenschaftlichen Unterricht zu gewinnen. Dies ist angesichts der Dominanz von männlichen Studierenden in diesen Fächern schwierig. Wichtiger ist es, weibliche Modelle vorzustellen. Wyatt (1996) beschreibt für jede naturwissenschaftliche Subdisziplin berühmte Forscherinnen, die durch Zeichnungen den Schülerinnen persönlich nahe gebracht werden. In Geschichten und Bildern werden echte weibliche Modelle vorgestellt, Wissenschaftlerinnen, die tatsächlich als Jaguarforscherinnen oder Sternentdeckerinnen Berühmtheit gewonnen haben und den Mädchen zeigen: Frauen können es in diesen Gebieten weit bringen und spannende Aufgaben bekommen. Wir haben dazu aus allen naturwissenschaftlichen Disziplinen (auch Geologie, Paläontologie, Physik, Meteorologie, Umweltwissenschaft, Genetik und Astronomie) bekannte Wissenschaftlerinnen in Bild und Text vorgestellt.

Weitere Möglichkeiten bestehen darin, Biografien berühmter Frauen in den Naturwissenschaften im Bereich der Schule zu dokumentieren oder sie im Schulleben durch Jahrestage oder andere rituelle Formen zu würdigen. Auch das Einladen externer Expertinnen in die Schule – von der Chemielaborantin bis zur Erfinderin – hilft den Schülerinnen, positive weibliche Modelle zu kennen und sich möglichst mit diesen zu identifizieren.

Kreienbaum/Urbaniak (2006) schlagen als Variante des Modelllernens die „einbeziehende Erziehung vor (ebd. 2006: 149f.). Damit ist ein wechselseitiger Prozess der Identifikation und Selbstreflexion gemeint. „Das Curriculum sollte für die Lernenden sowohl ein Spiegel als auch ein Fenster sein. (…) Die Lernenden sollen in der Lage sein, dadurch in unterschiedliche Welten zu sehen und gleichzeitig die Spiegelungen ihrer eigenen ethnischen Gruppe, ihres Geschlechts, ihrer sozialen Schicht in den Lerngegenständen zu entdecken. Einbeziehende Erziehung ist ein Konzept des Lernens von innen nach außen“ (ebd. 2006: 149). Praktisch heißt dies, dass die Schülerinnen und Schüler sich intensiv in einem „dramatischen Monolog“ (ebd. 2006: 150) in die andere Person hineinfinden. Dabei sollen sie sich sowohl in eine männliche wie in eine weibliche Rolle hinein begeben.

Wichtig bei diesen Modellansätzen ist es, dass Alternativen sichtbar und erfahrbar werden, um die tradierten Geschlechterstereotypien zu unterbrechen. Denn bei der Veränderung der Geschlechtermuster kommt es vor allem darauf an:

- anders zu denken
- anders zu sehen
- und anders wahrzunehmen.

Diese veränderten Perspektiven machen es möglich, die verborgenen Geschlechterperspektiven kritisch aufzudecken, die eigene Praxis zu reflektieren und geschlechter-bewusste Pädagogik zu entwickeln. Dazu sind allerdings viele Formen der Gruppen-reflexion, des wechselseitigen Beobachtens erforderlich. Denn in der Regel reproduzieren sich die herrschenden Geschlechterverhältnisse. Um Alternativen aufzubauen, bedarf es gezielter Anstrengungen. Hier gibt es in der Kooperation von Jugendhilfe und Schule vielfältige Möglichkeiten. Gemeinsame Workshops zum Aufdecken des eigenen stereotypen Blicks sind sinnvoll. So ist es methodisch sehr wirksam, wenn alle Teilnehmenden des Workshops ein Objekt, das sie für typisch weiblich und eines, das sie für typisch männlich halten, mitbringen und auf eine Decke in der Kreismitte legen. Die anschließenden Kommentierungen, Fragen und Diskussionen können das Sehen aller Beteiligten in der Geschlechterdimension gut erweitern.

In der Kooperation von Schule und Jugendhilfe sollten exemplarisch bestimmte Fälle unter der Perspektive der Geschlechtergerechtigkeit gesehen werden. Dazu eignen sich von beiden Seiten symbolische Herangehensweisen an die Kinder – ob durch Knöpfe, zugeordnete Symbole oder andere Methoden. Weiterhin sind ergänzend zur koedukativen Schule homogene Gruppen im Jugendhilfebereich sinnvoll, um den Ansatz der Homogenisierung, der sich in der Schule nur schwer realisieren lässt, praktisch umzusetzen.

6 Schlussfolgerungen

Bislang ist noch nicht empirisch belegt, welcher der grundlegenden Wege als besonders produktiv gelten kann. Wahrscheinlich ist es sinnvoll, eine Kombination verschiedener Ansätze zu praktizieren, denn die stereotypisierenden gesellschaftlichen Strukturen wirken als System, von daher kann nur „auf breiter Front“ den überkommenen und überholten Mustern von Geschlechterbildern entgegnet werden. Dies geht allerdings nur, wenn die Mädchen nicht als defizitär betrachtet werden. Denn das geringe Interesse von Mädchen an naturwissenschaftlichen Fragen wird innerhalb der neueren pädagogischen Diskussionen theoretisch nicht mehr im Sinne des Defizit-Ansatzes interpretiert, nach dem die Mängel bei den Mädchen gesehen wurden, sondern im Sinne des sozialisationstheoretischen Differenzansatzes. Dabei wird nach Faktoren und Bedingungen der differenten Lerninteressen und Motivationsstrukturen für naturwissenschaftlichen Unterricht gefragt. Wichtig ist es, dass in allen Vorhaben und Projekten zur Geschlechtergerechtigkeit Mädchen in ihren Kompetenzen positiv angesprochen werden.

Literatur

Baumert, Jürgen et al. (Hrsg.) (2001): PISA 2000. Basiskompetenzen von Schülerinnen und Schülern im internationalen Vergleich. Opladen: Leske + Budrich

Bos, Wilfried/Lankes, Eva-Maria/Prenzel, Manfred/Schwippert, Kurt/Walther, Gerd/Valtin, Renate (Hrsg.) (2003): Erste Ergebnisse aus IGLU. Schülerleistungen am Ende der vierten Jahrgangsstufe im internationalen Vergleich. Münster: Waxmann

Bundesministerium für Bildung und Forschung - BMBF (Hrsg.) (2001): TIMSS - Impulse für Schule und Unterricht. Forschungsbefunde, Reforminitiativen, Praxisberichte und Video-Dokumente. München

Brehmer, Ilse (Hrsg.) (1982): Sexismus in der Schule. Der heimliche Lehrplan der Frauendiskriminierung. Weinheim: Beltz

Breidenstein, Georg/Kelle, Helga (1998): Geschlechteralltag in der Schulklasse. Ethnographische Studien zur Gleichaltrigenkultur. Weinheim: Juventa

Enders-Dragässer, Uta/Fuchs, Claudia (1989): Interaktionen der Geschlechter. Sexismusstrukturen in der Schule. Weinheim, München: Juventa
Försterling, Friedrich/Stiensmeier-Pelster, Joachim/Silny, Lily-Maria (Hrsg.) (2000): Kognitive und emotionale Aspekte der Motivation. Göttingen: Hogrefe
Frasch, Heidi/Wagner, Angelika C. (1982): "Auf Jungen achtet man einfach mehr..." In: Brehmer (1982): 260-278
Fuchs, Claudia (2001): Barbie trifft He-Man. Freiburg: Fillibach
Glaser, Edith/Klika, Dorle/Prengel, Annedore (2004): Handbuch Gender und Erziehungswissenschaft. Bad Heilbrunn: Klinkhardt
Hagemann-White, Carol (1984): Sozialisation weiblich - männlich? Opladen: Leske + Budrich
Häußler, Peter/Bündner, Wolfgang/Duit, Reinders/Gräber, Wolfgang/Mayer, Jürgen (1998): Naturwissenschaftsdidaktische Forschung. Kiel: IPN
Heinzel, Friederike/Prengel, Annedore (1998): Gemeinsam leben und lernen in der Grundschule. In: Horstkemper/ Zimmermann (1998): 83-107
Hellmich, Frank (Hrsg.) (2007): Perspektiven für das Lehren und Lernen in der Grundschule. Baltmannsweiler: Schneider-Verlag
Helwig, Gisela (1997): Ausgestaltung des Gleichberechtigungsangebotes. In: Informationen zur politischen Bildung. 1997. H. 254. 16-26
Hoffmann, Lore (1989): Die Interessen von Schülerinnen an Physik und Technik. In: Die Realschule. H. 5. 1989. 201-205
Hoffmann, Lore (1993): Mädchen und Naturwissenschaft/Technik - eine schwierige Beziehung. In: Pfister/Valtin (1993): 114-123
Horstkemper, Marianne/Zimmermann, Peter (Hrsg.) (1998): Zwischen Dramatisierung und Individualisierung. Geschlechtstypische Sozialisation im Kindesalter. Opladen: Leske + Budrich
Horstkemper, Marianne (2002): Bildungsforschung aus der Sicht pädagogischer Frauen- und Geschlechterforschung. In: Tippelt (2002): 409-423
Jahnke-Klein, Sylvia (2001): Sinnstiftender Mathematikunterricht mit Mädchen und Jungen. Grundlagen der Schulpädagogik. Band 39. Baltmannsweiler: Schneider Verlag
Jahnke-Klein, Sylvia (2007): Wider die „Geschlechterreviere des Wissens" - für Mädchen im mathematisch-naturwissenschaftlichen Unterricht. In: Hellmich (2007): 87-100
Kaiser, Astrid (1994): Zur Interaktionsrelation von Jungen und Mädchen im Grundschulalter. In: Pädagogik und Schulalltag 49. Jg. 1994. H. 4. 558-567
Kaiser, Astrid (1996): Mädchen und Jungen in einer matrilinearen Kultur. Hamburg: Dr. Kovac
Kaiser, Astrid (Hrsg.) (2001): Praxisbuch Mädchen- und Jungenstunden. Baltmannsweiler: Schneider-Verlag
Kaiser, Astrid und MitarbeiterInnen (2003): Projekt geschlechtergerechte Grundschule. Opladen: Leske + Budrich
Keller, Carmen (1998): Geschlechterdifferenzen in der Mathematik: Prüfung von Erklärungsansätzen. Dissertation Universität Zürich
Kessels, Ursula (2002): Undoing Gender in der Schule. Weinheim und München: Juventa
Klafki, Wolfgang (1985): Neue Studien zur Bildungstheorie und Didaktik. Weinheim: Beltz
Klieme, Eckhard/Baumert, Jürgen (2001): TIMSS als Startpunkt für Qualitätssicherung und Qualitätsentwicklung im Bildungswesen. In: BMBF (2001): 5-9
Koch-Priewe, Barbara (2002): Schulprogramme zur Förderung von Mädchen und Jungen. Weinheim: Beltz
Krappmann, Lothar/Oswald, Hans (1995): Alltag und Kinder. Weinheim: Juventa
Kraul, Margret/Horstkemper, Marianne (1999): Reflexive Koedukation in der Schule. Evaluation eines Modellversuchs zur Veränderung von Unterricht und Schulkultur. Mainz
Kreienbaum Maria Anna/Urbaniak, Tamina (2006): Jungen und Mädchen in der Schule. Konzepte der Koedukation. Berlin: Cornelsen
Kremer, Armin/Stäudel, Lutz/Zolg, Monika (Hrsg.) (1992): Naturwissenschaftlich-technische Bildung - für Mädchen keine Chance? Marburg: Redaktions-Gemeinschaft Soznat
Metz-Göckel, Sigrid (1988): Geschlechterverhältnisse, Geschlechtersozialisation und Geschlechtsidentität. In: Zeitschrift für Sozialisationsforschung und Erziehungssoziologie. 1988. 8 Jg.. H. 2. 85-97
Nötzel, Renate (1987): Spiel und geschlechtsspezifische Arbeitsteilung. Pfaffenweiler: Centaurus-Verlagsgesellschaft
Nyssen, Elke (1996): Mädchenförderung in der Schule. Weinheim und München: Juventa
Nyssen, Elke (2004): Gender in den Sekundarstufen. In: Glaser/Klika/Prengel (2004): 389-409
Pfister, Gertrud/Valtin, Renate (1993): MädchenStärken. Probleme der Koedukation in der Grundschule. Arbeitskreis Grundschule e.V. Frankfurt a.M.
Prechtl, Markus (2006): Doing Gender im Chemieunterricht. Diss. Univ. Köln

Pross, Helge (1969): Über die Bildungschancen von Mädchen in der Bundesrepublik. Frankfurt a.M.: Suhrkamp
Rustemeyer, Ruth (2000): Attributionstheorie und Geschlechterforschung. In: Försterling/Stiensmeier-Pelster/ Silny (2000): 99-119
Schümer, Gundel (1985): Geschlechtsunterschiede im Schulerfolg - Auswertung statistischer Daten. In: Valtin/ Warm (1985): 95- 100
Skinningsrud, Tone (1984): Mädchen im Klassenzimmer: Warum sie nicht sprechen. In: Frauen + Schule. 3. Jg. 1984. H. 5. 21-23
Spender, Dale (1985): Frauen kommen nicht vor: Sexismus im Bildungswesen. Frankfurt: Fischer
Stanat, Petra/Kunter, Mareike (2001): Geschlechterunterschiede in Basiskompetenzen. In: Baumert et al. (2001): 249-269
Statistisches Bundesamt (Hrsg.) (2003): Statistisches Jahrbuch für die Bundesrepublik Deutschland: SFG - Servicecenter Fachverlage GmbH
Thies, Wiltrud/Röhner, Charlotte (2000): Erziehungsziel Geschlechterdemokratie. Weinheim: Juventa
Tippelt, Rudolf (Hrsg.) (2002): Handbuch Bildungsforschung. Opladen: Leske + Budrich
Wagenschein, Martin (1965): Die pädagogische Dimension der Physik. Braunschweig: Westermann.
Wienekamp-Suhr, Heidy (1992): "Chemie für Mädchen? Asymmetrische Kommunikation im naturwissenschaftlichen Unterricht". In: Kremer/Stäudel/Zolg (1992): 76-96
Valtin, Renate/Warm, Ute (Hrsg.) (1985): Frauen machen Schule. Arbeitskreis Grundschule. Frankfurt a.M
Wyatt, Valery (1996): Science for Girls and other intelligent Beings. Dt. Übersetzung: Wissenschaft für Mädchen und andere kluge Köpfe. Toronto: KIDS CAN PRESS LTD 1993. Nürnberg: Tessloff

Barbara Friebertshäuser

Verstehen und Anerkennen. Aspekte pädagogischer Beziehungen in Schule und außerschulischer Jugendarbeit

Erinnern Sie sich noch an Ihre Jugendzeit? An die Wünsche, Träume, Hoffnungen, Sorgen, Ängste, Irritationen, Wagnisse, die erste Liebe, die Sorge um das Äußere, um den Körper, der sich plötzlich verändert, an die Fragen nach dem Sinn des Lebens und des eigenen Lebens, der Suche nach einem Platz in der Gesellschaft? Und was fällt Ihnen dabei zu Ihrer Schulzeit ein? Waren Sie eine gute Schülerin oder ein guter Schüler, haben Sie die Lehrer und Lehrerinnen geliebt oder gehasst? Oder war Ihnen die Schule in der Jugendzeit eher gleichgültig, lästig, schwierig? Wenn Sie nun diesen Beitrag lesen, dann haben Sie vermutlich Ihren Weg erfolgreich gemeistert, man kann vermuten, dass Sie zu der Gruppe gehören, die ihre Jugendphase mit ihren typischen Problemen und Schwierigkeiten und auch die Schule relativ unbeschadet durchlaufen und ihr Leben im Griff haben. Das ist aber keineswegs selbstverständlich und trifft auf eine relativ große Gruppe von Heranwachsenden nicht zu – und mit ihnen beschäftigt sich dieser Beitrag. Gefragt wird danach, welche Wirkungen die schulische Kultur und die pädagogischen Beziehungen auf die Lernmotivation von Schülerinnen und Schülern haben und welches Aufgabenspektrum sich in der außerschulischen Jugendarbeit aus Sicht der Jugendforschung eröffnet. Dabei stehen jeweils Bildungsbarrieren und Problemlagen insbesondere von Jugendlichen aus benachteiligten Milieus (bildungsferne soziale Gruppen, Kinder aus Familien mit Migrationshintergrund) im Fokus der Aufmerksamkeit, da in den Mechanismen sozialer Selektion und der fehlenden Anerkennung Ursachen für abweichendes Verhalten vermutet werden. Auf diese Weise soll ein tiefergehendes Verstehen gegenüber Heranwachsenden im Kontext ihrer sozialen Bezüge gefördert werden.

Folgende Befunde sind dabei alarmierend und sollen deshalb genauer beleuchtet werden: die Bildungsdefizite einer großen Gruppe von Jugendlichen, die diese auch nach dem Durchlaufen unserer Bildungseinrichtungen aufweisen sowie die damit verbundene Bildungsbenachteiligung nach sozialer Herkunft und von Kindern aus Familien mit Migrationshintergrund. Dabei steht die Frage im Mittelpunkt: Welche Wirkungen haben die schulische Kultur und die pädagogischen Beziehungen auf die Lernmotivation von Schülerinnen und Schülern? Die außerschulische Jugendarbeit gerät angesichts der gegenwärtigen Fokussierung auf die Bildung der Jugendlichen etwas ins Abseits, zumal sie als freiwillige Leistung der Kommunen ohnehin immer schon von den finanziellen Möglichkeiten abhängig ist und gerade hier die Neigung zu Kürzungen besteht. Deshalb soll danach gefragt werden, welches Aufgabenspektrum sich in diesem Feld aus Sicht der Jugendforschung eröffnet. In einem dritten Schritt sollen die beiden getrennt betrachteten Felder – Schule und außerschulische Jugendarbeit – wieder zusammengeführt werden, denn gerade für

Heranwachsende aus benachteiligten Milieus erweist sich eine breite Förderung aller ihrer Ressourcen als ein wesentlicher Faktor zu Überwindung von Bildungsbarrieren und zur Bewältigung der Statuspassage des Erwachsenwerdens. Dabei rückt nun auch die Frage nach der pädagogischen Beziehung wieder stärker in den Fokus der Betrachtung. Der Beitrag endet mit offenen Forschungsfragen.

1 Bildungsdefizite und soziale Herkunft: Zu den Wirkungen schulischer Kultur und pädagogischer Beziehungen

Die PISA-Ergebnisse, bei denen die Kompetenzen deutscher Schülerinnen und Schüler nur auf einem der hinteren Ränge im internationalen Vergleich rangieren, hat insgesamt die Bildungslandschaft erschüttert. Als besonders gravierend erwies sich jedoch die Bildungsbenachteiligung von Jugendlichen der unteren sozialen Milieus und von Kindern mit Migrationshintergrund. Die Ergebnisse im Detail sind bereits so oft dargestellt und diskutiert worden, dass ich hier darauf verzichte. Mir geht es an dieser Stelle eher darum nach den Ursachen zu fragen. Dazu erweitere ich den Betrachtungswinkel und möchte gesamtgesellschaftliche Fragen des Umgangs mit sozialer Ungleichheit thematisieren, die Schulpolitik der vergangenen Jahre und die sich daraus ableitende pädagogische Kultur näher beleuchten.

Nach den Befunden der PISA-Studien offenbart sich im deutschen Bildungs- und Schulsystem eine massive Chancenungleichheit von Kindern aus bildungsfernen Milieus oder mit einem Migrationshintergrund. Trotz anderslautender Propaganda werden Kompetenzunterschiede zwischen den Schülerinnen und Schülern in der Schule noch verstärkt und teilweise wohl erst produziert. Dabei haben wir es mit einem strukturellen und zugleich pädagogischen Problem zu tun. Das Schulsystem fördert die soziale Segregation und mittels des Habitus reproduzieren sich soziale Ungleichheiten. Die Schule und ihr Personal orientieren sich an Erwartungen, Normen und Werten, die diejenigen begünstigen, die aufgrund ihres familiären Hintergrundes bereits einen Zugang zur Bildung und zum heimlichen Lehrplan der Schule haben und diskriminieren diejenigen, die aufgrund ihrer sozialen Herkunft sehr viel Fremdheit und Distanz mitbringen.

Ich schränke die Darstellung im Folgenden auf den Bereich der „Literacy", also der Lesekompetenz, ein, da sich diese in einer modernen Gesellschaft als Fundament für alle weiteren Bildungsmöglichkeiten erweist, um die Probleme exemplarisch zu diskutieren. Nach der Definition des PISA-Konsortiums ist Lesekompetenz mehr als einfach nur lesen zu können. Unter Lesekompetenz versteht PISA die Fähigkeit, geschriebene Texte unterschiedlicher Art in ihren Aussagen, ihren Absichten und ihrer formalen Struktur zu verstehen und in einen größeren Zusammenhang einordnen zu können sowie in der Lage zu sein, Texte für verschiedene Zwecke sachgerecht zu nutzen. Nach diesem Verständnis ist Lesekompetenz nicht nur ein wichtiges Hilfsmittel für das Erreichen persönlicher Ziele, sondern eine Bedingung für die Weiterentwicklung des eigenen Wissens und der eigenen Fähigkeiten – also jeder Art selbstständigen Lernens – und eine Voraussetzung für die Teilnahme am gesellschaftlichen Leben.

Es wurden drei Kompetenzstufen formuliert. Die niedrigste Stufe ist die Kompetenzstufe I (Elementarstufe).[1] Der Anteil der schwachen und schwächsten Leser, also von Jugendlichen, deren Leistungen unterhalb der Kompetenzstufe I liegen, ist in Deutschland mit fast 10% vergleichsweise groß. Weitere 13% der in Deutschland erfassten Schülerinnen und Schüler befinden sich auf Kompetenzstufe I. Damit sind insgesamt fast 23% der Jugendlichen (also fast ein Viertel der 15-jährigen Schülerinnen und Schüler!) nicht einmal oder nur fähig, auf einem elementaren Niveau zu lesen. Im Hinblick auf selbstständiges Lesen und Weiterlernen ist diese Gruppe insgesamt als potenzielle Risikogruppe zu betrachten. Beim Vergleich der erhobenen Länder zeigt sich, dass der Anteil der 15-Jährigen, die angeben, überhaupt nicht zum Vergnügen zu lesen, in Deutschland bei 42% liegt und von keinem anderen Land übertroffen wird. Auf das Thema „Lesevergnügen" und „Leseglück" gehe ich hier nicht intensiver ein, dazu hat Irit Wyrobnik intensiv geforscht und interessante Befunde zutage gefördert (vgl. Wyrobnik 2005).

Die PISA-Befunde zur Lesekompetenz decken sich mit unseren Beobachtungen in der 7. Klasse einer Hauptschule (vgl. Friebertshäuser 2005): Schülerinnen und Schüler mit Migrationshintergrund, aber auch Deutsche, offenbarten beim Lesen von einfachen Texten massive Schwierigkeiten im Textverständnis, die sich schon darin zeigten, dass sie die Worte falsch intonierten und somit offenlegten, dass sie viele Silben mühsam zusammensetzten, aber deren Sinn überhaupt nicht verstanden hatten. Fast wie bei „Blu-mentopferde" ... statt: „Blumentopferde". Ich brauche nicht zu erwähnen, wie unbeliebt bei den 13- bis 15-Jährigen dieser Klasse das Lesen und Lernen war. Denn natürlich ist es für einen coolen Jungen von 15 Jahren oder eine junge attraktive Lady, die sich gerade für das andere Geschlecht zu interessieren beginnen, peinlich, sich beim Lesen auf dem Niveau von Grundschülern zu befinden und womöglich noch Lachen oder Spott zu ernten. Dann vermeidet man lieber die Auseinandersetzung und schwänzt die Schule. Warum sind diese Befunde so erschreckend?

In einer modernen Gesellschaft gehört das Lesen und der Umgang mit schriftlichen Dokumenten zu den Schlüsselqualifikationen. Ohne diese Grundvoraussetzung droht sowohl die Aufnahme in das Beschäftigungssystem wie die Teilhabe an einer schriftförmig organisierten Kultur mit ihren Partizipations- und Bildungsmöglichkeiten zu misslingen. Wenn diese Basisqualifikation fehlt, dann scheitert nicht nur das Konzept lebenslangen Lernens – denn wem das Lesen und Schreiben schwer fällt, der wird jedes Angebot meiden, das ihn mit dieser Schwäche konfrontiert –, sondern er bekommt auch keinen Ausbildungsplatz. Anmerkung: Ich benutze hier bewusst die männliche Form, denn es sind vor allem die Jungen, die in der Hauptschule die schlechteren Noten vorweisen und insgesamt viel weniger ambitioniert sind, die Bildungsangebote zu nutzen. Gerade die Jungen erreichen schlechtere Abschlüsse und finden sich auf Haupt- und Sonderschulen. Wichtig erscheint mir, darauf hinzuweisen, dass die Kompetenzunterschiede in der Schule noch verstärkt und teilweise wohl erst produziert werden – welche Mechanismen bei der Entwicklung von Bildungsorientierungen wirksam sind, wäre noch genauer zu erforschen.[2]

1 Schülerinnen und Schüler, die die Kompetenzstufe I erreichen, sind in der Lage (ich verkürze): explizit angegebene Informationen im Text zu ermitteln; einen Hauptgedanken zu erkennen (wobei der Hauptgedanke relativ auffällig ist, weil er am Anfang des Textes erscheint oder wiederholt wird); einfache Verbindungen zwischen Informationen aus dem Text und allgemeinem Alltagswissen herzustellen (vgl. PISA 2000: 12).

2 Zu den Wirkungen der pädagogischen Kultur gibt nach Einschätzung von Vester die PISA-Studie unfreiwil-

Es wird angenommen, dass folgende Faktoren Einfluss auf die Leistungsunterschiede in der Schule ausüben:

- die Situation der Herkunftsmilieus (in ökonomischer, kultureller und sozialer Hinsicht als Ressourcen für Heranwachsende oder fehlende Ressourcen)
- die institutionelle Struktur des Bildungssystems (z.B. das gegliederte Schulsystem, die Halbtagsschule, …)
- die pädagogische Kultur (vgl. Vester 2004: 48).

Pierre Bourdieu, ein französischer Kultursoziologe, hat eine differenzierende, den verschiedenen Klassenkulturen Rechnung tragende Pädagogik gefordert, um bei der Verwirklichung von Chancengleichheit durch Partizipation die große Affinität zwischen den kulturellen Gewohnheiten einer Klasse und den Anforderungen des Bildungswesens und dessen Erfolgskriterien nicht zu übersehen, die weit wirksamer sind als die sogenannten natürlichen Begabungen (vgl. Vester 2004: 51). Bourdieu und Passeron schreiben schon 1971 in ihrem Buch „Die Illusion der Chancengleichheit“: „Für Kinder von Arbeitern, Bauern, Angestellten und Einzelhändlern bedeutet Schulbildung immer zugleich Akkulturation. (…) Das kulturelle Erbe ist so ausschlaggebend, dass auch ohne ausdrückliche Diskriminierungsmaßnahmen die Exklusivität garantiert bleibt, da hier nur ausgeschlossen scheint, wer sich selbst ausschließt“ (Bourdieu/Passeron 1971: 40, 44). Aus der Perspektive der theoretischen Konzepte des Kultursoziologen Pierre Bourdieu betrachtet, wirkt hier der Habitus an der Reproduktion sozialer Ungleichheit mit. Den Habitus definiert Bourdieu als Mittler zwischen sozialer Lage und Lebensstil. Er wirkt an der Reproduktion sozialer Ungleichheit mittels verinnerlichter Haltungen (Denk-, Wahrnehmungs-, Bewertungs- und Handlungsmuster) mit, indem sich in den Habitus die ökonomischen und sozialen Bedingungen als Elemente der Lebenslage einer Person einschreiben. Die soziale Lage einer Person, ihre Verfügung über ökonomisches, kulturelles und soziales Kapital, produziert einen spezifischen Habitus und dieser äußert sich im Lebensstil, beispielsweise in den Geschmackspräferenzen und kulturellen Vorlieben – aber beispielsweise auch in der Wertschätzung gegenüber Bildung und auch viel konkreter im Umgang mit Büchern und Lesen. Das Problem des Selbstausschlusses wird dabei durch den Habitus mit seinem praktischen Sinn reproduziert, er sorgt dafür, die Angebote nach dem Kriterium der Passung zu bewerten und zu hochgesteckte Bildungsambitionen als unrealistisch zu verwerfen.[3]

lig einige Hinweise, denn mit dem Konzept der „Literacy“ sei zwar der Versuch unternommen worden, die Einengung auf die alte bildungsbürgerliche Hochkultur zu überwinden, indem unterschiedliche Texte ausgewählt wurden, dennoch finden sich bildungsbürgerliche Definitionen des Lesens in den Interpretationen (vgl. Vester 2004: 69).

3 Ebenso wichtig erscheint es mir, das Problem der selbsttätigen Nutzung von Medienangeboten gerade auch bei Kindern und Heranwachsenden als Problem zu benennen. Es entsteht eine wachsende Kluft zwischen Kindern aus bildungsfernen Milieus, die inzwischen oft mehr Zeit vor dem Fernseher als in der Schule verbringen, und jenen Kindern, die aus einer Fülle von Angeboten souverän wählen können und in die unterschiedlichen Kulturtechniken und Formen des sozialen Miteinanders bereits in der Familie eingeführt werden. Die Erziehungswissenschaften beschäftigen sich bei der Auseinandersetzung mit diesen Fragen des Lernens und Sich-Bildens in und außerhalb von Bildungseinrichtungen auch mit der Interkulturalität sowie dem Einfluss der Medien und sozialer Milieus.

Wenn damit auch die Verhältnisse in Frankreich mit seinem sehr elitär organisierten Bildungssystem beschrieben wurden, so treffen diese Befunde offensichtlich auch auf die Bundesrepublik Deutschland zu. Wenn man beispielsweise betrachtet, dass der neue OECD-Bericht der Bundesrepublik Deutschland eine besonders niedrige Studierenden-Quote von 20% eines Altersjahrgangs bescheinigt und trotz der Bildungsexpansion der Anteil der Arbeiterkinder unter den Studierenden konstant noch unter 10% geblieben und eher rückläufig ist (vgl. Schnitzer 2001), dann wird deutlich, dass von einer Verwirklichung der Ideen der Chancengleichheit auch in Deutschland keine Rede sein kann, sondern die sozialen Selektionsmechanismen hochwirksam sind.

Wenden wir uns nun einem weiteren Problemfeld zu: der Bildungsbenachteiligung nach sozialer Herkunft und von Kindern aus Familien mit Migrationshintergrund. Gekoppelt werden müssen diese Befunde mit der Tatsache, dass es nach den Erkenntnissen der PISA-Studien im deutschen Bildungs- und Schulsystem eine massive Chancenungleichheit für Kinder aus bildungsfernen Milieus oder mit einem familären Migrationshintergrund gibt – trotz aller anders lautenden Propaganda. Trotz langer Verweildauer unterscheiden sich die Zuwandererfamilien noch deutlich in der Sozialstruktur von der deutschen Bevölkerung. Fast zwei Drittel der nicht in Deutschland geborenen Bezugspersonen dieser Familien sind als Arbeiter oder Arbeiterinnen beschäftigt, von denen wiederum knapp die Hälfte Anlerntätigkeiten ausübt. Dabei haben wir es mit einem strukturellen und zugleich pädagogischen Problem zu tun: es gibt ein dreigliedriges Schulsystem, das auch eine soziale Segregation befördert und früh die Weichen stellt, sodass gerade Kinder mit schwierigen Startbedingungen häufig frühzeitig eine Prognose erhalten, die sie von weiterführenden Bildungseinrichtungen fern halten und viele landen in der Hauptschule als sogenannter „Restschule" mit einem entsprechend negativen Image. Wenn also in einer Familie kaum oder gar keine Bücher vorhanden sind, die Eltern kaum oder gar keine Bücher lesen, dann kann die Leselust nur in der Schule oder in anderen Bildungseinrichtungen geweckt werden. Die Institution und auch die PädagogInnen selbst sind jedoch an der Norm einer Mittelschichtsozialisation orientiert und setzen auf Engagement und Freiwilligkeit der Heranwachsenden. Dies jedoch begünstigt diejenigen, die aufgrund ihres familiären Hintergrundes bereits einen Zugang zur Bildung und ihren Anforderungen haben und nicht diejenigen, die sehr viel Fremdheit und Distanz mitbringen. Meine Frage wird im dritten Abschnitt sein, welchen Beitrag die Pädagogik an diesen Mechanismen hat, die wir im Detail noch nicht verstanden haben. Wenden wir uns also zunächst der außerschulischen Jugendarbeit zu.

2 Aufgaben außerschulischer Jugendarbeit. Perspektiven der Jugendforschung

Im ersten Teil meines Beitrages haben wir in der Analyse der Bildungsprozesse in der Schule die Heranwachsenden lediglich als Schülerinnen und Schüler mit ihren Bildungs- und Leistungspotenzialen betrachtet. Diese Perspektive ist gegenwärtig auch ganz typisch: wir trennen die Bereiche stark voneinander und vergessen, dass Menschen wiederum ganzheitlich leben, auch wenn sie es gewohnt sind, in modernen Gesellschaften sich in ausdifferenzierten Feldern zu bewegen, die jeweils spezifische Anforderungen an sie stellen und andere Aspekte ausblenden. Wenn nun im Folgenden die Aufgaben außerschulischer Jugendarbeit betrachtet werden, dann gerät dabei auch in den Blick, was in den derzeitigen

Schuldebatten seltsam unterbelichtet bleibt: die Tatsache, dass sich parallel zum Bildungsprozess auch die körperliche, geistige und seelische Entwicklung der Kinder und Jugendlichen vollzieht. Wichtige körperliche, psychische und soziale Veränderungen vollziehen sich während der Jugendphase und werden zu großen Herausforderungen für Heranwachsende. Als Erwachsene neigen wir dazu, diese Aspekte in ihrer Bedeutsamkeit zu unterschätzen. Deshalb möchte ich einige Befunde der Jugendforschung referieren, um zumindest einige Schlaglichter auf diese Seite des Erwachsenwerdens zu richten.

Haben Sie sich zu Beginn des Beitrags an Ihre Jugendzeit erinnert? Was kam Ihnen dabei in den Sinn? War es die erste große Liebe mit all ihren Schmetterlingen im Bauch, die Kopf und Herz vollständig in Besitz genommen hat oder doch der große Liebeskummer über eine unglückliche Liebe? Hatten Sie mit den körperlichen Veränderungen während der Jugendphase zu kämpfen? Etwas wächst besonders, anderes scheint nicht mit zu wachsen, Pickel entwickeln sich, der Stimmbruch verändert die Stimme, die erste Menstruation irritiert, macht Probleme, sorgt für Thematisierungen in der Familie oder in der Mädchengruppe, Sexualität erwacht auf neue Weise. Die Jugendphase ist auch eine Zeit der Träume, Pläne und Irritationen: gab es Idole, Zukunftsvorstellungen von einem ganz anderen Leben, Pläne die Welt zu verändern oder auch Sorgen und Ängste vor der Zukunft, die Suche nach dem Sinn des Lebens und der Zweifel daran, Suizidgedanken, die bei Jugendlichen besonders häufig auftreten und teilweise sogar in Suizidversuchen umgesetzt werden? Welche Funktion hatte in dieser Zeit die Schule oder die offene Jugendarbeit? Gab es dort Menschen, mit denen Sie über Ihre Lebenssituation, Fragen, Sorgen oder Schwierigkeiten reden konnten? Oder lebten die Erwachsenen mit ihren Predigten und Ermahnungen in einer anderen Welt? Haben Sie vielleicht ganz andere Erinnerungen? Stellvertretend für andere zitiere ich hier einen Gedanken von Hellmut Lessing aus seinem Buch „Kriegskinder“ von 1984:

> „Die Anerkennung von Leben und Tod ist der Schmerz meiner Subjektwerdung und zugleich der Schmerz, der bei Rückerinnerung an die Kindheit wieder auftaucht. Nicht-Ich und Ich zu sein sind Bestandteil meines Lebens. Wenn ich aufhören kann, diesen Schmerz vermeiden zu wollen, und beginne, die Angst, die in mir steckt, Nicht-Ich zu sein, zu befreien, kann ich anfangen zu leben und zu sehen. ‚Erkenntnis muß durch die Sinne gehen.'“ (Lessing 1984, zit. nach Lessing et al. 1986 Vorwort)

Ich möchte mit diesem Zitat den Blick auf Problemfelder von Heranwachsenden lenken, denn die Jugendforschung zeigt, dass die Jugendbilder immer auch Projektionsflächen für erwachsene Phantasien und rückblickende Verklärungen darstellen. Vermutlich erinnern Sie sich auch vor allem an schöne Seiten der Jugendjahre, während die Sorgen, Nöte und Ängste vergessen wurden. Heranwachsende haben wie Seismografen einen Spürsinn für tiefer liegende Probleme und Spannungen in einer Gesellschaft. Als Neuankömmlinge nehmen sie offensichtlich sehr sensibel wahr, was um sie herum geschieht. Sie sind noch wenig abgesichert oder eingebunden in erwachsene Bindungen und Verpflichtungen. Das gibt ihnen Freiräume und sorgt für Gefährdungen. Jugendliche sind zugleich eine risiko- und protestbereite, aber auch energievolle Gruppe voller neuer Ideen. Heranwachsende suchen sich einen Platz in der Gesellschaft zu sichern, aber durch die gegenwärtige Erosion der gesellschaftlichen Sicherungssysteme, in die sie hineinwachsen möchten, sowie die Rede von der gefährdeten Zukunft werden sie irritiert und verunsichert. Erwachsene neigen dazu, Heranwachsende nur als zukünftige Erwachsene zu sehen und verstehen und anerkennen zu wenig ihre biografische, soziale und gesellschaftliche Lage. Diese These möchte ich im Folgenden mit Bezug auf Befunde der Jugendforschung erläutern.

Lessing hat in dem letzten von ihm mit herausgegebenen Buch „Lebenszeichen der Jugend“ (Lessing/Damm/Liebel/Naumann 1986) auf die Auswirkungen der gesamtgesellschaftlichen Entwicklungen auf Jugendliche und die offene Jugendarbeit sowie die Jugendarbeiter hingewiesen. Er geht davon aus, dass Jugendliche gegenwärtig als Gesamtgruppe mit einer ungesicherten Zukunft konfrontiert sind und dies entsprechende Auswirkungen auf ihr Erleben der Jugendphase hat. So wächst der Druck, sich durch schulische und sonstige Leistungen seine Chancen in der Gesellschaft zu sichern und zugleich die Angst vor Marginalisierung, insbesondere bei Jungen, Ausländern, Behinderten (vgl. Lessing et al. 1986: 11f.). Wenn nun in den Debatten ständig davon gesprochen wird, dass die Zukunft gefährdet ist, dann schafft das eine wenig optimistische Grundstimmung, sondern sorgt für Verunsicherungen gerade bei jungen Menschen. Ich möchte das noch einmal ausführlicher darstellen. Die Forschungsgruppe um Jürgen Zinnecker hat bei ihrer Befragung der ersten Jugendgeneration des neuen Jahrhunderts (die 10- bis 18-Jährigen, 8.000 Befragte und repräsentativ für NRW) ihnen das Label: null zoff & voll busy (2003) gegeben. Sie streben nach Bildung, ihre Lernfreude oder Lernkultur ist aber wenig entwickelt, sie sind optimistisch gestimmt, sehen aber tiefschwarz, wenn es um die globale Zukunft unserer Welt geht, halten weder das Problem der Arbeit, der Umwelt, des Friedens für lösbar, trauen diesbezüglich den Erwachsenen wenig zu, suchen private Lösungen für ihren Lebensweg, sind konsum- und medienorientiert und engagieren sich im privaten Raum, aber sie berichten auch von Stress, psychosomatischen Störungen, chronischen Krankheiten, Gefühlen des Alleingelassenseins und vom frühen Zweifel am Sinn des ganzen Lebens (vgl. Zinnecker et al. 2003: 11f.).

Nun sind die Lebenslagen von Heranwachsenden durch soziale Ungleichheit und große Heterogenität geprägt, sodass Globalaussagen immer auch schwierig sind. Dennoch klingen diese Selbst-Beschreibungen der Jugendlichen nach einer tiefen Desillusionierung, Pessimismus und nicht nach jugendlichem Elan und einer Aufbruchstimmung, etwas anzupacken oder zu verändern. Sie offenbaren eine dunkle Seite der heutigen jungen Generation, die bedenklich ist. Modernisierung und Globalisierung als Bedrohung für die Heranwachsenden? Dazu noch einmal die Forschungsgruppe um Jürgen Zinnecker:

> „Die Bedrohung, die die heutigen Kinder und Jugendlichen in ihrem Leben erfahren, ist die Auflösung der Ordnungen, in die sie gern hineinwachsen möchten. Sie suchen nach Schutz, Sicherheit und Ordnung in einer Welt, in der diese Dinge zu knappen, begehrten Gütern werden“ (Zinnecker et al. 2003: 19).

Dabei werden sie zu „Gelegenheitsjägern“ (Zinnecker et al. 2003: 20); sie warten auf die Möglichkeitsräume, die die Moderne auch immer wieder bietet, vermeiden zu frühe Festlegungen. Sie jagen deshalb neuen Moden und Trends nach, experimentieren mit angebotenen Chancen. Die Medien unterstützen diesen Trend, man kann „Star, Model, Millionär, werden – quasi über Nacht. Alles „gemäß der Philosophie der Moderne: alles ist möglich, doch nichts ist gewiss“ (Zinnecker et al. 2003: 20). Sie erleben das Ende des Wachstums, die Debatte um die Finanzierbarkeit der sozialen Sicherungssysteme, die unübersichtlichen Wege in Ausbildung und Beruf, die ungewissen und unplanbarer geworden sind, Phasen der Arbeitslosigkeit drohen. Die Frage der Absicherung im Alter. Das sind alles keine ermutigenden Aussichten für einen jungen Menschen und Heranwachsende reagieren darauf mit wesentlich mehr Ängsten als die ältere Generation, die schon viele Krisen im privaten und öffentlichen Raum gemeistert hat und auf diese Kompetenz innerlich zurückgreifen kann, aber auch von vielen Entwicklungen persönlich nicht mehr im gleichen Umfang betroffen ist wie die Jungen. Sparmaßnahmen gerade im Bereich der Bildung- und Ausbildung, der Kinder- und Jugendhilfe oder Jugendpflege können langfristig wesentlich schädlicher sein als oft bedacht wird. Was in der Jugend versäumt wurde, lässt sich nur schwer in späteren Lebensphasen aufholen. Jugendjahre sind zugleich prägende Jahre. Jugendarbeitslosigkeit oder eine wirtschaftliche Depression sind für das Lebensgefühl von Heranwachsenden deshalb sehr problematisch. Sie können das Gefühl von Perspektivlosigkeit oder auch Jugendproteste auslösen, wie die Jugendproteste und gewalttätigen Auseinandersetzungen in den Banlieues in Frankreich zeigen (vgl. Schultheis 2006). Hier ist die Politik, aber auch die Pädagogik gefragt.

Wie nun geht man in der offenen Jugendarbeit mit Heranwachsenden um? Welche Angebote macht man ihnen bezüglich der Bewältigung der oben benannten Probleme und Entwicklungsaufgaben? Folgende These möchte ich diskutieren: Für die Zeit der „Irrungen und Wirrungen", die zur Jugendphase dazugehört, sind erwachsene Begleiterinnen und Begleiter wichtig, denn beim Übergang von der Kindheit ins Erwachsensein sind neue Regeln zu erlernen und Anforderungen zu erfüllen, auch wenn die Jugendphase Heranwachsenden auch Freiräume gewährt, um sich innerhalb der Gleichaltrigengruppe selbst zu entdecken und zu entwickeln. Pädagoginnen und Pädagogen und insbesondere Jugendarbeiter fungieren häufig für Heranwachsende als „Sparringspartner". An ihnen schulen sie den Umgang mit Erwachsenen, testen Grenzen aus, grenzen sich ab, üben geschlechtsbezogene Verhaltensmuster und erproben neue Rollen. Es sind gerade die unsicheren und benachteiligten männlichen Jugendlichen, die Unterstützung auf diesem Weg benötigen, weil für sie die Rahmenbedingungen oft schwierig sind, sodass die Suche nach dem richtigen Weg erschwert ist.

Pädagoginnen und Pädagogen können den Heranwachsenden auch andere Modelle von Männlichkeit und Weiblichkeit jenseits der medialen und gesellschaftlichen Schablonen liefern und erweitern damit das Rollenrepertoire der Heranwachsenden. Auch die zahlreichen gewaltpräventiven Programme können dabei behilflich sein, andere Modelle der Konfliktlösung kennenzulernen und selbst zu erproben. Deshalb benötigen gerade Jugendliche aus den unteren sozialen Milieus, die zu Hause nicht über ein eigenes Zimmer verfügen, Jugendliche mit Migrationshintergrund, arbeitslose Jugendliche und solche mit Problemen dringend die Angebote der öffentlichen Jugendpflege. Wer hier spart, gefährdet die Zukunft dieser Jugendlichen. Heranwachsende entwickeln sich in sozialen Beziehungen. Sie benötigen den Austausch mit Erwachsenen, um sich in der Auseinandersetzung mit ihnen entwickeln zu können und ihren eigenen Weg zu finden, auch wenn das manchmal nicht so aussieht, weil die Gleichaltrigengruppe in dieser Phase an Bedeutung gewinnt. Damit wenden wir uns nun dem Problem des Verstehens und Anerkennens zu.

3 Verstehen und Anerkennen. Aspekte pädagogischer Beziehungen in Schule und außerschulischer Jugendarbeit

Auf die Probleme des Verstehens und der oftmals fehlenden Anerkennung in pädagogischen Kontexten, denen in einer „Pädagogik der Anerkennung" (Hafeneger et al. 2002) begegnet werden soll, geht dieser Abschnitt ein. Diskutiert werden auch einige Aspekte pädagogischer Beziehungen in beiden Feldern (vgl. dazu auch Behnisch 2005).

In verschiedenen Untersuchungen offenbart sich das Problem der fehlenden Anerkennung in pädagogischen Institutionen gegenüber Heranwachsenden. Gerade Heranwachsende aus bildungsfernen Milieus oder mit Migrationshintergrund erfahren vielfältige Formen struktureller Diskriminierung (vgl. Hamburger 2005). Die Pädagogik ist aufgefordert, ihre Produktion des Bildes der Anderen zu reflektieren sowie die in den Alltag eingeschriebenen sozialen Beziehungen (auch von Macht und Herrschaft) zu beleuchten. Denn die „symbolische Gewalt", die sich innerhalb pädagogischer Settings entfalten kann, provoziert vielfältige gewaltförmige Antworten zwischen Resignation, Rebellion und Destruktion. Durch soziale Selektion, Ausschlüsse von Teilhabe, durch fehlende ökonomische Ressourcen und fehlende Anerkennung wird ein Klima erzeugt, das als symbolische Gewalt bezeichnet wird. Dabei stellt sich die Frage: Wie erleben Schülerinnen und Schüler die Schule und welche Wirkungen haben die schulische Kultur und die pädagogischen Beziehungen auf die Lernmotivation von Schülerinnen und Schüler?

Als „Teufelskreis der Nichtachtung" beschreibt Andrea Lange-Vester (2005: 298ff.) die Lebenssituation einiger jugendlicher Hauptschülerinnen und Hauptschülern, mit denen sie Interviews geführt hat (nachzulesen im von Schultheis und Schulz (2005) hrsg. Band „Gesellschaft mit begrenzter Haftung"). Die Schüler berichten, dass sie sich „von ihren Lehrerinnen und Lehrern missachtet und beleidigt fühlen", vor allem von Bemerkungen, die sie von ihnen gehört haben, wie etwa: ‚Benimm dich nicht so wie ne Behinderte', ‚Red keinen Müll', ‚Schlampe', ‚Geh nach Hause und Döner verkaufen'. Sie fühlen sich von den Lehrern ungerecht behandelt und teilweise auch ungerecht benotet" (vgl. Lange-Vester 2005: 301). Auch wenn die Lehrerinnen und Lehrer damit gar nicht beabsichtigen die Jugendlichen zu kränken oder abzuwerten und die Situation sicher anders einschätzen würden, bleibt dennoch das Problem, dass die Jugendlichen den Eindruck haben, als Person von den Lehrkräften und für ihre Leistungen nicht anerkannt und wertgeschätzt zu werden (vgl. ebd.). Hinzu kommt, dass sie zu einem sozialen Milieu gehören, das um seine Respektabilität kämpfen muss und die Beziehungen zwischen Lehrern und Lehrerinnen und ihren SchülerInnen sich nicht unabhängig von dieser Struktur und sozialen Lage entwickeln können. Lange-Vester schreibt dazu weiter: Eine „Kultur des gegenseitigen Respekts" scheint in der Schule nicht ausgeprägt zu sein (Lange-Vester 2005: 303). In verschiedenen Untersuchungen offenbart sich das Problem der fehlenden Anerkennung gegenüber Heranwachsenden. Insbesondere Kinder und Jugendliche aus bildungsfernen Milieus verfügen über wenige Möglichkeiten zur Kompensation kränkender Bemerkungen, sie besitzen in der Regel ohnehin nur ein sehr schwaches Selbstwertgefühl (vgl. Sennett 2004). Was verbirgt sich hinter dieser Wahrnehmung von Ressentiments?

Pädagoginnen und Pädagogen sind ebenfalls im sozialen Raum ihrer Lebenslagen zu verorten. Das bedeutet, Sie alle haben die Bildungsinstitutionen erfolgreich durchlaufen, haben vermutlich bereits im Elternhaus entsprechende Anregungen erhalten und gehören nun zur Gruppe der Akademikerinnen und Akademiker, die in Relation zu ungelernten Arbeiterinnen und Arbeitern über relativ viel ökonomisches und kulturelles Kapital verfügt. Aus dieser von ihnen erreichten sozialen Position aus entstehen ihre Denk-, Wahrnehmungs-, Bewertungs- und Handlungsmuster, sie sind ebenfalls Produkt spezifischer Existenzbedingungen. Die Wahrnehmung von Schülerinnen und Schülern aus bildungsfernen Milieus ist somit von dieser Differenz geprägt. In ihre Betrachtung fließt ein, dass es sich für Mittelschichtangehörige um schwer verständliche Verhaltensweisen und Orientierungsmuster handelt. Defizite und Schwierigkeiten treten in den Vordergrund und prägen den Umgang mit ihnen unwillkürlich, rasch entsteht aus Unverständnis dann Ablehnung. Verstehensprobleme resultieren häufig aus Fremdheit, Unvertrautheit mit dem anderen, mit der sozialen oder kulturellen Situation oder Distanz zwischen Generationen oder Angehörigen unterschiedlichen Geschlechts (vgl. Friebertshäuser 2006).

Wenn es also in diesem Beitrag um das Verstehen und Anerkennen geht, dann ist damit gemeint, beim Blick auf pädagogische Beziehungen die Perspektive zu weiten und von der vordergründigen Ebene der Auseinandersetzung nach den dahinter liegenden verborgenen Mechanismen des Nicht-Verstehens und der Nicht-Anerkennung zu fragen. Denn gegenseitiges Verstehen korrespondiert oft mit einer gemeinsamen Vergangenheit, geteilten Lebenswelt, biografischen Erfahrungen sowie dem Wissen über die Lebenssituation und das Denken eines Anderen.

In unserer Gesellschaft sind Status und Anerkennung eng verbunden mit dem Erreichen spezifischer Positionen und dem Besitz von ökonomischem und kulturellem Kapital (beispielsweise in Form von Bildungstiteln und Zertifikaten). Eine solche Perspektive kann zur Ausgrenzung von Menschen führen, die nicht über diese Ressourcen verfügen, die am Rande der Gesellschaft stehen oder ohnehin nicht dazuzugehören scheinen.

Die Pädagogik ist aufgefordert, die Produktion des Bildes der Anderen zu reflektieren, das in Klassifikations- und Selektionsprozesse einfließt (vgl. Weber 2003), sowie die in den gesellschaftlichen Alltag eingeschriebenen sozialen Beziehungen (auch von Macht und Herrschaft im Kontext sozialer Ungleichheit) zu beleuchten (vgl. Fraser/Honneth 2003). Wie sich Menschen selbst erleben und bewerten, ihr Selbstwertgefühl, ist abhängig von Erfahrungen der sozialen Wertschätzung und Missachtung. Deshalb kann das Selbstwertgefühl durch negative Bewertungen erheblich beschädigt werden und durch Etikettierungen verunsichert, aber auch in entsprechende Richtungen gedrängt werden (vgl. Scherr 2002: 33). Erforscht werden sollten die Wechselwirkungen zwischen Scham, Beschämung und Anerkennung in pädagogischen Kontexten (vgl. Marks 2007).

Deshalb ende ich nun mit den Problemen und offenen Forschungsfragen, die aus meiner Sicht dringend bearbeitet werden müssen: Formen symbolischer Gewalt, wie ich sie exemplarisch dargestellt habe, produzieren Frustrationen, Desillusionierungen und Aggressionen bei denjenigen, die sich ihrer Chancen an Teilhabe und Wohlstand beraubt sehen. Die negativen Folgen einer solchen Struktur und Politik offenbaren sich in den Reaktionen der marginalisierten Jugendlichen nicht nur in den Banlieues in Frankreich, sondern auch bei Hooligans, Rechtsradikalen, Streetgangs. Ihre oftmals brutalen und menschenverachtenden Verhaltensmuster zeigen in extremer Form, wohin solche Entwicklungen führen.

Und gerade in dieser Situation sollte nicht nach mehr Erziehung für die Jugend (in seinen sanktionierenden Aspekten) gerufen werden, sondern nach mehr Beziehung im Sinne von Verstehen und Anerkennen als Basis für das pädagogische Handeln. Denn zunächst einmal muss die Empathiefähigkeit der Heranwachsenden gefördert werden und diese basiert auf tragenden zwischenmenschlichen Beziehungen. Notwendig erscheint eine differenzierende, den verschiedenen sozialen Milieus (mit ihren Lebensstilen und ihrem Habitus) Rechnung tragende Pädagogik, die Reflexion der strukturellen, gesellschaftlichen und sozialen Rahmenbedingungen pädagogischen Handelns.

Die Anerkennung des Anderen in seiner Subjektivität und kulturellen Prägung innerhalb von fruchtbaren, pädagogischen Kontexten und Beziehungen könnte dabei zu einem Schlüsselaspekt werden. Politik und Pädagogik sollten also nicht nur den Blick auf die vordergründigen Erscheinungen richten, sondern sich mit den dahinter liegenden Ursachen beschäftigen und dabei das politische, gesellschaftliche und pädagogische System in die Reflexion einbeziehen.

Und wenn Sie sich im Umgang mit Heranwachsenden an Ihre eigene Jugend mit all Ihren Träumen, Idealen, Konflikten und Krisen erinnern, dann ist damit bereits die Basis für die Verständigung mit der jetzigen Jugend gelegt. Denn jede Generation hat einerseits die gleichen Aufgaben zu lösen, aber andererseits auch in einem spezifischen Umfeld mit seinen historischen und gesellschaftlichen Prägungen und medialen Einflüsterungen. So können wir uns miteinander verständigen und voneinander lernen oder uns zumindest zum Lernen anregen lassen als Pädagoge oder Pädagogin ebenso wie als Heranwachsende. Wenn dies gelingt, dann wäre es eine der besten Formen der Prävention, ganz im Sinne des Anliegens von Hartmut von Hentig: „Die Menschen stärken, die Sachen klären".

Literatur

Behnisch, Michael (2005): Pädagogische Beziehung. Zur Funktion und Verwendungslogik eines Topos der Jugendhilfe. Würzburg: Ergon Verlag

Bourdieu, Pierre/Passeron, Jean-Claude (1971): Die Illusion der Chancengleichheit. Untersuchungen zur Soziologie des Bildungswesens am Beispiel Frankreich. Stuttgart: Klett

Deutsches PISA-Konsortium (Hrsg.) (2000): Pisa 2000. Basiskompetenzen von Schülerinnen und Schülern im internationalen Vergleich. Opladen: Leske + Budrich

Ecarius, Jutta/Friebertshäuser, Barbara (Hrsg.) (2005): Literalität, Bildung und Biographie. Perspektiven erziehungswissenschaftlicher Biographieforschung. Opladen: Verlag Barbara Budrich

Engler, Steffani/Krais, Beate (Hrsg.) (2004): Das kulturelle Kapital und die Macht der Klassenstrukturen. Weinheim, München: Juventa

Fraser, Nancy/Honneth, Axel (2003): Umverteilung oder Anerkennung? Eine politisch-philosophische Kontroverse. Frankfurt/M.: Suhrkamp

Friebertshäuser, Barbara (2005): Statuspassage Erwachsenwerden und weitere Einflüsse auf die Bildungsprozesse von Schülerinnen und Schülern. In: Schenk (2005): 127-144

Friebertshäuser, Barbara (2006): Verstehen als methodische Herausforderung für eine reflexive empirische Forschung. In: Friebertshäuser/Rieger-Ladich/Wigger (2006): 231-251

Friebertshäuser, Barbara/Rieger-Ladich, Markus/Wigger, Lothar (Hrsg.) (2006): Reflexive Erziehungswissenschaft. Forschungsperspektiven im Anschluss an Pierre Bourdieu. Weinheim: VS-Verlag

Hafeneger, Benno/Henkenborg, Peter/Scherr, Albert (Hrsg.) (2002): Pädagogik der Anerkennung. Grundlagen, Konzepte, Praxisfelder. Schwalbach/Ts.: Wochenschau-Verlag

Hamburger, Franz (2005): Der Kampf um Bildung und Erfolg. Eine einleitende Feldbeschreibung. In: Hamburger/Badawia/Hummrich (Hrsg.) (2005): 7-22

Hamburger, Franz/Badawia, Tarek/Hummrich, Merle (Hrsg.) (2005): Migration und Bildung. Über das Verhältnis von Anerkennung und Zumutung in der Einwanderungsgesellschaft. Wiesbaden: VS-Verlag

Lange-Vester, Andrea (2005): Teufelskreis der Nichtachtung. In: Schultheis/Schulz (Hrsg.) (2005): 298-310

Lessing, Hellmut (Hrsg.) (1984): Kriegskinder. Frankfurt/M.: Extrabuch

Lessing, Hellmut et al. (1986): Lebenszeichen der Jugend. Kultur, Beziehung und Lebensbewältigung im Jugendalter. Weinheim, München: Juventa

Marks, Stephan (Hrsg.) (2007): Scham – Beschämung – Anerkennung. Texte zur Menschenrechtspädagogik, Bd. 3. Berlin: Lit-Verlag

Schenk, Barbara (Hrsg.) (2005): Bausteine einer Bildungsgangtheorie. Studien zur Bildungsgangforschung (Band 6). Wiesbaden: VS Verlag

Scherr, Albert (2002): Subjektbildung in Anerkennungsverhältnissen. Über „soziale Subjektivität" und „gegenseitige Anerkennung" als pädagogische Grundbergriffe. In: Hafeneger et al. (Hrsg.) (2002): 26-44

Schnitzer, Klaus et al. (2001): Die wirtschaftliche und soziale Lage der Studierenden in der Bundesrepublik Deutschland 2000. Ausgewählte Ergebnisse der 16. Sozialerhebung des Deutschen Studentenwerks durchgeführt durch HIS Hochschul-Informations-System. Hrsg. vom Bundesministerium für Bildung und Forschung. Bonn

Schultheis, Franz/Schulz, Kristina (Hrsg.) (2005): Gesellschaft mit begrenzter Haftung. Zumutungen und Leiden im deutschen Alltag. Konstanz: UVK

Schultheis, Franz (2006): Reproduktion in der Krise: Fallstudien zur symbolischen Gewalt. In: Friebertshäuser/Rieger-Ladich/Wigger (Hrsg.) (2006): 253-268

Sennett, Richard (2004): Respekt im Zeitalter der Ungleichheit. Berlin: Berliner Taschenbuch Verlag

Vester, Michael (2004): Die Illusion der Bildungsexpansion. Bildungsöffnungen und soziale Segregation in der Bundesrepublik Deutschland. In: Engler/Krais (Hrsg.) (2004): 13-53

Weber, Martina (2003): Heterogenität im Schulalltag. Konstruktion ethnischer und geschlechtlicher Unterschiede. Opladen: Leske + Budrich

Wyrobnik, Irit (2005): Leseglück – aufgespürt in autobiographischen Texten. In: Ecarius/Friebertshäuser (Hrsg.) (2005): 128-147

Zinnecker, Jürgen et al. (2003): null zoff & voll busy. Die erste Jugendgeneration des neuen Jahrhunderts. Opladen: Leske + Budrich

Rolf Krüger / Gerhard Zimmermann

Strukturen, Leistungen und andere Aufgaben der Jugendhilfe

1 Vorbemerkung

Die Sozialisationsfelder Jugendhilfe und Schule haben sich über viele Jahrzehnte weitgehend unabhängig voneinander entwickelt. Erste Annäherungsversuche in den 70er Jahren gerieten wieder in Vergessenheit. Erst mit den öffentlich gewordenen Gewaltausbrüchen in Schulen und der PISA-Diskussion rief nun wieder Schule und Politik nach einer Zusammenarbeit mit der Jugendhilfe. Aus langjähriger Fortbildungserfahrung mit Lehrkräften und Sozialarbeiter/-innen ist den Verfassern bekannt, dass Lehrer/-innen i.d.R. jegliche Kenntnisse über den Jugendhilfebereich fehlen. Bei den Fachkräften der Jugendhilfe geht es eher darum, die vorhandenen Kenntnisse zu systematisieren. Diese beiden Mangellagen will der nachfolgende Beitrag bearbeiten.

2 Anmerkungen zum Gegenstandsbereich und zur Geschichte der Jugendhilfe

Nach herrschender Auffassung ist Jugendhilfe der Bereich der Erziehung, der nicht Schule oder Familie ist, oder anders ausgedrückt: Jugendhilfe realisiert die Erziehungsansprüche junger Menschen, die durch Elternhaus, Schule und berufliche Bildung allein nicht sichergestellt werden oder erst durch deren Versagen entstehen. Jugendhilfe ist so verstanden eine gesellschaftliche Sozialisationshilfe. Sie hat eigenständige Zuständigkeiten, Organisationsformen und Arbeitsmethoden. In ihrem Handhabungsfeld arbeiten Fachkräfte mit spezifischer Ausbildung. Sie hat den Anspruch, sich aktiv in Belange und Zuständigkeitsbereiche anderer Sozialisationsinstanzen einzumischen und gesellschaftliche Rahmenbedingungen von Erziehung mitzugestalten (vgl. Münder 1996: 315).

Die Standards moderner Jugendhilfe lassen sich seit Mitte der 80er Jahre mit Prinzipien wie: Leistung statt Eingriff, Prävention statt Reaktion, Flexibilität statt Bürokratisierung sowie Demokratisierung statt Bevormundung beschreiben (vgl. BMJFFG 1990).

Das Ganze ist auf dem Hintergrund einer Geschichte entstanden, die bis in das 19. Jahrhundert zurückreicht.

3 Die rechtlichen Strukturen der Jugendhilfe

Die wesentlichen rechtlichen Strukturen der Jugendhilfe sind im Kinder- und Jugendhilfegesetz (KJHG) sowie den hierzu ergangenen Landesausführungsgesetzen normiert. Das KJHG ist rechtssystematisch das VIII. Buch des Sozialgesetzbuches (SGB VIII). Deshalb haben auch die allgemeinen Vorschriften des Sozialgesetzbuches Bedeutung für die Jugendhilfe. Das KJHG ist einerseits Ausfluss des Sozialstaatsgebotes des Art. 20 GG und berührt andererseits auch das Verhältnis von Elternrecht und staatlichem Wächteramt des Art. 6 GG. Wegen Art. 74 GG besteht für den Bund nur die Zuständigkeit der konkurrierenden Gesetzgebung. Im Gesetzgebungsverfahren muss der Bundesrat zustimmen. Soweit das KJHG keine abschließenden Regelungen enthält, können die Länder Ausführungsgesetze erlassen. Das Land Niedersachsen hat hiervon durch Erlass des Gesetzes zur Ausführung des Kinder- und Jugendhilfegesetzes und des Gesetzes über Tageseinrichtungen für Kinder Gebrauch gemacht. Neben Organisations- und Zuständigkeitsfragen sowie Kosten- und Datenschutzbestimmungen enthält das KJHG Vorschriften für Leistungen der Jugendhilfe und für sonstige Aufgaben.

Im Gegensatz zum früheren – bis 1990 gültigen – Jugendwohlfahrtsgesetz (JWG) beinhaltet das KJHG keinerlei eigenständige Zwangsmaßnahmen der Jugendhilfe gegenüber den Sorgeberechtigten und den Minderjährigen. Dies gilt auch für die sogenannte geschlossene Unterbringung im Rahmen der Hilfe zur Erziehung. Sie findet weder eine ausdrückliche Erwähnung noch wird ihre Durchführung untersagt. Hieraus folgt, dass sie grundsätzlich möglich ist, und zwar als Ausdruck des Aufenthaltsbestimmungsrechts als Teil der elterlichen Sorge. Allerdings nur dann, wenn das Familiengericht zusätzlich eine Genehmigung erteilt. Dies folgt aus § 1631 BGB. Die inhaltliche Frage, ob der Zwang einer totalen Institution sich mit dem Erziehungsauftrag, sowohl der elterlichen Sorge als auch der Hilfe zur Erziehung, verträgt, wird natürlich durch die prinzipielle rechtliche Möglichkeit noch nicht beantwortet. Jugendhilfe ist heute auch zuständig für seelisch behinderte Kinder und Jugendliche und für die Hilfe für junge Volljährige (vgl. Krüger/Zimmermann 2006: 6).

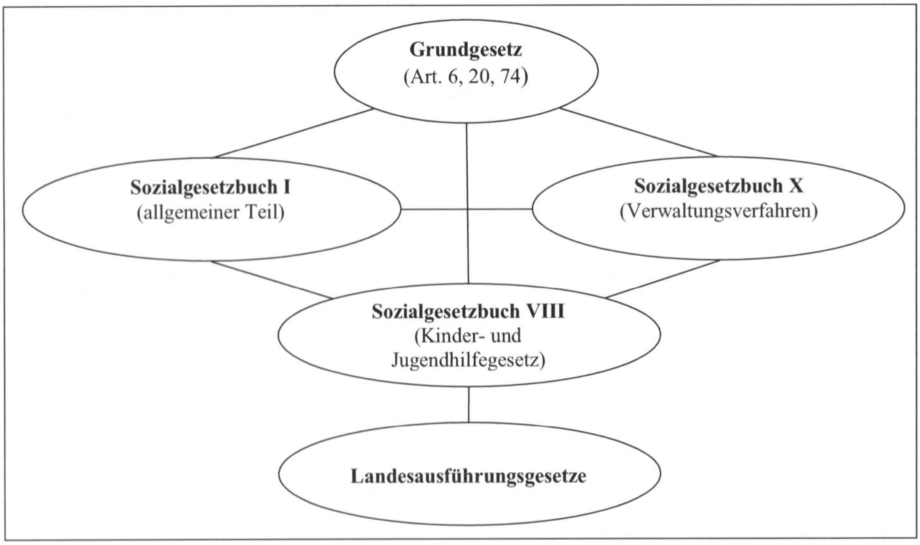

Abb. 1: Rechtliche Strukturen der Jugendhilfe – äußere Einbindung

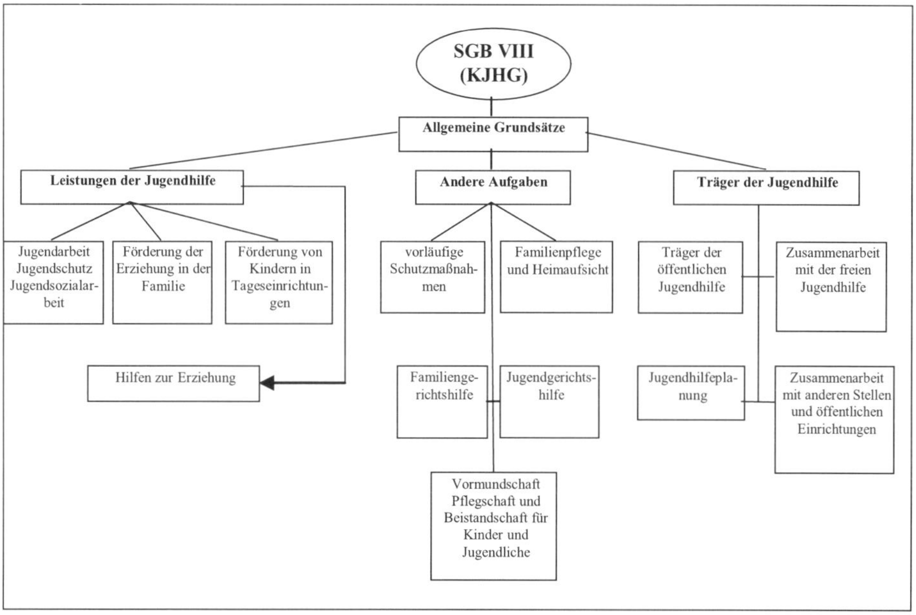

Abb. 2: Rechtliche Strukturen des KJHG – wesentliche innere Strukturen

4 Grundsätze und Leitkategorien der Jugendhilfe

Jugendhilfe hat die zentrale Aufgabe, das Recht junger Menschen auf Förderung ihrer Entwicklung und auf Erziehung zu einer eigenverantwortlichen und gemeinschaftsfähigen Persönlichkeit zu gewährleisten. Insbesondere, soweit die Eltern hierzu alleine nicht in der Lage sind. Jugendhilfe hat nach wie vor auch die Aufgabe, nicht ausreichende Wahrnehmung elterlicher Erziehungsverantwortung zu überwachen. Diese beiden Kernaufgaben werden durch den Auftrag ergänzt, dazu beizutragen, dass positive Lebensbedingungen für junge Menschen und ihre Familien sowie eine kinder- und familienfreundliche Umwelt erhalten bzw. geschaffen werden. Zur Erfüllung dieser Anforderungen hält die Jugendhilfe Leistungen vor und nimmt weitere Aufgaben zugunsten junger Menschen und ihren Familien wahr.

Nach den Grundsätzen der sogenannten institutionellen Subsidiarität sollen die Leistungen der Jugendhilfe vorrangig von sogenannten freien Trägern (z.B. Wohlfahrtsverbänden, Jugendverbänden) erbracht werden. Die anderen Aufgaben können teilweise an freie Träger übertragen werden, im Kern sind sie jedoch Ausfluss staatlicher Tätigkeit. Die Kosten der Jugendhilfe werden von den öffentlichen Jugendhilfeträgern getragen. Diese haben u.a. mit Schule und der Schulverwaltung zusammenzuarbeiten.

Historisch gesehen ist Jugendhilfe die fürsorgerische Instanz gewesen, die jungen Menschen mit sozialer Kontrolle und Disziplinierung begegnete. Nach neuerem und umfassenderem Verständnis kann man zusammenfassend sagen, dass die Aufgaben der Jugendhilfe darin liegen, junge Menschen in ihrer individuellen und sozialen Entwicklung zu fördern, um eine eigenverantwortliche und gemeinschaftsfähige Persönlichkeit zu werden, Benachteiligungen zu vermeiden und abzubauen und dazu beizutragen, dass für sie positive Lebensbedingungen und eine kinder- und familienfreundliche Umwelt geschaffen werden.

Es wird seit Jahren immer wieder darauf hingewiesen, dass wir gegenwärtig eine zunehmende Individualisierung der Lebensführung und eine Pluralisierung von Lebensverhältnissen haben.

In Zusammenhang damit steht

- die Auflösung von Handlungs- und Orientierungsperspektiven
- die Infragestellung von grundsätzlichen Werten und Normen
- die Veränderung von familialen Lebensformen
- die Abnahme der Bedeutung der Familie als Sozialisationsinstanz und Mitverantwortlichkeit für die Integration in die Gesellschaft.

Neben den bereits genannten Sozialisationsinstanzen Familie und Schule/Ausbildung hat Jugendhilfe einen neuen besonderen sozialpädagogischen Auftrag, jungen Menschen lebensweltorientierte Angebote zu unterbreiten, die sie in die Lage versetzen, sich in dieser sich ständig verändernden Welt positiv zu integrieren. Deshalb hat in den vergangenen Jahrzehnten die Jugendhilfe ein differenziertes und vielfältiges Spektrum an Handlungsfeldern entwickelt, die auf unterschiedlichste Zielgruppen und Problemlagen reagieren. Diese Etablierung neuer Handlungsfelder lassen sich in Beziehung setzen zu gesellschaftlichen und fachlichen Entwicklungsprozessen und Auseinandersetzungen.

Es ist festzustellen, dass die Jugendhilfe in vielfältiger Weise mit der Entwicklung neuer Einrichtungen, Dienste und Veranstaltungen zu Gunsten ihrer Klientel auf gesellschaftliche Veränderungen und ihre psychosozialen Folgen reagiert hat. Bedeutsam ist dabei, dass diese neuen Handlungsfelder meist über Organisationsformen „neuer freier Trägergruppen“ bis hin zu Selbsthilfegruppen eingeleitet werden. „Traditionellerweise hat man zur Unterscheidung von Lebenslagen von Kindern, Jugendlichen und Familien vor allem die Unterschiede im Einkommen, der Bildung und in den Berufspositionen der Eltern herangezogen“ (vgl. BMJFFG 1990: 28).

Zunehmend, und das zeigt auch der 8. Jugendbericht, sind die klassischen Formen sozialer Differenzierung nicht mehr ausreichend. Demografische Entwicklung, regionale Zugehörigkeiten (Stadt/Land-Differenzierung), Folgen der Wiedervereinigung, formale Gleichheit der Geschlechter, Förderung (Kindergeld, Wohngeld), Jugendarbeitslosigkeit (Folgen für Benachteiligte), Wohnraumversorgung (Kosten in regionalen Ballungszentren), sind weitere Merkmale, die die Lebenslagen von Kindern und Jugendlichen beeinflussen. Das bedeutet: Aussagen für eine bestimmte Altersgruppe in einer bestimmten Region treffen an einem anderen Ort nicht (oder nur teilweise) zu.

Neben diesen eher strukturell bedingten Differenzierungsprozessen können wir gegenwärtig noch einen weiteren Prozess beobachten, der in der Literatur (vgl. BMJFFG 1990: 29) häufig als Individualisierung der Lebensführungen bezeichnet wird.

Folgende Faktoren bzw. Bereiche haben an Bedeutung gewonnen:

- Jugend als eigenständige Lebensphase
- Einstellungen und Orientierungsmuster
- Arbeits- und Freizeitverhalten
- Bezugsgruppen
- Einstellungen zu Partnerschaft
- Ehe und Familie.

Der 8. Jugendbericht spricht daher von einer lebensweltorientierten Jugendhilfe, die sich in Strukturmaximen beschreiben lässt (vgl. BMJFFG: 1990: 85ff.):

- Prävention
- Dezentralisierung/ Regionalisierung der Leistungsangebote
- Alltagsorientierung in den institutionellen Settings und in den Methoden
  - Zugänglichkeit im Alltag
  - Situationsbezogenheit
  - Ganzheitlichkeit
- Integration – Normalisierung
- Partizipation
- Lebensweltorientierung.

Die Jugendhilfe muss sich an diesen zeitgemäßen Standards messen lassen. Speziell das Jugendamt (d.h. der öffentliche Träger) als sozialpädagogisch geprägte Fach- und Dienstleistungsbehörde muss sich dieser modernen zeitgemäßen Standards bedienen, wenn es nicht in einen besonderen Legitimationszwang bzw. Begründungsdruck kommen will. Anders als früher, gilt diese heute grundsätzlich für alle Träger. Wer sein Alltagshandeln nicht an diesen Standards ausrichtet (oder ausrichten kann), kommt in Begründungszwänge, muss Abweichungen politisch-administrativ und/oder fachlich belegen.

Jugendhilfe ist aber auch gekennzeichnet durch eine doppelte Aufgabenstellung. Zum einen hat sie die Aufgabe, Interessen von Kindern und Jugendlichen zu vertreten, diese bei Erziehungs- und Entwicklungsproblemen zu beraten und in Krisen und Konflikten pädagogische Hilfen anzubieten. Zum anderen hat Jugendhilfe aber auch Kontrollaufgaben wahrzunehmen (doppeltes Mandat) (vgl. Krüger/Zimmermann 1999: 8ff.). Der in das SGB VIII neu eingefügte § 8a belegt dies deutlich.

5 Institutionen der Jugendhilfe

Die Aufgaben der Jugendhilfe werden von sehr unterschiedlichen Institutionen wahrgenommen. Wir kennen einerseits die öffentlichen Träger, dies sind Gebietskörperschaften, die Aufgaben aufgrund einer Rechtsvorschrift erledigen oder finanzieren, zu denen die Allgemeinheit einen Zugang hat und freie Träger die ihre Aufgabenstellung selber bestimmen können und zu deren Diensten die Allgemeinheit nur dann Zugang hat, wenn dies gewollt ist oder aber die Gewährung öffentlicher Subventionen dies verlangt. Nachfolgendes Schaubild erklärt die Struktur näher.

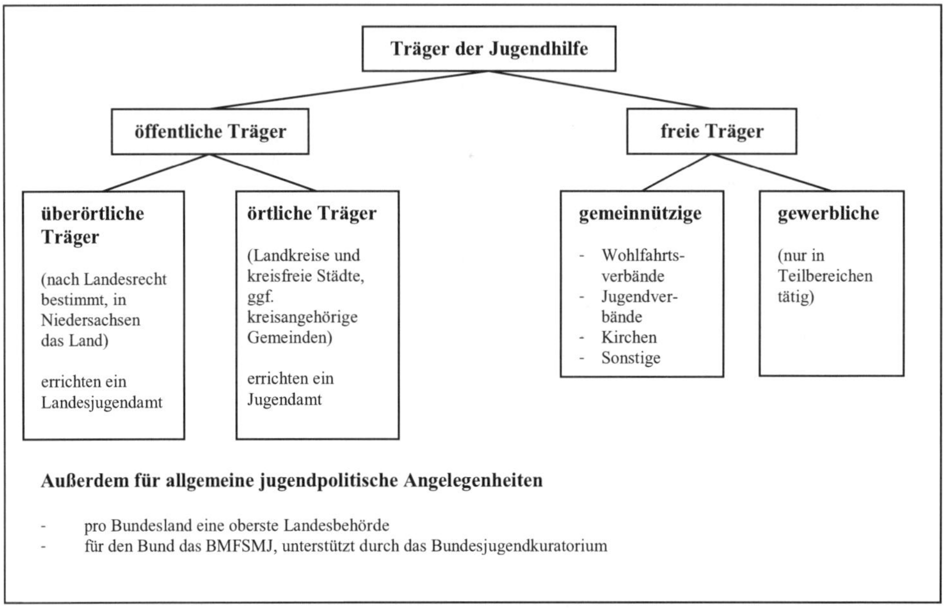

Abb. 3: Träger der Jugendhilfe

Öffentliche örtliche Jugendhilfeträger errichten ein Jugendamt, überörtliche Träger ein Landesjugendamt. Die örtlichen Jugendämter sind wegen ihrer Aufgabenfülle von besonderer Bedeutung für die Präventionsarbeit an Schulen. Jugendämter und Landesjugendämter sind bezogen auf ihre innere Struktur untypische Behörden. Sie bestehen immer aus der Verwaltung eines Jugendamtes und dem Jugendhilfeausschuss.

Bezüglich der inneren Organisation der Verwaltung der Jugendämter sind die Jugendhilfeträger frei. Es haben sich jedoch in langjähriger Praxis bei vielen Kommunen ähnliche Strukturen herausgebildet, die das folgende Schaubild darstellt.

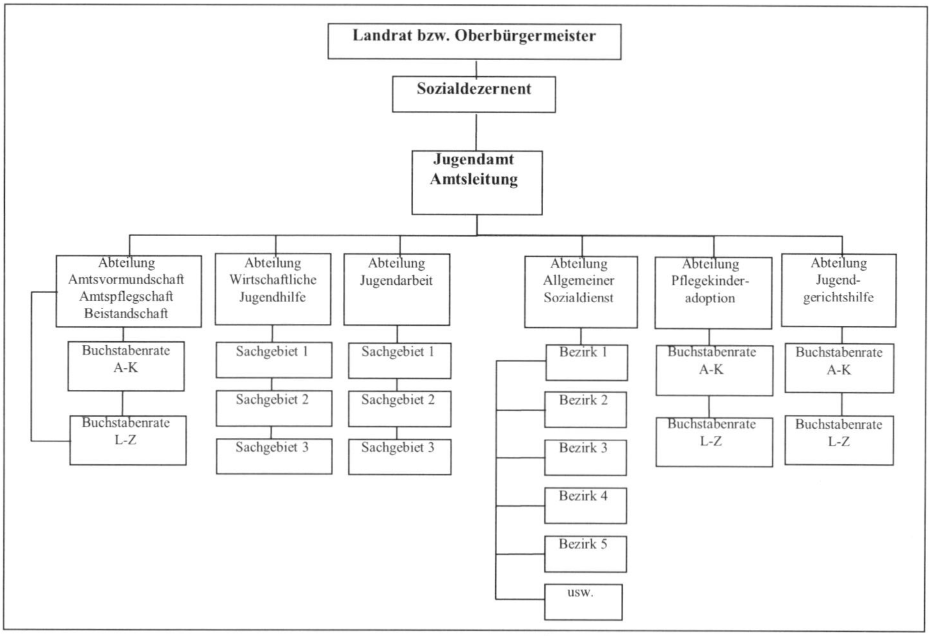

Abb. 4: Abteilungen der Jugendhilfe

Im Rahmen um sich greifender Verwaltungsreformen wurden in den letzten Jahren häufig die Jugendämter in sogenannte Fachbereiche umgewandelt oder sie bilden mit dem früheren Sozialamt gemeinsam einen Fachbereich. Unterhalb der Fachbereiche wurden gleichzeitig Fachabteilungen errichtet, die i.d.R. mehrere der früheren Abteilungen zusammenfassen. Im Rechtssinne bleibt jedoch das Jugendamt – nun nur Fachbereich genannt – bestehen. Die Zusammensetzung der Jugendhilfeausschüsse ist sowohl im KJHG als auch in den jeweiligen Landesausführungsgesetzen geregelt. Die Jugendamtssatzungen können Ergänzungen vornehmen.

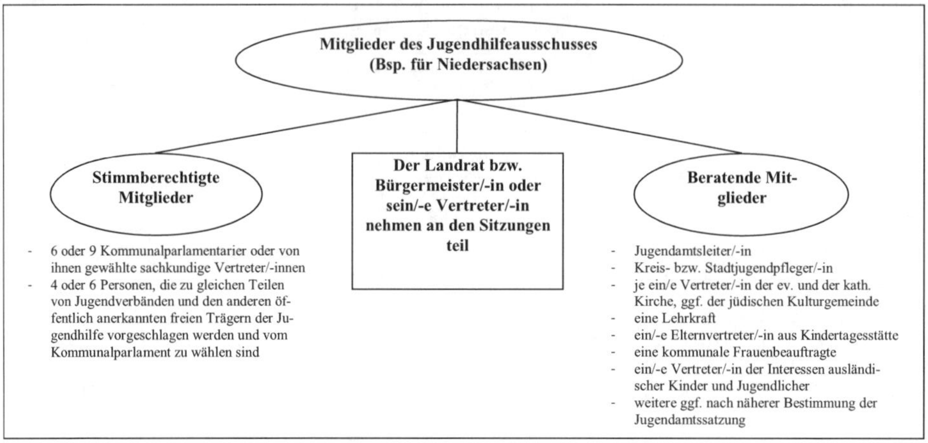

Abb. 5: Mitglieder des Jugendhilfeausschusses

Fraktionen des Stadtrates/Kreistages, die wegen ihrer geringen Größe keinen Sitz im JHA erhalten haben, sind berechtigt, ein zusätzliches beratendes Mitglied zu entsenden (sog. Grundmandat). Der JHA tagt in der Regel öffentlich. Die Ausschussmitglieder üben ihre Tätigkeiten im Rahmen des Gesetzes nur nach ihrer freien, am Gemeinwohl orientierten Überzeugung aus. Sie sind nicht an Aufträge und Weisungen gebunden. Sie sind ehrenamtlich tätig.

Der JHA hat folgende Rechte:

a) Befassungsrecht mit allen Angelegenheiten der Jugendhilfe insbesondere
   - Erörterung aktueller Problemlagen junger Menschen und ihrer Familien – Anregungen und Vorschläge für die Weiterentwicklung der Jugendhilfe
   - Jugendhilfeplanung
   - Förderung der freien Jugendhilfe
b) Beschlussrechte in Angelegenheiten der Jugendhilfe im Rahmen
   - der bereitgestellten Mittel
   - der Jugendamtssatzung
   - der Beschlüsse des Kreistages/Stadtrates
c) weitere Rechte
   - Beschlussrechte über Widersprüche und Angelegenheiten der Jugendhilfe
   - Anhörungsrecht bei der Berufung des/der Leiters/-in der Verwaltung des Jugendamtes
   - Auskunftsrecht gegenüber dem/der Leiter/-in der Verwaltung des Jugendamtes und die Lager der Jugend im Zuständigkeitsbereich.

Die freien Träger der Jugendhilfe lassen sich aufteilen in die sogenannten freigemeinnützigen und freigewerblichen Träger. Sie sind mit Ausnahme der öffentlich-rechtlichen Kirchen privatrechtlich organisiert. Häufigste Rechtsform ist der eingetragene Verein. Ihre innere Organisation bestimmen sie nach eigenem Gutdünken. Die freigemeinnützigen Träger können ein besonderes öffentliches Anerkennungsverfahren durchlaufen. Sie erwerben dadurch Mitwirkungsrechte im JHA und die allgemeine Subventionsmöglichkeit durch die Jugendämter. Beide Arten der freien Träger sind Hauptanbieter der Leistungen der Jugendhilfe.

Eine Sonderstellung nehmen die kreisangehörigen Gemeinden bezüglich ihrer Tätigkeit auf dem Gebiet der Jugendhilfe ein. Sie unterhalten häufig Kindertagesstätten und Jugendzentren. Daneben gewähren sie im Bereich der Jugendpflege/Jugendförderung in aller Regel den freien Trägern Zuschüsse zu den Kosten ihrer Tätigkeit.

Rechtsgrundlage ist z.B. der § 13 im Nds. AG KJHG. Ihre Tätigkeit ist jedoch keine rechtliche Verpflichtung, sondern nur eine weitere zusätzliche Möglichkeit. Nehmen sie diese Möglichkeit im Einvernehmen mit den zuständigen örtlichen Trägern der Jugendhilfe wahr, so haben sie in der Regel einen Jugendausschuss zu bilden. Die in ihrem Gebiet wirkenden freien Träger sollen beratende Mitglieder in diesen Ausschuss entsenden.

6 Wichtige Leistungen der Jugendhilfe

Wie bereits deutlich gemacht, kennt das Jugendhilferecht Leistungen und andere Aufgaben. Die meisten Leistungen haben bezogen auf die Personensorgeberechtigten Rechtsanspruchcharakter, wenn die entsprechenden Voraussetzungen vorliegen, so insbesondere die Hilfen zur Erziehung. Die Leistungen der Jugendarbeit, des Jugendschutzes und der Jugendsozialarbeit sind zwar auch Pflichtaufgaben der öffentlichen Jugendhilfeträger, es mangelt ihnen jedoch an einem subjektiv-öffentlichen Anspruchs eines Berechtigten. Leistungen der Jugendhilfe werden von den öffentlichen Jugendhilfeträgern finanziert. Sie können jedoch von freien oder öffentlichen Jugendhilfeträgern erbracht werden, von öffentlichen Jugendhilfeträgern jedoch nur, wenn kein freier Träger zu angemessenen Kosten hierzu bereit ist (institutionelles Subsidiaritätsprinzip).

Rechtlich ergibt sich hieraus folgendes Dreiecksverhältnis:

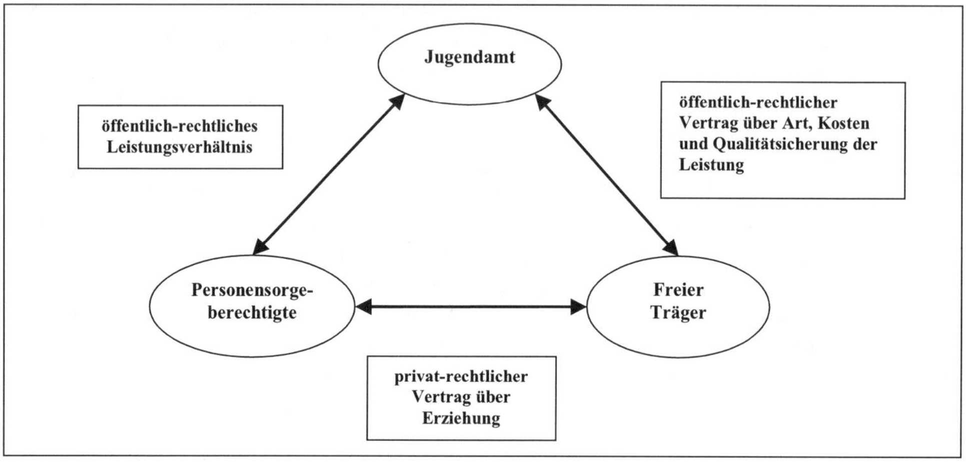

Abb. 6: Rechtliches Verhältnis von Jugendamt, freiem Träger und Personensorgeberechtigten

Bei den Leistungen, bei denen es keinen subjektiven Rechtsanspruch der Betroffenen gibt wie z.B. bei der Jugendarbeit, entfällt das öffentlich-rechtliche Leistungsverhältnis zwischen Jugendamt und Personensorgeberechtigten und das Verhältnis zwischen Jugendamt und freien Trägern kann nicht nur über Vertrag, sondern auch durch Verwaltungsakt geregelt werden. Wir werden im Folgenden nur die Leistungen der Jugendhilfe beschreiben, die für die Zusammenarbeit mit Schulen bedeutsam sind.

6.1 Jugendarbeit, Jugendschutz, Jugendsozialarbeit

Jugendarbeit ist ein Handlungsfeld der Jugendhilfe. Rechtsgrundlage ist der § 11 KJHG. Zu ihren Schwerpunkten gehören die außerschulische Jugendbildung, die Jugendarbeit im Bereich von Sport, Spiel und Geselligkeit, arbeits-, schul- und familienbezogene Jugendarbeit, internationale Jugendarbeit, Kinder- und Jugenderholung sowie Jugendberatung. Zentrale Paradigmen der Jugendarbeit sind Freiwilligkeit, Ganzheitlichkeit, Partizipation und Selbstorganisation (Münder et al. 1998: § 11 Rz 1).

Typische Einrichtungen und Angebote der Jugendarbeit sind Jugendzentren, Jugendbildungsstätten, betreute Spielplätze, Ferienfahrten und -lager, internationale Jugendbegegnungen, Ferienpassaktionen u.ä.. Träger der Jugendarbeit können sowohl die freien Träger und nach dem Subsidiaritätsprinzip auch die öffentlichen Träger sein. Nach landesrechtlichen Bestimmungen kommen auch die kreisangehörigen Gemeinden als Träger in Betracht.

Die herkömmlichen freien Träger werden insbesondere in diesem Handlungsfeld von selbst organisierten Jugendgruppen und -initiativen ergänzt. Grundproblem der Jugendarbeit durch Jugendverbände ist die permanent zurückgehende Bereitschaft junger Menschen sich verbandlich zu organisieren.

Auf die Leistung der Jugendarbeit gibt es, wie schon angemerkt, keinen subjektiv-rechtlichen Anspruch. Dies führt zu relativ ungünstigen Finanzierungsmöglichkeiten. Neben Mitteln des örtlichen öffentlichen Trägers fließt Geld aus den Haushalten der kreisangehörigen Gemeinden in diesen Bereich. Die konkreten Zuschussmöglichkeiten sind i.d.R. in von Jugendamtsbezirk zu Jugendamtsbezirk unterschiedlichen Richtlinien geregelt. Für die Zuschussvergabe ist innerhalb der Jugendämter die Abteilung Jugendpflege/Jugendförderung zuständig.

Jugendsozialarbeit ist eine besondere Unterstützungsmöglichkeit der Jugendhilfe für junge Menschen, die zum Ausgleich sozialer Benachteiligung oder Überwindung individueller Beeinträchtigung in erhöhtem Maße auf Unterstützung angewiesen sind. Ihnen sollen Hilfen angeboten werden, die ihre schulische und berufliche Ausbildung, die Eingliederung in die Arbeitswelt und ihre soziale Integration fördern. Die Hilfen können auch durch sozialpädagogisch begleitete Wohnformen ergänzt werden. Die Maßnahmen sollen mit den Maßnahmen der Schulverwaltung, der Bundesagentur für Arbeit sowie den Trägern von Ausbildung und Beschäftigung abgestimmt werden. Zur Jugendsozialarbeit gehören auch Maßnahmen, die sich an schulmüde, schulflüchtige oder schulauffällige junge Menschen richten, soweit schulische Möglichkeiten nicht (mehr) greifen.

Zur Jugendsozialarbeit gehören u.a. die Schulsozialarbeit, die Jugendwerkstätten und gemeinwesenbezogene Arbeit (Streetwork) mit jugendlichen Randgruppen.

6.2 *Hilfen zur Erziehung für seelisch behinderte Kinder und Jugendliche und Hilfe für junge Erwachsene*

Der § 27 KJHG ist die Grundnorm der Hilfe zur Erziehung. Es handelt sich um eine Pflichtleistung. Wegen ihrer nachgeordneten systematischen Stellung sind damit alle Einzelformen der Hilfen zur Erziehung Pflichtleistungen. Die in diesen Normen vorkommenden Soll-Formulierungen beziehen sich lediglich auf ihre jeweilige Ausgestaltung. Anspruchsberechtigte sind die Personensorgeberechtigten und nicht die einzelnen Minderjährigen. Diese Regelung ist zu Recht auf Kritik in der Fachöffentlichkeit gestoßen. Die Anspruchsvoraussetzungen sind dann gegeben, wenn eine dem Wohl der Minderjährigen entsprechende Erziehung nicht gegeben und die jeweils angebotene Hilfe für die Entwicklung geeignet und notwendig ist.

Mögliche Hilfen sind vorrangig die in den §§ 28 bis 35 KJHG aufgeführten. Darüber hinaus sind aber auch prinzipiell andere, noch zu entwickelnde Maßnahmen zulässig. Die Auswahl der Hilfeart hat sich am Bedarf des Einzelfalles auszurichten. Das enge soziale Umfeld soll mit einbezogen werden. Zu den einzelnen Maßnahmen gehören insbesondere pädagogische und damit verbundene therapeutische Leistungen, ggf. sind dies auch Ausbildungs- und Beschäftigungsmaßnahmen mit sozialpädagogischer Begleitung, soweit solche Programme nicht durch andere Maßnahmen sichergestellt sind. Infrage kommt hier insbesondere die Arbeitsverwaltung.

Wenn auch rechtlich eigenständig geregelt, gehören in den Gesamtzusammenhang noch die Hilfe für seelisch behinderte Kinder- und Jugendliche und die Hilfe für junge Volljährige.

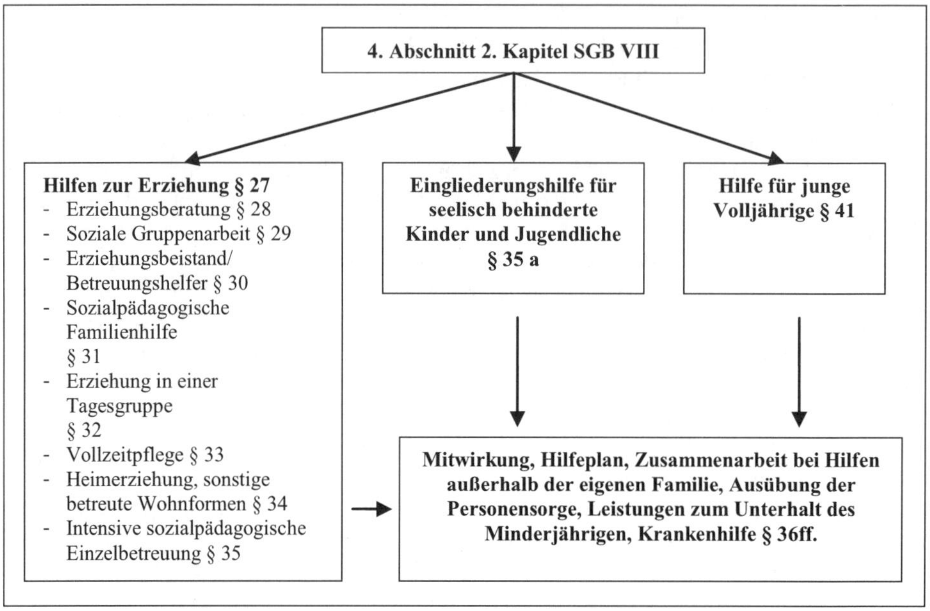

Abb. 7: Binnengliederung 4. Abschnitt 2. Kapitel SGB VIII

Auswahl der geeigneten Hilfe und des richtigen Trägers, die Kombination verschiedener Hilfen, die Dauer von Einzel- und Gesamtmaßnahmen sind in einem Hilfeplan festzustellen. Zuständig für die Gestaltung des Hilfeplans ist das Jugendamt. Mehrere Fachkräfte erarbeiten ihn unter Beteiligung aller Betroffenen.

Das Jugendamt hat die Hilfesuchenden über notwendige und geeignete Hilfen zu beraten, dem erzieherischen Bedarf im Einzelfall entsprechend die geeignete Maßnahme vorzuschlagen und die Angebotspalette der unterschiedlichen Träger zu unterbreiten und die Maßnahmen der unterschiedlichen Träger vorzustellen. Gleichzeitig ist es Aufgabe des Jugendamtes, das Verwaltungsverfahren nach den Regeln des SGB X korrekt abzuwickeln.

Beides zusammen bedeutet im Einzelnen:

Hilfeplangestaltung	Verwaltungsverfahren
	• Antrag der Sorgeberechtigten oder der Minderjährigen, der jungen Volljährigen oder Eröffnung des Verwaltungsverfahrens von Amts wegen • Bei Antrag durch Minderjährige Information der Sorgeberechtigten
• Beratung über Inanspruchnahme einer Beratung über erzieherischen Bedarf, Feststellung des erzieherischen Bedarfs • Prüfung, ob Annahme als Kind in Betracht kommt	• Mitwirkungspflicht der Hilfesuchenden, Beteiligungsrecht der Minderjährigen (Krüger 1991) und Wunsch und Wahlrecht der Hilfesuchenden
• Entscheidung über Art und Umfang der Hilfe unter Einbeziehung weiterer Fachleute • Zusammenarbeit mit den Trägern der Maßnahme: Festlegung der Erziehungsziele (Fern- und Nahziele), der Erziehungsaufgaben, der relevanten Erziehungssituation und möglicher Erziehungsbedingungen sowie der voraussichtlichen Dauer • Hierbei Beteiligung der Personensorgeberechtigten und der Kinder/-Jugendlichen	• Erlass des Verwaltungsaktes über Gewährung oder Nichtgewährung der Hilfeleistung, ggf. mit Nebenbestimmung • Bei Nichtgewährung vorher Anhörung nach § 24 SGB X
	• Bei nicht antragsgemäßer Entscheidung Möglichkeit des Widerspruchs • Entscheidung über Widerspruch durch Jugendhilfeausschuss • Danach Rechtsmittelweg zum Verwaltungsgericht
	• Erlass des Verwaltungsaktes über die Kostenbeteiligung, ggf. Rechtsmittelverfahren wie bereits beschrieben
• Laufende Überprüfung der Maßnahme (Reflexion unter Einbeziehung weiterer Fachleute, evtl. Korrektur)	

Abb. 8: Hilfeplangestaltung und Verwaltungsverfahren

Diese qualifizierte Form des Hilfeplanes sichert zum einen die ständige fachliche Überprüfbarkeit mit allen Beteiligten und trägt damit erheblich zur Demokratisierung des Verfahrens bei, zum anderen wird dadurch unmöglich, dass Vorgesetzte (Amtsleiter/-innen) aus fiskalischen Überlegungen eine andere (billigere) Maßnahme – die auf Fachebene im Einzelfall als nicht geeignet angesehen wurde – anordnen. Über Veränderungen, Fortsetzungen oder Beendigungen von Hilfemaßnahmen entscheiden, auf der Grundlage des Hilfeplanes, heute Fachleute verschiedenster Dienste unter Einbeziehung der Betroffenen. Es gehört auch zur Gestaltung des Hilfeplanes, falls notwendig, mehrere Hilfen zur Erziehung nebeneinander und/oder in einer zeitlichen Reihenfolge vorzusehen. Wie die Beteiligung der unterschiedlichen Fachleute, der Personensorgeberechtigten und der Minderjährigen selber technisch zu organisieren ist, lässt das Gesetz offen. Viele Jugendämter waren zunächst der Auffassung, dass die beste Form eine sogenannte Erziehungskonferenz sei. Inzwischen gibt es aber auch erhebliche Zweifel daran, weil die Beteiligung der Betroffenen sehr häufig von der geballten Fachlichkeit der Profis bei einer gemeinsamen Sitzung erschlagen wird. Die Beteiligung unterschiedlicher Fachleute kann durchaus auch schriftlich erfolgen. Es kann auch Sinn machen, Beteiligungsgespräche mit Jugendlichen und ihren Eltern gerade nicht gemeinsam zu führen.

Dennoch bleibt die Frage, wie es möglich ist, dass nach Meinung des Gesetzgebers wegen der elterlichen Grundrechte die Hilfe zur Erziehung nur Anspruch der Personensorgeberechtigten sein kann, die Eingliederungshilfe für seelisch behinderte Minderjährige diesen aber selbst zusteht.

Es sollen nun die Hilfeformen im Einzelnen dargestellt werden.

6.2.1 Erziehungsberatung und andere Beratungsangebote § 28

Ausdrücklich als individueller Rechtsanspruch wurde die Möglichkeit der Inanspruchnahme der Erziehungsberatung und anderer Beratungsdienste in den Leistungskatalog aufgenommen. Beratung ist hier nicht nur als Präventionsaufgabe zu verstehen, sondern im Zusammenhang mit den Hilfen zur Erziehung auch als Problem-, Konflikt- und Krisenberatung.

Weitere Aufgaben, die z.T. von Erziehungsberatungsstellen vorgenommen werden, sind Ehe- und Lebensberatung, Schwangerschaftskonfliktberatung, Drogenberatung. Dies oft auch zu Lasten von Aufgaben der Erziehungsberatung im engern Sinne.

Die Teams – Fachkräfte verschiedener Fachrichtungen – setzen sich i.d.R. aus Psychologen/-innen, den Sozialarbeiter/-innen und Diplompädagogen/-innen zusammen. Als wesentliches Merkmal wird bei allen Beratungsangeboten auf die Notwendigkeit interdisziplinärer Zusammenarbeit von Fachkräften verschiedener Fachrichtungen und mit unterschiedlichen methodischen Ansätzen hingewiesen. Aufgabenschwerpunkte für die Arbeit der Erziehungsberatungsstellen sind (Splitter/Specht 1984: 13):

- beratende Intervention (Unterstützung von Kindern, Jugendlichen und ihren Familien bei dem Verständnis und der Bewältigung entstandener Probleme)
- therapeutische Intervention (auf einen bestimmten Zeitraum angelegte, methodisch strukturierte Beziehungen, die Verhaltensveränderungen bewirken sollen)
- präventive Multiplikationsarbeit (Beratung und Unterstützung von Eltern, Lehrkräften und Erzieher/-innen etc., um Probleme der Entwicklung von Kindern und Jugendlichen frühzeitig zu erkennen und eigene Lösungskompetenzen zu stärken)
- präventive Information (Öffentlichkeitsarbeit und politische Einflussnahme, um Belastungen in den Lebensfeldern von Kindern und Jugendlichen zu identifizieren und Veränderungen zu bewirken).

Nach Menne (1996) sind Anlässe für die Inanspruchnahme von Erziehungsberatung

- emotionale Probleme (z.B. Ängste, Einsamkeit, depressive Zustände)
- soziale Verhaltensauffälligkeiten (z.B. Kontaktschwierigkeiten, Aggressivität, Geschwisterrivalität)
- Probleme in Schul- und Leistungsbereichen (z.B. Leistungsversagen, Schulschwänzen, Teilleistungsstörungen)
- Schwierigkeiten in der familialen Interaktion (z.B. Gesprächsverweigerung, körperliche Züchtigung, Ablösung vom Elternhaus)
- psychosomatische Auffälligkeiten (z.B. Einnässen, Einkoten, Ess- und Sprachstörungen)
- Trennung und Scheidung, Arbeitslosigkeit und andere Belastungen der Erziehungssituation.

Zu den anderen Beratungsdiensten gehört z.b. auch die Jugendberatung, die Jugendlichen in ihren konkreten persönlichen, sozialen und beruflichen Konflikten Information, Orientierung und Hilfe bereitstellt (Mehl 1986: 545). Besonders diese Einrichtungen öffnen sich zum Umfeld (Stadtteil/kurze Wege) und bemühen sich, lebensweltorientierte Konzepte einzubeziehen (bis hin zur aufsuchenden Beratung). Die Kooperation (Vernetzung) mit anderen geeigneten Institutionen ist von besonderer Bedeutung.

6.2.2 Soziale Gruppenarbeit § 29

Die soziale Gruppenarbeit richtet sich an ältere Kinder und Jugendliche. Eine exakte Altersgrenze ist jedoch nicht genannt. Historische Vorformen waren die aus der Jugendgerichtshilfe entwickelten sogenannten sozialen Trainingskurse, aber auch aus der Praxis der Jugendhilfe entstandene Angebote zum sozialen Lernen.

Zeitlich finden sie entweder regelmäßig – meist einen halben Tag in der Woche – über einen längeren, jedoch befristeten Zeitraum statt. Sie können jedoch auch als Blockveranstaltung, z.B. in einem Ferienheim durchgeführt werden. Unterschiedliche Gruppenformen sind denkbar: z.B. relativ offene Gruppenstrukturen in sozialen Brennpunkten, Übungs- und Erfahrungskurse für straffällig gewordene Minderjährige, gemischte Gruppen zur besseren Integration von Ausländer/-innen und Aussiedler/-innen.

Methodisch wird nach den Konzepten der sogenannten sozialen Gruppenarbeit vorgegangen (vgl. Schiller 1996: 85ff.). Hieraus ergibt sich u.a. auch, dass die Gruppen relativ klein sein sollen (bis etwa 15 Teilnehmer/-innen). Häufig sehen die Konzepte aus Gründen der Selbstkontrolle zwei Mitarbeiter/-innen pro Gruppe vor. Aus bisherigen praktischen Erfahrungen ist bekannt, dass der größte Teil der Teilnehmenden aus sozial benachteiligten Familien stammt. Die soziale Gruppenarbeit als individuelle Form der Hilfe zur Erziehung wird zurzeit noch nicht flächendeckend in allen Jugendamtsbereichen vorgehalten.

Das Regelpersonal für diese Hilfe zur Erziehung sollten Sozialarbeiter/-innen und Sozialpädagogen/-innen sein, da es sich eben nicht einfach um Freizeitgruppen handelt, sondern immer komplexe Problemlagen der Betroffenen bearbeitet werden müssen.

In das Interventionskonzept sind einerseits die Außenbeziehung der Gruppe im Hinblick auf Wohnquartier, andere – auch informelle – Gruppen sowie das Aufgehobensein in einem sozialarbeiterischen Gesamtzusammenhang einzubeziehen, andererseits interessieren die Innenbeziehungen der Gruppe z.B. im Hinblick auf Untergruppen, Leiterfunktion, Sündenbockfunktion, Geschlechterverhältnis. Die Mittel der Gruppenaktivität können neben dem Gespräch, die Aktion, die seminaristische Sitzung oder auch künstlerischhandwerkliche Vorhaben sein.

Da das typische Klientel eher unterprivilegiert ist, sollten Handlungsprinzipien, wie Gebrauchswert- und Alltagsorientierung sowie ein ausgewogenes Verhältnis von Kontinuität und Spontaneität bei der Auswahl der Aktivitäten nicht aus den Augen verloren werden. Nicht selten treten Probleme bei der Sozialen Gruppenarbeit dadurch auf, dass die Gruppenleiter/-innen den zeitlichen Planungshorizont der Gruppenmitglieder überschätzen (vgl. Krüger 1991: 55). Dies gilt erst recht bei jungem Klientel, wenn es aus ungünstigen Verhältnissen stammt.

6.2.3 Erziehungsbeistand und Betreuungshelfer § 30

Das Hilfsangebot wendet sich an Minderjährige mit sogenannten Entwicklungsproblemen und ist z.B. eine adäquate Hilfe für folgende Zielgruppen:

- Kinder und Jugendliche, denen es in der Familie an Hilfestellungen bei der Bewältigung von Problemen in der Schule, in Kontakt mit anderen Jugendlichen, im Zurechtfinden in unserer Gesellschaft fehlt
- Jugendliche, die sich aus dem Elternhaus lösen möchten bzw. müssen und hierbei Unterstützung benötigen
- Kinder und Jugendliche, für die eine Erziehungsberatung oder eine formlose Betreuung durch den Allgemeinen Sozialdienst (ASD) des Jugendamtes nicht ausreicht, die aber eine pädagogische Betreuung benötigen
- Jugendliche, die drohen, in Randgruppen (z.B. sogenannte Skinheads, Ausländergangs) abzugleiten
- Straffällig gewordene Jugendliche als Erziehungsmaßregel nach dem Jugendgerichtsgesetz (JGG)
- Jugendliche und junge Erwachsene ab dem 17. Lebensjahr, für die eine stationäre Betreuung nicht mehr infrage kommt, die aber noch der Jugendhilfe bedürfen
- Kinder und Jugendliche, deren Heimunterbringung vom Jugendamt ausgesetzt werden soll, um in das Elternhaus zurückzukehren oder die in eine eigene Wohnung (Wohnung, Ausbildung, Arbeit) einziehen wollen (vgl. AWO Lüneburg o. J.).

Typische Aufgaben des Erziehungsbeistandes sind u.a. folgende: Erforschung der Persönlichkeit, Beratungsgespräche mit dem Kind/Jugendlichen sowie den Eltern, Durchführung von regelmäßigen Hausbesuchen, Behandlung der Familie als Konfliktfeld, Zusammenarbeit mit Institutionen wie Schulen, Kinderhorten, Behörden, Arbeitsstellen, Hilfen bei der Ablösung vom Elternhaus, soziale Gruppenarbeit (vgl. KGSt 1975: 18f.).

Häufig findet neben der einzelfallorientierten Arbeit auch soziale Gruppenarbeit mit den Betroffenen statt. In der Regel sind die Gruppenaktivitäten im Freizeitbereich angesiedelt, aber auch themenzentrierte Gruppentreffen haben im Bereich der Erziehungsbeistandschaft ihren Platz. Thematisch wird es um Fragen wie z.B. Liebe, Partnerschaft, Sexualität, Schule, Ausbildung, Eintritt in das Erwachsenenleben u.ä. gehen (vgl. AWO Lüneburg o. J.).

Der Begriff des/der Betreuungshelfers/-in ist mit dem SGB VIII neu geschaffen worden. Eine Definition ist unterblieben. Nach Auffassung der Fachöffentlichkeit ist hierunter wohl eine dem Erziehungsbeistand ähnliche Tätigkeit zu verstehen, die jedoch durch eine vorläufige jugendgerichtliche Anordnung nach § 17 Abs. 1 JGG zustande kommt (vgl. Schellhorn 1990: 24).

Hauptberufliche Erziehungsbeistände/Betreuungshelfer/-innen sind in der Regel staatlich anerkannte Diplom-Sozialarbeiter/-innen. Der Betreuungsschlüssel ist bei den einzelnen Trägern sehr unterschiedlich. Er variiert von 1:6 bis 1:20.

6.2.4 Sozialpädagogische Familienhilfe § 31

Die Aufnahme der sozialpädagogischen Familienhilfe in den Leistungskatalog der Erziehungshilfen entspricht den positiven Erfahrungen mit diesem neuen Hilfeinstrument in der Praxis. Diese inzwischen auch wissenschaftlich untersuchte (vgl. Pressel 1981; Nielsen 1984) intensive ambulante Betreuungs- und Unterstützungsform für Familien bzw. für Alleinerziehende mit Kindern findet im § 31 ihre ausdrückliche Absicherung. Die enorme Entwicklung dieser familienorientierten ambulantenerzieherischen Hilfen seit etwa 1973 ist sicher nicht nur auf die unbestrittenen Erfolge zurückzuführen, sondern auch darauf, dass diese Betreuungsform wesentlich kostengünstiger (Sozialpädagogische Familienhilfe, Kassel 1984: 467f.) im Vergleich zur Heimerziehung ist. Sozialpädagogische Familienhilfe gehört heute zu den etablierten Jugendhilfeangeboten.

Die Stärke dieser intensivsten ambulanten Betreuungsform ist die Einbeziehung des direkten Lebensraumes der Familie sowie deren sozialen Umfeldes. Dieser ganzheitliche Ansatz orientiert sich an der Alltagswelt der Familie und ihren Problemen. Gefordert sind sozialarbeiterische/sozialpädagogische Handlungsstrategien, die Erwachsenen, Jugendlichen und Kindern Angebote zur Bewältigung ihrer „kleinen und großen" Probleme machen und somit zur Veränderung/Verbesserung ihrer Lebensqualität beitragen (Hilfe zur Selbsthilfe). Sozialpädagogische Familienhilfe verfolgt mehr pädagogisch-administrative und alltagsorientierte Ziele und weniger therapeutische Ansätze. Bewilligungszeiträume (die Arbeit mit der Familie beträgt zwischen 5 bis 20 Stunden pro Woche) von 1,5 bis 2 Jahren sind heute die Regel (wobei längere Zeiträume durchaus denkbar und angemessen sind).

Es ist eine Einzelperson, die für die Betreuung der Familie zuständig ist. Diese hat eine relativ große Nähe zu den Betroffenen und ihren Problemen. Das bedeutet aber auch einen starken Einbruch in den Intimbereich der Familie (gläserne Familie): Keine anderen sozialen Dienste gewinnen diesen Einblick (Distanz/Kontrolle). Familienhilfe versucht, die Isolation der Familie aufzubrechen und sie in das soziale Umfeld „zurückzuintegrieren". Zur weiteren Entwicklung der familienindividuellen wie familiengruppenspezifischen Möglichkeiten werden neben des bisher entwickelten Standards weitere neue Elemente in die Arbeit zunehmend mit aufgenommen, wie z.B. Elternkurse und Videohome-Training.

Entscheidend für den Erfolg der Maßnahme ist, ob diese aufsuchende Hilfe rechtzeitig angeboten bzw. angefordert wird. Einzel- oder Strukturkrisen von Familien dürfen nicht soweit eskalieren, dass das Auseinanderfallen der Familie bevorsteht oder das Zusammenleben unerträglich geworden ist. Ein weiteres Erfolgskriterium dieses Hilfeangebotes wird nicht nur bestimmt von der Mitarbeit der Familie (Prinzip der Freiwilligkeit, Hilfe zur Selbsthilfe), sondern auch von der Qualität (Ausbildung, Lebenserfahrung) und Professionalität (Fachberatung) der Familienhelfer/-innen. Der Einsatz von Ehrenamtlichen, Studierenden oder jobsuchenden Fach- oder Hochschulabsolventen/-innen auf Honorarbasis ist zwar kostengünstiger und wird vielerorts praktiziert, entspricht aber keinesfalls den inzwischen anerkannten Standards qualifizierter Familien- und Jugendhilfe.

Sozialpädagogische Familienhilfe scheint ungeeignet für Familien, die dauerhaft überfordert sind mit schwierigen, sich gegenseitig verstärkenden Lebensbedingungen (also Arbeitslosigkeit, Überschuldung, Isolierung, hohe Kinderzahl) oder durch Strukturkrisen (gewalttätige Väter, Belastungen mit Sucht, mit psychisch schwerem Leiden) (vgl. BMJFFG 1990: 139).

6.2.5 Erziehung in einer Tagesgruppe § 32

Diese familienunterstützende, teilstationäre Hilfeform will den Verbleib des Kindes in seiner Familie (unterstützende Elternarbeit) und damit auch in seinem sozialen Umfeld durch spezielle und gezielte Gruppenprozesse (soziales Lernen) und besondere schulische Förderung sichern. Diese Form wurde in den letzten Jahren von Heimeinrichtungen und Horten angeboten, die im Rahmen ihrer zunehmenden Differenzierung räumliche, personelle und fachliche Ressourcen zu Verfügung stellen konnten.

Inzwischen wurden aber auch neue Einrichtungen aufgebaut, die als selbstständige Institutionen ihre Plätze anbieten. Die Erziehungsmöglichkeit in der Tagesgruppe kann Kindern von sozial, materiell und persönlichkeitsbedingt belasteten Familien und Alleinerziehenden eine notwendige erzieherische und schulische Förderung anbieten. Die Unterbringung in einer Tagesgruppe bringt auch eine Entlastung für die Familie bzw. Alleinerziehenden. Diese Entlastung kann beruhigend wirken und veränderte Verhaltensweisen möglich machen, die letztlich für das Kind zu einer qualitativ verbesserten Erziehungssituation im Elterhaus führen können. Derzeitige Konzepte zeigen in der Regel folgende Grundmerkmale: Gruppen (8 - 12 Plätze) sind alters- (8 - 14 Jahre) und geschlechtsgemischt: Im Betreuungsschlüssel wird von 1:3 bis 1:5 ausgegangen, die Betreuungszeit liegt bei 2 - 3 Jahren. Handlungsweisendes Prinzip ist in der Regel sozialpädagogische Gruppenarbeit mit Möglichkeiten zur Einzelförderung auch im schulischen Bereich. Nach ersten Erfahrungen werden inzwischen auch Angebote am Wochenende und in den Ferienzeiten als zusätzliche Notwendigkeiten gesehen.

Der Hinweis, diese Hilfen auch in Form der Familienpflege anzubieten, erscheint logisch, wird sich in der Praxis aber kaum realisieren. Das Regelpersonal in Tagesgruppen besteht aus Sozialarbeiter/-innen, Erzieher/-innen und (stundenweise) Lehrkräften.

Typische Kriterien zur Aufnahme in einer Tagesgruppe sind:

- jahrelange Abhängigkeit der Familie von öffentlichen Hilfen
- Leben am Rande des Existenzminimums
- beengte Wohnverhältnisse
- Partnerprobleme der Eltern
- Alkohol- und/oder Drogenproblematik in der Familie
- Gewalt- und Missbrauchserfahrungen
- frühere Heimerziehung
- Orientierungs- und Stabilitätsprobleme der Minderjährigen
- emotionale und soziale Störungen
- abweichendes Verhalten
- Schulversagen, Schulverweigerung, Lernschwierigkeiten.

Ziele der Arbeit sind auf dem Hintergrund dieser Problemlagen, die in aller Regel in ineinander verwobenen Bündeln vorliegen, folgende:

- Erreichen einer ausreichenden Grundbildung
- selbstständige Orientierung in der Gesellschaft finden
- Entwicklungsdefizite aufarbeiten
- Bindungs- und Beziehungsfähigkeit aufbauen
- ausreichende Versorgung der Familie mit Wohnraum, finanzielle Mittel, medizinische Versorgung und Hygiene
- Konfliktlösungsstrategien in der Familie aufbauen
- soziale Fähigkeiten erlernen, entwickeln und ausprobieren
- positive Selbsterfahrung erleben und Selbstbewusstsein entwickeln.

6.2.6 Vollzeitpflege § 33

Die Vollzeitpflege ist als anerkannte Form der Unterbringung von Kindern und Jugendlichen außerhalb des Elternhauses hinreichend bekannt (ca. 50% der Kinder und Jugendlichen werden in Pflegefamilien untergebracht) (vgl. Heitkamp 1989: 52). Es lassen sich nach Dauer und Zielsetzung der Vollzeitpflege drei Formen unterscheiden:

- Kurzeitpflegestellen (befristeter Ausfall der Herkunftsfamilie, Krisen- und Notsituation, Übergangssituation bis zur endgültigen Abklärung)
- Übergangspflegestellen (befristeter bzw. längerer Zeitraum zur Überbrückung des vorübergehenden Ausfalles der Eltern bei Krankheit, Strafverbüßung, Erziehungsproblemen), Rückkehr in die Herkunftsfamilie (Milieu) ist vorgesehen
- Dauerpflegestellen (klassische Ersatzfamilie, auf Dauer angelegtes Pflegeverhältnis).

Als besondere Form haben sich in den letzten Jahren die Sonderpflegestellen (heilpädagogische Pflegestellen, Erziehungsstellen, sozialpädagogische Sonderpflegestellen) herausgebildet. Pädagogische Qualifikationen in Verbindung mit intensiven pädagogischen und/oder therapeutischen Ansätzen werden von den Pflegeeltern erwartet. Diese besondere Leistung wird durch ein höheres „Pflegegeld“ honoriert. Die fachliche Diskussion (vgl. Heitkamp 1989; Nienstedt/Westermann 1989; Hamburger Pflegekinderkongress 1990) um die Funktion des Pflegekinderwesens wird bestimmt durch die

- Gesamtheit der Beziehungen des Kindes (geteilte, doppelte Elternschaft/verschiedene Wert- und Bezugssysteme/Zusammenwirken von Herkunfts- und Pflegefamilie)
- Respektierung der Bindungen des Kindes zur Herkunftsfamilie bis hin zur Rückführung (Ergänzungsfamilie)
- Erwartungshaltung der Pflegefamilie auf Dauerbeziehung, veränderte Werbe- und Vermittlungspraxis.

In den letzten Jahren hat sich mit der generellen Veränderung der Jugendhilfepraxis ein Wandel zu mehr sozialpädagogischer Betrachtungsweise bei der Vermittlung von Pflegekindern, bei der Auswahl von geeigneten Pflegefamilien und der laufenden Beratung von Pflegeeltern vollzogen. Die gesetzliche Regelung nimmt hierauf Bezug. Die Pflegeerlaubnis und Pflegekinderaufsicht ist nur noch für Kinder und Jugendliche vorgesehen, die nicht über das Jugendamt vermittelt werden (§ 44 Abs. 1 Ziff. 1). Der gesetzlich vorgeschriebene sozialpädagogische Auftrag (§ 33 in Verbindung mit §§ 36 und 37) setzt dem Jugendamt hohe fachliche Maßstäbe. Diese, zu Recht, geforderte Qualifizierung der Arbeit wird nicht ohne laufende Fortbildung und Personalerweiterung möglich sein. Zu leisten ist u.a.:

- Feststellung der Ist-Lage unter Berücksichtigung des Alters und des Entwicklungsstandes des Kindes oder Jugendlichen
- Abklärung der geeigneten Hilfe zur Erziehung verbunden mit der Prognose über die Verbesserung der Erziehungsbedingungen durch die Herausnahme aus der Herkunftsfamilie und Vermittlung in eine Pflegefamilie
- damit verbunden die laufende Beratung der Herkunftsfamilie vor der Inpflegegabe
- Beteiligung der Herkunftsfamilie am Vermittlungsverfahren
- Auswahl einer geeigneten Pflegefamilie
- Vorbereitung der Inpflegegabe und laufende Beratung während der Pflegedauer
- Vermittlung zwischen Pflegefamilie und Herkunftsfamilie
- Klärung über die Dauer der Inpflegenahme unter Einbeziehung aller am Vorgang Beteiligten
- laufende Reflexion mit allen Beteiligten
- Rückführung bzw. Verselbstständigung
- die Beteiligung an der konzeptionellen Entwicklung sowie der praktischen Unterstützung beim Aufbau geeigneter Formen der Familienpflege für besonders entwicklungsbeeinträchtigte Kinder und Jugendliche.

Diese Leitlinien sozialpädagogischen Handelns machen die besondere und herausgehobene Rolle des Jugendamtes deutlich. Es wird deutlich, dass das Jugendamt eine sozialpädagogische Fachbehörde und keine Verwaltung im herkömmlichen Sinne ist.

Der § 86 Abs. 6 sieht vor, dass die Zuständigkeit für ein Kind oder einen Jugendlichen nach 2-jährigem Aufenthalt auf das Jugendamt übergeht, in dessen Bezirk die Pflegefamilie ihren gewöhnlichen Aufenthalt hat. Dies führt zu einer Kostenverschiebung zu Lasten kleinerer Landkreise (bei Großstadtnähe), zum anderen findet sich hier ein brauchbarer Hinweis zur Klärung der Frage (§ 33), bis wann es sich um eine zeitlich befristete Erziehungshilfe handelt und ab wann man von einer auf Dauer angelegten Lebensform sprechen kann.

Von besonderer Bedeutung ist bei der Vollzeitpflege auch eine Klärung der rechtlichen Beziehungen zwischen Pflegekind, leiblichen Eltern, Pflegepersonen und Jugendamt. Ist die elterliche Sorge der leiblichen Eltern durch Gerichtsentscheid eingeschränkt oder entzogen, tritt an ihre Stelle der Vormund oder der/die Pfleger/-in. Den leiblichen Eltern verbleiben lediglich das Umgangsrecht und die Unterhaltpflicht. Ist mit der Ausübung des Umgangsrechtes eine Gefährdung des Kindeswohls im Sinne des § 1632 Abs. 4 BGB verbunden, haben Pflegepersonen das Recht einen Antrag an Gericht zu stellen, um eine Anordnung auf weiteren Verbleib des Pflegekindes bei ihnen zu erreichen, wenn die Eltern das Kind von der Pflegeperson wegnehmen wollen, obwohl es schon seit längerer Zeit in Familienpflege lebt.

Bei der Ausübung der Personensorge vertreten Pflegeperson die Personensorgeberechtigten in der Ausübung der elterlichen Sorge insbesondere

- bei Rechtsgeschäften des täglichen Lebens
- bei dem Verwalten des Arbeitsverdienstes eines Jugendlichen
- beim Geltendmachen und Verwalten von Unterhalts- und Sozialleistungen
- im Rahmen einer Grundentscheidung des Personensorgeberechtigten bei Rechtshandlungen im Zusammenhang mit dem Besuch einer Tageseinrichtung, Schule oder der Aufnahme einer Berufsausbildung oder eines Arbeitsverhältnisses
- bei Gefahr im Verzug bei der Vornahme aller notwendigen Rechtshandlungen.

Die Personensorgeberechtigten oder das Vormundschaftsgericht können abweichende Regelungen treffen. Die entsprechenden Vorschriften finden sich im § 38 KJHG.

6.2.7 Heimerziehung, sonstige betreute Wohnformen § 34

Heimerziehung ist die traditionelle, stationäre Unterbringungsform (über Tag und Nacht) für Kinder und Jugendliche außerhalb des Elternhauses. Heute wird Heimerziehung in den verschiedensten Differenzierungen angeboten (große Erziehungsheime mit Gruppendifferenzierung, Kinderdörfer, Kinderhäuser, Kleinsteinrichtungen, speziell ausgerichtete heilpädagogische und therapeutische Einrichtungen). Sehr zu begrüßen ist die Gleichstellung neuerer Wohn- und Betreuungsformen (Wohngruppen, Wohngemeinschaften, sozialpädagogisch betreutes Jugendwohnen, Einzelbetreuung im eigenen Wohnraum, betreutes Wohnen) als besonders geeignetes Verselbständigungsangebot mit der traditionellen Heimerziehung.

Die Heimkampagne Ende der 60er Jahre („Holt die Kinder aus den Heimen!“) lenkte die Aufmerksamkeit der (Fach-) Öffentlichkeit auf die überwiegend disziplinierende Anstaltserscheinung mit ihren inhumanen Praktiken.

Kritikpunkte waren:

- zu große Einrichtungen (anonyme Versorgungsbetriebe)
- zu lange Aufenthalte (vom Säugling bis zum Erziehungsheim)
- keine Erziehungsplanung, keine differenzierte Einweisung
- soziale Isolation (Standort, Heimschule, Werkstätten)
- geschlossene Unterbringung in Heimen
- der pädagogische Alltag wurde institutional bestimmt (Handlungsabläufe, Schichtdienst, Personaleinsatz, Versorgungseinrichtungen, Arbeitsdienste, kein Fachpersonal).

Im Rahmen der Reformbewegung Anfang der 70er Jahre fand eine Verlagerung der Unterbringung vor allem von Kindern in die Pflegefamilie statt. Die Reformbewegung hat aber auch inhaltlich erhebliche Veränderungen mit sich gebracht:

- Verkleinerung der Einrichtungen (Gruppen) und Schaffung von Kleinstheimen, Kleinsteinrichtungen
- Milieunahe Heimerziehung (Schule/Elternarbeit/soziales Umfeld)
- Ausdifferenzierung der Einrichtungen (Individualisierung des pädagogischen Alltages)
- Entwicklung von Alternativen zur geschlossenen Unterbringung
- Verbundsysteme, Vernetzung von Einrichtungen.

Heimerziehung/betreute Wohnform muss auf sehr unterschiedliche Problemlagen von Kindern und Jugendlichen reagieren (Anforderungsprofil, z.B. Sozialisationsdefizite, Misshandlungen, Schulversagen, Sozialkontakte, Probleme im Arbeitsleben und in Beschäftigungen, Arbeitslosigkeit). Sie ist Familienersatz (vorübergehend oder auf Dauer) und muss auf Verselbstständigung (Lebensweltorientierung) hinarbeiten.

Ziele von Heimerziehung sind:

- Distanz und Entlastung von Beziehungen und Aufgaben, an denen junge Menschen in ihren bisherigen Lebenszusammenhängen (insbesondere Herkunftsfamilie) gescheitert sind, wieder herzustellen bzw. neu zu entwickeln
- einen für die spezifische Belastbarkeit und besondere Bedürfnislage des jungen Menschen eingerichteten Lebensraum anzubieten (ggf. unter Anbietung zusätzlicher pädagogischer, heilpädagogischer und therapeutischer Hilfen)
- Herstellung einer stabilen, liebevollen Beziehung (professionelle Beziehung), die besonderen Belastungen gewachsen sein muss
- Lernfelder anbieten, die einerseits attraktiv sind und andererseits für die Zeit außerhalb des Heimes eine lohnende Lebensperspektive für den jungen Menschen eröffnen.

Im Gegensatz zum Erziehungsfeld „Familie“, das sich durch ein Höchstmaß an personeller Überschaubarkeit (Eltern, wenig Kinder, emotionale Geborgenheit) auszeichnen sollte und in kleinen überschaubaren Räumen abläuft, erweist sich Heimerziehung (auch familienorientierte Heimerziehung) eher als komplexes Erziehungsfeld, mit vielen Erziehungspersonen, zu unterschiedlicher Zeit, mit vielen Kindern in künstlich geschaffenen institutionellen Einrichtungen. Heimerziehung ist Erziehung in der Gruppe mit Kindern/Jugendlichen unterschiedlichster Herkunft und Sozialisation.

Alltägliches pädagogisches Handeln wird in der Heimerziehung durch eine Vielzahl von Alltagssituationen bestimmt. Von den zahlreichen Erklärungsansätzen, die pädagogisches Handeln beschreiben, haben für die Heimerziehung insbesondere

- der lerntheoretische Ansatz
- der kommunikationstheoretische Ansatz
- der milieutherapeutische Ansatz Bedeutung (vgl. Heitkamp 1984: 144ff.).

Die Reformen der Heimerziehung haben aber auch zu einer erheblichen „Verteuerung" und damit zu „neuen" Vorbehalten gegenüber dieser Erziehungshilfe geführt.

6.2.8 Intensive sozialpädagogische Einzelbetreuung § 35

Die intensive sozialpädagogische Einzelbetreuung schließt den Maßnahmenkatalog der Erziehungshilfen ab (vgl. Ginzel/Schrapper 1991). Diese Vorschrift richtet sich an Jugendliche, die im Rahmen eines hohen Betreuungsaufwandes (1:1, denkbar im Einzelfall ist auch 2:1) mit den bisher beschriebenen Hilfeformen nicht erreicht werden. Den Jugendlichen wäre die Abschiebung in die geschlossene Unterbringung, Psychiatrie oder den Jugendstrafvollzug sicher. Diese besondere Betreuungsform versucht, die „Einsperrung" zum allgemeinen Schutz der Gesellschaft zu verhindern und setzt mit ihrer Hilfe an der konkreten Gestaltung der eigenverantwortlichen Lebensführung des Jugendlichen an. Besonders bekannt geworden sind alternative Projekte freier Träger zu GU, die überwiegend erlebnispädagogische Konzepte verfolgen.

Neben den bereits erwähnten erlebnispädagogischen Ansätzen und dem hohen Betreuungsaufwand zeichnet sich diese Betreuungsform durch eine auf die individuelle Situation des Jugendlichen (jungen Erwachsenen) eingehende Angebotsgestaltung aus (flexible Handlungskonzepte).

Individuelle Einzelbetreuung kann

- in der eigenen Familie oder im Haushalt anderer Familienmitglieder (Verwandte, Geschwister) durchgeführt werden
- im Rahmen einer Reisemaßnahme mit weiterführender Betreuung möglich sein
- Betreuung im eigenen Wohnraum als längerfristige Maßnahme bedeuten
- oder intensive und zusätzliche (personelle) Betreuung im Rahmen einer Unterbringung nach §§ 33, 34 SGB VIII sein.

Diese Form der Betreuung stellt hohe Anforderungen (psychische wie physische) an die Fachkräfte (Distanz und Nähe), an die Träger (Spontaneität, Reflexion) und an die politisch Verantwortlichen (Risikobereitschaft). Die Durchführung dieser Hilfeform im Ausland ist durch Änderung der rechtlichen Rahmenbedingungen erheblich erschwert worden und wird deshalb zukünftig nur noch in Ausnahmefällen in Betracht kommen.

6.2.9 Eingliederungshilfe für seelisch behinderte Kinder und Jugendliche § 35 a

Kinder, Jugendliche und in Verbindung mit dem § 41 SGB VIII auch junge Erwachsene, die seelisch behindert sind oder von einer solchen Behinderung bedroht werden, haben Anspruch auf diese Hilfe. Sie kann in verschiedenen Formen durchgeführt werden (ambulant, teilstationär, stationär, bei geeigneten Pflegepersonen und auch in sonstigen Wohnformen). Rechtssystematisch gehört die Hilfeform eigentlich nicht zu der Hilfe zur Erziehung, sondern bildet einen eigenen Bereich im KJHG. Wegen des Gesamtzusammenhanges soll sie jedoch hier nicht eigenständig behandelt werden.

Wenn im Einzelfall gleichzeitig Hilfe zur Erziehung zu leisten ist, so sollen die Einrichtungen für beide Hilfeformen geeignet sein. Bei den Tageseinrichtungen soll, soweit sinnvoll, den integrativen Einrichtungen der Vorzug gegeben werden.

Die Aufnahme der Eingliederungshilfe für seelisch behinderte Minderjährige in das KJHG ist erfolgt, um die Abgrenzungsschwierigkeiten zwischen diesem Personenkreis und den verhaltensgestörten Minderjährigen aufzuheben. Zu einer vollständigen Verlagerung der Eingliederungshilfe für alle Behinderungsformen bei Minderjährigen konnte sich der Gesetzgeber nicht entschließen. Neue Abgrenzungsprobleme sind aus diesem Grunde zu erwarten.

Nebeneffekt der Verlagerung ist auch eine Umschichtung der Kostenzuständigkeit bei den stationären und teilstationären Hilfeformen von überörtlichen Sozialhilfeträgern zu örtlichen Jugendhilfeträgern.

Bei aller Halbherzigkeit der jetzigen Situation ist wohl mittelfristig mit einer qualifizierteren Hilfepraxis für die seelisch behinderten Kinder und Jugendlichen zu rechnen. Die Berücksichtigung pädagogischer Gesichtspunkte ist eher in der Jugendhilfeverwaltung als in der Sozialhilfeverwaltung zu erwarten.

Bemerkenswert ist an dieser Vorschrift, dass der Gesetzgeber zu Anspruchsinhabern die betroffenen Kinder und Jugendlichen selbst gemacht hat, d.h. also nicht ihre Personensorgeberechtigten wie bei der Hilfe zur Erziehung. Offensichtlich ist das im Gesetzgebungsverfahren häufig benutzte Argument, dass die Personensorgeberechtigten aus Verfassungsgründen Inhaber des Hilfeanspruchs sein müssen, vom Gesetzgeber selbst nicht mehr bei der Schaffung des § 35 a ernst genommen werden.

6.2.10 Hilfen für junge Volljährige

Der Kernsatz des § 41 lautet: Hilfe soll geleistet werden, wenn die individuelle Situation des jungen Volljährigen die Hilfe für seine Persönlichkeitsentwicklung und zur Gewinnung einer eigenverantwortlichen Lebensführung notwendig macht. Dabei bleibt außer Acht, ob die zu leistende Maßnahme bereits vor Eintritt der Volljährigkeit bekannt war oder begonnen wurde. Die Hilfe kann also nach Volljährigkeit erstmalig einsetzen. Sie ist bis zur Vollendung des 21. Lebensjahres begrenzt, in begründeten Ausnahmefällen aber auch darüber hinaus möglich.

Die Erweiterung der Hilfen für diesen Personenkreis ist für die Jugendämter zu einer wesentlichen Aufgabe geworden. Besonders geeignet sind „Sonstige betreute Wohnformen" mit ihren für diesen Personenkreis bedarfsorientierten Betreuungs-, Wohn-, Beschäftigungs- und Ausbildungsangeboten. Junge Menschen haben mit diesem § 41 einen umfassenden Anspruch auf Jugendhilfe einschließlich intensiver sozialpädagogischer Betreuung. Dieser vom Gesetzgeber gewollte Anspruch (Entwicklung der Persönlichkeit, eigenverantwortliche Lebensführung) setzt längerfristige Bewilligungszeiträume (mindestens 1 Jahr) voraus. Nach Beendigung einer solchen Maßnahme besteht ein Anspruch auf Beratung und Unterstützung (§ 41 Abs. 3).

Die Hilfeformen, die in Betracht kommen, sind die, die auch für Minderjährige gewährt werden können, soweit sie für Volljährige sinnvoll sind.

7 Andere Aufgaben der Jugendhilfe

Die anderen Aufgaben der Jugendhilfe werden zunächst von den Jugendämtern erledigt. Es ist allerdings zulässig, die Durchführung eines Teils dieser Aufgaben durch öffentlich-rechtliche Verträge oder zustimmungsbedürftige Verwaltungsakte auf öffentlich anerkannte freie Träger der Jugendhilfe zu übertragen. Von dieser Befugnis der Jugendämter wird allerdings i.d.R. eher zurückhaltend Gebrauch gemacht. Wir beschränken uns hier auf die Bereiche, die für die Zusammenarbeit mit Schulen von Bedeutung sind.

7.1 Vorläufige Schutzmaßnahmen

Das Jugendamt ist verpflichtet ein Kind oder einen Jugendlichen in seine Obhut zu nehmen, wenn das Kind oder der Jugendliche um Obhut bittet. Das Jugendamt ist zu der gleichen Maßnahme verpflichtet, wenn eine dringende Gefahr für das Wohl des Kindes oder des Jugendlichen die Inobhutnahme erfordert. Freiheitsentziehende Maßnahmen sind dabei nur zulässig, wenn und soweit sie erforderlich sind, um Gefahr für Leib oder Leben der Betroffenen oder Dritten abzuwenden. Ohne gerichtliche Entscheidung sind sie spätestens mit Ablauf des Tages nach ihrem Beginn zu beenden.

Die Inobhutnahme ist eine vorläufige Unterbringung des Kindes oder Jugendlichen bei einer geeigneten Person, in einer Einrichtung oder in einer sonstigen betreuten Wohnform. Während der Inobhutnahme hat das Jugendamt das Recht zur Beaufsichtigung, Erziehung und Aufenthaltsbestimmung. Es hat das Kind oder den Jugendlichen zu beraten und Möglichkeiten der Hilfe und Unterstützung aufzuzeigen.

Die Personensorgeberechtigten sind unverzüglich von der Inobhutnahme zu unterrichten. Widersprechen sie der Maßnahme, so hat das Jugendamt das Kind oder den Jugendlichen den Personensorgeberechtigten unverzüglich zu übergeben oder aber eine Entscheidung des Familiengerichts über die erforderliche Maßnahme zum Wohl des Kindes bzw. Jugendlichen herbeizuführen. Das Jugendamt kann anerkannte freie Träger der Jugendhilfe an der Durchführung der vorläufigen Schutzmaßnahmen beteiligen oder ihnen die Aufgabe zur Ausführung übertragen. Auch in diesen Fällen bleibt jedoch die Verantwortlichkeit für die Erfüllung der Aufgaben beim Jugendamt.

7.2 Vormundschafts- und Familiengerichtshilfe

Das Jugendamt hat die gesetzliche Aufgabe, das Familiengericht in allen Angelegenheiten der Personensorge von Minderjährigen zu unterstützen. In einer Reihe von Verfahren wirkt es als eigenständiges Prozessorgan mit. Es handelt als autonome Fachbehörde. Es ermittelt die sozialen und pädagogischen Sachverhalte und äußert sich gutachtlich in den Verfahren. Neben den betroffenen Personensorgeberechtigten und den mindestens 14-jährigen Minderjährigen stehen ihm eigene Rechtsmittel zu.

Darüber hinaus muss das Jugendamt das zuständige Gericht anrufen, wenn es das Tätigwerden des Gerichtes für die Abwehr einer Kindeswohlgefährdung für erforderlich hält.

An folgenden wesentlichen Verfahren vor dem Familiengericht ist das Jugendamt als Fachbehörde beteiligt:

- Übertragung von Angelegenheiten der elterlichen Sorge auf eine Pflegeperson
- Unterstützung der Eltern bei der Ausübung der Personensorge
- Unterbringung, die mit Freiheitsentzug verbunden ist
- Herausgabe des Kindes, Wegnahme von der Pflegeperson, den Ehegatten oder Umgangsberechtigten
- Umgang mit dem Kind
- Gefährdung des Kindeswohls
- elterliche Sorge nach dem Tod eines Elternteils
- elterliche Sorge nach Entziehung.

Das Vormundschaftsgericht hat bezüglich der Rechtsstellung von Minderjährigen heute nur noch eine Randfunktion. Es ist jedoch noch zuständig für die Adoptionsangelegenheiten und hat das Jugendamt an diesen Verfahren als Fachbehörde zu beteiligen. Die Aufgaben der Vormundschafts- und Familiengerichtshilfe können vom Jugendamt auf anerkannte freie Träger zur Ausführung übertragen werden. Das Jugendamt bleibt aber auch in diesem Fall für die Erfüllung der Aufgaben verantwortlich. Von dieser Übertragungsmöglichkeit wird allerdings kaum Gebrauch gemacht.

Innerhalb des Jugendamtes ist in der Regel für die Vormundschafts- und Familiengerichtshilfe der Allgemeine Sozialdienst (ASD) zuständig. Eng verbunden mit den beschriebenen Aufgaben des Jugendamtes sind die Beratungsansprüche von Müttern, Vätern und z.T. auch Kindern bei Fragen von Partnerschaft, Trennung, Scheidung und bei der Ausübung der Personensorge. Auch diese Aufgaben werden in der Regel vom ASD durchgeführt, selten von freien Trägern.

7.3 Jugendgerichtshilfe

In Deutschland sind Minderjährige mit der Vollendung des 14. Lebensjahres bedingt strafmündig. Es gilt allerdings für sie ein strafrechtliches Sondergesetz, das Jugendgerichtsgesetz (JGG). Die Jugendgerichte sind zuständig für die Ahndung aller Straftaten von jungen Menschen zwischen dem 14. und dem 21. Lebensjahr. Das JGG wird angewendet für alle 14- bis 18-Jährigen sowie für die 18- bis 21-Jährigen, deren Entwicklungsstand noch dem eines Jugendlichen entspricht oder die eine jugendtypische Straftat begangen haben.

Die Jugendämter haben im Rahmen der Jugendgerichtshilfe in diesem Zusammenhang eine doppelte Aufgabe. Einerseits sollen sie die Jugendgerichte und Jugendstaatsanwaltschaften dadurch unterstützen, dass sie als eigenständiges Prozessorgan die sozialen und erzieherischen Gesichtspunkte gutachtlich in das Verfahren einbringen und einen Ahndungsvorschlag im Rahmen des JGG machen, andererseits sollen sie die Jugendlichen oder jungen Volljährigen während des gesamten Verfahrens betreuen (vgl. Münder et al. 2006: § 52, Rz. 11). Wie die bisher beschriebenen anderen Aufgaben der Jugendhilfe ist auch die Jugendgerichtshilfe zur Durchführung an freie Träger übertragbar. Auch dies geschieht eher selten. In der Regel wird diese Aufgabe als weitere Aufgabe durch den ASD erledigt oder im Jugendamt ist hierfür ein besonderer, sogenannter Spezialdienst, eingerichtet.

Literatur

AWO Lüneburg (o.J.): Erziehungsbeistand/Betreuungshelfer. Konzept. Lüneburg

Bundesminister für Jugend, Familie, Frauen und Gesundheit (1990): Achter Jugendbericht: Bericht über Bestrebungen und Leistungen der Jugendhilfe. Bonn: Verlag Dr. Hans Heger

Ginzel, Ullrich/Schrapper, Christian (1991): Intensive sozialpädagogische Einzelbetreuung: Konzeptionen, Kostenregelungen, Praxis. Münster: Votum

Heitkamp, Hermann (1984): Sozialarbeit im Praxisfeld Heimerziehung: zu pädagogisch-therapeutischen, rechtlichen und verwaltungsbedingten Aspekten des Alltagshandelns. Frankfurt und München: Diesterweg

Kommunale Gemeinschaftsstelle für Verwaltungsvereinfachung (KGSt) (1975): Organisation des Jugendamtes: Erziehungsbeistandschaft. Köln: KGSt

Kreft, Dieter/Mielenz, Ingrid (Hrsg.) (1996): Wörterbuch Soziale Arbeit: Aufgaben, Praxisfelder, Begriffe und Methoden der Sozialarbeit und Sozialpädagogik. Weinheim und Basel: Beltz

Krüger, Rolf (1991): Überlegung zur analytischen Fallbeschreibung. In: Die berufliche Sozialarbeit 2/91: 54ff.

Krüger, Rolf/Zimmermann, Gerhard (2006): Hilfe zur Erziehung. Rechtliche Strukturen und sozialarbeiterische Konzepte. Berlin: Verlag Pro Business

Münder, Johannes (1996): Jugendhilfe. In: Kreft, Dieter/Mielenz, Ingrid (Hrsg.) (1996): 315ff.

Münder, Johannes et al.(1998): Frankfurter Lehr- und Praxiskommentar zum KJHG/SGB VIII. Münster: Votum

Münder, Johannes et al. (2006): Frankfurter Lehr- und Praxiskommentar zum SGB VIII. Weinheim und Basel: Juventa

Niedersächsisches Landesjugendamt (Hrsg.) (1999): Jugendhilfe in Niedersachsen, Sonderausgabe 4; Jugendhilfeplanung in Niedersachsen. Hannover

Schellhorn, Walter (1990): Jugendhilferecht. Neuwied und Darmstadt: Luchterhand

Schiller, Heinrich (1966): Gruppenpädagogik (Social group work) als Methode der Sozialarbeit: Darstellung und Analyse ihrer Theorie und Praxis. Wiesbaden: Haus Schwalbach

Sozialpädagogische Familienhilfe Kassel (1984): Familienhilfe als eine Form offener Jugendhilfe. In: Nachrichtendienst des Deutschen Vereins. 12/84: 460ff.

Rolf Krüger

Entwicklung und Rahmenbedingungen der Schulsozialarbeit

1 Zur Relevanz des Themas

Gewalterfahrungen in Schulen oder auf dem Schulweg, Wegbleiben von der Schule trotz Schulpflicht und Ordnungsmaßnahmen, Verfehlen von Schulabschlüssen, erhebliche Probleme mit dem Übergang von der Schule zur Berufsausbildung, dies alles sind offenkundige Schwierigkeiten, die aus dem Zusammentreffen unseres tradierten Schulsystems mit den tatsächlichen Entwicklungen der Gesellschaft der letzten Jahrzehnte entstanden sind. Schaut man etwas genauer hin, so ist festzustellen, dass Schule immer noch – oder schon wieder – spätere gesellschaftliche Positionen der Schüler/-innen durch soziale Selektionen und eben nicht durch Förderung zuweist. Immer noch ist der Schule und ihren Lehrkräften wenig bekannt über die tatsächlichen Lebensverhältnisse ausgegrenzter Kinder und ihrer Eltern, und die Wirklichkeit des Aufwachsens in Familien mit Migrationshintergrund bleibt ihnen fremd.

Die Unfähigkeit der Schule zu alleinigem zukunftsorientierten Handeln in dieser Situation wird weder von der Politik noch von der Gesellschaft als Ganzes ernsthaft bestritten. Selbst Lehrer/-innenverbände fordern inzwischen Veränderungen.

In dieser Situation taucht wieder die Forderung nach Ausbau von Schulsozialarbeit auf. Eine Reihe länderbezogener Modelle mit sehr unterschiedlichen Ausprägungen wurde initiiert. Alle Modelle haben jedoch den Mangel nicht ausreichender und unsicherer Ressourcen. Es stellt sich daneben bei einigen Fachkolleg/-innen auch die grundsätzliche Frage, warum Jugendhilfe sich denn überhaupt um das tendenziell heruntergewirtschaftete System Schule kümmern soll, wenn so wenig eigener Veränderungs- und Entwicklungswille spürbar ist?

2 Schule und Jugendhilfe als Geschichte zweier ungleicher Geschwister

Schule und Jugendhilfe haben gemeinsame Wurzeln. Im Laufe der Herausdifferenzierung der gesellschaftlichen Arbeitsteilung und der Entwicklung der Berufe der Lehrkräfte und der Sozialarbeiter/-innen trennten sich jedoch ihre Wege. Die Entwicklungsgeschichte soll hier aufgezeigt werden.

2.1 Von den Anfängen bis zum Entstehen des RJWG

Ursprünglich gab es eine Einheit von Bildung, Erziehung und Disziplinierung von Kindern im sogenannten niedrigen Schulwesen. Die sogenannten Industrie- und Arbeitsschulen, als Einrichtungen für Kinder aus Armutspopulation, waren im 18. Jahrhundert auch darauf ausgerichtet, soziale Krisen zu mildern und eine Verwahrlosung der Kinder zu verhindern. Selbst die Unterrichtsformen nahmen in unserem heutigen Sinne sozialpädagogische Aspekte auf. Kognitives Lernen wurde mit praktischen Arbeiten zu einem ganzheitlichen Unterrichtskonzept verknüpft (Olk et al. 2000: 11). Die in der zweiten Hälfte des 19. Jahrhunderts in den einzelnen Ländern des späteren Deutschen Reiches entstehenden Volksschulen räumten einer meist religiös geprägten disziplinierenden Erziehungsvorstellung eine erhebliche Bedeutung ein. Die Bildungsbemühungen beschränkten sich auf Grundkenntnisse des Lesens, Schreibens und Rechnens. Die erzieherischen Aufgaben der Lehrkraft erschöpften sich keineswegs im Unterricht, sie hatte die ihnen anvertrauten Kinder auch in der Zeit danach zu überwachen. (Volks-) Schulen hatten in dieser Zeit auch die Aufgabe, die unzulänglichen gesellschaftlichen Integrationsleistungen der Familie zu ergänzen. Da allerdings die Schulpflicht sich erst zum Ende des 19. Jahrhunderts überall in Deutschland durchsetzte, konnte sowohl der Bildungs- als auch Erziehungsauftrag nur teilweise realisiert werden (Hanfeld/Schulze-Krüchern 2001: 11). Etwa gleichzeitig setzte eine erste Trennung von Unterricht und nachunterrichtlicher Erziehung ein. Es entstanden in einigen Städten die Schulkinderfürsorge sowie die ersten Horte, die Schulgesundheitspflege und die Schulpflege. Schulpflege wurde verstanden als präventive Erziehungshilfe, meist durchgeführt durch Frauen. Mit dem Beginn des 20. Jahrhunderts setzte eine allmähliche Professionalisierung der sozialpädagogischen Mitarbeiter/-innen ein. Dies führte wiederum zu einem Rückzug der Lehrkräfte aus diesem Bereich. Die Trennung des schulischen Bildungs- und des außerschulischen Erziehungswesens deutete sich an und verfestigte sich zunehmend. Hieran konnten auch gemeinsame Fachtagungen und Fortbildungsveranstaltungen von Lehrkräften und Fürsorgemitarbeiter/-innen nichts mehr ändern (v.d. Aa/Weiß 2002: 4).

In den ersten Jahren der Weimarer Republik kam es dann zu einer politischen und rechtlichen Verfestigung der Situation. 1920 wurde durch das Reichsministerium des Inneren die Reichsschulkonferenz einberufen. Im 17. Ausschuss dieser Konferenz wurde die Differenzierung von Schule und Jugendhilfe diskutiert und schließlich eine Teilung der Zuständigkeiten beider Systeme besprochen. Insbesondere die Vertreter/-innen der Jugendhilfe lehnten eine engere Verbindung von Schule und Jugendwohlfahrt ab (Olk et al. 2000: 13).

Mit dem Reichsjugendwohlfahrtsgesetz (RJWG) von 1922 gelang dann eine Vereinheitlichung der Rechtsgrundlage der Jugendhilfe, die bis zu diesem Zeitpunkt nur landesrechtlich geregelt war. Jugendpflege und Jugendfürsorge wurden unter dem Begriff der Einheit der Jugendhilfe zusammengefasst. Der Jugendwohlfahrtausschuss (heute Jugendhilfeausschuss) sollte als Teil des Jugendamtes die Verwaltung kontrollieren und ihr fachliche Impulse geben sowie darüber hinaus auch den gesellschaftlichen Organisationen, die ein Interesse an der Jugendhilfe hatten – wie z.B. der Schule – Einfluss sichern. Dies war der Grund, weshalb auch Lehrkräfte Mitglieder des JWA wurden (Grossmann 1987: 79).

Die Schulpflicht wurde zugunsten der Familienfürsorge als eigene Maßnahme der Jugendhilfe allmählich verdrängt und die Zusammenhänge zwischen Schule und Jugendhilfe auch dadurch immer stärker ausgedünnt. Die Jugendämter traten selbstbewusst als dritte Erziehungsinstanz neben Familie und Schule. Im RJWG wurde bestimmt, dass die Jugendhilfe nicht in die gesetzliche Zuständigkeit der Schule eingreifen durfte.

Dass Jugendhilfe insbesondere im Bereich der Freizeitgestaltung für und mit jungen Menschen überhaupt einen Ort finden konnte, liegt auch daran, dass in Deutschland lediglich eine Halbtagsschule geschaffen wurde. Es entstanden dadurch unausgefüllte Zeiträume bei den Schüler/-innen, deren sich Jugendhilfe bemächtigte und auch bemächtigen musste, da die Halbtagsschule mit einem Erziehungs- und noch darüber hinausgehenden sozialen Betreuungsauftrag überfordert war.

2.2 Vom RJWG bis zur Entstehung des SGB VIII

Nach der Trennung gab es vereinzelte Bestrebungen – insbesondere vor dem Hintergrund der Reformpädagogik – in der Weimarer Republik, Schule und Jugendhilfe wieder aneinander anzunähern. Dies wurde durch die damalige Demokratisierung des Schulwesens, die einzelnen Schulen und Lehrkräfte die Durchführung von Modellprojekten ermöglichte, denkbar. Die nationalsozialistische Machtübernahme beendete dann alle Schulversuche. Die Jugendhilfe wurde zwar nicht völlig zerschlagen, aber die Jugendämter auf die Jugendfürsorge reduziert und die bisherige Jugendpflege durch die Hitlerjugend (HJ) übernommen. Die bestehenden Wohlfahrtsverbände wurden verboten oder von der NSV aufgesaugt. Nach dem 2. Weltkrieg blieb die Trennung von Schule und Jugendhilfe in der BRD bestehen. Das Schulsystem wurde im Sinne einer gegliederten Halbtagsschule weitergeführt. Die Jugendhilfe knüpfte an die Situation in der Weimarer Republik an. In der DDR wurde das System der polytechnischen Bildung entwickelt, d.h. alle Lernenden besuchten eine gemeinsame Schule bis zur 10. Klasse, ein kleiner Teil die erweiterte polytechnische Oberschule bis zur 12. Klasse. Das Einbeziehen von außerunterrichtlichen Maßnahmen gehörte zum gesellschaftlichen Auftrag der Schule. Die Jugendhilfe wurde nur rudimentär im Bereich der Jugendfürsorge tätig. Die Hauptberufsgruppe beider Systeme, Lehrkräfte und Sozialarbeiter/-innen, erfuhren zwischen 1965 und 1971 einen erheblichen Schub ihrer Professionalisierung. Lehrkräfte wurden für alle Schulformen nun an wissenschaftlichen Hochschulen ausgebildet, Sozialarbeiter/-innen an Fachhochschulen. Die während der Student/-innenbewegung entwickelte Reformeuphorie beider Berufe erlahmte bei den Lehrkräften jedoch relativ schnell. Immerhin gelang es dennoch, eine Reihe von Gesamtschulen, die unter schulischer Trägerschaft auch Schulsozialarbeit vorhielten, in einer Reihe von Bundesländern als zusätzliches Angebot durchzusetzen. Die Zusammenarbeitsnotwendigkeit von Schule und Jugendhilfe wurde zumindest wieder thematisiert. Der Sozialarbeit gelang es, ihre methodischen Ansätze sowie die Organisation ihrer Hilfeformen zügig zu entwickeln und zu bundesweitem Standard zu machen. Die Ansätze wurden dann später im SGB VIII aufgegriffen und kodifiziert. Die unterschiedlichen Organisationsformen, Denkweisen und gesellschaftlichen Aufträge blieben bestehen und verfestigen sich weiter.

Schule-Erz.- und Lehrauftrag
JH - Erz. und sozialer Betr.-auftrag

Das folgende Schaubild stellt sie in einen systematischen Zusammenhang:

Strukturprinzipien	**Schule**	**Jugendhilfe**
Freiwilligkeit	Keine (Schulpflicht)	Ja (wenige Ausnahmen)
Bildungsfunktion	Groß	Klein
Erziehungsfunktion	Klein	Groß
Allokationsfunktion	Groß	Fehlt (Funktion der Schule soll tendenziell ausgeglichen werden)
Beteiligung	Klein	Groß
Gemeinwesenorientierung	Klein	Groß
Zentral/ dezentral	Zentral	Dezentral
Individualitätsorientierung	Schwach	Stark

Abb. 1: Allgemeine Strukturprinzipien von Jugendhilfe und Schule

3 Schulsozialarbeit seit Inkrafttreten des SGB VIII

Zeitgleich mit der Schaffung des SGB VIII fand auch die Vereinheitlichung der öffentlichen Erziehungssysteme der alten Bundesrepublik und der DDR statt. Beide Systeme hatten in der Vergangenheit sehr unterschiedliche Entwicklungen genommen. In den alten Bundesländern wurde und wird auf dem sogenannten gegliederten Schulsystem auf der Basis der Halbtagsschule beharrt. Die wenigen Gesamtschulen blieben Sonderfälle. Daneben ein relativ entwickeltes Jugendhilfesystem, wenn auch mit erheblichen regionalen Entwicklungsunterschieden.

In der DDR besuchten die meisten Kinder bis zur 10. Klasse die Polytechnische Oberschule als Einheitsschule. Erst danach fand eine Differenzierung statt. Die Schule war als pädagogische Institution auch zuständig für die sogenannte außerunterrichtliche Erziehung (Olk et al. 2000: 34f.). Das Jugendhilfesystem der DDR war demgegenüber vergleichsweise unterentwickelt und wenig professionell. Die Vereinheitlichungsbemühungen trafen zunächst nahezu ausschließlich die neuen Bundesländer. Das Schulsystem wurde angeglichen und das Jugendhilfesystem der alten Bundesländer kopiert, ohne dass jedoch bereits ausreichendes Fachpersonal zur Verfügung gestanden hätte. Berufliche Anpassungskurse für alle möglichen arbeitslos gewordenen – meist bisher nur entfernt mit Pädagogik und sozialen Fragen befassten Menschen – sollten diesem Mangel abhelfen. Hinzu kam eine nicht unerhebliche generelle Verunsicherung junger Menschen durch den gesellschaftlichen Umbruch und den damit zusammenhängenden Werteverlust sowie die sich schnell entwickelnde Jugendausbildungs- und -arbeitslosigkeit. Die alten Bundesländer gerieten erst mehrere Jahre später in Problemsituationen. Die relative Perspektivlosigkeit der jungen Menschen in Bezug auf Ausbildung und Arbeit nahm, zumindest regional, auch beängstigende Ausmaße an. Öffentlich bekannt gewordene Gewaltproblematiken an Schulen und zunehmender Schulabsentismus taten ein Übriges. Die Ergebnisse der sogenannten PISA-Studie, mit dem bescheidenen Gesamtergebnis der BRD sowie der Erkenntnis, dass Schulerfolg in Deutschland weitgehend von der sozialen Herkunft der Schüler/-innen abhängt, d.h. dass Schule eben im Wesentlichen selektiert und nicht fördert und entwickelt, ließen den Glauben an und die Qualität und Funktionalität des Bildungssystems weitgehend ins

Wanken geraten. Auf diesem Hintergrund erscheint es nicht verwunderlich, dass nun wieder der Ruf nach Schulsozialarbeit laut wurde. Innerhalb weniger Jahre wurde eine Reihe von länderbezogenen Projekten initiiert. Gleichzeitig beschäftigte sich auch die Fachliteratur erneut mit dem Thema.

3.1 Rechtliche Rahmenbedingungen

Schulsozialarbeit ist eine spezifische Form der Zusammenarbeit von Schule und Jugendhilfe und gleichzeitig ein Handlungsfeld der Jugendhilfe. Das SGB VIII kennt an drei Stellen den rechtlichen Hinweis auf die Notwendigkeit der Bezugsnahme von Jugendhilfe auf Schule. Dies sind:

a) § 12, Abs. 3, Nr. 3 (schulbezogene Jugendarbeit)
b) § 13, Abs. 1 (schulbezogene Jugendsozialarbeit)
c) § 81 (Zusammenarbeit mit Schulen und Stellen der Schulverwaltung).

Man kann Schulsozialarbeit also – wie in der Praxis häufig üblich – nicht nur als eine Unterform der Jugendsozialarbeit verstehen. Vielmehr ist sie nur eine Quelle dieses Tätigkeitsfeldes der Jugendhilfe. Daneben wäre auch noch die sogenannte schulbezogene Jugendarbeit zu nennen. Der Unterschied beider Zweige der Schulsozialarbeit liegt darin, dass sich Jugendsozialarbeit an junge Menschen mit sozialen Benachteiligungen richtet, Jugendarbeit aber an alle jungen Menschen. Daneben gilt für die Schulsozialarbeit in besonderem Maße die Zusammenarbeitsverpflichtung mit der Schule aus § 81 Nr. 1 SGB VIII, soweit sie eine Institution der öffentlichen Jugendhilfe ist, aber auch der Auftrag zur Gestaltung positiver Lebensbedingungen für junge Menschen und ihre Familie sowie einer kinder- und familienfreundlichen Umwelt aus § 1 Abs. 3 Nr. 4 SGB VIII.

Neben der Schulsozialarbeit ist es auch möglich und über sie hinaus auch sinnvoll, die Aufträge zur schulbezogenen Jugendarbeit und die allgemeine Verpflichtung zur Zusammenarbeit in anderen Organisationen in Angriff zu nehmen. Die rechtlichen Rahmenbedingungen der Schule sind wegen der Kulturhoheit der Länder in den einzelnen Landesschulgesetzen geregelt. Jugendhilfe wird in diesen Gesetzen weitgehend ausgeblendet.

Das Land Niedersachsen hat 1994 diesen rechtlichen Mangel zu beheben versucht, indem es einen Erlass zur Zusammenarbeit zwischen Schule, Jugendamt und freien Trägern der Jugendhilfe auf den Weg brachte. Dieser Erlass enthält die Verpflichtung für jede Schule und die Aufforderung für jedes Jugendamt, Ansprechpartner/-innen zu benennen, die eine Zusammenarbeit anregen und koordinieren soll.

1998 erfolgte eine Befragung über die Wirkung des Erlasses. Gut die Hälfte aller Schulen hatten eine/-n Ansprechpartner/-in benannt. Über die Ansprechpartner/-innen in den Jugendämtern wurde nichts bekannt. Gemeinsame Besprechungen und Konferenzen sind nach wie vor eher die Ausnahme.

3.2 Mögliche Organisationsformen

Die möglichen Organisationsformen der Schulsozialarbeit folgen zunächst den Organisationsprinzipien der Jugendhilfe. Deren grundsätzliche Struktur zeigt das in Abb. 3 folgende Schaubild.

Als Träger der Schulsozialarbeit kommen im Rahmen der Jugendhilfe zunächst die örtlichen Träger selber infrage, daneben auch die freien Träger und nach Landesrecht ggf. auch kreisangehörige Gemeinden, die Aufgaben der Jugendhilfe durchführen, ohne selber örtliche öffentliche Träger der Jugendhilfe zu sein. Bei allen möglichen Organisationsformen bleibt die Gesamtverantwortung immer beim Jugendamt. Vor diesem Hintergrund wird die Aufgabenwahrnehmung durch freie Träger bzw. kreisangehörige Gemeinden entweder über ein öffentlich-rechtliches Vertragsverhältnis oder über einen zustimmungsbedürftigen Verwaltungsakt geregelt.

Neben der Trägerschaft der Schulsozialarbeit durch einen Träger der Jugendhilfe haben sich in einzelnen Bundesländern oder bei einzelnen Schulformen auch Trägerstrukturen herausgebildet, die der Schulorganisation folgen, d.h. dass die Schule bzw. das Land, als ihr Finanzier für das pädagogische Personal, Schulsozialarbeiter/-innen beschäftigt, oder dass der jeweilige Schulträger (Gemeinden, Gemeindeverbände oder Landkreise) als Träger der Schulsozialarbeit auftritt. Es ergibt sich insgesamt folgende mögliche Trägerstruktur:

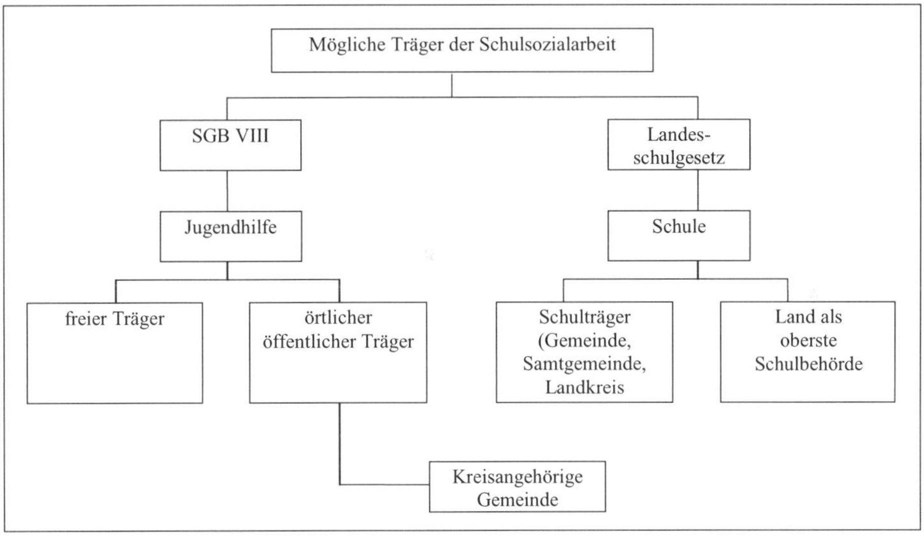

Abb. 2: Mögliche Träger der Schulsozialarbeit

Bei der großen Zahl der unterschiedlichen Organisationsmöglichkeiten erscheint eine Bewertung der verschiedenen Trägermöglichkeiten unumgänglich. Die Fachliteratur ist sich einig, dass eine Trägerschaft durch die Schule oder die Schulbehörde nicht sinnvoll ist. In der Regel haben solche Strukturen dazu geführt, dass die spezifische Professionalität der

Sozialarbeit/Sozialpädagogik von der Schule und den dort tätigen Lehrkräften vereinnahmt wurde. Dies erscheint schon allein wegen der quantitativen Verhältnisse einleuchtend (i.d.R. 1 Sozialarbeiter/-in zu 25 - 50 Lehrkräften). Die Trägerschaft durch einen freien Träger der Jugendhilfe erzeugt für die dort angestellten Schulsozialarbeiter/-innen einerseits die Anbindung an die Jugendhilfe und andererseits besondere Freiheitsgrade, weil keine unmittelbare Abhängigkeit zum Jugendamt besteht. Von allen denkbaren Varianten erscheint sie mir die geeignetste.

Neben der äußeren Organisation ist auch die innere Organisationsform, das Verhältnis von Schule und Jugendhilfe bei der Schulsozialarbeit, von besonderer Bedeutung. Wir finden in der Praxis folgende Typen:

a) Integrations-Subordinationsmodell
Die Form findet sich besonders bei schulischer Trägerschaft. Die sozialpädagogische Tätigkeit wird überwiegend auf die Funktion reduziert, für einen problem- und störungsfreien Ablauf innerhalb der Schule zu sorgen. Nicht selten geraten die sozialpädagogischen Fachkräfte in die Rolle von Hilfslehrkräften und werden zur Pausenaufsicht und Unterrichtsvertretung missbraucht (Gögercin 1999: 138).

b) Distanzmodell
Jugendhilfe und Schule bleiben bei diesem Modell zwei weitgehend voneinander getrennte Bereiche. Dies gilt auch räumlich. Es gibt nur gelegentlich Kontakt, z.B. bei der Hausaufgabenbetreuung oder bei der Planung einzelner gemeinsamer Veranstaltungen. Schulsozialarbeit hat bei diesem Vorgehen zwar ein hohes Maß an Autonomie, bleibt allerdings auch bei möglichen Veränderungen der schulischen Abläufe weitgehend ausgeschlossen.

c) Kooperationsmodell
Die Kooperation wird quasi vertraglich geregelt. Die Aufgabenbereiche von Schule und Jugendhilfe sowie von Lehrkräften und Sozialarbeiter/-innen bleibt unterschiedlich bei einem gleichen Grad an Wichtigkeit. Sie ergänzen sich jeweils fachlich. Gemeinsame Vorhaben stärken die Kooperation. Schulsozialarbeit verfügt trotz eigenständiger Trägerschaft über Räume in der Schule. Schulsozialarbeiter/-innen haben dadurch einen eigenen Zugang zu den Lernenden und sind in der Lage, für sie auch gegen die Schule Partei zu ergreifen (Fischer 2001: 105).

Andere Autoren kommen zu sehr ähnlichen Konstrukten (Drilling 2001: 65).

3.3 Aufgabenfelder der Schulsozialarbeit

Die unterschiedlichen Aufgabenfelder der Schulsozialarbeit definieren sich letztlich nach den Arbeitsbereichen und Aufgaben der Jugendhilfe, die für das Alterspektrum von Schüler/-innen in Betracht kommen. Im Wesentlichen sind es also folgende:

a) Kinder- und Jugendarbeit, bezogen auf Schule und den Schuleinzugsbereich (Gemeinwesen)
Sie realisiert sich u.a. in Jugendberatung, Freizeit-, Kultur- und Bildungsangeboten, Kinder- und Jugenderholung, Stadtteilarbeit (Olk et al. 2000: 187).
Zeitlich kann sie stattfinden als Früh- und Nachmittagsberatung, bei Klassenfahrten und Exkursionen, in Form von Arbeitsgemeinschaften während der üblichen Unterrichtszeit sowie in Projektwochen.
b) Schulbezogene Jugendsozialarbeit
Sie realisiert sich in schulbezogenen Hilfen für benachteiligte Kinder und Jugendliche, Beratung bei schulischen und familiären Problemen sowie Beratung von Lehrkräften und Eltern im Umgang mit problembehafteten Schüler/-innen.
Zeitlich und örtlich kann sie in Sprechstunden während der Unterrichtszeit, in Konferenzen, bei Hausbesuchen und in nachunterrichtlichen Treffen mit einzelnen Lernenden oder Lernendengruppen stattfinden.
c) Jugendberufshilfe im Übergang von Schule und Beruf
Sie realisiert sich in berufsbezogenen Orientierungshilfen, Beratungen und Unterstützung bei der Berufsfindung, durch Bewerbungstraining und Vermittlungshilfen.
Zeitlich und örtlich kann sie organisiert werden durch Exkursionen, Informationsveranstaltungen, Begleitungen, Vor- und Nachbereitung von Praktika sowie in Form von einzelfall- oder gruppenbezogener Beratung.
d) Kinder- und Jugendschutz
Er realisiert sich durch Beratung von Schüler/-innen. Lehrkräften und Eltern sowie Zusammenarbeit mit dem Jugendamt.
Zeitlich und örtlich kann er organisiert werden durch Sprechstunden, Informationsveranstaltungen sowie Mitteilungen an die zuständigen Stellen (Jugendamt, Polizei, Familiengericht).
e) Schaffung von positiven Lebensbedingungen für Kinder und Jugendliche in der Schule und im Gemeinwesen.
Diese Aufgabe realisiert sich als Querschnittsaufgabe in der Beeinflussung der Schule und des Schuleinzugsbereiches als Gemeinwesen mit den Methoden der Gemeinwesenarbeit (Gestaltung des Schullebens, Öffnung der Schule, Schule als soziokulturelles Zentrum des Einzugsgebiets u.ä.) (Münder et al. 1998: § 1 Rz. 30).
f) Veranlassung oder eigene Durchführung von Angeboten, die über Schule und Jugendhilfe hinausgehen.
Diese Angebote richten sich an Schüler/-innen, Eltern und Lehrkräfte und können sich z.B. auf inhaltliche Felder des SGB II und SGB XII (Schulden, Behinderung) beziehen oder von einem allgemeinen soziokulturellen Interesse sein.

Insgesamt gesehen hat Schulsozialarbeit sowohl die Aufgabe, selber Angebote in den o.a. Bereichen zu unterbreiten, Dritte zum Handeln anzuregen oder mit Institutionen, die bereits nutzbare Angebote haben, zusammenzuarbeiten. Das Gesamthandlungsfeld wird in folgendem Schaubild deutlich:

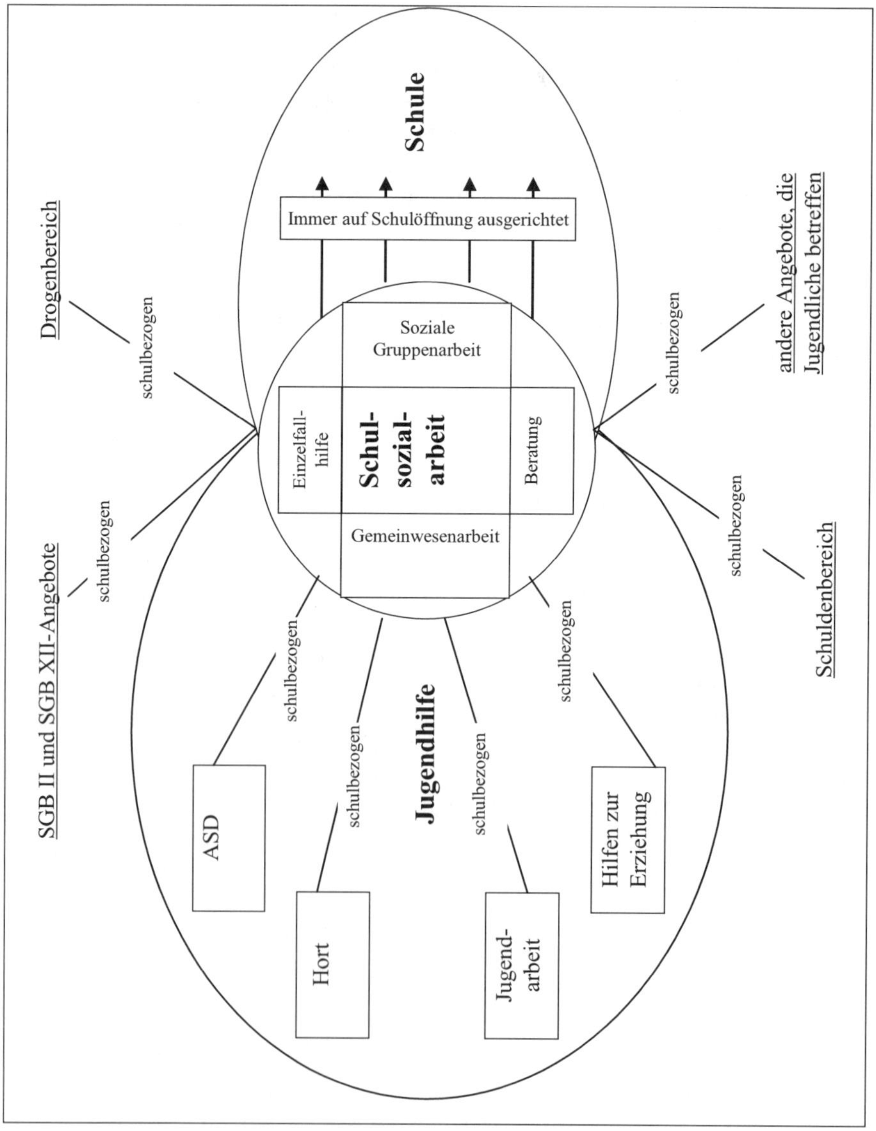

Abb. 3: Gesamthandlungsfelder der Schulsozialarbeit (vgl. Aa, v.d./Weiß 2002: 74)

3.4 Ziele, Zielgruppen und Handlungsformen der Schulsozialarbeit

Die grundsätzlichen Ziele der Schulsozialarbeit sind die der Jugendhilfe, d.h. Menschen in ihrer individuellen und sozialen Entwicklung zu fördern und dazu beizutragen, Benachteiligung zu vermeiden und abzubauen. Darüber hinaus sollen Eltern und andere Erziehungsberechtigte beraten und unterstützt und Kinder und Jugendliche vor Gefahren für ihr Wohl geschützt werden.

Weiter ist es Ziel dazu beizutragen, dass positive Lebensbedingungen für junge Menschen und ihre Familien geschaffen werden. Sicherlich ist die Förderung des Schulerfolges heute eine wichtige Voraussetzung und gleichzeitig Teilaspekt individueller Förderung. Dies bedeutet jedoch nicht, dass Schulsozialarbeit damit das zentrale Ziel hätte, Schüler/-innen für den Unterricht (wieder) tragbar zu machen und damit sozusagen eine Rahmenbedingung für das berufliche Handeln der Lehrkräfte herzustellen (Drilling 2001: 96). Vielmehr soll Schulsozialarbeit an der Ambivalenz von Schule ansetzen, nämlich einerseits der Chance für Bildungsvermittlung und andererseits der Ausgrenzung von Schüler/-innen aus benachteiligten Gruppen. Die soziale und individuelle Entwicklung der Minderjährigen und nicht die Funktionsfähigkeit der Schule als System steht also als bedeutendes Ziel im Vordergrund (Rademacker 2001: 10). Es geht auch darum, Schüler/-innen, Eltern und Lehrkräften Problemlösungsstrategien zu vermitteln, sich kommunikativ mit individuellen sowie sozialen und strukturellen Krisen auseinanderzusetzen und möglichst durch Kooperation zu einem Konsens zu gelangen. Hierbei sollen auch andere soziale und kulturelle Einrichtungen im Sinne eines Netzwerkes nutzbar gemacht werden.

Zielgruppe der Schulsozialarbeit sind unter der o.a. Zielperspektive zunächst benachteiligte junge Menschen als Schüler/-innen, darüber hinaus aber auch alle jungen Menschen in der Schule, für die Angebote im Sinne der Prävention vorgehalten werden sollen. Weiter gehören zu den Zielgruppen die Eltern bzw. andere Erziehungsberechtigte der Schüler/-innen. Nicht zuletzt sind die Lehrkräfte als Zielgruppe der Schulsozialarbeit zu nennen. Bei ihnen geht es um Beratung und Unterstützung im Sinne kollegialer Zusammenarbeit unter Fachkräften verschiedener Profession (Drilling 2002: 116ff.).

Auch andere Beteiligte des Schullebens können Adressat/-innen der Schulsozialarbeit sein, wie z.B. Schulsekretär/-innen, Hausmeister/-in, Schulassistent/-in u.ä.. Im Sinne eines gemeinwesenorientierten Ansatzes wären dann noch die Bewohner/-innen des Schuleinzugsgebietes und alle Einrichtungen, mit denen eine Zusammenarbeit denkbar ist, zu nennen.

Die bei der konkreten Arbeit anzuwendenden Handlungsformen sollten einer Reihe von Grundprinzipien folgen. Dies sind:

- Sachorientierung
- Personenorientierung
- Zielorientierung
- Handlungsfeld- und Institutionsorientierung
- Planungsorientierung (Gögercin 1999: 54).

Im Einzelnen kommen folgende Handlungsformen in Betracht:

a) Einzelfallbezogen:
   - Casemanagement
   - Mediation
   - Beratung
   - Verhandlung
   - Einleitung von intervenierenden Maßnahmen
   - Vertretung

b) Gruppenbezogen:
   - soziale Gruppenarbeit
   - Erlebnispädagogische Maßnahmen
   - Durchführung von themenbezogenen Projekten (arbeitsbezogen, klassenbezogen, schulbezogen)

c) Gemeinwesenbezogen:
   - Öffentlichkeitsarbeit
   - Vernetzungsarbeit
   - Organisation von Beteiligung von SchülerInnen und Eltern in Schulen und Gemeinwesen
   - kommunalpolitische Aktionen
   - Durchführung von gemeinwesenbezogenen Projekten

d) Auf Zielüberprüfung bezogen:
   - Dokumentation
   - Evaluation

3.5 Probleme und Grenzen der Zusammenarbeit von Schule und Jugendhilfe

Die Zusammenarbeit von Schule und Jugendhilfe und damit von Lehrkräften und Sozialarbeiter/-innen ist durch eine Reihe von zentralen Problemen und Grenzen gekennzeichnet. Eine Teil hiervon liegt auf der objektiven und ein anderer Teil auf der subjektiven Ebene.

Zunächst zu den objektiven Problemlagen.

Schule und Jugendhilfe - und damit auch Schulsozialarbeit - folgen sehr unterschiedlichen Organisationsprinzipien. Schule ist eine zentrale staatliche Veranstaltung. Die Verantwortung liegt bei den Bundesländern. In Niedersachsen findet sich ein dreistufiger Organisationsaufbau (Kultusministerium = oberste Landesschulbehörde, Bezirksregierung = Schulaufsichtsbehörde, Schulen = untere Landesbehörden). Daneben hat jede Schule einen sogenannten Schulträger (je nach Schulform Gemeinden oder Landkreise).

Die Schulträger sind für die Schulgebäude und materielle Ausstattung sowie das nicht pädagogische Personal verantwortlich. Jugendhilfe ist bei den Landkreisen und kreisfreien Städten (im Ausnahmefall auch bei kreisangehörigen Gemeinden) beheimatet. Die meisten Aufgaben und Leistungen der Jugendhilfe können auch von freien Trägern erbracht werden. Schule folgt zentral der Schulpflicht, Jugendhilfe kann mit wenigen Ausnahmen nur freiwillig in Anspruch genommen werden. Die zentrale Aufgabe der Schule ist objektiv ihre Allokationsfunktion, die - wie die PISA-Studie gezeigt hat - weitgehend durch Selektion wahrgenommen wird. Jugendhilfe ist demgegenüber auf soziale Integration ausgerichtet. Deutsche Lehrkräfte werden auch im europäischen Maßstab relativ gut vergütet (A 12 - A 16), Sozialarbeiter/-innen erhalten eine Vergütung, die wesentlich schlechter ist (TVOD 9 - 12, dies entspricht A 9 - A 12).

Betrachtet man die Vergütung der Leitung eines mittleren Jugendamtes (A 13), so entspricht sie der Eingangsbesoldung einer Gymnasial-, Berufsschul- oder Sonderschullehrkraft. Diese Situation erzeugt nicht unerhebliche Status- und Hierarchieprobleme.

Fast nirgendwo in Deutschland sind bisher die Rahmenbedingungen der Schulsozialarbeit hinreichend und stabil geregelt. Überwiegend handelt es sich um zeitlich befristete Projekte. Dies steht im Gegensatz zum Lehrkräftedasein als Lebenszeitbeamte. Die beteiligten Berufsgruppen stehen sich mit wechselseitigen Vorurteilen und ausgeprägtem Misstrauen gegenüber.

Sozialarbeit betrachtet Lehrer/-innen im Wesentlichen als Agenten der schulischen Selektionsfunktion. Lehrer/-innen beurteilen Jugendhilfe als eine Einrichtung, deren Arbeit zu sehr auf Verständnis und Toleranz ausgerichtet ist und nur selten und langsam Erfolge erzielt (Thimm 1998: 115). Nicht selten haben sie sogar die Befürchtung, Schulsozialarbeiter/-innen würden während ihrer Arbeit die Lernenden gegen die Schule und Lehrkräfte aufhetzen (Grossmann, 1987: 181).

Schulsozialarbeiter/-innen sind auch einmal Schüler/-innen gewesen. Viele perpetuieren alte negative Schulerfahrungen und arbeiten in ihrem beruflichen Alltag ihre negativen Schulerfahrungen ab. Mangelndes berufliches Selbstvertrauen und unsicheres Auftreten im Hinblick auf sozialarbeiterische Professionalität macht Sozialarbeit nicht selten unfähig, offensiv ihre Position im Schulalltag einzubringen. Häufig finden sich Beschwerden der Schulsozialarbeit darüber, nicht ernst genommen und nicht hinreichend beachtet zu werden. Dies ist jedoch auch ein Reflex auf das eigene Verhalten.

Wichtiges gemeinsames Problem von Lehrkräften und Sozialarbeiter/-innen sind Kompetenzdefizite. Sozialarbeit beschäftigt sich kaum mit Schule und Schulpädagogik. Die vorhandenen Kenntnisse werden nur aus den vorhandenen laienhaften Wissensbeständen als ehemalige Schüler/-in oder als Eltern von schulpflichtigen Kindern geschöpft. Die Kenntnisse von Lehrkräften über das Jugendhilfesystem und die Verfahren der Sozialarbeit tendieren gegen null.

4 Entwicklungsperspektiven

Die gesellschaftliche Gesamtentwicklung der Lebenslagen von jungen Menschen im Schüler/-innenalter sowie die Anforderungsstrukturen an Wissen, Können und Haltungen, die ein/-e Schüler/-in mit Ende der Schulzeit erlernt haben muss, um sich halbwegs biografisch behaupten zu können, fordern eine Veränderung der Verhältnisse von Schule und Jugendhilfe sowie eine Veränderung von Schule und Jugendhilfe selber. Der Veränderungsbedarf in der Schule scheint zzt. der größte zu sein. Dennoch ist eine Weiterentwicklung der Schulsozialarbeit sicher auch geboten.

Literatur

Von der Aa, Nicole/Weiß, Meike (2002): Zusammenarbeit von Jugendhilfe und Schule – Strukturen, Konzepte, Perspektiven, unveröffentlichte Diplomarbeit. Lüneburg

B Verf GE, Band 65

Drilling, Matthias (2001): Schulsozialarbeit. Antworten auf veränderte Lebenswelten. Bonn, Stuttgart, Wien: Haupt Verlag

Fischer, Anke (2001): Schulsozialarbeit, ein Arbeitsfeld der Sozialen Arbeit zur Verbesserung der Lebenssituationen von Schülern und Schülerinnen in Plattenbaugebieten am Beispiel „Mueßer Holz" in Schwerin. Unveröffentlichte Diplomarbeit. Lüneburg

Grossmann, Wilma-Aden (1987): Aschenputtel im Schulalltag. Historische Entwicklung und Perspektiven von Schulsozialarbeit. Weinheim: Deutscher Studienverlag

Gögercin, Süleyman (1999): Jugendsozialarbeit. Eine Einführung. Freiburg im Breisgau: Lambertus-Verlag

Hartnuß, Birger/Maykus, Stephan (1999): Zur Notwendigkeit der Präzisierung schulbezogener Angebote der Jugendhilfe im KJHG. In: Zentralblatt für Jugendrecht. 86.Jg. H. 12. 475-480

Homfeld, Hans-Günter/Schulze-Krüdener, Jörgen (2001): Schulsozialarbeit. Eine konstruktiv-kritische Bestandsaufnahme. In: Neue Praxis 31 Jg. H. 1. 9–28

Münder, Johannes et al. (1999): Frankfurter Lehr- und Praxiskommentar zum KJHG/ SGB XIII. 3. Auflage. Münster: Votum Verlag

Olk, Thomas et al. (2000): Jugendhilfe und Schule. Empirische Befunde und theoretische Reflexionen zur Schulsozialarbeit. Weinheim/ München: Juventa

Präventionsprojekt NetzwerG (2001): Koordination von Schule und Jugendhilfe. (Dokumentation des 1. Nds. Präventionsmarktes). Lüneburg

Rademacker, Hermann (2001): Jugendhilfe und Schule. In: Projekt NetzwerG der FH Nordostniedersachsen Fachbereich Sozialwesen (Hrsg.): Seiten! unveröffentlichte Materialien zur berufsbegleitenden Weiterbildung für Präventionsfachkräfte an Schulen in Niedersachsen. Lüneburg

Rd Erl. D. MK vom 19.03.2001 – 301.3-81022/6 –

Thimm, Karlheinz (1998): Schulverdrossenheit und Schulverweigerung. Phänomen, Hintergründe und Ursachen – Alternativen in der Kooperation von Schule und Jugendhilfe. Berlin: Wissenschaft und Technik Verlag

Franz Prüß

Schulbezogene Jugendhilfe: Chancen zur Entwicklung der Schule als sozialer Ort unter Berücksichtigung der Partizipation

1 Das Dilemma von Schule und Jugendhilfe

Seit der Veröffentlichung der Ergebnisse der ersten OECD-Studie zur Lesekompetenz, zur mathematischen und zur naturwissenschaftlichen Kompetenz der 15-Jährigen 2001 gibt es in der Bundesrepublik eine umfangreiche Diskussion über die Leistung der deutschen Schule, über die Ursachen dieses Ergebnisses und über mögliche Veränderungen (vgl. Deutsches PISA-Konsortium 2001). Neuen Stoff hat dazu die Veröffentlichung der zweiten Erhebung geliefert, die nachweislich noch einmal eine Bestätigung der schon festgestellten Probleme erbracht hat (vgl. Deutsches PISA-Konsortium 2004). Nach wie vor haben wir es in der Bundesrepublik mit einer Risikogruppe von Schülern zu tun – wenn die Erhebung 2003 auch etwas besser ausgefallen ist –, die in den Kompetenzbereichen nur die Kompetenzstufe 1 oder nicht einmal diese erreicht haben[1]. Das sind immerhin über 20% bis fast zu ein Viertel der 15-Jährigen in unserem Lande.

Kompetenzstufe 0/I (Risikogruppe):	**2000**	**2003**
• Lesekompetenz:	22,6 %	22,3 %
• Mathematische Grundbildung:	24,0 %	21,6 %
• Naturwissenschaftliche Grundbildung:	26,3 %	23,6 %

Kompetenzstufe V:	**2000**	**2003**
• Lesekompetenz:	8,8 %	9,6 %
• Mathematische Grundbildung:	1,3 %	4,1 %

1 Anmerkung: Die Ergebnisdarstellung in den PISA-Studien erfolgt nach den Kompetenzstufen I bis V. Dabei bedeutet die Kompetenzstufe I das niedrigste, die Kompetenzstufe V das höchste Niveau. Die Kompetenzstufe I ist zu vergleichen mit dem Niveau der Grundschule.

Vergleich der Standardabweichungen (Streubreite):

	2000	**2003**
• Lesekompetenz:	111 Pkt.	109 Pkt.
• Mathematische Grundbildung:	103 Pkt.	103 Pkt.
• Naturwissenschaftliche Grundbildung:	102 Pkt.	111 Pkt.

Abb.1: Schüleranteile in den Kompetenzstufen (vgl. Deutsches PISA-Konsortium 2001: 105ff.; 2004: 98ff.)

Außerdem wurde ermittelt, dass es einen engen Zusammenhang zwischen der sozialen Herkunft (dem „Aufwachsmilieu") und der Kompetenzentwicklung der Jugendlichen gibt. Die Jugendlichen aus wenig bildungsorientierten Elternhäusern bzw. mit einem Migrationshintergrund gehören überproportional zu den Risikogruppen (Kompetenzstufe I oder darunter). Insofern hat der Zweifel an der Leistungsfähigkeit der deutschen Schule, alle Kinder und Jugendlichen chancengleich und chancengerecht zu bilden, zugenommen. Es scheint so, dass die tradierte Schule – einerseits Halbtagsschule und andererseits die überwiegend selektierende Schule – diesen Erscheinungen nicht begegnen kann.

Auch die Jugendhilfe sieht sich neuen Problembereichen gegenüber und verstärkt in ihren Konzepten Prävention statt Intervention. Die Zunahme von Gewalterscheinungen, das Schulschwänzen, der Drogenkonsum sind einige Bereiche, auf die mit unterschiedlichem Erfolg reagiert wird. Die prioritäre Behandlung der Jugendsozialarbeit hat zu Lücken und Problemlagen in der Jugendarbeit und zu einer disproportionalen Entwicklung dieser beiden Bereiche geführt.

Mit dem 12. Kinder- und Jugendbericht rückt Bildung auch wieder stärker in das Blickfeld der Jugendhilfe sowie die Umsetzung der unteilbaren Trias Bildung, Betreuung und Erziehung (vgl. Bundesministerium für Familie, Senioren, Frauen und Jugend 2005).

Sowohl die Schule als auch die Jugendhilfe fühlen sich heute überfordert, finden aber noch nicht den Weg zu einer konstruktiven Kooperation. Es gibt viele Unsicherheiten auf beiden Seiten, die dadurch noch verstärkt werden, dass zu den Vorbehalten und Vorurteilen gegenüber der anderen Profession weiterhin additive Modelle favorisiert werden und jeder versucht, seine Aufgaben allein zu lösen.

Wir haben umfangreiche und detaillierte Fallanalysen 19-Jähriger vorgenommen, indem wir versucht haben, ihre Entwicklung zu rekonstruieren. Die Dokumentenanalyse (Schulakten, Jugendhilfeakten, Förderausschussakten) hat uns zu folgender Einsicht geführt (vgl. Blohm 2004):

- Eltern, Schule und Jugendliche reagieren zu spät auf schon frühzeitig erkannte Auffälligkeiten im Lern-, Leistungs- und Sozialverhalten.
- Die festgelegten und vereinbarten Maßnahmen sowohl der Schule als auch der Jugendhilfe sind nicht situationsadäquat, betroffenenorientiert und flexibel.

- Die Maßnahmen bleiben ohne sichtbares langfristiges Ergebnis.
- Die Maßnahmen und Maßnahmenträger wechseln häufig ohne erkennbaren Grund.
- Die Eltern sind nicht ausreichend über die schulische Entwicklung ihres Kindes informiert.
- Familiäre Probleme haben negative Auswirkungen auf das gesamte soziale Umfeld und auf die Schülerpersönlichkeit. Dieses kann zu Problemsituationen in der Schule führen oder bereits vorhandene Probleme verstärken.
- Die Kooperation von Schule und Jugendhilfe funktioniert nicht. Es gibt keine koordinierten Maßnahmen.
- Schüler, Eltern, Lehrer, Schulpsychologen, Sozialpädagogen, Ärzte, die Erziehungskonferenz, der Förderausschuss und das Jugendamt werden nicht in ausreichendem Maße zusammengeführt.

Diese Befunde fordern zur Zusammenarbeit auf. Daher stellt sich die Frage – wie.

2 Ganztägige Bildung – ein fachlicher Ansatz zur Kooperation

Die Kernfrage hinsichtlich der Bildung ist in unserer Gesellschaft die Frage danach, wie Kinder und Jugendliche in ihrer Biografieentwicklung bei der Herausbildung der mündigen, vielseitig entwickelten, toleranten, eigenverantwortlichen und gemeinschaftsfähigen Persönlichkeit unterstützt und begleitet werden können (vgl. SG M-V § 2; SGB VIII § 2). Dieser Anspruch differiert zurzeit mit Ergebnissen der internationalen Vergleichsstudien, wie wir gesehen haben.

PISA I und II machen darauf aufmerksam, dass drei Aspekte hinsichtlich der Bildungsgestaltung bedeutsam sind. Zum einen reicht der Teil der Schülerinnen und Schüler nicht aus, der Höchstleistungen erbringt, so also auch eine gezielte Begabungsförderung erfährt. Zum zweiten ist der Anteil der Schüler zu hoch, der zur „Risikogruppe“ gehört. Jeder vierte Schüler ist davon betroffen und muss notgedrungen, will er die Anforderungen im weiteren Ausbildungsweg bewältigen, diese Defizite kompensieren. Für uns steht die Aufgabe, diese gar nicht erst entstehen zu lassen. Und drittens steht der Anspruch, allen Schülern eine optimale Bildung und Erziehung zu gewähren, damit sie

- den Beschäftigungsanforderungen in den verschiedenen Segmenten der Gesellschaft gerecht werden können
- auf die Teilhabe an der Gestaltung der Demokratie in der Gesellschaft vorbereitet werden und
- selbst einen solchen individuellen Lebensstil entwickeln, der sie auch zur sinnvollen und zweckmäßigen Gestaltung des eigenen Lebens und der Freizeit befähigt.

Diese Aufgaben lassen sich nur in einer Bildungspartnerschaft von Elternhaus, Schule und anderen Lern- und Lebenswelten bewältigen, fordern direkt die Qualitätsverbesserung des Bildungssystems und sind letztlich nicht auf Schule zu beschränken (vgl. auch Bönsch 2004: 129f.).

Bildung wird zu einem zentralen Anliegen in der Biografieentwicklung eines jeden, und zwar

- Bildung von Anfang an (vgl. Bundesministerium für Familie, Senioren, Frauen und Jugend 2005)
- Bildung als ganztägiger Prozess
- Bildung lebenslang.

In diesen Kontext ordnet sich dann insgesamt das Aufwachsen von Kindern und Jugendlichen im vorschulischen, im schulischen und im berufsausbildenden Bereich ein.

Welche Rolle die Institution Schule im Prozess der Bildung der Persönlichkeiten übernehmen kann, will, soll oder muss, bedarf tiefgründiger Untersuchungen. An der Notwendigkeit ganztägiger Bildung gibt es keinen Zweifel mehr, offen ist der Weg und die Gestaltung dieser. Ganztägige Bildung zeigt sich in der Bundesrepublik in zwei Grundformen mit weiteren differenzierten Realisierungsmöglichkeiten (s. auch andere Einteilungen bei Höhmann/Holtappels/Schnetzer 2004: 259f.).

Sie zeigt sich einerseits als additiv-duale Form, indem die Schule mit außerschulischen Partnern im Sozialraum zusammenarbeitet und jeder Bereich eigenverantwortlich nacheinander handelt. Dabei können – aber müssen nicht – die Angebote von den Kindern und Jugendlichen am Nachmittag angenommen werden. Wer dabei erreicht wird und dieses Angebot nutzt, liegt in der individuellen Entscheidung der Eltern (und evtl. der Kinder und Jugendlichen). Der zweite generelle Weg ganztägiger Bildung ist der der Ganztagsschule, also die Zusammenarbeit der Schule mit außerschulischen Partnern am Ort Schule oder gar durch die gesamte eigene schulische Gestaltung der ganztägigen Bildung. Hier werden entsprechend der KMK-Definition drei Formen identifizierbar mit einem unterschiedlichen Verbindlichkeitsgrad der Teilnahme und Nutzung. Auf die einzelnen Typen soll an dieser Stelle nicht weiter eingegangen werden, da sie hinreichend publiziert worden sind (Sekretariat der KMK 2001; Jürgens 2006; Höhmann et al. 2005).

3 Ganztagsschule als Entwicklungsort eines jeden

Zu welchem Erfolg die Ganztagsschule führt, kann zzt. noch nicht gesagt werden. Dazu laufen vielfältige und durch StEG (Studie zur Entwicklung von Ganztagsschulen) vor allem langfristig angelegte bundesweit geführte Studien. Die Ganztagsschule ist nicht von vornherein die erfolgreichere Schule. Dazu sind entsprechende Rahmenbedingungen erforderlich. Ich will nur auf die heterogene Fachdiskussion und die „Warnung vor explosionsartiger Ausdehnung der Ganztagsschule, ohne die Idee voll zu realisieren“ von Eiko Jürgens verweisen (Jürgens 2006: 9; Tillmann 2005 et al.). Jürgens kritisiert, dass die offene Ganztagsschule im eigentlichen Sinne keine Ganztagsschule ist (vgl. Jürgens 2006: 13). Auch Tillmann hebt hervor, dass die Trennung zwischen einem „Unterrichtsvormittag und einem Betreuungs- und Beschäftigungsnachmittag“ wenig Raum für die Veränderung der Unterrichtskultur lässt (Tillmann 2005: 54). Welche Qualität durch welche Art von Bildung erreicht werden kann, muss erst durch die wissenschaftlichen Untersuchungen belegt werden. Fest steht jedoch, dass sich die Ganztagsschule aus dem eingangs dargestellten Bildungs-

und Erziehungsauftrag sowohl der Schule als auch der Jugendhilfe und damit als gesellschaftlicher Auftrag legitimiert. Ihr Erfolg hängt jedoch davon ab, inwieweit ein pädagogisches Gesamtkonzept vorliegt. Detaillierte Begründungen sollen hier nicht weiter ausgeführt werden, dazu liegen aus sozialpolitischer, bildungspolitischer, schulpädagogischer Sicht umfangreiche Argumentationen vor.

Die Ganztagsschule ist nicht per se die bessere Schule, wenn sie nur so bezeichnet wird. Sie stellt ein Optionengefüge besonderer Art mit einem Chancenspektrum dar und kann dann zu einer Entwicklungsinstitution für alle und für die optimale Entwicklung eines jeden werden.

Dazu sind bereits notwendige Gestaltungsansätze (vgl. Appel 2005; Holtappels 2004, 2005) und Aufgaben der Ganztagsschule (vgl. Deutscher Bildungsrat 1968: 162) formuliert und Konsequenzen für die Schulorganisation benannt worden (vgl. Höhmann/Holtappels/Schnetzer 2004: 259).

3.1 Aufgaben der Schule

Es existiert die einhellige gemeinsame Auffassung, dass eine neue pädagogische Qualität von Bildung und Lernen erreicht werden muss. Die Schule muss deshalb

- ihre Qualifikationsfunktion verbessern, d.h. schwächere Schüler stärker fördern, begabte Schüler stärker fordern und die Zahl der Schüler drastisch reduzieren, die bisher die Schule ohne Abschlusszeugnis verlassen
- sie muss sozialerzieherische und sozialkommunikative Aufgaben erfüllen, d.h. Möglichkeiten der unmittelbaren Zusammenarbeit, der Erprobung demokratischen Verhaltens und des solidarischen Handelns erhalten und insgesamt üben und Gemeinschaftssinn pflegen können
- sie muss eine Erziehungspartnerschaft zu den am Entwicklungsprozess der Schüler Beteiligten konstituieren, d.h. Schule als zentrale Bildungsinstitution hat eine besondere öffentliche Verantwortung für die Zusammenarbeit von Bildungs- und Erziehungspartnern aufgrund der Zeit, die Schüler täglich und jahrelang in dieser Institution lernend und aufbauend verbringen (vgl. Bundesministerium für Familie, Senioren, Frauen und Jugend 2002, 2005).

Diese Aufgaben können nur mit veränderten Konzepten von Schule realisiert werden und stellen graduierte Anforderungen an die Entwicklung von Unterricht und Schulleben gleichermaßen und damit auch an die Verfügbarkeit schulpädagogischer und sozialpädagogischer Kompetenzen, wobei die bisherige funktionale Teilung von Schule und Jugendhilfe als institutionelle Differenzierung überdacht werden muss. Im Mittelpunkt muss eine „entwicklungsbezogene Diskussion" (vgl. Maykus 2006: 18) stehen, da eine institutionenbezogene nicht weiterhilft.

Das soll aber nicht eine Vermischung der Aufgabenerfüllung zur Folge haben, sondern vielmehr die gegenseitige Entwicklungsmöglichkeit von Schule und von Jugendhilfe zulassen und die Wechselwirkung befördern. Gegenwärtig werden Ängste geschürt, dass bei der

Ausdehnung der Ganztagsschulen die Jugendhilfe an Bedeutung verlöre. Deshalb gibt es auch eine größere Zurückhaltung von freien Trägern der Jugendhilfe, der Verbände und Vereine im Kooperationsverhalten mit Schulen.

Bleiben wir bei einer „entwicklungsbezogenen Diskussion" von Schülern, stellen sich die Anforderungen an eine neue Kultur des Aufwachsens (vgl. Bundesministerium für Familie, Senioren, Frauen und Jugend 1998) und die Neujustierung des Verhältnisses der Erziehungsinstitutionen zueinander und damit an die Vernetzung der Bildungsorte und Lebenswelten von Kindern und Jugendlichen (vgl. Bundesministerium für Familie, Senioren, Frauen und Jugend 2005). Es ist unerlässlich, eine größere öffentliche Verantwortung für das Aufwachsen junger Menschen zu übernehmen (vgl. Bundesministerium für Familie, Senioren, Frauen und Jugend 2002) und eine Kooperationskultur aller Beteiligten zu entwickeln.

3.2 Schülererwartungen

Betrachten wir die Erwartungen der Schüler an Schule, so lassen sich mehrere Aspekte identifizieren. Schule ist zu einem mehrfunktionalen Ort geworden.

1. Schule bleibt nach wie vor ein wichtiger Ort des Lernens.
Schülern geht es darum (ist persönlich wichtig),

- dass das Gelernte für sie Sinn ergibt (84,7%)
- dass die Unterrichtsinhalte wirklich verstanden werden können (83,3%)
- dass sie später knifflige Probleme lösen können (75,7%)
- dass sie lernen, komplizierte Inhalte zu verstehen (79,6%).

Dabei ist Mädchen der Lernort wichtiger als Jungen, den Schülern in Klasse 5 wichtiger als denen in Klasse 7 und denen wiederum wichtiger als den Schülern der Klasse 9.

2. Schule ist ein sozialer Ort
Sie besuchen die Schule auch aus Gründen des sozialen Kontaktes und der anregenden Kommunikation. Sie ist gleichermaßen für Mädchen und Jungen und alle Klassenstufen von besonderer Bedeutung, besitzt aber in Klasse 7 noch eine spezielle Bedeutung.
Schülern ist persönlich in der Schule wichtig,

- dass sie Freunde treffen (85,9%)
- dass sie sich in der Schule für Treffen außerhalb der Schule verabreden können (68,2%)
- dass sie für die Lösung ihrer Probleme Unterstützung bekommen (46,9%)
- dass sie dort ihre Freizeit verbringen können (23,3%).

3. Schule als Ort der Anerkennung
Schüler möchten anerkannt sein und geachtet werden. Die Ganztagsschule bietet ihnen dazu offensichtlich günstige Möglichkeiten. Deshalb ist den Schülern persönlich in der Schule wichtig,

- dass sie zeigen können, dass sie bei einer Sache gut sind (74,2%)
- dass sie zeigen können, dass sie die Unterrichtsinhalte beherrschen (67,9%; abnehmend von Klasse 5 bis Klasse 9)
- dass andere Schüler nicht denken, sie seien dumm (64,9%)
- dass sie zeigen können, Arbeiten besser zu schaffen als andere (60,8%).

Den Jungen sind diese Positionen wichtiger als den Mädchen, insgesamt den 5. Klassen bedeutsamer als den 7. und diesen wiederum bedeutsamer als den 9. Klassen.

Schon aus vorangegangenen Untersuchungen ist uns die anwachsende Bedeutung der Schule als sozialer Ort bekannt[2]. Die Rolle der Schulklasse und des über lange Zeit stabilen Klassenverbandes – vorausgesetzt intakte Schüler-Schüler-Beziehungen und stabile Schüler-Lehrer-Beziehungen – können für die Entwicklung des Einzelnen nicht überschätzt werden. Einerseits ist dann eine von Kontinuität und Stabilität getragene pädagogische Arbeit möglich. Das gilt für die Lehrertätigkeit gleichermaßen wie für die der Sozialpädagogen/Sozialarbeiter. Und andererseits sind sie wichtige Kommunikations- und Interaktionszentren für die Schüler auch außerhalb des Unterrichts, d.h. vor Unterrichtsbeginn, in den Pausen, nach dem Unterricht und vor allem zu vielen gemeinsamen Aktivitäten, wenn Schule mehr ist als Unterricht. Gerade in den ländlichen Regionen, wo immer weniger Kinder in einzelnen Wohnorten aufwachsen, wächst das Bedürfnis nach Kommunikation und gemeinsamen Unternehmungen. Die weitere Konzentration von Lernorten (Schließung von kleinen Schulen, Zunahme von Fahrzeiten) macht Schule zzt. bei Schülern nicht attraktiv, wenn Schulen unverändert Halbtagsschulen bleiben und sich nur die Entfernungen zum Nachteil der Schüler verändern. Schule wird erst dann attraktiv, wenn dort auch den vielfältigen Bedürfnissen der Schüler entsprochen werden kann, d.h. Lernprozesse interessant gestaltet werden, gepflegte Begegnungen möglich sind, Freunde gewonnen und mit ihnen etwas gestaltet werden kann, sie Achtung und Anerkennung erwerben können. Hier liegt nun die besondere Chance der Ganztagsschule. In der Halbtagsschule besteht in der Regel die Möglichkeit, Anerkennung zu erhalten fast ausschließlich nur über die Lernarbeit im Unterricht. Bester zu sein oder zur Spitzengruppe in einzelnen Fächern zu gehören, kann nicht jeder, aber jeder möchte anerkannt sein und etwas „Besonderes" leisten können. Dazu müssen pädagogisch vielfältige Gelegenheiten geschaffen werden. Das kann die Ganztagsschule im Rahmen ihrer Gestaltung als Lern-, Lebens- und Erfahrungsraum mit Hilfe von Kooperationspartnern organisieren. Durch die Vielfalt der Angebote und die Einbindung aller in die Vorbereitung, Gestaltung und Auswertung ganztägiger Bildung gibt es auch für jeden die Chance der aktiven Mitwirkung und damit die Möglichkeit der Anerkennung seiner Anstrengungen und seines besonderen Ergebnisses.

2 Anmerkung: In umfangreichen repräsentativen Untersuchungen zu den Belastungen, Problemen und Bewältigungsressourcen von Schülern der Klassen 5 – 9 (1.627 Probanden) und der Berufsschüler (1.356 Probanden) hat sich gezeigt, dass die Schule verstärkt als wichtiger sozialer Ort von den Schülern wahrgenommen wird (vgl. Prüß et al. 2000 und 2004).

3.3 Schülerpartizipation

Die Notwendigkeit der Schülerpartizipation und damit ihre pädagogische Bedeutung ist durch wissenschaftliche Untersuchungen hinreichend belegt (vgl. Baacke/Brücher 1982; Müller 1996; Kiper 1997; Zedler/Weishaupt 1997; Krüger 2001; Meyer 2001; Grundmann/Kramer 2001; Helsper 2001; Hartnuß/Maykus 2006 u.a.).

Die Heranwachsenden brauchen Gelegenheiten der Mitwirkung und auch der Verantwortungsübernahme. Die Ganztagsschule kann ihnen diese Möglichkeiten verstärkt bieten und sie aus der Rolle der Nutzer herausführen, sie zu Gestaltern der verschiedenen Entwicklungsprozesse machen und sie aktiv beteiligen. Unsere Untersuchungen zeigen, dass die Schüler nicht an allen Schulen die Möglichkeit zur Partizipation haben, aber auch, wenn sie Möglichkeiten dazu besitzen, diese zum Teil nicht wahrnehmen bzw. diese auch ablehnen.

Gegenwärtig lassen sich fünf verschiedene Schülergruppen hinsichtlich ihrer Partizipationsbereitschaft und Mitwirkungsaktivität identifizieren:

1. Schüler haben zzt. objektiv keine Möglichkeit zur Mitbestimmung und Verantwortungsübernahme, wären aber dazu bereit (Gruppe der „Anwärter“).
2. Schüler haben zzt. objektiv keine Möglichkeit zur Mitbestimmung und Verantwortungsübernahme, sind dazu aber auch nicht bereit (Gruppe der „Stopper“).
3. Schüler sind zur Mitbestimmung und Verantwortungsübernahme bereit und nehmen die Chancen wahr (Gruppe der „Läufer“).
4. Schüler sind zur Mitbestimmung und Verantwortungsübernahme bereit, für sie hat sich aber die Chance an der Schule bisher noch nicht ergeben, obwohl solche Bereiche vorhanden sind (Gruppe der „Starter“).
5. Schüler sind zur Mitbestimmung und Verantwortungsübernahme nicht bereit, auch wenn dazu die Möglichkeit gegeben ist (Gruppe der „Bremser“).

Die Gruppe der „Läufer“ ist die umfangreichste und sollte weiter befördert werden. Der große Anteil der „Anwärter“ und „Starter“ zeigt, dass Schüler Möglichkeiten der Mitbestimmung und der Verantwortungsübernahme wünschen und ihnen unbedingt Chancen eröffnet werden müssen. Die Gruppe der „Stopper“ und die der „Bremser“ sind mit einem Anteil bis oft zu 15% in bestimmten Bereichen besonders zu beachten. Sie müssen motiviert, aktiviert, einbezogen werden und die Bedeutung von Mitbestimmung und Verantwortungsübernahme erleben lernen.

Junge Menschen brauchen für ihre Entwicklung Aktivitäts- und Handlungsfelder. Diese sollten dann natürlich auch in der ganztägigen Bildung bereitgestellt werden. Zur Einschätzung der Möglichkeiten der Mitbestimmung an der Schule gibt es durch Schüler und Lehrer abweichende Einschätzungen (vgl. auch Krüger 2001: 33; Grundmann/Kramer 2001: 60ff. u.a.). In der Tat nutzen weniger Schüler die Möglichkeiten der Mitbestimmung als Lehrer das einschätzen. Und andererseits möchten viel mehr Schüler mitbestimmen als von den Lehrern angenommen wird. Schülern fehlen zzt. hinreichende Gelegenheiten, ihren Wünschen nachkommen zu können.

Es gibt aber auch einen Teil der Schüler, der nicht bereit ist zur Mitbestimmung und Mitgestaltung. Dieser wird jedoch von den Lehrern einerseits unterschätzt (Klassenraum-

und Schulhofgestaltung, Klassenfahrten, Gestaltung von Schulveranstaltungen) und andererseits überschätzt (Benotung, Gestaltung des Stundenplans). Schüler sind durchaus zur Mitbestimmung und -gestaltung bereit, ihnen muss dazu auch Gelegenheit gegeben und Verantwortung übertragen werden.

Schule sollte der Ort sein, wo Schüler die Voraussetzungen erwerben, die für die Lebensbewältigung und die Gestaltung der Gesellschaft erforderlich sind (vgl. Hartnuß/ Maykus 2006; Wunder 2006). Mitbestimmung und Mitgestaltung sind solche, die nicht kognitiv erworben, sondern handelnd herausgebildet werden. Deshalb muss Schule dazu Lerngelegenheiten bieten und Schüler in Beteiligungs- und Handlungssituationen bringen. Hier scheint die Ganztagsschule die Chance zu sein, diese Aufgabe bewältigen zu helfen.

Durch Partizipation wird die Schule als Einrichtung aller für alle verstanden und der Einzelne zu selbstbestimmtem und gemeinschaftsfähigem Verhalten erzogen. So kann das Leben gegenwartsbezogen gestaltet werden und zukunftsorientierte Wirkungen haben, dass nämlich Kenntnisse, Fähigkeiten, Fertigkeiten und Verhaltensweisen erworben werden, die für die Lebensbewältigung in der Zukunft notwendig sind und gleichzeitig die Probleme der Gegenwart produktiv mit lösen helfen. Dazu ist jedoch eine neue Schulkultur erforderlich (vgl. auch Helsper 2001).

4 Die voll gebundene Ganztagsschule

Wahler/Preiß/Schaub vom DJI stellen fest, dass auch von den Praktikern der Sinn von Ganztagsangeboten unumstritten ist, das „aber nicht für die Frage nach dem angemessenen Grad an Verbindlichkeit" (2005: 97). „In sozialen Brennpunkten kommen die Verantwortlichen selbst bei guter inter-institutioneller Kooperation oft kaum an bildungsbenachteiligte Zielgruppen heran (…). In solchen Sozialräumen erscheint der Aufbau gebundener Ganztagsschulen angeraten zu sein" (ebd. 2005: 97). Auch in der Schulpädagogik gibt es kritische Anmerkungen zu offenen Angeboten. Jürgens meint: „(…) offene Ganztagsschulen oder offene Ganztagsschulangebote unterliegen einem mehr oder weniger großen Etikettenschwindel. Sie werden nämlich durch die nachmittäglich aufgeführten Betreuungs- und Freizeitangebote nicht zu ganztägigen Schulen, sondern bleiben gewöhnliche Halbtagsschulen" (Jürgens 2006: 10). Hinter dieser Kritik verbirgt sich die Einsicht, dass bei offenen Angeboten gerade wiederum die Kinder und Jugendlichen keine Bildungsangebote in Anspruch nehmen, die sie aus lebensperspektivischer Sicht brauchen würden. Hier wird also ein größerer Grad an Verbindlichkeit erwartet. Die öffentliche Verantwortung müsste nach meiner Erkenntnis soweit gehen, dass alle Kinder und Jugendlichen in Formen der ganztägigen Bildung eingebunden werden. Die Art und der Umfang wären individualbezogen zu bestimmen und mit Verbindlichkeit zu sichern, d.h. nicht alle machen alles, sondern jeder entwickelt seinen Bildungsweg und hat die Chance der ganztägigen Bildung.

Die voll gebundene Ganztagsschule ist offensichtlich eine solche Form ganztägiger Bildung, die diesem Anspruch gerecht werden kann, wenn bestimmte Voraussetzungen erfüllt werden können:

- die individuelle Förderung der Leistungsschwachen
- die individuelle Förderung der Leistungsstarken

- die optimale Entwicklung eines jeden
- die Entwicklung von Eigenverantwortung und Gemeinschaftsfähigkeit durch Partizipation.

Die gebundene Ganztagsschule kann diese Entwicklungsoptionen bieten und sich als Kooperationsraum verschiedener pädagogischer Professionen erweisen. Ganztägige Lernarrangements bedürfen auf jeden Fall der Bildung lokaler Netzwerke oder anders gesagt: ein sozialraumorientiertes Bildungsmanagement ist erforderlich.

Andererseits muss diese Schule nicht für die Schüler organisiert und gestaltet, sondern mit ihnen entwickelt und lebendig gemacht werden. So kann aus einer Pflichtinstitution eine Angebotsschule werden, die jedem die Bedingungen bietet, die für seine individuelle lebensbiografische Entwicklung vonnöten ist. Der Fortschritt und das Sozialklima in der Gesellschaft werden in Zukunft maßgeblich durch den Bildungsgrad aller bestimmt werden. Daher der Anspruch an eine neue Schulkultur und eine höhere Schulqualität.

Die voll gebundene Ganztagsschule ist aus meiner Sicht eine Chance für Schulpädagogen und Sozialpädagogen/Sozialarbeiter, aber die größte natürlich für Mädchen und Jungen. Wenn die institutionenbezogene Sicht endlich verlassen wird, also die Schule sich nicht ausschließlich als „Lehrinstitut" betrachtet und die Jugendhilfe die „Arbeitsfeldorientierung" aufbricht und von beiden eine konsequente subjektbezogene Betrachtung eingenommen wird, kann die Ganztagsschule der Ort sein, wo die Heranwachsenden umfassend das erhalten, was sie für ihre Entwicklung brauchen. Hier können Lerngelegenheiten verbunden werden, die von verschiedenen Professionen gleichwertig angeboten werden. In diesem Kontext ist die Stellung der Schule eine andere, nämlich Ort der Entwicklung des Einzelnen und mehr als Unterrichtung. Wir brauchen eine stärkere theoriegeleitete Realisierung von Ganztagsschule, die solche Rahmenbedingungen sichert, dass

1. Unterricht als Entwicklung von Individuen betrachtet wird
2. Schule als Chance der Entwicklung gruppaler Subjekte gesehen wird
3. neue Anregungs- und damit Lernmilieus geschaffen werden können.

Eine solche „Lebensschule", die nicht schlechthin auf das Leben vorbereitet, sondern selbst das Leben (Polis, Mikrokosmos u.a.) ist, kann alle Schüler ein- und wird keinen Schüler ausschließen. Schule erweist sich dann als umfassender sozialer Ort, an dem die Beteiligten anders arbeiten und zusammenarbeiten müssen als bisher. Kooperation wird zur fundamentalen Voraussetzung.

Warum ich die voll gebundene Ganztagsschule weiter favorisiere, ergibt sich aus der Möglichkeit, tatsächlich alle Schüler mit ihren unterschiedlichen Interessen und Neigungen, ihrer unterschiedlichen Leistungsfähigkeit und ihrem differenzierten Leistungsanspruch erreichen zu können. Gerade in den ländlichen Regionen der Bundesrepublik kann dadurch konzentriert an einem Ort, ohne dass alles in der Schule stattfinden muss, eine Vielzahl von Angeboten gemacht und auf der Basis freiwilliger Entscheidungen genutzt werden. Dabei werden Kooperationen auf verschiedenen Ebenen notwendig: Klassen-, Jahrgangs-, Schul- und Sozialraumebene. Damit ergibt sich aber auch die Frage nach der Koordinierungs- und Steuerungsverantwortung.

5 Neue Herangehensweisen – ein Weg in die Zukunft

5.1 Sozialraumorientiertes Bildungsmanagement

Wenn wir von der ganztägigen Bildung sprechen, dann sind die zwei Grundvarianten möglich: die additive und die integrierte. Immer aber ist eine regionale Absprache und Abstimmung mit Verbindlichkeitscharakter erforderlich (vgl. auch Deinet 2004; Maykus 2005). Damit ist nicht etwa nur eine sozialräumliche Jugendhilfeinfrastruktur gemeint und die Jugendhilfeplanung, sondern vielmehr die Mobilisierung aller Bildungsressourcen einer Region. Diese können durch Abstimmung und Absprache abrufbar für ganztägige Bildung verknüpft werden. Dieser „Bildungsrat" der Region kann ein sinnvolles Steuerungsinstrument für den Sozialraum sein und Verknüpfungen und Verbindungen von der Kindertageseinrichtung, Familienbildung, Kultur-, Freizeit- und Bildungseinrichtungen sowie Sportvereinen, eventuell Museen und Theater und der Schule u.a. herstellen.

Wenn die Schule der Hauptort ist, an dem Kinder und Jugendliche sich längere Zeit verbindlich aufhalten, sind dort auch günstige Möglichkeiten gegeben, zusätzliche Angebote zu unterbreiten und unter neuen Bedingungen solche Ressourcen zu mobilisieren, die eine optimale Förderung der Heranwachsenden erlauben und dann auch garantieren. Findet jeder Schüler sein Angebot, kann es nur Zufriedenheit und Engagement geben. Dieses setzt aber voraus, dass

1. eine neue Schulkultur unter Beachtung der Steuerungs-, Raum-, Zeit-, Personal- und Inhaltsdimension entwickelt worden ist und
2. eine partnerschaftliche, abgestimmte, in das Gesamtkonzept eingebettete Arbeit aller Beteiligten erfolgt und mehrere Professionen gleichwertig, aber mit ihrem eigenen Auftrag in Kenntnis der anderen tätig sind. Daraus erwächst natürlich auch eine besondere Koordinierungs- und Kooperationsverantwortung für die Schulleitungen und die Klassenlehrer, worauf sie durch die Ausbildung noch in keiner Weise vorbereitet sind. Deshalb wären sinnvollerweise Modellregionen einzurichten, die solche Konzepte und Verbünde erproben.

Ein spezifischer Bereich in der Zusammenarbeit zwischen Jugendhilfe und Schule wäre die Schulbezogene Jugendhilfe.

5.2 Schulbezogene Jugendhilfe

Schulbezogene Jugendhilfe soll nicht nur innerhalb der Organisationsform Schule wirksam werden, sondern ein Hilfe- und Unterstützungsangebot für Kinder und Jugendliche im Schulalter darstellen und sowohl die Kinder- und Jugendarbeit nach den Schwerpunkten des § 11 SGB VIII als auch die schulbezogene Jugendsozialarbeit als Ausgleich sozialer Benachteiligungen oder als Überwindung individueller Beeinträchtigungen nach § 13 SGB VIII sowie die Berufsvorbereitung und Jugendberufshilfe als Unterstützung zur Entwicklung von Lebensperspektiven (§ 13 SGB VIII) einschließen. Deshalb ist der Begriff Schulsozialarbeit zu eng und impliziert Soziale Arbeit an der Schule ohne hinreichend auch die Formen der Jugendarbeit und die Verantwortung der Jugendhilfe zu berücksichtigen.

Mit der Kennzeichnung „Schulbezogene Jugendhilfe“ erfassen wir das umfassendere Leistungsangebot der Jugendhilfe am Ort Schule und machen deutlich, dass es keine Dienstleistung für die Schule, sondern weiter gefasst ein komplementärer Bereich für Schulkinder und Schuljugendliche zu ihrem gesunden Aufwachsen in einer immer komplexer werdenden Gesellschaft durch Schaffung von Verbindlichkeiten und Bezugspersonen in überschaubaren Sozialräumen ist.

Damit ist Schulbezogene Jugendhilfe ein eigenständiger Leistungsbereich der Jugendhilfe. Aus dieser Begriffsbestimmung ergibt sich, dass sie jugendhilfespezifische Ziele genauso verfolgt wie jugendhilfespezifische Arbeitsformen, Methoden und Handlungskonzepte nutzt und diese in Schule mit einbringt. Die Schulbezogene Jugendhilfe kann eine Scharnierstelle zwischen der Institution Schule und der Institution Jugendhilfe im Zuge des Aufeinanderzugehens dieser beiden Einrichtungen sein und die Lebenssituation der Kinder und Jugendlichen zur Grundlage allen Handelns und Entscheidens machen. Außerdem können über die Schulbezogene Jugendhilfe spezielle Dienstleistungsangebote für Kinder, Jugendliche und ihre Familien vermittelt und nutzbar im Sinne der Vernetzungsarbeit gemacht werden. Das heißt dann auch, Schulbezogene Jugendhilfe muss durch sozialpädagogische Fachkräfte realisiert werden. Hierdurch könnte die historisch gewachsene Abschottung beider Institutionen überwunden und eine klare Zuständigkeit ausgehandelt, Fachlichkeit und Kooperationskompetenz entwickelt werden.

Aus der bisherigen Darstellung ergibt sich, dass die Schulbezogene Jugendhilfe in zwei Dimensionen zu denken ist:

1. Sie ist ein unmittelbares Arbeitsfeld der an der Schule tätigen sozialpädagogischen Fachkräfte.
2. Sie ist eine Organisationsform und damit eine Organisationseinheit der Institution Jugendhilfe.

Als Organisationsform kommen in ihr Leistungen der Jugendhilfe zum Tragen, die von öffentlichen und/oder freien Trägern realisiert werden. Diese können sich auf Angebote der Jugendarbeit genauso beziehen wie auf Angebote der Jugendsozialarbeit sowie der Berufsvorbereitung und der Jugendberufshilfe. Sie ist durchaus ein breites Angebot der Jugendhilfe, das auf die Schule fokussiert ist, da die Kinder und Jugendlichen am Ort Schule täglich versammelt sind und hier sich auch ihre Ansprüche, Bedarfe und Probleme konzentriert äußern. Die Jugendhilfe kann durch ein Ressort, eine Abteilung oder einen expliziten Aufgabenbereich administrativ diese Leistungsangebote steuern. Wenn sich Schule als ein so bedeutsamer und durch die dort zu verbringende Lebenszeit als entwicklungsrelevanter Ort für die Heranwachsenden erweist, liegt es doch nahe, unterstützende Dienstleistungsangebote der Jugendhilfe dort zu unterbreiten und sie den Schülern zugänglich zu machen. Dieses erfordert eine neue Kooperation im Sinne der Verknüpfung von Schulentwicklungs- und Jugendhilfeplanung (vgl. auch Merchel 2004) und die Bereitschaft, Schule auch als Handlungsort für Leistungen der Jugendhilfe zu sehen. Das erübrigt in keiner Weise die bisher üblichen Leistungsangebote der Jugendhilfe oder eine Reduzierung. Es wäre eine Neu-Strukturierung dieser erforderlich und die Erschließung der Ganztagsschule als neuen Handlungsort. Damit könnte Jugendhilfeprofessionalität zielgerichteter für Entwicklungsprozesse von Kindern und Jugendlichen eingebracht werden.

Damit soll nicht etwa den Schulpädagogen Arbeit abgenommen und diese von Sozialpädagogen übernommen werden. Im beruflichen Selbstverständnis bleiben die jeweiligen Aufgaben der Beteiligten jeweils erhalten, aber ihre Zusammenarbeit ist eine andere, und Synergieeffekte sind möglich. Dadurch können verschiedene sozialpädagogische Fachkräfte in Kontakt mit der Schule treten und in günstiger Weise Leistungen der Jugendhilfe im Interesse der Kinder und Jugendlichen sowie der Familien erbringen. Das macht dann im Jugendamt selbst auch neue Strukturbildungen nötig.

Der andere Bereich ist die unmittelbare sozialpädagogische Arbeit an der Einzelschule, die traditionell als Schulsozialarbeit bezeichnet wird, aber in Wirklichkeit heute mehr ist als Soziale Arbeit an der Schule. Zu den Aufgaben gehören u.a. die in Fachkreisen definierten (vgl. Olk/Bathke/Hartnuß 2000: 187), aber gleichzeitig auch die Vermittlungskompetenz der sozialpädagogischen Fachkräfte zur Erschließung erforderlicher Ressourcen für Schüler außerhalb von Schule und die Vernetzungskompetenz zur Bündelung von Ressourcen zur Unterstützung der Entwicklungsprozesse von Kindern und Jugendlichen. Gerade für die Etablierung bzw. die Forcierung der Zusammenarbeit von Jugendhilfe und Ganztagsschule sind veränderte Modelle gefragt, die in günstiger Weise die vorhandenen Potenzen der Jugendhilfe und der Schule unter Wahrung ihrer fachlichen Eigenständigkeit zusammenführen und sich als gleichwertige Leistungsbereiche erweisen können.

Literatur

Appel, Stefan (2005): Handbuch Ganztagsschule. Praxis – Konzepte – Handreichungen. Schwalbach/Ts: Wochenschau Verlag

Baacke, Dieter/Brücher, Bodo (1982): Mitbestimmen in der Schule: Grundlagen und Perspektiven der Partizipation. Weinheim: Beltz Verlag

Blohm, Patricia (2004): Rekonstruktion von Entwicklungsverläufen problembelasteter Schüler. Magisterarbeit (unveröffentlicht). Greifswald

Böhme, Jeanette/Kramer, Rolf Torsten (Hrsg.) (2001): Partizipation in der Schule. Opladen: Leske + Budrich

Bönsch, Manfred (2004): Kooperation von Jugendhilfe und Schule aus schulpädagogischer Sicht. Warum sollte sich Schule (AUCH) zur Jugendhilfe hin öffnen? In: Hartnuß/Maykus (Hrsg.) (2004): 126-139

Bundesministerium für Bildung und Forschung (Hrsg.) (2004): Zukunft Bildung und Betreuung. Startkonferenz zum Investitionsprogramm. Referat Publikationen. Berlin

Bundesministerium für Familie, Senioren, Frauen und Jugend (BMFSFJ) (Hrsg.) (1998): Zehnter Kinder- und Jugendbericht über die Lebenssituation junger Menschen und die Leistungen der Kinderhilfen in Deutschland. Bonn

Bundesministerium für Familie, Senioren, Frauen und Jugend (BMFSFJ) (Hrsg.) (2002): Elfter Kinder- und Jugendbericht – Bericht über die Lebenssituation junger Menschen und die Leistungen der Kinder- und Jugendhilfe in Deutschland. Berlin

Bundesministerium für Familie, Senioren, Frauen und Jugend (BMFSFJ) (Hrsg.) (2005): Zwölfter Kinder- und Jugendbericht über die Lebenssituation junger Menschen und die Leistungen der Kinder- und Jugendhilfe in Deutschland. Berlin

Deinet, Ulrich (2004): Sozialraumorientierung als Konzept der Schulsozialarbeit? In: Hartnuß/Maykus (Hrsg.) (2004): 238-254

Deutscher Bildungsrat (1968): Einrichtung von Schulversuchen mit Ganztagsschulen. Empfehlungen der Bildungskommission. Bonn: Deutscher Bildungsrat

Deutsches PISA-Konsortium (Hrsg.) (2001): PISA 2000. Basiskompetenzen von Schülerinnen und Schülern im internationalen Vergleich. Opladen: Leske + Budrich

Deutsches PISA-Konsortium (Hrsg.) (2004): PISA 2003. Der Bildungsstand der Jugendlichen in Deutschland. Ergebnisse des zweiten internationalen Vergleichs. Münster: Waxmann

Edelstein, Wolfgang/Fauser, Peter (Hrsg.) (2006): Beiträge zur Demokratiepädagogik. Eine Schriftenreihe des BLK-Programms „Demokratie lernen & leben“. Berlin: Bund-Länder-Kommission für Bildungsplanung und Forschungsförderung

Grundmann, Gunhild/Kramer, Rolf-Torsten (2001): Partizipation als schulische Dimension - Demokratische Reformhoffnungen zwischen schulischen Gestaltungsmöglichkeiten und strukturellen Brechungen. In: Böhme /Kramer (Hrsg.) (2001): 59-92

Hartnuß, Birger/Maykus, Stephan (Hrsg.) (2004): Handbuch Kooperation von Jugendhilfe und Schule. Berlin: Verlag soziale Theorien und Praxis

Hartnuß, Birger/Maykus, Stephan (2006): Mitbestimmen, mitmachen, mitgestalten. In: Edelstein/Fauser (Hrsg.) (2006): 1-66

Helsper, Werner (2001): Schülerpartizipation und Schulkultur - Bestimmungen im Horizont schulischer Anerkennungsverhältnisse. In: Böhme/Kramer (Hrsg.) (2001): 37-48

Höhmann, Katrin/Holtappels, Heinz Günter/Kamski, Ilse/Schnetzer, Thomas (2005): Entwicklung und Organisation von Ganztagsschulen. Anregungen, Konzepte, Praxisbeispiele. Dortmund: IFS-Verlag

Holtappels, Heinz Günter (1994): Ganztagsschule und Schulöffnung. Perspektiven für die Schulentwicklung. Weinheim/München: Juventa

Holtappels, Heinz Günter (2004): Wie wird man eine Ganztagsschule? Entwicklung von Ganztagsschulen – Modelle und Konzeptentwicklung. In: Bundesministerium für Bildung und Forschung (Hrsg.) (2004): 85-111

Holtappels, Heinz Günter (2005): Ganztagsschulen entwickeln und gestalten – Zielorientierungen und Gestaltungsansätze. In: Höhmann/Holtappels/Kamski/Schnetzer (Hrsg.) (2005): 7-44

Jürgens, Eiko (2006): Ganztagsschule in Zeiten der „Standardisierung“ schulischer Bildung. In: Loseblattsammlung Schulleitung Neue Länder. Neuwied

Kiper, Hanna (1997): Selbst- und Mitbestimmung in der Schule. Hohengehren: Schneider Verlag

Krüger, Heinz-Hermann (2001): Wandel von Schulqualität und Partizipationsformen - Schulentwicklung in Sachsen-Anhalt. In: Böhme/Kramer (Hrsg.) (2001): 27-36

Maykus, Stephan (2005): Ganztagsschule und Jugendhilfe. – Kooperation als Herausforderung und Chance für die Gestaltung von Bildungsbedingungen junger Menschen. Hrsg. vom Institut für Soziale Arbeit e. V. in Münster und Landesinstitut für Schule in Soest. Münster

Merchel, Joachim (2004): Kooperation auf der Planungsebene: Jugendhilfeplanung und Schulentwicklungsplanung. In: Hartnuß/Maykus (Hrsg.) (2004): 593-612

Meyer, Meinert (2001): Schülermitbeteiligung im Fachunterricht – Schülerpartizipation im Horizont (fach-) didaktischer Überlegungen. In: Böhme/Kramer (Hrsg.) (2001): 49-58

Müller, Sabine (1996): Schulentwicklung und Schülerpartizipation. Neuwied: Luchterhand Verlag

Olk, Thomas/Bathke, Gustav Wilhelm/Hartnuß, Birger (2000): Jugendhilfe und Schule. Empirische Befunde und theoretische Reflexionen zur Schulsozialarbeit. Weinheim/München: Juventa

Prüß, Franz/Bettmer, Franz/Hartnuß, Birger/Maykus, Stephan (2000): Forschungsbericht Entwicklung der Kooperation von Jugendhilfe und Schule in M-V. Forschungsbericht. Greifswald

Prüß, Franz/Binder, Henriette/Helbig, Esther (2004): Forschungsbericht Schulsozialarbeit an Beruflichen Schulen des Landes M-V unter besonderer Berücksichtigung des Modellprojektes „Schulsozialarbeit an Beruflichen Schulen mit sonderpädagogischer Aufgabenstellung“. Greifswald

Prüß, Franz (2004): Schulbezogene Jugendhilfe als Kooperationsansatz – Chancen und Risiken. In: Hartnuß/ Maykus (Hrsg.) (2004): 102-125

Radisch, Falk/Klieme, Eckhard (2003): Wirkung ganztägiger Schulorganisation. Bilanzierung der Forschungslage. Deutsches Institut für internationale pädagogische Forschung. Frankfurt/M.

Reh, Sabine (2006): Bedeutung der Ganztagsschule für die Entwicklung der modernen Gesellschaft. Beitrag auf der Fachtagung „Ganztagsschule – von der Theorie zur Praxis“ vom 04./05.07.2006 Greifswald. Veröffentlichung in Vorbereitung

Sekretariat der Ständigen Konferenz der Kultusminister der Länder in der Bundesrepublik Deutschland (2004): Bericht über die allgemeinbildenden Schulen in Ganztagsform in den Ländern der Bundesrepublik Deutschland – Schuljahr 2002/03. Beschluss der Kultusministerkonferenz vom 02.01.2004. Bonn

Tillmann, Klaus-Jürgen (2005): Ganztagsschule: die richtige Antwort auf PISA? In: Höhmann/Holtappels/ Kamski/Schnetzer (Hrsg.) (2005): 45-58

Wahler, Peter/Preiß, Christine/Schaub, Günther (2005): Ganztagsangebote an der Schule, Erfahrungen – Probleme – Perspektiven. München: Deutsches Jugendinstitut

Wunder, Dieter (2006): Ganztagsschule und demokratisches Lernen. In: Edelstein/Fauser (Hrsg.) (2006): 1-18

Zedler, Peter/Weishaupt, Horst (Hrsg.) (1997): Umbruch und Kontinuität – Thüringer Schulen im Urteil von Schülern, Lehrern und Eltern. Weinheim: Dt. Studienverlag

	Mathematik	Punktwert
1	Hongkong	550
2	Finnland	544
3	Südkorea	542
4	Niederlande	538
5	Liechtenstein	536
6	Japan	534
7	Kanada	532

	Lesen	Punktwert
1	Finnland	543
2	Südkorea	534
3	Kanada	528
4	Australien	525
5	Liechtenstein	525
6	Neuseeland	522
7	Irland	515

	Naturwissenschaften	Punktwert
1	Finnland	548
2	Japan	548
3	Hongkong	539
4	Südkorea	538
5	Liechtenstein	525
6	Australien	525
7	Macau	525

Abb. 1: PISA-Studie der OECD 2003 (Spiegel Online, Hamburg 2005)

Die Frage nach der Funktionalität unseres Schulsystems und unserer Schulen beantworten die Schülerinnen und Schüler gegenwärtig wie folgt: Nach aktuellen Schätzungen des Deutschen Lehrerverbandes schwänzen täglich ca. 100.000 Schüler den Unterricht. Gemäß einer Untersuchung der Bertelsmann-Stiftung sind es rund 500.000 Schülerinnen und Schüler, die regelmäßig der Schule fernbleiben. Und ca. 400.000 sind es nach einer Schätzung des Christlichen Jugenddorfwerks. Zwar gibt es immer wieder unterschiedliche Schätzungen, aber offizielle verlässliche Zahlen gibt es nicht. Die größte Gruppe der Schulverweigerer sind die Hauptschülerinnen und Hauptschüler.

Ca. 9% aller Schulabgänger verlassen die Schule ohne Abschluss. Besonders gefährdet sind Kinder und Jugendliche, die aus sozial schwachen Verhältnissen stammen. Jungen sind heute als die Bildungsbenachteiligten anzusehen. Als Sinnbild für die Benachteiligung bei jungen Menschen und Bildungsverlierern ist heute nicht mehr das katholische Bauernmädchen vom Lande, sondern der Großstadtjunge mit Migrationshintergrund zu sehen. Jungen wird oftmals eher zugetraut, sich alleine durchzubeißen. Dieses Ungleichgewicht wird dadurch verstärkt, dass die in der Regel fleißigeren Mädchen öfter gelobt werden. Den Jungen fehlt es zudem an Sozialkompetenz sowie an männlichen Vorbildern. Als ein Grund dafür wird der hohe Anteil weiblicher Lehrkräfte angesehen. Denn 64% der rund 790.000 Lehrkräfte an den allgemeinbildenden und beruflichen Schulen waren laut dem Statistischen Bundesamt in Wiesbaden im Jahre 2005 weiblichen Geschlechts. In den letzten zehn Jahren stieg der Frauenanteil bei den Lehrkräften um 8,9%. Vor allem in den neuen Bundesländern sind die Schulen in weiblicher Hand. Dort sind rund drei Viertel der Lehrkräfte Frauen. In den letzten zehn Jahren stieg ihr Anteil im Westen von 55% im Schuljahr 1995/1996 auf 61% im Schuljahr 2005/2006. Zwischen den Bundesländern gibt es hinsichtlich des Frauenanteils bei den Lehrkräften allerdings große Unterschiede. So reicht die Spanne von 57% im Saarland bis 79% in Mecklenburg-Vorpommern. Die Gesamtzahl der Lehrerinnen und Lehrer in Deutschland nahm in den vergangenen zehn Jahren absolut um 12.000 Lehrkräfte zu (= 1,9%).

Die Zahl der Bildungsverlierer hat sich in den vergangenen Jahren in Deutschland weiter erhöht. Betroffen waren vor allem junge Menschen männlichen Geschlechts. Nahe liegende Konsequenzen auf dem Arbeitsmarkt sind erkennbar. Fast 15% der Minderjährigen erlernen nach Verlassen der Schule keinen Beruf. Insbesondere trifft es junge Ausländerinnen und Ausländer. Jeder zehnte ungelernte junge Erwachsene ist arbeitslos! Seit längerem klagen Arbeitgeberverbände sowie Gewerkschaften über mangelnde Grundkenntnisse der Ausbildungsplatzbewerber, was die PISA-Studie eindrucksvoll bestätigt.

Nachdem die Ergebnisse bekannt wurden, begann die Suche nach dem Sündenbock. Einige schoben die Schuld dem dreiklassigen Bildungssystem, welches gnadenlos Selektion und Auslese durch die Schule (siehe hierzu bereits Rolff 1967) betreiben würde, oder aber der Integrationspolitik zu; andere gaben den überforderten Lehrkräften die Schuld.

Der ausschlaggebende Grund dafür ist die ungleiche Chancenverteilung für junge Menschen aus sozial schwachen Verhältnissen. Der Weltkindertag 2006 hat es allen wieder vor Augen geführt: „*Flagge zeigen für jedes Kind in Armut*", so lautete das Motto! Der Deutsche Kinderschutzbund e.V. prangerte mit 2,5 Millionen Fähnchen die wachsende Kinderarmut in Deutschland an. 2,5 Millionen Kinder leben in Deutschland auf Sozialhilfeniveau und damit in Armut! Zahlen, die vom Deutschen Kinderschutzbund e.V. 2006 veröffentlicht wurden. Zahlen, die Insidern seit längerer Zeit bekannt sind; Zahlen, die wirklich beunruhigen und insbesondere die politisch Verantwortlichen endlich wach rütteln sollten.

Von insgesamt 15 Millionen Minderjährigen, die in Deutschland leben, ist jedes sechste Kind von Armut betroffen, d.h. der Lebensunterhalt wird durch Hartz-IV-Bezüge bestritten. Besonders beunruhigend findet der Präsident des Deutschen Kinderschutzbundes Hilgers die Verdoppelung der Zahl der Betroffenen seit 2004: In der Konsequenz bedeutet das für diese Kinder:

- eine erhebliche Reduzierung ihrer Chancen auf einen guten Schulabschluss
- einen mangelhaften Gesundheitszustand bedingt durch schlechte Ernährung usw.
- drittens eine verminderte Förderung und Teilnahme an kulturellen Aktivitäten.

Hinzu kommt, dass auch das Familienleben in vielen Hartz-IV-Familien problembeladen verläuft und sich negativ auf die Entwicklung der Minderjährigen auswirkt. Die Zukunft dieser jungen Menschen sieht nicht gut aus. Darum fordern der Deutsche Kinderschutzbund und andere die Politiker zum Handeln auf: „Schluss mit der Politik der kleinen Schritte. Es muss jetzt und sofort gehandelt werden. Es gilt, klare Ziel- und Zeitvorgaben zu erarbeiten. Gern stehen wir hier beratend mit unserem Know-how zur Verfügung. Ein erster großer Schritt ist die flächendeckende Sicherstellung von kindgerechten, kostenfreien und ganztägigen Betreuungsmöglichkeiten und Bildungsstätten", fasst Hilgers die zentralen Forderungen des Deutschen Kinderschutzbundes zusammen. Meine Meinung: Neben dem Ausbau und der Qualifizierung des Ganztagsschulbereiches ist die gesamte frühkindliche Erziehung den Bedürfnissen der potenziellen Nutzer entsprechend auszubauen und zu qualifizieren. Die Erreichung des Ziels, dass jedem dritten Kind ein Krippenplatz zur Verfügung steht, erfordert ein Investitionsprogramm von ca. zehn Milliarden Euro, welches von der Wirtschaft wie den öffentlichen Händen (Bund, Länder und Kommunen) auch hinsichtlich der Folgekosten gemeinsam gestemmt werden muss!

Dieser nicht erst seit heute bekannte Zustand unseres Erziehungs-, Bildungs- und Schulsystems kann laut der ehemaligen Bildungsministerin Bulmahn niemanden ernsthaft zufriedenstellen. Um Kinder und Jugendliche früher individuell zu fördern, bedarf es des Ausbaus und der Weiterentwicklung von Ganztagsschulen. Dafür wurden im Schuljahr 2004/2005 durch das Investitionsprogramm des Bundes „Zukunft Bildung und Betreuung" mehr als 3.000 Ganztagsschulangebote gefördert. Weitere Unterstützung wurde auch seitens unserer Bundeskanzlerin Merkel zugesagt. Es sollen Ganztagschulen *ausgebaut*, *zusätzliche* Plätze in Ganztagsschulen geschaffen und bestehende Ganztagsangebote *weiterentwickelt* werden.

Die aktuelle Bildungsdebatte hat erneut Fragen nach der Bedeutung schulisch erworbener Kompetenzen als Eingangsvoraussetzung für eine Berufsausbildung aufgestellt. Dies ist auch das Thema des Zwölften Kinder- und Jugendberichtes, der der „Bildung und Erziehung außerhalb der Schule" gewidmet wurde (siehe hierzu Sachverständigen-kommission Zwölfter Kinder- und Jugendbericht, Band 4, 2005). Das Ziel der Bundesregierung ist es, die Rahmenbedingungen für das Aufwachsen der nachfolgenden Generation zu verbessern. Dazu sind sowohl Reformen im Bereich Bildung, Betreuung und Erziehung, als auch der Ausbau und die Verbesserung der Qualität der Kindertages-betreuung, die Unterstützung der Erziehungsberechtigten, die Gestaltung des Übergangs von Kindertageseinrichtungen zur Schule sowie die Angebote für Kinder und Jugendliche im Schulalter notwendig. Zwei Schwerpunkte werden herausgebildet und zwar die

- Erarbeitung von strukturellen, finanziellen und inhaltlichen Rahmenbedingungen für die Förderung der Kinder und Jugendlichen in der Schule
- Entwicklung konkreter und umsetzbarer Kooperationsmodelle von Jugendhilfe und Schule mit dem Ziel, Angebote für Kinder und Jugendliche im Schulalter zu schaffen.

Dieser Bericht stellt die Begriffe „*Bildung*", „*Betreuung*" und „*Erziehung*" in den Mittelpunkt, da sie zu einem zentralen gesellschaftlichen und politischen Thema geworden sind. PISA deckt zwar Schwachstellen im deutschen Erziehungs-, Bildungs- und Schulsystem auf. Infolgedessen wird der Bildung, dem Erwerb von Kompetenzen und der Leistungsfähigkeit größere Aufmerksamkeit geschenkt. Allerdings erfolgt Bildung nicht nur in Schulen, sondern auch in anderen Bildungsorten wie der Familie sowie in Einrichtungen, Diensten und Veranstaltungen der Kinder- und Jugendhilfe, wo u.a. Kompetenzen vermittelt werden, was für die Erweiterung des Bildungshorizontes des Einzelnen von nicht zu unterschätzender Bedeutung ist. Also sind Erziehung und Bildung als ein aktiver Prozess zu begreifen, in dem sich junge Menschen selbsttätig mit der sie umgebenden Umwelt kritisch auseinandersetzen und die im Rahmen ihrer Sozialisation immer und überall stattfinden.

Die angestrebten Bildungsreformen gehen auch auf die Frage ein, welche Rolle und Funktion Sozialarbeit an und in Schulen haben kann und muss. Dabei müssen sich die Schulen und die politisch Verantwortung Tragenden eingestehen, dass die Schulen in der gegenwärtigen Form dazu nicht in der Lage sind, die Aufgaben der Erziehung, Bildung und Betreuung umfassend zu erfüllen. Da in diesen Prozessen die gesamte Lebenssituation von Individuen berührt wird, ist es sinnvoll und erforderlich, neben der Schulpädagogik auch die Jugendhilfe verbindlich zu institutionalisieren und zu sichern.

Doch was sind nun im *neuen* sozial- und bildungspolitischen Rahmen die notwendigen Aufgaben und Konzepte der Schulsozialarbeit. Der *neue* Rahmen scheint in nicht wenigen Bereichen ein *überholbedürftiger* Rahmen zu sein. Denn nach dem „PISA-Schock" nun der von der OECD am 12.09.2006 in Berlin präsentierte OECD-Bildungsbericht: „Bildung auf einen Blick", der in Deutschland einen erneuten Schock ausgelöst hat! Dieser erteilt dem deutschen Erziehungs- und insbesondere Bildungssystem alles andere als gute Noten; erneut wird an Deutschland die Note „*mangelhaft*" vergeben! Nur in Tschechien, der Türkei und Österreich gibt es eine noch geringere Quote von Hochschulabsolventinnen bzw. Hochschulabsolventen; dort ist das Debakel noch größer! Die jährlich erscheinende Untersuchung der OECD analysiert die Entwicklung der Bildungssysteme in den 30 größten Industrienationen und konzentriert sich 2006 auf den Hochschulbereich.

Die deutschen Schulen qualifizieren unseren wichtigsten Zukunftsrohstoff zu wenig und sind im internationalen Vergleich – trotz erkennbarer Anstrengungen – bestenfalls unteres Mittelmaß. Deutschland gehen die Akademiker aus. Bei der Ausbildung von Hochqualifizierten hat Deutschland den Anschluss an die anderen OECD-Staaten verloren, hinkt anderen Staaten hinterher und riskiert damit seine Zukunft als führende Industrienation.

So studieren in Deutschland bisher lediglich 37% eines Jahrganges; international sind es in der Regel mehr als die Hälfte! In Australien, Island, Neuseeland, Schweden, Finnland und Polen studieren sogar ca. 70%.

Mit Sicherheit haben wir in Deutschland gegenwärtig zu wenig qualifizierte Fachkräfte, auch für den Bereich der Schulsozialarbeit. Der Bedarf an Fachkräften kann eindeutig nicht befriedigt werden, wie seit langem viele Bildungsplaner warnen: „Wenn man berücksichtigt, dass künftig geburtenschwache Jahrgänge die Schule verlassen, wird Deutschland den steigenden Bedarf an gut ausgebildeten Fachkräften so nicht befriedigen können", warnte auch der OECD-Bildungsexperte Andreas Schleicher bei der Vorstellung des Berichts mit Blick auf den mit Macht kommenden demografischen Wandel. Denn der Anteil der deutschen Absolventinnen und Absolventen an der Gesamtzahl der Absolventen im OECD-Raum ist seit dem Jahr 2000 von 6,8 auf 5,7% zurückgegangen. Zudem werde sich bei der Fortschreibung dieser Entwicklung bis 2014 ein weiterer Rückgang des „OECD-Marktanteils" an den Spitzenkräften auf 3,6% ergeben. Nur für die USA werde ein noch größerer Rückgang erwartet.

Des Weiteren muss festgestellt werden, dass im internationalen Vergleich in Deutschland zu lange studiert wird (ca. sieben Jahre), über ein Viertel bricht das Studium ab. Und sowieso steige der Anteil von Hochschulabsolventen zu langsam, um den Fachkräftemangel aufzufangen.

Zudem absolvierten in Deutschland insgesamt nur 20,6% eines Altersjahrganges ein Studium; dies ist eine Steigerung gegenüber dem Jahr 2000 von lediglich 1,3%. Andere Länder verbesserten die Quote ihrer Absolventinnen bzw. Absolventen weitaus stärker (z.B. in der Schweiz um 15,5%, in Italien sogar um fast das Doppelte). Im OECD-Durchschnitt absolvieren 34,8% eines Jahrganges ein Studium!

Besser schneidet Deutschland bei den Abschlüssen des Sekundarbereichs II ab, in dem das Abitur erworben oder eine Lehre abgeschlossen wird: 2004 hatten 85% der 25- bis 45-Jährigen einen solchen Abschluss. Dieser Wert wird nur von sieben OECD-Ländern um mehr als fünf Prozentpunkte übertroffen. Der Bericht weist aber darauf hin, dass diese Qualifikationen mittlerweile auch international weitgehend zur Norm geworden seien.

Kritik übt die OECD an der Finanzausstattung des Bildungssystems sowie an einer falschen Verteilung der Mittel. Der Anteil der Bildungsausgaben am Bruttoinlandsprodukt liege mit 5,3% deutlich unter dem OECD-Durchschnitt von 5,9%. Zudem finanziere der deutsche Staat den Hochschulbereich stärker als die Kindergärten. Das ist „bildungsökonomisch nicht erklärbar", da die gesellschaftlichen Erträge im Vorschulbereich besonders hoch sind; ich verweise auf die Arbeiten an der Universität Lüneburg zum Themenbereich KomPädenZ [KomPädenZ ist ein Forschungsprojekt, das erworbene Kompetenzen von Erzieherinnen und Erziehern unter Berücksichtigung des Gender-Mainstreaming-Prinzips auf eine potenzielle Anrechenbarkeit auf den Bachelor-Studiengang Sozialarbeit/-pädagogik untersucht. Informationen unter www.kompaedenz. de].

Welche neuen Beratungs- und Hilfesysteme sind notwendig? Wie sind vor allem die normativen und strategischen Grundvoraussetzungen und Rahmenbedingungen einer bedarfsorientierten Vernetzung öffentlicher, frei-gemeinnütziger und privat-gewerblicher Träger auszugestalten? Welche auf Programmen, Konzepten usw. fußenden Maßnahmen der Sozial-, Familien-, Jugend- sowie Bildungs- und Schulpolitik lassen sich miteinander verknüpfen mit der Zielsetzung einer Infrastrukturbildung von Familien unterstützenden oder entlastenden Angeboten. Was folgt daraus für die Aus-, Fort- und Weiterbildung der Fachkräfte? Welche neuen Planungs- und Steuerungsmodelle ergeben sich aufgrund der zu erwartenden demografischen Rahmenbedingungen auch auf der kommunalen Ebene? Welche Modelle kooperativer Demokratie auf kommunaler Ebene, einschließlich Formen des bürgerschaftlichen Engagements und der Selbstorganisation als Basis für bürgerschaftliche Solidarität, lassen sich finden? Welche innovativen Konzepte der Organisations- und Personalentwicklung sind erforderlich, um der veränderten Situation Rechnung zu tragen?

Um die aufgrund der demografischen Entwicklung ohnehin knappen Bildungsreserven gezielt ausschöpfen zu können, ist der Hochschulzugang unseres gesellschaftlichen Nachwuchses wesentlich zu erleichtern, auch der bisher schmale Pfad über den sog. Zweiten Bildungsweg!

Die Übergangschancen von der Berufsausbildung an die Hochschulen, wie sie der Deutsche Gewerkschaftsbund (DGB) und seine Einzelgewerkschaften seit Langem fordern, müssen sich – mit folgender Begründung – ebenfalls verbessern, denn 14% bekommen immer noch keine ausreichende Qualifikation. Andere OECD-Staaten machen das offensichtlich besser. Denn was einst Deutschlands Trumpf war, ist mittlerweile Standard in den Industriestaaten. Der OECD-Bildungsbericht beziffert, wie viele Einwohner 2004 über eine gute Basisqualifikation verfügten. In Deutschland hatten 84% der Bevölkerung zwischen 25 und 65 Jahren entweder eine erfolgreich abgeschlossene Berufsausbildung oder das Abitur – und damit die Grundvoraussetzung, am Arbeitsmarkt erfolgreich zu sein. Dieses Resultat sichert im OECD-Vergleich derzeit noch den sechsten Platz.

Der Blick in die einzelnen Altersgruppen zeigt: Deutschland tritt mehr oder weniger auf der Stelle, während die anderen Staaten ihren Bildungsstand zum Teil erheblich verbessern. In der Gruppe der 55- bis 64-Jährigen – die in den 60er Jahren ausgebildet wurden – kommt noch Rang 3 heraus. Unter den 25- bis 35-Jährigen, die noch relativ frisch aus dem Bildungssystem kommen, ist Deutschland auf Platz 13 abgesackt. Der Anteil der Abiturienten und Berufsqualifizierten hat sich um gerade einen Prozentpunkt erhöht gegenüber den 20 Jahre Älteren, gegenüber den 30 Jahre Älteren um sechs Prozentpunkte. Zum Vergleich: Die Niederlande haben im gleichen Zeitraum einen Anstieg um 31 Prozentpunkte geschafft.

Der Stillstand in Deutschland führt dazu, dass sich weiterhin etwa 14 bis 16% ohne Qualifikationen auf dem Arbeitsmarkt behaupten müssen. Dabei ist es durchaus möglich, die Quote der schlecht Ausgebildeten deutlich zu reduzieren. Die OECD-Staaten in Ostasien machen uns das vor.

In Deutschland fällt es zudem schwer, den fehlenden Abschluss durch Weiterbildung auszugleichen. Nur 3% derer, die weder Abitur noch Lehre haben, bildeten sich 2004 fort – das OECD-Mittel liegt bei 7%. Auch Erwerbstätige anderer Qualifikationsniveaus frischen in Deutschland ihr Wissen seltener auf als der OECD-Schnitt: Mit Abitur oder Lehre sind es 10% (OECD-Mittel: 17%), mit Studium 24% (OECD-Mittel: 31%).

Die Konsequenz ist, dass sich ein geringer Bildungsstand als starkes persönliches Handicap erweist. Das Risiko der Arbeitslosigkeit steigt: Von den Akademikern, Technikern und Meistern sind nur 5,5% arbeitslos, unter allen Personen mit Berufsausbildung 11,2 % – von den gering Qualifizierten aber gleich 20,5%. Auch die Spreizung der Einkommen, je nach Bildungsgrad, hat sich von 1997 bis 2004 in Deutschland verschärft, während sie laut OECD in Ländern wie Frankreich oder Spanien konstant geblieben ist.

Nun will das Bildungsministerium unter Annette Schavan in Erkenntnis dessen, dass die Ausbildung von Hochqualifizierten weiter zurückgefallen ist, nicht nur die Begabtenförderung von 0,6 auf 1,0% der in Deutschland Studierenden hochschrauben, was ebenfalls seit geraumer Zeit unbedingt Not tut, sondern als Konsequenz der neuen OECD-Studie mit den Bundesländern einen sogenannten „Hochschulpakt" aushandeln und erneut einen „Zwischenspurt" zur Mobilisierung von Bildungsreserven einlegen.

Zudem sieht die Präsidentin der Kultusministerkonferenz, Ute Erdsiek-Rave, Reserven vor allem bei jungen Menschen aus den sog. bildungsfernen Schichten und Familien mit Migrationshintergrund. Als einen weiteren wichtigen Bereich nannte sie den Ausbau von Studiengängen für Erziehungsberufe und Heilberufe.

Als positiv wird die Einführung von gestuften Bachelor- und Master-Studiengängen gewertet, da diese Änderungen schneller zu berufsqualifizierenden Abschlüssen führen und zwar in drei bis maximal fünf Jahren. Diese Studiengänge ermöglichten einen flexibleren Zugang und würden dazu beitragen, die hohen Abbrecherquoten von bis zu 45% zu reduzieren. Darüber hinaus wird empfohlen, die Bildungsangebote an Fachhochschulen und Universitäten vielfältiger zu gestalten und zwischen der Berufsausbildung und dem Studium *„fließende Übergänge"* zu ermöglichen.

Die Regelung, das Diplom, den Magister durch den Bachelor zu ersetzen ist vielfach umstritten und wird von Vielen als *„Billiglösung"* kritisiert. Die Argumente des Wissenschaftsrates, dass diese Reform nur bei einem gleichzeitigen Ausbau und einer Qualifizierung der Beratung und Betreuung der Studierenden gelingen kann, wurden – wie die Erfahrung in unterschiedlichen Bereichen vielfach belegt – nicht ausreichend ernst genommen.

Die flächendeckende Versorgung im Bereich der frühkindlichen Erziehung und Einführung von Ganztagsschulen, die zu einer wesentlichen Verringerung der Schwächen unseres deutschen Erziehungs- und Bildungssystems beitragen würde, lässt hoffen! Ein tragendes Element ist hier die Schulsozialarbeit!

Schleicher, Chefanalytiker im Direktorat Bildung der OECD, hebt hervor, dass es nicht ausreiche, ein Bildungssystem aus dem 19. Jahrhundert ein bisschen zu reformieren. Auch kritisiert er, dass vor allem in die unteren Schulklassen unterdurchschnittlich investiert würde! Die OECD-Studie schlägt z.B. hinsichtlich der Lehrergehälter vor, die Bezahlung zu flexibilisieren, wie dies bereits in anderen Ländern üblich sei. Nicht nur Lebensalter, Familienstatus und Leitungsfunktion an der Schule sollten ins Gewicht fallen und sich in der Höhe des Einkommens auswirken. Auch die Übernahme von Gemeinschaftsaufgaben, Arbeitsgemeinschaften usw. sollte angemessen gewürdigt und in der Höhe der finanziellen Gratifikationen zum Ausdruck kommen!

Laut der Bundesvereinigung der Deutschen Arbeitgeberverbände e.V. (BDA) hat das deutsche Bildungssystem Fortschritte erzielt. Es müsse aber noch deutlich an weiterer Dynamik gewinnen. Die internationale Konkurrenz schlafe nicht, sondern fahre auf der Überholspur. Es sei weiterhin richtig, dass Deutschland mehr Studierende braucht, und es sei wichtig, was und wie studiert würde. Die Abbrecherquote von durchschnittlich 25% müsse nachhaltig gesenkt werden. Dem ist uneingeschränkt zuzustimmen! Die konsequente Fortsetzung des Bologna-Prozesses und die vollständige Neukonzeption aller Studiengänge mit den Abschlüssen Bachelor und Master sind von zentraler Bedeutung. Hier erhebt sich auch kein Widerspruch! Allerdings dürften die neuen Studiengänge, so Hundt, kein „alter Wein in neuen Schläuchen" sein, sondern sollten das Studium zu einer modularen und berufsfeldbezogenen Ausbildung umgestalten. Ein zentraler Schwachpunkt in Deutschland ist die nach wie vor mangelnde Durchlässigkeit des Bildungssystems. Mit seiner Versäulung und Abschottungsmentalität erfüllt das gegenwärtige Bildungssystem nicht die Herausforderungen. So müssten die beruflichen und akademischen Bildungswege gleichwertig anerkannt werden. Einzelne Beispiele der Kooperation von beruflicher und hochschulischer Bildung sind bislang nur Insellösungen und reichen laut Hundt bei Weitem nicht aus.

Angesichts des schlechten deutschen Abschneidens im neuen OECD-Bildungsbericht hat auch die Gewerkschaft Erziehung und Wissenschaft (GEW) dringend Konsequenzen angemahnt. „*Deutschland braucht eine Gesamtstrategie zur Reform seines Bildungswesens – vom Kindergarten bis zur Weiterbildung*", sagte die GEW-Vizevorsitzende Demmer am 13.09.2006. Die Länder müssten trotz ihrer mit der Föderalismusreform gewachsenen Zuständigkeiten „*(...) über ihren Schatten springen und sich mit dem Bund auf gemeinsame Ziele verständigen*". Die Zeiten von Kleinstaaterei seien endgültig vorbei. Weiterhin hob Demmer hervor, dass die Zukunft der jungen Generation in Deutschland wichtiger sei als neue Zuständigkeitsdebatten zwischen Bund und Ländern. Zu einer Bildungsgesamtstrategie gehöre „*(...) nicht nur mehr Geld, sondern auch eine neue Philosophie*". Denn „*es geht um Fördern, nicht mehr um Auslesen*", so Demmer. Die Bundesrepublik brauche höchstmögliche Bildung für alle – und nicht wie bisher gute Bildung für viel zu wenige.

Nach dem OECD-Bildungsbericht 2006 ist das deutsche Bildungssystem im weltweiten Vergleich der 30 wichtigsten Industriestaaten also weiter zurückgefallen. Angesichts der überall erheblich gestiegenen Anforderungen auf dem Arbeitsmarkt bildet Deutschland nach wie vor zu wenig Abiturienten und Akademiker aus. Versäumnisse werden Deutschland bei der Förderung von Kindern von Migranten und armen Eltern als auch bei der Fort- und Weiterbildung bescheinigt.

Diese Informationen und Anmerkungen als voraussetzender Input, der ein wenig stimulierend wirken und zum kritischen Nachdenken über Rolle und Funktion von Schulsozialarbeit anregen soll!

Einleitend ist – ausgehend von dem vorgegebenen Thema – zum einen die Frage nach den Erwartungen der „Kunden" der Schulsozialarbeit in der Hier- und Jetztzeit zu stellen und danach, wer überhaupt „Kunde" ist und zum anderen, welche Erfordernisse und vielleicht auch Interessen in der Zukunft realisiert werden sollten. Geht es um „Kundenorientierung“? Geht es um die Funktionalität von Sozialisationsagenturen? Oder worum geht es im Kontext von Schulsozialarbeit vor allem?

In der Zeit der immer schneller kommenden Paradigmenwechsel, der Globalisierung und des Strebens nach immer mehr Effizienz gilt es von Forschung, Wissenschaft und Lehre zu erkennen und im praktischen Handlungsvollzug zu beachten, dass insbesondere die zur Verfügung stehenden finanziellen Ressourcen großen Einfluss auch auf die Schulsozialarbeit haben. Das Gelingen hängt aber auch ab von dem vorhandenen „Know-how“ über die Strukturen, Verfahrensweisen sowie Prozesse, von dem tatsächlichen Wissen und Können, welches zu reorganisieren ist.

Als seit nunmehr über 40 Jahren der Gewerkschaftsarbeit verpflichtet und seit über 20 Jahren als Vertrauensdozent der Hans-Böckler-Stiftung Wirkender stelle ich mir schon seit dem sogenannten Bologna-Prozess die unter den Nägeln brennende Frage, wie im Rahmen der europäischen Bildungs- und Hochschulreform besser auf die Erfordernisse der beruflichen Praxis eingegangen und deren Einbindung gesichert werden könnte. Welchen Einfluss nehmen z.B. Personalräte und Vertrauensleute mit ihren von beruflicher Praxis geprägten Erfahrungen und Potenzialen auf die Qualität sichernde Entwicklung der Curricula, der Module, der Gewichtung durch Credits (ECTS) sowie auf die Evaluation der Lehre? Welches sind die adäquaten Lehr- und Lernformen heute, wie muss die Kunst des Vermittelns aussehen? Welche Kompetenzen gilt es heute an dem Lebens- und Lernort Schule zu vermitteln? Wie ist es in realiter bestellt um die verbindliche Einbindung beruflicher Praxis bei der Akkreditierung von Studiengängen? Und wie sieht es aus mit dem bewährten und nach wie vor erforderlichen „Praxis-Theorie-Bezug“ bei einem dreijährigen Bachelor-Studiengang? Wird es beispielsweise den politisch Verantwortung Tragenden gelingen, unter Würdigung der gesamtgesellschaftlichen Relevanz – auch bezogen auf den internationalen Kontext – die theoretischen Ziele mit den praktischen Erfordernissen in Einklang zu bringen und zum Wohle der Adressaten zu realisieren (Stichwort Ganztagsschule)? Hier ist – unter Würdigung des neuesten OECD-Bildungsberichtes – eindeutig Politik gefordert, adäquate Rahmenbedingungen und grundlegende Voraussetzungen zu schaffen, um ein Gelingen zu ermöglichen! Wird es – ausgehend von den Ergebnissen der Föderalismuskommission – einen Autonomiezuwachs der Erziehungs-, Bildungs- und Sozialisationsinstanzen Jugendhilfe und Schule geben und wenn ja, in welcher Form? Was würden uns heute sich durchkreuzende Stränge der Schulpädagogik und der Jugendhilfe, die jeweilige Intensität der Schnittstellen und vor allem die Qualität der Schnittmengen sagen? Was sagen hierzu die Gesetzgeber der jeweiligen Bundesländer?

Es ist – ausgehend von dem Leitmotto Kooperation von Schule und Jugendhilfe – von folgendem Grundsatz mit auszugehen: Wenn die Determinanten der „Prävention“ im Kontext der Zusammenarbeit von Jugendhilfe und Schule besser ineinandergreifen, kann für die eigentlichen Adressaten und deren Erziehung, Bildung und Sozialisation mehr erreicht werden!

Was sollte demnach Prävention beinhalten? Als Prävention (vom lateinischen *prævenire* „zuvorkommen, verhüten“) bezeichnet man das Vorbeugen eines Ereignisses oder Effekts. Der Begriff findet in unterschiedlichen Feldern und auf verschiedenen Ebenen Anwendung. So ist er in der Politik ein fester Bestandteil wie in der Medizin und der Kriminologie, aber auch in der Sozialen Arbeit (z.B. Gewaltprävention, Suchtprävention in der Schule).

In diesem Beitrag geht es um Aufgaben und Konzepte der Schulsozialarbeit, deren Grundvoraussetzungen und Rahmenbedingungen, die für spezifische Erziehungs-, Bildungs- und Lebenssituationen von – vor allem jungen – Menschen auch und insbesondere prophylaktischen Charakter haben.

So hat Prävention in der Schulpädagogik wie in der Sozialarbeit/Sozialpädagogik (im Folgenden subsumiert unter dem Begriff Soziale Arbeit und konkretisiert für den Bereich der Jugendhilfe) jeweils eine zunächst grundlegend verschiedene Bedeutung. In der Schulpädagogik hat Prävention das primäre Ziel, neben den eigentlichen Adressaten, die Schülerinnen und Schüler, insbesondere die Lehrkräfte sowie Erziehungsberechtigte für die Thematik generell zu sensibilisieren und zu ermutigen, Gefährdungen wahrzunehmen, Strukturen und Lehrinhalte zu qualifizieren sowie Konzepte mit Präventivcharakter – wenn möglich in Zusammenarbeit mit den Trägern der Jugendhilfe – und entsprechende Maßnahmen zu realisieren. Folglich hängt der Erfolg „schulischer Präventionsarbeit" nicht allein von der Institution Schule ab, sondern auch von spezifischen Grundvoraussetzungen und Rahmenbedingungen anderer Träger, konkret von den Trägern der Jugendhilfe sowie ihrer Akteure.

Planung, Organisation, Durchführung und Nachbereitung präventiver Arbeit in der Schule könnten auf der Grundlage partnerschaftlicher Zusammenarbeit in Form eines Bausteinprinzips gestaltet werden:

- gegenseitige Sensibilisierung für die Professionalität des Kooperationspartners
- gemeinsames Erkennen und Erleben der Bedeutung des Sozialisations- und Lebensraumes Schule durch Lernen am Modell und Projektarbeit
- gemeinsame Vor- und Nachbereitung (output- und outcome-orientierte Messung) von ‚Erfolg' und ‚Misserfolg' (z.B. auch als Gegenstand von Elternabenden) mit dem Ziel der Erstellung von Wirksamkeitsanalysen
- gemeinsame Entwicklung sowie Auf- und Ausbau partnerschaftlicher Zusammenarbeit nicht nur in der Binnenstruktur, sondern auch extern in der Netzwerkarbeit und kommunalen Netzwerkpolitik
- Erstellung eines kontinuierlichen Berichtswesens (Schul- und Jugendhilfeberichterstattung)
- gemeinsame Fort- und Weiterbildung zu Themenbereichen schulischer Präventionsarbeit (z.B. Strategie- und Interventionspläne, auch mit Mitgliedern der Elternbeiräte).

Des Weiteren kann Prävention auf den verschiedenen Ebenen nach primärer, sekundärer und tertiärer Prävention unterschieden werden.

Eine primäre Prävention will so früh wie möglich vor allem auf der normativen Ebene (z.B. Leitbildentwicklung, Unternehmenskultur, Corporate Identity) sowie der strategischen Ebene (z.B. Planung, Programme) wirken, damit soziale Probleme und Problemlagen verhindert, zumindest reduziert werden können. Ihr oberstes Ziel ist die Verhinderung dessen, was nicht geschehen soll.

Die sekundäre Prävention ist der Entwicklung und dem Einsatz problemlösender Maßnahmen gleichzusetzen, da sie eine möglichst frühzeitige Identifizierung (z.B. mittels Sozialindikatoren) und Intervention zum Ziel hat. Es geht hierbei sowohl um die Benennung, Aufdeckung und Vermeidung bzw. Reduktion sozialer Probleme.

Die nachgehende soziale Beratung und Behandlung bildet die Ebene der tertiären Prävention (z.B. Therapie). Hier geht es um die Minderung von negativen Nebenwirkungen sowie Folgeschäden.

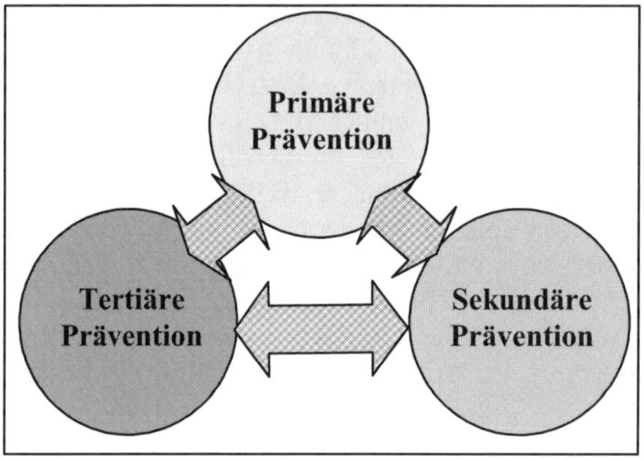

Abb. 2: Die drei Ebenen von Prävention

Die zuvor stehenden Präventionsformen haben mehrere, zum Teil interdependente Schnittstellen und miteinander verwobene Schnittmengen unterschiedlicher Größe. Für den Bereich der Schulsozialarbeit lässt sich folgendes Bild skizzieren:

- Vermittlung beruflichen Handelns (Fach-, Feld- und personale Kompetenz als Determinanten beruflicher Handlungskompetenz) soll dazu beitragen, dass junge Menschen, deren Erziehungsberechtigte sowie Lehrerinnen bzw. Lehrer und Sozialarbeiterinnen bzw. Sozialpädagogen zielgerichtet befähigt werden
- vorbeugende Handlungskonzepte, die auch nachgehende Betreuung mit einschließen, sollen nicht nur in Programmen, Modellprojekten und sonstigen Maßnahmen erprobt, sondern in der alltäglichen Praxis schulischer Bildung und Erziehung realisiert und zum Struktur- und Arbeitsprinzip erhoben werden (z.B. gemeinsame Aus-, Fort- und Weiterbildung)
- Schülerinnen und Schülern, deren Erziehungsberechtigten sowie Lehrerinnen und Lehrern werden in den ausgewiesenen Sozialräumen Beratungs- und Hilfeangebote benannt, erläutert und mit sozialen Einrichtungen, Diensten und Veranstaltungen konkret vertraut gemacht
- Informations- und Öffentlichkeitsarbeit als integrierter Bestandteil kommunalen Managements
- langfristige Sicherung der Unterstützung und Förderung von Kooperation, Vernetzung sowie strategischer Allianzen der jeweils zu beteiligenden Akteure.

Der Erfolg schulischer Präventionsarbeit hängt von spezifischen Grundvoraussetzungen und Rahmenbedingungen der Erziehungs-, Bildungs- und Sozialisationsinstanzen Jugendhilfe und Schule und ihren Akteuren ab. Schule kann, auf sich allein gestellt, die gesetzten Ziele nicht erreichen.

Ein zentrales Merkmal beruflichen Handeln in der Jugendhilfe ist es, Rat- und Hilfesuchende ganzheitlich zu erfassen und dem Leistungsberechtigten – soweit möglich – umfassende Angebote zu offerieren, die sich primär auf dessen Lebenswelt beziehen. Jugendhilfe nimmt demnach unter Berücksichtigung individueller sowie gesellschaftlicher Ressourcen sowohl den Rat- und Hilfesuchenden als auch dessen soziale Probleme sowie die sein Befinden determinierende soziokulturelle, sozioökonomische sowie psychosoziale Situation in den Blick seines Denkens, Fühlens, Wahrnehmens und Handelns, mit dem Ziel der Entwicklung, Vermittlung, Implementierung und Stabilisierung von Handlungskompetenz (Hilfe zur Selbsthilfe). Dieses Grundverständnis gilt es auf den Arbeitsfeldbereich Schulsozialarbeit zu übertragen.

Und noch eine weitere Grundvoraussetzung, die zugleich eine zentrale Rahmenbedingung bildet. Mit dem Aufkommen und der Verbreiterung der „*Familientherapie*" auf systemischer Grundlage wurde der Sozialen Arbeit eine neue Problemsicht-, Zugangs- sowie Erklärungsweise zuteil, die zu einem grundlegenden Paradigmenwechsel führte. Die der Familientherapie zugrunde liegende Kommunikations- und Systemtheorie, der eine grundlegend andere Erkenntnistheorie (*als das psychoanalytische Konzept*) zugrunde liegt, basiert auf Personen und Strukturen, die sich innerhalb und zwischen (Sub-)Systemen ergeben. Zentrale Aufgabe und Ziel dieser systemisch-strukturellen Problemsicht- und Zugangsweise, die durch die Hinzunahme der Kommunikationstheorie mit ihren prozessorientierten Interaktionskomponenten aufgefüllt ist, also die der „*systemischen Sozialen Arbeit*" ist es, innerhalb der Familie tragfähige Beziehungsstrukturen wiederherzustellen, aufzubauen und verschüttete Ressourcen zu aktivieren.

Die Abkehr von dem „*Ursache-Wirkung-Prinzip*", dem linearen Kausalitätsdenken hin zu dem zirkulären, kybernetischen Kausalitätsprinzip, nach dem die Realität eines Menschen untrennbar mit seinem gesellschaftlichen Kontext verknüpft ist, bedeutet, dass das Verhalten von Individuen nur im Zusammenhang mit seinem ihn umgebenden Beziehungsgefüge (vor allem die Sozialisationsinstanzen Elternhaus und Schule) verstanden werden kann. Die gegenseitige Bezogenheit von Zuständen bzw. Prozessen wird zum Gegenstand und Ausgangspunkt beider Berufsgruppen (Lehrerinnen bzw. Lehrer und Sozialarbeiter bzw. Sozialpädagoginnen), deren Angebote auf eine qualifizierende Veränderung von Beziehungsmustern abzielen.

Für eine ganzheitliche Problemsichtweise, Beratung und Hilfe ist vor allem systemische Sozialarbeit erforderlich. Der Begriff „*System*" findet in diesem Kontext als Metapher Verwendung. Er bezeichnet Elemente, z.B. Menschen, zwischen denen bestimmte Beziehungen bestehen, welche sich z.B. als wiederkehrende Abläufe, Regeln oder Muster beobachten lassen (z.B. Familien). Der Sozialarbeiter/ Sozialpädagoge versteht sein eigenes Denken, Fühlen, Wahrnehmen und Handeln als Teil eines zirkulären Prozesses, an dem er selbst, der junge Mensch und seine Familie als System und andere Bezugspersonen sowie weitere Fachkräfte Sozialer Arbeit beteiligt sind.

Ähnlich wie in biologischen Systemen Komponenten Komponenten erzeugen, schließt nach Deutschlands bedeutendstem Systemtheoretiker Luhmann in sozialen Systemen Kommunikation an Kommunikation. Beide Systeme besitzen eine ihr eigene, spezifische, operativ geschlossene Eigengesetzlichkeit sich selbst organisierender Systeme.

In diesem Zusammenhang sind für die praktische Arbeit vor Ort folgende Aspekte von Bedeutung:

- Jedes Denken, Fühlen, Wahrnehmen und Handeln, jede Person, jeder Teilaspekt steht immer in einem Netz von (Rahmen-)Bedingungen, die interdependent sind, also sich gegenseitig beeinflussen können. Eine isolierte Betrachtung wäre daher unzureichend und unvollkommen.
- Alle sozialen Probleme und Problemlagen sind multikausal verursacht. Dabei wirken die unterschiedlichsten Einflussgrößen zusammen.
- So werden z.B. im Rahmen der *Arbeitsform „Arbeit mit Einzelnen und Familien“* anhand konkreter Fallbeispiele auch problemlösende Sicht- und Zugangsweisen in einer Zusammenschau aus den Blickwinkeln der Sozialhilfe, Wohnungshilfe, Gesundheitshilfe wie auch der Psychologie, der Soziologie und des Rechts thematisiert. Für die Jugendhilfe bedeutet dieses Problemlösen in komplexen Systemen wie der Schule, pointiert formuliert, von der noch teilweise vorfindbaren Praxis Abstand zu nehmen, für ein soziales Problem, für eine konkrete soziale Auffälligkeit, für ein bestimmtes Verhalten gebe es lediglich nur eine *wahre* Ursache. Diese müsse man identifizieren, eingrenzen und isolieren, nach den entsprechenden Rechtsgrundlagen behandeln, um *„Heilung“* oder zumindest *„Linderung“* zu erzielen. Diese in der klassischen Jugendhilfe übliche Sicht- und Handlungsweise geht von dem herkömmlichen Bedürfnis-Modell bzw. den anwaltlichen Einmischungsstrategien aus. Trotz des unterschiedlichen Grundverständnisses von Jugendhilfe gehen beide Handlungskonzepte von einem konvergenten (übereinstimmenden) Denkansatz aus: Für ein spezifisches monokausal diagnostiziertes soziales Problem wird eine ganz bestimmte problemlösende Hilfeart einschließlich entsprechender Maßnahmen bestimmt. Dahinter steht die Vermutung, dass zu jedem Topf nur ein bestimmter Deckel passen würde, zu jedem sozialen Problem sich nur eine bestimmte Lösung finden lassen würde, wenn die Fachkräfte Sozialer Arbeit nur über genügend berufliche Handlungskompetenz verfügen würden. Auf der Grundlage dieses Denkansatzes werden soziale Probleme und Problemlagen nur dann Gegenstand des Denkens und Handelns von Fachkräften der Jugendhilfe, wenn für sie eindeutige Lösungen gefunden werden können; ansonsten werden sie – ignorierend – als für die Jugendhilfe nicht lösbar erklärt. Konvergentes Denken behindert eine alternative Problemsicht und Zugangsweise sozialer Probleme und Problemlagen.
- So führt der Hilfeplan in der Regel zu multiplen Konsequenzen (z.B. erzieherische Hilfen nach dem SGB VIII und persönliche und wirtschaftliche Hilfen im Rahmen der Sozial- und/ oder Gesundheitshilfe) – wie ein in die Ilmenau geworfener Stein, der seine Kreise zieht. Hiermit wird verdeutlicht, dass jede Veränderung eines Systems vielfache Auswirkungen auf andere Subsysteme, Lebenssituationen, Personen und Verhaltensbereiche hat. Um nicht missverstanden zu werden: Allein der Umstand, dass alle Mitglieder des Systems Familie bei einer Beratung anwesend sind, bedeutet noch lange nicht, dass das berufliche Handeln nach systemorientierten Strukturmaximen abläuft. Denn

das hinter einer Fachkraft stehende Denkmodell „Problemlösen in komplexen Systemen“ ist handlungsleitend und entscheidend. Unter dieser Voraussetzung kann berufliches Handeln eines Schulsozialarbeiters in einem Subsystem einer Familie (z.B. mit dem straffällig gewordenen Jugendlichen oder dem arbeitslosen Vater) sehr wesentliche synergetische Effekte auf das Gesamtsystem ausüben.

- Es gilt nicht nur für Juristen oder Verwaltungsfachkräfte zu erkennen, dass aufgrund der wachsenden Komplexität unserer Lebenswelt keine vollständigen Analysen sozialer Probleme und Problemlagen nur auf einer Grundlage erfolgen können, welche den Menschen vermeintlich primär nach Gesetzessystematik und/oder Verwaltungsstrukturen organisatorisch segmentiert, atomisiert und letztlich über Gebühr reglementiert.
- Ein System mit seinen Teil- bzw. Subsystemen kann auch ohne die Kenntnis all seiner Verknüpfungen und Vernetzungen beeinflusst werden, indem nach der grundsätzlichen Struktur- und Handlungsmaxime „*global Denken, lokal Handeln*“ gearbeitet wird (die Schule als Lern- und Lebensort). Das systematische Ansetzen an derartigen funktional grundlegenden Aspekten des Systems macht das Gelingen durchgreifender problemlösender Maßnahmen hochwahrscheinlich.
- Nicht nur der beruflich Handelnde beeinflusst das System. Jede Schulsozialarbeiterin, jeder Lehrer ist selbst ein Teil des Systems, welches auch auf ihn und sein berufliches Handeln einwirkt. Um nicht selbst „*Gefangener des Systems*“ zu werden bzw. zu bleiben, sind kollegiale Beratungs- und Entscheidungssysteme auf Augenhöhe erforderlich, die einen partnerschaftlichen Austausch, gegenseitige Beratung und Unterstützung sowie Fort- und Weiterbildung, Supervision und Coaching ermöglichen und fördern.

Was soll mit diesem exemplarischen Ausflug in die Systemtheorie verdeutlicht werden? Es gibt aufgrund meiner beruflichen Erfahrung und Erkenntnis etliche Gemeinsamkeiten in der Ausbildung beider Berufsgruppen, die Gegenstand der Lehre für beide Berufsgruppen mit einem eigenen berufsqualifizierenden Abschluss sind!

Das Erziehungs-, Bildungs- und Schulsystem in Deutschland befindet sich – wie mehrfach hervorgehoben – zurzeit in einer Neugestaltungsphase. Deren Umgestaltung geht einher mit Neuorientierungen in der Jugendhilfe, welche sich im Achten Jugendbericht bzw. dem SGB VIII im Prinzip der „Lebensweltorientierung“ sowie im Zwölften Jugendbericht niedergeschlagen haben. Schule wird hier selbst als Lebenswelt verstanden, die in Wechselwirkung mit anderen Lebenswelten steht und in welcher Jugendhilfe einen Mitgestaltungsauftrag hat.

Deutschland befindet sich im internationalen Vergleich in einer Sonderrolle, da sein Erziehungs-, Bildungs- und Schulsystem fast ausschließlich auf Halbtagsschulen beruht. In vielen Ländern Europas sind Ganztagsschulen bereits die vorherrschende oder gar einzige Schulform. Dies bedeutet, dass Jugendsozialarbeit an Schulen in Zukunft zu einem integrativen Teil des bundesrepublikanischen Erziehungs- und Bildungssystems wird! Dies ist allerdings nur zu gewährleisten in einer konzeptionellen, finanziellen, personellen, sozialräumlichen sowie einer weitergehenden rechtlichen Verankerung, z.B. in den Schulprogrammen der Länder.

Auf dem letzten Bundeskongress in Recklinghausen 2004 zur „*Integration durch Schulsozialarbeit an Ganztagsschulen*“, der unter dem Motto ‚*Niemanden zurücklassen!*‘ stand, ist das Thema Schulsozialarbeit

„(...) aus Sicht des Bundesministeriums für Bildung und Forschung nicht nur hochaktuell, sondern von elementarer Bedeutung für Schulentwicklung in Deutschland. (...) ‚Niemanden zurücklassen!' muss heißen, dass Bildungschancen nicht länger nach dem Einkommen oder sozialen Status der Eltern zugeteilt werden, wie es in Deutschland leider noch immer viel zu oft der Fall ist, dass wir endlich ernst machen mit dem Anspruch, in unseren Schulen Kinder und Jugendliche nach Maßgabe ihrer unterschiedlichen Begabungen zu fördern und dass wir das „Wohlbefinden" jedes Kindes ins Zentrum unserer Bemühungen stellen" (Bundesministerium für Bildung und Forschung 2006: 7).

Und weiterhin spricht sich das Bundesministerium für Bildung und Forschung für die gemeinsame Gestaltung des Bildungssystems aus,

„(...) das individuell fördert und fordert, anstatt diejenigen, die unsere Unterstützung brauchen, zu selektieren und auszusieben, das Qualität und Chancengleichheit gewährleistet, anstatt das eine gegen das andere auszuspielen und das allen Kindern und Jugendlichen eine gute und faire Chance auf Bildung und Ausbildung gibt - nicht zuletzt auch deshalb, weil wir es uns schon aus demographischen Gründen nicht länger leisten können, Begabungen in unserem Land ungenutzt zu lassen. Wir brauchen jede und jeden" (ebd.).

Insofern ist das bestehende Bildungs- und Schulsystem zu reformieren, es ist gemeinsam neu zu gestalten! Denn mittlerweile ist es Allgemeingut und ich wiederhole: Das bestehende Bildungs- und Schulsystem ist nicht voll leistungsfähig und gemeinsam neu zu gestalten! Es schwankt – stark mitbestimmt durch die Kulturhoheit der Bundesländer – sehr; hier einige Forderungen:

- Erforderlich sind gleiche Bildungschancen für alle!
- Es geht um das, was in dem Sozialraum und Lebensraum der Schule passiert und wie qualitativ die jeweiligen Produkte sind.
- Gefragt sind Offenheit und Flexibilität, um auf Anforderungen adäquat eingehen und um sich auf Augenhöhe gleichberechtigt begegnen zu können.
- Was sollen sozialarbeiterische und pädagogische Konzepte erreichen und wo gibt es Gemeinsamkeiten, wo bestehen Differenzen?
- Es geht um die gemeinsame Entwicklung und um den gemeinsamen Aufbau starker Partnerschaften sowie
- um die Verstetigung angemessener Einrichtung und Ausstattung von Schulsozialarbeit!

Literatur

Bassarak, Herbert/Eibeck, Bernhard/Schedel-Gschwendtner, Günther (Hrsg.) (2004): Schulsozialarbeit - Impulse für die Bildungsreform? Frankfurt am Main: Eigenverlag der Gewerkschaft Erziehung und Wissenschaft

Bassarak, Herbert (2004): Plädoyer für Schulsozialarbeit. In: Bassarak/Eibeck/Schedel-Gschwendtner (Hrsg.) (2004): 5ff.

Bassarak, Herbert/Eibeck, Bernhard (Hrsg.) (2006): Niemanden Zurücklassen! Integration durch Schulsozialarbeit an Ganztagsschulen. Frankfurt am Main: Eigenverlag der Gewerkschaft Erziehung und Wissenschaft

Bundesministerium für Bildung und Forschung: Grußwort des Bundesministeriums für Bildung und Forschung. In: Bassarak/Eibeck (Hrsg.) (2006): 7ff.

Heinz, Rainer (2000): Kommunales Management. Überlegungen zu einem KGSt-Ansatz. Stuttgart: Schäffer - Poeschel Verlag

OECD - Organisation für wirtschaftliche Zusammenarbeit und Entwicklung (Hrsg.) (2006): Education at a glance - Bildung auf einen Blick. Kurzfassung unter: http://www.gew-bw.de/Vergleichsstudien.html#Section4047 (02.08.2007)

Rolff, Hans-Günther (1967): Sozialisation und Auslese durch die Schule. Berlin, Münster: Juventa

Sachverständigenkommission Zwölfter Kinder- und Jugendbericht (Hrsg.) (2005): Kooperationen zwischen Jugendhilfe und Schule. Band 4. München: Verlag Deutsches Jugendinstitut

Luise Hartwig

Geschlechtergerechtigkeit in der Jugendhilfe

1 Einleitung

Gesellschaftliche Diskurse über die Bereiche Bildung, Erziehung und Sozialisation prägen auch die Jugendhilfe als Handlungsfeld. Jugendhilfe ist nicht nur eine abstrakte gesellschaftlich-politische Größe, sondern stellt sich den Bürgerinnen, Bürgern und Hilfesuchenden institutionell dar. Die institutionelle Organisation ist der Rahmen, in dem Leistungen nach dem SGB VIII erbracht werden, aber auch hoheitliche Aufgaben des Jugendamtes erfüllt werden. Das Jugendamt in seiner Zweigliedrigkeit übernimmt hierbei die Gesamt- und Planungsverantwortung, auch im Hinblick auf Geschlechtergerechtigkeit.

Der Geschlechterdiskurs als Querschnittsthema zu den Diskursen über Bildung, Erziehung und Sozialisation hat für die Jugendhilfe einen Gestaltungsauftrag für mehr Geschlechterdemokratie: die Vision eines gerechten Geschlechterverhältnisses im Produktions- und Reproduktionssektor, die Gestaltung geschlechtergerechter Erfahrungs- und Handlungsräume für die nachwachsende Generation. Jugendhilfe als eigenständige Sozialisationsinstanz neben Elternhaus und Schule ist Teil des Integrationsprozesses junger Menschen in die Gesellschaft. Dieser erfolgt sowohl durch die Gestaltung von Lebenswelten als auch durch die Auseinandersetzung der Individuen mit bestehenden Strukturen, Maßnahmen und Arbeitsfeldern. Jugendhilfe hat das Ziel, entwicklungsförderliche Lebensbedingungen für die nachwachsende Generation sicherzustellen. Dazu hält sie gemäß den Anforderungen des Kinder- und Jugendhilfegesetzes (KJHG/SGB VIII) ein breites Angebotsspektrum bereit. Der Handlungsauftrag der Jugendhilfe, gesellschaftliche Integration junger Menschen, insbesondere solcher, die psycho-sozial belastet sind, zu befördern impliziert einen Handlungsauftrag für die Weiterentwicklung der Angebote für Mädchen und Jungen zu einer umfassenden Geschlechtergerechtigkeit. Dieser erfordert die Vision einer Neugestaltung des Geschlechterverhältnisses im Hinblick auf die gerechte Verteilung von Teilhabechancen in der Gesellschaft und den Ausbau individueller Gestaltungsmöglichkeiten. Diese sind bis heute für Mädchen und Jungen geschlechtsspezifisch konnotiert.

Für die Ausgestaltung der Maßnahmen hat die Generalklausel § 9 Abs. 3 SGB VIII/KJHG die Berücksichtigung der unterschiedlichen Lebenslagen von Mädchen und Jungen mit dem Ziel des Abbaus geschlechtsbezogener Benachteiligungen hervorgehoben. Damit ist eine zentrale Gestaltungsmaxime im Hinblick auf geschlechtergerechte Jugendhilfe benannt.

Um die Implikationen für Geschlechtergerechtigkeit in der Jugendhilfe herzuleiten, werden im Folgenden zunächst zentrale Aspekte des Diskurses über Sozialisation und Geschlecht vorgestellt. Sodann wird die Bestimmung geschlechtsbezogener Lebenslagen durch eine Verschränkung der Geschlechter- mit der Jugendforschung angemahnt. Diese doppelte theoretische Fundierung bildet schließlich den Ausgangspunkt für den prüfenden

Blick auf die Praxis der Kinder- und Jugendhilfe, der exemplarisch für die Bereiche Öffentliche Kindertagesbetreuung, Offene Jugendarbeit und Erzieherische Hilfen konkretisiert wird.

2 Der Diskurs: Sozialisation und Geschlecht

In besonderer Weise prägen das Geschlecht, die soziale Lage und die Ethnie eines Kindes seine Sozialisation, seine individuelle Entwicklung wie auch seine Eingliederung in die Gesellschaft. Dabei hat die Sozialisationsforschung eine individuelle und eine strukturelle Dimension. Es geht um den Zusammenhang der individuellen Aneignung geschlechtsbezogener Verhaltensmuster bei einer gleichzeitigen Auseinandersetzung mit geschlechterhierarchischen gesellschaftlichen Verhältnissen. Bezogen auf die Jugendhilfe meint dies, wie können chancengerechte Sozialisationsbedingungen für Mädchen und Jungen bereitgestellt werden, die über aktuelle Festschreibungen bestehender Benachteiligungen für das jeweilige Geschlecht hinausweisen. Hierzu gilt es z.B. nicht nur Lernerfahrungen mit geschlechtsuntypischen Verhaltensweisen zu ermöglichen, sondern auch strukturelle Voraussetzungen für mehr Geschlechtergerechtigkeit bereitzustellen.

Zu Beginn der 90er Jahre hat Helga Bilden als Vertreterin der geschlechtsbezogenen Sozialisationsforschung die Bedeutung der sozialen Konstruktionsprozesse bei der Entstehung männlicher und weiblicher Identität untersucht (Bilden 1991: 281), und sie fragt aktuell nach geschlechtsbezogenen Hierarchisierungsprozessen, insbesondere im Zusammenhang mit der Entwicklung und Nutzung der Informationstechnologie (Bilden 2006). Es geht also nicht mehr, wie in älteren Sozialisationstheorien üblich, um die Bestimmung eines männlichen und eines weiblichen Sozialcharakters, sondern um die interaktive Herstellung des Geschlechts vor dem Hintergrund geschlechtshierarchischer Strukturen. Insoweit, und darauf hat Carola Kuhlmann nachdrücklich aufmerksam gemacht, geht es um die Perspektive der real existierenden Differenzen zwischen den Geschlechtern. Für das weibliche Geschlecht bedeutet dies u.a., auf die sexuelle und materielle Ausbeutung von Mädchen und Frauen aufmerksam zu machen (Kuhlmann 2000).

Die aktuelle Kritik am Sozialisationsansatz (zusammenfassend Bilden/Dausien 2006) bezieht sich u.a. auf die Anfänge der geschlechtsspezifischen Sozialisationsforschung in den 70er Jahren, als es darum ging, die Konstruktion von „typisch Mädchen" und „typisch Junge" zu erkennen und zu beschreiben und ihre Ausprägungen als nicht naturgegeben, sondern als sozial determiniert zu benennen. Diese Anfänge der Sozialisationsforschung sind überwunden: Zum einen ist die Dimension der sozialen und kulturellen Bedingtheit von Geschlecht mit aufgenommen worden (Frauen sind verschieden – Männer auch), zum anderen rückt das vergesellschaftlichte Geschlecht, Gender als Institution (Faulstich-Wieland 2000) in den Blick, und schließlich wird mit dem Konzept des „Doing Gender" auf die ständige Herstellung der Geschlechtlichkeit durch die Akteure selbst verwiesen: Frauen und Männer sind Opfer und Täter ihres Geschlechts und der Geschlechterverhältnisse. Die bestehende Kritik an der Sozialisationstheorie bezieht sich also vorwiegend auf die Festschreibung beobachtbarer geschlechtstypischer Verhaltensweisen, die die Unterschiede selber perpetuiere, die sie zu überwinden suche. Dem ist zu entgegnen, dass der Rückbezug geschlechtstypischer Verhaltensweisen auf die gesellschaftlichen Rahmenbedingungen individuelle Zuschreibungen überwinden lassen (vgl. Hagemann-White 2004: 151f.). Der Sozialisationsansatz darf nicht auf die Beschreibung sogenannter sozialer Geschlechtsunterschiede verkürzt werden, sondern verfolgt das Ziel, durch den Rückbezug von gesellschaftlichen Verhältnissen und sozialen Codierungen (Habitus) auf individuelles Verhalten geschlechtergerechte Bedingungen herzustellen. Ein so verstandener Sozialisationstheoretischer Erklärungsansatz fokussiert auf reale Merkmale von „Mädchenwelten und Jungenwelten" (Hartwig 2001) mit dem Ziel, deren dichotome Ausgestaltung zu überwinden. Diese sind die Grundlage für Erziehungs-, Bildungs- und Sozialisationsprozesse.

Die Auseinandersetzung mit den für jedes Geschlecht spezifischen Sozialisationsbedingungen und ihren Auswirkungen auf die nachwachsende Generation ist eine Grundlage für die Entwicklung einer geschlechtergerechten Jugendhilfe. Dabei ist zunächst die Familie der zentrale Ort zur Herausbildung einer Geschlechtsidentität für Mädchen und Jungen; gleichzeitig spiegelt die Familie gesellschaftliche Geschlechterverhältnisse und deren Auswirkungen auf familiale Beziehungskonstellationen wider (Rohleder 2006). Nach wie vor ist von einer „Retraditionalisierung von Geschlechterverhältnissen im Prozess der Familiengründung" auszugehen (ebd. 2006: 293); d.h. gerade Mädchen und Jungen erleben die Zuspitzung geschlechtstypischer Geschlechterarrangements in ihren ersten Lebensjahren: Mütter bleiben nach der Geburt eines Kindes die ersten Jahre zuhause; Väter sichern das Familieneinkommen und sollen durch die Möglichkeit der Verlängerung des Elterngeldes einen Anreiz bekommen, wenigstens zwei Monate zuhause zu bleiben. Die Ressource Väter wird von der Sozialen Arbeit im Hinblick auf die Erziehung der Kinder noch wenig in den Blick genommen; in Bezug auf die Erziehung zur Geschlechtergerechtigkeit und neue männliche Rollenbilder existieren erste konzeptionelle Überlegungen (Matzner 2005): „Gerade Väter aus sozial benachteiligten Milieus fehlt es oft an habitueller Sicherheit, zumal dann, wenn sie mit ‚neuen' unbekannten Lebens- und Verhaltensmustern von Männlichkeit und Väterlichkeit konfrontiert werden." Und er führt weiter aus, inwieweit z.B. Soziale Gruppenarbeit für Männer ein angemessenes Angebot zur Berücksichtigung von Vätern in der Sozialen Arbeit sein kann (ebd.: 606).

Aufgrund der „Familialisierung der Jugendhilfe" (Hartwig 1990) hat eine kritische Auseinandersetzung mit tradierten Geschlechtsrollen in Familien und Chancen zu ihrer Überwindung bei der Ausgestaltung der Jugendhilfe wenig Beachtung gefunden. Die Familie gilt als Maßstab für sie unterstützende, ergänzende und im Notfall ersetzende Maßnahmen gemäß Kinder- und Jugendhilfegesetz. Es gilt mit den Leistungen der Jugendhilfe spezifischen Sozialisationsanforderungen von Mädchen und Jungen gerecht zu werden, d.h. bei beeinträchtigenden und diskriminierenden Bedingungen Abhilfe zu schaffen. Eine an den Lebenslagen orientierte Jugendhilfe hat den Auftrag, geschlechtsbezogenen Diskriminierungen entgegenzuwirken, und sie sollte das Ziel verfolgen, geschlechterdemokratische Strukturen zu entwickeln. Der Gestaltungsauftrag kann demnach über bestehende Geschlechterarrangements hinausweisen und Familie auch als Ort von Diskriminierung und Gefährdung für Mädchen und Jungen benennen.

Kinder und Jugendliche können sich geschlechtstypischen Erwartungen in Familien anpassen oder aber auch dagegen rebellieren und sie zu verändern suchen. Es geht in der Jugendhilfe darum, benachteiligte Jugendliche, z.B. jene, die in restriktiven, gewaltvollen familialen Bezügen leben, mit den Maßnahmen und Leistungen zu mehr Chancengerechtigkeit und gesellschaftlicher Teilhabe zu unterstützen. Die Shell-Jugendstudie (2002) belegt, wie sich die Benachteiligungen insbesondere zu den Randgruppen hin verschieben und verstärken. Dies gilt sowohl in Bezug auf die Vermittlung einer Geschlechtsrolle durch Elternhaus, Schule und Jugendhilfe als auch in Bezug auf die eigene Aneignung und Gestaltung seiner/ihrer männlichen oder weiblichen Rollen im Alltag. Insoweit beinhaltet die Integration von Kindern und Jugendlichen in die Gesellschaft für die Jugendhilfe auch eine Auseinandersetzung mit der Frage, wie denn Integration in die „Zweigeschlechtlichkeit als kulturelles System“ (zuerst Hagemann-White 1984) in der Gesellschaft erfolgen soll; wie diese für Mädchen und Jungen gelingen kann.

Für Kinder und Jugendliche ist die eigene unverwechselbare Zuordnung zu einem biologischen Geschlecht als Frau oder als Mann von zentraler Bedeutung.

Die dargestellten Geschlechterdifferenzierungen im Sozialisationsprozess sind für Jugendliche in sozial benachteiligten Lebenslagen besonders ausgeprägt, da sie gesellschaftliche Integration auch mittels geschlechtsstereotyper Rollenübernahme zu erreichen suchen. Böhnisch spricht bei der Analyse abweichenden Verhaltens Jugendlicher von „geschlechtsrollenregiden, sozial benachteiligten Familien“ (Böhnisch 1999: 83). Demgemäß entwickeln Mädchen und Jungen bisweilen äußerst riskante Konfliktlösungsmodelle, die sie an Geschlechtsrollenanforderungen ausrichten und messen (Kolip 1999).

3 Zum Verhältnis von Geschlechter- und Jugendforschung

Für die Verortung der geschlechtsspezifischen Lebenslagen von Mädchen und Jungen benötigt die Jugendhilfe eine doppelte Perspektive: Die der Geschlechterforschung und die der Jugendforschung. Diese duale wissenschaftliche Fundierung ist erforderlich, da die Jugendforschung die geschlechtsbezogene Perspektive vernachlässigt (Nissen 1998). Je nachdem, aus welcher Forschungstradition die Wissenschaftler/-innen kommen, legen sie den Fokus des Erkenntnisinteresses bei der Erforschung der Entwicklungsphasen von Mädchen und Jungen auf die Lebensphase Jugend als Entwicklungs- und Experimentieralter zwischen Kindheit und Erwachsenenalter (z.B. Böhnisch 1997), oder aber bei Mädchen auf ihre Zugehörigkeit zum weiblichen Geschlecht und bei Jungen auf ihre Zugehörigkeit zum männlichen Geschlecht. Entsprechend dieser, auf das Geschlecht gerichteten Perspektive beziehen sich die Mädchenforscher/-innen auf die Frauenforschung und die Jungenforscher/-innen auf die Männerforschung (Hagemann-White 1984; Flaake/King 1992; Connell 1999; Kersten 1999).

Eine grundlegende Verschränkung der Jugendforschung mit der neuen Geschlechterforschung steckt noch in den Anfängen. Neuerdings arbeiten einige Wissenschaftlerinnen der Frauenforschung mit Vertretern der Männerforschung in sozialwissenschaftlichen Diskursen über Geschlechter und Geschlechterverhältnisse zusammen (Voigt-Kehlenbeck 2005; Armbruster et al. 1995; Horstkemper/Zimmermann 1998). Der Zugewinn dieser neuen Richtung liegt in der Überwindung der Erforschung geschlechtstypischen Verhaltens zugunsten der Erforschung des Bezogenseins der Geschlechter aufeinander wie auf die Gesellschaft mit ihren geschlechtshierarchischen Strukturen und Verhältnissen. Es geht um die Frage, inwieweit eine gerechtere und humanere Gesellschaft durch gleichberechtigte Beziehungen der Geschlechter zueinander und durch geschlechterdemokratische Strukturen zu erreichen ist. Geschlechtsbezogene Probleme von Jugendlichen sind mittels geschlechtsneutraler Jugendarbeit nur schwerlich zu lösen, wie die Diskussion um neue Jugendgewalt und professionelle Intervention eindringlich belegt.

Die Verschränkung der beiden Forschungsrichtungen Geschlechterforschung und Jugendforschung zeigt einen Perspektivengewinn für die Jugendhilfe: Nicht nur das einzelne Mädchen, den einzelnen Jungen mit seinen Problemlagen gilt es zu begleiten, sondern ebenso die gesellschaftlichen Strukturen zu hinterfragen, die diese geschlechtsspezifischen Problemlagen schaffen. Haben kleine Mädchen kaum Interesse an Technik und Computer, weil sie im Kindergarten nur geschlechtstypisch und von Frauen gefördert werden? Und prügeln sich die kleinen Jungs, weil Erzieherinnen den zukünftigen starken Mann vor sich sehen? Haben Selbstgefährdungen von Mädchen und Fremdgefährdungen von Jungen etwas mit Familien- und Schulstrukturen zu tun? Welche Strukturen könnten Mädchen und Jungen in ihrer Geschlechtsidentität fördern, ohne dass sie sich und andere gefährden? Das sind zentrale Fragen einer Jugendhilfe, die gezielt von den geschlechterdifferenten Lebenslagen der Kinder und Jugendlichen ausgeht.

Das Prinzip des Gender Mainstreaming, das seit 1996 als Strategie zur Durchsetzung von Chancengleichheit zwischen den Geschlechtern in allen EU-Staaten verbindlich wurde, greift die Idee einer gerechten Ausgestaltung von Gesetzen und Verwaltungshandeln auf mit dem Ziel, neue Handlungsspielräume für beide Geschlechter zu eröffnen. „Von der Frauenfrage zum Leitbild Geschlechterdemokratie" kommentiert Corinna Voigt-Kehlenbeck (2003: 53) diese Entwicklung. Mit diesem Schritt wird auch der Versuch unternommen, die herkömmlichen Frauenförderungs- und Gleichstellungsmaßnahmen aus ihrem Nischendasein zu holen und zu einem allgemeinen gesellschaftspolitischen Thema für Männer und Frauen zu machen. „Die Konzepte Geschlechterdemokratie und Gender Mainstreaming wollen Schluss machen mit dieser Delegation des dauerhaftesten gesellschaftlichen Skandals an diejenigen, die am meisten unter ihm zu leiden haben. Geschlechterdemokratie kann als ein Angriff auf männliche Handlungsmonopole und Alleinvertretungsansprüche verstanden werden und damit auch als ein Angriff auf schlechte Politik- (...)" (Thürmer-Rohr 2001: 22). Somit geht es nicht nur um geschlechter-differenzierende pädagogische Arbeit, sondern auch um deren konzeptionelle Verankerung, eine geschlechtergerechte Personalentwicklung und sozialpolitische Interessenvertretung bis hin zu einer geschlechtergerechten Verwendung räumlicher, sächlicher und personeller Ressourcen.

Die Jugendhilfe übernimmt den Grundsatz des Gender Mainstreaming und bezieht ihn sowohl auf die Arbeit mit Kindern, Jugendlichen und Familien als auch auf ihre eigene Organisation, ihre Strukturen und ihre Personalentwicklung. Das Bundesministerium für Familie, Senioren, Frauen und Jugend hat im Jahr 2001 das Leitprinzip Gender Mainstreaming in die Richtlinien des Kinder- und Jugendplans aufgenommen und damit den Trägern der Kinder- und Jugendhilfe erneut die Berücksichtigung geschlechtsspezifischer Lebenslagen und Lebensentwürfe angemahnt. Um diese Aufgabe zu erfüllen, sind grundlegende Forschungsarbeiten über die Lebenswelten von Mädchen und Jungen geboten. Kirsten Bruhns resümiert: „Es gibt keine Alternative zur Geschlechterforschung" (2004: 42). Sie fragt sowohl nach dem Zusammenhang von sozialer Lage und Geschlecht, als auch nach geschlechtsspezifischen Erfahrungs- und Verhaltensmustern. Auch wenn sich die objektiven Bedingungen zwischen den Geschlechtern in der Jugendphase z.B. im Bereich der Bildung zunehmend annähern, bleiben subtile Diskriminierungen beim Einstieg in die Ausbildung und Erwerbsarbeit. Auch wenn der Stellenwert von Familie sich für Mädchen und Jungen in ihrer Lebensplanung wenig unterscheidet, bleibt eine dezidiert geschlechtsbezogene Aufgabenverteilung im familialen Bereich, der sich im Falle der Kinderbetreuung und der Pflege von älteren Familienangehörigen grundlegend verschärft. Bitzan, Funk und Stauber kommentieren dies als „verdeckte" Diskriminierung: „Wo das Geschlechterverhältnis seine offensichtliche hierarchische Gestalt verloren hat, wirkt es vielleicht noch stärker problemverkleisternd, weil es als zentraler Hemmschuh für subjektive und kollektive Entwicklungen nicht mehr benannt werden kann und darf" (Tübinger Institut für frauenpolitische Sozialforschung 1998: 7).

4 Die Praxis der Kinder- und Jugendhilfe

Der 30-jährigen Entwicklung der parteilichen Mädchenarbeit mit ihren spezifischen methodischen, konzeptionellen und personellen Entwicklungslinien (zuerst Savier/Wildt 1978; Weber 2002; Hartwig/Muhlak 2006) folgt seit etwa 20 Jahren eine analoge Entwicklung der neuen Jungenarbeit (Bentheim/Sturzenhecker 2006; Krall 2005; Wieland 2000). Die Frage, ob Geschlechtergerechtigkeit in der Jugendhilfe nur über geschlechtshomogene bzw. geschlechterreflexive koedukative Arbeitsansätze zu erreichen sei (Hartwig 2004) oder diese gerade Geschlechterstereotype zementiere und somit kontraproduktiv seien, ist umstritten (Meyer/Seidenspinner 1999). In der Praxis sind zwei zeitgleiche Entwicklungen zu beobachten: Einerseits scheinen die typischen Mädchenangebote, wie Mädchentage, Mädchenwochen, Mädchenläden, Mädchenzentren und für den Jungenbereich weniger ausdifferenziert, Jungenkochkurse, Jungenkletterkurse, Väter-Söhne-Wochenenden etc., weniger den aktuellen Trend der Jugendlichen zu treffen, andererseits sind vielfältige Erfahrungen der Mädchen- und Jungenarbeit in den offenen Angeboten der Jugendarbeit präsent, wie z.B. die ungebrochene (Neu-)Auflagenstärke der Klassiker der neuen Mädchen- und Jungenarbeit (Klees/Marburger/Schumacher 1989 und Sielert 1991) belegen.

Pragmatisch lässt sich in Bezug auf die Kinder- und Jugendhilfe aufzeigen, dass Frauen und Männer als sozialpädagogische Profis immer geschlechtsbezogen auf Mädchen und Jungen reagieren und Letztere dies im Sozialisationsprozess auch herausfordern, um ihre eigene (Geschlechts-) Identität herauszubilden. Hierzu benötigen sie eine Auseinandersetzung mit Männern und Frauen, mit einem geschlechterreflexiven Kenntnisstand (Hartwig 2001; Wieland 2000). Im Gegensatz hierzu halten Helmig (2006) und auch Schäfer (2007: 97) die leibhafte Gegenwart von Frauen und Männern in Betreuungsverhältnissen nicht für erforderlich und heben auf die Genderkompetenz ab, die auch von Frauen allein eingebracht werden könne; zudem würde die Überrepräsentanz von Frauen als Beschäftigte in der Jugendhilfe dies auch gar nicht anders zulassen. „Die Beschäftigten in der Kinder- und Jugendhilfe sind mehrheitlich weiblich; (...) Der Anteil der Männer steigt mit dem Alter der zu betreuenden jungen Menschen, dem Einflussgrad und den organisationsbezogenen Anteilen des Arbeitsplatzes" (Fuchs-Rechlin/Schilling 2006: 3). Hieraus erwachsen m.E. grundlegende Aufgaben für eine geschlechtergerechte Personalentwicklung.

Eine Reflexion über die Herstellung der Geschlechtsidentität im Prozess des „Doing Gender" ist ein wichtiger Baustein für eine geschlechterreflexive Pädagogik, denn Professionelle „müssen ihren Blick für die täglich hergestellten und reproduzierten Benachteiligungen schärfen und die Interaktion zwischen Mädchen und Jungen und Männern und Frauen anders zum Thema machen als zuvor. D.h. vorfindbare Unterschiede nicht als gegeben, sondern auch als selbst mit hergestellte begreifen" (Kuhlmann 2000: 237). Der pädagogische Bezug in der Kinder- und Jugendhilfe hat demnach immer eine geschlechtsbezogene Dimension. „Undoing Gender, d.h. ein Absehen von der Geschlechtszugehörigkeit ist in pädagogischen Handlungsfeldern allein deshalb schon nicht möglich, weil im Verlauf der Interaktion zwischen MitarbeiterInnen und AdressatInnen die geschlechtliche Zuordnung kontinuierlich produziert und reproduziert wird" (Meyer/Ginsheim 2002: 42). Strittig bleibt, ob der Rekurs auf Mädchenarbeit und Jungenarbeit die notwendige fachliche Fundierung für mehr Geschlechtergerechtigkeit in der Jugendhilfe darstellt, oder ob die Aufgabe geschlechtshomogener Arbeitsansätze erst den Einstieg in Gender Mainstreaming befördere. Die Arbeitsgemeinschaften der Mädchen- und Jungenarbeit heben hervor, „dass Gender Mainstreaming auf jeden Fall diese spezifischen Arbeitsansätze erhalten muss, weil sie unerlässliches Element einer geschlechtergerechten Praxis sind" (Rose 2004: 31).

Wie lässt sich Geschlechtergerechtigkeit in der Jugendhilfe definieren und woran lässt sie sich messen? An den Adressat/-innen oder der Inanspruchnahme von Hilfen und Maßnahmen, den Mitarbeiterinnen und Mitarbeitern der Träger, dem verausgabten Budget je nach Geschlecht (vgl. Rauschenbach/Pothmann 2006)? Allein an solchen Daten ist Geschlechtergerechtigkeit nicht auszumachen, auch wenn sie grundlegendes Material für eine Bestandsaufnahme in allen Bereichen der Jugendhilfe liefern können. Selbstredend ist Geschlechtergerechtigkeit auch eine Frage der Machtverteilung, der Chancenverteilung auf Teilhabe und der Verfügung über Ressourcen je nach Geschlecht. Dies ist mit einem numerischen Abbild von Jugendhilfestatistiken, differenziert nach Geschlecht allein nicht zu erfassen, auch wenn die Zahlen einige Rückschlüsse auf das quantitative und weniger das qualitative Geschlechterverhältnis in der Jugendhilfe zulassen.

Aus der Perspektive der Adressat/-innen, den Mädchen und Jungen, gilt zu fragen, welche Angebote treffen die Bedürfnisse, wo können sie Gleichgesinnte treffen, welche Mitarbeiter sind geeignet, um aus persönlichen Krisen zu helfen, Konflikte mit den Eltern lösen zu helfen, Spaß zu haben und Freizeit zu gestalten, aber auch: Wer befreit betroffene Mädchen und Jungen aus gewaltförmigen, vernachlässigenden, missbrauchenden familialen und außerfamilialen Bedingungen usw.? Und diese Frage beantworten nicht nur Mädchen und Jungen an einzelnen Punkten unterschiedlich, sondern auch Mütter und Väter, Mitarbeiterinnen und Mitarbeiter der Jugendhilfe. Die gesetzlichen Vorgaben im SGB VIII, die Struktur und Organisation der Jugendhilfe geben Anhaltspunkte, wer, wann, welche Antworten in Form von Inanspruchnahme oder Gewährung von Leistungen umsetzen darf: Zunächst die Erziehungsberechtigten, dann altersgemäß die Mädchen und Jungen und schließlich die Mitarbeiterinnen und Mitarbeiter. So liegt z.B. der Rechtsanspruch auf eine Hilfe zur Erziehung bei den Eltern, nur das staatliche Wächteramt kann ihn einschränken (Hilfe und Kontrolle). Die Leistungen sollen sich auf die Lebenswelt von Mädchen und Jungen beziehen und die Chancengerechtigkeit im Blick haben, nun bleibt zu fragen, ob sie dies tun, wie sie es tun und ob man dabei von Erfolg sprechen kann.

Für diese Aufgabe bietet das SGB VIII/KJHG eine gestaltungsoffene Grundlage. Mit dem Verständnis einer Steuerungsfunktion der Jugendhilfe für Geschlechtergerechtigkeit für die nachwachsende Generation kann sie auf unterschiedlichen Ebenen wirken.

Im Folgenden werden die Kernbereiche des SGB VIII/KJHG, die Kindertagesbetreuung, die offene Kinder- und Jugendarbeit sowie die Erzieherischen Hilfen im Hinblick auf geschlechtergerechte Implikationen dargestellt.

4.1 Öffentliche Kindertagesbetreuung

Für die unter 3-Jährigen existieren bislang keine Untersuchungen, die sich mit der Relevanz des Geschlechts der Kinder im Betreuungsalltag auseinandersetzen, zumal die Betreuungsdichte in den alten Bundesländern gering ist. Insoweit stehen hier der Kindergarten und die Kindertagesstätte im Mittelpunkt des Interesses. Horte werden vernachlässigt, da sie zunehmend in die offene Ganztagsschule integriert werden oder, je nach Bundesland verschieden, ausschließlich für Wohnviertel mit besonderem Förderungsbedarf (hoher Anteil von Migranten, bildungsferne Milieus etc.) vorgehalten werden. Dem Thema Schulkindbetreuung wird in dem vorliegenden Handbuch an anderer Stelle Rechnung getragen.

Die Aktualität und Aufmerksamkeit für frühkindliche Bildung und Erziehung gründet sich zum einen auf die PISA-Ergebnisse und den geforderten Bildungsauftrag im Elementarbereich und zum anderen auf die Diskussion um die Vereinbarkeit von Familie und Beruf, die die Umsetzung des Erziehungsauftrags für größere Zeiteinheiten am Tag den Kindergärten überträgt. Mit diesem familienergänzenden Handlungsauftrag ist die Jugendhilfe in der Elementarerziehung gefordert, § 9 Abs. 3 SGB VIII/KJHG entsprechend umzusetzen. Hierzu liegen bislang wenige Erkenntnisse vor, da die Elementarerziehung in der Wissenschaft ein Nischendasein führt, was auch auf die Ausbildung der Erzieherinnen an Berufsbildenden Schulen und die unzureichende Ansiedlung von Lehrstühlen für frühkindliche Erziehung und Bildung an Universitäten zurückzuführen ist.

Der Kindergarten ist für eine geschlechtergerechte Kinder- und Jugendhilfe von einem besonderen Interesse, weil er als erster Ort öffentlicher Erziehung im Leben eines Kindes unmittelbar an seine familialen Erfahrungen anknüpft und in der zentralen Phase der Herausbildung einer eigenen Geschlechtsidentität wirkt. Ferner ist er der erste Ort, an dem Mädchen und Jungen sich als Gruppe erleben und darüber hinaus erfahren, wie Erzieherinnen und selten Erzieher auf Mädchen und Jungen reagieren.

Auch wenn es *den* Jungen und *das* Mädchen im Kindergartenalter nicht gibt, lassen sich typische Verhaltensmerkmale aufgrund des Geschlechts zuordnen (Dittmann 1998). Für den Kindergarten gilt in Bezug auf die Mädchen, wie in den Anfängen der offenen Jugendarbeit analog festgestellt wurde: Sie sind ruhig, haben ein eher angepasstes Sozialverhalten, machen wenig Probleme, sie können die typische Angebotsstruktur im Kindergarten von Spielen und Basteln in aller Regel gut nutzen und somit auch altersangemessen, jedoch geschlechtsrollentypisch gefördert werden. Ganz im Gegensatz hierzu die Jungen: Sie toben und zeigen Aggression, spielen lieber draußen als drinnen, können sich auf feinmotorische Spiel- und Bastelangebote nur schwerer einlassen und gelten im Kindergarten als anstrengend, insbesondere wenn in Großstädten wenig Außenflächen vorhanden sind (zusammenfassend Kasüschke/Klees-Möller 2004).

Die klassische Raumaufteilung: „Mädchen hocken in der Puppenecke und Jungen sitzen auf dem Bauteppich“ kennzeichnet nach wie vor eine Vielzahl von Kindergärten. Und selbst in einem Modellprojekt zu Jungen in evangelischen Kindertageseinrichtungen wird zunächst, wenn auch kritisch reflektierend, auf die geschlechtstypischen Bedürfnisse von Jungen eingegangen: „In der Praxis sollten (...) mehr traditionelle männliche Standards in der Frauen-Einrichtung etabliert werden (Fußball, Ritter, Helden, Abenteuer, Stärke, Piraten, Kampfsport, Waffen ...). Andererseits war uns durchaus bewusst, dass damit jedoch (...) genau diejenigen Denkweisen befördert werden können, die im Kontext hegemonialmännlicher Konzepte als friedensgefährdend und lebensbehindernd erkannt sind (...)" (Stoklossa 2005: 20). Das Aufgreifen geschlechtstypischer Bedürfnisse von Mädchen und Jungen sollte immer vor dem Hintergrund einer Hinterfragung derselben geschehen. An welcher Stelle können auch im Kindergarten neue Verhaltensoptionen ermöglicht werden. Kasüschke und Klees-Möller führen weiter aus, „dass die Ausprägung ‚rigider' Rollenkonzepte im Sozialisationsfeld Kindertageseinrichtung stark von der pädagogischen Ausgestaltung der kontextuellen Bedingungen der institutionellen Tagesbetreuung abhängig ist" (ebd. 2004: 190).

Problematisiert wird für Jungen darüber hinaus ihre Situation in der Frauenwelt Kindergarten im Zusammenhang mit der Frauenwelt frühkindliche Erziehung in der Familie (Stoklossa 2005). Die Mütterlichkeit als Kriterium von Weiblichkeit (Faulstich-Wieland 1999) und als Kriterium für Sozialberufe (Sachße 1994) perpetuiert ein unreflektiertes geschlechtstypisches Erziehungsverhalten von Frauen, das eine Professionalisierung im Hinblick auf eine reflexive Genderkompetenz erschwert; dies gilt um so mehr, als die Väterlichkeit im Kindergarten faktisch nicht präsent ist: 98% der Mitarbeiter/-innen im Kindergarten sind weiblich (StaBa 2002 zit.n. Fuchs-Rechlin/Schilling 2006: 3). Der neuerliche Boom der Bindungsforschung mit seiner einseitigen Betonung der Mutter-Kind-Bindung ist nur ein Beleg für die Verfestigung geschlechtsspezifischer Arbeitsteilung mit Hilfe biologisch orientierter Erklärungsansätze.

Das dezidiert geschlechtsspezifische Verhalten von Mädchen und Jungen im Kindergarten wird von Fachkräften wenig problematisiert, sondern lediglich zur Kenntnis genommen. Die Feststellung „Die sind eben so ..." hat zur Folge, dass die Chancen neuer Erfahrungs- und Handlungsmöglichkeiten für Mädchen und Jungen vertan werden. Dies hat fatale Auswirkungen auf die weitere Entwicklung, insbesondere auch im Bildungsbereich. Mädchen fehlt das Bauen, Konstruieren, Toben und Raumaneignen als Voraussetzung für technischen Sachverstand und Durchsetzungsvermögen. Jungen fehlt die Feinmotorik, Malen, Puzzeln, Würfelspielen und sprachlich kommunikative Kompetenzen als Voraussetzung fürs Stillsitzen und Konzentrationsfähigkeit in der Schule. Die stete Vermehrung Ergotherapeutischer Praxen mit einem Anteil von 70 - 80% Jungen als Klienten ist nur ein Beleg hierzu.

Auch wenn die Forschungslage zu geschlechtsspezifischer Arbeit in Kindertageseinrichtungen spärlich ist, verblüfft doch die scheinbar ungebrochene Beschreibung desselben geschlechtsrollentypischen Sachverhalts in den letzten 20 Jahren (Kasüschke/Klees-Möller 2002). Kasüschke und Klees-Möller resümieren weiter, dass Mädchen auf allen Ebenen bei pädagogischen Fachkräften kein Thema seien, als zentrales Thema die Situation von Jungen im weiblichen Sozialisationsfeld ausgemacht werde und schließlich Literatur zum Thema geschlechtsbezogene pädagogische Arbeit für Erzieherinnen kaum vorhanden sei (ebd.: 63). Bereits der 6. Kinder- und Jugendbericht kam 1986 zu dem Ergebnis, dass Mädchen schlichtweg aufgrund ihres unauffälligen Verhaltens aus dem Blick geraten (Preissing 1985). Fast 20 Jahre später konstatieren Kasüschke und Klees-Möller: „Es muss das Fazit gezogen werden, dass sowohl forschungs- als auch praxisrelevante Ansätze zur geschlechtsbezogenen Arbeit in Kindertageseinrichtungen nur vereinzelt existieren, (...)" (ebd. 2002: 69). Daraus ist zu folgern, dass die systematische Erforschung der Lebenslage von Mädchen und Jungen im Elementarbereich notwendig ist, um daran anschließend Handlungskonzepte für die Pädagogik im Kindergarten zu entwickeln, diese in Fortbildungen zu vermitteln und schließlich als Grundlage für eine Qualifizierung der Erzieher/-innenausbildung zu nutzen. Die Standards für eine geschlechtergerechte Arbeit in Kindertagesstätten könnten dann ein Merkmal für die Qualitätsvereinbarungen der Träger mit den Kommunen werden, um den Leitlinien des Gender Mainstreaming Rechnung zu tragen und entsprechende Bausteine für die jeweilige Konzeptentwicklung in den Einrichtungen sicherzustellen. Damit wären die Voraussetzungen einer geschlechtergerechten Förderung von Mädchen und Jungen im Elementarbereich geschaffen.

4.2 Offene Kinder- und Jugendarbeit

Jugendarbeit (§ 11 SGB VIII/KJHG) hat als Leistung der Jugendhilfe erst mit Einführung des Kinder- und Jugendhilfegesetzes eine gesetzliche Grundlage erhalten. Sie soll als eigenständige Sozialisationsinstanz neben Elternhaus und Schule/berufliche Bildung an den Interessen von Mädchen und Jungen anknüpfen, von ihnen mitbestimmt werden und zu gesellschaftlicher und sozialer Mitverantwortung anregen. Kinder und Jugendliche haben einen gesetzlich nicht näher bestimmten Anspruch auf die Leistung, die sowohl in Jugendzentren als auch in Form von aufsuchender Sozialer Arbeit oder als Beratung erbracht wird. Jugendarbeit ist im Sinne der Geschlechtergerechtigkeit dazu prädestiniert, basisdemokratisch und selbstverwaltend von den Lebenslagen und Bedürfnissen von Mädchen und Jungen auszugehen. Hier nahm geschlechterorientierte Soziale Arbeit in der Jugendhilfe ihren Ausgangspunkt.

Die 60er Jahre des letzten Jahrhunderts zeigen die Entwicklung von der Geschlechtertrennung zur Koedukation. Die Jungenschule öffnet ihre Tore für Mädchen. Das Postulat der Chancengleichheit durch Koedukation und Ansätze zur Bildungsreform werden eingeführt. Mädchen sollen all das lernen dürfen, was Jungen auch lernen. Eine gesonderte Betrachtung der Situation der Mädchen erscheint nicht mehr notwendig, da die Koedukation die Emanzipation der Geschlechter schlechthin bewirken sollte (Hartwig/Kriener 1997). Dies bezog sich sowohl auf die schulische Bildung als auch auf den Bereich der offenen Jugendarbeit, also die damalige Jugendpflege.

Mit der Frauenbewegung der 70er Jahre wurden erstmals Geschlechterdifferenzen in der pädagogischen Arbeit mit Jugendlichen thematisiert, indem auf die Situation von Mädchen in der Jugendhilfe aufmerksam gemacht wurde (Bitzan 2004: 464; Weber 2002: 715). Pädagoginnen in Schule und offener Jugendarbeit nahmen die Erkenntnis persönlicher Benachteiligung als Frau zum Anlass für die kritische Auseinandersetzung mit der eigenen pädagogischen Praxis und den Arbeitsstrukturen, in denen sie die Persönlichkeitsentwicklung und die Ausgestaltung der Lebenschancen von Mädchen unterstützen wollten (vgl. Weber 2002: 715; Hartwig/Muhlak 2006). Die Diskussion um „Jugendarbeit ist Jungenarbeit" beförderte eine geschlechtsbezogene Analyse der Praxis der offenen Kinder- und Jugendarbeit. In den ersten Ansätzen parteilicher Mädchenarbeit ging es zunächst vorrangig um die Kritik an der Gestaltung und Verteilung vorhandener Räumlichkeiten und pädagogischer Angebote, die auf die Bedürfnisse von Jungen ausgerichtet waren (Weber 2002: 716), sowie um Zuschreibungen und Problemwahrnehmungen, mit denen die Mädchen regelmäßig konfrontiert wurden. Solche Zuschreibungen und Wahrnehmungen hielten Mädchen in traditionellen Bildern fest und schlossen sie damit von zahlreichen Aktivitäten aus (Bitzan 2004; vgl. zuerst Savier/Wildt 1978). Historisch hervorzuheben sind die Arbeiten zur geschlechtsspezifischen Sozialisation von Elena Belotti (1977) und Ursula Scheu (1978). Diese ersten Arbeiten gehen von der geschlechtstypischen Erziehung in der Familie aus. Um dieser familialen Sozialisation etwas entgegenzusetzen, entwickeln sich die Ansätze einer feministischen, parteilichen Mädchenarbeit (zuerst und viel zitiert Savier/Wildt 1978). Frauen und Mädchen rücken als Opfer der gesellschaftlichen Verhältnisse und privater männlicher Gewalt in den Mittelpunkt des Interesses.

Die 80er Jahre sind gekennzeichnet von dem Ausbau feministischer Projekte. Die Frauenbewegung entwickelt sich mehr und mehr zu einer Frauen- und Mädchenprojektbewegung (zusammenfassend Brückner 1996). Die autonome Bewegung wird institutionalisiert sowohl durch Projekte wie die ersten Mädchenhäuser als auch durch Mädchenwochen und Mädchentage in den Jugendzentren. Zeitgleich erfolgt die Diskussion um die Referentenentwürfe des SGB VIII/KJHGs und die lebensweltorientierte soziale Arbeit (kein Eingriff, sondern milieunahe, lebensweltorientierte Angebote) weitgehend unter Ausschluss von Frauenforscherinnen und den Ergebnissen der Mädchenforschung.

In den 90er Jahren boomt die Praxisforschung für und mit Mädchen. Anita Heiliger spricht vom „Professionsstau“, d.h. die Ergebnisse der wissenschaftlichen Begleitungen der Bundesmodellversuche, der Landesprogramme, der kommunal entwickelten Einzelmaßnahmen liegen vor, belegen Effektivität, Qualität und Relevanz, aber es erfolgt kein Umsetzungsschub, sondern neue Einzelprogramme werden aufgelegt (z.B. Paritätisches Jugendwerk Hrsg. 1989; Thürmer-Rohr 1991; Wallner 1996). Mädchen- und Jungenarbeit als Querschnittsaufgabe findet kaum Eingang in die Jugendarbeit, obwohl ausdifferenzierte Konzepte vorliegen, die exemplarisch auch erprobt wurden (Glücks/Ottemeier-Glücks 1994).

Heute ist die geschlechtsbewusste Forschung um den Bereich der Jungen- und Männerforschung erweitert, die mit den benachteiligenden Sozialisationsbedingungen für Jungen im Hinblick auf männliche Identitätszwänge einen vernachlässigten Bereich für die Jungenarbeit in den Blick nimmt (zuerst Schnack/Neutzling 1990, umfassender Böhnisch/Winter 1992; Connell 1999).

In der Praxis wird das SGB VIII/KJHG in Arbeitspakete zerlegt (Jugendhilfeplanung, Hilfepläne, AGs nach § 78, Finanzierungsmodelle, neue Steuerung etc.) und Frauen diskutieren, welche Päckchen sie schnüren wollen. Z.B. AG Mädchenförderung in Münster und das Fachhochschulprojekt „Mädchengerechte Jugendhilfe in Münster“ (Hartwig/Reckfort 2000; 2003). Die in den Kommentierungen des SGB VIII nahe gelegte Defizitorientierung bei der Begründung eigener Mädchen- und Jungenmaßnahmen steht der Ressourcenorientierung in den Konzepten autonomer Mädchenprojekte diametral gegenüber. Hier scheint der Finanzierungsmodus vieler Projekte, die Herstellung von Chancengleichheit als Legitimationsgrundlage, fatale Nebenwirkungen zu produzieren. Ob der Bezug auf Gender Mainstreaming und die damit einhergehende zeitgleiche Bereitstellung von Angeboten für Mädchen und Jungen diesen Sachverhalt zu ändern vermag, bleibt abzuwarten.

Trotz dieser zahlreichen Praxis- und Praxisforschungsinitiativen ist geschlechts-bezogene Pädagogik als reflexive Koedukation, die sich in gleicher Weise auf die Lebenswelt von Mädchen und Jungen bezieht, in der Jugendhilfe erst selten angekommen (Faulstich-Wieland 1997: 232; Drogand-Strud/Rauw 2005).

Die Sichtbarmachung von Mädchenwelten ist eine besondere Aufgabe der Jugendhilfe, denn die Maximen der Lebensweltorientierung können nur realisiert werden, wenn sie auch die Lebenswelt von Mädchen erfassen. Tübinger Forscherinnen sprechen von einem „Verdeckungszusammenhang" im Hinblick auf die strukturelle und individuelle Lage von Mädchen und Frauen (Funk/Schmutz/Stauber 1993: 154). Daraus folgt, dass die Sichtbarmachung von Mädchen, die Raumerweiterung und die Präsenz im öffentlichen Raum wichtige Prüfkriterien für die Jugendhilfe sind. Die Unterrepräsentation von Mädchen in der Jugendhilfe ist Ausdruck ihrer strukturellen Diskriminierung, da ihnen diese Sozialisationsinstanz wenig bedarfsgerecht angeboten wird.

Als zentrale Herausforderungen für eine geschlechtergerechte Jugendarbeit können demgemäß benannt werden:

- die geschlechtergerechte Sozialraumanalyse und Jugendhilfeplanung
- kommunale Leitlinien zur Mädchen- und Jungenarbeit als Grundlage für eine Konzeptentwicklung mit Mädchen und Jungen
- Mitarbeiter/-innen mit Genderkompetenz
- geschlechtergerechte Raumgestaltung
- Geschlechtergerechtigkeit als Merkmal der Qualitätsentwicklung der Einrichtungen.

4.3 Erziehungshilfen

In § 1 Kinder- und Jugendhilfegesetz (SGB VIII/KJHG) wird die Erziehung der Kinder als das natürliche Recht der Eltern festgelegt; allerdings wacht über die Ausübung die staatliche Gemeinschaft. Es ist die besondere Aufgabe der Jugendhilfe, Kinder und Jugendliche vor Gefahren für ihr Wohl zu schützen. Hilfen zur Erziehung (§ 27ff. SGB VIII) sind als sozialpädagogische Leistung für Kinder und ihre Erziehungsberechtigten rechtlich gefasst. Zu den Leistungen gehören: Erziehungsberatung, Soziale Gruppenarbeit, Erziehungsbeistand und Betreuungshelfer, Sozialpädagogische Familienhilfe, Tagesgruppen, Vollzeitpflege, Heimerziehung, Pflegefamilie und Intensive Sozialpädagogische Einzelbetreuung. Für die Erziehungsberechtigten besteht ein Rechtsanspruch auf Hilfe, wenn eine dem Wohl des Kindes oder Jugendlichen entsprechende Erziehung nicht gewährleistet ist und die Maßnahme für die Entwicklung des Kindes geeignet und notwendig ist. Ob eine dem Wohl des Kindes entsprechende Erziehung gewährleistet ist, obliegt der Prüfung des Jugendamtes.

Die Entwicklungslinien in der Erziehungshilfe seit Einführung des KJHG lassen sich durch eine fachliche Neugestaltung weg von der Eingriffsorientierung hin zur sozialpädagogischen Dienstleistung kennzeichnen. Als Handlungsmaximen gelten die Maßgaben der Lebensweltorientierung: Alltagsorientierung, Deinstitutionalisierung, Dezentralisierung, Partizipation, Prävention und Integration. Es geht also darum Hilfen „nah und alltagstauglich" Familien anzubieten (vgl. Thiersch 1995).

Bei einem kurzen Blick auf die geschlechtsbezogenen Problemlagen, wegen derer Erzieherische Hilfen in Anspruch genommen werden, fällt auf, dass Mädchen vorwiegend wegen familialer Problemlagen, Beziehungskonflikten, familialer Gewalterfahrungen, Essstörungen, selbstgefährdendem Verhalten, Suizidalität, Prostitution, Teenagerschwangerschaften und Tablettenmissbrauch beraten, begleitet und fremdplatziert werden. Während Jungen häufiger wegen Aggressivität, Gewaltinszenierungen in Gruppen, Schulversagen, Hyperaktivität, exzessivem Mediengebrauch, Kriminalität, Alkohol- und Drogenmissbrauch und Überschuldung unterstützt werden (zusammenfassend Hartwig 2004; Bitzan 2004).

Die Situation der Mädchen wird vor dem Hintergrund ihrer familialen Bindungen betrachtet; entziehen sich die Mädchen hier scheinbar, wird zunächst an „Rückführung“ und Wiederherstellung des familialen Gefüges gearbeitet und/oder das medizinische System zur Hilfe genommen (zuerst Blandow et al. 1986; BMFSFJ 1998; Deutsche Shell 2002). Mädchen verbleiben bis zum Bezug einer erzieherischen Hilfe länger in der Familie als Jungen und erhalten erzieherische Hilfen auch später als Jungen. „Die für die Hilfeentscheidung relevanten Problemnennungen bei Mädchen und ihren Familien legen nahe, dass sich hinter der ‚späten' Aufmerksamkeit für mädchenspezifische Problemlagen eine professionelle Orientierung verbirgt, die den Erhalt eines familiären Aufwuchsplatzes für Mädchen in besonderer Weise anstrebt und präferiert“ (BMFSFJ 1998: 135). Diese anhaltende Familienorientierung erschwert gerade für Mädchen die Befreiung aus gewaltvollen und restriktiven Beziehungen. Das (zu) späte Angebot professioneller Beziehungen im Rahmen erzieherischer Hilfen erreicht die Mädchen dann häufig nicht mehr. Sie werden z.B. überproportional oft ohne erfolgreiche Beendigung der Maßnahme aus der Heimerziehung entlassen (BMFSFJ 1998: 28).

Jungen hingegen richten ihre Aktivitäten und Problemlösestrategien nach außen (Deutsche Shell 2002; BMFSFJ 1998: 120; Hurrelmann 1994: 222ff.). Sie halten sich mehr im öffentlichen Raum und auch ohne Beaufsichtigung auf als Mädchen (Nissen 1998). Die Strategien der Jungen beziehen sich auf körperliche Auseinandersetzung, Gewaltinszenierung, Mutproben, Schuleschwänzen und Peergroup-Orientierung. Die Situation der Jungen wird zunächst vor dem Hintergrund der Leistungssituation in Schule und Ausbildung und in Bezug auf Legalverhalten betrachtet. Ihnen wird eine Neuorientierung an professionellen im Rahmen Erzieherischer Hilfen eher zugestanden als Mädchen.

Fendrich und Pothmann (2006: 4) kommen nach Auswertung der Angaben des Statistischen Bundesamtes (2004) zu folgenden Ergebnissen:

- Für die Beratung (beendete Beratungen): weiblich 44% und männlich 56%
- Ambulante Hilfen (begonnene Hilfen): weiblich 30% und männlich 70%
- Fremdunterbringung (begonnene Hilfen): weiblich 47% und männlich 53%.

Bei einem zu beobachtenden Trend zur Ambulantisierung der Erziehungshilfen ist hier von einer weiteren Verstärkung der Hilfen für Jungen auszugehen, auch wenn der Anteil der Fremdplatzierungen für Mädchen und Jungen bislang kaum rückläufig ist (Bürger 2007). Signifikante geschlechtsbezogene Unterschiede sind auch bei dem Zeitpunkt der Gewährung von Hilfen zu verzeichnen, während bei der Beratung und den ambulanten Hilfen für unter 12-Jährige der Jungenanteil überwiegt, steigt der Anteil der Mädchen und hier wiederum insbesondere bei den stationären Hilfen ab dem 12. Lebensjahr deutlich an. Bei den jungen Volljährigen überwiegt er schließlich (vgl. Fendrich /Pothmann 2006: 4; Hartwig/Kriener 2002: 90).

Für eine Qualitätsentwicklung im Sinne der Geschlechtergerechtigkeit in Erzieherischen Hilfen und der Jugendhilfe ist die Berücksichtigung geschlechtsbezogener Forschungsergebnisse von Bedeutung, damit die Ausgestaltung der Hilfen die Chancen zum Abbau geschlechtsbezogener Benachteiligungen für beide Geschlechter erhöht (Bünemann de Falcón 2006). Jungen und Mädchen benötigen eigene Vorstellungen vom Mann-Sein und Frau-Sein in dieser Gesellschaft und eine Lebensplanung, die eine Weiterentwicklung des traditionellen Rollenverständnisses ermöglicht. Hierzu kann die Erziehungshilfe mit der Weiterentwicklung ihrer Konzepte zu mehr Geschlechtergerechtigkeit beitragen. Dies kann z.B. durch eine Orientierung an beiden Geschlechtern in den Angeboten der Erziehungshilfe als Voraussetzung für gelingendes Aufwachsen gefördert werden, um der „Vaterlosigkeit" der Mädchen und Jungen in den Betreuungs- und Bildungseinrichtungen der ersten 10 Lebensjahre zu begegnen (Petri 1999; Braun 2006; Wieland 2000). Diese Maßgabe gilt für den familialen wie den öffentlichen Raum. *Der Erziehungsbeistand und die Sozialpädagogische Familienhelferin* sollte z.B. gerade in Alleinerziehendenfamilien eine männliche Fachkraft sein können, um der Mangelerfahrung von Mädchen und Jungen an männlichen Personen in der Fürsorgerolle zu begegnen. Margit Brückner (2003) entwirft hierzu ein Modell der geschlechtergerechten Verteilung von „Care", von Sorge- und Fürsorgetätigkeit in der Gesellschaft, das für die Jugendhilfe richtungweisend sein kann.

Für die Ausgestaltung der Erzieherischen Hilfen gehören hierzu:

- Die Entwicklung von geschlechtshomogenen und gemischtgeschlechtlichen Konzepten und Angeboten, die speziell an den Problemlagen von Mädchen und Jungen und ihren Lebenswelten orientiert sind. Dazu gehört die Förderung reflexiver Koedukation in den Einrichtungen genau so wie die Erprobung geschlechtsuntypischen Verhaltens in geschlechtshomogenen Gruppen.
- Die Entwicklung von Strukturen, die zum Abbau von Geschlechterhierarchie in der Jugendhilfe beitragen, indem sie eine gerechtere Verteilung von Macht, Arbeit und Geld je nach Geschlecht auf allen Ebenen zu erreichen suchen.
- Die konsequente Beteiligung der Adressatinnen und Adressaten auf allen Ebenen (Kriener 2001).

Die unzureichende Geschlechtsbezogenheit der Erziehungshilfe sowohl bei den professionellen wie bei den pädagogischen Arrangements birgt einige Herausforderungen:

- Mädchengruppen, die an spezifischen Problemlagen der Mädchen orientiert sind, wie Gewalterfahrungen, Prostitution oder Drogengebrauch, bergen auch die Gefahr der Spezialisierung und Problempotenzierung durch gleiche Indikation für die Maßnahmen. Sie setzen durch diese Konzepte zwar an der Lebenswelt der Mädchen an, haben aber eine Defizitorientierung (als Finanzierungsgrundlage). Hier gilt es verstärkt Angebote zu entwickeln und zu evaluieren, die Mädchen mit allen ihren Problemlagen aufnehmen und nicht an spezielle Indikationen gebunden sind.

- Jungengruppen hingegen sind gefährdet das Gewaltpotenzial und die Hierarchien der Jungen untereinander zu verstärken (vgl. Wolffersdorff/Sprau-Kuhlen 1990). Hier gilt es die Erfahrungen aus der offenen Jugendarbeit, der neuen Jungenarbeit für die Erziehungshilfe nutzbar zu machen und auf dieses Leistungsspektrum zu übertragen (Sturzenhecker Hrsg. 1996; Bentheim/Sturzenhecker 2006). Eine wissenschaftliche Begleitung dieser Praxisentwicklung ist erforderlich.
- Koedukative Gruppen wiederum sind ohne geschlechtsbezogene Arbeit in der Gefahr, die Geschlechterhierarchie lediglich zu reproduzieren und die Anliegen der Mädchen damit zu marginalisieren bzw. die Mädchen durch Auseinandersetzungen mit den Jungen latent zu gefährden. Die Umsetzung der Erfahrungen aus dem pädagogischen Diskurs in der Schule zu reflexiver Koedukation ist hier ein Anfang, um die Erkenntnisse aus der Schulforschung auf die Jugendhilfe zu übertragen. Wie kann eine geschlechtergerechte Koedukation gestaltet werden (vgl. Bronner/Behnisch 2007)?
- Einzelbetreuung läuft Gefahr, der Isolation und Vereinsamung der Jugendlichen Vorschub zu leisten, und bietet wenige Möglichkeiten an Geschlechterarrangements zu arbeiten (vgl. Sladek 2000). Um diesem Problem zu begegnen sind Gruppenangebote sowohl für die Jugendlichen als auch für die Mitarbeiterinnen und Mitarbeiter in Form von kollegialer Beratung und Supervision dringend geboten. Welche Chancen beinhaltet die Einzelbetreuung, um der zunehmenden Individualisierung von Mädchen und Jungen Rechnung zu tragen, und wie kann der Gefahr der Isolation durch kompensierende Angebote begegnet werden?
- Sozialraumbezogene, flexible Hilfen benötigen einen konsequenten Rückbezug auf die geschlechtsbezogenen Angebote und Maßnahmen im Stadtteil (Bitzan 1998).

5 Ausblick

Eine geschlechtergerechte Jugendhilfe nimmt die realen sozioökonomischen und psychosozialen Lebenslagen von Mädchen und Jungen, Müttern und Vätern zum Ausgangspunkt der Planung. Sie rekurriert dabei insbesondere auf neue Erkenntnisse der Forschung zu Sozialisation und Geschlecht, um den Zusammenhang von geschlechtsbezogenen Diskriminierungen und geschlechterhierarchischen gesellschaftlichen Strukturen aufzudecken und mit geschlechtergerechten Angeboten und Maßnahmen zu begegnen. Dafür benötigt sie Mitarbeiterinnen und Mitarbeiter mit Genderkompetenz, die in Reflexion der eigenen Geschlechtsrolle Mädchen und Jungen neue Erfahrungsräume durch einen geschlechterreflexiven Bezug in der Betreuung ermöglichen. Damit dies gelingen kann, sind eine geschlechtergerechte Konzept- und Personalentwicklung sowie eine geschlechtergerechte Budget- und Ressourcenverteilung unabdingbar, um die bestehende Geschlechterhierarchie in der Jugendhilfe abzubauen.

Literatur

Arbeitsgemeinschaft für Jugendhilfe (Hrsg.) (1999): 50 Jahre Arbeitsgemeinschaft für Jugendhilfe. Einheit der Jugendhilfe. Bonn

Armbruster, L. Christof/Müller, Ursula/Stein-Hilbers, Marlene (Hrsg) (1995): Neue Horizonte? Sozialwissenschaftliche Forschung über Geschlechter und Geschlechterverhältnisse. Opladen: Leske + Budrich

Belotti, Elena (1977): Was geschieht mit kleinen Mädchen? München: Verlag Frauenoffensive

Bentheim, Alexander/Sturzenhecker, Bendedikt (2006): Jungenarbeit – Entwicklung und Stand in Deutschland In: Zander/Hartwig/Jansen (2006): 153-169

Bilden, Helga (1991): Geschlechtsspezifische Sozialisation. In: Hurrelmann/Ulich (1991): 279-301

Bilden, Helga (2006): Sozialisation in der Dynamik von Geschlechter- und anderen Machtverhältnissen. In: Bilden/Dausien (2006): 45-71

Bilden, Helga/Dausien, Bettina (Hrsg.) (2006): Sozialisation und Geschlecht. Theoretische und methodologische Aspekte. Opladen und Farmington Hill: Verlag Barbara Budrich

Birtsch, Vera/Münstermann, Klaus/Trede, Wolfgang (Hrsg.) (2001): Handbuch Erziehungshilfen. Münster

Bitzan, Maria (1998): Zwischen Struktur und Person. Geschlechterdifferenzierende und sozialpolitische Handlungskompetenz als Grundlage für sozialraumorientierte Hilfen. In: Peters/Trede/ Winkler (1998): 52-72

Bitzan, Maria (2004): Gender in der Kinder- und Jugendhilfe. In: Glaser/Klika/Prengel (2004): 461-477

Böhnisch, Lothar (1997): Sozialpädagogik der Lebensalter. Weinheim, München: Juventa

Böhnisch, Lothar (1999): Abweichendes Verhalten. Eine pädagogisch-sozialogische Einführung. Weinheim, München: Juventa

Braun, Joachim (2006): Jungen in der Pubertät. Wie Söhne erwachsen werden. Reinbek b. Hamburg: Rowohlt

Bronner, Kerstin/Behnisch, Michael (2007): Mädchen und Jungenarbeit in den Erziehungshilfen. Einführung in die Praxis einer geschlechterreflektierten Pädagogik. Weinheim, München: Juventa

Brückner, Margit (1996): Frauen- und Mädchenprojekte. Von feministischen Gewissheiten zu neuen Suchbewegungen. Opladen: Leske + Budrich

Brückner, Margit (2003): Care – der gesellschaftliche Umgang mit zwischenmenschlicher Abhängigkeit und Sorgetätigkeit. In: Neue Praxis 2oo3. Heft 2. 162-171

Bruhns, Kirsten (2004): Einleitung – Geschlechterforschung als Grundlage von Geschlechtergerechtigkeit in der Kinder- und Jugendhilfe. In: Bruhns (2004): 13-51

Bruhns, Kirsten (Hrsg.) (2004): Geschlechterforschung in der Kinder- und Jugendhilfe. Praxisstand und Forschungsperspektiven. Wiesbaden

Bünemann de Falcón, Rita (2006): Zur Umsetzung des Gender-Mainstreaming-Prinzips in den Hilfen zur Erziehung. Ein Beispiel aus der Praxis. In: Knuth/Koch/Nüsken/Wolff (2006): 305-327

Bürger, Ulrich (2007): Stationäre Erziehungshilfen – ein Auslaufmodell der modernisierten Kinder- und Jugendhilfe? In: Sozialpädagogisches Institut im SOS-Kinderdorf e.V. (2007): 40-60

Bundesministerium für Familie, Senioren, Frauen und Jugend (BMFSFJ) (Hrsg.) (1998): Leistungen und Grenzen von Heimerziehung. Ergebnisse einer Evaluationsstudie stationärer und teilstationärer Erziehungshilfe. Stuttgart/Berlin/Köln

Connell, Robert W. (1999): Der gemachte Mann. Konstruktion und Krise von Männlichkeiten. Opladen: Leske + Budrich

Dausien, Bettina/Herrmann, Martina/Oechsle, Mechthild/Schmerl, Christiane/Stein-Hilbers, Marlene (Hrsg.) (1999): Erkenntnisprojekt Geschlecht. Opladen: Leske + Budrich

Deinet, Ulrich/Sturzenhecker, Benedikt (Hrsg.) (2005): Handbuch Offene Kinder- und Jugendarbeit. 3. erw. und völlig überarb. Auflage. Wiesbaden: VS-Verlag

Deutsche Shell (Hrsg.) (2002): Jugend 2002. 14. Shell Jugendstudie Frankfurt a.M.: Fischer Taschenbuchverlag

Dittmann, Maria (1998): Mädchen und Jungen im Kindergarten – Beschreibung eines Beziehungsfeldes. In: Horstkemper/Zimmermann (1998): 69-83

Drogand-Strud, Michael/Rauw, Regina (2005): Geschlechtsbezogene Pädagogik in der offenen Jugendarbeit. In: Deinet/Sturzenhecker (2005): 167-180

Faulstich-Wieland, Hannelore (1999): Weibliche Sozialisation zwischen geschlechter-stereotyper Einengung und geschlechtsbezogener Identität. In: Scarbarth/Schlottau/Straub/Waldmann (1999): 47-63

Faulstich-Wieland, Hannelore (2000): Sozialisation von Mädchen und Jungen – Zum Stand der Theorie. In: Diskurs 2000. Heft 2. 8-15

Flaake, Karin/King, Verena (Hrsg.) (1992): Weibliche Adoleszenz. Zur Sozialisation junger Frauen. Frankfurt, New York

Friebertshäuser, Barbara/Jakob, Gisela/Klees-Möller, Renate (Hrsg.) (1997): Sozialpädagogik im Blick der Frauenforschung. Weinheim: Deutscher Studien-Verlag

Fuchs-Rechlin, Kirsten/Schilling, Matthias (2006): Wo sind die Männer? Zur Personalstruktur in der Jugendhilfe. In: KomDat Jugendhilfe (2006). Heft 2. 2-3

Glaser, Edith/Klika, Dorle/Prengel, Annedore (Hrsg.) (2004): Handbuch Gender und Erziehungswissenschaft. Bad Heilbrunn: Julius Klinkhardt

Glücks, Elisabeth/Ottemeier-Glücks, Franz G. (Hrsg.) (1994): Geschlechtsbezogene Pädagogik. Münster: Votum

Hagemann-White, Carol (1984): Sozialisation weiblich-männlich? Opladen: Leske + Budrich

Hagemann-White, Carol (2004): Sozialisation – ein veraltetes Konzept in der Geschlechterforschung? In: Glaser/Klika/Prengel (2004): 146-157

Hagemann-White, Carol (2006): Sozialisation – zur Wiedergewinnung des Sozialen im Gestrüpp individualisierter Geschlechterbeziehungen. In: Bilden/Dausien (2006): 71-89

Hartwig, Luise (1990): Sexuelle Gewalterfahrungen von Mädchen. Konfliktlagen und Konzepte mädchenorientierter Heimerziehung. Weinheim: Juventa

Hartwig, Luise (2001): Mädchenwelten – Jungenwelten und Erziehungshilfen In: Birtsch et al. (2001): 46-69

Hartwig, Luise (2004): Erziehungshilfen in Zeiten des Gender Mainstreaming. In: Bruhns (2004): 203-219

Hartwig, Luise/Kriener, Martina (1997): Mädchen in der Erziehungs- und Jugendhilfe. Feministische Analysen und Ansätze in der Praxis. In: Friebertshäuser/Jakob/Klees-Möller (1997): 195-208

Hartwig, Luise/Kriener, Martina (2002): Mädchengerechte Entwicklung der Erzieherischen Hilfen In: Sachverständigenkommission 11. Kinder- und Jugendbericht (2002): 75-101

Hartwig, Luise/Kriener, Martina (2004): Expertise: Geschlechtergerechte Hilfeplanung. Modellprogramm zur Weiterentwicklung des Hilfeplanverfahrens (§ 36 KJHG) des BMFSFJ. Münster

Hartwig, Luise/Merchel, Joachim (Hrsg.) (2000): Parteilichkeit in der Sozialen Arbeit. Münster: Waxmann

Hartwig, Luise/Reckfort, Andrea (Hrsg.) (2000): Mädchengerechte Jugendhilfe in Münster. Bericht über ein Praxisprojekt. Münster

Hartwig, Luise/Reckfort, Andrea (Hrsg.) (2003): Mädchengerechte Jugendhilfe in Münster. Bericht über ein Praxisprojekt Teil II. Münster

Hartwig, Luise/Muhlak, Kirsten (2006): Mädchenarbeit in Theorie und Praxis. In Zander/Hartwig/Jansen (2006): 118-137

Helmig, Elisabeth (2006): Der Unterschied, der einen Unterschied macht. In: Forum Erziehungshilfen 2006. Heft 3. 132-136

Heinrich Böll Stiftung (Hrsg.) (2001): Geschlechterdemokratie. Berlin

Horstkemper, Marianne/Zimmermann, Peter (Hrsg.) (1998): Zwischen Dramatisierung und Individualisierung. Geschlechtstypische Sozialisation im Kindesalter. Opladen: Leske + Budrich

Hurrelmann, Klaus (1994): Lebensphase Jugend. Eine Einführung in die sozialwissenschaftliche Jugendforschung. Weinheim, München: Juventa

Hurrelmann, Klaus/Ulich, Dieter (Hrsg.) (1991): Neues Handbuch der Sozialisationsforschung. 4. Auflage. Weinheim und Basel: Beltz

Kasüschke, Dagmar/Klees-Möller, Renate (2002): Mädchen und Jungen in Kindertageseinrichtungen. Zum Stand der Umsetzung geschlechtsbezogener Handlungsansätze. In: Sachverständigenkommission 11. Kinder- und Jugendbericht (2002): 57-75

Kasüschke, Dagmar/Klees-Möller, Renate (2004): Mädchen und Jungen in Kindertageseinrichtungen. Theoretische Modelle. Jugendhilfepraxis und Forschungsbedarf. In: Bruhns (2004): 187-203

Kersten, Joachim (1999): Risiken und Nebenwirkungen. Zur gesellschaftlichen Konstruktion von Männlichkeiten. In: Scarbath/Schlottau/Straub/Waldmann (1999): 77-87

Klees, Renate/Marburger, Helga/Schumacher, Michaela (1989): Mädchenarbeit. Praxishandbuch für die Jugendarbeit, Teil 1.Weinheim, München: Juventa

Knuth, Nicole/Koch. Josef/Nüsken, Dirk/Wolff, Mechthild (Hrsg.) (2006): Hinter´m Horizont geht`s weiter… Perspektiven der Kinder- und Jugendhilfe. Frankfurt a.M.: Eigenverlag der IGfH

Kolip, Petra (1999): Riskierte Körper. Geschlechtsspezifische somatische Kulturen im Jugendalter. In: Dausien /Herrmann/Oechsle/Schmerl/Stein-Hilbers (1999): 291-304

Krall, Hannes (Hrsg.) (2005): Jungen und Männerarbeit. Bildung, Beratung und Begegnung auf der „Baustelle Mann". Wiesbaden: VS-Verlag

Kriener, Martina (2001): Beteiligung als Gestaltungsprinzip. In: Birtsch/Münstermann/Trede (2001): 128-149

Kuhlmann, Carola (2000): „Doing gender" – Konsequenzen der neueren Geschlechterforschung für die parteiliche Mädchenarbeit. In: Neue Praxis 2000. Heft 3. 226-239

Matzner, Michael (2005): Väter- eine noch unerschlossene Ressource und Zielgruppe in der Sozialen Arbeit mit Kindern und ihren Familien In: Neue Praxis 2005. Heft 6. 587-611
Meyer, Dorit/Ginsheim, von Gabriele (2002): Gender Mainstreaming – Zukunftswege der Jugendhilfe. Berlin: Stiftung SPI Hrsg.
Meyer, Dorit/Seidenspinner, Gerlinde (1999): Mädchenarbeit. Plädoyer für einen Paradigmenwechsel. In: Arbeitsgemeinschaft für Jugendhilfe (1999): 58-71
Nissen, Ursula (1998): Kindheit, Geschlecht und Raum. Sozialisationstheoretische Zusammenhänge geschlechtsspezifischer Raumaneignung. Weinheim, München: Juventa
Paritätisches Jugendwerk (Hrsg.) (1989): Offensive Mädchenarbeit in der Jugendberufshilfe. Münster: Votum
Peters, Friedhelm/Trede, Wolfgang/ Winkler, Michael (Hrsg.) (1998): Integrierte Erziehungshilfen. Qualifizierung der Jugendhilfe durch Flexibilisierung und Integration? Frankfurt a.M.: Eigenverlag der IGfH
Petri, Horst (1999): Das Drama der Vaterentbehrung. Freiburg: Herder-Spektrum
Preissing, Christa (1985): Mädchen in Erziehungseinrichtungen. Erziehung zur Unauffälligkeit. Opladen: Leske + Budrich
Rauschenbach, Thomas/Pothmann, Jens (2006): Geschlechtergerechtigkeit in der Jugendhilfe. Was erfasst die Statistik? Wie wird gemessen? In: KOMDAT Jugendhilfe 9. Jg 2006. Heft 2. 1-2
Rohleder, Christiane (2006): Familie, Geschlechterkonstruktionen und Soziale Arbeit. In: Zander/Hartwig/Jansen (Hrsg.) (2006): 291-311
Rose, Lotte (2004): Gender Mainstreaming in der Kinder- und Jugendarbeit. Weinheim: Beltz-Votum
Sachverständigenkommission 11. Kinder- und Jugendbericht (Hrsg.) (2002): Mädchen- und Jungenarbeit eine uneingelöste fachliche Herausforderung. München: Verlag Deutsches Jugendinstitut
Sachße, Christoph (1994): Mütterlichkeit als Beruf – Sozialarbeit, Sozialreform und Frauenbewegung 1890-1914. Frankfurt a.M.: Westdeutscher Verlag
Savier, Monika/Wildt Carola (1978): Mädchen zwischen Anpassung und Widerstand. Neue Ansätze zur feministischen Mädchenarbeit. München: Frauenoffensive
Scarbarth, Horst/Schlottau, Heike/Straub, Veronika/Waldmann, Klaus (Hrsg.) (1999): Geschlechter. Zur Kritik und Neubestimmung geschlechtsbezogener Sozialisation und Bildung. Opladen: Leske + Budrich
Schäfer, Reinhild (2007): Geschlechtergerechtigkeit in der stationären Erziehungshilfe. In: Sozialpädagogisches Institut im SOS-Kinderdorf e.V. (2007): 83-107
Scheu, Ursula (1978): Wir werden nicht als Mädchen geboren - wir werden dazu gemacht. Frankfurt a.M.: Fischer Taschenbuchverlag
Schröer, Wolfgang/Struck, Norbert/Wolff, Mechthild (Hrsg.) (2002): Handbuch Kinder- und Jugendhilfe. Weinheim, München: Juventa
Sielert, Uwe (1991): Jungenarbeit. Praxishandbuch Jugendarbeit Bd.2. Weinheim, München: Juventa
Stoklossa, Detlef (2005): Heldenspiele® - Jungen in Kindertageseinrichtungen. Praxisprojekte der Bundesvereinigung evangelische Tageseinrichtungen für Kinder e.V. In: Betrifft Mädchen 2005 Heft 1. 19-22
Sozialpädagogisches Institut im SOS-Kinderdorf e.V. (Hrsg.) (2007): Wohin steuert die stationäre Erziehungshilfe? München: Eigenverlag
Thiersch, Hans (1995): Lebensweltorientierte Soziale Arbeit. Aufgaben der Praxis im Sozialen Wandel. 2.Auflage. Weinheim, München: Juventa
Thürmer-Rohr, Christina (1991): Modellprojekt Beratungsstelle und Zufluchtswohnung für sexuell missbrauchte Mädchen von „Wildwasser" - Arbeitsgemeinschaft gegen sexuellen Missbrauch an Mädchen e.V. Berlin. (Schriftenreihe des Bundesministeriums f. Frauen und Jugend, Bd. 10) Stuttgart, Berlin, Köln: Kohlhammer
Thürmer-Rohr, Christina (2001): Geschlechterdemokratie In: Heinrich Böll Stiftung (2001): 21-34
Tübinger Institut für frauenpolitische Sozialforschung (Hrsg.) (1998): Den Wechsel im Blick. Methodologische Ansichten feministischer Forschung. Pfaffenweiler: Centaurus
Voigt-Kehlenbeck, Corinna (2003): Geschlechterreflexive Kinder- und Jugendhilfe und Gender Mainstreaming. In: Neue Praxis 2003. Heft 1. 46-61
Voigt-Kehlenbeck, Corinna (2005): Genderpädagogische Methoden vor neuen Herausforderungen. In: Neue Praxis 2005. Heft 6. 654-676
Wallner, Claudia (1996): Mädchengerechte kommunale Jugendhilfeplanung. Münster: Votum
Weber, Monika (2002): Mädchenarbeit: In: Schröer/Struck/Wolff (2002): 715-735
Wieland, Norbert (2000): Inhalte parteilicher Jungenarbeit. In: Hartwig/Merchel (2000): 117-133
Zander, Margherita/Hartwig, Luise/Jansen. Irma (Hrsg.) (2006): Geschlecht Nebensache? Zur Aktualität einer Gender-Perspektive in der Sozialen Arbeit. Wiesbaden: VS-Verlag

Reinhard Mario Fox

Psychologische Grundlagen der Entstehung und Prävention von Gewalt

Was ist Psychologie?

Die Aufgabe der Humanwissenschaft Psychologie ist die Beschreibung und Erklärung menschlichen Erlebens und Verhaltens. Human- oder sozialwissenschaftliche Erkenntnisse sind empirischer Art, wenn sie zwar nicht im Widerspruch zu naturwissenschaftlichen Erkenntnissen stehen, aber prinzipiell widerlegbar formuliert, also falsifizierbar sind. Sie sind immer nur so lange gültig, wie sie als nicht widerlegt gelten; sie liefern vornehmlich Trendaussagen.

Eine empirische Bestätigung sogenannter großer psychologischer Theorien ist eigentlich irrelevant; relevant bleibt, ob sie einen nachweisbaren Fortschritt in Theorie und Praxis der Humanwissenschaften erbringen. Daher wird in der modernen Psychologie auch nicht mehr um Vorherrschaften bestimmter Theorien gestritten, sondern um evidenzbasierte humanwissenschaftliche Erkenntnisse.

Wenn sich eine große psychologische Theorie in der modernen psychologischen Wissenschaft bestätigt und erhalten hat, dann ist es die kognitive Lerntheorie (nicht zu verwechseln mit reduktionistischen behavioristischen Lerntheorien). Sie ist die psychologische Zwillingsschwester der zurzeit dominierenden Humanwissenschaft, nämlich der Neurobiologie. Sie ordnet sich auch widerspruchsfrei der Metatheorie aller Humanwissenschaften unter, nämlich der Evolutionstheorie.

Lernen

Das Verhalten des Menschen ist weniger von Instinkten gesteuert, als vielmehr von *Lernvorgängen*, was sein Verhaltensrepertoire erweitert und variabel macht und damit anpassungsfähiger. Seiner prinzipiell gut ausgeprägten Lernfähigkeit verdankt der Mensch sein Überleben, sein Menschsein. Jede Überführung von erfahrungsabhängiger Information ins Gedächtnis, ist ein Lernvorgang – und das geschieht permanent ein Leben lang.

Lernen ist der Prozess, der erfahrungsabhängig, also unabhängig von körperlichen Reifungsvorgängen, zum Aufbau der das Verhalten motivierenden Kognitionen führt. Beim Lernen werden Bewertung und Bedeutung der Erfahrungen von Verhaltenskonsequenzen abgespeichert. Jeder Reiz, der wahrgenommen wird und in Relation zur eigenen Person bewertet und abgespeichert wird, stellt einen Lerninhalt dar. Dieser Lernprozess ist selbstverständlich ein permanent ablaufender und sehr aktiver Vorgang, ja selbst im Tiefschlaf lernen wir: In dieser Phase werden vorausgegangene Lerninhalte nochmals eingespeichert, der Lernvorgang also effektiviert; deshalb ist es nicht unerheblich, welche Reize ein Mensch kurz vor seinem Schlaf aufnimmt, was er also lernt.

Wir können also nicht nicht lernen, bestenfalls manchmal entscheiden, was wir lernen, niemals jedoch, ob wir lernen wollen oder nicht.

Lernen findet also zeitlebens statt und zwar im Gehirn als dem Organ der Psyche. Lernen ist ständige aktive – nicht passiv eingetrichterte – Informationsverarbeitung, deren Resultate für künftiges Verhalten abgespeichert werden. Jeder präsentierte Reiz wird verarbeitet und in passende, bereits abgelegte Konstrukte integriert. Integrierte Lerninhalte werden hirnphysiologisch repräsentiert durch entsprechende synaptischen Verschaltungen unzähliger Nervenzellen. Ein Gehirn kann nur Eines nicht: nicht lernen! Aus der Sicht der Hirnforschung beschreibt Manfred Spitzer diese fundamentalpsychologischen Vorgänge sehr dezidiert in seinem brillanten Buch: Lernen (2007).

Selbstkonzept oder Identität

Ein Resultat sozialer Lernvorgänge – soziales Lernen ist die Verarbeitung und Speicherung kommunikativer und interaktiver Erfahrungen – ist der Aufbau von Identität und Selbstkonzept, von Selbstbewusstsein und Selbstwertgefühl.

Identität ist das fragile Resultat sozialer Erfahrungen, sozialen Lernens. Soziale Reize und Erfahrungen werden im Prozess der Identitätsbildung zu einem bewusstseinsfähigen Konzept verarbeitet, das konsistente Interpretationen dessen beinhaltet, was man als Merkmale der eigenen Person bezeichnet und kommuniziert. Identität ist Selbst-Bewusstheit, eine Bewusstheit freilich, die immer nur eine – vorläufige – Konstruktion im Sinne einer kognitiven Wahrnehmungsleistung des Gehirns in der Kommunikation mit der sozialen Umwelt ist. Identität ist also eine Repräsentation, ist also entgegen unserer Anmutung nicht eine gegebene Wirklichkeit. Sie ist so gelernt wie auch veränderbar und riskiert.

Identität ist ein kognitives Konzept, das wir uns in der Verarbeitung sozialer Reize aneignen: Die Stabilität des Selbstkonzepts, die Stabilität insbesondere eines positiven Selbstbildes und Selbstwertgefühls ist abhängig von stabilen und sicheren *Bindungserfahrungen*. Sozialpsychologische Erkenntnisse zeigen, dass positive Rückmeldungen auf die eigene Person durch Personen, die man selbst positiv bewertet, hierbei den stärksten Einfluss haben. Selbstachtung wird gespeist durch die Achtung, die ein relevanter Bindungspartner einem entgegenbringt.

Der Andere wird beobachtet, diese Beobachtung wird repräsentiert in Hirnarealen, die man „Spiegelneurone“ nennt. Motorik des Anderen löst im motorischen Kortex des Beobachters ähnliche Aktivierungen aus wie beim Beobachteten; dadurch wird möglich, sich in den Anderen, in seine Handlungsabsichten hineinzuversetzen und eigene angemessene Handlungsstrategien zu entwickeln. Das Ich ist immer auch im Anderen, der Andere ist immer auch im Ich. Diese Relationen werden auch über Sprache, über begriffliche Etikettierungen repräsentiert. In diesen Repräsentationen bleiben der Andere und damit die Anteile unseres Selbst-Bildes, die in der Interaktion mit diesem Anderen gewonnen wurden, selbst dann in uns, wenn der Andere nicht anwesend ist: Er ist ja eigentlich wie jede andere bedeutsame Lebenserfahrung immerzu da, nämlich in unserem Kopf. Diese beschriebenen kognitiven Vorgänge bilden die Grundlage für die wesentlichen menschlichen Lernformen, nämlich für das *Nachahmungslernen* oder *Lernen am Modell* sowie für das Lernen am Erfolg.

Das in der Interaktion mit dem Anderen durch soziales Lernen aufgebaute Selbst-Konzept dient als eine wesentliche Motivation des Verhaltens.

Motivation

Motive (Konkretisierungen der Motivation) sind subjektive *Beweggründe des Verhaltens*. Motive dienen als hemmende oder aktivierende Kräfte den Regulierungen von Bedürfnissen und Emotionen; sie sind die Folge impliziter (Erfolgs-) Bewertungen, dann auch expliziter Wahrnehmung und Einstellung. Sie dienen als Verhaltenssteuerung der Selbsterhaltung und sind dadurch verbunden mit dem Selbstkonzept. Es gibt kein Verhalten ohne Motivation; will man ein Verhalten verstehen, muss man die Motive erkennen. Ein Verhalten, das zu einem Erfolg – welcher Art auch immer – führt, dient durch die aufgebaute Erfolgserwartung als Motivation künftigen Verhaltens. Als Erfolg wirkt sicherlich die Erhaltung des Selbstbildes, wobei neben dem Erhalt eines positiven Selbstbildes als Hauptkriterium die *Konsistenz des Selbstbildes* gilt, das heißt: Der Mensch wird sich in seinem Verhalten so steuern, dass es seinem wie auch immer gearteten Selbstbild entspricht. Nachhaltige Verhaltensänderungen, die sich aus konsistenter Übernahme neuer Einstellungen speisen, sind nur durch intrinsische Motivationen möglich, also durch Eigenmotivationen, die in Übereinstimmung stehen mit neuen eigenen Werten und Zielen und sich nicht nur auf das Ausweichen vor Bestrafungsreizen reduzieren – durch Bestrafung kann man zwar unerwünschtes Verhalten unterbinden so lange die Bestrafungskonsequenz anhält, aber kein neues erwünschtes Verhalten aufbauen.

Aggression und Gewalt

Gewalt und Aggression werden oft als Synonyme verwendet, was zur Begriffsverwirrung und damit Handlungsschwäche beiträgt. *Aggression* ist eine bei Tier und Mensch angelegte Reaktionsdisposition auf Reizsituationen, die als Bedrohung, Konflikt oder als Möglichkeit, Beute zu machen, wahrgenommen werden. Gewalt meint als Teilmenge von Aggression jene aggressive Handlung, die mit der *Absicht der Schädigung* eines Anderen erfolgt. Eine Aggression wird also zur Gewalt, wenn man hauptsächlich beabsichtigt, den Anderen in seiner physischen oder psychischen Unversehrtheit zu schädigen. Verteidigung, wobei die Schädigung des Anderen zwar riskiert wird, nicht aber eigentlich beabsichtigt ist, gilt dann nicht als Gewalt.

Sinnvoll ist auch die Subsummierung des Begriffes *psychische Gewalt* unter den Gewaltbegriff, auch wenn das von einigen Autoren anders bewertet wird. Als psychische Gewalt gelten Formen verbaler Abwertung und Entwertung sowie als indirekte Gewalt die Ausgrenzung und Rufschädigung des Anderen. Da körperlicher Gewalt meist die psychische Gewalt vorausgeht und psychische Gewalt somit als Vorbereitung physischer Gewalt dient, halte ich es für fahrlässig, psychische Gewalt nicht auch als eine relevante Form von Gewalt anzusehen. Zumal physische Gewalt immer auch psychische Verletzungen nach sich zieht und oft auch umgekehrt nachhaltige psychische Gewalt physische Beschädigungen bewirkt, ist eine Ablösung der psychischen Gewalt vom Gewaltbegriff unsinnig. Psychische und physische Vorgänge sind ohnehin stets parallele Vorgänge und sollten auch beim Gewaltdiskurs nicht wieder wie in alten Zeiten getrennt werden.

Hinzu kommt nach Galtung noch der Begriff der *strukturellen Gewalt*, der die gesellschaftliche Abwertung und Ausgrenzung gegenüber gesellschaftlichen Subgruppen meint. Auch der *Vandalismus* als Beschädigung von Sachen gilt als Gewalttätigkeit, zumal meist eine Schädigung des Anderen daraus erfolgt – wer das bestreitet, möge sich doch nur vorstellen, wie er einen Einbruch in seine Wohnung – mit oder ohne Vandalismus – erleben würde.

Gewalttätigkeiten können auch noch differenziert werden nach ihrer Grundmotivation: Sie können *instrumenteller* Art sein und die materielle Vorteilsnahme auf Kosten des Anderen beabsichtigen oder sie können *expressiver* Art sein und Lustgewinne durch euphorisierende Dominanzgefühle und Selbstwerterhöhungen auslösen. Zur expressiven Gewalt sind auch emotional aufgeladene, nicht geplante und eher reaktive *impulsive* Gewaltformen zu zählen.

Kurz: Gewalt ist stets eine destruktive Form der Aggression mit dem Ziel der Schädigung der physischen und psychischen Unversehrtheit des Anderen.

Anders ist die Aggression zu bewerten. Die Möglichkeit zu einem aggressiven Verhalten (Aggressivität) hat sich als evolutionärer Vorteil im Kampf um begrenzte Ressourcen durchgesetzt – meist um die Ressource „Nahrung" sowie bei der nicht nur im Tierreich verbreiteten Haremshaltung eben auch um die Ressource „Weibchen" – und ist genetisch vorgegeben. Nicht genetisch vorgegeben dagegen sind aber die jeweiligen Konkretisierungen, also die jeweiligen Formen der Aggression und schon gar nicht die Formen der Gewalt. Gewaltverhalten wird beim Menschen, wie auch jedes andere Verhalten, stets gelernt, ist also nicht genetisch bedingt, wie immer wieder resignativ behauptet wird. Ein gravierender Unterschied des Menschen zum Tier ist neben der Sprachfähigkeit seine einzigartige – potenzielle – Lernfähigkeit, womit er sein Verhalten auch unter unterschiedlichsten Umweltbedingungen flexibel anpassen kann. Psychologische Theorien zur Entstehung von Aggressivität gibt es einige, aber nur die Lerntheorie hält seriösen wissenschaftlichen Erkenntnissen stand. Die populäre *Triebtheorie* und die daraus abgeleitete Katharsisthese gelten wissenschaftlich als widerlegt, auch wenn sie populärwissenschaftlich immer noch Hochkonjunktur feiern. Der Mensch ist nun mal kein Dampfkessel, dessen „Triebe" ausagiert werden müssen, um nicht zu explodieren. Ganz im Gegenteil zeigt die Lerntheorie evidenzbasiert, dass jedes Verhalten, das erfolgreich realisiert wird, nicht abgebaut, sondern aufgebaut wird. Wer also mit aggressiven Verhaltensweisen Erfolg hat – sei es, weil er zur Beute kommt oder sein Dominanzbedürfnis befriedigt oder sein Unterlegenheitsgefühl überkompensiert –, wird künftig noch aggressiver auftreten und nicht etwa nach einer etwaigen Katharsis lammfromm daherkommen. Unzählige empirische Studien zeigen diese Effekte; aktuell weist der große Mann der Gewaltforschung, Dan Olweus, in seinen neuesten Studien zur Gewalt an Schulen den unerwarteten Effekt nach, dass selbst die Ausübung von Kampfsportarten, z.B. organisiert in Jugendheimen, die Rate gewalttätigen Handelns bei Jugendlichen erhöhe, obschon die Trainer damit den Ansatz verfolgten, die Gewaltrate durch Kampfsport zu senken (persönliche Mitteilung im September 2006).

Die bisher gültigste Position in der wissenschaftlichen Gewaltforschung ist also, dass Aggression eine erbliche Verhaltensdisposition darstellt, das konkrete Gewaltverhalten aber Resultat von Lernvorgängen ist, insbesondere vom Nachahmungs- oder Imitationslernen sowie vom Lernen am Erfolg. Eine psychologische Grunderkenntnis, die seit mehr als einem halben Jahrhundert unumstritten ist, lautet: Ein Verhalten wird umso besser gelernt, je mehr man es wiederholt und je mehr man dadurch einen subjektiv bewerteten Erfolg erzielt.

Konflikte

Konfliktsituationen können Aggressionen und auch Gewaltbereitschaften provozieren. Was ist ein Konflikt?

Ein Konflikt entsteht bei einem Widerstreit von Motiven, bei Uneinigkeit oder Unvereinbarkeit von Motiven. Motive (Verhaltensbeweggründe) dienen den Regulationen von Bedürfnissen und Emotionen, von Wahrnehmung und Deutung, von Einstellungen, Bewertungen, Zielen. Sucht man nach Konfliktlösungen, sollte man erkennen können, ob ein *Ziel-* oder ein *Strategiekonflikt* vorliegt.

Konflikte ereignen sich permanent und zwar innerhalb einer Person, zwischen Personen, innerhalb einer Gruppe, zwischen Gruppen. Konflikte sind also zunächst einmal unumgänglich und den sich ständig weiterentwickelnden und selten gradlinigen Lebensverläufen immanent; das Leben ist nun mal ein chaotischer Prozess. Konflikte können Aggressionen provozieren, aber auch Innovationen, Fortschritte, Lebendigkeiten. Ein Konflikt ist also nicht schon an sich negativ, entscheidend bleibt, wie man mit den doch unvermeidlichen Konflikten umgeht.

Menschen haben stets mehrere, gemischte Motive, die sich oft auch noch widersprechen, was zu Konflikten innerhalb der Person führt, zu sogenannten *intrapersonalen Konflikten*. Oft genug ist der intrapersonale Konflikt Ausgang für interpersonale Konflikte.

Klassische Formen der intrapersonalen Konflikte sind:

- Appetenz- und Aversionskonflikte: Man will auf etwas zugehen und gleichzeitig sich auch zurückziehen
- Appetenzkonflikte: Man will zwei sich gegenseitig ausschließende, aber ähnlich attraktive Ziele erreichen
- Aversionskonflikte: Man steht vor der Wahl zwischen Pest oder Cholera.

Ebenfalls klassisch in der Interaktion zwischen Sozialpartnern ist die Kompromisssituation des zugleich intra- wie interpersonalen Konflikts. Da Motive stets gemischt sind, haben auch Interaktionspartner jeweils gemischte Motive; in der Interaktion potenziert sich also die Motivmischung. Der Grundkonflikt ereignet sich im Kampf der generell vorhandenen egozentrischen Motive gegen die sozial-kooperativen Motive. Auch die kooperativen Motive sind für den Menschen, der als Gruppentier nur in der Gruppe überleben kann, attraktiv. Soziale Situationen, Interaktion und Kommunikation, sind per se Konfliktsituationen, da sie stets intra- und interpersonale Verhandlungssituationen darstellen: Permanent inszeniert sich eine wechselseitige, meist nicht bewusst ablaufende Kosten-Nutzen-Abwägung. Konfliktlösungen sind nur durch Kooperation möglich. Kooperation ist nur möglich bei Kompromissbildung; sie ereignet sich, wenn die Interaktionspartner beide auf den größtmöglichen Gewinn des Einzelnen – meist auf Kosten des Anderen – verzichten und sogenannte Win-Win-Situationen anstreben, also solche Situationen, in denen beide Partner, wenn auch kleinere, Gewinne erzielen; langfristig erzielen Sozialpartner sogar nur unter den Bedingungen von Win-Win-Situationen optimale Gewinne.

Gewaltentstehung

Gewalt wurde weiter oben als *dysfunktionale Konfliktlösung* angesehen, sie produziert letztlich nur Verlierer. *Instrumentelle Gewalt*, also solche, die der materiellen Vorteilsnahme bei Schädigung des Anderen dient, ist oft die Folge interpersonaler Konflikte und wirkt emotional eher kühl. Emotional aufgeladene *expressive* oder *impulsive Gewalt* dagegen ist häufiger die Folge intrapersonaler Konflikte und dient in der Regel der Selbstwerterhöhung sowie der euphorisierenden Befriedigung von Dominanzbedürfnissen. Besonders bei Menschen, die in ihrem Milieu durch martialisches Dominanzverhalten, Imponiergehabe und signalisierte Gewaltbereitschaft hohes Ansehen genießen und erfolgreich sind, ist der Ausbruch expressiver Gewalt schnell provoziert.

Auch bei Menschen mit beschädigten Selbstwertgefühlen kann expressive Gewalt als Überkompensation genutzt werden: Die übernommene Täterrolle kompensiert dann die demütigenden – oft früheren – eigenen Missachtungserfahrungen in der Opferrolle. Sehr häufig findet man unter Gewalttätern solche Menschen, denen in ihren Herkunftsfamilien selbst Gewalt angetan wurde oder die miterlebt haben, wie andere Familienmitglieder – meist die Mutter durch den Vater – Gewalt erlitten. Diese Menschen haben schlicht gelernt, dass Gewalt ein übliches Verhalten in Konfliktsituationen darstellt. Die weitverbreitete Kompensationsthese, die eher heuristische als empirische Erkenntnis ist, könnte eigentlich durch diese einfache und nachweisbare lerntheoretische Erklärung ersetzt werden. Bandura (1963) konnte bereits in den 60er Jahren vielfach nachweisen, dass bei einem attraktiven Modell beobachtetes Gewaltverhalten dazu führt, dieses Gewaltverhalten selbst zu imitieren. Gewaltverhalten wird also, wie jedes andere Verhalten auch, gelernt und zwar durch Nachahmung und Imitation des Vorbildes sowie durch Erfolg. Mittlerweile sind Hunderte von gut gemachten Studien dazugekommen, die die Entstehung von Gewaltbereitschaft und die Ausübung von Gewalt in Abhängigkeit diverser Lernbedingungen sehen und folgende Bedingungsfaktoren für das Erlernen von Gewaltbereitschaft empirisch nachweisen:

- familiäre Gewalt, also Misshandlung und Missbrauch in der Familie (vgl. Dodge et al. 1990; Sternberg et al. 1993)
- außerfamiliäre Gewalterfahrungen in Schule, Peers, Milieu, Nachbarschaft, Kommune (Attar et al. 1994; Bell/Jenkins 1993; Singer et al. 1999)
- Missbrauch von Drogen, auch Alltagsdrogen wie Alkohol (Müller 2006)
- Konsum gewalthaltiger Medien wie Film, Fernsehen und PC-Spiele (besonders interessant unter unzähligen Studien zu diesem Thema: Tillmann et al. 1999; Lukesch et al. 1994; Hearold 1986; Johnson et al. 2002; Metaanalysen von Wood et al. 1991).

Müller (2006) referiert, dass Substanzmittelabhängigkeit und (Alltags-) Drogenmissbrauch einen erheblichen Beitrag zur Gewaltbereitschaft leisten. Verhaltensauffälligkeiten wie Alkoholmissbrauch gehen Gewalttaten oft voraus: 40% der finnischen Mörder standen während der Tat unter Alkoholeinfluss. In den USA findet man bei bis zu 59% der Gewalttäter illegale Drogen im Urin. Wer diese empirisch unumstrittenen Forschungsergebnisse ignoriert oder gar bestreitet – was erstaunlich oft passiert –, sollte sich wenigstens aus der öffentlichen Gewaltdiskussion heraushalten. Gerade zum Thema Mediengewalt und ihre verheerenden Auswirkungen auf die Gewaltbereitschaft speziell von Heranwachsenden wird von einigen Wissenschaftsjournalisten, aber leider auch von einigen Sozialwissenschaftlern und Politikern immer wieder das Märchen von der angeblichen uneinheitlichen Datenlage der Gewaltforschung in die Welt gesetzt. Die eindeutigen Hinweise auf sogar kausale Abhängigkeiten der Gewaltbereitschaft vom Konsum von Gewaltmedien werden verharmlost oder sogar trotz empirischer Erkenntnislage abgestritten. Johnson et al. (2002) konnten in ihrer Langzeitstudie (über 17 Jahre) sogar nachweisen, dass es einen direkten Zusammenhang gibt zwischen Dauer des Fernsehkonsums und Häufigkeit körperlicher Gewalt gegen andere. Dieser Nachweis wurde erbracht an Jugendlichen zwischen 14 und 16 bzw. 22 Jahren und dann zwischen dem 22. und 30. Lebensjahr, und zwar für männliche und weibliche Probanden und solchen, die schon vor der Untersuchung als aggressiv galten und solchen, die vorher unauffällig waren. Bei mehr als einer Stunde täglichen Fernsehkonsums erhöhte sich in den untersuchten Gruppen die Gewaltrate drastisch – mit der Ausnahme der weiblichen vorher nicht aggressiv aufgefallenen Teilnehmerinnen. Erhöhte sich der tägliche Fernsehkonsum auf mehr als drei Stunden, stieg die Gewaltrate bei den männlichen Teilnehmern nochmals deutlich an. Es gibt also sogar eine Abhängigkeit der Gewaltrate nicht nur vom Fernsehkonsum überhaupt, sondern auch noch direkt von der Dauer des Medienkonsums. Diese Zusammenhänge können sogar als kausal gelten, weil in dieser Studie alle anderen Lerneinflüsse, wie familiäre schulische Situation oder Einfluss durch Peers, rausgerechnet wurden.

Auch in aktuellen deutschen Studien konnten Pfeiffer et al. (2005) vom kriminologischen Forschungsinstitut Niedersachsen deutliche Nachweise erbringen, dass die Verfügbarkeit von Medien und die damit verbundene Konsumdauer auch gewalthaltiger Filme und Computerspiele die Rate der Gewaltbereitschaft drastisch erhöht.

Wer sich nicht mit Ergebnissen empirischer Studien beschäftigen möchte, dem sei das aktuelle Buch des deutschen Hirnforschers Manfred Spitzer „Vorsicht Bildschirm!“ (2006) empfohlen, der hier eindrücklich die Wirkungen von Medienverwahrlosung auf die Hirnentwicklung und Lernvorgänge beschreibt.

Irrtümer

Dass sich bei dieser eigentlich erdrückenden Beweislast des verheerenden Einflusses von Medienverwahrlosung auf die Gewaltbereitschaft, Politiker – die sich dabei oft noch als liberal und tolerant gerieren –, immer wieder hinstellen und, aktuell in der Debatte um ein Verbot von Killerspielen auf PC und Handy, öffentlich behaupten, es gäbe diese Beweise nicht, ist ein Skandal, der nur erklärbar ist mit Beeinflussung der Politik durch Lobbyisten der Medienindustrien – die Umsätze der Computerspielindustrie sind um Milliarden höher als die der schon milliardenstarken Filmindustrie! –, die ihren destruktiven Beitrag zur Gewalt aus Imagegründen – ähnlich wie die Tabakindustrie es tut – verharmlosen wollen. Auch einige Journalist/-innen fühlen sich bei Kritik gegen Medienverwahrlosung oft aufgerufen, diese Kritik mit pseudoliberalen Argumenten zurückzuweisen, da sie Kritik gegen Medienverwahrlosung oft missverstehen als Kritik gegen Medien schlechthin. Jüngstes Beispiel dieser Melange aus Ignoranz und Inkompetenz aus der Politik gab der Kieler Landtag, als er wieder das Märchen von der uneinheitlichen Datenlage beschwor, um ein Verbot der Killerspiele abzuwenden – nachzulesen in: Der Landtag Schleswig-Holstein, Landtag 1/2007. Es wird dann auch gern pseudokompetent argumentiert, dass allein ein Verbot von Killerspielen das Gewaltproblem nicht lösen würde – das stimmt wohl, es wurde aber auch von niemanden behauptet, dass allein ein Verbot ausreiche, es wäre nur ein wichtiger Beitrag, da eine gesellschaftliche Ächtung von Gewalt damit verbunden wäre und endlich eine justiziable Handhabe gegen Hersteller von Killerspielen vorläge.

Nochmals sei betont: Gewaltverhalten wird gelernt, sei es in realen Gewaltsituationen, sei es zusätzlich noch in Situationen des Konsums fiktiver Gewalt. In beiden Fällen wirken die Lernprinzipien: Lernen am Modell und Vorbild, Lernen durch Nachahmung und Training, Lernen am Erfolg. Bei selbstaktiven und nicht nur passiv konsumierten Computerspielen kommt noch verstärkend hinzu, dass Erfolgserlebnisse und dadurch gewonnenes Ansehen in gewaltorientierten oder gewaltmythologisierenden Wertegemeinschaften von ohnehin stark beeinflussenden Peers das gelernte Verhalten noch verfestigen.

Leider gibt es – neben der Sage von der uneinheitlichen Datenlage – noch zahlreiche weitere populäre Märchen und Irrtümer, die die Arbeit der Gewaltprävention ernsthaft gefährden.

Da ist die Rede davon, dass sozial- und humanwissenschaftliche Erkenntnisse nicht hundertprozentig bewiesen seien. Das Faktum ist zwar richtig, als Argument aber untauglich. Empirische Erkenntnisse aus den Humanwissenschaften sind ihrer Natur nach Wahrscheinlichkeitsaussagen sowie Trendaussagen und können nicht physikalischen Gesetzen (wobei selbst diese Wahrscheinlichkeitsaussagen darstellen) gleichgestellt werden. Leider ist es nicht jedem gegeben, in Möglichkeitsformen denken zu können.

Da ist immer wieder die Rede vom Werteverfall in unserer Gesellschaft. Genau das Gegenteil ist richtig. In einer dankenswerterweise liberalen und pluralistischen Gesellschaft wie der unserigen gibt es eben dann auch eine Wertevielfalt, einen Wertepluralismus. Es käme dann darauf an, sich hier seiner Werte bewusst zu werden, bewusst auszuwählen, welche Werthaltungen zu einem passen. Bewusstmachung ist die Voraussetzung für Veränderung und für die Entwicklung von Selbstbewusstheit. Dazu müssen Heranwachsende Unterstützungen erfahren. Das jeweilige Vorbild der Sozialpartner/-innen setzt hier Zeichen, die jeweiligen Beziehungsangebote sind Anregung für den Aufbau eines entsprechenden Selbstbildes.

Da ist die Rede von den zerrütteten Familienbanden. Auch diese Vorstellung und schnell hingeworfene Behauptung stimmt nicht überein mit den erhobenen Fakten: So konnte die 13. Shell-Jugendstudie (2000) zeigen, dass es noch niemals in unserer Kultur soviel Zustimmung von Jugendlichen für ihre Eltern gab. Die überwiegende Mehrheit der heute Jugendlichen gibt an, ihre Eltern als partnerschaftlich, kooperativ und engagiert zu erleben. Auf die Frage, wie sie ihre eigenen Kinder mal erziehen wollten, gaben die meisten an, so wie meine Eltern mich. Gerne wird von Politiker/-innen bei der Frage, was man gegen zunehmende Gewaltbereitschaft von Jugendlichen tun könne, der Schwarze Peter an die Eltern weitergegeben. Dadurch fühlen sie sich aus der Verantwortung entlassen, ähnlich wie das andere, professionell mit Jugendlichen arbeitende Berufsgruppen tun. Durchaus gibt es nachweisbare familiäre negative Einflussfaktoren: Häusliche Gewalt, restriktiver Erziehungsstil, soziale Armut, mangelnde Bildung, hoher Fernsehkonsum, Abschieben der Kinder und Jugendlichen in deren eigenen Medienwelten (Fernseher und PC gehören in Großstädten, speziell in Industriegebieten, fast schon zur Grundausstattung von Kinderzimmern!), Alltagsdrogenkonsum in der Familie, etc.

Das darf aber keine Ausrede sein für Profis, die ihr zukommende Verantwortung auf die Elternhäuser abzuschieben, die sie ohnehin nicht erreichen können. Politiker/-innen und professionell mit Kindern und Jugendlichen arbeitende Menschen sollten dann wenigstens das tun, was machbar wäre und ihrer Aufgabe entspräche.

Gewaltpräventive Maßnahmen

Will man gesellschaftspolitische Veränderungen bewirken, kann man oft eine Verschleppungsstrategie folgender Art beobachten: Mittelfristig machbare Verbesserungen werden gar nicht erst in Angriff genommen mit dem Argument, Effektivität hänge von der Veränderung des sogenannten „Grundsätzlichen" ab, und da man das gar nicht oder nur sehr langfristig ändern könne, wäre es sinnlos, mit dem einfach Machbaren zu beginnen. Aktuell müssen wir das in der Debatte um das Verbot von Killerspielen erleben: Allein ein Verbot könne Gewalt nicht präventieren, daher bräuchte man ein solches Gesetz nicht; man müsste zunächst die gesellschaftspolitischen „Rahmenbedingungen" so verbessern, dass sich Verwahrlosungen, auch Medienverwahrlosungen, in der Familie erübrigten. Dieses Argument hört man manchmal auch von Wohlmeinenden, es ist aber wenig überzeugend: Wir werden niemals für alle Familien optimal gedeihliche Rahmenbedingungen schaffen können, sie werden allzu oft unerreichbar bleiben; auch ist der Ruf der Familie in unserem Kulturkreis schlechter als die Familie tatsächlich von den Familienmitgliedern erlebt wird (siehe 13. Shell-Jugendstudie 2000) und es zeugte auch nur von beeindruckend historischem Unverstand, von heutzutage allgemein zerrütteten Familienbanden zu sprechen mit dem Unterton: „Früher sei alles besser gewesen". Wir sollten uns also nicht auf das vielleicht Wünschenswerte, aber nicht Machbare kaprizieren, sondern auf das einfach Machbare! Pseudoargumente blockieren jede machbare Verbesserung.

Was kann man machen?

Man könnte sofort ein *Verbot von Killerspielen* erwirken als einen Baustein von vielen. Warum wäre das sinnvoll? Weil es eine gesellschaftliche Ächtung von Gewalt darstellen würde; dadurch wüsste sich jeder Hersteller, Verkäufer und User von Killerspielen im gesellschaftlichen Abseits; es gäbe eine justiziable Handhabe – auch im Sinne einer Produkthaftung – gegen Hersteller und Verkäufer, ähnlich wie beim Waffengesetz. Außerdem zeigt z.B. die Studie von Tillmann et al. (1999) in Pfadanalysen, dass der Konsum gewalthaltiger Medien den größten (!) Beitrag zur Erhöhung der Gewaltbereitschaft erzielt und zwar noch vor den familiären Bedingungen für Gewaltbereitschaft und unabhängig (!) von der Intaktheit des Familienzusammenlebens. Brandaktuell ist die Studie von Ingrid Möller (2007), Universität Potsdam, die ebenfalls nachweist, dass je intensiver die Beschäftigung mit Gewaltspielen ist, die Gewaltbereitschaft der Spieler/-innen umso mehr ansteigt und anhält (Kontakt: ingrid.moeller@uni-potsdam.de). Dieser Effekt gilt insbesondere für männliche Jugendliche, die im Vergleich zu weiblichen Jugendlichen deutlich mehr Zeit mit Computerspielen verbringen, was in der Folge bewirkt, dass ihre Schulleistungen drastisch sinken und ihre Karrierechancen ruiniert werden.

Wer diese Zusammenhänge als Profi leugnet, ist mitverantwortlich für die Erhöhung von Gewaltbereitschaft. Natürlich lernt man Gewaltverhalten auch unter anderen Lernbedingungen als unter Medienverwahrlosung und natürlich ist nicht jedes Gewaltverhalten medienvermittelt. Aber den Gewaltmedien kommen substantielle und eigenständige Bedeutungen zu. Außerdem sei nochmals betont, dass es verschiedene wirksame Lernformen gibt und fiktive Gewalt auszuüben und zu trainieren wäre eine zusätzliche Gewaltlernerfahrung. Alle Erfahrungen mit Gewalt, wie und wo auch immer gemacht, werden im gleichen Hirn abgelegt und summieren sich zu einem Gewaltkonzept.

Erziehung kann nicht allein Aufgabe der Eltern sein; sie muss ein kommunaler, ein Auftrag des *Gemeinwesens* werden. Zu viele Eltern zeigen ein Erziehungsversagen und realisieren selbst die Risikofaktoren für erhöhte Gewaltbereitschaft. Diesen familiären Risikofaktoren zu begegnen und frühkindliche Beschädigungen auszugleichen oder möglichst zu präventieren, wäre eine gemeinschaftliche Aufgabe, auch im Interesse der Gesamtgesellschaft. Sofort machbar wäre als ausgleichende Maßnahme, die z.B. auch eine drohende Medienverwahrlosung im Elternhaus oder die Folgen restriktiver Erziehungsstile abpuffern könnte, die flächendeckende Umwandlung aller Hauptschulen in *Ganztagsschulen*. Das wäre dann durchaus eine grundsätzliche „Rahmenbedingung“ für ein gedeihlicheres Familienleben. Das muss aber politisch wirklich gewollt sein und also Gelder für mehr Unterrichtsstunden, also für mehr Lehrkräfte freigesetzt werden. In Ganztagsschulen können Bildungs- und Erziehungsauftrag am ehesten erfüllt werden. Und da die Kinder und Jugendlichen in den Ganztagsschulen ja nicht nur ab mittags aufbewahrt werden sollten, sondern in Gemeinschaft mit sozial-kompetenten Peers eine sozial-integrative Sozialisation besonders für gefährdete Kinder und Jugendliche als Primär- und Sekundärprävention ermöglicht werden müsste, ist die Einbeziehung des Know-how der Sozialarbeit unerlässlich. Eine gleichberechtigte *Zusammenarbeit von Schule und Jugendhilfe*, von Lehrkräften und Sozialarbeiter/-innen wäre eine unverzichtbare Voraussetzung für das Gelingen eines persönlichkeitsfördernden Lernklimas in den Ganztagsschulen. Lehrkräfte allein könnten diesen Auftrag nicht erfüllen, da sie nicht in Sozialarbeit – und auf diese käme es dann ja auch an – ausgebildet sind. Sozialarbeiter/-innen müssen in die Schularbeit eingebunden werden, will man besonders den gefährdeten Jugendlichen helfen, sich sozial-integrativ entwickeln zu können. Hierzu gibt es bereits erfolgreich erprobte Modelle, z.B. das PRINT-Programm des Landes Niedersachsen und das Projekt „NetzwerG“ der Universität Lüneburg.

Wer in Sozialisationsinstanzen wie Schule, Kita, Jugendheim Gewaltprävention durchführen möchte, ist mittlerweile in der komfortablen Lage, sich an vielerlei Stellen mit kompetenten Programmen und Trainer/-innen versorgen lassen zu können. Beispielsweise über: Forschungsprojekt NetzwerG oder Gewaltprävention in Schulen nach Dan Olweus oder Kontaktbüro Gewaltprävention: Projekt 34 oder über lehrer-online.de (einfach wie angegeben ins Internet eingeben) und viele andere mehr.

Jedes Gewaltpräventionsprogramm für gefährdete Kinder und Jugendliche sollte in der *Gemeinschaft mit sozial-kompetenten Peers* erfolgen, da die Peers den größten Einfluss ausüben – man lernt über Nachahmung und Bestätigung am effektivsten von denjenigen, denen man sich zugehörig fühlt oder zu denen man gehören möchte. Im Vordergrund steht ein anregendes, persönlichkeitsförderndes Lernklima, in dem durch soziales Lernen im Klima von wechselseitiger Achtung, Verständnis und Offenheit ermöglicht würde, sozial-kommunikative Kompetenzen zu erwerben, die im Konfliktfall eine Lösung durch Gewalt anachronistisch erscheinen ließen. Dazu wäre nötig, den *Aufbau von Selbstwert und Selbstvertrauen* zu fördern, und das gelänge nur in einer Gemeinschaft, in einer Gemeinschaft freilich, die niemanden ausgrenzte und jedes Mitglied zu respektieren imstande wäre. Für diese Art kommunikativer Kompetenzen wären Haltungen und Gesprächsformen notwendig, die man in der gesprächspsychotherapeutischen Forschung *personenzentrierte Haltungen* (nach Rogers) nennt. Deren zentraler Begriff der „Empathie" („einfühlsames nicht-bewertendes Verstehen" nach Tausch, R.) scheint der Schlüssel zu sein, ein gewaltfreies Zusammenleben zu ermöglichen. *Empathie* ist die Voraussetzung für eine kooperative Beziehungsgestaltung, die aufkommende Konflikte gewaltfrei lösen lassen könnte. Mittlerweile gibt es sogar Computerprogramme, die für ein Empathietraining eingesetzt werden könnten. Neurobiologische Modelle erkennen in den hirnphysiologischen Korrelaten der Empathie, den sogenannten *Spiegelneuronen*, die Hirnstrukturen, die für ein soziales Miteinander die körperliche Basis bilden. Wer sich hier dezidiert informieren möchte, dem sei das Buch „Warum ich fühle, was du fühlst" von Joachim Bauer (2006) empfohlen. Die moderne Hirnforschung bestätigt mit dem Konzept der Spiegelneurone beeindruckend die psychotherapeutischen Forschungsergebnisse der *personenzentrierten Psychologie*. Eine praktikable und ungemein effektive Methode der intrinsisch motivierten und dadurch nachhaltigen Verhaltensänderung im Geiste der personenzentrierten Psychologie zeigt das empfehlenswerte Buch „Motivierende Gesprächsführung" von Miller/Rollnick (2004). Eine weitere praktische Hilfestellung für die einfache Anwendung personenzentrierter Gesprächsführung bietet das Buch von Marshall Rosenberg „Gewaltfreie Kommunikation" (2005). Ein auf Kooperation angelegtes Lernklima lebt von permissiven Kommunikationsstilen, die zu Offenheit und Selbsterkundung einladen, um fassadenhafte Sprachhülsen abzulösen und eine persönliche Sprache zu ermöglichen. Die Kultivierung der Sprache sorgt auch für eine Persönlichkeitsentwicklung und für die Stärkung reifer Konfliktlösungskompetenz. Reifung der Sprache fördert die Reifung der Persönlichkeit, des Selbst-Bewusstseins. Auch wenn wir nicht für alles eine Sprache haben, so können wir uns doch nur bewusst machen, wofür wir eine Sprache haben. Unsere Sprache drückt unser Bewusstsein aus und formt dann auch unser Selbstbewusstsein, unser Bild von uns selbst und der Welt. Auch unser Selbstbild ist ja nur die begriffliche Deutung unserer Erfahrungen mit anderen, der Erfahrungen, die wir im Prozess des sozialen Lernens mit anderen machen. Raue zwischenmenschliche Erfahrungen drücken sich oft in einer rohen Sprache aus und Sprachverrohung fördert die Verrohung der zwischenmenschlichen Bindungen. Psychische verbale Gewalt, die sprachliche Abwertung des anderen geht oft der körperlichen Gewalt voraus. So leistet eine Kultivierung der Sprache auch ihren Beitrag zur Gewaltprävention.

Als bedeutsame weitere Risikofaktoren für erhöhte Gewaltbereitschaft, die ja in erster Linie männlich ist, gelten gewaltmythologisierende Vorstellungen vom (Richtiger-) Mann-Sein, wie sie im *Machismo* noch heute gefeiert werden. Machos sehen vor allem in der

Herrschaft über die Frau und in der permanenten feindseligen Konkurrenz zum angeblichen Nebenbuhler ihre Daseinsberechtigung. Das entspräche ja auch durchaus unserer natürlichen Herkunft, als „Männchen" noch um die begrenzte Ressource „Weibchen", die ähnlich wie bei Menschenaffen in Haremshaltung gehalten wurden und werden, kämpfen mussten. Nur – diese Zeiten sind in aufgeklärten Gesellschaften endlich vorbei. An die Stelle lediglich natürlichen Verhaltens müsste in wahrhaft demokratischen Gesellschaften ein kultiviertes, also bewusstes, selbstbewusstes Verhalten erwachsen, das nicht in der Herrschaft über Andere oder über ein weibliches Geschlecht animalische Bestätigung sucht, sondern in der Kooperation, in der Gleichberechtigung der Geschlechter. Wahre männliche Souveränität hätte großmäuliges Imponiergehabe, das eigentlich nur Unsicherheiten kaschiert, nicht nötig. Ein Mann, der in der Frau lediglich einen gegen andere Männer zu verteidigenden Besitz sieht, ist ein potenzieller Gewalttäter.

Deswegen ist jede Initiative zur Gleichberechtigung der Geschlechter - Gleich*berechtigung*, nicht Gleichmachung! – ein Präventionsbeitrag zu Errichtung einer möglichst gewaltfreien Zivilgesellschaft. Wer an welchem Platz auch immer – sei es als Eltern, sei es als Lehrer/-in oder Sozialarbeiter/-in – dazu beiträgt, dass Jungen *lernen*, mit Mädchen partnerschaftlich umzugehen, leistet einen bedeutsamen Beitrag zur Gewaltprävention. Warum? Weil die Wurzel aller Gewalt, der feindselig konkurrierende Kampf um begrenzte Ressourcen (hier: „Weibchen"), gekappt würde. Alles, was gleichberechtigte, partnerschaftliche oder kooperative Umgangsformen fördert, ist Gewaltprävention. In unserer Gesellschaft ist ein partnerschaftliches Umgehen der Geschlechter auch riskiert durch die elementare Attraktivität chauvinistischer Männerbilder für selbstunsichere junge Leute. Hier darf kein mentaler Ethnokitsch die verfassungsrechtlich geforderte Gleichbehandlung von Männern und Frauen untergraben. Akzeptanz verschiedenster Lebensformen ist nötig, hat aber da ihre Grenze, wo Menschenrechte mit Füßen getreten werden. Deshalb ist eine wichtige Voraussetzung für das Erlernen von Partnerschaftlichkeit zwischen Männern und Frauen die geschlechtsbewusste Erziehung von Kindern und Jugendlichen in welcher Sozialisationsinstanz auch immer (vgl. Henschel 1993).

Selbstverständlich sollte in allen Sozialisationsinstanzen, auch in der Familie und den Peers, ein Lernklima vorherrschen, das Jugendlichen hilft, sich selbstbewusst zu entwickeln, um ihren Neigungen und Fähigkeiten gemäß ihren Platz in der Gesellschaft zu finden, ohne sich in Gewaltinszenierungen finden glauben zu müssen. Natürlich bräuchten wir dazu wirtschaftspolitisch passende Rahmenbedingungen – nur können wir es uns nicht leisten, darauf zu warten, dass diese sich langfristig so verbessern mögen, dass jeder Jugendliche auch seinen Traumjob erhielte. Vor allem hieße das, seine eigene Verantwortung für das Gelingen des Ganzen immer nur auf die anderen abzuschieben. Jeder kann an seinem Platz etwas für das Gelingen eines gewaltfreieren Zusammenlebens tun – die Pädagogen/-innen und Sozialarbeiter/-innen an ihrem Platz, die Eltern an ihrem (bei Bedarf in Zusammenarbeit mit den Profis), ebenso Wissenschaftler/-innen, Journalist/-innen und Politiker/-innen; das ihnen allen Gemeinsame könnte das Ziel sein, eine gewaltfreiere Gesellschaft zu fördern.

Literatur

Attar, Beth et al. (1994): Neighborhood disadvantage, stressful life events and adjustment in urban elementary school children. In: Journal of Clinical Psychology. H. 23 (1994). 391-400
Bandura, Albert et al. (1963): Imitation of film-mediated aggressive models. In: Journal of Abnormal and Social Psychology. H. 26 (1963). 717-730
Bandura, Albert (1979): Sozial-kognitive Lerntheorie. Stuttgart: Klett
Bauer, Joachim (2006): Warum ich fühle, was du fühlst. München: Heyne
Bell, Carl & Jenkins, Esther (1993): Community violence and children on Chicago's southside. In: Psychiatry. H. 56 (1993). 46-54
Dodge, K. et al. (1990): Mechanisms in the cycle of violence. In Science. H. 250 (1990). 1678-1683
Fischer, Arthur/Fritzsche,Yvonne/Fuchs-Heinritz, Werner (2000): Jugend 2000. 13. Shell Jugendstudie. Opladen: Leske + Budrich
Hearold, Susan (1986): A systhesis of 1043 effects of television on social behavior. In: Public Communication and Behavior. H. 1 (1986). 65-133
Henschel, Angelika (1993): Geschlechtsspezifische Sozialisation. Zur Bedeutung von Angst und Aggression in der Entwicklung der Geschlechtsidentität. Mainz: Grünewald
Johnson, Jeffrey et al. (2002): Television viewing and aggressive behavior during adoloscence and adulthood. In: Science. H. 295(2002). 2468-2471
Lukesch, Helmut et al. (1989): Jugendmedienstudie. Verbreitung, Nutzung und ausgewählte Wirkungen von Massenmedien bei Kindern und Jugendlichen. Medienforschung, Band 1. Regensburg: Roderer
Miller, William/Rollnick Stephen S. (2004). Motivierende Gesprächsführung. Freiburg: Lambertus
Müller, Jürgen (2006): Die Bedeutung neurobiologischer Faktoren bei der Aggressionsgenese. In: Nervenheilkunde. H. 11(2006). 953-958
Olweus, Dan (1996): Gewalt in der Schule. Bern: Huber
Pfeiffer, Christian et al. (2005): Medienkonsum, Schulleistungen und Jugendgewalt. Schülerprojekt 2005. Kriminologisches Forschungsinstitut Niedersachsen. www.kfn.de/medienschulevortrag.pdf
Rogers, Carl (1976): Entwicklung der Persönlichkeit. Stuttgart: Klett
Rosenberg, Marshall (2005): Gewaltfreie Kommunikation. Paderborn: Junfermann
Singer, Mark et al. (1999): Contributors to violent behavior among elementary and middle school children. In: Pediatrics. H. 104 (1999). 878-884
Spitzer, Manfred (2007): Lernen. München: Elsevier
Spitzer, Manfred (2006): Vorsicht Bildschirm. München: dtv
Sternberg, K. et al. (1993): Effects of domestic violence on children's behavior problems and depression. Developmental Psychology. H. 29 (1993). 44-52
Tausch, Reinhard (1979): Erziehungspsychologie. Göttingen: Hogrefe
Tillmannn, Klaus-Jürgen et al. (1999): Schülergewalt als Schulproblem. Verursachende Bedingungen, Erscheinungsformen und pädagogische Handlungsperspektiven. München: Juventa
Wood, Wendy et al. (1991): Effects of media violence on viewers aggression in unconstrained social interactions. Psychological Bulletin, 109. 371-383

Christof Schmitt

Prävention – Zauberformel oder Irrweg für die Kooperation?

Die Zusammenarbeit von Jugendhilfe und Schule findet häufig im Rahmen von Präventionsprogrammen bzw. in Form einzelner Präventionsprojekte statt. Prävention wird dabei von vielen als „Zauberformel" (Böllert 1995: 107) beim Umgang mit (noch entstehenden) Problemen angesehen. Im Sinne einer sich fachlich weiter entwickelnden Kooperation beider Systeme ist allerdings zu hinterfragen, ob Prävention einen geeigneten Bezugspunkt für die Praxis der Zusammenarbeit darstellt. „Es könnte sich dabei durchaus herausstellen, dass künftig die beste Form von Prävention die sein wird, vor Prävention zu warnen" (Wambach 1983: 10).

1 Vorbemerkung und definitorische Näherung

Prävention ist ein bunt schillernder Begriff, unter den Wissenschaft und Berufspraxis unterschiedliche und zum Teil widersprüchliche Ansätze, Strategien, Konzepte etc. subsumieren und für den es keine anerkannte allgemeinverbindliche Definition gibt.

Diese Feststellung bietet noch keine hilfreiche Konkretisierung von Prävention an. Sie spiegelt jedoch die Zerrissenheit des Präventionsbegriffes in der Theoriediskussion und in der praktischen Ausgestaltung wider und macht deutlich, dass dieser bis heute inhaltlich unbestimmt geblieben ist (vgl. Böllert 1995: 439).

Die noch darzustellende Unschärfe und Uneinheitlichkeit bei der Verwendung des Präventionsbegriffs zieht gleichermaßen auch die Frage nach dem Verhältnis zu konkurrierenden Begriffen wie Prophylaxe, Vorbeugung, Non-Intervention und anderen nach sich, deren Abgrenzung ebenfalls nur schwer möglich ist (vgl. Flösser 1995: 62). Die Begriffsvielfalt und unterschiedliche definitorische Verständnisse sind sicherlich dem Umstand zuzurechnen, dass der Anwendungsbereich von Prävention sich über so verschiedene Disziplinen wie Psychologie, Medizin, Rechtswissenschaft, Pädagogik und Soziologie erstreckt, wobei sich das fachspezifische Definitionsangebot auch dementsprechend reichhaltig repräsentiert (vgl. Schrottmann 1990: 12).

Ungeachtet des Problems einer klaren Begriffsbestimmung werden präventive Konzepte und Programme immer wieder neu aufgelegt. Parallel dazu mehren sich spätestens seit Beginn der 80er Jahre kritische Stimmen in der fachlichen Diskussion, die auf Probleme und Widersprüche von Prävention hinweisen (vgl. Lindner/Freund 2001: 69). Beide Entwicklungen verlaufen scheinbar entkoppelt nebeneinander her, wobei der Abstand zwischen beiden eher noch zuzunehmen scheint.

Der vorliegende Artikel unternimmt den Versuch, Kritikpunkte und Gründe für Präventionsarbeit darzustellen und miteinander in Beziehung zu setzen. Eine Auseinandersetzung stellt die Basis für eine fachlich begründete und reflektierte präventive Arbeit dar. Voraussetzung dafür ist es jedoch zunächst, die breite Palette der inhaltlichen Füllung des Präventionsbegriffs nicht auszublenden, sondern sich systematisch mit dieser Begriffsvielfalt auseinanderzusetzen.

2 Modell eines Orientierungsrasters für Prävention

Häufig wird – in Wissenschaft und Berufspraxis – kritisiert, dass nicht überall Prävention „drin ist", wo Prävention „drauf steht". Fragt man die Kritisierenden jedoch nach einer Einschätzung, was denn „wirkliche" Prävention sei, gehen die Meinungen stark auseinander. Ursache hierfür ist die thematisierte Vielfalt theoretischer und konzeptioneller Ansätze. Vor diesem Hintergrund erscheint es müßig – und kann im Rahmen dieses Artikels auch nicht vertieft werden – darüber zu streiten, was „echte" Prävention ist.

Ziel der folgenden Ausführungen soll es daher nicht sein, die faktische Inflationierung des Präventionsbegriffes zu bewerten und den zahlreichen Definitionsversuchen weitere hinzuzufügen. Stattdessen soll, ausgehend von der Überzeugung, dass im fachlichen Diskurs keine einheitliche verbindliche Definition von Prävention (innerhalb einer absehbaren Zukunft) erreicht werden wird, ein Orientierungsschema entwickelt werden, auf dessen Basis sich sowohl theoretische Ansätze als auch die verschiedenen Praxisprojekte und Konzepte zuordnen lassen.

Unter Perspektive des Anwendungsbezugs soll damit dem wachsenden Auseinanderklaffen von theoretischen Diskussionen und praktischer Anwendung entgegengewirkt werden. Das nachfolgende Raster bietet einerseits eine Erleichterung und Orientierung im begrifflichen Dickicht der Präventionsdiskussion und schafft eine Struktur, auf deren Grundlage Praktikerinnen und Praktikern vereinfacht nach bereits existenten Präventionsprojekten suchen können, die den eigenen Präventionsüberlegungen gleichen, um somit von schon gemachten Erfahrungen profitieren zu können.

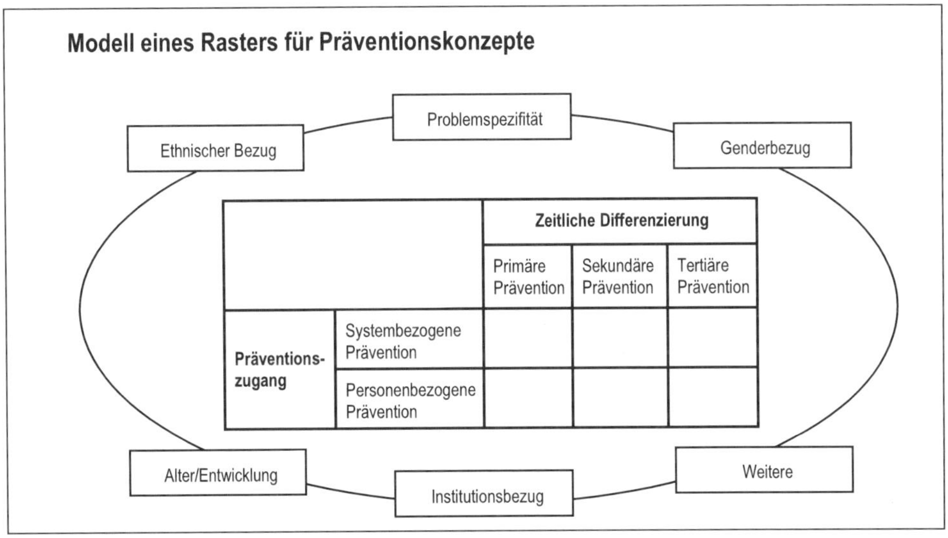

Abb. 1: Modell eines Rasters für Präventionskonzepte

2.1 *Obligatorische Dimensionen*

Im Zentrum des Modells stehen zwei zentrale Kategorisierungen von Präventionsansätzen, die zeitliche Differenzierung und die die nach dem Präventionszugang, die im Folgenden näher behandelt werden. Beide liegen zunächst unabhängig voneinander vor und sind miteinander kombinierbar. Sie stellen damit zentrale Dimensionen für die Systematisierung von Prävention dar. Beide liegen vor, auch wenn ein definitorisches Verständnis der handelnden Akteurinnen und Akteure hierüber nicht existiert. Diese Dimensionen sind daher als obligatorisch zu bezeichnen.

2.1.1 *Zeitliche Dimension*

Die erste Unterscheidung bezieht sich auf den Zeitpunkt, zu dem ein Handeln ansetzt. In diesem Zusammenhang ist auch das Verhältnis von Prävention und Intervention zu thematisieren. „Das, was Prävention und Intervention (...) voneinander unterscheidet, ist der Zeitpunkt, zu dem entsprechende Angebote und Maßnahmen umgesetzt werden. Prävention ist in diesem Sinne eine rechtzeitige Intervention" (Böllert 1996: 139f.). Prävention und Intervention stehen sich in diesem Verständnis idealtypisch gegenüber.

Allerdings ergeben sich bereits bei genauerer Auseinandersetzung mit der allgemeinen Definition von Prävention erste Probleme der Abgrenzung. Geht man hierbei von einem Eingreifen aus, bevor etwas geschehen ist, muss geklärt werden, was (rechtzeitig) verhindert werden soll.

Prävention mit der zeitlichen Dimension als zentrales Unterscheidungsmerkmal zur Intervention kommt ohne eine Bestimmung der zu verhindernden Problematik, Situation, etc. nicht aus. In der Konkretheit kann es sich dabei beispielsweise aber sowohl um die Verhinderung des Erstkonsums von Drogen als auch, bei bereits erfolgtem Erstkonsum, um die Verhinderung der Ausprägung einer Sucht handeln. Beide Beispiele sind in Ableitung der allgemeinen Definition originär Prävention. Hieran wird deutlich, dass es schwierig ist, Prävention und Intervention allgemein als konträre Problembearbeitungsstrategien zu definieren. Vielmehr ist der Auftrag beziehungsweise das konkrete Ziel der Vermeidung Basis für die Einschätzung, ob eine Prävention oder Intervention vorliegt. In der Konkretheit der tatsächlichen Arbeit kann es sich im Einzelfall daher, je nach Zielstellung, sowohl um eine Präventions- wie auch um eine Interventionsmaßnahme handeln.

Aus diesem Grund soll an die beinahe klassische Dreiteilung von Caplan aus dem Jahre 1964 in primäre, sekundäre und tertiäre Prävention, angeknüpft werden (vgl. Caplan 1964: 113). Für die Bereiche von Erziehung und Sozialer Arbeit folgt aus dieser Definition, dass unter primärer Prävention die Maßnahmen zu zählen sind, die eine Problemlage, in der Regel ein potenziell abweichendes Verhalten, verhindern sollen. Diese Begriffsdefinition ist somit kongruent mit dem allgemeinen Verständnis von Prävention. Kennzeichnend für sekundäre Präventionsmaßnahmen ist, dass die jeweilige Problemlage beziehungsweise das abweichende Verhalten noch nicht manifest sind und durch das jeweilige Angebot eine diesbezügliche Verfestigung verhindert werden soll. Unter tertiärer Prävention werden Maßnahmen subsumiert, die der Besserung, Nacherziehung und der Resozialisierung mit dem Zweck dienen, zukünftiges abweichendes Verhalten beziehungsweise das wiederholte Auftreten der Problemlage zu vermeiden (vgl. Herringer 1986: 7f.).

Die Caplansche zeitliche Einteilung wurde in der fachlichen Debatte neben einer teilweisen Veränderung der darunter zu subsumierenden Inhalte, auf deren Darstellung hier verzichtet werden soll, auch mit unterschiedlichen Begrifflichkeiten besetzt, wie folgender Auszug belegt:

Primäre Prävention	Sekundäre Prävention	Tertiäre Prävention	Caplan ,1964
Prävention	Intervention (korrektiver, kurativer und rehabilitativer Art)		Sonderforschungsbereich (SFB) 227, 1985
vorgezogene (präventive) Intervention	Intervention (korrektiver, kurativer und rehabilitäver Art)		Sonderforschungsbereich (SFB) 227, 1994
Prävention	Intervention	Postvention	Korte, 1997

Abb.2: Variationen der Caplanschen zeitlichen Einteilung

Die definitorischen Unterschiede sind hierbei weniger substanziell, als es die verschiedenen Begrifflichkeiten vermuten lassen könnten. Für die Auseinandersetzung und den praktischen Transfergehalt theoretischer Überlegungen kommt es daher weniger auf die Bezeichnung als vielmehr auf das dahinter liegende konzeptionelle Verständnis an. Die Caplansche Einteilung bietet dafür eine bekannte und weitgehend akzeptierte Kategorisierung an, die den inhaltlichen Diskurs erleichtert.

Zentralere Bedeutung kommt hingegen der das Modell begleitenden Herausforderung zu, die verschiedenen zeitlichen Abschnitte gegeneinander abzugrenzen. Dies beginnt mit der Schwierigkeit der Einschätzung beziehungsweise der Nichtkenntnis, ob die jeweilige Problemlage schon eingetreten ist oder der Frage, wann von einer Manifestierung dieser gesprochen werden kann.

Dennoch stellt gerade diese fachliche Auseinandersetzung ein wichtiges Moment präventiver Arbeit dar. Ausgegangen werden soll von der Prämisse, dass die Arbeit mit Personen, bei denen beispielsweise ein abweichendes Verhalten unterschiedlich manifestiert ist, in der Regel auch anderer konzeptioneller Überlegungen bedarf. Neben der Beschreibung des jeweiligen Problems und dem Verständnis der jeweiligen Problemgenese ist es daher wichtig, sich über Indikatoren zu verständigen, die eine Zuordnung der Problemausprägung zu den verschiedenen zeitlichen Kategorien ermöglichen.

Die Einteilung in *primäre*, *sekundäre* und *tertiäre Prävention* als weitestgehendes Präventionsverständnis bietet somit den Rahmen, alle Präventionsverständnisse auf der zeitlichen Dimension von Prävention abzubilden. Dieses Modell vermag aber nicht die Diskussion um das Verhältnis von Prävention und Intervention aufzulösen. Es besteht deshalb – nach wie vor – Uneinigkeit darüber, inwieweit eine Subsumtion aller drei Ebenen unter den Begriff der Prävention zulässig und hilfreich ist und ob hier nicht die Wahl anderer Begrifflichkeiten sinnvoll wäre (vgl. Schrottmann 1990: 15).

Wie angedeutet, wird hier auf die Bewertung der dem Modell innewohnenden impliziten Ausweitung des Präventionsbegriffes verzichtet. Die Einteilung bietet jedoch die Möglichkeit, einen ersten Abgleich des Präventionsverständnisses beispielsweise von Förderinstitutionen und ausführenden Fachkräften herzustellen und damit einen gemeinsamen Fokus der Präventionsarbeit zu schaffen. Wenn als Ergebnis „nur“ primäre Prävention als Prävention betrachtet wird, grenzt dies die anzustellenden konzeptionellen Überlegungen ein und schafft Sicherheit auf beiden Seiten. Gleiches gilt für die Ausweitung des Präventionsverständnisses in der zeitlichen Dimension.

2.1.2 Präventionszugang

Prävention steht im engen Zusammenhang mit äthiologischen Grundvorstellungen, die Erklärungsansätze liefern, was Bedingungsfaktoren einer Problemgenese sind. Daher lassen sich Präventionsansätze auch nach der Orientierung präventiven Handelns kategorisieren.

> "System und Subjekt sind die Pole, die das Spannungsverhältnis bezeichnen, indem sozialpolitische Probleme zu verorten sind. Erklärungen sozialpolitischer Probleme rekurrieren daher in unterschiedlicher Gewichtung auf objektive Bedingungen und subjektive Dispositionen" (Vobruba 1983: 29).

Eines der genannten Erklärungsmuster bezieht sich also auf die individuell abweichenden Verhaltensmuster, die zu individuellen und bei vielfachem Auftreten auch zu gesellschaftlichen Problemen führen können. Ansatzpunkt präventiver Strategien ist daher das jeweilige Individuum. Im Folgenden soll im Zusammenhang von *Subjektorientierung* bzw. von *verhaltensbezogenen Präventionsstrategien* gesprochen werden.

Die zweite Deutung, wie es zu Problemen kommen kann, sucht die Verantwortlichkeit in den Strukturen, Rahmenbedingungen sowie sonstigen Kontexten, in denen das jeweilige Individuum eingebunden ist. Hierauf ausgerichtete präventive Strategien sollen deshalb im Folgenden als *system-* bzw. *verhältnisbezogen* bezeichnet werden.

Im Laufe der fachlichen Debatte hat sich in Bezug auf den Präventionszugang eine Vielzahl begrifflicher Einteilungen herausgebildet, die inhaltlich zum Teil unterschiedlich akzentuiert sind, sich aber immer auf das Spannungsverhältnis von Subjekt und System beziehen. Ich beschränke mich darauf, diese tabellarisch gegenüberzustellen.

Institutionell	–	Personell	Vobruba 1983
Systemorientiert	–	Personorientiert	Ernst 1977
Kontextzentriert	–	Personzentriert	Brandstädter 1982
Unspezifisch	–	Spezifisch	Balzer/Rolli 1981
Generalisierend	–	Individualisierend	Balzer/Rolli 1981
Kollektiv	–	Individuumzentriert	Keupp/Rerrich 1982
Soziale Aktion	–	Interpersonelle Aktion	Caplan 1964
Soziale Umwelt	–	Individuum	Sommer/Ernst 1977
Aktive Maßnahme	–	Passive Maßnahme	Brandstädter 1982
Expositionsprophylaxe	–	Dispositionsprophylaxe	Karrmaus 1983
Strukturbezogen	–	Personenbezogen	Herriger 1982
Verhältnisprävention	–	Verhaltensprävention	von Kardorf 1995

Abb. 3: Präventionszugang, erweiterte Zusammenstellung nach Schrottman 1990: 19

Die hier aufgezeigte Vielfalt der Begrifflichkeiten macht die Inflationierung des Präventionsbegriffes deutlich. Dies ist aus Sicht einer (nach-) fragenden Praxis von Prävention, die die Theoriedebatte verfolgt, besonders deshalb kritikwürdig, weil die Frage nach dem damit verbundenen Erkenntnisgewinn eher dürftig ausfällt. „Die Wahl der Bezeichnungen scheint ihre Funktion vor allem in der Abgrenzung zu anderen Autoren zu erfüllen" (Schrottmann, 1990: 19).

Die Auseinandersetzung mit dem grundlegenden Spannungsverhältnis von System und Subjekt hingegen stellt eine bedeutsame Voraussetzung für eine reflektierte Präventionspraxis wie auch für eine theoriegeleitete Handlungspraxis in der Berufsfeldern der Kooperation dar. Die Dichotomie des Handlungszuganges hat ihre Wurzeln in den theoretischen Erklärungsmodellen bezüglich der Verursachung von Problemen. Heute wird kaum noch bestritten, dass die Entstehung von Problemlagen am besten durch multifaktorielle Erklärungsmodelle abgebildet werden kann, da in der Regel sowohl individuelle als auch strukturelle Faktoren vorliegen, die durch gegenseitige Bedingtheit und Kumulation zu diesen führen.

Obgleich die Wirkung gesellschaftlicher und struktureller Bedingungen bekannt ist, erschöpft sich dieses Wissen darum größtenteils in sich selbst und die Aufmerksamkeit wird auf die jeweilige Arbeit mit dem Einzelnen oder der Gruppe gerichtet. „Deren Perspektive ist individuell, strukturblind, man kümmert sich kaum um die institutionellen Bedingungen, unter denen ein Fall behandelt wird, beziehungsweise nimmt deren Gegebenheiten (mehr oder weniger murrend) hin" (Trabant/Wurr 1989: 12). Eine so verstandene Prävention löst „(...) die bereits in der Genese der Problemdefinition angelegte Ambivalenz zwischen objektiven Bedingungen und subjektiven Dispositionen einseitig im Sinne einer pädagogischen Lösung politischer Konflikte (...)" und macht „(...) somit tendenziell die Opfer zu Schuldigen" (Otto 1983: 220). Dieser Widerspruch wird auch als "victim-blaming Ideologie" (Ryan 1971: 73) bezeichnet.

Mit Blick auf die Präventionspraxis sind zahlreiche Strategien auf die Befähigung des Einzelnen konzentriert, auf (strukturelle) Bedingungen mit einem adäquaten Verhalten auf dem Hintergrund eines vorgegebenen Normenkontextes zu reagieren. Damit wird allerdings die Verantwortung, ob ein Problem entsteht, dem Klienten zugeschrieben, da er über sein Handeln entscheidet. "Der gesellschaftliche Normenkontext, in den hinein vorbeugend integriert werden soll, bleibt unhinterfragt und gilt sofern als nicht zu problematisierende Zielkategorie präventiver Strategien" (Böllert 1995: 109).

Prävention in einem fortschrittlichen Verständnis sollte sich aber (auch) auf die Verbesserung der Lebensbedingungen richten und nicht auf die optimierte Anpassung von Kindern und Jugendlichen an häufig durchaus schlechte Lebensbedingungen (vgl. Sturzenhecker 2000: 15). Insbesondere die Jugendhilfe hat gem. § 1 Abs. 3 Ziff. 4 SGB VIII auch den gesetzlichen Auftrag dazu beizutragen, positive Lebensbedingungen für junge Menschen und ihre Familien sowie eine kinder- und familienfreundliche Umwelt zu erhalten oder zu schaffen.

Wenngleich auch bundesrepublikanische rechtliche Rahmenbedingungen eher selten direkte Ausgangspunkte von systembezogenen Strategien sind, wird hier deutlich, dass es gilt, den Systembegriff zu operationalisieren. Eine Unterteilung in Mikro-, Meso- und Makroebene kann dabei den Fokus für präventive Bezugspunkte schärfen. In der Regel bieten beispielsweise die eigenen Institutionen der jeweiligen Fachkräfte, also beispielsweise die Schule oder das Jugendzentrum, Bezugspunkte für systembezogene Ansätze. Diese sind bis hin zum jeweiligen Stadtteil als Lebensraum der Kinder und Jugendlichen (in begrenztem Maß) beeinflussbar und gestaltbar.

Vor dem Hintergrund der dargestellten Kritik an einer reinen Subjektorientierung präventiver Maßnahmen sollte das System immer auch Bezugspunkt bei der Konzeptionierung und Durchführung von Angeboten sein und einen permanenten Bestandteil professioneller Präventionsarbeit bilden.

2.2 Fakultative Dimensionen

In der Literatur und Praxis sind weitere Klassifizierungen von Präventionsansätzen zu finden. Auch sie liegen zunächst unabhängig voneinander und auch quer zu den vorgestellten Ansätzen vor. Der zentrale Unterschied hierbei liegt in der Wahlmöglichkeit der Dimension bei der Konzeptionierung des Angebots. Auch hier stellt sich dann, allerdings in einem zweiten Schritt, die Frage, wie die Dimension im Detail ausgestaltet ist. Aus diesem Grund sollen die nachfolgenden Kategorisierungen als fakultative Dimensionen der Prävention bezeichnet werden.

2.2.1 Problemspezifität

Eine weitere Einteilung der Präventionsebenen unterscheidet in einer ebenfalls dualen Kategorisierung zwischen spezifischer und unspezifischer Prävention. Auch hier gibt es eine Fülle unterschiedlicher Meinungen, was unter diesen Begriffen zu subsumieren ist. „Spezifische Prävention bezieht sich nach dem üblichen Verständnis auf ein bestimmtes Problem oder auf eine bestimmte Zielgruppe (Risikogruppe). Sie setzt voraus, dass die Ursache oder zumindest äthiologische Zusammenhänge bekannt sind" (Schrottmann 1990: 17).

Diese Definition soll in Bezug auf das entwickelte Modellraster zunächst einmal dahingehend eingeschränkt werden, dass sich spezifische Prävention nur auf ein bestimmtes Problem bezieht. Gewaltprävention, Drogenprävention oder Prävention schulabversiven Verhaltens wären demnach Beispiele für spezifische Präventionskonzepte.

Das Merkmal einer unspezifischen Prävention besteht darin, dass dieser Bezug auf eine bestimmte Problematik nicht existiert. So weisen beispielsweise Konzepte von Gewalt- und Drogenprävention in der Subjektdimension, wenn man sie übereinander legt, hohe Übereinstimmungen auf, was sich beispielsweise im Aufbau von Selbstbewusstsein und anderen Kompetenzen konkretisiert. Prävention in diesem Sinne hat nicht zentral die Vermeidung einer bestimmten Problemlage im Blickfeld, sondern baut auf der Erfahrung auf, „daß viele Verhaltens- und Politikkonzepte durchaus präventiv wirksam sein können, ohne dass sie explizit auf die jeweilige Problemvermeidung zielen oder zielen müssen" (Rosenbrock 1997: 41).

Dieser Dimension kommt im Raster systematisch eine Sonderrolle zu. Ist das jeweilige Konzept unspezifisch angelegt und richtet sich beispielsweise auf die grundsätzliche Entwicklung und Stärkung der Persönlichkeit, wird die beschriebene zeitliche Dimension, die sich auf ein konkretes Problemverhalten bezieht, ausgeblendet. Auch hier soll bewusst auf die Aufnahme der offenen Fachdiskussion verzichtet werden, ob unspezifische Präventionsangebote sinnvoll sind und zur Prävention zählen. Die Kategorisierung bietet den Rahmen für die Subsumtion aller Ansätze an und weist systematisch auf die zentrale Unterscheidung hin, zu der sich die jeweiligen Akteure positionieren können.

2.2.2. Sonstige fakultative Dimensionen

Anhand der nachfolgenden Dimensionen von Präventionskonzepten wird der fakultative Aspekt noch deutlicher. Auf der Grundlage theoretischer Ansätze sowie praktischer Erfahrungen, die manchmal unvermittelt nebeneinander stehen, sind in der praktischen Präventionsarbeit zahlreiche Konzepte entstanden, die die eine oder andere Dimension bewusst ausgestaltet haben. Zahlreiche Maßnahmen sind beispielsweise geschlechtsbewusst und zum Teil differenziert konzipiert und nehmen damit auf die Erfahrungen in der Praxis sowie der Forschung Bezug. In anderen fehlt der Genderbezug – sei es, weil er auch in der Perspektive der Fachkräfte grundsätzlich weniger Raum einnimmt oder ihm allein in dem betreffenden Kontext eine untergeordnete Rolle zugeschrieben wird.

Gleiches gilt für den ethnischen Bezug. Je nach Ausgangslage sind bestimmte Konzepte mit Blick auf diese Kategorisierung der Zielgruppe inhaltlich und methodisch zu modifizieren, um wirksam werden zu können. Auch das Alter bzw. der Entwicklungsstand kann in diesem Rahmen eine Bedeutung erlangen. Während dies bei subjektbezogenen Ansätzen i.d.R. eine Rolle spielt, muss dieses im Bereich systembezogener Ansätze nicht automatisch so sein. In der Kooperation von Schule und Jugendhilfe sind zudem Präventionsansätze zu finden, die aufgrund des Bezugspunkts bzw. der Ausgestaltung nicht ohne Weiteres auf die jeweils andere Institution übertragbar sind. Demgegenüber stehen zahlreiche Konzepte, die fast ohne Brüche übertragbar und deshalb nicht spezifisch einer Institution zuzuordnen sind.

In der fachlichen Debatte ist zudem zu erwarten, dass weitere zentrale Dimensionen hinzukommen. Die Aufzählung der fakultativen Dimensionen ist daher nicht als abgeschlossen zu betrachten, was durch den Punkt der „weiteren Dimension(en)“ andeuten wird.

3 Kritik an (primärer) Prävention

Prävention sieht sich in der fachlichen Debatte vielfacher Kritik ausgesetzt (vgl. Freund/Lindner 2001). Für das Selbstverständnis aber auch für die konkrete Ausgestaltung präventiver Maßnahmen erscheint es sinnvoll, die zentralen Kritikpunkte zu kennen und eine reflektierte Positionierung zu diesen zu entwickeln. Im Rahmen dieses Artikels kann jedoch nur eine kurze Skizzierung der Diskussionsbereiche erfolgen.

3.1 Kontrollfunktion von Prävention

Häufig scheint es so, als ob die Beteiligten in der Praxis Kontrolle eher als Merkmal von Intervention betrachten, von der es sich abzugrenzen gilt. „Prävention wird gegenüber der ‚Intervention‘, der als repressiv definierten Variante des staatlichen Eingriffs, ins Spiel gebracht. Hier werden die beiden Begriffe fast als Dichotomien verwendet, wobei Intervention negativ besetzt ist und mit nicht sozial akzeptierter staatlicher Machtausübung gleichgesetzt wird“ (Gaiser/Müller-Stackebrandt 1995: 3).

Wie gezeigt, existiert keine verbindliche Trennung von Prävention und Intervention. Allerdings kann auch eine starke Eingrenzung des Präventionsbegriffs in Form der primären Prävention nicht darüber hinwegtäuschen, dass Normenbezug und Normenkontrolle immer Bestandteil von Prävention sind. Prävention übt vielleicht in einer subtileren Form die Funktion der Kontrolle aus, aber auch sie ist auf einen Normenkontext zu beziehen, den sie (wieder-) herstellen soll. Das doppelte Mandat von Hilfe und Kontrolle ist – wenngleich in unterschiedlicher Ausprägung – in allen Arbeitskontexten der Jugendhilfe konstitutiver Bestandteil und kann auch nicht in präventiver Arbeit umgangen werden. Dies gilt auch für den Bereich der Schule.

3.2 Pluralisierung von Normen

Präventive Konzepte gehen gleichsam als Basis und auch als Zielkategorie von der Existenz einer verallgemeinerbaren, gesellschaftlich anerkannten Vorstellung aus, die konformes beziehungsweise abweichendes Verhalten voneinander trennt. Sie sind also explizit oder implizit immer auf eine Norm bezogen.

Übersehen wird dabei, dass die gesellschaftliche Wirklichkeit von einer Pluralisierung, Individualisierung und Temporalisierung von Lebenskonzepten und Lebensstilen geprägt ist, die es immer weniger möglich erscheinen lassen, von allgemein verbindlichen Normen zu sprechen. „Normalität, so könnte man zugespitzt formulieren, pluralisiert sich – und zwar so lange, bis sie als durchschnittlicher Orientierungsmaßstab (...) von selbst verschwindet" (Rauschenbach 1992: 39).

In der Praxis der Präventionsarbeit wird im Sinne der skizzierten Entwicklung deutlich, dass in einer konkreten (Gruppen-) Situation, beispielsweise innerhalb einer Klasse oder in einem Jugendzentrum, immer weniger auf ein allgemeinverbindliches Normengerüst zurückgegriffen werden kann. Das, was bisher als normal galt und Grundlage gesellschaftlich anerkannter Normalitätsvorstellungen war, ist immer weniger Normalität, kann immer seltener unhinterfragt vorausgesetzt werden (vgl. Böllert 1995: 2).

Professionelle Präventionsarbeit kann und darf nicht die Differenz zwischen der sozialen Wirklichkeit der Adressaten und abstrakten Normen außer acht lassen. Bis zu einer gewissen Grenze bietet das Aushandeln von Normen Chancen und Möglichkeiten, hierauf zu reagieren (vgl. Olk/Otto 1981: 110).

3.3 Normabweichung und natürliche Entwicklung

Bei der Konzeptionierung primärpräventiver Angebote sollte man sich auch mit der Kritik auseinandersetzen, ob Prävention, die, allgemein formuliert, eine positive Entwicklung von Kindern und Jugendlichen im Blick hat, auch wirklich dieses Ziel erreicht oder neue Probleme erzeugt.

„Dadurch werden Erfahrungsräume von Jugendlichen immer mehr eingegrenzt. Ihre Welt ist bereits mit Warnschildern und Verhaltensregeln gepflastert, bevor sie sie sich selbst erschließen können" (Sturzenhecker 2000: 15). „Es geht sogar soweit, dass Jugendliche nicht einmal mehr herausfinden können, wo Grenzen liegen, die ihnen durch die Gesellschaft oder durch eigene Erkenntnisse gesetzt werden, denn sie sollen ja schon, bevor sie diese Grenzen überhaupt selber erfahren könnten, vor solchem Handeln, gewarnt, abgeschreckt und behütet werden. Das learning by doing oder learning by experience wird aufgehoben, weil die erwachsenen Pädagogen schon bestimmt haben, welche Erfahrungen man machen darf und welche nicht" (ebd.: 19).

Hinter dieser Kritik steckt das Spannungsverhältnis zwischen dem Schutz der Adressaten und Adressatinnen durch Prävention und der Forderung, dass sich Kinder und Jugendlichen selbst ihre Lebenswelt – ohne Beschränkung – erschließen sollen. Traditionelle primärpräventive Ansätze versuchen, in diesem Spannungsverhältnis abweichendes Verhalten und Probleme bereits im Vorfeld abzuwenden. „Dabei wird ignoriert, dass Grenzüberschreitungen und Provokation entwicklungstypische Realitätsproben darstellen, in denen sie etwas über die Gesellschaft lernen, indem sie deren Regeln – vorzugsweise spielerisch – übertreten" (Lindner 1999: 154). In der konkreten Ausgestaltung von Präventionskonzepten ist dieses Spannungsverhältnis auszutaxieren. Dies ist unter anderem durch die Schaffung und Gestaltung von Erfahrungsräumen und -anlässen forcierbar, in dem die benötigten Entwicklungsschritte gegangen werden können.

3.4 Negative und gewollte Devianz

Wenngleich Devianz in der Regel mit einer negativen Bewertung assoziiert wird, ist damit zunächst nur die Abweichung von einer Norm beschrieben. Der Blick auf Höchstleistungen in Sport, Wissenschaft oder anderen Bereichen veranschaulicht die Problematik. Das hier den Ergebnissen zugrunde liegende Verhalten – z.B. das Überspringen einer 2 Meter hohen Latte – ist ohne Zweifel deviant. Diese Abweichung ist aber gewollt und wird positiv honoriert, was sich schon in der Beschreibung des Ergebnisses als „Höchstleistung" wiederfindet. Darüber hinaus werden erst durch Abweichungen die Voraussetzung von Innovation geschaffen (vgl. Lindner/Freund 2001: 83f.). Die Frage, die sich daran anschließt, hier aber nicht weiter ausgeführt werden soll, problematisiert den (gesellschaftlichen) Bewertungsrahmen. Wer definiert, was eine Abweichung ist und wer bewertet diese als positiv oder negativ bzw. nur als „anders"? Ein Blick auf den Umgang mit behinderten Menschen und ihren „Devianzen" verdeutlicht, dass die Bewertung immer politisch und sozial konnotiert und damit beeinflussbar ist.

3.5 Pauschale Verdächtigung von Prävention

Primäre Prävention sieht sich dem Vorwurf ausgesetzt, dass sie eine Stigmatisierung weit über den Kreis der tatsächlich abweichenden Personen hinaus in Kauf nimmt. „Da Prävention (...) begrifflich ansetzt, ohne dass etwas passiert ist, und sich nur daran orientiert, dass etwas passieren könnte, ist der Adressatenkreis unbegrenzt und unbestimmt" (Frehsee 2000: 67).

Folgerichtig werden alle Adressaten primärer Maßnahmen zu potenziell Süchtigen, Schulverweigerern, Gewalttätigen etc. Deshalb soll bei der Ausgestaltung – gerade in Hinblick auf Öffentlichkeitsarbeit – in den Fokus genommen werden, dass präventive Maßnahmen in der Gefahr stehen, ein Bild von potenziellen Delinquenten zu transportieren bzw. einen „Generalverdacht" (Lindner/Freund 2001: 76) zu erzeugen, welches die Sichtweise der Öffentlichkeitsarbeit nachhaltig negativ verändern kann.

In der Praxis zeichnet sich jedoch oft auch ein entgegengesetztes Bild ab. Stigmatisierungen von Kindern und Jugendlichen sind weithin schon status quo, das heißt, negativ besetzte Sichtweisen und Einschätzung über „die Jugend" gehen präventiven Bemühungen voraus. In diesem Fall wird die Kritik einer pauschalen Verdächtigung von der Wirklichkeit überholt. In beiden Varianten kommt der Art und Weise der Darstellung präventiver Maßnahmen eine zentrale Rolle zu. „Es geht darum, ein differenziertes Bild junger Menschen zu zeichnen, und dem Versuch, eine ganze Lebensphase zu diskreditieren, offensiv entgegenzutreten" (Bettinger 1999: 116).

3.6 Fehlende Problemeinsichten der Adressatinnen und Adressaten

Primäre Prävention hat anders als sekundäre oder tertiäre Prävention nicht die Möglichkeit auf einen Leidensdruck oder die persönliche Betroffenheit des Einzelnen zurückzugreifen. „Denn im Prinzip will Prävention soziale Probleme bekämpfen, bevor diese als solche sichtbar werden, und dies heißt in den meisten Fällen auch, bevor die Betroffenen die Situation selbst als problematisch wahrnehmen (können)" (Lüders 1995: 45). Angesichts der Erkenntnis, dass eine Normbindung umso stärker ist, je mehr sie von Überzeugung getragen wird (vgl. Stoffers 1995: 149) „hat dies zur Folge, dass nun die Adressatinnen und Adressaten von Prävention von ihren zukünftigen Problemen überzeugt werden müssen" (Lüders 1995: 45f.). Hinzu kommt die immer zu wenig mitgedachte Ebene der systemorientierten Prävention. Weshalb sollten in einer Institution, einem Stadtteil etc. andere (günstigere) Bedingungen geschaffen werden, wenn sich doch die aktuelle Situation dadurch auszeichnet, dass die zu verhindernde Problematik eben nicht eingetreten ist?

Die Logik der dargestellten Kritik wird also von der Annahme gespeist, dass die Problemlagen noch nicht existent sind.

Die idealtypischen Konstrukte von Primärprävention gehen jedoch, wie bereits gezeigt, an der Realität vorbei. Tatsächlich findet beispielsweise eine auf Gewalt bezogene, primärpräventive Maßnahme in einer Schule nicht in einem gewaltfreien Umfeld innerhalb der Institution und erst recht nicht außerhalb dieser statt. Es bieten sich also sehr wohl Ansatzpunkte für derartige Konzepte, selbst wenn die Adressat/-innen eine Problemeinsicht aufgrund eigener Erfahrungen noch nicht besitzen. Die Fragestellung der Antizipation des Problembewusstseins ist daher auf einer didaktischen Ebene, z.B. über das Lernen am Modell, zu lösen.

3.7 Primäre Prävention als Reaktion

Bei näherer Betrachtung der vorhandenen Präventionskonzepte fällt auf, dass ein zentrales Merkmal primärer Prävention, welche in der agierenden Rolle besteht, in der Realität schwer lupenrein einzulösen ist.

Problemlagen werden erst dann zum Gegenstand gesellschaftlicher Reflexion und wissenschaftlicher Forschung, wenn diese unmittelbar bevorstehen, ihre Folgen bereits eingetreten sind und diese als sozial nicht zu tolerieren angesehen werden (vgl. Stoffers 1994: 149). In diesem Sinne wird der Ruf nach primärer Prävention vornehmlich dann laut, nachdem es bereits zu (eigentlich in der Zukunft zu verhindernden) Normabweichungen und Problemlagen gekommen ist (vgl. Lindner/Freund 2001: 75f.).

Dabei wird aber übersehen, dass eine reagierende Rolle nicht einfach gegen eine agierende eingetauscht werden kann, um damit die beklagten Probleme zu lösen. Primäre Prävention, deren Zielbestimmung die Vermeidung von Problemlagen ist, bevor diese auftreten, ist nicht dafür geschaffen, die reagierende Rolle sekundärer und tertiärer Prävention zu übernehmen. Der Zielgruppenbezug sowie die darauf abgestimmten Methoden, Inhalte und Instrumentarien können in ihrer Konkretheit unterschiedlich ausfallen. Neben der Konzipirung primärpräventiver Maßnahmen muss also zwangsläufig parallel auch auf der Ebene der sekundären Prävention gehandelt werden, wobei beide miteinander abzustimmen sind und sich in der Praxis auch gegenseitig beeinflussen.

3.8 Die Entgrenzung und Segmentierung von primärer Prävention

Um eine wirkungsvolle Prävention durchführen zu können, bedarf es in der Regel einer Erklärung, aufgrund welcher Faktoren das zu vermeidende Problem entsteht (vgl. Schrottmann 1990: 20f). Gerade in den letzten Jahrzehnten haben Wissenschaft und Forschung eine Vielzahl von Beiträgen und neuen Erkenntnissen zur Wechselwirkung unterschiedlicher Faktoren bei der Problemgenese abweichenden Verhaltens hervorgebracht. Diese erfolgten zum großen Teil zu spezifischen Themen wie etwa Sucht oder Gewalt. Der Versuch der Umsetzung dieser Erkenntnisse in spezialpräventive Programme zu diesen Themen sieht sich allerdings dem Vorwurf ausgesetzt, Lebenslagen zu segmentieren und ganze Lebensbereiche auszublenden, die in Verbindung mit der jeweiligen Problematik stehen.

Parallel dazu gibt es Diskussionen, dass widerstreitende Theorien Wirklichkeit in ihrer Komplexität selten voll erfassen und sie deshalb nicht alternativ, sondern als kumulativ und damit sich gegenseitig ergänzend und verstärkend zu betrachten sind. Konsequenz dieser Einsicht ist es, verschiedene, (sich widersprechende) Theorien und Erkenntnisse in hochkomplexen multifaktoriellen Modellen zusammenzufügen, die alle möglichen Faktoren für die Entstehung von abweichendem Verhalten berücksichtigen und damit eine ganzheitliche Sicht- und Herangehensweise ermöglichen, die dem Segmentierungsvorwurf keinen Angriffspunkt bietet.

Genau hier setzt aber eine andere Kritik an, die die Entgrenzung von Prävention anprangert. „Die Vielzahl der Komponenten sowie ihre nahezu unbegrenzten Interdependenzen bilden für die Entwicklung operationaler Präventionskonzepte eine für die Forschung und Intervention oft ausweglos erscheinende Komplexität“ (Rosenbrock 1997: 50). Hierbei wird insbesondere die Ausdehnung des Präventionsverständnisses in Richtung Systemorientierung problematisiert. „Die sinnvolle Erweiterung des traditionellen personenbezogenen Blickes präventiver Überlegung um sozialpolitische, institutionelle und gesellschaftstheoretische Dimensionen hat (...) zur Folge, dass die potenziellen Aufgaben präventiver Maßnahmen uferlos wurden“ (Lüders 1995: 46).

Beide Kritikstränge haben jedoch eines gemeinsam, nämlich, dass beide von einer Effektlosigkeit präventiver Maßnahmen ausgehen, die eine, weil sie die Komplexität von Lebenszusammenhängen nicht berücksichtigt, und die andere, weil sie es tut. Die Widersprüchlichkeit beider Kritiken bringt die Schwachpunkte, aber in Umkehrung auch die Stärken der jeweiligen Sichtweise hervor, sodass sie durchaus als polare Bezugsgrößen einer fachlichen Reflexion der eigenen Präventionsarbeit dienen können.

3.9 Die Evaluierbarkeit

Die wahrscheinlich bekannteste Problematik im Zusammenhang mit Prävention besteht in der Frage nach deren Wirksamkeit. Prävention steht in der Regel an irgendeinem Punkt immer vor der (von außen herangetragenen) Frage, welche Ergebnisse sie vorzuweisen hat. Dahinter steckt im Sinne einer binären Sichtweise das nachvollziehbare Ziel, effiziente von nicht effizienten Präventionsmaßnahmen zu unterscheiden. Besonders ein konzeptionelles Verständnis von Prävention, dass auch systembezogene Maßnahmen verfolgt, hat es dabei schwer, seine Legitimation durch den empirischen Nachweis von Erfolgen zu begründen (vgl. von Kardorff 1995: 10).

Der Nachweis spezifischer Wirksamkeit von Prävention ist jedoch ebenfalls schwierig, selbst wenn diese ausschließlich im Bereich der personenbezogenen Prävention angesiedelt ist. Die zahlreichen Wirkungsfaktoren, die sich gegenseitig bedingen und kumulativ an einer Problemgenese beteiligt sind, machen es mehr als schwierig, Effekte oder auch Effektlosigkeit einem oder wenigen präventiv bearbeiteten Faktoren zuzurechnen. Zu dieser Problematik gesellt sich die Schwierigkeit eines Benchmarkings unterschiedlicher Präventionsmaßnahmen, die häufig so verschiedenen Bedingungsfaktoren unterliegen, dass eine Vergleichbarkeit in der Regel zu bezweifeln ist.

Es ist auch die schwierige Frage zu beantworten, was Erfolg bedeutet. An einer Schule mit ansteigender Anzahl an Gewaltvorfällen kann dies von einer Einstellung jeglicher Gewalt, dem Rückgang der Vorfälle über die Stabilisierung, bis hin zu einer Verminderung des Anstiegs reichen. Dabei soll einmal vernachlässigt werden, wie die Gewaltvorfälle überhaupt gemessen und eventuell klassifiziert werden.

Der Thematik der Evaluation sowie insbesondere der Frage, wie diese anzulegen ist, um gegenüber methodischer Kritik zu bestehen, kommt eine zentrale Rolle zu. In diesem Zusammenhang sei auf den Artikel zur Evaluation im Teil C in dieser Veröffentlichung sowie die weiterführende Literatur verwiesen

Grundsätzlich sollte bei der Konzeptionierung von Präventionsmaßnahmen von vollmundigen Lösungsversprechen abgesehen werden. Da die Wirkungen von Prävention nur sehr schwer zu belegen sind, entsteht die Gefahr der Diskreditierung präventiver Maßnahmen (vgl. Sturzenhecker 1994: 20). Allerdings kann, und das sollte man im Rahmen von Legitimation präventiver Konzepte immer mitbedenken, für den Fall, dass Wirkungen als nicht ermittelbar betrachtet werden, auch kein Beweis der Nichtwirkung präventiver Angebote erbracht werden kann.

Unabhängig von der Diskussion über wissenschaftliche Erhebungsstandards ist es bei der Konzipierung von Präventionsangeboten jedoch in jedem Fall sinnvoll, nach Indikatoren zu suchen, die bei der Auswertung der erfolgten Maßnahmen – und sei es „nur" im Rahmen der internen Reflexion der geleisteten Arbeit – als Orientierung dienen können.

4 Prävention als strategischer Begriff

Zur Begründung der Kooperation von Jugendhilfe und Schule muss nicht auf den Präventionsbegriff zurückgegriffen werden. Die Zusammenarbeitsverpflichtung lässt sich aus dem jeweils zugewiesenen gesetzlichen Auftrag ableiten. Die prinzipiellen und teilweise vorgestellten Kritikpunkte an der Präventionslogik, die durch Paradoxien und Ambivalenzen geprägt ist, könnten in diesem Zusammenhang nahelegen, den Bezug auf Prävention ganz zu vermeiden (vgl. Lindner/Freund 2001: 74ff.). Da allerdings auch in absehbarer Zeit nicht von einer widerspruchsfreien, theoretisch stringent geordneten (Präventions-) Wirklichkeit auszugehen ist, stellt sich die eher pragmatische Frage nach der Zukunft von Prävention – auch für den Bereich der Kooperation von Schule und Jugendhilfe.

(Primäre) Prävention und dafür benötigte Gelder wird es trotz aller Kritik, und auch das wird (zu Recht) kritisiert, immer geben. Dieses hat sicherlich viele Ursachen. Zum einen ist sie, ganz allgemein formuliert, die adäquate Antwort auf die Furcht, dass irgendetwas im Begriff ist „schlechter" zu werden, oder es zumindest werden könnte. Diese Furcht, und auch das wird nicht bestritten, ist grundsätzlich existent. Wenn diese einen bestimmten (beeinflussbaren) Umfang erreicht, wird sich ihrer – berechtigt oder nicht – unter besonderen Rahmenbedingungen auf Seiten der Politik angenommen. Das viel kritisierte Problem der Nicht-Falsifizierbarkeit von Prävention erweist sich in diesem Fall als ideal. „(...) Prävention als Handlungsorientierung und Politikfeld eignet sich vorzüglich zur Bearbeitung durch bloß symbolische Akte bzw. Politik" (Rosenbrock 1997: 42).

Die Werbung für präventive Konzepte und Maßnahmen stützt sich dabei auf ein geschlossenes und somit wirklichkeitsresistentes Begründungsmodell: Falls nach einer Analyse der Situation ein Bedarf für derartige Maßnahmen nicht nachzuweisen ist, kann immer noch darauf abgestellt werden, dass in der Zukunft mit einem Anstieg der zu verhindernden Problematik gerechnet werden kann. Im Angesicht der möglichen Entstehung einer Problematik oder der alleinigen Furcht davor, besitzen Präventionskonzepte eine ideale Legitimationsfolie (vgl. Frehsee 2000: 66).

Daneben kommt Prävention eine ernorme Strahlkraft zu, da sie verspricht, etwas zu tun, „bevor das Kind in den Brunnen gefallen ist". Wer möchte sich schon gern vorhalten lassen, dass er zu einem solchen Sturz mit seinem Nichthandeln beigetragen habe. „Die politische Stärke der Präventionsidee liegt in ihrer vordergründig bestechenden Vernünftigkeit. Wer wollte bestreiten, dass Vorbeugen besser ist als Heilen" (Frehsee 2000: 65). Vor diesem Hintergrund ist ihr auch weiterhin eine Zukunft gewiss. Hinzu kommt die Perspektive für viele Fachkräfte im sozialen Bereich, die teilweise unter ihrer reagierenden und kurativen Rolle leiden, diese gegen eine agierende eintauschen zu können.

Die getroffenen Aussagen führen zumindest zu zwei zentralen Möglichkeiten für Fachkräfte, deren Alltag und sogar die eigene Berufsrolle von Dialektik und Widersprüchlichkeiten geprägt sind und die in diesen handeln müssen. Prävention, die als strategischer Begriff gebraucht wird, kann einerseits (zusätzliche) Geldquellen erschließen, andererseits auch Menschen, die die jeweiligen Präventionsmaßnahmen mittragen und als Multiplikatoren fungieren können, mobilisieren. Dabei kann es in der Praxis durchaus hilfreich sein, dass der Präventionsbegriff einmal nicht so kritisch beleuchtet wird und sich Personen mit unterschiedlichen Ansichten zusammenfinden, um „etwas Gutes zu tun". Soll Prävention allerdings nicht nur eine programmatische und inhaltsleere Formel bleiben, so muss geklärt werden, wie die erhaltenen Gelder und die mobilisierten Multiplikatoren sinnvoll eingesetzt werden können und ob es so etwas wie eine "gute" Prävention gibt.

5 Ansprüche an eine „gute“ Prävention

Zunächst sollte man sich von der allgemeinen Überzeugung verabschieden, dass Prävention an sich „gut“ ist. Selbst die Realisierung der verschiedenen fakultativen Dimensionen des vorgestellten Modells eines Präventionsrasters sollte nicht darüber hinwegtäuschen. Prävention ist zunächst lediglich eine Klassifizierung (professionellen) Handelns bzw. vorliegender Konzepte und gemäß des Achten Jugendberichts der Bundesregierung auch eine Strukturmaxime im Bereich der Jugendhilfe (vgl. BMJFFG 1990: 85ff.). Eine Bewertung, ob das jeweilige Präventionsangebot oder das grundsätzliche frühe Handeln als Idee positiv ist, kann erst auf der Ebene der konkreten Konzeption und in Kenntnis der vorliegenden Rahmenbedingungen erfolgen.

Vor dem Hintergrund der bisher gemachten Ausführungen dürfte deutlich sein, dass an dieser Stelle keine globale Definition erfolgen kann, was „gute” Prävention ist. Es kann nur eine Auswahl allgemeiner Merkmale und handlungsleitender Prinzipien von Prävention dargestellt werden, die aufgrund der kontextbezogenen Herangehensweise im konkreten Fall aber eben manchmal auch genau gegenteiliger Maßnahmen bedürfen.

So wäre ein Prinzip der größtmögliche Verzicht auf entmündigende, freiheitseinschränkende, kontrollverschärfende und damit repressive Formen und Bestandteile in der Präventionsarbeit.

Ein weiteres Prüfkriterium zielt darauf ab, die Schaffung paralleler Präventionsstrukturen zu vermeiden. Dies setzt die Kenntnis der möglichen Dimensionen und Merkmale von Prävention sowie der konkreten Gegebenheiten vor Ort voraus.

Prävention sollte zudem langfristig angelegt sein, was in der Praxis aber oft durch die relativ kurzen Zeiten, in denen Gelder für derartige Maßnahmen bereitgestellt werden, gebrochen ist und sich teilweise der Gestaltbarkeit entzieht. Dennoch, „gute” Prävention ist auf Nachhaltigkeit ausgerichtet und bedarf daher eines längeren zeitlichen Gesamtkonzepts.

Ein weiteres zentrales Merkmal „guter“ Prävention besteht in dem Prinzip der Gestaltung sozialer Zusammenhänge (vgl. von Kardorff 1995: 8). Die Prävention im klassischen Sinn wird dagegen dadurch charakterisiert, dass sie etwas verhindern will. Ein solcher Paradigmenwechsel von einer Verhinderungs- zu einer Gestaltungshaltung bietet vielfach neue Möglichkeiten für Prävention, insbesondere was die Partizipation der Adressaten betrifft. So ist der in der Wissenschaft und Praxis dominierende Präventionsdiskurs von einem Demokratie- und Partizipationsdefizit gekennzeichnet, dem es entgegenzuwirken gilt (vgl. ebd.: 13). In den lebensweltorientierten Ansätzen ist dies bereits verankert. Ein auf die Lebenswelt bezogener präventiver Ansatz „bezieht sich auf die Gestaltung (und Gestaltbarkeit) von unterschiedlichen Lebensräumen mit dem Ziel, Modelle zur Steigerung der Lebensqualität für verschiedene Gruppen mit unterschiedlichen Kompetenzen und Stärken, Schwächen und Defiziten zu entwickeln“. Ausgangspunkt ist dabei die Prämisse, dass eine dementsprechende Prävention „nur mit, jedoch niemals für oder über Menschen gemacht werden kann“ (Stark 1989b: 19f.). So ist ein zentrales Prinzip einer „guten” Prävention die größtmögliche Einbeziehung und Förderung der Kompetenzen der jeweiligen Personen zur Veränderung und Gestaltung ihrer Umwelt. Allerdings ist oft eine ausgeglichene Partizipation aufgrund zu komplexer problembedingender Wirkungszusammenhänge nicht möglich (vgl. Böllert 1995: 120). Die sich daraus ergebenen Strategien sollten aber ihre Anteile im prozesshaften Verlauf zugunsten einer dann erreichten höheren Partizipationsmöglichkeit verschieben.

Es ist, wie vielfach dargestellt wurde, unbestritten, dass das Entstehen von Problemlagen individuelle Gründe sowie Ursachen, die nicht in der Person liegen, haben kann. Daher bedeutet es eine Verkürzung, diese entweder im Individuum selbst oder nur im System zu suchen. Eine professionelle Prävention muss beide Aspekte berücksichtigen und darf die Schieflage in Richtung einer allein personenorientierten Präventionsarbeit nicht noch verstärken.

Die dargestellten Prinzipien sowie die getätigten Ausführungen zu den Kritikpunkten nehmen nicht für sich in Anspruch widerspruchsfrei zu sein. Professionelle präventive Arbeit, die sich dadurch deutlich von einem blinden Präventionsaktionismus unterscheidet, ist gekennzeichnet durch das Bewusstsein solcher Spannungsverhältnisse. Auftrag der Fachkräfte ist es, wenn sie sich – aus welchen Grunden auch immer – für das „Label Prävention“ entschieden haben, in diesem Sinne in aktiver Auseinandersetzung der behandelten Kritikpunkte und der vorgesellten Prinzipien einer „guten“ Prävention die konkrete Präventionsarbeit vor Ort zu gestalten.

Literatur

Arbeitsgemeinschaft Kinder- und Jugendschutz Landesstelle Nordrhein-Westfalen e.V. (Hrsg.) (1994): Materialien zum Thema Gewalt und Gewaltprävention. Köln: ASJ

Bettinger, Frank (1999): Jugend und Jugendhilfe im Spannungsverhältnis von Wirklichkeitskonstruktionen und Legitimationszwang. In: Unsere Jugend. 3/1999. 112-116

Bundesministerium für Jugend, Familien, Frauen und Gesundheit (Hrsg.) (1990): Achter Jugendbericht. Bericht über Bestrebungen und Leistungen der Jugendhilfe. Bonn: BMJFFG

Böllert, Katrin (1995): Zwischen Intervention und Prävention: Eine andere Funktionsbestimmung Sozialer Arbeit. Neuwied; Kriftel; Berlin: Luchterhand

Caplan, Gerald (1964): Principles of Preventive Psychiatry: Basic Books. London; New York: Basic Books

Flösser, Gaby (1995): Prävention und Intervention im Kindes- und Jugendalter: Begriffliche Entzauberung am Beispiel eines Forschungsprogramms. In: Diskus 1/1995. 61-65

Frehsee, Detlev (2000): Fragen an den Deutschen Präventionstag. In: DVJJ – Journal. Nr. 167, 1/2000. 65-72

Freund, Thomas/Linder, Werner (Hrsg.) (2001): Prävention. Zur kritischen Bewertung von Präventionsansätzen in der Jugendarbeit. Opladen: Leske + Budrich

Gaiser, Wolfgang/Müller-Stackebrandt, Jutta (1995): Prävention und Intervention: Maximen staatlichen und pädagogischen Handelns, in: Diskus 1/1995. 2-5

Herringer, Norbert /1986): Präventives Handeln und soziale Praxis. Weinheim; München: Juventa

Klotter, Christoph (Hrsg.) (1997): Prävention im Gesundheitswesen. Göttingen: Verlag für Angew. Psychologie

Lindner, Werner (1999): ‚Zero Tolerance‘ und Präventionsinflation – Jugendliche und Jugendarbeit im Kontext der gegenwärtigen Sicherheitsdebatte. In: deutsche Jugend. 4/1999. 153-162

Linder, Werner/Freund, Thomas (2001): Der Prävention vorbeugen? Zur Reflexion und kritische Bewertung von Präventionsaktivitäten in der Sozialpädagogik. In: Freund/Linder (Hrsg.) (2001): 69-96

Lüders, Christian (1995): Prävention in der Jugendhilfe: Alte Probleme und neue Herausforderungen. In: Diskurs 1/1995. 42-49

Olk, Thomas/Otto, Hans-Uwe (1981): Wertewandel und Sozialpolitik: Entwicklungsperspektiven kommunaler Sozialarbeitspolitik. In: Neue Praxis. 11/1981. 99-146

Otto, Hans-Uwe (1983): Prävention – Zauberwort für gesellschaftliche Veränderung oder eine Form der Sozialkontrolle? In: Zeitschrift für Pädagogik. 18. Beiheft. 1983. 219-220

Rauschenbach, Thomas/Gängler, Hans (Hrsg.) (1992): Soziale Arbeit und Erziehung in der Risikogesellschaft. Neuwied; Kriftel, Berlin: Luchterhand

Rauschenbach, Thomas (1992): Soziale Arbeit und soziales Risiko. In: Rauschenbach/Gängler (Hrsg.) (1992): 25- 60
Rosenbrock, Rolf (1997): Theoretische Grundlagen der Prävention. In: Klotter (Hrsg.) (1997): 41-60
Ryan, William (1971): Blaming the victim. New York: Vintage Books
Schrottmann, Ria-Elisa (1990): Prävention oder Ist Vorbeugen besser als Heilen?: Zur Präventions-Disskussion im psychosozialen Bereich. Heidelberg: HVA, Ed. Schindele
Sonderforschungsbereich 227 (1985): Prävention und Intervention in Kindes- und Jugendalter, Finanzierungsantrag für die erste Forschungsphase. Universität Bielefeld. Bielefeld
Sonderforschungsbereich 227 (1994): Prävention und Intervention in Kindes- und Jugendalter, Finanzierungsantrag für die vierte Forschungsphase. Universität Bielefeld. Bielefeld
Stark, Wolfgang (Hrsg.) (1989a): Lebensweltbezogene Prävention und Gesundheitsförderung: Konzepte und Strategien für die psychosoziale Praxis. Freiburg im Breisgau: Lambertus
Stark, Wolfgang (1989b): Prävention als Gestaltung von Lebensräumen: Zur Veränderung und notwendigen Reformierung eines Konzepts. In: Stark (Hrsg.) (1989): 11-37
Stoffers, Manfred (1994): Gewalt und Gewissen: Gewissensbildung als Gewaltvorbeugung. In: Arbeitsgemeinschaft Kinder- und Jugendschutz Landesstelle Nordrhein-Westfalen e.V. (Hrsg.) (1994): 149-150
Sturzenhecker, Benedikt (2000): Prävention ist keine Jugendarbeit: Thesen zu Risiken und Nebenwirkungen der Präventionsorientierung. In: Sozialmagazin. 25. Jg.. 1/2000. 14-21
Trabandt, Henning/Wurr, Ruediger (1989): Prävention in der sozialen Arbeit. Opladen: Westdt. Verlag
Vobruba, Georg (1983): Prävention durch Selbstkontrolle. In: Wambach (Hrsg.) (1983): 27-50
von Kardorff, Ernst (1995): Prävention: wissenschaftliche und politische Desiderate. In: Diskurs. 1/1995. 6-14
Wambach, Manfred Max (Hrsg.) (1983): Der Mensch als Risiko, Frankfurt am Main: Suhrkamp

Teil B – Ausgewählte Problemstellungen

Dan Olweus

Mobbing in Schulen: Fakten und Intervention

> „Zwei Jahre lang war Johnny, ein stiller 13-jähriger Junge, für einige seiner Klassenkameraden ein lebendiges Spielzeug. Die Teenager nahmen Johnny Geld ab, zwangen ihn, Unkraut zu essen und Milch zu trinken, die mit Putzmitteln gemischt war. Sie schlugen ihn in den Toilettenräumen zusammen und banden ihm ein Seil um den Hals, um ihn als „Haustier" herumzuführen. Als Johnnys Peiniger nach dem Mobbing gefragt wurden, sagten sie, sie hätten ihr Opfer gequält, weil es ihnen Spaß gemacht hätte" (Auszug aus einem Zeitungsartikel in Olweus 1993: 7).

Dieser Zeitungsausschnitt zeigt in bedrückender Weise, zu welcher Grausamkeit Kinder und Jugendliche unter bestimmten Umständen in der Lage sind. Und er zeigt, welcher Albtraum es für den gequälten Schüler sein kann, zur Schule zu gehen – häufig, ohne dass die Eltern oder die Lehrer ahnen, was los ist.

Mobbing unter Schulkindern ist sicherlich ein sehr altes Phänomen. Obwohl viele das Problem kennen, ist es noch nicht so lange her – etwa seit den frühen 1970er Jahren –, dass das Phänomen systematisch wissenschaftlich untersucht wurde (Olweus 1973a, 1978). Einige Jahre lang lag der Forschungsschwerpunkt in Skandinavien. In den späten 1980er und den 1990er Jahren wurden auch andere Länder wie Japan, Großbritannien, die Niederlande, Kanada, USA und Spanien auf Mobbing unter Schulkindern aufmerksam (für weitere Verweise siehe auch Olweus 1993). In den letzten ungefähr zehn Jahren gab es eine fast explosionsartige Entwicklung auf diesem Gebiet, was sowohl die Forschung als auch die Intervention und nationale Politik angeht (z.B. Smith/Morita/Junger-Tas/Olweus/Catalano/Slee 1999; Juvonen/Graham 2001; Espelage/Swearer 2004; Smith/Pepler/Rigby 2004). In den USA wurde diese gesteigerte Aufmerksamkeit durch einige Schießereien in Schulen, die in den Medien sehr präsent waren, weiter gestärkt. Bei diesen tragischen Vorfällen wurde teilweise eine Beziehung der Täter-Opfer-Problematik im Rahmen von Mobbing bei den beteiligten Schülern hergestellt (Anderson et al. 2001).

Vor diesem Hintergrund werde ich nun kurz die Definitionen von Mobbing und Gewalt präsentieren und einige Forschungsergebnisse über das Vorkommen und die Charakteristika von Tätern und Opfern vorstellen. Danach konzentriert sich mein Vortrag auf die Interventionen gegen die Täter-Opfer-Problematik, die wir in den letzten 20 Jahren in Norwegen durchgeführt haben sowie auf eine neue landesweite Interventions- und Präventionsinitiative.

Definitionen von Mobbing und Gewalt an Schulen

Bereits in den 1980er Jahren habe ich folgende Definition von Mobbing entwickelt (Olweus 1986, 1993):

> „Ein Schüler wird gemobbt oder schikaniert, wenn er wiederholt über einen gewissen Zeitraum den negativen Aktivitäten von einem oder mehreren Mitschülern ausgesetzt ist."

Eine negative Aktivität besteht dann, wenn jemand vorsätzlich den Schüler verletzt oder versucht zu verletzen, oder ihm Unbehagen bereitet – was grundsätzlich die Definition von aggressivem Verhalten beinhaltet (Olweus 1973b; Berkowitz 1993). Negative Aktivitäten können durch physischen Kontakt, durch Worte oder auf anderen Wegen wie durch Grimassen schneiden oder verletzende Gesten sowie durch den vorsätzlichen Ausschluss aus einer Gruppe bestehen. Bei der Verwendung des Begriffes Mobbing sollte außerdem ein Macht- oder Kräfte-Ungleichgewicht (eine asymmetrische Beziehung) bestehen: Dem Schüler, der den negativen Aktivitäten ausgesetzt ist, fällt es schwer, sich zu verteidigen.

Etwas allgemeiner ausgedrückt, kann Mobbing definiert werden als „vorsätzliches, wiederholt negatives (unangenehmes oder verletzendes) Verhalten von einer oder mehreren Personen einer anderen Person gegenüber, die Schwierigkeiten hat, sich zu verteidigen."

Gemäß dieser Definition, die anscheinend weitgehende Akzeptanz sowohl bei Forschern als auch bei Praktikern genießt, kann das Phänomen des Mobbings folgendermaßen beschrieben werden:

- aggressives Verhalten oder vorsätzliches „Schaden zufügen"
- wiederholtes Auftreten über einen Zeitraum
- in einer persönlichen Beziehung, die sich durch ein tatsächliches oder subjektiv wahrgenommenes Macht- bzw. Kräfte-Ungleichgewicht auszeichnet.

Man könnte noch hinzufügen, dass anscheinend häufig Mobbing auftritt, ohne dass es eine augenscheinliche Provokation von Seiten der angegriffenen Person gegeben hat. Diese Definition stellt heraus, dass Mobbing eine Form des Missbrauchs ist, manchmal verwende ich den Begriff Peer-Missbrauch, um dieses Phänomen zu beschreiben. Was ihn von anderen Formen des Missbrauchs wie Kindesmissbrauch oder Gewalt in der Ehe unterscheidet, ist der Kontext, in dem der Missbrauch auftritt und das charakteristische Verhältnis, das zwischen den interagierenden Parteien besteht.

Diese Definition wurde hinsichtlich ihrer Konkretheit und Schüler-Freundlichkeit in meinem überarbeiteten Fragebogen (Revised Questionnaire, Olweus 1996; Solberg/Olweus 2003) operationalisiert.

Hingegen ist die Bedeutung und Definition des Begriffs Gewalt kontroverser. Einige benutzen den Begriff Gewalt im Großen und Ganzen synonym mit Aggression oder aggressivem Verhalten (siehe oben). Anhand solch einer „Definition" scheint es natürlich, über „psychologische Gewalt" und vielleicht „emotionale Gewalt" zu sprechen. Andere verwenden eine sogar noch weiter reichende „Definition" und benutzen Begriffe wie „strukturelle oder institutionelle Gewalt". Ohne ins Detail zu gehen, halte ich diesen Gebrauch des Begriffs für einigermaßen unglücklich, denn er stiftet Verwirrung und schafft Probleme, was die Operationalisierung und Messung angeht.

Aus verschiedenen Gründen möchte ich herausstellen, dass Gewalt/gewalttätiges Verhalten als aggressives Verhalten definiert werden sollte, bei dem der Akteur oder Täter seinen eigenen Körper oder ein Objekt (das kann auch eine Waffe sein) benutzt, um einem anderen Individuum eine (relativ schwerwiegende) Verletzung oder Unwohlsein zuzufügen. Die Definition von Gewalt, wie sie im Wörterbuch steht, ist dem sehr ähnlich, sie impliziert die Anwendung von körperlicher Kraft oder Macht.

Die Definition von Gewalttaten im juristischen Sinne (das beinhaltet Tötungsdelikte, schweren Überfall, Überfall, Raub und Vergewaltigung) basiert ebenfalls auf einem vergleichbaren Verständnis. Ähnlich wie Mobbing ist Gewalt eine Unterkategorie von aggressivem Verhalten, zeichnet sich jedoch durch ganz spezielle Charakteristika aus.

Das Verhältnis der drei wichtigsten Begriffe wird in Abb. 1 grafisch dargestellt. Aggression/aggressives Verhalten ist der allgemeinere und übergreifende Begriff (der Bereich, der durch den großen, äußeren Kreis eingegrenzt wird), während sowohl Mobbing als auch Gewalt/gewalttätiges Verhalten Unterkategorien von aggressivem Verhalten sind (die Kreise grenzen kleinere Bereiche innerhalb des großen Kreises ein). Wie durch das schraffierte Gebiet gezeigt wird, gibt es einen bestimmten Bereich, in dem sich Mobbing und Gewalt überlappen. Er bezeichnet Situationen, in denen Mobbing durch physische Mittel oder Kontakt (siehe oben) ausgeführt wird oder – anders ausgedrückt, wenn physische Mittel im Kontext von Mobbing angewandt werden (z.B. Schlagen, Treten, Schubsen usw. in Situationen, in denen die allgemeinen Kriterien für Mobbing zutreffen). Die Grafik macht außerdem deutlich, dass es einen großen Anteil von Mobbing gibt, der nicht mit Gewaltanwendung in Zusammenhang steht (z.B. verbales Mobbing durch Gesten, vorsätzlichen Ausschluss aus Gruppen usw.). Ebenso gibt es einen großen Teil von Gewalt, der nicht als Mobbing charakterisiert werden kann (z.B. ein gelegentlicher Streit auf dem Schulhof, eine Auseinandersetzung oder eine Bagatelle zwischen Betrunkenen in einem Restaurant).

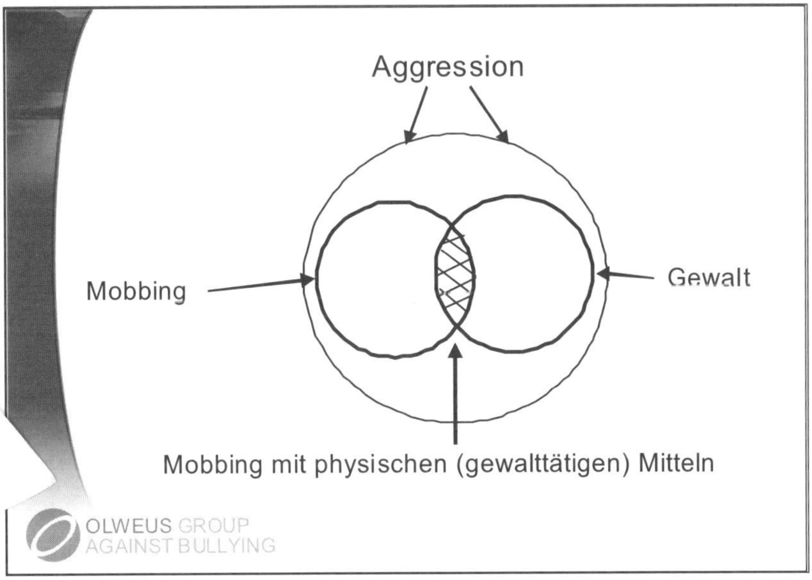

Abb. 1: Verhältnis der Begriffe Aggression, Gewalt und Mobbing

Zugegeben, die obige Diskussion untersucht die Frage der Definition nicht in der nötigen Tiefe oder Breite, aber zumindest macht sie deutlich, in welche Richtung die Untersuchungen zu diesem Thema gehen sollten.

Einige Forschungsergebnisse zum Vorkommen

In unseren Untersuchungen von mehr als 130.000 norwegischen Schülern, die 1983 mittels einer frühen Version meines Täter-Opfer-Fragebogens (Olweus 1996) durchgeführt worden sind, wurde erhoben, dass sich ca. 15% der Schüler in der Grundschule und den unteren Klassen der weiterführenden Schulen (Klassenstufe 3 - 10, was grob dem Lebensalter 8 bis 16 Jahren entspricht) in Norwegen sich in Täter/Opfer-Situationen befanden. Die Problematik bestand mit einiger Regelmäßigkeit („zwei oder drei Mal im Monat“), wobei die Befragten entweder als Täter oder als Opfer auftraten. Diese Prozentzahl entspricht einem Schüler unter sieben. Ungefähr 9% waren Opfer und 6 - 7% der Schüler drangsalierten andere mit einiger Regelmäßigkeit. Etwa 1,5% der Schüler waren sowohl Opfer als auch Täter (ungefähr 17% der Opfer). Eine Gesamtsumme von etwa 5% der Schüler waren in die schlimmste Form des Mobbing involviert (als Täter, Opfer oder Täter/Opfer), das ein oder mehrere Male in der Woche auftritt. Da die Fragen bezüglich der Häufigkeit des Mobbings im Fragebogen sich nur auf einen Teil des Winterhalbjahres beziehen, gibt es wenig Zweifel daran, dass die Ergebnisse eher die untere Grenze an Taten bezeichnen, die über das Jahr verteilt vorkommen.

Eine neue und umfassende Untersuchung von etwa 11.000 Schülern aus 54 Grundschulen und den unteren Klassen der Sekundarstufe wurde 2001 durchgeführt. Der Fragebogen beinhaltete dieselben Fragen wie der von 1983 (Olweus 1996; 2002) und stellte ein ähnliches Bild dar, allerdings mussten wir zwei besorgniserregende Trends feststellen: 1. Der Prozentsatz der eingeschüchterten Schüler war seit 1983 um ungefähr 50% gestiegen. 2. Der Prozentsatz der Schüler, die in die schlimmste Form des Mobbings involviert waren, war um 65% angestiegen (Solberg/Olweus 2003). Diese Steigerungen wurden als ein Indikator für eine negative soziale Entwicklung angesehen.

Die Ergebnisse der jüngsten Umfrage sind in Abb. 2 und Abb. 3 dargestellt.

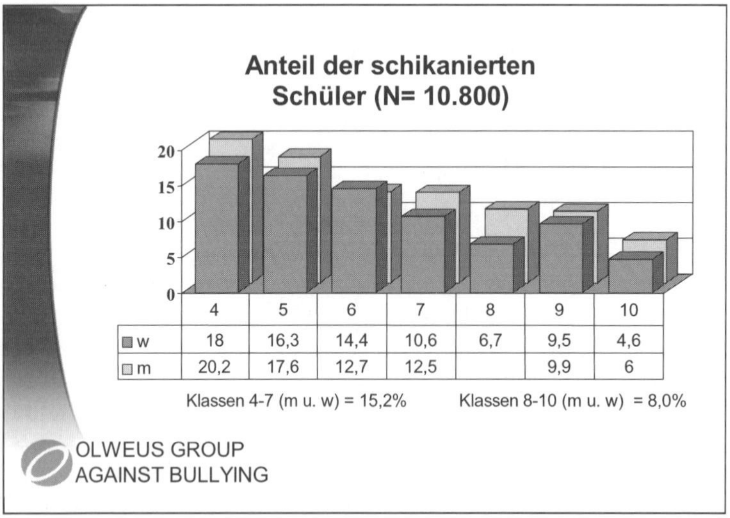

Abb.2: Anteil schikanierter Schüler

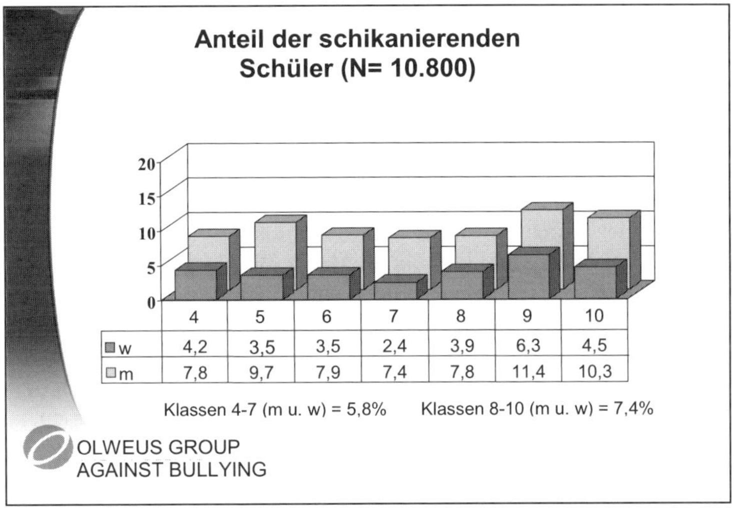

Abb. 3: Anteil schikanierender Schüler

Es ist offensichtlich, dass Mobbing ein schwerwiegendes Problem an norwegischen Schulen ist, ein Problem, das eine große Anzahl Schüler betrifft. Untersuchungsergebnisse aus anderen Ländern (zu weiten Teilen mit meinem Täter-Opfer-Fragebogen erhoben) zeigen, dass es dieses Problem auch außerhalb Norwegens mit ähnlichen oder häufig sogar noch höheren Vorkommen gibt (siehe auch Olweus/Limber 1999; Smith/Morita/Junger-Tas/Olweus/Slee 1999). In diesem Zusammenhang sollte betont werden, dass die internationalen Unterschiede des Vorkommens der Täter-Opfer-Problematik mit großer Vorsicht zu interpretieren sind, weil die Antworten der Schüler möglicherweise von unterschiedlichen Faktoren geprägt sind. Dazu gehört die Fähigkeit, den Fragebogen in der Fremdsprache zu verstehen und die richtigen Begriffe für die Schlagworte zu kennen, die Vertrautheit mit dem Konzept von Mobbing in der jeweiligen Kultur sowie das Ausmaß des öffentlichen Interesses an Mobbing usw.

Täter-Opfer-Problematik nach Klassenstufe und Geschlecht

Wie in Abb. 2 deutlich wird, sinkt der Anteil der Schüler, die gemobbt werden, in den höheren Klassen. Es sind die jüngeren und schwächeren Schüler, die dem Mobbing am stärksten ausgesetzt sind. Was die Art und Weise des Mobbings angeht, gab es in den höheren Klassen einen klaren Trend, weniger physische Mittel (körperliche Gewalt) einzusetzen. Ein bedeutender Teil des Mobbings wurde von älteren Schülern ausgeführt. Das wurde besonders in den unteren Klassen deutlich.

Hinsichtlich der Tendenz, andere Schüler einzuschüchtern, dargestellt in Abb. 3, waren die Veränderungen mit der Klassenstufe nicht so klar und systematisch wie in Abb. 2. Auch wenn die Ergebnisse in vielleicht unterschiedlichen Kohorten anders ausfallen mögen, finden wir jedoch normalerweise einen Trend zu mehr Mobbing in den höheren Klassen. Das wird insbesondere bei den Jungen in Abb. 3 deutlich. Wie aus Abb. 2 ersichtlich, gab es die Tendenz, dass Jungen mehr Mobbing ausgesetzt waren als Mädchen. Dies trifft besonders in den höheren Klassenstufen zu. Abb. 3 zeigt den Anteil der Schüler, die andere Klassenkameraden regelmäßig tyrannisierten. Es ist offensichtlich, dass ein höherer Anteil von Jungen sich am Mobbing beteiligte. In den höheren Klassen berichteten mehr als vier Mal mehr Jungen als Mädchen, andere Schüler eingeschüchtert zu haben.

Unter Jungen war es normaler, durch physische Mittel zu mobben. Im Gegensatz dazu verwendeten Mädchen häufiger subtilere und indirektere Mittel, ihre Mitschüler zu schikanieren. Dazu gehörten Verleumdungen, Gerüchte in die Welt zu setzen und Freundschaften zu manipulieren. Dennoch ist die Belästigung durch nicht physische Mittel, besonders durch verbalen Ausdruck, die häufigste Form zu mobben, sowohl bei Jungen als auch bei Mädchen.

Ein weiteres Ergebnis war, dass Jungen meistens diejenigen waren, die Mädchen eingeschüchtert hatten. Mehr als 50% der Mädchen berichteten, hauptsächlich von Jungen gemobbt worden zu sein. Weitere 15 - 25% sagten, dass sie sowohl von Jungen als auch von Mädchen belästigt worden seien. Auf der anderen Seite wurde die große Mehrheit der Jungen, mehr als 80%, hauptsächlich von Jungen schikaniert.

Zusammengefasst waren Jungen häufiger Opfer und besonders Täter von direktem Mobbing. Diese Feststellung stimmt mit dem überein, was man von Untersuchungen über Geschlechterdifferenzen bezüglich aggressiven Verhaltens erwartet. Es ist dokumentiert, dass die Beziehungen zwischen Jungen mehr oder minder härter, stärker und aggressiver sind als zwischen Mädchen (z.B. Maccoby 1986). Diese Unterschiede haben sicherlich sowohl biologische als auch soziale bzw. durch die Umwelt bedingte Komponenten. Ich möchte hinzufügen, dass sich mobben oder gemobbt zu werden über lange Zeiträume hinziehen kann, manchmal sogar über einige Jahre (Olweus 1977; 1979; 2003).

Die hier dargestellten Ergebnisse sollen keineswegs den Eindruck hervorrufen, dass wir uns nicht um Mobbing unter Mädchen zu kümmern brauchten. Im Gegenteil, solche Probleme müssen anerkannt und Maßnahmen dagegen ergriffen werden, gleichgültig, ob Mädchen die Opfer von Drangsalierungen sind oder sie selbst ausführen. Ohne Zweifel kann es ebenso schmerzhaft und schädigend sein, in indirekter und subtiler Weise schikaniert zu werden wie in offener und direkter Weise.

Kurzer Abriss über die Hintergründe der Täter-Opfer-Problematik

Die bisherigen Forschungsergebnisse legen eindeutig nahe, dass es einige persönliche Charakteristika oder typische Reaktionsmuster gibt, die für das Entstehen dieser Problematik bei einzelnen Schülern wichtig sind. Bei Jungen spielt auch die physische Stärke oder Schwäche eine Rolle. Gleichzeitig spielen umweltbedingte Faktoren wie Haltungen, Routinen und das Verhalten der erwachsenen Bezugspersonen – besonders der Lehrer und Direktoren – eine wichtige Rolle, wenn es darum geht, in welchem Maße sich die Probleme in einem größeren Zusammenhang wie in der Klasse oder in der Schule manifestieren (vgl. Olweus 1993). Außerdem sind mit Sicherheit die Haltungen und das Verhalten der relevaten Gleichaltrigen, die sich in Gruppenprozessen und -mechanismen niederschlagen, wichtig. Dementsprechend müssen die Analysen der Gründe für ein Täter-Opfer-Verhalten auf unterschiedlichen Ebenen durchgeführt werden.

Charakteristika typischer Opfer und Täter

Der am meisten verbreitete Typ des Opfers, die passiven oder sich unterordnenden Opfer, zeichnet sich normalerweise durch folgende Charakterzüge aus:

- sind vorsichtig, sensibel, ruhig, zurückgezogen und schüchtern
- sind ängstlich, unsicher, unglücklich und haben geringes Selbstvertrauen
- sind deprimiert und beschäftigen sich häufiger mit Suizidgedanken als ihre Altersgenossen
- haben häufig keinen besten Freund/Freundin und kommen besser mit Erwachsenen aus
- wenn es sich um Jungen handelt, sind sie ihren Altersgenossen häufig körperlich unterlegen.

Einige dieser Charakteristika haben mit hoher Wahrscheinlichkeit dazu beigetragen, die Betreffenden zu Opfern von Mobbing zu machen. Gleichzeitig ist es offensichtlich, dass wiederholte Quälereien von Altersgenossen zu einer Verstärkung ihrer Unsicherheit und der negativen Selbsteinschätzung beigetragen haben müssen. Dementsprechend sind diese Charakteristika sowohl Ursachen als auch Folgen des Mobbing.

Es gibt auch eine andere, deutlich kleinere Gruppe von Opfern, die provokanten Opfer oder Täter-Opfer, die sich durch eine Kombination aus ängstlichen und aggressiven Reaktionsmustern auszeichnen. Diese Schüler haben häufig Konzentrationsschwierigkeiten und können Probleme beim Lesen und Schreiben haben. Sie verhalten sich oft in einer Art und Weise, die Irritationen und Spannungen bei ihren Klassenkameraden hervorruft. Einige dieser Schüler kann man als hyperaktive Kinder bezeichnen. Es ist nicht ungewöhnlich, dass ihr Verhalten viele Schüler in der Klasse provoziert und schließlich in negativen Reaktionen eines Großteils der Mitschüler oder gar der gesamten Klasse resultiert. Die Dynamik der Täter-Opfer-Problematik in einer Klasse mit einem provokanten Opfer unterscheidet sich teilweise von der einer Klasse mit passiven Opfern (Olweus 1978, 2001a).

Täter tendieren dazu, folgende Charakterzüge zu haben:

- starkes Bedürfnis, andere Schüler zu dominieren und herabzusetzen und sich durchzusetzen
- sind impulsiv und leicht verärgert
- zeigen wenig Mitgefühl mit Schülern, die drangsaliert werden
- zeigen abweichendes Verhalten gegenüber Erwachsenen und sind aggressiv, auch gegenüber Eltern und Lehrern
- sind häufig involviert, wenn anti-soziale Verhaltensweisen wie Vandalismus, Verbrechen oder Drogenmissbrauch auftreten
- wenn es sich um Jungen handelt, dann sind es häufig im Allgemeinen physisch stärkere Jungen, besonders im Verhältnis zu ihren Opfern.

Man muss hinzufügen, dass sie, im Gegensatz zur landläufigen Meinung, kein ausgesprochenes Problem mit ihrem Selbstwertgefühl haben.

Hinsichtlich der möglichen psychologischen Gründe, die Mobbing zugrunde liegen, zeigen die Forschungsergebnisse mindestens drei, zum Teil voneinander abhängige, Motive: Erstens haben die Täter ein großes Bedürfnis nach Macht und Dominanz; sie scheinen es zu genießen, „die Kontrolle zu haben“ und andere zu unterdrücken. Zweitens, wenn man die Familienverhältnisse betrachtet, unter denen einige der Täter aufgewachsen sein mochten (Olweus 1980; 1993), dann ist es natürlich anzunehmen, dass sie einen bestimmten Grad an Feindlichkeit ihrer Umgebung gegenüber entwickelt haben. Diese Gefühle und Impulse könnten dazu führen, dass sie Befriedigung dadurch erhalten, dass sie anderen Individuen wehtun und ihnen Leid zufügen. Schließlich gibt es eine deutliche „instrumentelle oder nutzbringende Komponente“ in ihrem Verhalten. Täter zwingen ihre Opfer häufig dazu, ihnen Geld, Zigaretten, Bier oder andere, wertvolle, Gegenstände zu geben. Darüber hinaus ist es offensichtlich, dass in manchen Situationen ihr aggressives Verhalten in Form von Prestigegewinn belohnt wird.

Gruppenprozesse

Wenn verschiedene Schüler gemeinsam einen anderen Schüler mobben, ist es wahrscheinlich, dass bestimmte soziale und psychologische Mechanismen greifen. Einige dieser Prozesse wurden detailliert untersucht in Olweus (1978; 1993). Aufgrund der räumlichen Begrenzung werden sie hier nur aufgelistet: 1. sozialer negativer „Einfluss“; 2. Schwächung der Kontrolle oder Hemmung aggressiver Tendenzen; 3. „Diffusion von Verantwortung“ und 4. graduelle kognitive Wahrnehmungsveränderungen, was Mobbing und das Opfer betrifft. All diese Mechanismen können dazu beitragen, zu verstehen und zu erklären, warum bestimmte Schüler, die normalerweise nett und nicht aggressiv sind, ohne zu zögern andere mobben.

Der Mobbing-Kreis

Täter und Opfer halten normalerweise die Schlüsselpositionen in der Täter-Opfer-Problematik in der Klasse oder in der Schule inne, aber auch andere Schüler spielen dabei wichtige Rollen. Sie zeigen unterschiedliche Haltungen und Reaktionen auf die akute Mobbing-Situation. Abb. 4 stellt den „Mobbing-Kreis“ und die verschiedenen Arten dar, in denen die meisten Schüler in einer Klasse oder in der die Klasse auf die der Täter-Opfer-Problematik reagieren (Olweus 2001a; 2001b).

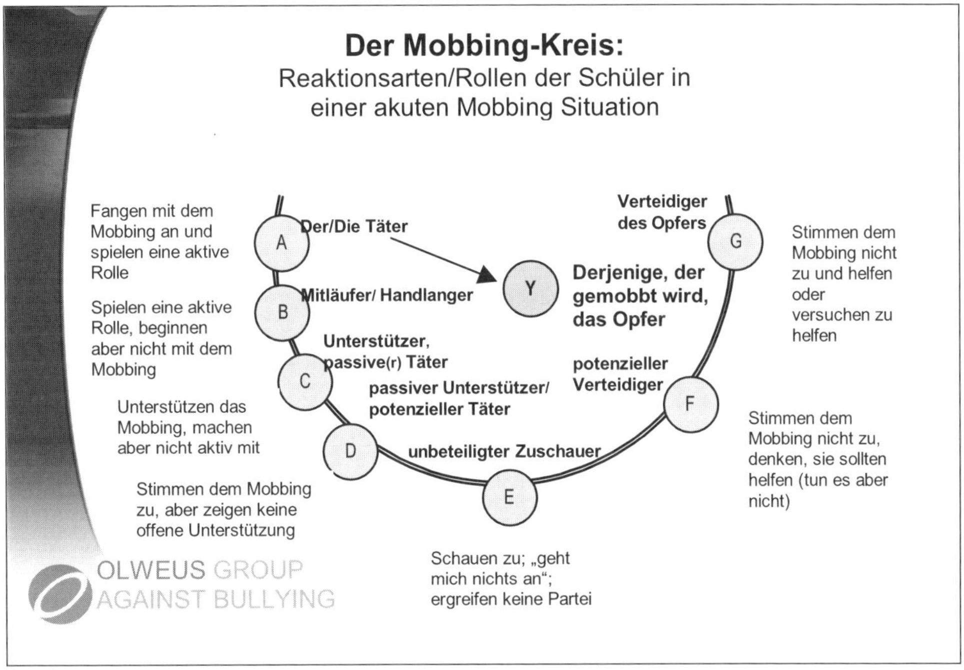

Abb. 4: Mobbing-Kreis

Eine Frage grundlegender Menschenrechte

Die Mobbing-Opfer bilden eine große Gruppe an Schülern, die in einem hohen Maße von der Schule nicht berücksichtigt wurden und werden. Seit Langem argumentiere ich, dass es ein grundlegendes Menschenrecht eines Kindes ist, sich in der Schule sicher zu fühlen und dass es davor geschützt wird, Unterdrückung und wiederholte Erniedrigung durch Mobbing erleiden zu müssen. Kein Schüler darf davor Angst haben, zur Schule zu gehen, weil er fürchtet, belästigt oder erniedrigt zu werden, und kein Elternteil sollte sich darüber Sorgen machen müssen, dass diese Dinge seinem Kind geschehen!

Bereits 1981 habe ich vorgeschlagen, ein Gesetz gegen Mobbing in der Schule zu erlassen. Zu jener Zeit gab es für diese Idee wenig politische Unterstützung. 1994 wurde jedoch mein Vorschlag in Schweden aufgenommen und es wurde ein neuer Artikel im Schulgesetz verabschiedet, der Formulierungen enthält, die den obigen sehr ähneln. Entsprechend des Gesetzes und der damit zusammenhängenden Vereinbarungen obliegt darüber hinaus die Verantwortung für die Durchsetzung dieser Ziele dem Schuldirektor. Das beinhaltet die Ausarbeitung eines Interventionsprogramms für die jeweilige Schule. Einige ähnliche Gesetzesartikel wurden nun in Norwegen und in anderen Ländern verabschiedet (siehe z.B. Smith et al. 1999).

Das Olweus Mobbing Präventionsprogramm

Das Olweus Mobbing Präventionsprogramm wurde über 20 Jahre lang entwickelt und evaluiert (Olweus 1993; 2001b). Es basiert auf vier wesentlichen Prinzipien, die aufgrund der Erforschung der Entwicklung und Modifikation des genannten Problemverhaltens, besonders des aggressiven Verhaltens, entwickelt wurden. Diese Prinzipien zielen darauf ab, eine Schule – und idealerweise auch ein Zuhause – zu schaffen, die sich durch folgende Aspekte auszeichnen:

- Wärme, positives Interesse und Engagement von Erwachsenen
- Grenzen gegenüber unakzeptablem Verhalten
- durchgängige Anwendung von nicht-bestrafenden, nicht physischen Sanktionen bei unakzeptablem Verhalten oder bei Regelverstößen
- Erwachsene, die sich wie Autoritätspersonen und positive Rollenmodelle verhalten.

Die übergreifende Aussage des Programms lautet: Wir akzeptieren Mobbing nicht an unserer Schule, und wir werden dafür sorgen, dass es aufhört. Ein wichtiges Ziel liegt darin, die „Gelegenheits- und Belohnungsstrukturen“ zu verändern. Das heißt, dass es weniger Möglichkeiten und Belohnung für Mobbing in der Schule und anderswo gibt.

Die genannten Prinzipien sind in eine Anzahl spezifischer Maßnahmen verwandelt worden, die in der Klasse, in der Schule oder auf individuellem Niveau angewendet werden können (Olweus 1993; 2001b). Abb. 5 präsentiert die Kernkomponenten, die sich in unseren statistischen Analysen und den Erfahrungen mit dem Programm für die Umsetzung des Programms als besonders wichtig herausgestellt haben.

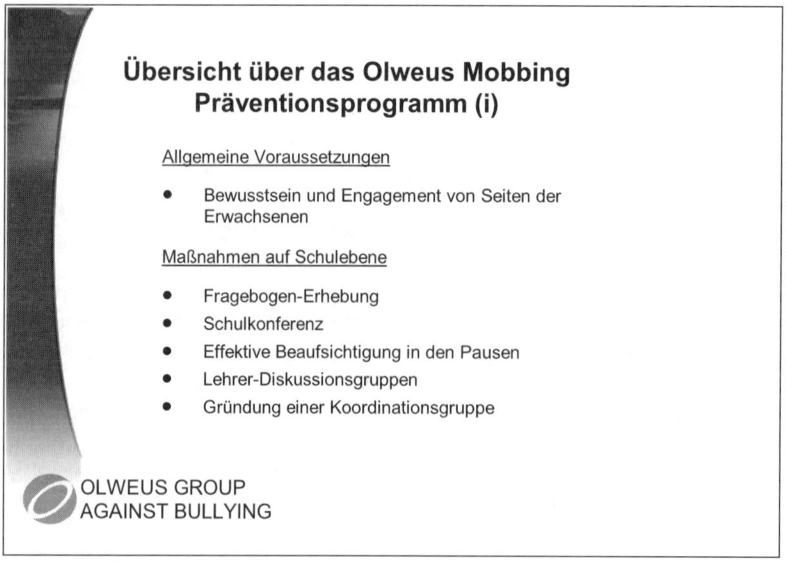

Abb. 5.1: Kernkomponenten

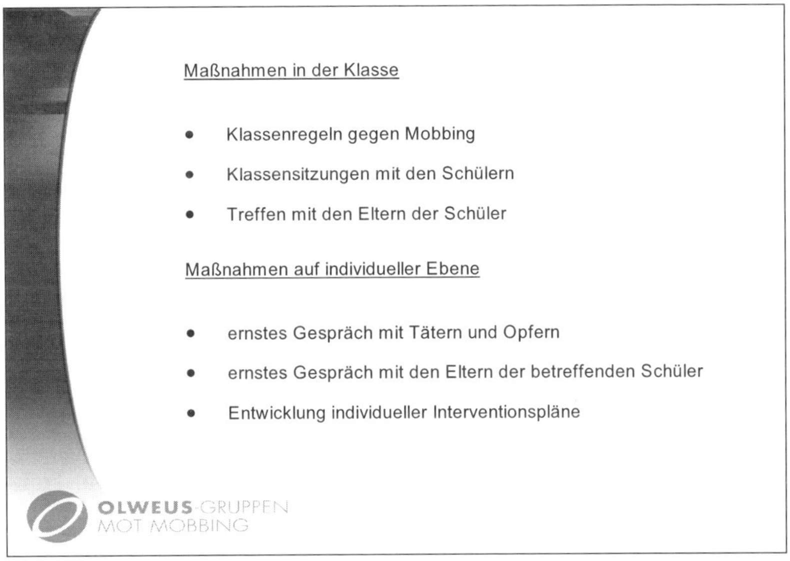

Abb. 5.2: Kernkomponenten

Forschungsbasierte Evaluation des OMPP

Bisher haben wir sechs umfassende Evaluierungen des Programms in Norwegen durchgeführt. Sie umfassten einige hundert Schulen mit mehr als 30.000 Schülern. Hier werde ich nur eine kurze Zusammenfassung von vier Evaluierungen präsentieren. Davon sind drei Teil einer nationalen Initiative, die unten beschrieben wird. Die drei späteren Projekte, die zwischen 2001 und 2003 liefen und drei verschiedene Kohorten von Schulen umfassten, hatten die gleiche Struktur und kamen zu sehr ähnlichen Ergebnissen. In diesem Kontext werden die Ergebnisse dieser drei Projekte entsprechend zusammengefasst, um die Darstellung zu vereinfachen.

In allen vier beschriebenen Projekten haben wir eine Variante dessen angewandt, was üblicherweise als ein Auswahlkohorten-Design bezeichnet wird. Dessen Charakteristika sind an anderer Stelle detaillierter beschrieben (Cook/Campbell 1979; Olweus 2004a). Hier konzentrieren wir uns besonders auf die Schüler der 4. bis 7. Klasse (mit einem durchschnittlichen Alter von 10 bis 13 Jahren), bei denen wichtige Bestandteile des Programms vollständiger angewandt worden waren. In allen Untersuchungen wurden die hierarchischen oder ineinander verschachtelten Strukturen der Daten (mit Schülern, die in einer Klasse in einer Schule verankert sind) berücksichtigt. Alle wichtigen Schlüsse basieren auf Ergebnissen, die statistisch signifikant, oder normalerweise hoch signifikant sind.

Das 1. Bergen-Projekt

Die erste Evaluation der Wirkung des Olweus Mobbing Präventionsprogramms umfasste Daten von ungefähr 2.500 Schülern an 42 Grundschulen oder den unteren Stufen der Sekundarstufe in Bergen, Norwegen. Die Schüler wurden zweieinhalb Jahre lang begleitet, von 1983 bis 1985 (Olweus 1991; 2004; Olweus/Alsaker 1991). Die wichtigsten Ergebnisse können in folgenden Punkten zusammengefasst werden:

- Deutliche Verringerung – um 50% oder mehr – der selbst angegebenen Täter-Opfer-Problematik über den untersuchten Zeitraum, mit jeweils 8 und 20 Monaten Laufzeit des Interventionsprogramms. Im Großen und Ganzen trafen die Ergebnisse sowohl für Jungen als auch für Mädchen zu und für Schüler aus allen untersuchten Klassenstufen. Ähnliche Ergebnisse wurden für eine Art kumulierte Beurteilungsvariablen der Altersgenossen und Lehrerbeurteilungen gewonnen.
- Klare Verringerung von anti-sozialem Verhalten im Allgemeinen, wie Vandalismus, Auseinandersetzungen mit der Polizei, geringfügiger Diebstahl, Schwänzen und Trunkenheit.
- Deutliche Verbesserung hinsichtlich verschiedener Aspekte des „sozialen Klimas" in der Klasse: Verbesserte Ordnung und Disziplin, mehr positive persönliche Beziehungen und eine bessere Haltung gegenüber Schularbeiten und der Schule. Zur gleichen Zeit gab es eine Verbesserung der Zufriedenheit der Schüler mit dem Schulalltag.

Detaillierte Analysen der Aussagefähigkeit der Daten und die mögliche alternative Interpretation der Ergebnisse führten zu folgenden Schlussfolgerungen (Olweus 1991): Es ist sehr schwierig, die Ergebnisse auf folgenden Faktoren basierend zu erklären: (a) Die Schüler haben nicht alle Fragen beantwortet, (b) die Haltung der Schüler zur Täter-Opfer-Problematik hat sich langsam verändert, (c) Wiederholung der Messung und (d) begleitende Änderungen anderer Faktoren, wie Veränderung des Zeitgeistes.

Darüber hinaus wurde eine deutliche „Dosierung-Antwort"-Beziehung in den Untersuchungen, die auf dem Niveau der Klasse durchgeführt wurden, festgestellt (r=0,51, n=80). Dies ist bei dieser Art Untersuchung die normale Untersuchungsgröße. Diejenigen Lehrer/Klassen, die eine stärkere Verminderung der Täter-Opfer-Problematik verzeichneten, hatten drei wichtige Komponenten des Interventionsprogrammes in stärkerem Maße angewandt als diejenigen, die kleinere Verminderungen feststellen konnten. Zu diesen Komponenten gehörte das Aufstellen von Regeln für die Klasse, die das Mobbing verboten, sowie die Einführung regelmäßiger Klassengespräche. Dieses Ergebnis bekräftigt die Hypothese, dass die beobachteten Veränderungen eine Konsequenz des Interventionsprogramms waren und nicht eines anderen „irrelevanten" Faktors.

Ergebnisse im Zusammenhang mit der Neuen Nationalen Initiative

Wie bereits erwähnt, umfasste das Forschungsprojekt in Zusammenarbeit mit der „Neuen Nationalen Initiative gegen Mobbing" mehr als 100 Schulen mit ungefähr 21.000 Schülern in den Klassenstufen 4 - 7. Diese Schulen hatten sich für die Teilnahme am Olweus Mobbing Präventionsprogramm beworben, und zwar im Herbst 2001, im Frühjahr 2002 und im Herbst 2002. Für die erste Erhebung der Situation diente hierbei der Olweus Täter-Opfer-Fragebogen, um die grundlegenden Informationen zu gewinnen. Ein Jahr später wurde die zweite Erhebung mit demselben Instrument durchgeführt, nachdem die Schulen das Programm ungefähr acht Monate lang umgesetzt hatten.

Abb. 6 und 7 stellen die Ergebnisse dar. Die Daten von den drei Kohorten wurden zusammengefasst.

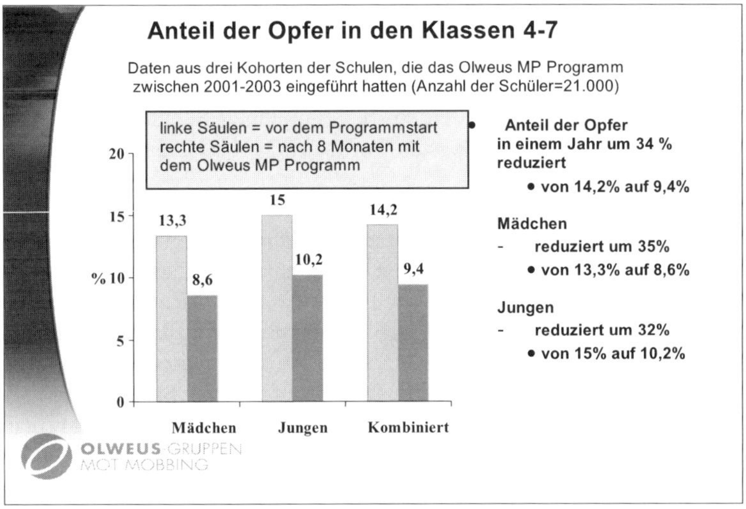

Abb.6: Olweus MP-Programm – Opfer in den Klassen 4-7

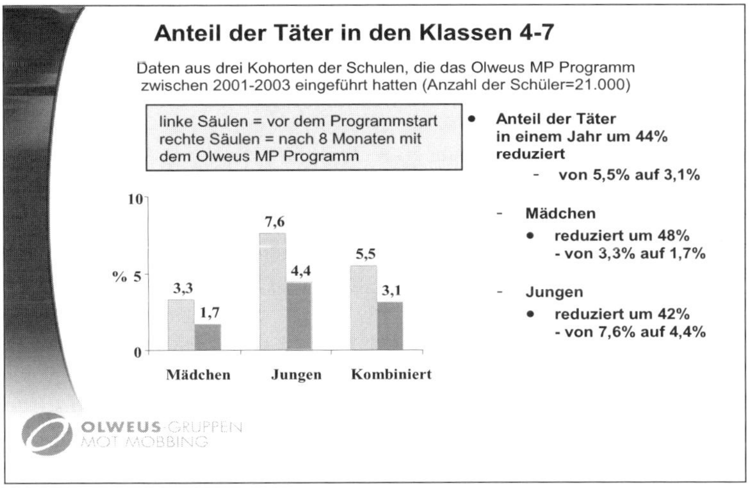

Abb. 7: Olweus MP-Programm – Täter in den Klassen 4-7

Für Jungen und Mädchen zusammen betrug das Niveau der Opfer („zwei oder drei Mal im Monat“ in den vergangenen Monaten) vor der Intervention 14,2% (Abb. 6 die 2. Säule von rechts). Ein Jahr später, nach ungefähr 8 Monaten Durchführung der Intervention, wurde diese Zahl um 34% auf 9,4% reduziert.

In Abb. 7 wird die Variable Mobbing von anderen Schülern dargestellt. Im Allgemeinen war das Muster der Ergebnisse dem aus Abb. 6 ähnlich, jedoch waren, wie erwartet, die Zahlen niedriger. Jungen und Mädchen zusammengenommen betrug die relative Reduktion des Täteranteils 44%, sie sank von 5,5% auf 3,1%.

Grundsätzlich wurden ähnliche Ergebnisse ermittelt, wenn die Daten nach Geschlechtern oder nach Klassenstufe getrennt analysiert wurden, und wenn ein strengeres Kriterium „ein Mal in der Woche“ oder häufiger angewandt wurde, um Täter und Opfer zu klassifizieren. Deutliche Verbesserungen konnten außerdem bei denjenigen Schülern festgestellt werden, die als Opfer oder Täter in der schwersten Form des Mobbing involviert waren (Solberg/Olweus 2003).

Es ist wichtig festzuhalten, dass wir bei der Ermittlung der Anteile der oben festgestellten Reduzierung nicht nur dieselben Subjekte über einen Zeitraum hinweg begleitet haben, sondern auch das Ausmaß der Veränderung für jeden Teilnehmer der Umfrage errechnet haben – von der ersten Befragung bis zum Follow-up. Dieser Ansatz würde die natürlichen Veränderungen nicht berücksichtigen, die automatisch mit dem Alter auftreten. Ein kritischer Aspekt bei der Auswahl der Kohorte ist, dass der Forschungsschwerpunkt bei gleichaltrigen Gruppen verglichen wird (Olweus 2004, im Druck). In unserer Studie haben wir beispielsweise die Daten der Schüler aus der 5. Klasse zum Zeitpunkt des Follow-ups (nach 8 Monaten Intervention) mit den Daten der 1. Befragung (vor der Intervention) der Schüler der 5. Klasse aus derselben Schule verglichen. Bei den anderen Klassenstufen wurde ebenso verfahren.

Bei der eingehenderen Analyse konnten wir eine Reihe von Veränderungen feststellen, die andere Bereiche oder Dimensionen betrafen, die ebenfalls die Interpretation stützten, dass die positiven Ergebnisse eine Folge der Intervention waren. Zum Beispiel berichteten die Schüler, dass sowohl Lehrer als auch Altersgenossen aktiver bei Mobbing eingriffen als vor der Intervention. Ebenso gaben deutlich mehr Schüler bei der Follow-up-Befragung an, dass der Klassenlehrer in den letzten Monaten „besser oder gut“ bei Mobbing in der Klasse eingeschritten sei.

Die Logik oder die Struktur des (weiteren) Auswahlkohorten-Designs deutet an, dass eine „historische Interpretation“ möglicherweise eine Bedrohung für die Validität der Ergebnisse darstellt (Cook/Campbell 1979; Olweus 2004). Dies impliziert, dass der Forscher versuchen muss, die Möglichkeit auszuschließen oder zu minimieren, dass generelle Trends oder „irrelevante“ Faktoren, die die Interventionen begleiten, Einfluss auf die Ergebnisse haben. Wie in einem anderen Artikel ausgeführt (Olweus, im Druck), weisen unsere Ergebnisse darauf hin, dass das Niveau der Täter-Opfer-Problematik ohne systematische oder effektive Intervention mindestens für einen Zeitraum von einigen Jahren recht gleich bleibend sein wird. Diese Ergebnisse charakterisieren aufeinander folgende, bei Weitem vergleichbare Kohorten von Schulen, die zu verschiedenen Zeitpunkten befragt wurden oder Kohorten von Schulen, die über einen gewissen Zeitraum hinweg begleitet wurden. Dieses Ergebnis stellt eine wichtige Verifikation einer Annahme dar, die bisher nur wenig systematisch empirisch untermauert war.

Am wichtigsten ist jedoch, dass die Verifikation impliziert, dass eine „historische Interpretation“, was beispielsweise den Zeitgeist, Trends oder genauer die Präsenz des Themas in den Medien angeht, nicht für die Erklärung der positiven Veränderungen der Täter-Opfer-Problematik in den teilnehmenden Schulen am Neue Nationale Initiative Projekt herangezogen werden kann.

Es sollte auch erwähnt werden, dass wir von ungefähr der Hälfte der Schulen der ersten Kohorte (32 Schulen mit ca. 4.000 Schülern) Follow-up-Daten erhielten: Zwei Jahre nach der ersten Befragung und ungefähr sechs Monate, nachdem die Implementierungsphase des Olweus Mobbing Präventionsprogramms vorbei war. Diese Daten belegen, dass die Reduzierung, die nach einem Jahr erreicht worden war, nach zwei Jahren gehalten oder sogar noch leicht erhöht worden war. Diese Schulen ähnelten im Großen und Ganzen der gesamten Kohorte der Schulen, was die Probleme zum 1. Befragungszeitpunkt und die Problemreduzierung zwischen dem 1. und 2. Befragungszeitpunkt angeht. Diese Ergebnisse zeigen, dass die Reduzierungen zwischen dem 1. und 2. Befragungszeitpunkt kein vorübergehendes und kurzlebiges Phänomen sind, das zufällig von der regelmäßigen Teilnahme an dem Programm abhängt. Obgleich die Follow-up-Periode (bisher) relativ kurz war, deuten die Ergebnisse darauf hin, dass sich die Kultur an diesen Schulen wirklich gewandelt hat, dass die Bereitschaft und Kompetenz, sich mit der Täter-Opfer-Problematik auseinanderzusetzen und Mobbing zu verhindern auf längere Sicht existiert.

Während der systematische Einsatz des Programms bei Schülern der 4. - 7. Klassenstufe durchgängig sehr gute Ergebnisse erzielt hat, die im internationalen Vergleich relativ einmalig sind (siehe auch Smith/Pepler/Rigby 2004), sollte erwähnt werden, dass die Effekte bei Schülern der unteren Klassen der Sekundarstufe sehr unterschiedlich waren. Bei ungefähr der Hälfte unserer Evaluationsprojekte waren die Ergebnisse mit Schülern dieser Altersgruppe weniger gut als bei jüngeren Schülern. Wir glauben einige Gründe für diese Ergebnisse zu kennen, die jedoch aufgrund des Platzmangels hier nicht diskutiert werden können. Im Moment bemühen wir uns darum, das Programm bzw. seine Implementierung zu modifizieren, um konsequent bessere Ergebnisse für diese Altersgruppe zu erreichen.

Der Bedarf für Interventionsprogramme, die auf Belegen basieren

Während die Täter-Opfer-Problematik mit der Zeit auf den offiziellen Tagesordnungen der Schulen in vielen Ländern erschienen ist, sind zahlreiche Vorschläge gemacht worden, wie mit ihr umgegangen werden sollte und wie man Mobbing verhindern könne. Einige dieser Vorschläge und Herangehensweisen scheinen auf Missverständnissen zu beruhen oder manchmal sogar schon kontraproduktiv zu sein. Dazu gehört der übertriebene Fokus auf Verhaltensänderungen der Opfer, um sie weniger angreifbar für Mobbing zu machen. Hingegen scheinen andere Vorschläge sinnvoller und möglicherweise gar nützlich zu sein. Dabei liegt ein Hauptproblem darin, dass es die meisten Maßnahmen versäumt haben, ihre positiven Ergebnisse zu dokumentieren oder nie systematisch untersucht und evaluiert worden sind. Daher ist es schwierig einzuschätzen, welche Programme oder Maßnahmen wirklich funktionieren und welche nicht. Dennoch sind es die Ergebnisse bei den Schülern, die zählen, und nicht, wie Erwachsene das Programm vielleicht einschätzen mögen („Anwender-Zufriedenheit“).

Die Situation wird anschaulich durch die folgenden Fakten illustriert: Kürzlich hat eine Expertengruppe aus den USA, unter der Leitung eines respektierten Kriminologen, Prof. Delbert Elliott, eine systematische Evaluation von 500 Gewalt- (oder Problem-Verhalten-) Präventionsprogrammen gemäß minimaler Kriterien unternommen (siehe Elliott 1999). Diese Kriterien waren, dass:

- das Programm positive Effekte bei den relevanten Gruppen (in diesem Fall Schüler) in einer relativ strengen wissenschaftlichen Evaluation hervorgerufen hat
- die Effekte für mindestens ein Jahr andauerten
- das Programm an mindestens einem anderen Ort als dem ursprünglichen positive Ergebnisse hervorgebracht hat.

Nur zehn der Programme (davon waren vier an Schulen durchgeführt worden) genügten den genannten Kriterien. Diese sogenannten „Blaupausen" oder auf Belegen basierten Modellprogramme werden nun an verschiedenen Orten in den USA implementiert.

Eine ähnliche Untersuchung wurde von einem offiziell beauftragten Regierungskomitee kürzlich in Norwegen durchgeführt. In diesem Fall wurden 57 Programme evaluiert, die erstellt worden waren, um „Problemverhalten" zu steuern oder zu verhindern und die an norwegischen Schulen durchgeführt wurden (Rapport 2000). Nur ein Programm wurde ohne Vorbehalte für weitere Projekte empfohlen.

Die Tatsache, dass das Olweus Mobbing Präventionsprogramm eines von 10 (jetzt 11) Blaupausen-Programmen ist (Olweus/Limber 1999) und, vielleicht im Besonderen, dass es das eine Programm war, das von dem norwegischen Komitee ausgewählt wurde, ist wahrscheinlich ein wichtiger Hintergrund dafür, dass es jüngst eine nationale Initiative in Norwegen gibt, die von der Regierung getragen wird.

Eine neue Nationale Initiative gegen Mobbing in Norwegen

Ende des Jahres 2000 beschloss das Department of Education and Research (UFD) [Bildungsministerium] und das Department of Children and Family Affairs (BFD) [Familienministerium], dass das Olweus Mobbing Präventionsprogramm auf breiter Ebene den Grundschulen und den unteren Klassen an weiterführenden Schulen in Norwegen angeboten werden solle. Indem eine Organisation und Infrastruktur für diese nationale Initiative gegründet wurde, lauteten die zwei entscheidenden Prinzipien, die unserer Arbeit zugrunde lagen:

- zu versuchen, dass das Programm gemäß seiner Entwickler implementiert wurde, das heißt, gemäß ihren Zielen und mit angemessener Genauigkeit (Qualitätskontrolle)
- zu versuchen, das Programm in angemessenem Umfang an Schulen in einem relativ beschränkten Zeitraum, sagen wir fünf oder sechs Jahre, umzusetzen.

Um beiden Zielen gleichzeitig gerecht zu werden, verwendeten wir eine Vier-Phasen-Strategie, das Programm zu streuen, was eine Art „Train-the-Trainer"-Modell beinhaltete. Die „Olweus Gruppe gegen Mobbing und anti-soziales Verhalten" am HEMIL-Zentrum an der Universität Bergen schult und überwacht extra ausgewählte Ausbildungs-Kandidaten, die wiederum Schlüsselpersonen von den verschiedenen Schulen ausbilden und ihnen Supervision anbieten. (Im Idealfall betreut ein Ausbildungs-Kandidat ungefähr fünf Schulen.) Diese Schlüsselpersonen sind dann dafür verantwortlich, in regelmäßigen Abständen „Lehrer-Diskussionsgruppen“ an jeder der teilnehmenden Schulen durchzuführen. Die grundlegende Struktur dieses Modells wird in Abb. 8 dargestellt.

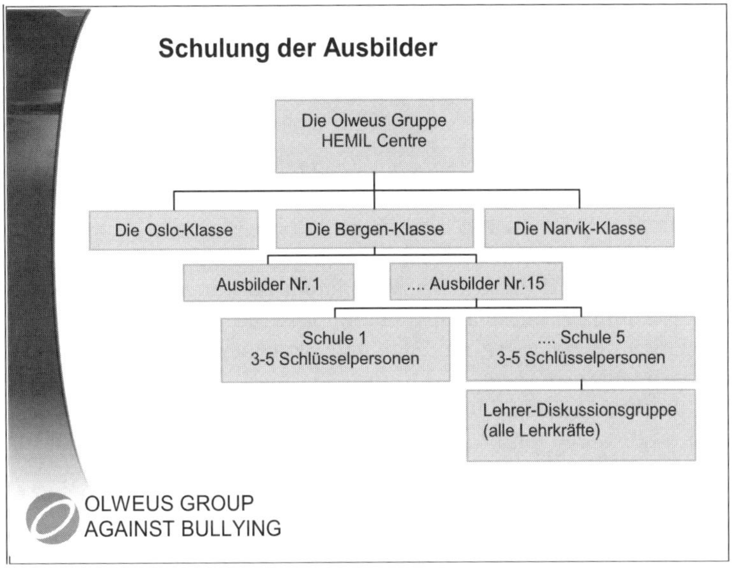

Abb. 8: Train-the-Trainer-Modell – Schulung der Ausbilder

Die Schulung der Ausbildungs-Kandidaten umfasst zehn bis elf ganztägige Treffen, die über einen Zeitraum von ungefähr 16 Monaten verteilt sind. Zwischen den Treffen halten die Kandidaten Kontakt mit Mitgliedern meiner Gruppe über Telefon oder E-Mail. Nachdem sie die Schulung erfolgreich abgeschlossen haben, erhalten sie den Status eines zertifizierten Olweus-Trainers. (Um das „Train-the-Trainer“-Modell in den USA anzuwenden, wurde es einigen Änderungen unterzogen, um den kulturellen Unterschieden und den dortigen Umständen Genüge zu leisten. Insbesondere wurde die Anzahl der Treffen auf vier oder fünf reduziert und die „Mobbing Präventions Koordinations-Komitees“ an den jeweiligen Schulen tragen mehr Verantwortung als in Norwegen.)

Eine wichtige Aufgabe der Ausbildungs-Kandidaten ist, eine zweitägige Schulung für die Schlüsselpersonen der teilnehmenden Schulen zu halten (oder in den USA mit den Mitgliedern des Koordinations-Komitees; siehe Olweus/Limber 1999). Die Ausbildungs-Kandidaten sorgen außerdem dafür, dass die Täter-Opfer-Fragebögen an den Schulen bearbeitet werden (Olweus 1996; Solberg/Olweus 2003). Dazu gehören auch die Auswertung der Fragebögen und die Kommunikation der Ergebnisse an die jeweilige Schule. Der Fragebogen ist ein wichtiges Mittel, um bei den Lehrern, Schülern und Eltern Aufmerksamkeit und Engagement zu wecken. Darüber hinaus erhalten die Schlüsselpersonen Supervision und Unterstützung von den Ausbildungs-Kandidaten.

Lehrer-Diskussionsgruppen an jeder teilnehmenden Schule zu etablieren ist ein wichtiger Schritt, um das Programm effektiv zu streuen und zu implementieren. Diese Gruppen haben bis zu 15 Teilnehmer und treffen sich jede zweite Woche für ca. 90 Minuten unter der Leitung einer geschulten Schlüsselperson. Die Treffen konzentrieren sich normalerweise auf wichtige Teilaspekte des Programms oder auf Spezialthemen, die im Olweus Core Program against Bullying: A Teacher Handbook (Olweus 2001b) und dem Buch Bullying at school: What we know and what we can do (Olweus 1993) beschrieben werden. Die Hauptziele dieser Treffen sind folgende:

- das Interventionsprogramm und seine verschiedenen Elemente eingehender vorzustellen
- den Teilnehmern die Möglichkeit zu geben, die Ideen und praktischen Lösungsvorschläge für unterschiedliche problematische Situationen in einer sicheren Umgebung zu testen, etwa durch Rollenspiele oder durch andere Methoden
- eine schnelle(re) Implementierung der einzelnen Bestandteile des Programms zu fördern
- einen Austausch über Erfahrungen und Standpunkte mit anderen Teilnehmern, die sich in einer ähnlichen Situation befinden, zu initiieren, und um voneinander aus negativen wie positiven Erfahrungen zu lernen
- Motivation und Verbindlichkeit zu schaffen und zu erhalten
- die Kooperation und Koordination von Programmteilen und Aktivitäten zu fördern (um eine einheitliche Praxis in der Schule zu entwickeln und zu erhalten).

Obgleich die Lehrer-Diskussionsgruppen in manchen Schulen als recht zeit- und ressourcenintensive Tätigkeit wahrgenommen werden, zeigen die informellen Rückmeldungen, die wir bisher erhalten haben, recht deutlich, dass diese Treffen von den meisten Teilnehmern als nützlich eingeschätzt werden. In vielerlei Hinsicht dienen diese Treffen tatsächlich auch der Organisations-Entwicklung der Schule. Ein wesentlicher Vorteil ist hier das auf die Schüler ausgerichtete Hauptziel dieser Form von Organisations-Entwicklung: eine sichere und positive Lernumgebung zu schaffen.

Bisher haben etwa 125 Ausbildungs-Kandidaten ihre Ausbildung abgeschlossen oder sind noch dabei und über 450 Schulen aus ganz Norwegen nehmen an dem Programm teil. Wir schätzen all dies als einen Durchbruch für die systematische, langfristige und wissenschaftlich fundierte Arbeit gegen die Täter-Opfer-Problematik an Schulen ein und hoffen, dass es auch ähnliche Entwicklungen in anderen Ländern geben wird.

Wichtige Faktoren für gute Ergebnisse

In der praktischen Arbeit innerhalb dieser nationalen Initiative und der damit verbundenen Forschung – besonders die groß angelegten Evaluationen, die dieses Programm erlaubte – haben wir sehr wertvolle Erfahrungen gemacht. Wenn ich versuchen sollte, einige dieser Erfahrungen kurz zusammenzufassen, dann würde ich folgende Übersicht erstellen:

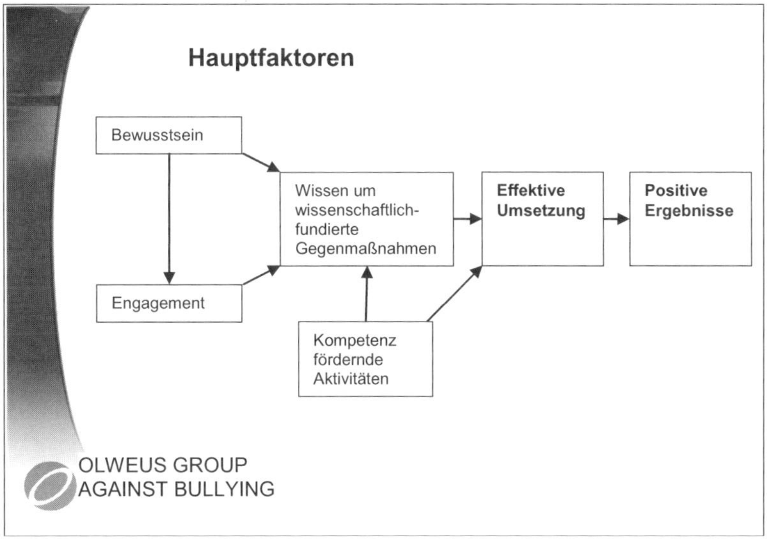

Abb. 9: Hauptfaktoren

Um gute Ergebnisse in der Arbeit gegen Mobbing an Schulen zu erzielen, brauchen wir Erwachsene – besonders Lehrer und andere Angestellte der Schule sowie in gewissem Maße Eltern – die sich zu einem Mindestmaß engagieren und sich in einem vernünftigen Maß mit der Natur der Täter-Opfer-Problematik an der betreffenden Schule auseinandersetzen, beispielsweise durch aufmerksame Beobachtung. Aber es reicht nicht aus, dass Erwachsene sich des Problems bewusst sind und sich engagieren. Sie müssen auch über ein minimales Wissen und praktische Fertigkeiten verfügen, um Interventionsmaßnahmen und Bemühungen, die sich in unserer Untersuchung als sinnvoll erwiesen haben, umsetzen zu können. Um dies zu erreichen ist es nötig, dass die Kompetenzen der Schulangestellten auf systematische Weise gestärkt werden. Darüber hinaus ist ein gutes Modell für die Implementierung absolut nötig. Auch ein gutes Programm kann versagen, wenn das Implementierungsvorgehen nicht der Qualität des Programms entspricht.

Zusammengefasst gibt es eine Anzahl von wichtigen Faktoren oder Dimensionen, die in der Arbeit gegen Mobbing berücksichtigt werden müssen, und mit denen man sich auseinandersetzen muss. Aber ich bin sehr zuversichtlich, dass eine systematische Arbeit gemäß dieser Zielsetzung gute und nachhaltige Ergebnisse erzielen wird.

Übersetzt aus dem Englischen von Friederike Moldenhauer.

Literatur

Anderson, M. et al. (2001): School-associated violent deaths in the United States, 1994-1999. Journal of the American Medical Association, 286. 2695-2702

Berkowitz, Leonard (1993): Aggression. Its causes, consequences, and control. New York: McGraw-Hill

Cole, J.K./Jensen, D. (Hrsg.) (1973): Nebraska Symposium on Motivation 1972. Lincoln: Univ. of Nebraska Press

Cook, T.D./Campbell, D.T. (1979): Quasi-experimentation. Chicago: Rand McNally

Elliott, D. (1999): Editor's introduction. In: Olweus/Limber (1999)

Espelage, Dorothy L.,/Swearer, Susan M, (2004) (Hrsg.): Bullying in American schools: a social-ecological perspective on prevention and intervention. Mahwah, N.J.: Lawrence Erlbaum

Juvonen, Jaana/Graham, Sandra (2001) (Hrsg.): Peer harassment in school: the plight of the vulnerable and victimized. New York: Guilford Press

Maccoby, E.E. (1986): Social groupings in childhood: their relationship to prosocial and antisocial behavior in boys and girls. In: Olweus/Block/Radke-Yarrow (1986)

Magnusson, D./Bergman, L.R./Rudinger, G./Törestad, B. (Hrsg.) (1991): Problems and methods in longitudinal research. New York: Cambridge Univ. Press

Olweus, Dan (1973a): Hackkycklingar och översittare: Forskning om skolmobbning. Stockholm: Almqvist & Wiksell

Olweus, Dan (1973b): Personality and aggression. In: Cole/Jensen (Eds.) (1973)

Olweus, Dan (1977): Aggression and peer acceptance in adolescent boys: Two short-term longitudinal studies of ratings. Child Development. 48. 1301-1313

Olweus, Dan (1978): Aggression in the schools: Bullies and whipping boys. Washington, D.C.: Hemisphere

Olweus, Dan (1979): Stability of aggressive reaction patterns in males: A Review. Psychol. Bulletin. 86. 852ff.

Olweus, Dan (1980): Familial and temperamental determinants of aggressive behavior in adolescent boys: A causal analysis. Developmental Psychology. 16. 644-660

Olweus, Dan (1986): Mobbning – vad vi vet och vad vi kan göra. Stockholm: Liber

Olweus, Dan (1993): Bullying at school: What we know and what we can do. Oxford: Blackwell Publishers. (Published in Spanish in 1997 as: Conductas de acoso y amenaza entre escolares. Madrid: Ediciones Morata)

Olweus, Dan (1996): The Revised Olweus Bully/Victim Questionnaire. Mimeo. Bergen, Norway: Research Centre for Health Promotion, University of Bergen

Olweus, Dan (2001a): Peer harassment. A critical analysis and some important issues. In: Juvonen/Graham (2001): 3-20

Olweus, Dan (2001b): Olweus' core program against bullying and antisocial behavior: A teacher handbook. Research Centre for Health Promotion (HEMIL Center). Bergen, Norway

Olweus, Dan (2002): Mobbing I skolen: Nye data om omfang og forandring over tid. Manuscript. Research Centre for Health Promotion (HEMIL Center). Bergen, Norway

Olweus, Dan (2004a): Bullying at school: Prevalence estimation, a useful evaluation design, and a new national initiative in Norway. Association for Child Psychology and Psychiatry Occasional Papers. No. 23. 5-17

Olweus, Dan (2004b): The Olweus Bullying Prevention Program: Design and implementation issues and a new national initiative in Norway (pp. 13-36). In: Smith/Pepler/Rigby (2004): 13-36

Olweus, Dan (in press): A useful evaluation design and effects of the Olweus Bullying Prevention Program. Legal and criminological psychology

Olweus, D./Alsaker, F.D. (1991): Assessing change in a cohort longitudinal study with hierarchical data. In: Magnusson/Bergman/Rudinger/Törestad (1991): 107-132

Olweus, Dan/Block, J./Radke-Yarrow, M. (Hrsg.) (1986): Development of antisocial and prosocial behavior. New York: Academic Press.

Olweus, Dan/Limber, S. (1999): Blueprints for violence prevention: Bullying Prevention Program. Institute of Behavioral Science, University of Colorado .Boulder, USA

Rapport 2000 (2000): Vurdering av program og tiltak for å redusere problematferd og utvikle sosial kompetanse. Oslo, Norway: Kirke-, undervisnings-, og forskningsdepartementet

Smith, P. K./Morita, Y./Junger-Tas, J./Olweus, Dan/Catalano, R./Slee, P. (Hrsg.) (1999):The nature of school bullying: A cross-national perspective. London: Routledge

Smith, P.K./Pepler, D./Rigby, K. (Hrsg.) (2004): Bullying in schools: How successful can interventions be? Cambridge Univ. Press

Solberg, M./Olweus, Dan (2003): Prevalence estimation of school bullying with the Olweus Bully/Victim Questionnaire. Aggressive Behavior. 29. 239ff.

Angelika Henschel

Geschlechtsbewusste Gewaltprävention – ein Qualitätsmerkmal in der Kooperation von Schule und Jugendhilfe

Da sowohl Schule wie Jugendhilfe mit Mädchen und Jungen im Kinder- und Jugendalter arbeiten, liegt es auf der Hand, eine Verbesserung der Kooperation herbeizuführen, um die zugewiesenen gesellschaftlichen Aufgaben angemessen wahrnehmen zu können. Die Praxis der Zusammenarbeit dieser beiden Sozialisationsinstanzen sieht sich jedoch oftmals mit Schwierigkeiten konfrontiert, die u.a. historisch begründet sind. Denn mit der Einführung des Reichswohlfahrtsgesetzes (1922) wurde in Deutschland inhaltlich und organisatorisch die Trennung von Schule und Jugendhilfe vollzogen. Einerseits bot sich für die Jugendhilfe hierdurch die Chance zur eigenen Entwicklung und Professionalisierung. Andererseits zeichneten sich jedoch schon bald eine teilweise Isolation und mangelnde Kooperation der beiden Bereiche ab, die bis heute zu einer anhaltenden und intensiven Fachdiskussion in Jugendhilfe und Schule geführt haben. In jüngerer Zeit wird allerdings zunehmend erkannt, welche Präventionspotenziale in der Zusammenarbeit von Schule und Jugendhilfe liegen und dass diese als Chance zur Annäherung der beiden Institutionen begriffen werden können. Deutlich wird, dass gelungene Kooperationen helfen können, die Lebensbedingungen für Mädchen und Jungen zu verbessern, um sie in ihrer Entwicklung zu unterstützen und zu fördern. So gibt es deshalb z.B. im Land Niedersachsen bereits seit Mitte der 90er Jahre auf Landesebene konkrete Ansätze zur Verbesserung der Kooperation von Schule und Jugendhilfe. Ein Erlass von 1994 regelt die Zusammenarbeit von Schule, Jugendamt und freien Trägern der Jugendhilfe und auch im Niedersächsischen Schulgesetz wurde für die Lehrkräfte ein Zusammenarbeitsgebot verankert, dessen Entsprechung für die öffentliche Jugendhilfe sich bereits im Kinder- und Jugendhilfegesetz (SGB VIII) befand.

Im Rahmen meiner Ausführungen möchte ich zeigen, welche Möglichkeiten sich für Schule und Jugendhilfe durch verbindliche Kooperation und gemeinsame Angebote eröffnen können und inwieweit geschlechtsbewusste und die Geschlechterverhältnisse reflektierende pädagogische Maßnahmen Möglichkeiten der Qualitätsverbesserung in der Gewaltprävention bieten. Ich möchte aufzeigen, dass gewalttätiges Handeln nicht nur als unangemessene und hilflose Form des Umgangs mit Konflikten betrachtet werden kann, sondern dass dieses gesellschaftlich und sozial beeinflusste sowie geschlechtlich geprägte Verhaltensmuster der Auseinandersetzung mit den unterschiedlichen Problemlagen und Sozialisationserfahrungen von Mädchen und Jungen bedarf. Anhand der Thematik der häuslichen Gewalt, von der Mädchen und Jungen immer mit betroffen sind, möchte ich beispielhaft veranschaulichen, welche Chancen sich aus der Zusammenarbeit von Schule und freien Trägern, die sich auf die Thematik der häuslichen Gewalt spezialisiert haben, ergeben können. Die im SGB VIII verankerten Rechte junger Menschen auf Förderung und Unterstützung ihrer Entwicklung (§ 1, Abs. 1) und auf Beteiligung (§ 8, Abs. 1) sowie die Berücksichtigung von Geschlechtergerechtigkeit (§ 9, Abs. 3) bilden dabei die Grundlage für gelungene Kooperations- und Gewaltpräventionsmöglichkeiten.

Gewalt hat ein Geschlecht – Jugendgewalt ist männlich

Die Themen Jugendgewalt bzw. *Gewalt*[1] in der Schule haben seit den neunziger Jahren nicht nur in den Medien, hier vor allem in skandalisierender und dramatisierender Form, an Bedeutung gewonnen, sondern werden seitdem auch zunehmend in der Forschung zum Untersuchungsgegenstand. Empirische Ergebnisse zum Ausmaß, zur Entwicklung und zu den Erscheinungsformen von Jugendgewalt, zur jugendlichen Gewaltbereitschaft, insbesondere in Schule und Jugendhilfe, sowie unterschiedliche theoretische Erklärungsansätze zur Entstehung von Gewalt liegen mittlerweile vor (vgl. Hurrelmann et al. 1999; Holtappels et al. 1997; Schubarth 2000; etc.). Soziologisch und psychologisch orientierte Erklärungsansätze zur Gewaltentstehung dominieren dabei die sozialwissenschaftliche und pädagogische Diskussion. Integrative Erklärungsansätze verweisen auf die Komplexität des Gegenstandes *Gewalt* und berücksichtigen vielfältige und unterschiedliche Faktoren.

Ursachen der Gewaltbereitschaft und Gewalttätigkeit von Jugendlichen in Schule und Jugendhilfe werden aus psychologischer Sicht u.a. mit kognitiven Entwicklungsdefiziten begründet. Mangelnde Empathiefähigkeit und Selbstkontrolle bzw. eine unzureichend entwickelte „soziale Perspektivenübernahme“, wie auch gering ausgebildete soziale Fähigkeiten und Bewältigungskompetenzen, aber auch Selbstwertverlust mit Identitätsproblematiken können aufgrund von Bindungs- und Erziehungsdefiziten entstehen (vgl. Schubarth 2000). Neuere Betrachtungen und Untersuchungen bestätigen die Untersuchungsergebnisse Banduras, die bereits aus den sechziger Jahren stammen (Bandura et al. 1963) und stellen deshalb vor allem das *Erlernen von Gewalt* durch reale und symbolische Modelle, wie sie durch die Medien, Computer- und Videospiele transportiert werden, heraus. Die damit verbundenen körperlichen und geistigen Entwicklungen von Mädchen und Jungen sowie die Auswirkungen auf das Gehirn, die Schulleistungen und das Verhalten bilden Themen neuerer Untersuchungen der Psychoneurobiologie und Hirnforschung (vgl. Spitzer 2005, 2007; Artikel von Fox in diesem Buch).

Soziologische Erklärungsansätze beschäftigen sich mit gesellschaftlichen Desintegrationserfahrungen, denen Jugendliche im Zuge von Modernisierungs- und Individualisierungsprozessen ausgesetzt sein können. Ausgrenzung und Ungleichbehandlung in Schule und anderen Sozialisationsinstanzen, Armut sowie mangelnde gesellschaftliche Partizipation bilden mitunter Sozialisationserfahrungen von Jungen und Mädchen, die zu deviantem Verhalten führen können (vgl. ebd.). Interventions- und Präventionsmöglichkeiten, die je nach theoretischer Ausrichtung auf unterschiedlichen Ebenen angesiedelt sind, sowie konkrete Praxismodelle für Schule und Jugendhilfe wurden in der Folge entwickelt und zum Teil evaluiert. Hierbei fällt auf, dass die Frage nach dem Zusammenhang von Geschlecht und Gewalt bzw. nach dem „geschlechtsspezifischen Umgang“ mit Aggressionen bisher nur bedingt Eingang in Erklärungsansätze und Präventionsangebote gefunden hat.

Auch wenn trotz eines Anstiegs von Jugendgewalt (vgl. Pfeiffer/Wetzels 1999) der überwiegende Teil der Jugendlichen sich nicht durch Gewaltbereitschaft bzw. gewalttätiges Verhalten auszeichnet, so bestätigen zahlreiche Untersuchungen die These, dass Jugendge-

1 Gewalt und Aggression werden von mir nicht als Synonyme verwendet. Gewalt wird gemäß dieser Auffassung als absichtsvolle Schädigung begriffen und stellt damit eine Teilmenge von Aggression dar. Aggression als Gefühlszustand beinhaltet nicht automatisch eine ebensolche Verhaltensweise.

walt männlich ist (vgl. Gause/Schlottau 2002). Das Geschlecht bildet somit die zentrale Kategorie, an der Differenzen bezüglich der Thematik Gewalt festgestellt werden können. Jungen sind demnach gewalttätiger, üben häufiger physische Gewalt aus, sind gewaltbereiter und billigen eher gewalttätiges Verhalten als Mädchen (vgl. Schubarth 2000: 87). Zugleich treten sie nicht nur gehäuft als Täter in Erscheinung, sondern sind auch, bis auf sexuelle Gewaltdelikte, überproportional häufig Opfer von Gewalt (vgl. Enzmann in Gause/Schlottau 2002: 7ff.). Dies bedeutet nicht, dass Mädchen und Frauen generell das „friedfertigere Geschlecht" darstellen, denn die Gewaltkriminalität von Mädchen unterliegt Steigerungsraten (vgl. Bruhns/Wittmann 2002). Allerdings scheint es notwendig, sich mit den geschlechtsspezifischen Verarbeitungsmustern von Aggressionen auseinanderzusetzen, wenn es im Rahmen von Gewaltprävention und Intervention gilt, angemessene, zielgerichtete und effektive Programme zu entwickeln.

Gewalt im Geschlechterverhältnis

Geschlechtsspezifische Verhaltensmuster werden in den Sozialwissenschaften vorrangig nicht als biologisch bedingte verstanden, sondern gelten als gesellschaftlich und sozial konstruierte, die kulturellen und historischen Wandlungsprozessen unterliegen und von den am Sozialisationsprozess Beteiligten in Interaktion und durch Kommunikation aktiv hergestellt und mit gestaltet werden („doing gender"). Gesellschaftliche Erwartungshaltungen und Strukturen, die Arbeitsteilung zwischen den Geschlechtern sowie kulturabhängige Werte und Normen, die sich in spezifischen Geschlechterverhältnissen niederschlagen, bilden dabei die Folie, auf der sich dieser wechselseitige Prozess vollzieht. Männlichkeits- und Weiblichkeitsnormen, Rollenstereotype, Machtungleichverhältnisse zwischen den Geschlechtern, also die jeweils kulturell und symbolisch geprägte Geschlechterordnung, beeinflussen das Verhaltensrepertoire von Mädchen und Jungen, Frauen wie Männern und können somit auch einen unterschiedlichen Umgang mit Aggressionen bzw. einen unterschiedlichen Zugang zur Gewalt bedingen.

Offensiv destruktives, gewalttätiges Verhalten von Mädchen und Frauen gilt auch heute noch eher als Verlust von Kontrolle und als „unweiblich", wird als deviantes Verhalten stärker öffentlich skandalisiert, als dies für das männliche Pendant gilt.

Männliche Gewalttätigkeit wird häufig noch immer mit Durchsetzungskraft gleichgesetzt, wird als Kontrollmöglichkeit und als mehr oder minder legitimes Mittel der Macht bewertet. Männlichkeit und Gewalt gehen demgemäß eine enge Verbindung ein und können in dieser Verbindung insbesondere auf männliche Jugendliche, die ihre Männlichkeit in der verunsichernden Zeit der Adoleszenz[2] unter Beweis stellen müssen, Gewalt legitimie-

2 Die Adoleszenz, die für Mädchen wie Jungen mit spezifischen Bewältigungsaufgaben einhergeht, stellt diese vor vielfältige Herausforderungen, denen mitunter eben auch mit Gewalt begegnet wird. Nicht nur die Veränderungen des Körpers, die zunehmende Ablösung aus dem Elternhaus, die Bewältigung der Geschlechtsrolle und die zahlreichen unterschiedlichen, zum Teil sich widersprechenden gesellschaftlichen und sozialen Erwartungen an Jugendliche sowie der „entwicklungsbedingte(n) Widerspruch zwischen Autonomiebedürfnis und seiner Realisierbarkeit" (Enzmann in Gause/Schlottau 2002: 35) können zu Frustrationen, zur Überforderung und in der Folge zu gewalttätigem Ausagieren bei Jugendlichen führen, deren männliche Identität sich als besonders labil erweist.

rend und verstärkend wirken[3]. Insbesondere dann, wenn sich traditionelle Bilder von Männlichkeit und Weiblichkeit im Umbruch befinden, neue Bilder, Orientierungen und Identitätsangebote nur unzureichend zur Verfügung stehen. Der Rückbezug auf alte und bewährte, mitunter überzogene Verhaltensmuster mag dann als Hilfe erlebt werden.

Gewalt innerhalb der Familie und ihre Bedeutung für das Verhalten von Mädchen und Jungen

Das Problem der *Männergewalt gegenüber Frauen* als Ausdruck spezifischer Geschlechterverhältnisse gilt nach 30-jähriger öffentlicher Thematisierung durch die neue Frauenbewegung und Frauenhausbewegung nicht mehr als Tabuthema. Als Menschenrechtsverletzung und nicht länger als Privatsache oder persönliches Beziehungsproblem wird *häusliche Gewalt*[4] mittlerweile anerkannt und geahndet. Bundes- und Landesaktionspläne[5] (BMFSFJ 1999) wurden zur Bekämpfung von Gewalt im häuslichen Bereich aufgelegt und eine veränderte Gesetzgebung trägt dazu bei, dass sich der Umgang mit dieser Problematik auf Seiten aller im sozialen System tätigen Akteur/-innen verändert und verbessert hat[6]. Jährlich suchen ca. 45.000 Frauen, zumeist mit ihren Kindern, Schutz und Unterstützung in annähernd 400 Frauenhäusern in der Bundesrepublik. Mädchen und Jungen, die die Gewalt, zumeist die des eigenen Vaters oder aber des Lebenspartners, gegenüber der Mutter miterleben müssen, können in der Folge von massiven Schädigungen betroffen sein, weshalb spezifische Schutz- und Unterstützungsmöglichkeiten erforderlich sind. *Häusliche Gewalt* wird deshalb mittlerweile auch als Risikofaktor für die Entstehung und Verfestigung von

3 Enzmann macht in diesem Zusammenhang deutlich, dass aufgrund kulturspezifischer Unterschiede bei türkischen männlichen Jugendlichen eine hohe Akzeptanz gegenüber Gewalt legitimierenden Männlichkeitsnormen anzutreffen ist (vgl. Enzmann in Gause/Schlottau 2002: 32). Dabei kann der Rückgriff auf tradierte Männlichkeitsnormen auch als Reaktion auf die gesellschaftlichen Marginalisierungsprozesse innerhalb des Einwanderungslandes verstanden werden.

4 Der Begriff der häuslichen Gewalt knüpft am englischsprachigen Begriff domestic violence an und wird vom Berliner Interventionsprojekt gegen häusliche Gewalt (BIG) als unterschiedliche Form von Gewalt (physische, psychische, sexuelle, etc.) definiert, die zwischen erwachsenen Menschen stattfindet, die in engen Beziehungen zueinander stehen oder gestanden haben (Eheleute, Partner/-innen, Verwandte), wobei die Gewalt überwiegend von Männern gegenüber Frauen ausgeübt wird. Häusliche Gewalt ist somit von Kindesmisshandlung zu unterscheiden. Als spezifischer Ausdruck hegemonialer Männlichkeit (vgl. Connel 1997) stellt sie ein gesellschaftlich strukturelles Problem dar, mit dem innerhalb der Familie immer auch die Kinder konfrontiert sind.

5 Das Land Niedersachsen hat mittlerweile einen überarbeiteten, zweiten Landesaktionsplan „zur Bekämpfung der Gewalt gegen Frauen im häuslichen Bereich" (NMSFFG 2006) vorgelegt, in dem auch auf die Situation der betroffenen Kinder eingegangen wird. Es werden für die Mädchen und Jungen hierin „zuverlässige Informationssysteme", „eigenständige Beratungsangebote", „Angebote zur Stärkung der Erziehungsfähigkeit der Mütter" sowie „differenzierte Formen des begleiteten Umgangs" (vgl. ebd.: 21ff.) als umzusetzende Standards formuliert.

6 *Das Gesetz zur Verbesserung des zivilrechtlichen Schutzes bei Gewalttaten und Nachstellungen sowie zur Erleichterung der Überlassung der Ehewohnung bei Trennung*, kurz Gewaltschutzgesetz genannt, das seit dem 1.1.2002 in Kraft ist, und die in zahlreichen Bundesländern daraufhin veränderten Polizeigesetze machen deutlich, dass sich nunmehr auch der Staat stärker für die Opfer häuslicher Gewalt verantwortlich fühlt. Darüber hinaus wurde im September 2004 erstmalig für die Bundesrepublik eine repräsentative Studie vorgelegt, die das Ausmaß von Gewalt gegenüber Frauen, anhand von Befragungen von 10.000 Frauen im Alter von 16 bis 85 Jahren, deutlich macht (vgl. Schröttle/Müller 2004). Die gewonnen Daten geben zudem Hinweise auf die Betroffenheit von Kindern.

Verhaltensauffälligkeiten und Devianz bei Mädchen und Jungen angesehen; Präventions- und Interventionsmaßnahmen werden dahingehend erweitert, dass zunehmend die von dieser Gewalt ebenfalls mit betroffenen Kinder in den Blick geraten (vgl. Henschel 1993, 2002).

Ich möchte die mit der Gewalt verbundenen Risiken und potenziellen Entwicklungsbeeinträchtigungen der Mädchen und Jungen aufzeigen, um deutlich zu machen, welche Kooperationen notwendig sind, um den Kreislauf der intergenerationellen Weitergabe von Gewalt im Sinne von Prävention und Intervention zu durchbrechen. Bestehende Kooperationsschwierigkeiten, aber auch erste Ansätze gelungener Zusammenarbeit werden aufgezeigt und kritisch diskutiert. Darüber hinaus soll am Beispiel des autonomen Frauenhauses Lübeck verdeutlicht werden, inwieweit pädagogische Maßnahmen, die im Sinne des SGB VIII auf Geschlechtsbezug rekurrieren und auf Partizipation und Empowerment setzen, einen Beitrag zur Gewaltprävention an der Schnittstelle von Schule und Jugendhilfe leisten können.

„Manchmal tut es weh, darüber zu reden…[7]" – Häusliche Gewalt als Risikofaktor in der Entwicklung von Mädchen und Jungen

Diese Aussage eines Mädchens, das in einem norddeutschen Frauenhaus lebte, macht deutlich, wie schwer es Kindern fallen kann, über die Gewalt, die der Mutter widerfahren ist, die selbst beobachtet und gehört wurde, oder aber von der man selbst unmittelbar betroffen war, zu sprechen. Der Abwertung der eigenen Mutter durch den Vater (oder Partner der Mutter) und den häufig miterlebten körperlichen, seelischen oder sexuellen Misshandlungen, die sich, je länger Frauen in diesen gewalttätigen Beziehungen verbleiben, noch im Ausmaß und in ihrer Häufigkeit potenzieren können, sind die Mädchen und Jungen oft schutzlos ausgeliefert. Aufgewachsen in einer Atmosphäre, die durch Gewalt, Angst und Unterdrückung gekennzeichnet ist, fühlen sie sich häufig hilflos, ohnmächtig oder aber schuldig, weil es ihnen nicht gelang, der väterlichen Gewalt Einhalt zu gebieten, oder gar weil sie sich selbst als Auslöser für die Gewalthandlungen der Männer verstehen Die eigenen Gefühle von Angst, Hilflosigkeit, Ohnmacht und Mitleid, die die Kinder in Situationen von Partnergewalt empfinden, können in der Folge nachhaltige Entwicklungsbeeinträchtigungen bewirken, wie vor allem internationale Untersuchungen belegen (vgl. Kindler in Kavemann/Kreyssig 2006: 36ff.).

Folgen dieser Gewalterfahrungen, denen Mädchen und Jungen mitunter über Jahre ausgesetzt sind, können emotionale Probleme, Verhaltensauffälligkeiten, starke Unruhe und Aggressivität oder aber überhöhte Ängstlichkeit und Niedergeschlagenheit sowie behandlungsbedürftige Beeinträchtigungen bis hin zu schweren Traumata sein (vgl. Köckeritz in Diakonisches Werk der Evangelischen Kirche in Deutschland e.V./ Arbeitsgemeinschaft

7 Im Rahmen eines zweisemestrigen Theorie-Praxisseminars, das ich im Jahr 2002/03 mit Studierenden durchführte, wurde die Situation von Jungen und Mädchen, die aufgrund häuslicher Gewalterfahrungen in Frauenhäusern leben, intensiv behandelt. Die hierzu erschienene Dokumentation sowie ein Videofilm für Multiplikator/-innen tragen den Titel „manchmal tut es weh, darüber zu reden". Der Titel geht auf eine Interviewäußerung eines Mädchens zurück und findet sich so auch wörtlich in dem gleichnamigen Videofilm wieder (vgl. Henschel 2003).

Evangelischer Frauenhäuser 2002: 5ff.; Strasser 2001). Aber auch andere körperliche und kognitive Entwicklungsverzögerungen, mangelnde Konzentrationsfähigkeit und Lernbereitschaft, die in der Folge Schulversagen bedingen können und somit ein zusätzliches Entwicklungsrisiko darstellen, werden in Untersuchungen beschrieben (vgl. ebd.). Anpassungsstörungen, psychosomatische Symptome, aber auch mangelnde Beziehungsfähigkeit können bewirken, dass Kinder und Jugendliche, die unter solch erschwerten Sozialisations- und Entwicklungsbedingungen leben, darüber hinaus spezifisches Risikoverhalten entwickeln, wie z.B. Schulverweigerung, Kriminalität, mangelnde Empathie- und Konfliktfähigkeit, das wiederum eigene Gewalttätigkeit bedingen kann und als „intergenerationelle Weitergabe von gewalttätigem Verhalten" oder als Kreislauf der Gewalt bezeichnet wird. Enzmann schreibt hierzu: „Darüber hinaus ist es nicht nur die unmittelbar, persönlich erfahrene Gewalt in der Kindheit, sondern auch die Beobachtung elterlicher Partnergewalt, die das Gewalthandeln der Jugendlichen fördert. Jugendliche, die nie Zeuge gewalttätiger Auseinandersetzungen der Eltern untereinander waren, weisen deutlich geringere Raten delinquenten Verhaltens auf, als diejenigen, die häufiger Partnergewalt erlebten" (Enzmann in Gause/Schlottau 2002: 27).

Mitunter gehen weitere Belastungsfaktoren mit häuslicher Gewalt einher, die die Jungen und Mädchen zusätzlich beeinträchtigen. Zu nennen ist hier z.B. die Suchtmittelabhängigkeit eines Elternteils, Armut oder aber eigene Misshandlungserfahrungen, denn letztere sind häufig an Partnergewalt gekoppelt. Häusliche Gewalt, die als Stressor in vielfältiger Weise Einfluss auf die gesamte Familiendynamik nimmt, zur elterlichen Erziehungsüberforderung, mangelnder Fürsorge und Bindungsunfähigkeit bis hin zur Kindesvernachlässigung führen kann oder aber mit inkonsistentem Erziehungsverhalten der Eltern einhergeht, bewirkt Beeinträchtigungen in Entwicklungsbereichen von Mädchen und Jungen, mit denen diese in unterschiedlicher, geschlechtsspezifischer Weise umzugehen lernen (vgl. Enzmann in Gause/Schlottau 2002: 17ff.). So weisen Pfeiffer und Wetzels zum Beispiel darauf hin: „Mädchen werden nicht nur selbst Opfer, sondern identifizieren sich zusätzlich mit der Opferrolle ihrer misshandelten Mutter. Jungen aber werden zwar selber Opfer, identifizieren sich aber mit dem Täter, dem gewalttätigen Vater" (Pfeiffer/Wetzels in Emma 11-12/2000).

Das Geschlecht stellt also eine zentrale Kategorie dar, an der Differenzen bezüglich des Umgangs mit Gewalt festgestellt werden können. Mädchen und Jungen, die die Misshandlung ihrer Mütter miterleben, bilden in der Regel Entwicklungsbeeinträchtigungen aus und tragen (geschlechts-) spezifische Entwicklungsrisiken. Insbesondere unter dem Aspekt des Kindeswohls und des Kinderschutzes müssen deshalb öffentliche und freie Träger der Jugendhilfe, aber eben auch die Schule durch gemeinsame Anstrengungen und Kooperationen dazu beitragen, dass Maßnahmen entwickelt werden, die Sicherheit, Unterstützung und Förderung für die Mädchen und Jungen bedeuten und in diesem Sinne gewaltpräventiv wirken.

„Kinder leben im Frauenhaus[8]"

Frauenhäuser, die es seit 1976 in der Bundesrepublik Deutschland gibt, sind in erster Linie als vorübergehende Schutzräume für misshandelte Frauen konzipiert worden, auch wenn sich bald zeigte, dass viele Mütter mit ihren Kindern vor der Männergewalt in diese Häuser flüchten mussten. Mädchen und Jungen, die mit ihren Müttern in Frauenhäuser fliehen, um dort Schutz und Unterstützung zu erhalten, entkommen somit häufig erstmalig der familiären Isolation und Gewalt. Sie erleben, dass auch andere Kinder und Jugendliche ähnliche Erfahrungen machen mussten und erkennen, dass ihre mit den häuslichen Gewalterfahrungen verbundenen Probleme ernst genommen werden. Mädchen und Jungen erhalten die Möglichkeit, über ihre mitunter traumatischen Erfahrungen zu sprechen und erleben, dass sie in der neuen Umgebung keine Angst mehr zu haben brauchen. Sie können zur Ruhe kommen und in Gesprächen und im Spiel in der Regel erfahren, dass trotz der mit der Trennung vom bisherigen Lebensort verbundenen Verluste (Freund/-innen, Spielzeug, Haustiere, etc.) allmählich ihre Gefühle von Ohnmacht und Hilflosigkeit durch positive Empfindungen abgelöst werden.

Ebenso wie ihre Mütter haben auch die Kinder ein eigenständiges Recht darauf, vor physischer, psychischer, sexualisierter Gewalt und Vernachlässigung geschützt zu werden. Frauenhäuser sind somit zugleich Kinderhäuser, was mitunter weder von den Jugendämtern, freien Trägern der Jugendhilfe noch den Schulen wahrgenommen und angemessen berücksichtigt wird. Häufig wird nicht erkannt, dass die beobachteten und erlebten Gewalterfahrungen einschneidende Folgen auf die Entwicklung der Mädchen und Jungen nehmen, und sie während des Frauenhausaufenthaltes zusätzlichen Belastungen ausgesetzt sein können, die ihr Verhalten negativ zu beeinflussen vermögen. Denn neben den positiven, entlastenden Frauenhauserfahrungen sind viele Mädchen und Jungen gezwungen, z.B. den gewohnten Kindergarten oder die Schule zu wechseln, ihren Freund/-innenkreis aufzugeben oder den Besuch ihres bekannten Jugendzentrums einzustellen, ohne dass die in den Institutionen tätigen Mitarbeiter/-innen ihre schwierige Situation erfassen, in ausreichendem Maße nachvollziehen sowie ihr pädagogisches Handeln hierauf einstellen. Die angemessene Berücksichtigung der Belange, Bedürfnisse und Rechte der von Gewalt betroffenen Kinder, die in Frauenhäusern leben, steht vielerorts noch aus. Die Frauenhäuser wiederum können aufgrund ihrer finanziellen Situation häufig nur eine stundenweise, unsystematische Betreuung der Mädchen und Jungen anbieten, sind also auf eine enge Zusammenarbeit mit anderen Trägern der Jugendhilfe sowie der Schule angewiesen, wenn den mit der Problematik verbundenen Herausforderungen sowie der intergenerationellen Weitergabe der Gewalt präventiv begegnet werden soll. Ich möchte deshalb anhand der Arbeit des autonomen Frauenhauses Lübeck zeigen, welche Chancen sich hinsichtlich Gewaltpräventionsmaßnahmen aus der Zusammenarbeit von Schule und Jugendhilfe ergeben können.

---

8 Der Titel der Überschrift ist der gleichnamigen empfehlenswerten Dokumentation der Arbeitsgemeinschaft Evangelischer Frauenhäuser entnommen, die im November 2002 erschienen ist.

Partizipation und Empowerment als Elemente der Gewaltprävention - die pädagogische Arbeit mit Mädchen und Jungen im autonomen Frauenhaus Lübeck[9]

Pädagogische Konzepte und Interventionen innerhalb der Frauenhausarbeit orientierten sich ab den neunziger Jahren zunehmend an den Kategorien *Partizipation* und *Empowerment*. Ressourcenorientierung statt Opferstatus, Selbstbestimmung, aber auch bedingte Selbstverwaltung innerhalb des Frauenhauses, aktive politische Teilhabe und Autonomie gewannen sowohl in der Arbeit mit den Frauen, als auch mit den Mädchen und Jungen wieder an Bedeutung (vgl. Henschel: 101ff.; Abassi et al: 115ff.; Kock/Stegen: 186ff. in frauen helfen frauen e.V. (Hrsg.) 2000).

Der Begriff der *Partizipation*, der vor allem im Zusammenhang mit gesellschaftlichen Demokratisierungsprozessen benutzt wird, findet sich in den Sozialwissenschaften in unterschiedlichem Gebrauch und mit verschiedenen Zielsetzungen wieder (vgl. Pfaffenberger in Deutscher Verein für Öffentliche und Private Fürsorge 1997: 691f.). Innerhalb der Frauenhausarbeit wird er vor allem als Möglichkeit verstanden, durch die Berücksichtigung kindlicher Bedürfnisse und Interessen deren Selbstwertstärkung zu erreichen und Sozialisationsdefizite auszugleichen. Durch spezifische Beteiligungsverfahren, die an den Möglichkeiten von Mädchen und Jungen anknüpfen, kann es darüber hinaus gelingen, eher hierarchisch geprägte administrative Strukturen und Institutionen im Sinne der Betroffenen zu beeinflussen und zu demokratisieren, um Kinderrechte durchzusetzen. Die Möglichkeit zur Teilhabe, zur Mitgestaltung und Mitsprache vermittelt den Mädchen und Jungen häufig erstmalig, dass ihre Bedürfnisse, ihre Interessen, ihre Vorschläge und Ideen als gleichberechtigt und wertvoll angesehen werden, dass sie gehört und in mit anderen abgestimmten Prozessen Berücksichtigung erfahren. Ihre bisherigen Ohnmachts- und Angsterfahrungen, die in der Folge mitunter eigenes gewalttätiges Verhalten bedingten, können hierdurch gemildert werden und ihnen neue Verhaltensoptionen im Sinne von Gewaltprävention eröffnen.

Der *Empowermentansatz*, der sich in der Arbeit autonomer Frauenhäuser findet, versteht sich als kritisch-politischer, der nach gesellschaftlicher Partizipation, Umverteilung von Machtverhältnissen und Zugewinn von Entscheidungsmöglichkeiten trachtet. Er ist an der Lebenswelt der Frauen und Kinder orientiert; Selbstorganisation und autonome Lebensführung bilden demgemäß, neben der Erlangung von eigenständiger Alltags- und Lebensgestaltung, die Ziele. Dies meint jedoch nicht, von den Klient/-innen zu erwarten, dass sie die gesellschaftlichen (Geschlechter-) Verhältnisse, die ja auch Auslöser ihrer sozialen Probleme darstellen, nun auch noch zu verändern hätten. Gemeint ist, einen solchen Blick auf die Menschen zu entwickeln, der nicht ausklammert, dass trotz Opfererfahrungen, Sozialisationsdefiziten oder prekären Lebenslagen auch aktive Mitgestaltungsmöglichkeiten einhergehen können. Denn gerade Frauenhausbewohnerinnen und ihre Kinder zeigen ja häufig, dass sie trotz widriger Lebensumstände und kontinuierlicher Gewalterfahrungen

9 Das autonome Frauenhaus Lübeck, das aus der Frauenbewegung heraus gegründet und vom Verein frauen helfen frauen e.V. 1978 eröffnet wurde, versteht sich auch heute noch als Einrichtung, die nicht nur professionelle Sozialarbeit vorhält, sondern nach wie vor politisch in der Frauenbewegung und Anti-Gewalt-Arbeit engagiert ist. Das Frauenhaus bietet für insgesamt 40 Frauen und Kinder Schutz, Sicherheit Beratung und Unterstützung. Die Finanzierung erfolgt über Landesmittel, Leistungen der Stadt sowie Spenden und Mitgliedsbeiträge.

sehr wohl in der Lage sind, ihr Leben zu gestalten, was nicht zuletzt ihr Schritt aus der Gewalt und ins Frauenhaus zeigt. Es gilt also die Stärken, die subjektiven Identitätsentwürfe, die individuell, auch kulturell und ethnisch geprägten Erfahrungen und sozialen Netzwerke wahrzunehmen und die darin vorhandenen besonderen Handlungskompetenzen anzuerkennen und zu unterstützen (vgl. Herriger 2002).

Mädchen und Jungen, die häusliche Gewalt erfahren haben, werden in diesem Sinne, wie ihre Mütter auch, als Experten und Expertinnen der eigenen Lebensgestaltung verstanden. Wertschätzung, Anerkennung und Respekt gegenüber ihren bisherigen „Lebensstärken" bedeutet zugleich für die Frauenhausmitarbeiterinnen, Abschied zu nehmen vom „Defizitblick", der sich im Zuge vermeintlicher Professionalisierung mitunter unkritisch einzuschleichen vermag. Soziale und psychologische Ressourcen werden in hierarchiearmen Interaktionen, die das Verhältnis zwischen Frauenhausmitarbeiterinnen und den Frauenhausbewohnerinnen in Richtung mehr Partnerschaftlichkeit verändern können, aktiviert, um diese in der Arbeit zu nutzen. Dabei muss jedoch darauf geachtet werden, die Frauen und Kinder nicht zu überfordern oder gar im Sinne eines falsch verstandenen Empowermentbegriffs professionelle Hilfestellung oder Unterstützung zu unterlassen. Es geht darum, den Mädchen und Jungen sowie ihren Müttern größtmögliche *Partizipation* auch innerhalb der Institution Frauenhaus zu ermöglichen.

Der Gruppe, in der sich die im Frauenhaus lebenden Mädchen und Jungen bewegen, kommt bei diesem Partizipations- und Empowermentansatz besondere Bedeutung zu. Durch Austausch und Wissensvermittlung, durch geteilte Erfahrungen im Haus und gemeinsame Aktivitäten außerhalb des Hauses sowie durch Kontakte zu ehemaligen Bewohnerinnen des Frauenhauses, deren Lebenssituation sich bereits verändert hat, können tragfähige und vertrauensvolle Beziehungen entstehen, die persönliches Wachstum und Zukunftsentwürfe, die frei von Gewalt sind, eher ermöglichen. Die mit häuslicher Gewalt oft einhergehende soziale Isolation, die Scham, Hilf- und Sprachlosigkeit ob der beobachteten Gewalt gegenüber der Mutter und die mit den Gewalterfahrungen verbundenen Ängste der Mädchen und Jungen können durch die Begegnung mit anderen Kindern und Jugendlichen reflektiert und auch als Bestandteil spezifischer gesellschaftlicher Geschlechter- und Generationenverhältnisse gedeutet werden. Auf der politischen Ebene kann dies im Idealfall zu öffentlichkeitswirksamen Veranstaltungen, zu politischen Aktionen, zur selbst organisierten Vernetzung oder aber zu Gemeinwesen orientierten Projekten führen, die durch eine kontinuierliche Kooperation mit Schulen den von Gewalt betroffenen Mädchen und Jungen neue Perspektiven eröffnen können. Dies möchte ich an einem konkreten Beispiel veranschaulichen.

„Hauen ist verboten, denn das machen nur Idioten[10]" – Peer Education als Beitrag zur Gewaltprävention

Auch wenn sich das autonome Frauenhaus Lübeck vorrangig als Kriseninterventionseinrichtung versteht, so wurden in den letzten Jahren verstärkt Präventionsmodelle erarbeitet, an denen neben den im Frauenhaus lebenden Frauen auch deren Kinder immer wieder beteiligt waren. Informationsveranstaltungen und Projekteinheiten in Schulen und Jugendzentren sowie die Mitwirkung bei öffentlichen Veranstaltungen wurden nicht nur von den daran beteiligten Mädchen und Jungen als gewinnbringend erlebt, sondern auch von den verschiedenen öffentlichen Institutionen als hilfreiche Gewaltpräventionsveranstaltung bewertet. Der durch verschiedene Projekte entwickelte *Peer-To-Peer-Ansatz*, der aktive Aneignung von Wissen und Informationen mit zahlreichen Möglichkeiten der Selbstentfaltung und Kreativität verbindet sowie die Entdeckung eigener Ressourcen und Stärken ermöglicht, darüber hinaus zeitlich befristet und häufig Produkt orientiert ist, bildet eine gute Möglichkeit, Gleichaltrige im Sinne von Gewaltprävention über das Thema häusliche Gewalt aufzuklären.

Im Rahmen eines Hip-Hop-Workshops, der durch eine Diskussion der Mädchen und Jungen im Frauenhaus angeregt und initiiert wurde, entstand die Idee, selbst einen Text sowie einen Song zu entwickeln, der Bezug zur eigenen Lebenssituation der 8- bis 12-jährigen Mädchen und Jungen haben sollte. Fähigkeiten wie reimen, texten, den Umgang mit Plattenspielern und Mischpulten, Mikrofonen etc. zu erlernen, gelang mittels Unterstützung durch professionelle Musiker/-innen. Die gegenseitige Unterstützung in Kleingruppen und der gemeinsame Lernprozess, der durch die Anerkennung der unterschiedlichen Fähigkeiten der Mädchen und Jungen geprägt war, führten zu der Entwicklung des Songs, der später im Rahmen mehrerer öffentlicher Veranstaltungen, u.a. in Schulen und Jugendzentren, aufgeführt wurde (vgl. Schulz in Henschel 2003: 19ff.). Die Öffnung des Frauenhauses in das Gemeinwesen hinein, die den an den pädagogischen Angeboten beteiligten Mädchen und Jungen nicht nur Partizipationsmöglichkeiten, Selbstwert- und Kompetenzsteigerungen bietet, ermöglicht zugleich interinstitutionelle Kooperationen zwischen Einrichtungen der Jugendhilfe und Schule. Sie beinhaltet die Chance zu einer umfassenderen, an den Lebens- und Problemlagen der Kinder und Jugendlichen orientierten Gewaltprävention. Das mit der *häuslichen Gewalt* für viele Mädchen und Jungen noch immer verbundene Tabu, die damit einhergehende Sprachlosigkeit und Isolation können so eher durchbrochen werden und ermöglichen ihnen neue Perspektiven und Entwicklungschancen.

10 Der vollständige Text des Songs kann der Dokumentation „manchmal tut es weh, darüber zu reden…" (Henschel (Hrsg.) Lüneburg 2003) entnommen werden. Die gleichnamige CD sowie der zum Song gehörige Videoclip können beim Verein frauen helfen frauen e.V., Lübeck bestellt werden (info@autonomes-frauenhaus.de).

Interinstitutionelle Kooperation und Vernetzung als Chance für Mädchen und Jungen, die häusliche Gewalt erlebt haben

Notwendig ist eine verbesserte Kooperation zwischen Frauenhäusern, freien Trägern der Jugendhilfe, Jugendämtern und Schule, aber auch Kinderschutzeinrichtungen, Kinderärzten etc., um vorhandene Ressourcen zu bündeln, neue Unterstützungsnetzwerke für die von *häuslicher Gewalt* immer mitbetroffenen Mädchen und Jungen zu ermöglichen, um im Sinne von Prävention Gewaltkreisläufe zu durchbrechen. Dies würde nicht nur die Frauenhäuser, in denen Mütter mit ihren Kindern um Schutz nachsuchen, entlasten, sondern böte auch die Chance, Mädchen und Jungen, die häusliche Gewalterfahrungen haben, ein eigenständiges Recht auf qualifizierte und angemessene Unterstützung im Sinne des Kindeswohls und des Kinderschutzes zu ermöglichen.

Innerhalb der Schule wird *häusliche Gewalt* so systematisch zum Thema (z.B. in Projektwochen oder in regelmäßigen AG-Angeboten) und kann Lernenden und Lehrkräften verdeutlichen, welche Problemlagen und emotionalen Verunsicherungen sich hieraus für die davon betroffenen Mädchen und Jungen ergeben können. Unkonzentriertes Lernverhalten, schulischer Leistungsabfall, zahlreiche Fehltage bis hin zum Schulabsentismus sowie Verhaltensauffälligkeiten werden für Mitschüler/-innen und Lehrkräfte eher verständlich bzw. nachvollziehbar. Zusätzliche Chancen für eine veränderte pädagogische Unterstützung und Förderung können entstehen. Die Kooperation zwischen Schule, Frauenhaus und anderen Trägern der Jugendhilfe ermöglicht Wissenszuwächse bei den Fachkräften, bündelt Expertise und bietet durch Vernetzung, gleichberechtigten Austausch und Zusammenarbeit neue Möglichkeiten und Wege aus der Gewalt. Scheinbar „natürliche Gewaltkreisläufe" können hiermit eher durchbrochen werden und stärken gleichzeitig die Kompetenzen der Mädchen und Jungen sowie der pädagogischen Fachkraft.

Aufklärung, Abbau von Vorurteilen und die Bereitschaft zu Einstellungsveränderungen bei den Mitarbeitenden aller Institutionen bilden keine einfache, aber eine notwendige Bedingung für eine verbesserte Kooperation, die nur gelingen kann, wenn die unterschiedlichen Berufsgruppen um ihre unterschiedlichen Strukturbedingungen, professionellen Grenzen und Möglichkeiten wissen und bereit sind, ihre jeweiligen Angebotsdefizite durch Vernetzung zu schließen. Schule kann durch eine verbesserte Kooperation mit der Jugendhilfe, wenn diese mit ihren spezifischen sozialarbeiterischen und sozialpädagogischen Möglichkeiten[11] ernst genommen und nicht ausschließlich auf „Feuerwehraufgaben" reduziert wird, auch bewusster und angemessener ihren erzieherischen Aufgaben, die sie neben der Wissensvermittlung ja auch hat, gerecht werden. Sie kann dann eher zu einer Bildungsinstitution werden, in der Mädchen und Jungen durch *Soziales Lernen* die Möglichkeit erhalten, Selbstbewusstsein, Selbstständigkeit, Konflikt- und Handlungsfähigkeit auszubilden. Also

11 Die spezifischen Möglichkeiten der Jugendhilfe, die so von Schule nicht geleistet oder nicht ohne Weiteres übernommen werden können, liegen z.B. darin, dass sie individualisiert arbeiten kann, dass sie auf eine Vielfalt von unterschiedlichen Angeboten zurück greifen kann, dass sie mit Mädchen und Jungen in Verhandlungen, in Absprachen treten kann, dass sie auf Freiwilligkeit basiert, dass die in der Jugendhilfe Tätigen eher darauf vorbereitet sind, dass sie Umgang mit „schwierigen, unwilligen Kindern und Jugendlichen" pflegen müssen, dass kollegiale Beratung und Supervision selbstverständlicher sind und sich hierdurch der Unterstützung und Korrektur anderer bedient werden kann, etc. (vgl. Thiersch in NetzwerG 2003: 16ff.).

auch die Fähigkeit erlernen, sich mündig und kritisch mit bestehenden Ungleichheitsverhältnissen auseinanderzusetzen, sich zu behaupten sowie eigene Interessen und Bedürfnisse gewaltfrei durchzusetzen.

Doch nicht nur die Institution Schule kann sich durch Kooperation entlasten und von der verbesserten Zusammenarbeit profitieren. Jugendhilfe hat, wenn sie den Zugang zur Schule sucht, auch die Möglichkeit, Mädchen und Jungen rechtzeitiger durch gezielte Unterstützungsangebote im Sinne von Prävention zu erreichen. Darüber hinaus könnte sie durch die engere Zusammenarbeit mit der Schule auch herausstellen, dass sich ihre Angebote nicht ausschließlich auf die Unterstützung sozial benachteiligter Mädchen und Jungen beziehen, sondern dass sie Jugendlichen im Zuge von Individualisierungs- und Pluralisierungsprozessen generell als „Sozialisations- und Orientierungsinstanz" in zunehmender gesellschaftlicher Unübersichtlichkeit zur Seite steht. Die Unterstützung von Mädchen und Jungen bei der Aneignung ihrer (Um-) Welt, bei der Ausbildung von Bedürfnissen, Interessen und einer eigenständigen, handlungsfähigen Persönlichkeit würde sie auch in ihrer Funktion und in ihrem Stellenwert als Bildungsinstitution stärken (vgl. Thiersch in NetzwerG 2003: 16ff.).

Geschlechtsbewusste Gewaltpräventionsangebote, die auf *Empowermentansätze* und *Partizipation* zurückgreifen sowie auf die Zusammenarbeit mit Schulen setzen, können darüber hinaus das Netzwerk in der Anti-Gewalt-Arbeit unterstützen und vergrößern.

Aus den genannten Gründen kann Gewaltprävention nicht geschlechtsneutral, nicht allgemein „am Jugendlichen" orientiert sein, sondern muss sich mit den spezifischen Lebens- und Problemlagen und den z.T. auch heute noch bestehenden differenten Sozialisationserfahrungen sowie den daraus resultierenden unterschiedlichen Verarbeitungsformen und Verhaltensweisen von Mädchen und Jungen auseinandersetzen, wenn beide Geschlechter in ihrer Entwicklung gefördert und angemessen unterstützt werden sollen. Wenn es also Ziel von (Gewalt-) Prävention sein soll, allen Mädchen und Jungen förderliche Entwicklungsmöglichkeiten, positive Bildungs- und Lebensperspektiven zu bieten, die physische und psychische Unversehrtheit von Kindern und Jugendlichen sicherzustellen, Chancengerechtigkeit und soziale Integration zu ermöglichen, so sind alle hieran mitwirkenden Sozialisationsinstanzen in ihre Verantwortung zu nehmen. Verbesserte Kooperation zwischen Schule und Jugendhilfe bildet deshalb eine der notwendigen Voraussetzungen für effektive, sinnvolle und geschlechtsbewusste (Gewalt-) Prävention.

Literatur

Bandura, Albert et al. (1963): Imitation of film-mediated aggressive models. In: Journal of Abnormal and Social Psychology, Vol.66/1963. 11-31

Bruhns, Kirsten/Wittmann, Svendy (2002): Ich meine, mit Gewalt kannst du dir Respekt verschaffen. Mädchen und junge Frauen in gewaltbereiten Jugendgruppen. DJI-Reihe, Band 9. Opladen: Leske + Budrich

Bundesministerium für Familie, Senioren, Frauen und Jugend (BMFSFJ) (Hrsg.) (1999): Aktionsplan der Bundesregierung zur Bekämpfung von Gewalt gegen Frauen. Bonn

Bundesministerium für Familie, Senioren, Frauen und Jugend (BMFSFJ) (Hrsg.) (2004): Lebenssituation, Sicherheit und Gesundheit von Frauen in Deutschland. Eine repräsentative Untersuchung zu Gewalt gegen Frauen in Deutschland. Berlin

Connell, Robert W. (1997): Der gemachte Mann: Konstruktion und Krise von Männlichkeiten. Opladen: Leske + Budrich

Deutscher Verein für Öffentliche und Private Fürsorge (Hrsg.) (1997): Fachlexikon der sozialen Arbeit. Frankfurt am Main: Eigenverlag

Diakonisches Werk der Evangelischen Kirche in Deutschland e.V./Arbeitsgemeinschaft Evangelischer Frauenhäuser (Hrsg.) (2002): Kinder leben im Frauenhaus. Konzepte - Perspektiven. Stuttgart

Enzmann, Dirk (2002): Ausmaß, Erscheinungsformen und Ursachen jugendlicher Gewaltdelinquenz. In: Gause/ Schlottau (Hrsg.) (2002): 7–35

Frauen helfen Frauen e.V. Lübeck (Hrsg.) (2000): Bei aller Liebe... Gewalt im Geschlechterverhältnis. Eine Kongressdokumentation. Bielefeld: Kleine-Verlag

Gause, Detlev/Schlottau, Heike (Hrsg.) (2002): Jugendgewalt ist männlich - Gewaltbereitschaft von Mädchen und Jungen. Hamburg: EB-Verlag

Henschel, Angelika (1993): Geschlechtsspezifische Sozialisation. Zur Bedeutung von Angst und Aggression in der Entwicklung der Geschlechtsidentität. Eine Studie im Frauenhaus. Mainz: Matthias-Grünewald-Verlag

Henschel, Angelika (2002): Pädagogische Arbeit mit Kindern im Frauenhaus. In: Sozial Extra, Heft 4/2002. 30ff.

Henschel, Angelika (Hrsg.) (2003): „Manchmal tut es weh, darüber zu reden..." Kinder als Opfer häuslicher Gewalt- Ergebnisse eines Theorie-Praxis-Seminars. Dokumentation ohne ISBN. Lüneburg

Holtappels, Heinz Günter/Heitmeyer, Wilhelm et al. (Hrsg.) (1997): Forschung über Gewalt an Schulen. Weinheim und München: Juventa

Hurrelmann, Klaus/Rixius, Norbert/Schirp, Heinz et al. (1999): Gewalt in der Schule – Ursachen, Vorbeugung, Intervention. Weinheim und Basel: Beltz

Kavemann, Barbara/Kreyssig, Ulrike (Hrsg.) (2006): Handbuch Kinder und häusliche Gewalt. Wiesbaden: VS-Verlag

Kindler, Heinz (2006): Partnergewalt und Beeinträchtigungen kindlicher Entwicklung: Ein Forschungsüberblick. In: Kavemann/Kreyssig (Hrsg.) (2006): 36–53

Köckeritz, Christine (2002): Lebensumstände, Entwicklungen und Erfahrungen von Kindern aus Gewaltkontexten. In: Diakonisches Werk der Evangelischen Kirche in Deutschland e.V. (Hrsg.) (2002): 5ff.

NetzwerG (Hrsg.) (2003): Kooperation von Schule und Jugendhilfe. Dokumentation zum 2. Niedersächsischen Präventionsmarkt. Lüneburg

Niedersächsisches Ministerium für Soziales, Frauen, Familie und Gesundheit (Hrsg.) (2006): Aktionsplan II des Landes Niedersachsen zur Bekämpfung der Gewalt gegen Frauen im häuslichen Bereich. Hannover

Pfaffenberger, Hans (1997): Partizipation. In: Deutscher Verein für Öffentliche und Private Fürsorge (Hrsg.) (1997): 691f.

Pfeiffer, Christian/Wetzels, Peter (1999): Zur Struktur und Entwicklung der Jugendgewalt in Deutschland. In: Aus Politik und Zeitgeschichte. B26/1999. 3-22

Pfeiffer, Christian/Wetzels, Peter (2000): Gewalt in der Familie. Mädchen werden Opfer wie die Mütter, Jungen werden Täter wie die Väter. In: Emma. Heft 11-12/2000. 46-47

Schröttle, Monika/Müller, Ursula (2004): Lebenssituation, Sicherheit und Gesundheit von Frauen in Deutschland. Eine repräsentative Untersuchung zu Gewalt gegen Frauen in Deutschland. In: Bundesministerium für Familie, Senioren, Frauen und Jugend (2004)

Schubarth, Wilfried (2000): Gewaltprävention in Schule und Jugendhilfe - Theoretische Grundlagen, Empirische Ergebnisse, Praxismodelle. Neuwied: Luchterhand

Spitzer, Manfred (2005): Vorsicht Bildschirm! Elektronische Medien, Gehirnentwicklung, Gesundheit und Gesellschaft. Stuttgart: Ernst-Klett-Verlag

Spitzer, Manfred (2007): Lernen – Gehirnforschung und die Schule des Lebens. München: Spektrum Ak. Verlag

Strasser, Philomena (2001): Kinder legen Zeugnis ab. Gewalt gegen Frauen als Trauma für Kinder. Innsbruck: Studien-Verlag

Thiersch, Hans (2003): Was muss sich in Schule verändern und was kann Jugendhilfe dazu tun? In: NetzwerG (Hrsg.) (2003). 16-26

Christoph Butterwegge

Kinderarmut als Problem für Schule und Jugendhilfe

(Kinder-) Armut war jahrzehntelang kein Thema, das die deutsche Öffentlichkeit bewegte. Höchstens in der Vorweihnachtszeit und im Sommerloch nahmen die Massenmedien der Bundesrepublik davon Notiz. Mittlerweile avanciert die Kinderarmut jedoch beinahe zu einem Modethema, das häufiger Schlagzeilen macht. Gleichwohl hat man den Eindruck, dass sich Fachwissenschaft, Massenmedien und etablierte Parteien nie ernsthaft mit dem Umstand auseinandergesetzt haben, dass ein wachsender Teil der Jungen und Mädchen sozialer Exklusion unterliegt. Vielmehr wurde und wird das Phänomen immer noch als bloßes Rand(gruppen)problem abgetan, das eine kleine Minderheit, aber nicht die Gesellschaft und ihre Entwicklungsperspektiven insgesamt betrifft.

Hierfür gibt es mehrere Gründe: Erstens ist unser Armutsbild von absoluter Not und Elend in der sog. Dritten Welt geprägt, was viele Bürger/innen hindert, durchaus vergleichbare Erscheinungen „vor der eigenen Haustür" auch nur zu erkennen, zumal Kinderarmut hierzulande weniger spektakulär erscheint. Zweitens sind sogar Erzieher/innen, Lehrer/innen und andere Pädagog(inn)en manchmal aufgrund ihrer Mittelschichtzugehörigkeit nicht in der Lage, die Probleme von Unterschichtkindern zu erkennen, die wahrscheinlich in einem anderen, weniger bürgerlich geprägten Stadtteil oder einem „sozialen Brennpunkt" wohnen. Ein weiterer Grund, warum Armut leicht „übersehen" wird, liegt in den Versuchen begründet, die Schuld dafür den Betroffenen selbst oder im Falle der Kinder ihren Eltern in die Schuhe zu schieben. Viertens glaubt man irrtümlich, Kinderarmut in Kiel, Kassel oder Konstanz sei weniger problematisch als die in Kalkutta, sodass es sich gar nicht lohne, über das Problem zu reden. Dabei kann Armut hierzulande sogar deprimierender, bedrückender und bedrängender sein, weil vor allem Kinder in einer wohlständigen Konsumgesellschaft massivem Druck von Seiten der Werbeindustrie wie auch ihrer Spielkamerad(inn)en und Mitschüler/innen ausgeliefert sind, durch das Tragen teurer Markenkleidung oder den Besitz immer neuer, möglichst hochwertiger Konsumgüter „mitzuhalten". Solidarität erfahren die von Armut oder Unterversorgung betroffenen Kinder hingegen in einem geringeren Maße, als dies dort der Fall ist, wo kaum jemand ein großes (Geld-) Vermögen besitzt. Mit der Armut und den Armen hat fünftens kaum jemand gern zu tun, weil selbst der Umgang damit stigmatisiert und die Betroffenen nach negativen Erfahrungen eher selten zu denjenigen Menschen gehören, deren offenes Wesen ihnen Sympathie einbringt.

Umfang, Erscheinungsformen und Folgen der Kinderarmut

Spätestens seit dem 2. Armuts- und Reichtumsbericht, den die rot-grüne Bundesregierung im März 2005 vorgelegt hat, ist weiten Teilen der Öffentlichkeit bewusst, dass (Kinder-) Armut nicht nur in der sog. Dritten Welt, sondern auch hierzulande ein Problem darstellt.

Dies gilt zumindest dann, wenn man darunter nicht nur absolutes Elend, vielmehr auch ein relatives Maß an sozialer Ungleichheit versteht, das die Betroffenen daran hindert, sich ihrer persönlichen Fähigkeiten gemäß zu entfalten und selbstbestimmt am wirtschaftlichen, kulturellen und politischen Leben teilzunehmen. „Armut bedeutet niedrige Schulabschlüsse und weniger Training im Umgang mit Sprache und Lesestoff. Armut bedeutet also auch die Scheu vor dem Theater oder dem Museum. Armut bedeutet für Kinder die Verinnerlichung des mangelnden Selbstwertgefühls ihrer Eltern oder die intellektuell noch nicht zu verarbeitende Erfahrung, immer weniger als andere Kinder zu haben“ (Gillen 2004: 145).

Von den 11,44 Millionen Kindern unter 15 Jahren lebten im März 2007 nach Angaben der Bundesagentur für Arbeit nicht weniger als 1,928 Millionen in SGB-II-Bedarfsgemeinschaften (sog. Hartz-IV-Haushalten). Rechnet man die übrigen Betroffenen (Kinder in Sozialhilfehaushalten, in Flüchtlingsfamilien, die nach dem Asylbewerberleistungsgesetz ca. ein Drittel weniger als die Sozialhilfe erhalten, und von sog. Illegalen, die keine Transferleistungen beantragen können) hinzu und berücksichtigt außerdem die sog. Dunkelziffer (d.h. die Zahl jener eigentlich Anspruchsberechtigter, die aus Unwissenheit, Scham oder anderen Gründen keinen Antrag auf Sozialhilfe bzw. Arbeitslosengeld II stellen), leben etwa 2,7 Millionen Kinder, d.h. mindestens jedes fünfte Kind dieses Alters, auf oder unter dem Sozialhilfeniveau. Verschärft wird das Problem durch erhebliche regionale Disparitäten (Ost-West- und Nord-Süd-Gefälle). So leben in Görlitz 44,1% aller Kinder unter 15 Jahren in Hartz-IV-Haushalten, während es im bayerischen Starnberg nur 3,9% sind.

(Kinder-) Armut ist jedoch mehr, als wenig Geld zu haben, denn sie bedeutet für davon Betroffene auch, persönlicher Entfaltungs- und Entwicklungsmöglichkeiten beraubt, sozial benachteiligt und (etwa im Hinblick auf Bildung, Gesundheit und Wohnsituation) unterversorgt zu sein. Wenn man sinnvollere, nämlich qualitative und nichtmonetäre Kriterien für das Armsein anlegt, steigt die Zahl armer Kinder sogar auf 3 bis 3,3 Millionen Kinder. Da junge Menschen die am häufigsten und am stärksten von Armut bedrohte Altersgruppe bilden, während früher hauptsächlich Rentner/innen betroffen waren, spricht man seit Ende der 1980er-/Anfang der 1990er-Jahre von einer „Infantilisierung der Armut“ (Richard Hauser). Kinderarmut geht mit Familien-, Frauen- bzw. Mütterarmut einher. Alleinerziehende, Mehrkinder- und Migrantenfamilien leiden besonders stark unter sozialer Unsicherheit, Existenzangst und materieller Not. Je jünger die Kinder sind, umso eher laufen sie Gefahr, in einer sozial benachteiligten Familie aufzuwachsen: „Das höchste Risiko haben Kinder im Vor- und im Grundschulalter – in der Altersphase mit dem größten Potenzial zur Herausbildung individueller Ressourcen und Kompetenzen“ (Holz 2006: 3).

Fragt man, wie Kinder im Grundschulalter die eigene Armut bzw. die ihrer Familie erleben und damit umgehen, so lassen sich je nach Situation und Sozialisation mehrere Handlungsmuster unterscheiden. Auf die einschlägige Pionierarbeit von Antje Richter (2000) und eigene Untersuchungen rekurrierend, gibt Margherita Zander (2005: 131) einen fundierten Überblick zum Forschungsstand in Bezug auf die Versuche der Eltern von Kindern im Grundschulalter wie dieser selbst, Armut zu bewältigen: „Bewältigung wird als Herstellung von Handlungsfähigkeit in kritischen Lebenssituationen verstanden, wobei ‚Armut‘ als chronische oder auch als vorübergehende Lebenslage eine solche darstellt.“ Während sich die Eltern für reduktive Bewältigungsstrategien (Konsumverzicht, Sparen, Selbstbeschränkung), adaptive Bewältigungsstrategien (Suche nach Kompensationen bzw. Alternativen) oder konstruktive Bewältigungsstrategien (Erschließen von zusätzlichen Ressourcen) entscheiden, neigen Kinder zur Kompensation der Familienarmut, haben aufgrund stark und mehrfach benachteiligter Lebenslagen große Schwierigkeiten oder lassen eine Kombination von beiden Typen erkennen (vgl. Chassé/Zander/Rasch 2005: 238ff. und 267ff.; Zander 2005: 131ff.).

Ursachen der (Kinder-) Armut: Globalisierung, soziale Polarisierung und Pauperisierung

National wie international nimmt die Armut von Kindern und Jugendlichen seit geraumer Zeit zu (vgl. dazu Butterwegge/Klundt 2002). Selbst in westlichen Wohlfahrtsstaaten wie der Bundesrepublik ist eine steigende Tendenz feststellbar. Kinder und Jugendliche gehören zu den Hauptbetroffenen einer Entwicklung, welche die sog. Hartz-Gesetze eher noch verstärken; vor allem in Ostdeutschland, wo die Arbeitslosenquote und die Zahl der Alleinerziehenden besonders hoch sind (vgl. hierzu Butterwegge et al. 2005: 85ff.). Untersucht man die Gründe für (Kinder-) Armut in Ost- und Westdeutschland, stellt die Wiedervereinigung aber keineswegs das Kardinalproblem dar. Vielmehr verstärkt sie nur die negativen Auswirkungen der Globalisierung, neoliberalen Modernisierung bzw. Restrukturierung von Staat und Gesellschaft nach dem Vorbild des Marktes, die man seit der Weltwirtschaftskrise 1974/75 beobachten kann (vgl. hierzu Butterwegge 2006: 115ff.; Butterwegge 2007: 171ff.).

Auslöser einer Armutsentwicklung in Familien, deren am leichtesten verletzliche Mitglieder die Kinder bilden, sind häufig der Tod des Alleinernährers, die Erwerbslosigkeit von Eltern(teilen) und deren Trennung bzw. Scheidung (vgl. Andreß et al. 2003). Die eigentlichen Ursachen für eine Prekarisierung der familiären Lebensbedingungen gründen aber tiefer: In gesellschaftlichen Wandlungsprozessen, denen sich die zunehmende Polarisierung (in arm und reich), die soziale Exklusion von Teilen der Bevölkerung sowie die sozialräumliche Segregation (Spaltung deutscher Großstädte in Luxusquartiere und Stadtteile mit besonderem Erneuerungs- bzw. Entwicklungsbedarf) verdanken. Macht man den als „Globalisierung" bezeichneten Prozess einer Umstrukturierung fast aller Gesellschaftsbereiche nach Markterfordernissen, einer Ökonomisierung und Kommerzialisierung für die Pauperisierung, soziale Polarisierung und Entsolidarisierung verantwortlich, liegen die Wurzeln des vermehrten Auftretens von (Kinder-) Armut auf drei Ebenen:

1. Im Produktionsprozess löst sich das „Normalarbeitsverhältnis" (Ulrich Mückenberger), von der Kapitalseite unter den Stichworten „Liberalisierung", „Deregulierung" und „Flexibilisierung" vorangetrieben, tendenziell auf. Es wird zwar keineswegs ersetzt, aber durch eine steigende Zahl atypischer, prekärer, befristeter, Leih- und (Zwangs-) Teilzeitarbeitsverhältnisse, die den so oder überhaupt nicht (mehr) Beschäftigten wie ihren Familienangehörigen weder ein ausreichendes Einkommen noch den gerade im viel beschworenen „Zeitalter der Globalisierung" erforderlichen arbeits- und sozialrechtlichen Schutz bieten, in seiner Bedeutung stark relativiert.
2. Im Reproduktionsbereich büßt die „Normalfamilie", d.h. die z.B. durch das Ehegattensplitting im Einkommensteuerrecht staatlicherseits subventionierte traditionelle Hausfrauenehe mit ein, zwei oder drei Kindern, in vergleichbarer Weise an gesellschaftlicher

Relevanz ein. Neben sie treten Lebens- und Liebesformen, die tendenziell weniger materielle Sicherheit für Kinder gewährleisten (sog. Ein-Elternteil-Familien, „Patchwork-Familien“, hetero- und homosexuelle Partnerschaften usw.).

3. Hinsichtlich der Entwicklung des Wohlfahrtsstaates bedingt der forcierte Wettbewerb zwischen „Wirtschaftsstandorten“ einen Abbau von Sicherungselementen für „weniger Leistungsfähige“, zu denen allemal Erwachsene gehören, die (mehrere) Kinder haben. Kinder und Jugendliche sind nicht zuletzt deshalb stark von Arbeitslosigkeit und/oder Armut betroffen, weil das neoliberale Projekt eines „Umbaus“ des Wohlfahrtsstaates auf Kosten vieler Eltern geht, die weniger soziale Sicherheit als vorherige Generationen genießen.

Wenn ihre momentane Ausprägung primär eine Folge der Globalisierung, der Ökonomisierung und der Kommerzialisierung fast aller Lebensbereiche ist, wie H. Gerhard Beisenherz (2002) konstatiert, kann (Kinder-) Armut nicht ohne ihr Pendant, den in wenigen Händen konzentrierten Reichtum, verstanden werden. Neben der Spaltung in arm und reich, die zu einer Gefahr für den sozialen Frieden wird, tritt eine Trennlinie deutlicher hervor, die innerhalb der Armutspopulation selbst verläuft. Man kann von einer Dualisierung bzw. einer Doppelstruktur der Armut sprechen: Einerseits sind davon (bis in den Mittelstand hinein) mehr Personen betroffen, und zwar auch solche, die früher – weil voll erwerbstätig – im relativen Wohlstand des „Wirtschaftswunderlandes“ lebten.

Stark zugenommen hat die Zahl jener Personen, deren Einkommen trotz Lohnarbeit in Form eines oder mehrerer Arbeitsverhältnisse nicht oder nur knapp über der Armutsgrenze liegt („working poor“). Andererseits verfestigt sich die perforierte, Langzeit- bzw. Mehrfacharbeitslosigkeit älterer und/oder gering qualifizierter Personen zur Dauerarbeitslosigkeit, wodurch eine Schicht total Deklassierter, vom Arbeitsmarkt wie auch von der gesellschaftlichen Teilhabe Ausgeschlossener („underclass“), entsteht.

Durch die Standortpolitik wirkt der Globalisierungsprozess als „soziales Scheidewasser“, welches die Bundesbürger/innen wie auch die Bewohner/innen anderer Länder in Gewinner und Verlierer/innen, Letztere jedoch noch einmal in Marginalisierte (total Deprivierte) sowie Geringverdiener/innen (prekär Beschäftigte) teilt. Während die Dauerarbeitslosen quasi den „sozialen Bodensatz“ bilden, verkörpern Niedriglohnempfänger/innen, oftmals Migrant(inn)en und ethnischen Minderheiten entstammend, das „Treibgut“ des Globalisierungsprozesses (vgl. hierzu Butterwegge/Hentges 2006).

Hartmut Häußermann (1998: 165) prognostiziert mit Blick auf Tendenzen zur Deindustrialisierung und zur Etablierung einer Dienstleistungsökonomie in der Bundesrepublik: „Die postindustrielle Gesellschaft wird geprägt sein von einer Dualisierung bzw. Polarisierung der Lebenslagen, die sich mit der Durchsetzung der tertiarisierten Ökonomie ergibt.“ Offen sei, welche Form diese Polarisierung annehmen wird. Dafür gebe es zwei Alternativen: Einerseits die Möglichkeit, dass sich die Tätigkeiten je nach Qualifikation und Verdienst innerhalb der Beschäftigung polarisierten („amerikanisches Modell“), andererseits die Möglichkeit, dass die Spaltung zwischen „Arbeitsplatzbesitzern“ und Arbeitslosen zunehme, die Polarisierung sich also zwischen dem Segment der Beschäftigten und dem Segment der dauerhaft Erwerbslosen herausbilde. Martin Kronauer und Berthold Vogel (1998: 340) konstatieren, dass sich – unabhängig von den Strukturbrüchen zwischen Ost und West – heute erstmals nach 1945 eine deutliche Spaltungslinie der In- bzw. Exklusion quer durch Deutschland ziehe: „Sie trennt diejenigen, die zum Erwerbssystem gehören oder zumindest in bestimmten Abstufungen noch Zugang zu ihm haben, von den anderen, die am Arbeitsmarkt dauerhaft und gegen ihren Willen von diesem Zugang ausgeschlossen werden."

Die beschriebene Dualisierung der Armut impliziert nicht nur eine weitere Fragmentierung der Klassengesellschaft, sondern auch eine soziale Schließung. Neben die Oben-unten- tritt eine Innen-außen-Spaltung der Sozialstruktur, die der Exklusionsbegriff erfasst. „Exklusion führt dann in eine eigenständige soziale Lage hinein, wenn die Abhängigkeit von öffentlicher Fürsorge anhält, weil die Betroffenen an der ökonomischen Produktion und Reproduktion der Gesellschaft nicht teilnehmen, im ökonomische Sinne ‚überflüssig' geworden sind, aber auch sonst – und diese weitere Bedingung ist wichtig – keinen positiv definierten Platz in der Gesellschaft (Rentner, Vorruheständler etc.) einnehmen können" (Kronauer 1999: 69f.).

Aufgrund jener Dualisierung der Armut, welche Familien und Kinder besonders hart trifft (vgl. dazu Butterwegge et al. 2004: 98ff.), kann sich keine „Einheitsfront aller Überflüssigen" herausbilden, die noch am ehesten in der Lage wäre, kollektive Gegenwehr zu organisieren und der sozialen Exklusion erfolgreich Widerstand zu leisten. Die klassische Devise „Teile und herrsche!" bewährt sich vielmehr erneut, weil sie Betroffene hilflos einer Entwicklung ausliefert, die Martin Kronauer (2002: 231) im Auge hat, wenn er schreibt: „Die Gesellschaft entwickelt sich in Richtung einer Demokratie der Eliten, gestützt auf Repression gegen Minderheiten."

Ulrich Beck (1986: 122) sprach in seinem Buch „Risikogesellschaft" von einem sozialen „Fahrstuhl-Effekt", der sämtliche Schichten und Klassen gemeinsam nach oben befördert habe. Gegenwärtig sieht Beck (2005: 47) die Bundesrepublik im Übergang: „Bis in die achtziger Jahre des 20. Jahrhunderts fuhren die Deutschen in einem Fahrstuhl nach oben. Die Ungleichheiten blieben zwar bestehen, aber es ging für alle aufwärts. Die Welt schien eine einzige Chance zu sein. Die Deutschen waren Weltmeister im Fußball, in der sozialen Sicherheit, im Export von Waren, schließlich im Tourismus. Jetzt, am Beginn des 21. Jahrhunderts, lauern überall Gefahren – und der Fahrstuhl bewegt sich nach unten". Wenn einer der prominentesten Soziologen der Bundesrepublik von einem „Zwang zum Weniger" spricht, verkennt er, dass sich die Gesellschaft dialektisch entwickelt. Viel eher lässt sich von einem Paternoster-Effekt reden: In demselben Maße, wie die einen nach oben gelangen, geht es für die anderen nach unten. Mehr denn je gibt es im Zeichen der Globalisierung ein soziales Auf und Ab, das Unsicherheit und Existenzangst für eine wachsende Zahl von Menschen mit sich bringt.

Die sogenannten Hartz-Gesetze als Beispiel für den Um- bzw. Abbau des Sozialstaates

Kinderarmut, die Lern- und Lebenschancen davon Betroffener schon im Grundschulalter zerstören kann, ist ein Armutszeugnis für die deutsche Überflussgesellschaft sowie ihren Wohlfahrtsstaat, der aufgrund fragwürdiger Strukturreformen immer weniger fähig zu sein scheint, für ein Mindestmaß an sozialem Ausgleich, Existenzsicherheit aller Bürger/innen und Gerechtigkeit zu sorgen. Bei den sog. Hartz-Gesetzen, der Agenda 2010, der letzten Gesundheitsreform und den (z.B. im RV-Nachhaltigkeitsgesetz) legislativ umgesetzten

Vorschlägen der sog. Rürup-Kommission handelt es sich um Maßnahmen zum Um- bzw. Abbau des Sozialstaates, die seine ganze Architektur, Struktur und Konstruktionslogik grundlegend verändern. Es geht längst nicht mehr nur um Leistungskürzungen im sozialen Sicherungssystem, sondern um einen Systemwechsel, anders ausgedrückt: Um eine zentrale gesellschaftliche Richtungsentscheidung, welche das Gesicht der Bundesrepublik auf absehbare Zeit prägen dürfte.

Das nach dem früheren VW-Manager Peter Hartz benannte Gesetzespaket markiert für die Entwicklung von (Kinder-) Armut eine historische Zäsur. Besonders mit Hartz IV waren Änderungen im Arbeits- und Sozialrecht verbunden, die das politische Klima der Bundesrepublik vermutlich auf Jahre, wenn nicht gar Jahrzehnte verschlechtern (vgl. dazu Gillen 2004). Mittels des Vierten Gesetzes für moderne Dienstleistungen am Arbeitsmarkt wurde die Arbeitslosenhilfe durch das Arbeitslosengeld (Alg) II ersetzt, welches nicht mehr den früheren Lebensstandard zum Maßstab der Leistungsgewährung macht. Dies führte zur Schlechterstellung von Millionen Menschen sowie zur Aufspaltung der bisherigen Sozialhilfeempfänger/innen in erwerbsfähige, die Alg II beziehen, einerseits und nichterwerbsfähige, die Sozialgeld bzw. -hilfe erhalten, andererseits.

Langzeitarbeitslose müssen jede Stelle annehmen, auch wenn die Bezahlung weder tarifgerecht ist noch dem ortsüblichen Lohn entspricht. Eingerichtet wurde damit eine Rutsche in die Armut: Nach der von maximal 32 auf höchstens 18 Monate verkürzten Bezugszeit des Alg (I) bekommen Erwerbslose ein Arbeitslosengeld II, das den Charakter einer reinen Fürsorgeleistung hat. Mit seinem Grundbetrag von 347 EUR monatlich für den Haushaltsvorstand (plus Erstattung der Aufwendungen für Unterkunft und Heizung, sofern sie „angemessen" sind) ist das Alg II genauso hoch wie der Sozialhilfe-Regelsatz. Kinder bis 14 Jahre erhalten ein Sozialgeld in Höhe von 208 EUR, Jugendliche von 15 bis 18 Jahren 278 EUR.

Seit dem Inkrafttreten von Hartz IV am 1. Januar 2005 müssen Langzeitarbeitslose, wenn es ihr Betreuer („Fallmanager") verfügt, gegen eine minimale „Mehraufwandsentschädigung" von einem 1 oder 2 EUR pro Stunde im öffentlichen Interesse liegende und zusätzliche Arbeit leisten, wollen sie ihren Anspruch auf Unterstützung nicht zu 30% (und später ganz) einbüßen. Für die Arbeitslosen unter 25 Jahren entfällt der Leistungsanspruch im Ablehnungsfall sofort. Auf dem Arbeitsmarkt führten die sog. 1-Euro-Jobs zu einem Verdrängungswettbewerb von oben nach unten. Vor allem gering Qualifizierte wurden durch Alg-II-Bezieher/innen ersetzt, was Auswirkungen auf das gesamte Lohngefüge hat. Auch in der Bundesrepublik ist, wenngleich mit erheblicher Verzögerung gegenüber anderen hoch entwickelten Industriestaaten, etwa den USA und Großbritannien, ein relativ breiter, seinem Umfang nach häufig unterschätzter Niedriglohnsektor entstanden, der längst nicht mehr nur typische Frauenarbeitsplätze umfasst (vgl. dazu Strengmann-Kuhn 2003). Hartz IV sollte durch die Abschaffung der Arbeitslosenhilfe und die Abschiebung der Langzeitarbeitslosen in die Wohlfahrt den Staatshaushalt entlasten, durch die Einschüchterung der Betroffenen mehr „Beschäftigungsanreize" im Niedriglohnbereich schaffen sowie Arbeitskraft generell „verbilligen".

Den armen Erwerbslosen, die das Fehlen von oder die unzureichende Höhe der Lohnersatzleistungen auf das Existenzminimum zurückwirft, treten massenhaft erwerbstätige Arme zur Seite. Längst reichen selbst viele Vollzeitarbeitsverhältnisse nicht mehr aus, um „eine Familie zu ernähren", sodass man ein oder mehrere Nebenjobs übernimmt und nach

Feierabend bzw. an Wochenenden (schwarz) weitergearbeitet wird. Für die Kinder heißt dies, dass sie ihre Eltern kaum noch zu Gesicht bekommen, für die Eltern mit einem „McJob", dass sie ihre Kinder vernachlässigen müssen.

Die im Frühjahr 2006 vorgenommenen „Korrekturen" an Hartz IV, mit denen künftig mehrere Mrd. EUR jährlich eingespart werden sollen, kann man trotz Anhebung des Arbeitslosengeldes II für Ostdeutsche an seine Höhe im Westen als „Hartz V" bezeichnen, stellen sie doch eine deutliche Fortsetzung und Verschärfung des Drucks auf (Langzeit-) Arbeitslose dar. Die meisten Kontroll-, Kürzungs- und Strafmaßnahmen im Zweiten SGB-II-Änderungsgesetz und im sog. Hartz-IV-Fortentwicklungsgesetz zeigen, dass Hartz IV nicht das Ende der Reformen, sondern ggf. nur einen Zwischenschritt auf dem Weg vom Sozialversicherungs- zum Fürsorge-, Almosen- und Suppenküchenstaat darstellt (vgl. hierzu Butterwegge 2006: 335f.; Butterwegge 2007: 195ff.).

Interventions- und Präventionsmaßnahmen als gemeinsame Aufgaben von Schule und Jugendhilfe

Problematisch ist nicht primär die (vermeintlich zu geringe) Höhe der familienpolitisch begründeten Transferleistungen, sondern ausschließlich deren (gegenüber sozialen Unterschieden indifferente) Struktur. Dass gerade Superreiche, Kapitaleigentümer und Spitzenverdiener/innen am meisten von Subventionen profitieren, die eigentlich den Familien – und das kann doch nur heißen: solchen, die sie benötigen, um ihren Kinder unbillige Entbehrungen zu ersparen – zugute kommen sollten, wird aber selten kritisiert. „Umverteilung von oben nach unten!", nicht „Umverteilung von den Kinderlosen zu den Eltern!" müsste die Devise einer gerecht(er)en Familienpolitik lauten. Statt alle Eltern materiell besser zu stellen, wie es die traditionelle Familienpolitik – insbesondere jene (national-) konservativer Prägung – getan hat, müssen sozial benachteiligte Kinder besonders gefördert werden. Dabei sollte die Hilfestellung unabhängig von der jeweiligen Familienform wie von der Erwerbsbiografie der Eltern erfolgen. Denn die Rechte eines Kindes leiten sich aus seiner Identität als Kind, nicht aus seinem Verhältnis zu einem anspruchsberechtigten Elternteil ab (vgl. Joos 1997: 76). Deshalb muss die Rechtsposition der Kinder verbessert und akzeptiert wie auch kodifiziert werden, dass sie autonome Subjekte mit eigenen Bedürfnissen und Ansprüchen sind, was bisher selten oder gar nicht geschieht. „Da Kinder immer noch überwiegend als ‚Privatsache' ihrer Eltern betrachtet werden und keinen unmittelbaren Anspruch auf Unterstützung an den Staat richten können, bedarf es einer konsequenten Umsetzung des bürgerrechtlichen Status von Kindern, damit sie – wie erwachsene Bürger auch – Teilhabeansprüche an die Gesellschaft und den Staat stellen können" (Olk/Mierendorff 1998: 253).

Nötig wäre ein Paradigmawechsel vom „schlanken" zum interventionsfähigen und interventionsbereiten Wohlfahrtsstaat (vgl. hierzu Butterwegge 2006). Erforderlich ist ein Konzept, das unterschiedliche Politikfelder (Beschäftigungs-, Bildungs-, Familien- und Sozialpolitik) miteinander verzahnt und Maßnahmen zur Umverteilung von Arbeit, Einkommen und Vermögen einschließt. Dagegen sind durch separate und voneinander isolierte Schritte, wie etwa höhere Transferleistungen an (sämtliche) Eltern, die prekären Lebenslagen nur partiell zu verbessern, ihre tief sitzenden Ursachen aber schwerlich zu beseitigen.

Ein integrales Konzept zur Verringerung und Vermeidung von Kinderarmut umfasst gesetzliche (Neu-) Regelungen sowie monetäre und Realtransfers (vgl. Mierendorff/Olk 2003: 419). Individuelle und erzieherische Hilfen, Fördermaßnahmen für Kinder und strukturelle Reformen sollten einander sinnvoll ergänzen und so verzahnt werden, dass möglichst wenig Reibungsverluste zwischen den verschiedenen Institutionen und Trägern entstehen (vgl. Lutz 2004: 57).

Bildungs-, Erziehungs- und Kultureinrichtungen sind für eine gedeihliche Entwicklung und freie Entfaltung der Persönlichkeit sozial benachteiligter Kinder unentbehrlich, weshalb sie nicht – dem neoliberalen Zeitgeist entsprechend – privatisiert, sondern weiterhin öffentlich finanziert und noch ausgebaut werden sollten. Karl August Chassé, Margherita Zander und Konstanze Rasch (2005: 342) fordern daher eine stärkere Zusammenarbeit bzw. Verzahnung von Schule und Jugendhilfe: „Öffnungen der Schule gegenüber dem Stadtteil bzw. dem Freizeitbereich könnten einerseits zu einer gemeinwesenorientierten Schule führen. Auf der anderen Seite müssten die Institutionen der Kinder- und Jugendhilfe – sicherlich oft in Kooperation mit den Schulen, vor allem im Kontext von Ganztagsschulen – lebensweltnahe attraktive Freizeit-, Förder- und Bildungsangebote entwickeln, mit denen die Kinder erreicht werden können, die von herkömmlichen Vereinen und kommerziellen Angeboten keinen Gebrauch machen können“.

Eine bessere, die Schule weniger auf soziale Selektion ausrichtende Bildungspolitik wäre ein wichtiger Baustein zur Bekämpfung der Kinderarmut. Man muss sich nicht zuletzt aufgrund schlechter Ergebnisse der Bundesrepublik bei internationalen Schulleistungsvergleichen (PISA) darum bemühen, kinderreiche Eltern finanziell zu entlasten und talentierte Kinder aus Unterschichten bzw. migrierten Familien durch ergänzende Programme zu unterstützen: „Eine wichtige Funktion könnte auch der außerschulischen Bildungsarbeit zukommen, indem sie Kindern und Jugendlichen Kompetenzen im Bereich der Kultur und der Kunst vermittelt, die zur Selbstwertsteigerung beitragen können“ (Lange et al. 2003: 170).

Angesichts der durch Kinderarmut verstärkten Chancenungleichheit in der Gesellschaft bildet sie eine zentrale Herausforderung für die Schule. Da jene Infrastruktur weitgehend fehlt, die es auch Alleinerziehenden erlaubt, neben der Familien- noch Erwerbsarbeit zu leisten, liegt hier – neben der notwendigen Erhöhung monetärer Transfers zu Gunsten sozial benachteiligter Kinder – ein wichtiger Ansatzpunkt für Gegenmaßnahmen. Ganztagsschulen, die (preisgünstige oder unentgeltliche) Kindergarten-, Krippen- und Hortplätze ergänzen sollten, hätten einen pädagogisch-sozialen Doppeleffekt: Einerseits würden von Armut betroffene oder bedrohte Kinder umfassender betreut und systematischer gefördert als bisher, andererseits könnten ihre Mütter leichter als sonst einer Vollzeitbeschäftigung nachgehen, was sie finanzielle Probleme besser meistern ließe.

Ergänzend dazu müssten (größere) Unternehmen für Alleinerziehende günstige Arbeitszeitmodelle und/oder Betriebskindergärten anbieten. Durch die Ganztags- als Regelschule lassen sich soziale Handikaps insofern kompensieren, als eine bessere Versorgung der Kinder mit Nahrung (gemeinsame Einnahme des Mittagessens), eine gezielte Unterstützung vor allem leistungsschwächerer Schüler/innen (nicht nur aus Migrantenfamilien) bei der Erledigung von Hausaufgaben und eine sinnvollere Gestaltung der Freizeit möglich wären. „Für die Familien selbst kann die Inanspruchnahme der Tagesbetreuung Entlastung bedeuten und damit Regenerationsmöglichkeiten schaffen, die das Familiensystem gerade noch in der Balance halten oder auch die Überwindung zugespitzter Belastungen möglich machen. Zugleich wird mit der Inanspruchnahme der Tagesbetreuung die Isolation aufgebrochen, in die sich ‚arme Familien' häufig begeben" (Trauernicht 1995: 225).

Hinsichtlich der Integration von Kindern aus unterprivilegierten Elternhäusern wirken die Bildungs- und die Sozialpolitik komplementär. Sie dürfen nicht, wie es Jutta Allmendinger und Stephan Leibfried (2002: 191f.) tun, als „Bildungssozialpolitik" und „nachträglich ausgleichende Sozialpolitik" bezeichnet und damit gegeneinander ausgespielt werden. Bildung ist keine politische Wunderwaffe im Kampf gegen die (Kinder-) Armut. Wer eine kostspielige Bildungsoffensive fordert, wird unglaubwürdig, wenn er die dafür nötigen Finanzmittel aus dem Sozialetat nehmen und den Wohlfahrtsstaat demontieren will. Gerade wer in den Ruf nach „mehr Generationengerechtigkeit" einstimmt, müsste eigentlich darum bemüht sein, dass auch die später Geborenen noch einen hoch entwickelten Wohlfahrtsstaat und das bislang gewohnte Maß an sozialer Sicherheit vorfinden.

Es kommt ganz entscheidend darauf an, wie die Öffentlichkeit und die Massenmedien mit dem Thema „Kinderarmut" umgehen. Oft dominieren Bemühungen, das Problem zu relativieren, zu tabuisieren oder gar zu vertuschen. Hans Weiß (2005: 183) warnt vor einer „Pädagogisierung" und „Therapeutisierung" der Problematik, die im öffentlichen bzw. Mediendiskurs über eine „neue Unterschicht" angelegt ist: „Darin werden Armut und Unterschichtszugehörigkeit und ihre Auswirkungen auf Kinder, abstrahiert von den sozioökonomischen Bedingungen, z.B. vom Zusammenhang mit Dauerarbeitslosigkeit, primär als Folge der Verhaltensweisen der betroffenen Menschen, ihrer ‚Unterschichtskultur' betrachtet und damit letztlich ihnen die ‚Schuld' für ihre Situation zugeordnet".

Helgard Andrä (2000: 281) stellt zu Recht fest, „dass die Schule stärker für die sich ausweitende Armut bzw. deren Folgeerscheinungen sensibilisiert werden muss". Darauf sind Lehrer/innen, die meist der Mittelschicht entstammen und nicht in „sozialen Brennpunkten", vielmehr bürgerlichen Stadtvierteln wohnen, nicht oder nur unzureichend vorbereitet. Folglich muss das Thema „Kinderarmut" im Rahmen der Lehrerausbildung stärker berücksichtigt werden. Wer dort mit dem Problem, seinen Hintergründen und Auswirkungen nie befasst war, kann als Pädagoge keinen ihm adäquaten Unterricht geben. „Probleme wären leichter zu bewältigen, wenn in der Schule offen über Armut, deren Ursachen und mögliche Folgen gesprochen und damit gegenseitiges Verständnis geweckt und für Unterstützung gesorgt würde. Das Thema ‚(Kinder-) Armut' sollte deshalb ausführlicher als bisher Teil der Curricula werden, und zwar nicht mehr nur bezogen auf das Elend der sogenannten Dritten Welt" (Andrä 2000: 282f.).

Zwar kann die (Sozial-) Pädagogik eine konsequente Politik gegen Armut nicht ersetzen, sie muss aber dafür sorgen, dass diese Problematik trotz emotionaler Barrieren und rationaler Bedenken auf die Agenda gesetzt wird: „Die weitgehende Nichtthematisierung der (Kinder-) Armut ist ein Armutszeugnis für die schulische und außerschulische Bildungsarbeit!" (Esen 2003: 203). Fächerübergreifend hätte der Unterricht zu vermitteln, dass sich die Armut nicht auf Entwicklungsländer beschränkt, welche Ursachen sie hat und dass die Betroffenen in aller Regel keine persönliche Verantwortung dafür trifft, individuelle Schuldzuweisungen vielmehr nur von den gesellschaftlichen und politischen Hintergründen des Problems (z.B. Globalisierung, neoliberale Hegemonie, ungerechte Verteilung des Reichtums) ablenken.

Die deutschen Städte und Gemeinden sind aus finanziellen Gründen (sinkende Steuereinnahmen bei steigenden Sozialausgaben) immer weniger in der Lage, ihre Regelaufgaben im Kinder- und Jugendhilfebereich zu erfüllen, von freiwilligen Leistungen ganz zu schweigen. Wenn ihr mehr Mittel zur Verfügung stünden, könnte die Sozial- und Jugendarbeit ein Stützpfeiler im Kampf gegen die Kinderarmut sein. Eine kindorientierte Sozialpolitik dürfte nicht zulassen, dass kommunale Betreuungsangebote aufgrund staatlicher Sparmaßnahmen und leerer öffentlicher Kassen weiter verringert werden. Detlef Baum (2003: 182) sieht die zentrale Herausforderung und eine adäquate Strategie zur Bekämpfung der Armut und ihrer Folgen für Kinder darin, den Zusammenhang zwischen räumlicher und sozialer Ausgrenzung in den Städten zu durchbrechen: „Will der Staat die individuelle rechtliche und ökonomische Position von Personen verbessern, muss die kommunale Sozialpolitik die sozialräumlichen Strukturen zu gestalten suchen, unter denen Menschen leben bzw. aufwachsen, und die pädagogischen Beziehungen zu optimieren oder zu konstituieren suchen, die das Aufwachsen von Kindern und Jugendlichen in einer Kommune gelingen lassen".

Schule und Jugendhilfe sind gleichermaßen gefordert, im Rahmen ihrer beschränkten Möglichkeiten für alle Menschen befriedigende Lebensverhältnisse und ein Höchstmaß an Chancengleichheit zwischen Kindern unterschiedlicher sozialer wie ethnischer Herkunft zu schaffen. Roland Merten (2001: 312) konstatiert jedoch, dass noch keine Kinder- und Jugendhilfepolitik entwickelt und realisiert worden sei, die man als Politik für Kinder und Jugendliche klassifizieren könne. Aufgrund der „strukturellen Exklusion" von Kindern und Jugendlichen, die Merten beklagt, geht es nicht nur um die materielle Unterstützung, sondern auch um die rechtliche Aufwertung und politische Emanzipation junger Menschen. (Sozial-) Politik für Kinder muss auch Politik von und mit Kindern sein, sollen diese als heute am häufigsten und am meisten von Armut bzw. Unterversorgung in zentralen Lebenslagen betroffene Subjekte wirklich ernst genommen werden (vgl. Sünker 2001).

Literatur

Allmendinger, Jutta/Leibfried, Stephan (2002): Bildungsarmut im Sozialstaat. In: Burkart/Wolf (Hrsg.) (2002): 287-315

Andrä, Helgard (2000): Begleiterscheinungen und psychosoziale Folgen von Kinderarmut: Möglichkeiten pädagogischer Intervention. In: Butterwegge (Hrsg.) (2000): 270-285

Andreß, Hans-Jürgen/Borgloh, Barbara/Güllner, Miriam/Wilking, Katja (2003): Wenn aus Liebe rote Zahlen werden. Über die wirtschaftlichen Folgen von Trennung und Scheidung. Wiesbaden: Westdeutscher Verlag

Baum, Detlef (2003): Armut und Ausgrenzung von Kindern: Herausforderung für eine kommunale Sozialpolitik. In: Butterwegge/Klundt (Hrsg.) (2003): 173-188

Beck, Ulrich (1986): Risikogesellschaft. Auf dem Weg in eine andere Moderne. Frankfurt am Main: Suhrkamp

Beck, Ulrich (2005): Was zur Wahl steht. Frankfurt am Main: Suhrkamp

Beisenherz, H. Gerhard (2002): Kinderarmut in der Wohlfahrtsgesellschaft. Das Kainsmal der Globalisierung. Opladen: Leske + Budrich

Berger, Peter A./Vester, Michael (Hrsg.) (1998): Alte Ungleichheiten – neue Spaltungen. Opladen: Leske + Budrich

Bieback, Karl-Jürgen/Milz, Helga (Hrsg.) (1995): Neue Armut. Frankfurt am Main/New York: Campus

Burkart, Günter/Wolf, Jürgen (Hrsg.) (2002): Lebenszeiten. Erkundungen zur Soziologie der Generationen. Opladen: Leske + Budrich

Butterwegge, Christoph (Hrsg.) (2000): Kinderarmut in Deutschland. Ursachen, Erscheinungsformen und Gegenmaßnahmen. 2. Aufl. Frankfurt am Main/New York: Campus

Butterwegge, Christoph (2006): Krise und Zukunft des Sozialstaates. 3. Auflage. Wiesbaden: VS-Verlag

Butterwegge, Christoph (2007): Rechtfertigung, Maßnahmen und Folgen einer neoliberalen (Sozial-)Politik. In: Butterwegge/Lösch/Ptak (2007): 135-219

Butterwegge, Christoph/Hentges, Gudrun (Hrsg.) (2006): Zuwanderung im Zeichen der Globalisierung. Migrations-, Integrations- und Minderheitenpolitik. 3. Auflage. Wiesbaden: VS-Verlag

Butterwegge, Christoph/Holm, Karin/Imholz, Barbara/Klundt, Michael/Michels, Caren/Schulz, Uwe/Wuttke, Gisela/Zander, Margherita/Zeng, Matthias (2004): Armut und Kindheit. Ein regionaler, nationaler und internationaler Vergleich. 2. Auflage. Wiesbaden: VS-Verlag

Butterwegge, Christoph/Klundt, Michael (2002): Kinderarmut im internationalen Vergleich – Hintergründe, Folgen und Gegenmaßnahmen. In: WSI-Mitteilungen 55 (6). 326-333

Butterwegge, Christoph/Klundt, Michael (Hrsg.) (2003): Kinderarmut und Generationengerechtigkeit. Familien- und Sozialpolitik im demografischen Wandel. 2. Auflage. Opladen: Leske + Budrich

Butterwegge, Christoph/Klundt, Michael/Zeng, Matthias (2005): Kinderarmut in Ost- und Westdeutschland. Wiesbaden: VS-Verlag

Butterwegge, Christoph/Lösch, Bettina/Ptak, Ralf (2007): Kritik des Neoliberalismus. Wiesbaden: VS-Verlag

Chassé, Karl August/Zander, Margherita/Rasch, Konstanze (2005): Meine Familie ist arm. Wie Kinder im Grundschulalter Armut erleben und bewältigen. 2. Auflage. Wiesbaden: VS-Verlag

Esen, Ellen (2003): Über Armut reden! – Pädagogisch-didaktisches Material zum Thema „(Kinder-)Armut" für Schule und Weiterbildung. In: Butterwegge/Klundt (Hrsg.) (2003): 201-212

Gillen, Gabriele (2004): Hartz IV. Eine Abrechnung. Reinbek b. Hamburg: Rowohlt

Güthoff, Friedhelm/Sünker, Heinz (Hrsg.) (2001): Handbuch Kinderrechte. Partizipation, Kinderpolitik, Kinderkultur. Münster: Votum

Häußermann, Hartmut (1998): Zuwanderung und die Zukunft der Stadt. Neue ethnisch-kulturelle Konflikte durch die Entstehung einer neuen sozialen „underclass"? In: Heitmeyer/Dollase/Backes (Hrsg.) (1998): 145-175

Heitmeyer, Wilhelm/Dollase, Rainer/Backes, Otto (Hrsg.) (1998): Die Krise der Städte. Analysen zu den Folgen desintegrativer Stadtentwicklung für das ethnisch-kulturelle Zusammenleben. Frankfurt am Main: Suhrkamp

Herkommer, Sebastian (Hrsg.) (1999): Soziale Ausgrenzungen. Gesichter des neuen Kapitalismus. Hamburg: VSA

Holz, Gerda (2006): Lebenslagen und Chancen von Kindern in Deutschland. In: Aus Politik und Zeitgeschichte. Beilage zur Wochenzeitung Das Parlament. 56 (26). 3-11

Joos, Magdalena (1997): Armutsentwicklung und familiale Armutsrisiken von Kindern in den neuen und alten Bundesländern. In: Otto (Hrsg.) (1997): 47-78

Klocke, Andreas/Hurrelmann, Klaus (Hrsg.) (2001): Kinder und Jugendliche in Armut. Umfang, Auswirkungen und Konsequenzen. 2. Auflage. Wiesbaden: Westdeutscher Verlag

Kränzl-Nagl, Renate/Mierendorf, Johanna/Olk, Thomas (Hrsg.) (2003): Kindheit im Wohlfahrtsstaat. Gesellschaftliche und politische Herausforderungen. Frankfurt am Main/New York: Campus

Kronauer, Martin/Vogel, Berthold (1998): Spaltet Arbeitslosigkeit die Gesellschaft? In: Berger/Vester (Hrsg.) (1998): 333-350

Kronauer, Martin (1999): Die Innen-Außen-Spaltung der Gesellschaft. Eine Verteidigung des Exklusionsbegriffs gegen seinen mystifizierenden Gebrauch. In: Herkommer (Hrsg.) (1999): 60-72

Kronauer, Martin (2002): Exklusion. Die Gefährdung des Sozialen im hoch entwickelten Kapitalismus. Frankfurt am Main/New York: Campus

Lange, Andreas/Lauterbach, Wolfgang/Becker, Rolf (2003): Armut und Bildungschancen. Auswirkungen von Niedrigeinkommen auf den Schulerfolg am Beispiel des Übergangs von der Grundschule auf weiterführende Schulstufen. In: Butterwegge/Klundt (Hrsg.) (2003): 153-170

Lutz, Ronald (2004): Kinder, Kinder ...! – Bewältigung familiärer Armut. In: Neue Praxis. 34 (1). 40-61

Merten, Roland (2001): Kinder- und Jugendhilfepolitik als Politik gegen Kinder- und Jugendarmut: Möglichkeiten und Grenzen. In: Klocke/Hurrelmann (Hrsg.) (2001): 311-333

Mierendorff, Johanna/Olk, Thomas (2003): Kinderwohlfahrtspolitik in Deutschland. In: Kränzl-Nagl/Mierendorf/Olk (Hrsg.) (2003): 419-464

Otto, Ulrich (Hrsg.) (1997): Aufwachsen in Armut. Erfahrungswelten und soziale Lagen von Kindern armer Familien. Opladen: Leske + Budrich

Richter, Antje (2000): Wie erleben und bewältigen Kinder Armut? – Eine qualitative Studie über die Belastungen aus Unterversorgungslagen und ihre Bewältigung aus subjektiver Sicht von Grundschulkindern einer ländlichen Region. Aachen: Shaker

Strengmann-Kuhn, Wolfgang (2003): Armut trotz Erwerbstätigkeit. Analysen und sozialpolitische Konsequenzen. Frankfurt am Main/New York: Campus

Sünker, Heinz (2001): Kindheit heute – die Zukunft von Kinderpolitik. In: Güthoff/Sünker (Hrsg.) (2001): 68-80
Trauernicht, Gitta (1995): Armut von Kindern und Jugendlichen und kommunale Jugendpolitik. In: Bieback/Milz (Hrsg.) (1995): 220-234
Weiß, Hans (2005): „Frühe Hilfen“ für entwicklungsgefährdete Kinder in Armutslagen. In: Zander (Hrsg.) (2005): 182-197
Zander, Margherita (2005): Kindliche Bewältigungsstrategien von Armut im Grundschulalter – ein Forschungsbericht. In: Zander (Hrsg.) (2005): 110-141
Zander, Margherita (Hrsg.) (2005): Kinderarmut. Einführendes Handbuch für Forschung und soziale Praxis. Wiesbaden: VS-Verlag

Franz Josef Krafeld

Jugendliche und Rechtsextremismus – eine Herausforderung (auch) für Schule und Jugendhilfe

Dass sich rechtsextremistische Orientierungen und ebenso entsprechend motivierte Gewalthandlungen junger Menschen in den letzten zwei Jahrzehnten ganz erheblich ausgeweitet haben und u.a. für Schule und Jugendhilfe immer größere Herausforderungen darstellen, braucht hier nicht weiter ausgeführt werden. Das ist allgemein bekannt. Trotzdem geht die ungemein verbreitete Auffassung an der Realität vorbei, es handele sich hier um ein Jugendproblem. Tatsächlich sind rechtsextremistische und fremdenfeindliche Orientierungen in allen Generationen verbreitet. Und bis heute ist der Anteil in keiner Generation so hoch wie bei denen, die selbst noch den Nationalsozialismus miterlebt haben. Allerdings wird nicht in allen Generationen darauf gesetzt, an diesen Orientierungen etwas zu ändern. Eine derartige „Stammtischpädagogik" (Kurt Möller) gegen rechts – als Teil von Erwachsenenbildung – wurde z.B. noch nirgendwo versucht. Aktivitäten gegen die Ausbreitung von Rechtsextremismus und Fremdenfeindlichkeit, die auf die Änderung von Meinungsbildung und Verhalten zielen, werden ausschließlich jungen Menschen gegenüber angegangen. In Politik umgesetzt, haben die verschiedenen Bundesregierungen denn auch ihre Programme gegen die Ausbreitung des Rechtsextremismus im Jugendressort angesiedelt, nicht im Bildungsministerium oder im Innenministerium.

Die Art und Weise, wie in unserer heutigen Gesellschaft Auseinandersetzungen um Rechtsextremismus, um Rassismus und Fremdenfeindlichkeit laufen, ist zudem insgesamt immer noch außerordentlich geprägt von all den Defiziten, Versäumnissen und Verweigerungen der Reflexion, Bearbeitung und Verarbeitung gesellschaftlicher und biografischer Erfahrungen aus der Zeit des Nationalsozialismus – wobei auch heute wichtig ist, dass derartige Defizite, Versäumnisse und Verweigerungen in Ost- und in Westdeutschland quantitativ und qualitativ außerordentlich verschieden waren. Denn dieser jeweilige geschichtliche Hintergrund prägt auch heute noch in vielfältiger Weise gegenwärtige Auseinandersetzungen um den Rechtsextremismus und um deren Nährböden. Wir haben auf der einen Seite nach wie vor ungeheuer viele Verharmlosungen, Bagatellisierungen, radikale Verkürzungen des Problems oder die Rufe nach einem Schlussstrich, parallel dazu gleichzeitig wachsende Selbstverständlichkeiten von Minderheitenfeindlichkeit und Rassismus bis in die Mitte unserer Gesellschaft hinein. Und auf der anderen Seite erleben wir dann manche Extreme in Form eines teilweise belehrungsbesessenen, dogmatisch oder gar militant daherkommenden Antifaschismus.

Wie schwer es bis heute vielfach fällt, konsequent zu rechtsextremistischen und fremdenfeindlichen Orientierungen auf Distanz zu gehen, dass zeigt sich in unserem Alltag tagtäglich. Das schlägt etwa durch, wo ein Bürgermeister einen nächtlichen Überfall einheimischer Jugendlicher auf einen Schwarzen kommentiert mit: „Was geht der Neger denn Nachts auch auf die Straße. Da muss er doch damit rechnen. Da hat er doch selber Schuld!"

Das zeigt sich aber auch z.B. in ganz legal gewordenen fremdenfeindlichen und menschenverachtenden Umgehensweisen mit politischen Flüchtlingen, Kriegs- oder Elendsflüchtlingen. Während einerseits das Asylrecht aus gutem Grund immer wieder als großer Schritt zur Verwirklichung der Menschenrechte gefeiert wird, gibt es andererseits aber z.B. bis heute in unserer Sprache (und in unserem Amtsdeutsch) nur noch nicht anerkannte Asylbewerber. Und unter denen seien – so heißt es immer wieder – viele Scheinasylanten, Asylbetrüger und begehrliche Wirtschaftsflüchtlinge. Für den Fall, dass der eine oder andere Asylbewerber nach Jahren endlich auch anerkannt wird, haben wir dagegen bis heute nicht einmal einen passenden Begriff. In unserer Sprache ist der Fall, der statistisch immer seltener wird, nicht einmal als Möglichkeit vorgesehen. Und die Sprache ist ein wichtiges Spiegelbild gesellschaftlicher Entwicklungen.

Rechtsextremistische Orientierungen als subjektive Hilfe zur Lebensentfaltung

Schon dieser kurze Blick auf den gesellschaftlichen und sozialgeschichtlichen Kontext macht deutlich, dass eine ausschließlich pädagogische (und bei entsprechenden Gegebenheiten zusätzlich noch juristische) Umgehensweise mit rechtsextremistisch orientierten Jugendlichen viel zu kurz greift und dem komplexen Problem letztlich überhaupt nicht gerecht werden kann. Heute von rechtsextremistischen Orientierungen angezogene junge Menschen greifen vielmehr Deutungs- und Handlungsangebote auf, die längst über viele Jahrzehnte in dieser Gesellschaft herangewachsen und vorhanden sind. Und gleichzeitig formen sie sich diese so zurecht, entfalten sie so und gehen so mit ihnen um, dass sie ihnen – jedenfalls subjektiv – im Moment für eine bessere Deutung ihrer Lebenserfahrungen besonders geeignet erscheinen und für ihr Streben, unter den heutigen Lebensbedingungen aus ihrem eigenen Leben möglichst viel zu machen.

Wo es um die Attraktivität rechtsextremistischer Orientierungsmuster bei jungen Menschen geht, da ist also erstens der Umgang mit den „Nährböden in der Mitte der Gesellschaft“ (Heitmeyer) wichtig, (allerdings mehr mit den heutigen Nährböden als mit deren geschichtlichen Formen). Und da ist noch weit mehr die Reflektion der jeweiligen subjektiven biografischen Funktion für die eigene Lebensentfaltung und Lebensbewältigung ganz zentral.

Die Voraussetzungen für eine kritische Reflektion biografischer Orientierungssuche im rechtsextremistischen Angebotsspektrum sind aber – neben der gesellschaftlichen Dimension – auch deshalb schlecht, weil die konventionelle Fachunterrichtsschule wie eh und je zu einem Berufsleben hinführen soll, das es tatsächlich so längst nicht mehr gibt – oder wo Jugendhilfe immer häufiger mit jungen Menschen zu tun hat, deren Exklusion von gesellschaftlicher Teilhabe längst fast unentrinnbar vorgezeichnet scheint. Gerade heute, da es stabile, kalkulierbare oder gar verlässliche Wege gesellschaftlicher Integration und gesellschaftlicher Teilhabe für nachwachsende Generationen längst nicht mehr gibt, da können bloße pädagogische Aktivitäten gegen die Ausbreitung rechtsextremistischer Orientierungen kaum etwas ausrichten, jedenfalls, so lange sie sich lediglich in ihren pädagogischen Eigenwelten bewegen und sich nicht – zumindest auch – aktiv einbringen und einmischen in die Lebenswelten junger Menschen.

Eine derartige „Lebensweltorientierung“ ist zwar zumindest in der Jugendhilfe seit einiger Zeit eines der meistbeschworenen Selbstverständnisse. Tatsächlich realisiert ist sie aber bislang am ehesten nur in einigen Feldern, und zwar in jenen, in denen man anders gar nicht mehr an die entsprechenden jungen Menschern heran käme (z.B. in der Streetworkarbeit). Ansonsten beschränkt sich Lebensweltorientierung meist bestenfalls auf die Vernetzung von Institutionen, die mit jungen Menschen zu tun haben – die sich damit allein aber noch kein bisschen mehr den tatsächlich relevanten lebensweltlichen Zusammenhängen des Aufwachsens junger Menschen genähert haben müssen. (Nicht selten drängt sich sogar der gegenteilige Eindruck auf, man halte sich mit der Vernetzung institutionszentrierter Sichtweisen eher noch gegenseitig genau davon ab.)

In der Schule beispielsweise wird „Lebensweltorientierung“ bis heute meist bestenfalls auf Projekttage, Berufsorientierung und auf Kooperationspartner abgeschoben. Und das, was in den letzten Jahren – im Zusammenhang mit der verlässlichen Grundschule und dem Trend zur Ganztagsschule – an Kooperationen von Schule und Jugendhilfe umgesetzt wurde, das stimmt auch in dieser Hinsicht fast durchweg eher pessimistisch als optimistisch. Das gilt etwa, wenn Schule die Jugendhilfe – oder speziell die Schulsozialarbeit – dazu instrumentalisieren will, ihr die auffälligen und störenden Schülerinnen und Schüler abzunehmen, damit der gewohnte Schulbetrieb möglichst unverändert weiterbetrieben werden kann. Oder wenn für die außerunterrichtlichen Zeiten Personal gesucht wird, das mit meist allenfalls kümmerlicher professioneller Qualifizierung (und Bezahlung) lediglich beaufsichtigen und beschäftigen soll, mit wirksamer Förderung aber völlig überfordert ist.

Andererseits gilt aber auch: Ohne eine wirklich qualifizierte Kooperation von Schule und Jugendhilfe wird es ganz ausgeschlossen sein, tatsächlich eine qualifizierte und fundierte „Förderung der Entwicklung junger Menschen“ (so der Zielanspruch des Kinder- und Jugendhilfegesetzes) in Zeiten so ungewisser, unkalkulierbarer und unüberschaubarer Möglichkeiten zu gesellschaftlicher Integration und gesellschaftlicher Teilhabe zu leisten, wie junge Menschen sie heute vorfinden. Wenn allein in der Stadt Leipzig im Jahre 2006 etwa 400 Schulschwänzer zu Jugendarrest verurteilt wurden (lt. TAZ vom 02.05.2007), dann demonstriert das letztlich nichts so sehr wie die Unfähigkeit von Schule, damit fertig zu werden, dass sie ungeheuer vielen Schülern längst keine erfolgreichen, existenzsichernden und stabilen Übergänge ins Erwerbsleben mehr versprechen kann. Damit verliert Pflichtschule ein entscheidendes Fundament ihrer eigenen bisherigen Legitimität und Akzeptanz, zumal bei weniger erfolgreichen Schülerinnen und Schülern. Und Repressionsmaßnahmen sind sicherlich besonders ungeeignet, ihr eine zeitadäquate veränderte Legitimations- und Akzeptanzbasis zu schaffen.

Die heutigen Bedingungen des Aufwachsens junger Menschen bringen Erziehung und Bildung in ein ungeheures Dilemma: Erwachsene können zwar jungen Menschen nach wie vor sagen, wo's lang gehen soll im Leben und wie. Aber wo's tatsächlich mit guter Aussicht auf Erfolg lang gehen kann, das vermögen sie immer weniger zu sagen. Wer heute als junger Mensch sein oder ihr Leben gelingend angehen und entfalten, wer heute dabei trotz allem Subjekt seines oder ihres Lebens werden will, der oder die muss – so der französische Sozialphilosoph André Gorz – Fähigkeiten entwickelt und erworben haben, Zukunft zu ersinnen, also mit allen fünf Sinnen Wege in die eigene ungewisse Zukunft zu suchen (Gorz 1983: 11) – wohl wissend, dass es eindeutige und verlässlich Erfolg versprechende Wege oder gar den goldenen Weg zum Heil nicht gibt. Und zum Suchen gehört wesensmäßig dazu, etwas auszuprobieren und zu riskieren, Prioritäten mal so und mal so zu setzen, Energien mal hier und mal da zu konzentrieren, mal engagiert zu sein und sich mal Muße und Ruhe zugestehen. Und zum Suchen gehört auch, Bögen, Kurven und Umwege zu gehen, Wege zu probieren, die sich später als Sackgassen erweisen oder in denen man stecken zu bleiben oder zu versinken droht. Die (männlich) tradierte Vorstellung dagegen, dass gradlinige Wege immer die besten sind, ist von der Geschichte überholt. Eine der schwierigsten, wahrscheinlich die schwierigste Aufgabe überhaupt ist vielmehr heute, eine tragfähige Balance zu finden zwischen Arbeit und Leben, eine Balance, die einen notfalls auch über biografische Brüche hinweg trägt. Und gerade mit dieser Aufgabe fühlen sich die meisten jungen Menschen relativ allein gelassen. Oder sie fühlen sich mit meist nicht oder kaum kompatiblen Ansprüchen, Empfehlungen oder Zwängen überhäuft. Anders ist es für sie am ehesten unter Gleichaltrigen und in entsprechenden Gruppierungen und sozialen Netzen. Das hat deren Bedeutung denn auch in jüngster Zeit noch einmal immens steigen lassen. Die konventionellen Institutionen der Bildung, Erziehung und Jugendhilfe stoßen dagegen gerade in diesem Bereich besonders leicht an ihre Grenzen, zumal dann, wenn sie entsprechende Cliquen und Szenen nur insofern wahrnehmen, wie sie diese als Störfaktor empfinden. In vielen Schulen, und zumal in der Öffentlichkeit, wirkt bis heute die reflexartige Gleichsetzung von Cliquen und Cliquenproblem nach, die dazu führte, dass der Begriff „Cliquenproblem" schon seit den späten 50ern selbst in den Massenmedien ein Modebegriff wurde, sich der Begriff Clique ohne den Appendix „-problem" erst in den letzten 20 Jahren durchgesetzt hat. Damit blieben allerdings auch jahrzehntelang die wichtigen produktiven Leistungen informeller Cliquen für die Entwicklung junger Menschen im Bildungs- und Erziehungsbereich unbeachtet und ungenutzt.

Die verbreitete Hilflosigkeit gegenüber jungen Menschen mit rechtsextremistischen Orientierungen hat also sehr viel zu tun mit den wachsenden Schwierigkeiten pädagogischer Institutionen, insgesamt auf die veränderten Bedingungen und gewachsenen Risiken des Aufwachsens angemessen zu reagieren. Das gilt am extremsten für die Schule. In der herkömmlichen Fachunterrichtsschule ist nach wie vor typischerweise nicht das Interesse an den Schülerinnen und Schülern und deren individueller Förderung ihrer persönlichen Entwicklung entscheidend, sondern die Stoffbewältigung und die daran orientierte Bändigung, Disziplinierung und Beurteilung. Wenn es aber in aktuelleren Stellungnahmen immer wieder heißt, dass an Hauptschulen teilweise inzwischen ein so großer Zeit- und Energieanteil auf die bloße Disziplinierung verwandt werden müsse, dass regulärer Unterricht gar nicht mehr möglich sei, dann drängt sich spätestens an diesem Punkt die Frage auf, ob dieser Zeitaufwand (der ja auch im Moment nicht für Stoffvermittlung zur Verfügung steht), nicht besser für überaus sinnvolle und wichtige, nur eben nicht im Lehrplan vorgesehene Aktivitäten der allseitigen Förderung der Entwicklung junger Menschen aufgewendet werden könnte, statt im alltäglichen Disziplinierungsstress Lehrkräfte zu verschleißen und gerade benachteiligte junge Menschen letztlich noch immer lernunfähiger und lebensunfähiger zu machen.

Je mehr junge Menschen letztlich allein gelassen werden mit ihrer biografischen Aufgabe, trotz allem möglichst viel aus ihrem Leben zu machen und von ihrem Leben zu haben, je mehr sie sich dabei subjektiv von wachsenden Desintegrationsrisiken bedroht sehen (die allerdings mit objektiver Marginalisierung und entsprechenden Risiken nicht unbedingt etwas zu tun haben müssen!), um so leichter können dann auch für einen Teil von ihnen rechtsextremistische Deutungsmuster attraktiv zu werden. Das gilt jedenfalls bei denjenigen unter den jungen Menschen, die von ihrer biografischen Entwicklung her bereits entsprechende Erfahrungen, Dispositionen und Affinitäten zu rechtsextremistischen Orientierungsmustern mitbringen. Kernelemente solcher, dann leicht aufgegriffener rechtsextremistischer Deutungs- und Orientierungsangebote sind insbesondere:

- die *naturhafte* Deutung soziologischer und geschichtlicher Phänomene (insbesondere von ethnischer Zugehörigkeit und – vor allem männlicher – Geschlechtsidentität)
- ein (meist ethnisch untermauerter) übersteigerter Nationalismus mit *Überlegenheitsanspruch* und parallelen Bedrohungsempfindungen
- die Negierung universeller Menschenrechte und Gleichheitsrechte (vor allem im Sinne von Gleich*wertigkeit*)
- ein entschiedener Antipluralismus (und ein schematisches Denken in Dualismen) und
- eine Akzeptanz entsprechend legitimierter und/oder motivierter Diskriminierung und Gewalt.

Pädagogische Einmischungen in rechtsextrem beeinflusste Orientierungsprozesse

Solchen Orientierungsangeboten mit Aufklärung, Information oder Belehrung begegnen zu wollen, wie es zunächst nahezuliegen scheint, das hat sich in der Praxis immer wieder als völlig ineffektiv erwiesen. Denn Belehrungen kommen nun mal gegen *subjektiv* als relevant empfundene Erfahrungen nicht an, an die die entsprechenden Deutungsmuster durchweg mannigfaltig angedockt sind. Genau so wirkungslos sind Ausgrenzungen, Bestrafungen, Redeverbote u.ä.. Gerade unter Bedingungen von selektiv ausgerichteter Pflichtschule fördern sie sogar umgekehrt oft noch gefährliche Solidarisierungs-, Identifizierungs- oder Provokationsprozesse.

Voraussetzung jeder wirksamen pädagogischen Intervention ist vielmehr ein deutliches Zeigen und Durchhalten zivilgesellschaftlicher Grundprinzipien und Grundhaltungen, ein Respekt vor anderen Menschen, egal, wie sie sind, und eine Achtung der Würde auch derer, die einem fern stehen. Und Meinungsfreiheit ist nur dann wirklich ein Grundwert und ein Grundrecht, wenn sie auch – ja, gerade – für Meinungen gilt, die ich ablehne, die ich vielleicht sogar für schlimm oder erschreckend halte. Das geht allerdings nur, wenn ich freie *Meinungs*äußerungen immer wieder klar unterscheide von strafrechtlich zu sanktionierenden *Taten* (wozu u.a. auch Aufstachelung, Hetze oder Bedrohung gehören).

Wer sich dagegen nur interessiert für das, woran man Anstoß nimmt, der oder die wird entsprechende Jugendliche kaum je erreichen, geschweige denn, sie zu Änderungen bewegen. Chancen dazu gibt es nur, wenn man den anderen ernst nimmt – und nicht nur seine Sprüche oder Taten –, wenn man sich für ihn oder sie interessiert. Dann wird man im Übrigen auch erleben, dass rechtsextremistisch orientierte junge Menschen – bei allen sonstigen Unterschieden in ihren Biografien – fast durchweg Menschen sind, die genau das gerade Geschilderte bislang kaum erlebt haben, angefangen vom Aufwachsen in der Familie: dass sie als Mensch, als Subjekt ihrer selbst ernst genommen und respektiert werden, dass ihnen

Wertschätzung entgegengebracht wird, dass sich jemand wirklich für sie interessiert, dass ihre Würde geachtet wird (vgl. Wippermann et al. 2002: 44ff.; Möller/Schuhmacher 2007: 56ff.).

Ausgangspunkt praktisch jeder pädagogischen Arbeit mit rechtsextremistisch orientierten Jugendlichen ist ein Menschenbild, das jedem Menschen die Fähigkeit einräumt – und auch das Bestreben unterstellt –, durch eigenes Handeln möglichst viel aus dem eigenen Leben zu machen und damit selbst möglichst zufrieden oder glücklich zu werden. Und es ist offensichtlich, dass dazu (leider) viele Menschen in rechts-extremistischen Mustern

- überzeugendere Orientierungen
- größere Zugehörigkeitsgefühle
- mehr Beachtung und Anerkennung usw.

zu finden meinen als in anderen Mustern.

Und zweitens ist offensichtlich (auch wenn inner- und außerhalb der Pädagogik immer wieder ganz andere Traumbilder über deren Handlungsmöglichkeiten hochgehalten werden), dass Menschen sich meist nur dann – und auch erst dann – ändern, wenn es *subjektiv* für sie Sinn macht, das heißt: wenn sie *selbst* sich etwas davon versprechen. Und wer sich als Pädagogin oder Pädagoge dazu nicht auf „Zuckerbrot und Peitsche" verlassen will, muss darum bemüht sein, sich aktiv einzumischen in den jeweiligen biografischen Prozess der Produktion von Erfahrungen und Orientierungen. Konkret heißt das für die praktische Arbeit: Man muss ansetzen an den Problemen, die die Jugendlichen *haben*, nicht an den Problemen, die sie *machen*, damit diese:

1. mit der Zeit andere Problembewältigungsstrategien entwickeln, solche, die sozial verträglicher und gleichzeitig auch für sie selbst effektiver sind
2. irgendwann auch Interesse daran zeigen, welche Probleme andere mit *ihnen* haben.

Konkret heißt das:

1. Zugang findet man zu Jugendlichen mit rechtsextremistischen Orientierungen meist nur dann, wenn man sich für *sie* interessiert – nicht nur für deren Ansichten und Taten – wenn man ihnen zuhört, statt zu denken, man müsse ihnen erst mal gehörig die Meinung sagen. Gerade das ist etwas, was die meisten Jugendlichen kolossal vermissen, dass sich Erwachsene mal für *sie* interessieren – und sich nicht nur da einmischen, wo sie etwas stört oder ärgert. Ein echter Dialog kann relativ leicht über anfängliches Zuhören, aber kaum je über anfängliches Belehren oder „Unter-den-Tisch-Diskutieren" erreicht werden.
2. Basis für eine erfolgreiche Jugendarbeit – auch mit extrem auffälligen Jugendlichen – ist letztlich immer ein *gegenseitiges* Interesse aneinander. Das schließt vor allem zwei Ebenen ein:
   - die Forderung nach *gegenseitiger Akzeptanz* (statt Akzeptanz als Einbahnstraße – in welche Richtung auch immer)

- die Konfrontation mit einem *tiefgreifenden Anderssein* im Zuge *persönlicher* Begegnung, über das *Leben* und *Erleben-Lassen* (nicht das Predigen) anderer Überzeugungen, Grundhaltungen und Wertvorstellungen.

3. Praktisch jedes auffällige Verhalten ist im Kern immer auch ein subjektgeleitetes *Bewältigungsverhalten*. Es lässt sich also auch kaum aus der Welt schaffen, so lange sich nicht geeignetere Muster bewähren. Das gilt in vielerlei Bereichen. Die immense Zunahme an expressiv inszenierter Männlichkeit und Machoverhalten, an Körperlichkeit und Gewaltfaszination wie auch an rechtsextremistisch inspirierten Männlichkeitsbildern sehe ich z.B. vor allem als Reaktion auf die immense Verunsicherung von Wegen zu anerkannter männlicher Identität angesichts immer unkalkulierbarerer und ungewisserer Wege ins Berufsleben als deren tradiertes zwingendes Fundament.
4. Cliquen sind für die allermeisten Jugendlichen selbst geschaffene soziale Zusammenhänge von ganz zentraler Bedeutung. Und das gilt umso mehr, je weniger andere wichtige soziale Einbindungen existieren. Genau dann allerdings ist es auch besonders schwer, sich „einen eigenen Kopf zu machen" und nicht mitzuschwimmen. Pädagogisch angemessen ist daher eine *kritische* Cliquenorientierung, die auch auf dieser Beziehungsebene „ernst nehmen" und „personale Konfrontation" miteinander verbindet, statt Cliquen kritiklos zu begleiten.
5. Pädagogische Arbeit, die gegen rechtsextremistische Orientierungen anwirken soll, geht letztlich nicht ohne lebensweltliche Einmischungen
   - zum einen in die konkreten Bedingungen des Aufwachsens
   - und zum zweiten in die *tatsächliche* Entfaltung gesellschaftlicher Teilhabe aller im lebensweltlichen Umfeld, nicht nur der eigenen Zielgruppe; konkret heißt das vor allem:
   - Förderung *pluraler* Alltagskulturen und Lebensstile vor Ort (denn erst, wenn die *durchgesetzt* sind, dann haben rechte Jugendliche auch die Möglichkeit, sich zu ändern, ohne sich dann fortan verkriechen zu müssen)
   - Förderung möglichst niedrigschwelliger informeller Partizipationskulturen, vor allem auch für Minderheiten
   - Förderung praktisch werdender gesellschaftlicher Teilhabe, insbesondere für
     - altersbedingt (als Kinder und Jugendliche) oder
     - zuwanderungsbedingt (noch) nicht voll integrierte, d.h. mit geringeren Rechten lebende Menschen.
6. Jugendliche brauchen gerade in Zeiten großer Unüberschaubarkeiten besonders intensiv den Austausch mit Gleichaltrigen, die ähnlich wie sie auf der Suche sind, trotz allem „aus ihrem Leben etwas zu machen". Dazu finden sie aber in unserer Gesellschaft immer weniger Platz. Jugendhilfe und Schule müssen sich also dafür einsetzen, dass Jugendliche in ihrer Umwelt Platz haben und Platz behalten, sich eigenständig mit Gleichaltrigen zu treffen – und, wenn sie es wollen, auch mal unter sich sein zu können. Es reicht also nicht eine Jugendeinrichtung für all jene, die zufällig einer Generation angehören und im gleichen Wohnort leben. (Erwachsene würden sich das ja auch nie zumuten!) Plurale Orientierungen brauchen auch eine Pluralität entsprechender Orte und Entfaltungsmöglichkeiten. Freilich müssen solche Orte längst nicht immer überdacht, beheizt und betreut werden. Oft ist die Absicherung und gegenseitige Akzeptanz informeller Cliquentreffpunkte mit allenfalls punktueller personeller Unterstützung von außen

viel besser – und nicht nur viel billiger. Denn junge Menschen wachsen seit einigen Jahrzehnten unter Bedingungen auf, in denen es weitaus die meisten Konflikte zwischen Gleichaltrigengruppierungen und Erwachsenen allein deshalb gibt, weil sie irgendwo *sind*, wo sie nicht sein sollen – und nicht mehr deshalb, weil sie etwas *angestellt* haben.

Letztlich geht es also bei all dem darum, dass Pädagogik überall da, wo sie es mit solchen jungen Menschen zu tun hat, die momentan rechtsextremistische Orientierungen attraktiv finden, vor allem die Auseinandersetzung fördert, was denn jenen Menschen *subjektiv* rechtsextremistische Orientierungen für ihre eigene Lebensentfaltung bieten können. Es geht dabei also um den möglichen Stellenwert rechtsextremistischer Orientierungen für deren *eigene* Lebensentfaltung – oder andersherum darum, der *subjektiven* Attraktivität rechtsextremistischer Orientierungen bei jungen Menschen „das Wasser abzugraben" durch personale Einmischung in deren Prozesse der Suche nach Orientierung. Entscheidender Bezugspunkt ist dann deren Lebensentfaltung und Lebensbewältigung – sind also gewiss nicht Wahlerfolge der Rechten, deren lokale Präsenz, Polizei- und Gewaltstatistiken o.ä.

Und die entscheidende Frage ist dabei: Wie schaffen wir es in einer Gesellschaft, in der viele junge Menschen so große Schwierigkeiten haben, ihren Platz zu finden, dazuzugehören und gesellschaftliche Teilhabe und eigenständige Existenzsicherung zu erreichen, dass diese sich künftig von zivilgesellschaftlichen Entwicklungen eher etwas versprechen als von rechtsextremistischen Deutungs- und Orientierungsangeboten – egal, wo sie momentan stehen? Nur, wenn wir das erreichen, dann werden wir der Attraktivität jener rechtsextremistischen Orientierungen dauerhaft das Wasser abgraben können, die als Nährböden in unserer Gesellschaft auch nach 1945 ja immer vorhanden waren. Denn die Kehrseite der Attraktivität rechtsextremistischer Orientierungen war und ist immer wieder das Versagen der Demokraten bei der Aufgabe, alle Menschen sich entfalten und gesellschaftlich teilhaben zu lassen.

Solch eine pädagogische Arbeit kann nur in dem Maße gedeihen, wie sie auch von einem zivilgesellschaftlichen Umfeld getragen wird. Entscheidend ist, ob ein zivilgesellschaftliches Umfeld daran mitwirkt, plurale Selbstentfaltungsprozesse vor Ort zu fördern und die Lebenschancen junger Menschen vor Ort tatsächlich zu verbessern. Wo solch ein Umfeld dagegen nicht in ausreichendem Maße besteht, da kann pädagogische Einmischung vielleicht dazu beitragen, solch ein zivilgesellschaftlich lebendiges Umfeld mit einer wachsenden *Attraktivität von Vielfalt* zu fördern. Aber gerade dann ist es besonders wichtig, klar zu unterscheiden zwischen den Zielgruppen *pädagogischer* Arbeit (die vielleicht auch eine rechte Clique sein kann) und einer gleichzeitigen *gesellschafts-politischen* Verantwortung für plurale Entfaltungsmöglichkeiten *unterschiedlichster* junger Menschen vor Ort.

Das Ganze ist also weit mehr eine politische als eine pädagogische Aufgabe. Aber Pädagogik kann dazu Etliches beitragen. Und das sollte sie auch tun, vor allem in solchen Regionen natürlich, in denen rechtsextremistische Muster für viele junge Menschen hohe Attraktivität erreicht haben. Sie kann aber weder eine generationsübergreifende Rechtsextremismusbekämpfung *ersetzen* noch unterentwickelte zivilgesellschaftliche Entfaltungsprozesse *kompensieren*. Am wirksamsten wird sie vielmehr dann sein können, wenn *parallel* zur pädagogischen Arbeit an der Entfaltung zivilgesellschaftlich attraktiver und pluraler Umfeldmilieus gearbeitet wird, in denen Vielfalt tatsächlich *real* als Chance erlebt werden kann. Gerade dort, wo es daran eklatant mangelt, da kann und darf sich die Förderung der

Entwicklung junger Menschen folglich auch keinesfalls auf die Arbeit mit solchen jungen Menschen konzentrieren, die Pluralität gar nicht wollen – selbst wenn die dominant sind, am meisten kommen, am meisten Ärger machen o.ä.. Gerade der an die Jugendhilfe so häufig herangetragene Anspruch, Ruhe und Ordnung herzustellen (und damit am besten gleich jede bei Erwachsenen anstößige jugendkulturelle Entfaltung zu entsorgen), ist mit den Zielen der Jugendhilfe allenfalls sehr selten vereinbar. Denn deren Auftrag liegt in der Förderung der Entwicklung junger Menschen, und zwar lt. Gesetz *aller*, auch derer, die negativ auffällig geworden sind (und die vielleicht deshalb parallel auch mit Polizei und Justiz zu tun haben). Für die Inanspruchnahme und Nutzung von Angeboten der Jugendhilfe muss man sich nicht als würdig, sondern als bedürftig erweisen.

Jugendhilfe ist dagegen *nicht* eine Dienstleistung für Erwachsene, die mit jungen Menschen Schwierigkeiten oder Stress haben oder die ihre eigene gesellschaftliche Verantwortung (möglichst noch zum Nulltarif) loswerden wollen. Und sie ist genau so wenig ein Dienstleistungsangebot für andere Institutionen, die ihrerseits mit ihren jungen Menschen immer mehr Schwierigkeiten haben oder die ihr eigenes wachsendes Aufgabenfeld mangels entsprechenden Personals nicht ausreichend abdecken können. Beides erleben wir in jüngster Zeit vor allem als Erwartung von Schule, zumal im Zusammenhang mit den Entwicklungen zur Ganztagsschule.

Dialogische Kommunikation als lebendige Alternative zu rechtsextremistischen Mustern

Wo rechtsextremistisch orientierte Jugendliche sich ernst genommen fühlen, wo sie Respekt und Wertschätzung erfahren und ein Interesse an sich erleben, an ihren Lebenswegen und Lebensorientierungen (und zwar insbesondere auch von Leuten, die ganz anders denken als sie, die ihre Orientierungen, Einstellungen und Verhaltensweisen teils schlimm oder erschreckend finden), da ist meist bereits ein ganz wichtiger Veränderungsprozess in Gang gesetzt. Denn sie erleben dann plötzlich selbst, dass Vielfalt anregen kann, dass Kommunikation nicht notwendig verbales Kampfgehabe sein muss, wenn man unterschiedlicher Ansicht ist, dass es Sinn macht, zwischen dem Respekt vor einer Person und der Haltung zu bestimmten Auffassungen oder Taten dieser Person zu unterscheiden – kurz, zu differenzieren, zu reflektieren und Pluralität schätzen zu lernen. Nirgends wird das so deutlich wie in den scheinbar ganz alltäglichen, ganz selbstverständlichen, vielfach in Fleisch und Blut übergegangenen Mustern des Sprechens miteinander. Sie zeigen, inwieweit das Gegenüber tatsächlich ernst genommen wird, als Subjekt seines oder ihres Lebens. Sie signalisieren, ob man wirklich offen miteinander umgeht, so vielleicht, wie in der Aussage eines rechten Skinheads zu einem linken Sozialarbeiter: „Mich interessiert dazu Deine Meinung, obwohl sie ganz anders ist als meine. Aber mich interessiert sie, weil es Deine ist!“

Wirklich ernsthafte, den anderen ernst nehmende Kommunikation wird in unserer Gesellschaft insgesamt viel zu wenig gepflegt, nicht nur im Umgang mit rechtsextremistischen Jugendlichen, sondern praktisch überall. Jener Gedanken- und Erfahrungsaustausch zur *gegenseitigen* Anregung und Bereicherung, der es dem anderen überlässt, was er oder sie nun übernimmt oder als Denkanstoß empfindet von dem, was ich in die Kommunikation einbringe. Wie typisch sind für uns stattdessen Redewendungen wie: „Das ist nun einmal Fakt“ oder „Das musst du so sehen“ (Warum muss ich das?). Wie typisch sind jene Gesprächsverläufe, in denen man kaum zuhört, weil man voll mit der Suche nach passenden Antworten beschäftigt ist? Und wie typisch sind jene Diskussionsrituale, die darauf setzen, dass man unablässig kontern kann, bis diesem die Argumente ausgehen und er oder sie eine Niederlage eingestehen muss? Da werden oft eher verbale Kampfrituale durchexerziert und mit symbolischen Unterwerfungsgesten abzuschließen versucht, die in der Wirkung aber eher zu Erstarrungen von Orientierungsprozessen als zu deren Förderung führen. Im gleichen Kontext wird dann anderen oft das Recht auf solche Meinungen abgesprochen, an denen man selbst Anstoß nimmt. Das urdemokratische Recht auf die *Äußerung* einer eigenen Meinung beinhaltet aber – wie schon erwähnt – gerade das Recht auf eine *andere* Meinung, selbst das Recht auf solche Meinungen, die andere verkehrt oder gar schlimm finden. Das – letztlich unveräußerliche – Recht auf freie Meinungsäußerung ist allerdings klar davon zu unterscheiden, dass niemandem das Recht zusteht, mit dem eigenen *Verhalten* jene Grenzen und Normen zu überschreiten, die die Rechte und die Würde anderer Menschen schützen. Allzu oft wird beides vermischt, wird entweder schon das Recht auf problematische Ansichten abgesprochen – oder es wird hinnehmend oder nachsichtig auf tatsächliche Grenzüberschreitungen, auf *tatsächliche* Diskriminierungen, Verletzungen oder Bedrohungen reagiert.

Dialogische Kommunikation setzt nicht auf die Konfrontation mit dem Anderen, sondern auf die bereichernde personale Begegnung, auf das Interesse an dem Anderen. Es ist immer wieder interessant zu erleben, wie gerade gewaltorientierte Jugendliche oft ungeheuer sensibel darauf reagieren, ob sie jemand diskutierend bearbeiten will oder ob sich jemand tatsächlich ernst nehmend dialogisch auf sie einlässt. Und ist das dann jemand, von dem man das eigentlich wegen tief greifender Gegensätze überhaupt nicht erwartet, dann kann dialogische Kommunikation ungemein reizvoll sein, vielleicht geradezu wie eine Lernprovokation wirken (wie das o.a. Zitat eines rechten Skinheads zeigt).

Dialogische Kommunikation stützt sich auf das Selbstverständnis, das auch dasjenige Denken und Handeln, das Regeln, Normen und Werten widerspricht, das Anstoß erregt, das vielleicht Empörung und Erschrecken hervorruft, letztlich meist erst einmal nichts anderes ist als ein subjektgeleitetes Bewältigungsverhalten, von dem man sich selbst etwas verspricht. Ohne auf das dahinterstehende Bewältigungsbedürfnis ernsthaft einzugehen und ohne dieses Bewältigungsbedürfnis als aktuelles Zwischenprodukt der kognitiven und affektiven Verarbeitung bisheriger eigener Erfahrungen und Erlebnisse ernst zu nehmen (und sei diese Verarbeitung aus Außensicht auch noch so „verquer“), wird ein wirkliches Eingehen auf den anderen, wird ein Einmischen in dessen weitere Erkenntnis- und Orientierungsprozesse letztlich nicht möglich sein (vgl. Damm 1980: 16ff.).

Dialogisches Denken ist aber nicht zuletzt vor allem auch ein Denken, das immer wieder dazu anregt und anhält, sein eigenes Reflexionsvermögen weiter zu entwickeln, Differenzierungen und Relativierungen vorzunehmen, sich in den anderen hineinzudenken oder hineinzufühlen und entsprechende kommunikative und interaktive Kompetenzen zu entfalten. Wer sich ernst genommen fühlt von einem Andersdenkenden und sich darauf einlässt, der oder die fängt unweigerlich (wenn auch vielleicht anfangs kaum bemerkbar) an abzurücken von bislang scheinbar selbstverständlichen Mustern der Polarisierung in richtig und falsch, gut oder schlecht, Freund oder Feind usw. Wer davon etwas haben will, dass sich der oder die Andere – trotz aller Unterschiede und Gegensätze – für ihn oder sie interessiert, muss anfangen, Ambivalenzen zuzulassen, muss anfangen, sich auf ungewohnte Formen der Kommunikation einzulassen, muss anfangen, von der pauschalen Gleichsetzung von Fremdheit und Bedrohung abzurücken usw. Stattdessen geht es dann darum, in der Begegnung mit Fremdheit primär die Dimension der *Unterschiedlichkeit* in den Blick zu nehmen – und die Begegnung mit Unterschiedlichkeiten als zentrales Medium der Selbstdefinition und Selbstverortung nicht (nur) als Verunsicherung fürchten, sondern umgekehrt schätzen zu lernen. Und je mehr das geschieht, umso mehr fördert das das Gefühl, sich selbst entwickeln und verändern zu können – und letztlich das eigene Selbstbewusstsein zu erproben.

Dialogisch entfaltete Lernprozesse setzen nicht zuletzt bei Pädagoginnen und Pädagogen ein Grundverständnis voraus, das in der aktuellen Fachdiskussion vor allem unter dem Begriff des Empowerment (Selbstwertstärkung) – als Gegenstück zum gängigen Defizit-Blick – entfaltet wird: Das „Vertrauen in die Stärken der Menschen, in produktiver Weise die Belastungen und Zumutungen der alltäglichen Lebenswirklichkeit zu verarbeiten, (...) der Glaube an den Wert und die Würde jeder Person" (Herriger 1997: 73). Damit soll eine eindeutige Alternative zur gängigen Konzentration auf Probleme und Defizite formuliert werden, nach denen die Praktiker die Besserwisser, die Ratgeber, die Mächtigen und Definitionsmächtigen sind und mit institutionalisierter Ungeduld handeln. Gefordert wird stattdessen eine neue Kultur des sozialberuflichen Handelns, die die „Spurensuche nach Stärken", die Akzeptanz des Eigen-Sinns und den Respekt vor unkonventionellen Lebensentwürfen, eigenen Wegen und eigener Zeit zu zentralen Ausgangspunkten nimmt (Herriger 1997: 75ff.). „In den Mittelpunkt der helfenden Beziehung rückt so der *biographische Dialog*", orientiert auf die Lebenszukunft (Herriger 1997: 80f.).

All dies ist allerdings etwas völlig anderes als jene so verbreitete Begegnungspädagogik, die sich ganz pauschal von jeder Begegnung verschiedener junger Menschen den Abbau von Vorurteilen und Ressentiments, von Fremdenfeindlichkeit und Rassismus verspricht. Dollase (2001) hat schon vor etlichen Jahren nachgewiesen, dass das nur unter ganz bestimmten Voraussetzungen zutrifft – und dass ausgerechnet diese wichtigen Voraussetzungen zumeist gar nicht gegeben sind oder nicht berücksichtigt werden. Er nennt als Voraussetzungen:

1. Beide Seiten haben gleichen Status.
2. Es geht um kooperatives Arbeiten für ein *gemeinsames* Ziel.
3. Die Mitglieder beider Gruppen lernen sich *persönlich* näher kennen.
4. Der Kontakt wird von außen gefördert, durch Autoritäten, Normen o.ä.
5. Der Kontakt findet regelmäßig statt, nicht nur gelegentlich oder einmalig.
6. Das Klima ist für *beide* Seiten angenehm.
7. Soziale Kategorien strukturieren *nicht* den Umgang miteinander.
8. Die eigene Identität wird *nicht* als bedroht empfunden.
9. Es gibt gute Gelegenheiten, sich *individuell* „in Szene zu setzen" und mit Konflikten umzugehen.
10. Die Entfaltung interaktiver und sozialer Kompetenzen wird gefördert.
11. Die Entfaltung eines gemeinsamen Wir-Gefühls wird gefördert.
12. Es erfolgt keine Gleichsetzung von Präferenzen homogener sozialer Kontakte mit Diskriminierung anderer.

Die akzeptierende Jugendarbeit und der gerechtigkeitsorientierte Ansatz

Für die Jugendarbeit mit rechtsextremistisch orientierten Jugendlichen hat das Konzept der akzeptierenden Jugendarbeit längst zentrale Bedeutung erlangt, war allerdings viele Jahre hindurch auch sehr heftig umstritten. Entstanden war dieses Konzept Ende der 1980er Jahre zu einer Zeit, als pädagogische Angebote für diese Zielgruppe praktisch noch durchgängig tabuisiert waren. Was es gab, das waren allenfalls Belehrungs- oder Aufklärungsangebote. Doch die erreichten die eigentliche Zielgruppe nie. Und auch die gängigen Forderungen an jene Jugendlichen, sich erst einmal grundlegend zu ändern, liefen durchweg ins Leere. Entsprechend wurde faktisch nur auf Ausgrenzung und Bestrafung gesetzt – von „Nazis raus!" bis hin zum „Glatzen-Klatschen" der autonomen Szene und der Antifa. Und alles andere galt als Verharmlosung oder gar als unterschwellige oder naive Förderung des Rechtsextremismus. Die Wirkung von all dem war aber letztlich immer wieder eher das genaue Gegenteil dessen, was man eigentlich erreichen wollte.

Gegenüber diesem „hilflosen Antifaschismus" setzte die akzeptierende Jugendarbeit darauf, auch, ja gerade auch solche Jugendlichen ernst zu nehmen. Denn nur, wenn man sich für sie interessiere und für die Probleme, die sie selber haben, dann bestehe überhaupt eine reelle Chance, dass sie sich umgekehrt mit der Zeit auch eher dafür interessieren, welche Probleme Andere mit ihnen haben. Nur wenn man davon ausgeht, dass auch auffällig und anstößig auftretende Menschen das *subjektiv* nicht ohne „gute Gründe" tun und sie sich daher auch erst dann ändern werden, wenn sie *selbst* darin einen Sinn sehen, lässt sich bei ihnen überhaupt etwas bewegen und bewirken. Der Leitbegriff der Akzeptanz war seinerzeit einerseits provokant gewählt gegenüber der bisherig gängigen Praxis der Ausgrenzung, wurde gleichzeitig aber auch immer mehr zum zentralen Kristallisationspunkt konzeptioneller Entwicklung. Vielfach wurde er gerade von denen am heftigsten abgelehnt, die sich in ihrem eigenen Verständnis letztlich insofern von rechtsorientierten Jugendlichen kaum unterschieden, weil sie in vom Prinzip her in ähnlicher Weise nur das akzeptieren wollten, was ihren eigenen Vorstellungen entsprach oder zumindest nahe kam. Der aufklärerische Grundgedanke des Akzeptanzbegriffs ist aber – ganz anders – die Akzeptanz des Andersseins, letztlich des tief greifend Andersseins. Nur dann macht es ja auch Sinn, Akzeptanzbereitschaft zu betonen. Dass man Gleichgesinnte akzeptiert, ist dagegen selbstverständlich.

Entscheidend ist also die Frage: Meine ich mit Akzeptanz lediglich die Selbstverständlichkeit: Ich akzeptiere das, wogegen ich nichts habe? Oder meine ich tatsächlich damit: Ich akzeptiere das Recht eines jeden Menschen, „nach der eigenen Fasson selig zu werden"? Letztlich geht es darum, auf welche Seite ich mich stelle, der von Meinungskonformismus oder Meinungsfreiheit, von Autorität oder Pluralität, von Konformität oder Individualität, von obrigkeitsfixiertem Denken oder einem demokratischen, zivilgesellschaftlichen Denken. Als Leitgedanke der akzeptierenden Jugendarbeit wurde denn auch immer wieder betont: „Akzeptierende Arbeit ist die *personale* Konfrontation mit dem tief greifend Anderssein" (vgl. insg. dazu Krafeld 2001).

In den langjährigen Kontroversen um Jugendarbeit mit rechtextremistisch orientierten Jugendlichen, die im Sommer 2000 mit dem angeblichen „Aufstand der Anständigen" ihren medialen Höhepunkt erreichten, hat sich der Akzeptanzbegriff immer mehr als zentraler Kristallisationspunkt erwiesen, nicht zuletzt deshalb, weil der permanente Zwang bestand zu präzisieren, was wer unter Akzeptanz versteht und wie das jeweils in der Praxis aussieht. Gleichzeitig wurden allerdings auch dessen Schwächen deutlicher. Vier Aspekte sind da vor allem erwähnenswert:

Der Akzeptanzbegriff

- ist ein westdeutscher Begriff, eine Reaktion auf dort einst gängige Ausgrenzungen rechter Jugendlicher. In Ostdeutschland dagegen gab und gibt es derartige Ausgrenzungen äußerst selten. Viel verbreiteter war dort vielmehr das genaue Gegenteil.
- betont die Methode des *Zugangs* zu den jungen Menschen, nicht aber ausdrücklich das pädagogisch und politisch begründete *Ziel* der Arbeit mit ihnen
- ist für allzu viele Menschen (noch) mit *vordemokratischen* Verständnissen gefüllt, nach denen man (nur) das akzeptiert, was man gutheißt oder hinnimmt
- ist zumindest in den 1990ern – u.a. aufgrund einiger skandalöser Fälle offensichtlicher Förderung rechtsextremistischer Entwicklungen unter dem Label „akzeptierende Jugendarbeit" – zeitweise in Teilen der Öffentlichkeit zum Synonym für Verharmlosung des Rechtsextremismus geworden (die ja von Teilen der Kritiker sowieso über zehn Jahre lang ganz prinzipiell jeglicher Bereitschaft von Pädagoginnen und Pädagogen, auf Jugendliche mit rechtsextremistischen Orientierungen zuzugehen, unterstellt wurde).

Um die Erfahrungen und Probleme mit dem akzeptierenden Ansatz produktiv aufzugreifen, wurde seinerzeit als weiterführender Leitbegriff der Begriff der „Gerechtigkeitsorientierung" in die Diskussion eingebracht. Der Begriff „Gerechtigkeitsorientierung" setzt an den Alltagserfahrungen des *Strebens* nach mehr Gerechtigkeit an und stützt sich dabei auf ein Menschenbild, das (in offensiver Abgrenzung z.B. zu rechtsextremistisch geprägten Menschenbildern) die Achtung der Würde *des* Menschen (prinzipiell *des* Menschen – und nicht abgestuft *bestimmter* Menschen) als unveräußerlichen Anspruch zugrunde legt. Gerechtigkeitsorientierung bietet sich vor allem deshalb als zentraler konzeptioneller Schlüsselbegriff und Leitbegriff an,

- weil er einerseits zentrale Interessen und Bedürfnisse der jeweiligen Zielgruppe hinsichtlich ihrer *eigenen* Lebensentfaltung in den Mittelpunkt stellt und damit für diese *selbst* attraktiv sein kann (anders als z.B. eine belehrende, eine zurechtweisende, eine aberziehende oder eine abgewöhnende Pädagogik)
- und weil er andererseits *gleichzeitig* mit den Ansprüchen *anderer* Menschen auf Gerechtigkeit konfrontiert und damit die Entfaltung einer entsprechenden *zivilen*, humanen Streitkultur unerlässlich einfordert.

Unter allen gesellschaftlichen Leitbildern ist „Gerechtigkeit" das wohl allgemeinste und grundlegendste. In der alltagspraktischen Auseinandersetzung mit gesellschaftlicher Realität gibt es wohl kein wichtigeres Thema – und das seit Jahrtausenden. Gleichzeitig löst wohl nichts heftigere Emotionen aus als das Gefühl, nicht gerecht behandelt zu werden, also (subjektiv definierte) Ungerechtigkeit zu erleben und zu erleiden. Scheinbar paradox ist dabei, dass es trotzdem allgemeingültige Maßstäbe für das, was als gerecht gilt, nicht gibt. Das Streben nach Gerechtigkeit verlangt vielmehr immer neue Verständigungen darüber, von welchen Grundwerten und weltanschaulichen Grundlagen her welche Maßstäbe abgeleitet werden – und zweitens Verständigungen darüber, *wie* Interaktion mit Andersdenkenden und Andersempfindenden angestrebt wird.

Wenn pädagogische Arbeit das Streben nach mehr Gerechtigkeit in den Mittelpunkt stellt, dann bedeutet das also, die teils sehr verschiedenen oder gar gegensätzlichen *subjektiven* Verständnisse davon ernst zu nehmen, statt solche an einer vorgeblich allgemeingültigen Definition von Gerechtigkeit zu messen. Die Qualität einer lebendigen demokratischen Gesellschaft kommt vielmehr gerade darin zum Ausdruck, dass in ihr die *verschiedensten* Verständnisse davon, was gerecht ist, eingebracht und vertreten werden können – und dass die Austragung von daraus resultierenden Auseinandersetzungen auf zivile, auf humane Weise erfolgt: unter Achtung der Würde und der Menschenrechte des anderen. Insofern lässt es sich durchaus als besondere pädagogische Chance begreifen, wenn *keine* gültigen oder gar einheitlichen Verständnisse vorgegeben oder propagiert werden, sondern wenn die *humane Auseinandersetzung* um konkurrierende Gerechtigkeitsvorstellungen den eigentlichen Kern ausmacht – während etwa die typischen Vorstellungen von Werteerziehung sonst üblicherweise darauf hinauslaufen, ganz bestimmte von anderen festgelegte Wertekataloge vermitteln, den jungen Menschen nahebringen zu wollen.

Zum Streben nach Gerechtigkeit gehört schließlich immer ganz zentral auch die Auseinandersetzung mit dem, was *andere* für gerecht halten. Das verlangt Pädagoginnen und Pädagogen, die sich selbst mit ihren eigenen Wertvorstellungen und Gerechtigkeitsvorstellungen erfahrbar und (an-) greifbar machen – und die gleichzeitig qualifizierte Auseinandersetzungen mit den Vorstellungen und Deutungsmustern anderer Menschen leisten können, nicht zuletzt natürlich mit rechtsextremistischen Gerechtigkeitsideologien. Gefordert sind also nicht nur *pädagogisch*, sondern ebenso *politisch* kompetente Fachkräfte, die imstande sind, qualifiziert und sachlich fundiert auf die jeweiligen gesellschaftspolitischen Gehalte problematischer Orientierungs- und Deutungsmuster zu reagieren. Denn Empathie kann genau so wenig sachliche Kompetenz ersetzen wie umgekehrt (vgl. dazu Krafeld 2002).

Kooperation von Schule und Jugendhilfe

Wo es Schule – oder besser gesagt – wo es einzelnen entsprechend engagierten Lehrerinnen und Lehrern gelingt, tatsächlich mit rechtsextrem orientierten jungen Menschen wirksam in Kontakt, ins Gespräch zu kommen, da finden sich meist sehr ausgeprägt jene pädagogischen Grundhaltungen, die bislang in diesem Beitrag angesprochen wurden. Und das Gleiche gilt, wo Lehrerinnen und Lehrer entsprechend wirksam präventiv tätig sind. Das hauptsächliche Problem heute ist nicht das Fehlen entsprechend geeigneter pädagogischer Konzepte. Die Herausforderung liegt vielmehr darin, dass in jeder pädagogischen Arbeit mit auffällig und anstößig auftretenden jungen Menschen eigentlich längst bekannte allgemeingültige pädagogische Grundsätze eher übergenau, eher 150%ig ernst genommen werden müssen, wenn man diese jungen Menschen überhaupt *erreichen* will. Und das ist schließlich die Voraussetzung dafür, überhaupt die *Chance* zu haben, etwas bewirken zu können. Denn eines haben gerade derartige Jugendliche ausgesprochen gut gelernt: Sich höchst effektiv alle diejenigen vom Hals zu halten, bei denen sie auch nur die Gefahr wittern, mal wieder nicht ernst genommen, abgewertet oder gar entwürdigend behandelt zu werden. Die zweite Herausforderung liegt darin, dass die entscheidende Basis erfolgreicher Prozesse letztlich immer *personale* Beziehungen und *gegenseitige* Achtung sind, gekoppelt mit hoher fachlicher Kompetenz. Unsere unterausgestatteten Fachunterrichtsschulen mit ihren Wissensvermittlungs- und Selektionsaufträgen machen genau das aber vielen motivierten Lehrkräften außerordentlich schwer.

Letztlich hängt vieles immer wieder vor allem von engagierten und couragierten *Prioritätensetzungen* zwischen dem Interesse für die jungen Menschen und dem zu bewältigenden Unterrichtsstoff ab. Der erste – oft unterlassene – Schritt ist dabei, deutlich zu unterscheiden zwischen dem auftragsgemäß durchgenommenen und dem tatsächlich *angekommenen* Stoff. Wenn beispielsweise inzwischen Untersuchungen nachweisen, dass heutzutage in einem erheblichen Teil der Hauptschulen Unterricht überhaupt nur noch sehr eingeschränkt oder kaum mehr stattfindet, weil Disziplinprobleme überhandnehmen, dann könnte man doch zumindest all diese – für konventionellen Unterricht sowieso verlorene - Zeit weit sinnvoller nutzen, als zur Anhäufung von immer neuem Stress. Dazu bedürfte es kaum mehr als etwas Mut, Sinnhaftigkeit wichtiger als formale Pflichterfüllung zu nehmen. Auf vielfältige Weise könnte sich hier *schulsensible* (nicht bloß schulkritische) Jugendhilfe einbringen, insbesondere Fachkräfte mit entsprechender pädagogischer Sensibilität für subjektorientierte Entwicklungs- und Lernprozesse, Fachkräfte für den deeskalierenden Umgang mit Konflikten und Gewalt oder Fachkräfte mit besonderen Detailkenntnissen in rechtsextremistischen jugendkulturellen Strömungen. Das kann kurzzeitig und projekthaft oder alltagsintegriert (u.a. durch entsprechende Schulsozialarbeit) passieren, allerdings nur dann wirklich effektiv, wenn beide Seiten personal konkret miteinander kooperieren – und sich nicht nur additiv zu ergänzen suchen. Das Zweite allerdings ist offenbar viel mehr verbreitet.

Wohl nirgendwo sonst hat sich in letzter Zeit eine so ungemein produktive und vielfältige Kooperation von Schule und Jugendhilfe ergeben wie im Bereich Konfliktbewältigung und Gewalt. Was vor gut zehn Jahren noch wie exotische Ausnahmen wirkte, ist vielerorts inzwischen zum selbstverständlichen Bestandteil des Angebots von Schule geworden. Gleichzeitig ist die Vielfalt der Angebote und Konzepte kaum noch zu überschauen (einen außerordentlich guten Überblick darüber bieten Schröder/Merkle 2007). Am bekanntesten sind in der Öffentlichkeit wohl die Antiaggressivitätstrainings, die ursprünglich vor inzwischen fast zwanzig Jahren als Methode in Jugendstrafanstalten entwickelt und deren Grundlagen und Erfahrungen längst unter dem Oberbegriff „Konfrontative Pädagogik“ auch auf andere Handlungsbereiche hin weiterentwickelt und modifiziert wurden (vgl. Weidner/Kilb/Kreft 1997; Weidner/Kilb 2004), nicht zuletzt inzwischen auch gezielt auf Schule bezogen (vgl. Bausmann/Frenking 2003 und insbesondere Kilb/Weidner/Gall 2006).

Auch Verfahren zur Mediation und Streitschlichterprogramme wurden zumeist auf der Basis von Erfahrungen aus der Jugendhilfe, hier vor allem aus der Jugendarbeit, entwickelt, so u.a. die seit vielen Jahren sehr verbreiteten praxisbezogenen Arbeitsbücher von Kurt Faller (Faller/Kerntke/Wackmann 1996; Faller 1998) oder Trainings zum Umgang mit Gewalt- und Bedrohungssituationen, wie die Deeskalationstrainings gegen Gewalt und Rassismus vom Haus Villigst der Evangelischen Jugend im Rheinland, die ihren Ansatz nicht nur in zahlreichen Broschüren und Handbüchern präsentieren (z.B. Villigster Trainingshandbuch 2000 oder Kinder-Trainings in Essers/Schmitz 2003), sondern seit Jahren daneben auch um die hundert entsprechend ausgebildete Trainer/innen und Referent/innen vermitteln.

Immer geht es hier darum, der Schule hochkompetente Fachkräfte anzubieten. Das gilt auch für zwei weitere Bereiche, die erst in jüngerer Zeit größere Bedeutung erlangten, nämlich zum einen die Kooperation von Schule mit Referentinnen und Referenten, die sich in der rechtsextremistischen Szene besonders detailliert auskennen, von den politischen Organisationen über rechtsextremistisch beeinflusste jugendkulturelle Strömungen mit ihren spezifischen Symboliken, Outfits, Lebens- und Selbstinszenierungsstilen bis hin zu rechter Musik – und damit entsprechende Jugendliche zunächst einmal mit ihren weit reichenden Detailkenntnissen (und oft auch mit genauen Einblicken in die lokalen oder regionalen Gegebenheiten) verblüffen können (z.B. Referenten des Archivs für Jugendkulturen in Berlin, der Arbeitsgemeinschaft gegen Rechtsextremismus und Gewalt in Braunschweig oder „Demokratie ist pop" aus Bremen).

Ein zweiter neuerer Bereich ist der zivilgesellschaftliche Ansatz, der mit den Bundesprogrammen gegen Rechtsextremismus und Fremdenfeindlichkeit u.a. auf intensive lebensweltorientierte Kooperation setzt, nicht zuletzt auch zwischen Jugendhilfe und Schule. Wichtige Unterstützung leisten dabei Mobile Beratungsteams und lokale Aktionsbündnisse. Ab 2007 finden diese Programme – unter teils veränderten Schwerpunktsetzungen – ihre Fortsetzung im Bundesprogramm „Jugend für Vielfalt".

All diesen Ansätzen ist aber eines gemeinsam, nämlich ein fachlich hoch qualifiziertes Angebot an Schulen mit möglichst gezielten Bemühungen, der Ausbreitung von Gewalt, Rechtsextremismus und Fremdenfeindlichkeit möglichst effektiv entgegenzuwirken. Mit dem jedoch, was gegenwärtig vielerorts im Kontext von verlässlicher Grundschule oder von Ganztagsschule an Kooperationen mit der lokalen Jugendhilfe geplant oder angegangen wird, ist das nicht zu vergleichen. Denn dort finden sich natürlich bestenfalls ausnahmsweise mal kompetente Fachkräfte für diese schwierigen Aufgaben, unter den hauptamtlichen Fachkräften kaum – und unter den ehrenamtlichen erst recht selten. Und Jugendarbeit wird bis heute – zumindest außerhalb der Städte – ganz überwiegend oder fast ausschließlich ehrenamtlich getragen. Da findet sich dann, zumal vom zivilgesellschaftlichen Ansatz her betrachtet, nicht selten bis weit in die ehrenamtlichen Jugendhilfestrukturen vieler lokaler Organisationen und Vereine (und längst nicht nur der am ehesten noch in diesem Zusammenhang konkret genannten Sportvereine, Schützenvereine oder Jugendfeuerwehren) jenes gesellschaftliche Spektrum, das Heitmeyer treffend als Nährboden des Rechtsextremismus bezeichnet hat. Und das gilt nicht nur in Ostdeutschland! Vielerorts ist bis heute in der Mitte der Gesellschaft die Auseinandersetzung mit rechtsextremistisch geprägten Deutungs- und Orientierungsmustern so wenig entfaltet, dass sich entsprechende Grenzüberschreitungen immer wieder fließend in den Alltag mischen. Und neben solchen latent rechtsorientierten Kräften finden sich dann noch all jene, die unreflektiert gesellschaftlichen Mainstreams folgen oder die über keinerlei heute vertretbaren pädagogischen Kompetenzen verfügen. Und wenn dann, wie gegenwärtig offenbar vielerorts geplant oder schon begonnen, aus Kostengründen solche Kräfte für die Betreuung und Beaufsichtigung von Schülerinnen und Schülern außerhalb des konventionellen Unterrichts angeworben werden, dann mag das äußerlich vielleicht einigermaßen funktionieren. Aber eine Fördrung der Entwicklung junger Menschen ist davon kaum zu erwarten – und schon gar nicht die Bewältigung anspruchsvoller pädagogischer Aufgaben (von einigen Zufallsausnahmen einmal abgesehen).

Gerade die ungeheure Diskrepanz zwischen dem, was einerseits fachlich im Bereich Gewalt und Rechtsextremismus an hoch qualifizierter Kooperation bereits entwickelt wurde und andererseits dem, was den aktuellen Mainstream von Kooperationsaktivitäten zwischen Jugendhilfe und Schule ausmacht, verlangt in der Praxis als Erstes und Wichtigstes, Kooperationen *personell* anzudenken und anzugehen – und nicht institutionell. Das heißt, gegenseitig nach konkreten *Personen* zu suchen, die engagierte und kompetente Kooperation anstreben, und mit denen qualifiziert zu beginnen, statt alles gleichzeitig und gleichmäßig – und dann meist dürftig bis schlecht – abdecken zu wollen.

Gerade dort, wo es um den Kampf gegen die wachsende Attraktivität rechtsextremistischer Orientierungen geht, sind solch dürftige Praktiken oft besonders kontraproduktiv: Denn sie demonstrieren den jeweiligen Kindern und Jugendlichen gegenüber eine gering schätzende Grundhaltung, die pädagogische Einflussmöglichkeiten eher verschüttet als erweitert. Und das wirkt sich dann erst recht bei denen aus, die sich sowieso bereits eher von Orientierungsmustern *jenseits* zivilgesellschaftlicher Grundverständnisse angezogen fühlen.

Auf der anderen Seite (neben der Wichtigkeit personal-konkret werdender Kooperation) verlangen gerade die gegenwärtigen Entwicklungen in Schule einen grundsätzlicheren – nicht nur auf den Rechtsextremismus zentrierten – Blick auf die Kooperation von Schule und Jugendhilfe, um den riesigen Herausforderungen von Schule und Jugendhilfe durch die wachsende Attraktivität von Rechtsextremismus und Fremdenfeindlichkeit gerecht werden zu können. Dazu zunächst drei sehr grundsätzliche Thesen:

1. Schule ist mehr als Unterricht – Schule ist Lebensort
   Je weniger inzwischen greifbar ist, welche Funktion Schule für die Zukunft ihrer Kinder und Jugendlichen hat, also für das Weiterkommen jedes Einzelnen, um so wichtiger wird die Gegenwart: also Schule als zentraler Ort des Alltags, Schule als zentraler Lebensort junger Menschen, nicht nur als ein zukunftsorientierter Lernort. Schule als Lebensort ist zudem auch noch deshalb immer wichtiger geworden, weil andere soziale Bereiche des Alltags an Bedeutung verloren haben.
2. Schule muss Lebensweltorientierung heute eigens herstellen
   Lebensweltorientierung stellte sich früher selbstverständlich her, in der Bürgerschule wie in der Arbeiterschule des Stadtteils – und in der Zwergschule sowieso. Die Milieus, in die sie einst eingebettet waren, gibt es aber so längst nicht mehr. Und die Schule hat sich zu zentralisiertem Fachunterricht hin entwickelt. Die Konsequenz daraus: Wer heute eine lebensweltorientierte Schule will – oder auch nur eine lebensweltliche Öffnung und Sensibilisierung von Schule – kann das nur mit großem Aufwand herstellen.
3. Die Bedeutung der Lebenswelten kommt in Schule meist nur in Form von Störungen an
   Was von außen in Schule hineinkommt oder hineinwirkt, das nimmt Schule heute meist primär als Belastung oder Störung ihrer eigentlichen Arbeit wahr, nicht als Teil des Lebens. Aber Aufgabe von Schule ist es nicht, den tollsten Unterricht zu machen, sondern jene Schülerinnen und Schüler, die sie hat, in ihrer Entwicklung und Entfaltung optimal

zu fördern. Und was die brauchen, das kann man nur herausfinden, wenn man sie, deren Leben und deren Bedingungen des Aufwachsens kennt – und nicht nur deren Schulleistungen und den Lehrplan.

Aus diesen drei Thesen folgt für die Kooperation von Schule mit der Jugendhilfe vor allem:

4. Effektive Kooperation braucht Kooperation auf Augenhöhe
   – und gleichzeitig den Verzicht darauf, die andere Seite für die eigenen Aufgaben einzuspannen. Eigentlich scheint das selbstverständlich. Und doch ist das in der Praxis eher die Ausnahme als die Regel, zumal, wenn die beteiligten Institutionen so unterschiedlich mächtig sind, die beteiligten Personen so unterschiedlich bezahlt werden usw. Solange sich Beteiligte primär über ihren jeweiligen eigenen Berufsauftrag definieren, schlagen Risiken zur Instrumentalisierung des anderen und zur Geringschätzung von deren Eigenwelten immer wieder durch. Kooperation auf Augenhöhe setzt dagegen einen gemeinsamen zentralen Bezugspunkt voraus, das Interesse an den Adressatinnen und Adressaten und an der Förderung von deren Lebensentfaltung – nicht nur von deren Funktionieren im jeweils eigenen System. Lebensweltorientierung kann damit Kooperationen einen eigenen Unterbau, ein geeignetes Fundament verschaffen.
5. Die spezifischen Kompetenzen und Handlungsmöglichkeiten der anderen Seite anerkennen
   Viele Kooperationen leiden darunter, dass man der anderen Seite eigentlich gar nicht zutraut, was man von ihr erwartet. Kooperationspartner müssen sich persönlich schätzen und wichtig nehmen, wenn sie erfolgreich kooperieren wollen. Das spricht im Übrigen auch sehr dagegen, Kooperationen auf Delegierte zu gründen oder von vornherein immer alle beteiligen zu wollen, die mit der Zielgruppe zu tun haben (könnten).
6. Jeder Seite ihre Eigenwelten lassen
   Kooperationen, mit denen versucht wird, auf alles Einfluss zu nehmen und sich in alles einzumischen, sind sehr schnell überfordert. Vor allem provozieren sie aber Abwehrhaltungen. Kooperationen müssen langsam wachsen, mit Vertrauen untereinander – und mit erlebter Wertschätzung. Und sie müssen beginnen mit wenigen, mit möglichst konkreten und mit tatsächlich zu bewältigenden Aufgaben.
7. Für die Schnittbereiche der Kooperation eigene Ressourcen einwerben
   Wo kooperative Aktivitäten darauf angewiesen sind, immer wieder Mittel aus den eigenen Stammbereichen abzuzweigen, da können sie kein Eigenleben entfalten und stabil sein. Sie brauchen eigene Ressourcen, auf die eine Seite alleine keinen Zugriff hätte.

Vor allem aber, um das abschließend noch einmal ausdrücklich zu betonen, ist eines wichtig, wenn Schule und Jugendhilfe tatsächlich gut miteinander kooperieren wollen, nämlich dies: Dass es den beteiligten Personen tatsächlich um nichts so sehr geht wie darum, dass die ihnen anvertrauten jungen Menschen möglichst gelingend ihr Leben in die eigene Hand nehmen und produktiv entfalten können – und zwar als Subjekte ihres jungen Lebens, nicht als Objekte von Unterricht, von Prävention oder von Ordnungspolitik – oder was sonst. Es braucht also letztlich nicht Lehrer als Be-Lehrer, als Besserwisser, Fachlehrer oder Pauker, und Fachkräfte der Jugendhilfe nicht als Betreuer, Beaufsichtiger, Unterhaltender und (sinnvoll) Beschäftigender oder gar als Verantwortliche für die Freizeit junger Menschen, sondern beide als Förderer der lernenden Entfaltung und der eigenen Entwicklung, als Begleiter und Berater, die wertschätzen statt beschämen und die gerade auch für die Leistungsschwächeren Zugehörigkeit, Teilhabe und Integration erlebbar und attraktiv machen – etwas, das z.B. in skandinavischen Schulen längst als selbstverständlicher Anspruch gilt.

Literatur

Bausmann, Uta/Frenking, Julia (2003): Zwischen Mediation und Konfrontation. – ein Ansatz für die Grundschule. In: Weidner/Kilb/Jehn (Hrsg.) (2003): 194-211

Dollase, Rainer (2001): Fremdenfeindlichkeit verschwindet im Kontakt von Mensch zu Mensch. Zur Reichweite der Kontakthypothese. In: Diskurs. 11.Jg.. H. 2. 16-21

Essers, Ilka/Schmitz, Renate (2003): Kindertrainings. Spiele, Übungen und Impulse zur Thematisierung von Gewalt und Rassismus in der Arbeit mit Kindern. Gewalt Akademie Villigst. Schwerte: Amt für Jugendarbeit der EKvW

Faller, Kurt/Kerntke, Wilfried/Wackmann, Maria (1996): Konflikte selber lösen, Mediation für Schule und Jugendarbeit. Das Streit-Schlichter-Programm. Mülheim: Verlag an der Ruhr

Faller, Kurt (1998): Mediation in der pädagogischen Arbeit. Ein Handbuch für Kindergarten, Schule und Jugendarbeit. Mülheim: Verlag an der Ruhr

Gorz, André (1983): Wege ins Paradies. Thesen zur Krise, Automation und Zukunft der Arbeit. Berlin: Rotbuch

Herriger, Norbert (1997): Empowerment in der Sozialen Arbeit. Eine Einführung. Stuttgart: Kohlhammer

Kilb, Rainer/Weidner, Jens/Gall, Reiner (2006): Konfrontative Pädagogik in der Schule. Anti-Aggressivitäts- und Coolnesstraining. Weinheim: Juventa

Krafeld, Franz Josef (1996): Die Praxis Akzeptierender Jugendarbeit. Konzepte, Erfahrungen, Analysen aus der Arbeit mit rechten Jugendcliquen. Opladen: Leske + Budrich

Krafeld, Franz Josef (2001): Zur Praxis der pädagogischen Arbeit mit rechtsorientierten Jugendlichen. In: Schubarth/Stöss (Hrsg.) (2001): 271-291

Krafeld, Franz Josef (2002): Der gerechtigkeitsorientierte Ansatz - ein offensives Konzept gegen den Rechtsextremismus. In: Wippermann et al. (2002): 187-228

Krafeld, Franz Josef, (2004): Grundlagen und Methoden aufsuchender Jugendarbeit. Eine Einführung. Wiesbaden: VS-Verlag

Schubarth, Wilfried/Stöss, Richard (Hrsg.) (2001): Rechtsextremismus in der Bundesrepublik Deutschland. Eine Bilanz. Opladen: Leske + Budrich

Schröder, Achim/Merkle, Angela (2007): Leitfaden Konfliktbewältigung und Gewaltprävention. Pädagogische Konzepte für Schule und Jugendhilfe. Bad Schwalbach: Wochenschau

Schlüter Sabine/Jansen Stefanie et al. (2004): Villigster Trainingshandbuch zur Deeskalation von Gewalt und Rassismus. SOS-Rassismus-NRW. Schwerte: Amt für Jugendarbeit der EKvW. Bochum: biblioviel Verlag

Weidner, Jens/Kilb, Rainer/Kreft, Dieter (Hrsg.) (1997): Gewalt im Griff. Neue Formen des Anti-Aggressivitäts-Trainings. Weinheim: Beltz

Weidner, Jens/Kilb, Rainer/Jehn, Otto (Hrsg.) (2003): Gewalt im Griff. Band 3. Weiterentwicklung des Anti-Aggressivitäts- und Coolnesstrainings. Weinheim: Beltz

Weidner, Jens/Kilb, Rainer (Hrsg.) (2004): Konfrontative Pädagogik. Konfliktbearbeitung in Sozialer Arbeit und Erziehung. Wiesbaden: VS-Verlag

Wippermann, Carsten/Zarcos-Lamolda, Astrid/Krafeld, Franz Josef (2002): Auf der Suche nach Thrill und Geborgenheit. Lebenswelten rechtsradikaler Jugendlicher und neue pädagogische Perspektiven. Hrsg. von der Bundesarbeitsgemeinschaft Kinder und Jugendschutz e.V.. Opladen: Leske + Budrich

Karlheinz Thimm

Schuldistanzierung

1 Einleitung

Schulverdrossenheit und gelegentliches Schwänzen in den weiterführenden Bildungseinrichtungen, allen voran Haupt-, Förder- und Berufsbildende Schule, sind verbreitet; harte, verfestigte Schulverweigerung betrifft eine Minderheit. Das geht Schule *und* Jugendhilfe an. Beide, Jugendhilfe ebenso wie Schule, werden mit der Forderung konfrontiert, problematische Folgen gesellschaftlichen Wandels zu mildern und soziales Abgleiten aufzufangen. Dabei werden die traditionellen Standpunkte – Schule hat die Zuständigkeit für Regel- und Normalverläufe, Sozialpädagogik für die gefährdete, misslungene Entwicklung ... – zunehmend aufgeweicht. Manche Hauptschule – zum Beispiel – gehört zwar formal in das schulische Qualifizierungs- und Berechtigungssystem, ist unter der Hand aber auch zu einem Ort der Hilfe zur Lebensbewältigung und der sozialen Integrationsstützung geworden. Damit werden klassische sozialpädagogische Aufgaben an unteren Schulformen entweder nebenbei, unter hohen Belastungen für das Personal, miterfüllt oder aber – mit Risiken und Nebenwirkungen – zum erheblichen Teil ignoriert. Politik und Fachöffentlichkeit fordern zudem von *allen* Schulen, ihre unterrichtsfachlichen Leistungsergebnisse zu steigern. Unter dieser Prämisse steigt die Gefahr, Schuldistanzierte nicht zu halten, weil diese die Ergebnisbilanz nicht gerade verbessern dürften.

2 Begriff

Derzeit existiert keine konsensfähige Begriffsverwendung. Als Oberbegriffe, die auch starke Regelverstöße bei Anwesenheit in Schule und Unterricht eingemeinden, werden *Schulverweigerung*, *schulaversives Verhalten* und *Schuldistanzierung* gebraucht. Das unentschuldigte bzw. nicht entschuldbare Fernbleiben von Schule wird als *Schulbummelei*, *Schwänzen*, *unregelmäßiger Schulbesuch*, *Schulpflichtversäumnis*, *Schulpflichtverletzung* und *Absentismus* bezeichnet. Ich definiere wie folgt: *Schulschwänzen (Absentismus)* liegt dann vor, wenn ein/e Schüler/in aus einem gesetzlich nicht vorgesehenen Grund der Schule fernbleibt, unabhängig davon, ob dieses Fernbleiben durch eine „Entschuldigung" legitimiert wird. Ein solches, Schule *meidendes Verhalten* kann sich vom Fehlen einzelner Stunden und Tage bis hin zu einer längeren Abwesenheit und der totalen Abkopplung erstrecken. Die Häufigkeit und die Dauer der Nicht-Teilnahme am Unterricht führen zur Differenzierung in die Stadien *Gelegenheitsschwänzen* (Stunden, Einzeltage), *Regel-/Gewohnheitsschwänzen* (häufigeres Tagesschwänzen) und *Massiv-/Intensivschwänzen* (Fernbleiben von mindestens 10 Tagen/Schulhalbjahr).

Unter Schulverweigerung verstehe ich Formen des häufigen, über längere Zeit andauernden unentschuldigten Fernbleibens von der Schule (summiert mindestens 20 Tage im Schuljahr). Bei Anwesenheit verweigern Schuldistanzierte zudem häufig offen oder verdeckt die Mitarbeit im Unterricht. In der Realität zeigen sich Schwänzen, Stören, Schulverweigerung bis hin zum Totalausstieg oft als fließende Stadien in einem Kontinuum:

- Passivität und Desinteresse im Unterricht
- Stunden- und Tagesschwänzen als Ausnahme
- Später-Kommen und Früher-Gehen sowie Stunden-/Tagesschwänzen als reguläre Bewältigungsstrategien
- häufigeres und intensiveres Tagesschwänzen, ggf. gekoppelt an Anwesenheit im Unterricht oder in der Schule (auf Höfen, Fluren ...)
- umfassende Schulvermeidung als mit negativen Gefühlen besetztes Wegbleiben
- mehr oder weniger reflektierter Totalausstieg (oft ohne Aussicht auf einen Abschluss)
- Vergesellschaftet mit Absentismus zeigen sich Störungen des Unterrichtsablaufs und der Normen des Schullebens mit der Folge von Unterrichtsausschlüssen und Schulverweisen.

Am Ende kann es dazu kommen, dass junge Menschen als unbeschulbar erklärt werden.

Verlaufsstadien und damit korrespondierende Gruppierungen können unterschieden werden:

a. Auffällige mit Anzeichen wie Motivationsverlust, innere Emigration und Fehlen von Stunden.
b. Gefährdete, die innerlich schon aufgegeben haben und ggf. teilweise nicht mehr in die Schule kommen.
c. Abgekoppelte/Ausgestiegene, eine vielgestaltige Gruppierung, für die außerschulische Maßstäbe Gültigkeit erlangt haben. Versuche von Schulen und Ämtern, Üblichkeiten der Schüler-Rolle durchzusetzen, treffen besonders bei der Verhärtungsvariante auf mächtige, oft übermächtige Gegenspieler aus außerschulischen Lebenswelten.

Als Differenzierungsmerkmale für die Stadien gelten: Intensität der inneren Entfernung von Schule; Intensität der äußeren Entfernung; Grad der Verfestigung der Bewältigungsform. Für diese analytisch getrennten Gruppen muss es unterschiedliche Präventions- und Integrationskonzepte geben.

Nur wenige die Richtung weisende Zahlen zur Auftretenshäufigkeit: Im Land Berlin wurde im zweiten Schulhalbjahr 2001/02 eine Kompletterfassung auf Grundlage der Klassenbucheinträge vorgenommen. Die stadtweiten Zahlen von 18,5% Haupt- und 14,1% Sonderschüler/innen, die mehr als 21 Tage im zweiten Schulhalbjahr 2001/02 versäumten, verweisen auf ein immenses sozial-, jugend-, bildungs- und gesellschaftspolitisches Problem.

3 Zielgruppen und Ursachen

Schuldistanzierte sind verschieden. Das Spektrum reicht von Kindern mit schweren Bindungsstörungen und Angstproblematiken bis zu sozial benachteiligten und vom Lernstand der Klassenkamerad/innen abgekoppelten jungen Menschen. Im Überblick lassen sich verschiedene Wirkungsräume bestimmen, die je nach Einzelfall unterschiedlich Gewicht und Bedeutung erlangen: Schule; Familie; soziale Umfelder; Clique; personbezogene Faktoren; gesellschaftliche Rahmenbedingungen; alternative Erfahrungsräume wie Straße, Bahnhof, Drogen, der „schnelle Euro"; die Sekundäreffekte – also das, was aus dem Schwänzen und dem Unterrichtsauschluss auf Zeit sowohl durch institutionelle Reaktion als auch durch psycho- und interaktionsdynamische „Teufelskreise" bei Jugendlichen folgt.

Aus dem Wirkungsraum-Modell sind fallbezogen Einflussfaktoren zu erschließen und zu gewichten, die im Prozess schleichender Abkoppelung ungünstig zusammenspielen. Somit ist die „Talk-Show-Frage" nach *den* Gründen für *die* Schuldistanzierung zurückzuweisen. Einfache Ursachenzuschreibungen erhellen weder die Komplexität der Einzelfälle noch die des Gesamtphänomens. *Die* isolierbare Ursache für drohenden Schulausstieg, die im Einzelfall „wie der Blitz einschlägt", ist kaum nachweisbar.

Erste Forschungsergebnisse und Praxisbeobachtungen zeigen: Es gibt eine Vielzahl von *Bedingungsfaktoren* in Familie und Schule – Unbeliebtheit bei Mitschüler/innen mit Mobbing oder schuldistanziertes Elternverhalten zum Beispiel. Davon abzugrenzen sind die *Auslöser* in der Situation – etwa schwaches elterliches und schulisches Kontrollverhalten. Und nachweisbar sind folgedynamische *Verfestigungsfaktoren*, die sich nach dem ersten Fehlen einstellen, wie etwa gruppendynamische Prozesse in der Clique und das Sich-nicht-zurück-Trauen.

Bei der schulischen Qualifizierung von Schüler/innen aus benachteiligten Lebenslagen stehen Bildung und Lebensbewältigung in einem engen Wechselverhältnis: Wenn Bewältigungsaufgaben nicht gelöst werden (Entwicklungsaufgaben, Alltagskrisen, risikoreiche Lebenssituationen), wird fachbezogene Förderung nicht gelingen. Was wissen wir inzwischen sicher über Risikokonstellationen? Einige Schlaglichter zur Frage der *herausragenden Belastungsfaktoren*, die Schuldistanzierung begünstigen:

a. ungünstiges sozialökologisches Umfeld der Schule
b. Lebenssituationen der Kinder sind mit schulischen Erwartungen kaum in Passung zu bringen (individueller Benachteiligungshintergrund mit eingeschränktem sozialen, ökonomischen und kulturellen Herkunftskapital; Ärger mit Polizei und Gerichten; Drogen; häusliche Gewalt; Missbrauch ...)
c. die besuchte Schulform (Haupt- und Förderschule, ggf. Berufsbildende Schule) – besonders, wenn Anschlussprobleme auftreten
d. „Verzögerte" (demoralisierende) Schülerlaufbahn mit Leistungsmisserfolgen, Klassenwiederholung, Überalterung, Unterrichtsausschlüsse, Herunterstufung („Durchreichung"); Verlust des Sinnerlebens in der Schule
e. nicht-Vorhandensein von Wahrnehmung, Kontrolle, konsequenten Informationsschritten bei ersten Fehlzeiten
f. fehlende abgestimmte professionelle Unterstützung für Schüler/innen, die in Leistungs- Motivations- und Zugehörigkeits„löcher" geraten

g. Schuldistanz nicht entgegen wirkendes liebloses, unerfreuliches Schulklima
h. individuell schlechte Schulleistungen
i. teilweise negative Lehrer-Schüler-Beziehungen
j. nichtkonstruktive (verstehenslose, resignative, verkümmerte, von Vernachlässigung oder aber von Überbehütung geprägte, durch missbräuchliche „Verwendung" charakterisierbare) Eltern-Kind-Beziehungen
k. zerrüttetes Verhältnis, misslingende Kommunikation zwischen Schule und Eltern.

Hauptrisikogruppe sind jene 15% der Schüler/innen, die (gehäuft) Leistungs- und Zugehörigkeitsprobleme, ein eingeschränktes Verhaltensrepertoire mit sozial abgelehnten Verhaltensweisen sowie erhebliche außerschulische Schwierigkeiten aufweisen. Der Ausstieg aus der schulischen Qualifizierung bedeutet für viele junge Menschen tendenziell Desintegration: Sie bleiben abhängig von ihren Familien, die selbst mit psychischen und sozialen Belastungen zu kämpfen haben. Sie orientieren sich an Randständigkeit verstärkenden Cliquen. Ihre Erfahrungswelt ist eingeschränkt. Es fehlt die Orientierung an Vorbildern und sozialen Rollen, die ein Leben in Teilhabe ermöglichen.

Einige leitthematisch wirkende *bewusste Motive und versteckte Bedeutungen* aus der Subjektperspektive können sein:

- psychische Überforderung aus familialer Vernachlässigung und anderen Dysfunktionen in der Familie (auch: unangemessenes Bindungsverhalten), mit der Folge fehlender Kraft für die Schule
- demonstrativ eingesetzte Ablösungs- und Abgrenzungsinszenierung gegenüber Eltern
- loyalitätsgeprägte Wiederholung des Scheiterns der Eltern
- Decksymptom für dahinter liegende Probleme (Scheidung, häusliche Gewalt, Armut, Missbrauch ...)
- Vermeidung von Überflutung mit Angst (besondere Verwundbarkeit, soziale Ängstlichkeit, Integrationsprobleme unter Gleichaltrigen, Opfer-Thema)
- Selbstwertbedrohung, -kollaps durch Leistungsüberforderung und Versagen (Blamagen)
- Oppositions-, Grenzverletzungs-, Autoritätsthematik; Machtkämpfe zwischen Lehrer/in und Schüler/in (teilweise Übertragungs- und Wiederholungskonflikte, ggf. reaktive Aggression auf schulische Entwertung)
- Erleben und Übernahme von Ablehnung, „Hinweg-Wünschen" durch Lehrkräfte
- Sog von Sinnlosigkeit und Nutzlosigkeit.

Die Probleme, die sie haben, liegen (je nach „Typus") vor allem in folgenden Bereichen: Könnensdefizite (Konfliktkompetenz, Sprache und Kommunikation, soziale Empathie, Angst-, Ärger- und Frustrationsmanagement, „angekoppelte" Selbstdarstellung ...); Unfähigkeits- und Misserfolgskonzept (fehlende Selbstwirksamkeitserfahrung mit der Folge von Motivations- und Willensproblemen); vielfältige Abwehr-, Kompensations-, Verdeckungs-, Agierstrategien, um soziale Erfolglosigkeit zu verbergen; Einschränkung der sozialen Kontakte auf ähnlich Gefährdete; fehlende oder irreale „gute Zukunftsbilder".

Schlüssel in eine Teilhabezukunft sind: a) Fähigkeiten; b) realistische Selbstwahrnehmung; c) persönliche Visionen; d) Motivation; e) als attraktiv und sinnvoll erlebte Angebote; f) der rechte Moment, die passende Situation der Angebotsunterbreitung.

4 Aufgaben von Schule

Bei vielen Debatten dieser Tage schwingt zwischen den Zeilen die grundsätzliche Frage mit: Wofür ist die Schule da? Ist die Schule im Schwergewicht ein Lernort und nur nebenbei ein Lebensort? Werden die Lerngegenstände curricular-stofflich definiert, primär orientiert an abfragbarem Wissen in Vergleichsarbeiten oder tritt daneben ein erweitertes Bildungsverständnis? Lerneinrichtungen reflektieren mehr und mehr darüber: Welche Schule wollen wir sein? Antworten sind auf folgende Fragen zu finden: Orientiert man sich primär an der Schülerzukunft oder auch an der Schülergegenwart? Sieht man sich eher als Anwalt von Stoffen oder auch als Lebens-, Stadtteil-, Sozialschule, steht das schulische Lernen also über allem oder ist der Fachunterricht „nur" die Zentralstimme in einem Konzert? Kann man herunterstufen, gibt es mithin Möglichkeiten des Weiterreichens? Setzt man auf pädagogische Schulentwicklung und auf neue Konzepte von Unterricht und Lernen? Existiert eine Bereitschaft der Lehrkräfte zum Neulernen in der Ausrichtung an zukunftsgerichteten Bildungsinhalten, sozialen Lebenslagen, individuellen Förderungsnotwendigkeiten, Zuwendungsherausforderungen und jugendkulturellen Einsprengseln – oder setzt man auf Delegation an Spezialisten von draußen?

Je nach dem, wie sich eine Schule in diesen Kontinuen und Alternativen verortet, dürfen außerschulische Partner am Bildungs-, Erziehungs-, Betreuungsprozess des halben oder ganzen Tages teilhaben, werden sie zentral oder randständig verwertet, entstehen additive oder kooperative oder integrierte Konzepte. Verortungen bestimmen gewichtig darüber mit

- ob Schule außerschulische Partner will
- welche Kooperationspartner eine Schule sucht
- was die Inhalte der Kooperation sind
- welche Kooperationsstrukturen, welche verbindlichen Verfahrensweisen entstehen
- wie die Kooperationskultur beschaffen ist, wie man also miteinander umgeht.

Besonders erfolglose Schulen sind häufig von ihren Umfeldern isoliert. Aber auch die ganz andere Gefahr ist nicht von der Hand zu weisen, nämlich dass Schulen sich an ein recht wahlloses Einsammeln von Kooperationen machen, um Lücken zu füllen und jedwede Hilfeanker zu ergreifen. Zu favorisieren ist eine themen- und herausforderungsbezogene Schulentwicklung, um von hier zu Partnerschaften zu gelangen.

Ich nenne in der Folge Bereiche, in die Schulen, Jugendhilfe und Politik investieren sollten, um mindestens eine Halbierung von „Drop-Out"-Quoten zu erzielen. Alle folgenden Gestaltungsfelder haben die organisatorische und pädagogische Schulentwicklung im Sinn, anstatt punktuelle Entlastung durch „Löscheinsätze" zu präferieren. Schulentwicklung, eine Kultur des Miteinanders an der Schule und Öffnungen in das Quartier und in die Arbeitswelt gelingen nicht durch Kurzfrist-Einsätze, sondern erfordern geduldige und von gegenseitiger Wertschätzung geprägte Kräftekoordination aller beteiligten Akteure. Wichtig ist, gerade durch eine Schrittigkeit des Vorgehens, Nachhaltigkeit durch Genauigkeit und Beschränkung zu erreichen. Schulen und ihre Partner sollten maximal zwei Entwicklungsaufgaben pro Jahr in Angriff nehmen.

4.1 Prävention

Ich fasse zunächst präventive Gestaltungsfaktoren zusammen:

Schulpolitik/Schulaufsicht
a. Abforderung von Absentismus- und Abschlussdaten (mit der Konsequenz von Auswertungsdialogen mit Einzelschulen)
b. Ressourcen und Erlaubnisse für besondere Förder- und Integrationskonzepte.

Einzelschule
c. Aufmerksamkeit: Hinhören, Hinsehen, Sprechen – bei Zeichen wie Leistungseinbrüchen, Resignation, Angst ...
d. Förder- und Haltementalität bei Lehrer/innen
e. positive Lehrer-Schüler-Beziehung (Respekt, Humor, Anerkennung, Orientierung ...)
f. lebensnaher, handlungsorientierter Unterricht (Inhalte, Methoden ...)
g. außerschulische Lernorte – mit ernsthaltigen Verantwortungssituationen als Ergänzung
h. selbstwertsteigernde neben- und außerunterrichtliche Angebote an der Schule
i. soziales und personales Bewältigungslernen (Selbst- und Sozialkompetenz): „Fit-for-life"-Kurse, Ärgermanagement, Kommunikation, Kooperation, Konzentration, Entspannung, Konfliktregulierung ...
j. Orte der Selbstreflexion für Lehrkräfte und der Verständigung zwischen Schüler/innen, Lehrer/innen, Eltern
k. aktivierende vorsorgende Zusammenarbeit mit Eltern von Risikokindern.

Drei Entwicklungspräzisierungen vor allem für Grund- und Hauptschulen möchte ich exemplarisch skizzieren: Öffnung; Förderung; Eltern.

Gemeinwesenorientierte Schule und Projektlernen
Dreh- und Angelpunkt der Prävention von Schuldistanz insbesondere in Benachteiligungsreaktionen wird zunehmend die Idee einer Kiezschule, die offen ist für Ressourcen in der Umgebung, die aber auch selbst Engagement für das Quartier erbringt. Allein Ressourcen des Sozialraums für Schule aufzuschließen, wäre eine Einbahnstraße. Zu fragen ist auch: Was kann Schule, was können Schüler/innen für die Umfelder tun? Die Arbeit der Schule und der Schüler/innen für gesellschaftliche Interessen in den Umgebungen schafft Möglichkeiten für Teilhabe- und Gemeinschaftsfähigkeit. Hier ist das Service-Learning ein hervorragendes Mittel, Schuldistanzierte zu binden. Einige Beispiele sind: Vorlesestunden in Kitas; Reparatur von Spielgeräten für Kitas; generationen-verbindende Aktionen mit Senioreneinrichtungen; Wandertage mit Bewohner/innen der Behinderteneinrichtung; Pflege überantworteter öffentlicher Grünanlagen; Anlage von Blumenbeeten mit Anwohner/innen im Schulumfeld; Gestaltung eines Schulhofes einer Grundschule mit dem Ar-

beitslehre-Kurs; Anlage eines Schulgartens mit einer Grundschul-Klasse (im Rahmen von Praxislernen); Erstellung eines Weggeh-Atlasses für junge Berlin-Besucher/innen; Durchführung „alternativer" Stadtführungen für Schulklassen usw. Werk-, Kreativ-, Sozialprojekte sollten das traditionelle Lernen ergänzen und sind systematisch in die Jahrespartitur zu integrieren. Die Aktivierungspotenziale solcher Angebote liegen in den Variablen Selbstwirksamkeit, öffentliche Anerkennung, Förderung von Kompetenzen und Kontakt mit außerschulischen Expert/innen, die gerade für schulerfolgsärmere, benachteiligte Lerner/innen als Identifikationsmodell und Türöffner in eine nachschulische Zukunft dienen könnten.

Individuelle Förderung; Zielentwicklung, Bildungshilfeplanung

Hier ist u.a. an die Verknüpfung von schulischer Förderung mit erzieherischen Hilfen, aber darüber hinaus an eine Zusammenschau von schulischer und außerschulischer Entwicklung und Unterstützung zu denken. Elemente eines Bildungs-Hilfe-Plans (dreimonatlich reflektiert und justiert) können sein:

- Beschreibung der Schulprobleme und Lernschwierigkeiten (Selbst- und Fremdsichten)
- Lernstandserhebung und Lernprozessdiagnostik (Fachwissen, Kompetenzen, Lern- und Arbeitsverhalten)
- Hypothesen zu günstigen/ungünstigen Wirkfaktoren und Bedingungen des Lernens
- Zielentwicklung (verschiedene Kompetenzebenen) mit Einbindung des/der Schülers/-in
- Handlungsplan (Beiträge aller Beteiligten): Beschreibung von Inhalten, Methoden, unterstützenden Bedingungen; Zuständigkeiten
- Dokumentation und Kontrolle (Auswertung mit Selbst- und Fremdwahrnehmung).

Hindernisse für den Einsatz in der Schule sind nach ersten Erfahrungen: Die gemeinsame Erstellung zwischen Schule, Eltern, jungen Menschen, Jugendhilfe ist von der Zeit- und Koordinationsseite her aufwändig. Eine positive Grundhaltung mit Ressourcenorientierung passt bisher nicht in die Kultur der weiterführenden Schule. Ein solches kooperatives Förderverfahren bietet aber zweifellos (nicht zuletzt präventiv) Vorteile: Es entsteht ein verbindlicher Rahmen für Verständigung zwischen allen Beteiligten. Damit ist verbunden, unterschiedliche Sichtweisen kennenzulernen, zu akzeptieren und zu nutzen. Es erfolgt eine gezielte Einbindung des jungen Menschen und der Eltern bei der Zielentwicklung, Handlungsplanung und Auswertung. Ergänzungsbedarfe durch weitere Partner (Jugendarbeit, Jugendamt, Bewährungshelfer/in, Betrieb ...) werden deutlich und können gesucht werden.

Elternaktivierung

Günstige Erfahrungen werden mit früher aufsuchender Arbeit durch sozialpädagogische Fachkräfte, ggf. im Tandem mit einer Lehrkraft, berichtet. Anschließendes Coaching führt hier und da zur Stabilisierung bei beginnender Schuldistanzierung. Ein Projektträger, der an einer Berliner Schule mit zwanzig Fachleistungsstunden/Woche tätig ist, führt aus:

> „Der Schulleiter schickte allen Eltern betroffener Schüler/innen einen Brief, in dem er die Zusammenarbeit mit XY e.V. ankündigte. Eltern, die keine Mitarbeit wünschten, sollten dies schriftlich mitteilen. Dem Brief lag ein Flyer des Trägers (in Deutsch, Türkisch und Arabisch) bei. Das Projekt wurde vom Schulleiter unter den Lehrkräften bekannt gemacht; die Mitarbeiter/innen stellten sich in einer Lehrerkonferenz vor. Zwei Mal

wöchentlich wurde an der Schule eine Sprechzeit eingerichtet, während der die Lehrer/innen Probleme schildern können. Es folgt dann die Kontaktaufnahme für ein Erstgespräch mit der Familie; das weitere Handeln verzweigt sich dann in unterschiedliche Vorgehensweisen: Gespräche mit oder ohne Lehrkraft bzw. mit oder ohne Schüler/in, Vereinbarungen, Stützungen unterschiedlicher Art (...) Die ersten Monate der Arbeit haben uns ein großes Maß an sozialem, psychischem und materiellem Elend offenbart, das am Jugendamt vorbei existiert und dort in der Regel nicht aufläuft. In vielen Fällen sind die Eltern dankbar, einen nichtschulischen Ansprechpartner zu finden. In vielen Fällen erscheint es wichtig, für eine Weile an den Eltern dranzubleiben, bis sie ihre Verantwortung für den Bereich Schule stärker wahrnehmen. Diese Arbeit können die Lehrer/innen nicht leisten."

Eltern sind, so zeigen Erfahrungen in Lernprojekten für Schulverweigerer, zur Mitarbeit bereit, wenn sie als „normaler Mensch" und nicht als Problemverursacher und Problemträger angesprochen werden. Angebote an bzw. Beiträge der Eltern sollten: ihnen Freude machen; soziale Kontakte schaffen; Möglichkeiten bieten, Fähigkeiten zu zeigen; Chancen eröffnen, von anderen (Eltern) etwas zu lernen; zum Austausch von Erfahrungen mit Schule und ihren Kindern Gelegenheit bieten; als Substanz für Mitwirkung dienen.

Die Aufgaben der Schulen hinsichtlich Schuldistanzierung liegen also zunächst im Bereich der Prävention. Solch ein vorsorgendes Programm wäre angewiesen auf Partner: mehrere Professionen an der Schule und Vernetzung mit außerschulischen Akteuren, die nicht zuletzt für Jugendliche bedeutsame Aufgaben, genauer: Bewährungsfelder zur Verfügung stellen. Gutes wird oft dort auf den Weg gebracht, wo ein Quartiersmanagement als Moderation fungiert.

Es lohnt im Übrigen, die Sicht der jugendlichen Nutzer/innen zu ermitteln. Was sind Zentralposten für Wachheit und Präsenz? Ich fasse einige mir zugängliche Schülerbefragungen zusammen, die allerdings wissenschaftlich nicht validiert sind:

a. Freizeitmöglichkeiten in der Schule
b. Verschönerung der Schule (in einer Untersuchung aus Thüringen stand dieser Schülerwunsch vor einigen Jahren sogar an der Spitze)
c. Lehrer/innen zugewandter, demokratischer, mit mehr Zeit und einem offenen Ohr für Schülerprobleme, -meinungen und -fragen
d. Steigerung von Freundlichkeit, Respekt und Vertrauen in der Lehrer-Schüler-Beziehung, Empathie von Lehrkräften gegenüber außerschulischen Erfahrungen ihrer Lerner/innen
e. Übernahme von Verantwortung für „wirkliche Aufgaben" und mit Produkten, die man außerhalb zeigen kann (subjektiv lebensbedeutsamerer, projektbezogener Unterricht und Selbstlern-Aktivitäten mit allen Sinnen, mit Produkten und Präsentationen)
f. mehr „Draußen-Lernen" („Biologie am Wasser"; „Lesen im Wald"; „Stadt als Schule")
g. Aufnahme von personbezogenen Themen wie „Leben bewältigen", „Miteinander reden lernen", „Gespräche führen"
h. Abweichungen von Routinen, von alltäglichen Gewohnheiten des Immer-das-Selbe,
i. Beteiligung – an der Entwicklung von Fragen, Herausforderungen, Zielen, Lösungen, Arrangements, Schulprofilen; durch (ggf. außerunterrichtliche) Verantwortung; durch systematisches Schüler-Feedback.

Mit solchen Programmelementen schaffen es Einzelschulen, Absentismusraten mindestens zu halbieren.

Aber viele schuldistanzierte Jungen und Mädchen stehen vor der für sie nicht sinnhaft beantworteten Frage: Wofür lernen, wozu sich anstrengen? Was bringt mir das heute? Was kommt danach? Wenn wir keine echten, attraktiven Einstiegsangebote in den Beruf für die Jugend bereithalten, nützt ein Teil der Anstrengungen in den pädagogischen Provinzen eben „nur" für den Moment. Wenn wir entgegenkommend Ermöglichungsstrukturen aufbauen, können wir junge Menschen fordern: Denn dass Schule lohnend und sinnvoll und lebendig wird, ist auch Lernersache.

4.2 Intervention

Ansätze, die Schulschwänzen im frühen Stadium und auf mehreren Ebenen angehen, existieren in der Bundesrepublik bisher selten. Zudem wissen wir nicht, ob etwas wirkt und was wirkt. Denn es gibt sehr wenige Schulen, die Interventionskonzepte entwickeln und gar evaluieren. Wer es einfach haben will, sieht im Absentismus vor allem ein Wahrnehmungs- und Kontrollproblem der Lehrkräfte. Sicherlich können wir uns auf die Formel „Wehret den Anfängen!" einigen. Die Maxime lautet dann: Auf erste Anzeichen von Schulschwänzen ist früh, abgestimmt und konsequent mit Wahrnehmung, mit pädagogischen Hilfen, mit Kontrolle, Hinterhersetzen der Lehrkräfte zu antworten. Nicht, dass ich gegen Dokumentation und Dranbleiben durch Lehrer/innen wäre – ganz im Gegenteil lässt sich hier noch viel tun. Auch die Information der Eltern kann im frühen Stadium Einhalt bewirken und damit Verfestigungsgefahren mindern. Aber, viele Schulschwänzer/innen äußern: „Mich will dort, in der Schule, sowieso keiner." Unterstellt, das stimmt: Das Problem wäre dann, dass viele Lehrer/innen viele Schulschwänzer/innen lieber nicht in der Schule sehen, weil diese Troublemacher Zeit und Energie schlucken und Unterricht-Halten erschweren.

Was passiert an „absentismussensiblen" aktiven Schulen?

a. Übergangsbegleitung von der Primar- in die Sekundarschule für Risikokinder
b. als Gesamtkollegium Ziele und Gründe für die schulische Verfolgung von unregelmäßigem Schulbesuch schriftlich festhalten; den Willen zur ernsthaften Zielverfolgung breit einpflanzen (Lehrkräfte gewinnen, motivieren, belohnen)
c. organisierte Wahrnehmung mit Statistikführung (Hinschauen, Dokumentieren, interne Veröffentlichung, Auswertung, also Selbstkontrolle und Schülerkontrolle)
d. Verabredung innerschulischer Standards; schulinterner Verfahrenskatalog mit festgelegter Schrittefolge
e. frühe und berechenbare Information zwischen Schule und Eltern
f. Einbindung der Klasse/von Mitschüler/innen, um Schwänzer/innen zurück zu holen
g. hinter dem Fernbleiben stehende inner- und außerschulische Probleme und Konflikte herausfinden und sich für Lösungen engagieren
h. Rückkehrsituation aktiv gestalten
i. abgestimmte Kooperation mit Schulsozialarbeit, Jugendamt, Polizei ...
j. Einsatz pädagogischer Strategien, zum Beispiel: Beziehung zum/zur Schüler/in reflektieren; mit Eltern zusammen arbeiten; unmittelbare Reaktion auf Versäumnisse, Wegbleiben unbequem machen; Anreize für Anwesenheit schaffen, Anwesenheit positiv

verstärken; angekoppelter Unterricht (didaktisch, methodisch ...); individuelle Stundenplanveränderungen; motivierende Förderung; attraktive Nachmittagsangebote; Einrichtung von Besprechungs-, Rückmeldungsforen in der Klasse und in der Schule.

Auch die Krisenintervention und Entwicklungsbegleitung durch Gruppenarbeit und Einzelberatung im Rahmen von Schulsozialarbeit soll genannt werden. Nicht zuletzt hat auch die Schulpsychologie als intermediäre Instanz präventiv und interventiv eine wichtige Funktion.

5 Andere Lernorte neben der Schule

Projekte für Schuldistanzierte arbeiten sowohl als Sondergruppen an der Schule, als Zurück-zur-Schule-Gruppen „am anderen Ort" und als Begleitung-zur-Einmündung-in-Arbeit-Gruppen. Mögliche Varianten sind:

a. Praxisklasse, Arbeitswelt-Klasse in alleiniger Verantwortung von Schule (Ort Schule und Praxislernplätze)
b. Sondergruppen auf Zeit mit Reintegrationsanspruch als Schwänzerauffang-Projekte für Schulpflichtige mit mehr als einem offenen Pflichtjahr (als Zurück-in-die-Schule/Klasse-Gruppe) und zwar am Ort Schule (mit oder ohne Jugendhilfebeteiligung) – oder am nichtschulischen Ort
c. Angebote für Drop-Outs mit wenigen offenen Besuchsmonaten bzw. Angebote für Frühabgänger/innen (ohne Abschluss) (Begleitung-zur-Einmündung-in-Arbeit-Gruppe)
   - am nichtschulischen Ort,
   - mit Jugendhilfe-Beteiligung bzw. Arbeitsagentur bzw. mit Berufsbildender Schule.

Die Jugendhilfe ist insbesondere dann gefragt, wenn außerschulische Entstehungsbedingungen bearbeitet werden müssen. Erfahrungen zeigen, dass eine einzelne Schule allein – u.a. wegen der Aufgabenvielfalt und ihrer Strukturen – überfordert ist, wenn bei verfestigter Schuldistanzierung:

- Schwänzen nicht als Reaktion auf bearbeitbare Auslöser entschlüsselbar ist, sondern mit resignativer oder sogar „lebensverneinender" Sogkraft auftritt
- den Jugendlichen in ihrem Erleben „alles egal" ist
- die Familie schwer einzubinden ist und sogar mit dem Verhalten des Kindes „sympathisiert"
- Jugendliche in der Klassengemeinschaft keinen „Anker" haben
- der Kontakt zur Schule völlig abgerissen ist und im Sog des alternativen Wirkungsraumes positive Erfahrungen „statt Schule" eintreten
- schon frühkindlich erhebliche Probleme mit Rollenerwartungen in Institutionen auftraten
- ein abgekoppeltes Wertesystem entstanden ist, in das Nicht-Gehen in eine „blöde, affige" Schule integriert ist
- existenzielle Bedürfnisse (Sicherheit, Zugehörigkeit, Gewollt-Sein ...) nicht befriedigt sind
- Jugendliche in einer Veränderung nur Kosten und keinen Gewinn/keinen Sinn sehen.

In vielen Lernprojekten „am anderen Ort“ sammeln sich demotivierte und teilweise desintegrierte Jugendliche mit einem großen Maß an negativer Selbst- und Schulerfahrung, nicht selten nur mühsam getüncht durch zusammengestoppelte, z.T. illusionäre Selbstbilder. Sie umgehen Situationen, die negative Folgen möglich erscheinen lassen – die z.B. Angst machen, Scheitern, Enttäuschung verheißen (Misserfolgsvermeidung). Man muss ihre Erlebnisse und ihre Konstruktionen über die Wirklichkeit kennenlernen: Bilder über sich, das Leben, die Welt, Schule, Erwachsene, Lehrer/innen. Nur dann kann Kontakt entstehen, Ankoppelung gelingen, Erfahrungen können aufgearbeitet und sortiert werden, um vielleicht neue Entscheidungs- und Gestaltungsmöglichkeiten zu eröffnen. Diese einführende Bestimmung zeigt, dass Motivations- und Bewältigungsarbeit jedenfalls für massiv Distanzierte zunächst im Vordergrund steht.

Lernprojekte müssen beides beachten: einen anderen Rahmen mit anderen Inhalten und Aufgaben bereitstellen und reflektierte Beziehungsarbeit leisten. Beziehungspotenziale im Projekt sollten sowohl von gewährenden Haltungen getragen sein, also z.B. Regression und Ausprobieren ermöglichen, als auch haltende, Grenzen setzende Strategien enthalten. Dabei sind Projekte Übungsfelder für die Entwicklung von Strategien des Lernens, des Selbstmanagements und des Verhaltens in Gruppen. Nicht zuletzt sind meist eklatante Wissenslücken zu schließen und schulische Könnensdefizite zu bearbeiten.

In der Folge benenne ich grundlegende Ziele für die pädagogische Arbeit mit den Jugendlichen in den Lerngruppen. *Ziele* haben für die einzelnen Jugendlichen auf Grund ihrer individuellen Probleme und Schwierigkeiten eine unterschiedliche Gewichtigkeit und Wertigkeit.

Selbst

- Unterstützung des Aufbaus eines positiven Selbstwertgefühles und Selbstbildes
- Stabilisierung der emotionalen Befindlichkeit, Verbesserung des Zugangs zu eigenen Gefühlen und der Wahrnehmung der eigenen Befindlichkeit
- Schaffen von Klarheit über personale Handlungstendenzen und die Entwicklung einer realistischen Eigen- und Fremdwahrnehmung
- Übernahme von Verantwortung für sich selbst und andere, Aufbau eines positiven Kontakt- und Beziehungsverhaltens
- Verbesserung der Ausdrucks- und Kommunikationsfähigkeit.

Gemeinschaft

- Erwerb adäquater Konfliktlösestrategien
- Ermöglichung positiver Gruppenerfahrungen, Erwerb sozialer Fertigkeiten (Kooperationsbereitschaft, Rücksichtnahme, Hilfsbereitschaft, Toleranz usw.).

Lernen

- Vermittlung von Strategien zur Verbesserung der Lernmotivation, der Lernorganisation, der Konzentration, der Aufmerksamkeit; Erwerb von Lernstrategien; spezielles Lese-Rechtschreibtraining
- Aufbau von Anstrengungsbereitschaft und Lernwillen
- Stabilisierung und Förderung der Lebenstüchtigkeit, Training alltagspraktischer Kompetenzen.

Lebensgestaltung
- Entwicklung einer schulischen bzw. beruflichen Perspektive und motivationsfördernder Lebensziele
- Integration in altersentsprechende soziale Zusammenhänge
- Kennenlernen von Angeboten zur sinnvollen Freizeitgestaltung.

Schule
- Nachholen von Lernstoff.

Gesicherte Prognosen hinsichtlich eines erfolgreichen Durchlaufens des Projektes entlang einzelner Faktoren, wie z.B. besondere lebensgeschichtliche Entwicklungen oder spezifische Persönlichkeitsmerkmale, sind nicht möglich. Entwicklungsverläufe erweisen sich als nicht vorhersehbar und konstellieren sich sehr individuell; nicht alle Einflussfaktoren sind zu kontrollieren. So können sich einzelne Jugendliche, denen eine Rückkehr in die Regelschule auf Grund sozialer Ängste oder (durch sehr belastende Erfahrungen im schulischen Umfeld entstanden) starker Entmutigung und Hoffnungslosigkeit undenkbar erschien, während ihrer Projektteilnahme soweit emotional stabilisieren und positiv entwickeln, dass sie letztendlich doch Chancen auf einen regulären Schulabschluss haben. Andere Jugendliche hingegen, für die auf Grund besonderer intellektueller Fähigkeiten und/oder eines stabilen, stützenden familialen Hintergrundes mit kooperativen Eltern eine günstige Prognose abgegeben werden kann, scheitern z.T. bei der Umsetzung ihrer schulischen Ziele. Erschwert wird eine Prognose auch dadurch, dass gerade im Jugendlichenalter die Persönlichkeit und vor allem die emotionalen Stimmungslagen Jugendlicher sehr instabil sind, sodass unvorhersehbare „Entwicklungssprünge" genauso wie ein unerwartetes „Wegbrechen" auftreten können. Das führt dann zu veränderten Planungen und Zielen.

Lernprojekte antworten mit einer Entdeckungs- und Förderungsoffensive, die nicht nur auf die Defizite, sondern auch auf die Potenziale dieser jungen Menschen abstellt. Die wichtigste Qualität für eine erfolgreiche Gruppenteilnahme scheint weniger die Ausprägung einzelner persönlicher Eigenschaften, der bisherige Schulverlauf oder der familiale Hintergrund zu sein. Wirkungszentrum ist das Vorhandensein eines intellektuellen und persönlichen, sich nur im Verlauf der Gruppenteilnahme zeigenden Entwicklungspotenzials im Zusammenspiel mit positiven familialen Ressourcen. Faktoren, die die Projektteilnahme eines/einer Jugendlichen positiv beeinflussen, sind:

- (sukzessiv sich entwickelnde) Offenheit auf Seiten der Jugendlichen für das Angebot
- Beziehungsfähigkeit der Jugendlichen
- Zielvorstellungen der Jugendlichen und Fähigkeiten, Visionen für die eigene Zukunft zu entwickeln
- das Entstehen einer vertrauensvollen Arbeitsbeziehung zwischen den Eltern und dem Team
- Verankerung des Jugendlichen in stützenden sozialen Strukturen außerhalb der Sondergruppe
- stabile Lebensumstände.

Diese Faktorenbündel sind nur annähernd und in Einzelfällen in der Realität gegeben.

Über zwei Jahre angelegte Lernprojekte definieren sich im ersten Jahr vor allem ankoppelungspädagogisch: kleine Teilnehmerzahl und Prinzip der geschlossenen Gruppe; an den Lebenswelten orientierte Angebote; abwechslungsreiche und flexible Alltagsgestaltung; angemessen herausfordernde Aufgaben; Sicherheit und Ruhe stiftendes Milieu; Beziehungspädagogik mit Elementen wie Aufmerksamkeit, Zuwendung, Vertrauen, Achtung; handlungsorientierte Herausforderungen.

Im zweiten Jahr ist die Bildungs- und Unterstützungsarbeit in Projekten verstärkt darauf gerichtet,

- schulische Leistungsrückstände aufzuholen
- lern- und schulbezogene Motivation, Konzentrationsfähigkeit, Interaktionskompetenzen usw. für Regelkontexte und Anforderungsnormalitäten zu stärken.

Ein Sonderprojekt – ein mildernder Schonraum unter ihresgleichen – und die Regelschule sind zwei unterschiedliche Systeme, die je eigene Kulturen aufweisen und an differierenden pädagogischen Parametern ausgerichtet sind. Die besonderen Settings wollen „coole Schule“ sein und erheben damit Ansprüche, jungen Menschen als individuell bekömmlicher und jugendkulturell gestalteter Ort entgegenzukommen (System- und Kontextveränderung statt einseitige Störungsbehandlung).

Die Sondergruppe ist ein kleines, im Vergleich zur „Massenschule“ eher wenig komplexes System. Konstruktionsgrundsätze der Projekte lassen sich, bei allen Unterschieden der Vorhaben an den Standorten und von Einzelschulen im Regelsystem, im Vergleich mit schulischen Normalitäten so kontrastieren: Bezugspersonenprinzip versus relative Anonymität, geringe Gruppengröße versus größere Lerngruppen (mit Gefahren wie Verloren-Gehen, Übersehen-Werden, Untertauchen-Können ...); konsequente Individuation versus weitgehender Verzicht auf „Besonderung“, wobei Erwartungen planierend „ohne Ansehen der Person“ gelten; individuelles Gerechtwerden (individuelle Bezugsnorm) versus soziale Vergleichsrelation; ganzheitliches Lernen (kognitiv, sozial, emotional, motivational, moralisch, ästhetisch) versus kognitive Leistungsausrichtung, Stoff- und Fachorientierung; innere Differenzierung versus äußere Differenzierung.

Was sind einzelfallgemäß denkbare Erfolgskriterien und „Währungen“, in denen abgerechnet wird?

- Finden von neuem Mut für das Leben und Aufbau von Vertrauen gegenüber (einem) Erwachsenen
- Verhindern weiteren Absinkens durch Unterbrechung von Abwärtsspiralen,
- Anwesenheit im Projekt,
- Drop-Out-Rate während der Projektlaufzeit
- berufliche und schulische Einmündung
- psychosoziale Entwicklungsfortschritte aus Sicht der Professionellen usw.
- jugendliche Zufriedenheit mit dem Angebot
- Aufbau von konstruktiven Familienbeziehungen („Entfeindung“ usw.),
- Legalbewährung.

Kurz: Neben von außen herangetragenen verallgemeinernden normativen Standards treten für den Einzelfall passende Würdigungen des individuellen Bildungs- und Entwicklungsverlaufs.

Brauchen wir außerschulische Auffangangebote? Ich meine: Ja. Ein Beobachter aus einem Großstadt-Projekt für Schulverweigerer resümiert:

> „Womit wir es verstärkt zu tun haben, sind Schüler und Schülerinnen, die mit familiären Konflikten in einem solchen Ausmaß zu kämpfen haben und die so viel individuelle Aufmerksamkeit und Kraft erfordern, dass die betreffenden Jugendlichen den schulischen Leistungserwartungen einfach nicht mehr gerecht werden können und ihnen das Lernen in der Schule daher als momentane Nebensächlichkeit erscheint. Was sollen Jugendliche tun, die nicht nur nicht (...) auf familiäre Ressourcen zurückgreifen können (...), sondern für die gerade die familiären Bindungen das eigentliche Problem darstellen: ‚Liebesentzug' durch die Eltern, permanente Verletzungen des Selbstwertgefühls und der Selbstachtung, diskriminierende Schuldzuweisungen für die desolaten familiären Beziehungen, Gewaltanwendung, sexueller Missbrauch. (...) Der Schule kann man sich entziehen. Aus dem Bedürfnis nach Zuneigung, Zuwendung, Liebe, Halt, Schutz, Sicherheit, Orientierung können Kinder nicht entlassen werden. Sind (...) Grundbedürfnisse (...) nicht ausreichend befriedigt, so tritt das schulische Lernen in den Hintergrund. Der Kern des Problems Schulverweigerung sind nicht jene Jugendlichen, die sich dem Leistungsstress der Schule entziehen, weil sie an anderen Orten einfach mehr Spaß haben, ihr Dasein „lustvoller" gestalten können. Es sind auch nicht die Aussteiger (...) oder die, die von Eltern absichtlich zurückgehalten werden, um für den Lebensunterhalt der Familie mit Sorge zu tragen (...). Schule kann angesichts ihrer gegenwärtigen Organisationsstruktur hier nur bedingt eingreifen. (...) Was weiß der Lehrer denn schon von den Konflikten in der Familie? Und will er davon überhaupt wissen? Und wenn er es wüsste, was könnte er tun? Könnte er überhaupt verstehen, dass man Eltern lieben kann, die einen schlagen, dass man Eltern nicht verraten mag, die einen missbrauchen? Sich anvertrauen in der Schule? Das setzt Vertrauen voraus. Schulverweigerung verweist auf die Notwendigkeit der Sozialpädagogisierung von Schule und auf die Notwendigkeit einer engen Kooperation von Schule und Jugendhilfe."

In vielen Projekten für schulpflichtige Sekundarjugendliche ab 14 Jahren weiß man: Reintegration in die Regelschule und Schulabschlüsse sind Hürden. Ch. Ehmann und H. Rademacker (2003) sprechen bei Verweigerer-Projekten am anderen Ort gar von der „ausgrenzendsten Form der Beschulung". Sie gewichten m.E. unzureichend, dass es sich bei den Projektbesucher/innen i.d.R. um komplett desintegrierte und an Regelschule völlig chancenlose junge Menschen handelt. Wenn es allerdings nicht zu einer Zusammenbindung von Ressourcen kommt, sollte die Jugendhilfe in der Reserve bleiben.

Eine inflationäre Ausweitung von Projekten für Schulpflichtige in Jugendhilfe-Zuständigkeit darf es nicht geben. Jugendhilfe soll keine strukturelle Feuerwehr sein. Die Jugendhilfe hat andererseits zwar nicht prinzipiell, allerdings fallbezogen häufig eine Mit-Zuständigkeit in den individuellen Schulverweigerungskonstellationen und darf geeignete und notwendige Hilfen nicht von anderen allein erwarten.

Ein geringerer Teil der Projekte in der Bundesrepublik hat sich teilweise in gewinnreiche Kooperationsbezüge mit dem Regelschul-System verwickelt. Von den Anreicherungen profitieren nicht nur die Projektjugendlichen, sondern Lehrkräfte und Schüler/innen der Partnerschule. Mir bekannt sind Kooperationsformen von Schulen und Projekten wie: gemeinsame Arbeitsprojekte; Lehrerfortbildung mit sozialpädagogischen Qualifizierungselementen; Clearing- und Mediationsangebote für Regelschulen; Erweiterung durch Unterrichtsformen und -methoden, die von „Spagatlehrer/innen" aus den Projekten in die Stammschule importiert werden; Zur-Verfügung-Stellung von Werkstätten/gemeinsame Raumnutzung; gemeinsame Projekte sozialen Lernens, z.B. auch mit der außerschulischen

Jugendbildung; „implizite" Schulentwicklungsberatung; Impulse für die Elternarbeit; kommunal- und fachpolitische Lobbyarbeit für Schulmüde und Schulverweigerer.

Hinsichtlich der Kooperation sollten folgende Qualitätsanforderungen gelten:

a. Die Konzepte zur Integrationssicherung und Bildung (und gar zur Reintegration im Rahmen der Schulpflichterfüllung) sind von Schule und Jugendhilfe gemeinsam zu erarbeiten.
b. Im Konzept ist festzulegen, welche Beiträge die Partner leisten und wie schulische, sozial- und werk-/berufspädagogische Angebote sinnhaft miteinander verknüpft werden.
c. Die Beteiligung der Eltern und jungen Menschen muss Konzeptbestandteil sein.
d. Bildungs- und Hilfeplanung sind individuell zu verzahnen.
e. Standorte sind so zu planen, dass eine organische, sozialräumliche, Personal, Sachressourcen, Bildungsangebote und sonstige Leistungen vernetzende Arbeit möglich wird.
f. Die Zusammenarbeit ist vertraglich so zu vereinbaren, dass Verfahrensstandards verbindlich werden, aber auch flexible Lösungen nicht verhindert werden. Verträge sollten mindestens einbinden: Schulamt, Jugendamt, Jugendhilfeträger, Schule, Schulträger, ggf. Betriebe.
g. Schule und Jugendhilfe führen das Projekt in gemeinsamer Verantwortung durch.
h. Der Schulbereich muss auch am anderen Bildungsort erhebliche Kosten tragen.
i. Im Rahmen der Projektarbeit muss beides geleistet werden: Einzelfallförderung *und* strukturell angelegte Thematisierung von Schuldistanzierung/ Schulverweigerung als Problem und Gestaltungsaufgabe für den Schulbereich und jede Einzelschule.

6 Zentrale Ergebnisse der Schulverweigererprojekt-Evaluation im Land Brandenburg (David Vust)

Jüngst wurde im Auftrag des Ministeriums für Bildung, Jugend und Sport des Landes Brandenburg eine empirische Untersuchung zur Arbeit von neun „Integrierten Projekten von Jugendhilfe und Schule zur Vermeidung von Schulabbrüchen bei schulverweigernden Jugendlichen" durchgeführt (Schwabe/Stallmann/Vust 2006). Folgende Ergebnisse sind besonders aufschlussreich:

a. *Einschätzungen der Jugendlichen*

Die überwiegende Mehrheit der Jugendlichen (N=112) fühlt sich in den Projekten wohl und kommt gern dorthin. Die schlechtesten Bewertungen liegen im mittleren Bereich. Die ehemaligen Projektteilnehmer/innen geben zudem beinahe ausnahmslos an, dass ihre Teilnahme am Projekt ihren beruflichen Weg positiv beeinflusst hat. Am meisten geschätzt werden von den Jugendlichen die in den Projekten herrschende „familiäre" Atmosphäre sowie die Qualität der Beziehungen zwischen Schüler/innen und Pädagog/innen. Die Jugendlichen loben außerdem die im Unterricht erlebte partizipative Wissensvermittlung und die durch die Gruppengröße ermöglichte intensive Einzelförderung.

Die Projektschüler/innen zeigen sich besonders dankbar, dass sie auch als „schwache Schüler/innen" gefördert werden und dass die Lehrkräfte sich die dafür nötige Zeit nehmen.

Die Jugendlichen wissen die Arbeit der Lehrer/innen, Sozial- und Werkpädagog/innen in den Projekten insgesamt zu schätzen und bescheinigen ihnen einen fairen und respektvollen Umgang. Sie fühlen sich unterstützt und motiviert.

90% der interviewten Jugendlichen berichten, dass sich mit der Aufnahme in das jeweilige Projekt die Atmosphäre zu Hause und dass sich die Beziehungen zu ihren Eltern „schlagartig" verbessert hätten.

Einige Jugendlichen wünschen eine Reduzierung des Unterrichtsanteils zu Gunsten von Werkstattprojekten. Bei den Freizeitangeboten wird von einigen Jugendlichen moniert, dass es zu wenig Mitsprache- und Wahlmöglichkeiten gäbe.

b. *„Harte Daten"*

- Jede/r zweite Jugendliche, die/der in eines der Projekte aufgenommen wurde, erreichte einen qualifizierten Schulabschluss (einfache oder erweiterte Berufsbildungsreife). Die Abschlussquote der Jungen ist allerdings mit 53% deutlich höher als die der Mädchen (32%). Bezogen allein auf die Jugendlichen, die das Projekt regulär beendet haben, steigt die Abschlussquote auf knapp 70%. Angesichts der Bildungsverläufe dieser Jugendlichen vor Projekteintritt sind diese Zahlen als eindeutiger Erfolg zu betrachten.
- Die festgestellte Abbrecherquote von 28% muss allerdings zu denken geben. Auch wenn diese einige Umzüge oder beendete Heimunterbringungen mit Wegzug enthält, deutet sie auf ein Nebeneinander von sehr erfolgreichen und gescheiterten Einzelverläufen hin. Ein Großteil der Abbrüche wäre durch ein aufmerksameres Aufnahmeverfahren, gekoppelt mit klaren Vereinbarungen und ggf. Auflagen, unter Umständen vermeidbar.
- Prozentual gesehen gibt es in den untersuchten Schulverweigerer-Projekten zweieinhalb Mal so viele weibliche wie männliche Abbrecher/innen. Insgesamt bricht jedes zweite Mädchen ihre Teilnahme an dem Projekt frühzeitig ab. Die Vermutung, dass die gegenwärtigen Angebote „jungenlastig" sind, müsste zu konzeptioneller Umsteuerung und Mitarbeiterqualifizierung führen.
  - Die durchschnittliche Anzahl der Fehltage pro Schüler/in reduziert sich um die Hälfte nach der Aufnahme im Projekt. Allerdings schaffen es 51% der Projektteilnehmer/innen nicht, das Schwänzen im ersten Projektjahr völlig aufzugeben.
  - Die Anzahl der Fehltage korreliert mit dem Selbstvertrauen der Jugendlichen und mit ihren Bewertungen zu Unterricht, praktischer Arbeit und Freizeitaktivitäten. Anders ausgedrückt: In den Projekten, in denen die Jugendlichen mit anspruchsvollen Unterrichtsinhalten, praktischen Tätigkeiten und erlebnispädagogischen Aktivitäten gefördert und gefordert werden, weisen die Teilnehmer/innen sowohl ein höheres Selbstvertrauen als auch niedrigere Fehlzeiten auf.
  - Sechs Monate nach Beendigung des Projekts befanden sich 87% der Jugendlichen in einer berufsbildenden Maßnahme. Dass vier Wochen nach Beendigung des Projekts diese Quote nur 40% betrug, deutet vor allem auf ein strukturelles Problem hinsichtlich der Zusammenarbeit mit den örtlichen Agenturen für Arbeit hin. Außerdem verzichten die Projekte auf eine Übergangsbegleitung der Schüler/innen vom Projekt in berufliche Maßnahmen, da dafür bisher keine Ressourcen bereit standen.

c. *Zusammenarbeit der Fachkräfte im Projekt*
Sieben der neun untersuchten Projekte bezeichnen die vom Ministerium für Bildung, Jugend und Sport des Landes Brandenburg vorgesehene herausfordernde Kooperation zwischen Lehrer/innen und Sozialpädagog/innen als gut gelungen. Zwei Teams beschreiben ihre Zusammenarbeit als ein „Nebeneinander" der beiden Berufsgruppen. Am ehesten gelingt die Kooperation zwischen beiden Berufsgruppen, wenn

- Teambesprechungen regelmäßig stattfinden,
- gemeinsame Ziele definiert werden,
- eine einheitliche Haltung den Jugendlichen gegenüber entwickelt wird,
- die Aufgaben und Rollen von Lehrer/innen und Sozialpädagog/innen konzeptionell klar definiert werden und
- die Vertreter/innen beider Berufsgruppen Verständnis für die berufstypischen Sichtweisen, Prioritäten und Aufgabenbereiche der jeweiligen Komplementärs zeigen.

Die Projekte, die sozial- und schulpädagogische Anteile nicht rollen- und funktionsgemäß aufteilen (die also den ganzen Tag integriert und „wie aus einer Hand anlegen"), verzeichnen allerdings größere Erfolge als die Projekte, wo Lehrer/innen und Sozialpädagog/innen klar voneinander und nach Grundqualifikation getrennte Aufgaben und Rollen übernehmen.

d. *Pädagogische Prozessqualität*
- Die Qualität der Konzeptionen ist insgesamt eher schwach. Wichtige Themen werden tendenziell in Antragslyrik verpackt, anstatt konkrete und projektspezifische Antworten auf Fragen zu geben wie: Wo wollen wir mit den Jugendlichen hin? Wie machen wir das genau? Was sind die Leistungen, deren Erbringung wir garantieren? Was sind spezifische Erfahrungen in unserer Arbeit? Was geben wir auf Grund dieser Erfahrungen auf, was gestalten wir neu? usw.
- Eine systematische Zusammenarbeit mit den Eltern der Projektjugendlichen findet eher selten statt. Die beobachteten Ansätze sind meistens problemorientiert.
- Jugendadäquate Formen der individuellen Zielentwicklung, Zieldefinition und Zielkontrolle sowie individuelle Förderansätze werden nicht hinreichend umgesetzt.
- Die unzureichende Datenerfassung bzw. Verlaufsdokumentation in den meisten Projekten erschwert nicht nur externe, sondern ebenfalls Selbstevaluation. Für Katamnesen (abschließende Analysen bzw. Berichte über die beendeten Verläufe) fehlen Zeit und Mut.

Die hier vorgenommene Zusammenfassung der Ergebnisse des 300-seitigen, vom Grundtenor überaus positiven Evaluationsberichts mag sehr pointiert, möglicherweise sogar überspitzt und widersprüchlich erscheinen. Wir sehen es so: Auf der einen Seite ist es den Projekten in ihrem zwei- bis dreijährigen Bestehen gelungen, ein Klima zu schaffen, in dem die ehemals schulmüden Jugendlichen sich wohl fühlen und das es ihnen ermöglicht, neues Interesse am Lernen und an den Lerninhalten zu entwickeln. Auf der anderen Seite mussten in der Aufbauphase eines jeden Projekts einige Aspekte der pädagogischen Arbeit mit Schulverweigerern zunächst vernachlässigt werden.

Diese gilt es jetzt Schritt für Schritt nachzuholen, beispielsweise mit dem Ziel,

- die Muster, die bei den Einzelnen zur Verweigerungshaltung geführt haben, tiefgreifender zu verstehen
- die Abbruchsquote zu senken
- die geschlechtssensible Arbeit zu entfalten
- die Ressourcen der Eltern zu aktivieren und für den Hilfeprozess nutzbar zu machen
- den Übergang vom Projekt in die berufliche Bildung sanfter zu gestalten
- die Effekte des Projekts besser zu belegen.

7 Weitere flankierende Möglichkeiten der Jugendhilfe (Schwerpunkt: Kooperation)

Zunehmend wird Kooperation strukturell gedacht. Nur kursorisch einige Möglichkeiten der Jugendhilfe, bevor besondere Lernprojekte in Frage kommen.

Kooperation der Ämter und Fachdienste
- Steuergruppe der Ämter bzw. regionales Unterstützerteam (Schulaufsicht, Schulpsychologie, Schulleitung, Polizei, Jugendamt ...)
- Clearing- und Beratungsstelle Schuldistanz; Fallkommission „Verlorene Schüler/innen“
- abgestimmte Verfahrensstandards zwischen Ämtern und Schulen, wenn Schulschwänzen bemerkt wird.

Kooperation Jugendamt – Einzelschulen
- unspezifische Prävention: gegenseitige Information über Aufgaben und Möglichkeiten; Benennung von Ansprechpartner/innen; Teilnahme an Elternsprechtagen und monatliche Jugendamts-Sprechstunde in der Schule; gemeinsame regionale Fachtage und berufsgruppengemischte Fortbildungen; Stadtteilkonferenz/ Sozialraum-AGs ...
- Verabredung schneller und direkter Wege in der Fallkooperation; Beratung Schule und ASD unter Lehrereinbeziehung
- verzahnte integrierte Hilfen.

Fallebene
- Beratung (Sozialpädagogischer Dienst, Erziehungs- und Familienberatung, Schulpsychologie, freie Träger ...)
- Hilfen zur Erziehung (Gruppenarbeit, Tagesgruppe ...)
- Mittler-/Mentoren-/Paten-/Coach-Ansätze
- Runde Tische Jugendamt – Schule – Eltern ...

Prävention und Intervention am Ort Schule, z.B.

- Sozialarbeit an Schule; Präventionsprojekte (Klärung von Lebensproblemen – u.a. mit Herausarbeitung von und Ansetzen an Stärken, Bearbeitung inner- und außerschulischer Konflikte, Trainings, Lernhilfen, Übergangshilfen)
- Pädagogische Schulentwicklung durch externe (sozialpädagogische) Schulbegleitung/ -beratung (zum Thema Schulverweigerung), auch Unterstützung der Lehrkräfte bei der Fallreflexion und bei der Planung des weiteren Vorgehens.

Zielgruppenbezogene Ansätze, z.B.

- Absentist/innen aufsuchende Arbeit durch mobile Jugendsozialarbeit; nachgehende, aufsuchende Helferteams
- Case-Management für Gruppen benachteiligter Jugendlicher über „Schwellen" hinweg.

Schulexterne Inklusionsansätze (Projekte)

- Schulkrisen-(Auszeit)-Projekt (Clearing am anderen Ort auf Zeit/max. einige Wochen)
- Fernschule
- Schulmüden-/Schulverweigerer-Projekte.

Wie klappt Kooperation an der Basis? Die Zusammenarbeit von schulischen und sozialpädagogischen Fachkräften verläuft nach oft schwierigen Anfangsphasen in der Republik an vielen Orten gewinnreich und teilweise reibungslos. Folgende Denkanstöße stammen aus einer empirischen Untersuchung in Nordrhein-Westfalen. Dort wurden eher kooperationsinteressierte Lehrer/innen von vier Hauptschulen (N=20) sowie ein jugendamtlicher Fachdienst „Schulbezogene Jugendsozialarbeit" mit Präsenz am Ort Schule (N=7) zu ihren Kooperationen befragt (vgl. Szczyrba 2003). Ich greife hinsichtlich der Ergebnisse die *Kooperationskonzepte der Berufsgruppen und den wahrgenommenen Nutzen* von Kooperation heraus.

Zentral ist: Lehrer/innen möchten entlastet werden, wenn es um außerschulisch bedingte Probleme und Ursachen geht. Sie wollen den Fall an jene abgeben, die dafür ausgebildet sind und die dafür hauptberuflich in ihrem originären Kerngeschäft Zeit zu erübrigen haben. Der eigene Mitteleinsatz wird als limitiert angesehen. Er kann sich erstrecken von der Akzeptanz von Sozialpädagog/innen im Unterricht über den Informationsaustausch und die damit zusammenhängende Zeitinvestition für Gespräche bis zum Anhören und Annehmen von Ratschlägen. Kooperation ist für Lehrkräfte im Vergleich zum Unterrichten ein „Anhängsel", das in der inneren Ressourcenplanung nicht wirklich vorgesehen ist. Das Konzept ist benennbar als Weitergabe nach dem „Staffelstab"-Prinzip.

Für Sozialpädagog/innen ist Kooperation zentraler Teil von Selbstverständnis und Kernaufgabe. Kooperation wird als ineinandergreifendes Handeln gesehen, mit den Elementen a. Zielaushandlung, b. Wegeabstimmung, c. Ausgeglichenheit im Mitteleinsatz (Geben und Nehmen), d. gemeinsames (als durch gemeinsame Anstrengungen zustande gekommenes) Ergebnis.

Kommunikative Dichte und zeitliche Anforderungen sind von hier aus höher, auch wenn es letztlich zu einem arbeitsteiligen Wirken kommt. Das Kooperationskonzept zielt eher auf ein Verhältnis unter Partnern, die ihre Fähigkeiten flexibel gemäß Situation und je nach Bedarf einsetzen, genauer: ineinander verzahnen. Es gilt also zunächst, Übersetzungsarbeit zu leisten, um nachteilige Wirkungen diskrepanter Kooperationskonzepte durch Transparenzschaffung und Kommunikation in den nachteiligen Wirkungen außer Kraft zu setzen. Das wird nur über Gewinne für Lehrkräfte hinsichtlich Zeit- und Energieeinsatz sowie günstigere fachliche Effekte gelingen.

Die befragten Lehrer/innen benennen als Funktion und Nutzen von Kooperation mit Sozialpädagog/innen die Wiederherstellung der Möglichkeiten zur unterrichtlichen Wissensvermittlung im jeweiligen Fach, *ihrer* Kernaufgabe also.

Die Sozialpädagog/innen betonen, ohne hier einen Dissens aufzumachen, ergänzend erweiterte Möglichkeiten, unter anderem Lehrerberatung (Umgang mit Gruppendynamik; Verstehen von störendem Verhalten). Dabei erweist sich die Einsteuerung von außerschulischen Belastungsfaktoren, denen junge Menschen ausgesetzt sind, in das Lehrerbild seitens der Jugendhilfe als hilfreich. Durch Hospitationen konnten Sozialpädagog/innen allererst erfahren, wie komplex und schwierig die Lehreraufgaben am Vormittag konstelliert sind. Es entsteht durch direkte Anschauung in der Regel großer Respekt vor den Leistungen der Lehrerschaft.

Die Einzelfall-Ebene ummantelnd benötigen wir eine Abstimmungskultur zwischen Schulen, Einrichtungen und Angeboten der Jugendhilfe, Schul- und Jugendamt, Arbeitsagenturen, Wirtschaft (Industrie, Handwerk ...). Zukunftsträchtig sind strategische und lokale Netze, die als Lernortverbünde, regionale Bildungsallianzen usw. formale Bildungsorte und informelle Bildungsgelegenheiten aufeinander beziehen, anrechenbare Zertifizierung ermöglichen, abgestimmte Übergaben und Übergänge erlauben und den Schulmüden zweite und dritte Chancen aufmachen. Dafür wäre die Breite der sozialen, kulturellen, kommunalen, wirtschaftlichen Infrastruktur aufzuschließen. Insgesamt sind also Planungsprozesse und organisatorische Strukturen in Richtung auf Abstimmung und Verzahnung weiterzuentwickeln.

8 Bilanz

a Schulmüdigkeit, Bildung, Integration als Querschnittsthemen sehen und absichern

Administrativ und zuständigkeitspolitisch könnte man das Thema in den Verschiebebahnhof schicken: bei den Jüngeren zwischen Schule und Jugendhilfe, zwischen Regel- und Sonderschule, zwischen pädagogischen Instanzen und dem Ordnungsrecht, durch Verweis auf die Eltern; bei den Älteren zwischen Schule und Jugendhilfe, innerhalb der Jugendhilfe zwischen Jugendsozialarbeit, Hilfen zur Erziehung und Jugendgerichtshilfe, zwischen Jugendhilfe und Justiz. Die Komplexität steigt, wenn weitere Dienste und Professionen wie Schulpsychologie, Kinder- und Jugendpsychiatrie, niedergelassene Therapeuten, Beratungsstellen u.a.m. ins Spiel kommen. Gelegenheiten sind also günstig, Nicht-Zuständigkeit und Nicht-Haftung zu erklären. Schulverweigerung ist ein Querschnittsthema. Die Möglichkeiten von Kooperation und Vernetzung sind noch nicht ausgeschöpft. Kooperation ist dabei mehr als einfache Koordination der jeweiligen Systemaktivitäten.

b Mit früher und abgestimmter Prävention und Intervention ernst machen
Schulmüdigkeit beginnt in der Grundschule. Programmatische Aktionspläne auf Systemebene und Förderpläne für Einzelne müssen so früh, so abgestimmt und so schulnah wie möglich angelegt sein.

c Politik- und Wirtschaftsverantwortung benennen
Jugendliche brauchen attraktive Einstiegsangebote. Sollten sich Lebenswünsche hier und Lebensrealitäten dort für einen festen Sockel von Modernisierungsverlierer/innen unumkehrbar auseinander entwickeln, dann gilt: Man soll etwas und man will etwas, was man nicht kann und nicht darf. Aus diesem Anomieproblem resultieren bei einer größeren Zahl junger Menschen Verhaltensweisen, die Polizei und Justiz auf den Plan rufen und zu lebenslanger Alimentierung führen werden.

d Regionale Bildungsnetze als Verbünde von Schulen, Projekten, Betrieben ...; flexible Lernortarrangements
Regionale Verbünde zwischen Schulen, Projekten, Betrieben, weiteren Trägern wären ein wichtiger Schritt. Wir benötigen flexible Lern- und Qualifizierungsarrangements, die sich den jungen Menschen und ihren Lebenslagen anpassen. Wir müssen Lernen entinstitutionalisieren und „quere" Lernbiografien ermöglichen.

e Ermutigungsoffensiven starten
Vielen benachteiligten Jugendlichen fehlen subjektive und objektive Voraussetzungen, erfolgreiche Lerner/innen zu sein: Sie vertrauen oft weder sich, noch der Welt; sie verfügen nicht über Erfahrungen, dass Wissen, Können, Sprachkompetenz ... stolz und stark machen können; ihnen fehlen oft die kleinen Kultur- und Kommunikationstechniken, die in der Schule und im Betrieb vorausgesetzt und eingesetzt werden können. Es gilt Möglichkeiten zu entwickeln, Lernen erst einmal als sinnvoll zu begreifen. Oft muss tiefe Enttäuschung aufgefangen und verarbeitet werden. Stärken sind hervorzuholen und herauszuarbeiten, damit Schwächen erträglich werden. Schulverweigerer brauchen weniger die Freiheit von, sondern die Freiheit zu etwas, ein Zuspielen von Chancen, Selbstwirksamkeits- und Sinnpotenzialen.

f Hinter die Kulissen der jungen Menschen schauen
T. Heckner (vgl. Ministerium für Kultus, Jugend und Sport 2006) hat seine Erfahrungen aus der Arbeit mit Schulverweigerern in markanten Appellen eines „Problemjugendlichen" an seine Lehrkräfte und weitere Verantwortliche zusammengefasst. Dieses pädagogische Credo zeigt, wie zentral die Haltung von Schule, Jugendhilfe, Wirtschaft, Eltern, Zivilgesellschaft, Politik zu den Scheiternsgefährdeten ist:

> Seht in mir nicht nur den Schüler bzw. die Schülerin. Mein Leben ist manchmal so beanspruchend, dass ich mich nur wenig auf die Schule konzentrieren kann. Sprecht mit mir über meine Bildungsziele und wie ich damit zu Rande komme. Gebt mir Hilfen, damit ich die Vorsätze umsetzen kann. Gebt mir Unterstützung dabei, Eigenverantwortung für mein Vorankommen zu entwickeln, ohne mich zu demütigen. Alleine schaffe ich es nicht! Versucht es einzurichten, dass ich den Anschluss wieder finde, wenn ich einmal abrutsche. Gerade dann brauche ich Hilfe. Stellt mich nicht bloß. Ich lebe im Umbruch und bin extrem verunsichert und leicht kränkbar. Sprecht nicht zu mir von der „letzten Chance". Ich werde dem Druck vielleicht nicht Stand halten.

Und das Leben wird weitere Chancen bieten – positive wie negative. Eure Worte könnten somit hohl für mich klingen. Zeigt mir, dass ihr an mir als Teil der Gesellschaft interessiert seid. Lasst nicht zu, dass ich mich heraus stelle. Lasst mich spüren, dass ihr um mich kämpft.

Man muss für eine Ermutigungsoffensive, die diesen Leitlinien folgt, den doppelten Blick mobilisieren. Das bedeutet, eine zweite Person mit einem Möglichkeitsspektrum hinter dem empirischen Jugendlichen, der vor uns steht, zu antizipieren. Das Thema der Schuldistanz hat im wissenschaftlichen, fachpolitischen und pädagogischen Diskurs einen erhöhten Stellenwert erhalten. Es ist aus meiner Sicht ein Kooperationsfeld mit bis dato günstigen Ergebnissen und der gemeinsamen Herausforderung für Schule und Jugendhilfe, Drop-Out-Quoten nachhaltig zu senken.

Literatur

Ehmann, Christoph/Rademacker, Hermann (2003): Schulversäumnisse und sozialer Ausschluss. Bielefeld: Bertelsmann-Verlag

Ministerium für Kultus, Jugend und Sport. des Landes Baden-Württemberg (Hrsg.) (2006): Aktiv gegen Schulschwänzen. Stuttgart: Hektografiertes Manuskript

Schwabe, Mathias/Stallmann, Martina/Vust, David (2006): Evaluation von integrierten ESF- geförderten Schulverweigerer-Projekten im Land Brandenburg. Berlin: Unveröffentlichtes Manuskript des Instituts für Innovation und Beratung an der Evangelischen Fachhochschule Berlin

Szczyrba, Birgit (2003): Rollenkonstellationen in der pädagogischen Beziehungsarbeit. Bad Heilbrunn: Klinkhardt-Verlag

Vera King

Aufstieg aus der bildungsfernen Familie? Anforderungen in Bildungskarrieren am Beispiel junger Männer mit Migrationshintergrund

Die folgenden Ausführungen nehmen ihren Ausgang von dem Anliegen, die Bedingungen für Chancengleichheit im Bildungssystem zu verbessern, Benachteiligungen gerade für Kinder aus sogenannten bildungsfernen Familien zu verringern, und zu prüfen, worauf es dabei auch in Hinblick auf die Kooperation von Schule und außerschulischen Bildungsinstitutionen ankommt. Dabei wird diejenige Gruppe im Mittelpunkt stehen, die statistisch betrachtet die ungünstigste Prognose für schulische Karrieren hat: die jungen Männer mit Migrationshintergrund aus bildungsfernen Familien. Der Frage nach den Ursachen für Misserfolge im Bildungssystem wird hierbei eine spezifische Wendung gegeben, indem vor allem den Bedingungen für Bildungserfolg bei Schülerinnen und Schülern aus bildungsfernen Familien nachgegangen wird, für die die Teilhabe am höheren Bildungssystem einen Bildungs*aufstieg* bedeutet oder bedeuten könnte. Welches sind die Begleiterscheinungen, Folgen und die entsprechenden Hindernisse eines Aufstiegs im Sinne des erfolgreichen Durchlaufens des höheren Bildungssystems?

Chancenungleichheit im Bildungssystem

Eine der großen aktuellen Herausforderungen für Bildungsforschung und pädagogische Praxis liegt darin, dass wir es mit einem hartnäckig starken Zusammenhang zwischen sozialer Herkunft und späterer sozialer Platzierung zu tun haben. Auch der Bildungserfolg, der eine Chancengleichheit herstellende Funktion haben könnte und soll, ist noch immer in hohem Maße von der sozialen Herkunft determiniert (vgl. z.B. Meulemann 1999; Baumert et al. 2001; Friebel et al. 2000; Gogolin 2000; Büchner 2003, Becker/Lauterbach 2004a, b; Berger/Kahlert 2005; Engler/Krais 2005). Die verschiedenen Bildungsinstitutionen bieten selbst keine ausreichenden Korrekturmöglichkeiten. In der Bildungsforschung besteht daher weitgehend Konsens darüber, dass die Benachteiligung von Kindern aus eher bildungsfernen Familien zumindest zwei wesentliche Wurzeln hat: nämlich erstens die Schule und zweitens die Familie. Schule und Herkunftsfamilie sind Schlüsselvariablen für die Art der Bildungsbeteiligung der nachfolgenden Generationen. Sie wirken als soziale Filter, die zu Ausschluss und Abdrängung von Kindern aus bildungsfernen Familien führen. Auch verfügen wir über eine Reihe von Erklärungsansätzen[1], doch sind, wie es Vester formuliert hat, gerade die „oft subtilen Mechanismen, nach denen im Bildungssystem die sozialen Un-

1 So wurden in Bezug auf die Schule etwa durch PISA und andere Studien Mechanismen institutioneller Diskriminierung von Kindern aus bildungsfernen und aus eingewanderten Familien aufgezeigt (vgl. Baumert 2001; Gogolin 2000; Gomolla/Radtke 2002; Geißler 2005; Dinkel 1999). In Bezug auf die Herkunftsfamilie wurden Annahmen darüber bestätigt, dass Bildungsressourcen und partiell Bildungsaspirationen intergenerational weitergegeben werden (z.B. Nauck et al. 1998; Steinbach/Nauck 2004; Ditton et al. 2005).

gleichheiten hergestellt und reproduziert werden, (…) weitgehend ungeklärt" (2005: 17): Diese seien der „blinde Fleck des öffentlichen Diskurses" (ebd.). Entsprechend besteht zu den ungleichheitsrelevanten Mechanismen weiterhin „erheblicher Forschungsbedarf" (Ditton et al. 2005: 301). In ihrer Übersicht über den Stand der Forschung zu Bildungsungleichheiten verweisen auch Becker/Lauterbach (2004b) auf die Forschungslücken in Hinblick auf die Emergenz sogenannter „Herkunftseffekte" (im Sinne Boudons 1974): In vielen Hinsichten unklar geblieben sei, *wie* genau „der Prozess der intergenerationalen Transmission von Bildungschancen (…) vonstatten geht" (Becker/Lauterbach 2004b: 13)[2]. Offene Fragen sind zudem: Unter welchen Voraussetzungen werden in der individuellen Bildungsbiografie die Herkunftsbedingungen überschritten? Wie wirken institutionelle und familiale Faktoren in Prozessen des Bildungs*aufstiegs* zusammen? Was können schulische *und* außerschulische Bildung zur Erhöhung der Chancengleichheit beitragen – und zwar unter Berücksichtigung von Klasse, Geschlecht und Migrationshintergrund? Diese Frage stellt sich im Besonderen auch in Hinblick auf die jungen Männer mit Migrationshintergrund aus bildungsfernen Herkunftsfamilien.

Betrachten wir Ergebnisse jüngerer Studien der Bildungsforschung, so lässt sich für die Geschlechterverteilung an Haupt- und Sonderschulen festhalten, dass sich hier mehr männliche als weibliche Heranwachsende finden und dass die männlichen Schüler mit Migrationshintergrund in der Tendenz schlechter abschneiden als Mädchen und als einheimische Schüler. Auch unter den Jugendlichen, die *ohne* Hauptschulabschluss die Schule verlassen, sind junge Männer mit Migrationshintergrund überproportional vertreten. Unter den Abiturienten sind sie wiederum unterrepräsentiert. Demnach haben junge Männer mit Migrationshintergrund, wie erwähnt, derzeit die statistisch betrachtet ungünstigste Prognose in Hinblick auf Schulabschlüsse (vgl. z.B. die Übersichten in Bednarz-Braun/Heß-Meining 2004; Geißler 2005).

Wiesen in den Jahren vor der Bildungsreform Mädchen, Kinder aus Arbeiterfamilien und ländlichen Regionen statistisch die geringste Wahrscheinlichkeit auf, einen Hochschulabschluss zu machen, so hat sich dies in charakteristischer Weise verschoben – wie es R. Geißler (2005) in der griffigen Formel „von der Arbeitertochter zum Migrantensohn aus bildungsschwacher Familie" ausdrückte. Während allerdings kaum jemand mehr bestreiten würde, dass „Arbeitertöchter" im Bildungssystem lange Zeit systematisch benachteiligt waren (Schlüter 2003), findet sich in aktuellen öffentlichen Debatten durchaus auch die Neigung, gerade in Bezug auf junge Männer etwa türkischer oder arabischer Herkunft die Ursachen für schlechteres Abschneiden nicht dem Bildungssystem oder sozialen Bedingungen, sondern den Betroffenen selbst zuzuschreiben – etwa ihrer vermeintlichen „kulturell" bedingten Integrationsunwilligkeit und einer damit verknüpften mangelnden Bildungsbereitschaft. Demgegenüber gilt es, zunächst einmal festzuhalten, dass es sich bei den Problemen dieser Schüler um die Spitze jenes Eisbergs handelt, der in Deutschland insgesamt mit der auffälligen Reproduktion von sozialer Ungleichheit im Bildungssystem verbunden ist. Jenseits medialer Vereinfachungen bleibt die Herausforderung, genau zu prüfen, wie verschiedene Aspekte sozialer Benachteiligung ineinandergreifen.

---

2 Eine Untersuchung der Vermittlungsmechanismen zwischen sozialer Herkunft und Bildungserfolg muss dabei auch berücksichtigen, dass sich diese im Zuge gesellschaftlicher Wandlungsprozesse verändern bzw. verändert haben. Vgl. dazu auch Mayer/Blossfeld 1989; Meulemann 1990; Müller 1998.

In meinem Beitrag möchte ich dazu folgende Thesen erläutern:

1. Herausforderungen, mit denen es (männliche wie weibliche) Heranwachsende mit Migrationshintergund im Schulverlauf zu tun haben, sind zum einen *aufstiegstsypisch*. Diese Anforderungen müssen allerdings sehr viel präziser gefasst und berücksichtigt werden als es häufig der Fall ist – nämlich auch in ihren *psychosozialen Dimensionen*.
2. Aufstiegstypische Anforderungen interagieren mit *migrationsbedingten* – und zwar
   a) jenen, die mit familialen Generationen- und Geschlechterbeziehungen verknüpft sind, und
   b) jenen, die aus migrations- und geschlechtstypischen Erfahrungen der Diskriminierung oder Ausgrenzung in verschiedenen Bereichen resultieren.
3. Um Chancenungleichheit zu verringern, bedarf es einer Kooperation zwischen Institutionen der schulischen und außerschulischen Bildung, bei der die Orientierung an sozialer Heterogenität im Zentrum steht. Orientierung an sozialer Heterogenität bedeutet, die biografische Bewältigung der in sozialen Ungleichheiten begründeten Anforderungen zu berücksichtigen und zu unterstützen.

Denn Kinder aus bildungsfernen Milieus müssen nicht nur mehr leisten, um dieselbe Beurteilung und Anerkennung zu bekommen, wie viele Studien gezeigt haben (vgl. z.B. Baumert et al. 2001). Sie müssen in einigen Hinsichten über zusätzliche, teils größere, teils andere psychosoziale Kompetenzen verfügen als etwa Kinder aus akademischen Milieus. Heranwachsende aus bildungsfernen Familien haben größere „Distanzen" zurückzulegen, mehr Hindernisse und höhere psychosoziale Anforderungen zu bewältigen zwischen dem Herkunftsmilieu und den verschiedenen Stationen einer höheren Bildungskarriere. Was in vielen Erklärungsmodellen zur Bedeutung sozialer Ungleichheit im Bildungssystem in diesem Sinne zu kurz kommt, ist der Einbezug der mit diesen psychosozialen Anforderungen verbundenen besonderen Leistungen, die Kinder aus bildungsfernen Familien erbringen müssen – auch mit Blick darauf, wie die Institutionen der Bildung, der schulischen wie der außerschulischen, die Bewältigung dieser Anforderungen und die damit verbundenen Leistungen unterstützen können.

Um dies zu verdeutlichen, werden im Folgenden zwei typische Konstellationen erläutert und je ein Fallbeispiel angeführt. Am Beispiel zweier junger Männer mit Migrationshintergrund werden die Anforderungen herausgearbeitet, die sich bei Bildungsanstrengungen in Richtung eines Bildungsaufstiegs strukturell stellen – und erläutert, welche Möglichkeiten der Bewältigung sie dafür vorfinden. Die Fälle stammen aus einer Studie, in der männliche und weibliche Bildungsaufsteiger/-innen mit und ohne Migrationshintergrund untersucht wurden[3].

3 Forschungsprojekt über „Bildung und soziale Ungleichheiten", in dem ca. 60 narrative Interviews zu Bildungsbiographien männlicher und weiblicher Bildungsaufsteiger/-innen mit und ohne Migrationshintergrund durchgeführt wurden. Zusätzlich wurden einige Fälle abgebrochener Aufstiegsverläufe einbezogen, von denen im Folgenden ein Fall, Can, skizziert wird. Das Projekt wird finanziell unterstützt von der Max-Traeger-Stiftung (vgl. auch King 2005, 2006b).

Anforderungen des Bildungsaufstiegs

1. Trennung von Vertrautem – aufstiegs-, migrations- und geschlechtstypische Aspekte

Eine geläufige Erkenntnis ist, dass es Kinder aus bildungsfernen Milieus – selbst bei ausreichender Sprachkompetenz – schwerer haben, weil ihre Familien oftmals über geringere ökonomische Ressourcen verfügen und zudem über geringere Bildungsnähe. Allerdings haben verschiedene Studien gezeigt, dass diese Faktoren allein als Erklärung nicht ausreichen (Diefenbach 2004). So kam z.B. Pott in seiner Studie über Bildungsaufsteiger der zweiten türkischen Migrantengeneration zu dem Schluss, dass „die meisten Probleme, mit denen Bildungsaufsteiger konfrontiert sind, (…) damit zusammenhängen, dass sie sich mit der fortschreitenden Dauer ihres Aufstiegs zunehmend von ihrem sozialen Herkunftsmilieu entfernen (…)“ (2002: 135). Sie können sich daher auch nicht an einer „vorgeprägten Laufbahn“ orientieren (Juhasz/Mey 2003: 323). Entsprechend ergeben sich gesteigerte Anforderungen für Bildungsaufsteiger daraus, dass vertraute Beziehungs- und Deutungsmuster in einigen Hinsichten aufgegeben und der Sinn- und Praxishorizont der generationalen Tradierungen und eingeschliffenen Lebenspraktiken der Herkunftsfamilie umgewandelt werden müssen. Es handelt sich hierbei also nicht nur um die von der Mobilitätsforschung sogenannten mitunter leidvollen „Kosten des Aufstiegs“ (Sennett/Cobb 1972), sondern auch um die Voraussetzungen für soziale Mobilität. Diese sind auch nicht nur dann relevant, wie oft angenommen wird, wenn Bildungsaufsteiger ihre Karriere gegen die Familie durchsetzen, sondern auch, wenn die Eltern den Bildungsaufstieg der Kinder befürworten.

Can

Can ist zum Zeitpunkt des Interviews Mitte 20. Seine Eltern sind aus der Türkei migriert und seit ca. 10 Jahren geschieden. Die Mutter, von ihm als eine „liebe Frau“ bezeichnet, hat die Kinder seitdem allein großgezogen. Sie habe keine Schule besucht. Can jobbt seit einigen Jahren als Verkäufer. Er hatte nach der 11. Klasse das Aufbaugymnasium abgebrochen, danach weitere Versuche, doch noch den Weg zum Abitur zu Ende zu gehen.

> Can: „(…) kann bestimmt auch in der Statistik sehen, wenn man, die jetzt, in der heutigen Zeit sind viele Türken bestimmt auf'm Gymnasium oder studieren, früher halt halt nich, sind die entweder Hauptschulabschluss, Realschulabschluss und dann arbeiten gegang' – Ja und was ich so sonst mache, zur Zeit arbeite ich bei (…), hab keinen Beruf – hab nichts gelernt – ja was noch, (*lachend*) Hobbys Fußball – Ja! große Familie mit acht Kindern, sechs Schwestern, zwei Jungs sind wir – typisch türkischer Jugendlicher – ja (…).“

Can versucht in dieser Passage, auch mit Verweis auf die „Statistik“, sich selbst als „typisch“ in Bezug auf die „große Familie“ und in seinem Scheitern – „hab keinen Beruf – hab nichts gelernt“ – einzuordnen. In anderen Passagen des Interviews berichtet er, über weite Strecken in seiner Schullaufbahn als begabter Schüler gegolten zu haben, dem die Lehrer am Ende der Realschule dringend den Übergang auf das Gymnasium empfohlen hatten. Wie hatte sich ein lange Zeit erfolgreicher Schüler mit von ihm sehr lebhaft und eindrücklich beschriebenem besonderen Interesse an Mathematik, Chemie und Physik in einen jungen Mann verwandelt, der nun auf mehrere abgebrochene Anläufe zurückblickt, das Abitur zu machen?

In welchem Verhältnis steht in diesem Fall der vom Interviewten geschilderte, ehemals „begabte Schüler" zu dem „gescheiterten", der dann wiederum sich selbst als „typisch" deklariert?

Die Mutter habe, so Can, seine Versuche, im höheren Bildungssystem weiterzukommen, immer bejaht, auch wenn sie dem Sohn nach seinen Schilderungen wenig habe helfen können, da sie selbst zu wenig wusste. Schwieriger noch scheint jedoch eine andere Hürde zu sein, die im Interview immer wieder als Thema auftaucht und sich als ein Muster herausstellt: Eine fallrekonstruktive Analyse des Interviews, die hier nur ausschnitthaft und zusammenfassend wiedergegeben werden kann, macht deutlich, dass es offenbar der Übergang in die unvertraute Situation selbst war, das Verlassen der gewohnten Beziehungen und Umgebungen, die ihm überaus schwerfielen.

I: Und wie war das so auf der Schule?

C: Ja, weiß ich nich. Also ich war elf Jahre lang auf derselben Schule, mit denselben Schülern in der Klasse und als ich auf n Gymnasium kam, musst ich halt die Schule wechseln, das war erstmal auch – musst ich mich sehr sehr dran gewöhn und in der Klasse war ich auch sag ich mal zurückhaltend. Deshalb hatt ich mündlich nich solche guten Noten, ja – war schwierig, sich da anzupassen – und sich wieder an neue Leute zu gewöhn (...).

I: Wie warn die Schwierigkeiten so?

C: Ja, da warn verschiedene Schüler sag ich mal. Von überall andere Charakterien, aber – die Schüler aus meiner Klasse, die kannt ich natürlich von der Vorschule, von der fünften Klasse, – ja war wie ne kleine Familie (lächelnd) – Ja und da ich ja aus ner großen Familie komme[4], bin ich n Familienmensch – und deshalb hatt ich Probleme da.

Cans Antwort auf die Frage, „wie das so auf der Schule war", drückt im „Nichtwissen" Distanz oder Distanzierung aus – entweder er weiß es *nicht mehr* oder er hat es *noch nie* „gewusst" in dem Sinne, dass Schule oder Teile des Schulverlaufs ihm immer fremd und unfassbar geblieben sind. Er kann mit seinem „Ja, weiß ich nich" aber auch eine kurze Denkpause einlegen[5], die es ihm ermöglicht zu sortieren, wie es *für ihn* auf der Schule so war. Daraufhin präsentiert er gleichsam zwei Erlebniseinheiten: „elf Jahre lang auf derselben Schule" und dann das Gymnasium bzw. den Wechsel zum Gymnasium. Mit „derselben Schule" meint er, wie im Interview noch deutlich wird, ein Jahr Vorschule, vier Jahre Grundschulzeit und die Realschule, die er jedoch als Einheit erlebte, weil sie im gleichen Gebäudekomplex zusammenlagen und eine große Zahl von Mitschülerinnen und Mitschülern in dieser Zeit vertraut blieben. Maßgebliche Kriterien seines Erlebens schienen, so legt es die Form der Darstellung nahe, für ihn nicht Schulform und Leistungsanforderungen zu sein; es werden vielmehr vorrangig die Dimensionen der Vertrautheit der sozialen Beziehungen und Umgebungsbedingungen im engeren und weiteren Sinne in Anschlag gebracht. Ebenso wird am Gymnasium nicht die Leistungsanforderung als solche zum Problem – im

4 Der Interviewte kontrastiert hier unintendiert und auf eine besondere Weise Familiengrößen: in der Gegenüberstellung ist die Schulklasse die ‚kleine Familie' und das Zuhause die ‚große Familie'. Dass nicht nur die spätere Gymnasialklasse, sondern auch die ‚große Familie', in der er aufwuchs, in Hinblick auf seine Bedürfnisse nach Nähe von ihm durchaus ambivalent erlebt wurde, liegt nahe, kann hier jedoch nicht weiter fallspezifisch vertieft werden. Statistisch betrachtet hat die Anzahl der Geschwister insbesondere in Migrantenfamilien Einfluss auf die Bildungserwerbschancen (Nauck et al. 1998: 713): je mehr Geschwister, umso geringer demnach die Wahrscheinlichkeit des Bildungserfolgs.

5 Eine Denkpause im Sinne von ‚Ja', ich verstehe die Frage und doch ‚weiß ich (*noch*?) nich', wie ich sie beantworten soll. Can verwies dann darauf, dass er (mehr) Zeit brauchte, um sich zu erklären.

„Schriftlichen" ist er zunächst weiterhin gut – sondern der Wechsel, das Sich-Eingewöhnen: Im Gymnasium musste er, was ihm schwer fiel, Vertrautes verlassen, seine „kleine Familie", wie er die Mitschüler des früheren Klassenverbands nennt. Nachträglich überlegt er an einer anderen Stelle, dass er das Abitur hätte schaffen können, wenn er wenigstens gemeinsam mit einem Freund direkt in die 11. Klasse übergewechselt wäre, anstatt, wie er es tat, zunächst eine Eingangsstufe auf dem Gymnasium zu absolvieren.

Um das Abitur zu machen, hätte er Vertrautes verlassen müssen – und zwar, wie wir uns hier vergegenwärtigen sollten – in einem sehr viel weiter greifenden Sinne als ein Kind aus einer deutschen Akademikerfamilie. Dieses kann sich auf dem Gymnasium zumindest insofern „heimisch" fühlen, als die Eltern diese Erfahrung kennen und den Übergang dadurch bewältigen helfen. Spezifische Fremdheitserfahrungen im höheren Bildungssystem sind demgegenüber typisch zunächst einmal für Kinder aus bildungsfernen Familien mit und ohne Migrationshintergrund: Aufstieg erfordert in diesem Sinne eine höhere Trennungskompetenz, für die es an Ressourcen mangeln kann. Doch nicht nur die Bildungsferne, sondern auch die Migrationserfahrung und -geschichte in der Herkunftsfamilie können strukturell dazu beitragen, dass die Bewältigung von Trennung, wie sie mit Bildungskarrieren und Bildungsaufstieg bei Kindern aus bildungsfernen Familien einhergeht, zusätzliche Anforderungen schafft. Denn die Migration ist selbst mit, mitunter schwer bewältigten oder zu bewältigenden, Trennungen verbunden. In der Elterngeneration unverarbeitete Trennungen vom Herkunftsland oder verschiedene mögliche Folgen sequenzieller Trennungen wirken sich auch in der Folgegeneration aus, insbesondere in Lebensphasen, in denen Trennungsanforderungen im Zentrum stehen, also in der Adoleszenz oder im notwendigen Wechsel der Bildungsinstitutionen und dem damit verbundenen Sich-Entfernen vom vertrauten Herkunftsmilieu im Falle des Wegs zum Abitur. Im Thema (erhöhte) Trennungsanforderungen und biografische Trennungskompetenz verknüpfen sich in diesem Sinne mehrfach vermittelt die Dimensionen „Klasse" oder Bildungsmilieu auf der einen Seite mit Bedeutungen und Folgen des Migrationshintergrunds auf der anderen Seite.

Can fallen diese Trennungen offenbar besonders schwer und es deutet sich eine weitere Facette der Wechselwirkungen von Ungleichheitsfaktoren an – das Geschlecht[6]. Denn in seinem Fall spielt zusätzlich der Verlust des Vaters, zu dem er kaum noch Kontakt hat, in der Folge der Scheidung der Eltern eine Rolle – ein Verlust, von dem wir annehmen können, dass er eine weitere Belastung darstellt bei dem Versuch, sich als Sohn und junger Mann aus dem Gefüge der Kindheitsbeziehungen zu lösen. Entsprechend liegt nahe, dass diese weitere Verunsicherung ihn umso mehr an dem von ihm in verschiedenen Varianten geschilderten Muster festhalten lässt, Sicherheit offenbar vor allem darin zu finden, am Bewährten so lange wie nur möglich festzuhalten. Wo der Schulverlauf erfordern würde, Trennungen zu vollziehen, türmen sich für ihn schwer überwindbare Barrieren auf, die letztendlich, so scheint es, mehrfach zum Abbruch seiner Schulkarriere vor dem Abitur geführt haben, obwohl viele Lehrer ihn als fähig und begabt wahrgenommen haben. Can tendiert zu Trennungsaufschub und Trennungsvermeidung wie auch zur Minimierung von Differenzerfahrung. Sich im Andern möglichst als Gleicher oder gar Identischer wiederzu-

6 Zu den Konstellationen weiblicher Bildungsaufsteigerinnen aus Migrantenfamilien vgl. z.B. Hummrich 2002; Apitzsch 2003; King 2006a.

erkennen, scheint in seiner Lebensgeschichte ein besonders großes Bedürfnis geworden zu sein, wie sich auch an der Begründung und Schilderung der Beziehung zu seiner Freundin zeigt:

> Can: „Ja, die sind auch Familie, also acht Geschwister – sie hat acht Geschwister – oder sieben Geschwister, mit (sie) ihr sind's acht. Ja deshalb – verstehn wir uns vielleicht gut. Ihr Papa lebt au' nich' mehr bei den', also is' fast alles identisch."

Dieses hier anklingende Bedürfnis nach „Gleichheit" oder nach „Identisch-sein" wurde durch die Migrationserfahrung, durch die vielfach erfahrenen Zuschreibungen, eben ein Anderer und Nicht-Zugehöriger zu sein, zumindest verstärkt[7]. Es wird in diesem Zusammenhang zusätzlich fassbar, weshalb er sich selbst als ‚typisch', auch im Scheitern, bezeichnet: Zum einen dient diese Deutung der Selbstentlastung, da damit akzentuiert wird, dass eben vielen „türkischen Jugendlichen" das Gleiche widerfuhr, ohne dafür verantwortlich zu sein. Zum anderen wird damit eine im Rahmen der Migrationsforschung geläufige Selbst-Identifizierung auch mit negativen Zuschreibungen ausgedrückt, deren spezifische Funktion hier deutlich hervortritt: Könnte doch immerhin die Identifizierung des jungen Mannes mit der Negativzuschreibung oder dem Vorurteil der Anderen, der Mehrheitsgesellschaft, die ersehnte Gleichheit auf eine eigentümliche Weise hervorbringen. Er sagt gleichsam: „Ich will Dir gleich sein zumindest darin, wie Du über mich denkst" – auch um den Preis einer positiven Selbstachtung.

Über die Besonderheiten von Cans Biografie hinaus können wir uns hier vergegenwärtigen, dass die Fähigkeiten, sich zu trennen und sich zu unterscheiden, für das erfolgreiche Durchlaufen von Bildungskarrieren eine bedeutsame Rolle spielen. Die notwendigen Kompetenzen gehen jedoch oft über das hinaus, was innerfamilial selbstverständlich angeeignet werden kann. Dies gilt gerade auch für die Söhne, wenn die Väter nicht ausreichend als Begleiter oder auch als Identifikationsfiguren zur Verfügung stehen (King/Flaake 2005). Die Position des Vaters innerhalb der Familie verändert sich häufig unter den Folgen der Migration, in denen auch Geschlechter- und Generationenbeziehungen transformiert werden (vgl. Apitzsch 1990, 2003; Herwartz-Emden 2000): Ein von harter Arbeit, von Mühsal und großen Opfern geprägtes Leben, in dem sie trotz Anpassung wenig Anerkennung erfahren, lässt die Väter für die Söhne zudem kaum zu erstrebenswerten männlichen Modellen werden. Für die Söhne kann sich dabei das Problem stellen, Loyalität und Abgrenzungsbedürfnisse in Einklang zu bringen (Bourdieu 1997). Dies gilt in besonderem Maße, wenn sie mit einem Auftrag des Vaters ringen, Aufstieg und Bildungserfolg auch für ihn und die Familie zu realisieren. Dies zeigt sich auch im nächsten Beispiel, an dem weitere Facetten der mit Bildungsaufstieg verbundenen Anforderungen beschrieben werden. Es handelt sich dabei um die Konstellation familialen Erfolgsdrucks bei gleichzeitiger sozialer Ausschlusserfahrung.

---

7 So ist es ihm an anderer Stelle besonders wichtig zu betonen, dass er ja *wie ein Deutscher* aussehe.

2. *Familialer Erfolgsdruck bei gleichzeitiger sozialer Ausschlusserfahrung – migrations-, aufstiegs- und geschlechtstypische Facetten*

Kinder aus bildungsfernen oder gewanderten Familien machen regelmäßig die Erfahrung, auch im Falle des Bildungs*erfolgs* kaum in die Positionen der „Etablierten“ zu gelangen, sondern im Sinne von Elias und Scotson (1965) offen oder subtil „Außenseiter“ zu bleiben (vgl. Juhasz/Mey 2003). Bildungsaufstieg aus marginalisierten Positionen oder aus stark diskriminierten Migrantengruppen ist zumeist mit anhaltenden und im Fall großer Mühen und Integrationsanstrengungen umso schmerzlicheren Ausgrenzungserfahrungen verbunden. Gleichwohl hegen auch und gerade Eltern aus Migrantenfamilien oftmals hohe Erwartungen an die Schullaufbahn der Kinder. Dies erscheint wenig erstaunlich, wenn wir uns vergegenwärtigen, dass Wanderung und das Leben in der Ankunftsgesellschaft anstrengende, schmerzliche und enttäuschende Seiten haben, die unter anderem den Wunsch wecken, dass zumindest die nächste Generation, die eigenen Kinder, davon profitieren sollen. Auch das Empfinden, niemals „ganz angekommen“ zu sein, doch nicht richtig dazuzugehören, kann implizit oder explizit mit einem Auftrag an die Kinder einhergehen, dieses Ankommen in der Aufnahmegesellschaft in deren Leben zu realisieren. Hoffnungen und Erwartungen, dass die nächste Generation Anerkennung, Bildungserfolg und sozialen Aufstieg erlangt, sind in diesem Sinne naheliegend. Auf die Kinder können solche Erwartungen oder gar Aufträge allerdings bedrängend wirken und die Entwicklungsspielräume der heranwachsenden adoleszenten Kinder entsprechend eingeschränkt sein (King 2004). Zum Beispiel steht das Erfüllen eines elterlichen Auftrags zumindest in einem Spannungsverhältnis, wenn nicht in Gegensatz zu jugend- oder adoleszenztypischen Bestrebungen, sich abzulösen, sich zu individuieren, eben einen eigenen und eigensinnigen Weg zu gehen.

Für Kinder aus Migrantenfamilien kann daher aus mehreren Gründen verstärkter Druck entstehen: Im Verhältnis zur Herkunftsfamilie sind sie häufig Erwartungen ausgesetzt, bildungserfolgreich zu sein, damit den Erfolg des familialen Migrationsprojekts zu bestätigen und den Status der Familie zu verbessern. Auf der anderen Seite sind sie in verschiedenen sozialen Räumen innerhalb und außerhalb des Bildungssystems Diskriminierungs- und Ausschlusserfahrungen ausgesetzt, die auch durch Bildungserfolge nicht umfassend kompensiert werden oder überwindbar sind. Die Suche nach dem eigenen Weg steht in der Adoleszenz deshalb oftmals unter besonders schwierigen Vorzeichen: Nicht nur stellen erstens die Individuation im Verhältnis zur Familie, zweitens der Bildungserfolg und drittens das Ringen um soziale Anerkennung für sich genommen jeweils schwierige Anforderungen dar. Hinzu kommt, dass diese in Widerspruch zueinander stehen können, wenn beispielsweise Bildungserfolg als Anpassung an elterliche Wünsche erlebt wird – oder wenn trotz Bildungserfolg soziale Anerkennung ausbleibt und Bildungserfolg lediglich zu neuen Varianten der Exklusion führt. In der Folge können sich etwa Anpassung und Auflehnung, auch gegenüber den elterlichen Erwartungen, abwechseln. Im ungünstigen Fall bleibt es bei einer psychischen Position des Hin- und Herschwankens zwischen den Positionen des Erfolgs und des Scheiterns, des Dazugehörens und des Ausschlusses. Bildungserfolg und die Gefahren des Misslingens liegen hier, wie auch das folgende Beispiel zeigt, mitunter näher zusammen als es die rein statistische, formale Betrachtung vermuten ließe.

Bülent

Bülent ist ein 25-jähriger Student der Zahnmedizin. Sein Vater ist Arbeiter, die Mutter Hausfrau. Beide waren vor seiner Geburt aus der Türkei nach Deutschland migriert. Das Leben des Vaters, mit dem ebenfalls ein Interview geführt wurde, ist von außerordentlicher Mühsal, entwürdigenden Bedingungen, harter Arbeit und zahlreichen schweren Erkrankungen gekennzeichnet. Seine Hoffnungen richtete er darauf, dass seine Kinder es einmal besser haben würden. Entsprechend verwendeten die Eltern alle Mühe darauf, den vier Kindern eine höhere Schullaufbahn nahezulegen. Im Interview mit dem Sohn Bülent standen über weite Passagen wiederum zwei Themen im Vordergrund: Zum einen der Leistungsdruck, den die Eltern ausübten, zum anderen die Erfahrungen der Diskriminierung, die er als Kind erlebte. Als Schüler wurde er, wie er erzählt, zunächst auffällig, weil er gemeinsam mit dem Bruder Unterschriften des Vaters unter Klassenarbeiten gefälscht hatte. Für die Eltern sei eine Note schlechter als „gut" bereits Anlass zu Sorge und Warnung gewesen, dass ihm ein Leben am unteren Rand der Gesellschaft drohe. Was die Diskriminierungserfahrungen angeht, so schildert Bülent in langen Passagen von ihm als äußerst quälend empfundene Entwertungen von Mitschülern. Einmal ging er voller Zorn auf eine Mitschülerin los, die ihn hänselte, nachdem ihn ein Lehrer offenbar mehrfach als „türkischen Pascha" bezeichnet hatte. Bülent konnte gerade noch vom Bruder zurückgehalten werden. Seine Schulkarriere ist von zahlreichen Brüchen, Störungen und Verstörungen geprägt. Als 13-Jähriger wurde er auf der Straße ohnmächtig und, wie er sagt, von der „Müllabfuhr aufgelesen".

Am Ende des langen und zugleich atemlosen Interviews bricht sich ein weiteres Thema Bahn, das Bülent mit gesteigerter Bedrängnis schildert. Er beschreibt die Opfer, die seine Eltern gebracht haben, dass diese nur für die Kinder gelebt hätten, dass sein kranker Vater sich auch heute immer nur um die herangewachsenen Kinder sorge, nie um sich selbst, und welch schlechtes Gewissen er habe. Hier ein Auszug, der deutlich macht, wie er sein eigenes „Großwerden" als ein Aufwachsen auf Kosten der Eltern erlebt hat, deren „Fleisch" er gleichsam mitgegessen hat:

> „(…) die ham eine so große Lebensleistung vollbracht, meine Eltern beide, aber die ham dann immer nur sich untergeordnet der Kinder willen so, ham nie gelebt, man lebt dann man kriegt dann immer mit, deine Eltern, die sind kaputt de facto so mit Mitte Fünfzig so … Hat man noch n schlechtes Gewissen und dann ne so weil die einfach *nich gelebt* haben so man is das so drin, und da sind dann auch Sachen, die nerven einen, immer so dieses, als Kind so, immer dieses schlechte Gefühl so, ich hab mein Egotrip geschoben so. Aber immer mit so m schlechtem Gewissen, weißt du. Man muss sich dem auch irgendwann befreien, sagen so: Ihr habt euch das Leben letztlich so ausgesucht, wie ihr euch das ausgesucht habt, ich bin *dankbar* dafür, aber bitte denkt auch n bisschen an euch *selber* so, und nich nur immer an die *Kind*er, [mhm] und dann fühlt man sich auch besser so, weißt du, weil wenn die immer dieses Opferdasein … jeder hat n Ego, meine Eltern ham s nie ausgebildet. Die hatten *immer* die ham' *nie* n Auto gefahrn, die sind immer weniger in Urlaub gefahrn, die ham *immer* anderes Essen gegessen als wir Kinder gegessen haben, wir ham immer Fleisch bekomm beispielsweise, meine Mutter sagte immer so: ja, ich mag kein Fleisch. Ne so du so so wächst man halt auf, weil die immer weil die immer gespart haben (…)."

Zusammengefasst sind die drei dominierenden Themen des Interviews der leidvoll erlebte Erwartungsdruck der Eltern, die quälenden Stigmatisierungs- und Diskriminierungserfahrungen und schließlich die für ihn schwer erträgliche, Schuldgefühle erzeugende Leidensbereitschaft der Eltern, die in die Erschöpfung der Mutter und die schwere Krankheit des Vaters mündete. Sie haben den Kindern „alles“ gegeben und ihren Lebensgenuss und ihre Gesundheit – so sein Erleben – für die Ermöglichung des (Bildungs-) Aufstiegs der Kinder geopfert. Im Interview wird deutlich, dass es ihm trotz Auflehnung gegen den Erwartungsdruck der Eltern schwerfällt, sich davon zu lösen: Das große Opfer der Eltern wird als eine in starkem Maße bindende Bürde erlebt. Auflehnung und Anpassung wechseln sich daher ab, und Bülent identifiziert sich sowohl mit den „Erfolgreichen“ als auch mit den „Gescheiterten“. Ausführlich beschreibt Bülent beispielsweise Beziehungen zu Freunden, die sich in sozial randständigen Positionen befinden und denen er sich nahe fühlt, wobei er zugleich die Differenz betont. Im Verhältnis zu den von ihm so genannten „Gebildeten“ empfindet er ebenfalls große Unterschiede. Zur Illustration folgende Passsage:

> Bülent: „Du hast deine fünf Freunde, die sind gebildet, die gucken, die gehn/die gehen nich in die Blockbuster-Kinofilme ... die gehen in diese Reihenkinos, die gucken Arte! – Ganz ehrlich! – Unter denen komm ich mir immer vor wie der allergrößte *Asi* so. Und wenn ich dann aber absolut betrachtet, bin ich aber *auch* noch der gebildetere Typ weißt du so? Das ist immer so diese diese Wahrnehmungswelten, die sind total *verschoben*, das is alles gar nich existent, es ist absolut alles ehm – relativ, es is *absolut* relativ. So und es ist echt *erschreckend* so wenn man das so sieht so ne.“

Bülents Bewältigungsversuche liegen nach einem bereits sehr krisenhaften Schulverlauf darin, dass er den drängenden Wunsch der Eltern nach einem Aufstieg des Sohns zu den „Gebildeten“ zu erfüllen sucht, ohne sich darin – aus „äußeren“ wie „inneren“ Gründen – widerspruchsfrei wiederfinden zu können. Er konnte sich offenbar bislang von der Last des Opfers der Eltern nicht hinreichend befreien, auch wenn er es inzwischen benennen kann, und muss sich immer wieder dagegen auflehnen. Die leidvolle Biografie des Vaters kann zudem für ihn als junger Mann kaum Modell sein, zugleich fühlt er sich zur Loyalität und damit auch zum Bildungserfolg „für den Vater“ verpflichtet. Seine Impulse, sich dagegen aufzulehnen, werden immer wieder von seinem schlechten Gewissen eingeholt. Wenn er sich als „Asi“ sieht, kann sich darin überdies die Erfahrung artikulieren, auch als Erfolgreicher wenig Anerkennung zu bekommen und sich als Ausgeschlossener zu fühlen.

Erfahrungen entwertender Zuschreibungen, etwa als „türkischer Pascha“, mit denen er wiederum auf spezifische Weise als Junge und junger Mann aus türkischer Familie konfrontiert war, und das damit verbundene Erleben, im Verhältnis zur Umwelt und den im jeweiligen sozialen Feld „Etablierten“ doch immer ein Anderer zu bleiben, haben die Schwierigkeiten zwangsläufig verschärfen müssen, im Verhältnis zu Mutter und Vater seinen eigenen Weg zu finden. So äußert er in dieser Passage, dass er über kein für sich geklärtes Selbstbild verfügt: Auf erschreckende Weise erscheint „absolut alles“ „absolut relativ“.

Wir haben jedoch gesehen, dass Hintergrund solchen Erlebens nicht etwa „ethnische“ oder „kulturelle Identitätskonflikte“ und auch nicht „Konflikte zwischen Tradition und Moderne“ sind: Es handelt sich vielmehr um *aufstiegstypische* Konstellationen, deren ohnehin schwierige Bewältigung durch *migrationstypische* und zugleich *geschlechtsspezifische* Ausgrenzungs-, Diskriminierungs- und Missachtungserfahrungen sowohl der Eltern als auch des Sohns – als männliches Kind einer aus der Türkei stammenden Arbeiterfamilie – massiv erschwert werden.

Die für ihn zu bewältigenden Anforderungen wie auch die von ihm bereits erbrachten Bewältigungsleistungen sind erheblich, zumal er offenbar wenig Unterstützung von außen bekommen hat. Denn auf die in diesen Konstellationen zum Ausdruck kommende soziale Heterogenität sind Bildungsinstitutionen kaum systematisch eingestellt. Heranwachsende, die wie Bülent oftmals unter Aufbietung enormer Fähigkeiten und psychosozialer Kompetenzen solche *weiten Wege* zurücklegen, können kaum mit Unterstützung rechnen, die sie nicht wieder allzu rasch auf Defizite festlegt, und noch weniger mit einer Anerkennung ihrer besonderen Leistungen. Darin verbirgt sich, neben vielen anderen Formen, eine verdeckte Variante von Diskriminierung.

Fazit – zur Kooperation von Schule und Jugendhilfe

Auch die Beispiele haben verdeutlicht, dass es keinesfalls genügt, Bildungskarrieren auf formale Kriterien zu reduzieren. Vielmehr geht es in Bildungsprozessen zentral um psychosoziale Kompetenzen, die im günstigen Fall angeeignet werden und die es erst ermöglichen, eingeschlagene Bildungswege gleichsam zur eigenen Sache zu machen. Denn Kinder aus niedrigeren oder stärker stigmatisierten sozialen Schichten sind – auch bei gleichen Leistungen und bei gleichem Ziel – größeren psychosozialen Anforderungen ausgesetzt. Nachkommen aus Migrantenfamilien haben im höheren Bildungssystem meist einen – auch im psychosozialen Sinne – „weiteren Weg" mit sehr viel mehr gesellschaftlichen, sozialen, institutionellen, aber eben auch psychosozialen Hindernissen zu durchlaufen als Kinder aus einheimischen Akademikerfamilien.

Es zeigte sich, dass die Herausforderungen und Schwierigkeiten, mit denen es männliche Heranwachsende mit Migrationshintergrund im Schulverlauf zu tun haben, in diesem Sinne zum einen aufstiegstypisch sind.

Zum anderen verknüpfen sich, wie eingangs ausgeführt, aufstiegstypische mit migrationsbedingten psychosozialen Anforderungen und geschlechtertypischen Bedingungen. Diskriminierungserfahrungen erschweren es, so zeigte sich bei Bülent, die Ablösungs- und Umgestaltungsprozesse in der Adoleszenz auf eine für ihn befriedigende Weise voranzubringen – was wiederum zu Einbrüchen oder verstärkten Konflikten in der Bildungskarriere führen kann.

Dabei stellen aufstiegs- wie migrationstypische biografische Konstellationen bereits für sich genommen hohe Anforderungen an psychosoziale Kompetenz, wie sich auch in Cans Fall abzeichnete. Dies müsste in einem meritokratisch orientierten Bildungssystem systematisch berücksichtigt werden. So gälte es, nach Möglichkeiten zu suchen, jene Transformationsfähigkeiten zu fördern, die für Kinder aus bildungsfernen Familien in gesteigertem Maße notwendig werden – wie es auch gälte, die besonderen Leistungen wahrzunehmen, die mit Bildungsaufstieg verbunden sind. Dieser Zusammenhang ist jedoch kaum im Selbstverständnis der Bildungsinstitutionen verankert.

Wie könnte pädagogische Unterstützung aussehen, wenn wir uns in diesem Sinne vergegenwärtigen, dass für Bildungsaufstieg, der auch Entfernung vom Herkunftsmilieu bedeutet, Ablösung und Umgestaltung notwendig werden? Welche institutionellen Voraussetzungen wirken hier in einem übergreifenden Sinne fördernd? Zunächst ist auf einer allgemeinen Ebene festzuhalten, dass im Verhältnis zu Schule und Familie „dritte Bereiche" zwingend erforderlich sind, in denen Eigenes erprobt, aber auch die beschriebenen Erfahrungen aus Schule und Familie produktiv verarbeitet werden können. Dies kann als eine Aufgabe insbesondere auch der außerschulischen Jugendarbeit angesehen werden, nämlich eine unter Gesichtspunkten sozialer Heterogenität in besonderer Weise notwendige Ergänzung und Erweiterung zu Familie und Schule zu bieten, die adoleszente Bildungs- und Ablösungsprozesse erleichtert. Außerschulische Jugendarbeit kann im günstigen Fall adoleszente Entwicklungsspielräume schaffen, die Reflexivität, Relativierungen und neue Perspektiven in Bezug auf die Herkunftsfamilie und auf die eigene Position und Funktion in der Familie, aber auch in Bezug auf schulische Erfahrungen ermöglichen.

Einen weiteren Gesichtspunkt stellt das konzeptuelle pädagogische Selbstverständnis in schulischen und außerschulischen Institutionen der Bildung dar. Sofern dies im Umgang mit Kindern aus Migrantenfamilien „kulturelle" oder „ethnische Differenz" als Bezugspunkte wählt, kann damit der Blick für soziale Benachteiligung und aufstiegstypische Anforderungen wie auch die je eigene Wahrnehmung der Jugendlichen systematisch verstellt werden.

In Hinblick auf die Wahrnehmung und Verarbeitung der Jugendlichen selbst erscheint zudem eine fallbezogene Berücksichtigung der Dimensionen Klasse, Geschlecht und Migrationshintergrund notwendig. Welche pädagogischen Angebote wären weiterführend etwa für Bülent, der eingezwängt erschien zwischen dem psychischen Druck, der auf ihm lastete, es in der Schule gut zu machen für die Eltern, die soviel Opfer gebracht haben – und der Diskriminierung, die er als türkischer Junge erfuhr? An der Berücksichtigung kultureller Differenz orientierte pädagogische Vorstellungen könnten leicht dazu führen, dass erneut „Besonderungen" entstünden – während unter den genannten Bedingungen vor allem die Erfahrung bedeutsam wäre, sich außerhalb der Familie als Anerkannter zu erfahren, sich gerade in außerfamilialen Räumen wie der Schule im Bild des Andern spiegeln zu können.

Eine verstärkte und differenzierte Zusammenarbeit zwischen schulischen und außerschulischen pädagogischen Kontexten, die die Möglichkeiten und Kompetenzen verbessert, die Situation von Schülern wahrnehmen, einschätzen und darauf adäquat reagieren zu können, ist dringend erforderlich.

In einigen Hinsichten können auch einfache institutionelle Maßnahmen hilfreich sein: also beispielsweise Signale und Angebote, die es einem Schüler wie Can erleichtern, den für ihn schweren Wechsel auf das Gymnasium zu vollziehen. Das hieße, ihn als neu Zugehörigen explizit aufzunehmen: Brücken zu bauen bei dem für einige sehr schwierigen Unterfangen, nach erheblichen biografisch und familial vollzogenen Trennungen und Verlusterfahrungen nun in eine neue Schulform zu migrieren – und auch den damit unausweichlich verbundenen Ambivalenzen Raum zu geben.

In pädagogischer Hinsicht gilt es daher, sowohl in schulischen Feldern als auch in der außerschulischen Kinder- und Jugendarbeit, in der Kooperation zwischen Schule und Jugendhilfe die biografische Bewältigung der in sozialen Ungleichheiten begründeten Transformationsanforderungen differenziert und systematisch zu unterstützen.

Eingangs wurde darauf verwiesen, dass gerade auch die subtilen Mechanismen, nach denen sich Ungleichheiten im Bildungssystem reproduzieren, im öffentlichen Diskurs einen blinden Fleck repräsentieren. Den bisherigen Überlegungen folgend bedarf die Berücksichtigung dieser, hier genauer betrachteten, subtilen Mechanismen auch eines erweiterten, gleichsam subtileren Zusammenspiels schulischer und außerschulischer Bildung oder Jugendarbeit.

Eben weil Bildungsverläufe im beschriebenen Sinne psychosoziale Dimensionen haben, ist hier mehr als die klassische Aufteilung von formaler Bildung in der Schule und nonformaler Bildung in der Jugendarbeit gefragt (Müller, B. 2006). Die pädagogische Unterstützung oder Ermöglichung der mit formaler Bildung auf vielfältige Weise verwobenen „subtilen" Entwicklungs- und Bildungsprozesse und die Bewältigung der beschriebenen psychosozialen Anforderungen in Bildungskarrieren repräsentieren gleichsam ein missing link, ein Bindeglied in der potenziellen Herstellung von Chancengleichheit. Sie finden in Schule und außerschulischer Jugendarbeit statt und stellen eine gemeinsame Aufgabe dar.

Literatur

Apitzsch, Ursula (1990): Migration und Biographie: Zur Konstitution des Interkulturellen in den Bildungsgängen junger Erwachsener der 2. Migrantengeneration. Bremen: Habil Schrift

Apitzsch, Ursula (2003): Zur Dialektik der Familienbeziehungen und zu Gender-Differenzen innerhalb der Zweiten Generation. In: Psychosozial. 26. Jg.. H. III, Nr. 93. 67-80

Baumert, Jürgen (Hrsg.) (2001): Deutsches PISA-Konsortium. PISA 2000. Opladen: Leske + Budrich

Becker, Rolf/Lauterbach, Wolfgang (Hrsg.) (2004a): Bildung als Privileg? Erklärungen und Befunde zu den Ursachen der Bildungsungleichheit. Wiesbaden: VS-Verlag

Becker, Rolf/Lauterbach, Wolfgang (2004b): Dauerhafte Bildungsungleichheiten – Ursachen, Mechanismen, Prozesse und Wirkungen. In: dies. (Hrsg.) (2004a): 225-250

Bednarz-Braun, Iris/Heß-Meining, Ulrike (2004): Migration, Ethnie und Geschlecht: Theorieansätze, Forschungsstand, Forschungsperspektiven. Wiesbaden: VS-Verlag

Berger, Peter A./Hradil, Stefan (Hrsg.) (1990): Ungleichheit und Lebensverlauf. Sonderband Soziale Welt

Berger, Peter A./Kahlert, Heike (Hrsg.) (2005): Institutionalisierte Ungleichheiten. Wie das Bildungswesen Chancen blockiert. Weinheim: Juventa

Bosse, Hans/King, Vera (Hrsg.) (2000): Männlichkeitsentwürfe. Wandlungen und Widerstände im Geschlechterverhältnis. Frankfurt/M.: Campus-Verlag

Boudon, Raymond (1974): Education, Opportunity, and Social Inequality. New York: Wiley & Sons

Bourdieu, Pierre (1997): Das väterliche Erbe. Probleme der Vater-Sohn-Beziehung. In: Bosse/King (Hrsg.) (2000): 83-91

Büchner, Peter (2003): Stichwort: Bildung und soziale Ungleichheit. In: ZfE. 6. Jg.. H.1. 5-24

Diefenbach, Heike (2004): Bildungschancen und Bildungs(miss)erfolg von ausländischen Schülern oder Schülern aus Migrantenfamilien im System schulischer Bildung. In: Becker/Lauterbach (Hrsg.) (2004a): 225-250

Dinkel, Reiner Hans et al. (1999): Die Bildungsbeteiligung deutscher und ausländischer Jugendlicher in der Bundesrepublik Deutschland. In: Lüttinger (Hrsg.) (1999): 354-375

Ditton, Hartmut. et al. (2005): Bildungsungleichheit – der Beitrag von Familie und Schule. In: ZfE 8. 285-304

Elias, Norbert/Scotson, John L. (1965): Etablierte und Außenseiter. Frankfurt/M.: Suhrkamp 2000

Engler, Stefani/Krais, Beate (Hrsg.) (2005): Das kulturelle Kapital und die Macht der Klassenstrukturen. Weinheim: Juventa

Friebel, Harry et al. (2000): Bildungsbeteiligung - Chancen und Risiken. Eine Längsschnittstudie. Opladen: Leske + Budrich

Geißler, Rainer (2005): Die Metamorphose der Arbeitertochter zum Migrantensohn. Wandel der Chancenstruktur im Bildungssystem nach Schicht, Geschlecht, Ethnie und deren Verknüpfungen. In: Berger/Kahlert (Hrsg.) (2005): 71-100

Gogolin, Ingrid/Nauck, Bernhard (Hrsg.) (2000): Migration, gesellschaftliche Differenzierung und Bildung. Opladen: Leske + Budrich

Gogolin, Ingrid (2000): Minderheiten, Migration und Forschung. Ergebnisse des DFG-Schwerpunktprogramms FABER. In: Gogolin/Nauck (Hrsg.) (2000): 15-35

Gomolla, Mechthild/Radtke, Frank-Olaf (2002): Institutionelle Diskriminierung. Opladen: Leske + Budrich
Herwartz-Emden, Leonie et al. (2000): Einwandererfamilien: Geschlechterverhältnisse, Erziehung und Akkulturation. Osnabrück: Universitätsverlag Rasch
Hummrich, Merle (2002): Bildungserfolg und Migration. Opladen: Leske + Budrich
Juhasz, Anne/Mey, Eva (2003): Die zweite Generation: Etablierte oder Außenseiter? Wiesbaden: Westdeutscher Verlag
King, Vera (2004): Die Entstehung des Neuen in der Adoleszenz. Individuation, Generativität und Geschlecht in modernisierten Gesellschaften. Wiesbaden: VS-Verlag
King, Vera (2005): Bildungskarrieren und Männlichkeitsentwürfe bei Adoleszenten aus Migrantenfamilien. In: King/Flaake (Hrsg.) (2005): 57-76
King, Vera (2006a): Weibliche Adoleszenz und Migration: Bedingungen von Bildungs- und Individuationsprozessen junger Frauen aus Migrantenfamilien. In: Nicklas et al. (Hrsg.) (2006): 141-154
King, Vera (2006b): Ungleiche Karrieren. Bildungsaufstieg und Adoleszenzverläufe bei jungen Männern und Frauen aus Migrantenfamilien. In: King/Koller (Hrsg.) (2006): 27-46
King, Vera/Flaake, Karin (Hrsg.) (2005): Männliche Adoleszenz. Frankfurt/M.: Campus
King, Vera/Koller, Hans-Christoph (Hrsg.) (2006): Adoleszenz – Migration – Bildung. Bildungsprozesse Jugendlicher und junger Erwachsener mit Migrationshintergrund. Wiesbaden: VS-Verlag
Lüttinger, Paul (Hrsg.) (1999): Sozialstrukturanalysen mit dem Mikrozensus. Mannheim: ZUMA Nachrichten Spezial 6
Mayer, Karl-Ulrich/Blossfeld, Hans-Peter (1989): Die gesellschaftliche Konstruktion sozialer Ungleichheit im Lebensverlauf. In: Berger/Hradil (Hrsg.) (1990): 204-222
Meulemann, Heiner (1990): Schullaufbahnen, Ausbildungskarrieren und die Folgen im Lebensverlauf. KZfSS. Sonderheft 31. 89-117
Meulemann, Heiner (1999): Stichwort: Lebenslauf, Biographie und Bildung. ZSE 2. 305-324
Müller, Burkhard K. (2006): Der Bildungsauftrag der Jugend als Legitimationsstrategie. In: deutsche jugend. H. 0708/295. 11-28
Müller, Walter (1998): Erwartete und unerwartete Folgen der Bildungsexpansion. KZfSS 50. Sonderheft 38. 81- 112
Nauck, Bernhard/Diefenbach, Heike/Petri, Kornelia (1998): Intergenerationale Transmission von kulturellem Kapital unter Migrationsbedingungen. Zeitschrift für Pädagogik. Jg. 44, H. 5. 701-722
Nicklas, Hans et al. (Hrsg.) (2006): Interkulturell denken und handeln. Theoretische Grundlagen und gesellschaftliche Praxis. Europäische Bibliothek interkultureller Studien, Bd. 12. Frankfurt/M.
Pott, Andreas (2002): Ethnizität und Raum im Aufstiegsprozess. Opladen: Leske + Budrich
Sennett, Richard/Cobb, Jonathan (1972): The Hidden Injuries of Class. Cambridge: Univ. Press
Schlüter, Anne (Hrsg.) (2003): Bildungsmobilität. Studien zur Individualisierung von Arbeitertöchtern in der Moderne. Weinheim: Beltz
Steinbach, Anna/Nauck, Bernhard (2004): Intergenerationale Transmission von kulturellem Kapital in Migrantenfamilien. ZfE. 7. Jg., H.1. 20-32
Vester, Michael (2005): Die Illusion der Bildungsexpansion. In: Engler/Krais (Hrsg.) (2005): 13-54

Sigrid Meinhold-Henschel / Stephan Schack

Kinder- und Jugendpartizipation in Deutschland – Entwicklungsstand und Handlungsansätze

Die Partizipation von Kindern und Jugendlichen hat in den vergangenen zwanzig Jahren in Deutschland wie in zahlreichen anderen Staaten eine deutliche Aufwertung erfahren. Entscheidend dazu beigetragen hat die UN-Kinderrechtskonvention, 1989 international verabschiedet und im Jahr 1992 von Deutschland ratifiziert. Sie setzt neben der Schaffung gesicherter Lebensgrundlagen (Provision) und dem Schutz vor Gewalt (Protection) Beteiligungsrechte (Participation) als dritten Schwerpunkt.

Die Verankerung der Rechtsposition von Kindern und Jugendlichen im internationalen Recht hat erhebliche Ausstrahlungswirkung in vielen der Konventionsstaaten entfaltet. Gesellschaftliche Entwicklungen lassen es jedoch weiterhin geraten sein, den Teilhaberechten von Kindern und Jugendlichen besondere Aufmerksamkeit zu widmen. Denn Kinder und Jugendliche wachsen mehr denn je in einer Zeit auf, die durch rasante Veränderungsprozesse in allen Lebensbereichen gekennzeichnet ist. Dadurch werden auch die Bedingungen von Kindheit und Jugend geändert. In einer komplexer werdenden Welt sollten Kinder und Jugendliche frühzeitig darin gestärkt werden, selbstbestimmt ihren eigenen Weg zu gehen und dabei gleichzeitig Kompetenzen für die Ausfüllung einer aktiven demokratischen Bürgerrolle aufzubauen, die Kontinuität und Weiterentwicklung unserer gesellschaftlichen Ordnung ermöglichen. Vor diesem Hintergrund hat die Bertelsmann Stiftung gemeinsam mit ihren Partnern, dem Deutschen Kinderhilfswerk und der Unicef sowie mit Unterstützung der Gemeinschaftsaktion „Schleswig-Holstein – Land für Kinder“ und dem Deutschen Städte- und Gemeindebund, die Initiative „mitWirkung!“ gestartet. In diesem Beitrag werden wichtige Ergebnisse dieser Initiative vorgestellt. Ein Schwerpunkt liegt dabei auf den empirischen Befunden einer Jugendpartizipationsstudie sowie der Entwicklung konkreter Handlungsansätze zur Stärkung der Beteiligung junger Menschen im kommunalen Raum.

1 Aktuelle Problembefunde zur Kinder- und Jugendpartizipation

Nach einer Phase dominanter wohlfahrtsstaatlicher Traditionen in der zweiten Hälfte des 20. Jahrhunderts wird in den aktuellen Diskussionen heftig darum gerungen, wie das Verhältnis von Staat, Wirtschaft, Drittem Sektor und Individuum neu austariert werden soll. Die Auffassung, dass sich auch in Deutschland eine neue Partizipationskultur etablieren muss, findet jedoch eine immer breiter werdende Zustimmung. Die Enquete-Kommission „Zur Zukunft des bürgerschaftlichen Engagements“ hat dabei das Leitbild der Bürgergesellschaft als neues Reformparadigma herausgearbeitet, in dem der Einzelne für die Belange des Gemeinwesens größere Verantwortung übernimmt und gleichzeitig erweiterte Mitbestimmungsmöglichkeiten hat (Enquete-Kommission 2002).

Unter Partizipation, dies hat der Enquete-Bericht untermauert, ist mehr zu verstehen, als der oft im Deutschen analog benutzte Begriff der Teilhabe impliziert. Im allgemeinen Gebrauch meint dieser Begriff nicht mehr, als bei der einen oder anderen Gelegenheit dabei zu sein oder mitzumachen. Dies gilt in besonderer Weise für Kinder und Jugendliche.

Für viele Erwachsene ist mit Partizipation oftmals nicht mehr gemeint, als Kinder und Jugendliche zu Wort kommen zu lassen, ihre Meinungen und Wünsche anzuhören oder (politische) Entscheidungen in ihrer Anwesenheit zu treffen (Fatke 2007: 19ff.). Sehr schnell reduziert sich Beteiligung damit auf Scheinpartizipation: „Gespräche als solche sind kein Fall von Partizipation, solange die Entscheidungsrelevanz fehlt" (Oser/Biedermann 2007: 26). Von Mitentscheidung oder Mitbestimmung kann nur dann gesprochen werden, wenn junge Menschen wirklich bei wichtigen Fragen mitgestalten können. Damit ist auch die Einfluss- und Übernahme von Verantwortung in konkreten Entscheidungszusammenhängen verbunden. Eine aktive Mitwirkung und Mitentscheidung in den für sie bedeutsamen Lebensbereichen wie Familie, Schule, Freizeit, Verein oder im Gemeinwesen trägt nachhaltig zu ihrer individuellen Kompetenzerweiterung, zur Stärkung des Selbstbewusstseins und somit insgesamt zur Persönlichkeitsentwicklung bei. Mit diesem Verständnis ist Partizipation auch als ein Ansatz der Demokratieerziehung zu betrachten.

Für Erwachsene bedeutet die Ernstnahme der Partizipationsrechte von Kindern und Jugendlichen, Einfluss, Macht und Verfügungsgewalt über die Gestaltung des Lebens von jungen Menschen an diese abzugeben. Ein wesentliches Lernfeld für Demokratie und Partizipation kann dabei die Kommune sein, denn sie ist für viele junge Menschen biografisch gesehen der erste Ort gesellschaftlichen Engagements. In Städten und Gemeinden ist es zudem möglich, einen unmittelbaren Bezug zur Lebenswelt von Kindern und Jugendlichen aufzubauen, einem wichtigen Kriterium für die Qualität von Partizipationsvorhaben.

Projekte und Angebote zur Beteiligung von Kindern und Jugendlichen erleben nicht zuletzt vor dem Hintergrund der UN-Kinderrechtskonvention einen gewissen Boom: Dazu kommt, dass viele Kommunen „Kinderfreundlichkeit" sowie damit verbundene bessere Teilhabechancen für junge Menschen als ein zentrales Zukunftsthema ansehen. Festzustellen ist jedoch, dass viele Beteiligungsangebote und -verfahren unter mangelnder Nachhaltigkeit leiden. Sie sind häufig nicht oder nur wenig mit anderen Projekten im kommunalen und schulischen Raum vernetzt. Starke, ohnehin beteiligungsaffine Zielgruppen werden durch der Lebenswelt Erwachsener entlehnter Angebote, die auf verbale Argumentationsstärke setzen, strukturell bevorzugt. Die pädagogischen Fachkräfte in kommunalen Jugendeinrichtungen und Schulen sind eher selten ausreichend qualifiziert, um komplexe Verfahren und Planungsprozesse zielgruppengerecht zu moderieren.

Dies waren einige der Problembefunde, die am Anfang der Initiative „mitWirkung!" standen, die im Jahr 2004 gestartet wurde. Als grundlegende Voraussetzung für eine strategische Stärkung und nachhaltige Verankerung der Kinder- und Jugendpartizipation auf kommunaler Ebene wurde eine umfassende Analyse der Partizipationssituation von Kindern und Jugendlichen angesehen. Denn das vorhandene empirische Wissen reichte nicht aus, um validierte Aussagen über Zugangswege von Kindern und Jugendlichen zum Engagement, ihren bevorzugten Beteiligungsformen und die Nutzung der bestehenden Angebote zu machen. Insbesondere die Frage, wie Kommunen gezielt die Beteiligung von Kindern und Jugendlichen stärken und ihre Angebote besser an den Nutzern ausrichten können, war unbeantwortet. In der ersten Projektsequenz hat deshalb die bislang national wie international wohl umfassendste Studie zur Jugendpartizipation stattgefunden. Neben einer quantitativen Befragung von Schülern, Lehrern und Schulleitungen fand auch eine qualitative Recherche nach guten Praxisbeispielen statt[1]. Außerdem wurden mit Unterstützung des wissenschaftlichen Beirats Qualitätskriterien der Beteiligung erarbeitet, die mittlerweile in den am Projekt beteiligten Kommunen erprobt werden.

Wie steht es um den Grad der Beteiligung junger Menschen in ihren verschiedenen Lebenswelten? Welche Bedingungen fördern bzw. limitieren die Bereitschaft junger Menschen zur Beteiligung? Was sind Erfolg versprechende Handlungsansätze zur Stärkung der Kinder- und Jugendpartizipation? Diese Fragen stehen im Mittelpunkt der nachfolgenden Ausführungen.

2 Ergebnisse der Jugendpartizipationsstudie der Bertelsmann Stiftung

Um tragfähige Handlungskonzepte konzipieren zu können, wurde 2004 eine empirische Untersuchung zum Partizipationsverhalten junger Menschen durchgeführt. Diese vergleichende Studie in über 40[2] deutschen Städten und Gemeinden, die die Bertelsmann Stiftung in Auftrag gegeben hat, setzt bei der Frage an, inwieweit Kommunen gezielt die Beteiligung von Kindern und Jugendlichen stärken und ihre Angebote besser an den Nutzern ausrichten können. Dabei wurden über 14.000 Kinder und Jugendliche, aber auch Vertreter der beteiligten Kommunen sowie 422 Schulleitungen und 631 Lehrkräfte befragt.

Mit der Studie konnte einerseits nachgewiesen werden, dass es in Deutschland eine reiche Partizipationslandschaft gibt, die durch eine Vielzahl von Initiativen mit ganz unterschiedlichen Vorgehensweisen gekennzeichnet ist. Andererseits gibt die Studie Aufschluss darüber, welche Faktoren junge Menschen zum aktiven Engagement für das Gemeinwesen motivieren.

Um die Antworten der Kinder und Jugendlichen zu ihrem Partizipationsverhalten am Wohnort dem kommunalen Partizipationsangebot gegenüberstellen und dann gegeneinander spiegeln zu können, wurden auch die Kommunalverwaltungen befragt. Dadurch ließen sich weitere Faktoren untersuchen, die auf Seiten der Kommune für die Realisierung von Partizipationsangeboten maßgebend sein können, wie z.B. Größe, geografische Lage, Finanzkraft, Informationspolitik, Zusammenarbeit verschiedener Träger oder Zugänglichkeit der Angebote. Alles dies kann einen entscheidenden Einfluss nicht nur auf das Angebot als solches haben, sondern auch darauf, in welchem Maße es von den Kindern und Jugendlichen in der Kommune wahrgenommen und genutzt wird.

Zum Untersuchungsdesign sowie zu ausführlichen Ergebnissen der Stichprobe wird verwiesen auf Fatke und Schneider 2005 und 2007[3].

---

1 www.toolbox-bildung.de

2 In der Hauptuntersuchung wurde die Befragung in 42 ausgewählten Kommunen durchgeführt. In einer anschließenden 2. Untersuchungswelle fanden Befragungen in weiteren acht Kommunen aus Schleswig-Holstein statt. Die hier vorgestellten Daten beziehen sich nur auf die Hauptuntersuchung der Studie.

3 Die Bertelsmann Stiftung hat bei der Jugendpartizipationsstudie mit Prof. Dr. Reinhard Fatke, Universität Zürich, und Prof. Dr. Helmut Schneider, damals Universität Münster, heute Steinbeis-Hochschule Berlin, zusammengearbeitet. Unser Dank gilt den beiden Wissenschaftlern für die Durchführung der Studie.

2.1 Mitbestimmung in der Familie

Eine Vorannahme der Jugendpartizipationsstudie war, dass die Familie als erster Sozialisationsraum von Kindern auch das spätere Mitwirkungsverhalten junger Menschen beeinflusst. Deshalb wurden Fragen zum Grad der Mitbestimmung insgesamt, zu konkreten Themen, zur Zufriedenheit sowie zum persönlichen Nutzen der Mitbestimmung bei familiären Entscheidungen gestellt.

Fast drei Viertel der Befragten (74,6%) geben an, zu Hause viel oder sehr viel mitzubestimmen. Das hohe Niveau der Mitbestimmung in der Familie spiegelt sich auch bei der Frage nach der Mitwirkungsintensität in der Familie wider. Auf einer 5er-Skala4 für wenig oder viel Mitbestimmung ergibt sich ein Wert von 4,05. Bei gut vier Fünftel der insgesamt 18 vorgegebenen Themen können junge Menschen mitentscheiden. Jedoch gibt es dabei themenspezifische Unterschiede. Die Gesamtmittelwerte zu diesen Items unterscheiden sich sehr stark voneinander. Bei den Themen, von denen Eltern unmittelbar betroffen sind (z.B. die Höhe des Taschengeldes, ob ein Haustier angeschafft werden soll, um welche Uhrzeit gegessen wird), liegt der Mittelwert bei 3,4. Für andere Themen, von denen die Eltern nicht direkt betroffen sind (z.B. wofür das Taschengeld ausgegeben wird, ob Freunde eingeladen werden dürfen, wie es im eigenen Zimmer aussieht), ergibt sich ein Mittelwert von 4,4. Diese Befunde relativieren das hohe Maß an familiärer Mitbestimmung. Sie zeigen, dass Eltern dann weniger Mitbestimmung zulassen, wenn sie Teile der eigenen Entscheidungs- und Definitionsmacht abgeben müssen.

Insgesamt jedoch ist das Bild der Mitbestimmungsmöglichkeiten im Lebensbereich Familie sehr positiv: Junge Menschen können nach ihren eigenen Einschätzungen in hohem Maße mitbestimmen und sind mit den Ergebnissen ihrer Mitbestimmung in der Familie auch zufrieden. Der Mittelwert bei der Frage nach der Zufriedenheit liegt bei 4,06. Auch auf die Frage, was ihnen die Mitbestimmung persönlich bringt, antworten viele der Befragten positiv. Die Antworten ergeben einen Mittelwert von 4,08.

2.2 Mitbestimmung in der Schule

Neben der Familie ist die Schulklasse der nächste unmittelbare Bereich, in dem Kinder und Jugendliche umfangreiche Erfahrungen mit Beteiligung und Mitbestimmung sammeln können; oder eben auch nicht, wie die deutlich anderen Ergebnisse für den Bereich der Schule im Vergleich zur Familie zeigen. Der Grad der Mitwirkung wird weniger hoch bewertet. Nur 14,5% der Befragten geben an, dass sie in der Schule viel oder sehr viel mitwirken können. Diese große Differenz spiegelt sich auch in den Mittelwerten zu Fragen nach der Mitwirkung insgesamt, den Themen, der Zufriedenheit und dem persönlichen Nutzen wider. Bei der Frage nach der Mitwirkungsintensität liegt der Mittelwert bei 2,65. Kinder und Jugendliche können demnach in erheblich geringerem Ausmaß im Lebensbereich Schule mitwirken als in der Familie.

---

4 Die im Folgenden dargestellten Mittelwerte sind jeweils auf einer Skala zwischen 1 (negativster Wert) und 5 (positivster Wert) ermittelt.

Im Kontext der Schule wurde zu neun unterrichtsnahen Themenfeldern nach der jeweiligen Mitwirkungsmöglichkeit (Information, Meinung sagen, Mitbestimmung; keinerlei Einbeziehung) gefragt. Allen Themen gemein ist, dass nur 25,2% der Schüler der Ansicht sind, dass sie dabei wirklich mitbestimmen dürfen. Unterschiede sind auch hier wiederum zwischen den Themen, die Lehrer stärker betreffen und solchen, die sie weniger stark betreffen, festzustellen. Höhere Werte der verschiedenen Mitwirkungsmöglichkeiten, von bis zu fast 44%, gibt es bei Themen, von denen Lehrer nur indirekt betroffen sind (Sitzordnung; Ausgestaltung der Klassenzimmer; Auswahl von Klassenfahrtzielen). Bei den Themen hingegen, die sich direkt auf das Unterrichten beziehen und durch eine Mitbestimmung von Schülern auch die pädagogische Autorität der Lehrer betroffen ist (Gestaltung des Unterrichts oder Auswahl von Unterrichtsformen; Festlegung von Regeln oder Terminen für Klassenarbeiten), liegen die Werte zwischen 25,3% und unter 10%. Am wenigsten einbezogen werden sie bei der Leistungsbewertung (10%) oder der Festlegung von Hausaufgaben (9,6%).

Auch bei den Fragen nach der Zufriedenheit sowie dem persönlichen Nutzen bei der Mitwirkung in der Schule sind die Werte geringer als in der Familie. Die Mittelwerte auf den 5er-Skalen liegen bei 3,35 für die Partizipationszufriedenheit bzw. bei 3,2 bei der Frage nach dem persönlichen Gewinn, der durch Mitwirkung erreicht wird.

2.3 Mitbestimmung im Wohnort

Der Schwerpunkt der Studie liegt bei der Untersuchung der Mitwirkung von Kindern und Jugendlichen im Wohnort. Das Gesamtergebnis dabei macht deutlich, dass die Beteiligung in diesem Bereich noch schwächer ausgeprägt ist als in der Schule und damit der Wohnort der mitwirkungsärmste der drei analysierten Lebensbereiche junger Menschen ist.

Nur 13,6% der Befragten geben an, oft oder immer im Wohnort mitzuwirken. Dem stehen etwa 60% gegenüber, die nie oder selten in ihrem Wohnort mitgewirkt haben. Auf die Frage, woran sie in ihrem Wohnort schon einmal mitgewirkt haben, entfallen die häufigsten Nennungen auf folgende Aktivitäten:

- zu einem Thema abgestimmt haben schon mal 39,6%
- an einer genehmigten Demonstration teilgenommen haben 26,6%.

Die geringste Mitwirkungshäufigkeit weisen die beiden folgenden Aktivitäten auf:

- an einer Stadtteilkonferenz haben 97% noch nie mitgewirkt
- in einem Jugendparlament oder Jugendrat waren 96% noch nie aktiv.

Insgesamt haben 52,8% der Befragten bei bis zu drei Aktivitäten schon einmal mitgewirkt, aber nur 2,7% bekunden eine Mitwirkung an mehr als der Hälfte aller Aktivitäten. Bei der Frage nach der Mitwirkungsintensität ergibt sich ein Mittelwert von 2,29.

Das persönliche Interesse am konkreten Thema und der individuelle Wunsch, etwas verändern zu wollen, sind die am häufigsten genannten Gründe, weshalb die Befragten in der Kommune mitwirken. Als Gründe für Nichtbeteiligung werden das Desinteresse am Thema sowie fehlendes Vertrauen in und fehlender Respekt durch Politiker angegeben.

Die Einschätzung des persönlichen Gewinns, den Kinder und Jugendliche durch ihre Mitwirkung erreichen, ist geringer als in Schule und Familie. Der Mittelwert dafür liegt bei 3,2. Etwas anders stellt sich der Mittelwert bei der Frage nach der Zufriedenheit mit Ergebnissen der kommunalen Mitwirkung dar. Er liegt auf der Skala bei 3,5 und ist damit im Vergleich zur Schule etwas höher. Eine Annahme für diesen Unterschied stellt der höhere Grad der Freiwilligkeit bei einer Mitwirkung am Wohnort dar.

2.4 Erklärungsmodell jugendlicher Partizipation

Neben der Beschreibung des realisierten Partizipationsverhaltens und der Zufriedenheit mit Mitbestimmungsmöglichkeiten in Familie, Schule und Kommune identifizierte die Studie erstmals Faktoren, die die Beteiligung von Kindern und Jugendlichen im kommunalen Gemeinwesen nachweislich stärken. Demnach hängt die Mitwirkung der jungen Menschen wesentlich von positiven Partizipationserfahrungen in Schule, Verein und Kommune ab. Außerdem sind der Informationsstand über die lokalen Beteiligungsangebote sowie das Vertrauen in die eigenen Kompetenzen ausschlaggebend für die Mitsprache. Ein engagierter Freundeskreis sowie der eigene Wunsch, etwas verändern zu wollen, motivieren darüber hinaus, sich für das Gemeinwesen einzusetzen (vgl. Fatke/Schneider 2005: 33ff.).

Daraus können *Handlungsansätze* für eine Stärkung der Partizipation von Kindern und Jugendlichen im kommunalen Gemeinwesen abgeleitet werden. Ein zentraler Faktor ist die Zufriedenheit mit bisherigen Partizipationserfahrungen am Wohnort. Die Zufriedenheit bezieht sich dabei sowohl auf Partizipationsthemen, den -prozess als auch auf das Partizipationsergebnis. Zufriedenheit ist stets das Ergebnis eines individuellen Abgleichs zwischen Erwartungen und Erleben. Es ist deshalb von zentraler Bedeutung für den Erfolg der Partizipationsangebote, die Erwartungen von Kindern und Jugendlichen an den Beteiligungsprozess sowie an das Ergebnis zu ermitteln und die lokalen Beteiligungsvorhaben daran auszurichten.

In diesem Zusammenhang sind der Informationsstand bezüglich der Mitwirkungsmöglichkeiten, das subjektive Qualifikationsempfinden, die Einbindung in Vereine sowie die Mitbestimmungsintensität in der Schule von besonderer Bedeutung für die Zunahme an Zufriedenheit in Partizipationsprozessen. Die zielgruppengerechte Information der Kinder und Jugendlichen sollte daher am Anfang eines jeden Beteiligungsvorhabens stehen. Die Partizipationsangebote im kommunalen Gemeinwesen müssen so kommuniziert werden, dass Kinder und Jugendliche ihre konkreten Beteiligungsmöglichkeiten kennen und über aktuelle Projekte und Vorhaben auch umfassend genug informiert sind.

Wesentlich ist außerdem, durch gezielte Angebote die Partizipationskompetenz von Kindern und Jugendlichen und damit das subjektive Qualifikationsempfinden zu stärken. Schließlich ist auch die Partizipationsintensität in der Schule ein Faktor, um Kinder und Jugendliche an Beteiligungsprojekte am Wohnort heranzuführen. Hier hat eine stärkere Vernetzung der Angebote von Schule und kommunaler Jugendarbeit besondere Bedeutung.

Die Faktoren „Partizipationsaffinität des Freundeskreises“ und „konkreter Veränderungswille“ sind zwar bedeutsam für Umfang und Intensität des Partizipationsverhaltens von Kindern und Jugendlichen, können aber nur mittelbar beeinflusst werden.

Die identifizierten Einflussfaktoren der Mitwirkung von Kindern und Jugendlichen an ihrem Wohnort erklären knapp 50%[5] der Varianz der Partizipationsintensität. Die unterschiedlich starke Partizipation von Kindern und Jugendlichen am Wohnort kann also etwa zur Hälfte auf diese Faktoren zurückgeführt werden (vgl. Fatke/Schneider 2005: 38).

Diese Handlungsansätze lassen sich in Form einer Partizipationsspirale visualisieren (s. Abb.1). Sie stellt ein Erklärungsmodell für das Partizipationsverhalten junger Menschen dar (vgl. Schneider/Fatke 2007). Hierbei dienen der Informations- und Qualifikationsstand der Kinder und Jugendlichen sowie zielgruppengerechte, mit Schule und Vereinen vernetzte Partizipationsangebote als Einstieg in eine Mitwirkung am Wohnort, die dann über positive Partizipationserfahrungen (Zufriedenheit mit Ergebnis und Prozess) als sich selbst verstärkender Prozess ihre Fortsetzung findet.

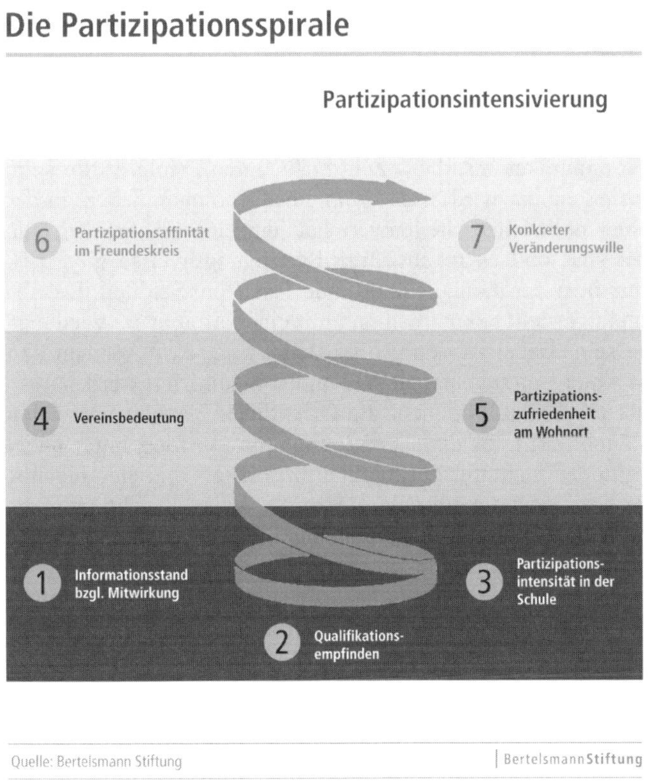

Abb. 1: Die „Partizipationsspirale“

5 Das ist ein hoher Wert, der in sozialwissenschaftlichen Untersuchungen nur selten erreicht wird.

3 Handlungsansätze für eine verbesserte Kinder- und Jugendpartizipation

Gemeinsam mit Städten aus Nordrhein-Westfalen und Thüringen sowie Schleswig-Holstein werden gegenwärtig auf der Grundlage der Partizipationsspirale Praxisbausteine zur Stärkung der Kinder- und Jugendpartizipation entwickelt. Ziel ist es, adaptionsfähige Strategien für eine Aktivierung junger Menschen zu entwickeln und interessierten Städten und Gemeinden zur Verfügung zu stellen.

3.1 Zielgruppengerechte Kommunikation und öffentliche Wertschätzung

Die Informiertheit über Partizipationsmöglichkeiten und die subjektiv empfundene Attraktivität des Partizipationsangebotes spielen eine wichtige Rolle für die Zufriedenheit von Kindern und Jugendlichen mit Beteiligungsvorhaben (vgl. Fatke/Schneider 2005: 34). Eine wirksame Medien- und Öffentlichkeitsarbeit ist deshalb von elementarer Bedeutung für das Gelingen von Beteiligungsvorhaben. Nur wenn Kinder und Jugendliche alters- und lebensweltgerecht über Partizipationsangebote informiert werden, nehmen sie auch daran teil (vgl. Meinhold-Henschel 2007).

Vielfach stellen fehlende Informationen über vorhandene Partizipationsangebote eine basale Zugangshürde für Kinder und Jugendliche dar. Ein erster wichtiger Schritt liegt deshalb in einer verbesserten Kommunikationsarbeit. Zentral für ihren Erfolg dürfte sein, dass für Kinder und Jugendliche erkennbar wird, dass sie in einer Kommune leben, in der die Beteiligung junger Menschen politischen Stellenwert hat, einzelne Projekte in eine Beteiligungsstrategie eingebettet sind und es regelmäßige Beteiligungsanlässe gibt, z.B. zweimal im Jahr ein Jugendforum oder der monatliche „Runde Tisch" im Stadtteil. Beteiligung muss für junge Menschen ein Gesicht bekommen und mit einer attraktiven, wiedererkennbaren Botschaft verbunden sein. Dabei ist von großer Bedeutung, dass Ausmaß und Grenzen der Einflussnahme von Anfang an transparent sind und kommuniziert werden.

Angesichts der Heterogenität der Zielgruppe steht die Öffentlichkeitsarbeit vor vielen Herausforderungen (Dammler 2006: 6ff.). In den Blick genommen werden muss dabei auch, dass sich die jungen Zielgruppen nicht nur hinsichtlich ihres Alters und Geschlechts, sondern auch bezogen auf ihre soziale und kulturelle Herkunft sowie hinsichtlich ihres Bildungsgrades unterscheiden. Wichtig ist, die unterschiedlichen Zielgruppen über geeignete Kommunikationskanäle anzusprechen, sodass die Wahrscheinlichkeit erhöht wird, möglichst viele Kinder und Jugendliche zu erreichen. Dazu bedarf es eines stimmigen Kommunikationskonzepts, das einerseits wiedererkennbare Botschaften transportiert und andererseits den unterschiedlichen Bedürfnissen der Zielgruppen gerecht wird. Nicht unterschätzt werden sollte dabei der Stellenwert der persönlichen Ansprache. Erfahrungen belegen, dass junge Menschen sich insbesondere dann zu einer Teilnahme motivieren lassen, wenn sie von Altersgenossen angesprochen werden.

Dies gilt gerade in Bezug auf beteiligungsferne junge Menschen, für die häufig das Vertrauen zu Personen notwendig ist, um sich auf Beteiligungsvorhaben einlassen zu können. Die Aktivierung junger Menschen aus sozial benachteiligenden Verhältnissen stellt insgesamt eine große Herausforderung dar, dies gilt auch im Hinblick auf die Entwicklung einer zielgruppenadäquaten Kommunikationsstrategie. Mehr noch als für ihre Altersgenossen gilt für sie, dass Kommunikationsarbeit stufig erfolgen muss: Die Schaffung von Bekanntheit durch Verbindung von Sachinformationen mit emotionalen Botschaften ist Voraussetzung für die Weckung von Interesse und das Auslösen von Aktion (Dammler 2006: 25). Klassische Öffentlichkeitsarbeit über Printmedien und Internet, in denen Botschaften über Texte vermittelt werden, tritt damit in den Hintergrund; interaktive Kommunikations- und Veranstaltungsformate mit Eventcharakter bekommen großes Gewicht.

Auch für die Kommunikationsarbeit gilt, dass ein Paradigmenwechsel notwendig ist und die Sichtweise von Jugendlichen in hohem Maße Berücksichtigung finden sollte. Dem entsprechen die positiven Erfahrungen, die Kommunen damit gemacht haben, Jugendliche bei der Gestaltung von Produkten der Öffentlichkeitsarbeit aktiv einzubinden, z.B. Vorschläge zur inhaltlichen und grafischen Gestaltung der Internetseiten einzuholen, den Slogan für Stadteilaktivitäten von ihnen entwickeln und effektive Kommunikationswege bestimmen zu lassen. Hinsichtlich der Gestaltung von Internet und Printmedien ist hierbei der Spagat zwischen der Aufnahme der Bedürfnisse der Zielgruppe und Vorgaben der zentralen Öffentlichkeitsarbeit der Kommunen eine nicht unerhebliche Herausforderung. Zur stimmigen Kommunikation von Beteiligungsvorhaben gehören auch Wertschätzung und Anerkennung des Engagements. Sie gehören zu den wichtigsten Handlungsansätzen zur Förderung bürgerschaftlichen Engagements (Enquete-Kommission 2002: 268ff.). Dies gilt gerade auch im Verhältnis zu Kindern und Jugendlichen, denn sie erfahren sich im öffentlichen und politischen Kontext häufig als nicht anerkannt (Burdewick 2003: 251-276). Gerade vor diesem Hintergrund bieten Partizipationsprojekte die Chance, positive Erfahrungen zu ermöglichen und durch ihre öffentliche Wertschätzung zu multiplizieren.

Anerkennung konstituiert sich zunächst in der Interaktion zwischen den Beteiligten, der hierarchiefreien, symmetrischen und verlässlichen Kommunikation und Zusammenarbeit. Kinder und Jugendliche als Gesprächs- und Verhandlungspartner ernst zu nehmen, ist damit ein zentrales Erfolgskriterium für Beteiligungsvorhaben. Anerkennung ist aber auch ein symbolischer Akt, der sich in der öffentlichen Wertschätzung vorbildlichen Engagements ausdrückt, dass dadurch sichtbar gemacht wird. In diesem Zusammenhang schlägt die Enquete-Kommission vor, eine umfassende Anerkennungskultur zu etablieren, die immateriellc Ancrkennungsformen (z.B. Auszeichnungen) mit materiellen Anreizen (z.B. Gutscheinhefte) und der formalen Anerkennung von erworbenen Qualifikationen (Zertifizierungen, Zeugnisse) kombiniert.

3.2 *Partizipationszufriedenheit am Wohnort*

Junge Menschen sind mit Beteiligungsvorhaben dann zufrieden, wenn diese für sie thematisch attraktiv sind, die Gestaltung der Prozesse bedürfnisorientiert erfolgt, die Ergebnisse entweder zeitnah umgesetzt sind oder zumindest nachvollziehbar ist, warum sie modifiziert bzw. verworfen werden. Mit der Frage, wann Jugendliche mit Beteiligungsangeboten zufrieden sind, ist die Bedeutung von Gütekriterien für Beteiligungsvorhaben aufgeworfen (vgl. Meinhold-Henschel 2007). Aus der Perspektive der Nutzer stehen dabei Aspekte der Zielgruppenorientierung im Vordergrund:

Keine Zielgruppe ist wohl so heterogen wie Kinder und Jugendliche. Wie in keiner anderen Lebensspanne sind Bedürfnisse schnelllebig: Ein Kind im Alter von elf Jahren hat wesentlich andere Bedürfnisse als ein Jugendlicher im Alter von 13 Jahren. Aber nicht nur das Alter, sondern auch das Geschlecht, die Nationalität und die Schulbildung führen zu sehr heterogenen Lebenslagen mit entsprechend unterschiedlichen Anforderungen an Beteiligungsvorhaben. Die Auffassung, dass es differenzierter Angebote für Mädchen und Jungen bedarf, hat sich mittlerweile durchgesetzt. Aber auch die Belange junger Menschen, die beteiligungsfernen Gruppen zuzurechnen sind, müssen in den Blick genommen werden: Kinder und Jugendliche mit Migrationshintergrund, aus sozial benachteiligenden Verhältnissen, mit Behinderungen oder mit negativen Bildungserfahrungen in der Schule. Qualitätsfragen richten sich darauf, ob Beteiligungsprojekte so niedrigschwellig angelegt werden, dass auch diese Gruppen erreicht werden. In diesem Zusammenhang ist auch zu klären, an welchem Ort, zu welchem Zeitpunkt und über welche Zeitdauer Angebote gemacht werden können, damit die adressierte Zielgruppe tatsächlich teilnehmen kann.

Die Heterogenität von Kindern und Jugendlichen stellt kommunale Beteiligungsvorhaben vor die Herausforderung, Zugangsgerechtigkeit zu Beteiligungsangeboten herzustellen und gleichzeitig differenzierte Angebote zu machen, die unterschiedlichen Kompetenzprofilen und Kommunikationsfähigkeiten Rechnung tragen (Knauer 2005: 72ff.). Zu gewährleisten ist darüber hinaus, dass sich durch die erforderlichen Ausdifferenzierungen nicht die Sprachlosigkeit und Abschottung zwischen jungen Menschen unterschiedlicher Gruppenzugehörigkeit verfestigt, d.h. es braucht eine Gelegenheitsstruktur hinsichtlich Zeiten und Orten, um im Dialog der Gruppen unterschiedliche Anforderungen sichtbar zu machen und auszuhandeln. Auf die begleitenden Erwachsenen kommt eine besondere pädagogische Verpflichtung zu. Nur wer die unterschiedlichen Lebenslagen von Kindern und Jugendlichen bei Planung und Umsetzung von Beteiligungsvorhaben analysiert und konzeptionell berücksichtigt, wird im weiteren Ziele, Themen, Formen und Methoden richtig bestimmen können.

Themenstellungen sind von großer Bedeutung, wenn Kinder und Jugendliche für Partizipationsvorhaben aktiviert werden sollen. Das Interesse am Thema und der Wunsch etwas zu verändern, ist der von Kindern und Jugendlichen am häufigsten genannte Grund, weshalb sie in der Kommune mitwirken (vgl. Fatke/Schneider 2005: 25). Dass Inhalte und Themenstellungen einen Bezug zur Lebenswelt der Kinder und Jugendlichen haben und damit für sie relevant sind, wird damit zu einer unverzichtbaren Voraussetzung für erfolgreiche Beteiligungsvorhaben. Es ist deshalb darauf zu achten, dass nicht Erkenntnis- und Entscheidungsinteressen der Erwachsenen dominieren. Damit stellt sich die Frage: Was sind aus Sicht von Kindern und Jugendlichen relevante Themen? Häufig erfolgt eine Engführung der Beteiligungsanlässe auf kinder- und jugendpolitische Belange, z.B. die Spielplatzgestaltung, die Programmentwicklung im Jugendzentrum oder auch die Skaterbahn. Sie können als klassische Beteiligungsthemen gelten. Dass Kinder und Jugendliche aber durchaus breiter gelagerte Beteiligungsinteressen haben, rückt dabei in den Hintergrund. So ist das von ihnen am zweithäufigsten genannte Beteiligungsthema „Hilfe für Menschen in Not“. Großes Interesse richtet sich auch auf ein Engagement in Projekten, die Themen der Gewalt- und Konfliktbewältigung sowie des Zusammenlebens zwischen Deutschen und Ausländern aufgreifen (vgl. Fatke/Schneider 2005: 25, 52).

Über die Bedeutsamkeit eines Themas entscheidet die Sichtweise der Kinder und Jugendlichen. Es ist deshalb empfehlenswert, Rückkoppelungsprozesse mit der adressierten Zielgruppe einzuplanen, um hier keiner Fehleinschätzung zu unterliegen. Den begleitenden Erwachsenen kommt dabei die Aufgabe zu, Kinder und Jugendliche verantwortlich zu beraten, damit realisierbare Ziele und damit ermutigende Erfahrungen möglich werden (Möller 2000: 393).

Neben den Themen haben Formen und Methoden der Beteiligung entscheidenden Einfluss auf die Partizipationszufriedenheit. In der Literatur hat sich die Unterscheidung zwischen stellvertretenden Formen der Beteiligung (z.B. durch Kinderbeauftragte, Kinderbüros, Kinderausschüsse) und direkten Formen der Beteiligung durchgesetzt. Auch gibt es ein reichhaltiges Methodenrepertoire (z.B. aktivierende Befragungen, qualitative Gruppeninterviews, Zukunftswerkstätten, Stadtteil- und Dorferkundungen, Planspiele, partizipative Moderationsmethoden). In zahlreichen Publikationen und Methodensammlungen finden sich hierzu Hinweise, die teilweise im Internet abrufbar sind (www.kinderpolitik.de). Im Folgenden wird auf die Formen der direkten Beteiligung fokussiert. Diese lassen sich strukturieren nach repräsentativen, offenen und projektorientierten Verfahren. Während in repräsentativen Modellen junge Menschen stellvertretend die Interessen ihrer Altersgruppe wahrnehmen, eröffnen Kinder- und Jugendforen spontane und personell nicht eingegrenzte Teilnahmemöglichkeiten. Projektorientierte Formen sind schließlich durch einen thematischen Fokus und eine zeitliche Begrenzung der Mitarbeit gekennzeichnet. In der Fachdiskussion besteht Konsens darüber, dass jede der unmittelbaren Beteiligungsformen mit Vor- und Nachteilen behaftet ist. Die repräsentativen Formen erreichen nicht alle Kinder und Jugendliche und begünstigen strukturell ältere, männliche und gut gebildete Jugendliche (Herrmann 1998: 333; Möller 1999: 86). Offenen und projektorientierten Formen mangelt es hingegen oft an Nachhaltigkeit und Verbindlichkeit. Festzustellen ist, dass bislang noch nicht in ausreichendem Maße nach Wegen gesucht wird, die unterschiedlichen Ansätze miteinander zu verbinden und dadurch eine neue Qualität im Bereich der Kinder- und Jugendpartizipation zu erreichen.

Eine Mischung der verschiedenen Beteiligungsverfahren bietet die Chance, junge Menschen dort abzuholen, wo sie stehen und ihren je spezifischen Interessen gerecht zu werden. Ein Partizipationsmix eröffnet verschiedene Zugangskanäle und kann auch einen Beitrag zu einer nachhaltigen Verankerung von Beteiligungsaktivitäten im kommunalen Raum schaffen.

Bei allen Entscheidungen hinsichtlich Formen und Methoden der Beteiligung, sollte im Blick bleiben, dass ein starkes Engagementmotiv von Jugendlichen ist, andere Menschen zu treffen und Spaß zu haben (Freiwilligen-Survey 2005: 245). Attraktiv sind Angebote für junge Menschen insbesondere auch dann, wenn Raum und Zeit für Spontaneität bleibt und spiel-, handlungs- und dialogorientierte Formen gewählt werden.

Die Ergebnisorientierung ist eine nicht zu vernachlässigende Dimension für die Beurteilung der Qualität von demokratischen Prozessen (Schmidt 2000: 513): Dies gilt gerade auch für die Beteiligung von jungen Menschen. Haben diese ihr Engagement als effektiv und effizient erlebt, d.h. wurde das richtige Ziel in einer angemessenen Relation zu den eigenen Aufwendungen erreicht? Aus der Sicht der beteiligten Jugendlichen ist dabei sicherlich der Zeiteinsatz maßgeblich. Für sie dürfte entscheidend sein, wie sie die eigenen Opportunitätskosten beurteilen, d.h. den entgangenen Nutzen, der durch die Entscheidung für die Teilnahme an einem Beteiligungsvorhaben entstanden ist und den damit verbundenen Verzicht auf andere Aktivitäten. Da jungen Menschen heute vielfältige Möglichkeiten im Freizeitbereich zur Verfügung stehen, dürfte gerade die positive oder negative Beurteilung der Opportunitätskosten, die auch als „Kosten der Reue“ bezeichnet werden, einen großen Einfluss auf weiteres Engagement haben.

Kinder und Jugendliche sind mit ihrem Engagement dann zufrieden, wenn sie es als gewinnbringend und konsequenzenreich erlebt haben. Gerade im Hinblick auf beteiligungsferne Gruppen stellt sich in dieser Hinsicht auch die Frage, ob sie ihre personalen und sachbezogenen Kompetenzen ausbauen konnten: Haben sie sich als selbstwirksam erfahren und konnten somit Ohnmachtserfahrungen ein Stück weit kompensieren, die sich in ihrem Alltag durch materielle Einschränkungen, soziale und räumliche Segregation sowie ungewisse Zukunftsaussichten manifestieren? Nur wenn dies der Fall ist, werden marginalisierte junge Menschen sich erneut auf Partizipationsvorhaben einlassen.

Nicht nur im Hinblick auf marginalisierte Zielgruppen stellen Beteiligungsvorhaben an die Qualifikation begleitender Erwachsener hohe Anforderungen. Es bedarf fachlich gut ausgebildeter Moderatoren als Begleiter von Beteiligungsprojekten und -vorhaben, die Kinder und Jugendliche aktiv in ihren eigenen Erfahrungs-, Lern- und Mitwirkungsprozessen unterstützen (vgl. Stange/Schack 2007) und so dazu beitragen, dass junge Menschen ihr Engagement als zufriedenstellend erleben.

Diese Fachkräfte benötigen themenspezifische Sach- und Methodenkompetenzen. Die Umsetzung von Beteiligungsvorhaben erfordert aber auch eine demokratisch und partizipatorisch angelegte Grundhaltung der begleitenden Erwachsenen. Nicht die Vermittlung von Wissen oder die Hinführung zu kognitiv orientierten Lernzielen steht bei solchen Maßnahmen im Mittelpunkt, sondern eine Begleitung in zum Teil auch selbst organisierten Erfahrungs- und Lernprozessen. Kindern und Jugendlichen soll Demokratie als Gesellschafts- aber auch als Lebensform nahegebracht und sie selbst sollen motiviert und aktiviert werden, sich an deren Gestaltung zu beteiligen. Erwachsene tragen also für die Begleitung von Partizipationsvorhaben eine besondere und mehrschichtige Verantwortung. Beteiligung an der Gestaltung der Gesellschaft ist zudem als ein gemeinsamer Lernprozess von Erwachsenen und jungen Menschen zu betrachten. Daraus ergibt sich eine besondere Qualität der Interaktionen zwischen den Beteiligten, für die Moderatoren für Beteiligungsprozesse in spezifischer Weise ausgebildet sein sollen.

3.3 Partizipationskompetenz Jugendlicher

Qualifikation ist ein Schlüssel für die Entwicklung einer umfassenden und nachhaltigen Beteiligungskultur in Kommunen und Bildungseinrichtungen (vgl. Stange/Schack 2007). „Wirkungsvolle Partizipation ist untrennbar mit der Entwicklung von Kompetenzen im Bereich Rhetorik, Kommunikation, Rechtsgrundlagen, Öffentlichkeitsarbeit und Moderation verbunden. Wir fordern Qualitätsstandards und eine bessere Organisation sowie den deutlichen Ausbau von Schulungsangeboten (…)“ (Jugend für Europa 2003). Diese Einschätzung und Forderung haben Jugendliche während der 2. Deutschen Jugendkonferenz im Rahmen des Weißbuchprozesses der EU zur Jugendpolitik in Europa abgegeben. Sie beschreiben damit einen Wunsch, der, so hat das auch die Jugendpartizipationsstudie der

Bertelsmann Stiftung herausgearbeitet, zu einer wesentlichen Grundlage für erfolgreiche Partizipation gehört: Die eigene Qualifikation für die Mitarbeit in Beteiligungsvorhaben. Für das eigene Qualifikationsempfinden spielen individuelle Kompetenzen eine große Rolle. Auf die Zielgruppe abgestimmte und an deren Bedürfnissen passgenau ausgerichtete Vorhaben tragen dazu bei, dass Kindern und Jugendlichen viele Lernräume eröffnet werden, in denen sie sich Kompetenzen aneignen. Diese eher informellen Lernprozesse können durch explizite Fort- und Weiterbildung ergänzt werden. Damit sollen Kinder und Jugendliche in die Lage versetzt werden, ihre eigenen Interessen zu erkennen, zu benennen, sie aktiv in die gesellschaftliche Debatte einzubringen und sich für deren Umsetzung einsetzen zu können.

Je nach ihren individuellen Voraussetzungen und den konkreten Anforderungen im Kontext des kommunalen Partizipationsansatzes, müssen Kinder und Jugendliche entsprechend vorbereitet, begleitet und qualifiziert werden. Dabei geht es darum, ihnen Möglichkeiten der Beteiligung zu eröffnen, gleichzeitig aber auch den Rahmen dafür zu verdeutlichen und gegebenenfalls auch vorhandene Grenzen aufzuzeigen. Partizipation ist ein gemeinsamer Lernprozess von erwachsenen Begleitern und jugendlichen Akteuren. In einem Wechselspiel von Interaktion spielen Kompetenzen eine Rolle, die entweder im Rahmen des Prozesses entwickelt oder aber auch als Basisqualifikation zusätzlich erworben werden müssen. „Die Wahrnehmung und Ausübung von (politischen) Teilhaberechten beinhaltet Wissen, Urteilen, Können und Wollen auf Seiten der Subjekte. Während über Alltagsrollen in Gesellschaft und Wirtschaft unvermeidlich teilgenommen wird, drängt sich die Teilnahme am demokratisch-politischen System nicht auf, sondern sie bedarf der subjektiven Entscheidung“ (Reinhardt 2005: 25). Diese didaktische Beschreibung der Kompetenzentwicklung ist eine geeignete Grundlage für die Entwicklung von Qualifizierungsangeboten für Jugendliche. Eine ähnliche Ausrichtung bietet auch der jüngst veröffentlichte „Qualitätsrahmen Demokratiepädagogik“ (de Haan/Edelstein/Eikel 2007). Dort wird eine Orientierungshilfe für Demokratie-Lernen im (Schul-)Alltag gegeben und auf drei wesentliche demokratiepädagogisch relevante Kompetenzfelder verwiesen. Dieser Qualitätsrahmen ist im Rahmen des BLK-Projektes „Demokratie lernen und leben“ (www.blk-demokratie.de) entwickelt worden. Einen wesentlichen Schwerpunkt in diesem demokratie-pädagogischen Schulentwicklungsprogramm stellten Projekte dar, die eine Öffnung von Schule in das Gemeinwesen als „Schule in der Demokratie“ (Edelstein/Fauser 2001: 39) entwickelt haben. Partizipation im kommunalen Umfeld ist dabei als ein wichtiges und praxisorientiertes Lernfeld für die Entwicklung demokratischer Handlungskompetenzen anzusehen.

Ein durch Partizipationsvorhaben organisiertes alltagsnahes Demokratie-Lernen erfordert und bildet zugleich eine Reihe von Teilkompetenzen (vgl. de Haan/Edelstein/Eikel 2007, Heft 2: 11):

- interaktive Anwendung von Wissen und Medien (Fach-, Sach- und Methodenkompetenz)
- eigenständiges Handeln (Selbstkompetenz)
- Interagieren in heterogenen Gruppen (Sozialkompetenz).

Für Jugendliche aus benachteiligten Milieus müssen zunächst aber weitaus niedrigschwelligere Zugänge zu Partizipationsvorhaben geschaffen werden, die sie ansprechen, zur Mitwirkung anregen, begeistern und sie erfahren lassen, dass ihre Meinungen gefragt und akzeptiert sind. Solche Angebote haben zugleich einen impliziten Qualifikationscharakter auf der Ebene der personalen und sozialen Kompetenzen. Diese können ein Einstieg für die weitere aktive Mitarbeit in Partizipationsvorhaben sein, die im späteren Verlauf auch zu spezifischen Fortbildungen führen können.

3.4 Umsetzung von Beteiligungsprojekten in Kooperation mit Schulen und kommunalen Partnern

Die inhaltliche Ausrichtung der kommunenspezifischen Handlungsschwerpunkte hat gezeigt, dass vor allem in der langfristigen Vernetzung von außerschulischen und schulischen Bildungsakteuren Handlungsbedarf besteht. Dies gilt insbesondere bei der Entwicklung übergreifender und ganzheitlicher Partizipationsangebote. Im Rahmen der Projektarbeit sind deshalb Kooperationsbeziehungen von Schulen und Einrichtungen der Jugendarbeit aufzubauen und zu entwickeln. Projektbörsen und die konkrete Beratung bei der Ausgestaltung von gemeinsamen Beteiligungsprojekten sind darüber hinaus wichtige Anschubhilfen im Sozialraum.

Schulen bieten grundsätzlich wegen gesetzlich verankerter Mitwirkungsmöglichkeiten für Schüler eine ideale Ausgangsbasis für das Erlernen demokratischer Verfahren und Regeln sowie die Entwicklung der dazugehörigen Kompetenzen. Diese Möglichkeiten werden jedoch in der Regel zu wenig genutzt, weil die gewählten Schülervertretungen kaum über ihre schulischen Mitwirkungsmöglichkeiten und -rechte informiert werden. Auch in Landesschulgesetzen und Lehrplänen finden sich vielfältige Formulierungen, die den bildungspolitischen Anspruch an den Bereich der Schule klar formulieren. Schüler sollen danach umfassend zu selbstständigem Urteilen und eigenverantwortlichem Handeln erzogen werden. Lehrer sind dafür verantwortlich, dass Schüler am sozialen und politischen Leben teilnehmen oder die Bereitschaft entwickeln können, politische und soziale Verantwortung zu übernehmen. Das betrifft insbesondere die Unterrichtsfächer, die gesellschafts- oder politikrelevant sind. Schule, so die klare Botschaft der Gesetzgeber und Kultusbehörden, hat den Auftrag, Schüler als mündige Bürger zur aktiven Teilnahme an der Gestaltung der Gesellschaft zu befähigen (vgl. Koopmann 2007).

Dabei geht es aber nicht nur um den Schulinnenraum im Rahmen von Unterricht, auch wenn er in Projektform stattfindet. Schule ist gleichermaßen auf- und herausgefordert, die Kommune als (neues) Lern- und Aktionsfeld zu erschließen bzw. zugänglich zu machen. Diesem Anspruch können in den seltensten Fällen jedoch Lehrer allein gerecht werden. Deshalb sollten außerschulische und schulische Bildungsakteure vernetzt arbeiten und gemeinsam Partizipationsprojekte entwickeln. Mit einer solchen Vernetzung und Öffnung der Schule in das Gemeinwesen wird dem Anspruch, dass bürgerschaftliches Engagement nicht gelehrt, sondern nur gelernt werden kann, entsprochen (Enquete-Kommission 2002: 289). Für Schüler wird mit einem solchen Ansatz von praktischem, alltagsorientiertem Demokratielernen auf erleb- und erfahrbare sowie vor allem im Konkreten nachvollziehbare Weise nahegebracht, welche Bedeutung und Folgen aktive Beteiligung haben kann.

Kinder und Jugendliche können sich so nachhaltig Partizipationskompetenz aneignen, in dem sie ihre von Erwachsenen anerkannte, selbst gesteuerte, reflexive, kommunikative und kooperative Beteiligung an authentischen, öffentlichen, die soziale und politische Sphäre demokratisch verfasster Gemeinwesen betreffende Aushandlungs- und Entscheidungsprozessen erfahren. Im Schonraum Schule allein dürfte dies nur sehr begrenzt möglich sein (vgl. Koopmann 2007).

Ein weiterer wichtiger Faktor für gelingende Partizipationsvorhaben ist die Kooperation zwischen verschiedenen Akteuren im kommunalen Umfeld. In erster Linie gehören dazu neben der Kommunalverwaltung und den Schulen auch Vereine, Verbände und andere (freie) Träger.

Vereine bieten günstige Gelegenheitsstrukturen für das Erlernen und Einüben von demokratischen Formen des Miteinanders auf der Basis von Partizipation. Im Kontext von Beteiligung spielen eine Reihe von Elementen, die vereinsspezifisch sind, eine besondere Rolle und tragen zur Gestaltung dieses bedeutsamen Lern- und Erfahrungsraums für Kinder und Jugendliche bei. Vereine übernehmen damit eine Funktion im Rahmen des Demokratielernens, die von Schulen und Kommunen allein (noch) nicht zu leisten ist.

Vereine basieren auf Freiwilligkeit, von der Attraktivität ihrer Angebote ist es abhängig, wie lange Kinder und Jugendliche sich angezogen fühlen oder sich sogar engagieren. Das unterscheidet sie fundamental von anderen Sozialisationsräumen wie Familie oder Schule. Sie haben weiterhin konkrete Ziele und verfolgen eine Zwecksetzung. Diese bestimmen das konkrete Angebot und haben eine hohe oder eben niedrige Bindungskraft für junge Menschen. In Vereinen können Prozesse von organisierter Willensbildung erlebt und mitgestaltet werden. Damit können elementare Grundlagen auch für Beteiligung erfahrbar gemacht werden wie Selbstverwaltung und Mitsprache. Es besteht dabei immer die Chance, dass diese Prozesse einen hohen Ernstcharakter in sich tragen. Entscheidungen werden zumeist auf der Basis demokratischer Regeln getroffen. Durch das Subsidiaritätsprinzip ist es möglich, Vereine als bürgerschaftliche Lernorte auszugestalten. Sie übernehmen wichtige Funktionen bei der Gestaltung der demokratischen Gesellschaft und haben, zumindest wenn sie gefördert werden, im Blick auf Persönlichkeitsentwicklung und bürgerschaftlicher Handlungsfähigkeit einen klaren Auftrag. Nicht zuletzt ermöglicht das Engagement in Vereinen das Erleben und Mittun in Aushandlungsprozessen auf verschiedenen Ebenen und in unterschiedlichen Zusammenhängen.

Vereinsbeteiligung ist jedoch nicht per se eine Chance, Kindern und Jugendlichen die Vorteile von bürgerschaftlichem Engagement zu verdeutlichen. Erst wenn diese eingebunden sind in funktionierende und tragfähige kommunale Netzwerke für die Entwicklung einer nachhaltigen Partizipationsstrategie, werden sie zu dem, was Kinder und Jugendliche offenbar suchen, um sich auch in der Kommune selbst zu beteiligen (vgl. Olk/Roth 2007).

4 Fazit

Wenn Kinder und Jugendliche frühzeitig positive Erfahrungen mit dem eigenen gesellschaftlichen Engagement machen können, hat dies weitreichende Folgen für ihre Entwicklung. Sie bauen nicht nur Kompetenzen auf, sondern werden auch in Zukunft aktive Bürger bleiben. Diese These wird durch eine aktuelle Studie, die das Deutsche Kinderhilfswerk in

Auftrag gegeben hat, bestätigt. Fast 83% der dort befragten mehr als 900 erwachsenen ehrenamtlich Aktiven bzw. Bundes-, Landes- und Kommunalpolitiker waren bereits in ihrer Kindheit und Jugend engagiert (vgl. Deutsches Kinderhilfswerk 2007). Beteiligung von Kindern und Jugendlichen bedeutet, sie als Menschen in der Gesellschaft ernst zu nehmen, ihre Lebenswirklichkeit anzuerkennen und ihre Ideen und Wünsche sowie ihre Potenziale für Engagement aufzunehmen. Mit einer verstärkten Kinder- und Jugendpartizipation wird ein aktiver Beitrag zur Entwicklung der Demokratie und gleichzeitig im Lernfeld Demokratie für junge Menschen geleistet. Deswegen gilt für den Bereich der Partizipation in Anlehnung an Willy Brandt: „Mehr Partizipation wagen!". Damit „wird bereits in jungen Jahren begonnen, eine Engagementbiographie zu schreiben. Als Fortsetzungsroman durchdringt sie immer neue Facetten gesellschaftlicher Wirklichkeit und wird immer stärker bis ins hohe Alter in die lebensgeschichtlichen Ereignis- und Erfahrungsabläufe eingebunden" (Deutsches Kinderhilfswerk 2007: 40).

Literatur

Alt, Christian/Teuber, Markus/Winklhofer, Ursula (2005): Partizipation und Schule – Übungsfelder der Demokratie. In: Aus Politik und Zeitgeschichte (APuZ) 2005. Heft 41. 24-31

Bertelsmann Stiftung (Hrsg.) (2007): Kinder- und Jugendbeteiligung in Deutschland – Entwicklungsstand und Handlungsansätze. Gütersloh: Verlag Bertelsmann Stiftung

Burdewick, Ingrid (2003): Jugend – Politik – Anerkennung. Eine qualitative empirische Studie zur politischen Partizipation 11- bis 18-Jährigen. Opladen: Leske + Budrich

Dammler, Axel (2006): Für Mitwirkung gewinnen! Praxistipps für die Öffentlichkeitsarbeit von Kinder- und Jugendbeteiligungsvorhaben. Hrsg. von der Bertelsmann Stiftung. Gütersloh: Verlag Bertelsmann Stiftung

de Haan, Gerhard/Edelstein, Wolfgang/Eikel, Angelika (Hrsg.) (2007): Qualitätsrahmen Demokratiepädagogik. Demokratische Handlungskompetenz fördern, demokratische Schulqualität entwickeln. Weinheim und Basel: Beltz

Deutsches Kinderhilfswerk (2007): Vita gesellschaftlichen Engagements. Studie zum Zusammenhang zwischen früher Beteiligung und dem Engagement bis ins Erwachsenenalter. Berlin

Du Bois-Reymonds, Manuela (1994): Die moderne Familie als Verhandlungshaushalt. In: Du Bois-Reymonds/ Brückner/Krüher/Fuhs (1994): 137-219

Du Bois-Reymonds, Manuela/Brückner, Peter/Krüher, Hans Hermann/Fuhs, Burkhard (Hrsg.) (1994): Kinderleben. Modernisierung von Kindheit im interkulturellen Vergleich. Opladen: Leske + Budrich

Edelstein, Wolfgang/Fauser, Peter (2001): Demokratie lernen und leben. Gutachten zum Programm. Bund-Länder-Kommission für Bildungsplanung und Forschungsförderung. Heft 96. Bonn

Enquete-Kommission „Zukunft des Bürgerschaftlichen Engagements" des Deutschen Bundestages (2002): Bericht - Bürgerschaftliches Engagement: Auf dem Weg in eine zukunftsfähige Bürgergesellschaft (4). Opladen: Leske + Budrich

Fatke, Reinhard (2007): Was ist Partizipation? – Kinder- und Jugendpartizipation im wissenschaftlichen Diskurs. In: Bertelsmann Stiftung (Hrsg.) (2007): 19-38

Fatke, Reinhard/Schneider, Helmut (2005): Kinder- und Jugendpartizipation in Deutschland. Daten, Fakten, Perspektiven. Gütersloh: Verlag Bertelsmann Stiftung

Fatke, Reinhard/Schneider, Helmut (2007): Die Beteiligung von Kindern und Jugendlichen in Familie, Schule und Wohnort. In: Bertelsmann Stiftung (Hrsg) (2007): 59-84

Hafeneger Benno/Jansen, Mechtild M./Niebling, Torsten (Hrsg.) (2005): Kinder- und Jugendpartizipation. Im Spannungsfeld von Interessen und Akteuren. Leverkusen: Budrich Verlag

Hermann, Michael C. (1998): Institutionalisierte Jugendparlamente: Über die Beteiligungsmotivation kommunaler Akteure – Formen, Chancen und Risiken. In: Palentien/Hurrelmann (Hrsg.) (1998): 315-334

Jugend für Europa (Hrsg.) (2003): Wir geben dem Weißbuch Farbe. Dokumentation der 2. Deutschen Jugendkonferenz zum Weißbuch „Neuer Schwung für die Jugend Europas". Bonn.

Knauer, Raingard/Sturzenhecker, Benedikt (2005): Partizipation im Jugendalter. In: Hafeneger/Jansen/Niebling (Hrsg.) (2005): 63-94

Koopmann, F. Klaus (2007): Bürgerschaftliche Partizipation lernen – eine Herausforderung auch für die Schule. In: Bertelsmann Stiftung (Hrsg.) (2007): 143-164

Kutscher, Nadja (2007): Beteiligung von Jugendlichen zwischen Interessen, Erwartungen und Lebensalltag. In: Bertelsmann Stiftung (Hrsg.) (2007): 187-204

Meinhold-Henschel, Sigrid (2007): Qualitätsanforderungen an Beteiligungsvorhaben. In: Bertelsmann Stiftung (Hrsg.) (2007): 221-246

Möller, Kurt (1999): Die Stuttgarter Jugendräte-Studie. Möglichkeiten zur politischen Beteiligung Jugendlicher an gesamtstädtischen Belangen in einer Großstadt. Esslingen. http://www2.hs-esslingen.de/~moeller/Stuttgarter%20Jugendr%E4te-Studie.rtf

Olk, Thomas/Roth, Roland (2007): Mehr Partizipation wagen. Argumente für eine verstärkte Partizipation von Kindern und Jugendlichen. Hrsg. von der Bertelsmann Stiftung. Gütersloh: Verlag Bertelsmann Stiftung

Oser, Fritz/Biedermann, Horst (2007): Partizipation – ein Begriff, der ein Meister der Verwirrung ist. In: Quesel/Oser (Hrsg.) (2007): 26

Palentien, Christian/Hurrelmann, Klaus (Hrsg.) (1998): Jugend und Politik. Ein Handbuch für Forschung, Lehre und Praxis. Neuwied, Kriftel, Berlin: Luchterhand

Roth, Roland/Olk, Thomas (2007): Vereine als bürgerschaftliche Lernorte. In: Bertelsmann Stiftung (Hrsg.) (2007): 205-220

Quesel, Carsten/Oser, Fritz (Hrsg.) (2007): Die Mühen der Freiheit. Probleme und Chancen der Partizipation von Kindern und Jugendlichen. Zürich: Ruegger

Reinhardt, Sibylle (2005): Politik-Didaktik. Praxishandbuch für die Sekundarstufe I und II. Berlin: Cornelsen Verlag Scriptor

Schmidt, Manfred G. (2005): Demokratietheorien. Opladen: Leske + Budrich

Schneider, Helmut/Fatke, Reinhard (2007): Stärkung der kommunalen Beteiligung von Kindern und Jugendlichen. In: Bertelsmann Stiftung (Hrsg.) (2007). 131-142

Stange, Waldemar/Schack, Stephan (2007): Beteiligungskompetenz stärken durch Qualifikation. In: Bertelsmann Stiftung (Hrsg.) (2007): 165-186

Hermann Rademacker

Schulversäumnisse und das Recht auf Bildung – Konsequenzen für Schule und Jugendhilfe[1]

1 Die neue soziale Funktion von Bildung

Wir leben in einer Bildungsgesellschaft. Das bedeutet, dass Bildung für fast alle Mitglieder der Gesellschaft über den Zugang zu gesellschaftlichen und beruflichen Positionen entscheidet. Im Vergleich zu früheren Phasen der industriegesellschaftlichen Entwicklung bedeutet dies insbesondere, dass soziale Integration allein durch die Bereitschaft zur Arbeit nicht mehr gesichert werden kann. Mit einer neuen Qualität der Steigerung der Produktivität insbesondere in den vergangenen etwa vier Jahrzehnten ging der die Industriegesellschaft lange kennzeichnende Zusammenhang von Massenproduktion und Massenbeschäftigung verloren. Dabei sind insbesondere Arbeitsplätze mit geringen Qualifikationsanforderungen entfallen, an denen oft körperlich belastende, nicht selten auch mit erheblichen Gesundheitsrisiken verknüpfte und zudem – besonders wenn es sich um Arbeitsplätze für Frauen handelte – vergleichsweise schlecht entlohnte Arbeit gefragt war. Hatten mangelnde Bildung und geringe Qualifikation früher vor allem zur Folge, dass die Betroffenen weitgehend auf diesen Sektor belastender und schlecht entlohnter Arbeit verwiesen waren, so tragen sie heute ein erhebliches Risiko der Ausgrenzung vom Beschäftigungssystem und damit auch des sozialen Ausschlusses.

Bildung aber ist nicht nur unabdingbare Voraussetzung für den Zugang zum Beschäftigungssystem, sie ist darüber hinaus auch zur wichtigsten Ressource der Lebensbewältigung geworden. Mit dem Verlust kollektiver Lebensformen und durch sie geprägter sozialer Milieus sind auch die Modelle der Lebensgestaltung weitgehend verloren gegangen, an denen sich die in diesen Milieus aufwachsenden jungen Menschen orientieren konnten. Das betrifft die Einstellungen und Orientierungen bezogen auf Arbeit, aber auch die Beziehungen zwischen den Geschlechtern, die Bildung und Erziehung von Kindern in der Familie sowie die Beteiligung am gesellschaftlichen, politischen und kulturellen Leben. Den Enkeln der traditionellen Industriearbeiterschaft, deren Vorstellungen und Werthaltungen noch weitgehend durch die kollektiven Lebensformen der sozialen Milieus, in denen sie lebten, geprägt waren, werden heute individuelle Lebensentwürfe und Bewältigungsstrategien abverlangt. Die „soziale Vererbung" von Modellen des Erwachsenenlebens erweist sich als immer weniger tragfähig. Was in bürgerlichen Familien seit Generationen selbstverständlich ist, sich in ihrem Erziehungsverhalten und ihren Bildungsvorstellungen über viele Generationen etabliert hat, trifft die Nachfolgegenerationen der früheren Industriearbeiterschaft weitgehend neu und unvorbereitet: Die Unterstützung junger Menschen bei der Ent-

1 Schriftliche Fassung eines Vortrags, der unter dem Titel „Jugendhilfe und Schule – Schulpflicht und das Recht auf Bildung" auf dem 4. Niedersächsischen Präventionsmarkt am 21./22. September 2006 in Lüneburg gehalten wurde.

wicklung eigener Lebensentwürfe einschließlich beruflicher Orientierungen, die dafür nötigen Freiräume und Erfahrungsmöglichkeiten zu schaffen und für die biografische Phase der Adoleszenz ein Moratorium einzuräumen und ökonomisch zu sichern, hat hier keine kulturelle Tradition.

Aber nicht nur die Tatsache, dass diese Anforderung die betroffenen Familien in ihrer Generationenfolge neu und unvorbereitet trifft, wirkt problemverschärfend, sondern auch die institutionelle Struktur öffentlicher Bildung und Erziehung. Insbesondere die Gliederung des Schulwesens, die immer noch für einen nennenswerten Anteil der nachwachsenden Generation eine „Normalbiografie" unterstellt, in der im Alter von 15 Jahren eine Berufswahl getroffen wird, an die sich dann Ausbildung und Berufstätigkeit nahtlos anschließen, darf als hinderlich für eine angemessene Auseinandersetzung mit den neuen Anforderungen gewertet werden. Die Tatsache, dass seit etwa zwei Jahrzehnten das Durchschnittsalter der in eine betriebliche Ausbildung Eintretenden bei über 18 Jahren liegt2, stellt diese traditionelle institutionelle Struktur des öffentlichen Bildungswesens in Deutschland grundlegend in Frage.

Während der Bildungsgang des Gymnasiums nur für eine Minderheit ein institutionell abgesichertes Moratorium bietet, bleibt die Mehrheit der Absolventen der Hauptschule und mit ihnen all diejenigen, denen der direkte Übergang in eine betriebliche oder schulische Ausbildung in einem anerkannten Ausbildungsberuf nicht gelingt, auf ein unübersichtliches, institutionell instabiles „Übergangssystem" verwiesen, das an Stelle der ihm zugeschriebenen Funktion der Berufsvorbereitung häufig die Wirkung einer Warteschleife hat. Damit ist seine Einbeziehung in strategische Planungen für den Übergang von der Schule in Ausbildung und Arbeit kaum möglich; Zertifikate und Berechtigungen gibt es kaum und wenn, dann sind sie von geringem Wert. Der Erfolgsmaßstab hier ist das Gelingen des Übergangs in die Regelstrukturen von Ausbildung und Beschäftigung, also die Reparatur von „biografischen Entgleisungen" auf den Spuren einer vermeintlichen Normalbiografie, deren gesellschaftliche Grundlagen und Voraussetzungen zunehmend erodieren. Zu den kennzeichnenden Merkmalen dieses Übergangssystems gehört, dass die jungen Menschen, die es nutzen, dies nicht aufgrund eigener, selbst verantworteter Entscheidung tun, sondern ihm sozialstaatlich zugewiesen werden, weil ihnen der Zugang zu den Regelstrukturen von Ausbildung und Beschäftigung nicht gelungen ist oder verwehrt war. Diese Struktur erschwert es den betroffenen sozialen Gruppierungen erheblich, sich angemessen auf die neuen Herausforderungen einzulassen.

Die Risiken, die mit dem Scheitern in der Bewältigung dieser Herausforderungen verbunden sind, sind erheblich: Die Folgen des sozialen Wandels machen die Frage des Zugangs zu Bildung für alle Mitglieder der Gesellschaft – nicht nur für Kinder und Jugendliche, aber für diese vor allem – zu einer der wichtigsten, wahrscheinlich sogar der wichtigsten Frage sozialer Gerechtigkeit und gesellschaftlicher Entwicklung. Sie sind zugleich Herausforderung für eine inhaltliche Ausgestaltung zeitgemäßer Bildung, die – nur soviel sei an dieser Stelle angemerkt – Arbeit als Bildungsgegenstand, und das meint etwas anderes als die Zurichtung von Menschen für die Anforderungen der Arbeitswelt, einbeziehen muss.

2 2004 lag das Durchschnittsalter der Ausbildungsanfänger in den alten Bundesländern bei 18,8, in den neuen Bundesländern bei 18,6 Jahren (Bundesministerium für Bildung und Forschung 2006: 111).

Mit dieser neuen Qualität der Entwicklung zur Bildungsgesellschaft ist Bildung eine Notwendigkeit für Jedermann geworden. Sie ist nicht mehr nur notwendig für den Statuserhalt gesellschaftlicher Eliten und den sozialen Aufstieg einer Minderheit von Arbeiter- und Bauernkindern, sondern sie bestimmt den sozialen und beruflichen Status aller Mitglieder der Gesellschaft, ist unabdingbare Voraussetzung sozialer Integration und gesellschaftlicher Teilhabe. In diesem Sinne ist Bildung zur wichtigsten Ressource der Lebensbewältigung geworden.

Die aktuelle bildungspolitische Debatte macht darüber hinaus deutlich, dass Bildung nicht nur für das Individuum an Bedeutung gewonnen hat. In ihrer Funktion als Humankapital ist sie auch zu einem wichtigen Rohstoff der wirtschaftlichen Entwicklung geworden – nicht zuletzt dies erklärt das Interesse der „Organisation für wirtschaftliche Zusammenarbeit und Entwicklung (OECD)“ an diesem Thema. Aus ökonomischer Perspektive werden die mittelmäßigen Ergebnisse 15-jähriger Schülerinnen und Schüler deutscher Schulen in internationalen Schulleistungsvergleichen zu Recht vor allem unter dem Gesichtspunkt des Mangels an Humankapital als eine nationale Bedrohung gesehen. Die in Deutschland besonders enge Kopplung zwischen sozialer Herkunft und Schulleistungsentwicklung, die ein bemerkenswertes Demokratiedefizit der deutschen Schule erkennen lässt, scheint demgegenüber weit weniger zum Anlass bildungspolitischen Handelns zu werden. Wie sonst wäre es zu erklären, dass die Überwindung der Gliederung unseres Schulwesens und die spürbare Ausweitung des Zugangs zu weiterführenden Bildungsgängen nicht entschiedener betrieben werden.

Bildung hat also nicht nur für den Einzelnen erheblich an Bedeutung gewonnen, sondern auch das gesellschaftliche Interesse an Bildung hat erheblich zugenommen. Dieses gesellschaftliche Interesse beschränkt sich jedoch keineswegs auf Bildung als Humankapital, sondern die Verteilung von Bildung in der Gesellschaft ist gerade in der Bildungsgesellschaft auch ein wesentlicher Maßstab demokratischer Qualität. Und schließlich – darauf hat der Bundespräsident in seiner Berliner Rede im September 2006 hingewiesen – kann es einer demokratischen Gesellschaft, „wo die Staatsgewalt vom Volk ausgeht, (…) nicht gleichgültig sein, in welcher geistigen Verfassung sich das Volk befindet“ (Köhler 2006: 3).

2 Der Bildungsanspruch in der Rechtsordnung

Angesichts dieses Bedeutungszuwachses von Bildung für den Einzelnen wie für die Gesellschaft ist die Frage berechtigt, welche Wertschätzung sie in unserer Rechtsordnung genießt. Im Grundgesetz der Bundesrepublik Deutschland taucht der Begriff Bildung nicht auf. Inhaltliche Bezüge gibt es jedoch zum Art. 2 GG, der das Recht auf freie Entfaltung der Persönlichkeit betrifft. Die originäre Bedeutung dieses Rechts meint jedoch den Schutz des Einzelnen gegenüber staatlichen Zugriffen, die die freie Entfaltung der Persönlichkeit einschränken, weniger einen Anspruch an den Staat zur Schaffung der individuellen Voraussetzungen für die Wahrnehmung dieses Grundrechts etwa durch Bildung. Wollte man also aus dem Art. 2 des GG das Recht auf Bildung für alle Mitglieder der Gesellschaft herleiten, so bedürfte es zunächst der allgemeinen Anerkennung einer entsprechenden Interpretation dieses Grundgesetzartikels.

Gestützt wird eine solche Interpretation in jüngster Zeit nicht zuletzt durch einen wachsenden internationalen Druck auf die Bundesrepublik Deutschland, internationale Menschenrechtsabkommen, denen sie beigetreten ist und die sie ratifiziert hat, umzusetzen. Ein jüngstes Beispiel dafür ist der im März 2007 vorgelegte Bericht des „Sonderberichterstatters für das Recht auf Bildung" der Vereinten Nationen, Vernor Muñoz. Auch für die entwickelten westlichen Demokratien, zu denen sich die Bundesrepublik zu Recht zählt, ergeben sich aus diesen Verträgen Verpflichtungen, deren Einhaltung nicht als selbstverständlich gegeben unterstellt wird: Dabei geht es insbesondere um das Internationale Abkommen über wirtschaftliche, soziale und kulturelle Rechte (CESCR)[3], das Übereinkommen zur Beseitigung jeder Form von Diskriminierung der Frau (CEDAW)[4], das Übereinkommen über die Rechte des Kindes (CRC) [5], die Europäische Konvention über Menschenrechte und die Europäische Sozialcharta über Menschenrechte, aus denen sich für die Regierung der Bundesrepublik Deutschland als Vertragsstaat die Verpflichtung ergibt, „die Verwirklichung des Rechts auf Bildung bis an die Grenze seiner Ressourcen sicherzustellen (Rat für Menschenrechte 2007: Pos. 10) und es „für diejenigen, die seiner Rechtsprechung unterliegen, zu beachten, zu schützen und zu verwirklichen" (ebd. Pos. 11).

Es ist aber nicht nur der kritische Blick von außen, auch Entwicklungen innerhalb der Bundesrepublik verweisen darauf, dass die Verpflichtung des Staates für die Einlösung des Rechtsanspruchs auf Bildung zunehmend weitergehend interpretiert wird und damit das Recht auf Bildung in den Kontext der Menschenrechte gestellt wird. So nimmt das Berliner Schulgesetz von 2004 eindeutig Bezug auf Artikel 2 GG, wenn es in § 4 (Grundsätze für die Verwirklichung) bestimmt: „Die Schule, die Erziehungsberechtigten und die Jugendhilfe wirken bei der Erfüllung des Rechts der Schülerinnen und Schüler auf größtmögliche Entfaltung ihrer Persönlichkeit und Fähigkeiten zusammen".

Auch in den Länderverfassungen finden sich eine Reihe von Aussagen, die dem Rechtsanspruch auf Bildung die Verpflichtung des Staates gegenüberstellen, durch öffentliche Schulen diesen Rechtsanspruch einlösbar zu machen. Beispielhaft sei hier die Landesverfassung von Baden-Württemberg zitiert in Artikel 11, Abs. 1 bestimmt: „Jeder junge Mensch hat ohne Rücksicht auf Herkunft oder wirtschaftliche Lage das Recht auf eine seiner Begabung entsprechende Erziehung und Ausbildung" und im unmittelbar anschließenden Absatz 2 festlegt: „Das öffentliche Schulwesen ist nach diesem Grundsatz zu gestalten".

Diese Gegenüberstellung findet sich in den Schulgesetzen oder Länderverfassungen fast aller Bundesländer mit Unterschieden in der Benennung derjenigen, denen dieser Rechtsanspruch zugesprochen wird. Ist es in Baden-Württemberg „jeder junge Mensch", in Bayern „jeder Bewohner Bayerns", so verweist die Verfassung von Berlin in Artikel 20 mit der Formulierung „Jeder Mensch hat das Recht auf Bildung" auf ein allgemeines Menschenrecht, das nicht nur den Landeskindern und nicht nur jungen Menschen zusteht. Ähnlich schreibt auch die Verfassung des Landes Brandenburg in Artikel 29 und die Niedersächsi-

3 Wurde am 16. Dezember von der Generalversammlung der Vereinten Nationen angenommen und trat am 3. Januar 1976 in Kraft.

4 Resolution 34/180; wurde am 18. Dezember 1979 von der Generalversammlung der Vereinten Nationen angenommen und trat am 3. September 1989 in Kraft.

5 Resolution 44/25, wurde am 20. November 1989 von der Generalversammlung der Vereinten Nationen angenommen wurde und trat am 2. September 1990 in Kraft.

sche Verfassung in Artikel 4 jedem bzw. jedem Menschen das Recht auf Bildung zu. Wie in der Landesverfassung von Baden-Württemberg wird auch in anderen Länderverfassungen und insbesondere Schulgesetzen darauf hingewiesen, dass dieses Recht „ohne Rücksicht auf Herkunft oder wirtschaftliche Lage“ besteht. Unterschiede allerdings werden in Abhängigkeit von der „Begabung“ (z.B. auch Bremen) oder den „erkennbaren Fähigkeiten und der inneren Berufung (Verfassung des Freistaates Bayern, Artikel 128) eingeräumt.

In solchen Begrifflichkeiten spiegeln sich herrschende Auffassungen über die Natur des Menschen zum Zeitpunkt der Abfassung dieser Rechtsnormen wieder. Sie sind von erheblicher Bedeutung für die Bewertung der Leistungen öffentlicher Bildung und Erziehung unter dem Gesichtspunkt der Menschenrechte, weil sie eine Erklärung für Unterschiede in den Ergebnissen von Bildungsentwicklungen beinhalten.

Solche Unterschiede scheinen mit den Prinzipien der Menschenrechte durchaus vereinbar, wenn sie durch individuelle Merkmale (Begabungen, Anlagen, erkennbare Fähigkeiten) bedingt sind, die durch Bildung und Erziehung nicht veränderbar sind und damit die mögliche Bildungsentwicklung begrenzen. Die Bestimmung solcher Merkmale als individuelle Ausstattungen, die Bildungsmöglichkeiten determinieren, ist allerdings bisher auch nicht annähernd möglich und es ist durchaus zweifelhaft, ob es sie in diesem Sinne gibt. Diese Frage ist für die bildungspolitische Diskussion in Deutschland von besonderer Bedeutung, weil hier das gegliederte Schulwesen immer wieder auch mit Argumenten der unterschiedlichen Ausstattung der Menschen im Hinblick auf ihre Bildungsmöglichkeiten gerechtfertigt wurde. Heinrich Roth formulierte dagegen als Resümee des Gutachtenbandes „Begabung und Lernen“ des Deutschen Bildungsrates: „Begabung als Anlage wird in dieser Sicht zu einem Bedingungsfaktor in einem Feld von Variablen, die alle durch Lehren und Lernen, Unterricht und Erziehung beeinflussbar sind. Wer über die Leistungsfähigkeit eines Schulwesens Aussagen machen will, muss dieses Gesamtfeld der Bedingungsfaktoren für erfolgreiches Lernen sehen und die Wechselwirkung aller dieser Faktoren bedenken und erforschen. Man darf also, wenn man von Begabung spricht, nicht an eine isolierte statische Größe denken, die es als solche nicht gibt, sondern an eine dynamische Veränderliche in einem Netz von Bezugsgrößen, die alle mitentscheiden, ob Potentialitäten entwickelt werden oder nicht entwickelt werden“ (Roth 1971: 65; Hervorhebung im Orig.). Diese Aussage hat auch angesichts der Fortschritte der Genforschung durchaus noch Bestand. Roth schlussfolgert aus dieser Analyse: „Es ist deshalb nach meiner Auffassung heute schlicht unmöglich geworden, für Gruppen von Menschen durch die Vorwegzuweisung in eine in ihren Zielen begrenzte Schulart den Rahmen im voraus festzulegen, den sie nicht überschreiten dürfen“ (a.a.O.: 67).

Auch wenn die Schularten der gegliederten Sekundarstufe in Deutschland inzwischen durchlässiger sind, als sie es waren als diese Warnung formuliert wurde, ist sie auch heute berechtigt. Der Hinweis auf eine Vielzahl von Bedingungsfaktoren, die Lernen und Bildung beeinflussen, bedeutet allerdings auch, dass in den Ergebnissen von Bildungsentwicklungen und Lernprozessen mit erheblichen Unterschieden zu rechnen ist. Es geht also mit der Infragestellung anlagebedingter Grenzen der Bildungsmöglichkeiten nicht um gleiche Bildungsergebnisse für alle, sondern um gleiche Chancen beim Zugang zu Bildungsmöglichkeiten und bei ihrer Nutzung.

Die Chancengleichheit in diesem Sinne wäre gegeben, wenn sich unterschiedliche Bildungsergebnisse, gemessen etwa an unterschiedlichen Zertifikaten oder – wie in den internationalen Schulleitungsvergleichen – Kompetenzen, mit gleicher Wahrscheinlichkeit über unterschiedliche soziale Gruppen etwa nach dem Geschlecht, der sozialen Herkunft, der Religionszugehörigkeit oder der Ethnie verteilten. Von einer solchen Verteilung allerdings ist das Bildungswesen in Deutschland weit entfernt. Hier wie auch in anderen Ländern gibt es eine deutlich ausgeprägte Kopplung zwischen der sozialen Herkunft und der Ergebnissen schulischer Kompetenzentwicklung, wie die PISA-Studien zeigen (Baumert et al. 2001; Prenzel et al. 2004). Diese Kopplung allerdings ist im internationalen Vergleich in Deutschland am engsten und es gibt durchaus Hinweise darauf, dass die Gliederung des Schulwesens dazu beiträgt, diese Kopplung zu stärken (Bos et al.: 211-214).

Will man die Bezüge des deutschen Bildungsrechts zu den Grundrechten des Grundgesetzes und den Menschenrechten einschätzen und bewerten, so ist nicht nur das Schulrecht, sondern auch das Jugendhilferecht zu beachten. Gerade angesichts der im internationalen Vergleich besonderen Trennung und Aufgabenzuordnung zwischen Jugendhilfe und Schule in Deutschland erscheint diese Einbeziehung geboten. Das Jahr 1990 markiert einen deutlichen Einschnitt in der Entwicklung des deutschen Jugendhilferechts. Das noch aus dem Reichsjugendwohlfahrtsgesetz von 1922 mit zahlreichen Novellierungen seit Gründung der Bundesrepublik hergeleitete Jugendwohlfahrtsgesetz (JWG) wurde durch ein Kinder- und Jugendhilfegesetz abgelöst, das als Achtes Buch Sozialgesetzbuch – Kinder- und Jugendhilfe – (SGB VIII; KJHG) in dem Spannungsverhältnis zwischen Sozialpädagogik und Ordnungsrecht eine deutliche Schwerpunktverlagerung zu Gunsten der Sozialpädagogik brachte. Das Gesetz formuliert in § 1 Abs. 1 als Zielbeschreibung der Jugendhilfe „Jeder junge Mensch hat ein Recht auf Förderung seiner Entwicklung und auf Erziehung zu einer eigenverantwortlichen und gemeinschaftsfähigen Persönlichkeit" und fordert die Jugendhilfe in Abs. 3 auf, diesen Anspruch junger Menschen durch eigene Leistungen (Nr. 1-3) sowie durch Einmischung in andere Bereiche (Nr. 4) einzulösen:

> „Jugendhilfe soll zur Verwirklichung des Rechts nach Absatz 1 insbesondere
> 1. junge Menschen in ihrer individuellen und sozialen Entwicklung fördern und dazu beitragen, Benachteiligungen zu vermeiden oder abzubauen,
> 2. Eltern und andere Erziehungsberechtigte bei der Erziehung beraten und unterstützen,
> 3. Kinder und Jugendliche vor Gefahren für ihr Wohl schützen,
> 4. dazu beitragen, positive Lebensbedingungen für junge Menschen und ihre Familien sowie eine Kinder- und familienfreundliche Umwelt zu erhalten oder zu schaffen."

Der Frankfurter Kommentar zum KJHG bewertet diese Veränderung gegenüber dem zuvor geltenden Jugendhilferecht des JWG als eine Orientierung „am Menschenbild des Grundgesetzes, das durch die Grundrechte, hier vor allem Art. 1-3 GG, geprägt ist" (Münder et al. 1991: 26). Für die Ernsthaftigkeit, mit der das anspruchsvolle Ziel des § 1 Abs. 1 angestrebt werden soll, spricht insbesondere die im Einklang mit dem Achten Jugendbericht (Bundesminister für Jugend, Familie, Frauen und Gesundheit 1990) formulierte Aufforderung an die Jugendhilfe (§ 1 Abs. 3 Nr. 4), sich für positive Lebensbedingungen für junge Menschen und ihre Familien einzusetzen und damit wesentliche Voraussetzungen für Bildung und Entwicklung in Richtung auf dieses Ziel zu schaffen. Diese „offensive Erweiterung institutionellen Handelns der Jugendhilfe und damit ihre Einmischung in andere Politikfelder“ (a.a.O.) müsste insbesondere die Schule als der gesellschaftlichen Institution zur Vermittlung von Bildung und damit zugleich der Verteilung von Lebenschancen betreffen. So sinnvoll, ja notwendig ein solcher Auftrag an die Jugendhilfe ist, so deutlich zeigen sich hier auch ihre Grenzen. Die schon 1995 formulierte Einschätzung von Jakobs, seinerzeit Jugendamtsleiter der Stadt Potsdam, heute ihr Bürgermeister, kann bis heute Gültigkeit beanspruchen: „Die Einmischungsstrategie ist eine der vielen bis heute nicht eingelösten Handlungsorientierungen der Jugendhilfe“ (Jakobs 1995: 15).

3 Schulversäumnisse und das Recht auf Bildung

Für die Einlösung der staatlichen Verpflichtung zur Sicherung des Rechtes auf Bildung für alle ist es eine zentrale Frage, wie der Staat mit Schulversäumnissen umgeht. In Deutschland besteht, im Unterschied zu einigen anderen Ländern, die nur eine Unterrichtspflicht kennen, Schulpflicht. Hier sind Familien bzw. junge Menschen in allen Bundesländern verpflichtet, vom 6. Lebensjahr an – hinsichtlich des Einschulungsalters gibt es geringfügige Unterschiede zwischen den Ländern wie auch Tendenzen der Flexibilisierung – für neun bzw. zehn Jahre eine allgemeinbildende Vollzeitschule zu besuchen und anschließend für in der Regel weitere drei Jahre eine berufliche Teilzeitschule.

Auf Schulpflichtverletzungen kann der Staat mit Ordnungs- und Zwangsmaßnahmen reagieren, tut dies aber keineswegs systematisch und durchgängig. Häufig scheitert die Einleitung entsprechender Maßnahmen schon daran, dass Schulen sehr unterschiedlich mit Schulversäumnissen umgehen, etwa indem sie vorliegende Entschuldigungen nicht prüfen oder auch darauf verzichten, sie mit Nachdruck einzufordern. Auch die Einleitung von Ordnungswidrigkeitsverfahren wird offensichtlich höchst unterschiedlich gehandhabt (Rademacker 2003: 46). Erlasse, die das Verfahren zum Umgang mit Schulversäumnissen regeln, bewirken keinesfalls ein einheitliches schulisches Handeln. Gängler und Wiere, die im Rahmen einer von Sächsischen Ministerium für Kultus in Auftrag gegebenen Untersuchung auch die Anwendung einer entsprechenden Verwaltungsvorschrift überprüften, stellen fest, „dass Ordnungswidrigkeitsanzeigen keinesfalls immer dann gemacht werden, wenn sie laut VwV Schulverweigerer hätten getätigt werden müssen“ (Gängler/Wiere 2005: 93).

In jüngerer Zeit gaben mehrere Fälle schwerer Gefährdungen des Kindeswohls Anlass, Hinweise auf mögliche Schulpflichtverletzungen ernster zu nehmen und ihnen wenn nötig auch mit Ordnungs- und Zwangsmaßnahmen nachzugehen. So war schon die Zusammenarbeit zwischen dem Allgemeinen Sozialdienst, der Polizei und den Schulen in Nürnberg durch einen entsprechenden Fall angestoßen worden. In Hamburg wurde deshalb die Schulpflicht auf die Vorstellung der viereinhalbjährigen Kinder in der Schule zur Überprüfung des geistigen, seelischen, körperlichen und sprachlichen Entwicklungsstandes ausgedehnt (§ 42 Abs. 1 HmbSG). Parallel dazu wurde 2005 der Schulzwang eingeführt (§ 41a HmbSG), der es ermöglicht, mit richterlicher Genehmigung in Wohnungen einzudringen, um nach Kindern und Jugendlichen zu suchen, die der Schulpflicht nicht nachkommen. Solche Maßnahmen zur Vermeidung oder Aufdeckung schwerster Gefährdungen des Kindeswohls sind selbstverständlich auch geeignet, Voraussetzungen dafür zu schaffen, dass das in solchen Fällen immer auch massiv beeinträchtigte Recht auf Bildung für die betroffenen Kinder und Jugendlichen einlösbar wird. Aber die Frage des Umgangs mit Schulversäumnissen und Schulpflichtverletzungen und den damit verknüpften Risiken für die Bildungsentwicklung der betroffenen jungen Menschen stellt sich selbstverständlich sehr viel umfassender und keineswegs nur für derartige Fälle erheblicher Gefährdung für Leib und Leben.

In dem Maße, wie das Recht auf Bildung als Anspruch jedes Menschen gegenüber Staat und Gesellschaft gesehen wird, hat die Schulpflicht den Charakter einer gegen die Interessen jedenfalls eines nennenswerten Teils der Kinder und ihrer Familien (insbesondere Kinderarbeit in Landwirtschaft, Familienbetrieb oder Industrie) durchzusetzenden staatlichen Zwangsmaßnahme weitgehend verloren. Damit wird es möglich, dem Ausschluss von der Schule, also der meist befristeten Verhinderung des Zugangs zu einer Bildungsgelegenheit, die Qualität einer Sanktion zuzuschreiben. Mit dem Wechsel der Betrachtungsweise von der Pflicht gegenüber der Gesellschaft zum Rechtsanspruch eröffneten sich auch für „Schulstrafen", wie man die Erziehungs- und Ordnungsmaßnahmen bis in die 70er Jahre hinein nannte, neue Möglichkeiten. Während es aus der Perspektive der „Durchsetzung der Schulpflicht" notwendig war, Schüler/-innen in die Schule zu bringen und sich etwas einfallen zu lassen, um in der Schule und im Schulgebäude auf Disziplinprobleme und abweichendes Verhalten zu reagieren, kam nun die zeitweilige oder auch dauerhafte Verwirkung dieses Rechts, also der Ausschluss schulpflichtiger junger Menschen vom Schulbesuch oder vom Unterricht als eine Sanktionsmaßnahme in Betracht (Ehmann/Rademacker 2003: 66f.). Die Möglichkeit solcher Ausschlüsse vom Unterricht auch während der Dauer der Schulpflicht ist auch international verbreitet. In den Bundesländern gibt es erhebliche Unterschiede hinsichtlich der möglichen Dauer des Ausschlusses. An der Spitze liegen Niedersachsen und Mecklenburg-Vorpommern mit bis zu drei Monaten.

Bei längerfristigen Ausschlüssen ist verbreitet eine Meldung an die Jugendhilfe geboten – ob die für diese Zeit aber ein für den jungen Menschen geeignetes Bildungsangebot realisiert, ist keineswegs gesichert und eher unwahrscheinlich. In Großbritannien dagegen sichert die Schule in den „pupil referral units", die zudem dafür zuständig sind, für dauerhaft von einer Schule verwiesene Jugendliche die Eingliederung in eine andere Regelschule zu betreiben, auch für diese ein Bildungsangebot, das zudem bei den regelmäßigen Evaluationen der Schulen durch das „Office for Standards in Education (Ofsted)" überwiegend positiv bewertet wird (Ofsted 2006: 17).

Der Zusammenhang zwischen gehäuften Schulversäumnissen wie auch Ausschlüssen vom Unterricht und von der Schule einerseits und Schulversagen andererseits ist nicht nur plausibel, sondern auch empirisch belegt. Entsprechende Untersuchungen allerdings gibt es bisher in Deutschland nicht. Eine Untersuchung aus den USA belegt, dass das Risiko schulischen Scheiterns (Drop-Out) insbesondere bei Jugendlichen mit schwachen Schulleistungen in der 8. Klassenstufe (der bis zur 12. Klassenstufe führenden amerikanischen High School) erheblich ansteigt, wenn sich zusätzlich Schulversäumnisse – und zwar unabhängig davon, ob sie entschuldigt sind oder nicht – bei ihnen häufen oder sie mehrfach vom Schulbesuch ausgeschlossen wurden. Auch mehrfache Schulwechsel erhöhen unabhängig davon, ob sie als Sanktionen schulisch veranlasst sind oder von den Schüler/-innen und ihren Familien verantwortet werden, bei leistungsschwachen Schüler/-innen das Risiko schulischen Scheiterns nachweisbar (Suh et al. 2007: 201).

Angesichts der engen Kopplung zwischen schulischer Kompetenzentwicklung und sozialer Herkunft legt dieses Ergebnis dringend nahe, insbesondere bei schwachen Schülern den regelmäßigen Schulbesuch sehr ernst zu nehmen, um ihr Scheiternsrisiko nicht weiter zu erhöhen. Diesem Sachverhalt entsprach die in ihrer Anlage pädagogisch aufklärende Hamburger Richtlinie für den Umgang mit Schulpflichtverletzungen vom 6. Dezember 2000, die als Grundsatz formulierte: „Schule und Schulverwaltung haben die Pflicht, Fällen von Schulpflichtverletzung rasch nachzugehen, da Teilhabe am Angebot der Schulen nicht nur Pflicht, sondern auch Recht der Kinder und Jugendlichen ist, auf das sie oder ihre Erziehungsberechtigten nicht verantwortlich verzichten können. Schulen sind aufgefordert, in Ihrer pädagogischen und schulprogrammatischen Arbeit die Präsenz von Schülerinnen und Schülern als ein Qualitätsmerkmal zu beobachten" (Behörde für Schule, Jugend und Berufsbildung 2001: 1; Hervorhebungen H. R.)[6].

Eine solche Bewertung von Schulversäumnissen ist in unseren Schulen wie auch in den Schulverwaltungen keineswegs selbstverständlich. Verbreitet dagegen ist, wie die Ergebnisse der Untersuchungen des Kriminologischen Forschungsinstituts Niedersachsen (KFN) zeigen, dass selbst häufige Schulversäumnisse (5 Tage und mehr je Schulhalbjahr) von Schülerinnen und Schülern deutlich häufiger berichtet werden als von Lehrern (Wilmers et al. 2001: 248). Das Schulreferat der Landeshauptstadt München erklärt solche auch in der entsprechenden Untersuchung für München berichteten Diskrepanzen damit, dass „Schüler/-innen als ‚Schulschwänzen' auch häufig Situationen (bezeichnen), bei denen eine Entschuldigung der Eltern vorliegt, aus subjektiver Wahrnehmung der Schüler/-innen aber ein Schulbesuch eigentlich doch möglich gewesen wäre"[7]. Die berichtete Diskrepanz zwischen Lehrerwahrnehmung und den Angaben mindestens 15-jähriger (!) Schüler/-innen wird also nicht zum Anlass genommen, die Legitimität der Entschuldigungen in Zweifel zu ziehen, sondern den Schüler/-innen wird unterstellt, sie hätten sich über die Illegitimität ihres Fernbleibens von der Schule getäuscht. Eine solche Deutung wirft zumindest die Frage auf, ob hier Anlässe für pädagogisches, bildungspolitisches und ordnungspolitisches Handeln nicht leichtfertig wenn nicht gar vorsätzlich geleugnet werden.

In der Auswertung der Befragung in Delmenhorst finden sich weitere Hinweise auf eine solche latente Haltung des Nicht-Wahrnehmen-Wollens für dieses Phänomen: „Nach Schülerangaben haben weit mehr als die Hälfte der Lehrer nicht bemerkt, dass geschwänzt wurde" (Wetzels et al. 2000: 121). Auch von den KFN-Forschern als „massiv" bewertetes Schwänzen von fünf und mehr Tagen im Schulhalbjahr führte oft nicht zu angemessenen Reaktionen der Schule. „So ist es in mehr als einem Viertel der Fälle *entdeckten* Schwänzens in der Gruppe der *massiv* schwänzenden Jugendlichen nicht zu einem Gespräch zwischen Lehrer und Schüler gekommen. Mehr als die Hälfte der *massiv* schwänzenden Jugendlichen berichtet davon, dass trotz Entdeckung durch den Lehrer kein Gespräch mit den Eltern stattgefunden hat. Die Schulleitung wurde in drei Viertel der *entdeckten* Fälle nicht informiert (…)" (a.a.O.; Hervorhebungen H.R.).

6 Die Richtlinie wurde 2005 aufgehoben und als Reaktion auf den Fall Jessica – ein schulpflichtiges Mädchen, das in der Wohnung der Eltern verhungerte – durch eine strikte Dienstanweisung, die das schulische Handeln und die Zusammenarbeit mit anderen Diensten (REBUS, Jugendhilfe) im Falle unaufgeklärter Schulversäumnisse klar regelt, ersetzt.

7 Aus der Antwort des Schul- und Kultusreferats der Landeshauptstadt München auf eine Anfrage der Stadträtin Hirsch vom 03.04.2007; AZ: D-HA II/V1 3/500-072/2.

Ein in dieser Weise großzügiger Umgang mit Schulversäumnissen bedeutet zum einen, dass verbreitet die Schule selbst ihren Beitrag zur Durchsetzung der Schulpflicht nicht ernst nimmt. Wenn man weiß, dass gehäufte Schulversäumnisse, wie die zitierte amerikanische Untersuchung zeigt, gerade bei leistungsschwächeren Schüler/-innen das Risiko schulischen Scheiterns erheblich erhöhen, dann schadet ein solches Verhalten gerade dieser Risikogruppe in den Schulen besonders. Damit nimmt Schule ihren Bildungsauftrag gegenüber dieser Gruppe nur unzureichend wahr und trägt damit wesentlich dazu bei, dass das Menschenrecht auf Bildung für diese Gruppe nur unzureichend eingelöst wird.

Erfreulicherweise gibt es in einer ganzen Reihe von Ländern inzwischen Initiativen zur Überwindung dieser Verhältnisse. Die Berliner Senatsverwaltung erhebt jährlich die Schulversäumnisse und veröffentlicht die Ergebnisse für jede einzelne Schule im Internet (Gabbei 2006). In Bremen wird das unentschuldigte Fehlen erhoben und die Ergebnisse für die gesamte Stadt nach Schularten und Klassenstufen veröffentlicht. Einmalige Erhebungen gab es in Sachsen (Gängler/Wiere 2005) und jüngst auch in Schleswig-Holstein (Rat für Kriminalitätsverhütung 2007), wo die vom Landesrat für Kriminalitätsverhütung initiierte Erhebung auch das Kultusministerium davon überzeugt hat, dass für den Umgang mit Schulversäumnissen dringender Handlungsbedarf besteht.

Die Handlungsmöglichkeiten zur Reduzierung von Schulversäumnissen liegen insbesondere auf drei Ebenen:

- Auf der *Ebene des Einzelfalls* geht es darum, jedes Schulversäumnis zu erfassen, seine Legitimität zu überprüfen und ihre möglichen Ursachen aufzuklären und bei Bedarf Konzepte zur Überwindung der Ursachen gegebenenfalls mit geeigneten Partnern zu entwerfen und umzusetzen.
- Auf der *Ebene der Schule* geht es darum, ein schulisches Konzept für die Durchsetzung des regelmäßigen Schulbesuchs als wesentlichen Bestandteil des Schulprogramms zu entwerfen und schuleinheitlich umzusetzen. Beispiele für solche einzelschulischen Konzepte gibt es (z.B. Rademacker 2006). Die Entwicklung solcher Konzepte erfordert die Einbeziehung aller wichtigen schulischen Akteure und hat vor allem dann gute Aussichten auf erfolgreiche Umsetzung, wenn die dafür notwendigen Interventionen von der gesamten Schulgemeinde mit getragen werden (Kopplow et al. 2006). Wesentliche Dimensionen eines solchen Schulprogramms betreffen auch das unterrichtliche Angebot der Schule und seine pädagogische Qualität. So haben sich gerade in Hauptschulen, in denen sich Schulversäumnisse häufen, die Öffnung der Schule zur Arbeitswelt und die Einbeziehung praktischer Arbeit in das schulische Angebot sehr bewährt. Ziel solcher Initiativen ist vor allem auch die Förderung der Berufsorientierung der Jugendlichen und ihre Vorbereitung auf die Bewältigung der Anforderungen des Übergangs von der Schule in Ausbildung und Arbeit. In Hamburg wurde dafür eine pädagogisch anspruchvolle Form der Zusammenarbeit mit Betrieben unter dem Begriff der „besonderen betrieblichen Lernaufgabe" entwickelt (vgl. Lumpe 2006). Intensivformen der Arbeitsweltbezüge schulischen Lernens mit zwei oder auch drei Tagen praktischer Arbeit meist in Betrieben und nur drei bzw. zwei Tagen schulischen Unterrichts haben sich insbesondere für Risikogruppen in der Hauptschule bzw. in Hauptschulbildungsgängen bewährt, also bei Jugendlichen, die meist aufgrund mehrfacher Klassenwiederholungen

während ihrer Pflichtschulzeit keine Aussicht hätten, einen Schulabschluss zu erreichen. Beispiele sind die Praxisklassen in Bayern (vgl. Göldner 2006), die SchuB-Klassen in Hessen und ähnliche Formen der in anderen Bundesländern.

- Auf der Ebene *der sozialräumlichen Vernetzung* der Schule mit außerschulischen Akteuren geht es um zweckmäßige Formen der Kommunikation und der Kooperation sowie der Abstimmung des Handelns unterschiedlicher Akteure mit unterschiedlichen Zuständigkeiten und unterschiedlicher Fachlichkeit. Eines der ältesten Beispiele solcher Vernetzung in Deutschland ist die Zusammenarbeit zwischen dem Allgemeinen Sozialdienst, der Polizei und den Schulen in Nürnberg (Steinkirchner 2006). In Niedersachsen wurden im Rahmen von Landesprogrammen und Modellprojekten unterschiedliche Vernetzungsstrukturen eingerichtet und erprobt (Strauch 2006). In Bremen werden seit 2001 mit der Einrichtung von „Schulvermeidungs-Präventionsausschüssen (SCHUPSE)" solche Vernetzungsstrukturen systematisch entwickelt. Es gibt 13 stadtteilbezogene Schupse und zwei überregionale für Berufsschulen sowie Schulen der Sekundarstufe II. Ihre Arbeit wird inzwischen vom neu eingerichteten Zentrum für schülerbezogene Beratung koordiniert (Kampe 2006).

Die für die Vereinigten Staaten belegten Zusammenhänge zwischen schulisch veranlassten oder auch freiwilligen Schulwechseln sowie Ausschlüssen vom Schulbesuch einerseits und einem signifikant erhöhten Risiko schulischen Scheiterns andererseits (Suh et al. 2007) bedeuten, dass die entsprechenden Ordnungs- und Erziehungsmaßnahmen mit erheblichen Einschränkungen für die Wahrnehmung des Rechtes auf Bildung für die betroffenen jungen Menschen verbunden sind. Zwar ist die Einschränkung von Grundrechten durch Gesetz möglich, aber der Nachweis dieses Zusammenhang insbesondere für leistungsschwache Schüler/-innen wirft die Frage der Verhältnismäßigkeit der entsprechenden Ordnungs- und Erziehungsmaßnahmen auf. Für die Beurteilung dieser Frage ist es von entscheidender Bedeutung, welche alternativen Bildungsmöglichkeiten für die betroffenen Schüler/-innen geschaffen werden und nutzbar sind. Die in solchen Fällen vorgesehene Information der Jugendhilfe jedenfalls ist nicht hinreichend, um diese zu garantieren. Darüber hinaus bedeutet die Verlagerung der Zuständigkeit für diese Kinder und Jugendlichen in den institutionellen Bereich der Jugendhilfe, dass das Schulsystem sich von dem Anspruch, auch für sie ein angemessenes Bildungsangebot zu schaffen, wie es der Anspruch der „pupil referral units" in Großbritannien ist, entlastet.

4 Schlussfolgerungen für die Zusammenarbeit von Jugendhilfe und Schule

Das Recht auf Bildung richtet sich gegen den Staat. Auch wenn die öffentliche Schule in erster Linie für die Einlösung dieses Rechtes zuständig ist und ihr diese Zuständigkeit auch in den Verfassungen und Schulgesetzen der Länder zugeschrieben wird, so stellt sich die Frage, was geschieht, wenn sie dieses Recht nicht oder nicht ausreichend für alle Heranwachsenden einlöst. Genau darauf läuft die Kritik des UN-Sonderberichterstatters für das Recht auf Bildung, Vernor Muñoz hinaus, wenn er davon ausgeht, „dass bei dem Auswahlprozess, der im Sekundarbereich I stattfindet (...) die Schüler nicht angemessen beurteilt werden und dieser statt inklusiv zu sein exklusiv ist. Er konnte im Verlaufe seines Besuchs beispielsweise feststellen, dass sich diese Einordnungssysteme auf arme Kinder und Migrantenkinder sowie Kinder mit Behinderungen negativ auswirken“ (Rat für Menschenrechte 2007: 1).

Hier werden also die beobachteten Benachteiligungen durch die Gliederung des deutschen Schulwesens und die Verfahren der Verteilung der Schüler/-innen auf die Schularten der Sekundarstufe I erklärt. Weitere damit teilweise zusammenhängende Ursachen könnten sein, dass die Unterrichtsangebote der Schule die individuell unterschiedlichen Voraussetzungen und Lebensbedingungen unterschiedlicher Kinder und Jugendlicher insbesondere hinsichtlich der Unterstützung des Bildungsgeschehens durch die Herkunftsfamilie nicht ausreichend berücksichtigen und ausgleichen oder auch, dass der pädagogische Auftrag der Schule mit der Zentrierung auf Unterricht zu eng gefasst und sozialpädagogische Unterstützungsleistungen nicht ausreichend und bedarfsgerecht verfügbar sind.

Alle genannten Erklärungsansätze für die ja auch in den PISA-Studien (Baumert et al. 2001; Prenzel et al. 2004) belegte enge Kopplung zwischen sozialer Herkunft und schulischer Kompetenzentwicklung haben gemeinsam, dass sie auf die Lebenswelten von Kindern und Jugendlichen mit ihren erheblichen Unterschieden ökonomischen, sozialen und kulturellen Kapitals Bezug nehmen. In der Berücksichtigung solcher Unterschiede hat die Deutsche Schule mit ihrem Prinzip der Gleichheit der Gestaltung der Rahmenbedingungen schulischen Lernens in der Tat erhebliche Schwächen. Lehrpläne und Stundentafeln sind ebenso wie Klassenstärken und Raumgrößen, Unterrichtsverpflichtungen, Berufsausbildung und Entlohnung der Lehrer – mit Differenzierungen nach Schularten und Schulstufen – in den einzelnen Ländern durch zentrale Vorgaben einheitlich festgelegt. Unterschiedliche insbesondere sozialräumliche Rahmenbedingungen einzelner Schulen finden, außer möglicherweise in den völlig unsystematisch über die Landschaft verteilten Maßnahmen der Tätigkeit sozialpädagogischer Fachkräfte an Schulen, keine Beachtung. Sie schlagen sich so gut wie ausschließlich nieder in der sozialen Zusammensetzung der Schülerschaften der einzelner Schulen, in den Übertrittsquoten von den Grundschulen in die Schularten der Sekundarstufe I sowie in der Verteilung von Schulen unterschiedlicher Schularten auf unterschiedliche Sozialräume (vgl. Mack/ Raab/Rademacker 2003: 63ff.).

Die zunehmende Marktförmigkeit der Beziehungen zwischen Schulen und ihren Nutzern ist auf der Seite des Angebots durch eine bildungspolitisch gewollte Profilierung der Schulen gekennzeichnet, auf der Seite der Nachfrage durch zunehmende Wahlfreiheit der Eltern schon in der Grundschule, wo bildungsbewusste ganz überwiegend deutsche Eltern es schaffen, durch sogenannte Gestattungsanträge ihre Kinder in die Schulen außerhalb des vorgesehenen Schuleinzugsbereichs einzuschulen, in denen sie für diese die besten Bildungschancen sehen – und damit sind hier Übertrittschancen in das Gymnasium gemeint (vgl. Radtke 2005). Damit wird die durch die sozialräumliche Segregation ohnehin gegebene Ungleichheit der sozialen Zusammensetzung der Schülerschaften unterschiedlicher Schulen schon in der Grundschule verschärft. Die der Grundschule in der Weimarer Reichverfassung zugedachte Funktion als der gemeinsamen Schule für alle Kinder wird so weiter ausgehöhlt.

Angesichts solcher Befunde ist die Jugendhilfe in zweierlei Hinsicht herausgefordert:

- Im Sinne ihres Auftrags aus § 1 Abs. 3 Nr. 4 ist sie gefordert, sich mit dem Ziel der Überwindung der beobachteten Benachteiligungen einzumischen, und zwar auf allen

Ebenen, auf denen eine solche Einmischung sinnvoll ist. Das ist die öffentliche bildungspolitische Debatte ebenso wie die anwaltschaftliche Vertretung der Interessen Einzelner gegenüber konkreten benachteiligenden Maßnahmen der Schule.

- Als Institution mit sozialpädagogischer Fachlichkeit ist sie gefordert, das Bildungsangebot der Schule durch Zusammenarbeit mit dem Ziel eines Gesamtkonzepts von Bildung, Erziehung und Betreuung zu komplementieren. Will die Jugendhilfe in solchen Kooperationen ihren eigenständigen Auftrag nicht preisgeben, darf sie sich nicht auf die Funktion eines Reparaturbetriebes für die Kollateralschäden eines durch seine Struktur wie auch durch neue Marktmechanismen im Ergebnis nach sozialer Herkunft auslesenden Schulwesens reduzieren lassen. Stattdessen sollte sie die ihr ohnehin aufgetragene Zusammenarbeit mit der „Schule und Stellen der Schulverwaltung" (§ 81 Nr. 1 SGB VIII) sowohl zur wirksameren Wahrnehmung ihres gesetzlichen Auftrags als auch zur Einmischung in schulisches Handeln mit dem Ziel, soziale Ungleichheiten zu verringern, nutzen.

Berlin ist das erste Bundesland, das in seinem Schulgesetz die Jugendhilfe neben der Schule (und den Erziehungsberechtigten) als öffentlichen Gewährsträger für die Einlösung des Rechts auf Bildung einbezieht. In § 4 Abs. 1 heißt es: „Die Schule, die Erziehungsberechtigten und die Jugendhilfe wirken bei der Erfüllung des Rechts der Schülerinnen und Schüler auf größtmögliche Entfaltung ihrer Persönlichkeit und Fähigkeiten zusammen" (Schulgesetz für das Land Berlin (Schulgesetz – SchulG)).

Der Beitrag der Jugendhilfe zu einem Gesamtkonzept von Bildung und Erziehung

Aus dem breiten und vielfältigen Aufgabenspektrum der Jugendhilfe sind für die Zusammenarbeit mit der Schule insbesondere die Jugendarbeit als der eigenständige Bildungsauftrag der Jugendhilfe (§ 11 SGB VIII) von Bedeutung wie auch die Jugendsozialarbeit (§ 13 SGB VIII).

Jugendarbeit

> „Zu den Schwerpunkten der Jugendarbeit gehören
> 1. außerschulische Jugendbildung mit allgemeiner, politischer, sozialer, gesundheitli cher,
> 2. kultureller, naturkundlicher und technischer Bildung,
> 3. Jugendarbeit in Sport, Spiel und Geselligkeit,
> 4. arbeitswelt-, schul- und familienbezogene Jugendarbeit,
> Kinder- und Jugenderholung,
> Jugendberatung" (§11 Abs. 3 SGB VIII).

Mit diesem Auftrag hat die Jugendhilfe die Möglichkeit, schulische Bildung durch lebensweltbezogene Angebote zu ergänzen. Eine wesentliche Herausforderung liegt hier in der Erschließung von Partizipationsmöglichkeiten für junge Menschen, denen die Zugänge zu den entsprechenden Aktivitäten und Erfahrungsmöglichkeiten durch ihre Familien nicht erschlossen werden.

Gerade Angebote der Jugendarbeit erscheinen geeignet, mit der Perspektive eines die schulische Bildung übergreifenden Gesamtkonzepts von Bildung und Erziehung die Zusammenarbeit mit der Schule zu suchen und darin auch die Betreuungsangebote der Jugendhilfe (Kindertagesstätten) und der Schule (Ganztagsschulen) konzeptionell einzubeziehen. Angesichts der großen Bedeutung, die „Bildung, Betreuung und Erziehung vor und neben der Schule" (so der Titel des 2005 vorgelegten Zwölften Kinder- und Jugendberichts der Bundesregierung) haben, liegen hier erhebliche Chancen des Ausgleichs unterschiedlicher Bildungschancen, die sich aus den unterschiedlichen Ressourcen ergeben, über die Kinder und Jugendliche in ihren Lebenswelten verfügen.

Jugendsozialarbeit

> „Jungen Menschen, die zum Ausgleich sozialer Benachteiligungen oder zur Überwindung individueller Beeinträchtigungen in erhöhtem Maße auf Unterstützung angewiesen sind, sollen im Rahmen der Jugendhilfe sozialpädagogische Hilfen angeboten werden, die ihre schulische und berufliche Ausbildung, Eingliederung in die Arbeitswelt und ihre soziale Integration fördern" (§ 13 SGB VIII Abs.1).

Dieser Auftrag des SGB VIII unterscheidet sich vom Auftrag der Jugendsozialarbeit nach dem früheren JWG vor allem dadurch, dass hier die schulische Ausbildung unterstützende Hilfen einbezogen sind, während das JWG die Jugendsozialarbeit auf berufsbezogene Hilfe begrenzte. Darin drückt sich zweifellos die Einsicht des Gesetzgebers in die erheblich angestiegene Bedeutung schulischer Bildung für den Zugang zu Ausbildung und Arbeit und damit auch das Gelingen der sozialen Integration aus. Gerade für die Wahrnehmung dieses Auftrags ist die Jugendhilfe auf die Zusammenarbeit mit der Schule angewiesen, denn ohne eine Abstimmung mit der Schule und gegebenenfalls schulischer Förderung bleibt die Wirksamkeit allein außerschulischer sozialpädagogischer Hilfen begrenzt. Dabei muss es der Jugendhilfe insbesondere darum gehen, Benachteiligungen der betroffenen jungen Menschen durch die Schule und insbesondere die schulische Auslese entgegenzuwirken.

Im Unterschied zu berufsbezogenen Hilfen, die zu einem erheblichen Anteil aus Mitteln der EU, der Bundesagentur für Arbeit sowie im Rahmen von Landesprogrammen, weit weniger aus Mitteln der Kommunen als den öffentlichen Trägern der Jugendhilfe finanziert werden, werden die schulbezogenen Leistungen der Jugendhilfe im Rahmen ihres Auftrags der Jugendsozialarbeit bisher nicht annähernd bedarfsgerecht erbracht. Das betrifft keineswegs nur den Umfang der Tätigkeit sozialpädagogischer Fachkräfte in Schulen oder in Zusammenarbeit mit ihnen, sondern es betrifft auch die konzeptionelle Qualität dieser Arbeit. Es fehlt – und dies ist angesichts der seit Beginn des vorigen Jahrhunderts andauernden institutionellen Trennung von Jugendhilfe und Schule kaum verwunderlich – an einer Kultur der Zusammenarbeit in wechselseitigem Respekt gegenüber den unterschiedlichen gesellschaftlichen Funktionen und Aufgaben, den unterschiedlichen Traditionen und den unterschiedlichen Professionen beider Bereiche öffentlicher Bildung und Erziehung.

Zielperspektiven für die Entwicklung der Zusammenarbeit von Jugendhilfe und Schule

Zentrale Zielperspektive für die Entwicklung der Zusammenarbeit zwischen Jugendhilfe und Schule sollte sein, soziale Verantwortung im Kontext öffentlicher Bildung und Erziehung wahrzunehmen und zu sichern. Mit dem veränderten Stellenwert von Bildung muss die Jugendhilfe ihre marginale Funktion als bloß flankierende Maßnahme des schulischen

Bildungsgeschehens, das weitgehend mit öffentlicher Bildung gleichgesetzt wird, überwinden, denn die sozialen und sozialpädagogischen Leistungen der Jugendhilfe bleiben für das Gelingen der sozialen Integration der nachwachsenden Generation weitgehend wirkungslos, wenn sich für diese Jugendlichen nicht auch Bildungserfolge einstellen. Schule andererseits muss lernen, dass die ihr immer wieder angelastete Reproduktion sozialer Ungleichheit nur unter Einbeziehung der sozialpädagogischen Leistungen der Jugendhilfe überwunden werden kann.

Jugendhilfe muss also die Zusammenarbeit mit der Schule suchen, um insbesondere für die Jugendlichen, für die sie sich mit ihren Leistungen in besonderem Maße engagiert, auch den Schulerfolg zu sichern. Schule muss die Zusammenarbeit mit der Jugendhilfe suchen, um ihre soziale Verantwortung gegenüber ihren Schülerinnen und Schülern wirksam wahrnehmen zu können. Die wünschenswerten und weitgehend noch zu entwickelnden Formen der Zusammenarbeit zwischen Jugendhilfe und Schule sollten sich aber nicht auf diese Intensivform der Arbeit mit benachteiligten jungen Menschen beschränken, aber diese mit Vorrang betreiben. Denn beide, Jugendhilfe und Schule, sind für alle jungen Menschen zuständig, die Schule unter den Bedingungen der Schulpflicht, die Jugendhilfe – weitgehend – nach dem Prinzip der freiwilligen Teilnahme.

Daraus ergeben sich als Aufgaben für Jugendhilfe und Schule im Hinblick auf die Entwicklung ihrer Zusammenarbeit:

- Die Jugendhilfe wirkt der Benachteiligung sozial benachteiligter und individuell beeinträchtigter junger Menschen (das meint die Zielgruppe des § 13 SGB VIII) in der Schule dadurch entgegen, dass sie insbesondere deren Interessen gegenüber der Schule anwaltschaftlich vertritt und für sie – neben geeigneten sozialpädagogischen Unterstützungsleistungen – angemessene schulische Förderung und die gerechte Bewertung ihrer Leistungen im Hinblick auf schulische Zertifizierung und Ausleseentscheidungen einfordert.
- Die Jugendhilfe bringt ihre Leistungen insbesondere für die Zielgruppe des § 13 SGB VIII nach Möglichkeit in gemeinsame Planungen mit der Schule zur wirksamen Förderung dieser Jugendlichen ein und nutzt dafür das in der Jugendhilfe entwickelte Instrumentarium (insbesondere Hilfeplanverfahren) und entwickelt es in Zusammenarbeit mit der Schule bedarfsgerecht und wirkungsorientiert weiter.
- Die Jugendhilfe unterstützt die Schule bei der Entwicklung von Lebens- und Arbeitsweltbezügen schulischen Lernens. Sie führt mit der Schule den Diskurs über ein Gesamtkonzept von Bildung, Erziehung und Betreuung, in dem die vorwiegend unterrichtlichen Angebote der Schule mit den Leistungen der Jugendhilfe unter Berücksichtigung der realen Lebensverhältnisse der Kinder und Jugendlichen verknüpft werden.
- Die Jugendhilfe und Schule arbeiten bei der Entwicklung von differenzierten Konzepten und Methoden zur Verbesserung der Chancengleichheit nach sozialer Herkunft, Geschlecht und Ethnie sowohl für die pädagogische Arbeit in der Schule wie auch in der Jugendhilfe zusammen.
- Die Jugendhilfe fördert die Entfaltung der Fähigkeiten junger Menschen und der Anerkennung ihrer Leistungen und Erfolge durch eigene Angebote über das schulische Angebot hinaus.

- Die Jugendhilfe fördert die Wertschätzung von auch schulischer Bildung und die realistische Einschätzung von deren Bedeutung für die soziale Integration in den Familien und den Lebenswelten junger Menschen.
- Die Jugendhilfe fördert die Zusammenarbeit zwischen Elternhaus und Schule, indem sie den Dialog zwischen diesen beiden wichtigsten Akteuren von Bildung und Erziehung moderiert und mit der Schule gemeinsam geeignete Formen der Zusammenarbeit mit Eltern erprobt und entwickelt.
- Die Jugendhilfe strebt in der Zusammenarbeit mit der Schule an, dass in der Schule sichtbare Zeichen für besondere Risiken schulischen Scheiterns (gehäufte Schulversäumnisse, Schulleistungsprobleme, unterschiedliche Formen schulaversiven Verhaltens und andere Auffälligkeiten) möglichst frühzeitig zum Anlass für die Aufklärung dahinter liegender Ursachen und zur Einleitung Erfolg versprechender Hilfen ggf. in Zusammenarbeit von Jugendhilfe und Schule werden.
- Jugendhilfe übernimmt in der Zusammenarbeit mit der Schule die Pflicht, im Rahmen der verfügbaren Ressourcen und der rechtlichen Möglichkeiten alle Leistungen der Jugendhilfe für die Schüler/-innen der Schule bedarfsgerecht verfügbar zu machen – und fordert von der Schule eine entsprechende Verpflichtung ein. Beide Seiten verpflichten sich in dieser Hinsicht zur gegenseitigen Rechenschaftslegung und unterstützen sich bei der Entwicklung und Akquisition entsprechender Ressourcen.
- Die Jugendhilfe sucht die Zusammenarbeit mit der Schule für die Evaluation der gemeinsamen Anstrengungen.

Diese Aufzählung erscheint auf den ersten Blick sehr einseitig jugendhilfelastig. Eine Schule allerdings, die sich auf die Zusammenarbeit mit Jugendhilfe mit diesem Anspruch einlässt und die Jugendhilfe mit diesem ihrem Einmischungsanliegen akzeptiert, wäre eine veränderte Schule, nämlich eine Schule, die sich ihrer sozialen Verantwortung stellt. Und eine Jugendhilfe, die sich derartige Ansprüche für ihre Zusammenarbeit mit der Schule leistet, wäre eine Jugendhilfe, die sich mit ihrem Beitrag zu öffentlicher Bildung und Erziehung als gleichwertiger Partner neben der Schule selbst ernst nimmt. Die gegenwärtige Entwicklung von Ganztagsbildung, die ja weitgehend in Kooperation von Jugendhilfe und Schule realisiert wird, ist durchaus ein geeigneter Prüfstein für die Einlösung solcher Ansprüche in Schule wie in Jugendhilfe.

Literatur

Baumert, Jürgen et al. (Hrsg.) (2001): PISA 2000. Opladen: Leske + Budrich

Behörde für Schule, Jugend und Berufsbildung (2001): Richtlinie für den Umgang mit Schulpflichtverletzungen. In: Mitteilungsblatt der Behörde für Schule, Jugend und Berufsbildung. (2001) 46/1. 1-5

Bos, Wilfried et al. (Hrsg.) (2004): IGLU – Einige Länder der Bundesrepublik Deutschland im internationalen Vergleich. Münster: Waxmann

Bundesminister für Jugend, Familie, Frauen und Gesundheit (Hrsg.) (1990): Achter Jugendbericht. Bonn: BMJFFG

Bundesministerium für Bildung und Forschung (Hrsg.) (2006) Berufsbildungsbericht 2006. Berlin/Bonn http://www.bmbf.de/pub/bbb_2006.pdf

Bundesministerium für Familie, Senioren, Frauen und Jugend (2005): Zwölfter Kinder- und Jugendbericht. Berlin: BMFSFJ

Ehmann, Christoph/Rademacker, Hermann (2003): Schulversäumnisse und sozialer Ausschluss. Bielefeld: Bertelsmann

Gabbei, Bernd (2006): Schulversäumnisse erheben. Ein statistischer Ansatz und seine Ergebnisse am Beispiel Berlin. In: Schulverwaltung spezial. 2/2006. 21-23

Gängler, Hans/Wiere Andreas (2005): Bericht über die Datenerhebung von Schulversäumnissen an allgemein bildenden öffentlichen Schulen in Sachsen. TU Dresden http://www.ler-sachsen.de/ler_sachs/upload/06handr/0510_Bericht_Schulversaeumnisse_TU-DD.pdf

Göldner, Hans-Dieter (2006): Die Praxisklasse – Arbeitsweltbezug und Prävention von Schulverweigerung? In: Schulverwaltung spezial. 2/2006. 19-21

Jakobs, Jann (1995): Positionen zur Wirksamkeit der Jugendhilfeplanung – Einführung in das Tagungsthema. In: Verein für Kommunalwissenschaften e.V. (Hrsg.) (1995): 7-16

Kampe, Heidrun (2006): Der Bremer Weg gegen Schulvermeidung. In: Schulverwaltung spezial. 2/2006. 33-35

Köhler, Horst (2006): Bildung für alle. Berliner Rede 2006 von Bundespräsident Horst Köhler am 21. September 2006. www.bundespraesident.de

Kopplow, Gerhard/Kos, Berta/Schepp, Daniela (2006): Fehlzeiten reduzieren? Eine Entscheidung mit vielen Folgen! In: Schulverwaltung spezial. 2/2006. 26-28

Lumpe, Alfred (2006): Lernen in Schule und Betrieb wirkt nicht nur gegen Schuldistanz. In: Schulverwaltung spezial. 2/2006. 24-27

Mack, Wolfgang/Raab, Erich/Rademacker, Hermann (2003): Schule, Stadtteil, Lebenswelt. Opladen: Leske + Budrich

Münder, Johannes et al. (1991): Frankfurter Lehr- und Praxiskommentar zum Kinder- und Jugendhilfegesetz. Münster: Votum

Ofsted (2006): Annual Report of Her Majesty's Chief Inspector of Schools 2005/06. London: http://www.ofsted.gov.uk/assets/Internet_Content/Shared_Content/Files/annualreport0506.pdf

Prenzel, Manfred et al. (Hrsg.) (2004): PISA 2003. Münster: Waxmann

Rademacker, Hermann (2003): Jugendhilfe und Schule in Sachsen. In: Sächsisches Staatsministerium für Soziales (Hrsg.) (2003): 5-56

Rademacker, Herrmann (2006) Schuldistanz gibt's auch an einer guten Schule – aber sie wäre keine gute Schule, wüsste sie damit nicht umzugehen. In: Schulverwaltung spezial. 2/2006. 44-45

Radtke, Frank-Olaf (2005): Bildungsdefizite, Schulsegregation und das Integrationsinteresse der Kommunen. In: Fachtagung Bildung im Stadtteil – Dokumentation der Veranstaltung am 30. Mai 2005 in Berlin. Arbeitspapiere zum Programm Soziale Stadt, Band 11, Deutsches Institut für Urbanistik, Berlin: 23-30; http://www.sozialestadt.de/veroeffentlichungen/arbeitspapiere/band11/DF9723.pdf

Rat für Kriminalitätsverhütung in Schleswig-Holstein (2007): Konzept gegen Schulabsentismus. Broschüre. Kiel

Rat für Menschenrechte (2007): Umsetzung der UN-Resulution 60/251 „Rat für Menschenrechte" vom März 2006. Bericht des Sonderberichterstatters für das Recht auf Bildung, Vernor Muñoz. Addendum Deutschlandbesuch (Arbeitsübersetzung)

Sächsisches Staatsministerium für Soziales (Hrsg.) (2003): Expertisen zum Zweiten Sächsischen Kinder- und Jugendbericht. Band IV. Dresden

Suh, Suhyun/Suh, Jingyo/Houston, Irene (2007): Predictors of Catagorical At-Risk High School Drop Outs. In: Journal of Counseling and Development. Spring 2007. 196-203

Steinkirchner, Gerda (2006): Das Nürnberger Modell. In: Schulverwaltung spezial. 2/2006. 36-37

Strauch, Bernd (2006): Landesinitiativen gegen Schulschwänzen in Niedersachsen. In: Schulverwaltung spezial. 2/2006. 46-47

Verein für Kommunalwissenschaften e.V. (Hrsg.) (1995): Jugendhilfeplanung – ein wirksames Steuerungsinstrument der Jugendhilfe. Berlin; http://www.vfk.de/agfj/veranstaltungen/1995-05-18-dokumentation.pdf

Wetzels, Peter/Mecklenburg, Eberhard/Pfeiffer, Christian (2000): Gewalterfahrungen und Delinquenz Jugendlicher in Delmenhorst. Eine Totalerhebung bei Schülerinnen und Schülern der 9. und 10. Jahrgangsstufe und des Berufsvorbereitungsjahres. unveröffentlichtes Mskr. Hannover (KFN)

Wilmers, Nicola/Enzmann, Dirk/Schäfer, Dagmar/Herbers, Karin/Greve, Werner/Wetzels, Peter (2001): Jugendliche in Deutschland zur Jahrtausendwende: Gefährlich oder gefährdet? Ergebnisse der KFN-Schülerbefragung 2000. Hannover (KFN)

Ulrike Popp

Geschlechtstypische Disparitäten in der Berufs- und Lebensplanung von Jugendlichen

In den vergangenen 20 Jahren wurde intensiv zu Berufsorientierungen und Lebensentwürfen männlicher und weiblicher Jugendlicher geforscht (vgl. z.B. Keddi et al. 1999). Trotz sozialen und ökonomischen Wandels, veränderter Bedingungen des Aufwachsens, gestiegenem Bildungsniveau, neuer Berufsbilder und Arbeitsanforderungen zeigen sich geschlechtstypische Disparitäten in den zukunftsbedeutsamen Orientierungen der Jugendlichen auf Beruf und Familie (vgl. z.B. Shell Deutschland Holding 2006). Worin liegen, trotz eines sensibleren öffentlichen Bewusstseins geschlechtstypischen Ungleichheiten gegenüber, die Gründe für diese „Stabilität" und Kontinuität?

Geschlechtstypische Disparitäten im Berufswahlverhalten und in der subjektiven Orientierung auf berufliche Tätigkeit und Familiengründung sind historisch und kulturell bedingt. Die ökonomische Struktur unserer Gesellschaft basiert auf einer institutionalisierten geschlechtstypischen und Geschlechter konstituierenden Arbeitsteilung (vgl. Wetterer 2002: 86), die zwischen Erwerbsarbeit und Familienarbeit eine scharfe Trennung vollzieht und im Erwerbsbereich Geschlechtersegregationen (vgl. ebenda: 69), geschlechtstypische Segmentierungen und Einkommensunterschiede zur Folge hat. Auch wenn soziale Erwartungen an Jugendliche, sich mit dieser Struktur und Arbeitsteilung zu arrangieren, heute nicht mehr explizit formuliert werden, entwickeln Heranwachsende oftmals „traditionelle" Orientierungen, die von Schule und Umfeld „geduldet" und/oder subtil unterstützt werden.

Im ersten Teil dieses Beitrags sollen ausgewählte Ergebnisse des deutschen Forschungsstandes zur Berufs- und Lebensplanung von Jugendlichen und jungen Erwachsenen unter der Geschlechterperspektive zusammengestellt werden. Im zweiten und dritten Teil werden anhand empirischer Fallbeispiele die Situation der beruflichen Orientierung der Geschlechter, Einflüsse des außerschulischen Umfeldes und das schulische Bemühen um Berufsorientierung und Persönlichkeitsbildung zu unterschiedlichen Zeitpunkten der Schulkarriere von Jugendlichen aus Kärnten in den Blick genommen.

Folgende Fragestellungen sind Erkenntnis leitend für die Präsentation der Befunde:

- Wie konkret sind berufliche Perspektiven für 14- bis 15-jährige Schüler(innen) gegen Ende der Pflichtschulzeit und welche Assoziationen haben sie zu Erwerbsarbeit?
- Eltern nehmen – so die Ergebnisse einer 2004 in Hamburg durchgeführten Studie mit Schüler(innen) – eine exponierte Stellung als Ratgeber im Berufsorientierungsprozess ein (vgl. Jansen-Schulz 2005: 29). Inwieweit unterstützen Eltern aus Kärnten die Berufsfindung ihrer Söhne und Töchter und wie empfinden sie ihre Vorbildfunktion?

- Thematisiert die schulische Berufsorientierung geschlechtstypische Disparitäten des Arbeitsmarktes sowie deren strukturelle Hintergründe? Erhalten die Schüler(innen) eine geschlechterbewusste Beratung zur Berufsfindung?
- Was kennzeichnet die Berufs- und Lebensplanung von 15- bis 19-jährigen Schüler(innen), die sich für eine „geschlechtsuntypische" Berufsbildende Höhere Schule entschieden haben?

1 Befunde zur Berufs- und Lebensplanung der Geschlechter

Im Zuge der sozial- und erziehungswissenschaftlichen Jugendforschung der 1980er Jahre wurden nicht nur die Mädchen als „Gegenstand" der Forschung entdeckt (vgl. Ostner 1986), sondern ein zunehmendes Interesse erfuhren Jugendstudien, in denen Unterschiede und Gemeinsamkeiten der Geschlechter thematisiert und interpretiert wurden. Eine Reihe von Beiträgen der Erziehungs- und Sozialwissenschaften befassten sich seitdem mit gesellschaftlichen Leitbildern, Lebensplänen und Lebenssituationen von Frauen (vgl. z.B. Seidenspinner et al. 1996; Geissler/Oechsle 1996) oder mit Werteentwicklung und Zukunftsperspektiven männlicher und weiblicher Jugendlicher (vgl. z.B. Allerbeck/Hoag 1985; Jugendwerk der deutschen Shell 1997; Popp 1997; Deutsche Shell 2000, 2002; Deutsche Shell Holding 2006; Friesl 2001; Vierter Bericht zur Lage der Jugend in Österreich 2003). Bereits in den 1980er Jahren wurde festgestellt, dass Mädchen wie Jungen gleichermaßen auf eine gute Schul- und Berufsausbildung reflektierten und diese als zukunftsbedeutsam ansahen. Aktuelle Befunde weisen darauf hin, dass auch hinsichtlich der subjektiven Relevanz berufs- und familienbezogener Lebensbereiche keine geschlechtstypischen Unterschiede zu konstatieren sind. So sind männlichen wie weiblichen Jugendlichen ihre Eltern, Freunde und Bekannten, Beruf und Arbeit, Freizeit und Erholung gleichermaßen wichtig. Die Bedeutung von Partnerschaft und Familiengründung nimmt in den Wertvorstellungen der weiblichen Befragten einen etwas größeren Stellenwert ein als in denen altersgleicher männlicher Jugendlicher (vgl. Cornelißen/Gille 2005: 55) – aber auch diese Differenz existierte bereits vor 20 Jahren (vgl. Allerbeck/Hoag 1985). Insgesamt lässt sich in diesen Orientierungen von einer Annäherung der Sozialisationsbedingungen männlicher und weiblicher Jugendlicher sprechen – schon im Jahr 2000 war ersichtlich, dass der Anteil der Mädchen, die ihre berufliche Tätigkeit für Kindererziehung aufgeben wollten, rückläufig ist (vgl. Deutsche Shell 2002: 38). Es ist jedoch feststellbar, dass der Kinderwunsch bei weiblichen Jugendlichen (69%) ausgeprägter ist als bei den männlichen Altersgleichen (56%) (vgl. Deutsche Shell Holding 2006: 52).

Hartnäckig bestehen gebliebene Unterschiede der Geschlechter in zentralen Bereichen ihrer privaten Lebensplanung und die wachsende Diskrepanz zwischen schulischem Bildungserfolg einerseits und Berufseinmündung andererseits lassen die „Annäherungsthese" fragwürdig erscheinen. Im Folgenden sollen besonders veränderungsresistente Disparitäten angeführt werden, die sich für weibliche Jugendliche als strukturelle Hürden und geschlechtsabhängige Nachteile erweisen.

1.1 „Vereinbarkeit" von Beruf und Familie als „Frauensache"

Dem auf ein Nacheinander von Beruf und Familie abhebenden Drei-Phasen-Modell folgte das soziale Leitbild des doppelten Lebensentwurfs, das sich durch die Vorstellung eines Einklanges von Beruf und Familie kennzeichnet (vgl. Keddi et al: 21f.). Unterschiedliche Vorstellungen existieren bei männlichen und weiblichen Jugendlichen in den Überlegungen zur künftigen Organisation der Vereinbarkeit von Beruf und Familie und bei der konkreten Frage danach, wer im Falle der Familiengründung die berufliche Karriere unterbricht und wer nicht (vgl. Popp 1997).

Das soziale Leitbild der Doppelorientierung dominierte in den 1990er Jahren die Lebensvorstellungen der meisten jungen Frauen (vgl. Geissler/Oechsle 1996). Mittlerweile wird vor einer Vereinfachung der viel zitierten „weiblichen Normalbiografie" und der doppeltorientierten Lebensführung gewarnt – vielmehr finden sich sehr unterschiedliche biografische Projekte und Lebenskonstruktionen in der Realität von Frauen. Auch für den privaten Bereich der Lebensführung sind Widersprüche, Ungleichzeitigkeiten und situative Zwänge konstitutive Merkmale. In den vergangenen 30 Jahren wurden, im Zuge von Individualisierungsprozessen und gestiegenen Bildungsaspirationen, traditionelle Geschlechtsrollen und einseitig auf Familie ausgerichtete Lebenskonzepte von jungen Frauen kritisch infrage gestellt. In zunehmendem Maße beabsichtigen Frauen ihre (beruflichen) Fähigkeiten gesellschaftlich einzusetzen; sie streben nach ökonomischer Absicherung und möchten nicht wie ihre Mütter leben. Bei Männern führte die Auflösung traditioneller Geschlechterkonzepte eher zu Verunsicherungen und dem Wunsch, am Bestehenden festzuhalten (vgl. Oechsle/Geissler 1998). Auch wenn neuere Jugend- und Geschlechterforschungen bei der Mehrheit der jungen Männer im Alter zwischen 16 und 25 Jahren ein Interesse an Familiengründung feststellen konnten (vgl. Deutsche Shell 2002: 59; Cornelißen/Gille 2005: 55), wird eine Unterbrechung der Erwerbsarbeit zugunsten von Kindererziehung nicht antizipiert. Vielmehr orientieren sich männliche Jugendliche mehrheitlich an einem Männer- und Frauenbild, demzufolge die Frau sich um Haushalt und Kinder kümmert und dem Mann die Ernährerrolle zufällt (vgl. Deutsche Shell Holding 2006: 37).

Berufsperspektiven und Lebensorientierungen männlicher und weiblicher Jugendlicher weisen mit zunehmendem Alter geschlechtstypische Muster auf. Eine Annäherung in den wechselseitigen Erwartungen der Geschlechter und komplementäre Vorstellungen, was die private Organisation beruflicher Karriere, Familiengründung und Hausarbeit anbelangt, zeigen sich im jungen Erwachsenenalter (vgl. Popp 1997). Die Diskrepanz zwischen gewünschten und tatsächlich realisierten Erwerbsmustern wird bei Frauen immer größer (vgl. Cornelißen/Gille 2005: 65).

1.2 „Traditionelles" Berufswahlverhalten und verengtes Berufsspektrum

Die berufliche Orientierung weiblicher Heranwachsender weist, durch die Verschränktheit der gegensätzlichen Lebensbereiche im weiblichen Lebenszusammenhang (vgl. Keddi et al. 1999: 15) und die damit einhergehende Antizipation der Verantwortung für Beruf und Familie, stärkere Brüche und Diskontinuitäten auf als die der männlichen Jugendlichen (vgl. Metz-Göckel 1990: 100). Situationen familienbedingter Unterbrechungen, die Korrektur des Berufswunsches, ein möglicher Verzicht auf den „Traumberuf" und die Aufnahme einer Teilzeittätigkeit im Falle der Familiengründung fließen bereits in die Überlegungen von Schülerinnen zur Wahl ihres Berufes ein.

Forschungen, Surveys und Bildungsstatistiken zufolge ergreifen Mädchen noch immer bevorzugt Berufe, die als „frauentypisch" gelten. Diese sind mit geringerem Einkommen, prekären Beschäftigungsverhältnissen, reduzierten Qualifizierungschancen, typischen psychischen und emotionalen Belastungen und geringeren Aufstiegsmöglichkeiten und Gratifikationen verbunden. Es handelt sich dabei oft um Assistenz- und Dienstleistungsberufe und um Arbeiten mit und am Menschen, auf die die Gesellschaft existentiell angewiesen ist (vgl. Lemmermöhle-Thüsing 1992: 33). Das Berufswahlverhalten der Jugendlichen erweist sich hier als erstaunlich stabil: Sowohl bei männlichen als auch bei weiblichen Jugendlichen hat sich an den am stärksten präferierten Ausbildungsberufen kaum etwas geändert. Über 50% der jungen Frauen konzentrieren sich auf nur zehn Berufe (v.a.: Bürokauffrau, Friseurin, Arzthelferin, Fachverkäuferin, Bankkauffrau; vgl. Bredow 2004: 491ff.). Für die Berufsfindung und -platzierung konstatieren neuere Analysen ein Nebeneinander von Gleichheits- und Ungleichheitserfahrungen (vgl. Keddi 2004: 378).

Dennoch bestehen nach wie vor Hindernisse in den weiblichen Berufsbiografien, bedingt durch Berufswahlentscheidungen, die eine eigenständige ökonomische Existenz kaum erlauben (vgl. Keddi 2004: 381f.). Dieser Prämisse zum Trotz variieren Wünsche, Erwartungen, Kriterien, Merkmale und Maßstäbe, die an den künftigen Beruf gerichtet werden, wiederum wenig zwischen weiblichen und männlichen Jugendlichen: Heranwachsende im Alter zwischen 16 und 23 Jahren wünschen sich neben einem sicheren Arbeitsplatz, einer interessanten Tätigkeit und Selbständigkeit auch die Möglichkeit, einen Beruf ergreifen zu können, der ihnen genügend Zeit für Freunde und Familie lässt (vgl. Cornelißen/Gille 2005: 58).

1.3 „Wertlosigkeit" des formalen Bildungsvorsprungs der weiblichen Jugendlichen

Die besseren schulischen Leistungen und qualifizierteren Schulabschlüsse der Schülerinnen können nicht in entsprechende berufliche Bildungskarrieren umgesetzt werden (vgl. Nyssen 2004: 393). Neuere Studien zum Berufswahlverhalten der Geschlechter kommen zu dem Ergebnis, dass Mädchen durch Lehrkräfte, Familie und Freunde in traditionellen, frauentypischen Tätigkeiten unterstützt werden und ihnen von „untypischen" beruflichen Interessen abgeraten wird. Gerade bei technischen Berufen würden Frauen stets eine belastende Sonderrolle erhalten, in exponierter Position unter besonderer Aufsicht stehen und sich beweisen müssen. Nach Kampagnen, die darauf abzielten, Mädchen für Männerberufe zu motivieren, zeigen aktuelle Daten gegenüber den 1990er Jahren eine Stagnation bzw. einen rückläufigen Anteil (vgl. Bredow 2004: 498). Nicht zuletzt spielen auch immer ein mangelndes Selbstvertrauen in die eigenen Fähigkeiten, das Vermeiden von Konkurrenz und Selbstdurchsetzung und eine geringere Einschätzung der Kompetenzen im technisch-naturwissenschaftlichen Bereich eine erschwerende Rolle bei der Berufswahl (ebenda: 500; Horstkemper 1987; Deutsche Shell Holding 2006: 448). Weitere ungünstige Bedingungen, wie die Erwartung niedrigerer Einkommen, verspätete Beförderungen oder implizite Altersgrenzen, hindern Frauen an dem Einstieg in einen Karriere fördernden Beruf. Nicht einmal ein erfolgreicher Studienabschluss in einem „Männerfach" kann Frauen eine Garantie für eine optimale berufliche Karriere bieten (vgl. Teubner 2004: 432). Auf allen Qualifikationsstufen sind Frauen von höherer Arbeitslosigkeit betroffen als Männer – diese strukturellen Hürden des Arbeitsmarktes antizipieren Jugendliche im Zuge ihrer Berufsfindung und Lebensplanung (vgl. Seidenspinner et al. 1996: 53; Keddi et al. 1999).

2 Berufsorientierung und Berufsinformation an Kärntner Schulen

Schulische Bildung und Erziehung sollen einen Beitrag zur Persönlichkeitsstärkung und zum Bewusstwerden der eigenen Begabungen und Interessen leisten, damit Jugendliche kompetent eine berufliche Perspektive entwickeln können. Vor allem an den Schnittstellen des Bildungssystems – in Österreich am Ende der 8. und 9. Jahrgangsstufe – benötigen Jugendliche eine fundierte Beratung über potenziell zu ergreifende Berufe, Aufklärung über die zu erwartenden Perspektiven in dem anvisierten Berufsfeld sowie Hinweise auf mögliche Alternativen. Bevor jedoch konkrete berufliche Orientierungen entwickelt werden können, müssen Heranwachsende vertraut gemacht werden mit den Erfordernissen der Berufswelt an die Persönlichkeit. Diese beziehen sich auf Flexibilität, Frustrationstoleranz, Selbstorganisation, Zeitmanagement, Motivation und Kooperationsfähigkeit.

Berufsorientierung und Berufsinformation (BOBI) wird an Österreichs Hauptschulen und Allgemeinbildenden Höheren Schulen in den 8. Jahrgängen im Umfang von mindestens 32 Stunden fächerübergreifend, als verbindliche Übung oder in Projektform, angeboten. Die Schüler(innen) absolvieren berufspraktische „Schnuppertage", erkunden Ausbildungswege, besichtigen Betriebe, üben das Schreiben von Bewerbung und Lebenslauf und trainieren bewerbungsbezogene Telefonate. Inkludiert ist des Weiteren ein Interessens- und Neigungstest am Berufsinformationszentrum des Arbeitsmarktservices, der den Jugendlichen etwaige soziale, technische, mathematische, sprachliche und kreative Interessen verdeutlichen kann. Auf besonderen Wunsch hin haben die Heranwachsenden auch die Möglichkeit, über Kontakte mit Schulpsycholog(inn)en einen Begabungstest zu absolvieren, der ihnen genauere Auskünfte über besondere individuelle Fähigkeiten geben kann.

Im Folgenden sollen einige Ergebnisse aus Gruppeninterviews mit insgesamt 32 Schüler(inne)n im Alter von 14 - 15 Jahren aus 8. Jahrgängen an Kärntner Hauptschulen und Gymnasien präsentiert werden. Diese Interviews fanden 2006 statt, und aus ihnen geht u.a. hervor, was Jugendliche unter Berufsarbeit verstehen und wie konkret ihre beruflichen Perspektiven zum aktuellen Zeitpunkt sind. Aus Interviews mit Eltern (n=8) werden deren Einflüsse auf die Berufswahl ihrer Kinder herausgearbeitet. Mit Hilfe von Lehrer(innen)-Interviews (n=8) sollte in Erfahrung gebracht werden, ob eine geschlechtersensible Berufsorientierung an den Schulen stattfindet[1] (vgl. Lauer/Popp 2007).

---

1 In den Kapiteln 2.1 bis 2.3 werden ausgewählte Ergebnisse der Studie „Berufsorientierung und Lebensplanung von Kärntner Schülerinnen und Schülern – Konsequenzen für eine geschlechterbewusste Berufsorientierung an Schulen" präsentiert. Vgl. dazu Lauer/Popp 2007.

2.1 Die Sicht der Schüler(innen)

Als ein Ergebnis kann festgehalten werden, dass in der Altersgruppe der 14- bis 15-Jährigen berufliche Perspektiven noch recht diffus und inhaltlich wenig begründet sind. Die meisten Schüler(innen) orientieren sich an ihren Freunden/Freundinnen und wollen nach Möglichkeit die gleiche weiterführende Schule besuchen. Mit den Eltern wird über die Zukunft geredet, jedoch haben diese primär ein Interesse daran, dass sich der Sohn oder die Tochter an der weiterführenden Schule wohl fühlt. Nach Auskunft der Heranwachsenden ist der Einfluss der Eltern nicht so erheblich – was die befragten Eltern anders sehen (vgl. 2.2).

Die Gruppeninterviews mit den Schüler(inne)n bezogen sich auf Assoziationen zum Thema „Arbeit" und versuchten, die Bedeutung von Erwerbsarbeit für die Jugendlichen in Erfahrung zu bringen. Hier gibt es im Ergebnis erwartbare schulformspezifische Unterschiede: Die meisten Hauptschüler(innen) bringen „Arbeit" mit Stress, Anstrengung und Fremdbestimmung in Verbindung. Von Erwerbsarbeit wird erwartet, dass sie Spaß bringen muss. Vereinzelt wurden auch Ängste vor Selbstständigkeit und Selbsttätigkeit artikuliert: In der Schule würden die Lehrkräfte alle wichtigen Entscheidungen treffen, im Beruf müsse man dies selbst tun.

Gymnasiast(inn)en heben die Relevanz der Arbeit auf unterschiedlichen Ebenen hervor: Zum Ersten ist Arbeit zum Geldverdienen wichtig, zur finanziellen Ablösung von den Eltern und zur Familiengründung. Zum Zweiten wird die Bedeutung der Arbeit darin gesehen, die eigenen Fähigkeiten und Fertigkeiten gesellschaftlich einzusetzen und damit die Arbeit zum „Hobby" zu machen – hier wird auch die Dimension der „Selbstverwirklichung" angesprochen. Der „Spaßfaktor" und der Wunsch, die künftige Arbeit möge Freude bereiten, ist jedoch bei Gymnasiast(inn)en ebenso anzutreffen wie bei Hauptschüler(inne)n. Geschlechtstypische Unterschiede konnten nicht festgestellt werden – es zeigte sich bei Schülerinnen eine stärkere Gewichtung sozialer Argumente in Zusammenhang mit den Merkmalen von Berufsarbeit.

2.2 Die Sicht der Eltern

Den Eltern ist es ein wichtiges Anliegen, auf Berufsfindungs- und Berufswahlprozesse ihrer Kinder Einfluss zu nehmen. Eine Mutter, deren Sohn nach der Hauptschule noch recht ambivalente Berufsvorstellungen äußerte, hat seine Fähigkeiten intensiv beobachtet und immer wieder Gespräche mit ihm geführt. Eine andere Mutter wiederum ist der Ansicht, ihre Tochter sei noch zu jung, um kompetent Lebensentscheidungen treffen zu können. Zu Hause scheinen die Jugendlichen wenig über Inhalte von BOBI zu erzählen. Alle Eltern sind davon überzeugt, Begabungen, Talente und Entwicklungsrichtungen ihrer Kinder gut zu kennen. Ratlos zeigen sich die Erziehungsberechtigen jedoch angesichts der Frage, was die berufliche und private Zukunft ihrer Töchter und Söhne anbelangt: Die Kinder sollten einen Beruf ergreifen, den sie mit Freude ausüben – dabei spielen Aufstiegs- und Karriereambitionen eher eine untergeordnete Rolle. Des Weiteren wünschen die Eltern ihren Kindern ein erfülltes Privatleben; die meisten gehen davon aus, dass ihre Kinder später eine Familie gründen werden. Eltern artikulieren im Zusammenhang mit den Berufswünschen der Söhne ein stärkeres Interesse an ökonomischer Existenzsicherung und Familienversorgung. Interessant ist, dass die meisten Eltern davon überzeugt sind, ihr Sohn/ihre Tochter würden schon einen Job finden, wenn sie sich „richtig" dafür interessierten und engagierten. Aus diesem Grund wird weder dem BOBI-Unterricht, noch den aktuellen Trends des Arbeitsmarktes zu viel Einfluss eingeräumt. Gegenwärtige berufsbezogene Empfehlungen sind für die Eltern nur dann von Bedeutung, wenn diese mit den Motivationen, Fähigkeiten und Interesselagen ihrer Kinder in Einklang zu bringen sind.

2.3 Die Sicht der Lehrkräfte

Es gibt in allen österreichischen Bundesländern an Schulen in Kooperation mit den regionalen Mädchenzentren, mit Universitäten und den entsprechenden Referaten der Landesregierungen Initiativen zum Abbau geschlechtstypischer Disparitäten in der beruflichen Orientierung Jugendlicher, auf die ich an dieser Stelle nicht eingehen möchte. Vielmehr soll die Geschlechtersensibilität des „normalen" BOBI-Unterrichts näher betrachtet werden. In den Interviews wurden Lehrkräfte dezidiert gefragt, ob Gender-Themen, Frauen- und Männerberufe oder auch geschlechtstypische Einkommensunterschiede als bestehende strukturelle Disparitäten in BOBI integriert und problematisiert werden. Dass Frauen in nahezu allen Berufen und Branchen bei Ausübung der gleichen Arbeit weniger verdienen als Männer, wird Schülerinnen schon unterbreitet; es wird jedoch nicht als Aufgabe der Berufsorientierung und Bildungsinformation angesehen, Verdienstmöglichkeiten zu reflektieren, sondern Interessen und Fähigkeiten der Jugendlichen herauszufinden. Lehrkräfte lehnen zum Teil auch das Eingehen auf geschlechtstypische Aspekte in der Berufsorientierung ab und empfehlen Mädchen nicht unbedingt technische und Jungen nicht zwangsläufig soziale Berufe.

„Beraten und nicht überreden" scheint das Motto der befragten Lehrkräfte auch an den untersuchten Gymnasien zu sein: Heranwachsende seien erst dann in beruflicher Hinsicht aufnahmebereit und beratungsfähig, wenn sie eigene Ideen entwickelt hätten. Heutigen Jugendlichen im Alter von 14 - 15 Jahren fehlen diese Vorstellungen in der Regel, daher schieben sie eine berufliche Konkretisierung so weit wie möglich hinaus. Im BOBI-Unterricht wird darauf verwiesen, dass Mädchen fast alle Lehrberufe ergreifen könnten, und dennoch zeigt sich in der Praxis eine „Fixierung" auf die traditionellen Männer- und Frauenberufe, obgleich ein Umdenken zumindest auf der Ebene, sich mit anderen Berufsbildern auseinander zu setzen, feststellbar ist.

Lehrkräfte schätzen gerade bei Mädchen den Einfluss der Freundinnen als außerordentlich hoch ein. Die Motivation, zusammen mit der Freundin die weiterführende Schule zu besuchen, dominiert eine rationale Auseinandersetzung mit sich und den eigenen Fähigkeiten. Die Lehrkräfte nehmen ihren Einfluss als relativ gering wahr: Eltern und Freunde stehen an erster Stelle als „Laufbahnberater" und subjektive Anschauungen würden sachlichen Informationen vorgezogen. Lehrkräfte halten die Eltern in dem Prozess der Berufsorientierung und -entscheidung teilweise für überfordert. Aber auch innerhalb der BOBI scheint die Arbeit an der Selbsteinschätzung der Schüler(innen) schwierig zu sein. Oftmals würden sich die Jugendlichen erstmalig mit ihren Kompetenzen, Fertigkeiten, Stärken und Defiziten auseinandersetzen und diese hinterfragen müssen.

Die Ergebnisse der Interviews zeigen, dass von einer geschlechtersensiblen Berufsorientierung, die Geschlechterungleichheiten problematisiert und Schüler(innen) zur kritischen Auseinandersetzung mit Geschlechterverhältnissen anregt, kaum die Rede sein kann. Dies könnte jedoch auch der Tatsache geschuldet sein, dass Schüler(innen) im Alter von 14 - 15 Jahren wenig Interesse an diesbezüglichen Fragen zeigen. Überlegungen, Gedanken und Anregungen hinsichtlich geschlechtstypischer Ungleichheiten in der Berufs- und Lebensplanung werden von den Schüler(inne)n ebenso wenig formuliert wie konkrete Berufsvorstellungen.

3 Hintergründe für „geschlechtsuntypische" Bildungsentscheidungen und Berufsperspektiven

Österreich hat neben der Allgemeinbildenden Höheren Schule (AHS) ein sehr diversifiziertes System berufsbildender mittlerer und weiterführender Schulen sowie Anstalten der Lehrer- und Erzieherbildung. Etwa 30% der Heranwachsenden entscheiden sich nach der 8. Schulstufe für eine Berufsbildende Höhere Schule (vgl. Bildung und Wissenschaft in Österreich 2006: 8). Die Geschlechterzusammensetzung an den Schultypen spiegelt erwartbare Disparitäten wider: So werden höhere Lehranstalten für Hauswirtschaft und Mode, Lehrer- und Erzieherbildung stärker von jungen Frauen frequentiert, während höhere Lehranstalten für Technik oder land- und forstwirtschaftliche Schulen vorrangig von männlichen Jugendlichen besucht werden.

Die Höhere Technische Bundeslehranstalt (HTL) führt mit einer standortspezifisch profilierten umfangreichen technischen Ausbildung in fünf Jahren (Jg. 9 - 13) zur Matura und ermöglicht einen direkten Einstieg in das Berufsleben. Die Bundesbildungsanstalt für Kindergartenpädagogik (BAKiP) gehört zu den höheren Anstalten der Lehrer- und Erzieherbildung. Sie führt auch nach 5 Jahren zur Matura; die Schüler(innen) erhalten gleichzeitig eine berufliche Qualifikation zum/zur Kindergärtner(in) und zum/zur Horterzieher(in)[2].

Im Sommer 2003 wurden sechs Interviews mit Schülerinnen an einer HTL geführt, die Ausbildungsschwerpunkte im Bereich von Elektronik und Elektrotechnik anbietet. Zeitgleich fanden an einer BAKiP Interviews mit sechs männlichen Jugendlichen statt[3]. Diese Schüler(innen) haben sich nicht nur für eine „geschlechtsuntypische" weiterführende Schule entschieden, sondern zeigten mit der Schulwahl auch „geschlechtsuntypische" berufliche Orientierungen. Welche individuellen Dispositionen, welche sozialen Unterstützungen, Vorbilder, Ideale und Interessen motivierten diese Jugendlichen für ihren weiterführenden Schulbesuch?

---

2 Leider weisen die österreichischen Bildungsstatistiken nicht explizit den prozentualen Anteil der Geschlechter an den beschriebenen Schulformen aus. So besuchten im Schuljahr 2004/05 24% weibliche Jugendliche höhere gewerbliche, technische und kunstgewerbliche Schulen; es ist davon auszugehen, dass der Anteil der jungen Frauen an Höheren Technischen Bundeslehranstalten insgesamt nicht mehr als 10% beträgt. An den Höheren Anstalten für Lehrer- und Erzieherbildung befanden sich im besagten Schuljahr 4,3% männliche Heranwachsende (vgl. Statistisches Taschenbuch 2005: 31).

3 Die Interviews wurden von Ulrike Mießl durchgeführt und ausgewertet (vgl. dazu auch Popp 2007).

3.1 Technikambitionierte weibliche Jugendliche

Die zum Interview gebetenen Schülerinnen einer HTL haben sich selbst als technikinteressiert und -ambitioniert beschrieben. In einem Fall hat ein Berufsorientierungstest eine überdurchschnittliche Begabung gezeigt, die gleichzeitig mit einem ausgeprägten individuellen Interesse an Technik zusammenfiel. Die Haltung der Eltern und deren positive Einstellung gegenüber Technik spielte bei den Mädchen eine bedeutsame Rolle für die Wahl der Schule. Diese ermutigende und unterstützende Haltung des sozialen Umfeldes ist als Besonderheit positiv herauszustreichen, denn nicht alle Eltern würden den Schulbesuch ihrer Tochter an der HTL goutieren. Die befragten Mädchen grenzten sich dezidiert von Berufsbildenden Schulformen ab, die vorrangig von Mädchen nachgefragt werden, wie höhere Schulen für Wirtschaft, Mode oder Hauswirtschaft. Mit dieser Ablehnung kam gleichzeitig eine starke Aversion Mädchen gegenüber zum Vorschein, die sich an sogenannten weiblichen Schönheitsidealen orientieren (vgl. Mießl 2003: 55f.).

Als wichtiger hilfreicher Faktor wurde die Unterstützung, Vorbildwirkung und Loyalität weiblicher Lehrkräfte genannt. Einige wenige und eher ältere Lehrer – so die Äußerungen der Interviewten – würden ihnen den Schulbesuch erschweren, viel verlangen und dabei gleichzeitig den Eindruck vermitteln, als Mädchen mehr als Jungen leisten zu müssen, auch im späteren Beruf. So klagten die weiblichen Jugendlichen auch über Vorurteile, geschlechtsstereotype Einstellungen und abwertende Bemerkungen ihnen gegenüber. Beschwerden wurden auch über Mitschüler geäußert, die lästerten, abwertende Bemerkungen machten oder auch kindisch seien. Sich selbst beschrieben diese Mädchen als kämpferisch und durchsetzend (vgl. ebenda: 61ff.).

Das Selbstvertrauen in die eigenen technischen Fähigkeiten wird offenbar durch die Schule gestützt, denn die Interviewten nehmen sich, mit einer Ausnahme, im technischen und naturwissenschaftlichen Bereich als ebenso talentiert und leistungsstark wahr wie Männer. Die interviewten weiblichen Jugendlichen zeigten ein technikambitioniertes Begabungs- und Leistungsselbstbild, das von geschlechtsstereotypen Abwertungsversuchen einzelner Lehrkräfte und Mitschüler unberührt blieb. Probleme der Vereinbarkeit von Beruf und Familie wurden nicht angesprochen. Diese weiblichen Jugendlichen verfolgen eine Lebensperspektive, in der die berufliche Tätigkeit oder ein Studium im Bereich von Technik bzw. Informatik eine wichtige Rolle spielt und sie reflektieren darauf, als Abgängerin der HTL bessere Chancen als Absolventinnen anderer weiterführender Schultypen zu haben. Die Hälfte der Befragten vertrat jedoch die recht ernüchternde Ansicht, als Frau besser als ein Mann sein zu müssen, um zu bestehen und gleich behandelt zu werden (vgl. Mießl 2003: 55ff.).

3.2 Sozialinteressierte männliche Jugendliche

Die Arbeit mit Kindern wurde als zentrales Motiv für die Wahl der BAKiP als weiterführende Schule von den männlichen Jugendlichen genannt. Die Befragten empfinden sich Kindern gegenüber als sehr erfahren und affirmativ eingestellt, und sie erhielten von ihrem sozialen Umfeld die Rückmeldung, gut mit Kindern umgehen zu können. Die Tatsache, jüngere Geschwister, jüngere Freunde und jüngere sonstige Verwandte zu haben, wurde auch als Hintergrund für die Bildungsentscheidung angeführt (vgl. Mießl 2003: 65f.).

Die Schüler sind von ihren Eltern für den Schulbesuch an dieser Bildungsanstalt sehr unterstützt worden – die Außergewöhnlichkeit dieser Entscheidung wurde positiv verstärkt. Im Freundeskreis zeigten sich Ambivalenzen: Ein Schüler berichtete, in der Parallelklasse hätte man Witze über ihn gemacht. Andere männliche Altersgleiche hätten die Ausbildung belächelt – an der BAKiP würde nur „gespielt", die Schule sei schwul und feminin. Als wichtig und hilfreich für die hier befragten männlichen Jugendlichen erwies sich das positive Urteil „guter" Freunde und Verwandter.

Die Interviewten haben Vermutungen angestellt, weshalb so wenig männliche Jugendliche diesen Schultyp besuchen: Diese Schule und der Beruf der „Kindergartentante" seien „weiblich" besetzt, und es kämen nicht viele Jungen auf die Idee, Kindergärtner zu werden. Ein weiterer Grund für das geringe Interesse von männlichen Jugendlichen an dieser Schule wäre darauf zurückzuführen, dass Männer es nicht als ihre Aufgabe ansehen, auf Kinder aufzupassen. Des Weiteren gäbe es Schüler, die weniger inhaltlich interessiert seien, sondern sich an der BAKiP eine „leichte" Matura erhofften (vgl. ebenda: 71f.).

Das Bildungsniveau dieser Schule wird offenbar gering geschätzt oder infrage gestellt – ein Abwertungsversuch, bei dem der spezifische Bildungsauftrag dieser Institution und die Geschlechterzusammensetzung eine erhebliche Rolle spielen dürfte. Das Schulklima wurde von den befragten männlichen Jugendlichen sehr gelobt: Der Kontakt zu den Mitschülerinnen fiele leicht, Hilfsbereitschaft und Kooperation kennzeichneten das Sozialklima in der Lerngruppe. Offenbar zeigt sich hier der von Tim Rohrmann (vgl. 2005: 47) beschriebene Effekt, dass sich Männer in „Frauenberufen", aufgrund von Strukturen männlicher Hegemonie, weniger „durchbeißen" müssen als Mädchen und Frauen, die in Männerdomänen Fuß zu fassen versuchen.

Wie charakterisieren sich diese jungen Männer, welche individuellen Dispositionen sind erkennbar? Die Befragten beschrieben sich als offen, freundlich, sozial, kontaktfreudig und an Gerechtigkeit interessiert. Die Hälfte der Interviewten gab an, trotz massiver Kritik an dem zu erwartenden Gehalt, Kindergärtner werden zu wollen; eine Person spielte mit dem Gedanken, ein Psychologiestudium anzuschließen. Interessant sind hier auch die vorgetragenen Begründungen: Kinder würden Frauen und Männer zum Aufwachsen benötigen, sich über einen Mann im Kindergarten freuen und männliche Bezugspersonen vermissen. Aus diesem Grund schätzen die Interviewten die Berufsperspektiven für einen männlichen Kindergärtner recht optimistisch ein (vgl. Mießl 2003: 72f.).

4 Fazit und Konsequenzen

In der Altersgruppe der 14- bis 15-jährigen Schüler(innen), am Ende des 8. Jahrgangs überwiegen schulformspezifische Unterschiede, vor allem bei den Assoziationen zur „Berufsarbeit". Die Entscheidung für einen weiteren Schulbesuch fällt Schüler(inne)n wie Eltern leichter als die Auseinandersetzung mit Überlegungen für eine konkrete Berufswahl. Geschlechtstypische Aspekte der Berufsorientierung und Vereinbarkeit von Beruf und Familie wurden weder von Eltern noch von Schüler(inne)n thematisiert.

Dies überrascht angesichts der insgesamt undeutlichen und diffusen Vorstellungen nicht. Davon auszugehen ist, dass Eltern sich stärker an den wahrgenommenen Fähigkeiten ihrer Söhne und Töchter orientieren als an der Geschlechtszugehörigkeit.

Die Erkenntnisse aus den Interviews mit männlichen und weiblichen Jugendlichen, die mit der Wahl ihrer weiterführenden Schule (HTL/BAKiP) eine „geschlechtsuntypische" Bildungsentscheidung getroffen haben, fokussieren die Bedeutung des sozialen Umfeldes. Jedoch wurden Eltern und Freunde/Freundinnen in ihrer affirmativ-unterstützenden Haltung erst dann bedeutungsrelevant, nachdem ein grundlegendes berufliches Interesse von den Betroffenen artikuliert worden war. Die Haltungen der Schüler(innen) an den Berufsbildenden Höheren Schulen verweisen auf den sozialisierenden Charakter dieser Schulformen, denn der gewählte Schultyp stärkt offenbar die subjektiven beruflichen Orientierungen und das damit einhergehende Selbstvertrauen. Beide Geschlechter leiten für sich aus der Tatsache, geschlechtsunspezifische Weiterbildungswege eingeschlagen zu haben, bessere Berufsperspektiven ab.

Was bedeuten diese Erkenntnisse für eine jugendgemäße und geschlechterbewusste Berufsorientierung? Da Berufsfindung bei heutigen Jugendlichen als langfristiger biografischer Prozess angesehen werden muss (vgl. Oechsle et al. 2006), dürfte BOBI nicht nur ein singuläres Bildungsangebot im 8. Schüler(innen)-Jahrgang sein, sondern müsste über die Pflichtschulzeit hinaus mindestens bis in die 11. Jahrgänge hinein angeboten werden. Informationen über Berufsspektren und -anforderungen müssen zusammenfallen mit einer Unterstützung zur Selbstfindung, Selbstverortung und Stärkung der individuellen Entscheidungskompetenz. Eine Berufsorientierung, die sich auch als Beitrag zur Persönlichkeitsentwicklung versteht, ließe sich geschlechterbewusst gestalten unter Berücksichtigung der gesellschaftlichen Dimensionen geschlechtstypischer Disparitäten.

Projekte der Jugendhilfe widmen sich dezidiert der Unterstützung von Jugendlichen beim Übergang zwischen Schule und Beruf – hier gibt es Einrichtungen, die sich insbesondere einer geschlechterbewussten Kinder- und Jugendhilfe verpflichtet sehen (vgl. Kompetenzzentrum 2007). Eine systematische Kooperation zwischen Schule und Einrichtungen der Jugendsozialarbeit könnten geschlechtstypische Disparitäten verringern, da der Bildungsauftrag der Jugendhilfe explizit darin besteht, junge Menschen in ihrer sozialen Entwicklung zu fördern. Hierzu gehören auch Persönlichkeitsbildung und die Vermittlung beruflich verwertbarer Erkenntnisse (vgl. Balnis et al. 2005). Empfehlenswert wäre, schon Schüler(innen) im Alter zwischen 14 und 15 Jahren die Relevanz des Lebenslangen Lernens zu verdeutlichen und darauf zu verweisen, dass die gegenwärtige Entscheidung für einen Beruf nicht mehr heißt, diesen „lebenslänglich" auszuüben. Möglicherweise wird die Chance, berufliche Wege „korrigieren" zu können, auch als entlastend wahrgenommen und relativiert den definitiven Charakter der anstehenden Entscheidung.

Literatur

Allerbeck, Klaus/Hoag, Wendy J. (1985): Jugend ohne Zukunft? Einstellungen, Umwelt. Lebensperspektiven. München: Piper

Balnis, Peter/Demmer, Marianne/Rademacher, Hermann (2005): Leitgedanken zur Kooperation von Schule und Jugendhilfe. Darmstadt: Spitzer

Becker, Ruth/Kortendiek, Beate (Hrsg.) (2004): Handbuch Frauen- und Geschlechterforschung. Theorie, Methoden, Empirie. Wiesbaden: VS-Verlag

Bildung und Wissenschaft in Österreich (2006): Statistiken/Statistics. Hrsg. vom Bundesministerium für Bildung, Wissenschaft und Kultur: Wien (http://www.bmbwk.gv.at/universitaetsstatistik)

Bredow, Antje (2004): Gender in der Berufsbildung. In: Glaser/Klika/Prengel (2004): 491-502

Bundesministerium für Bildung, Wissenschaft und Kultur (Hrsg.) (2005): Statistisches Taschenbuch. Wien

Cornelißen, Waltraud/Gille, Martina (2005): Lebenswünsche junger Menschen und die Bedeutung geschlechtsstereotyper Muster. In: Zeitschrift für Frauenforschung und Geschlechterstudien (2005). Heft 23, Jg 4. 52-67

Deutsche Shell (Hrsg.) (2000): Jugend 2000. 2 Bände. Opladen: Leske + Budrich

Deutsche Shell (Hrsg.) (2002): Jugend 2002. Zwischen pragmatischem Idealismus und robustem Materialismus. Frankfurt/M.: Fischer Taschenbuch Verlag

Freie und Hansestadt Hamburg, Behörde für Soziales und Familie (2005): Welche Rolle spielt das Geschlecht bei der Berufswahl? Dokumentation der Fachtagung vom 7. April 2005

Friesl, Christian (Hrsg.) (2001): Experiment Jung-Sein. Die Wertewelt österreichischer Jugendlicher. Wien: Czernin

Geissler, Birgit/Oechsle, Mechthild (1996): Lebensplanung junger Frauen. Zur widersprüchlichen Modernisierung weiblicher Lebensentwürfe. Weinheim: Deutscher Studienverlag

Glaser, Edith/Klika, Dorle/Prengel, Annedore (Hrsg.) (2004): Handbuch Gender und Erziehungswissenschaft. Bad Heilbrunn: Klinkhardt

Harring, Marius/Rohlfs, Carsten/Palentien, Christian (Hrsg.) (im Erscheinen): Perspektiven der Bildung. Kinder und Jugendliche in formellen, nicht-formellen und informellen Bildungsprozessen. Wiesbaden: VS-Verlag

Horstkemper, Marianne (1987): Schule, Geschlecht und Selbstvertrauen. Eine Längsschnittstudie über Mädchensozialisation in der Schule. Weinheim/München: Juventa

Jansen-Schulz, Bettina (2005): Genderorientierte Elternarbeit am Beispiel der Berufsorientierung und Lebensplanung. In: Freie und Hansestadt Hamburg, Behörde für Soziales und Familie (2005): 27-36

Jugendwerk der Deutschen Shell (Hrsg.) (1997): Jugend ´97. Zukunftsperspektiven - Gesellschaftliches Engagement - Politische Orientierungen. Opladen: Leske + Budrich

Keddi, Barbara (2004): Junge Frauen: Vom doppelten Lebensentwurf zum biografischen Projekt. In: Becker/Kortendiek (Hrsg.) (2004): 378-383

Keddi, Barbara/Pfeil, Patricia/Strehmel, Petra/Wittmann, Svendy (1999): Lebensthemen junger Frauen – die andere Vielfalt weiblicher Lebensentwürfe. Eine Längsschnittuntersuchung in Bayern und Sachsen. Opladen: Leske + Budrich

Kompetenzzentrum geschlechtergerechte Kinder- und Jugendhilfe LSA e.V.: http://www.geschlechtergerechte jugendhilfe.de/index.php?option=s... vom 29. 05. 2007

Lauer, Doris/Popp, Ulrike (2007): Berufsorientierung und Lebensplanung von Kärntner Schülerinnen und Schülern – Konsequenzen für eine geschlechterbewusste Berufsorientierung an Schulen (unveröffentlichter Abschlussbericht). Klagenfurt

Lemmermöhle-Thüsing, Doris (1992): Zukunft planen zwischen Ansprüchen und Wirklichkeit - Berufsfindung von Mädchen und didaktische Konsequenzen. In: Luca/Kahlert/Müller-Balhorn (1992): 30-42

Luca, Renate/Kahlert, Heike/Müller-Balhorn, Sigrid (Hrsg.) (1992): Frauen bilden - Zukunft planen, Bielefeld: Kleine

Metz-Göckel, Sigrid (1990): Berufsausbildung und Berufsfindung. In: Metz-Göckel/Nyssen (1990): 91-138

Metz-Göckel, Sigrid/Nyssen, Elke (1990): Frauen leben Widersprüche. Weinheim/Basel: Beltz

Mießl, Ulrike (2003): Mädchen an der HTL - Burschen an der BAKiP. SchülerInneninterviews im Kontrast (unveröffentlichter Projektbericht). Universität Klagenfurt

Nyssen, Elke (2004). Gender in den Sekundarstufen. In: Glaser/Klika/Prengel (2004): 389-409

Oechsle, Mechthild/Geissler, Birgit (Hrsg.) (1998): Die ungleiche Gleichheit. Junge Frauen und der Wandel im Geschlechterverhältnis. Opladen: Leske + Budrich

Oechsle, Mechtild/Knauf, Helen/Maschetzke, Christiane/Rosowski, Elke (2006): Abitur und was dann? Berufliche Orientierungsprozesse und biographische Verläufe im Geschlechtervergleich. Wiesbaden (im Erscheinen)

Ostner, Ilona (1986): Die Entdeckung der Mädchen. Neue Perspektiven für die Jugendsoziologie. In: Kölner Zeitschrift für Soziologie und Sozialpsychologie (1986). Jg 49. Heft 38. 352-371

Popp, Ulrike (1997): Berufliche und private Lebensentwürfe männlicher und weiblicher Jugendlicher im zeitlichen Verlauf. In: Deutsche Jugend 1997. Heft 45. Jg. 4. 157-167

Popp, Ulrike (2007): Kontextuelle Zugänge der Geschlechter zu Bildungsprozessen. Erscheint in: Topor/Rohlfs/Palentien (im Erscheinen)

Rohrmann, Tim (2005): Männer in Kindertageseinrichtungen und Grundschulen: Bestandsaufnahme und Perspektiven. In: Freie und Hansestadt Hamburg, Behörde für Soziales und Familie (2005): 37-52

Seidenspinner, Gerlinde/Keddi, Barbara/Wittmann, Svendy/Gross, Michaela/Hildebrandt, Karin/Strehmel, Petra (1996): Junge Frauen heute – Wie sie leben, was sie anders machen. Opladen: Leske + Budrich

Shell Deutschland Holding (Hrsg.) (2006): Jugend 2006. Eine pragmatische Generation unter Druck. Frankfurt/M.: Fischer Taschenbuch Verlag

Teubner, Ulrike (2004): Beruf: Vom Frauenberuf zur Geschlechterkonstruktion im Berufssystem. In: Becker/Kortendiek (2004): 429-436

Vierter Bericht zur Lage der Jugend in Österreich (2003): Teil A: Jugendradar. Wien: BMSGK

Wetterer, Angelika (2002): Arbeitsteilung und Geschlechterkonstruktion. „Gender at Work" in theoretischer und historischer Perspektive. Konstanz: UVK Verlagsgesellschaft mbH

Jürgen Budde

Bildungs(miss)erfolge von Jungen in der Schule?!

1 Einleitung

Seit der Veröffentlichung der Ergebnisse der PISA-Studien sind die schulischen (Miss-) Erfolge von Jungen in das Blickfeld der (Fach-) Öffentlichkeit gerückt. In Pädagogik, Politik und Wissenschaft erfahren Jungen aktuell beachtliche Aufmerksamkeit – meist unter besonderer Fokussierung von Problemen; Problemen, die sie machen oder Problemen, die sie haben. Einigkeit scheint darüber zu herrschen, dass es gegenwärtig „um die Jungen" (Flaake 2006: 3) geht. Der problemzentrierte Blick übersieht jedoch häufig, dass es ebenso durchschnittliche und sogar erfolgreiche Schüler gibt. Darüber hinaus birgt die Konzentration auf problematische Jungen zusätzlich das Risiko, Gemeinsamkeiten mit Mädchen ebenso zu übersehen wie Differenzen zwischen unterschiedlichen Jungen. Was Jungen jedoch über ihre unterschiedlichen Lagen, Milieus, Fähigkeiten und Schwierigkeiten hinweg eint, ist eine Orientierung an gängigen Männlichkeitsnormen.

Ein erster Blick auf die aktuelle Lage zeigt, dass die durchschnittlichen Bildungsverläufe von Jungen weniger erfolgreich sind als die der Mädchen. Schulleistungstests wie die PISA-Studie haben dazu seit einigen Jahren aufgezeigt, dass Jungen nicht generell als kompetenzstärker angesehen werden können. Im Gegenteil, ein nicht geringer Anteil zeigt sogar massive Rückstände sowie schlechtere Schulnoten sogar bei gleichen Kompetenzen. Wie also stehen Jungen da? Welche Kompetenzen, welche Abschlüsse und welche Noten erhalten Jungen (Kap. 2)?

Die Ursachen für diese Entwicklung sind ebenso vielfältig wie meist spekulativ. Ein Grund wird in der Überzahl von weiblichen Beschäftigten gesehen, die eine „Feminisierung der Schule" zur Folge habe, die sich beispielsweise an der jungenunfreundlichen Gestaltung von Unterricht oder an der Negativbewertung „jungentypischer" Verhaltensweisen zeige. Es wird vermutet, dass Jungen in der Schule männliche Vorbilder fehlen, wobei die tatsächliche Bedeutung männlicher Lehrkräfte bislang unklar ist (Kap. 3).

Um die Situation von Jungen in der Schule angemessen zu verstehen, muss jedoch ebenso die Bedeutung von Schule als sozialer Ort miterfasst werden, in dem Männlichkeit her- und dargestellt wird. Die Binsenweisheit, dass Schule kein geschlechtsloser Raum ist, bedeutet auch, dass hier spezifische Konstruktionsprozesse von Männlichkeit stattfinden. Wenn Geschlecht und Männlichkeit nicht als naturgegebener Fakt, sondern als soziale Tatsache angesehen wird, tragen gesellschaftliche Geschlechternormen und alltägliches doing gender zu „jungenspezifischen" Handlungsmustern und Bildungserfolgen bei. Somit fragt der Artikel am Ende nach der Bedeutung von Männlichkeit bei Schülern im Bezug auf Bildungserfolg. Inwieweit trägt eine Orientierung an Männlichkeitsnormen zur Verfestigung ungünstigerer Schulkarrieren bei (Kap. 4)?

2 Bildungsverläufe von Jungen

Beim Schulbesuch zeigt sich als allgemeiner Trend, dass der Anteil von Jungen umso höher ausfällt, je geringer qualifizierend die Schulform ist. An Haupt- und Sonder-/Förderschulen hat der Jungenanteil seit 1970 kontinuierlich zugenommen, so dass sie an beiden Schulformen dementsprechend deutlich in der Mehrzahl sind. So beträgt der Anteil von Jungen an der Gesamtmenge der Sonder-/Förderschüler/-innen aktuell 64%. An der Realschule ist der Trend uneindeutiger, hier finden sich traditionell geringfügig weniger Schüler als Schülerinnen, das Verhältnis unterliegt jedoch weniger Schwankungen und steuert auf ein zahlenmäßig ausgewogenes Verhältnis zu. Gravierend ist die Veränderung bei den Gymnasiasten, ihr Anteil ist in den letzten Jahren stark gesunken und liegt mittlerweile bei ca. 46%[1]. Dementsprechend sind Jungen auch in der Sekundarstufe II unterrepräsentiert. Allerdings trifft dies nicht alle Jungen in gleichem Maße, da nicht einmal ein Fünftel der männlichen Jugendlichen aus einer unteren sozialen Schicht die Sekundarstufe II besucht, während dies für zwei Drittel aller Jungen aus den oberen Schichten zutrifft (vgl. Deutsches PISA-Konsortium 2004).

Diese Verteilung spiegelt sich auch in den Bildungsabschlüssen wieder. Mittlerweile sind 63,8% aller Jugendlichen ohne Schulabschluss männlichen Geschlechts. Männliche Jugendliche aus Ostdeutschland erzielen zu über einem Achtel gar keinen Schulabschluss, bei männlichen Jugendlichen mit Migrationshintergrund liegt dieser Anteil sogar bei fast einem Viertel. Über 30% aller Jungen in den westdeutschen Bundesländern beenden die Regelschullaufbahn lediglich mit einem Hauptschulzeugnis, hier sind es im Osten „nur" 20%. Der Anteil von Jungen, die einen allgemeinen Hochschulabschluss erwerben, liegt lediglich bei 22% aller ostdeutschen und knapp 19% aller westdeutschen Jungen (vgl. Abb. 1), die damit einen Gesamtanteil an den Abiturient/-innen von 42,8% aufweisen.

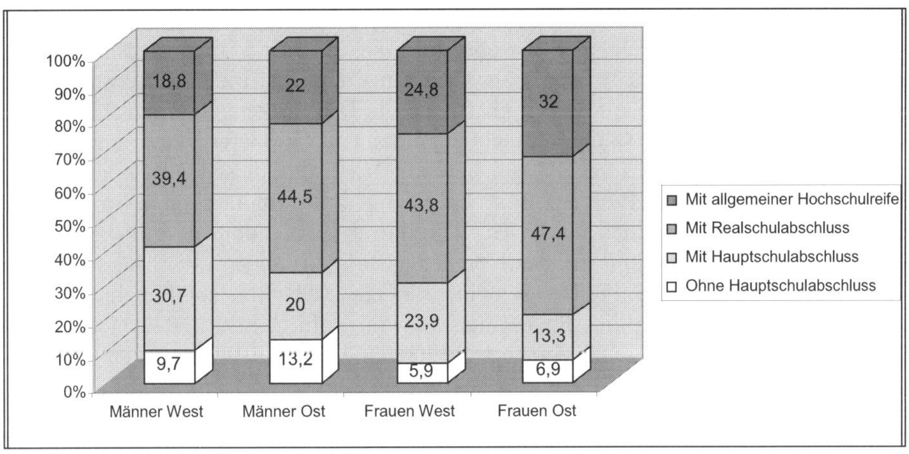

Abb.:1: Schulabschlüsse nach Geschlecht und Herkunft in % (Stürzer 2005: 40)

1 Diese Zahlen gelten für die Jahrgangsstufe 9. Der Anteil von Jungen an den Schulformen variiert je nach Bundesland. So sind beispielsweise in Hamburg fast die Hälfte und in Mecklenburg-Vorpommern und Brandenburg weniger als 43% aller Gymnasiast/-innen männlich.

Darüber hinaus werden Jungen seltener als Mädchen vorzeitig eingeschult, wiederholen häufiger eine Klasse und müssen öfter an eine geringer qualifizierende Schulform wechseln, sodass sie am Ende der 9. Klasse durchschnittlich einen Monat älter sind als ihre Mitschülerinnen, zum Zeitpunkt des Abiturs hat sich diese Differenz dann auf zwei Monate ausgeweitet (vgl. Bellenberg 1999), wobei bis dahin jeder fünfte männliche Jugendliche eine Klasse wiederholt hat. Jungen (und Mädchen) mit Migrationshintergrund müssen häufiger eine Klasse wiederholen als ihre deutschen Schulkameraden, besonders groß ist diese Diskrepanz in der Grundschule.

Kompetenzniveaus von Jungen

Schaut man auf die in den PISA-Studien erhobenen Kompetenzen, relativiert sich das Bild der schlechten Jungen. Zwar liegt der Anteil der Risikoschüler auf den unteren Kompetenzstufen mit 11,9% um 2,2 Prozentpunkte über den Mädchen – darunter überdurchschnittlich viele Jungen mit Migrationshintergrund und aus kapitalienarmen Familien. Allerdings finden sich auch bei den kompetenzstarken Schülern – dies wird häufig vergessen – mit 11,8% mehr Jungen als Mädchen, die zu 10,4% die höchsten Kompetenzstufen erreichen (vgl. PISA-Konsortium 2004).

Im Kompetenzbereich Deutsch kann es als dramatisch angesehen werden, dass 28% der 15-jährigen Jungen nicht über die erste Stufe hinauskommen, lediglich 16,3% der 15-jährigen Mädchen verbleiben ebenfalls auf diesem Niveau. Und gut 24% der Jungen (allerdings mehr als 38% der Mädchen) erreichen die Kompetenzstufe IV oder sogar V. Im Durchschnitt erzielen die Jungen hochsignifikante 42 Punkte weniger als ihre Mitschülerinnen. In Mathematik hingegen stellt sich die Lage entgegengesetzt dar. Hier verzeichnen sie einen signifikanten Vorsprung von 9 Punkten. Zwar erreichen annähernd 22% der Jungen lediglich die untersten Kompetenzstufen und damit nur Grundschulniveau – bei den Mädchen sind dies etwa ebenso viele. Auf den oberen Stufen IV oder V finden sich in Mathematik umgekehrt mit 18,3% mehr Jungen als Mädchen, die nur zu 14,2% diese Stufe erreichen. Im Kompetenzbereich Naturwissenschaft sind die Differenzen zwischen Jungen und Mädchen lediglich gering und statistisch nicht signifikant, ein größerer Vorsprung der Jungen zeigt sich nur bei physikalischen Aufgaben (ebd.: 242). Ähnlich schwach zeigt sich der Vorsprung der Mädchen im Problemlösen. Im Bezug auf Computerkompetenz hat die PISA-Studie herausgefunden, dass dieser Bereich klar als Jungendomäne gilt (vgl. PISA-Konsortium 2003). Eng verknüpft mit den Kompetenzstufen ist auch das Selbstkonzept der Schüler/-innen. So haben Jungen in Deutsch ein geringeres Selbstkonzept und eine schlechtere Motivation, während sich dies für Mathematik und Naturwissenschaft genau andersherum darstellt. In diesen Bereichen zeigen viele Jungen gute Motivation und ein positives Selbstkonzept.

Insgesamt finden sich somit Geschlechterdifferenzen in den Leistungen, diese gehen jedoch keineswegs durchgängig zu Lasten der Jungen. Dass trotzdem das Bild der Jungen als „Verlierer“ so breiten Anklang findet, hängt auch mit einem gewandelten Diskurs um schulische Benachteiligung zusammen, wie sich anhand der unterschiedlichen Rezeption der Ergebnisse der beiden PISA-Studien 2000 und 2003 aufzeigen lässt. Denn während die erste Studie vor allem unter dem Fokus der in Deutsch „abgehängten Jungen“ diskutiert wurde (und seither auch die These von der Feminisierung von Schule an Popularität gewinnt), fehlt dieser Bezug in der zweiten Studie weitestgehend. Denn das bessere Abschneiden der Jungen in Mathematik deckt sich mit der geschlechtsbezogenen Erwartungshaltung und sorgt deswegen nicht für dieselbe Aufmerksamkeit (außer der mit Sorge betrachteten Tatsache, dass der durchschnittliche Vorsprung der Jungen in den naturwissenschaftlich-mathematischen Fächern kleiner wird). Die Aufregung um die Jungenbenachteiligung ist also auch Produkt eines Diskurses, da plötzlich die Selbstverständlichkeit männlicher Bildungserfolge infrage gestellt scheint.

Hinzu kommt, dass nach wie vor viele Jungen auch bei schlechteren Leistungen über ein besseres Selbstwertgefühl verfügen als viele Mädchen, welches ihnen beim Übergang in Ausbildung, Studium und Beruf positiv zugutekommt. Weniger Jungenbenachteiligung, sondern die Kodierung bestimmter Fächer in weibliche (z.B. Sprachen) und männliche „Geschlechterterritorien" (z.B. Mathematik) prägt den Bildungsverlauf. Diese Geschlechterterritorien spiegeln sich ebenso in der Wahl von Leistungskursen am Gymnasium, wie auch in der Berufswahl und Studienfachwahl wider, bei der Schülerinnen wie Schüler geschlechtliche Codierungen reproduzieren (vgl. Stürzer 2005)[2]. Häufig, aber nicht zwangläufig sind die männlichen Berufe prestigereicher, besser entlohnt und bieten mehr Aufstiegschancen. Allerdings könnte sich – im Hinblick auf den sich zur wissensbasierten Dienstleistungsgesellschaft wandelnden Arbeitsmarkt – diese tradierte Orientierung zunehmend als ungünstig erweisen.

Weiter noch fächert sich die Frage auf, wenn andere soziale Strukturkategorien mit berücksichtigt werden. In kaum einem anderen Land ist der Zusammenhang von kulturellem und ökonomischem Kapital der Eltern und Bildungserfolg der Kinder so eng wie in Deutschland. Der jüngste Bericht des UN-Sonderberichterstatters für Bildung kritisiert diesbezüglich die Ausgrenzung von „Kinder[n] bestimmter Randgruppen (…), wie beispielsweise Kinder aus unteren sozialen Schichten, Kinder mit Migrationshintergrund oder Kinder, die mit Behinderungen leben" (Muñoz 2007). Benachteiligung aufgrund von Geschlecht findet in dem Bericht keine Erwähnung, während Schüler mit geringem kulturellem Kapital in Deutschland mehrfach benachteiligt sind: Durch ihre Herkunft, durch die ungerechte Selektion am Ende der Grundschule, durch ungünstige Lernbedingungen in Sonder- und Hauptschule und schließlich durch die geringen Chancen auf dem Arbeitsmarkt. Nicht mehr das katholische Arbeitermädchen vom Lande, sondern der muslimische Arbeiterjunge aus der Großstadt gilt heutzutage als Inbegriff des Bildungsverlierers, wobei Gendereffekte die geringste Rolle spielen. Wenn nicht nach Geschlecht, sondern anhand des Migrationshintergrunds unterschieden wird, zeigt sich in Deutschland deutlich, dass Jugendliche mit Migrationsstatus signifikant schlechter abschneiden. Auch dann ließe sich zwar der allgemeine Trend bestätigen, dass Mädchen mit Migrationshintergrund bessere Schulabschlüsse erreichen als Jungen mit Migrationshintergrund. Aber beide – Mädchen wie Jungen – erreichen geringere Abschlüsse als Kinder mit zwei deutschen Elternteilen.

2 So ist der beliebteste Ausbildungsberuf bei den Mädchen Bürokauffrau vor (Zahn-)Arzthelferin, Kauffrau und Friseurin, bei Jungen Kfz-Mechatroniker, Elektriker, Anlagentechniker und Maler. Die Bandbreite der Lieblingsberufe ist bei Jungen differenzierter als bei Mädchen. Bei den Studienfächern bevorzugen junge Frauen Sprach- und Kulturwissenschaften, junge Männer Ingenieurswissenschaften. Ausgeglichen ist das Verhältnis in den Bereichen Wirtschaft und Recht (vgl. Stürzer 2005).

Als noch relevanteres Kriterium erweist sich die soziale Lage, da der Bias für Kinder aus unterprivilegierten und bildungsfernen Schichten noch gravierender ausfällt. Wenn unterschiedliche Faktoren für Bildungsbenachteiligung analysiert werden, stellt sich heraus, dass noch vor dem kulturellem Kapital der Eltern (2%) und dem Migrationsstatus (5%) die sozioökonomische Lage des Elternhauses (16,5%) die größte Erklärungsrelevanz hat (vgl. Deutsches PISA-Konsortium 2004).

Genderbias in den Beurteilungen?

Neben Bildungsverläufen und Kompetenzniveaus ist die Frage der erreichten Schulnoten von zentraler Bedeutung zur Bestimmung geschlechtsbezogener Schieflagen. Generell ist es schwierig, zur Notenvergabe sichere Aussagen zu machen, da ihr Zustandekommen von vielen Faktoren beeinflusst ist. Dazu gehört unterschiedliche Handhabung durch die Lehrkräfte ebenso wie pädagogisch motivierte Noten oder unterschiedliche Maßstäbe zur Leistungsbeurteilung. Die Beurteilungen und Leistungserwartungen der Lehrkräfte sind aber ebenso nicht frei von Genderzuschreibungen gegenüber Jungen (und Mädchen), die entlang tradierter Stereotype verlaufen. So halten Mathematik- und Physiklehrkräfte in der Sekundarstufe I Jungen in diesen Fächern für kompetenter (vgl. Dresel/Ziegler et al. 2001). Gleichzeitig fallen die tatsächlichen Leistungsunterschiede zwischen Jungen und Mädchen geringer aus, als diese Lehrkräfte erwartet hätten, wobei sich männliche und weibliche Lehrkräfte nicht unterscheiden. Beide richten an Jungen generell höhere Erwartungen, dafür erhalten diese auch mehr Lob. Im Fach Deutsch sieht es umgekehrt aus, hier halten die Lehrkräfte Mädchen für kompetenter, Jungen hingegen für desinteressierter, weniger engagiert und fachlich weniger geeignet. Generell werden Jungen bei positiven Leistungen eher als „genial“ beschrieben, Mädchen eher als „fleißig“. Inwieweit beeinflussen solche Vorannahmen nun die Notengebung?

Vergleicht man auf der Basis der PISA-Daten Mädchen und Jungen miteinander, welche die gleiche Kompetenzstufe erreichen, dann stellt man fest, dass Jungen in diesem Falle durchschnittlich schlechtere Noten als ihre Mitschülerinnen erhalten – und zwar in allen untersuchten Kompetenzbereichen bzw. Schulfächern. Dies kann einerseits damit zusammenhängen, dass Jungen weniger intensiv im Unterricht mitarbeiten, Hausaufgaben weniger zuverlässig erledigen usw. (vgl. Valtin/Wagner/Schwippert 2006: 18f.).

Möglicherweise fließen hier aber weitere gegenderte Bewertungsmaßstäbe mit ein. Während es für Deutsch nicht erstaunt, dass das negative Selbstkonzept der Jungen mit der negativen Erwartungshaltung der Lehrkräfte korrespondiert und zu schlechterer Benotung bei gleichen Kompetenzen führt, ist dieser Befund für Mathematik und Naturwissenschaft bemerkenswerter, denn Mathematik- und Naturwissenschaftslehrkräfte halten Jungen ja in diesen Fächern für kompetenter, gleichzeitig zeigen die Jungen ein besseres Selbstkonzept – bessere Noten erhalten sie deswegen jedoch nicht unbedingt (Tiedemann 1995: 154). Für den Sachkundeunterricht in der Grundschule gilt ähnliches. Auch hier erhalten Mädchen bei gleichen Kompetenzen bessere Noten als Jungen, obwohl die Fähigkeitserwartung der Lehrkräfte Entgegengesetztes hätte vermuten lassen.

Ein Hinweis, dass möglicherweise Verhaltensaspekte mit für diesen Effekt verantwortlich sind, kann in denjenigen Bundesländern gefunden werden, in denen Kopfnoten für das Verhalten verteilt werden – und in denen Jungen durchschnittlich schlechtere Kopfnoten erhalten als Mädchen (vgl. Beutel 2005). Somit wird „klassisches“ Jungenverhalten in der Schule kritischer bewertet als „klassisches“ Mädchenverhalten. Dies gilt – so kann vermutet werden – nicht nur für die Kopfnote, sondern kann als allgemeine Tendenz für Schule angenommen werden. Gestützt wird die Vermutung, dass Jungen aufgrund negativeren Verhaltens schlechter benotet werden, auch durch eine qualitative Studie, die zeigt, dass Jungen, die sich schulunangepasst verhalten, auch schlechter benotet werden als leistungsgleichstarke Mitschüler oder Mitschülerinnen. So unterstützt negatives Verhalten von Jungen eine ungünstige Note – und minimiert damit den Effekt der positiven Fremd- und Selbstzuschreibung in Mathematik und Naturwissenschaft. Allerdings werden Mädchen, die sich ebenso unangepasst verhalten wie auffällige Jungen, noch negativer beurteilt als ihre störenden Mitschüler. Möglicherweise wirkt sich für die geringe Anzahl frecher Mädchen ungünstig aus, dass sie sowohl im Bezug auf die Schule als auch auf ihr Geschlecht „aus der Rolle fallen“. Die gleiche Studie liefert Hinweise darauf, dass sich bei Jungen eine größere Übereinstimmung zwischen Note und Leistung findet als bei Mädchen, die häufig sehr viel besser benotet werden, als ihr Abschneiden in Leistungstest hätte vermuten lassen (vgl. Budde et al. 2006). Somit kann weniger ein Jungenmalus als ein Mädchenbonus vermutet werden.

Auch wenn der Effekt schlechterer Benotung bei gleicher Leistung schon in der Grundschule festzustellen ist, findet sich eine schärfere Ausprägung in der Sekundarstufe I. Hier kann ein Zusammenhang mit der Adoleszenz, steigender Schulunlust und ungünstigerem Sozialverhalten vermutet werden. Britische Studien weisen darauf hin, dass Jungen aufgrund von Männlichkeitsnormen dazu tendieren, schulischen Erfolg und schulische Leistung eher negativ zu werten und dementsprechend als unmännlich und weiblich anzusehen (vgl. Phoenix/Frosh 2005). Dem in den USA positiver konnotierten „Nerd“ – also ein Junge, der sich intensiv einem einzigen Sachverhalt widmet – scheint in Deutschland ein Pendant zu fehlen. Für den Mathematikunterricht ist belegt, dass „je besser die Mathematiknote [ist], desto größer die Angst, als StreberIn beschimpft zu werden“ (vgl. Pelkner/Boehnke 2003). Weinert und Helmke (1997) sprechen hier vom „Faulpelzsyndrom“, nach dem Jungen lieber als Faulpelz, denn als Streber dastehen. Dieser Befund kann ergänzt werden durch eine hohe Anzahl von „Underachievern“ bei Jungen, also Schülern, die weniger Leistung zeigen, als aufgrund ihrer Kompetenzen zu erwarten wäre. Es wird vermutet, dass die skeptischere Erwartung für schulischen Erfolg von Lehrkräften und Jungen bei diesen dazu führen, dass sie weniger leisten, als potenziell möglich wäre (Ziegler 2003).

Dabei wirkt schon die perzipierte Fähigkeitsfremdeinschätzung (d.h. die Vermutung einer Schülerin, dass die Lehrkräfte sie für weniger kompetent halten könnten) zumindest bei Grundschüler/-innen hemmend auf den Lernerfolg ein (vgl. Dickhäuser/Stiensmeier-Pelster 2003). Zusätzlich hat die LAU-Studie für Hamburg herausgefunden, dass Jungen bei gleichen Noten in der Grundschule seltener eine Gymnasialempfehlung erhalten als Mädchen. Dies liegt vermutlich am Vorsprung der Mädchen im sprachlichen Bereich, der bei der Beurteilung durch die Lehrkräfte stärker ins Gewicht fällt als der Vorsprung der Jungen in

Mathematik am Ende der Grundschulzeit. Eltern setzen sich bei Jungen jedoch häufiger als bei Mädchen über diese Empfehlung hinweg und schicken ihre Söhne doch auf das Gymnasium (vgl. Lehmann et al. 1996).

3 Lehrkräfte und Jungen – Feminisierung oder Vorbild?

Einer der Hauptgründe für die geringeren Leistungen und die schlechteren Benotungen von Jungen wird in der Überzahl von Frauen in der Schule und damit zusammenhängend in der „Feminisierung von Schule" gesehen: „Lehrerinnen prägen die Schulkultur; möglicherweise erwarten und prämieren sie solche Verhaltensweisen, die Mädchen im Rahmen ihrer Sozialisation einüben, Jungen aber nicht (in demselben Maß)" (Diefenbach/Klein 2002: 950).

Schaut man auf die Verteilung von Männern und Frauen im Bildungssystem, erscheint die These von der „Feminisierung der Schule" plausibel: Je jünger die Kinder, je geringer das Prestige der Institution und je niedriger die Bezahlung, desto mehr Frauen (vgl. Abb. 2)[3]. Hingegen nimmt der Anteil an Männern zu, je älter die Kinder, je größer das Prestige und je besser die Bezahlung ist. So ist in Krippengruppen für 0- bis 3-jährige Kinder nicht einmal jeder einhundertste Beschäftigte männlich. Im Kindergarten sind 2% der Beschäftigten Männer, an Hauptschulen immerhin 42,6%, an Gymnasien fast 50%. Auch wenn man in Betracht zieht, dass mehr Frauen als Männer auf Teilzeitstellen arbeiten, werden Jungen mehrheitlich von Frauen unterrichtet (vgl. Statistisches Bundesamt 2005). Diese Verteilung veranlasst den Bielefelder Professor Hurrelmann oder den damaligen Kultusminister von Niedersachsen Busemann dazu, eine Männerquote für die Schulen zu fordern[4].

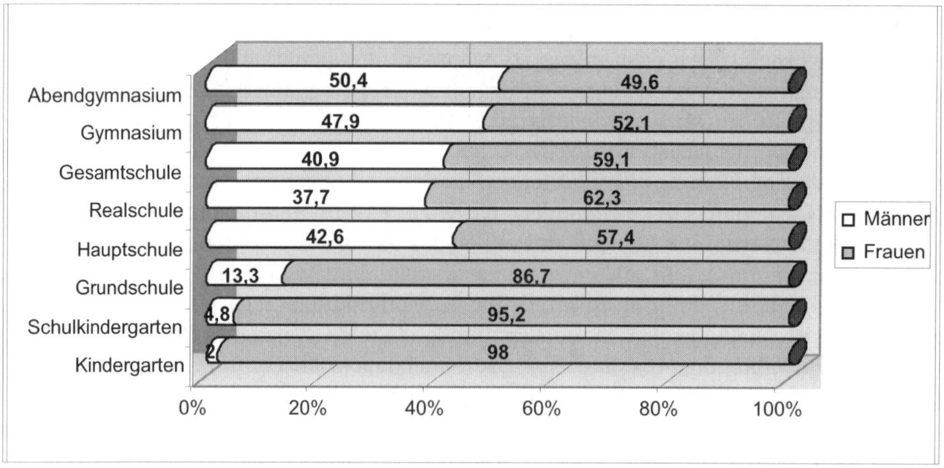

Abb. 2: Anteil von Männern an den Beschäftigten in pädagogischen Feldern in % (Statistisches Bundesamt 2005/06)

3 Dieser Trend begann bereits in den 1950ern.

4 Hurrelmann in der Frankfurter Rundschau vom 04.01.2007.

Heike Diefenbach und Andreas Klein versuchen mit Zahlen des Statistischen Bundesamtes zu belegen, dass die Anzahl von Jungen ohne Schulabschluss in jenen Bundesländern geringer ausfällt, in denen eine verhältnismäßig größere Anzahl von Männern unterrichtet. So weisen jene Bundesländer größere Quoten von Jungen ohne Schulabschluss auf, in denen nur wenige männliche Lehrer arbeiten. Umgekehrt verhält es sich mit der Quote männlicher Abiturienten: Je mehr männliche Lehrer, desto größer ihre Anzahl (vgl. Diefenbach/Klein 2002). Allerdings ist diese Studie empirisch keineswegs abgesichert, die Kausalität des postulierten Zusammenhangs gilt ebenso wie die Datenauswahl der Studie als höchst umstritten. Des Weiteren seien nicht nur die Lehrerinnen verantwortlich, sondern möglicherweise ebenso die frauenablehnende Einstellung einiger Jungen, die ihre Bildungsmotivation negativ beeinflusst (vgl. Cornelißen 2004).

Zusätzlich fallen die Leistungsdifferenzen zwischen Jungen und Mädchen an jenen Schulformen besonders gering aus, an denen viele Frauen arbeiten: An den Hauptschulen und insbesondere an den Grundschulen. Auch international stehen diese Schulformen sehr viel besser da, als die Sekundarstufe I (vgl. Bos et al. 2003). Die größten Leistungsrückstände zu Lasten der Jungen und die größte Schulunzufriedenheit finden sich an jener Schulform, an der die meisten Männer unterrichten, nämlich am Gymnasium.

Die Bedeutung der geforderten männlichen Lehrkräfte für Jungen ist bislang noch kaum Gegenstand wissenschaftlicher Auseinandersetzung. Es kann nicht davon ausgegangen werden, dass männliche Kollegen „automatisch" qua Geschlecht positive Effekte haben. Studien zu Interaktionen an unterschiedlichen Gymnasien mit Schüler/-innen aus der 5. bzw. 7. bis 10. Klasse zeigen, dass stereotype Erwartungen und die Annahme einer stabilen Differenz zwischen Mädchen und Jungen bei Lehrkräften auf Seiten der Schülerinnen und Schüler Geschlechterdifferenzen verstärken können, anstatt diese abzubauen (vgl. Budde 2005; Budde et al. 2006). Bei männlichen Lehrkräften findet sich des Öfteren eine Art Doppelstruktur: Zum einen interagieren sie mit den Schülern auf einer männersolidarischen Ebene. Zum anderen etablieren die Lehrkräfte Konkurrenz und Hierarchie als schulische Umgangsformen, die wiederum anschlussfähig an tradierte Männlichkeitsnormen sind. Auch andere Interaktionsmuster können Geschlechterstereotype verstärken, die sich häufiger bei weiblichen Lehrkräften beobachten lassen: Während Jungen öfter zurechtgewiesen und diszipliniert werden, werden Mädchen in Schutz genommen und erhalten Unterstützung durch Lehrerinnen. „Dahinter steht das Stereotyp, Mädchen müssten vor Jungen beschützt werden, weil Jungen aggressiv und nicht schüchtern sind" (Budde/Faulstich-Wieland 2004: 6).

Dies wird noch dadurch unterstützt, dass Lehrkräfte, die über ihre männlichen Schüler erzählen, sich meist über Unterrichtsstörungen beklagen. Wird etwas Positives berichtet – was nur selten der Fall ist –, so bezieht sich dies meist auf „intelligente Beiträge" der Jungen, nicht aber auf ihr Verhalten. Dies steht im Gegensatz dazu, dass Jungen selber ihr Verhalten als gut und solidarisch einschätzen. Somit liegen an dieser Stelle zwei unterschiedliche Sichtweisen vor: Während die Lehrkräfte ruhiges und störungsfreies soziales Verhalten honorieren, empfinden Jungen den Zusammenhalt untereinander als positiv (vgl. Krebs 2002). Diese positive Selbstsicht könnte in Form ressourcenorientierter Pädagogik aufgegriffen werden.

Für Jungen resultiert daraus ein unauflösbarer Widerspruch. Denn entweder verhalten sie sich so, wie die stereotypen Bilder nahelegen – und riskieren damit schulisch unangepasstes Verhalten, das sanktioniert wird. Oder aber die Jungen agieren schulisch erfolgreich oder angepasst und verstoßen damit gegen geschlechtliche Erwartungen. In diesem Widerspruch entscheiden sich viele Jungen lieber für eine sichere geschlechtliche Identität als für unsicheren schulischen Erfolg (vgl. Budde et al. 2006).

Jungen selber wünschen sich humor- und verständnisvolle Lehrkräfte, die Spaß verstehen können (vgl. Krebs 2002: 33). Des Weiteren wünschen sich Mädchen wie Jungen, dass Lehrkräfte Autorität haben und sich in der Klasse durchsetzen können, aber zugleich einfühlsam und methodenkompetent sind. Dabei überschneiden sich die Wünsche der Schülerinnen und Schüler in meisten Punkten. Beide Gruppen geben an, dass ihr Interesse steigt, wenn die Lehrkraft gerecht ist, gut erklären kann oder geduldig ist (vgl. Todt 2000: 245).

Meist werden Schauspieler und Sportler als Vorbilder genannt und nur selten Erwachsene aus ihrem persönlichen Nahbereich. Eltern tauchen mit zunehmender Tendenz bei Jungen als Vorbilder auf, während Lehrkräfte selten genannt werden. In einer Befragung von Peter Zimmermann (1999) mit Schülern zwischen 13 und 17 Jahren rangieren Lehrkräfte auf dem 14. von 15 Plätzen. Lehrkräfte stellen also für Jungen per se erst einmal keine Vorbilder dar. So erstaunt es auch nicht weiter, dass in einer Folgebefragung aus dem Jahre 2006 deutlich mehr als die Hälfte der Schüler antworten, dass es ihnen egal sei, ob sie von einem Mann oder einer Frau unterrichtet werden. Die zweitgrößte Gruppe findet mit 18%, dass die Antwort vom Fach abhängt. 17% möchten generell lieber von Frauen und 6% lieber von Männern unterrichtet werden (vgl. Zimmermann 2006). Des Weiteren muss die simple Losung, dass Jungen keine Vorbilder haben, zurückgewiesen werden. Viele Jungen haben Vorbilder – Fußballer oder Superhelden wie die berüchtigten He-Man- oder „Yu-Gi-Oh"-Figuren – die auch wichtige emotionale Qualitäten wie Schutz und Stärke vermitteln. Manchmal sind es eher Lehrkräfte, Eltern oder Politiker, die Schwierigkeiten mit solchen Vorbildern haben. Jungen scheitern nicht an fehlenden Vorbildern, sondern daran, dass diese Vorbilder teilweise untauglich für den Alltag sind.

Auf der institutionellen Ebene zeichnet sich bislang nicht ab, woher die männlichen Lehrer kommen sollen, da bislang zu wenig männliche Lehramtsstudierende an den Universitäten eingeschrieben sind. Dies hängt wiederum mit einem männlichen Habitus zusammen, der pädagogisches Engagement für Männer erschwert.

Die Forderung nach mehr männlichen Lehrkräften greift aus diesen Gründen zu kurz. Zwar wird damit meist die Hoffnung verbunden, dass alternative Formen von Männlichkeit entstehen könnten. Eine erfolgreiche pädagogische Arbeit mit Jungen braucht jedoch in erster Linie *gendersensible* Lehrkräfte sowie Ressourcen, um im Rahmen von Schule alternative Handlungsräume zu eröffnen. Stereotype Männlichkeitsbilder stellen eine Blockade bei der Realisierung von Lernerfolgen bei Jungen *und* Mädchen dar. Insgesamt verhindert die Orientierung von Lehrkräften an tradierten Geschlechtermodellen Leistungs- und Lernbereitschaft bei *beiden* Geschlechtern.

4 Männlichkeit und Schule

Neben Defiziten bei den Kompetenzen wird insbesondere das soziale Verhalten von Jungen in der Schule als problematisch angesehen. Die Erfolge und Misserfolge von Jungen in der Schule können nicht verstanden werden, wenn nicht auch auf die sozialen „Begleitumstände" geschaut wird. Jungen nutzen die Schule als Bühne zur Aufführung von Männlichkeit. Dies allerdings birgt einige Probleme:

> „Möglicherweise ist der insgesamt geringere Schulerfolg von Jungen darauf zurückzuführen, dass sie relativ zu Mädchen (...) geringere soziale Kompetenzen mitbringen, sich sozial weniger angepasst verhalten und eher dazu neigen, auf Konflikte und Frustrationen im Schulalltag mit Aggressivität zu reagieren" (Hannover 2004: 88).

Die Schule stellt für Jungen in noch größerem Maß als für Mädchen einen sozialen Raum dar, in dem es für sie wichtig ist, sich geschlechtlich zu positionieren. Trotzdem verlaufen Jungenbiografien höchst unterschiedlich, schon innerhalb der gleichen Klasse können ganz unterschiedliche Kulturen von Männlichkeit existieren (vgl. Michalek 2006). Diese Inszenierungen sind jedoch nicht beliebig gestaltbar, sondern finden im Kontext von Normalitätserwartungen statt (vgl Winter/Neubauer 2001), die eng an gesellschaftliche Geschlechternormen und Vorstellungen von Männlichkeit gebunden und dementsprechend nicht naturgegeben sind. Ursachen sind im „männlichen Habitus" (Brandes 2002) zu finden, der sich aus „hegemonialer Männlichkeit"[5] (Connell 1999: 84) und individuellem „doing gender" zusammensetzt. Jungen orientieren sich in vielfältiger Weise an gesellschaftlichen Bildern von Männlichkeit – auch wenn sie diesen Normen und Bildern keinesfalls immer zustimmen.

Der männliche Habitus ist nicht statisch, sondern veränderbar, dies zeigt sich beispielsweise in der aktuellen Parallelität von Veränderungen und Tradierungen von Männlichkeitsnormen und -bildern. Resultat der aktuellen vielfältigen und widersprüchlichen Entwicklungen ist, dass Jungen mehr denn je ihre eigene Geschlechtsidentität selber herstellen können und müssen; die Spielräume, aber auch die Anforderungen sind gewachsen. Aufgrund der abnehmenden Orientierungsfunktion tradierter Männerbilder wird eine „Verunsicherung der Geschlechtsidentität" attestiert. Während dieser Prozess bei einem Teil der Jungen zu erweiterten Handlungsoptionen und Inszenierungsmöglichkeiten führt, zeigt ein anderer Teil einen Rekurs auf tradierte Männlichkeitsnormen. Diese Entwicklung ist Chance und Belastung zugleich – und erfordert und ermöglicht ein hohes Maß biografischer Gestaltungskompetenz.

---

5 Hegemoniale Männlichkeit stützt sich normativ auf Heterosexualität, die Möglichkeit, Gewalt einzusetzen und den Besitz an Produktionsmitteln, kurz: auf einen privilegierten Zugang zu gesellschaftlicher Macht.

Interaktionen

Jungen agieren in der Schule mit starkem Bezug zum „Hier und Jetzt", sie sind „Meister der Präsenz, (...) die Strategien sind auf die Interaktionen unter Gleichaltrigen ausgerichtet und im Kontext von Bildungsinstitutionen weniger erfolgreich" (Tervooren 2006: 215f.). Viele Jungen orientieren sich dabei insbesondere an der gleichgeschlechtlichen Peer Group (vgl. Jösting 2005), in der oft rigide Männlichkeitsnormen gelten, die schulischen Erfolg behindern. Die Jungengruppe „funktioniert als eine Art Resonanzboden, der Anerkennung für gelungene Männlichkeitsinszenierungen gewähren kann" (Budde 2005: 242, auch Flaake 2006) und durch Inklusion anerkannter und Exklusion illegitimer (in der Regel als schwul bezeichneter) Männlichkeiten geregelt wird.

Zentrale Strategien zur kollektiven Herstellung von Männlichkeit unter Jungen sind:

- die Parallelität von Konkurrenz und Solidarität
- das relationale Verhältnis von Inklusion und Exklusion
- Homophobie gegen marginalisierte Männlichkeit
- Sexualisierungen gegen Mädchen (vgl. Budde 2005).

In Gruppensituationen – insbesondere, wenn sie unfreiwillig zustande kommen wie in der Schule – agieren Jungen stereotyper als im privaten Rahmen (vgl. Phoenix/Frosh 2005; Cremers 2007). Dabei trägt die Orientierung auf die Mitschüler nicht dazu bei, die soziale Situation sicher, verlässlich und gestaltbar zu erleben, sondern erweist sich als riskantes Aushandlungsspiel, welches permanent erfordert, „auf der Hut zu sein", keine Schwäche zu zeigen und Schwächen anderer auszunutzen. Das Ideal des coolen und witzigen Jungen haben viele Schüler in ihr Selbstbild übernommen. So beschreiben sich die Mehrzahl der Jungen als „gut drauf" und „gut gelaunt". In ihrer Peer Group hätten sie manchmal die Rolle des Clowns, so äußern über die Hälfte der Befragten (Zimmermann 1999: 88). Weitere Rollen, die ca. 30% aller Jungen angeben manchmal innezuhaben, sind „der Anführer", „der Star", „der Fuchs" und „der Alleswisser". 28% geben an, manchmal „der Mitläufer" zu sein.

Verhalten

Bei einer Reihe von Jungen sind problematische Verhaltensweisen häufiger, dauerhafter und ausgeprägter zu finden als bei vielen Mädchen, auch dies wird als Grund für schlechteres Abschneiden genannt. Die PISA-Studie fasst dazu zusammen: „In allen Ländern berichten Jungen, weniger prosoziale Ziele zu verfolgen als Mädchen" (Deutsches PISA-Konsortium 2003: 184). Auffällig ist, dass die geringsten prosozialen Orientierungen bei Jungen aus den östlichen Bundesländern zu finden sind.

> „Man weiß, dass Jungen häufiger die Schule schwänzen als Mädchen, häufiger dem Typ des ‚frechen und faulen Schülers entsprechen (...) und den LehrerInnen häufiger durch Disziplinlosigkeiten und Unterrichtsstörungen auffallen" (Geißler 2005: 84, 85).

So fallen Jungen beispielsweise häufiger dadurch negativ auf, dass sie in der Schule geltende Regeln übertreten. Aus der Perspektive der Jungen liegen in der Regelverletzung jedoch durchaus reizvolle und sinnstiftende Möglichkeiten der Selbstdarstellung. Thomas Fuhr berichtet über 8- bis 9-jährige Jungen:

> „Die von uns beobachteten Jungen wollen nicht nur artig sein, sie wollen immer wieder die Regeln brechen, denn das ist offensichtlich attraktiv und spektakulär. Selbstbewusstsein und Freiheit entwickeln sich auch aus dem Konflikt mit Regeln und offensichtlich nutzen Jungen dies Potenzial teilweise sehr intensiv" (Fuhr 2006: 120).

Auch die Motivation vieler Jungen in der Schule erweist sich als problematisch. Da viele von ihnen ihren primären Gestaltungs- und Handlungsraum eher im Kontakt mit den Mitschülern sehen, wird der schulische Ablauf tendenziell erduldet und die eigenen Mitbestimmungsmöglichkeiten als gering eingeschätzt, sodass Jungen in großem Maße das Gefühl haben, dass Schule eher „über ihren Kopf hinweg" stattfindet (vgl. Schultheis et al. 2006). Diese konsumistische und unbeteiligte Sicht- und Erlebensweise gegenüber Schule erschwert es Jungen vermutlich, sich als selbstständige Akteure zu erleben und mindert das Interesse und die Motivation für aktive Bildungsprozesse.

Dies spiegelt sich auch in der unterschiedlichen allgemeinen Einstellung zu Schule wider. So geben mehr Grundschüler als Grundschülerinnen an, häufiger mit den Gedanken woanders zu sein und sich öfter zu langweilen (vgl. Valtin/Wagner/Schwippert 2006). Jungen verzichten öfter auf zusätzliche Anstrengungen wie beispielsweise Hausausgaben (vgl. Fend 1997). Auf schulischen Misserfolg reagiert ein Teil der Jungen gleichgültig oder verweigernd und eben nicht mit zusätzlicher Anstrengung. Dies steht in Widerspruch dazu, dass die Shell-Studie im Bezug auf Wertehaltungen von Jugendlichen herausgefunden hat, dass Jungen Leistung und Konkurrenz sehr viel positiver sehen als Mädchen (vgl. Shell 2006: 185). Offensichtlich gelingt es der Schule nicht, diese Einstellung für den Leistungsansporn von Jungen positiv zu nutzen.

Medien

Ein weiterer Grund wird in übermäßiger Mediennutzung gesehen, der schulischen Misserfolg bei Jungen fördert. So „konnte gezeigt werden, dass der hohe Fernsehkonsum von durchschnittlich 3,3 Stunden[6] sowohl quer- als auch längsschnittlich mit schwächeren Sprach- und Lesekompetenzen einhergeht" (Pfeiffer et al. o.J.: 6). Je geringer qualifizierend die Schulform, umso mehr Zeit verbringen Jungen mit dem Konsum „bewegter Bilder" wie Computerspiele, DVDs, Fernsehen. Schulischer Misserfolg geht aus mehreren Gründen mit übermäßiger Mediennutzung einher. Die Jungen „verarmen in ihrer sozialen Existenz" (ebd.: 3) und haben weniger Zeit für Hausaufgaben o.ä. Darüber hinaus bietet das eingeschränkte Freizeitverhalten weniger Bildungsanreize und kann gesundheitliche Beeinträchtigungen zur Folge haben. Der bedeutendste Grund liegt jedoch im Konsum gewalttätiger

6 Damit investieren sie 1 1/2 Stunden mehr als Mädchen in diese Tätigkeit.

Darstellungen in Filmen oder Computerspielen, da diese sich sowohl negativ auf das neuronale System auswirken als auch antisoziales Verhalten verstärken. Die emotional stark stimulierenden Bilder „überlagern“ den in der Schule gelernten Stoff.

Hinzu kommt, dass Jungen zum weitaus größten Teil ihre Computerkompetenz nicht in der Schule erwerben, sondern gemeinsam mit Freunden (vgl. Deutsches PISA-Konsortium 2003). So positiv diese Form des selbstorganisierten Lernens ist, vergibt die Schule hier die Möglichkeit, Medienkompetenz zu vermitteln.

5 Fazit

Die aktuelle Lage von Jungen an der Schule ist vielschichtiger, als die stereotypen Bilder vermuten lassen. Für einen Teil der Jungen lassen sich ungünstige Bildungsverläufe attestieren, andere wiederum zeigen hohe Kompetenzen und gute Noten. Der Diskurs um die Benachteiligung von Jungen fokussiert auf leistungsschwache und verhaltens-problematische Schüler und bestärkt so den defizitorientierten Blick auf Jungen. Gleichzeitig werden so aber einige zum normativen Bewertungsmaßstab für alle gemacht. Hier offenbart sich in der Tat ein Problem: Durch diese negativen Erwartungen und Wertungen sind pädagogisch Handelnde – wie aufgezeigt – in unterschiedlicher Weise mit daran beteiligt, Schwierigkeiten zu verstärken, obwohl oft genau das Gegenteil beabsichtig ist. Wo liegen also Perspektiven für pädagogisches Handeln?

In der außerschulischen Jugendbildungsarbeit wird seit 20 Jahren sogenannte Jungenarbeit praktiziert. Auch in der Schule finden sich mittlerweile Ansätze geschlechtssensibler Arbeit mit Jungen. Somit stellt sich die Frage, an welchem Ort sinnvollerweise Jungenarbeit stattfinden sollte? Kann diese im Rahmen von Schule in den Alltag und die Unterrichtsgestaltung integriert werden – oder braucht es sozialpädagogische Angebote aus der außerschulischen Bildung, die zu anderen Konditionen arbeitet und nicht dem schulischen Rahmen von Bewertung, Teilnahmepflicht und Selektion folgt?

Gute Argumente gibt es für beide Seiten. Jugendhilfeangebote können durch Prinzipien wie Freiwilligkeit und Subjektzentrierung soziale Bildungsprozesse erzielen, die der Schule oft verschlossen bleiben. Die Freiräume dieser Art von Jungenarbeit sind bedeutsam, insbesondere, wenn Männlichkeit zum Thema gemacht wird. Andererseits reicht es nicht aus, die Jungen- (oder Mädchen-) Frage ausschließlich an die Jugendhilfe zu delegieren, denn die Schule stellt eine zentrale (wenn auch nicht immer positiv besetzte) Lebenswelt mit zahlreichen Einflussmöglichkeiten dar.

Eine Kooperation der beiden Bereiche kann die unterschiedlichen Möglichkeiten und Grenzen von Schule und Jugendhilfe zusammenbringen. Die vielschichtigen Umgestaltungsprozesse (Ganztagsschule, autonome Schule, Sozialraumorientierung) von Schule bieten hier aktuell zahlreiche Freiräume. Lehrkräfte könnten von den bislang gemachten Erfahrungen der außerschulischen Jungenarbeit profitieren und diese für ihren Arbeitsalltag nutzbar machen.

Pädagogische Jungenarbeit in der Schule sollte sich dabei weniger an administrativen Fragen von Mono- oder Koedukation oder dem Geschlecht der Lehrkraft festmachen, sondern gendersensibel, verstehend und fehlerfreundlich Jungen ansprechen. Zentral dafür ist die individuelle Wahrnehmung des einzelnen Schülers jenseits von pauschalen Negativurteilen oder Remaskulinisierungen. Dabei geht es nicht nur (und vielleicht nicht mal in erster Linie) darum, statistische Gleichheit herzustellen, sondern Geschlecht – und damit auch Männlichkeit – zum Thema von Bildungsprozessen zu machen.

Literatur

Bellenberg, Gabriele (1999): Individuelle Schullaufbahnen. Weinheim und München: Juventa

Berger, Peter A./Kahlert, Heike (Hrsg.) (2005): Institutionalisierte Ungleichheiten. Weinheim und München: Juventa

Beutel, Silvia-Iris (2005): Zeugnisse aus Kindersicht. Weinheim und München: Juventa

Bos, Wilfried/Lankes, Eva-Maria/Prenzel, Manfred/Schwippert, Knut/Valtin, Renate/Walther, Gerd (2003): Erste Ergebnisse aus IGLU. Schülerleistungen am Ende der vierten Jahrgangsstufe im internationalen Vergleich. Münster/New York/München/Berlin: Waxmann; www.erzwiss.uni-hamburg.de/IGLU/home.htm

Brandes, Holger (2002): Der männliche Habitus, Teil 2. Opladen: Leske + Budrich

Budde, Jürgen (2005): Männlichkeit und gymnasialer Alltag. Bielefeld: transcript

Budde, Jürgen/Faulstich-Wieland, Hannelore (2004): Chancen und Probleme bei der Dramatisierung von Geschlecht. In: jugendstile, H. 4. 2004. 3-8

Budde, Jürgen/Faulstich-Wieland, Hannelore/Scholand, Barbara (2006): Geschlechtergerechtigkeit in der Schule. Ein Forschungsprojekt. In: Fischer/Elsenblast (Hrsg.) (2006): 145-150

Connell, Raewyn (Robert) (1999): Der gemachte Mann. Opladen: Leske + Budrich

Cornelißen, Waltraud (2004): Bildung und Geschlechterordnung in Deutschland. Einige Anmerkungen zur Debatte um die Benachteiligung von Jungen in der Schule. http://cgi.dji.de/bibs/161_2150CornelissenLMU.doc

Cornelißen, Waltraud (Hrsg.) (2005): Gender-Datenreport 1. www.bmfsfj.de/Publikationen/genderreport/root.html

Cremers, Michael (2007): Neue Wege für Jungs?! Ein geschlechtsbezogener Blick auf die Situation von Jungen im Übergang von Schule-Beruf. Hrsg. vom Kompetenzzentrum Technik – Diversity – Chancengleichheit e.V. Bielefeld. Berlin

Deutsches PISA-Konsortium (Hrsg.) (2003): PISA 2000 - Ein differenzierender Vergleich auf die Länder der Bundesrepublik Deutschland. Opladen: Leske + Budrich

Deutsches PISA-Konsortium (Hrsg.) (2004): PISA 2003. Der Bildungsstand der Jugendlichen in Deutschland – Ergebnisse des zweiten internationalen Vergleichs. Münster: Waxmann

Dickhäuser, Oliver/Stiensmeier-Pelster, Joachim (2003): Wahrgenommene Lehrereinschätzungen und das Fähigkeitsselbstkonzept von Jungen und Mädchen in der Grundschule. In: Psychologie in Erziehung und Unterricht. (2003) 50. Jg., H. 2. 182-190

Diefenbach, Heike/Klein, Andreas (2002): „Bringing Boys Back In“. In: Zeitschrift für Pädagogik.(2002) Jg. 48, H. 6. 938-958

Dresel, Markus/Heller, Kurt A./Schober, Barbara/Ziegler, Albert (2001): Geschlechtsunterschiede im mathematisch-naturwissenschaftlichen Bereich. In: Finkbainer/Schnaitmann (Hrsg.) (2001): 270-288

Fend, Helmut (1997): Der Umgang mit Schule in der Adoleszenz. Aufbau und Verlust von Lernmotivation, Selbstachtung und Empathie. Bern: Hans Hubert - Verlag

Finkbainer, Claudia/Schnaitmann, Gerhard (Hrsg.) (2001): Lehren und Lernen im Kontext empirischer Forschung und Fachdidaktik. Donauwörth: Auer

Fischer, Dietlind/Elsenblast, Volker (Hrsg.) (2006): Zur Gerechtigkeit im Bildungssystem. Münster: Waxmann

Flaake, Karin (2006): Geschlechterverhaltnisse - Adoleszenz - Schule. In: Zeitschrift für Frauenforschung und Geschlechterstudien. (2006) 24. Jg., H. 1. 3-13

Fuhr, Thomas (2006): Interaktionsformen der Jungen. In: Schultheis/Strobele-Eisele/Fuhr (Hrsg.) (2006): 129-150

Geißler, Rainer (2005): Die Metamorphose der Arbeitertochter zum Migrantensohn. In: Berger/Kahlert (Hrsg.) (2005): 71-102

Hannover, Bettina (2004): Gender revisited: Konsequenzen aus PISA für die Geschlechterforschung. In: Zeitschrift für Erziehungswissenschaft.(2004) 7. Jg., Beiheft 3. 81-99

King, Vera/Flaake; Karin (Hrsg.) (2005): Männliche Adoleszenz. Frankfurt/Main: Campus-Verlag

Krebs, Andreas (2002): Ergebnisse einer Befragung unter 14- bis 17-jährigen Schülerinnen und Schülern an Hamburger Schulen. Hrsg. von Freie und Hansestadt Hamburg, Behörde für Bildung und Sport. Hamburg

Lehmann, Rainer/Peek, Rainer/Gänsfuß, Rüdiger (1996): Aspekte der Lernausgangslage und der Lernentwicklung. Klassenstufe 5. Hamburg. Unveröffentlichter Forschungsbericht. www.hamburger-bildungsserver.de
Michalek, Ruth (2006): „Also wir Jungs sind...". Geschlechtervorstellungen von Grundschülern. Münster/New York/München/Berlin: Waxmann
Pelkner, Anna-Katharina/Boehnke, Klaus (2003): Streber als Leistungsverweigerer. Projektidee und erstes Datenmaterial einer Studie zu mathematischen Schulleistungen. In: Zeitschrift für Erziehungswissenschaft. (2003) 6. Jg., H. 1. 106-125
Pfeiffer, Christian/Mößler, Thomas/Rehbein, Florian/Kleinmann, Matthias (o.J): Medienkonsum, Schulleistung und Jugendgewalt. www.kfn.de/medienschulevortrag.pdf
Phoenix, Ann/Frosh, Stephen (2005): Hegemoniale Männlichkeiten. Männlichkeitsvorstellungen und -ideale in der Adoleszenz. In: King/Flaake (Hrsg.) (2005): 19-35
Preuss-Lausitz, Ulf (2004): Heterogene Lerngruppen – Die Chance für mehr Lernwirksamkeit und Erfahrungsreichtum. Vortrag auf der Tagung von GGG, GEW, Grundschulverband und Aktion Humane Schule am 30. 10. 2004 in Neumünster
Schultheis, Klaudia/Strobele-Eisele, Gabriele/Fuhr, Thomas (Hrsg.) (2006): Kinder: Geschlecht männlich. Stuttgart: Kohlhammer
Shell Jugendstudie (2006): Jugend 2006. Eine pragmatische Generation unter Druck. Frankfurt/Main: Fischer Taschenbuchverlag
Statistisches Bundesamt (2005/2006): Bildung und Kultur. Schuljahr 2005/06. Wiesbaden. http://www.destatis.de/basis/d/biwiku/schultab20.php
Stürzer, Monika (2005): Bildung, Ausbildung und Weiterbildung. In: Corneließen (Hrsg.) (2005): 17-91. www.bmfsfj.de/Publikationen/genderreport/root.html
Tervooren, Anja (2006): Im Spielraum von Geschlecht und Begehren. Weinheim: Juventa
Tiedemann, Joachim (1995): Geschlechtstypische Erwartungen von Lehrkräften im Mathematikunterricht der Grundschule. In: Zeitschrift für pädagogische Psychologie. (1995) 9. Jg., H. 3/4. 153-161
Todt, Eberhard (2000): Geschlechtsspezifische Interessen - Entwicklungen und Möglichkeiten der Modifikation. In: Empirische Pädagogik. (2000) 14. Jg., H. 3. 215-254
Valtin, Renate/Wagner, Christine/Schwippert, Knut (2006): Jungen - benachteiligt? Einige Ergebnisse aus IGLU. In: Die Grundschulzeitschrift. (2006). 20. Jg., H. 194. 18-19
Weinert, Franz E./Helmke, Andreas (Hrsg.) (1997): Entwicklung im Grundschulalter. Weinheim: Psychologie Verlag
Winter, Reinhard/Neubauer, Gunter (2001): Dies und Das! Das Variablenmodell „balanciertes Junge- und Mannsein" als Grundlage für die pädagogische Arbeit mit Jungen und Männern. Tübingen: Neuling
Ziegler, Albert (2003): Hochbegabte Schulversager – Underachievement. Vortrag am 12.07.2003. Stuttgart. www.hbkinder.org/Veranstaltung-Dateien/underachiever/Hochbegabte%20Schulversager_stuttgart2003.pdf
Zimmermann, Peter (1999): Junge, Junge! Theorien zur geschlechtstypischen Sozialisation und Ergebnisse einer Jungenbefragung. Dortmund: Institut für Schulentwicklungsforschung
Zimmermann, Peter (2006): Jungen 2005 – Eine schriftliche Befragung von 1.600 Jungen. Unveröffentlichte Präsentation auf dem Netzwerktreffen „Neue Wege für Jungs"

Lotte Rose

Gender als Qualifizierungsimpuls in der Kooperation zwischen Jugendarbeit und Schule

Ungleiche Partner im fachlichen Dialog

Die Beschäftigung mit Geschlechterfragen in Schule und Jugendhilfe hat bereits eine lange Entwicklungsgeschichte. In beiden Institutionen entstanden mit der neuen Frauenbewegung seit den 70er Jahren geschlechterkritische Diskurse und Versuche einer geschlechter-pädagogischen Praxis. Dennoch wiederholt sich zwischen Schule und Jugendhilfe beim Genderthema das, was wir auch bei anderen Kooperationsthemen beobachten können: nämlich die Fokussierung von Differenzen.

In den Augen der Jugendhilfe erscheint Schule oftmals als rückständig, uneinsichtig, reformunwillig in „Sachen Gender“. Es wird ihr angekreidet, dass sie sich nur unzureichend den Geschlechterungerechtigkeiten in ihrer Praxis zuwendet. Immer wieder sind Geschichten dazu zu hören, dass Lehrkräfte sich weigerten zu begreifen, wie groß die Unterschiede zwischen Mädchen und Jungen wären und wie sie Mädchen ungeahnt benachteiligen.

Zum Stein des Anstoßes wird auch regelmäßig die Tatsache, dass Schule bis heute unbeirrt am Prinzip der Koedukation festhält, während doch in der Jugendhilfe Geschlechtertrennung schon lange als sinnvolle Praxis der Mädchen- und Jungenförderung propagiert wird. Schule erscheint der Jugendhilfe damit als Ort der unreflektierten Reproduktion von Geschlechterungleichheiten, der noch viel von Mädchenarbeit und Jungenarbeit lernen muss.

Unter solchen ideologischen Voraussetzungen ist es nicht leicht, vielleicht auch völlig unmöglich, zwischen Schule und Jugendhilfe einen interdisziplinären Fachdialog zu den geschlechterbezogenen Qualifizierungserfordernissen und Qualifizierungsmöglichkeiten zu führen. Denn wenn der eine Gesprächspartner meint, weiter zu sein als der andere, entsteht ein missionarisches Beziehungsgeflecht mit all seinen bekannten Problemen. Dann begegnen sich Jugendhilfe und Schule nicht kooperativ offen auf Augenhöhe, sondern in einer hierarchisierten Konstellation. Jugendhilfe – weil sie meint schon zu wissen, was los ist – tritt als überlegene Aufklärerin auf, die Schule auf den aktuellen Stand der Geschlechterpädagogik heben muss. Schule gerät in die Position der Diffamierten und Unverstandenen und wehrt sich verständlicherweise.

Dies geschieht dann am ehesten damit, dass sie die Reden der Jugendhilfe nicht weiter ernst nimmt oder sie ihrerseits diskreditiert, was Jugendhilfe dann wieder darin bestätigt, das Schule in „Sachen Gender“ ausgesprochen borniert ist. So entsteht ein Kreislauf des fortlaufenden Missverstehens. Was stattfindet, sind vor allem Beziehungsrangeleien. Das Sachanliegen tritt in den Hintergrund – nämlich die Frage, ob und wie in den öffentlichen Einrichtungen der Betreuung, Erziehung und Bildung die Geschlechterfrage eine Rolle spielt und ob und wie eine genderadäquate Praxis entwickelt werden muss.

Vermeintliche Gewissheiten

Es erscheint mir dringlich, diese unheilvollen Diskurs- und Beziehungsmuster zu durchbrechen. Dafür gibt es genug Anlass. Denn – so meine zentrale These – die vermeintliche Überlegenheit der Jugendhilfe in der Genderfachdebatte zerfällt schnell, wenn man genauer hinschaut. Wenn es auch manche Unterschiede zwischen den geschlechterbezogenen Entwicklungen in Jugendhilfe und Schule geben mag, so haben sie doch viele Gemeinsamkeiten. Gemeinsam ist ihnen, dass die Diskursmuster und Praxiskonzepte letztlich in ihrem Kern identisch sind und ungewollt Abschließungen produzieren, die fachliche Entwicklungshorizonte und -möglichkeiten versperren.

Das Hauptproblem ist, dass eigentlich immer schon so vieles klar ist, wenn die Genderexpertinnen und Genderexperten über das Genderthema sprechen – und dabei unterscheiden sich die der Jugendhilfe nicht von denen der Schule. Was schon klar ist, möchte ich im Nachfolgenden nachzeichnen.

Gender betrifft Mädchen

Dass Mädchen und Jungen ein Geschlecht haben, wird niemand abstreiten. Da liegt es eigentlich auf der Hand, auch beide Geschlechter zu thematisieren. Dennoch geschieht dies nicht. Die Genderfachdebatte dreht sich stattdessen vor allem um das weibliche Geschlecht. Frauen- und Mädchenfachbücher dominieren zahlenmäßig. Themen der weiblichen Lebenswelt sind und werden intensiv und differenziert untersucht. Bei der Frage nach der Genderrelevanz in der Sozialen Arbeit wird zuallererst und überwiegend an mädchen- und frauenspezifische Konfliktlagen, Praxisprobleme und Praxisansätze gedacht. Es ist zwar nicht zu übersehen, dass in jüngerer Zeit – gepusht durch das Gender-Mainstreaming-Konzept – konsequenter von Frauen und Männern, Mädchen und Jungen gesprochen wird. Doch immer noch neigt die Genderfachdebatte dazu, weiterhin zur Frauen- und Mädchenseite zu kippen.

Gender heißt: weibliche Benachteiligung

Über Genderdifferenz zu sprechen transportiert immer die Vorstellung eines hierarchischen Geschlechterverhältnisses mit: Männer und Jungen dominieren, sind strukturell bevorzugt, Frauen und Mädchen sind benachteiligt. Auch die in jüngerer Zeit zu verzeichnende Thematisierung der „männlichen Verlierer" ändert hieran noch nicht viel. Immer wieder wird mit Nachdruck darauf verwiesen, dass es Mädchen und Frauen sind, die benachteiligt werden. Dies ist aus verschiedenen Gründen problematisch.

Zum Ersten ist ungeklärt, wie in diesem Modell denn die anderweitigen sozialen Differenzlinien verarbeitet sind. Benachteiligungsphänomene sind vielfach verworfen durch weitere soziale Ungleichheitsdimensionen – z.B. durch Alter, Schicht, Ethnie, ökonomischen Besitz, Bildung, körperliche Merkmale. Nimmt man dies ernst, kann die Diagnose von der Genderhierarchie genau genommen nur relational gelten, nicht pauschal. Und sie kann auch zuungunsten des männlichen Geschlechts ausfallen.

Zum Zweiten irritiert die Kontextlosigkeit dieser Hierarchiebefunde. Einem empirischen Phänomen wird eine Bedeutung zugewiesen – nämlich Macht oder Ohnmacht, Vorteil oder Nachteil – ohne mitzubedenken, dass es je nach sozialem Kontext ganz Verschiedenes bedeuten kann. Die Gewaltbereitschaft eines Jungen mag beispielsweise in gewissen subkulturellen Szenen ein Statusvorteil sein, in vielen anderen gesellschaftlichen Räumen zieht sie jedoch Marginalisierung und Kriminalisierung nach sich.

Zum Dritten stellt sich die grundsätzliche Frage: Wo ist eigentlich der Maßstab für die strukturelle Bevorteilung und Benachteiligung? Sind es das erlebte Wohlbefinden, der Gesundheitsgrad, das Ausmaß der Macht und der Handlungsoptionen, der Besitz ökonomischen, sozialen und kulturellen Kapitals? Und was ist, wenn die Machtfülle und die großzügigen Handlungsoptionen, die Männern unterstellt wird, gleichzeitig zu erhöhten Belastungen und Stress führen und zu geringerem Wohlbefinden, wie auch zu beobachten? Was ist, wenn die vermeintlich privilegierte männliche Geschlechtergruppe gleichzeitig auch an den äußersten Rändern der Gesellschaft überrepräsentiert ist, z.B. in den Gefängnissen, auf der Straße. Was ist, wenn wir die männliche Geschlechtergruppe zwar nachweislich zahlenmäßig überproportional in vielen gesellschaftlichen Machtpositionen finden, sie aber genauso vermehrt bei den Arbeitstätigkeiten zu finden sind, die als „Dreckarbeiten" verrufen sind, bei denen der eigene Körper ruiniert oder auch das eigene Leben riskiert werden muss?

Zum Vierten ist schließlich überhaupt die Frage, warum man sich so sehr darauf kapriziert, für Frauen und Mädchen das größere soziale Elend nachzuweisen. Was ist für die pädagogische Aufgabenstellung damit gewonnen? Für eine gute Kinderarbeit ist es auch weniger entscheidend, dass man sich und anderen zunächst die Benachteiligungen, denen Kinder in unserer Gesellschaft gegenüber Erwachsenen ausgesetzt sind, klar macht, die es schließlich auch gibt.

Die „dunklen Seiten" des Geschlechterverhältnisses

Kennzeichnend für die Fachliteratur zu Gender ist die Fokussierung problematischer Erscheinungen im Geschlechterverhältnis. Sie bietet umfangreich Daten zu genderspezifischen Nöten und beklemmende Fallgeschichten. Eine Schlüsselrolle nehmen dabei Gewalt und Sexualität als Problemthemen ein: Missbrauch, Vergewaltigung, Zwangsverheiratung, Verstümmelung, Ehrenmorde. Über Gender zu sprechen heißt vor allen Dingen über Gewalt und Grausamkeit zwischen den Geschlechtern zu sprechen. Diese Konzentration auf die „dunklen Seiten" führt unbeabsichtigt dazu, dass spezielle Realitäten unter der Hand zu allgemeinen werden. Praxen des Geschlechterverhältnisses, die zu Recht angeprangert werden, dominieren die Wahrnehmung und sorgen dafür, dass alles andere, was in den Geschlechterverhältnissen auch gelebt wird, in den Hintergrund rückt. So ist Gender kaum mehr anders als dramatische Problemkategorie vorstellbar und diskutierbar. Aber das ist eben nur die „Hälfte der Wahrheit".

Eindeutige Polaritäten

Die Beschäftigung mit Genderdifferenzen führt zu empirischen Wirrnissen. Einerseits werden die Geschlechterwelten in der Regel als dichotome Zweiheiten entfaltet: Jungen sind qua Geschlechtszugehörigkeit anders als Mädchen und Frauen sind anders als Männer; die jeweilige Geschlechtszugehörigkeit macht die betreffenden Individuen zu „Gleichen" und unterscheidet sie von den Individuen der anderen Geschlechtergruppe. Plausibilisiert wird diese Polarität mit vielen empirischen Befunden. Und schließlich erkennen wir in der Regel eindeutig, wer Mann, wer Frau ist. Auch das bestätigt die Idee von der Geschlechterpolarität. Dennoch sind da auch die Indizien für einen außerordentlichen Variantenreichtum in den Geschlechterwelten. So durchzieht die Fachliteratur ein eigentümliches Nebeneinander von Plädoyers für und gegen die Existenz einer Geschlechterpolarität. Es kommt zu endlosen Schlagabtäuschen zwischen den Kritikern und Befürwortern, bei denen die eine Seite Beweismaterial für eine Erosion der polaren Genderkategorie liefert, worauf die andere Seite Gegenbeweise bringt, worauf die eine Seite wieder neue Belege anführt und so weiter und so fort ...

Die Polarisierungen sind konstitutiv gewesen für die Herausbildung einer eigenständigen Frauen- und Geschlechterforschung. Indem die Relevanz der Geschlechterunterschiede, die ansonsten von den wissenschaftlichen Disziplinen übergangen wurden, nachgewiesen werden sollte, wurden unter der Hand beide Geschlechtergruppen vereinheitlicht. Die Differenzen mussten ausgeblendet werden, um die Kontur des neuen Themas eindrücklich zu schärfen. Das ist auch erst mal sinnig und in Ordnung.

Wie tragfähig sind jedoch auf Dauer diese stereotypisierenden Bilder, bei denen immer sofort klar ist, dass es viele Abweichungen gibt? Das sind dann die Situationen in den Seminaren, bei Fortbildungen oder Vorträgen, wo aus der Zuhörerschaft die Einwände kommen, die Genderlehrende so gar nicht lieben: „Aber bei mir war das ganz anders, aber bei meinem Sohn, bei meiner Tochter ist das ganz anders ...". Das Problem ist eben: Die Geschlechterrealitäten sind nicht so eindeutig wie die gehandelten einfachen Bilder.

Genderqualität ist Genderparität

Bei den Versuchen, Genderqualität in der pädagogischen Arbeit zu bestimmen, tritt oft die Neigung zutage, sie mit Genderparität gleichzusetzen. Genderqualität bemisst sich in diesem Fall daran, inwieweit Mädchen und Jungen in einem Angebot, einer Einrichtung, einem Arbeitsfeld quantitativ in gleicher Weise zu finden sind, in gleicher Weise dort versorgt werden. Dementsprechend werden zahlenmäßige Ungleichgewichte zum Indikator für mangelnde Genderqualität und zur Aufforderung, für Ausgleich zu sorgen.

Zweifelsohne bieten diese quantitativen Gendervermessungen wichtige Anhaltspunkte bei der Identifizierung von Entwicklungsbedarfen. Doch dem wohnt die Gefahr inne, dass die Genderfachdebatte zur dumpfen „Erbsenzählerei" verkommt, bei der inhaltliche Auseinandersetzungen ausbleiben. Die eigentliche Schwierigkeit des Zählens beginnt dort, wo die Zahlen zu bewerten sind. Ist tatsächlich jede quantitative Genderungleichheit Indiz für systematische Ausschluss- und Diskriminierungspraxen gegenüber dem einen oder dem anderen Geschlecht? Sind sie immer und per se ein Problem?

Was bedeutet es z.B., dass die außerschulischen Lernangebote von Vereinen, privaten Initiativen, kommerziellen Anbietern und Medienkonzernen von doppelt so vielen Mädchen in Anspruch genommen werden, wie der 12. Kinder- und Jugendbericht feststellt (2005)? Wird Mädchen damit „freie Zeit" verweigert oder sichern sie sich damit Vorsprünge bei der Ansammlung von kulturellem Karrierekapital? Was bedeutet der Befund, dass mehr Jungen in der Tagesgruppenerziehung und Heimerziehung zu finden sind? Stellt die weibliche Unterversorgung hier eine institutionelle Benachteiligung dar oder verweist es auf Jungenbenachteiligungen anderswo, die in der Folge dann Jungen sozial auffälliger oder für Eltern belastender werden lassen, so dass Hilfen beansprucht werden? Und was bedeutet es, dass sich Lehrkräfte im Unterricht mehr auf die Jungen beziehen? Werden Jungen deshalb tatsächlich bevorzugt, wie oft zu hören, oder steigt für sie damit nicht auch erheblich das Risiko, dass sichtbar wird, was sie nicht können, wo sie nicht aufgepasst und gelernt haben.

Es macht natürlich Sinn, Zahlen zu Geschlechterverteilungen zu erheben und kritisch anzuschauen. Dennoch sprechen sie leider nicht für sich. Auch wenn es verführerisch ist, die Gleichstellung der Geschlechter mit Genderparität zu operationalisieren, birgt dies Fallen.

Genderqualität ist Geschlechtshomogenität

Das Genderthema ist auch bei den nicht einschlägig interessierten Fachkräften mittlerweile fest „verlinkt" mit den Stichworten Geschlechtshomogenität und Geschlechtertrennung. Es scheint undenkbar, Genderpädagogik ohne diese Arbeitsprinzipien zu realisieren. So erschöpft sich denn auch oftmals der Nachweis von Genderqualität in dem Nachweis der Existenz geschlechtshomogener Angebote und Einrichtungen: Mädchen- und Jungentage im Jugendhaus, Mädchen- und Jungenprojekte in der Schule und in der Jugendarbeit, Mädchen- und Jungenräume usw.

Begründet wird dieser Fachstandard damit, dass in geschlechtshomogenen Räumen, in denen das andere Geschlecht nicht anwesend ist, geschlechtsspezifische Konflikte besser bearbeitet werden können. Die Gleichgeschlechtlichkeit der Fachkräfte ebnet zudem den verstehenden Zugang zu den Zielgruppen.

Doch wieso eigentlich soll ausschließlich die Gruppe der Gleichgeschlechtlichen der richtige Rahmen sein, um eine gelungene Biografieperspektive als Frau und als Mann zu entwerfen? Warum soll nicht eine Frau einem Jungen eine gute Begleiterin auf dem Weg des Mann-Seins sein können? Warum soll nicht ein Mann einem Mädchen ein guter Begleiter auf dem Weg des Frau-Seins sein können? Warum sollen gemischt-geschlechtliche Situationen Mädchen nichts Bereicherndes für ihren Weg als Frauen bieten – und umgekehrt?

Gleichgeschlechtliche Zuständigkeiten

Diese In-eins-Setzung von Genderqualität und Geschlechtshomogenität hat zudem zu einer speziellen Arbeitsteilung in Sachen Gender geführt: Frauen sind für die Belange von Mädchen und die Bereitstellung einer passenden Praxis zuständig, Männer sind für Belange von Jungen und die Bereitstellung einer passenden Praxis zuständig. Dies heißt dann auch: Frauen sind nicht für Jungenthemen zuständig, Männer nicht für Mädchenthemen, mehr noch: sie dürfen und sollten sich nicht dort einmischen. Es sind so etwas wie Geschlechter-Reviere entstanden. So ist häufig der Vorwurf von Frauen zu hören, dass die genderbezogenen Qualitätsentwicklungen nicht recht vorankommen, weil die männlichen Kollegen sich nicht um die Seite der Jungen kümmern und kümmern wollen. Doch wer hat hier eigentlich wann unter welchen Voraussetzungen bestimmt, was von wem zu machen ist? Diese Arbeitsteilung ist nicht das Produkt einer gemeinsamen Auseinandersetzung gewesen, sondern ziemlich einseitig beschlossen worden.

Eine weitere kritische Frage sei hinzugefügt: Könnte es sein, dass bei dieser Arbeitsteilung die weibliche Fachszene sich auch die attraktivere Arbeit gesichert hat? Vergegenwärtigt man sich, dass Jungen gegenwärtig in den Medien mit Vorliebe als übergriffige, gewalttätige, werte- und orientierungslose „soziale Analphabeten“ und „tickende Zeitbomben“ beschrieben werden, dann ist dies erheblich dazu angetan abzuschrecken. Dazu gesellen sich dann die sicherlich nicht seltenen realen Erfahrungen der Fachkräfte von überfordernden, verunsichernden oder gar bedrohlichen Situationen mit Jungen. Diese Gemengelage ist wenig dazu angetan, dazu zu motivieren, sich um männliche Zielgruppen zu kümmern. Sind Jungen also die unangenehmere, ängstigendere Klientel? Meidet man die Arbeit mit ihnen, weil sie überfordert? Und heißt dies dann nicht in Konsequenz: Sichern sich Frauen mit ihrem Anspruch auf die Mädchenarbeit unter der Hand möglicherweise auch die willkommenere Arbeit – nämlich mit den eher umgänglicheren Zielgruppen?

Zudem stellt sich auch die Frage, ob diese Arbeitsteilung eigentlich so sachadäquat ist. Bei der Entwicklung interkultureller Qualität in der Sozialen Arbeit käme schließlich auch niemand auf die Idee, die Zuständigkeiten ethnisch aufzuteilen: die deutschstämmigen Fachkräfte sind für die Seite der deutschstämmigen Zielgruppen verantwortlich, die Fachkräfte mit Migrationshintergrund sind für die Seite der Zielgruppen mit Migrationshintergrund verantwortlich.

Geschlechtsrollenerweiterung als Ziel

In der Genderpädagogik herrscht Einigkeit dazu, dass Ziel ist, Entwicklungsmöglichkeiten jenseits der einengenden gesellschaftlich „vorgeschriebenen“ Geschlechternormalitäten zu eröffnen. So heißt es exemplarisch in einem Text: Mädchen und Jungen „sollen die Möglichkeit haben, ihre individuellen Potenziale auszubilden, ohne dabei von Vorgaben, wie sie als Mädchen und Junge zu sein haben, eingeschränkt zu werden“ (Drogand-Strud/Rauw 2005: 168). Auf den ersten Blick überzeugen solche Sätze. Wer kann schon in der heutigen liberalisierten Zeit allen Ernstes das Ziel haben, Individuen in das bestehende geschlechtsbezogene Normengefüge einzupassen? Doch hinter solchen Einvernehmlichkeiten verbergen sich Tücken. Sie unterstellen nämlich fraglos, dass Normalitätszwänge immer beschädigend und damit von Übel sind, weil sie Individuen „verformen“, einengen und sich selbst entfremden.

Das Problem dabei ist: Es wird eine polarisierende Dichotomie zwischen Gesellschaft und Individuum konstruiert, bei der die Gesellschaft zum Träger des „Bösen“ wird, die die heile Existenz des Individuums bedroht. Diese Zweiteilung verkennt das persönlich Aufbauende sozialer Rahmungen und Gestaltungen. Wer kennt nicht den Stolz des Kleinkindes, das es endlich schafft, den Nasenschleim ins Taschentuch zu pusten statt „die Nase laufen zu lassen“, das berauschende Gefühl, endlich mit Messer und Gabel richtig umgehen zu können, ein strahlendes Kommunionskleid oder endlich die richtige Jeans tragen zu dürfen, die Haare erfolgreich gestylt zu haben oder den Tanz richtig aufs Parkett gelegt zu haben. Diese Liste ließe sich endlos verlängern.

Die gelungene Übernahme von Funktionsrollen, das gelungene Aufführen von „Sitte und Anstand“ und die normengerechte Selbstformierung ist als Markierung des eigenen Richtig-Seins und des „Dazugehörens“ erhebend. Soziale Normen sind nicht ausschließlich destruktiv, sondern immer auch konstruktiv.

Wird also mit der Propagierung der biografischen Entnormierungen nicht die Idee des freien, selbstbestimmten Individuums unzulässig überhöht? Kann es soziale Einbindung ohne normative Anpassungen geben? Warum erscheint es uns so bedenklich, dass sich Jugendliche an geschlechtsspezifischen Maßgaben orientieren könnten? Warum halten wir dieses für per se verdächtig? Ist dies tatsächlich für die Betreffenden ein Problem oder mehr für uns als Fachkräfte?

Genderbildungarbeit als Synonym für genderbezogene Praxis

Genderpädagogik konzentriert sich auf gruppenpädagogische Settings, die durch besondere Gender-Inhalte und seminaristische Anklänge gekennzeichnet sind. Sie sollen einen Raum bieten, in dem sich Mädchen und Jungen kritisch mit den herrschenden Geschlechtervorgaben auseinandersetzen können. Vor diesem Hintergrund richtet sich Genderkompetenz im Beruf vornehmlich auf die pädagogische Kunstfertigkeit, lebensweltadäquate geschlechtsbezogene Bildungskonzepte zu entwickeln. Die Fachliteratur wie auch entsprechende Seminare und Fortbildungen bieten mittlerweile hierfür ein umfangreiches „Werkzeug-Reservoire“: Spiele, Diskussions-, Moderations- und Reflexionsverfahren, erfahrungsbezogene Übungen, Medien, Kulturpädagogik u.ä.

Diese Entwicklungen sind ein Gewinn. Doch sie werfen die kritische Frage auf, ob genderbezogene Praxis sich sinnvollerweise auf dieses Setting beschränken lässt und beschränkt werden sollte. Gender wird dabei aus dem Alltag herausgeschnitten und an einen Sonderraum, eine Sonderzeit und einen Sonderrahmen verwiesen. Es wird zum Gegenstand initiierter, isolierender und gesteuerter Bildungspraxis. Was dabei außen vor bleibt, sind all die Interaktionen der offenen geschlechtsunspezifischen Situationen in pädagogischen Einrichtungen: z.B. die Schulpause, das Mittagessen, die Hausaufgabenhilfe, die Disco-Veranstaltung, die Nachtwanderung, das Spiel am Kicker oder Billard usw.

Entwicklungsherausforderungen für die Genderfachdebatte

Vor dem Hintergrund der hier aufgeworfenen Fragen möchte ich abschließend einzelne Herausforderungen für die zukünftige Genderfachdebatte nennen.

Gebrauchswert statt Moral

Die Genderfachdebatte ist stark ideologisch-moralisch aufgeladen: Jugendhilfe und Schule müssen sich vor allem deshalb genderbezogen qualifizieren, weil sich dies so „gehört" oder es zu Zeiten des Gender Mainstreamings nun auch zur Auflage geworden ist. Solange dies so bleibt, werden es Genderqualifizierungen schwer haben. Sie werden dann vor allem als weitere institutionelle Zumutung erlebt, wie man schon so viele im Beruf hat, weniger als professionalisierender Gewinn.

Aber was schaffe ich tatsächlich damit besser? Welche Probleme kann ich mit Genderkompetenz besser lösen? Kann ich damit meine Zielgruppen besser erziehen, beraten, begleiten, bilden, ihnen helfen, ihnen zu ihrem Recht verhelfen? Nur wenige Fachkräfte haben beim Stichwort Gender spontan das Gefühl, dass sich die Beschäftigung damit lohnt – und dies nicht, weil sie borniert sind, sondern weil der Gebrauchswert eben genau nicht so recht klar ist. Veränderungen werden aber erst in Angriff genommen, wenn die damit verbundenen Gewinne sichtbar, vorstellbar sind. Dies *ist* erst mal so, und es ist nicht nur beim Genderthema so.

Genderdebatte ohne Tabus

In der Genderfachdebatte haben sich Muster herausgebildet, die vorformen, wie das Thema zu diskutieren ist und was man zu dem Thema richtigerweise zu denken und zu sagen hat. Beiträge, die nicht „auf Linie" sind, werden in den Untergrund verbannt, Abweichendes und Verstörendes wird abgewehrt. Tabus sichern ab, dass alles so gedacht und gemacht wird wie es schon immer gedacht und gemacht wurde. Damit entsteht ein „Doppelleben". Öffentlich wird anderes gesprochen als in informellen privaten Zirkeln und hinter vorgehaltener Hand.

Wenn es jedoch keinen Ort gibt, an dem Irritationen und Einwände offen gelegt werden können und an dem Kontroversen öffentlich ausgetragen werden können, können Weiterentwicklungen nur schwerlich stattfinden. Es werden damit dialektische Prozessentwicklungen verhindert. Genderqualifizierungen müssen einerseits bestehende Denkverbote und ihre verwickelten, oftmals unbeabsichtigten und ungeahnten Entstehungsprozesse ehrlich aufspüren – was wagen wir alles nicht zu denken? Sie müssen andererseits sich dazu Gedanken machen, wie eine fachliche Gesprächsatmosphäre herzustellen ist, in der Verstörendes aussprechbar und besprechbar ist, vielleicht auch gezielt aufgesucht wird, um thematisch weiterzukommen.

Das Problem mit den männlichen Benachteiligungen

Wie schon gesagt, es fällt der Genderfachdebatte schwer, über männliche Benachteiligungen zu sprechen. Immer ist da die Furcht, dass mit der Hinwendung zu Jungen die in langwierigen Kämpfen errungene Wahrnehmung und Anerkennung der weiblichen Benachteilungen wieder zunichte gemacht werden. Dass es diese Furcht gibt, hat vermutlich sehr viel damit zu tun, dass das Geschlechterverhältnis vor allem als Hierarchieverhältnis gedacht wird. Auf dieser Folie kann auch die Genderfachdebatte letztlich nur in einer Konkurrenzlinie des „Entweder-oder“ geführt werden: Die fachliche Hinwendung zu weiblichen Problemlagen muss dann die Abdrängung der männlichen implizieren. Mit der Hinwendung zu männlichen Problemlagen droht die Widerherstellung der männlichen Überlegenheitskultur.

Es gibt noch keine Diskurskultur, in der das „Sowohl-als-auch“ hergestellt und ruhig ausgehalten werden kann. Dies würde bedeuten: Es gibt weibliche *und* männliche Problemsachverhalte; *beide* haben Anspruch auf Aufmerksamkeit; die Hinwendung zur einen Seite bedeutet nicht ihre Bevorzugung und muss nicht zwangsläufig auf Kosten der anderen gehen – und umgekehrt.

Das Problem mit den Deutungen

Empirische Befunde zu den Geschlechterrealitäten zu ermitteln, das ist das eine Problem. Das andere ist, wie sie dann gedeutet werden. Es wurde schon oben angesprochen: In der Genderfachdebatte haben sich eine Reihe von Realitätsdeutungen herausgebildet, die sich unter der Hand schleichend zu einem Generalverdacht der Geschlechterungerechtigkeit zuungunsten des weiblichen Geschlechts verewigt haben. Man weiß sofort, was dieser und jener Befund bedeutet und wie er zu bewerten ist, ohne noch zuzulassen, ob möglicherweise auch andere Deutungen plausibel wären. Hier mehr Mut zu entwickeln, könnte die Fachdebatte sicherlich neu beleben. Es könnte möglicherweise entlasten, aber auch andere fachlich bereichernde Sichtweisen entdecken lassen.

Genderqualität in der Sozialen Arbeit: besondere Praxis?

Genderdifferenzen werden von Individuen als prominente soziale Distinktionslinie kontinuierlich bearbeitet, sie müssen bearbeitet werden, um sich selbst sozial zu verorten, Gruppenzugehörigkeiten und Abgrenzungen zu markieren, Identität zu konstruieren – in Körperinszenierungen, Reden, Spielen, Witz, Anmachen, Gruppenritualen, Konflikten, Diskriminierungen und Übergriffen. Begreift man pädagogische Einrichtungen als soziale Bühnen, auf denen Genderkonturen von den Zielgruppen gestaltet, geübt, angegriffen und bestätigt werden, dann zeigt sich die Dringlichkeit gelungenen professionellen Feedbacks. Denn diese Praxen können gelingen oder scheitern, sie können die Betroffenen gesellschaftlich anschlussfähig machen oder auch nicht.

Genderkompetenz würde danach vor allem die Fähigkeit bezeichnen, in diesen informellen, offenen Situationen auf die „Vorlagen“ der Zielgruppen spontan, adäquat genderbezogen reagieren und entwicklungsförderlich „antworten“ zu können. Dies schließt ein, Inszenierungen je nach ihrer Gestalt anzuerkennen, kritisch zu spiegeln, zu verstören, Alternativen zu eröffnen, auch zurückzuweisen und zu sanktionieren, wo es nötig ist, und sich schließlich auch anzubieten, das Thema weiter zu bearbeiten.

Dieses Wechselspiel zwischen den Impulsen der Klientinnen und Klienten und den professionellen Reaktionen ist diffizil. Es setzt voraus, diese Erziehungs- und Bildungsgelegenheiten erkennen zu können, auch wenn sie oft genug für Fachkräfte provozierend und schockierend präsentiert werden. Es erfordert, die Gratwanderungen zwischen Spiel und Ernst erfolgreich zu schaffen, sich auf das, was kommt, einlassen, auch mal mitzuspielen und dennoch darin auch aktiv durch eigene Beiträge zu steuern. Genderqualität kann sich dann nicht mehr in der Debatte um die geschlechtshomogenen Angebote erschöpfen, sondern muss sich stärker den diffusen scheinbar banalen Interaktionen des Alltags widmen, muss sich stärker als „responsiver Akt“ begreifen.

Hindernisse in der intergeschlechtlichen Fachdebatte

Die entwicklungsgeschichtliche Dynamik der Genderfachdebatte hat Fachmonopole entstehen lassen. Jede Geschlechtergruppe hat qua Geschlecht ihr „Ressort“, in dem sie die Expertise hat. Diese kultivierten Grenzen bringen es zwangsläufig mit sich, dass es schwer fällt, als Frauen und Männer *miteinander* über genderbezogene Fachfragen und Qualifizierungsbedarfe in der Sozialen Arbeit zu sprechen. Man steht sich als Fremde aus verschiedenen Welten gegenüber. Es fehlen schlicht Übung und Rituale des Dialogs. Zudem hat man im Vorfeld viel „Schlimmes“ übereinander gehört.

So mangelt es vielleicht auch an Vertrauen in die andere Seite, dass sie einen nicht überwältigt, wenn man sich tatsächlich auf einen Dialog einlässt. Ebenso mangelt es möglicherweise an Zuversicht, dass die andere Seite zur Aufgabe der genderbezogenen Qualitätsentwicklung überhaupt auch was Produktives beizusteuern hat. Wenn das Geschlechterverhältnis durchgängig als eines des existentiellen Konflikts entworfen wird, ist dies kaum anders möglich und es bleibt nichts anderes übrig, als sich im Belagerungszustand zu bewachen. Doch nimmt man sich damit viele neue Erkenntnis- und Entwicklungsmöglichkeiten in der Sache.

Bei der Beschäftigung mit der Frage, wie Gender als Qualitätsdimension in der Kooperation zwischen Jugendhilfe und Schule zum Tragen kommen kann, scheint es mir wenig angebracht, zuallererst und ausschließlich darüber nachzudenken, wie man Konzepte der Mädchenarbeit und Jungenarbeit denn nun in eine koedukative Einrichtung wie die der Schule transferieren kann. Vielmehr scheint es mir sinnvoller, sich gemeinsam den vielen schwelenden Fragen zu stellen, die dafür sorgen, dass das Thema sich selbst fesselt und bis heute bei der Mehrheit der Fachkräfte ein ungeliebtes ist.

Literatur

Bundesministerium für Familie, Senioren, Frauen und Jugend (Hrsg.) (2005): 12. Kinder- und Jugendbericht: Bericht über die Lebenssituation junger Menschen und die Leistung der Kinder- und Jugendhilfe in Deutschland; Bildung, Betreuung und Erziehung vor und neben der Schule. Berlin

Drogand-Strud, Michael/Rauw, Regina (2005): Geschlechtsbezogene Pädagogik in der Offenen Jugendarbeit. In: Deinet/Sturzenhecker (Hrsg.) (2005): 167-180

Deinet, Ulrich/Sturzenhecker, Benedikt (Hrsg.) (2005): Handbuch Offene Kinder- und Jugendarbeit. Wiesbaden: VS-Verlag

Teil C – Praxis gestalten

I. Kooperation politisch und strukturell gestalten

Horst Roselieb / Ingrid Wahner-Liesecke

PRINT als Ergebnis interministerieller Zusammenarbeit in Niedersachsen

1 Einführung

Der folgende Beitrag fokussiert seinen Blick in besonderer Weise auf das niedersächsische Landesprogramm PRINT – einem Programm zur Verbesserung der Zusammenarbeit von Jugendhilfe und Schule – als Ergebnis interministerieller Zusammenarbeit. Unter Berücksichtigung der zahlreichen wissenschaftlichen Fachaufsätze in diesem Handbuch verzichten wir dabei auf eine globale theoretische Behandlung des Themas Jugendhilfe und Schule und versuchen vielmehr, das ausgewählte Förderprogramm aus der Perspektive der beteiligten Ministerien zu beleuchten. Die konkreten Evaluationsergebnisse des PRINT-Programms sind im gesonderten Beitrag nachzulesen (s. Sommer, in diesem Band). Weitere wertvolle Erkenntnisse zum Weiterbildungsansatz an der Schnittstelle von Jugendhilfe und Schule im Rahmen des PRINT-Programms liefern die Ausführungen zur „Weiterbildung als strategischer Ansatz zur Verbesserung der Kooperation von Schule und Jugendhilfe" (Stange, in diesem Band).

Dieser Aufsatz ist nach folgender Gliederung aufgebaut: Neben der kurzen Einführung werden zunächst einige Hintergrundinformationen und Begründungen zur Programmentwicklung und damit zum Anlass der interministeriellen Zusammenarbeit zusammengefasst. Im Anschluss erfolgt eine komprimierte Darstellung der Programmstruktur. Unter dem Gliederungspunkt 4 werden dann exemplarisch ausgewählte Programmkomponenten vorgestellt, die auch das Zusammenspiel der interministeriellen Ebene berühren. Im Anschluss wird das Nachfolgeprogramm von PRINT erläutert, das aus den Absprachen der beteiligten Ministerien resultiert, bevor abschließend ein Resümee gezogen wird.

Anzumerken ist, dass mit dem PRINT-Programm in Niedersachsen Kurs genommen wurde auf eine grundlegende, tief greifende und landesweite Verbesserung des Zusammenwirkens der Systeme Jugendhilfe und Schule, die eine nicht zu unterschätzende Herausforderung, aber auch eine anzuerkennende Bereitschaft für die beteiligten Akteure bedeutet hat.

2 Hintergründe zur Entstehungsgeschichte

Bereits Mitte der 90er Jahre, lange bevor Ereignisse wie in Erfurt oder zuletzt in Emsdetten die Öffentlichkeit und die Politik in Deutschland schockierten, wurden in Niedersachsen die Weichen zur Verbesserung der Kooperation von Schule und Jugendhilfe gestellt. 1994 trat der Erlass des Kultusministeriums zur Zusammenarbeit von Schule, Jugendamt und freien Trägern der Jugendhilfe in Kraft. Ferner wurde ein Zusammenarbeitsgebot für die Lehrkräfte im Niedersächsischen Schulgesetz verankert. Entsprechendes enthielt bereits das Kinder- und Jugendhilfegesetz für die öffentliche Jugendhilfe. Der Erlass „Zusammenarbeit zwischen Schule, Jugendamt freien Trägern der Jugendhilfe" verpflichtet zur Zusammenarbeit der beiden Bildungs- und Erziehungsinstitutionen. 2004 unterstrichen auch die Jugendministerkonferenz (JMK) und die Kultusministerkonferenz (KMK) in ihrem gemeinsamen Beschluss die Notwendigkeit der Zusammenarbeit und forderten die Partner auf, hierfür Rahmenvereinbarungen zu treffen.

Gemeinsam suchten das damalige Niedersächsische Ministerium für Frauen, Arbeit und Soziales, das Niedersächsische Kultusministerium sowie das Niedersächsische Landesjugendamt Ende der 90er Jahre nach weiteren Möglichkeiten und Wegen, wie die Kooperation von Schule und Jugendhilfe vorangebracht werden konnte. Die Suche führte im Jahre 2000 zur Verabschiedung des Präventions- und Integrationsprogramms (PRINT) des Landes Niedersachsen.

Im Rahmen einer verbindlichen Kooperation von Schule und Jugendhilfe sollten an sozialen Brennpunkten Nachmittagsangebote an Schulen eingerichtet und eine abgestimmte und zielgruppenbezogene Bündelung der örtlichen Präventions- und Integrationsmaßnahmen erreicht werden. Abweichendem Verhalten, Schulversagen und Schulabsentismus sollte durch den Abbau von Benachteiligungen und die Schaffung positiver Lebensbedingungen entgegengewirkt werden. Gefördert werden sollten auch eine positive Persönlichkeitsentwicklung sowie die Integrations-, Ausbildungs- und Beschäftigungsfähigkeit der Heranwachsenden. Einerseits die jungen Menschen an der Planung und Durchführung der Angebote zu beteiligen und andererseits die Lebenslagen beider Geschlechter zu berücksichtigen, sollten tragende Prinzipien bei der Initiierung und Umsetzung derartiger Maßnahmen sein.

3 Programmstruktur

Mit dieser Zielvorgabe ist ein komplexes Programm, bestehend aus 47 sogenannten Grundbausteinen und 30 sogenannten Schwerpunktbausteinen, verabschiedet worden.

Die Grundbausteine sollten an insgesamt 47 Standorten, d.h. in allen 38 Landkreisen und neun kreisfreien Städten Niedersachsens eingerichtet werden. Als schulische Standorte für PRINT-Projekte wurden größere Einzelschulen, organisatorisch zusammengefasste Schulen oder in einem Schulzentrum zusammengelegte Schulen festgelegt. Konzentrationspunkte sollten dabei Förderschulen, Hauptschulen oder berufsbildende Schulen sein. Eine weitere Programmvorgabe bildete die Entwicklung lokaler Präventions- und Integrationskonzepte durch Jugendhilfe und Schule in enger Zusammenarbeit mit den zentralen Institutionen und Organisationen (z.B. Präventionsrat, Kooperative Migrationsarbeit, Eltern, Vereine und Verbände). Nach Durchführung einer Bestandsaufnahme standen die beiden Systeme Jugendhilfe und Schule vor der Aufgabe, ein pädagogisches Konzept mit Schwerpunkten für Nachmittagsangebote zu erstellen. An den projektbeteiligen Schulen sollten auf der Basis der Zusammenarbeit von Jugendhilfe, Schule und anderen gesellschaftlichen

Partnern an mindestens drei Tagen Nachmittagsangebote in Form von Arbeitsgemeinschaften, Freizeitangeboten, Projekten, Fördermaßnahmen, Hausaufgabenhilfen einschließlich des Angebots eines Mittagstisches durchgeführt werden.

Die Landkreise und kreisfreien Städte sollten insbesondere Gemeinden und Stadtquartiere vorschlagen, die von besonderen Belastungen gekennzeichnet sind. Ab Dezember 2000 erfolgte die Vergabe der Grundbausteine, die schwerpunktmäßig im Jahresverlauf 2001 besetzt wurden und ihr breites Aufgabenspektrum aufbauten. Da vereinzelte Landkreise von einer Antragstellung Abstand nahmen, wurde den Landkreisen und kreisfreien Städten die Möglichkeit eröffnet, bei entsprechender Bedarfslage ein weiteres Projekt zu beantragen. Daher weist die geografische PRINT-Landkarte zwar einige Lücken, mitunter aber auch zwei Projektstellen im Bereich der Grundbausteine auf. Als Förderung des auch unter Mitfinanzierung aus Mitteln des Europäischen Sozialfonds aufgelegten Programms waren jährliche Landesmittel in Höhe von etwa 22.500,- € für Personalkosten sowie etwa 1.250,- € für Sachkosten vorgesehen.

Ab der Jahresmitte 2002 wurde das Präventions- und Integrationsprogramm durch 30 Projekte, die sogenannten Schwerpunktbausteine, erweitert. Die Schwerpunktbausteine beinhalteten Komponenten für gezielte Integrationsstrategien in Vereine, beim Übergang von der Schule in den Beruf und zur gesellschaftlichen Teilhabe/Partizipation. In Ergänzung zu den strukturell präventiven und integrativen Handlungsansätzen der Grundbausteine sollten diese Projekte gezielte Hilfestellungen für besondere Zielgruppen leisten. Landesmittel wurden pro Projekt in Höhe von jährlich etwa 35.000,- € für Personalkosten und 10.000,- € für Sachkosten zur Verfügung gestellt.

Die Resonanz auf diese Projektausschreibung war mit landesweit 80 Anträgen sehr hoch. Unter den Auswahlkriterien eines aussagekräftigen Konzeptes in Verbindung mit einer ausgewogenen Verteilung der Projektförderung auf ganz Niedersachsen erfolgte die Vergabe der Schwerpunktbausteine. Wie den Evaluationsergebnissen der GIB zu entnehmen ist, wurden auch hier wertvolle und beachtliche Projektergebnisse erzielt.

Eine weitere Programmkomponente bildete die berufsbegleitende Weiterbildung zur Präventionsfachkraft, die von der Uni Lüneburg, Präventionsprojekt NetzwerG, konzipiert und realisiert wurde. Für die im PRINT-Programm tätigen Mitarbeiterinnen und Mitarbeiter ist eine verpflichtende Teilnahme verankert worden.

Darüber hinaus wurden mit Start im Jahr 2000 sogenannte Tandemkurse ausgeschrieben. Dieses Fortbildungsangebot richtete sich an Fachkräfte der Kinder- und Jugendhilfe und an Lehrkräfte, die sich für eine verbesserte Zusammenarbeit von Jugendhilfe und Schule qualifizieren und engagieren wollten. In Zusammenarbeit mit dem Präventionsprojekt NetzwerG konnten im Zeitraum 2001 bis 2006 insgesamt neun Tandemkurse ausgeschrieben und durchgeführt werden. Mit dieser praxisorientierten und sehr anerkannten Weiterbildungsmaßnahme konnten zusätzlich zu den PRINT-Fachkräften weitere etwa 225 Personen in Niedersachsen zur Präventionsfachkraft ausgebildet werden.

4 Ausgewählte Programmkomponenten

Die nachfolgenden Aspekte gewähren aus unserer Sicht Einblicke in das vorgestellte Landesprogramm und erläutern das Zusammenwirken auf der interministeriellen Ebene. Wir bitten um Verständnis dafür, dass im Rahmen dieses Beitrages lediglich eine überschaubare Zusammenfassung ausgewählter Themen ausgeführt wird.

4.1 Die Komplexität des Programms

Die unter Punkt 3 erläuterte Programmstruktur lässt die Komplexität des PRINT-Vorhabens erahnen. Die in der Förderrichtlinie zugrunde gelegten umfangreichen Zielsetzungen sowie die Anforderung, die mitunter die nur begrenzt, oberflächlich oder verordnet verbundenen Systeme Jugendhilfe und Schule zur aktiven Zusammenarbeit und tragfähigen Kooperation zu bewegen, verdeutlichen die Balanceleistung, die dieses Programm in sich birgt. Insbesondere in der Startphase der Projekte war es vielerorts erforderlich, den durch eine Kooperation zu erwartenden Gewinn zu definieren und zu vermitteln.

Neben den zahlreichen Ansatzpunkten zur Programmgestaltung stellte die festgeschriebene Konzeptentwicklung eine beachtliche Anforderung für die beteiligten Projekte dar, die gleichzeitig jedoch auch einen klaren und verbindlichen Handlungsrahmen gesetzt und die Projektentwicklung festgelegt hat.

Gerade unter Berücksichtigung der Komplexität des Programms hat sich der begleitende Diskussionsstrang des Lenkungsausschusses bewährt. Er ermöglichte, bei besonderen, nicht nur vereinzelt auftretenden Fragestellungen und Herausforderungen, z.T. durch zusätzliche Unterstützungsangebote (z.B. Einrichtung einer weiteren Seminareinheit zur konkreten Problematik bei der berufsbegleitenden Weiterbildung), durch Aufgreifen der Fragestellung bei Vorortbesuchen oder Veranstaltungen oder durch Einrichtung spezieller Fortbildungsangebote zu begegnen.

Es ist jedoch unbestritten, dass insbesondere die komplexe Programmstruktur die Entwicklung eines breit gefächerten Praxisansatzes unter Berücksichtigung der individuellen Rahmenbedingungen ermöglicht hat.

4.2 Begleitender Lenkungsausschuss

Ein Instrument zur Steuerung des PRINT-Programms, das im Folgenden detaillierter vorgestellt wird, bildet die Einrichtung eines begleitenden Lenkungsausschusses. Bereits in der frühen Phase der Programmkonzeption stellte die Installation eines derartigen Gremiums eine tragende Säule dar.

Zu den Mitgliedern des Lenkungsausschusses zählten Vertreterinnen und Vertreter des Niedersächsischen Ministeriums für Soziales, Frauen, Familie und Gesundheit, des Niedersächsischen Kultusministeriums, des Niedersächsischen Landesamtes für Soziales – Fachgruppe für Kinder, Jugend und Familie (ehemals Niedersächsisches Landesjugendamt) sowie das Team des Präventionsprojektes NetzwerG von der Universität Lüneburg. Nach der Vergabe des Evaluationsauftrages zum Jahresende 2002 an die Gesellschaft für Innovationsberatung und Forschung in Berlin (GIB) erweiterte sich der Mitgliederkreis um zwei Personen von der GIB. Auf Wunsch der in den PRINT-Projekten tätigen Mitarbeiterinnen und Mitarbeiter nahmen ab dem Jahr 2003 auch aus einem eine gegenseitige Vertretung ermöglichenden Kreis von drei PRINT-Fachkräften jeweils zwei als feste Mitglieder des Lenkungsausschusses an den Sitzungen teil.

Im gesamten Programmzeitraum von 2001 - 2006 fanden i.d.R. in halbjährlichen Intervallen, d.h. zweimal pro Jahr, Besprechungen statt. In etwa maximal dreistündigen, gut strukturierten Sitzungen wurde nach einer zu Beginn der Besprechung genehmigten Tagesordnung verfahren. Im Verlauf des Bestehens des Lenkungsausschusses etablierte sich, zu Beginn der Sitzungen eine aktuelle Berichterstattung der vertretenen Institutionen. Dadurch wurde es möglich, neben dem reduzierten, fachspezifischen Blick auf das PRINT-Programm globalere Zusammenhänge und Hintergründe auszutauschen. Diesem Austausch kam deswegen eine besondere Bedeutung zu, weil zur Steuerung von PRINT Informationen über tief greifende Entwicklungen (z.B. Schulstrukturreform, Neuorganisation/Auflösung des Niedersächsischen Landesjugendamtes, Fusionierung der Fachhochschule Lüneburg mit der Universität Lüneburg) benötigt wurden. Sie konnten durch diese Routine unkompliziert bereitgestellt werden.

Im Anschluss wurden zentrale, das PRINT-Programm betreffende Aspekte vorgestellt und diskutiert. So erfolgte beispielsweise eine aus der begleitenden Fachperspektive kommentierte aktuelle Programmdarstellung (z.B. Informationen zum Besetzungsstand, aktuelle Diskussionsschwerpunkte aus der Praxis, Ergebnisse der Prüfung der Jahresberichte). Ebenso informierte das Team des Präventionsprojektes NetzwerG über Inhalte, Verlauf und ggf. Besonderheiten der durchgeführten Weiterbildungskurse. Darüber hinaus wurden auch Fragestellungen zur Evaluation erläutert bzw. die weitere Abstimmung zum Evaluationsdesign vorgenommen. Auch aus der vertretenen Praxissicht wurden zentrale Diskussionspunkte oder Fragestellungen eingebracht. Zentrale Programmkomponenten (z.B. Gestaltung der Niedersächsischen Präventionsmärkte, Auswahl der Weiterbildungstandems) wurden gemeinsam im Lenkungsausschuss diskutiert, beraten und entschieden.

Als Fazit lässt sich ziehen, dass der Lenkungsausschuss als Gütesiegel des Förderprogramms zu bewerten ist. Das kontinuierlich zusammentreffende Gremium, das unter Beteiligung aller mitwirkenden Ebenen beriet, ermöglichte eine aufmerksame und interdisziplinäre Bewertung und Steuerung des PRINT-Programms. Wie auch im Evaluationsbericht der GIB als Erfolgsgarant vermerkt, ist der Lenkungsausschuss als eine unverzichtbare Komponente zum Gelingen eines derart komplexen Programmvorhabens auszumachen.

4.3 Die berufsbegleitende Weiterbildung

Beide Professionen, die der Sozialpädagoginnen und Sozialpädagogen wie auch die der Lehrkräfte, haben in ihrer Ausbildung das Rüstzeug für eine erfolgreiche Arbeit im (Schul-) Alltag oft nur in eingeschränktem Umfang erhalten. Verschiedentlich ist die Hilf- und Ratlosigkeit spürbar, die sich in Aussagen wie „Dafür sind wir gar nicht ausgebildet worden" ausdrückt.

Mit dem durch PRINT verfolgten Ansatz, auf freiwilliger Basis interessierte Fachkräfte aus beiden Bereichen in regionalen Tandems, also jeweils eine Lehrkraft und eine sozialpädagogische Fachkraft gemeinsam weiterzubilden, liegt die Vorstellung zugrunde, dass die in der Tandemweiterbildung geknüpften Kontakte, gestärkt durch die entwickelte Kommunikationsbasis und durch gemeinsame Erfahrungen zu einer Fortsetzung bzw. sogar zu einem Ausbau der Zusammenarbeit vor Ort führen werden. Dieses Experiment, zwei nach unterschiedlichen Prinzipien unter unterschiedlichen Rahmenbedingungen in unter-schiedlichen Strukturen arbeitende Professionen miteinander erst in Berührung und später in einen gemeinsamen Arbeitszusammenhang zu bringen, kann bei PRINT als geglückt bezeichnet werden.

Die überraschend hohe Nachfrage, insbesondere aus den Schulen, gab Anlass zur Verwunderung, sahen sich doch die Schulen in vielfacher Hinsicht mit neuen Aufgabenstellungen und Herausforderungen konfrontiert, die die in der Schule vorhandenen Ressourcen an Arbeitskraft und -zeit von außen betrachtet vollständig in Anspruch nehmen mussten. Ausgelöst durch das schlechte Abschneiden bei den PISA-Studien, das Folgerungen im Hinblick auf die Entwicklung und Überprüfung von Schulqualität zeitigte, mussten sich die Schulen u.a. mit Schulentwicklung, Schulprogramm, Kerncurricula und fachlichen Standards, Zentralabitur, Vergleichs- und Abschlussarbeiten usw. sowie den sich parallel vollziehenden Reformen in den Bereichen Schulverwaltung und Schulstruktur auseinandersetzen.

Die Teilnahme engagierter Lehrerinnen und Lehrer an einer derart anspruchsvollen und zeitintensiven Weiterbildungsmaßnahme ist vor diesem Hintergrund besonders hervorzuheben.

Die gelungene Verzahnung von Theorie und Praxis, das „Training-on-the-job" einschließlich des begleitenden Coachings stellt offenbar einen bedarfsgerechten Ansatz dar. In Niedersachsen hat die Durchführung der Tandemkurse jedenfalls die Entwicklung des Themenkomplexes „Jugendhilfe und Schule" beflügelt. Die Erarbeitung von innovativen Handlungsansätzen auf Kooperationsbasis, die Durchführung und Veröffentlichung von Kooperationsprojekten hat landesweit erkennbar fruchtbare Diskussionsprozesse ausgelöst, die zu einer Verbesserung der Lebenssituation von Kindern und Jugendlichen führen und einen Gewinn für die Schul- und Jugendhilfelandschaft bedeuten.

Dass das zentrale Anliegen des Weiterbildungskonzeptes, die Bereicherung von Praxis und die Steigerung der Leistungsqualität der Präventionsfachkräfte, erreicht worden ist, das zeigen die von den Teilnehmerinnen und Teilnehmern eingereichten Dokumentationen und die Präsentationen der Tandemprojekte im Rahmen der Zertifikatsübergaben. Sie dienen der Vermittlung und dem Austausch erprobter und gelungener Praxismodelle (Best Practice).

Die Vorstellung und Verbreitung erfolgreich durchgeführter Projekte bieten wichtige Anregungen für die Weiterentwicklung der Praxis. Ohne eine gewisse Übersetzung und Modifizierung der gezeigten Ideen funktioniert die Weiterentwicklung oder Übertragung jedoch nicht. Vor Ort bedürfen die Projektanregungen noch der Anreicherung mit lokalen Spezialitäten, da es sonst an einem wichtigen Bestandteil, nämlich der Identifikation der Akteure mit „ihrem" Projekt mangelt.

Kritisch weisen zahlreiche Weiterbildungsteilnehmerinnen und -teilnehmer auf die bestehenden Grenzen eines dauerhaften zusätzlichen Engagements hin. Aus ihrer Sicht ist ein kontinuierlicher Einsatz auf dem Niveau der Weiterbildung nur möglich, wenn entsprechende Zeitressourcen zur Verfügung stehen, d.h. Anrechnungen des Einsatzes auf die regelmäßige Unterrichtsverpflichtung erfolgen.

Wie sich die erworbenen Qualifikationen in einer lebendigen Praxis niederschlagen, war Ende letzten Jahres in Hannover eindrucksvoll zu erleben. Dem PRINT-Tandem der Hauptschule Badenstedt gelang es, ein mit erheblichen Mitteln gesponsertes erlebnispädagogisches Projekt in die Schule zu holen und für die gesamte Schülerschaft ihrer Schule sowie für einige Klassen der benachbarten Realschule und Förderschule zum Erfolg zu bringen. Unter Anleitung der „Young Americans", einer jungen amerikanischen Gesangs- und Tanzformation, arbeiteten die Schülerinnen und Schüler in Workshops und übernahmen die unterschiedlichsten Aufgaben, z.B. Gesang, Tanz, Technik, Kulissengestaltung. Ungeahnte Stärken und Talente der Schülerinnen und Schüler kamen dabei zum Vorschein. Den Abschluss bildete eine beeindruckende öffentliche Aufführung mit allen Teilnehmerinnen und Teilnehmern. Mut, Selbstvertrauen und neue Motivation wurde von den Schülerinnen und Schülern in überreichem Maße getankt. Die Konrektorin der Schule, Tandem-Lehrkraft, sagte in ihren abschließenden Worten: „Morgen, wenn wir uns wieder im Unterricht begegnen, ist nichts mehr wie es war. Dieses Projekt hat uns alle verändert."

4.4 Die Niedersächsischen Präventionsmärkte

Ein weiteres Kernstück des PRINT-Programms bildeten die im Zeitraum 2001 bis 2006 stattgefundenen sogenannten Niedersächsischen Präventionsmärkte, die das Präventionsprojekt NetzwerG der Uni Lüneburg im Auftrag des Landes Niedersachsen durchgeführt hat. Ziel dieser Programmkomponente war insbesondere die weitere Veröffentlichung des Themenkomplexes Jugendhilfe und Schule, aber auch die Präsentation praxiserprobter und bewährter Handlungsansätze der ausgebildeten Präventionsfachkräfte, die das interessierte Fachpublikum zur Nachahmung anregen und auffordern sollte.

Trotz eines breiten Spektrums an Veranstaltungen im dargestellten Präventionsbereich hat sich der Niedersächsische Präventionsmarkt rasch in der hiesigen Fortbildungslandschaft etabliert. Das ausgewogene Wechselspiel von Theorie- und Praxisanteilen, das lebendige Gesamtkonzept und die ausgesprochen positive Lernatmosphäre prägten diese Veranstaltungen in besonderer Weise. Hervorzuheben ist außerdem die Tatsache, dass es gelungen ist, eine nahezu ausgewogene Beteiligung von Fachkräften der Kinder- und Jugendhilfe und Lehrkräfte zu erreichen; für derartige Fortbildungen im Kooperationsgefüge sicherlich keine Selbstverständlichkeit, dominiert i.d.R. die eine oder auch andere Berufssparte.

Nach der Durchführung von insgesamt drei Niedersächsischen Präventionsmärkten in den Jahren 2001 bis 2004 beschloss der Lenkungsausschuss mit Blick auf das Programmende zum 31.12.2006, eine zweitägige Abschlussveranstaltung mit bundesweiter Ausrichtung im Jahresverlauf 2006 zu platzieren. Ein überzeugendes, breit gefächertes Tagungsprogramm lockte etwa 700 Personen für zwei Tage nach Lüneburg. Erfreulicherweise sind zahlreiche, wertvolle Beiträge dieser Veranstaltung hier im herausgegebenen Handbuch nachzulesen.

Neben der Programmkomponente der Weiterbildungskurse ist somit mit den beschriebenen Niedersächsischen Präventionsmärkten eine weitere Plattform für die Diskussion der Schnittstellen Jugendhilfe und Schule geschaffen worden.

4.5 Ganztagsschulentwicklung/Hauptschulprofilierungsprogramm

In dem Beschluss der JMK vom 13./14.05.2004 und der KMK vom 03./04.06.2004 heißt es:

> „Die Entwicklung und der Ausbau von Ganztagsschulen und Ganztagsangeboten an Schulen haben sowohl schulpolitisch als auch jugendpolitisch große Bedeutung.
>
> Die Förderung von Kindern und Jugendlichen in Ganztagsschulen und in Ganztagsangeboten an Schulen erweitert die Möglichkeiten des fachlichen wie auch des sozialen Lernens. Die Mischung kognitiver, sozialer, emotionaler und kreativer Angebote und Anforderungen, die über den gesamten Tag verteilt in unterschiedlicher Intensität und Folge Kinder und Jugendliche in ihrem gesamten Wahrnehmungsspektrum ansprechen, kann eine gute Basis dafür schaffen, die Motivation und Aufnahmebereitschaft sowohl für unterrichtliche wie für außerunterrichtliche Bildungsprozesse zu erhöhen.
>
> Damit erhöht sich zugleich die Chance, “Ausweichverhalten” gegenüber schulischen Anforderungen aufzulösen, das häufig einen schleichenden Prozess des Schulversagens und zum Teil auch der Schulverweigerung nach sich zieht.
>
> Diese Chance wird besonders begünstigt, wenn Schule und Jugendhilfe in Kooperation ganztägige Bildung, Erziehung und Betreuung gemeinsam planen und durchführen. Schule und Jugendhilfe öffnen sich dadurch stärker sowohl den Problemen als auch den Interessen und Neigungen von Schülerinnen und Schülern.” [Beschluss der JMK vom 13./14.05.2004 und der KMK vom 03./04.06.2004: 5]

In einem Papier der Arbeitsgemeinschaft der Jugendämter der Länder Niedersachsen und Bremen AGJÄ vom Januar 2005 wird postuliert:

> “Ganztagsangebote benötigen innovative Konzepte auf Grundlage eines integrativen Bildungsbegriffs, den es gemeinsam zu erarbeiten gilt. Ein ganztägiges Bildungsangebot in und um Schule herum unter Beteiligung der Möglichkeiten und Methoden der Kinder- und Jugendhilfe schafft neue Räume für gemeinsam verantwortete Erfahrungen und birgt ein neues Modell für eine umfassende integrative Bildung.”

Das Ganztagsangebot in Schulen wurde in den letzten Jahren stetig ausgeweitet. 545 Schulen mit einem solchen Angebot gibt es inzwischen in Niedersachsen (Stand: 01.08.2007). Zahlreiche Anträge auf Genehmigung eines Ganztagsangebotes tragen die eindeutige Handschrift von PRINT-Fachkräften, die die Ansätze des PRINT-Programms in den Bereichen „Schaffung von Nachmittagsangeboten“ und „Integration in Vereine“ dabei zielführend eingebracht haben.

Auch das *Hauptschulprofilierungsprogramm*, in dem Schülerinnen und Schüler gezielt auf den Übergang in eine Ausbildung oder eine berufliche Beschäftigung vorbereitet werden, weist deutlich Bezüge zu PRINT auf. Sozialpädagogische Unterstützungsmaßnahmen dienen dabei insbesondere der Verbesserung der Grundfertigkeiten, der Persönlichkeitsentwicklung und der realistischen Einschätzung der eigenen Voraussetzungen im Hinblick auf die Ausbildungsanforderungen.

Sozialpädagoginnen und -pädagogen sollen die Maßnahmen der Schule mit denen der Berufsschulen und der Jugendhilfe, der Betriebe, Kammern, Wirtschaftsverbände und der Berufsberatung koordinieren, um die Absolventinnen und Absolventen der Hauptschule schon während der Schulzeit auf den erfolgreichen Übergang in ein Ausbildungs- oder Beschäftigungsverhältnis gezielt zu unterstützen.

5 Fortsetzung folgt: Niedersächsische Kooperations- und Bildungsprojekte (NiKo)

Aufgrund der besonderen Relevanz, die Zusammenarbeit von Jugendhilfe und Schule zu verbessern, wurde mit Blick auf das Projektende 31.12.2006 zur Fortführung dieses Handlungsansatzes ein Nachfolgeprogramm konzipiert. Es bestand frühzeitig bei den verantwortlichen Ministerien Konsens darüber, dass aufgrund der eingetretenen Entwicklungen (z.B. zunehmende Genehmigung von Ganztagsschulen, Einführung des Hauptschulprofilierungsprogramms, Berücksichtigung weiterer Handlungsschwerpunkte) eine inhaltliche Neuakzentuierung im Programmansatz erforderlich wurde.

Zur Verbesserung der Lebenssituation und der Persönlichkeitsentwicklung der Kinder und Jugendlichen wurde eine besondere Bedeutung auf die Elternaktivierung bzw. familienstärkende Impulse für notwendig erachtet. Um diese Komponente wurde das Nachfolgeprogramm mit besonderer Gewichtung erweitert; handelt es sich doch um eine Dimension, der sich Jugendhilfe und Schule in besonderer Weise verpflichtet fühlen. Die Herausforderung besteht darin, in sozial belasteten Bereichen Familien in schwierigen Lebenssituationen in ihrer Erziehungstätigkeit zu unterstützen. Um dieses sicherlich langfristige Vorhaben erfolgreich umsetzen zu können, sind alltagstaugliche, zielgruppenspezifische und praktikable Handlungskonzepte zu entwickeln.

Die *Erziehungs-* und *Bildungspartnerschaft* zwischen Jugendhilfe und Schule ist um den für Kinder und Jugendlichen zentralen Lebensraum „Familie" erweitert worden. In den Familien werden die Grundlagen für ein verantwortliches und gemeinschaftsorientiertes Handeln gelegt und die Entwicklung der Kinder und Jugendlichen maßgeblich beeinflusst.

Die Eltern stellen die zentralen Bezugspersonen für die Kinder- und Jugendhilfe und für die Lehrkräfte dar.

Gleichzeitig sieht das neu konzipierte NiKo-Programm auch einen besonderen Schwerpunkt im *Gesundheitsbereich* vor. Insbesondere die Erfolge im Schwerpunktbaustein „Integration in Vereine", aber auch die Praxisresonanz auf ergänzende Projekte zur Ernährungsaufklärung im PRINT-Programm führten dazu, dass diese Elemente einen Schwerpunkt im Nachfolgeprogramm bilden. So sollen die an Erziehung, Bildung und Gesundheitsförderung beteiligten Kräfte regionale Netzwerke bilden und durch die Zusammenführung ihrer Kompetenzen auch im Sinne einer ganzheitlich verstandenen Gesundheitsförderung tätig werden.

Der Projektumfang sieht wie im PRINT-Programm weiterhin die Förderung von landesweit insgesamt 77 Projekten vor, die mit Wirkung ab 01.01.2007 vergeben wurden. Die Förderhöhe liegt etwa auf dem Niveau der bisherigen Grundbausteine. Etwa zwei Drittel der bisherigen PRINT-Projekte nehmen am Folgeprogramm NiKo teil. Insbesondere bei den Projektstellen der bisherigen Schwerpunktbausteine ist aufgrund der ursprünglichen Themenspezifik, aber auch der höheren finanziellen Eigenmittel Bewegung eingetreten.

6 Resümee

Die Evaluationsergebnisse, aber auch dieser Beitrag dokumentieren, dass mit dem PRINT-Programm in Niedersachsen eine erhebliche Dynamisierung des Arbeitsfeldes Jugendhilfe und Schule eingetreten ist. Auch wenn die Niedersachsenkarte gegenüber der Ursprungsidee der flächendeckenden Verankerung einige vereinzelte Lücken aufweist, konnten doch zahlreiche Anker geworfen und Knotenpunkte installiert werden, die Garanten für eine weitere Intensivierung der Zusammenarbeit der Systeme darstellen. Die beteiligten Professionen haben sich und ihre Arbeit gegenseitig kennen und schätzen gelernt und ihre Aufgabenverteilung und jeweiligen Rollen geklärt. Damit haben sie den Grundstein für eine erfolgreiche Zusammenarbeit gelegt.

Mit der Auflage des NiKo-Programms wird die mit PRINT erreichte gute Ausgangsposition genutzt, um bewährte Strukturen, aber auch neue Sozialräume mit den skizzierten aktuellen Vorhaben auszugestalten.

Eine sicherlich nicht zu unterschätzende Voraussetzung für das Gelingen dieses umfangreichen Progammvorhabens stellt das Kooperationsniveau nicht nur bei den Projektstellen, sondern auch bei den beteiligten Ministerien dar. Diese Rahmenbedingungen auf interministerieller Ebene haben sich bewährt und sollten bei vergleichbaren Vorhaben als unerlässliche Grundkomponente verankert werden.

Auch wenn einiges in Bewegung gekommen ist, muss zur weiteren Verstetigung der verbesserten Zusammenarbeit von Jugendhilfe und Schule weiterhin in diesen Arbeitsansatz investiert werden.

Jörn Sommer

Ergebnisse der Evaluation des Niedersächsischen Landesprogramms PRINT. Präventions- und Integrationsprojekte an schulischen Standorten

1 Einleitung

Die Niedersächsische Landesregierung hat im Jahr 2000 das Programm „Präventions- und Integrationsprojekte an schulischen Standorten" (PRINT) gestartet und bis Ende 2006 niedersachsenweit 77 Projekte an unterschiedlichen Standorten gefördert. Die mit dem Programm PRINT verfolgte übergreifende Zielstellung ist teils dem Programmnamen zu entnehmen, konkret zielte das Programm auf strukturelle Weiterentwicklungen in der Zusammenarbeit lokaler Akteure, insbesondere von Schule und Jugendhilfe, sowie auf die individuelle Förderung von Jugendlichen am jeweiligen Standort.

Das Programm beinhaltete zwei Projekttypen, die Grundbausteine und Schwerpunktbausteine, wobei sich letztere in drei Untertypen differenzieren lassen (Schwerpunktbausteine „Integration in Vereine", Schwerpunktbausteine „Übergang Schule - Beruf" und Schwerpunktbausteine „Gesellschaftliche Teilhabe/Partizipation"). Grundbausteine und Schwerpunktbausteine unterschieden sich hinsichtlich der Finanzierung, ihrer Ziele, Zielgruppen und Aufgabenstellungen, was in Abschnitt 2 noch ausgeführt wird.

Das Niedersächsische Landesjugendamt (später Niedersächsisches Landesamt für Soziales, Jugend und Familie) beauftragte Anfang 2003 die GIB Gesellschaft für Innovationsforschung und Beratung mbH, Berlin, mit der prozessorientierten Evaluation des PRINT-Programms. Die Evaluation hatte zum Ziel, Inhalte und Struktur der Projekte zu erfassen, die Arbeit der Projekte durch Rückspielung von Steuerungsinformationen zu unterstützen, d.h. die laufende Optimierung der Umsetzung zu befördern, und letztlich die Erreichung der Programmziele zu überprüfen.

Nachfolgend sollen ausgewählte Ergebnisse dieser in 2006 abgeschlossenen Evaluation vorgestellt werden. Abschnitt 2 gibt zunächst einen Überblick zum Programm, darunter zu den konkreten Zielen und Zielgruppen der verschiedenen Bausteine. Anschließend wird im Abschnitt 3 die Untersuchungskonzeption kurz dargelegt, um über die Struktur und Belastbarkeit der Ergebnisse zu informieren. In Abschnitt 4 werden die PRINT-Projekte aus der Perspektive ihrer Aktivitäten skizziert, Abschnitt 5 präsentiert die Forschungsergebnisse hinsichtlich der von PRINT erreichten Ziele und geht dabei auch auf Erfolg versprechende Strategien ein, indem Zusammenhänge zwischen der Entwicklung von Zielindikatoren und den PRINT-Aktivitäten dargestellt werden. Abschnitt 6 enthält schließlich Ergebnisse zur Nachhaltigkeit der Projekte, Abschnitt 7 ein Resümee.

2 Das PRINT-Programm im Überblick

Im Folgenden wird ein kurzer Überblick zu den Zielen und Zielgruppen der Projekte, ihren Förderbedingungen sowie zu ihrer Umsetzung gegeben. Mit dem Projekttyp Grundbausteine wurden parallel zwei Ziele verfolgt, nämlich a) die Verbesserung[1] der Zusammenarbeit lokaler Akteure/-innen aus den Bereichen Schule und Jugendhilfe und (nachgelagert) auch von Polizei, Justiz und weiteren relevanten gesellschaftlichen Einrichtungen sowie b) die Erhöhung der schulischen und sozialen Integration der Jugendlichen am Standort. Entsprechend dieser doppelten Zielstellung ließen sich auch zwei Zielgruppen der PRINT-Grundbausteine differenzieren. Diese waren a) die lokalen Akteure/-innen aus dem Bereich von Schule und Jugendhilfe sowie dem weiter gefassten Bereich von „Jugendhilfe, Schule und Prävention" (inkl. Justiz, Polizei) sowie b) die Schüler/-innen an den mit dem Projekten kooperierenden Schulen (Zielgruppe von Nachmittagsangeboten und einzelfallpädagogischer Begleitung) sowie die Gesamtheit der Kinder und Jugendlichen im jeweiligen Sozialraum.[2] Innerhalb dieser doppelten Aufgabenstellung sollte die unmittelbare Arbeit mit den Jugendlichen (Nachmittagsangebote oder sozialpädagogische Arbeit) ein Drittel der Arbeitszeit nicht überschreiten. Die anderen Aufgabenbereiche lagen im Bereich der Förderung von Zusammenarbeit, wie z.B. der Koordinierung von Angeboten der Partner, Verzahnung von Unterricht und Erziehung am Vormittag mit Nachmittagsangeboten oder Mitwirkung an der Erstellung eines lokalen Präventionskonzepts.

Unter den drei Schwerpunktbausteinen zielte der erste über die Integration in Vereine auf die Herauslösung junger Menschen aus gefährdeten Gruppen und damit einhergehend die Herstellung und Sicherung neuer, bedeutungsvoller Kontakte und Beziehungen. Der zweite verfolgte über die Entwicklung und Erprobung neuartiger Konzepte der Vorqualifizierung das Ziel einer Förderung der ökonomischen Integration von Jugendlichen. Und der dritte hatte eine höhere Teilhabe der Zielgruppe an den prinzipiell partizipationsfähigen Prozessen in Schulen und Gemeinden[3] zum Ziel. Die Intensivierung und Institutionalisierung der Zusammenarbeit verschiedener Akteure, z.B. Vereine, Jugendhilfe und Polizei oder der Arbeitsverwaltung, war Teil des angestrebten Modells. Primäre Zielgruppe waren zunächst alle jungen Menschen am jeweiligen Standort, gefährdete junge Menschen fanden qua Auswahl der Standorte eine besondere Berücksichtigung. Als weitere Zielgruppen konnten die genannten dritten Akteure/-innen gelten.

Träger der Grundbausteine waren als Träger der öffentlichen Jugendhilfe die Landkreise bzw. kreisfreien Städte. Die Grundbausteine sollten an Schulen, insbesondere Hauptschulen, Schulen für Lernhilfen und berufsbildenden Schulen „räumlich" angesiedelt werden, pro Landkreis bzw. kreisfreier Stadt sollte dabei zunächst nur ein Projekt vom Typ Grundbaustein bewilligt werden. Jedem Projekt standen rund 50.000 Euro pro Jahr zur Verfügung (nahezu vollständig für Personalkosten und 7% Sachmittel). Die Finanzierung stammte zu rund 50% von der Kommune, zu etwa 27% vom Land Niedersachsen und zu 22% aus dem Europäischen Sozialfonds. Die Träger der Schwerpunktbausteine konnten

1 Eine Verbesserung der Zusammenarbeit sollte sowohl hinsichtlich ihrer Intensität als auch hinsichtlich ihrer Qualität erreicht werden.

2 Eine besondere Berücksichtigung von gefährdeten jungen Menschen (z.B. Menschen mit Problemen des Schulversagens oder anderen Integrationsproblemen) geschah durch die Auswahl der Standorte.

3 Die niedersächsische Gemeindeordnung sieht bestimmte Partizipationsmöglichkeiten vor.

auch Träger der freien Jugendhilfe sein, die räumliche Ansiedlung der Projekte bzw. Fachkräfte war nicht näher spezifiziert. Ihnen stand im Durchschnitt ein um rund 12% größeres Budget als den Grundbausteinen zur Verfügung (Sachmittelbudget rund 12.000 Euro p.a.). Die insgesamt höhere Mittelausstattung der Schwerpunktbausteine und die höhere Förderung durch das Land Niedersachsen, das rund vier Fünftel der Kosten trug, machten die Schwerpunktbausteine für die Antragsteller/-innen besonders attraktiv. Die Grundbausteine sollten (ursprünglich) Voraussetzung für die Beantragung eines Schwerpunktbausteines im gleichen Landkreis oder kreisfreien Stadt sein. Förderpolitisch geschickt wurden somit vom Land Niedersachsen Anreize für die Kommunen gesetzt, sich auch für stärker strukturbildende Projekte zu engagieren. Da trotzdem nicht alle Kommunen Grundbausteine beantragten, konnten 13 andere im Gegenzug einen zweiten Grundbaustein erhalten und zu einem deutlich späteren Zeitpunkt wurden schließlich auch Schwerpunktbausteine ohne vorherigen Grundbaustein bewilligt.

Als Fachkräfte der PRINT-Projekte kamen Sozialpädagogen/-innen und Sozialarbeiter/-innen infrage, die bereit waren, an einer Weiterbildung zur Präventions- und Integrationsarbeit teilzunehmen. Hierzu wurden programmbegleitend Weiterbildungsangebote der FH-Nordostniedersachsen (später Universität Lüneburg) sowie vom ibbw gefördert. Die Qualität und Nützlichkeit dieser zeitlich wie inhaltlich umfassenden Weiterbildungen wurden von den Fachkräften ausgesprochen positiv beurteilt. Dass die Weiterbildungen nicht ausschließlich für PRINT-Fachkräfte angeboten wurden, sondern darüber hinaus auch für Tandems aus Lehrkräften und Mitarbeitenden der Jugendhilfe in Niedersachsen, erlaubte es im Falle von Mitarbeiterwechseln in PRINT, auch neu hinzukommende Fachkräfte in die Weiterbildung mit aufzunehmen.

Das erste Projekt der Grundbausteine startete im Dezember 2000 und bis zum Jahresende 2001 hatten bereits 38 Projekte ihre Arbeit aufgenommen. Die Implementierung der Schwerpunktbausteine begann (beabsichtigt) später, i.d.R. in der zweiten Hälfte des Jahres 2002.[4] Etwa ein Drittel der Projekte betrachtete ein Quartier oder einen Stadtteil als den eigenen Aktionsraum und etwa jedes vierte Projekt agierte in einer Gemeinde. Jedes vierte Projekt sah eine ganze kreisfreie Stadt oder einen ganzen Landkreis als eigenen Aktionsraum an.

3 Untersuchungskonzeption und -verlauf

Die Evaluation wurde als formative Evaluation angelegt, die zum Ende hin zunehmend Elemente einer summativen Evaluation beinhaltete. Sie begann mit einer Erhebungswelle insbesondere zur Bestandsaufnahme der Aktivitäten und Strategien der PRINT-Fachkräfte, ihrer Rahmenbedingungen und ersten Einschätzungen über Erfolgsfaktoren. Eine Bewertung fand nur insoweit statt, als dass überprüft wurde, ob diese Aktivitäten im Einklang mit der jeweiligen Förderrichtlinie standen. Die zweite Erhebungswelle vertiefte vor allem die Angaben zu erreichten Zielen und stellte sie durch die Verbreiterung der Datenquellen auf

4 Insgesamt wurden 47 Grundbausteine, 12 Schwerpunktbausteine vom Typ „Gesellschaftliche Teilhabe/Partizipation“, 10 Schwerpunktbausteine vom Typ „Integration in Vereine“ und 8 Schwerpunktbausteine vom Typ „Übergang Schule - Beruf“ implementiert.

ein solides Fundament. Sie erlaubte zudem, erfolgreichere und weniger erfolgreiche Strategien zu identifizieren, indem sie Zusammenhänge zwischen Aktivitäten von PRINT-Fachkräften und ihren Erfolgen aufzeigte (Erfolgsindikatoren bezogen sich dabei sowohl auf die Jugendlichen als auch auf die zu vernetzenden Institutionen im Umfeld von Schule und Jugendhilfe). Die dritte Erhebungswelle aktualisierte und vertiefte vor allem die Angaben zu erreichten Zielen.

Die Natur der von PRINT anvisierten Ziele erlaubte in dem zur Verfügung stehenden Rahmen keine durchgehende und exakte Quantifizierung aller Wirkungen und Erfolge, somit konnte auch eine Bewertung des Programms nicht im engen Sinne eines genauen Aufwand-Nutzen-Vergleichs geschehen, sondern sie musste – trotz der mehrfachen Quantifizierungen – auch auf qualitative Analysen zurückgreifen. Die Datenbasis der Evaluation lieferten einerseits jährlich wiederholte schriftliche Befragungen aller PRINT-Fachkräfte, ergänzende Dokument- und Prozessdatenanalysen, leitfadengestützte Interviews mit Fachkräften und Kooperationspartner/-innen im Rahmen von Fallstudien und Workshops. Andererseits wurden, um einer Überschätzung der Erfolge durch die Fachkräfte vorzubeugen, auch andere Akteure/-innen an den Standorten systematisch in die Erhebungen einbezogen und insgesamt 217 Einrichtungen (z.B. Arbeitsverwaltung, Jugendhilfe, Polizei) detailliert zu ihrer Zusammenarbeit untereinander und mit PRINT befragt. Darüber hinaus fand eine wiederholte Befragung von Schulleitungen, die mit PRINT zusammenarbeiteten, und von Schulleitungen einer Kontrollgruppe statt. Die Kombination dieser unterschiedlichen Erhebungen und die darauf bezogenen Analysemethoden erlaubten es, die Zielerreichung und Wirkungen der Projekte in besonders sicherer Weise zu ermitteln. Zusätzlich wurden Zwischenergebnisse im Rahmen von Workshops mit den Fachkräften an diese zurückgespielt, vertieft und dort auch durch die gemeinsame Diskussion abgesichert. Ebenso wurde in den Workshops erörtert, wie für bestimmte Engpässe und Probleme Lösungswege aussehen könnten.

4 Aktivitäten und Strategien der PRINT-Fachkräfte

Gemäß der Programmlogik war die Arbeitszeit, welche die Fachkräfte der Grundbausteine für die direkte Arbeit mit der Zielgruppe aufwenden sollten, beschränkt. Einerseits folgte dies aus der primären Zielstellung einer Förderung von Zusammenarbeit, andererseits konnte diese Beschränkung in mehreren Fällen auch eine unterstützende Funktion für die Fachkräfte haben, die sich so leichter gegenüber der schulischen Vereinnahmung abgrenzen konnten – einige Schulleitungen hätten die Fachkräfte gerne ausschließlich in der Rolle als Schulsozialarbeiter/-in gesehen, für die sie aber nicht gefördert wurden. Allerdings zeigte die Untersuchung zur Verwendung von Arbeitszeit, dass eine deutliche Tendenz bestand, die Arbeit mit der Zielgruppe über das vorgesehene Maß und auf Kosten der Netzwerkarbeit auszudehnen. Die Einzelbetreuung von Jugendlichen und Gruppenarbeit mit ihnen (z.B. Angebote im Bereich Sport, Freizeit, Training von Kompetenzen und Wissensvermittlung, Mittagstisch) nahmen insgesamt 44% der Zeit in Anspruch gegenüber nur 34% für die

Netzwerkförderung.[5] Diese Netzwerkförderung bestand überwiegend aus managementähnlichen Dienstleistungen für das Netzwerk, z.B. in der Organisation und Moderation von Zusammentreffen, der Suche nach Partnern/-innen, die Koordination und das Informationsmanagement zwischen Partnern/-innen oder Mediation. Darüber hinaus umfasste sie die allgemeine Öffentlichkeitsarbeit, die Sensibilisierung Dritter und themenspezifische Dienstleistungen, z.B. auch Fortbildungen bzw. Schulungen für Netzwerkpartner/-innen zu ausgewählten Themen.

Letztlich standen jedoch auch die Aktivitäten mit den Jugendlichen in Zusammenhang zur Strategie der Netzwerkförderung.[6] Die Fachkräfte, die oftmals neu an den Standorten waren, konnten die zentralen Akteure/-innen nicht einfach versammeln und Top-Down ihre (weitere) Vernetzung planen oder anordnen – insbesondere dann nicht, wenn Netzwerke dem Namen nach schon existierten (unabhängig davon, ob sie effektiv arbeiteten). Die Arbeit mit den Jugendlichen war somit im günstigen Fall ein Kristallisationspunkt für die Vernetzung von Akteuren/-innen insbesondere zwischen Jugendhilfe und Schule. Um die Projekte herum konnte Vernetzung gefördert werden. Die Herausforderung bestand für die Fachkräfte darin, diese strategische Option nicht zum Selbstzweck werden zu lassen, nicht irgendwelche Netzwerkpartner/-innen zur leichteren Abwicklung ihrer eigenen auf Jugendliche bezogenen Projektarbeit zu suchen und einzubinden. Diese Herausforderung zu bewältigen, gelang den Fachkräften in unterschiedlichem Maß. Etwa die Hälfte der Fachkräfte (nur oder sogar?) wählte die Projekte mit den Jugendlichen gezielt danach aus, dass sie Dritten einen besonderen Anreiz zur Zusammenarbeit boten. Weniger als ein Drittel wählte die Projekte mit Jugendlichen so aus, dass sie PRINT im Umfeld bekannt machen würden. Und jede neunte Fachkraft förderte die Zusammenarbeit fast ausschließlich um ihre Projekte mit Jugendlichen herum.

Darüber hinaus war die am meisten unter den Fachkräften anzutreffende Strategie die der permanenten Präsenz und Mitwirkung in diversen Gremien. Nach Jahren hatten jedoch noch immer mehr als die Hälfte von ihnen die Interessen und Ressourcen relevanter Institutionen kaum oder nur teilweise geklärt, d.h. die Umsetzung zielstrebiger Netzwerkförderung musste im PRINT-Programm zum Teil noch in gemeinsamen Lernprozessen optimiert werden. Davon unabhängig zeichnete sich die Arbeit der Fachkräfte durch ein hohes Maß an Motivation und (nicht nur nach Selbst-, sondern auch nach Fremdeinschätzung) Professionalität aus, die begleitende Fortbildung der Fachkräfte hat sich somit sicher bewährt.

5 Von PRINT erreichte Ziele

Wie dargelegt, wurde mit PRINT ein Bündel von Zielen bei verschiedenen Zielgruppen verfolgt. Im Folgenden werden die Ergebnisse hinsichtlich der Vernetzung, der Entwicklungen bei Jugendlichen und andere Ergebnisse getrennt vorgestellt. Der Schwerpunkt wird dabei auf den Ergebnissen der PRINT-Grundbausteine liegen.

5 Der Rest entfiel auf Overhead-Tätigkeiten im weitesten Sinn, z.B. Verwaltung, eigene Fortbildung oder allgemeiner Erfahrungsaustausch.

6 Nur eine Fachkraft widmete sich den Jugendlichen explizit aus dem Grund, dass ihrer Einschätzung nach die Vernetzung zwischen den zentralen Akteuren vor Ort schon hinreichend entwickelt wäre.

Entwicklung von Zusammenarbeit an den Standorten der PRINT-Grundbausteine

Die größte Gruppe der PRINT-Projekte, die Grundbausteine, hatten eine qualitativ hochwertigere und quantitativ stärkere Zusammenarbeit von Schulen und Jugendhilfe zum Ziel, aber auch von anderen integrationsrelevanten Institutionen am Standort. Die Nachhaltigkeit dieser Zusammenarbeit ist dabei größer, wenn sich nicht nur eine bilaterale Zusammenarbeit jedes einzelnen mit PRINT entwickelt, sondern auch eine zwischen diesen Akteuren/-innen. Entsprechend dieser Zielsetzungen wurden im Jahr 2004 an allen Standorten zentrale Akteure/-innen (aus Schule, öffentlicher und freier Jugendhilfe, Polizei, Arbeitsverwaltung und Migrationsarbeit sowie einzelnen lokal relevanten Institutionen) zur Entwicklung ihrer Zusammenarbeit mit jedem einzelnen anderen Akteur am Standort befragt. Dabei zeigte sich u.a., dass an den PRINT-Standorten rund zwei Drittel der integrationsrelevanten Akteure/-innen ihre Zusammenarbeit mit anderen Institutionen (gegenüber dem Zeitpunkt vor PRINT) in der einen oder anderen Art und Weise verbessert hatten[7]. So wurde z.B. der wechselseitige Informationsaustausch gesteigert, das eigene Vorgehen mit anderen Institutionen stärker abgestimmt oder der Zugang zur Zielgruppe wechselseitig erleichtert. Der Aufbau und die Etablierung von runden Tischen, Präventionsräten und Netzwerken waren Wege, Abstimmung und Austausch zu ermöglichen und zu befördern. Insbesondere fand eine Verbesserung der Zusammenarbeit mit den Schulen, der öffentlichen Jugendhilfe und mit der Polizei statt.[8]

Das Niveau der Zusammenarbeit zwischen den einzelnen Typen von Akteuren/-innen lässt sich für das Jahr 2004 anhand folgender Daten umreißen: Zwischen ihnen war der Erfahrungsaustausch untereinander bei deutlich mehr als der Hälfte halbjährlich oder häufiger, kein Erfahrungsaustausch bestand etwa in jeder zehnten Beziehung[9] (für die Arbeitsverwaltung und die Migrationsarbeit war die Zusammenarbeit jedoch nur halb so häufig). Über runde Tische, Präventionsräte oder Netzwerke standen zum Beispiel 78% der Befragten im Informationsaustausch mit der öffentlichen Jugendhilfe, 72% mit den Partnerschulen von PRINT, 67% mit der Polizei und 26% mit der Arbeitsverwaltung. Mit der öffentlichen Jugendhilfe stimmten 83% einzelfallbezogen ihre Arbeit ab, 51% mit der freien Jugendhilfe und 77% mit den Partnerschulen von PRINT. Gemeinsame Aktionen, Projekte oder Konferenzen führten zum Beispiel 73% mit der öffentlichen Jugendhilfe durch, 58% mit der freien Jugendhilfe und 70% mit den Partnerschulen von PRINT. Eine Einbeziehung in die Strategie- oder Programmplanung fand etwas seltener statt, die wechselseitige Erleichterung des Zugangs zur Zielgruppe wiederum etwas häufiger. Kooperationsverträge oder -

7 An allen Standorten kam es zu einer Verbesserung der Zusammenarbeit. Die Zahl „zwei Drittel der integrationsrelevanten Institutionen" ergibt sich daraus, dass sich nicht an allen Standorten die Erfolge auf alle Akteure bezogen.

8 In methodischer Hinsicht zeigte die umfangreiche Befragung übrigens, dass es keine (!) Tendenz der Fachkräfte gibt, Entwicklungen positiver darzustellen als die Zielgruppe der Vernetzung, d.h. als die befragten Akteure/-innen. Die Angaben der Fachkräfte können als valide eingestuft werden.

9 „In rund 10% der Beziehungen kein Erfahrungsaustausch" heißt nicht, dass 10% der Institutionen zu niemandem Erfahrungsaustausch hatten, sondern nur, dass jeweils zwischen zwei ausgewählten Typen von Akteuren/-innen in 10% der Fälle kein Erfahrungsaustausch vorlag, er kann aber zu anderen Akteuren/-innen bestehen. Denn ermittelt wurden alle Beziehungen der (potenziellen) Partner/-innen im (potenziellen) Netzwerk zu allen anderen, d.h. die Beziehung der öffentlichen Jugendhilfe zur Schule, zur Arbeitsverwaltung, zu Polizei etc., aber auch umgekehrt die Beziehung der Polizei zur Schule, Arbeitsverwaltung und so fort.

vereinbarungen hatten von allen relevanten Akteuren/-innen der PRINT-Standorte rund 20% mit PRINT, 18% mit der öffentlichen und 13% mit der freien Jugendhilfe und 17% mit den Partnerschulen von PRINT (5% mit der Arbeitsverwaltung, 6% mit der Migrationsarbeit und 7% mit der Polizei).

Zunächst ist festzuhalten, dass sich am Ende des Programms nur in zwei Standorten der Grundbausteine keine nennenswerte Öffnung[10] der Schulen feststellen ließ (5%), was einer sehr hohen Erfolgsquote entspricht, wenn man das historisch schwierige Verhältnis zwischen Schule und Jugendhilfe berücksichtigt. Diese positive Öffnung gliedert sich wie folgt in verschiedene Aspekte. In etwa jedem zweiten Standort erkannten die Schulen, mit denen PRINT zusammenarbeitete, nun die Notwendigkeit bzw. den Bedarf einer Zusammenarbeit mit anderen Institutionen stärker, als es vor Beginn von PRINT der Fall war. In einem weiteren Drittel war diese Entwicklung zumindest teilweise gegeben.

Die Abstimmung der Arbeit mit anderen Institutionen hinsichtlich problematischer Einzelfälle ist die häufigste Art, in der sich eine von PRINT initiierte stärkere Zusammenarbeit der Schulen mit Dritten zeigte. Über drei Viertel der Standorte (78%) wiesen hier zumindest eine teilweise Öffnung der Schulen auf. Auch die Benennung klarer Ansprechpartner/-innen oder die Erleichterung des Zugangs anderer Akteure/-innen zu den Jugendlichen gehörte zu den relativ häufigen Aspekten, in denen sich diese Öffnung der Schulen zeigte (73 bzw. 76%). Doch auch komplexere und umfassendere Formen der Zusammenarbeit, z.B. die Einbeziehung in die mittel- oder langfristige Strategie- und Programmplanung wurden in über der Hälfte der Fälle zumindest teilweise vorangebracht (56%). In 59% der Fälle war eine Zunahme der Zusammenarbeit in Form von gemeinsamen Projekten und Aktionen festzustellen. So wurden z.B. an einem Standort inzwischen Bewerbungstrainings für höhere Schuljahrgänge vom Pro-Aktiv-Center (Projekt zur Förderung der beruflichen Integration in Niedersachsen) angeboten, an einem anderen Standort wurden Präventionstage in der Schule durchgeführt, an denen Beratungsinstitutionen ihre Angebote den Schüler/-innen präsentierten und an einem dritten Standort wurde ein Mittagstisch in Zusammenarbeit mit Jugendzentren angeboten. Im Vergleich zu der Zeit vor PRINT hatte auch die Teilnahme der Schulen am Erfahrungsaustausch mit anderen Institutionen zugenommen und i.d.R. informierten die Schulen ihre Partner auch aktiver über ihre Belange. Lediglich eine Weiterentwicklung der vertraglichen Grundlagen der Zusammenarbeit der Schulen mit anderen Institutionen beschränkte sich auf eine kleine Minderheit der Standorte.

Die zweite Hauptzielgruppe von PRINT, wenn es um die Förderung der Zusammenarbeit integrationsrelevanter Institutionen geht, waren die Akteure/-innen der (öffentlichen) Jugendhilfe, die speziell mit den Schulen, aber auch mit den anderen Institutionen zu einer stärkeren Kooperation gebracht werden sollten. Die Erkenntnis, dass eine engere Zusammenarbeit mit anderen Institutionen notwendig und hilfereich ist, hatte sich in der öffentlichen Jugendhilfe gegenüber der Zeit vor PRINT in drei Vierteln der Fälle zumindest teilweise durchgesetzt: In knapp jedem dritten Standort wurde der Bedarf stärker oder viel stärker erkannt als vor PRINT. Hinzu kommen die Fälle, in denen die Fachkräfte davon

10 Unter dem Begriff „Öffnung" wird sich hier und im folgenden nicht auf das Niveau sondern auf die positive Entwicklung als Prozess bezogen, d.h. die Ausgangssituation wird mit berücksichtigt. Ermittelt wurde im Rahmen der Erhebung auch das letztlich erreichte Niveau der Zusammenarbeit zwischen den unterschiedlichen Institutionen – im Rahmen dieses Artikels kann leider nicht jedes Ergebnis im Detail wiedergegeben werden.

ausgingen, dass dies zumindest teilweise der Fall war (46%). In der Folge kann, ähnlich wie zuvor auch bei den Schulen, eine Öffnung der öffentlichen Jugendhilfe für eine Zusammenarbeit mit Dritten erkannt werden. Die Analyse zeigte zudem, dass es tendenziell die gleichen Standorte sind, an denen auch die Entwicklungserfolge bei der Zusammenarbeit der Schulen mit anderen Institutionen beobachtet wurden. Obwohl die Erfolge bzgl. der öffentlichen Jugendhilfe im Vergleich zu den Schulen etwas niedriger waren, sind es auch hier nur fünf Standorte (12%), in denen sich keine nennenswerte Öffnung der öffentlichen Jugendhilfe feststellen ließ. Wenn eine Öffnung der öffentlichen Jugendhilfe für die Zusammenarbeit mit Dritten stattgefunden hatte, dann waren hiervon insbesondere deren Aufgabenbereiche der Jugendsozialarbeit (KJHG § 13), Jugendarbeit (KJHG § 11/12) und erzieherischer Kinder- und Jugendschutz (KJHG § 14) betroffen. Weniger Öffnung war hingegen bzgl. der Aufgabenbereiche der § 8 (Beteiligung), § 9 (Gleichberechtigung) und § 27 (Hilfen zur Erziehung) des KJHG zu sehen. Der Aufgabenbereich Heimerziehung (§ 34 KJHG) wurde am seltensten für eine Zusammenarbeit mit Dritten geöffnet.

Hinsichtlich der weiteren integrationsrelevante Akteure/-innen wurde darüber hinaus insbesondere untersucht, in wie weit sich die Zusammenarbeit der freien Träger der Jugendhilfe, der Polizei, Arbeitsverwaltung und Institutionen der Migrationsarbeit mit dritten Institutionen und untereinander verbesserte. Die Öffnung für Zusammenarbeit in seinen vielfältigen Formen ist wie folgt zu differenzieren: a) Diese von PRINT initiierte Öffnung war bei allen Typen von Institutionen unterschiedlich hoch. Z.B. werden die Erfolge bzgl. der Arbeitsverwaltung an über der Hälfte der Standorte als gering oder nicht vorhanden eingeschätzt. Damit waren ihr gegenüber die geringen Erfolge oder Misserfolge doppelt so häufig wie hinsichtlich der Polizei oder der Träger der freien Jugendhilfe. b) Erste oder häufigste Erfolge lagen (bei allen Typen von Institutionen) oftmals darin, dass klarere Ansprechpartner/-innen benannt wurden. Ob an zweiter Stelle eher hinsichtlich eines intensivierten Erfahrungsaustauschs oder hinsichtlich einer Mitwirkung an Aktionen und Projekten Erfolge zu verzeichnen waren, hing vom Typ der Institution ab (z.B. bei der Polizei typischerweise zunächst ein intensivierter Erfahrungsaustausch, bei den Trägern der freien Jugendhilfe beides nahezu gleichrangig). c) Im Vergleich verschiedener Formen oder Stufen der Öffnung für Zusammenarbeit konnte PRINT Kooperationsverträge und Kooperationsvereinbarungen am seltensten initiieren. Selbst an Standorten, an denen die Polizei oder Arbeitsverwaltung im Projektzeitraum solche Abkommen schloss, stuften die Fachkräfte ihren Einfluss darauf gering ein oder konnten ihn nicht einschätzen.

Zielführende Strategien der Förderung von Zusammenarbeit

Der Wirkung von PRINT auf die Entwicklung der Zusammenarbeit wird insbesondere durch den statistisch signifikanten Zusammenhang zur jeweiligen Laufzeit deutlich. Je länger die Projekte bereits arbeiten, desto eher gaben die Akteure/-innen im Umfeld an, ihre Zusammenarbeit habe sich insgesamt verstärkt, um so mehr hatten gemeinsame Aktionen und Projekte zugenommen und um so stärker hatte die Zahl bekannter Ansprechpartner/-innen, der allgemeine Erfahrungsaustausch oder der Informationsaustausch im Rahmen eines runden Tisches, Präventionsrats oder Netzwerks zugenommen. Die Strategien und Prioritätensetzungen der Fachkräfte hatten einen hohen Einfluss auf den Erfolg der

Arbeit. Zu einer Intensivierung der Zusammenarbeit zwischen PRINT und der freien Jugendhilfe, der Polizei, der Arbeitsverwaltung oder der Migrationsarbeit kam es insbesondere dort, wo sich die Fachkraft gezielt diesen Akteuren widmete. Diese Aussage gilt aber nicht für alle Typen von Akteure/-innen in gleicher Weise. Für die öffentliche Jugendhilfe, die kooperierenden Schulen und die sonstigen lokal relevanten Akteure/-innen lässt sich dieser Zusammenhang nicht feststellen. Ob diese Akteure/-innen ihre Zusammenarbeit mit Dritten intensivieren, hängt also nicht in erster Linie vom quantitativen Engagement der Fachkraft ab, sondern stärker davon, auf welche Weise die Fachkraft agiert. Die inhaltlichen Strategien sollen aus diesem Grund im Folgenden analysiert werden.

Die Strategien der Fachkräfte zur Förderung der Zusammenarbeit verschiedener Akteure/-innen lassen sich grob in zwei Gruppen unterteilen. Dies sind zum einen die indirekten Strategien, die an der Arbeit mit der Zielgruppe ansetzen (z.B. mit Jugendlichen Projekte durchführen, die PRINT bei Dritten bekannt machen oder diesen Dritten einen Anreiz zur Zusammenarbeit bieten). Zum anderen sind dies die direkten Strategien, die bei den Akteuren/-innen ansetzen (z.B. die intensive Mitarbeit in diversen Gremien, die Entwicklung von Lösungsansätzen für Probleme zwischen verschiedenen Institutionen). Der Vergleich der Erfolge verschiedener PRINT-Projekte zeigt, dass den direkten Strategien Vorrang zu geben ist. Je stärker die Fachkräfte diese direkten Strategien verfolgten, um so eher kam es zu einer Verbesserung der Zusammenarbeit am Standort. Die intensive Verfolgung der indirekten Strategien hingegen zeigt (statistisch) diesbezüglich keinen Erfolg.

Dass diese indirekten Strategien nur „zweite Wahl“ sein können, war auch Ergebnis der Workshops mit den Fachkräften: Diese indirekten Strategien wurden oftmals gewählt, wenn den Fachkräften der Zugang zu den relevanten Akteuren/-innen verwehrt und damit die Möglichkeit einer direkten Förderung beschränkt war. Wenn die Fachkraft hingegen als gleichwertige(r) Kommunikationspartner/-in akzeptiert war, hatte sie eher die Möglichkeit, systematisch mit bzw. an diesen Akteuren/-innen zu arbeiten. Diese Rahmenbedingen zeigen statistisch einen Einfluss auf die gewählten Strategien der Fachkräfte. Dieser Einfluss ist jedoch relativ schwach, d.h. die Fachkräfte machten die Wahl ihrer Strategien überwiegend von anderen Faktoren abhängig oder wählten sie frei. Bzgl. der direkten Strategien zur Förderung der Zusammenarbeit relevanter Akteure/-innen sollen drei besonders starke Zusammenhänge zur Zielerreichung (d.h. Erfolgsfaktoren) hervorgehoben werden:

- Je mehr Arbeitszeit die Fachkraft in die Mediation und das Management von Konflikten zwischen Partnern/-innen investierte, umso stärker entwickelte sich die Zusammenarbeit zwischen diesen Akteuren/-innen. Diese Leistung stellte offensichtlich einen besonderen Engpass für die Entwicklung der Zusammenarbeit dar. Etwa die Hälfte der Fachkräfte gab an, keine Arbeitszeit auf diesen Bereich zu verwenden, die andere Hälfte gab einen Umfang bis zu zehn Prozent der Arbeitszeit an.
- Je stärker die Fachkräfte für eine Zusammenarbeit mit dem Argument warben, dass diese den Partner/-innen Ressourcen spare, desto stärker nahm die Einschätzung der Akteure/-innen zu, dass es einer Zusammenarbeit bedürfe.
- Die Einschätzung der Akteure/-innen, dass es einer Zusammenarbeit bedürfe, nahm darüber hinaus noch stärker zu, je mehr Arbeitszeit die Fachkraft in die Öffentlichkeitsarbeit investierte.

Nicht bewähren konnte sich die Strategie, intensiv zu versuchen, die Schule (Lehrkräfte oder Schulleitungen) für die Relevanz des PRINT-Aufgabenbereichs zu sensibilisieren bzw. sie davon zu überzeugen, dass auch die Schule einen Nutzen hieraus habe. Dieser Weg wurde in geringem Maße von allen Fachkräften beschritten, „mehr“ war jedoch nicht immer „erfolgreicher“. Ebenso wenig konnte sich die Strategie bewähren, die Akzeptanz der Schule dadurch zu fördern, dass ihren Wünschen (z.B. nach der Übernahme von Tätigkeiten außerhalb des PRINT-Aufgabenbereichs) nachgegeben wurden. Je stärker Fachkräfte auch diese Strategie verfolgten, desto geringer waren ihre Erfolge, die Zusammenarbeit mit der Schule zu fördern. D.h. die Schulen hatten die Dienstleistungen gerne angenommen, ihr Kooperationsverhalten gegenüber Dritten aber nicht entsprechend verändert. Die Erfolg versprechendste Strategie gegenüber der Schule (nicht gegenüber anderen Akteuren!) war, mit Jugendlichen Projekte durchzuführen, die der Schule besondere Anreize zur Zusammenarbeit mit anderen Institutionen boten.

Zwischen den verschiedenen Entwicklungen der Zusammenarbeit bestehen (statistisch hoch signifikante) Zusammenhänge, z.B.: Je stärker die Beteiligten den Bedarf an Zusammenarbeit einschätzten, umso besser entwickelte sich auch die Situation der Ansprechpartner/-innen für Kooperationsfragen, der Erfahrungs- und Informationsaustausch oder bei problematischen Einzelfällen die Abstimmung des Vorgehens mit anderen. Dass es jedoch keine signifikanten Zusammenhänge zwischen Kooperationsverträgen und den anderen Aspekten der Zusammenarbeit gibt, deutet darauf hin, dass sich diese „Stufe der Zusammenarbeit“ weder im Sinne einer natürlichen Genese aus den Vorstufen ergibt, noch dass sie die Qualität der Zusammenarbeit (in anderen Aspekten) notwendigerweise fördert. Dazu bedarf es offenbar mehr. Da auf der Institutionalisierung der Zusammenarbeit in Form von Verträgen oder Vereinbarungen oftmals besonderes öffentliches Augenmerk liegt, soll dies als Sonderfall kurz ausgeführt werden. Kooperationsverträge und -vereinbarungen sind im Vergleich zu anderen Erfolgen von PRINT relativ selten, obwohl sich die Fachkräfte stark dafür einsetzten, dass Dritte untereinander oder mit PRINT Kontrakte oder Vereinbarungen abschlössen. Dieses Bemühen steht jedoch in keinem statistisch signifikanten Zusammenhang zum entsprechenden Erfolg – auch nicht, wenn zusätzliche Informationen berücksichtigt wurden, wie z.B. besondere Widerstände seitens Dritter. Das Zustandekommen dieser Abschlüsse ist zum größeren Teil exogen bedingt.

Dies spiegelt sich auch in der Wahrnehmung der Fachkräfte. Überwiegend halten sie Kontrakte und Vereinbarungen einer Absicherung und Förderung von Zusammenarbeit dienlich, jedoch lag der Anteil der Fachkräfte, der PRINT für kein geeignetes Instrument hält, um die Institutionalisierung der Zusammenarbeit in Form von Verträgen oder Vereinbarungen voranzutreiben, relativ hoch.[11] Hierfür lassen sich im Wesentlichen zwei Ursachen ausmachen:

11 25% der Fachkräfte hielten PRINT diesbezüglich für nicht oder nur wenig geeignet.

a) Aufgrund von Unsicherheiten in den Rahmenbedingungen (Personalfluktuation, Erlasslage) sahen sich viele Institutionen nicht in der Lage, konkrete und langfristige Vereinbarungen abzuschließen. In weniger gehaltvollen bzw. sehr allgemein gehaltenen Vereinbarungen wird hingegen kein Mehrwert gegenüber dem gesprochenem Wort und der eingespielten Kooperation erzeugt. Dies gilt insbesondere im ländlichen Raum.12
b) Die Möglichkeiten von PRINT, die Partner/-innen vom Sinn der Kontrakte und Vereinbarungen zu überzeugen, sind somit nicht in allen Fällen gegeben, hierarchisch durchsetzen können die Fachkräfte diesbezüglich nichts (die Fachkräfte selbst sind nicht einmal vollständig befugt, Kontrakte zu zeichnen). PRINT konnte vor diesem Hintergrund überwiegend nur inhaltliche Konzepte guter Zusammenarbeit entwickeln (und praktizieren) und Dritte von diesen überzeugen. Dies war jedoch nicht daran gebunden, diese Konzepte in Form von Vereinbarungen und Kontrakten zu fixieren.

Integration fördernde Entwicklungen der Zielgruppe

Seit Programmbeginn wurden von den Grundbausteinen ca. 62.000 Jugendliche erreicht (etwas höherer Anteil männlichen Geschlechts und rund 44% mit Migrationshintergrund), dabei muss berücksichtigt werden, dass es sich bei einem großen Anteil der Kontakte um Kurzkontakte handelt. Knapp zwei Drittel aller Jugendlichen waren überwiegend von primärer Präventionsarbeit betroffen, d.h. abweichendes Verhalten war noch nicht in relevantem Maße aufgetreten.

Exemplarisch für das Schuljahr 2004/05 kann beschrieben werden, dass die Fachkräfte der PRINT-Grundbausteine versuchten im Schuljahr die Entwicklung von rund 11.800 Jugendlichen in der einen oder andere Art und Weise zu fördern. Ein Teil dieser Jugendlichen kam im Schuljahr erstmals in Kontakt mit PRINT. Ob die intendierten Entwicklungen auch eingetreten sind, war den Fachkräften nicht immer bekannt, i.d.R. weil kein weiterer Kontakt zu den Jugendlichen bestand oder weil der Kontakt hierfür nicht intensiv genug war. Die befragten Fachkräfte gingen jedoch davon aus, dass von allen geförderten Jugendlichen in über 60% der Fälle mindestens eine der vielfältigen intendierten Entwicklungen eintrat[13] In den Fällen, in denen die Fachkraft die Jugendlichen weiter beobachten konnte, ließen sich auch konkrete Erfolge bzw. beobachtete Nicht-Erfolge quantifizieren. Insgesamt gingen die Fachkräfte von einer hohen Zielerreichung bzgl. der Jugendlichen aus.

Diese Erfolge beziehen sich unter anderem auf ein stärkeres Engagement in Freizeit- und Nachmittagsangeboten (z.B. in Form regelmäßig stattfindender Besuche im lokalen Jugendzentrum, der intensiven Nutzung von Nachmittagsangeboten oder der Mitgliedschaft in einem Sportverein), die Erhöhung der sozialen Kompetenzen (u.a. verbessertes Klassen- oder Schulklima und besserer Umgang zwischen Schüler/-innen und Lehrkräften), eine aktivere Lebensgestaltung (z.B. selbst initiierte Arbeitsgruppen oder Projekte wie etwa Tanzvorführungen bei Schulfesten), die Erhöhung der schulischen Kompetenzen, ein erhöhtes Interesse an Schule oder Ausbildung (Teilnahme an freiwilligen Angeboten und

12 Der Vertrag allein stellt keine zusätzliche Verbindlichkeit dar, da er gekündigt werden kann und bei Nichteinhaltung des Vertrags so gut wie keine Sanktionierungsmaßnahmen bestehen (außer die Zusammenarbeit zu beenden).

13 Bei etwa 7% der geförderten Jugendlichen kann keine der beabsichtigten Entwicklungen festgestellt werden und über die Entwicklung der restlichen ist nichts bekannt.

günstigeres Informationsverhalten) oder die Bewältigung von individuellen Problemlagen (z.B. Beendigung von lethargischer Unterrichtsteilnahme, sinkende Fehlzeiten oder auch Rückkehr zu normalem Essverhalten).

Die Entwicklungserfolge müssen zum Teil auch der Förderung über einen längeren Zeitraum zugerechnet werden. Berücksichtigt man die Dauer der Förderung der einzelnen Jugendlichen, sind mit dem Programm jährlich rund 5.200 Jugendliche erfolgreich gefördert worden bzw. pro Projekt durchschnittlich 111 Jugendliche. Eine vorsichtige Hochrechnung über den gesamten Programmverlauf müsste Anlaufzeiten der Projekte berücksichtigen und die Annahme, dass durch den Aufbau von Netzwerken und Erfahrungen die Erfolgsquoten kontinuierlich steigen. Die Größenordnung der insgesamt erfolgreich geförderten Jugendlichen läge demnach in etwa bei 20.000. Wie viel die Fachkräfte direkt bei den Jugendlichen an ihrer Schule erreichten, hängt insbesondere davon ab, ob sie Schwerpunkte ihrer Arbeit auf Angebote für Jugendliche (kleinere Erfolgszahlen) oder auf die Arbeit mit Multiplikatoren/-innen wie z.B. Lehrkräfte und Mitarbeitende der Jugendhilfe legten (größere Erfolgszahlen).

Die Zahl der hinsichtlich eines konkreten Entwicklungsziels erfolgreich geförderten Jugendlichen hängt zum Teil von den inhaltlichen Schwerpunktsetzungen der Fachkräfte ab, darüber hinaus jedoch auch von der unterschiedlichen „Wirksamkeit" ihrer Förderansätze hinsichtlich der konkreten Förderziele. Setzt man die Zahl der Jugendlichen, die das jeweilige Ziel erreichten (von denen dies bekannt ist) in Relation zur Zahl aller Jugendlichen, die das Ziel erreichen sollten (und von denen bekannt ist, ob das Ziel erreicht wurde), so lassen sich Erfolgsquoten berechnen. Generell sind die Erfolgsquoten relativ hoch, d.h. dort, wo Fachkräfte ansetzen, um die Entwicklung Jugendlicher konkret zu fördern, sind Erfolge relativ wahrscheinlich. Im Vergleich zeigt sich jedoch, dass die Entwicklungsziele „aktivere Lebensplanung" und „Bewältigung von Problemlagen" relativ zu den anderen Entwicklungszielen seltener erreicht wurden (wenngleich auch hier die absoluten Erfolgsquoten mit über 77% als hoch zu bewerten sind, wenn berücksichtigt wird, dass die Entwicklungen auch von vielfältigen Rahmenbedingungen abhängen, die nicht von PRINT beeinflusst werden können). Für diese Zielbereiche besteht somit ein Weiterentwicklungsbedarf der eingesetzten „Instrumente" bzw. Förderstrategien.

Zielerreichung aus der Perspektive der Schulen und unter Berücksichtung der Kontrollgruppe

Sowohl die unmittelbare Arbeit mit der Zielgruppe als auch die Arbeit an institutionellen Veränderungen bewirken letztlich positive Entwicklungen in der Gesamtheit der Schüler/-innen, die sich wiederum in Indikatoren wie der Zahl von Abschlüssen, Konflikten oder dem Lernklima niederschlagen. Weil diese jedoch auch von anderen Faktoren beeinflusst werden, die den Effekt von PRINT überlagern oder auch konterkarieren können, kann von (nicht beobachteten) Veränderungen an den PRINT-Schulen nicht auf die (Nicht-) Wirksamkeit von PRINT geschlossen werden. Deshalb wurde eine Kontrollgruppe zu den PRINT-Schulen gebildet und die Entwicklung der gleichen Indikatoren an diesen Schulen mit der Entwicklung an den PRINT-Schulen gegenübergestellt.[14] Methodisch ist hierbei wiederum zu berücksichtigen, dass sich zwischen 2001 und 2006 nicht nur an 68% der PRINT-Standorte die Zusammenarbeit zwischen den Schulen und der Jugendhilfe verbesserte, sondern auch an 48% der Kontrollgruppenstandorte. Das bedeutet, dass wenn die Vorsprünge der PRINT-Schulen bei den schulischen Indikatoren auch manchmal nur gering sind, dies nicht die Bedeutung der Zusammenarbeit von Schule und Jugendhilfe (oder anderer Institutionen) in Frage stellt, sondern dass bereits kleine Vorsprünge in der Entwicklung von Zusammenarbeit sich in schulischen Indikatoren (obgleich dann eben gering) niederschlagen können.

Am auffälligsten – und statistisch signifikant – ist der Rückgang von Sachbeschädigungen innerhalb der Schule und dem Schulgelände. Zwischen den Schuljahren 2000/2001 und 2003/2004 nahm ihre Summe an PRINT-Schulen im Durchschnitt um 308,- Euro ab, bei der Kontrollgruppe stiegen sie im gleichen Zeitraum um durchschnittlich 162,- Euro. Der Anteil der mit einem Abschluss von der Schule abgehenden Schüler/-innen lag 2004 an den PRINT-Schulen bei 83,5% und hatte sich damit um einen halben Prozentpunkt verschlechtert. Allerdings war diese Art der Verschlechterung bei der Kontrollgruppe mit 1,5 Prozentpunkten dreimal so groß. Der Anteil nicht versetzter Schüler/-innen betrug an den PRINT-Schulen 2004 durchschnittlich 3,3% und war damit innerhalb von drei Jahren um einen halben Prozentpunkt zurückgegangen. Auch an den Schulen der Kontrollgruppe gab es einen Rückgang in der Quote der nicht Versetzten, der Rückgang bei der Kontrollgruppe war aber nur halb so groß. Der Anteil der Schüler/-innen, die wiederholt ganze Schultage unentschuldigt fehlten, lag 2003/2004 sowohl in PRINT-Schulen als auch in der Kontrollgruppe bei durchschnittlich 4,6%. Damit war er jedoch in den PRINT-Schulen seit 2000/2001 um 0,7 Prozentpunkte gesunken, während er bei der Kontrollgruppe um 0,3 Prozentpunkte angestiegen war, so dass also durch PRINT Schulverweigerung um etwa 20% reduziert werden konnte. Ähnlich hoch war der jeweilige Anteil an Schülern/-innen, die trotz Anwesenheit faktisch nicht am Unterricht teilnahmen. Auch hier reduzierte sich der Anteil in PRINT-Schulen durchschnittlich um 0,6 Prozentpunkte, während er in der Kontrollgruppe nahezu konstant blieb. Bei 400 Schülern/-innen pro Schule waren hiervon jeweils durchschnittlich[15] zwei bis fünf Schüler an jeder Schule betroffen.[16]

Physisch-gewalttätige Konflikte auf dem Schulgelände wurden für das Schuljahr 2003/2004 in beiden Gruppen mit einer Zahl von durchschnittlich rund 13 pro Schuljahr angegeben. Während dies bei den PRINT-Schulen zwei weniger als 2000/2001 waren, war

14 Aufgrund nahezu identischer Ausgangsvoraussetzungen beider Gruppen von Schulen kann so mit hoher Sicherheit auf einen Teil der Effekte von PRINT geschlossen werden. Dies gilt insbesondere für die erste Erhebungswelle bei den Schulen, die zweite wurde hingegen stark durch Dritteinflüsse von Reformen in der niedersächsische Schulstruktur beeinträchtigt: Die Kontrollgruppen und PRINT-Schulen schlugen hier teils andere Pfade ein (z.B. Entwicklung zu Ganztagsschulen oder Veränderungen von Schulzentren zu reinen Hauptschulen), so dass sie nur noch unter der Einschränkung komplexer Differenzierungen vergleichbar waren. Dieser Artikel beschränkt sich aus Darstellungsgründen somit auf die erste Erhebung von 2004, als diese verzerrenden Effekte noch geringer waren.

15 Die Zahl der durchschnittlich Betroffenen lässt sich nicht exakt bestimmen, weil teils unklar ist, ob die Schüler/-innen, die unentschuldigt fehlten, die gleichen sind wie die, die trotz Anwesenheit faktisch nicht am Unterricht teilnehmen.

16 Bei dieser Zahl ist zu berücksichtigen, dass sie den Durchschnitt über alle Schulen an allen PRINT-Grundbaustein-Standorten wiedergibt. Bei einem Teil der Projekte war dieser Aspekt jedoch kein Arbeitsschwerpunkt.

in der Kontrollgruppe keine Veränderung zu beobachten. Darüber hinaus lassen sich z.B. auch für das Lehrklima oder die Zusammenarbeit der Elternschaft mit dem Kollegium positivere Entwicklungen der PRINT-Schulen aufzeigen, allerdings sind diese Vorsprünge hier geringer. Zusammenfassend lässt sich festhalten, dass sich die PRINT-Schulen schon in den ersten drei Jahren in mehrerlei Hinsicht positiver entwickelten als die Schulen der Kontrollgruppen, die Unterschiede dabei teils gering, teils aber auch größer und statistisch signifikant sind.

Förderung von Zusammenarbeit in den PRINT-Schwerpunktbausteinen

Obgleich die Förderung von Zusammenarbeit in den drei Schwerpunktbausteinen nicht durch eine Vorgabe zur Arbeitszeit bestimmt wurde, war sie inhaltlich auch hier von Bedeutung. So war beispielsweise für die Module der Vorqualifizierung, die den „Übergang Schule - Beruf" fördern sollten, vorgegeben, dass sie in Zusammenarbeit von Schule, Jugendsozialarbeit, Arbeitsverwaltung und Wirtschaft zu entwickeln und zu erproben wären. Und zur Förderung der „Gesellschaftlichen Teilhabe" sollte mit Schule, Jugendverbänden und Jugendsozialarbeit ein gemeinsamer Partizipationsansatz entwickelt und implementiert werden. Bei Programmstart waren die Schulen dabei dem Schwerpunktbaustein „Übergang Schule - Beruf" gegenüber am offensten.

Zur Förderung der „Integration in Vereine", setzten Fachkräfte z.B. an, indem sie in den Schulen eigene Angebote unterbreiteten oder initiierten (Sport, Beratung zu Ausländerrecht, Hausaufgabenhilfe), darüber Kontakte zu Lehrkräften sowie zu Schülern/-innen aufbauten und damit die Möglichkeit zu einzelfallorientierten Interventionen erhielten. Zusätzlich sahen die Fachkräfte, dass sie das Interesse an einer Zusammenarbeit durch die Arbeit mit Multiplikatoren aus Vereinen, Schule und Jugendhilfe (jeweils bei über 100) erhöhten. Im Schwerpunktbaustein „Übergang Schule - Beruf" entstanden neue Kooperationen von Schule, Jugendsozialarbeit und Dritten beispielsweise zur Reintegration von Schulverweigerern/-innen, zur Berufsorientierung oder für Gruppentrainings. Wechselseitige Vorurteile der verschiedenen sozioprofessionellen Gruppen (Lehrkräfte, Sozialpädagogen/-innen) konnten in großem Umfang abgebaut oder zumindest reduziert werden. Im Schwerpunktbaustein „Gesellschaftliche Teilhabe" bestand die Zusammenarbeit zwischen Schule und Jugendhilfe insbesondere darin, dass seitens der Fachkräfte Partizipationsprojekte in den Schulen oder gemeinsam mit Lehrkräften im Nahraum durchgeführt wurden.

6 Nachhaltigkeit der Projekte

Anfang 2006 erwartete knapp ein Drittel[17] der Fachkräfte von Grundbausteinen eine gewisse Nachhaltigkeit ihrer Erfolge in den Standorten dadurch, dass die Angebotsstruktur verbessert wurde und deren Weiterführung durch Dritte (z.B. kommunale Jugendpflege, Ganztagsschule oder Ehrenamtliche) geregelt wurde, ein selbst tragendes Netzwerk geschaffen wurde, welches über PRINT hinaus Bestand haben würde, Handlungsansätze zum Umgang

17 Zuzüglich rund 40%, für die dies teilweise erwartet wurde.

mit Jugendlichen oder zum Umgang mit anderen Institutionen unter Multiplikatoren/-innen verbreitet wurden, die von PRINT entwickelten Handlungskonzepte in einer Weise dokumentiert wurden, dass sie für Dritte nachnutzbar wären oder weiterhin nutzbare Materialien erstellt wurden (z.B. Flyer zur Berufsorientierung). Eine Finanzierung der Stelle mit ihrer spezifischen Aufgabe durch den Träger und ohne weitere Landesmittel wurde nur in Ausnahmefällen erwartet (bis Mitte 2007 konnte dies in drei Fällen realisiert werden), eine Fachkraft sah sich in der Lage, die im Programm erarbeiteten Konzepte im Rahmen einer anderen Stelle der öffentlichen Jugendhilfe fortzuführen. So zeigten sich die Erfolge der Projekte damals also vor allem in ihren unmittelbaren Wirkungen, weniger in der Institutionalisierung der Stellen oder der erprobten Arbeitsweise von PRINT im Rahmen anderer Stellen (z.B. Übergabe der Netzwerkförderung an Schulsozialarbeit).

In Bezug auf die Nachhaltigkeit ihrer Arbeit waren die Fachkräfte zunächst entsprechend pessimistisch, wobei ihre Einschätzung im Rahmen von zehn Fallstudien weitgehend auch bestätigt werden konnte.[18] Sie zeigen, dass die Arbeit der Fachkräfte in verschiedenen Bereichen Institutionen ins Leben rief, reaktivierte oder mit anderen vernetzte. Allerdings scheint, sobald eigens dafür abgestellte Fachkräfte fehlen, in allen Fällen nur wenig Nachhaltigkeit der implementierten Funktionen gegeben. Die Vernetzung der Strukturen erfordert einen beständigen Input, so dass die Zusammenhänge nur dort aufrechterhalten werden können, wo sie unabhängig von den PRINT-Fachkräften schon vorher Bestand hatten oder von Nachfolgeprojekten weitergeführt werden. Ebenso bedarf es, um im Sinne von Lobbyarbeit die Interessen von Jugendhilfe, Schule und den Jugendlichen in etablierte Gremien (beispielsweise die Niedersächsischen Präventionsräte) einzubinden, einer permanent etablierten Vertretung durch eine Fachkraft. Einer Initialisierung folgte nicht immer die Institutionalisierung, so wurde erwartet, dass nach Ende des PRINT-Programms die Zusammenarbeit in den meisten Standorten wieder auf ein deutlich niedrigeres Niveau zurückgefallen wäre. Auf dieses Problem hat die Landesregierung 2007 bei der Implementierung des Nachfolgeprogramms „NiKo – Niedersächsische Kooperations- und Bildungsprojekte an schulischen Standorten", welches verschiedene Elemente von PRINT übernimmt, reagiert: Zur Sicherung und zum Ausbau der entstandenen Kooperations- und Netzwerkstrukturen wurden hierbei ehemalige PRINT-Projekte (insofern sie die Zuwendungsvoraussetzungen erfüllten) vorrangig berücksichtigt. Rund 50 von ihnen erhalten somit im diesem neuen Rahmen eine zweite Chance, die Zusammenarbeit von Schule und Jugendhilfe noch nachhaltiger zu institutionalisieren. Positiv ist auch zu vermerken, dass die von den Fachkräften im Rahmen von PRINT erworbenen Kompetenzen der Kooperationsförderung überwiegend auch weiterhin eingesetzt werden können – sei es direkt an den ehemaligen Standorten, sei es, dass sich die Fachkräfte auf neue NiKo-Projekte an anderen Standorten bewerben. Die hohe Beteiligung ehemaliger PRINT-Standorte zeigt zugleich, dass die jeweiligen Kommunen die Arbeit von PRINT sehr zu schätzen wissen und bei einer entsprechenden Landesbeteiligung auch bereit sind, zusätzlich eigene Mittel hierfür einzusetzen.

18 Was letztlich über die nächsten Jahre an aufgebauten Strukturen bleibt, lässt sich selbstverständlich auch erst nach Jahren exakt bestimmen.

7 Schlussfolgerungen und Resümee

Die Evaluation ergab, dass das PRINT-Programm und die einzelnen Projekte überwiegend als erfolgreich betrachtet werden können. Die Programmarchitektur mit Anreizen für eine Beteiligung der Kommunen und der Schule sowie das Angebot einer qualitativ hochwertigen Fortbildung für die involvierten Fachkräfte erlaubte eine gute Implementation. Bis auf wenige Ausnahmen ist es den Fachkräften gelungen, Schulen oder Jugendhilfe für eine Zusammenarbeit zu öffnen. Diese Öffnung spiegelte sich z.B. in festen Ansprechpartnern/-innen, der Abstimmung bei problematischen Einzelfällen, einer stärkeren Kommunikation oder teilweise sogar in einer wechselseitigen Einbeziehung in die jeweilige Strategie- und Programmplanung wider. Ähnliche Erfolge bzgl. der Zusammenarbeit betrafen andere integrationsrelevante Institutionen (z.B. Polizei, Arbeitsverwaltung, Migrationsarbeit), auch wenn sie dort im Durchschnitt etwas niedriger ausfielen. Lediglich die Institutionalisierung von Zusammenarbeit über Kontrakte und Vereinbarungen wurde relativ selten erreicht.

Die Arbeit mit benachteiligten Jugendlichen erreichte große Zahlen Jugendlicher. Allein bei den Grundbausteinen wurde im Programmverlauf mit Jugendlichen im Umfeld von etwa 113 Schulen gearbeitet (Niedersachsen hat rund 3.400)[19] und dabei konnten ca. 62.000 Jugendliche durch konkrete Aktivitäten von PRINT erreicht werden. Hinzu kommen die durch Schwerpunktbausteine erreichten Jugendlichen. Bzgl. der jeweiligen Entwicklungen, die die Fachkräfte bei den Jugendlichen zu fördern beabsichtigten, sind die Erfolgsquoten relativ hoch. Weitere Erfolge z.B. der Schwerpunktbausteine wurden ermittelt, konnten im Rahmen dieses Artikels jedoch nicht einzeln benannt werden.

An vielen Standorten können verschiedene nachhaltige Aspekte ihrer Erfolge erwartet werden. Eine inhaltliche Fortführung des Arbeitsansatzes in den Kommunen ohne Ko-Finanzierung aus Landsmitteln ist hingegen nur einer Minderheit geglückt. Dies liegt jedoch nicht an fehlender Akzeptanz für PRINT in den Kommunen, sondern an deren finanziell i.d.R. sehr schwierigen Lage – eine große Zahl der Kommunen war zu einer weiteren Beteiligung bereit, nachdem im Rahmen eines Nachfolgeprogramms (NiKo) eine Ko-Finanzierung des Landes ermöglicht wurde. Zwar kann eine umfangreiche Mitfinanzierung der Stellen durch das Land auf Dauer schon aufgrund der Aufgabenteilung zwischen Land und Kommunen nicht das Ziel sein, doch zeigte sich, dass die von PRINT aufgebauten Strukturen einer (im Umfang geringeren) Pflege über das Programmende hinaus bedürften, damit die Zusammenarbeit von Jugendhilfe und Schule nicht wieder auf ein deutlich niedrigeres Niveau zurückfällt. Die Herausforderung für zukünftige Programme besteht somit darin, weiterhin nach institutionellen Formen zu suchen, die eine nachhaltigere Verankerung des Arbeitsansatzes in den Regelstrukturen von Jugendhilfe und Schule fördern.

19 2002 waren es 3.430 allgemeinbildende Schulen, allerdings liegen uns aktuelle Zahlen – insbesondere durch die Schulstrukturreform – nicht vor. Unter den 220 Schulen sind zu einem geringen Teil auch berufsbildende Schulen.

Waldemar Stange

Weiterbildung als strategischer Ansatz zur Verbesserung der Kooperation von Schule und Jugendhilfe: gemeinsame Qualifizierung von Fachkräften aus Schule und Jugendhilfe in Tandemkursen

1 Einleitung

Das im Folgenden vorgestellte Weiterbildungsprogramm war Teil des PRINT-Programms des Landes Niedersachsen (Präventions- und Integrationsprogramm) von 2000 – 2006. Bereits Mitte der 90er Jahre, lange bevor die spektakulären gewalttätigen Ereignisse der letzten Jahre Öffentlichkeit und Politik in Deutschland wachrüttelten, wurden in Niedersachsen die Weichen zur Verbesserung der Kooperation von Schule und Jugendhilfe gestellt. Belege dafür sind ein Erlass des Kultusministeriums zur Zusammenarbeit von Schule, Jugendamt und freien Trägern der Jugendhilfe von 1994 sowie die Verankerung eines Zusammenarbeitsgebots im Niedersächsischen Schulgesetz für die Lehrkräfte, die die bereits vorhandene Regelung für die öffentliche Jugendhilfe aus dem Kinder- und Jugendhilfegesetz aufgriffen.

Durch die Zusammenarbeit des damaligen Niedersächsischen Ministeriums für Frauen, Arbeit und Soziales, dem Niedersächsischen Kultusministerium sowie des Niedersächsischen Landesjugendamts wurde seinerzeit nach innovativen Möglichkeiten gesucht, die Kooperation stärker voranzubringen. Resultat war die Verabschiedung des Präventions- und Integrationsprogramms (PRINT-Programms) des Landes Niedersachsen im Jahre 2000.

Im Rahmen einer verbindlichen Kooperation von Schule und Jugendhilfe sollten an sozialen Brennpunkten Nachmittagsangebote an Schulen gemacht und eine abgestimmte und zielgruppenbezogene Bündelung der örtlichen Präventions- und Integrationsmaßnahmen erreicht werden. Ziel war es dabei, durch den Abbau von Benachteiligungen und die Schaffung positiver Lebensbedingungen abweichendem Verhalten, Schulversagen und Schulabsentismus entgegenzuwirken. Positive Persönlichkeitsentwicklung sowie die Integrations-, Ausbildungs- und Beschäftigungsfähigkeit der Heranwachsenden sollten gefördert werden. Tragendes Prinzip bei der Initiierung und Umsetzung solcher Maßnahmen war einerseits die Partizipation der jungen Menschen an der Planung und Durchführung der Angebote, andererseits die jeweilige Berücksichtigung der Lebenslagen beider Geschlechter.

Um diese Ziele zu verwirklichen, wurden 47 „Grundbausteine“ in den Landkreisen und kreisfreien Städten in Niedersachsen eingerichtet, die mit Vollzeitstellen, welche den Trägern fast vollständig finanziert (aus EU-, landes- und kommunalen Mitteln) und mit sozialpädagogischen Fachkräften besetzt wurden. Außerdem hat das Land weitere 30 „Schwerpunktbausteine“ im Rahmen dieses Programms geschaffen. Im Fokus der Arbeit der dort eingestellten Fachkräfte standen spezifische Programmziele und -inhalte: Zehn Projektstandorte wurden mit dem Schwerpunkt „Integration in Vereine“, acht für den „Übergang Schule – Beruf“ sowie zwölf für „Gesellschaftliche Teilhabe/Partizipation“ eingerichtet.

Die Fachkräfte in diesen 77 Bausteinen erhielten eine verpflichtende einjährige berufsbegleitende Fortbildung. Diese Fortbildung war von der Struktur her vergleichbar (wenn auch vom Umfang her etwas länger) mit einem weiteren wichtigen Baustein des PRINT-Programms: der gemeinsamen Weiterbildung von an Kooperation interessierten Fachkräften aus Schule und Jugendhilfe, der sogenannten – nochmals über 200 Teilnehmer/-innen erfassenden – „Tandemweiterbildung". Auch dieses Weiterbildungsprogramm wurde vollständig durch das Land finanziert. Das Curriculum für diese Qualifizierung war im Wesentlichen identisch. Der Unterschied bestand vor allem darin, dass das erste Weiterbildungsprogramm für die 77 Bausteine verpflichtend war, für die 200 Tandem-Teilnehmer/-innen aber offen ausgeschrieben und freiwillig. Der Darstellungsklarheit wegen wird im Folgenden die ebenfalls einjährige Tandemfortbildung dargestellt.

Die Universität Lüneburg wurde durch die beiden Ministerien mit der Entwicklung und Durchführung dieses beachtlichen Qualifizierungsprogrammes beauftragt. Hinter NetzwerG verbirgt sich eine vierköpfige Forschungs- und Projektgruppe der Universität Lüneburg. Das Projekt wurde von Angelika Henschel, Rolf Krüger und Waldemar Stange geleitet. Christof Schmitt hatte die Geschäftsführung des Projektes inne. Sie bildeten auch den Kern des Weiterbildungsteams, das um eine Reihe von externen Referent/-innen aus Wissenschaft und Praxis ergänzt wurde.

2 Die Grundrichtung

Die Forschungsgruppe NetzwerG an der Universität Lüneburg befand sich mit diesem großen Weiterbildungsprojekt (mit immerhin ca. 300 ausgebildeten Präventionsfachkräften, die sich auf ganz Niedersachsen verteilen) an einer zentralen Schnittstelle zwischen Theorie und Praxis. Zentrales Anliegen war sowohl die Steigerung der Kompetenzen und der Leistungsqualität der Präventionsfachkräfte als auch die zusätzliche Bereicherung der Praxis durch neue Konzepte und ein Vielzahl an innovativen Projekten. Dies sollte erreicht werden durch die systematische fachliche Begleitung beim Ausbau einer theoriegeleiteten, reflexiven Praxis präventiver Arbeit. Dazu wurde einerseits die diese Praxis erhellende, analysierende und unterstützende Theorie dieses Arbeitsfeldes benötigt, andererseits ganz konkretes Handwerkszeug. Beides war in der Weiterbildung und der integrierten Projektarbeit vor Ort zu vermitteln. Im Zentrum stand die Überzeugung, dass Weiterbildung und angewandte Wissenschaft im Sinne von Handlungsforschung wichtige und nützliche Impulse für die Weiterentwicklung der Praxis geben könnten. Durch die Vermittlung aktueller Forschungsergebnisse und neuerer theoretischer Ansätze sollten beide – die Lehrkräfte und die sozialpädagogischen Fachkräfte – in die Lage versetzt werden, ihr berufliches Handeln sowohl technisch-methodisch („Handwerkszeug") als auch kritisch-reflexiv auf aktuelle gesellschaftliche, institutionelle und soziale Entwicklungen abzustimmen und auf die individuellen Bedürfnisse und kollektiven Problemlagen von Jugendlichen in den Präventionsprojekten adäquat zu reagieren. Zentraler Gedanke war also immer die Entwicklung und Aufrechterhaltung eines engen dialektischen Verhältnisses von theoretischer Erkenntnis und beruflicher Praxis. Durch wechselseitige Rückkoppelungsprozesse sollten Theorie und Praxis gegenseitig bereichert werden. Dies ließ sich im Rahmen des Beratungs- und Coachingprozesses durch das Weiterbildungsteam der Universität Lüneburg ausgezeichnet realisieren. Teil dieser Wechselwirkungen waren auch Anregungen in umgekehrter Richtung: Problemwahrnehmungen von Praktiker/-innen ermöglichten vielfältige Impulse für Forschung und Lehre, die intensiv zur Verbesserung und Verallgemeinerung von Präventionskonzepten und -strategien beigetragen haben.

Einen zentralen Stellenwert nahm in diesem gegenseitigen Anregungsprozess die Vermittlung und der Austausch besonders gelungener Praxismodelle (Best Practice) im Rahmen des sog. „Prototypen-Ansatzes“ des Lüneburger Fortbildungskonzeptes ein. Gerade das Kommunizieren erfolgreich durchgeführter Projekte ergab aufregende Impulse für die Weiterentwicklung der landesweiten Präventionspraxis. Diese hier stimulierte permanente Veränderung und Verbesserung professionellen sozialarbeiterischen und pädagogischen Handelns war ein nicht zu unterschätzender Beitrag zur Qualitätssicherung im Bereich der Prävention und Kooperation von Schule und Jugendhilfe.

3 Die Weiterbildung: Überblick

Neben der Qualifizierung der 77 Grund- und Schwerpunktbausteine war – wie bereits erwähnt – die im Folgenden geschilderte gemeinsame Ausbildung von über 200 Präventionsfachkräften aus den Bereichen Schule und Jugendhilfe (Tandem-Weiterbildung) eine zentrale Aufgabe von NetzwerG. Interessierte Fachkräfte aus beiden Bereichen meldeten sich aufgrund einer Ausschreibung über die Verteiler der Schule (Kultusministerium) und der Jugendhilfe (Sozialministerium/Landesjugendamt) als regionale Tandems an, also jeweils eine Lehrkraft und eine sozialpädagogische Fachkraft gemeinsam – sozusagen als „Pärchen auf Dauer“. Der erste Tandemkurs startete bereits Mitte 2000 und wurde 2001 abgeschlossen. Jeweils zwei weitere liefen dann seit Mitte 2003, Mitte 2004 und Mitte 2005. Insgesamt wurden 12 einjährige Kursreihen durchgeführt und ca. 300 Präventionsfachkräfte ausgebildet.

4 Das Verfahren zur Entwicklung des Ausbildungscurriculums

Mit der „Didaktischen Spirale“ (Stange 2006) wurde ein pragmatisches Entwicklungsverfahren für Curricula gewählt, das weniger auf große Curricula (z.B. solche für ganze Schulfächer) abzielt und durch große Forschungsteams und mit der entsprechenden Mittelausstattung realisiert wird, sondern etwas bescheidener konzipiert wurde – sozusagen eine Ebene darunter, aber doch mit prinzipiell analoger Entwicklungslogik und Struktur. Solche Lehrgangscurricula, die von einzelnen Personen oder kleineren Teams entwickelt werden, haben aber immer die Schwierigkeit, dass ihnen eine wirklich breite Legitimation fehlt. Deshalb ist es wichtig, dass die Schrittfolge des Verfahrens und die Kriterien der Auswahl der Ziele und Inhalte transparent gemacht werden und in einem Dreiecksverhältnis zwischen Entwickler, Auftraggeber und Adressaten (insbesondere über die Erprobung) abgesichert werden.

Die „Didaktische Spirale“ umfasst alle Ebenen und Bereiche curricularen und didaktischen Handelns in der zeitlichen Prozessstruktur von der Ableitungsebene bis zur Umsetzungsebene (also Planung, Realisierung und Nachfolgeaktivitäten).

Der Ablauf der didaktischen Spirale (Stange 2006: 3 ff.):

1. Leitideen des Lehrgangscurriculums beschreiben
2. Beschreibung der Adressaten (Zielgruppen): Für wen?
3. Strategische Grundentscheidungen
   3.1 Strategische Grundrichtung: Orientierung an Lernergebnissen und Kompetenzen
   3.2 Verfahren der Curriculums- und Lehrgangsentwicklung und -konstruktion festlegen
4. Benennung prinzipiell geeigneter Bildungsinstitutionen
5. Spiralförmige Eingrenzung und Präzisierung der Curriculumthemen und -ziele
   5.1 Didaktische Analyse – Themen (Inhalte) strukturieren und eingrenzen
      a) Didaktische Analyse 1: Festlegung des prinzipiellen Umfanges, der inhaltlichen Reichweite des Curriculums
      b) Didaktische Analyse 2: Fachliche Stoffdurchdringung, Akzentuierung und Eingrenzung (Erste Reduzierung): Wie viel wovon?
      c) Didaktische Analyse 3: Bedeutung des Gesamt-Themas und seiner Elemente für die Gesellschaft und die berufliche Praxis
   5.2 Didaktisch-methodische Reduktion: Auswahlrichtung und Auswahlkriterien
      a) Didaktisch-methodische Reduktion 1: Erwartungen des Auftraggebers (Akzente, Schwerpunkte, Zielsetzungen, Zertifikate, Bescheinigungen, Prüfungen usw.)
      b) Didaktisch-methodische Reduktion 2: Reduktion unter dem Gesichtspunkt der individuell-subjektiven Bedeutung: (Adressatenbezüge: Teilnehmer- und Zielgruppen)
      c) Didaktisch-methodische Reduktion 3: Reduktion unter dem Gesichtspunkt des zur Verfügung stehenden Zeitvolumens für die einzelnen Teileinheiten (Verteilung der Zeitbudgets)
      d) Didaktisch-methodische Reduktion 4: Erfordern spezifische Lehrziele, die Strukturierung und Anordnung der Lehrinhalte (Lerndramaturgie), bestimmte methodische Herangehensweisen, die Evaluierungsanforderungen oder die Rahmenbedingungen (Räume, Ausstattung) besondere Zeitbudgets oder den Wegfall oder die Kürzung bestimmter Teilthemen? (weitere Hinweise bei Döring/Ritter-Mamczek 2001: 39, 49f., 187ff.).
   5.3 Zielformulierung (parallel zu 5.2)
6. Zusammenfassung der bisherigen Ergebnisse: überarbeitete zweite Übersicht in Ankerbegriffen und Fachlandkarten – nun ergänzend mit Prototypen
7. die Pädagogische Grundstrategie der Ausbildung – den „Ansatz“ – wählen (Fokus: „Referenzmodelle der Erwachsenbildung“)
8. Entwicklung und Zuordnung von Methoden
9. Festlegung von Art, Anzahl, Umfang der Module und Ausarbeitung der Modulskizzen
10. Ausarbeitung der didaktischen Einheiten, einschließlich ihrer Methoden und Kurzdramaturgien
11. längere Veranstaltungs- und Seminardramaturgien arrangieren: das komplette „Drehbuch“
12. Übersicht zur Dramaturgie der Module und didaktischen Einheiten (Verteilung und Anordnung des Gesamtcurriculums)
13. Erprobung und Evaluierung des Lehrgangscurriculums
14. endgültige Umsetzung und Realisierung in der Praxis

Diese Schritte können hier im Einzelnen nicht nachgezeichnet werden. Lediglich zu sechs Punkten erfolgt eine Konkretisierung:

5 Exemplarische Darlegung einzelner Verfahrensschritte und Kriterien

5.1 Strategische Grundrichtung: Orientierung an Lernergebnissen und Kompetenzen

Bereits im frühen Stadium der Entwicklung müssen eine Reihe von Grundentscheidungen getroffen werden:

a) Worauf soll der Fokus der Betrachtung liegen: Ist es sinnvoller, den Gesamtprozess der Lehrgangsentwicklung zu ordnen, indem man zunächst die formalen Zugangsvoraussetzungen, die Wahl der Bildungsinstitutionen und die Art der dort standardmäßig angebotenen Bildungsangebote und -prozesse in den Blick nimmt? Oder ist es sinnvoller von den Lernergebnissen her zu denken und zu unterstellen, dass es zunächst einmal unwichtig ist, wie und wo sie zustande kommen? Davon hängt dann nämlich ab, welchen Stellenwert man jeweils den formalisierten Bildungsprozessen in den traditionellen Bildungsinstitutionen oder den nicht-formalisierten Lernprozessen (z.B. in der Praxis oder dem „Leben an sich") bzw. den fremdgesteuerten im Verhältnis zu den selbstorganisierten Lernprozessen zugesteht.

Im Rahmen des Curriculums „Kooperation von Schule und Jugendhilfe" wurde die Entscheidung getroffen, die im Zuge der Diskussion um den EQF (Europäischen Qualifikationsrahmen) entwickelte Position zu übernehmen (Kommission der Europäischen Gemeinschaften 2006: 17f.; 19) und einen „Bezugsrahmen für Qualifikationen ausschließlich auf Lernergebnisse zu gründen und das lebenslange und nicht formale Lernen einzubeziehen" (Sellin 2005: 5).

b) Die Lernergebnisse („Outcome") orientieren sich dabei im Sinne des Europäischen Qualifikationsrahmens (EQF) an *Kompetenzen*. Die Leitfunktion von Kompetenzen bei beruflichen Qualifikationen wird verständlicher, wenn man sich die sog. K-S-C-Typologie vergegenwärtigt. Dort werden Lernergebnisse eingeteilt in drei Kategorien:

K = Knowledge (Wissen i.e.S.)
S = Skills (Fertigkeiten)
C = Competences (Kompetenzen, auch „Schlüsselqualifikationen" u.ä.).

Die Kommission der Europäischen Gemeinschaften definiert:

> „(…),Lernergebnisse': Aussagen darüber, was eine Lernende/ein Lernender weiß, versteht und in der Lage ist zu tun, nachdem sie/er einen Lernprozess abgeschlossen hat. Sie werden als Kenntnisse, Fertigkeiten und Kompetenzen definiert.
> (…) ‚Kenntnisse': das Ergebnis der Verarbeitung von Information durch Lernen. Kenntnisse bezeichnen die Gesamtheit der Fakten, Grundsätze, Theorien und Praxis in einem Lern- oder Arbeitsbereich. Im Europäischen Qualifikationsrahmen werden Kenntnisse als Theorie- und/oder Faktenwissen beschrieben.
> (…) ‚Fertigkeiten': die Fähigkeit, Kenntnisse anzuwenden und Know-how einzusetzen, um Aufgaben auszuführen und Probleme zu lösen. Im Europäischen Qualifikationsrahmen werden Fertigkeiten als kognitive Fertigkeiten (logisches, intuitives und kreatives Denken) und praktische Fertigkeiten beschrieben (Geschicklichkeit und Verwendung von Methoden, Materialien, Werkzeugen und Instrumenten).
> (…) ‚Kompetenz': die nachgewiesene Fähigkeit, Kenntnisse, Fertigkeiten sowie persönliche, soziale und/oder methodische Fähigkeiten in Arbeits- oder Lernsituationen und für die berufliche und/oder persönliche Entwicklung zu nutzen. Im Europäischen Qualifikationsrahmen wird Kompetenz im Sinne der Übernahme von Verantwortung und Selbstständigkeit beschrieben" (Kommission der Europäischen Gemeinschaften 2006: 17f.).

Die Lernergebnisse im Sinne der K-S-C-Typologie sind im Rahmen der üblichen Standard-Kategorien der Didaktik als *Ziele* zu betrachten. Sie liegen allerdings quer zu der bekannten Einteilung der Lernziele in kognitiv, affektiv und psychomotorisch. Dies ist eine Einteilung, die es in dieser klaren Trennung als psychische Funktionen und Prozesse ja gar nicht gibt. Die K-S-C-Typologie ist hier ganzheitlicher. Im Übrigen ist diese Art von Lernergebnissen in den klassischen didaktischen Kategorien weniger auf der Ebene der Richt-, Leit- oder Globalziele, sondern wohl am ehesten auf der Ebene der Grob- und Feinziele zu verorten.

Heyse und Erpenbeck haben Kompetenzen wie folgt definiert: „Kompetenzen charakterisieren die Fähigkeiten von Menschen, sich in offenen und unüberschaubaren, komplexen und dynamischen Situationen selbstorganisiert zurechtzufinden. Solche Situationen nehmen angesichts der heutigen wirtschaftlichen, politischen und globalen Komplexität und Dynamik schnell zu. Kompetenzen lassen sich damit als Selbstorganisationsdispositionen beschreiben“ (Heyse/Erpenbeck 2004: XIII).

Das Verhältnis der K-S-C-Komponenten muss man nicht unbedingt als absolut trennscharfe Dimensionen interpretieren. Man kann sie auch so sehen, dass Wissen und Fertigkeiten sozusagen im Rahmen der Kompetenzen aktualisiert und genutzt werden (Erpenbeck 2006: 8). Dabei hätten die Kompetenzen die Leitfunktion. Sie würden die Art und Weise steuern, in der Skills und Knowledge benutzt und eingesetzt werden. Das gilt umgekehrt nicht.

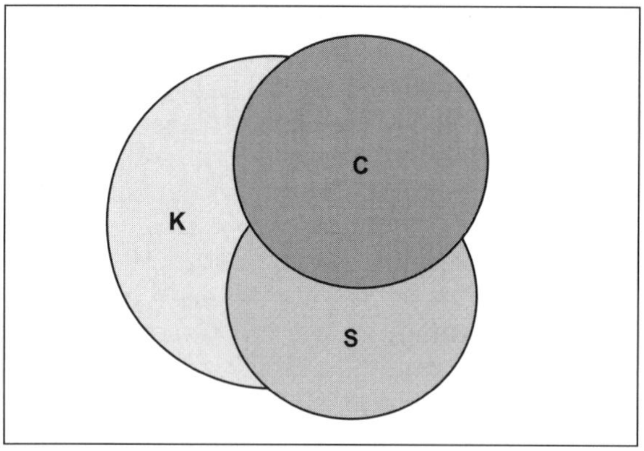

Abb. 1: Interpretation der Funktion von „Competences“;
abgewandelt nach Erpenbeck (2006: 8)

John Erpenbeck hat für die dritte Kategorie „Competences“ vier Grundkompetenzen (Key Competences) postuliert, an denen auch wir uns in der Fortbildung der Prozessmoderatoren orientiert haben):

- die „Fähigkeit, sich selbst gegenüber klug und kritisch zu sein, produktive Einstellungen, Werthaltungen und Ideale zu entwickeln: personale Kompetenz“
- die „Fähigkeit, alles Wissen und Können, alle Ergebnisse sozialer Kommunikation, alle persönlichen Werte und Ideale auch wirklich willensstark und aktiv umsetzen zu können: aktivitäts- und handlungsbezogene Kompetenz“
- die „Fähigkeit, mit fachlichem und methodischem Wissen gut ausgerüstet, schier unlösbare Probleme schöpferisch zu bewältigen: fachlich-methodische Kompetenz“
- die „Fähigkeit, sich aus eigenem Antrieb mit anderen zusammen- und auseinanderzusetzen, kreativ zu kooperieren und zu kommunizieren: sozial-kommunikative Kompetenz“ (Erpenbeck 2006: 14ff.).

Die Entscheidung für eine Kompetenzorientierung hat erhebliche Folgen für die Fortbildungsstrategie: Das Curriculum und die enthaltene Didaktik-Methodik müssen sicherstellen, dass die Art der Lernorganisation den Erwerb von personalen, sozial-kommunikativen, fachlich-methodischen und aktivitäts- und handlungsbezogener Kompetenz ermöglicht. Das legt z.B. eine erhöhte Bedeutung von Praxiserfahrungen nahe, weshalb in der Ausbildungskonzeption die Kooperations- und Präventionsprojekte der Teilnehmer eine so große Rolle spielen!

c) Auch die angestrebte Niveaustufe ist festzulegen: Geht es eher um ein orientierendes, ein auf mittlerer Interventionstiefe liegendes oder ein anspruchsvoll-vertiefendes Angebot? usw. Dazu gibt es im EQF acht definierte Niveaustufen (Sellin 2005: 14ff.; Kommission der Europäischen Gemeinschaften 2006: 19ff.). Eine mehrmonatige, unter Einschluss der Projekte ca. einjährige, berufliche Aus- und Fortbildung wie die Ausbildung zur Präventionsfachkraft könnte man auf Niveaustufe 4 und 5 ansiedeln.

5.2 *Das Ergebnis der spiralförmigen Eingrenzung und Präzisierung: die inhaltliche Curriculumstruktur*

Ausgehend von den im Abschnitt 4 in der Didaktischen Analyse und Didaktischen Reduktion geleisteten Prüfschritten, die auch die inhaltlichen Vorgaben des Landes, die eigenen Forschungsschwerpunkte sowie die in den Kursen artikulierten Praxisbedarfe berücksichtigten, wurde ein inhaltlich anspruchsvoller und dichter Inhaltskatalog für das Weiterbildungscurriculum entwickelt. Dieser wird, ausgehend von den jeweiligen aktuellen Anforderungen und neuen wissenschaftlichen Erkenntnissen, ständig fortgeschrieben und weiterentwickelt. Die Inhalte erfassten die folgenden Bereiche (nur Oberbegriffe):

- geschlechtsspezifische Sozialisation
- Jugendliche in schwieriger Situation
- abweichendes Verhalten
- Gewaltentstehung
- Schulversagen, Absentismus/Schulverweigerung
- Migrations- und Integrationsprobleme
- Rassismus und Fremdenfeindlichkeit
- Rechtsradikalismus
- die jeweils besonderen Strukturen von Schule und Jugendhilfe (Überblick)
- Stand der Präventionsarbeit in Niedersachsen: Projekte und Vernetzungen (Überblick)
- die Rolle der Präventionsfachkraft
- Verhinderung von Gewalt: Prävention – Intervention
- innerorganisatorische/innerinstitutionelle Ansätze der Prävention und Intervention
- Praxisprojekte in verschiedenen Schwerpunktbereichen (Best Practice)
- Prävention und Intervention vom Jugendamt und von den sozialen Diensten her
- Prävention und Partizipation
- Schule im Übergang zur Beruf- und Arbeitswelt
- Veranstaltungsplanung

- Projektmanagement
- Sozialraumanalyse und ethnografische Methoden
- Institutions- und Organisationsanalyse
- ausgewählte Rechtsgebiete, z.B. Datenschutz im Kooperationsfeld zwischen Schule und Jugendhilfe
- Konzeptionsentwicklung
- Finanzierungsmöglichkeiten, Möglichkeiten der Vereinsgründung usw.
- Moderation
- Präsentation
- Koordination und Vernetzung
- Konfliktmoderation – Mediation.

5.3 Auszüge aus dem Fortbildungscurriculum für Präventionsfachkräfte in der K-S-C-Typologie

5.3.1 Kenntnisse (Knowledge): Wissen i.e.S

Im Abschnitt 5.1 wurden Kenntnisse als „Gesamtheit der Fakten, Grundsätze, Theorien und Praxis im Lern- oder Arbeitsbereich" bezeichnet (Theorie- und/oder Faktenwissen, Praxiswissen, fachliche und wissenschaftliche Grundkenntnisse usw.). In den unter 5.2 genannten Inhaltsbereichen wären das Wissenselemente, z.B. zum abweichendes Verhalten, zum Schulabsentismus, zu den Strukturen von Schule und Jugendhilfe, Schule im Übergang zur Berufs- und Arbeitswelt, zum Datenschutz im Kooperationsfeld zwischen Schule und Jugendhilfe usw.).

5.3.2 Fertigkeiten (Skills)

Im Abschnitt 5.1 wurden Fertigkeiten als „kognitive Fertigkeiten (logisches, intuitives und kreatives Denken) und praktische Fertigkeiten (Geschicklichkeit und Verwendung von Methoden, Materialien, Werkzeugen und Instrumenten)" bezeichnet. Im Curriculum „Kooperation von Schule und Weiterbildung" wären dies u.a. folgende Fertigkeiten:

- Situationsanalysen (insb. Sozialraum- und Lebensweltanalysen) herstellen
- Analysieren und Definieren von Präventionsbedarfen
- ethnografische Methoden in der Sozialraumanalyse im Feldaufenthalt anwenden
- Konzeptionen entwickeln
- Methoden des Projektmanagements (Projektplanung und -durchführung, Projektorganisation und -kooperation): Präventions-/Kooperationsprojekte und -strategien planen
- einfache Methoden der Evaluation und des Qualitätsmanagements von Prävention anwenden (Evaluieren und Verbessern von Projekt- und Lernprozessen)
- Beherrschung von Beteiligungsmethoden (z.B. der Zukunftswerkstatt)
- Veranstaltungen und planen, organisieren und durchführen
- die Moderationsmethode (VIPP-Moderation/Metaplan, Visualisierungsmethode) technisch und konzeptionell sauber anwenden

- ausgewählte Methoden der Konfliktmoderation und Mediation beherrschen
- Präsentationsmethoden (mediengestützte Sach- und Ergebnispräsentation) in Präventionsprojekten einsetzen
- Koordinieren und Vernetzen
- Verfahren der Öffentlichkeitsarbeit anwenden (die eigenen Praxisprojekte öffentlichkeitswirksam darstellen)
- Dokumentationstechniken beherrschen
- usw.

5.3.3 Kompetenzen i.e.S. („Competences", Schlüsselqualifikationen u.ä.)

Im Abschnitt 5.1 wurden Kompetenzen bezeichnet als „Fähigkeit, Kenntnisse, Fertigkeiten sowie persönliche, soziale und/oder methodische Fähigkeiten in Arbeits- oder Lernsituationen und für die berufliche und/oder persönliche Entwicklung zu nutzen (…) Kompetenz im Sinne der Übernahme von Verantwortung und Selbstständigkeit" (Kommission der Europäischen Gemeinschaften 2006: 17f.). Heyse/Erpenbeck ergänzten: „Kompetenzen charakterisieren die Fähigkeiten von Menschen, sich in offenen und unüberschaubaren, komplexen und dynamischen Situationen selbstorganisiert zurechtzufinden. (...) Kompetenzen lassen sich damit als Selbstorganisationsdispositionen beschreiben" (Heyse/Erpenbeck, 2004: XIII). Im Curriculum „Kooperation von Schule und Weiterbildung" ging es u.a. um folgende im Wesentlichen an Heyse/Erpenbeck angelehnten Kompetenzen (Heyse/Erpenbeck 2004: XXI – in Klammern die spezifischen Mischungen der vier Grundkompetenzen):

A. Personale Kompetenzen (Selbstkompetenzen): P
- Eigenverantwortung
- Einsatzbereitschaft (P/A)
- Selbstmanagement(P/A)
- Lernbereitschaft (P/F)
- Zuverlässigkeit (P/F)
- Pflichtgefühl (S/F)
- Gewissenhaftigkeit (S/F)
- Verantwortungsbewusstsein (A/S).

B. Sozial-kommunikative Kompetenz: S
- Kommunikationsfähigkeit
- Kooperationsfähigkeit
- Konfliktlösungsfähigkeit (S/P)
- Integrationsfähigkeit (S/P)
- Teamfähigkeit (S/P)
- Dialogfähigkeit, Kundenorientierung (S/P)
- Toleranz (S/P)
- Hilfsbereitschaft (P/S)
- soziales Engagement (A/S).

C. Fach- und Methodenkompetenz: F
- Exaktheit
- fachliche Neugier
- Fachorientierung
- Flexibilität (u.a. flexibler und effektiver Umgang mit kommunale politischen und sozialen Zielen und Auftraggeberinteressen)
- praktisch-technische Intelligenz
- Wissensorientierung (F/P)
- analytische Fähigkeiten (F/P)
- Konzeptionsstärke (F/A)
- systematisch-methodisches Vorgehen (F/A)
- Problemlösefähigkeit (S/A)
- schöpferische Fähigkeit (P/A), Kreativität (P/A)
- Intuition (F/P oder P)
- vernetztes Denken, ganzheitliches Denken
- Qualitätsorientierung.

D. Aktivitäts- und Handlungskompetenzen: A
- Tatkraft (Energie)
- Ausführungsbereitschaft (Begeisterungsfähigkeit, Eigeninitiative, Eigenmotivation, Engagement)
- Initiative
- Entscheidungsfähigkeit (A/P)
- Gestaltungswille (A/P)
- Innovationsfreudigkeit (A/P), Offenheit für Veränderungen
- Belastbarkeit (A/P)
- ergebnisorientiertes Handeln (Durchsetzungsfähigkeit) (A/F)
- Beharrlichkeit (A/F)
- zielorientiertes Führen (A/F)
- Motiviertheit (A/P).

5.4 Die Pädagogische Grundstrategie (den „Ansatz") der Ausbildung wählen

Neben der Ableitung der Inhalte und Ziele bzw. Kompetenzen ist – mit Blick auf die Realisierungsebene – die Festlegung der grundsätzlichen pädagogischen Herangehensweisen in der Praxis ein wichtiges curriculares Strukturierungselement. Gemeint ist die immanente pädagogische Grundstrategie (der „Ansatz") und die mit ihr verbunden Prinzipien (Regeln): Auf welche Art sollen die Ziele erreicht werden?

Hier geht es um den inneren pädagogischen Zusammenhang (die didaktisch-methodische Grundstrategie, den „pädagogischen Ansatz") insgesamt. Und das heißt, dass sowohl die Makroperspektive (Aufbau und Verhältnis der Module untereinander, also des Curriculums als Ganzem) gemeint ist, wie auch die Mikroperspektive: Es geht auch um die Beantwortung der Frage wie die Lernziele, das Erreichen der Lernergebnisse im Sinne der K-S-C-Typologie ganz konkret umzusetzen und zu organisieren wären (Wie geht man methodisch in einer konkreten Aneignungs- und Vermittlungssituation vor?). Aus der Art der didaktisch-methodischen Grundstrategie folgen dann letztlich die konkreten Methoden. Es geht auf dieser Ebene also um Fragen wie z.B.: Werden die Lernangebote nach dem Schlüsselbegriffsansatz, dem Ansatz „TPI“ (Theorie-Praxisintegration), der Strategie der direkten Instruktion oder des entdeckenden Lernen usw. organisiert?

Hier kommen nun die sogenannten „Referenzmodelle der Erwachsenbildung“ (Muster oder methodische „Paradigmen“ der Erwachsenbildung) zum Tragen: In der Erwachsenenbildung bzw. Fort- und Weiterbildungsdidaktik existieren diverse solcher idealtypischer Muster (didaktisch-methodischer Referenzmodelle). Sie weisen im Allgemeinen eine gewisse Affinität zu bestimmten Ansätzen der Inhaltsgewinnung auf, leisten aber oft keinen elaborierten und differenzierten Beitrag dazu. Ihr pädagogischer Fokus liegt eher im Methodischen. Diese erwachsenenpädagogischen Muster (didaktisch-methodischen Referenzmodelle) müssen z.B. im Hinblick auf ihre Eignung im Rahmen eines Curriculums für Prozessmoderatoren geprüft werden. Es lassen sich sechs idealtypische Muster erkennen:

Muster 1: Fertiges Fremdwissen vermitteln (fremdgesteuertes Lernen – Betonung kognitiven Wissens – Lernen in künstlichen Erfahrungskontexten)

- klassischer Unterricht
- Superlearning (Lernen mit klassischer Musik: Lernkonzerte)
- Lernprojekte
- Fernstudium
- Distance-Learning
- Blended Learning

Muster 2: Selbstproduktion von Erkenntnissen und selbstorganisiertes Lernen

- Erkundungen
- selbstorganisiertes Lernen („Ermöglichungsdidaktik“)
- „APO – Arbeitprozessorientiertes Lernen“
- Experimente, Simulationen, Beobachtungen
- Ideenfindung und Problemlösung
- Dialog

Muster 3: Emotionales und psychomotorisches Lernen in künstlichen Erfahrungskontexten

- Verhaltenstraining
- gruppendynamische Laboratorien

Muster 4: Erfahrungsprozesse in und an der Praxis statt Lernen in künstlichen Kontexten

- Lernen in der Praxis: Lernen am Arbeitplatz und Lernen in der politischen Praxis
- Praxismediatoren: Praxisplanung und -transfer, Supervision, Coaching, Praxisberatung, Kollegiale Beratung

Muster 5: Fokussierung auf bestimmte Themen oder Methoden

- Handlungsorientierte Didaktik
- Lebendiges Lernen/Impulsdidaktik (Belz 2001)
- Integration von beruflicher und politischer Bildung
- TZI – Themenzentrierte Interaktion

- „Dynamisches Lernen“ (Workshoplernen nach Vopel 2000)
- Moderationsmethode („Metaplan“)

Muster 6: Integrative, ganzheitliche Ansätze
- Gestaltpädagogik
- Cooperative Learning (Miehe 2006)
- AL – Accelerated Learning nach Dave Meier (Meier 2004)
- Projektmethode II („Real-Projekte“ bzw. „Ernst-Projekte“ statt „Lernprojekte“)
- Lernwerkstatt (Stange/Paschen 1994)
- TPI – Theorie-Praxis-Integration (Stange 2006).

Bei der Auseinandersetzung mit diesen Mustern (didaktisch-methodischen Referenzmodellen) wird auch geklärt, in welchem Verhältnis vom Umfang her die drei Dimensionen der K-S-C-Typologie zueinander stehen sollen – etwa in dem Sinne, ob es sich z.B. eher um ein wissensorientiert-theoretisches handeln soll oder um ein stark praxis- und berufsbezogenes Lernangebot, das vermehrt Kompetenzen erfordert. Von dieser Entscheidung hängt ab, ob die didaktische Grundkonzeption mehr formalisierte oder eher informell-nicht-formalisierte Lernprozesse (z.B. in offenen selbstorganisierten Praxisbezügen) erfordert, eher informations- oder verhaltenstrainingsorientiert ist (z.B. als reines Moderationstraining mit dem Fokus auf dem Einüben von Metaplan-Techniken) und ob an fertigen Fremdinformationen oder an den Prozessen im eigenen Projekt gelernt werden soll (Prozessbegleitung). Auch die Lernorte (traditionelle Bildungsinstitutionen für die eher fremdgesteuerten und formalisierten Bildungsprozesse, Verzahnung mit der Praxis vor Ort durch Projekte und nichtformalisierte und selbstorganisierte Lernprozesse) sind festzulegen. Auch die konzeptionelle Grundentscheidung darüber ist zu treffen, ob die Teilnehmer eines Lehrganges aus verschiedenen Orten kommen sollen oder ob das Curriculum sich an Gruppen aus jeweils einem Ort, Stadtteil, einer Organisation, einem Verband, einer Einrichtung usw. mit konkreten gemeinsamen Problemen und Anliegen wenden soll (Inhouse-Training).

5.5 Didaktischer Ansatz: zum Konzept der Qualifizierung „Kooperation von Schule und Jugendhilfe“

Für das Curriculum „Prävention und Kooperation von Schule und Jugendhilfe“ wurde eine moderne und innovative Aus-, Fort- und Weiterbildungsstrategie mit vielfältigen Lernmethoden und Trainingsarrangements mit einem Ansatz gewählt, der verschiedene Muster miteinander kombiniert:

- *Informationseinheiten auf der Basis des Musters 1* – z.B. Wissensvermittlung über Informationspräsentationen mit fertigen Fremdinformationen im Seminar zur Theorie der Prävention, zu Interventionsmöglichkeiten, zu markanten prototypischen Praxisportaits (Praxisprojekten zu verschiedenen Schwerpunktbereichen der Prävention), Arbeit mit Selbstlernmaterialien (Teilnehmer-Reader zu jedem Modul, auf der Basis des Schlüsselbegriffsansatzes mit Mindmaps).

- *Verhaltens- und Skilltraining (emotionales und psychomotorisches Lernen in künstlichen Erfahrungskontexten) nach dem Muster 3* – z.B. Visualisierungstechniken: Moderations- und Metaplan-Training/Visualisierungsansatz, Prototypenansatz: Falldemonstrationen mit Analyse und Reflexion von Praxisportaits, Checklisten, Praxisübungen und Methodendemonstrationen, Videotraining und Selbstreflexionsübungen, Interaktions- und Spielpädagogik, aktivierende Großgruppenmethoden, Kreativ- und Problemlösetechniken, Produkt- und Präsentationsansatz etc.)

- *Muster 4: Erfahrungsprozesse in und an der Praxis, Lernen in selbstorganisierten Prozessen im eigenen Projekt*: durch sog. Praxismediatoren: Prozessbegleitung, Coaching, Praxisberatung, kollegiale Beratung, Praxisplanung und -transfer – verbunden mit dem Lernort im eigenen Stadtteil (Praxis); aber auch selbstorganisiertes Erledigen von Hausaufgaben.

Das Praxisprojekt (Lernen in der Praxis) aus dem Bereich der Kooperation von Schule und Jugendhilfe ist auf jeden Fall das didaktische Kernelement des Curriculums. Es wurde durch jedes Tandem recherchiert, akquiriert, geplant, dokumentiert, reflektiert und evaluiert und öffentlich präsentiert (Projektmanagement). Auf diesem Wege wirkt der Lehrgang auch in die lokale Praxis des Stadtteils hinein. Wenn aus einem Kurs bis zu 20 Praxisprojekte entstehen, ist dies schon ein interessanter Gemeinwesenimpuls, der Lernen mit politischer Praxis verbindet.

Hinzu kommt pro Tandem jeweils noch ein Anschlussprojekt nach der Weiterbildung, zu dem sich die Teilnehmerinnen und Teilnehmer mit der Anmeldung verpflichtet haben.

So sind bisher bereits ca. 200 Kooperations- und Präventionsprojekte abgeschlossen worden. Wenn die noch laufenden Projekte fertig sind, werden über die Weiterbildung dem Land ca. 300 Projekte zurückgegeben worden sein. Dies ist gewiss ein sehr bedeutender Beitrag zur positiven Veränderung der Präventions- und Kooperationspraxis.

Die Projekte selbst reichen von der Durchführung sozialer Trainings über die Implementierung von Konfliktschlichtungsansätzen bis hin zu methodisch unterschiedlich aufbereiteten Themen wie z.B. Gewalt und Rechtsextremismus. Es gibt auch Projekte zur Berufsorientierung, z.B.: „Brücken zum Beruf", „BOJE: Berufsorientierung jetzt!". Es gibt aber auch Projekte, in denen schulische Veranstaltungen in ein benachbartes Jugendzentrum verlagert wurden, oder in denen die Jugendhilfe direkt in der Schule tätig wurde sowie Projekte zum Finden und Ausgestalten von Beteiligungsmöglichkeiten mit Kindern und Jugendlichen im Rahmen der Schule („SV = Stark Vertreten"). In einem anderen Projekt wurden straffällig gewordene Jugendliche mit Jugendlichen in der Schule in Kontakt gebracht, um für die Folgen abweichenden Verhaltens sensibilisiert zu werden. Usw., usw.

Die Durchführung der Praxisprojekte durch die Präventionsfachkräfte wurde durch Praxisberatung und Coaching begleitet. Dabei kamen zum Einsatz:
- Gruppenberatung
- Einzelberatung
- Coaching
- kollegiale Beratung.

Eine weitere Form des Praxislernens wurde innerhalb der Seminare hergestellt durch Feldaufenthalte in konkreten exemplarischen Sozialräumen, z.B.

- durch Begehungen mit Sozialraum-Schlüsselpersonen
- durch Befragungen von Jugendcliquen an ihren Treffpunkten
- durch Interviews mit Sozialraum-Schlüsselpersonen
- durch Spielraum-Streifzüge mit Kindern (etwa um Konflikte mit Jugendlichen zu erfassen).

- *Muster 6: Integrative, ganzheitliche Ansätze im Sinne des Accelerated-Learning (nach Dave Meier)* bzw. Elementen der TPI-Theorie-Praxis-Integration

  Hier wurden die starke Betonung des Wechsels von Informations- und Trainingsphasen und Praxis durch entsprechende Einheiten im Seminar bzw. zwischen dem Seminar und der eigenen Praxis außerhalb der Seminare übernommen. Die Seminar-, Projekt- und Praxisphasen, die Verarbeitungs- und Reflexionsphasen bzw. Beratungsphasen wurden zu Kursen von je 150 Stunden (acht zweitägige Seminare und eine eintägige Präsentationsveranstaltung) gebündelt.

Auf dieser Ebene der Wahl der pädagogische Grundstrategie (des „Ansatzes“) wird im Übrigen evident, welche Folgen die im Abschnitt 5.1 dargelegte Entscheidung für eine Orientierung am EQF (Europäischen Qualifikationsrahmen), an Lernergebnissen und am K-S-C-Modell hat. Wenn man Lernergebnisse und Kompetenzen in den Mittelpunkt stellt, hat dies unmittelbar Folgen für die Wahl des pädagogischen Ansatzes. Der Erwerb von Kompetenzen – z.B. Handlungs- und Veränderungsfähigkeit, Initiative, Belastbarkeit, Durchsetzungsfähigkeit u.ä. – sind im Allgemeinen nicht möglich über klassischen Unterricht und Informationspräsentation, sondern nur durch intensive Einbeziehung nichtformalisierter Lernprozesse und Erfahrungen in der Praxis. Deshalb nimmt das Projekt im Curriculum „Kooperation von Schule und Jugendhilfe“ ja einen so zentralen Stellenwert ein. Auf der anderen Seite ist auch die direkte Informationsaneignung und -vermittlung sehr wichtig. Sie ist in selbstorganisierten Lernprozessen entgegen landläufiger Meinung eben doch nicht so effektiv möglich wie mit der zu Unrecht gescholtenen direkten Instruktion, was breite empirische Forschung zweifelsfrei ergeben hat (Wellenreuther 2004: 76ff., 331ff., 368ff.).

Die in der Ausbildung durchgeführten Praxisprojekte der Teilnehmer/-innen wurden für jeden Kurs jeweils auf einer Abschlussveranstaltung präsentiert (mit Projektbericht/Dokumentation und Ausstellung) – auch dies ein wichtiger Ansatz des Kompetenzerwerbs (Produkt- und Präsentationsansatz). Dies hatte einerseits die Funktion, die Arbeit der Teilnehmenden zu würdigen. Andererseits sollten hiermit Best-Practice-Modelle einerbreiteren Öffentlichkeit und der Praxis zur Verfügung gestellt werden. Die öffentliche Kommunizierung von Ergebnissen war also ein wichtiges strategisches Element der Fortbildung.

Das Weiterbildungskonzept wurde insgesamt auf der Basis des EQF – des Europäischen Qualifikationsrahmens – konzipiert und durchgeführt, auch um die Fortbildung für die Zukunft anschlussfähig zu halten. Die Weiterbildung wurde mit einem Zertifikat abgeschlossen.

Die gemeinsame Qualifizierung von Fachkräften aus Schule und Jugendhilfe – von Lehrer/-innen und Sozialpädagog/-innen mit dem Merkmal der Bildung regionaler Tandems – verfolgte also alles in allem eine sehr aufwendige moderne Weiterbildungsstrategie.

5.6 Ausarbeitung von didaktischen Einheiten einschließlich der Methoden und Kurzdramaturgien

Die genaue Beschreibung aller didaktischen Einheiten und Einzelbeschreibungen von Methoden erfolgt als Konkretisierung von *Modulskizzen*. Didaktische Einheiten haben – wie auch die Module – einen systematischen Aufbau (Teilthemen, Grob-Lernziele und Fein-Lernziele, Methoden, Reflexion und Evaluation, Material, Rahmenbedingungen, Kurzdramaturgie usw.). Für einen systematischen Aufbau der Teilschritte und Elemente von didaktischen Einheiten gibt es die verschiedensten Systeme zu vermuteten *Lernphasen* (d.h. zur Strukturierung von Unterricht) mit einem reichhaltigen Repertoire an Schemata, Artikulations- und Phasenmodellen (Döring/Ritter-Mamczek 2001: 61ff., 67ff., 192ff.; Günther/Sperber 1995: 226ff.). Hier spielen lern- und gedächtnispsychologische Gesichtspunkte eine Rolle, aber vor allem die Orientierung an den oben genannten Referenzmodellen der Erwachsenenbildung.

Die Wahl eines dieser Muster hat jeweils Implikationen bei der Konstruktion der Module und didaktischen Einheiten. Im Curriculum „Kooperation von Schule und Jugendhilfe" wurde das sog. EROS-System (Stange 2006: 18ff.) gewählt (EROS steht für die Anfangsbuchstaben der vier Hauptphasen: Einsteigen, Referieren, Organisieren, Sichern). Das EROS-System ist zunächst einmal ein innovatives lernpsychologisch-mnemotechnisches und didaktisches Phasenschema mit genannter Struktur und Abfolge. Das EROS-System meint in einem zweiten Sinne aber auch eine typische lern- und neurobiologische Grundausrichtung mit bestimmten Prinzipien und Mitteln wie:

- E: Einstiegshilfen – Zielvisualisierungen, Motivationshilfen, Advance Organizer usw.
- R: Reduzierung von Komplexität der Lernorganisation und Lernprozesse durch den Schlüsselbegriffsansatz (Schlüsselworte, Schlüssel-Aussagen, Powerpoint-Kürzel, Mindmap-Kürzel, Superlearning-Kürzel usw.), methodische Konzentration auf die wichtigsten motivationalen Wirkmechanismen usw.
- O: Organisationsprinzipien und -strategien des Lernens wie „multimodales Verknüpfsystem" und „kognitives Verknüpfsystem" (Vorerfahrungen mit neuen Informationen verknüpfen – z.B. durch Advance Organizer und Zusammenfassungen)
- S: Sinnlichkeit – insb. in den Phasen 1 und 4 durch Berücksichtigung aller Bedürfnisse, Emotionen und Sinne und aller Lerntypen und sinnlicher Methoden (aber auch in der Phase 2 – z.B. durch den Visualisierungsansatz, etwa durch in Präsentationen integrierte Strukturgrafiken, Mindmaps usw.).

Ergebnis dieser Bemühungen und des Ableitungsprozesses für das Curriculum, wie er im Abschnitt 4 („Ablauf der didaktischen Spirale") unter Punkt 1. bis 8. beschrieben wurde, sind – als Bündelungen von didaktischen Einheiten – *Module*. Sie dürfen nicht einfach als Überschriften allein für Inhalte missverstanden werden. Module sind integrierte Zusammenfassungen von Inhalten, Zielen, Medien, Methoden und didaktischen Einheiten, die auch Dramaturgien und Evaluationsmöglichkeiten umfassen.

6 Sonderaktivitäten

6.1 Aktivierungsseminare

Über bisher genannte Programmelemente hinaus bot NetzwerG ein weiteres aktivierendes Element an: Fortbildungs- und Vertiefungsseminare für die bereits ausgebildeten Präventionsfachkräfte. Hintergrund für diese Serie von Zusatzseminaren für die bereits zertifizierten Fachkräfte war die Überlegung, dass es nicht ausreicht, einen einmaligen Weiterbildungskurs durchzuführen und die Teilnehmer/-innen dann nicht weiter zu begleiten. Deshalb war es ein zentraler Bestandteil der Weiterbildung, auf bereits vorhandene Unterstützungsnetz-werke hinzuweisen und in den jeweiligen Kursen auch neue, programmspezifische Angebote aufzubauen. Flankierend zu solchen Ansätzen hat NetzwerG eine über die Weiterbildung hinausgehende Unterstützung in Form von Beratungen angeboten.

Grundlage dieser zweitägigen Veranstaltungen waren die von den Praktikerinnen und Praktikern im Vorfeld benannten Weiterbildungsbedarfe, die über das bisherige NetzwerG-Angebot hinausgingen bzw. vertiefende Trainings und Inputs zu den bereits in der Weiterbildung behandelten Themen. Aus dem Pool der Themenvorschläge konnten die Teilnehmer/-innen dann eine bestimmte Anzahl auswählen. Bis zu drei parallele Themen wurden auf dem „Seminarmarkt" angeboten. So bestand die Möglichkeit, die Teilnahme auch wirklich an den eigenen Bedarfen zu orientieren.

6.2 Fachsymposien

Seit Beginn des Programms hat NetzwerG mehrere Fachsymposien ausgerichtet. Mit dem ersten Symposion „Gewaltprävention an Schulen" sollte ein Einblick in den aktuellen Stand der Präventionsarbeit an Schulen, insbesondere in Niedersachsen, gewonnen werden. Thema eines zweiten Symposions waren „Die Möglichkeiten und Grenzen der Zusammenarbeit von Schule und Jugendhilfe in ausgesuchten Bundesländern". Da die Bundesländer zum Teil unterschiedliche Wege in der Forcierung der Kooperation beider Bereiche gegangen sind, war es NetzwerG wichtig, diese Modelle und die damit gemachten Erfahrungen gegenüberzustellen, um insbesondere für die Entwicklung der Zusammenarbeit in Niedersachsen Erkenntnisse zu gewinnen und den Rahmen für eine gelingende Kooperation zu verbessern.

Ein wichtiger Nebenaspekt dieser Tagungen war es auch, die beteiligten Personen z.T. erstmalig oder in einem neuen Rahmen zusammenzubringen (angefangen von den beteiligten Ministerien und dem Landesjugendamt über die seinerzeit noch vorhandenen Bezirksregierungen, bis hin zu Schlüsselinstitutionen, die vom PRINT-Programm direkt oder indirekt betroffen sind). Eine Vernetzung, die in der Praxis der Präventionsfachkräfte oft auf Schwierigkeiten stößt, ist zwar auch auf dieser Steuerungs- und Entscheidungsebene nicht einfach, für die erfolgreiche Realisierung des Programms aber ebenso wichtig.

6.3 Präventionsmärkte

In einem größeren und offeneren Rahmen boten die von NetzwerG jährlich organisierten, landesweiten Präventionsmärkte eine weitere Möglichkeit des Austauschs und der Begegnung. Zielgruppe waren hier insbesondere die Fachkräfte aus Schule und Jugendhilfe, die sich nicht in der Weiterbildung befanden, aber an der Zusammenarbeit beider Bereiche interessiert waren beziehungsweise an der Schnittstelle zwischen beiden Bereichen bereits präventive Arbeit leisteten.

Im Zentrum des Marktes stand – neben den fachlichen und wissenschaftlichen Inputs – immer die Vorstellung von Beispielen gelungener Kooperation (Best Practice). Dabei wurde es den Teilnehmer/-innen ermöglicht, erfolgreiche Projekte, z.T. aus anderen Bundesländern, aber doch schwerpunktmäßig aus Niedersachsen und hier besonders aus dem Bereich des PRINT-Programms, kennenzulernen. So konnten Projekte, die von ausgebildeten und zertifizierten Präventionsfachkräften entwickelt und durchgeführt wurden, auch über die Grenzen der Weiterbildung zur Nachahmung anregen. Inhaltlich wurde dabei stets eine breite Palette angeboten: von Schulabsentismus über Gewaltprävention sowie Sozialtrainings bis hin zu geschlechtsbewusster pädagogischer Arbeit und Partizipationsprojekten. Es sollte deutlich werden, dass die Kooperation von Schule und Jugendhilfe schwierig, aber auch sehr fruchtbar und gewinnbringend für beide Seiten sein kann. Den jeweils ca. 300 Teilnehmer/-innen der Präventionsmärkte wurden vielfältige Anregungen und Impulse zur Optimierung der Kooperation gegeben.

6.4 Qualitätsmanagement und Evaluation

Die einzelnen Fortbildungsangebote wurden mit dem Ziel der Qualitätssicherung *intern* permanent mit praxisnahen Instrumenten der Selbstevaluation formativ evaluiert. Dabei wurde von Anfang an jedes Seminar mit standardisierten Instrumenten beobachtet. Im summativen Teil wurden dann nicht nur die Trainings, sondern auch die Projekte der Teilnehmer/-innen in ihren Stadtteilen und ihre Wirkungen evaluiert. Qualitätskontrolle und Selbstevaluation waren also integraler Bestandteil der Qualifizierung. Zum Gesamtkonzept gehörte aber auch eine *externe* formative und summative Evaluation des Curriculums. Das PRINT-Programm – und auch die gesamte Weiterbildung – wurden *extern* durch die Gesellschaft für Innovationsforschung und Beratung GIB evaluiert.

7 Erste Erkenntnisse

7.1 Zur Zusammensetzung der Tandem-Weiterbildungskurse

Bei der Auswahl der Teilnehmer/-innen der Weiterbildungskurse durch das Niedersächsische Landesjugendamt und NetzwerG wurden neben der Qualität der eingereichten Bewerbungsunterlagen weitere Kriterien herangezogen (z.B. gleichmäßige regionale Versorgung). Diese Kriterien wurden auch konsequent durchgehalten. So war die Verteilung der Teilnehmerinnen und Teilnehmer auf die vier Regierungsbezirke in Niedersachsen sehr gleichmäßig und das Verhältnis zwischen sozialpädagogischen Kräften und Lehrkräften fast ausgewogen.

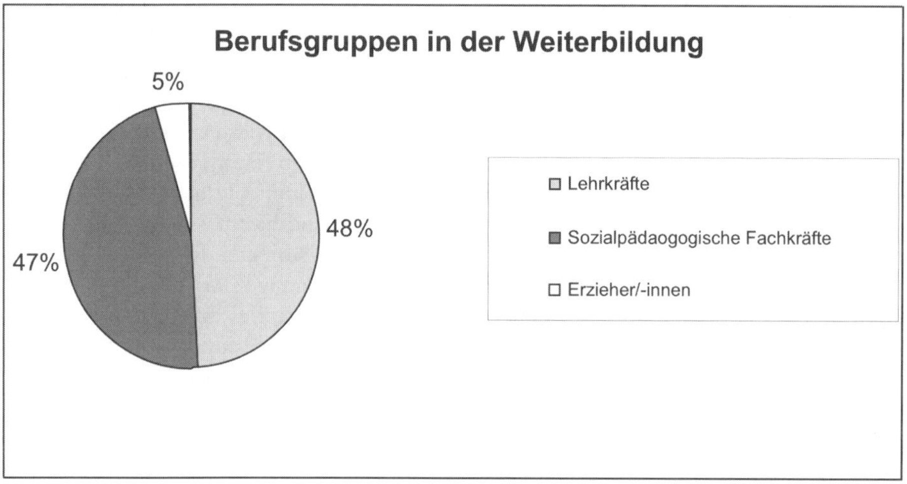

Abb. 2: Verteilung der Fachkräfte auf Berufsgruppen

Etwa 90% der Teilnehmenden sind in einem echten regionalen Tandem angetreten. Es gab Tandems aus Personen, die auch schon vorher kooperierten, meistens aber Tandems, die sich aufgrund der Weiterbildung fanden. Die restlichen Teilnehmer/-innen kooperierten auf andere Art mit der jeweils anderen Bezugsinstitution im Ort.

Bei den Lehrkräften kam der überwiegende Teil aus Haupt-, Gesamt- beziehungsweise Sonderschulen. Fast alle sozialpädagogischen Kräfte waren bei einem öffentlichen Träger angestellt und arbeiteten dort größtenteils in der Jugendpflege oder in einem Jugendzentrum. Das Verhältnis von Frauen zu Männern war etwa 3:1.

7.2 Erfahrungen

Typische Erfahrungen (auf der Basis der Veranstaltungsevaluationen nach jedem Seminar, der Gesamtevaluation am Ende jedes Kurses, des kursinternen Praxisaustausches, qualitativer Befragungen und der individuellen Praxisberatung) lassen sich wie folgt zusammenfassen:

Es gab eine deutliche Wahrnehmung markanter Unterschiede zwischen beiden Berufsgruppen, die von der Funktion über inhaltliche und methodische Aspekte in der Arbeit bis hin zur unterschiedlichen Bezahlung reichen.

Ein Ergebnis der Unterschiedlichkeit war es, dass man in fast jedem Zusammentreffen, ob auf Fachtagungen, Weiterbildungen oder in Teamsitzungen, in der die andere Berufsgruppe nicht oder kaum vertreten war, die Tendenz erkennen konnte, sich über die andere Gruppe zu beklagen.

Hinzu kommen teilweise negative und frustrierende Erfahrungen vor Ort mit der jeweils anderen Institution. In der Weiterbildung wurde nicht versucht, dies zu negieren, sondern die Unterschiede wurden als Ausgangspunkt eines konstruktiven Prozesses des Sich-Verstehens und -Annäherns verstanden und in den Kursen also intensiv reflektiert und systematisiert. Zum Teil wurde auch ganz bewusst das gemeinsame Arbeiten als neue Erfahrungsquelle gegen frustrierende Vorerfahrungen positioniert.

Aus den Kreisen der Schule wurde oft berichtet, dass eine inhaltliche Zusammenarbeit über die reine Lehrstoffvermittlung hinaus nur mit kleinen Teilen des Kollegiums möglich sei. In vielen Fällen erlebten die Teilnehmer/-innen vom Rest des Kollegiums oder der Schulleitung nicht nur mangelnde Unterstützung, sie begegneten mancherorts sogar subtilen Formen des Mobbings in Zusammenhang mit ihrem zusätzlichen Engagement. Hier war es dann wichtig zu erfahren, dass Bündnispartner/-innen auch außerhalb der Schule zu finden waren.

Dies alles traf aber auch auf die Jugendhilfe zu, die von der Tendenz her immer noch Vorbehalte gegenüber der Schule hatte, sich nach gelegentlichen unbefriedigenden Kooperationsversuchen mit Schule oft wieder zurückzog und alte Vorurteile weiterpflegte. Schule war und ist aber einer der zentralen Lebensorte und wichtige Sozialisationsinstanz von Kindern und Jugendlichen. Eine Jugendhilfe, die diesen Bereich und damit auch seine Bedeutung für die zukünftige Entwicklung von Kindern und Jugendlichen ausklammert, greift zu kurz. Im Übrigen belegen die engagierten Lehrkräfte im Kurs ja, dass für die Kooperation ein Gegenüber gefunden werden kann, wenn sich die Jugendhilfe ernsthaft auf die Suche begibt.

Das Design der Weiterbildung mit den Elementen des Austausches und der gemeinsamen Tandemarbeit bei der Konzeptionierung, Durchführung eines Projektes und dessen Präsentation hat sicherlich den Prozess der Annäherung der Gruppen unterstützt. Wie die Rückmeldungen zeigen, nahmen die Befragten vor allem die Zusammensetzung der Kurse mit Fachkräften aus beiden Bereichen als deutliche Bereicherung wahr.

Außerdem gaben sie fast ausnahmslos an, viele neue Anregungen und Ideen mitgenommen und viel über den anderen Bereich erfahren zu haben und jetzt deutlicher die Unterschiede, aber auch die Gemeinsamkeiten wahrnehmen und anerkennen zu können.

Auffällig war das überdurchschnittliche Engagement der Teilnehmer/-innen. Dabei sind nicht (nur) die eingebrachte Zeit für die Weiterbildung oder die in deren Rahmen durchgeführten Projekte gemeint, sondern das über das übliche Maß des beruflichen Einsatzes hinausgehende zusätzliche Engagement vor Ort. Auch die Erfahrung, viele besonders engagierte und kompetente Personen des anderen Berufsfeldes kennengelernt zu haben, stellte einen verbindenden Faktor dar.

Aktivierungsseminare: Die Rückmeldungen nach den Aktivierungsseminaren waren überaus positiv. Auch der im Seminar verortete Praxisaustausch über den Stand der Kooperationsentwicklung vor Ort wurde von vielen Teilnehmerinnen und Teilnehmern als neuer Impuls für die eigene Praxis erlebt. Gerade der Austausch über gleiche oder ähnlich gelagerte Schwierigkeiten sowie deren Überwindung, aber auch Erfolgserlebnisse, vermochten weitere Impulse zu setzen. Die Rückmeldung der teilnehmenden Präventionsfachkräfte und die gemachten Erfahrungen unterstreichen die Bedeutung, die dieses Element im Gesamtkonzept hatte.

8 Ausblick

Die beschriebenen Rückmeldungen und Erfahrungen zeigen, dass die Kooperation von Schule und Jugendhilfe – gefördert durch eine gemeinsame Tandem-Ausbildung zur Präventionsfachkraft – beide Institutionen bereichern kann. Dem erklärten Ziel der Landesregierung, beide Bereiche einander näher zu bringen ist man mit dem PRINT-Programm im Lande Niedersachsen einen wichtigen Schritt vorangekommen. Insbesondere die Entscheidung, eine gemeinsame berufsbegleitende Weiterbildung für Fachkräfte aus beiden Bereichen durch die Universität Lüneburg (NetzwerG) anzubieten, verbunden mit den beschriebenen flankierenden Elementen (dem Beratungsangebot, den Aktivierungsseminaren, den landesweiten Präventionsmärkten usw.), bildet in ihrer langfristigen und auf Nachhaltigkeit angelegten Orientierung bundesweit sicher eine positive Ausnahme, die andere Bundesländer zur Nachahmung anregen könnte, um ebenfalls zu einer solideren flächendeckenderen Kooperation von Schule und Jugendhilfe zu gelangen.

Dennoch dürfen diese Anmerkungen nicht darüber hinwegtäuschen, dass der Weg zum Ziel einer gelungenen Kooperation von Schule und Jugendhilfe alles in allem noch sehr steinig und lang bleiben wird, auch wenn Einsicht und Bereitschaft zur Veränderung auf beiden Seiten in den letzten Jahren stetig gewachsen sind. Um diese Entwicklung nicht zu gefährden, wurden 2007 die notwendigen Ressourcen für eine Fortsetzung des Programms in veränderter Form unter dem Namen NiKo (Niedersächsische Kooperations- und Bildungsprojekte) sichergestellt. Damit können viele der bisher aufgebauten, gut funktionierenden Projekte auch über das Ende der ursprünglichen Programmlaufzeit von PRINT ihre Erfahrungen sichern und weitergeben.

Literatur

Belz, Horst (2001): Lebendiges Lernen. Freiburg: Lambertus

Döring, Klaus W./Ritter-Mamczek, Bettina (2001): Lehren und Trainieren in der Weiterbildung. 8. Aufl. Weinheim: Beltz

Erpenbeck, John (2006): Kompetenzbegriff und Kompetenzmessung. Powerpoint-Präsentation

Günther, Ullrich/Sperber, Wolfram (1995): Handbuch für Kommunikations- und Verhaltenstrainer. 2., verb. Aufl. München: Reinhardt

Heyse, Volker/Erpenbeck, John (2004): Vorwort. In: Heyse/Erpenbeck (2004): IX-XXV

Heyse, Volker/Erpenbeck, John (2004): Kompetenztraining. Stuttgart: Schäffer-Poeschel

Kommission der Europäischen Gemeinschaften (2006): 479 endgültig. 2006/0163 (COD). Vorschlag für eine Empfehlung des Europäischen Parlamentes und des Rates zur Einrichtung eines Europäischen Qualifikationsrahmens für lebenslanges Lernen. SEK (2006) 1093. SEK (2006) 1094. Brüssel 2006

Miehe, Kirsten und Sven-Olaf (2006): Praxishandbuch Cooperative Learning. Meezen: Dragonboard-publishers

Sellin, Burkhart (2005): Europäischer Qualifikationsrahmen (EQF) – ein gemeinsames Bezugssystem für Bildung und Lernen in Europa. In: Berufs- und Wirtschaftspädagogik - online (2005). H. 8: 18. ISSN 1618-8543. Cedefop, Thessaloniki

Stange, Waldemar/Paschen, Wolf (1994): Handbuch Zukunftswerkstätten. Hamburg: DGB
Stange, Waldemar (2006): Die Didaktische Spirale. Unveröffentl. Manuskript. Lüneburg
Vopel, Klaus W. (2000): Wirksame Workshops. 2. Aufl.. Salzhausen: iskopress
Wellenreuther, Martin (2004): Lehren und Lernen –aber wie? Baltmannsweiler: Schneider

Weiterführende Literatur

Apel, Heino/Dernbach, Dorothee/Ködelpeter, Thomas/Weinbrenner, Peter (Hrsg.) (1998): Wege zur Zukunftsfähigkeit – ein Methodenhandbuch. Bonn: Stiftung Mitarbeit
Arnold, Rolf/Nolda, Sigrid/Nuissl, Ekkehard (Hrsg.) (2001): Wörterbuch Erwachsenenpädagogik. Bad Heilbrunn: Kinkhardt
Döring, Klaus W./Ritter-Mamczek, Bettina (1998a): Die Praxis der Weiterbildung. 2., völlig überarb. Aufl. Weinheim: Beltz
Döring, Klaus W./Ritter-Mamczek, Bettina (1998b): Medien in der Weiterbildung. 2., völlig überarb. Aufl. Weinheim: Beltz
Döring, Klaus W./Ritter-Mamczek, Bettina (1999): Weiterbildung im lernenden System. 2., völlig überarb. Aufl. Weinheim: Beltz
Erpenbeck, John/von Rosenstiel, Lutz (Hrsg.) (2003): Handbuch Kompetenzmessung. Stuttgart: Schäffer-Poeschel
Gasser, Peter (2001): Lehrbuch Didaktik. 1. Aufl.. Bern: h.e.p.verlag
Greif, Siegfried/Kurtz, Hans-Jürgen (Hrsg.) (1996): Handbuch selbstorganisiertes Lernen. Göttingen: Hogrefe
Langmaack, Barbara/Braune-Krickau, Michael (2000): Wie die Gruppe laufen lernt. 7., vollständig überarb. Aufl. Weinheim: Beltz
Lehner, Martin/Ziep, Klaus-Dieter (1992): Phantastische Lernwelt. Weinheim: Studienverlag
Meier, Dave (2004): Accelerated Learning. Handbuch zum schnellen und effektiven Lernen in Gruppen. Bonn: Manager Seminare
Seifert, Jürgen W. (1993): Visualisieren - Präsentieren – Moderieren. 5. Aufl.. Bremen: Gabal
Siebert, Horst (2004): Methoden für die Bildungsarbeit. Leitfaden für aktivierendes Lehren. Bielefeld: Bertelsmann
Stange, Waldemar et al. (1997): Schuldenprävention. Eine Zukunftswerkstatt. Materialien für den handlungsorientierten Unterricht. Berlin: Stiftung Verbraucherinstitut
Stange, Waldemar et al. (1999): Lernwerkstatt Ernährung. Materialien zur Gesundheitsförderung für den handlungsorientierten Unterricht. Berlin: Stiftung Verbraucherinstitut
Taba, Hilda (1974): Handbuch der Unterrichtsplanung und Curriculumentwicklung. Stuttgart: Klett
Tietze, Kim-Oliver (2003): Kollegiale Beratung. Hamburg: Rowohlt
Wahl, Diethelm et al. (1992): Erwachsenenbildung konkret. Mehrphasiges Dozententraining. 2. Aufl.. Weinheim: Studienverlag

Karlheinz Thimm

Jugendsozialarbeit an Berliner Hauptschulen. Konzepte unter der besonderen Berücksichtigung des Übergangs Schule – Beruf

1 Einführung und Überblick

Die Kooperation von Schule und Jugendhilfe gilt in Berlin, ausgehend von einem maximal mittleren Niveau im Vergleich mit anderen Bundesländern, als ein jugendhilfe- und bildungspolitisch hoch gewichtetes Ausbaufeld. So ist seit dem Herbst 2006 an 51 Hauptschulen im Land Berlin ein/e Jugendsozialarbeiter/in tätig. Schon vor der Überlastungsanzeige der Neuköllner Rütli-Schule wurde dieses komplett ESF-finanzierte Programm auf den Weg gebracht. Die EU-Finanzierung setzt den Rahmen: Es soll „um zusätzliche Aufgaben" gehen, wobei der Arbeitsmarkt-, Berufs-, Qualifizierungsbezug zu wahren ist. Die fachliche Ergänzung der Jugendhilfe soll sich auf folgende *Bereiche* erstrecken:

- individuelle Hilfen
- außerschulische Lebenssituationen der Schüler/innen
- außerschulische Partner und Lernorte
- Kommunikations-, Erfahrungs- und Experimentierräume für Jugendliche an der Schule.

Als *Kernleistungen* von Jugendsozialarbeit an Hauptschulen gelten laut Vorgabe des Berliner Bildungs- und Jugendsenats mit Blick auf vier Zielgruppen bzw. -ebenen:

Schüler/innen mit besonderem Unterstützungsbedarf
- Lebensweltbezogene Schülerberatung, offene Gesprächs- und Kontaktangebote
- Vertiefte Unterstützung Einzelner (z.B. bei Schuldistanz)
- Berufsbezogene Orientierung und Einmündungsbegleitung
- Stärkung von Selbstkompetenzen (zwecks Verringerung vermittlungshemmender Faktoren)

Lehrer/innen
- Beratung von Lehrer/innen

Schule
- Mitwirkung in Gremien

Eltern
- Zusammenarbeit mit, Aktivierung von Eltern.

Die Jugendsozialarbeit an der Schule liegt in freier Trägerschaft. Eine befürwortende Stellungnahme des Jugendamtes zur Standortkooperation zwischen Schule und Träger, ein

Kooperationsvertrag zwischen Träger und Schule, das Einverständnis der Schule zur Zusammenarbeit und zum eigenen Ressourceneinsatz (Lehrerstunden; Raum mit Ausstattung) war mit dem Antrag des Jugendhilfeträgers einzureichen.

In meinem Beitrag setze ich in der Folge diese Schwerpunkte: Zuerst will ich Entwicklungen an Berlins Hauptschulen nachzeichnen, um von hier erste Fragen zu einem Einsatz der Jugendsozialarbeit zu skizzieren. Zweitens werde ich einige Schwächen aus Antragskonzepten der Jugendhilfe aufzeigen, um Anregungen zur Konzeptqualität von Jugendsozialarbeit an Schule zu geben. Drittens möchte ich Berufsorientierung als Thema zwischen Schule und Jugendhilfe systematisieren, um dann eigenständige Beiträge der Jugendhilfe zu akzentuieren. Ich komme im Weiteren zu einem Fazit, das womöglich nicht abschließbare Herausforderungen an die Jugendsozialarbeit abbildet. Ich ende mit zwei Beispielen guter Praxis.

2 Schulische Antworten auf Funktionsstörungen an Berliner Hauptschulen

Zwischen Hauptschulen in Aurich und Mainz, Augsburg und Tübingen auf der einen sowie solchen in Berlin auf der anderen Seite gibt es neben Gemeinsamkeiten auch Unterschiede. In Berlin ist die Hauptschule in einem Umfeld von fast 20% offizieller Arbeitslosigkeit mit weniger als 10% Besucher/innen eines Schülerjahrgangs definitiv „Restschule“. Für „Rütli“ gilt: 70% der Familien müssen ihren Lebensunterhalt aus Transfereinkommen oder geringem Verdienst bestreiten. Pro Absolventenjahr findet gerade einmal jeder fünfzehnte bis zwanzigste junge Mensch im Anschluss an die Schule eine Ausbildungsstelle auf dem freien Markt. Das spiegelt nicht nur ein Passungsproblem zwischen Abgänger/in bzw. Bewerber/in und Markt.

Die Rütli-Schule ist nicht untypisch für die Berliner Verhältnisse, aber auch nicht symptomatisch. Unterscheidbar sind selbst in Berlin Hauptschulen mit großer und fast unüberwindbarer Problembelastung sowie mit hoher, mittlerer und geringer Entwicklungsbereitschaft.

Welche Schulen erweisen sich als besonders anschlussfähig an das neue Programm? Es sind nach meiner Erfahrung Schulen,

- die pädagogische Motivation und Fähigkeiten und nicht nur unterrichtsfachliche Ambitionen und Qualitäten im Kollegium abrufen können
- deren Klima von Freundlichkeit, Phantasie, Ehrgeiz geprägt ist
- die in Teams arbeiten
- die demokratisch gesteuert sind und Verantwortung auf viele Schultern verteilen
- die einen Schulprogrammsockel nicht nur auf dem Papier erreicht haben, so dass nunmehr Verfeinerung und Fortschreibung angezeigt sind
- die sich mit den sozialen, kommunalen, wirtschaftlichen, kulturellen Umfeldern beschäftigen
- die sich in der Schulszenerie umgeschaut haben und mit anderen Schulen in Kontakt sind
- die sich Außenunterstützung organisieren.

Schulen sind hochgradig verschieden. Manche Schulen haben eine lange Kooperationstradition und sind von selbst in Bewegung. Dort wurden für die neue Jugendhilfe-Kollegin umgehend günstige räumliche Bedingungen geschaffen. Es bildete sich eine Konzeptgruppe, die das Antragskonzept auf Arbeitsebene ausbuchstabierte und die sozialpädagogischen Ergänzungen und Erweiterungen mit dem schulischen Handeln in Abstimmung zu bringen versuchte. An anderen Schulen lautete die zentrale Frage in der Gesamtkonferenz nach der Träger- und Konzeptpräsentation: „Kann ich denn nun die Störer zur Sozialarbeit verpflichten oder nicht?"

Das vor zwei Jahren proklamierte „Arbeitsprogramm Hauptschule" des Berliner Schulsenats (Verkündigung ist nicht identisch mit Vollzug!) bildet bedeutsame Schulentwicklungsforderungen der letzten Jahre aus Politik und Wissenschaft ab. Zwei Arbeitsrichtungen wurden den Schulen auferlegt: die Steigerung der (schrift)sprachlichen sowie mathematisch-naturwissenschaftlichen Fähigkeiten der Schüler/innen sowie Konzepte für die Qualifizierung personaler und sozialer Kompetenzen. Als Entwicklungsziele bis 2010 wurden formuliert: Senkung der Zahl der Schüler/innen ohne Abschluss um die Hälfte sowie Verdoppelung der Zahl der Schüler/innen, die im Anschluss an die Hauptschule einen Ausbildungsplatz erhalten (diese Maxime wird für das Jugendsozialarbeits-Programm als „Leuchtfeuer"-Richtziel wiederholt). Erreicht werden soll dies schulseitig u.a. auf diesen Wegen:

- Schulklima der gegenseitigen Wertschätzung, indem Schüler/innen durch Partizipation zu Beteiligten werden
- Soziales und Werte-Lernen, was im Schulprogramm auszubuchstabieren ist
- Fächerverbindender, anschaulicher, praxisorientierter Unterricht, der thematisch mit der Lebenswelt der Schüler/innen verknüpft werden soll
- Errichtung von Sondergruppen nach den Modellen Praxislernen/Produktives Lernen
- Vielfältige Formen der Berufsorientierung und der Unterstützung des Übergangs.

Als *Spektrum der schulischen Aktivitäten* für dieses Segment werden im Arbeitsprogramm dezidiert genannt:

a. Berufswahlpass
b. Partnerschaften Schule – Betriebe
c. Seminare zur persönlichen Zielfindung und Orientierung
d. Schülerfirmen
e. Eltern und Auszubildende als Expert/innen (Berichterstattung in der Schule)
f. Schüler/innen begleiten Erwachsene und Auszubildende an den Arbeitsplatz
g. Betriebserkundungen
h. Betriebspraktikum
i. Zusammenarbeit mit Berufsbildenden Schulen
j. Zusammenarbeit mit freien Trägern der Jugendhilfe.

All dies sollte zunächst ohne Jugendsozialarbeit erreicht werden.

3 Jugendsozialarbeits-Konzepte an Berliner Hauptschulen

In Berliner Hauptschulen sind „ganze Klassen Problemgruppen". Wie kann Jugendsozialarbeit angesichts der Herausforderungsschwemme Leistungsschwerpunkte bilden, also Spuren legen und Dämme bauen? Das ist für die Jugendsozialarbeit notwendig, um allererst Arbeitsfähigkeit zu ermöglichen. Es ist aber auch unabdingbar, um von Schul- und Schülerseite als transparente und berechenbare und nicht als willkürlich und beliebig tätige Profession und Person wahrgenommen zu werden. Von hier stellt sich die Frage nach Annahme- und Abwehrstrategien, die reflektiert, regelgeleitet, nach Möglichkeit auch nachvollziehbar sein müssten. „Gehändelt" werden muss also das (potenzielle) Allzuständigkeits- und Unendlichkeitsproblem von Jugendsozialarbeit in Schule.

Wenn wir noch einmal an das schulische Arbeitsprogramm und an die schulische Seite der Berufsorientierung denken, frage ich weiter: Wie soll eine Aufgabenzuerkennung an die Professionen begründet und wie soll die arbeitsteilige Durchführung gestaltet werden? Wer macht was? Was wird wem zugeordnet? Gibt es Domänen und Monopole oder kommt es zu Vermischungen und Verwischungen? Wird dieser Prozess der Delegation und der Übernahme von Teilaufgaben und Teilfunktionen gesteuert, und wenn ja, durch wen und wie? Ist es letztlich Zufall, welche Profession was abdeckt, indem Größen wie Können, Laune, zeitliche Abkömmlichkeit Einzelner regulierend wirken? Um für den hinter den Fragen steckenden Treibsand ein wenig festen Grund zu schaffen, wären standortbezogene Konzepte, Leistungsbeschreibungen und günstige organisierte Kommunikation gefordert, die in allseits bekannte schriftliche Aufgabenfestlegungen münden. Auf der Person-Ebene ginge es u.a. darum, abgrenzungsfähig im Kontakt zu sein und Standfestigkeit im Selbstmanagement zu beweisen. Jedenfalls spielen Konzepte in diesem Prozess des Erhaltes der Arbeitskraft, aber auch der möglichst günstigen fachlichen Effekte eine erhebliche Rolle.

Ich habe nun acht von 51 Standortkonzepten durchgesehen. Leider wird zu den aufgeworfenen Fragen in den meisten Antragskonzepten weder auf der antizipierenden Planungs- noch auf der alltagsgerichteten Verfahrensebene Stellung bezogen. Das führt mich dazu, einige Anmerkungen zur Konzeptqualität entlang von identifizierten Leerstellen und Mängeln zu riskieren. Konzepte beinhalten zunächst lediglich Aussagen, die Zeugnis über die systematische Durchdringung des Gegenstandes sowie über die planerische Qualität ablegen. Eine Analyse von Konzepten sagt nichts darüber aus, ob der Alltag konzeptgetreu und kompetent gestaltet wird oder ob vor Ort ganz andere Linien handlungsleitend sind. Es ist zudem möglich, mit einem guten Konzepthintergrund schlecht zu arbeiten. Und es ist genauso denkbar, dass ein schwaches Konzept nicht daran hindert, im Alltag mit hohem Engagement und großem Geschick wirksam zu sein. Dennoch bilden gute Konzepte Reflexionskompetenz ab. Im Anhang dokumentierte Teilbereichskonzepte sowie Instrumente wie Checklisten und Verfahrensleitfäden erleichtern über die in ihnen angelegten Standardisierungen einen effizienten Umgang mit der Komplexität des Alltags und der ständig knappen Zeit.

In den mir vorliegenden acht Texten habe ich folgende Defizite festgestellt:

Fachliche Substanz

a. Erkennbarkeit von Jugendsozialarbeit

Nur verschwindend werden das Selbstverständnis und das Profil der Jugendsozialarbeit, gerade auch im Verhältnis zum schulpädagogischen Handeln, benannt oder gar analysiert. Wer bin ich (als Profession)? Was kann ich? Wie stehe ich zu der komplementären schulpädagogischen Fachlichkeit? Diese Fragen müssen bekanntlich beginnend mit dem ersten Tag an der Schule beantwortet, also geklärt, kommuniziert, ggf. feinjustiert werden.

b. Verbindungsstellen- und Schnittmengenreflexion (Zusammenspiel von Schule und Jugendhilfe

Dazu gehören:

- Präzisierung der neuen Qualitäten, also des Mehrwerts,
- Aufgabenteilung zwischen Lehrer/innen und Jugendsozialarbeiter/innen,
- Überlegungen, wie die Ergänzungsangebote der Jugendsozialarbeit mit der Schulentwicklung und dem Schulprogramm korrespondieren.

c. Begründete Aufgabenreduktion

Die angebotenen Leistungen werden i.d.R. nicht aus übergeordneten Zwecksetzungen oder nachvollziehbaren Situationsanalysen abgeleitet, sondern tauchen auf, stehen puzzlehaft nebeneinander, verschwimmen in einem sozialpädagogischen Brei von „Überall-und-ein-bisschen-dabei-Sein“. En passant schleicht sich die Palette schulsozialarbeiterischer Möglichkeiten in die Mehrzahl der vorliegenden Konzepte hinein. Unverzichtbar wäre ein realistischer, gewichteter Aufgabenkatalog des Jugendsozialarbeiters – hierarchisiert nach Prioritäten, Basics und Extras.

Konzeptqualität

d. Keine stringente Komposition und Hohlformeln

Ziele, Aufgaben, Prozesse und methodische Handlungsschritte werden begrifflich und in der Abfolgekomposition häufig durcheinander geworfen. Konzepte wirken dadurch nicht schlüssig entwickelt, sondern erschöpfen sich im Kreislauf der Sprachspiele. Nach konkretisierender Füllung verlangende Termini wie Hilfe, Förderung, Beratung, Partizipation, aber auch Frühzeitigkeit und Nachhaltigkeit eignen sich dafür in besonders ungünstiger Weise, verstärkt dann, wenn mit Sprache schlampig umgegangen wird bzw. Jugendhilfe ihr eigenes Gerede nicht ernst nimmt oder gar nicht weiß, was genau sie will.

e. Schwächen in der Zielformulierung

Überprüfbare Ziele und Differenzierungen nach Zielebenen sind nicht zu finden. Die Abnehmer/innen der Leistung können sich nicht auf gesicherte Zusagen beziehen, die hinreichend präzise sind.

- Ziele sind zu weit gefasst und damit unerreichbar. Nur ein Beispiel aus dem Berliner Oberschulbereich: „Abbrecher- und Ämterkarrieren werden weitestgehend verhindert/vermieden sowie die Abhängigkeit von Transferleistungen wird vermindert

(wenn nicht gar überflüssig)“; „Befriedung des Brennpunktes, da die Jugendlichen Sozialkompetenzen erwerben und Probleme aufarbeiten können“.
- Ziele bleiben unkonkret. Jede/r kann sich dazu eigene Vorstellungen machen.
- Zielebenen und -qualitäten werden nicht unterschieden (Fernziel, Nahziel, Teilziel; Wirkungsziel, professionelles Handlungsziel u.ä.).

f. Fehlende Datenstützung von Ist und Soll
Konzepte sollen keine Idealsituationen, sondern Machbares entfalten. Selten werden programmatische Versprechungen mit Eingangsdaten und den zur Verfügung stehenden Ressourcen verknüpft. Wie viele Stunden- und Tagesschwänzer gibt es zu Beginn des Einsatzes von Jugendsozialarbeit? Welches Reduktionsniveau strebt man an? Wie viele Eltern müssen kommen, um die Beteiligung am Elternabend als erfolgreich zu bewerten? Mit wie viel Prozent der Arbeitszeit werden X und Y betrieben?

g. Umsetzungsdunkel – Leerstelle Methodik und fehlende Implementierungsplanung
Das Wie der Leistungserbringung verschwindet in einer Black Box. Man muss nicht vorab eine unumstößliche Zeit-, Aktions- und methodische Verfahrensplanung präsentieren. Aber man sollte wissen und beschreiben, wie man den Inaussichtstellungen wünschenswerter Entwicklungen kleinstschrittig näher kommen will.

h. Fehlen von Praxisauswertungen und Bezugnahmen auf wissenschaftliche Studien
Hat man sich an anderen Standorten und in der Literatur über gute Praxis und Gelingensfaktoren informiert? Bilden Berliner Konzepte Erfahrungen der Träger ab, was sich bis dato in der sozialpädagogischen Praxis mehr oder weniger bewährt hat? Wird Lernen aus Scheitern zugegeben und fruchtbar gemacht? Zeigt man auf, wie Wirksamkeit überprüft wird? Auch solche Fragen sind mehrheitlich in Berliner Konzepten keine Inspirationsquelle für den Entwurf des eigenen Angebots.

Positiv erscheinen die Konzepte, die statt einem Wünschbarkeits-Bias zu verfallen eher dem Typus der Leistungsangebote zuzurechnen sind. Bessere Konzepte sind fachlich klarer und sie enthalten z.B.:

- Ein Rahmenkonzept, dem Arbeitskonzepte zu den Teilbereichen zugeordnet sind, die mit Schule gemeinsam entwickelt werden
- Definierte Leistungsbereiche mit Erläuterung dessen, was geliefert wird
- Relativen Genauigkeitsgrad hinsichtlich der Ziele und Ergebniserwartungen
- Angemessene Bescheidenheit mit einer ersten Hindernisreflexion
- Konkretisierende Abbildung von externen Praxis- und Trägererfahrungen (Lerneffekt-Sockel).

Man kann sich darauf heraus reden, dass Antragskonzepte keine Leistungsbeschreibungen sein wollen. Man kann auf den Verwertungskontext verweisen und darauf rekurrieren, dass Erstkonzepte dazu verfasst werden, den Zuschlag zu erhalten und nicht um sozialpädagogisches Handeln zu steuern.

Der Effekt allerdings ist mit hoher Wahrscheinlichkeit, dass die sozialpädagogische Fachlichkeit sowohl in der Vor-Ort-Praxis als auch in der Reputation nach außen Schaden nimmt und das Gesamtprojekt von Anfang an auf unsicheren Füßen steht.

Die inhaltliche Erwartung, in Berliner Konzepten systematische Überlegungen zu Berufsorientierung und Übergang zu finden, wurde enttäuscht. Zwar wurde der andere Lernort Jugendberufshilfe ins Gespräch gebracht und berufskundliche Wissenserweiterungen wurden als wünschenswert deklariert. Die Chancen von Praxisklassen und die Potenziale von Werkpädagogik wurden annonciert. Und auch über Service Learning für den Sozialraum reflektierten einige Antragsteller. Ein systematisiertes Stufenkonzept war aber nicht zu finden.

4 Jugendsozialarbeit an Schule – Reflexion einer Startphase

Die Startphase der Jugendsozialarbeit an Hauptschulen in Berlin ist ein Lehrstück mit drei Kapiteln: a) Sie zeigt unaufhebbare Probleme. b) Sie spiegelt hausgemachte Schieflagen. c) Sie zeigt, dass die Arbeit in ein „zuerst und dann" strukturiert werden muss, wobei verschränkt geplant, gehandelt, evaluiert werden muss.

Was macht die Arbeit ohne eigenes Dazutun kompliziert?

a. ungünstige Strukturqualität (Ein-Mensch-Betrieb)
b. kein klar umrissenes Aufgabenfeld (Profil steht nicht im Vorhinein fest; potenziell Libero für alles „Schwierige"; Reaktion auf Druck: „Können Sie mal kurz, mal schnell, …?")
c. widersprüchliche Erwartungen (Lehrer/innen, Eltern, Amt, Träger, Schüler/innen …)
d. überhöhte Erwartungen verschiedener Anspruchsgruppen
e. unterschiedliche Zwecke und Fachlichkeiten von Schule und Jugendhilfe (Problem-, Methoden-, Zeit-, Erfolgsverständnisse), die zu übersetzen und zu verschränken sind
f. starke Abwehr- und Delegationskräfte von Schule gegen alle „uneigentlichen" Aufgaben (wie bei allen Systemen!)
g. Arbeit in der Fremde; Gaststatus; Lehrer-„Übermacht"
h. Angewiesenheit bei Zielerreichung auf Ko-Produktion (u.a. durch Schule)
i. Notwendigkeit gemeinsamer Bearbeitung gemeinsamer Themen (Eltern, Soziales Lernen, Förderung, Schulklima …)
j. kein vorgegebener verbindlicher Rahmen (Ort, Zeit, Verfahrensabläufe) zur Klärung von Kooperationserfordernissen.

Was sind veränderbare Schwachstellen?

Neben diesen strukturellen Hemmnissen und Gefährdungen sind im Zuge der Auswertung der ersten Praxiserfahrungen an den Standorten allerdings auch hausgemachte Mängel zu verzeichnen, die sich weitgehend aus den angezeigten Konzeptionsschwächen speisen:

a. Verzicht auf Bestimmung weniger Kernaufgaben (Verzettelung durch Nachgeben gegenüber akuten Anfragen – eine Rollenanlage zwischen „Bollwerk" und Flexibilität ist angezeigt)

b. kaum Entwicklung transparenter Leistungsbeschreibungen (Unberechenbarkeit in der Außenperspektive)
c. selten überprüfbare Zieldefinitionen (Diffusität; „Märchenstunde“, d.h. konzeptionelle Begründungen für Einsatz werden unter der Hand in der Außendarstellung zum in Aussicht gestellten Ergebnis)
d. Geringschätzung von Wirkungsüberprüfung (mögliche Dimensionen: Nutzermenge, Akzeptanz/ Zufriedenheit, qualitative Zielerreichung)
e. nicht hinreichend besprochene Aufgabenverteilung und Koordinationsschwächen an Schnittstellen zu Schule (Abstimmungsbedarfe zu Lehrkräften, Sozialarbeiter/innen).

Konsequenzen für die Standorte
Die Aufgabenflut an Hauptschulen, die der Wahrnehmung und Bearbeitung harrt, ist unerträglich hoch. Unter diesen Bedingungen ist es für die Sozialarbeit an Schule ein Gebot der Professionalität, die eigene Arbeit als Fünfjahres-Projekt anzulegen. Mut zur Bescheidenheit bedeutet dann, einen Stufenplan mit Träger und Schule zu entwerfen, wann welche Baustelle offiziell eröffnet wird. Es wird im Alltag oft schwierig sein, die Finger von Themen zu lassen, die sich täglich auf die Tagesordnung drängen. Der leicht dahin gesagte Rat heißt dann: Ignorieren ist besser als sich zu zerstreuen, alles ein bisschen zu machen, sich abends tot zu fühlen und trotzdem nur zu registrieren, was man alles wieder nicht geschafft hat. Jugendsozialarbeit an Hauptschulen im Jahr Eins ist eine Einladung zu erkennen, was prinzipiell sowieso nicht und was heute auch nicht von Sozialpädagogen/innen bewältigt werden kann.

Welche naheliegenden Aufgaben sind in der Startphase zu bewältigen?
a. Platzfindung an Schule
   Komme ich rein? Gehöre ich dazu? Bin ich hinreichend eigenständig und doch genügend angekoppelt?
b. Grundsätzliche Aufgabenklärung und Zuordnungsprozedere bei gemeinsamen Themen
   Was tue ich (nicht)? Welche Aufgaben strebe ich aktiv an? Welche Aufgaben übernehme ich (teilweise), wenn sie an mich heran getragen werden? Wo sage ich rigoros „Nein“? Wie werden gemeinsame Aufgaben sinnvoll zwischen den Professionen zergliedert und dann wieder zusammengeführt, so dass gemeinsame Ergebnisse entstehen?
c. Zusammenspiel von Konzept-, Struktur-, Prozess- und Ergebnisqualität
   Wie können wir als Träger die Konzeptqualität steigern? Wie können bei der Struktur qualität Minimalstandards gesichert werden? Welche Prozessstandards sind nicht hintergehbar? Und welche Ergebnisse verspreche ich nach innen und außen (angesichts der Polarität von Heilsbringer „Endlich kommt Sozialarbeit“ und Enttäuschungsherd „Na, wenn das alles ist, was Sie zu bieten haben …“)?
d. Selbstschutz/Burn-Out-Prophylaxe
   Wie muss ich mich „einstellen“, um nicht zerrissen zu werden? In welchen Währungen muss ich denken, um meine Arbeit als sinnvoll und einigermaßen erfolgreich zu definieren?

5 Berufsorientierung zwischen Schule und Jugendhilfe

5.1 Berufsorientierung als Fachthema

Zwei jüngste empirische Studien belegen, was wir wissen: Die Zukunft erscheint für einen erheblichen Teil der jungen Menschen düster. Wen wundert es, dass gemäß einer Bertelsmann-Studie (vgl. Prager/Wieland 2005) 66% der Hauptschüler/innen in Abschlussklassen nicht optimistisch in ihre berufliche Zukunft schauen? Die Studie wies auch nach: Je skeptischer die Grundstimmung Jugendlicher ist, umso weniger investieren sie in ihr berufliches Vorankommen. Hauptschüler/innen sind passiver und weniger bereit, für einen Arbeitsplatz Opfer zu erbringen. Wenn es am Wohnort keinen Ausbildungs- und Arbeitsplatz gäbe, käme es für 40% in Frage, erst einmal „nichts“ zu tun. Sie sind insgesamt schicksalsergebener, unsicherer, resignierter, vom familialen Hintergrund her limitiert.

Das DJI untersucht in einer Längsschnittstudie „Schule – und dann?“ die Wege von der Hauptschule ins Arbeitsleben (vgl. Hofmann-Lun et al. 2005). Einige Ergebnisse: Der größte Teil der Absolvent/innen will drei Monate vor Schulabschluss zum Frühherbst eine Ausbildung aufnehmen (44%). Weiter zur Schule zu gehen sowie Berufsvorbereitung rangieren dahinter. Tatsächlich haben, so die Befragungswelle ein halbes Jahr später, nur 26% eine Ausbildung aufnehmen können, genauso viele landeten in für Jugendliche in der Regel weniger attraktiver Berufsvorbereitung. Der größte Anteil befand sich mit 35% weiterhin in schulischer Aufbauqualifizierung. Wiederum ein Jahr später zeigt sich, dass nur ein gutes Drittel der Teilnehmer/innen in der Berufsvorbereitung eine Ausbildung erreicht hat. 29% sind in einer weiteren, zweiten Berufsvorbereitung. 15% haben sich verabschiedet und befinden sich weder in der Schule, noch in Arbeit oder Ausbildung.

Gestaltungsaufgaben in meinem thematischen Kontext sind konsequente Berufsorientierung und Berufsfindungshilfen sowie „Casemanagement“ im letzten Schulbesuchsjahr (Unterstützung des Übergangs). Jugendliche benötigen Geleitschutz für ihren labyrinthischen Weg der Berufswahl und Platzfindung. Und Schulen schätzen Kooperationen mit Unternehmen, Arbeitsagentur und Jugendhilfe. So hat sich zum Beispiel in Nordrhein-Westfalen ein breites Handlungsspektrum im Zusammenspiel von Schulen, Betrieben, Arbeitsagentur, Jugendhilfe etabliert, das sich sehen lassen kann. Ich resümiere ausschnitthaft:

a. Struktur (Information, Planung, Koordination, Steuerung, Qualitätsentwicklung, Evaluation)
   - Ministerielle Erlasse (z.B. zur Berufswahlorientierung)
   - Berufswahlkoordinator/innen
   - Qualitätsstandards für den (Arbeitslehre-, Wirtschaft-Arbeit-Technik-) Unterricht
   - Lehrerbetriebspraktika und Lehrerfortbildung zu Themen des Übergangs in die Arbeitswelt
   - Qualitätssiegel Schule – Beruf für Schulen
   - Regionale Jugendberufshilfekonferenzen
   - Koordinationsgremien bzw. -netze wie Übergangsmanagement, Arbeitsstellen und Beiräte Schule – Beruf; Kooperationsmanagement Schule – Wirtschaft.

b. Berufswahlorientierung/ -findung (Gruppen; Klassen)
   - Erarbeitung von Berufsbildern
   - Berufs- und arbeitsweltbezogener Unterricht
   - Berufs-/Betriebspraktikum; Praxistage mit Vor- und Nachbereitung
   - Berufswahlpass
   - Schülerfirma
   - Sozialpädagogische Berufsorientierungs- und Berufsfindungs-Kurse.
c. Projekte und Instrumente der individuellen Förderung
   - Werkpädagogik (Schulwerkstatt; Handwerker/innen an Schulen; Service-Learning etc.)
   - Kompetenzerkundung durch Profiling, Stärken-Schwächen-Analyse, erlebnispädagogische Tage
   - Erstellen von Qualifizierungsplänen
   - Bewerbungstraining
   - Förderung von Schlüsselqualifikationen in (ggf. simulierten) „Ernstsituationen" und durch Sozialtrainings.
d. Förderung besonderer Zielgruppen, zum Beispiel schuldistanzierte Jugendliche
   - Praxisklassen, Arbeitsweltklassen
   - Kooperationen Schule – Betriebe
   - Persönlichkeitsbildende Angebote (Konfliktfähigkeit, Teamfähigkeit ...)
   - Elternaktivierung.
e. Individuelle Vermittlung und Begleitung
   - Wegeplaner/innen für Frühabgänger/innen, Job-Coaching.

Eine besondere Rolle könnte zukünftig eine derzeit in Modellen erprobte lernortverbindende Flexibilisierung einnehmen. Workcamps, kontraktierte zielgebundene Praktika, ggf. sogar notenrelevanter Kompetenzerwerb an anderen Orten – Schule ist mit den Partnern gefordert, lohnende Bildungsorte aufzudecken. Hier und dort hat ja schon ein geradezu konkurrenter Run auf attraktive außerschulische Lernorte eingesetzt.

Zu fragen bleibt: Wer blickt da noch durch? Was wirkt und hört sich nicht nur gut an? Welche Effekte zeigen sich in der Kosten-Nutzen-Rechnung? Und welche Module werden in der Fläche berechenbar vorgehalten, sodass nicht der Zufall des Wohn- und Bildungsortes entscheidet, welche Stützungen gewährleistet werden? Jedenfalls wird einstweilen ohne Wirksamkeitsbelege die Hoffnung gepflegt, frühe Berufsorientierung in der Schule und Begleitung im Übergang von der Schule in den Beruf könnte Zugänge erleichtern, Irrwege mindern, Abbrüche weniger wahrscheinlich machen. Dabei muss als illusionsbremsender Wissensbestand gesichert werden, dass auch fachlich beste Arbeit uns nicht davor schützt, dass viele junge Leute im Abseits bleiben, weil Politik und Wirtschaft für manche nur Fahrscheine ins Leere zur Verfügung halten. Aber: Das Thema Beruf zählt.

Berufsorientierung, Berufsfindung, Berufswahl markieren zentrale Herausforderungen der Jugendphase. Die Schule geht ihren Verpflichtungen in der Breite, jenseits von befristeten Modellen traditionell in folgenden Formen nach: Berufswahlunterricht; Betriebserkundungen; Schülerbetriebspraktika, ggf. mit erhöhter Frequenz (Klassenstufen 8, 9, 10); Besuche im Berufsinformationszentrum; Sprechtage der Arbeitsagentur in der Schule.

Kritisch heißt es allerdings in einem Projektbericht eines hoch geachteten Jugendhilfe-Trägers aus Hessen:

> „Viele Lehrkräfte verfügen nicht über die fachlichen Kompetenzen, notwendige Schlüsselqualifikationen erfahrungsbezogen attraktiv und damit nachhaltig zu vermitteln. Die Vorbereitung auf die Arbeitswelt kapriziert sich oftmals auf Sachinformation zu verschiedenen Berufsfeldern und auf organisatorisch formale Aspekte wie Bewerbungsschreiben und die Überprüfung, ob die Schülerinnen und Schüler einen Praktikumsplatz nachweisen können. Weder der Prozess dorthin noch die gemachten Erfahrungen werden genutzt, um Schwierigkeiten exemplarisch deutlich zu machen und Entwicklungsprozesse anzustoßen. Das gruppenbezogene Arbeiten in der Schule verhindert darüber hinaus auch die Arbeit mit konkreten ‚Einzelfällen'. In der Regel bleibt Lehrkräften nicht die Zeit zur Erarbeitung individueller Förderpläne und zur Bearbeitung spezieller Problemlagen einzelner Jugendlicher" (Dithmar et al. 2003: 31).

Empirische Studien zeigen, dass Jugendliche die Bedeutung organisierter berufsberatender Maßnahmen für die eigene Orientierung und Entscheidung bisher als (eher) gering veranschlagen. Einflüsse der Eltern und der Verwandtschaft sind nach wie vor sehr relevante Lenkungsgrößen. Allerdings ist elterliches Wissen zufällig und partikular. In Benachteiligungskontexten kann darauf nicht gebaut werden. Im Verlauf langjähriger Suchphasen müssen alle jungen Menschen persönliche Wünsche hier und reale Möglichkeiten und Einschränkungen dort einander annähern (vgl. von Wensierski et al. 2005). Enttäuschungen werden umso wahrscheinlicher, je labiler sich die regionale Ausbildungs- und Arbeitsmarktsituation darstellt und je geringerwertig die Abschlüsse sind. Die schulisch erfolgloseren Jugendlichen sind oft betroffen von fehlender familialer Stützung, geringer Selbstzuversicht, schwacher Frustrationstoleranz, Überforderungsgefühlen, eingeschränktem Verhaltensrepertoire, Lernschwächen, Motivationsarmut, unzureichender Beherrschung von Kulturtechniken. Sie müssen die Jugendhilfe besonders interessieren.

5.2 Berufsorientierung zwischen Schule und Jugendhilfe – auf der Suche nach dem eigenständigen Beitrag von Jugendsozialarbeit

Pädagogische Berufsorientierung ereignet sich auf der Wissensebene, der Handlungsebene und der Ebene biografischer Selbstreflexion (vgl. von Wensierski et al. 2005).

- *Wissensebene*
  Hier geht es vor allem darum, über das Ausbildungs- und Berufssystem und den Arbeitsmarkt zu informieren. Formen sind Bücher, audiovisuelle Medien, Datenbanken, Vorträge, Informations- und Beratungsgespräche.
- *Erfahrungs- und Handlungsebene*
  Die zentrale Form, exemplarisch Neigungen zu überprüfen und reale fachliche, betriebliche und soziale Abläufe kennen zu lernen, sind Praktika. Eine erfahrungsbezogene Berufsorientierung kann darüber hinaus etwa durch systematisch vorbereitete und ausgewertete Arbeitswelterkundungen, Planspiele, Tätigkeit in Schülerfirmen erfolgen.
- *Selbstreflexion*
  Durch eine möglichst individuelle Ausgestaltung von Orientierungs- und Erprobungsphasen kann es gelingen, dass Jugendliche sich besser einschätzen können, hinsichtlich: Interessen; Eignung; persönlichen Grenzen; Prioritäten (ist ihnen Sicherheit, Geld,

Spaß, Selbstverwirklichung aktuell und perspektivisch – wahrscheinlich – wichtig); Investitionsbereitschaften (Zeit, Energie, Verzicht auf akute Bedürfnisbefriedigung, Ortswechsel ...).

Auch das Feld der Berufsorientierung zeigt, dass Zuständigkeitsgrenzen zwischen Familie, Schule, Betrieb, Jugendhilfe diffundieren und professionelle, institutionelle und theoretische Demarkationslinien porös werden. Die Fragen „Wer ist wofür zuständig? Wer kann was? Wer macht was?" beantworten sich nicht im Vornherein von selbst. Schule deckt bisher den kognitiv-stofflichen, wissensbasierten Part ab, gestaltet Lernsituationen aber im Zuge von Praxislernen am außerschulischen Ort, durch Projekte und Schülerfirmen auch handlungs- und erfahrungsorientiert.

Wodurch nun sind *spezifische Zugänge der Jugendhilfe* gekennzeichnet? Berufsorientierung ist aus Jugendhilfe-Sicht ein „eigenwilliger Prozess der Auseinandersetzung des Heranwachsenden mit seinen eigenen Wünschen und Vorstellungen, mit seinen Talenten und Neigungen, (...) mit dem familiären Herkunftsmilieu und den signifikanten Bezugspersonen (...), den sozialen Erwartungen der Umwelt sowie den (...) Strukturen der Arbeits- und Berufswelt" (von Wensierski et al. 2005: 195). Von hier sind auch geschlechtssensible, geschlechtsdifferenzierte Fragen zu stellen – zweifellos ein Muss bei diesem Thema. Einige konstitutive Zugangsmerkmale neben dem Benachteiligtenfokus der Jugendhilfe sind:

a. personnaher-biografischer Ansatz
b. „Prozess-Charakter"
c. Kompetenz- und Ressourcenorientierung
d. Erfahrungs- und Realitätsbezug
e. Vernetzungs- und Überbrückungsfunktion.

Konkretisiert:

a. Berufsorientierende Angebote von Jugendsozialarbeit stehen nicht im Dunstkreis von Leistungsbewertung, Selektion und Plätzezuweisung. Dadurch wird vertrauensvolles Einlassen der Jungen und Mädchen auf Suchbewegungen eher möglich. Die Bildungs- und Orientierungsangebote der Jugendhilfe profilieren sich als subjektzentriert und sind damit besonders geeignet für biografische Abwägungen, individuelle Beratung, passgenaue Hilfen. Die Auseinandersetzung mit Wünschen, Plänen, Phantasien im Zusammenspiel von Berufs- und sonstigen Lebensvorstellungen kann genauer, erkundend, dialogisch erfolgen. Als jugendhilfespezifisch gelten also nicht nur das „Was", sondern auch das „Wie" und das „Wozu" der Zugänge. Ziele von Jugendhilfe-Ansätzen sind personnah:

- Kennenlernen eigener Fähigkeiten
- Aufbau von realistischer Selbsteinschätzung
- Entwicklung von Selbstwert und Selbstvertrauen
- Steigerung der Fähigkeiten zur Selbstpräsentation
- Erlernen von Orientierungskompetenz in unbekannten Situationen und Umgebungen
- Entwicklung von persönlichen Zielen, zunächst für Praktikumsphasen.

b. Jugendhilfe sieht Berufsorientierung nicht primär unter dem punktuellen Aspekt des „Was kann und will ich werden?“, wenn das Ende der Schulzeit naht und die Auswahl aus dem gegebenen Stellenangebot zusätzliche Engführung mit sich bringt. Die selbstreflexiv angelegte Begleitung erfolgt günstigenfalls über längere Zeiträume, die über die unmittelbare Einmündungssituation nach vorne und nach hinten hinaus reichen.

c. Sozialpädagogischer Mehrwert liegt im Potenzial- und Ressourcenansatz. Berufsorientierende Jugendhilfe sucht nicht nur nach Schwächen und Unmöglichkeiten, sondern auch nach Leistung, Zuversicht, Erfolge begünstigenden Positivvariablen in der Person und im Umfeld. Was sind Kompetenzen, die auf dem Weg durch die Schule halfen? Woher erhalten gerade benachteiligte Jugendliche Vertrauen und Selbstsicherheit? Was sind gute „magnetische“ Bilder über Zukunft und Beruf?

d. Schließlich liegt die Stärke der Jugendhilfe in handlungs-, erfahrungs-, projektorientierter Methodik, um so berufsbezogene Selbsterfahrungsräume aufzuschließen. Das Methodenspektrum der Jugendhilfe ist breit. Mit diesem Pfund sollte Jugendhilfe wuchern. Einige Beispiele: Projekte wie „Lebenswege“, „Meine Fähigkeiten und Stärken, Interessen und Schwächen – Welche Berufe passen dazu“ oder „Traum vom unabhängigen Leben – Was kostet das?“; begleitete Tages- und Ferienpraktika in Workcamps; video-gestützte Bewerbungstrainings; Potenzialanalyse und Assessments am außerschulischen Ort; vertiefte Praktikumsvorbereitung und -nachbereitung mit einmündungsgefährdeten Zielgruppen; Foren („Erzählcafe“) mit Lehrlingen, die früher Schüler/innen der Schule waren („Ehemalige“ als Berufs- und Ausbildungsexpert/innen); Planspiel Lehrstellensuche (mit „echten Chefs“ und Beratungspersonal der Regionalagentur für Arbeit); Kontaktbahnung zu Einrichtungen der Jugendberufshilfe, ortsansässigen Betrieben und Beratungseinrichtungen; Aufbau von Mentoren- und Coach-Systemen für benachteiligte Jugendliche… So viel Realerfahrung, so viel Kontakt mit betrieblicher Praxis wie möglich – diese Parameter sollten die Marschrichtung bestimmen. Durch individuelles Kennenlernen von Bewerber/innen im Nahkontakt konnte schließlich mancher „schwer vermittelbare“ Jugendliche doch noch einen Ausbildungsplatz „ergattern“.

Ein Beispiel bezieht sich auf das dreitägige „Assessmentverfahren als stärkenorientiertes Instrument der Potenzialermittlung“, das im Kreis Herford von jedem/r Jugendlichen im Jahrgang 8 durchlaufen wird. Ein Clou ist, dass Assessor/innen in Zusammenarbeit mit der Universität sowie der Fachhochschule Bielefeld ausgebildet wurden. In einem stark strukturierten Verfahren mit einem großen Ausmaß an eigenaktivem Lernen der Jugendlichen wird jeweils eine Schulklasse am außerschulischen Ort von diversen Assessor/innen begleitet. Am Ende erhält jeder junge Mensch sein/ihr Stärken-Schwächen-Profil, einen Assessmentbericht und eine ausführliche Beratung zu berufsbezogenen Entwicklungsaufgaben (vgl. Engelking o.J.). Inzwischen wurde das Verfahren unter dem Aspekt der breiteren Kompetenzerkundung, über berufsbezogene Schlüsselqualifikationen hinaus weisend, weiterentwickelt.

e. Jugendhilfe ist im Kern intermediäre Instanz (Brücke, Drehscheibe, Vernetzung). Die schulbezogene Jugendsozialarbeit kann in besonderer Weise als Scharnier wirken. So gibt es Jugendsozialarbeiter/innen, die jährlich einen ganztägigen Berufsmarkt der Möglichkeiten für die 8., 9. und 10. Klassen arrangieren. Firmen der Region sind mit ihrem Personal und Info-Material zugegen. Zudem sollte die Jugendhilfe-Infrastruktur (Kitas, Jugendverbände, Abenteuerspielplätze, Internet-Cafes, Jugendkunstschulen, Jugendwerkstätten ...) stärker genutzt werden. Einige Beispiele, Berufsorientierung mit der Produktion von Gebrauchswerten verbinden, sind:

- Jugendliche könnten in der Kita eine Kletterwand bauen und dabei mit Profis kooperieren
- die Mittagsverpflegung in Ganztagsschulen könnte mit Schülerhilfe organisiert werden
- im Rahmen des Service learnings könnten Einsätze in der Natur (Aufforstung, Begrünung, Teichsanierung ...) unter Anleitung von Expert/innen durchgeführt werden.

Praktika werden aus Jugendlichen-Sicht geschätzt. Dabei sollte nicht nur das Spektrum der Top-Ten-Berufe in Erwägung gezogen werden. Die Berufsfrühorientierungs-Kurse (BFO) für Achtklässler in Mecklenburg-Vorpommern gelten als resonanzstarkes Pilotprojekt der Deutschen Kinder- und Jugendstiftung (DKJS). Einige Praxisfeld-Themen sind: „Holzwürmer in Aktion“ (holzverarbeitende Berufe); „Chemie im praktischen Einsatz“ (Werkstoffprüfung); „PC ... dem Innenleben auf der Spur“ (IT-Berufe); „Bioanbau“ (Landwirtschaft), „Ökosystemanalyse“ und „Altauto-Recycling“ (Ver- und Entsorger/in). In diesen BFO-Kursen wird in kleineren Gruppen entweder einmal wöchentlich dreistündig ab 15.30 Uhr gelernt und gearbeitet oder es finden mehrtägige Kompakteinheiten in den Ferien statt. Die Jugendlichen können in Internaten übernachten und an organisierter Freizeit teilnehmen. Die Leistungen der Jugendlichen werden in „Quali-Pässen“, Berufswahlpässen u.ä. beschrieben, ggf. bewertet oder sogar zertifiziert. Geschlechtsspezifische Angebote sind vorgesehen.

Allerdings: Jedes Engagement von Jugendsozialarbeit an der Schule, auch im Bereich von Berufsorientierung und Übergangshilfen, steht in der Gefahr, von der Schule nicht eingelöste Bildungspflichten abzudecken. Die Jugendsozialarbeit soll nicht ersetzen, was Schule versäumt – und wirkt aber im Einzelfall und manchmal auch strukturell kompensatorisch. Was Arbeitsmarktpolitik nicht erreicht, kann Jugendhilfe nicht übernehmen – und doch versucht sie, für den Einzelnen das Bestmögliche herauszuholen und „tröstet die Verlierer/innen“, die besetzte Stühle vorfinden. Insgesamt müssen wir aufpassen, dass nicht die Jugendlichen die Schuld erhalten, dass sie „trotz famoser Steigerung im Bewerbungstraining“ leer ausgehen. Ich schlage vor, dass wir verstärkt mit dem großen Jugendhilfe-Leitziel arbeiten: neben den segment- und sachbezogenen Zielen ginge es so um das ummantelnde Angebot der Lebensgestaltungshilfe. Ich will diese Aufmerksamkeitsrichtung an zwei Beispielen verdeutlichen.

- In von der Jugendhilfe initiierten Kursen kann und soll es um Berufsbilder, Bewerbungsverfahren, Selbsteinschätzung und Potenziale des jungen Menschen gehen. Begleitend müsste aber ein Kernzweck von Jugendhilfe, nämlich das Thema „Leben unter erschwerten Bedingungen führen und gestalten“, das Programm mitbestimmen. Insbesondere an den von mir zu Grunde gelegten „Restschulen“ stellen sich Fragen, denen Jugendhilfe nicht ausweichen darf: Wie kann ich ggf. unfreiwillig im Übermaß vorhandene Zeit befriedigend füllen? Wie kann ich mit Unsicherheit und Enttäuschungen umgehen, ohne zu zerbrechen? Welche sozialen und kreativen Kompetenzen machen ein Leben in prekären Beschäftigungssituationen bekömmlicher? Was könnte ich einbringen und tauschen, um auch unter finanziell eingeschränkten Bedingungen am gesellschaftlichen Leben teilzuhaben? Wie kann ich mich mit Menschen in ähnlichen Lagen verbinden, wie zu anderen Kontakt finden und halten? Sicherlich, das sind desillusionierende, unbequeme Fragen. Sie gehören aber, pädagogisch dosiert und realitätsnah aufbereitet, in ein originäres Jugendhilfe-Angebot, das von Schule nicht abgekupfert und ersetzt werden kann.

- Ein zweites Beispiel aus der Rubrik „Familienbildung und Berufsorientierung" bindet die Eltern von Acht- und Neuntklässlern durch sozialpädagogische Ansätze ein. In Nordrhein-Westfalen läuft, offenkundig mit guten Erfolgen, ein Modellprojekt, das in fünf 3-stündigen Einheiten (von 16.00 bis 19.00 Uhr) circa zwölf Familien (von der Schule vorgeschlagen) am Thema Berufsfindung verkoppelt. Die Moderation dieses kommenden Statuswechsels, dieser Entwicklungsweiche des Übergangs kann Eltern und Jugendliche, so zeigen Erfahrungen aus ersten Werkstätten, in einer Phase von geringer Kontakt- und Kommunikationsintensität zueinander bringen. Geleitet wird das Training i.d.R. von einer mit dem Programm vertrauten Jugendhilfe-Fachkraft und einem/einer Lehrer/in am Ort Schule oder auch in einem Nachbarschaftszentrum o.ä. Das stark ritualisierte Programm enthält Elemente wie:
  - Kommunikations- und Kooperationsübungen am Familientisch
  - gemeinsames Essen in Buffetform, von den Jugendlichen unter Anleitung zubereitet
  - begleitete Zweiergespräche zum Thema Beruf zwischen Eltern(teilen) und Jugendlichem/r
  - getrennte Eltern- und Jugendlichenzeit-Phase zum Thema
  - Hausaufgaben wie Bewerbungs- und Kompetenzprofil erstellen, Bewerbung schreiben, Betriebe besuchen. In der Folgesitzung wird die Hausaufgabe ausgewertet.

  Auch hier geht es parallel zur „Sache Berufsfindung" darum, Eltern in ihrer Elternrolle hinsichtlich eines für die Jugendlichen relevanten Themas stark zu machen, an dem die Mädchen und Jungen ihren Eltern Kompetenz zusprechen. In diesem Parallelzweck soll die Eltern-Kind-Kommunikation günstig beeinflusst werden, ggf. isolierte Eltern sollen in ein Netz verwoben werden und ihre elterliche Verantwortung soll auch mit Blick auf die nächsten Jahre aktiviert werden, wenn Schule und Jugendhilfe nicht mehr flankieren.

6 Fazit

Schulbezogene Jugendhilfe hat sich als Kooperationsfeld zwischen Jugendhilfe und Schule in den letzten Jahren auch in Berlin in sehr unterschiedlichen Strukturen und mit auseinander gehenden standort- und trägerspezifischen Konzepten entwickelt. Die schulbezogene Jugendhilfe ist noch lange nicht flächendeckend gesichert, aber pädagogisch mit Sinn gefüllt, im Gesamtsystem der Jugendhilfe angekommen und angenommen, bildungspolitisch hoch gewichtet und von den Schulen nachgefragt. Das Thema des Übergangs von der Schule in den Beruf gilt als ein Engagementfeld unter anderen. Für Jugendliche ist das Berufsthema attraktiv. Es wird mit Ängsten und Hoffnungen besetzt, ist biografisch akut relevant und ruft nach die Schulpädagogik ergänzenden erfahrungsorientierten Methoden sowie Schule erweiternden Lernorten. Jugendhilfespezifisch sind nicht nur Inhalte, sondern auch die Zwecksetzungen und Erbringungsarten. Die Jugendhilfe eignet sich deshalb für verstärktes Engagement am Thema, weil hier – wie auch beim sozialen Lernen – Bildungs-, Biografie-, Integrations- und Bewältigungsparadigmen zusammen kommen.

Die Angebote der Schulsozialarbeit/Sozialarbeit an Schule müssen sich nicht auf integrationsgefährdete Schüler/innen beschränken; aber für diese müssen sie wirksam sein. Die Verminderung von Exklusionsrisiken ist eine gemeinsame, vereinende Aufgabe von Schule und Jugendhilfe. Das trifft verstärkt auf untere Schulformen zu, die zwar formell dem Schulwesen zugeordnet sind, die sich aber im Sinne einer erzwungenen Umorientierung, mit schul- und sozialpädagogischen Ziel- und Methodenmischungen, als Teil der sozialpädagogischen Exklusionsvermeidung bzw. Inklusionshilfe definieren müssen. Die ganze Unternehmung „Stärkung und Qualifizierung" wird allerdings zu einem „Illusionskartell" (Krafeld), wenn wir keine Ausbildungs- und Arbeitsplätze bereitstellen können, die Jugendlichen echte Einstiegschancen eröffnen. Dann tragen auch keine Ressourcenorientierungen, Empowerment-Strategien, Vernetzungskonzepte, inter-kulturellen Trainings und Coolness Gruppen.

Können wir mit dem skizzierten Zwischenstand zufrieden sein? Ist das Profil gleichzeitig scharf genug, um gesellschaftlich nützlich und als Profession nicht austauschbar zu sein, und weich genug, um passende Vor-Ort-Lösungen zu erzeugen? Berufsorientierung und Übergangshilfen sind aus meiner Sicht ein Thema mit Zukunft. Welche Anteile die schulbezogene Jugendhilfe übernimmt, ist an vielen Standorten noch offen bzw. nicht generalisierend zu dekretieren.

Welche *Aufgaben* sehe ich für die Jugendsozialarbeit an Schule in Deutschland, gerade auf dem Hintergrund der „frischen" Berliner Erfahrungen?

a. Schärfung der Konzepte

Wir benötigen eine Schärfung der Grundpositionen in den Konzepten und ausgewiesene Formen der kriteriengeleiteten Selbstbeobachtung. Ich erwarte weiter konkrete Antworten auf Fragen wie: Wo wollen wir mit den Jugendlichen hin? Wie machen wir das genau? Was sind die Leistungen, deren Erbringung wir garantieren? Was sind spezifische Erfahrungen in unserer Arbeit? Was geben wir auf Grund dieser Erfahrungen auf, was gestalten wir neu? Usw. Entfallen könnte die Mehrzahl der „wilden Versprechungen".

b. Aufgabenüberflutung und Beliebigkeiten dämmen

In einer Arbeitshilfe zur Zeitbudgetanalyse für Schulsozialarbeit wurden aus der Praxis 46 abgrenzbare Tätigkeitsbereiche definiert (vgl. Bolay et al. 1999: 156). Eine „Mikropolitik am Arbeitsplatz" (B. Müller) im bedarfsreichen und erwartungssicheren Feld Schule muss dazu führen, Arbeitszuschnitte auszuhandeln, Prioritäten zu setzen und ermöglichende Rahmenbedingungen zu sichern. Folgende bekannte Schritte sind notwendig:

- Schriftliche Definition und „Durchdeklinierung" von Leistungen, Schlüsselprozessen und Zielen

- Kommunikation darüber mit der Lehrerschaft und Verteilung von Zuständigkeiten
- Abgrenzungshilfe und wachende Kontrolle durch Leitung des Sozialarbeits-Trägers
- Auswertung der Wirkungen, also der belegbaren Ergebniserwartungen und der Zufriedenheit bei den jungen Menschen.

c. *Interprofessionelle Verortungen und Abstimmungsprozesse zwecks* Zuständigkeitsklärung

Meistens beklagt sich die Jugendhilfe darüber, dass Lehrer/innen Aufgaben ausscheiden und delegieren. Aber auch zu einem anderen Trend muss sich Jugendhilfe verhalten. Schul- und Sozialpädagogik geraten hier und dort an Grund- und Hauptschulen durcheinander, insbesondere dort, wo Schulen unter erschwerten Bedingungen lange ohne Jugendhilfe auskommen mussten. Eine Minderheit von Lehrkräften entwickelte sich mancherorts zu Familientrainings-, Konfliktmoderations-, Sozialkompetenz- oder auch Berufsorientierungs-Profis. Wie steht die Jugendhilfe dazu? Möchten wir alle Ansätze an Schule stärken, sodass diese ggf. selbst zum Beispiel Berufsorientierung möglichst realitäts- und erfahrungsnah, beurteilungsfrei, individualisiert, methodenplural, Eltern einbindend … anlegt? Nützt den Kindern und nützt der Jugendhilfe eine sozialpädagogisch angereicherte Lehrkraft („Sozialpädagogik light" aus Lehrerhand)? Sollen Lehrer/innen das auch tun, was Jugendhilfe tut, solange es diese nicht im Zweier- oder Dreierteam an jeder Schule gibt (an manchen Schulen ist schulbezogene Jugendhilfe „zufällig" vertreten und an anderen nicht)? Kurz: Manche Lehrer/innen machen fast das Gleiche wie Jugendhilfe-Fachkräfte – nur eben anders; denn Jugendhilfe, so die Selbstansprüche,

- „arbeitet tiefer"
- ist für Integration und Bewältigungshilfe fachlich ausgebildet – „arbeitet also kompetenter"
- kann qua Rolle unbelasteter auftreten (Rollenklarheit) – dürfte also „annehmbarer" agieren
- darf mehr Ressourcen für Benachteiligte erübrigen, gerade für kleine zeitfressende Schritte und aufwändige Umwege im Einzelfall.

Reicht das als professionspolitische und fachliche Schärfung? Und nützen diese Rahmungen und zielkonturierenden Deutungen den jungen Menschen?

Ich biete folgende Unterscheidungsmerkmale an, ohne damit Alleinstellungsmerkmale zu reklamieren:

I. Jugendsozialarbeit beurteilt nicht und bietet qua Rolle die günstigeren Möglichkeiten für Vertrauen (und doch grenzt auch Jugendhilfe aus und gewinnt manchmal kein Vertrauen).
II. Jugendsozialarbeit kann ihre Angebote intensiver und genauer auf die Person abstimmen (und doch wird auch in der Jugendhilfe schematisiert, werden Menschen „über einen Kamm geschoren", bestimmen Routinen das Tun).
III. Jugendsozialarbeit instruiert nicht, sondern ermöglicht Lernen in Erfahrungsgelegenheiten primär „by the way" (und doch belehrt auch Jugendhilfe).
IV. Jugendsozialarbeit motiviert, indem sie auf Ressourcen baut und „Schokoladenseiten" hervorholt (und doch konfrontiert sie auch, bestreitet, wirkt gegen, fokussiert wunde Punkte).

V. Jugendsozialarbeit hat eine Drehscheiben- und Vernetzungsfunktion und überbrückt zwischen drinnen und draußen (und doch finden manche Sozialpädagog/innen den Weg vor die Bürotür nicht oder verbringen zu einem großen, wachsenden Teil Arbeitszeit „in Gremien“ unter Ihresgleichen statt mit Adressat/innen).
VI. Jugendsozialarbeit verbindet die Sache (Drogen-, Schulden-, Berufsberatung usw.) immer mit Alltags- und Lebensbewältigungshilfen sowie Fragen an Lebensentwürfe und Lebensgestaltung (und doch ist Jugendhilfe zu Recht vorsichtig, sich in das ganze Leben des Adressaten/der Adressatin einzumischen).

Einschränkungen liegen auf der Hand: Jugendsozialarbeit gehorcht diesen Prinzipien oft, aber nicht immer. Die Schulpädagogik ist anders als es sozialpädagogische Maximen spiegeln, aber es zeigen sich auch Schnittmengen in den Aufgaben. Und es können zwischen Prinzipien Spannungen auftreten, zum Beispiel zwischen den Funktionen „Vertrauensperson für die Klientel“ und „intermediäre Instanz“, zwischen „Kinderversteher“ und „Lehrerversteher“ (Praxisrede). Abstimmungsbedarfe sind und bleiben auf unabsehbare Zeit groß. Illusionär wäre es aber und damit weder möglich noch wünschenswert, konstitutive Rollenunklarheiten, aufgegebene Widersprüche und Dilemmata im interprofessionellen Verhältnis um den Preis von vereinfachenden Abspaltungen und damit unzulässiger Eindeutigkeit zu eliminieren.

d. Kooperation

Belastbare Kooperationsstrukturen entscheiden über das Gelingen. Bedingungen erfolgreicher Kooperation sind inzwischen empirisch nachgewiesen: Problemdruck mit Einsicht, selbst etwas tun zu müssen/zu wollen; Lösungsorientierung; Mehrwert für die Kerngeschäfte; Beziehungsgewinn; personale Entlastung in der Bewältigung des strapaziösen Alltags. Eine Implementierung hat systematisch zu erfolgen: kommunale interne Jugendhilfe-Schwerpunktsetzung mit Rahmenrichtlinien und Mantelkonzepten; Untersuchung der Lage an der Schule und im Sozialraum (Bedarfserkundung); Gewinnung von Schulleitung und eines Lehrerkerns; gemeinsame Zielaushandlung mit Mandatszuerkennung; Konzepterstellung mit Aufgabenausscheidung; informelle und formelle Kooperationsstrukturen mit festen Verabredungen mit Lehrkräften; Auswertungsprozedere. Praktikable Ansätze, Struktur- und Prozessqualität von schulbezogener Jugendhilfe „durchzudeklinieren“ und auszuweisen, liegen vor (vgl. Speck 2006).

e. Erfahrungen zur Verfügung stellen

Mehr und mehr Akteure drängen in die an Schule angedockte Berufsorientierung. Dabei werden vielversprechende Ansätze lokal als Projekte gefahren und sie stehen unverbunden nebeneinander. Es wäre von Finanziersseite her geboten, weil gesellschaftlich und fachlich gewinnbringend, mit dem Einsatz eine überschaubare Evaluations- oder auch nur Erfahrungsbericht-Verpflichtung zu verbinden, um die Erkenntnisse in einem nächsten Schritt an einer zentralen Stelle zusammen zu führen und organisiert zu veröffentlichen.

7 Gute Praxis-Beispiele

Im Bezirk Mitte von Berlin (vgl. Bezirksamt Mitte 2006) wartet man nicht darauf, dass sich an der Einzelschule zufällig nachhaltige und systematische Berufsorientierung und Übergangsbegleitung ereignen. Dort ist ein breites Kooperationsbündnis „*Vertiefte Berufsorientierung*" tätig:

- *Zielgruppen* sind Schüler/innen der 8., 9. und 10. Klassen (insgesamt circa 1.000 junge Menschen/Jahr) an Haupt-, Gesamt- und Förderschulen.
- *Ziele* sind:
  - „Verbesserung des beruflichen Entscheidungsverhaltens" (Selbsteinschätzung; Zielentwicklung; Berufswahlspektrum-Erweiterung …)
  - „Vertiefung berufs-/betriebskundlicher Kenntnisse und Erfahrungen" (systematische Erkundungen; erweiterte Exkursionen; Computer-Seminare für Mädchen …)
  - „Vertiefte Eignungsfeststellung" (Tests; Assessment …)
- Als *Kooperationspartner* wirken zusammen:
  - Senatsverwaltung für Bildung, Jugend und Sport
  - Agentur für Arbeit/Jobcenter
  - Jugendamt des Bezirkes Berlin-Mitte
  - Freie Träger der Jugendberufshilfe
  - Schulamt
  - Schulen
  - (Leider fehlen die Betriebe!)
- Zu den *Kosten* von 1.040.000 Euro/Jahr:
  - pro Schüler/in 160 Angebotsstunden á 6,50 Euro = 1.040,- Euro über drei Jahre verteilt
  - Kostenanteil Agentur/Jobcenter = 50%
  - Kostenanteil Jugendamt circa 4% = 41.000 Euro
  - Kostenanteil ESF = circa 46%
- Nach der an Schule verankerten Berufsorientierung „für alle" ist nicht Schluss. *Drei Stufen* werden verzahnt:
  - vertiefte Berufsorientierung an Schule
  - Bildungs- und Integrationsmanagement mit den möglichen Wegen aktivierende
  - berufliche Orientierung, ausbildungsbefähigende Beschäftigung und abschlussorientierte Beschäftigung. Dazu wird flankierend durch sogenannte Jugendberatungshäuser sozialpädagogische Unterstützung nach KJHG § 13, 2 vorgehalten.
  - Arbeitsvermittlung in den 1. und 2. Arbeitsmarkt.

Ich greife einige Bausteine heraus:

Baustein 2: Projekttag „Zielorientierung/Entscheidungsfindung" (8. Klasse/ beim Bildungsträger)
Baustein 3: Monatliche Sprechstunden bei dem/der Berufsberater/in an der Schule (9. Klasse)
Baustein 5: Zwei Tage Berufserkundung (am Wochenende, beim Bildungsträger)

Baustein 6: Stärken-/Schwächenanalyse, Interessenerkundung (zwölf Stunden/Bildungsträger)
Bausteine 8 bis 10: Drei neunstündige „Schnupperpraktika“
Baustein 11: Vertiefte Eignungsfeststellung (durch Tests; drei Stunden)
Baustein 13: Bewerbungstraining (Bildungsträger; sechs Stunden)
Baustein 18: Auswertung und Zertifizierung (10. Klasse; sechs Stunden)
Baustein 19: Individuelle Beratung über Jugendberufshilfeträger und Jugendberatungshaus (zwölf Stunden).

Der Start erfolgte zum 01.09.2006. Solch ein Programm macht Mut, weil es

- von einem politischen Willen ausgeht
- breit alle jungen Menschen erreicht
- systematisch angelegt ist
- durch Kooperationen verschiedene Zuständigkeiten gebündelt und Mischfinanzierungen über Ressortgrenzen hinweg möglich wurden
- Steuerung gibt.

Auf einen Schulstandort übersetzt, an dem seit Jahren berufliche Einmündung ein Kooperationsschwerpunkt ist, könnte ein systematisches Berufswege-Planungsprogramm so gestaltet sein (vgl. Schule am Bagno/Kreis Steinfurt in Nordrhein-Westfalen):

Klasse 8 – Orientierungsphase
- Erarbeitung eines Kompetenzprofils (Methode: Kompetenzfeststellung durch Assessment o.ä.)
- Erfragung von berufsbezogenen Wünschen, Zielen, Neigungen (u.a. Berufsinteressentest)
- Informationen über Berufsfelder und Berufsbilder.

Jede/r Schüler/in erhält einen Berufswahlpass. Stärken und Fähigkeiten sollen ermittelt werden. Ziele sind zu verabreden.

Klasse 9 – Erprobungsphase
- Bewerbungstraining
- Beratung durch die Arbeitsagentur
- Praktika.

In dieser Phase findet, so der Anspruch, individuelle Förderung gebührend Platz.

Klasse 10 – Realisierungsphase
- Praktika
- Informationsveranstaltungen ehemaliger Schüler/innen
- Informationsveranstaltung örtlicher Arbeitgeber zu ihren Erwartungen.

Auch hier wacht, wie im Bezirk Berlin-Mitte, eine Steuerungsgruppe über den Ist-Soll-Abgleich (Erfolgskontrolle). Solche (dialogischen) Wirksamkeitsreflexionen sollten beides berücksichtigen: erstens datengestützte harte Ergebnisuntersuchungen mit Aufwand-Nutzen-Abgleich und zweitens schwieriger belegbare Ambitionen, dass junge Menschen durch den Einsatz von Jugendhilfe Kompetenzen erwerben, die Mädchen und Jungen „fitter für ihr Leben“ werden lassen.

Literatur

Bezirksamt Mitte von Berlin (2006): Übergang Schule – Ausbildung – Beruf. Konzeption zur Umsetzung „Vertiefte Berufsorientierung“ nach § 33 SGB III im Bezirk Mitte von Berlin. Berlin: Unveröffentlichtes Manuskript

Bolay, Eberhard et al. (1999): Unterstützen – Vernetzen – Gestalten. Eine Fallstudie zur Schulsozialarbeit. Stuttgart: Hektographiertes Manuskript

Dithmar, Ute et al. (2003): Projekt „Lebensweltbezogene Schulsozialarbeit“. Marburg: Hektographiertes Manuskript

Engelking, Gerhard (ohne Jahr): Fähigkeiten erkennen – Stärken dokumentieren. Herford: Hektographiertes Manuskript

Hofmann-Lun, Irene et al. (2005): Schule - und dann? München/Halle: DJI-Verlag

Prager, Jens Uwe/Wieland, Clemens (Hrsg.) (2005): Von der Schule in die Arbeitswelt. Gütersloh: Bertelsmann

Senatsverwaltung für Bildung, Jugend und Sport (2005): Arbeitsprogramm Hauptschule. Berlin: Hektographiertes Manuskript

Senatsverwaltung für Bildung, Jugend und Sport (2006): ESF-Programm „Jugendsozialarbeit an Berliner Hauptschulen – ein Kooperationsmodell zwischen Schule und Berufswelt“. Berlin: Hektographiertes Manuskript

Speck, Karsten (2006): Qualität und Evaluation in der Schulsozialarbeit. Wiesbaden: VS-Verlag

Thimm, Karlheinz (2000): Schulverweigerung. Zur Begründung eines neuen Verhältnisses von Sozialpädagogik und Schule. Münster: Votum

Wensierski, Hans-Jürgen von et al. (2005): Berufsorientierende Jugendbildung. Grundlagen, empirische Befunde, Konzepte. Weinheim/ München: Juventa

Maria Bitzan

Wem nützt die Kooperation von Jugendarbeit und Schule? Ergebnisse des Förderprogramms in Baden-Württemberg und Impulse für die Jugendhilfeplanung

1 Die Notwendigkeit der Kooperation von Schule und Jugendhilfe

Seit dem „PISA-Schock" entwickelte sich in der Bundesrepublik ein Bildungsdiskurs, der unter dem Zeichen des Aufholbedarfs der deutschen Schule Veränderungen zu versprechen scheint, auf die die Fachleute in den vergangenen Jahrzehnten vergeblich warteten. Das Markanteste an dieser Entwicklung ist die – zumindest rhetorische – Wiederbetonung der Bedeutung von Bildung als gesellschaftlichem Entwicklungsfaktor, die Öffnung zu ganztägigen Schulformen und damit einhergehend die Notwendigkeit, mit Akteur/-innen der Jugendarbeit (bzw. der Jugendhilfe allgemein) zusammenzuarbeiten.

Seit dem 12. Kinder- und Jugendbericht 2005 bestimmt das Diktum eines „abgestimmten Systems von Bildung, Betreuung und Erziehung" die Debatte, das schon in der Jugendministerkonferenz 2000 geprägt wurde (Balnis/Demmer/Rademacker 2005: 9). Ihre Ausgangspunkte lassen sich folgendermaßen zusammenfassen: „Das bundesdeutsche Schulsystem ist in seiner gegenwärtigen Verfasstheit nicht allein in der Lage, den veränderten gesellschafts- und bildungspolitischen Verhältnissen und den sich daraus ergebenden Herausforderungen gerecht zu werden" (12. Kinder- und Jugendbericht). „Jugendhilfe, deren Selbstverständnis sich durch Lebensweltorientierung, Prävention, Ausgleich von Benachteiligungen, soziale Integration, Betreuung, Bildung und Erziehung bestimmt, muss mit der Schule kooperieren" (Miehle-Fregin 2006).

Nun wissen alle, die sich mit dieser Thematik beschäftigen, wie rasant sich derzeit die Landschaft verändert, immer wieder neue Programme und Anforderungen formuliert werden und wie wenig Auswertungsmaterial in einer Weise vorliegt, dass tatsächlich systematisch darauf aufgebaut werden könnte. Die Schulen und die Kommunen suchen jeweils allein für sich im gegebenen Feld nach Umsetzungen. Wir finden eine Parallelität unterschiedlichster Suchbewegungen, Ideen und damit Kooperationsformen vor, die sich ständig weiterentwickeln. Niemand kann derzeit für sich beanspruchen, den Überblick zu haben.

Im folgenden Beitrag werden mit der Leitfrage „Wem nützt die Kooperation?" Ergebnisse der Evaluation des ausgelaufenen Förderprogramms zur „Kooperation von Jugendarbeit und Schule" in Baden-Württemberg vorgestellt (3.) und daraus folgend einige Impulse zu einer integrierten Jugendhilfeplanung in die Debatte gebracht (4.). Insbesondere die Notwendigkeit koordinierter und systematischer Planungen auf kommunaler Ebene wird ja bisher erst zögerlich erkannt. Zuvor gilt es zu pointieren, welche Aufmerksamkeitsrichtung die Frage nach dem Nutzen überhaupt aufwirft und die unterschiedlichen Ausgangspunkte der beiden Systeme zu benennen (2.). In den Ausführungen geht es primär um die Jugendarbeit, gleichwohl Anforderungen an Kooperation und Planung alle Bereiche der Jugendhilfe betreffen.

2 Die Frage nach dem Nutzen

Ein positiver Effekt des anhaltenden Bildungsdiskurses ist die Wiederauflage eines übergreifenderen Bildungsbegriffs. Aus der Revitalisierung der Bedeutung der nonformalen und der informellen Bildung (und zusätzlich zu der Aufgabe, Betreuungsaufgaben zu bewältigen) öffnet sich der Blick hin zur Jugendarbeit – jedoch immer unter dem Primat von Schule[1]. Somit erfährt die Frage nach der Kooperation eine doppelt einseitige Fokussierung: a) Bezugspunkt jeglicher Bildungsüberlegungen bleibt die Schule. Von da aus und innerhalb des schulpädagogischen und schulpolitischen Rahmens werden dann Erweiterungen, neue Blickwinkel, Öffnungen etc. entwickelt. b) Jugendarbeit wird primär unter Aspekten der Bildung, und besonders der schulisch integrierbaren, in den Blick genommen. So ergreift die Akteur/-innen der Jugendhilfe ein Unbehagen: Einerseits sehen sie erfreut, dass wichtige Orientierungen der Jugendhilfe-Fachlichkeit langsam auch im Schuldiskurs erkannt werden und andererseits stellen sie fest: Unter dem Fokus Bildung beginnen alle Themen noch einmal neu, ganz ohne Bezug auf längst erarbeitete Erkenntnisse aus der Jugendhilfe/Jugendarbeit (z.B. Sozialraumorientierung, Geschlechterdifferenzierung).

Ein Beispiel: Kürzlich las ich die Tagungsausschreibung: „Geschlechterbezogene Bildung neben und außerhalb der Schule". Ich fragte mich, soll dies nun ein strategischer Titel sein, um die Schulpädagogen und -politiker an dieses Thema heranzuführen oder ist es einfach eine Ignoranz gegenüber eines seit 20 Jahren höchst produktiven und aktiven Diskurses über Mädchenarbeit und seit 10 Jahren auch Jungenarbeit bzw. der Berücksichtigung von Gender in der Jugendarbeit/Jugendhilfe – und damit natürlich auch im Hinblick auf geschlechterbezogene Bildung (vgl. Bitzan 2003).

Der Eindruck dauert an, dass Schule die Perspektive vorgibt und die Jugendarbeit sich gegenüber Schule behaupten muss, indem sie als „NichtSchule" definiert wird (außerschulische, nebenschulische Bildung). Delmas/Lindner (2005) und Miehle-Fregin/Pchalek (2004) weisen zu Recht auf den Negativcharakter solcher Bezeichnungen hin und betonen die Eigenständigkeit eines Bildungsanspruchs in der Jugendarbeit.

So wird deutlich, dass bei der Frage der Kooperation bisher die funktionierende Schule im Zentrum steht. „Und die Ganztagsschule wird modelliert, ohne dass die Jugendhilfe dazu Stellung nimmt. Vielleicht hat sie die Sehnsucht, dass sie gebeten wird. Das wird sie nicht" (Otto in Lindner o.J.). Die Jugendhilfe, speziell die Jugendarbeit, erlebt sich tendenziell als Opfer, das vereinnahmt wird, das sich neu arrangieren muss, wenn es nicht auf der Strecke bleiben will.

Noch weniger jedoch wird die Diskussion von den Adressat/-innen her geführt. „Völlig zu kurz in der Diskussion kommen Interessen und Bedürfnisse von Kindern und Jugendlichen selbst", stellt auch Deinet in Bezug auf die Debatten in NRW fest (Deinet o.J.(a): 4).

Die Frage nach dem Nutzen aber verweist direkt auf die Subjekte der Bildung (Adressat/-innen) und ihre Lebenswelt. Sie stellt den subjektiv-biografischen Sozialisations- und auch Bildungsprozess in den Mittelpunkt und beurteilt von da aus die Funktionalität der Institutionen.

---

1 „Was Schule anfasst, wird Schule" (Deinet o.J. (a): 3)

Ein modernes Bildungsverständnis, das auch Individualisierungsprozesse ernst nimmt, kann nicht mehr die Einheitlichkeit und Gleichförmigkeit der zur Verfügung gestellten Arrangements propagieren. Gefragt sind vielmehr individuelle Entwicklungsförderungen und biografisch orientierte individuelle Herausforderungen und Angebote.

Für die Jugendhilfe kann eine zunehmende Subjektorientierung als Hauptterrungenschaft ihrer Weiterentwicklung in den letzten Jahren beschrieben werden. Das schlägt sich in der Jugendarbeit v.a. in den Prinzipien der Partizipation, Freiwilligkeit und Sozialraumorientierung nieder, in den erzieherischen Hilfen v.a. in der Umsetzung von flexiblen Hilfen und im Hilfeplan – als gegenseitige individuelle Aushandlungsform. In der Forschung werden zunehmend adressat/-innenorientierte Fragestellungen und Zugänge verfolgt und dabei die Bedeutung der biografischen Zusammenhänge und Methoden betont (vgl. Bitzan/Bolay/Thiersch 2006).

Wo ist in all den Leitlinien und Handlungsanforderungen zum Handlungsfeld der „neuen Schule“ etwas über die biografischen Herausforderungen der Jugendlichen im derzeitigen „Bildungswahn“ zu finden?

Es ist an der Zeit, Wirkungsprozesse mehr wechselwirkend und von der Lebenswelt her zu denken: Nicht nur Schule ist Strukturgeber für Kinder, sondern Kinder und Jugendliche bauen Schule und Jugendhilfe in ihre Lebenswelt ein. Das heißt, beide Systeme sind Wirkungselemente eines umgreifenderen Entwicklungsprozesses. Sie können in ihren jeweiligen Maßnahmen nicht von linearen (Bildungs-) Prozessen ausgehen, vielmehr haben subjektive Lernprozesse und Dispositionen, Neues aufzunehmen, immer zu tun mit dem sonstigen Lebenszusammenhang und den individuellen Ressourcen – v.a. den Ressourcen der Anerkennung und Beziehungsstabilität, dazu materielle Ressourcen, Kontakte zu peer groups usw. In der Sozialen Arbeit wurde mit dem Konstrukt „Bewältigung“ eine Perspektive gefunden, mit der das Subjekt in seiner eigenen Anregungs- und Verarbeitungsweise in den Blick kommt und damit die Frage der subjektiven Handlungsfähigkeit (vgl. Böhnisch 2002: 203). Diese Frage müsste der gemeinsame Ausgangspunkt einer adressat/-innenorientierten Kooperation hinsichtlich der Bildungschancen sein. Selbstwert, Soziale Orientierung, Soziale Eingebundenheit und Soziale Integration gelten nach Böhnisch als die zentralen Grunddimensionen für Bewältigung[2]. Für die Soziale Arbeit ist Bewältigung dann ein Thema, wenn eine misslungene (oder riskante) Balance zwischen psychischem Selbst und sozialer Umwelt vorkommt (auch beispielsweise Normverletzungen oder Selbstdestruktion können als gewählte Mittel der Balancesuche interpretiert werden) (Böhnisch 2002). Auch für die Schule müsste die Stärkung einer gelingenden Balance als Basis jeglicher Lernprozesse im Mittelpunkt stehen und als der Angelpunkt einer Kooperation mit der Jugendarbeit definiert werden.

---

2 Mit dem Konstrukt der Lebensbewältigung liegt ein theoretischer und analytischer Bezugsrahmen vor, in dem das Zusammenwirken von sozialstrukturellen und psychosozialen Einflussfaktoren thematisiert und strukturiert werden kann. Dabei geht es nicht um die pure Auflistung bestimmter Verhaltensweisen eines Subjekts, sondern um ein Verstehen von Zusammenhängen und Aufeinanderbezogenheiten von „inneren“ Strategien und „äußeren“ Zwängen. Verhalten wird so auf Verhältnisse bezogen und in Verbindung mit subjektiver Handlungsfähigkeit analysiert (vgl. Böhnisch 2002: 204).

Im Konzept der Lebensweltorientierung verbindet sich dieser subjektive Zugang mit einer sozialräumlichen Perspektive, die das Gesamt der Lebenszusammenhänge der Adressat/-innen als Lebens- und Gestaltungsraum in den Blick nimmt und nicht nur Systemausschnitte (wie die Schule allein) als Wirkungszusammenhang betrachtet. Eine (geforderte) Öffnung der Institutionen und hier insbesondere der Schulen „bedeutet auch die Öffnung in den außerinstitutionellen und lebensweltlichen Bereich junger Menschen und ihrer Familien“ (Maykus 2005: 22).

Unterschiedliche Systeme als Ausgangspunkt

„Schule als Institution ‚formaler Bildung' ist ein staatliches Pflicht- bzw. Zwangssystem, welches strukturell genormte Lernzeit vorgibt, denn es beruht auf der Annahme altersgleicher Interessen und Lernausgangsbedingungen, die bei gleichartigen Lernverpflichtungen zu den gleichen Lernerfolgen führen“ (Delmas/Lindner 2005: 2). Im Schulunterricht sind also die Formen des Kontaktes und der gemeinsamen Prozesse relativ starr und leistungsorientiert, indem ständig bewertet wird und Schüler und Schülerinnen einen permanenten Selektionsprozess erleben. „Die starke Fokussierung auf unterrichtliche Leistung verstellt den Blick auf die Lebenssituation der Schülerinnen und Schüler“ (Banis/Demmer/Rademacker 2005: 6). Mit den Zitaten ist pointiert der gravierendste Unterschied zwischen den Systemen hinsichtlich des konzeptionellen Umgangs mit Lernprozessen benannt. „Kinder- und Jugendarbeit als Institution ‚nichtformaler' Bildung verzichtet auf vorgegebene Lernziele mitsamt deren Kontrollen und Selektionen, sie orientiert sich an den Interessen und Lebenswelten ihrer heranwachsenden Adressaten. Freiwilliges Lernen in offenen Lernprozessen begründet sich auf einer an jedem einzelnen Kind und Jugendlichen zu Grunde zu legenden Subjektorientierung (...)[3] “ (a.a.O.: 3). Meines Erachtens ließe sich in der hier beschriebenen Orientierung am Subjekt ein entscheidender Bezugspunkt für Kooperationen markieren. Sowohl hinsichtlich der Lebenswelt und des Gesamts der Bedingungen des Aufwachsens im jeweiligen Sozialraum als auch in Bezug auf Konflikte von einzelnen Kindern oder Jugendlichen wäre eine stärkere Orientierung auf jeweils eigene Entwicklungsprozesse förderlich und würde vermutlich jenseits der starren Gliederung des Unterrichtsalltags mehr Kindern erfolgreiches Absolvieren ermöglichen.

Bisher aber wird im Fall des Nichtgelingens und allgemein bei Konflikten mit der standardisierten Form in der Regel delegiert an die Jugendhilfe – meist ohne weitergehende Kooperation. Sie soll sich der Kinder und Jugendlichen annehmen, die aus den genormten Prozessen deutlich herausfallen. Aber auch für die weniger dramatischen Unterschiede zwischen den subjektiven Schülererfolgen hat die Schule selbst keine Struktur. Gemeinsame Ansätze mit der Jugendarbeit könnten jedoch diesbezüglich die Schule auch in ihrem inneren Wesen weiterbringen, indem sie lernt, individueller die Lerngeschichten und -prozesse ihrer Adressat/-innen einzubeziehen. Die GEW geht in ihren Leitgedanken sogar noch einen Schritt weiter: „In allen Bildungsbereichen ist nach dem Vorbild des in der

3 „Die Kinder- und Jugendarbeit kann dem rechtlich und institutionell gefestigten Status (der Schule) wenig Vergleichbares entgegen setzen: Zwar ist sie im SGB VIII/KJHG als kommunale Pflichtaufgabe ausgewiesen, aber in ihren Leistungen nicht präzise und verbindlich definiert. Aus diesem unsicheren Rechtstatus resultieren fortwährende Kämpfe um Legitimation und Anerkennung (...)“ (ebd.).

Jugendhilfe gesetzlich vorgesehenen Hilfeplans eine individuelle Bildungsplanung verbindlich zu machen" (Balnis/Demmer/Rademacker 2005: 8). Eine solche Perspektive macht deutlich, woran sich die Frage des Nutzens der Kooperation zu orientieren hat.

Klassischerweise wird bei der Frage nach dem Nutzen vor allem der Nutzen der Institutionen, ggf. noch derjenige der professionellen Akteur/-innen (Lehrkräfte/Jugendarbeiter/-innen) in den Blick genommen. Wie in der Jugendhilfeforschung insgesamt steht die Orientierung an den Adressat/-innen dementsprechend auch bei Evaluationen der Kooperation von Schule und Jugendhilfe noch relativ am Anfang. Es gibt nur sehr wenige Beispiele und verschriftlichte Ergebnisse, die diese Perspektive verfolgen (ein Positivbeispiel für die Schulsozialarbeit: Flad/Bolay 2006) – was erstaunlich ist angesichts der Menge an Modell- und regionalen Teilprogrammen in diesem Feld.

Das baden-württembergische Förderprogramm zur Kooperation von Jugendarbeit und Schule wurde vom Forschungsinstitut tifs evaluiert mit der Frage nach dem Nutzen für die beteiligten Schülerinnen und Schüler und die beteiligten Institutionen.[4] Ebenso wurden die förderlichen und hinderlichen Bedingungen für Kooperation herausgearbeitet und ein Überblick über Ausmaß und Themen der geförderten Projekte.

3 Das Förderprogramm

Überblick: Situation in Baden-Württemberg

In Baden-Württemberg beginnt die Geschichte der Kooperationen (vgl. für diesen Abschnitt Miehle-Fregin/Pchalek 2004) mit Modellprojekten der Schulsozialarbeit in Gesamtschulen in den 70er Jahren, wurde dann qualitativ erweitert durch das Förderprogramm der gemeinwesenorientierten Jugendhilfe durch den Landeswohlfahrtsverband/Landesjugendamt (LWV/LJA) in den 80er Jahren und verknüpft mit dem Erweiterten Bildungsangebot an Hauptschulen (EBA). In den 90er Jahren gab es breitere Förderprogramme zur Schulsozialarbeit, zunächst wieder vom LWV/LJA. Ab 1999 finanzierte das Land, u.a. auf Empfehlung der Enquete-Kommission „Jugend-Arbeit-Zukunft" des Landtags, Jugendsozialarbeit nach § 13 SGB VIII/KJHG als Jugendhilfeaufgabe an Förder-, Haupt- und Berufsschulen. Zum Zeitpunkt der Beendigung dieser Finanzierungsform ist eine ausgeprägte Schulsozialarbeitslandschaft mit Misch-Finanzierungen von Land und Kommunen in unterschiedlicher Höhe etabliert. Die Jugendhilfe ist auf Länderebene in Baden-Württemberg aufgeteilt zwischen dem Sozialministerium, bei dem Aufgaben der erzieherischen Hilfe und der Sozialarbeit zusammenlaufen, und dem Kultusministerium, bei dem Jugendarbeit und Schule ressortiert sind. Parallel also zur Schulsozialarbeit finanziert das Land über das Kultusministerium mit Förderprogrammen, die im Landesjugendplan aufgelegt sind, weitere Möglichkeiten der Zusammenarbeit.[5] Das Förderprogramm „Kooperation Jugendarbeit – Schule" war hierbei finanziell der bedeutendste Posten und baute auf bestehende langjährige Erfahrungen in einzelnen Kommunen und Schulen auf. Inzwischen ist es jedoch einge-

4 Die Nachhaltigkeit einer Struktur konnte damit allerdings nicht erfasst werden, weil sich das nur mit biografischen Studien einerseits, Langzeitbeobachtungen von Kooperationsentwicklungen andererseits herstellen ließe, für die die Politik keine Ressourcen zur Verfügung stellt.

5 Siehe die kritische Auflistung und Kommentierung im Landesjugendbericht Baden-Württemberg 2004.

stellt worden, eine konsistente Landespolitik ist kaum zu erkennen und vor Ort muss weiter das Puzzle aus Einzelmaßnahmen, neuen Förderprogrammen und Trägeraktivitäten zusammengesetzt werden. Ein (fachlich stark kritisiertes) Landesprogramm zur Ausbildung von Ehrenamtlichen (sog. Jugendbegleiter) soll seither die Lücken füllen.[6] Bildungspolitisch sind im Land deutliche Signale gesetzt worden, einerseits durch die Reformierung der Lehrpläne in weitaus offenere und gestaltungsauffordernde Bildungspläne und andererseits durch das Bekenntnis zu Ganztagsschulen, die nun auf einer strukturelleren Ebene die Jugendhilfe herausfordern. „Dabei gilt es sich den nun auch vom Land forcierten Entwicklungen im Ganztagsschulbereich zu stellen. Diese Entwicklungen betreffen nicht nur die Städte und Gemeinden als kommunale Schulträger, sondern ebenso die Landkreise als Jugendhilfeträger. (...) Sie haben also Auswirkungen auf alle Arbeitsfelder der Jugendhilfe: auf Tagesbetreuung und Jugendarbeit ebenso wie Jugendsozialarbeit und Erzieherische Hilfen“ (Jugendamtsleitertagung 2006).

3.1 Stellenwert und Charakter des Förderprogramms

Das Förderprogramm „Kooperation Jugendarbeit – Schule“ wurde vom Ministerium für Kultus, Jugend und Sport Baden-Württemberg von 1999 - 2003 in zwei Phasen finanziert, vom Landesjugendring umgesetzt und vom tifs- Tübinger Institut für frauenpolitische Sozialforschung e.V. 2003 evaluaiert[7] (Hahn 2004).[8] Die Handlungsempfehlungen der Enquetekommission, die dieses Programm einforderte, zielten darauf ab, die „Kooperation von Jugendhilfe und Schule im Sinn des Zusammenwirkens von gleichberechtigten Partnern“ zu unterstützen und zu fördern und auf diese Weise einer „nachhaltigen übergreifenden Prävention“ Rechnung zu tragen (Landtag Baden-Württemberg 1999: 349). Zahlreiche Einzelprojekte als „projekthafte Aktionen“, als „Aktivitäten im schulischen Raum“ oder als „Seminare“ in den Schwerpunkten „Mediation und Konfliktvermeidung“, „Übergang Schule-Beruf“, „Soziales Lernen“ sowie „pädagogische Angebote im Rahmen der Ganztagsschule“ u.a.m. konnten damit unterstützt werden (Hahn 2004: 6). Mit einem vielseitigen Methodenmix wurden in der Evaluation 1. ein quantitativer Überblick über beantragte und geförderte Maßnahmen sowie eine Untersuchung der Voraussetzungen und Rahmenbedingungen erstellt, 2. in einem qualitativen Untersuchungsdesign Rahmenbedingungen und Lernprozesse in ausgewählten Praxisprojekten tiefergehend analysiert sowie 3. die Sichtweisen der beteiligten Kinder und Jugendlichen sowie (kurzfristige) Wirkungen erhoben (genauer a.a.O: 13ff.).

Insgesamt hat das Förderprogramm insbesondere dort, wo bereits erste Kooperationserfahrungen angelegt waren, Wege der Fortsetzung und Vertiefung ermöglicht und dort auch sehr positive Resonanz erzeugt. In anderen Bereichen wurden erste Versuche gestartet, über deren Weiterentwicklung keine Übersicht besteht. Deutlich wurde, dass unter bestimmten

---

6 Ehrenamtliche Laien übernehmen Betreuungsaufgaben, fachliche Standards können so kaum eingehalten noch weiter entwickelt werden – das Programm ist für das Land jedoch sehr kostengünstig.

7 11monatiger Auftrag, der vom Kultusministerium finanziert wurde.

8 Eine dritte Phase bis 2005 fand unter anderen Bedingungen statt. Ihr folgte das aktuelle Modellvorhaben „Bildungskoordination im kommunalen Raum“, das mehr auf den sozialräumlichen Entwicklungsprozess Bezug nimmt und drei Standorte ausgewählt hat (Näheres s. Landesjugendring www.ljrbw.de).

Bedingungen (s.u.) das Förderprogramm die Kooperation voranbringen konnte. Diese Bedingungen wurden aber nicht durch das Förderprogramm selbst hergestellt. Darüber hinaus zeigte sich, dass viele Akteure über die Hintergründe und Zielsetzungen unterschiedliche Vorstellungen hatten. Da das Förderprogramm in vielen Eckpunkten ungenau war – beispielsweise fehlten Kriterien, wie die Gleichberechtigung der Partner finanziell und organisatorisch gewährleistet werden konnte – und kein übergreifender Rahmen der Kommunikation und Weiterentwicklung mit den beteiligten Akteuren hergestellt wurde, blieben strukturelle landesweit relevante Verständigungen aus. Andere Einschränkungen im Förderprogramm, beispielsweise eine Herausnahme der Grundschulen in der 2. Förderphase, schränkten begonnene Maßnahmen wieder ein, insbesondere in Bereichen der geschlechterdifferenzierenden Prävention (sexualisierter Gewalt), die gerade im Grundschulalter ansetzen. Ebenso wurde ein Pendant zu den Mitteln des Landesjugendplans auf Seiten der Schulplanung vermisst.

Zum Umfang
Die Zahl der gestellten Anträge steigerte sich von 1999 mit weniger als 200 bis 2003 mit knapp 500. Bemerkenswert ist, dass zu Beginn 87% der Anträge von Mitarbeiter/-innen aus der Jugendarbeit gestellt wurden, während 2003 bereits 50% von Schulen gestellt wurden. Dies signalisiert einerseits verstärkten Unterstützungsbedarf, andererseits kann dies auch als Hinweis auf ein verstärktes Engagement der Schulen gewertet werden. Die Gesamtsumme der Fördermittel belief sich im höchsten Förderjahr (2001/02) auf über 500.000 Euro, während sie gegen Ende nur noch gut die Hälfte betrug, d.h. dass einzelne Projekte bis zu 60% ihrer Kosten und max. 1.400 Euro bewilligt bekamen. Zusammenfassend lässt sich aus der quantitativen Studie ein vermehrtes Interesse der Schulen an der Kooperation herauslesen. Zudem zeigt sich, dass sich einzelne Träger der Jugendarbeit inzwischen auf Kooperationen mit Schule spezialisiert haben und dies zu ihrem Profil herausarbeiteten. Damit sind erste Strukturveränderungen in der Jugendarbeitslandschaft in Gang gesetzt worden (Hahn 2004:23).

3.2 Ergebnisse: Nutzen des Förderprogramms

Es wurden Faktoren des Nutzens für die beteiligten Institutionen und für die Zielgruppe aus der Sicht der Fachkräfte erhoben und zusätzlich die Sichtweise von Schülerinnen und Schülern auf Veränderungen und Wirkungen evaluiert.

Nutzen für die Jugendarbeit:
Die Gesamtbeurteilung des Förderprogramms aus Perspektive der Einrichtungen der Jugendarbeit kann als positiv bezeichnet werden. Besonders hinsichtlich erkennbarer Wirkungen auf Strukturen ihres Angebots, ihrer Arbeitsansätze oder ihrer pädagogischen Konzepte äußerten die Befragten sich in sehr positiver Weise (Hahn 2004: 43).

Im Hinblick auf ihre pädagogische Arbeit mit Kindern und Jugendlichen ermöglichte die Zusammenarbeit mit Schulen vorzugsweise neue Kontakte. So konnten einerseits Kinder und Jugendliche erreicht werden, die üblicherweise nicht als Zielgruppen der Jugendarbeit, vor allem der Jugendverbandsarbeit, gelten, wie beispielsweise Kinder mit Behinderungen, Migrant/-innen, Jugendliche aus schwierigen sozialen Milieus. Andererseits konnte im Kontakt mit Schulklassen eine Vielzahl von Mädchen und Jungen angesprochen werden, die aufgrund veränderter Bedürfnisse zunehmend weniger mit Angeboten der Jugendarbeit zu erreichen sind. So erhielt die Jugendarbeit auch Impulse für Neuorientierungen in der Ausrichtung der Arbeit.

Einen weiteren Nutzen erkannten die Akteur/-innen in der Chance, auf ihre Bildungsangebote sowie die Qualität ihrer Bildungsleistungen aufmerksam zu machen. Die Kooperation mit Schulen trug zu einer größeren Präsenz und Bekanntheit ihrer Einrichtung in der Öffentlichkeit bei. Zum Teil konnten über Kooperationen sogar intensivere Kontakte zum Sozialraum hergestellt und eine stärkere Einbindung der Jugendarbeit vor Ort erreicht werden. So äußerten sich zahlreiche Befragte erfreut über den Zugewinn an ehrenamtlichen Helfer/-innen oder auch an neuen Mitgliedern.

Hinsichtlich der – nur teilweise explizit vorhandenen – geschlechterdifferenzierenden Jugendarbeit wurde in der Zusammenarbeit mit Schulen vor allem die Erreichbarkeit größerer Gruppen von Mädchen als wichtige Chance benannt. Für die weitere Etablierung geschlechterdifferenzierender Ansätze wurde mit der Kooperation ein bedeutsamer Zugang erkannt, wie die Kategorie „Geschlecht" auch in Schule und Unterricht hineinzutragen und dort langfristig zu implementieren ist. „Das Prinzip des ‚Gender-Mainstreaming' in Schulen sei ohne die Kooperation mit Trägern der Jugendarbeit nicht denkbar", so zitiert die Evaluatorin eine Expertin der Mädchenarbeit (LJR 2005: 10).

Die Fachkompetenz der Jugendarbeit wurde auf verschiedene Weise herausgefordert: Einerseits mussten die bisherigen Angebote insgesamt stärker differenziert und auf die jeweilige Zielgruppe zugeschnitten werden, andererseits bedurfte es in Bezug auf die sich unterscheidenden Bedürfnisse der jugendlichen Schüler/-innen diverser Methodentransfers. Als Nutzen resultiert daraus auch eine methodisch-didaktische Verbesserung der Arbeitsweisen (Hahn 2004:37).

Nutzen für die Schulen:

Im Hinblick auf den Erziehungs- und Bildungsauftrag der Schule maßen alle befragten Lehrkräfte der Kooperation mit Einrichtungen der Jugendarbeit eine mittlere (13%) oder sogar große (87%) Bedeutung bei (Hahn 2004: 47). Es wurden sowohl inhaltliche, persönliche und sozial bereichernde Aspekte der Kooperation benannt als auch die Eröffnung neuer Lernwege und -formen beschrieben. Die durch die Kooperation erforderliche „Öffnung nach außen" wurde von etlichen Schulleiter/-innen, Lehrkräften und/oder Schulsozialarbeiter/-innen mit einer gleichzeitigen (Er-) Öffnung neuer Horizonte verbunden. „Außerunterrichtliche Partner kommen in der Regel (...) einfach aus der Praxis. Die bringen Lebenserfahrung mit, die bringen Berufserfahrung mit in Bereichen, über die wir an der Schule nur theoretisch berichten können" (Lehrerin, LJR 2005:13).

Auch für die Schulmotivation der Kinder und Jugendlichen erkannten die beteiligten Lehrer/-innen die Kooperation als wertvoll. Mit jugendspezifischen Angeboten könne, so die Einschätzung einiger Befragter, die Motivation der Schüler/-innen zum Teil gesteigert werden und die Schule für die Mädchen und Jungen an Attraktivität gewinnen (LJR 2005: 14).

Insbesondere die positiven Veränderungen in den Schüler/-innen-Lehrerkräfte-Beziehungen hätten das soziale Klima in den Klassen verbessert und dadurch den Unterricht gefördert. Über den Unterricht hinaus, so formulierten einige Beteiligte, habe die Zusammenarbeit auch Auswirkungen auf das gesamte Klima in der Schule. „Ich denke immer, wenn in der Schule was passiert, was nicht immer nur mit Lernen und mit Stress und Ärger zu tun hat, dann stimmt (...) das positiv“ (Lehrerin, ebd.).

Eine hilfreiche Unterstützung erlebten die Lehrkräfte auch bei Schülern und Schülerinnen bei Erziehungs- und Ressourcendefiziten in Familien.

Auch Vertreter/-innen der Jugendarbeit sahen Effekte für die Schulen – zusätzlich zu dem Faktor eines allgemein erweiterten Angebots. „Und zusätzlich zielt das Angebot natürlich auch auf den Lehrkörper, also dass die sich auch Informationen dabei abholen können oder auch Methoden vielleicht auch übernehmen können in den Unterricht oder in außerunterrichtliche Geschichten“ (Jugendarbeiterin, LJR 2005:10).

Nutzen für die Zielgruppen:
Aus Perspektive der Schüler/-innen boten die Projekte in erster Linie eine willkommene Abwechslung in ihrem Schulalltag. Dabei war für die Schüler/-innen nicht entscheidend, aus welcher Einrichtung die Jugendarbeiter/-innen stammten. Wichtiger schien, dass Unterricht ausfiel und während der Schulzeit etwas erlebt wurde, das in den allermeisten Fällen Spaß und Vergnügen bereitete (Hahn 2004: 103). In besonderer Weise hoben nahezu alle Schüler/-innen die freie und lockere Atmosphäre in den Projekten hervor. Immer wieder betonten die Mädchen und Jungen, ihnen gefiele besonders gut, dass die Projektleiterinnen „locker drauf“ und nicht so streng seien wie ihre Lehrkräfte. Und selbst diese erlebten sie während des Projekts häufig entspannter und freundlicher, „(...) die reden viel mehr mit einem“ (a.a.O: 104).

Für viele, vor allem ältere Schülerinnen und Schüler, war es kaum möglich, stattgefundene Lernprozesse zu benennen und ihre persönlichen Erfahrungen zu erklären, obwohl sie allgemein soziales Lernen als wichtig titulierten. Jüngere Schüler/-innen bekannten diesbezüglich viel unbedarfter und offener, welche Erkenntnisse sie im und durch das Projekt gesammelt hatten: Einzelne Mädchen gaben beispielsweise an, sie wüssten jetzt, dass sie Nein-Sagen dürfen, dass sie verschieden sein können, dass sie durch den Zusammenhalt in der Gruppe viel stärker werden, und einige Jungen erkannten wiederum, dass Konflikte gewaltfrei gelöst werden können. Als eine wichtige Erfahrung stellten vor allem die befragten Mädchen in diesem Zusammenhang heraus, dass sie durch das Projekt (Soziales Lernen) jetzt „viel besser ihre eigene Meinung vertreten könnten und sich das auch zutrauten. In der Schule seien sie danach seither nicht gefragt worden“ (LJR 2005: 23; Hahn 2004:105).

Deutlich wurde aus den Äußerungen der Schüler/-innen, dass Kooperationen die Klassengemeinschaft bereichern. Es seien neue Freundschaften entstanden und mehr Einblicke in persönliche Interessen und Fähigkeiten der Mitschüler/-innen möglich gewesen (Hahn 2004:106).

Insbesondere einige Mädchen fanden es sehr bereichernd, Jugendarbeiterinnen persönlich kennengelernt zu haben. Die Inhalte waren dabei weniger bedeutend als regelmäßige Kontakte zur Gruppe und zur Leiterin. Viele schätzten es als wertvoll ein, mit allen Anliegen (Fragen, Hausaufgaben, Langeweile usw.) kommen zu können und immer eine vertraute Ansprechperson zu finden (ebd.).

Insgesamt wurde deutlich, dass sich den Schülerinnen und Schülern neue Erfahrungsräume eröffneten, die sie inhaltlich zum Teil zwar überraschten, die sie im Allgemeinen aber positiv aufnahmen und gerne nutzten. Sie lernten eigene Stärken und Schwächen besser kennen und konnten anderes Konfliktverhalten und andere Umgangsweisen miteinander und mit den Lehrkräften erfahren. Besonders wohltuend erlebten die Mädchen und Jungen überdies die Berücksichtigung ihrer persönlichen Interessen und Bedürfnisse sowie die Entstehung geschlechtshomogener Kommunikationsräume im Projekt. Das ernst gemeinte Interesse an ihrer Person und ihren Ansichten legte vielfach den Grundstein für einen vertrauensvollen und offenen Umgang zwischen Jugendarbeiter/-innen und Schüler/-innen (a.a.O: 107).

Auch die beteiligten Jugendarbeiter/-innen konnten positive Effekte für die Jugendlichen verzeichnen. Die Resonanzen der Mädchen und Jungen auf ihre Inhalte und Themen sowie die allgemeine Bewertung der Angebote fielen in der Regel positiv aus. Für einen Teil der Mädchen und Jungen führte die verstärkte Präsenz der Jugendarbeit in Schulen zu einer größeren Attraktivität der Schule und zu einer persönlichen Bereicherung durch neue Impulse und Orientierungshilfen in Bezug auf unterschiedliche Lebensfragen. Viele Befragte berichteten über beobachtbare Verhaltensänderungen, Lern- oder Entwicklungsprozesse. Potenzielle (Aus-) Wirkungen ihrer Jugendarbeit auf die jeweiligen Zielgruppen konnten also konstatiert werden.

Von den beteiligten Lehrkräften wurde für die Jugendlichen auch die Abwechslung und damit Bereicherung des Erlebens des Schulalltags hervorgehoben. Ein wesentlicher Wirkungsfaktor wurde vor allem in den Entwicklungen im Bereich Soziales Lernen hervorgehoben, in dem eine Steigerung zahlreicher sozialer Kompetenzen bei den Schüler/-innen beobachtet wurde. Einerseits hätte sich der Umgang im täglichen Miteinander verbessert, sei rücksichtsvoller geworden, andererseits hätte aber auch die Fähigkeit, eigene Konflikte zu lösen, deutlich zugenommen.

Die Zusammenschau der Frage danach, wem die Kooperation nutzt, macht deutlich, dass die Institutionen in ihrem je eigenen Auftrag und Arbeitsfeld Gewinn aus der Kooperation ziehen und neue Aspekte ihrer Handlungsmöglichkeiten finden konnten. Das bedeutet, es entsteht nicht nur ein neues gemeinsames Handlungsfeld, sondern die Kooperation stärkt zugleich das je eigene Profil. Das scheint ein bedeutungsvolles Ergebnis im Hinblick auf die Ängste der beteiligten Einrichtungen vor Vereinnahmungen.

Für die beteiligten Schüler/-innen fällt das positive Erleben im neuen Lernsetting, die gegenseitige Erfahrbarkeit durch nicht leistungsorientierte Interaktionen und die neue Beziehungsgestaltung zu alten und neuen Bezugspersonen besonders ins Gewicht. Erschreckend für mich war das dahinter zu entdeckende Defizit der Schüler/-innen an Spaß, ernsthafter Beziehungserfahrung und Anerkennung im normalen Schulalltag. Soll jedoch mit dem Bildungsbegriff tatsächlich nicht nur eine technisch versierte, sondern eine demokratische und soziale Gesellschaft angestrebt werden, so scheinen mir gerade diese Aspekte unhintergehbar für die Planung von Bildungsprozessen.

3.3 Rahmenbedingungen

In der Zusammenschau lässt sich feststellen, dass da einhellig von positiven Wirkungen berichtet wurde, wo die Rahmenbedingungen einigermaßen stimmig waren. Für beide Einrichtungstypen kann zusammenfassend hervorgehoben werden, dass bisher in der Kooperation von Jugendarbeit und Schule eben vornehmlich jene Partner/-innen zusammenkommen, deren Erwartungen, Interessen und Ziele in relativ hoher Übereinstimmung zueinander stehen. Das erklärt vielleicht auch das bis heute nicht behobene Defizit von kommunalen Kooperationskonzepten, die ja Partner zusammenbringen müssen, die sich nicht schon von sich aus auf den Weg gemacht haben. Die aus der Evaluation herauszulesenden förderlichen und hinderlichen Bedingungen verweisen jedoch darauf, dass Kooperation unbedingt auf einer übergreifenderen Ebene zu planen ist.

Obwohl Kooperation immer die konkrete Zusammenarbeit von konkreten Personen ausmacht und somit die persönlichen Ambitionen und Horizonte der Beteiligten das A und O für das Gelingen darstellen, lassen sich Faktoren benennen, die diesem persönlichen Engagement eine Wirkung verleihen oder aber sie ggf. blockieren:

- *Gemeinsame Vorbereitung* bedeutet Zeit zu haben für Informationen und Zieldebatten sowie Austausch über methodische Verläufe, das jeweilige Wissen über die Zielgruppe und Raum für inhaltliche Nachbesprechungen.
- *Wertschätzung und Anerkennung* ihrer Aktivitäten und Kompetenzen ist für alle Beteiligten ein entscheidender Motor der weiteren Arbeit. Es geht um die direkte Anerkennung der jeweiligen Kooperierenden ebenso wie um die Anerkennung der Schulleitung und insbesondere auch der Eltern, deren Kinder schließlich in neue Erfahrungswelten eintauchen. Letztlich aber gehört dazu die allgemeine Kommunikation über ein anderes Bildungsverständnis als das des engeren schulischen Lernens.
- *Kontinuität in Kontakten* erzeugt Entlastung und die Chance aufeinander aufbauender Weiterentwicklungen.
- *Der richtige Zeitpunkt im Schuljahr und im Schulalltag* entscheidet darüber, ob die Mädchen und Jungen offen mitmachen und ob die Jugendarbeiter/-innen sich anerkannt oder sich lediglich als Lückenbüßer für eine ungeplante Schulperiode (z.B. kurz vor den Ferien) fühlen.
- *Und schließlich die Finanzierung*: Auch wenn die Projekte noch so billig sind, muss klar sein, dass sie in bezahlter Weise erfolgen, woher das Geld dafür kommt und wie die Abrechnungsmodalitäten sind (Hahn 2004:80-88).

Diese hier sehr kurz zusammengefassten Bedingungen verweisen auf einen notwendigen Planungskontext, in welchem jene Sicherheiten erarbeitet werden, die die einzelnen Institutionen zu leisten gar nicht in der Lage wären.

Darum sollen im letzten Teil einige Impulse für die kommunale Planung angesprochen werden, die über den konkreten Horizont des Förderprogramms (also Kooperation in einzelnen Projekten) hinausweisen.

4 Impulse für Jugendhilfeplanung

Jugendhilfeplanung (JHP) und Schulplanung müssen eine neue Planungseinheit bilden. Dazu gilt es, rechtliche und systembedingte Schranken zu überwinden lernen.

4.1 Rechtliche Grundlagen und unterschiedliche Planungsrationalität

Die rechtlichen Grundlagen sind in ihrer inhaltlichen Ausgestaltung relativ offen, dennoch bieten sie klare Vorgaben hinsichtlich der Verantwortlichkeiten. § 80 und 81 SGB VIII/ KJHG verlangen vom Jugendhilfeträger die Zusammenarbeit mit allen wichtigen Trägern und vor allem mit Schulen und der Schulverwaltung. Im Schulbereich ist dies weniger explizit ausgedrückt, sondern lässt sich im Rahmen der allgemeinen Aufforderung, stärkere Kooperationsbezüge zur Jugendhilfe zu entwickeln, begründen (abgesehen von Bestimmungen in einzelnen Bundesländern, die teilweise deutlicher ausformuliert sind).

Obwohl die gemeinsame Planung inhaltlich auf der Hand liegt und schon oft eingefordert wurde, allerdings in der Regel als Forderung danach, dass Vertreter/-innen aus den Schulen in diversen Arbeitskreisen der JHP mitwirken sollen, muss doch der bisher noch sehr unterschiedlichen Rationalität der Planungen Rechnung getragen werden. Konkreter: Es müssen erst gemeinsame Vorstellungen darüber entwickelt werden, was für eine Art von Planung sinnvoll ist und was mit ihr in Gang gebracht werden kann. Bisher bestehen gravierende Unterschiede:

JHP als Anforderung, rechtzeitig die „erforderlichen“ und „geeigneten“ Angebote „ausreichend“ zur Verfügung zu stellen, wird verstanden als „beteiligungsorientierte zu gestaltende FachPolitik“ (Merchel 2004: 596), als eine öffentliche Aushandlung zwischen Interessen und Problemdefinitionen, zwischen Politik, Trägern und im Anspruch auch den Betroffenen. Für die Schulentwicklungsplanung gibt es kaum verbindliche Verfahrensregelungen. Eher technisch angelegt, geht es vor allem um Analyse und Prognose der Schüler/-innenzahlen und der damit verbundenen notwendigen Ausstattungen. Im Vergleich zur JHP gibt es dadurch auch relativ wenig Anlässe für politische Divergenzen und dementsprechend keinen Aushandlungsbedarf (zu beidem genauer Merchel 2004).

Dazu kommen unterschiedliche Zuständigkeiten: Während die JHP auf kommunaler Ebene zu erfolgen hat und mit übergreifenden Planungen auf Landesebene gestützt wird (Verortung beim Sozialministerium), liegt die Schulplanung bei den Regierungspräsidien und beim Land (Kultusministerium), die Beteiligung der Kommune ist nur für die technische Zuarbeit und die Gebäudeplanung vorgesehen. Erst mit den neuen Bestrebungen hin zur Profilierung einzelner Schulen und der weitergehenden Autonomie von Schulen ergeben sich hier neue Notwendigkeiten, auch vor Ort mehr Spielräume für inhaltliche Schulplanungen einzurichten und somit auf kommunaler Ebene in gemeinsame Planungsschritte mit der Jugendhilfe einzutreten. Es gibt bisher nur sehr wenig Erfahrungen und Ausführungen, die über das Postulat an sich hinausgehen. „Dieser Bereich der Kooperationsentwicklung ist bislang noch am wenigsten berücksichtigt,“ bilanziert Maykus (Maykus 2005: 24). Das Landesjugendamt Rheinland hat – in gewisser Hinsicht als Pionierarbeit – einige konkrete Vorschläge erarbeitet, die vor allem betonen, dass in beiden Ämtern Planungs- und Beratungsressourcen bereitgestellt werden müssen und dass es Planungsgruppen unter

Beteiligung beider Ämter geben muss (LJA Rheinland 2005: 4). Die Daten der JHP sind für die Schulplanung aufzubereiten und Arbeitsgemeinschaften nach § 78 SGB VIII/KJHG für inhaltliche Themen aufzubauen.

4.2 Elemente integrierter Planung – Erfahrungen aus der JHP

Aus den Erfahrungen der JHP können wichtige Elemente für einen gemeinsamen Planungsprozess übernommen werden. Dabei ist die Frage der Zielrichtung und des Nutzens der Planung nicht an einzelnen Einrichtungen und deren Logik zu orientieren, also auch nicht an der Schule als losgelöste Einheit, sondern an dem Sozialraum und damit den Bedarfen für die Betroffenen.

2 Beispiele:
Im Landkreis Tübingen wurden im Rahmen des Modellprogramms zur Etablierung flexibler Erziehungshilfen (INTEGRA) Jugendhilfestationen als flexibles ineinandergreifendes Angebot zwischen offener Jugendarbeit, Hausaufgabenbetreuung, sozialer Gruppenarbeit und Tagesgruppen entwickelt. Weil nun die Schulen des Einzugsgebietes Nachmittagsbetreuungen anbieten, kommt es zu Überkapazitäten in der vor erst 10 Jahren als Vorzeigeprojekt der wohnortnahen Betreuung eingerichteten Station. Von einer gemeinsamen Planung, dem Nutzen der vorhandenen Kapazitäten und des Know-hows war nichts zu lesen (Schwäbisches Tagblatt v. 04.08.2006).

Zwei Mädchen sind Nachbarskinder und Freundinnen, gehen auf jeweils unterschiedliche Schulen und zweimal in der Woche gemeinsam in den Mädchensport. Die Nachmittagsschule arbeitet mit einem Verein zusammen und bietet schulbezogen Sportangebote an – geschlechtsgemischt „natürlich". Die Mädchen müssen sich trennen und sind auf den Klassenverband angewiesen, in dem sie sich nicht besonders anerkannt fühlen oder komplizierte Sonderregelungen beantragen.

Es macht den Eindruck, dass mit neuen Handlungsfeldern die erreichten Standards vergessen werden und ganz neu wieder entwickelt werden müssen.[9] Wichtige Standards der JHP sind:

- Prozessorientierung: Planung als gemeinsamer allmählicher Prozess, nicht als Vorgabe fester Eckdaten
- Sozialraumorientierung: Analyse der Infrastruktur (soziale Einrichtungen, Freizeitmöglichkeiten für Kinder und Jugendliche und deren spezielle Qualität, Betreuungsangebote, Arbeits- und Ausbildungsmarkt, Charakter und Ressourcen des Stadtteils, weg vom Einrichtungsdenken)

9 „Die geforderte Zusammenführung von Schulentwicklungs- und Jugendhilfeplanung erscheint schwierig. In den allerwenigsten Fällen ist die Schulentwicklungsplanung in Gemeinden und Städten so ausgestattet, dass sie den Ansprüchen einer qualitativen und partizipativ angelegten Jugendhilfeplanung entspricht. Auf jeden Fall ist eine gemeinsame Federführung, also eine „Planung" der Planung erforderlich" (Deinet o.J. (a): 10).

- Geschlechterdifferenzierung: Beachtung der kommunalen Leitlinien auch im Schulbereich, Entwicklung von ergänzenden und aufeinander bezogenen Angeboten, auch quer zu einzelnen Schulen
- Partizipation: Beteiligung von Jugendlichen und deren Eltern, insbesondere auch an der Erhebung des Bedarfs.

Auf die Schule bzw. eine integrierte Planung übertragen, möchte ich noch abschließend ganz kurz diese Standards an einem Beispielbereich verdeutlichen.

4.3 Beispiel: Angebote für Mädchen als schulübergreifende Ganztagsangebote der Jugendhilfe

In der Jugendarbeit ist der Standard, geschlechterdifferenzierte Angebote vorzuhalten, mittlerweile anerkannt und meistens in Teilbereichen auch umgesetzt. Dabei hat gerade die Mädchenarbeit eine lange Tradition, sich auch als Bildungsarbeit zu verstehen (vgl. Bitzan 2003). Ein Modell, in dem sich mehrere Schulen eines Stadtteils oder einer Region zusammenschließen und zusammen mit der Jugendhilfeplanung ihre Ganztagsangebote planen würden, hätte den Vorteil, in schulübergreifenden Angeboten gemäß den Prinzipien der offenen Jugendarbeit geschlechterdifferenzierende und interessenbezogene Schwerpunkte anzubieten. Zum Beispiel gäbe es Dienstag- und Donnerstagnachmittag Mädchenangebote in einer oder zwei Schulen, durchgeführt von einem Träger der Mädchenarbeit und ggf. einer Lehrerin, während parallel in einer anderen Schule Jungennachmittage stattfinden. So bietet sich für die Mädchen die Möglichkeit, geschlechtshomogene Angebote wahrzunehmen, eigene Interessen einzubringen und mit Freundinnen zusammen zu sein, die nicht in ihre Klasse oder Schule gehen. Im Sozialraum wäre ein Spektrum an verschiedenen Möglichkeiten gewährleistet, bei dem die Freiwilligkeit nicht zugunsten der Schuleinheit aufgegeben würde, Angebote konzeptionell aufeinander bezogen sein könnten und alle Räumlichkeiten der Jugendarbeit und der Schulen sinnvoll ausgenutzt werden würden. Als kontinuierlicher Gestaltungsprozess der beteiligten Institutionen könnten immer wieder Variationen in die Angebotsformen gebracht werden, indem bedarfsbezogene Schwerpunkte gesetzt und verändert werden.[10]

Eine solche Planung verlangt einige Voraussetzungen (vgl. u.a. Merchel 2004; Coelen 2004; Deinet o.J. (a) und (b); LJA Rheinland 2005): Inhaltliche Planungen der Ganztagsschule müssten kommunalisiert werden, d.h. die einzelnen Kommunen bis hin zu den einzelnen Schulen müssten Freiräume der inhaltlichen Gestaltung bekommen. Die Jugendhilfe müsste ihre Angebote nicht nur mit den anderen vorhandenen Trägern abgleichen, sondern sich in einer Infrastruktur verorten, die aus Schule und Jugendhilfe in Bezug auf die Eckdaten dessen, was insgesamt vorhanden sein soll, besteht. Wer weiß, wie mühsam es war (und immer noch ist), die Geschlechterfrage in die JHP systematisch zu integrieren und den Anspruch ihrer Beachtung aufrecht zu erhalten (vgl. Bitzan 2002), kann sich vorstellen,

10 Vgl. Deinet o.J. (b), der Mädchenförderung als Beispiel für ein gemeinsames Thema zwischen Jugendhilfe und Schule und die entsprechenden Bedingungen dafür ausführte. Vgl. Auch das Schwerpunktheft von „betrifft Mädchen" 2-05.

welche Hürden hier noch zu überwinden sein werden. Einzelne Kooperationserfahrungen mit Mädchenprojekten, wie in dem geschilderten Förderprogramm, geben Hinweise auf erwartbare positive Wirkungen.[11] Mit einer solchen einrichtungsübergreifenden Planung zwischen den verschiedenen Schulen und Trägern könnten vorhandene Räumlichkeiten differenzierter genutzt werden und den ausdifferenzierten Standards der Jugendarbeit entsprochen werden; auch die verbandliche Arbeit würde sich nicht mehr um ihr Klientel sorgen müssen und die Schulen hätten die Chance, ganzheitliche Bildungsprozesse zu gestalten.

Literatur

Balnis, Peter/Demmer, Marianne/Rademacker, Hermann (2005): Leitgedanken zur Kooperation. von Schule und Jugendhilfe. Gewerkschaft Erziehung und Wissenschaft (Hrsg.). Darmstadt

Bitzan, Maria (2002): Mädchen in der Jugendhilfeplanung – eine Perspektive zur Qualifizierung der Jugendhilfe. In: Sachverständigenkommission 11. Kinder- und Jugendbericht/Werthmanns-Reppekus/Böllert (2002): 191-210

Bitzan, Maria (2003): Geschlechtsbezogene Bildung in der Kinder- und Jugendarbeit. Subjektbezug oder kategorialer Ansatz – die falsche Alternative. In: Lindner/Thole/Weber (Hrsg.) (2003): 139-152

Bitzan, Maria/Bolay, Eberhard/Thiersch, Hans (Hrsg.) (2006): Die Stimme der Adressaten. Empirische Forschung über Erfahrungen von Mädchen und Jungen mit der Jugendhilfe. Weinheim und München: Juventa

Böhnisch, Lothar (2002): Lebensbewältigung. Ein sozialpolitisch inspiriertes Paradigma für die Soziale Arbeit. In: Thole (Hrsg.) (2002): 199-213

Bundesministerium für Familie, Senioren, Frauen und Jugend (2005): Bericht über die Bildung, Betreuung und Erziehung vor und neben der Schule. Zwölfter Kinder- und Jugendbericht. Berlin: Bmfsfj

Coelen, Thomas (2004): Kommunale Jugendbildung. Vernetzung von Jugendhilfe und Schule als kommunales Angebot. In: Hartnuss/Maykus (Hrsg.) (2004): 255-276

Deinet, Ulrich (o.J. (a)): Kooperation aus Sicht von Kindern und Jugendlichen, Schulen und Jugendhilfe – Schnittmengen und Unvereinbarkeiten. www.bmfsfj.de/Publikationen/kjhg/01, 24.08.2006

Deinet, Ulrich (o.J. (b)): Gemeinsame Fortbildungen zwischen Jugendhilfe und Schule. www.bmfsfj.de/Publikationen/kjhg/01-Redaktion/PDF-Anlagen/gemeinsame-fortbildung, 06.08.2006

Delmas, Nanine/Lindner, Werner (2005): Ganztagsschule oder Ganztagsbildung? Voraussetzungen für eine Bildungspartnerschaft zwischen Schule und Jugendarbeit. www.kvjs.de/jugendhilfe/ja_schule.html, 06.08.2006

Flad, Carola/Bolay, Eberhard (2006): Schulsozialarbeit aus der Perspektive von Schülerinnen und Schülern. In: Bitzan/Bolay/Thiersch (Hrsg.) (2006): 159-174

Hahn, Sibylle (2004): Evaluation des Förderprogramms Kooperation Jugendarbeit und Schule (Tübinger Institut für frauenpolitische Sozialforschung). Im Auftrag des Landesjugendrings Baden-Württemberg e.V. mit Unterstützung des Ministeriums für Kultus, Jugend und Sport Baden-Württemberg. Tübingen

Hartnuß Birger/Maykus, Stephan (Hrsg.) (2004): Handbuch Kooperation von Jugendhilfe und Schule. Berlin, Fulda: Eigenverl. des Dt. Vereins für Öffentliche und Private Fürsorge

ISA Institut für soziale Arbeit Münster (Hrsg.) (2005a): betrifft Mädchen (2005) 18 Jg. Heft 2. Weinheim: Juventa

ISA Institut für soziale Arbeit Münster (Hrsg.) (2005b): Die offenen Ganztagsschule. H.1/2005. Weinheim: Juventa

Jugendamtsleitertagung (2006): Bildung, Betreuung, Erziehung, Schutz von Kindern – aktuelle Herausforderungen für Jugendhilfe und Schule. Einführungstext, http://www.kvjs.de/697.0.html, 15.08.2006

Landesjugendbericht Baden-Württemberg für die 13. Legislaturperiode (2004). Erstellt vom Institut für Erziehungswissenschaft der Universität Tübingen, Abteilung Sozialpädagogik und in Kooperation mit IRIS e.V. Hechingen (verantwortlich Maria Bitzan, Eberhard Bolay und Hans Thiersch). Stuttgart

Landtag Baden-Württemberg (1999): Jugend- Arbeit – Zukunft. Bericht der Enquete-Kommission. Stuttgart

11 Mit dieser Beispielidee könnte das Modell der „integrierten Ganztagsbildung" von Coelen als gemeinsames Projekt von Jugendhilfe und Schule weiter entwickelt werden (Coelen 2004: 270).

LJA Landesjugendamt Rheinland (2005): Offene Ganztagsschule im Primarbereich: Ohne kommunale Planung und Steuerung geht es nicht. Anregungen und Handlungsanforderungen für die Träger der öffentlichen Jugendhilfe bei der Einführung und Gestaltung der „Offenen Ganztagsschule im Primarbereich". Arbeitshilfe Internet lja rheinland, 10.08.2006

LJR Landesjugendring (2005): „Hier wird gebildet!" Rahmenbedingungen, Wirkungen und Perspektiven einer erfolgreichen Kooperation von Jugendarbeit und Schule. Hrsg. vom Landesjugendring Baden-Württemberg in Zusammenarbeit mit dem Ministerium für Kultus, Jugend und Sport Baden-Württemberg (verfasst von Sibylle Hahn). 2.Auflage. Stuttgart

Lindner, Werner (o.J.): „…zwei Blindenhunde kreisen umeinander…" – Kooperation von Jugendarbeit und Schule zwischen Larmoyanz und Arroganz. www.kvjs.de/jugendhilfe/ja_schule.html, 06.08.2006

Lindner, Werner/Thole, Werner/Weber, Jochen (Hrsg.) (2003): Kinder- und Jugendarbeit als Bildungsprojekt. Opladen: Leske + Budrich

Maykus, Stephan (2005): Kooperation als gemeinsame Herausforderung von Ganztagsschule und Jugendhilfe. In: ISA (Hrsg.) (2005b): 20-25

Merchel, Joachim (2004): Kooperation auf der Planungsebene: Jugendhilfeplanung und Schulentwicklungsplanung. In: Hartnuss/Maykus (Hrsg.) (2004): 593-614

Miehle-Fregin, Werner (2006): Auf dem Weg zu einem abgestimmten System von Bildung, Betreuung und Erziehung – Thesen aus Sicht des Landesjugendamts. 16.05.2006 bei der Jahrestagung der Jugendamtsleiter. Stuttgart

Miehle-Fregin, Werner/Pchalek, Andreas (2004): Kooperation von Jugendhilfe und Schule in den Bundesländern, Baden-Württemberg. In: Hartnuss/Maykus (Hrsg.) (2004): 615-627

Sachverständigenkommission 11. Kinder- und Jugendbericht/Werthmanns-Reppekus, Ulrike/Böllert, Karin (Hrsg.): Mädchen- und Jungenarbeit – Eine uneingelöste fachliche Herausforderung. Der 6. Jugendbericht und zehn Jahre Paragraph 9.3 im Kinder- und Jugendhilfegesetz. München: Verl. Dt. Jugendinst.

Thole, Werner (Hrsg.) (2002): Grundriß Soziale Arbeit. Ein einführendes Handbuch. Opladen: Leske + Budrich

Ziehe, Fabian (2006): „Nach zehn Jahren spürt das Jugendhilfe-Modell Bachgasse nun die Konkurrenz der Ganztagsschule". Schwäbisches Tagblatt vom 04.08.2006

Frank Nieslony

Zur strukturellen Kooperation zwischen Jugendhilfe und Schule – deutsche Probleme und niederländische Erfahrungen

"Das Verhältnis der Jugendämter zur Schule, die Abgrenzung ihrer sozialpädagogischen Aufgabe von der Aufgabe der Schule ist bis heute ein höchst prekäres Kapitel. Die Tatsache, dass man zwei so mächtige, in ihrem Wesen so bedeutsame pädagogische Systeme wie Jugendamt und Schule gesetzlich in keine andere Beziehung zu bringen vermocht hat, als indem man ihre Kompetenz abgrenzt, eine reine und ganz unfruchtbare Ordnungsaufgabe, zeigt ja, wie viel hier noch zu tun bleibt" (Gertrud Bäumer 1931 in: Grossmann 1987: 82).

Vorbemerkung

Eine neue Qualität der Bemühungen um eine andere Kooperationskultur zwischen Jugendhilfe und Schule beeinflusste in Folge des „PISA-Schocks" den Diskurs um eine ganzheitliche Bildung. Auf der Grundlage der – nicht ganz neuen – Erkenntnis der Abhängigkeit des Schulerfolgs von der sozialen Herkunft der Schüler und vor dem Hintergrund bildungsföderaler Eigenheiten rückt jetzt die Ganztagsschule als reformpädagogische Neuauflage mit jahrzehntelanger Verspätung in das Zentrum bildungspolitischer Reformbestrebungen. Stichworte wie Lebensweltnähe, Kooperation der Beteiligten, kommunale Integration usw. versetzen die Diskussion aber nicht nur konnotativ in die Nähe des sprachlichen Umgangs der Sozialen Arbeit – die Besinnung auf eine klassische und sträflicherweise vernachlässigte Aufgabe der Schule, die „Soziale Integration", bringt die Jugendhilfe erneut und unmissverständlich in die Nähe der Schule.

Jetzt – im Licht der internationalen und nationalen Schulleistungsvergleiche und des gewohnt traditionellen Ausklammerns nichtschulischer Pädagogik, insbesondere des Leistungsspektrums der modernen Jugendhilfe – wird das Fehlen struktureller Verbindlichkeiten zwischen den Sozialisationsbereichen Schule und Jugendhilfe evident. Allerdings geht es jetzt auch um mehr als lediglich um schulstabilisierende Maßnahmen durch schulbezogene Sozialarbeit. Gefragt ist ein Schulsystem, das sich der Qualifikations- und Integrationsfunktion gleichermaßen verpflichtet fühlt, um schließlich soziale Gerechtigkeit über Bildungsgerechtigkeit herstellen zu können, das die Interdependenzen zwischen sozialer und bildungsbezogener Gerechtigkeit erkennt und beseitigt.

Bildung ist mehr als Schule, aber Schule ist auch mehr als Unterricht, genauso wie Soziale Arbeit sich nicht auf Jugendarbeit und Betreuung reduzieren lässt. Ganztagsbildung ist also die Integration von formeller und nicht-formeller Bildung in Kooperation institutionalisierter Sozialisationsinstanzen.

Notwendiger Ausgangspunkt für eine neue Qualität in der Überwindung des herkömmlichen Bildungsverständnisses ist eine reflexive Auseinandersetzung mit der sich herausbildenden Wissensgesellschaft und mit der Grundlegung eines gesellschaftlich erweiterten Bildungsbegriffes.

Erst hierüber wird der Blick frei für eine angemessene Ganztagsbildung und für integrierte Stützsysteme, die nicht als lediglich zeitliche Verlängerung der Unterrichtsschule bzw. als Sammelbecken sog. „bildungsferner" Bevölkerungskreise gestaltet werden, sondern auf neue Kooperationsformen mit anderen Sozialisations- und Bildungsinstanzen angewiesen sind.

Vor diesem Hintergrund geht es im Kontext der strukturellen Betrachtungen um eine neue Beziehungskultur zwischen Sozialpädagogik und Schulpädagogik. Unterhalb dieser Perspektive ist hier die Qualität der Beziehungen zwischen Jugendhilfe und Schule gemeint. Schulsozialarbeit als Arbeitsfeld der Jugendhilfe ist dabei ein Bindeglied zwischen den pädagogischen „Kulturen". Mit Schulsozialarbeit ist eine Variante professioneller Sozialer Arbeit in Schulen etabliert, die vor dem Hintergrund jahrzehntelanger Erfahrung die Qualität der strukturellen Bedingungen der Kooperation zwischen Jugendhilfe und Schule diskutiert wissen will. Auf der Grundlage eines modernen Verständnisses von Sozialer Arbeit kann aus sozialpädagogischer Sicht formuliert werden: Sämtliche Handlungsfelder der Erziehung bedürfen der fachlichen (Mit-) Gestaltung der Jugendhilfe. Und der pädagogische und administrative Umbau einzelner Schulformen kann nur interdisziplinär vonstatten gehen, wenn die Fehler der Bildungsreform der 70er Jahre nicht wiederholt werden sollen.

Ausführliche auslandspädagogische Studien ermöglichen es, strukturbezogene Varianten der Kooperation zwischen Jugendhilfe und Schule auch in die bundesrepublikanische Neudiskussion mit einzubeziehen. Ein Blick über die nachbarschaftliche Grenze zu den Niederlanden verdeutlicht, dass schulsystembegleitende Sozialarbeit kein Novum in der Entwicklung der Beziehung zwischen Jugendhilfe und Schule ist, solche Verbindungen schulische Innovationen erst realisierbar machen. In den Planungsphasen zur Einrichtung der niederländischen Basisschule formulierte der Bildungsplaner Klaas Doornbos in den 1980er Jahren: „Die Neugestaltung des Schulwesens war ohne die Sozialarbeit überhaupt nicht möglich" (Doornboos in: Kemenade et al. 1986: 267).

1 Deutschland: Einleitende Anmerkungen zur Problematik der Annäherung zwischen Jugendhilfe und Schule

Aus historischer und aktueller Sicht war und ist das Verhältnis der Sozialpädagogik zur Schulpädagogik immer ein nachrangiges. Das war und ist in Deutschland so gewollt und gesetzlich reglementiert. Immer dort, wo beide pädagogischen Organisationsformen zusammentreffen, hat die Sozialpädagogik eine fakultative Funktion: Sie sorgt für reibungsloses Geschehen in Unterricht und Schule, und kompensiert – oft auch durch die Schule verursachte – Probleme und Schwierigkeiten junger Menschen.

Genau dieser Omnipotenzanspruch auf Erziehung durch die Schule ist aber obsolet, für die moderne Informationsgesellschaft nicht mehr haltbar. Letztlich ist Schule hier selbst überfordert. Es gibt Erkenntnisse aus der Schulforschung, die präzise Begründungen für eine „Öffnung der Schule" benennen. Verkürzt lauten sie:

Die Qualifikations- und Legitimationsfunktionen von Schule nehmen vor dem Hintergrund anderer gesellschaftlicher, z.T. unverbindlicher Lebensformen und arbeitsweltbezogener Anforderungen zu. Die Grundlagen und Perspektiven für die familiären und individuellen „Normalbiografien" haben sich verändert; Kindheit und Jugend verlaufen heute anders als früher. Die damit verbundenen großen Aufgabenstellungen gehen zu Lasten der erzieherischen Aufgabe von Schule.

Schule sozialisiert, sie erzieht nicht. Die Sozialisationsfunktion der Schule ist vor diesem Hintergrund fast zwangsläufig auf die qualifikatorischen und legitimatorischen Aufgaben fixiert. Erziehungsziele nehmen eine eher marginale Position ein. Große Teile der Lehrerschaft sind mit den ihnen zugewiesenen administrativen, lehrplanbezogenen und pädagogischen Aufgabenstellungen überfordert.

Komplexe gesellschaftliche Verkehrsformen, veränderte Erziehungsfelder, neue Modelle des (familiären) Zusammenlebens und kaum kalkulierbare Aussichten hinsichtlich beruflicher Ausbildungen und Perspektiven lassen den Qualifikationsauftrag von Schule zunehmend fragwürdiger erscheinen. Die Schere klafft auseinander: Neben der Herausbildung und Förderung elitärer Bildungseinrichtungen für wenige erleben die meisten Jugendlichen die Zwangsverpflichtung Schule immer mehr als zeitlich befristete Sozialisationshürde, die es irgendwie zu überwinden gilt. Und mit Blick auf die PISA- und andere Leistungsstudien lässt sich ja auch fragen: Warum in eine schlechte Schule gehen?

Gewalt, Flucht, Verweigerung und Ausstieg sind oft die Konsequenzen, die, aus schulpädagogischer Unzulänglichkeit erwachsen, der sozialpädagogischen Fachlichkeit zugewiesen werden. Wird die Qualifikationsfunktion von Schule immer unglaubwürdiger, so ist der schulische Integrationsauftrag längst gescheitert. Wohin sollte sie auch integrieren? Angesichts der Tatsache, dass viele Lehrerinnen und Lehrer schon in der Grundschule den Verhaltensauffälligkeiten ihrer Schüler ohnmächtig gegenüber stehen, wird spätestens in den Sekundarstufen deutlich, dass Mängel in der Lehrerausbildung, schuladministrativer Stress und der oft rigide Schulalltag die Kraft zur Integration schulunwilliger Abweichler nicht mehr aufbringen lassen. Lehrerinnen und Lehrer sind ebenso wie Sozialarbeiter und Sozialpädagoginnen eher Leid-Tragende als Verantwortliche für bildungs- und schulpädagogische Mängellagen wie familienpolitischer Destruktionen. Schulische Integration, verstanden als Bemühen einer schrittweisen Heranführung zum Erwachsenenwerden über die Aneignung kultureller Verkehrsformen und Wissen für zumeist benachteiligte Kinder und Jugendliche, kann Schule nicht (mehr) leisten. Auch die Kompensation mangelhafter Früherziehung stellt für sie eine Überforderung dar. Viele Lehrer messen ihre pädagogischen Grundüberzeugungen an den erzieherischen Korrekturbemühungen im Schulalltag – und leiden. Sie fühlen sich nicht selten zum Ausfallbürgen familiärer Erziehungsnotstände degradiert. Eine Hinführung zur Sozialität der Schüler-Probanden ist sicher schulformbezogen und mit unterschiedlichen Schwierigkeiten verbunden. Immer deutlicher wird aber der Ruf nach professionellen Stützsystemen, in denen interdisziplinäres Handeln zwischen Schul- und Sozialpädagogik den Lernort Schule wieder zu einem erwünschten sozialen Erfahrungsfeld werden lässt.

Der Ruf nach „anderen" Schulen durchzieht deren gesamte Sozialgeschichte und begründete immer auch eine Reformpädagogik. Gesellschaftspolitische Prozesse zogen meistens bildungs- und schulbezogene Neuerungen und Veränderungen nach sich. Die traditionelle Schulbildung steht jetzt auf dem Prüfstand. Das hat verschiedene Gründe. Insgesamt steht, wie uns PISA- und andere Studien lehren, die moderne Informations- und Wissensgesellschaft vor der – markt- und wettbewerbsorientierten – Frage: Was müssen Schüler heute können?

Globale markt- und nationale bildungsökonomische Interessen lassen die Integrationsfunktion von Schule zwangsläufig in den Hintergrund treten. So wird die Wahrnehmung sozialisatorischer Aufgaben mit dem Ziel, Kinder und Jugendliche bei der Einführung in soziokulturelle Verkehrsformen erzieherisch zu begleiten, zugunsten der an sie herangetragenen Qualifizierungserwartungen vernachlässigt. Mehr noch: Das ehedem emanzipatorische Interesse der Schule, das auch Kindern aus sozial benachteiligten Bildungsschichten zumindest potenziell die Chance höherer Bildungsabschlüsse sichern sollte, ist vollends in Vergessenheit geraten. Der so offensichtliche Spagat zwischen Qualifikations- und Integrationsfunktion verdeutlicht das Dilemma heutiger Schulwirklichkeit: Einerseits muss Schule aufgrund der vehement an sie herangetragenen Qualifizierungserwartungen verstärkt selektieren, um Bildungspotenziale rekrutieren zu können; andererseits kann sie ihren selbst produzierten Problemfällen sowie den zunehmend hyperaktiven, verhaltensauffälligen und sozial vereinsamten Kindern aus vielen Familien keine Erziehungsinstanz sein.

Wenn davon ausgegangen werden kann, dass dieser strukturelle Konflikt auf dieser Ebene konstituierende Lösungen erfordert, also der qualifikatorische Auftrag wieder integrativ-kompensatorische Aufgaben einschließen soll, dann müssen Alternativen diskutiert werden, die eine interdisziplinäre Kooperation in der Schule zulassen. Thesenartig kann also davon ausgegangen werden, dass die Schule der Zukunft ohne Implementation anderer Berufsdisziplinen in ihre Organisation, ohne strukturelles und interdisziplinäres Zusammenwirken, die an sie herangetragenen Erwartungen nicht mehr erfüllen kann. Schule wird neu auf die Familien zugehen müssen. In der Schule wird sie das nur über die Brücke der Jugendhilfe, resp. der Schulsozialarbeit können.

2 Niederlande: Die traditionelle schulische Versorgungsstruktur

Bei unserem niederländischen Nachbarn sind zwei wesentliche Voraussetzungen erkennbar, die wir bei unserer schulpolitischen Diskussion um Innovationen immer berücksichtigen müssen. Verkürzt möchte ich sie folgendermaßen skizzieren:

Zum einen geht es um – ich nenne es – die „Philosophie der professionellen Gleichwertigkeit“. Sie hat eine soziokulturelle Tradition, die sich auf die Anschauung beruflicher Qualifikationen bezieht und – bekannt in der deutschen Diskussion – das interdisziplinäre Zusammenwirken auf „gleicher Augenhöhe“ gestaltet. Berufliche Profilunterschiede verlieren zugunsten pragmatischer Erledigung der Aufgabenstellung so an Bedeutung. Profan und verkürzt auf unseren Zusammenhang übertragen heißt das: Ein Gymnasiallehrer würde einem Sozialpädagogen kaum eine Minderqualifikation vorwerfen. Nur so kann interdisziplinäre Kooperation vollzogen werden.

Zweitens existiert in den Niederlanden ein sozialhistorisch gewachsenes und bildungspolitisch gewolltes Netzwerk der gesamten schulischen Versorgung. Dieses unter „Verzorgingsstructuur“ in der Bildungssoziologie bekannt gewordene Unikum bezeichnet eine Struktur, die sich parallel zur Herausbildung des Bildungssystems zu einem Netzwerk von koordiniert zusammenarbeitenden Instituten zur Unterstützung und Erneuerung des Schulwesens sowie der Wahrnehmung schülergerichteter Beratungs- und Begleitungsarbeit entwickelt hat und die auf irgendeine Weise mit dem niederländischen Schulwesen verbunden ist (vgl. Nieslony 1997: 157f.).

Aus der strukturellen Perspektive betrachtet ist im Weiteren dieses Netzwerk von Interesse. Hier sind die Schulen also Teil eines äußerst komplexen sozialen Geflechts, das aus vielen staatlichen, halbstaatlichen und privaten Organisationen besteht, die das gesamte Schulwesen in organisatorischen, curricularen, didaktischen und anderen Formen unterstützen. Diese „Schulversorgung" entstand zeitlich parallel zum niederländischen Schulwesen und beeinflusst die Schulpolitik noch heute sowohl strukturell wie auch organisatorisch. Zu ihr gehören die verschiedensten Forschungseinrichtungen und Institute, die zur optimalen Versorgung der Schulen auf den Gebieten der Schul- und Schulbuchentwicklung, didaktischer Materialien, Testentwicklungen etc. beitragen. Die größten Einrichtungen sind das Institut für Bildungsforschung (SVO), das Institut für Lehrplanentwicklung (SLO) und das Institut für Testentwicklung (CITO).

Darüber hinaus gibt es die „Nationalen Pädagogischen Zentren". Jedes dieser Zentren hat eigene Arbeitsschwerpunkte:

- APS (Algemeen Pedagogisch Studiecentrum, Amsterdam): Zuständig für die Bereiche „Primarschulwesen" und „weiterführende Schulen"
- CPS (Christelijk Pedagogisch Studiecentrum, Hoevelaken): Sonderschulen, Ausbildungswesen
- KPC (Katholiek Pedagogisch Centrum, ′s-Hertogenbosch): Mittleres/berufliches Ausbildungswesen, Lehrerausbildung.

Die gesetzliche Grundlage ist das „Schulversorgungsgesetz" (Wet op de Onderwijsverzorging, 1986). Es ist die normative Basis für die Dienstleistungen der zur Versorgungsstruktur gehörenden Einrichtungen und deren Finanzierung. Nach dem Gesetz haben die schulbegleitenden Institutionen drei wesentliche Funktionen zu erfüllen, die folgendermaßen beschrieben werden können:

- Dienstleistungen für den Unterricht, für Schulen und die Schulträger: die einzelnen Einrichtungen leisten Unterstützung und Beratung – die sog. *Feldfunktion.*
- Mitarbeit bei der Durchführung nationaler Innovationen: die einzelnen Einrichtungen werden von der Regierung für schulbezogene Neugestaltungen beansprucht – die sog. *Staatsfunktion.*
- Entwicklung von Maßnahmen zur verbesserten Wahrnehmung der Dienstleistungen für die unter 1. und 2. genannten Funktionen: die einzelnen Einrichtungen entwerfen und realisieren entsprechende Vorhaben zur Verstärkung ihrer eigenen Aufgabenstellungen – die sog. *Funktion der Eigenentwicklung.*

Zur klassischen Struktur schulischer Versorgung mit Sozialarbeit gehören darüber hinaus Einrichtungen, auf die ich kurz eingehen möchte, weil sie für die deutsche Diskussion interessant sein könnten: die *Schulbegleitungsdienste.*

3 Niederlande: Kooperation zwischen Jugendhilfe und Schule – schulische Systembegleitung und Schulsozialarbeit

Als integrierter Teil der „Versorgungsstruktur“ ist die Geschichte der Schulbegleitungsdienste eng mit der Entwicklung der niederländischen Schulsozialarbeit verbunden. Als „Schulbegleitungsdienste“ wurden sie Bestandteil der sich anbahnenden Schulreform der 70er Jahre, die das gesamte Schulsystem im Rahmen der Bildungsplanung umfassen, sich in der Realisierung zunächst aber auf das Elementarschulwesen (Basisonderwijs) beschränken sollte.

Die gesetzliche Grundlage war die „Nota Schoolbegeleiding“ aus dem Jahr 1975. Im Erscheinungsjahr der Nota waren landesweit bereits rund 64 Schulbegleitungsdienste entstanden. Zum überwiegenden Teil waren sie aus der Einsicht einer notwendigen fachdidaktischen und psychologisch-sozialpädagogischen Begleitung für die Schulen von den Gemeinden selbst eingerichtet und finanziell getragen. Schulbegleitungsdienste definieren sich über ihre Nähe zur Praxis (Schule), den hier unmittelbar Betroffenen (Schüler, Lehrer, Eltern) und den sie einbeziehenden Prozess (Unterricht). Diese wesentliche Unterscheidung hebt die Schulbegleitungsdienste gegenüber anderen Institutionen innerhalb der Versorgungsstruktur hervor.

Schulsozialarbeit wurde als eine in die Schulbegleitung integrierte Fachdisziplin gesehen, die kooperativ mit anderen, den Diensten ebenfalls zugehörigen Berufsgruppen (u.a. Psychologen, Pädagogen, Didaktikern, Logopäden) zusammenarbeitet. Heute spielen die Schulbegleitungsdienste für die Schulsozialarbeit nur noch eine nachrangige Rolle. Im System der Schulversorgung sind sie jedoch immer noch unverzichtbar.

Zusammenfassend sollen Schulbegleitungsdienste folgende Leistungen erbringen:

- Schülerprobleme, Lernsituationen und Unterrichtsbedingungen signalisieren, diagnostizieren und analysieren
- hinsichtlich der Lehr- und Lernprozesse aufklären und beraten
- zwischen Schule und sozialem Herkunftsmilieu vermitteln; an Experimenten und Neuerungen mitwirken
- bei Untersuchungen und Evaluationen mitarbeiten
- an Beratungen nationaler, regionaler und örtlicher Untersuchungen und Experimenten mit dem Ziel teilnehmen, Fortbildungsprogramme für Mitarbeiter der Schulbegleitungsdienste landesweit zu organisieren.

Das Berufsbild der in den Schulbegleitungsdiensten beschäftigten Mitarbeiter war damals so bunt wie es sich heute noch darstellt. Hauptsächlich arbeiteten und arbeiten dort Pädagogen, Psychologen, Beratungslehrer, Sozialarbeiter, therapeutische Fachkräfte, Bibliothekare, Verwaltungskräfte und andere Berufsgruppen. Der älteste Schulbegleitungsdienst befindet sich in Amsterdam.

Bereits im Juni 1973 nahm die „Stichting Advies- en Begeleidings Centrum voor het Onderwijs in Amsterdam“ – wie sie heute heißt – durch Beschluss des Gemeinderats der Stadt Amsterdam ihre Tätigkeiten auf. In ihren Statuten verfolgt sie das Ziel, „Bedingungen zu schaffen und Hemmnisse zu beseitigen, um die Schule als Lern- und Bildungseinrichtung so zu gestalten, dass eine optimale Entfaltung des einzelnen Schülers erreicht wird“

(ABC-Amsterdam, Statuten 1989). Diese Perspektive bezieht sich auf alle von der Stiftung in Amsterdam begleiteten Schulen des Elementar- und Sekundarbereichs sowie des Sonderschulwesens (Artikel 4). Sie respektiert ebenso die weltanschauliche Grundlage der Schulen (Artikel 6).

Artikel 5 der Statuten des Schulbegleitungsdienstes beschreibt, wie die Zielsetzungen aus der Sicht des Begleitungsdienstes verwirklicht werden sollen:

- durch kontinuierliches Zusammenwirken zwischen Schulleitungen, Lehrenden, Eltern und anderen Erziehungsberechtigten der Schüler; durch die Arbeit mit den Schülern
- durch den verantwortlichen Einsatz von Mitteln und Methoden im Rahmen von Untersuchungen (bezogen auf die individuelle, schulische und soziale Anamnese)
- durch Beratungen hinsichtlich des Angebots und der Möglichkeiten der Inanspruchnahme sozialstaatlicher Leistungen
- durch Einflussnahme auf Erziehung und Bildung in den Schulen, ihrer Organisation und Unterrichtsgestaltung, Didaktik und Methodik
- durch Einflussnahme auf die Förderung des Unterrichts zu seiner Erneuerung in Übereinstimmung mit veränderten pädagogischen und gesellschaftlichen Einsichten.

Das „ABC" in Amsterdam wird zum größten Teil aus dem staatlichen (Ministerium für Unterricht und Wissenschaft, MOW) und dem kommunalen (Stadt Amsterdam) Haushalt finanziell gefördert. Daneben sind „Schenkungen, Nachlässe und andere Zuwendungen" (Statuten, Artikel 7) bedeutende Quellen der Finanzierung. Die heute gesetzlich geltende Finanzierungsgrundlage bildet das schon erwähnte 1989 in Kraft getretene „Schulversorgungsgesetz" (WOV). Demnach subventioniert der Staat die Stiftung zu rund 25 Prozent, während die Stadt Amsterdam die Hälfte der Gesamtkosten übernimmt. Ein Viertel der Gesamtkosten muss durch die Einrichtung selbst erwirtschaftet werden. Dazu tragen z.B. die in Kooperation mit beteiligten Schulen, Instituten und anderen Einrichtungen durchgeführten Projekte als Finanzierungsgrundlage bei. Auf vertraglicher Basis subventioniert die Gemeinde Amsterdam über die Schulverwaltung in der Regel alle Vorhaben. Sofern andere Institute an der Projektarbeit beteiligt sind, werden sie anteilsmäßig zur Finanzierung herangezogen.

Eine der bedeutendsten Zuwendungen ergibt sich aus dem der schulischen Begleitungsarbeit zugrunde liegenden Finanzierungsmodus. An einer sozialpädagogischen Begleitung interessierte Schulen schließen mit der Stiftung einen zeitlich befristeten Betreuungsvertrag ab, der die Organisationsberatung an den Schulen (Systembegleitung) wie die individuelle Beratung (Schülerbegleitung) vereinbart. Dieser Vertrag hat eine Gültigkeitsdauer von mindestens vier Jahren. Die Kooperation verlängert sich, wenn der Vertrag nicht widerrufen wird.

Die Initiative für eine Schulbegleitung geht immer von den Schulen aus. Ohne ihren ausdrücklichen Wunsch wird das ABC-Amsterdam nicht tätig. Auf der Grundlage eines differenzierten Begleitungs-Finanzplanes, der die Beratung pro Schüler/Zeit festlegt, führen die Schulen finanzielle Leistungen an die Kommune ab, die der Stiftung über den städtischen Haushalt wieder zugeführt werden. Die Zuschüsse für die Stiftung hängen also von der Zahl der Verträge mit den Schulen ab (vgl. ABC-Amsterdam 1990: 33f.).

Aus struktureller Sicht – inhaltliche und methodische Ausführungen bleiben hier unberücksichtigt – sind folgende Kriterien für die deutsche Schulsozialarbeit interessant: Gemeint ist die Trägerschaft und die damit verbundene Finanzierung der niederländischen Schulsozialarbeit. Vorauszuschicken ist, dass es außerordentlich schwierig ist, die gesamte niederländische Sozialarbeit zu systematisieren. Hier existiert ein anderes Ordnungs- und Trägersystem als in Deutschland. Sozialarbeit dort wird überwiegend in freier und kirchlicher Trägerschaft realisiert. Der Staat verhält sich weitestgehend abstinent gegenüber der Praxis, subventioniert aber viele Handlungsfelder auf entsprechender gesetzlicher Grundlage.

Schulsozialarbeit wird in der Einteilung nach ihrer Trägerschaft in vier Hauptgruppen unterteilt:

- Überwiegend wird die schulorientierte Sozialarbeit von der kommunalen Allgemeinen Sozialarbeit bzw. von den freien Trägern (Stichting) betrieben. Eine neue Entwicklung sind die sog. Jugendhilfe-„Servicestellen" (Servicepunten), wie z.B. in Rotterdam und Den Haag, die Schulsozialarbeit anbieten.
- Schulsozialarbeiter sind auch direkt bei den von ihnen betreuten Schulen angestellt.
- Schulsozialarbeit kann auch von einem Sozialpädagogischen Dienst der Sonderschulen angeboten werden.
- Eine besondere Form der Trägerschaft waren und sind – allerdings nur noch vereinzelt – die extra dafür eingerichteten Schulbegleitungsdienste.

Nach den Subventionsleistungen kann folgendermaßen unterschieden werden:

- Die Faustregel besagt, dass das Schulministerium oder das Sozialministerium sowie die zuständige Gemeinde je ein Drittel sämtlicher Aufwendungen finanzieren. Das letzte Drittel muss der jeweilige Träger selbst aufbringen.
- Der Sozialpädagogische Dienst in den Sonderschulen wird direkt vom Ministerium gefördert und beschäftigt, je nach Art und Größe eine bestimmte Anzahl Schulsozialarbeiter.
- Schließlich kann es durchaus möglich sein, dass ein Schulsozialarbeiter bei einem kirchlichen oder freien Träger der Jugendhilfe angestellt ist, der Schulen einer bestimmten Weltanschauung/Religion in der Gemeinde betreut und von der Kommune bezahlt wird.

Die Zahl der Schulsozialarbeiter an den niederländischen Schulen beläuft sich – nach einer Zählung der Berufsvereinigung NVWM (Nederlandse Vereniging voor Maatschappelijk Werk, Niederländische Vereinigung für Sozialarbeit) – im Jahr 2001 auf insgesamt rd. 1.200. Davon arbeiteten rund 300 an den Basisschulen und mehr als zweimal soviel (688) an den unterschiedlichsten Sonderschulen.

Die schulbezogene Sozialarbeit in den Niederlanden ist sehr vielfältig. Hinsichtlich der Träger, Finanzierungen und Schulformen gleicht sie einem bunten Flickenteppich, deshalb konnten hier nur die filterbaren Grundzüge genannt werden. Vieles ist nicht vergleichbar mit der deutschen Schulsozialarbeit und nur vor dem Hintergrund historisch gewachsener Sozialstrukturen verständlich.

4 Deutschland: Abschließende Bemerkungen zu notwendigen Einsichten

Obwohl die Niederlande und die BRD im Hinblick auf ihren sozialen Hintergrund, ihr ökonomisches und technisches Entwicklungsniveau, ihre kulturellen Werte und politische Interessenlage durchaus vergleichbar sind, kann es vor dem Hintergrund der dargestellten Struktur schulischer Begleitung keinesfalls um eine unkritische Adaption niederländischer Verhältnisse gehen. Es ist jedoch zu fragen, ob nicht in Bezug zu den eingangs erwähnten schulreformerischen Bemühungen in deutschen Landen die historisch-funktionale Trennung zwischen Jugendhilfe und Schule zugunsten einer strukturbezogenen Variante geprüft und diskutiert werden sollte.

Eine Variante der Organisation schulformbezogener Begleitung würde dann auf der kommunalen Ebene bedeuten, sich mit dem Gedanken der strukturellen Anbindung von Schulsozialarbeit als ein Arbeitsfeld innerhalb der Jugendhilfe, der Trägerschaft, neu befassen zu müssen. Schulsozialarbeit wäre in dem hier gemeinten Sinn außerhalb bisher vorgefundener Einbindungen direkter (Schulbehörde), indirekter (öffentliche Jugendhilfe) oder mittelbarer (freie Jugendhilfe) Trägerschaften anzusiedeln. Als „realistisches Denkmodell“, orientiert an den empirischen Erfahrungen niederländischer Schulbegleitungsdienste, müsste Schulsozialarbeit – vor dem Hintergrund derzeitiger kommunaler Finanzschwächen – in eine private Vereinigung einbezogen werden.

Hier wäre, im interdisziplinären Verbund mit u.a. Psychologen, Heilpädagogen, Logopäden etc., ein Unternehmen zu schaffen, das weisungsunabhängig auf vertraglicher Basis seine schulformbezogenen Dienstleistungen zu erbringen hätte. In der Zusammenarbeit mit regionalen (Schulforschung) und kommunalen (Schulentwicklungs- und Jugendhilfeplanung) Einrichtungen könnte auf der Grundlage modellhafter Implementationen sowohl die Evaluation des Vorhabens wie auch die zeit- und kostenbegrenzte Schulbegleitung gesichert werden, in der Schulsozialarbeit strukturell und fachlich ihre professionelle Kompetenz im „Schnittpunkt von Schule und Jugendhilfe“ (Grossmann) verdeutlichen würde.

Diese Überlegungen wären zu ergänzen durch die in der Fachliteratur und von Fachverbänden schon länger genannten Vorstellungen aus Sicht der Jugendhilfe, die hier – verkürzt – nur umrissen werden:

- organisatorische Unabhängigkeit von der konkreten Schule und vom Bildungswesen
- Zuständigkeit eines Teams für je nur eine konkrete Schule
- Zusammenlegung von Schul- und Jugendämtern
- kooperative, lebensweltbezogene Entwürfe der Schulentwicklungs- und Jugendhilfeplanung
- konkrete Vertragsvereinbarungen zwischen Jugendhilfe und Schule
- eine gesicherte und fachlich qualifizierte Personalstruktur (Planstellen statt befristete Modellprojekte für Schulsozialarbeiter), mind. zwei MitarbeiterInnen pro Schule
- gemeinsame Fortbildungen von Lehrer/-innen und Schulsozialarbeiter/-innen u.a.m.

Schule muss akzeptieren, dass Jugendhilfe als qualifizierte fachliche Profession mit ihrem Beratungs- und Methodenarrangement pädagogische und kommunikative Prozesse sinnvoll steuern kann; sie muss sich also als Organisation mit der andersartigen Fachkompetenz arrangieren; Schule muss darüber hinaus lernen zu akquirieren, also Organisations- und

Beratungswissen zu bündeln. Vor alledem muss sie zuerst ihre aus der preußisch-bildungsbürgerlichen Tradition gründende Einstellung gegenüber anderen Professionen wie der Lehrerschaft in der Schule und der damit oft verbundenen Bevormundung, Belehrsamkeit und – nicht selten – scheinbaren Unfehlbarkeit überdenken. Schule muss sich – um es kurz zu sagen – als „Organisation" infrage stellen und beraten lassen. Schulsozialarbeit kann und wird dies nicht alleine leisten können. Sie ist der Transmissionsriemen zur Jugendhilfe und allgemeinen Sozialarbeit. Die aber wird interdisziplinär – also im Verbund mit anderen pädagogischen, soziologischen und psychologischen Berufsrollenträgern – Schule zum Gegenstand ihrer Begleitung und Beratung machen können.

Mit diesen Hinweisen könnte eine Perspektive eröffnet werden, die es zu konkretisieren und empirisch auszufüllen gilt. So könnte vielleicht ein Ansatz dafür geschaffen werden, von dem aus mit geeigneten Fragestellungen eine tiefergehende Analyse der Bedingungen struktureller Kooperationen zwischen Jugendhilfe und Schule möglich wäre. Wie in den Niederlanden müssten diese Arbeiten allerdings von der Erkenntnis bestimmt sein, dass die Einrichtung einer „Schule der Zukunft" ohne systematische Integration der Sozialen Arbeit kaum gelingen kann.

Literatur

ABC-Amsterdam (Stichting Advies- en begeleidingscentrum voor het onderwijs in Amsterdam) (1989): Statuten

ABC-Amsterdam (1990): Reorganisatieplan

Bäumer, Gertrud (1931). In: Grossmann (1987): 82

Berstecher, Dieter (1970): Zur Theorie und Technik des internationalen Vergleichs. In: Brinkmann (1975): 7

Brinkmann, Günter (1975): Tradition und Fortschritt im niederländischen Bildungswesen. Weinheim: Beltz

Doornbos, Klaas (1986): De verzorgingsstructuur van het onderwijs. In: Kemenade et al. (1986): 267

Grossmann, Wilma (1987): Aschenputtel im Schulalltag. Historische Entwicklungen und Perspektiven von Schulsozialarbeit. Weinheim: Deutscher Studienverlag

Kemenade, van Josephus A. et al. (1986): Onderwijs, Bestel en Beleid 1. Onderwijs in hoofdlijnen. Groningen: Wolters Nordhoff

Nieslony, Frank (1997): Schulsozialarbeit in den Niederlanden. Sozialpädagogische Arbeit in Schulen des niederländischen Bildungssystems, Perspektiven für Deutschland? Opladen: Leske + Budrich

II. Instrumente der Kooperation und Qualitätssicherung

Christof Schmitt

Kooperationsvereinbarungen als Baustein gelingender Kooperationen

Das allgemeine Bekenntnis und der Wille beider Institutionen, Jugendhilfe und Schule, zu einer Zusammenarbeit ist eine notwendige, aber nicht hinreichende Voraussetzung für eine gelingende Kooperation (vgl. Sozialpädagogisches Institut NRW 2006: 15). Die Erfahrungen in der Praxis belegen, dass es insbesondere dann zu Schwierigkeiten kommt, wenn es unterlassen wurde, bereits im Vorfeld Erwartungen und Rahmenbedingungen miteinander abzustimmen. Diesen Problemen weitgehend vorzubeugen und eine verbindliche sowie für alle Seiten transparente Grundlage der Zusammenarbeit zu schaffen, ist Aufgabe von Kooperationsvereinbarungen.

Wenn man sich hingegen erst auf dem Weg Gedanken macht, wohin man will und wie man dorthin kommt, sind Schwierigkeiten und Frustrationen vorprogrammiert. Entsprechende Abstimmungsprozesse sollten daher an den Anfang der Kooperation gestellt werden. Ein eigenes, für die Weiterbildung des PRINT-Programms entwickeltes Bild soll dies veranschaulichen.

> Wenn Schule und Jugendhilfe zwar in einem Boot sitzen, aber jeweils getrennt auf beiden Seiten und in die entgegengesetzte Richtung rudern, fährt das Schiff im Kreis. Wenn man die Mannschaft dann mischt, aber jeder in die alte Richtung rudert, verharrt das Schiff trotz viel Schaum und Krafteinsatz auf der Stelle. Erst wenn das Ziel geklärt und die Ruderrichtung vereinbart ist, kommt man gemeinsam und sehr viel schneller voran.

In Anbetracht des vor den Kooperationspartner/-innen liegenden weiten Weges und möglicher Schwierigkeiten, ist es neben der Klärung der gemeinsamen Ziele sinnvoll, diese zu verschriftlichen. Diese sowie weitere Regelungen bilden damit die Grundlage für den zu beschreitenden Kooperationsweg. Darüber hinaus finden sich Bezüge zur Erarbeitung von Kooperationsvereinbarungen in zahlreichen Förderrichtlinien, die z.B. auf den Ausbau von Schulsozialarbeit an Schulen gerichtet sind. Zum großen Teil ist es eine Aufgabe im Förderzeitraum, eine entsprechende Vereinbarung auszuarbeiten, in vielen Fällen ist sie sogar Fördervoraussetzung. Selbst wenn derartige formelle Vorgaben fehlen, ist es aus inhaltlichen Überlegungen heraus sinnvoll, eine entsprechende Vereinbarung abzuschließen.

Kooperationsvereinbarung vs. Kooperationsvertrag

In der Praxis finden sich sowohl die Bezeichnung *Kooperationsvereinbarung* wie auch *Kooperationsvertrag*. Grundsätzlich ist eine Vereinbarung der etwas allgemeinere Begriff. Eine rechtliche Unterscheidung ist diese Differenzierung im hier behandelten Zusammenhang jedoch zunächst nicht, da beide eine gegenseitige Willenserklärung dokumentieren.

Deshalb werden sie auch oft synonym verwendet. Mit der Wahl des Vertragsbegriffs wird jedoch die rechtliche Verbindlichkeit der vereinbarten Rechte und Pflichten betont. Da bei einem Vertrag auch die Frage ins Zentrum rückt, wer diesen rechtsverbindlich unterschreiben kann und darf, hat die Begriffswahl, wenn nicht rechtliche, so doch möglicherweise strategische Relevanz. Der Begriff *Vereinbarung* sowie der der *Beteiligten*, die diesen dann unterzeichnen, können bei den Kooperationspartner/-innen daher leichter zur Bereitschaft eines Abschlusses führen. Rechtlich entscheidend ist jedoch, auf welche Punkte man sich inhaltlich einigt.

Vertragspartner/-innen und Formen von Kooperationsvereinbarungen

Ein zweiter Punkt ist die Frage, wer mit wem eine Vereinbarung abschließt. Im Bereich der Kooperation von Schule und Jugendhilfe haben beispielsweise alle 16 Bundesländer Vereinbarungen mit außerschulischen Partnern, zum Beispiel mit einem Landesjugendverband, abgeschlossen. Dabei reicht die Spannweite von einer bis zu 25 Vereinbarungen innerhalb eines Landes (vgl. Sozialpädagogisches Institut NRW 2006: 39). Hierbei handelt es sich i.d.R. um so genannte Rahmenkooperationsvereinbarungen, die vor Ort durch die lokalen Akteur/-innen in einer weiteren Kooperationsvereinbarung konkretisiert und ausgestaltet werden.

Eine aktuelle Untersuchung in Nordrhein-Westfalen belegt, dass der Abschluss von Kooperationsvereinbarungen auf lokaler Ebene schon lange nicht mehr die Ausnahme darstellt. 80% aller Kommunen mit Jugendamt und 40% aller Kommunen ohne Jugendamt haben bereits entsprechende Vereinbarungen abgeschlossen, überwiegend zwischen Schulen und Einrichtungen der Jugendhilfe (vgl. Deinet/Icking 2006: 13).

Insbesondere auf kommunaler Ebene sollte zunächst geklärt werden, wer Beteiligte/-r bzw., um es deutlicher zu machen, wer Vertragspartner/-in ist. Aufgrund der Trägerstrukturen von Schule und Jugendhilfe ist dies schwieriger als oftmals angenommen.

Bezogen auf den Schulbereich sind als Regelfall zunächst die öffentlichen Schulen in ihren unterschiedlichen Formen zu nennen. Diese sind rechtlich gesehen (unselbstständige) untere Landesbehörden. Vertragspartner ist daher zunächst das jeweilige Land, die Schulleitung unterzeichnet rechtssystematisch nur in Vertretung. In einigen Bundesländern sind für bestimmte Schulformen allerdings weitgehende Eigenentscheidungsbereiche eingeräumt worden. Eine Ausnahme bilden die privaten Schulen. Hier ist der jeweilige privatrechtliche Träger Vertragspartner.

In der Jugendhilfe gibt es sowohl öffentliche wie freie Träger. Vertragspartner können daher beispielsweise die Gemeinde oder der Landkreis bzw. Caritas, Arbeiterwohlfahrt etc. sein. Die Fachkräfte, die in einem Bereich, z.B. der der Schulsozialarbeit, arbeiten, sind in diesem Zusammenhang rechtlich gesehen nicht eigenständige Vertragspartner, sondern Beschäftigte des jeweiligen Trägers. Die Wahl der Form einer Kooperationsvereinbarung bietet sich daher an, um z.B. die betreffende Fachkraft wie auch die Schulleitung als zentrale Beteiligte direkt in der Kooperationsvereinbarung aufzuführen. Der rechtliche Gehalt dieser Kooperationsvereinbarung steht dann häufig an zweiter Stelle, da durch die Vereinbarung die gegenseitige Willensbekundung dokumentiert und eine (fach-) politische Bindung im Innen- und Außenverhältnis erzeugt wird.

Aufbau und Entwicklung

Zunächst ist festzuhalten, dass es einen allgemein verbindlichen Aufbau und eine Beschreibung, welche wichtigen Inhalte abschließend eine Vereinbarung enthalten sollte, nicht gibt. Die insbesondere in den letzten zehn Jahren entwickelten Kooperationsvereinbarungen sind so vielfältig wie die Praxis der Kooperation selbst. Dies ist mit Blick auf die unterschiedlichen Anlässe, Rahmenbedingungen, Kooperationsgegenstände und nicht zuletzt der konkret handelnden Akteurinnen und Akteure nachvollziehbar und auch sinnvoll. Im Umkehrschluss folgt daraus aber auch, dass eine abzuschließende Vereinbarung kontextabhängig neu zu entwickeln ist. Hierbei können jedoch einige zentrale Vorüberlegungen und der Blick auf bereits vorhandene Kooperationsvereinbarungen hilfreich sein.

Zunächst ist zu fragen, ob es bereits formale Vorgaben zum Aufbau oder zu Inhalten einer entsprechenden Vereinbarung gibt. Diese können sich beispielsweise aus einer Förderrichtlinie ergeben, die die jeweilige Kooperation von Schule und Jugendhilfe finanziert, und/oder aus den erwähnten Rahmenkooperationsvereinbarungen auf Landesebene.

Eine zweite Frage ist hinsichtlich des Konkretisierungsgrades der Vereinbarung zu stellen. Es gibt Beispiele, in denen für ganz konkrete, abgrenzbare Projekte Kooperationsvereinbarungen abgeschlossen wurden. Bei anderen hingegen wurden die Grundvoraussetzungen für die Zusammenarbeit abgesteckt, in deren Rahmen dann konkrete Projekte realisiert wurden. Welcher Art der Vereinbarung der Vorzug zu geben ist, lässt sich nicht allgemein beantworten.

Wenn es sich um ein großes (finanzintensives) Projekt handelt, das z.B. die Anstellung einer Fachkraft für einen bestimmten Aufgabenbereich in einem längeren Zeitraum beinhaltet, ist es i.d.R. sinnvoll, hierüber eine konkrete separate Vereinbarung abzuschließen. Bei vielen kleinen gemeinsamen Projekten, z.B. der Veranstaltung eines stadtteiloffenen Schulfestes mit dem Einbezug außerschulischer Partner/-innen, kann eine derartige Vereinbarung überformalisiert sein. Gerade wenn es sich um die grundsätzliche Kooperationsabsicht handelt, ist eher über den Abschluss einer allgemeinen Vereinbarung nachzudenken.

Da diese aber nur den Rahmen bildet und das politische Bekenntnis für gemeinsame Aktivitäten bekräftigt, darf sich die Kooperation nicht in einem solchen Abschluss erschöpfen. Erst durch Projekte können konkrete Erfolge für alle Beteiligten sichtbar und der Wille zur weiteren Zusammenarbeit gestärkt werden. Im Einzelfall kann es auch sinnvoll sein, mit (erfolgswahrscheinlichen) Projekten zu starten, um positive Kooperationserfahrungen zu generieren und damit die Bereitschaft für den Abschluss einer allgemeinen Kooperationsvereinbarung zu wecken oder zu stärken.

Unabhängig von der Art der Kooperationsvereinbarung stellt der Abschluss einen wichtigen Meilenstein im Gesamtprozess der Gestaltung der Zusammenarbeit von Jugendhilfe und Schule dar. Gleichzeitig ist er aber, wie angedeutet, auch Ergebnis eines Arbeitsprozesses, der der Unterzeichnung vorausgeht. Wenngleich die jeweiligen Bedingungen vor Ort unterschiedlich gestaltet sind, ist es hilfreich, bestimmte Fragestellungen und Aufgaben während des Prozesses zu behandeln und diesen damit zu strukturieren.

Eine Möglichkeit hierbei bietet die im Anhang aufgeführte Checkliste[1] der Kooperation. Einzelne Bereiche und Themen dieser Liste lassen sich zudem für eine praxisorientierte Evaluation nutzen (vgl. Sozialpädagogisches Institut NRW 2006: 42).

Welche Inhalte Gegenstand der Vereinbarung sein sollten, ist nur in Abhängigkeit mit den genannten Bezugspunkten und daher im Einzelfall zu beantworten. Neben der Aufführung der Beteiligten bzw. Vertragsparteien sollte aber zumindest geprüft werden, ob und in welcher Form folgende Bestandteile Eingang in die Vereinbarung finden sollten:

a) Grundsätze der gemeinsamen Arbeit (vertrauensvolle und partnerschaftliche Zusammenarbeit, Verbindlichkeit etc.)
b) Ziele
c) Rechtsgrundlagen und sonstige Bezugspunkte (Schulgesetz, KJHG; eventuell Rahmenkooperationsvereinbarung, Förderrichtlinie, Bewilligungsbescheid, Schulprogramm, Leitbild des Trägers etc.)
d) Kooperationsbereiche (nicht abschließend, sondern exemplarisch aufführen)
e) gemeinsame Vorhaben (Wahl der Themen, Form der Konkretisierung, Angaben zur Evaluation)
f) Regelungen über die Ressourcen (Räumlichkeiten, Gebrauchsgegenstände, Personal, Finanzen)
g) Austausch, gegenseitige Information (Form, Frequenz etc.)
h) Unfallversicherung
i) Datenschutz
j) Ansprechpartner/-innen
k) Laufzeit, Nachwirkung
l) Änderung der Vereinbarung
m) Salvatorische Klausel.

Neben der gedanklichen Vorwegnahme möglicher Problem- und Konfliktbereiche kann es sich darüber hinaus anbieten, für den zu erwartenden Fall der Fälle bereits in der Vereinbarung Regelungen zum Verfahren bei Auftauchen von Störungen und Schwierigkeiten zu treffen (vgl. BAG EJSA 2006: 24). Ähnlich wie beim Ehevertrag sollte man für den Fall der Fälle vorbereitet sein und entsprechende Regelungen in einer Zeit vereinbaren, in der man noch relativ unbelastet miteinander kommunizieren kann.

Im Anhang im Anschluss dieses Beitrags befindet sich ein Vorschlag für eine allgemeine Kooperationsvereinbarung auf örtlicher Ebene. Dieser ist entsprechend den örtlichen Gegebenheiten zu modifizieren. In der Literatur, aber insbesondere im Internet, finden sich darüber hinaus eine Vielzahl unterschiedlichster Muster und Vorgaben. Einige Adressen sind im Anhang angegeben. Dabei sollte beachtet werden, dass insbesondere eine scheinbar passende Vorlage für den konkreten Kooperationszusammenhang zu Schwierigkeiten führen kann, da hier die Illusion einer bewährten und damit „richtigen" Vereinbarung erzeugt wird.

---

1 Die Kooperationscheckliste ist ein Arbeitsergebnis der Werkstatt 3 „Schule ist Partner" der Deutschen Kinder- und Jugendstiftung. Sie wurde im Rahmen des IZZB-Begleitprogramms „Ideen für mehr! Ganztägig lernen" entwickelt und kann abgerufen werden unter: http://www.ganztaegig-lernen.org/media/web/Werkstatt % 203/Kooperationscheckliste.doc (Stand 11.07.2007).

Neben der Unterzeichnung ist der Prozess der gegenseitigen Rückversicherung, Diskussion und Abstimmung über die einzelnen Punkte für die weitere gemeinsame Zusammenarbeit mindestens ähnlich hoch einzustufen. Eine bloße Übernahme und der Abschluss einer vorgefertigten Vereinbarung umgeht die notwendige Auseinandersetzung der Beteiligten und dürfte i.d.R. eine deutlich niedrigere Identifikation mit der Kooperationsvereinbarung bedeuten, als ein gemeinsam erarbeiteter Entwurf anhand verschiedener Prüfaspekte.

Aber auch die Einschätzung, dass nach diesem Prozess die Vereinbarung „fertig" sei, greift zu kurz. Die Kooperationsvereinbarungen sind auf der Basis der gemeinsam gemachten Erfahrungen weiterzuentwickeln und fortzuschreiben. Insbesondere gegenüber Beteiligten, die bereits im Abstimmungsprozess zögern, bestimmten Details zuzustimmen, ist dieser Aspekt des prozesshaften Charakters der Vereinbarung zu betonen.

Die sich auf die Kooperation von Schule und Jugendhilfe beziehende (Selbst-) Evaluation sollte damit auch immer die Kooperationsvereinbarung selbst als Gegenstand der Überprüfung beinhalten. Nur die regelmäßige gegenseitige Versicherung und ggf. auch Anpassung der Absprachen schafft die Voraussetzung, dass mit der Kooperationsvereinbarung die Funktion erreicht wird, die ihr zukommt: ein zentrales Element der Qualitätssicherung der Kooperation von Jugendhilfe und Schule zu bilden.

Literatur

Appel, Stefan et al. (Hrsg.) (2005): Jahrbuch Ganztagsschule 2006. Schulkooperationen. Schwalmbach/Ts.: Wochenschau

BAG EJSA e.V. – Bundesarbeitsgemeinschaft Evangelischer Jugendsozialarbeit (Hrsg.) (2006): Kooperation „Jugendsozialarbeit und Schule". Eine Handreichung. Materialheft 1/2006. Stuttgart: Copy Druck Sander

Deinet, Ulrich/Icking, Maria (2005): Schule in Kooperation – mit der Jugendhilfe und mit weiteren Partnern im Sozialraum. In: Appel et al. (Hrsg.) (2005): 9-19

Niedersächsisches Kultusministerium (2000): Zusammenarbeit zwischen Schule und Jugendhilfe in Niedersachsen. Analyse, Perspektiven und Vorschläge. Hannover

Sozialpädagogisches Institut NRW (Hrsg.) (2006): Partner machen Schule. Bildung gemeinsam gestalten. Köln: Graphische Werkstatt Herbert Metzen

Anhang 1: Kooperationscheckliste der Werkstatt 3 - „Schule ist Partner“ der Deutschen Kinder- und Jugendstiftung

Kooperationscheckliste

(1) Gegenseitige Interessenbekundung

- ✓ Evtl. gemeinsame Vorgeschichte auswerten
- ✓ Motivation für Zusammenarbeit klären
- ✓ Erwartungen, Wünsche thematisieren

(2) Getrennte interne Klärung bei den Kooperationspartnern

- ✓ Eigene Ziele und Erwartungen klären
- ✓ Art und Umfang der gewünschten Zusammenarbeit (z.B. einmalig oder dauerhaft?)
- ✓ Welcher Gewinn wird erwartet
- ✓ Was hat jeder Partner zu bieten/ einzubringen
- ✓ Vorstellungen über Kooperation
- ✓ Benötigte Mittel – ausreichend Eigenmittel vorhanden?

(3) Kooperationsstiftung

- ✓ Genaues Kennenlernen des Partners: Gemeinsame Besprechungen, Arbeitskreise, gegenseitige Informationsbesuche, Hospitationen
- ✓ Feste Ansprechpartner bestimmen
- ✓ Gemeinsame Zieldefinition
- ✓ Kooperationsvorhaben bestimmen
- ✓ Vorgehensweise verabreden

(4) Bedarfsermittlung, Planung, Vorbereitung des Vorhabens

- ✓ Bedarfsermittlung: Wünsche von Schülern, Eltern
- ✓ Räumliche Bedingungen
- ✓ Konzeptionsgruppe bilden
- ✓ Unterstützung gewinnen
- ✓ Information der (Mit-) Betroffenen
- ✓ Öffentliche Bekanntmachung?
- ✓ Evtl. weitere Genehmigungen, Erlaubnis, Duldung

(5) Konzepterstellung

- ✓ Projektziele
- ✓ Zielgruppe(n)
- ✓ Aufgaben und Zuständigkeiten
- ✓ Zeitstrukturen (äußerer Zeitrahmen/Deadline?; zeitliche Abläufe innerhalb des Projekts)
- ✓ Modalitäten des Personaleinsatzes
- ✓ Zusammenarbeitsformen
- ✓ Raumplanung
- ✓ Kosten
- ✓ Organisatorische Fragen

(6) Entscheidung und Vereinbarung

- ✓ Vertrag aushandeln
- ✓ Getrennte und gemeinsame Beratungen des Vertrags

Anhang 2: Muster einer Kooperationsvereinbarung

Kooperationsvereinbarung

Die Beteiligten

____ (Schule)

____ (Adresse)

vertreten durch _______________ (Name), ____________ (Funktion)

und

____ (Träger d. Jugendhilfe)

____ (Adresse)

vertreten durch _______________ (Name), ____________ (Funktion)

(ggf., je nach Kooperationskontext, auch weitere Beteiligte wie Schulträger, Schulamt, Schulförderverein, Schulsozialarbeit, Gemeinde oder Landkreis, sonstige Institutionen)

schließen nachstehende Kooperationsvereinbarung:

1. Grundsätze der Zusammenarbeit

Die Beteiligten verpflichten sich zur vertrauensvollen und partnerschaftlichen Zusammenarbeit. Eventuell auftretende Konflikte sollen zeitnah, direkt und mit dem Ziel eine einvernehmliche Lösung herbeizuführen aufgegriffen werden. Die Beteiligten vereinbaren Verbindlichkeit hinsichtlich Absprachen, insbesondere bei der Erledigung verteilter Aufgaben.

2. Ziele

Kinder- und Jugendhilfe sowie Schule haben jeweils einen eigenen Erziehungs- und Bildungsauftrag. Dabei lassen sich aber Gemeinsamkeiten und Überschneidungen finden. Schule sowie Kinder- und Jugendhilfe sollen die Persönlichkeit des jungen Menschen stärken, ihn zum eigenverantwortlichen Handeln und zur Wahrnehmung von Aufgaben für die Gemeinschaft befähigen sowie auf die berufliche Qualifizierung und auf das Leben in der Erwachsenenwelt vorbereiten.

Der vorliegenden Vereinbarung geht die Überzeugung voraus, dass in der fachlich geforderten stärkeren Zusammenarbeit von Schule und Jugendhilfe Synergiepotenziale liegen, die es im Sinne der Kinder- und Jugendlichen zu nutzen gilt. Die Kooperationsvereinbarung hat das Ziel, die Zusammenarbeit zu strukturieren und dadurch die Erziehung, Lebensplanung, erfolgreiche Lebensgestaltung und Bildung junger Menschen zu fördern. Die Beteiligten bekunden, in diesem Sinne ihre jeweiligen Kompetenzen zusammenzuführen.

3. Rechtsgrundlagen und sonstige Bezugspunkte
Die zentralen Rechtsgrundlagen für die Kooperation zwischen Schule und Kinder- und Jugendhilfe bilden die §§ __ des Schulgesetztes des Landes und zum anderen insbesondere die §§ 1, 11, 13 und 81 des Sozialgesetzbuchs VIII (Kinder- und Jugendhilfegesetz). Weitere wichtige Bezugspunkte für die Kooperationsvereinbarung sind …

4. Kooperationsbereiche
Schule und Jugendhilfe haben gemeinsam mit den Personensorgeberechtigten das Ziel, die Erziehung und Bildung junger Menschen zu fördern. Dabei bestehen insbesondere folgende Möglichkeiten einer Kooperation:
- Einrichtung, Durchführung von schulischen und außerschulischen Angeboten (z.B. Freizeitangebote, Betreuungs- und Beratungsangebote)
- Unterstützung und Beratung von Kindern und Jugendlichen in Übergangssituationen bzw. an Schnittstellen ihres Bildungswegs (z.B. beim Wechsel zwischen Kindertagesstätte und Grundschule, beim Wechsel zwischen den Schulformen oder zwischen Schule und Ausbildung)
- Zusammenarbeit bei oder gemeinsame Maßnahmen zum erzieherischen Kinder- und Jugendschutz (z.B. Ernährung, Mediennutzung, Sucht, Gewalt, sexueller Missbrauch)
- Unterstützung und Beratung von Kindern und Jugendlichen in besonderen Problemlagen (z.B. Schulversagen, Schulverweigerung, gesundheitliche Defizite)
- Unterstützung von Eltern bei der Wahrnehmung ihrer Erziehungsaufgaben
- …

5. Gemeinsame Vorhaben
5.1 Die Kooperationspartner verpflichten sich, auf der Grundlage dieser Vereinbarung Aktivitäten zur Realisierung der benannten Ziele gemeinsam durchzuführen. Die Auswahl und Festlegung der Reihenfolge der Themen innerhalb der Kooperationsbereiche soll bedarfsorientiert erfolgen.
5.2 Voraussetzung für die Umsetzungen derartiger Vorhaben ist jeweils ein Konzept, welches gemeinsam erarbeitet werden soll. Das Konzept ist zwischen den Beteiligten abzustimmen und schriftlich niederzulegen. Das Konzept ist Bestandteil der Kooperationsvereinbarung.
5.3 Im dem jeweils zu erarbeitenden Konzept sind zumindest folgende Punkte zu konkretisieren: zielgruppenbezogene Analyse und Problemstellung, spezifische Ziele und Aufgaben, methodische Überlegungen zur Umsetzung, abweichende Vereinbarungen zu Nr. 6 hinsichtlich der benötigten Ressourcen, Zeitraum des Vorhabens, verantwortliches Personal auf Seiten der Beteiligten, Regelungen zu Form und Frequenz der gegenseitigen Abstimmung, Angaben zur Evaluation …
5.4 Die Beteiligten arbeiten bei der Durchführung des jeweiligen Vorhabens vertrauensvoll zusammen und werden sich in allen Angelegenheiten, die die vereinbarte Konzeption betreffen, gegenseitig abstimmen.
5.5 Die vereinbarten Aktivitäten sind gemeinsam auszuwerten. Die Beteiligten stimmen hinsichtlich Form und Umfang ab.

5.6 Die Beteiligten bestimmen jeweils in ihrer Institution Fachkräfte, die sich für die Entwicklung, Durchführung und Auswertung des jeweiligen Vorhabens verantwortlich zeichnen.

6. Ressourcen
   6.1 Die Schule und der Träger der Jugendhilfe stellen für die geplanten Aktivitäten kostenfrei Räumlichkeiten bereit. Die laufenden Betriebskosten trägt derjenige Beteiligte, der die Räumlichkeiten zur Verfügung stellt.
   6.2 Jeder Beteiligte trägt die Kosten des eigenen Personals, einschließlich Steuern und Versicherungen selbst.
   6.3 Die im Rahmen der Aktivitäten benötigten und abgestimmten Gebrauchsgegenstände unterliegen der kostenlosen Nutzung.
   6.4 Verbrauchsmaterialen stellt die Institution, in deren Räumlichkeiten die Aktivität stattfinden soll.
   6.5 Diese allgemeinen Regelungen gelten für alle gemeinsamen Aktivitäten und Projekte, soweit im Einzelfall schriftlich nichts anderes vereinbart ist.

7. Austausch, gegenseitige Information
   7.1 Die Beteiligten verabreden regelmäßige Treffen, die dem grundsätzlichen Informationsaustausch, der Initiierung bzw. Abstimmung konkreter gemeinsamer Aktivitäten, der Bearbeitung eventueller Probleme in der Kooperation sowie der Fortschreibung der Zusammenarbeit dienen sollen. Es wird eine Frequenz von __________ im Jahr vereinbart. Die Beteiligten laden wechselseitig ein.
   7.2 Die Beteiligten sichern sich gegenseitig die Teilnahme mit beratender Stimme an den die Kooperation darüber hinaus betreffenden Konferenzen und Gremien zu.
   7.3 Falls wichtige Informationen oder Probleme zwischen den Treffen anfallen, wird der kurzfristige direkte Kontakt vereinbart.

8. Unfallversicherung

Die Umsetzung von Aktivitäten findet im Verantwortungsbereich der Schule statt und ist im Schulbetrieb integriert. Daher besteht für die Schüler/-innen gesetzlicher Unfallversicherungsschutz. Die Beteiligten können auch hier abweichende Regelungen treffen.

9. Datenschutz

Beide Beteiligte anerkennen die datenschutzrechtlichen Bestimmungen des jeweils anderen Beteiligten. Sie vereinbaren, insbesondere die an der Durchführung einzelner Maßnahmen beteiligten Personen entsprechend zu verpflichten und den Schutz der personenbezogenen Daten zu gewährleisten.

10. Ansprechpartner/-innen

Die Parteien dieser Vereinbarung benennen Ansprechpartner/-innen. Sie haben die Aufgabe, den Kooperationsprozess zu strukturieren, den Stand der Umsetzung dieser Vereinbarung zu überprüfen sowie diese fortzuschreiben. Weitere Partner/innen können hinzugezogen werden.

11. Laufzeit, Nachwirkung

11.1 Diese Vereinbarung tritt am Tage der Unterzeichnung in Kraft. Sie gilt bis zum Ende des Schuljahres, in dem die Unterzeichnung stattgefunden hat. Die Laufzeit verlängert sich danach jeweils um ein Jahr, wenn die Vereinbarung nicht gem. der nachfolgenden Bestimmungen gekündigt wird.

11.2 Die Vereinbarung kann von jedem Beteiligten während der Laufzeit mit einer Frist von ___ Monaten zum Ende des Schuljahres schriftlich gekündigt werden. Die Kündigung soll begründet werden. Vor der Kündigung ist von Seiten des Kündigenden einzuladen zu einem Treffen mit den anderen Beteiligten, in dem über die Kündigungsgründe gesprochen wird.

11.3 Diese Vereinbarung kann jederzeit fristlos gekündigt werden, wenn das Festhalten an der Vereinbarung für einen Beteiligten unzumutbar geworden ist, insbesondere bei wiederholtem grobem Verstoß gegen die Vereinbarung.

12. Änderung der Vereinbarung

Änderungen dieser Kooperationsvereinbarung bedürfen der Schriftform.

13. Salvatorische Klausel

Sollten einzelne Bestimmungen dieser Kooperationsvereinbarung unwirksam sein, bleibt die Gültigkeit des Vertrages im Übrigen unberührt. Die unwirksame Bestimmung ist durch eine wirksame Regelung zu ersetzen, die dem Inhalt und den Besonderheiten des Vertrages am Nächsten kommt. Gleiches gilt bei der Änderung von Rechtsvorschriften, die nach Abschluss dieses Vertrages mit derselben Folge in Kraft treten (Änderung zwingenden Rechts).

Ort, Datum

______________________________	______________________________
(Vertretung der Schule)	(Vertretung des freien Trägers)

Weitere Quellen für Kooperationsvereinbarungen

- *http://www.spi-programmagentur.de/download/kooperationsvertrag_muster.pdf (Stand 08.07.2007)*
- *file:///L:/Kooperationsvereinbarungen/139.0.html (Stand 08.07.2007)*
- *http://www.bildung-brandenburg.de/fileadmin/bbs/schule/ganztagsschule/Basisinformationen/pdf/*
- *musterkoopvereinb280104.pdf (Stand 08.07.2007)*
- *http://www.angebotsverzeichnis.de/rahmenvereinbarung/muster-kooperationsvereinbarung-kultur-04-06.pdf (Stand 08.07.2007)*
- *http://kjr.networks-mediasolution.de/website/kjr_production/Publikationen/Kooperationsvereinbarung.pdf (Stand 08.07.2007)*
- *http://www.jugendring-braunschweig.de/downloads/koopvereinbjzmuehleghspestalozzistr.pdf (Stand 08.07.2007)*
- *www.eso.cidsnet.de/kooptev.doc (Stand 08.07.2007)*

Christof Schmitt

Der Einsatz von Projektmanagement im Rahmen der Kooperationspraxis

Die Kooperation von Schule und Jugendhilfe konkretisiert sich häufig in der gemeinsamen Durchführung von Projekten. Mitunter zeigt sich dabei, dass Fachkräfte aus beiden Bereichen Defizite im Bereich des Projektmanagements haben.

> „In der Tendenz sind (...) zwei Schwächen festzustellen: In der Erstausbildung werden in der Regel weder die Fähigkeiten zur Planung über vergleichsweise höhere Zeiträume bzw. -horizonte noch das dazugehörige methodische Instrumentarium vermittelt“ (Schiersmann et al. 2000: 210).

Da die Durchführung von Projekten aber immer mehr zum Arbeitsalltag gehört, können sich eventuelle Defizite schnell bemerkbar machen. Der Artikel soll ein Grundverständnis zum Projektmanagement vermitteln und erste zentrale Prüffragen für die praktische Arbeit aufwerfen.

1 Eingrenzung

In der Literatur und Praxis gibt es eine Vielzahl unterschiedlicher Versuche, Projektmanagement zu definieren. Eine kurze Definition lautet wie folgt: „Projektmanagement ist das Planen und Steuern eines Weges zur Zielerreichung mit (vor-) gegebenen Ressourcen in einer begrenzten Zeit“ (Schiersmann/Thiel 2000: 146). Konkretisiert wird der Begriff durch die nähere Beschäftigung mit seinen Bestandteilen, die jeweils durch bestimmte Merkmale charakterisiert sind, wie folgende Grafik verdeutlichen soll:

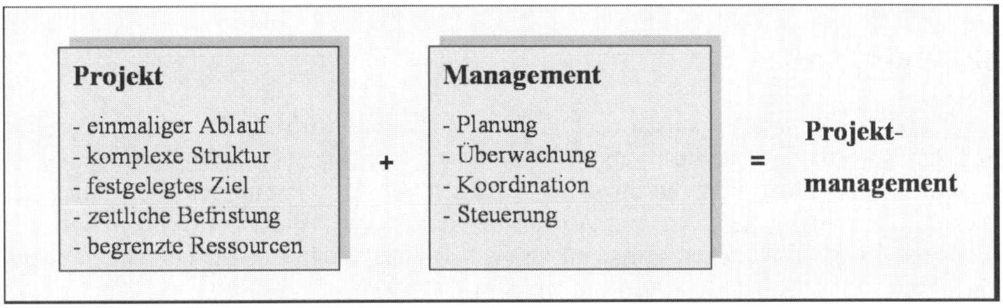

Abb. 1: Zum Begriff Projektmanagement (vgl. Brandt 2004: 4)

Nicht alle Aktivitäten in der Kooperation von Schule und Jugendhilfe sind damit als Projekte zu bezeichnen, bei denen man auf die Instrumente des Projektmanagements zurückgreifen sollte. Hinzu kommt, dass das klassische Projektmanagement seine Wurzeln nicht im sozialen Bereich hat und sehr ausdifferenzierte Instrumente bereitstellt, die nur teilweise übertragbar sind. So sind beispielsweise die derzeit erhältlichen Softwarelösungen zur Unterstützung des Managementprozesses in der Regel für die Anforderungen im Sozialen Bereich überdimensioniert, zu teuer und ohne besondere Schulung nicht einsetzbar. Dennoch bietet das Projektmanagement auch Unterstützung bei Projekten, die eine geringere Komplexität und Neuartigkeit aufweisen als beispielsweise die Entwicklung eines neuen Satellitensystems.

Ausgehend von der vorangestellten Definition, besteht auch im sozialen Bereich die wesentliche Aufgabe und größte Herausforderung des Projektmanagements in der Integration und Steuerung der konkurrierenden Zielgrößen, wie folgende Grafik verdeutlichen soll:

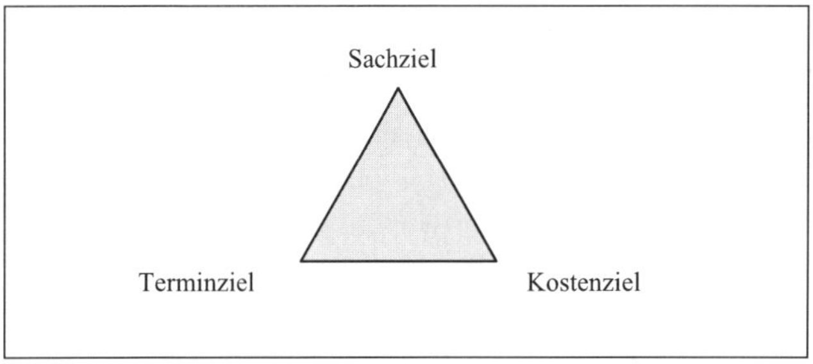

Abb. 2: Das „Magische Dreieck“

Auch bei Kooperationsprojekten von Schule und Jugendhilfe sind diese Ziele zu konkretisieren, wobei es mehrere Sachziele geben kann und diese zudem in der Regel auch noch eine qualitative Dimension besitzen. Auf die Zieldefinition wird später zurückgekommen.

2 Projektbeteiligte

Neben inhaltlichen und organisatorischen Fragestellungen wird ein Projekt maßgeblich durch die Projektbeteiligten bestimmt. Wer mitarbeitet, entscheidet, informiert oder beteiligt werden muss, hängt von verschiedenen Faktoren wie Art, Umfang und Bedeutung des Projektes, Terminvorgaben, Art und Anzahl der durch das Projekt betroffenen Bereiche sowie eventueller gesetzlicher Vorgaben ab (vgl. Brandt 2004: 13). Im Folgenden sollen einige typische Projektbeteiligte benannt werden.

Projekte fallen nicht vom Himmel. Sie benötigen interne und/oder externe Personen, die sie auf den Weg und letztendlich ins Ziel bringen. Hierbei ist zwischen „Macht-Promotenden“ und „Fach-Promotenden“ zu unterschieden. Erstere sind insbesondere aufgrund ihrer formalen Stellung wichtig. Zu ihnen gilt es Kontakt zu halten oder sogar für ein noch vorzustellendes Projektbewilligungsgremium zu gewinnen. „Fach-Promotende“ zeichnen sich durch ihre Fachlichkeit in dem zu bearbeitenden Feld aus. Sie sollten später in das Projekt als Spezialisten/-innen eingebunden werden.

Die Grundsatzentscheidung, ob ein Projekt angeschoben wird, trifft die Geschäftsführung eines Trägers oder ein Projektbewilligungsgremium, welchem beispielsweise Schulleitung und Geschäftsführung eines Jugendhilfeträgers angehören. In diesem werden der Projektauftrag definiert und erteilt, die Projektleitung benannt und die Ressourcen für das Projekt freigegeben.

Für die Abwicklung eines Projekts besitzt die Projektleitung eine zentrale Funktion. Selbst in Bereichen, in denen ein basisdemokratisches Handeln bevorzugt wird, ist es sinnvoll, eine Moderationsfunktion zu besetzen, die den Projektablauf strukturiert. Der Projektleitung sollte ein Mitspracherecht bei der Zieldefinition und der Zusammensetzung des Projektteams zustehen, sie sollte über das Projektbudget verfügen können und Zugangsrechte zu allen für das Projekt relevanten Informationen besitzen (vgl. Brandt 2004: 17).

Eine Schlüsselrolle nehmen die Projektmitarbeitenden ein. Die Auswahl ist zunächst von der zu bewältigenden Aufgabe abzuleiten, um die erforderlichen Kompetenzen im Team abbilden zu können, wobei Spezialist/-innen auch nur teilweise hinzugezogen werden können. Die optimale Teamgröße liegt zwischen fünf bis sieben Mitgliedern (vgl. Kessler et al. 1997: 101).

Neben diesen Beteiligten gilt es im Vorfeld auch zu klären, welche Personen durch das Projekt institutionsintern oder -extern tangiert werden. Um spätere Probleme zu vermeiden, muss festgehalten werden, wer zu welcher Zeit wie anzuhören, zu informieren oder anderweitig einzubinden ist. Darüber hinaus ist zu prüfen, ob es noch weitere Projektbeteiligte gibt, beispielsweise einen besonderen Ausschuss, der anzuhören ist, oder ob man selbst ein Beratungsgremium einrichtet, um hier die entsprechenden Personen einzubinden.

3 Organisationsstruktur

Eine weitere Frage zu Beginn des Projektes lautet, wie das Projekt organisatorisch verankert werden soll. Gerade wenn es um Projekte der Kooperation von Schule und Jugendhilfe geht, in der in der Regel keine Stellen neu geschaffen und Personen umgesetzt werden, bietet sich die Einfluss- oder Stabs-Projektorganisation an. Die Projektmitarbeitenden sind weiterhin mit ihren Kernaufgaben betraut, arbeiten aber daneben dem Projekt zu.

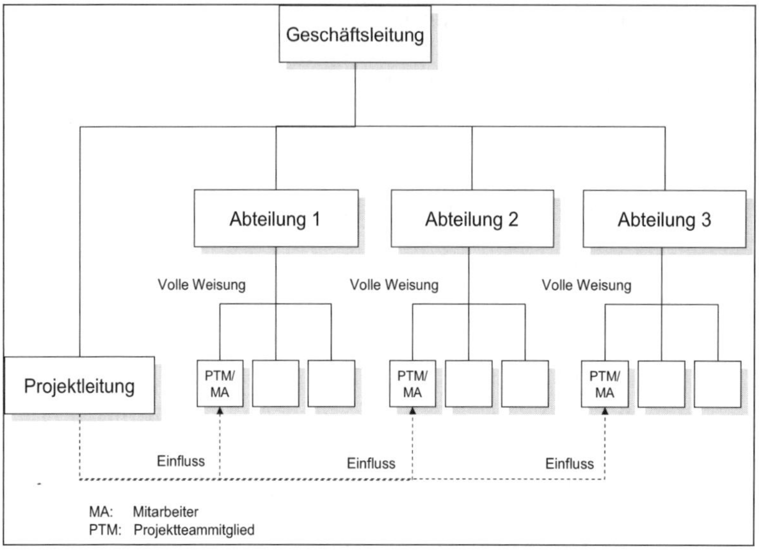

Abb. 3: Grafik zur Organisationsvariante (vgl. Kraus et al. 1997: 43)

Sie ist die am häufigsten anzutreffende Organisationsvariante, die sich am einfachsten in die Aufbauorganisation einfügen lässt (vgl. Schiersmann/Thiel 2000: 87). Im Unterschied zu dieser Variante sind bei der Kooperation von Schule und Jugendhilfe zumindest zwei Träger in das Projekt involviert. Im Folgenden werden Vor- und Nachteile dieses Modells aufgeführt. Da wir hier zwei Bereiche, Schule und Jugendhilfe, haben, die im Regelfall keine gemeinsame Führungsspitze haben, können Nachteile ausgeprägter auftreten.

Vorteile:	Nachteile:
• geringe Beeinträchtigung der laufenden Arbeit • niedrige organisatorische Umstellungskosten • hohe Flexibilität, keine Auslastungsprobleme • guter Informationsstand bei Vorgesetzten • Entstehung neuer Kommunikationswege zwischen Abteilungen/ Institutionen	• umständliche Entscheidungsvorbereitung • „Kampf" um Kapazitäten der Mitarbeitenden • zeitliche Verzögerungen • Gefahr der Isolierung der Projektleitung • Gefahr, dass sich niemand verantwortlich fühlt

Abb. 4: Tabelle nach Brandt 2004: 7; Schiersmann/Thiel 2000: 89

Mit Blick auf die Nachteile, die jedes Organisationsmodell hat, können bereits zu Beginn des Projekts, aber auch während des Prozesses, Absprachen getroffen oder Maßnahmen vereinbart werden, die die Gefahr des Eintretens der Nachteile zumindest reduzieren helfen.

4 Informationsmanagement

Ein weiterer zentraler Bereich für das Projekt ist die Frage, wer wann über was von wem zu informieren ist. Wichtig ist hier zunächst zu unterscheiden in eine Bring- und eine Holpflicht. Die Person, die die Information hat, ist der Bringer, die Person, die die Information benötigt, ist der Holende. Viele Probleme – auch im sonstigen Arbeitsalltag – werden durch die ungeklärte Frage ausgelöst, wer den Informationsfluss sicherzustellen hat. Bei einer fehlenden Informationsweitergabe wird dann häufig wechselseitig auf den anderen verwiesen. Die Lösung könnte eine Informationsmatrix nach folgendem Grundmuster sein.

	Zuständigkeiten/Kompetenzen			
Teilaufgaben/Aufgabenpakete	Teammitglied A	Teammitglied B	Projektleitung	Geschäftsführung
Reservierung der Räumlichkeiten		B	H	
Auswahl der Referenten	H		B	I
Flyer für Druck vorbereiten	B		H	I
Hotels reservieren	B	H		
...				
B = Bringer; H = Holer; I = erhält Informationen über den Stand				

Abb. 5: Tabelle nach Krämer 2004: 54

Dabei sind folgende vier Regeln für die Projektkommunikation zu beachten:

- „Es gibt jeweils nur eine Bring- und Holpflicht. Damit sind klare Verantwortlichkeiten zugeteilt.
- Vorrang hat immer die Bringpflicht. Es kann dadurch keine Unterbrechung des Regelkreises geben.
- Um sicherzustellen, dass die Bringleistung termin- und auch sachgerecht erbracht wird, muss der Holer rechtzeitig beim Bringer nachfragen. Notfalls muss der Holer mahnen und die Konsequenzen aufzeigen, wenn die Leistung nicht erbracht wird. Hiermit werden die Konflikte klein gehalten und Crashsituationen frühzeitig erkannt.
- Die Matrix und die Festlegung der Zuständigkeiten wird immer aus Sicht des/der Gesamtverantwortlichen aufgestellt. Das schafft eine einheitliche Projektsteuerung“ (Krämer 2004: 54).

Die Informationsmatrix gilt es in den unterschiedlichen Projektphasen zu konkretisieren. Aus der Perspektive der Projektleitung gilt dies insbesondere auch für die Informationspflicht der Geschäftsführung. Zur Informationspolitik gehört ebenfalls, die Informationskanäle und eventuell auch Berichtsräume festzulegen.

5 Phasen des Projektmanagements

Ziel des Projektmanagements sollte es letztendlich sein, ein Projekt erfolgreich abzuschließen. Scott Adams, ein amerikanischer Autor, hat einmal geschrieben: „Der Erfolg eines Projektes hängt hauptsächlich von zwei Dingen ab: Glück und einem tollen Projektnamen" (Scott, zit. nach Krämer 2004: 24). Das Rezept für ein erfolgreiches Projektmanagement – auch für kleinere Projekte – ist ernsthafter betrachtet leider oft nicht so einfach.

> „Um mit der Komplexität, Dynamik und Unsicherheit in einem längerfristigen, risikoreichen Prozeß – wie es ein Projekt darstellt – umgehen zu können, benötigen die Beteiligten sowohl handlungsleitende *Vorstellungen vom Gesamtablauf* eines Projekts als auch *Verfahren bzw. Techniken* für die Gestaltung der einzelnen Abschnitte des Verlaufs" (Schiersmann/Thiel 2000: 136).

Im Folgenden soll daher auf die Phasen des Projektmanagements eingegangen werden, wobei hier auf das fünfphasige Modell mit Initiativ- oder Vorbereitungsphase, Definitionsphase, Planungsphase, Realisierungs- oder Umsetzungsphase sowie Abschlussphase Bezug genommen wird. In der Literatur gibt es daneben jedoch noch zahlreiche andere, die von vier bis über acht Phasen reichen.

5.1 Initiativ- oder Vorbereitungsphase

Diese Phase der Projektentstehung ist oft diffus und undurchsichtig (vgl. Kraus et al. 1997: 29). Projekte entstehen sowohl durch interne als auch durch externe Anstöße. Diese können in Form eines Problems, einer neuen Finanzierungsquelle, einer Bedarfsanalyse wie auch einer neuen Idee bestehen. Hauptgegenstand dieser Phase ist die inhaltliche Eingrenzung des Projekts. Unabhängig von der Reihenfolge sollten, soweit diese auf das jeweilige Projekt zutreffen, in dieser Phase folgende Prüfsteine und Inhaltspunkte bearbeitet werden:

- Analyse der Ausgangslage
- Abklärung des sachlichen Projektziels und Auswahl des Projekts
- Vorabwägungen zu Zeit und Kosten (Machbarkeitsabwägungen)
- Identifizierung strategisch wichtiger Personen (steht die Leitung hinter dem Projekt)
- Ideen zur Organisationsstruktur
- Entwicklung einer groben Konzeptskizze
- Finanzierung planen sowie Finanzquellen sichten und ggf. erschließen
- Antragstellung
- Personalplanung (Projektleitung, Projektteam) – Klärung der Auswahlkriterien und eventuelle Freistellung
- Definition von Kompetenzen und Pflichten der Projektleitung
- Klärung der Informations- und Entscheidungsstruktur
- Identifizierung von Bereichen und Personen, die durch das Projekt tangiert werden
- Abklärung, ob es Erfahrungen mit früheren ähnlichen Projekten bzw. mit den zu beteiligenden Bereichen und Personen gibt
- Genehmigung des Projektauftrags.

Abgeschlossen wird die Vorbereitungsphase durch die Erteilung des Projektauftrags durch die Geschäftsführung bzw. durch das Projektbewilligungsgremium. Dieser sollte schriftlich erfolgen, auch wenn bei vielen Projekten formell diese Form nicht vorgegeben ist. Aus Sicht der Projektleitung stellt er jedoch die Legitimationsfolie für das weitere Vorgehen dar. Wenngleich sich die Planung während des gesamten Projektmanagementprozesses vom Groben zum Detaillierten vollzieht, ist es bereits hier sinnvoll, so konkret wie möglich zu sein. Gerade wenn aufgrund von Erfahrungen oder Überlegungen Schwierigkeiten antizipiert werden, sollten insbesondere in diesen Bereichen bereits zu Beginn des Projektes die Rahmenbedingungen für alle Beteiligten transparent sein.

5.2 Definitionsphase

Nach dem erteilten Projektauftrag kann das Projekt nun offiziell starten. Häufig dient hierzu ein so genanntes Kick-Off-Meeting, in dem die Arbeit im Projektteam angestoßen wird. Je nach Projekttyp finden sich bereits vorgestellte Bereiche aus der Vorbereitungsphase wieder, die erst hier stattfinden oder über die hier informiert bzw. neu gesprochen wird. Hauptgegenstand der Definitionsphase ist es aber, die Ziele zu formulieren bzw. auszudifferenzieren. An dieser Stelle sei auf die Ausführungen zur Zielfindung im Artikel zur Konzeptionsentwicklung verwiesen.

5.3 Planungsphase

Nach der Klärung der Ziele und des Projektauftrags geht es in dieser Phase darum, dem Projekt zur Realisierungsreife zu verhelfen. Dabei bietet sich für das Vorgehen folgende Herangehensweise an: „Die Planung sollte in der Reihenfolge Inhalte, Termine, Kosten, Ressourcen erfolgen“ (Kraus/Westermann 1997: 180). Für die Gesamtplanung eines organisationsbezogenen Projektes sind folgende Pläne unverzichtbar: Zielsystem bzw. Zielplan, Projektstrukturplan (PSP), Projektablaufplan (PAP) mit Meilensteinen sowie Kapazitäts-, Kosten- und Finanzplan (vgl. Schiersmann/Thiel 2000: 148f.).

Erster Schritt in der Planungsphase ist die Erarbeitung des *Projektstrukturplans*. Dieser Strukturplan soll visualisieren, was in einem Projekt alles zu tun ist, und wie es inhaltlich gegliedert ist. Der PSP dient nicht dazu, eine zeitliche Abfolge der zu bewältigenden Lösungsschritte bzw. Maßnahmen zu entwickeln. Das ist Aufgabe des Ablaufplans. Die unterste Ebene des PSP sind die *Arbeitspakete*. Dabei handelt es sich um voneinander abgrenzbare und in sich geschlossene Tätigkeiten. Mehrere Arbeitspakete sind dabei wieder mehreren Teilaufgaben zugeordnet. Die Summe aller Arbeitspakete stellt dabei auch den Leistungsumfang des Projektes dar (vgl. Schiersmann/Thiel 2000: 177). So ist beispielsweise der Druck eines Einladungsflyers ein Arbeitspaket, das der Teilaufgabe Öffentlichkeitsarbeit zugeordnet ist und diese wiederum der Gesamtaufgabe der Durchführung einer Informationsveranstaltung zu einem bestimmten Thema. Methodisch bietet es sich an, mit flexiblen Zeichenträgern zu arbeiten. Je nach Gruppengröße können dies Metaplankarten oder größere Post-Its sein.

Nach abschließender Auflistung aller notwendigen Aktivitäten stellt der *Projektablaufplan* im nächsten Planungsschritt dar, in welcher Reihenfolge diese abzuarbeiten sind. Dabei wird festgestellt, welche Teilaufgaben oder Aufgabenpakete erst fertig gestellt sein müssen, bevor andere begonnen werden können, und welche auch parallel zu bearbeiten sind (vgl. Brandt 2004: 32).

Zur Konkretisierung der logischen und zeitlichen Abfolge bedarf es auch der *Aufwandseinschätzung*, wie viel Zeit für die Realisierung einer Aktivität benötigt wird. Gerade hier liegt eine Gefahr, da Zeiträume aufgrund des erstmaligen Ausführens dieser Aktivität mitunter zu kurz kalkuliert werden. Deshalb, sowie auch grundsätzlich, sollte immer genügend Pufferzeit eingeplant werden, um auf unvorhergesehene Ereignisse oder überzogene zeitliche Planungsvorgaben ohne Änderung des Gesamtterminziels reagieren zu können. Bei komplexen Projekten, gerade im sozialen Bereich, ist es manchmal schwierig, viele Dinge schon im Voraus im Detail zu planen. In diesen Fällen ist es sinnvoll, zunächst eine Grobplanung zu machen und die Feinplanung erst in einem weiteren Arbeitsschritt (vgl. Schiersmann/Thiel 2000: 198).Der *Projektablaufplan* mit den *Meilensteinen* bildet die Grundlage für die Kontrolle und Steuerung des Projektvorhabens während der Realisierungsphase. Daneben erlaubt er – sowohl projektintern (zwischen den Projektmitgliedern) als auch -extern (zwischen Geschäftsführung und Projektleitung) – einen schnellen, transparenten Überblick über die entscheidenden zeitlichen und inhaltlichen Eckpunkte (vgl. ebd.: 149).

Ist das Projekt komplex, sind häufig mehrere Personen in die Umsetzung der Aufgabenpakete eingebunden. Insbesondere wenn Dritte, z.B. ein externer Layouter, mit der Erledigung von Aufgaben betraut wurden, ist einerseits festzulegen, wer organisationsintern für das jeweilige Arbeitspaket oder eine ganze Teilaufgabe verantwortlich ist. Anderseits muss geklärt sein, ab welchem Zeitpunkt dieses Arbeitspaket begonnen werden kann, und bis wann die Arbeitsergebnisse spätestens vorliegen müssen.

Im Bereich der methodischen Umsetzung von Projektablaufplänen wird dabei auf Balkenpläne mit Anfangs- und Endpunkten als relativ einfaches Verfahren der Terminplanung und -verfolgung im Vergleich zur komplizierten Netzwerktechnik verwiesen. Diese können am Flipchart oder an einer Metaplanwand visualisiert werden. Eine Alternative bieten viele Zeitplansysteme, die mittlerweile schon Projektplanbögen enthalten. In diesen sind nur noch die Arbeitspakete, die dafür verantwortlichen Personen sowie der Realisierungszeitraum festzuhalten. Der Bogen kann dann kopiert und an alle Projektmitarbeitende verteilt werden. Ein solcher Projektablaufplan lässt sich auch auf Excel-Basis abbilden und mit den Funktionen dieses Programms kombinieren.

Das Projektmanagement bietet neben den vorgestellten Plänen noch *Kapazitäts-, Kosten-* und *Betriebsmittelpläne* (vgl. Kessler/Winkelhofer 1997: 175). Von einigen Ausnahmen abgesehen, sind diese jedoch in ihrer Differenziertheit i.d.R. für den sozialen Bereich überdimensioniert (vgl. Schiersmann/Thiel 2000: 209).

Bei einer sinnvollen Kapazitätsplanung auf kleiner Ebene stellt sich lediglich die Frage, ob die betreffende Person für die Arbeit freigestellt wird, ob dieser Arbeitskraftausfall im Kerngeschäft abgefangen werden kann oder Arbeitsstoßzeiten vorliegen und letztendlich wer, wenn eine Freistellung erfolgt, die Arbeit im Kerngeschäft übernimmt. Auch der *Kostenplan*, bei dem es um die rechtzeitige zur Verfügungstellung der benötigten Finanzmittel geht, bleibt im Einsatz auf große, finanzintensive Projekte beschränkt. Wichtiger erscheint in diesem Zusammenhang eine Gegenüberstellung von geplanten und tatsächlich verauslagten bzw. einzunehmenden Beträgen, um ein *Controlling* der Finanzen sicherzustellen. Als letzter aufzuführender Plan sei die *Qualitätsplanung* benannt. Hier ist zu überlegen, welche Kriterien für das Messen der Sach- und Qualitätsziele sinnvoll sein könnten.

5.4 Realisierungsphase

In der Realisierungsphase, auch als Umsetzungs- oder Durchführungsphase bekannt, wird die Planung in Handlung umgesetzt. Zentrale Aufgabe der Projektleitung in dieser Phase ist es Abweichungen vom Plan zu erkennen und gegenzusteuern. Dabei gilt: „Eine Kontrolle und Steuerung in der Realisierungsphase kann (...) immer nur so gut sein, wie die vorangegangene Planung war" (Boy et al. 1997: 89). Insbesondere geht es dabei darum, die drei konkurrierenden Zielgrößen zu überwachen. „Projektmanagement ist ein permanenter Entscheidungsprozess im Ziel-Mittel-Konflikt. Projektmanagement heißt: Leistung und Kosten und Zeit simultan zu managen" (Kessler et al. 1997: 53).

Hierbei kann man drei Phasen des Überwachungs- und Steuerungsprozesses unterscheiden:

- Erfassung des Ist-Zustandes
- Analyse und Interpretation von Abweichungen zwischen den Planungsprozessen und der tatsächlichen Situation
- Einleitung von (Gegen-) Steuerungsmaßnahmen (vgl. Boy et al. 1997: 87).

Für Abweichungen vom Plan kann es zahlreiche Ursachen geben:

- „Verabredete Termine können nicht gehalten werden (z.B. unterschätzter Zeitbedarf, Krankheit, nicht eingehaltenen Zusagen von Dritten etc.).
- Ergebnisse von Recherchen erfordern veränderte Maßnahmen.
- Der notwendige Personalbedarf wurde unterschätzt.
- Unvorhergesehene externe Einflüsse zwingen zur Kurskorrektur (z.B. Veränderungen rechtlicher oder finanzieller Rahmenbedingungen, andere Vorstellungen bei Leitungswechsel, etc.).
- Psychosoziale Faktoren beeinträchtigen den Projektfortschritt (z.B. Konflikte im Projektteam, Motivationsabfall, etc.).
- Es sind Fehler in der Arbeitsausführung eingetreten" (ebd.: 134).

Die erste Voraussetzung, dass eine Gegenmaßnahme getroffen werden kann, ist, dass die Abweichung bemerkt wird. Auch für diese Phase des Projekts bietet es sich an, bestimmte Prüffragen zu durchlaufen.

Folgende Checkliste bietet dafür einige Anregungen:

- „Stimmen Planung und tatsächlicher Projektverlauf noch überein?
- Auf was (Teilaufgabe bzw. Arbeitspaket) bezieht sich gegebenenfalls die Abweichung? Ist dabei eher die Sach-, Methoden- oder Beziehungsebene betroffen?
- Wie (mit welcher Methode) hat wer was als Abweichung zwischen Ist und Soll festgestellt?
- Als wie gravierend wird sie vom Projektteam eingeschätzt?
- Welche Maßnahmen scheinen für die Korrektur geeignet?
- Wenn Sie sich für eine Strategie der Gegensteuerung entschieden haben: Sind mögliche Nebeneffekte oder unerwünschte Langzeitfolgen aufgrund Ihrer Korrekturmaßnahmen zu befürchten?
- Wer kontrolliert wann und wie die Auswirkung Ihrer Gegenmaßnahme?
- Sind die Abweichungen und/oder die getroffenen (Gegen-) Maßnahmen so einschneidend, dass Sie dem Entscheiderkreis vorgelegt werden müssen?“ (Schiersmann/Thiel 2000: 219f.).

Die Projektleitung kann verschiedene *Maßnahmen der Gegensteuerung* ergreifen, die auch in der Neudefinition der Projektziele liegen können, z.B.: Erhöhung der bereitgestellten Finanzen oder der Personal- bzw. sonstiger Ressourcen, Verlängerung der Zeitbudgets, Reduzierung des Leistungsumfangs bzw. der beabsichtigten Qualitätsziele. Sollte es einer Veränderung der vereinbarten Projektziele bedürfen, ist diesbezüglich stets Rückkopplung mit dem Auftraggeber und Transparenz im Projektteam herzustellen.

5.5 Abschlussphase

In der Abschlussphase erfolgt eine Abnahme durch den Auftraggeber. Oft ist ein Projektabschlussbericht zu erstellen, der neben dem Ergebnis auch die im Projekt gewonnenen Erfahrungen analysieren und dokumentieren sollte (vgl. Brandt 2004: 21). Selbst wenn dies nicht gefordert wird oder im Einzelfall besser nicht veröffentlich werden sollte, ist es sinnvoll, zumindest intern diese Reflexion vorzunehmen und zu verschriftlichen.

Neben der Übergabe oder Abnahme des Projekts sollte der Dank an die Projektmitarbeitenden, Promotenden und sonstige wichtige Projektbeteiligte nicht vergessen werden. Je nach Größe des Projekts ist auch über eine kleine Projektabschlussfeier nachzudenken, um das Projekt auch emotional positiv abzuschließen. Bei größeren Projekten müssen die Projektmitarbeitenden zudem wieder in die Fachabteilungen integriert werden (vgl. Kramer 2004: 30; Brandt 2004: 21).

Literatur

Boy, Jacques/Dudeck, Christian/Kuschel, Sabine (2004): Projektmanagement. Grundlagen, Methoden und Techniken, Zusammenhänge. Offenbach: Gabal

Brandt, Mechthild (2004): Projektmanagement und -steuerung. Lüneburg. Unveröffentlichtes Veranstaltungsskript im Weiterbildungsstudiengang Sozialmanagement der Universität Lüneburg

Kessler, Heinrich/Winkelhofer, Georg A. (2004): Projektmanagement. Leitfaden zur Steuerung und Führung von Projekten. Berlin u.a.: Springer

Krämer, Petra (2004): Projekte steuern ... Nerven behalten! Termine sicher einhalten und Ziele souverän erreichen. Weinheim; Basel: Beltz

Kraus, Georg/Westermann, Reinhold (1997): Projektmanagement mit System. Organisationen, Methoden Steuerung. Wiesbaden: Gabler

Schiersmann, Christiane/Thiel, Heinz-Ulrich (2000): Projektmanagement als organisationales Lernen. Ein Studien- und Werkbuch (nicht nur) für den Bildungs- und Sozialbereich. Opladen: Leske + Budrich

Andreas Eylert

Zielfindung und Konzeptionsentwicklung in der Kooperation von Schule und Jugendhilfe

Konzepte und Konzeptionen zu entwickeln gehört inzwischen mit zu den ständigen Aufgaben der Sozialen Arbeit. Egal ob im großen Rahmen, z.B. in der Jugendhilfeplanung, oder der Konzeptionierung langfristiger Projekte oder bei kleinen, kurzfristigeren Konzepten, z.B. für einzelne kleine Projekte, Ferienprogramme oder einzelne Maßnahmen – die im sozialen Bereich Tätigen werden immer häufiger aufgefordert, sich intern oder auch extern mit dem Bedarf der Zielgruppe(-n), den Zielen der pädagogischen Prozesse, geeigneten Methoden zur Zielerreichung sowie Möglichkeiten zur Evaluation der Verläufe auseinanderzusetzen.

Inzwischen hat das Thema „Konzeptentwicklung" auch in der Fachliteratur und dem fachlichen Diskurs einen prominenten Stellenwert. Häufig geht es dabei aber um die theoretischen Inhalte von Konzepten. Auf der praktischen Ebene gibt es eine gewisse Schieflage, da die Konzeptionserstellung häufig zusätzlich zum „Alltagsgeschäft" erfolgen muss und den Praktiker/-innen meist kaum Zeit bleibt, um sich intensiv im Team (und nach Möglichkeit mit den von der Konzeption Betroffenen, also der Zielgruppe der Konzeption) mit den Zielen und Methoden der eigenen Arbeit auseinanderzusetzen.

Zudem gibt es verschiedene Kategorien für Konzeptionen, die meistens auch eine unterschiedliche Formulierung und Tiefe zur Folge haben. Wenn die Konzeption dazu dient, das eigene pädagogische Handeln zu planen, dann werden die fachlichen Formulierungen einen anderen Stellenwert haben, als wenn es um ein Konzept geht, das der Öffentlichkeit die eigene Arbeit verdeutlichen soll oder zur Mittelakquise bei einem Projektträger dient.

Die verschiedenen Kategorien verdeutlicht folgende Grafik:

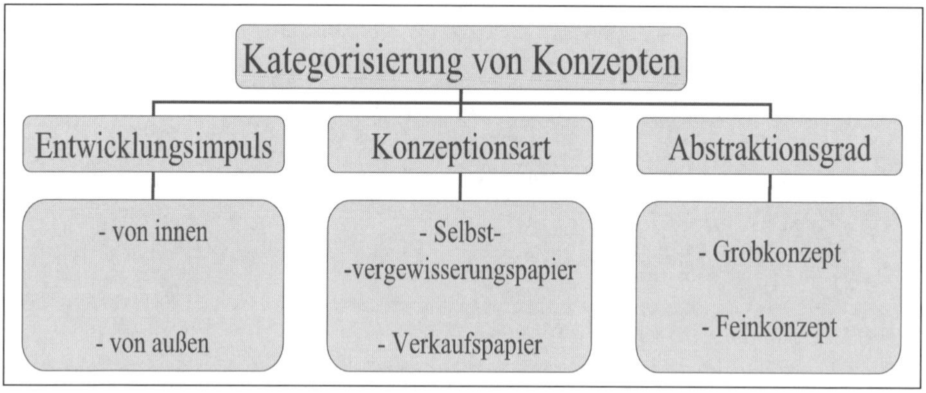

Abb. 1: Kategorisierung von Konzepten

Im Folgenden sollen kurz die wesentlichen Themen angeschnitten werden, die im Rahmen von Konzeptionsentwicklungen in der Kooperation von Schule und Jugendhilfe eine Rolle spielen. Neben dem Formulieren geeigneter Ziele werden anhand eines Beispiels die möglichen Inhalte einer Konzeption dargestellt.

1 Zielfindung und -formulierung – allgemein

In Zielen spiegeln sich immer Werte und Normen wider, die angestrebt bzw. abgelehnt werden. Eine Auseinandersetzung mit diesen ist daher nicht nur hilfreich, sondern – insbesondere bei größeren Vorhaben und der Zusammenarbeit im Team bzw. mit Kooperationspartnerinnen und -partnern – in jedem Fall notwendig, weil sie sich im Alltagshandeln und im Rahmen der Ziel- bzw. Schwerpunktbildung ausdrücken.

Trotzdem können auch im Rahmen von Zielformulierungen z.B. Aussagen zum gewünschten Umgang miteinander, dem Verhalten gegenüber dem Umfeld oder zu Art und Umfang anderer zukünftiger Leistungen getroffen werden.

Interessant ist in diesem Zusammenhang Schillings These, dass die Unterscheidung von Werten einerseits und Zielen andererseits von hoher Praxisrelevanz ist:

> „Die Übereinstimmung in den Werten ist die Voraussetzung dafür, dass Sozialpädagogen auch mit sogenannten ‚schwierigen' Gruppen/Personen arbeiten können. Auf der Werteebene kann ich vielleicht noch den anderen verstehen, auch wenn ich sein konkretes Verhalten gänzlich ablehnen muss" (Schilling 1993: 124).

Man kann also in der Arbeit mit solchen Zielgruppen, deren Verhalten man nicht teilt, durchaus Annäherung auf der Werteebene zulassen (z.B. das Leben in einer Gruppe sehr wichtig zu finden), d.h. einen Wert anerkennen, die Umsetzung – die Normen – (z.B. gemeinsam Vandalismus zu verüben) allerdings klar ablehnen.

> „Wenn ich einem Menschen signalisiere: Ich muss dich verurteilen, weil ich deine Werte ablehne, handelt es sich um einen Angriff auf seine Existenz. Gebe ich das einem Menschen zu verstehen, kann ich eigentlich (sozial-) pädagogisch nicht mehr mit ihm arbeiten" (Schilling 1993: 124).

Diese Unterscheidung entkrampft das pädagogische Handeln, weil die für eine pädagogische Beziehung unabdingbare minimale Achtung und Akzeptanz vorhanden ist.

Bei öffentlichen Projekten auf kommunaler Ebene sind allgemeine Normen und Werte meistens politisch per Beschluss, Erlass oder Gesetz schon als Rahmen vorgegeben. Bei Konzeptionen auf privater Träger- und Einrichtungsebene ist teilweise ein solcher Rahmen – z.B. bei weltanschaulich gebundenen Trägern – auch vorgegeben, häufig muss er aber erst entwickelt werden. Das gilt ebenso im öffentlichen Bereich, wenn der allgemeine Werte- und Normenrahmen (z.B. das SGB VIII) für das anstehende Thema und Projekt noch zu allgemein ist. Zudem ist es wichtig zu klären, welche Werte und Normen jeder einzelnen beteiligten Person wichtig sind und welche im Rahmen des pädagogischen Handelns eine Rolle spielen. Im Bereich z.B. einer „Leitbildentwicklung" oder „Trägerkonzeption" ist es deshalb unerlässlich, sich mit Grundwerten und Leitideen auseinanderzusetzen, die sozusagen die „Philosophie", die den einzelnen „kleineren" (Projekt-) Konzeptionen zugrunde liegt, bilden (vgl. Graf/Spengler 2000: 40ff.).

Um sich mit den angestrebten Zielen auseinanderzusetzen, bedarf es zunächst einer *Analyse der Ist-Situation*, der möglichen *Bedürfnisse* und deren *Bewertung*.

Dies kann z.B. im Rahmen einer Institutions- oder Sozialraumanalyse oder durch eine Erhebung unter den Betroffenen (gemeint sind hier alle Beteiligten, also neben den Nutzer/-innen auch die indirekt Beteiligten wie Lehrkräfte, Schulleitung, Mittelgeber/-innen usw.) erfolgen. Natürlich hängt der Grad der Betroffenenbeteiligung von Art und Umfang der Konzeption ab.

Bei der Zielformulierung wird unterschieden zwischen unterschiedlichen Ebenen von Zielen. Am gängigsten ist die Formulierung von drei Abstraktionsgraden. Eine solche Zielhierarchie findet sich in der vom Bundesministerium für Familie, Senioren, Frauen und Jugend herausgegebenen Materialsammlung „Qs" (1999). Dort wird unterschieden nach Leitzielen, Mittlerzielen und Handlungszielen:

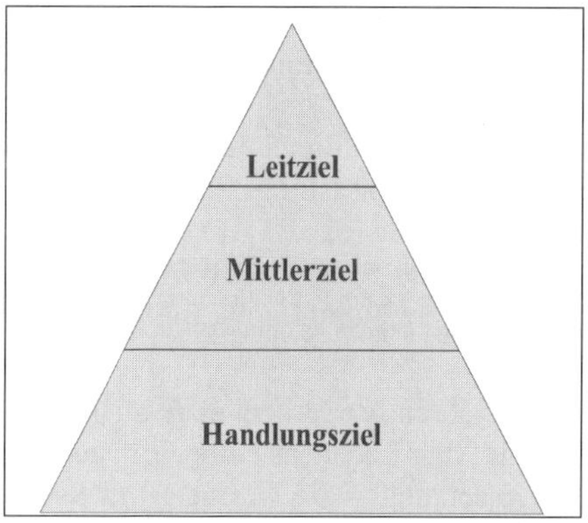

Abb. 2: Zielpyramide (Beywl/Schlepp-Winter 1999: 42)

Es wird davon ausgegangen, dass Ziele sich sowohl von der übergeordneten Ebene, also der abstraktesten Stufe, als auch von der konkretesten Ebene aus entwickeln können. Die Zielpyramide ist also in beide Richtungen denkbar (und nicht wie gemeinhin angenommen nur vom Leitziel ausgehend „nach unten").

Die zu beantwortende Frage bei der Zielformulierung lautet dabei immer: „In der Zukunft soll erreicht sein ...", wobei mehrere Mittler- und Handlungsziele dazu dienen können, das jeweils höhere zu erreichen (vgl. Beywl/Schlepp-Winter 1999: 45).

Leitziele (teilweise werden diese auch als Globalziele oder Richtziele bezeichnet) werden jene genannt, die den Rahmen für die Arbeit vorgeben, z.B. „Gleichbehandlung aller Schülerinnen und Schüler unabhängig von Alter, Geschlecht, Religion usw.". Diese werden dann eingegrenzt, etwas mehr konkretisiert und dann als *Mittlerziele* (teilweise auch als Grobziele bezeichnet) formuliert, in diesem Beispiel möglicherweise „Abbau von vorhandenen Benachteiligungen der Mädchen", „Schaffung von Rückzugsräumen für die verschiedenen Gruppierungen", „Angebote auch den Jugendlichen aus den unterschiedlichen Sprach- und Kulturräumen zugänglich machen". Diese Mittlerziele sind noch nicht genug operationalisiert, damit nur ungenau evaluierbar und auch nur schwer mit greifbaren Maßnahmen zu füllen. Daher werden diese wieder konkretisiert, um auf der Ebene der *Handlungsziele* (teilweise auch als Feinziele bezeichnet) überschaubar und umsetzbar zu werden. Beim Beispiel „Abbau von vorhandenen Benachteiligungen der Mädchen“ könnten diese Handlungsziele beispielsweise lauten: „Die Mädchen sollen, ohne ‚Anmache‘ befürchten zu müssen, ins Schüler/-innencafé kommen“, „Mädchen sollen dieselben Raumaneignungsmöglichkeiten zur Verfügung gestellt bekommen wie Jungen“, „Mädchen soll ein ebenso breites Aktions- und Sportangebot zur Verfügung stehen wie Jungen“ usw.

Je nach Abstraktionsgrad werden die Ziele also immer konkreter und damit auch überprüfbarer. Jedem Leitziel können mehrere Mittlerziele und diesen wiederum mehrere Handlungsziele zugeordnet werden. Eine Eingrenzung und Schwerpunktbildung ist unerlässlich. Nur so ist gewährleistet, dass man sich nicht im „Zieldschungel verläuft“, was zu Frustration führen muss, weil die gesteckten Ziele nicht erreicht werden (können).

Da hinter jedem Ziel ein weiteres Ziel steht (bzw. stehen kann), muss im Konzeptionsentwicklungsprozess klar sein, welche Abstraktionsgrade angestrebt werden.

Ziele, die unerreichbar sind – auch wenn sie vielen Menschen als erstrebenswert gelten – können daher nicht Bestandteil einer Konzeption sein, auch wenn evtl. Unterziele derselben realistischer erscheinen mögen.

Wenn also als Ziel beispielsweise die Partizipation von Kindern und Jugendlichen in der Schule angestrebt werden soll, so muss im Rahmen der Zielhierarchie nicht auf der Ebene von „Demokratietheorie“ oder „Bundestagswahlrecht für Kinder“ angesetzt werden. Vielmehr gilt es, konkret nachprüfbare, handhabbare und mittelfristig erreichbare Ziele bis auf die überprüfbare Feinzielebene herunterzubrechen, die konkret auf den Planungszusammenhang bezogen sind.

2 Exemplarische Zielstruktur in der Schulsozialarbeit

- Leitziel

Schüler/-innen erhalten fördernde Bildungs-, Beratungs- und Betreuungsangebote.

- Mittlerziel 1

Die individuellen Bedürfnisse der Schüler/-innen werden wahrgenommen.

- Handlungsziel

Schüler/-innen werden bei der Artikulation der eigenen Wünsche und individuellen Bedürfnisse unterstützt.

- Erste Maßnahmen
  - Unterstützung der Schüler/-innenmitverantwortung durch den/die Schulsozialarbeiter/-in
  - Einrichtung einer Wunschbox im Schüler/-innencafè.
  - Wöchentlicher „Café-Rat“ mit der Möglichkeit, eigene Wünsche und Bedürfnisse zu äußern und an der Planung im Schüler/-innencafé teilzuhaben.
  - Einmal pro Schulhalbjahr Einladung der Schulleitung und der interessierten Lehrenden zu einem offenen Austausch mit den Lernenden.

- Mittlerziel 2

Schüler/-innen erhalten die subjektiv bedeutsamen Beratungsangebote.

- Handlungsziel

Durch die Einbeziehung externer Fachleute erhalten die Schüler/-innen kompetente Hilfe in Problemlagen.

- Erste Maßnahmen
  - Erstellen einer Übersicht über Beratungsmöglichkeiten für Jugendliche vor Ort.
  - Einrichtung einer Telefonsprechstunde des/der Schulsozialarbeiter/-in für die Erstberatung, ggf. Weitervermittlung an andere Stellen.
  - Besuch von Beratungsstellen im Rahmen des Ferienprogramms, um den Schüler/-innen deren Angebote zu verdeutlichen.

- Mittlerziel 3

Die Betreuungsangebote sind auf die Bedürfnisse der Schüler/-innen abgestimmt.

- Handlungsziel

Um zu gewährleisten, dass das Betreuungsangebot sich mit den Bedürfnissen der Nutzer/-innen deckt, wird dieses regelmäßig überprüft.

- Erste Maßnahmen
  - Abfrage der notwendigen Betreuungszeiten zu Beginn jedes Schuljahres.
  - Erweiterung der Öffnungszeiten im Schüler/-innencafé an Tagen mit schlechter Busanbindung.
  - Durch die Schaffung eines weiteren Aufenthaltsraums, der durch den Schüler/-innenrat betreut wird, werden spontane Betreuungslücken abgefedert.

Es geht anschließend darum, die Ziele so konkret wie möglich zu formulieren und, womöglich, zu operationalisieren, d.h. durch an Maßstäben und Kriterien orientierten *Indikatoren* überprüfbar zu machen.

Als Hilfe kann dabei die „Dreidimensionalität" der Ziele dienen. Die drei Dimensionen sind: der Zielinhalt, das Zielausmaß und der zeitliche Bezug.

Beispiel: „Wir streben an, dass bis zum Jahresende mindestens 20% der Lernenden der fünften und sechsten Klassen das Schüler/-innencafé kennengelernt haben".

Ob und inwieweit die Ziele bereits bei ihrer Formulierung operationalisiert werden, hängt vor allem von den Hintergründen ab. Je konkreter die Ziele formuliert sind, umso leichter lassen sie sich überprüfen und werden auch durch Dritte besser verstanden. Wird eine (externe) Evaluation der Maßnahmen angestrebt, setzt dies eine starke Operationalisierung voraus. Zu Beginn eines ergebnisoffenen Projektes, wie es z.B. bei schulischen Kooperationsprojekten häufig der Fall ist, ist es oftmals schwer, frühzeitig die endgültigen Ziele, Wirkungen und Handlungen festzuschreiben.

Tipps zur Zielformulierung

- Formulieren Sie Ziele positiv und motivierend!
- Alle Beteiligten sollen hinter den vereinbarten Zielen stehen.
- Die formulierten Ziele sollten in Relation mit dem Projekt stehen und nicht zu hoch oder niedrig ausfallen.
- Achten Sie darauf, neben inhaltlichen Zielen auch persönliche Entwicklungsziele aufzunehmen.
- Unterscheiden Sie bewusst Ziele von Maßnahmen.
- Nutzen Sie die „SMART"-Formel als Checkliste zur Überprüfung Ihrer Zielformulierung.
- Formulieren Sie Ihre Ziele:

Spezifisch	Ist das Ziel hinreichend konkret und präzise formuliert? Ist das Ziel eindeutig und widerspruchsfrei?
Messbar	Woran kann ich erkennen, ob ich mein Ziel erreicht habe? Wie kann ich es beobachten?
Aktiv	Kann ich die Zielerreichung weitgehend selbst beeinflussen?
Realistisch	Ist das Ziel anspruchsvoll, herausfordernd und erreichbar?
Terminiert	Sind klare Termine festgelegt? (Verbindlichkeit)

3 Konzeptionsentwicklung

Als *Konzeption* wird meist eine umfassende Zusammenstellung von Informationen und Begründungszusammenhängen für ein größeres Vorhaben oder umfangreiche Planungen und Programme bezeichnet (abweichend von einem Konzept, das z.B. auch eine Planung für eine einzelne Maßnahme/Veranstaltung bezeichnen kann).

Eine Konzeption ist daher in Tiefe und Breite der Vorüberlegungen und der theoretischen Auseinandersetzung mit dem Planungsprojekt oder Thema sehr viel umfassender und detaillierter als ein Konzept. In der Regel werden Konzeptionen schriftlich niedergelegt und sollten in regelmäßigen Zeitabständen auf ihre Relevanz und Aktualität überprüft werden. In der Fachliteratur, so auch im folgenden Text, werden die Begriffe „Konzeption" und „Konzept" oft synonym verwandt, da die Planungsschritte größtenteils dieselben sind.

A. Steiner gibt folgende Definition:

> „Ein Konzept ist eine Umsetzungsgrundlage: Es werden Angaben zu Zielen, Zielgruppen, Arbeitsmethoden, Arbeitsmitteln, Infrastruktur und Strukturen für eine reale Jugendarbeit und Jugendpolitik gemacht. Auf dieser Grundlage können konkrete Struktur- und Finanzbeschlüsse gefasst werden. Ein Konzept ist somit eine verbindliche Arbeitsgrundlage für Gremien, Professionelle und Ehrenamtliche. Die Stärke des Konzepts liegt in seiner detaillierten Ausarbeitung, seiner Konkretheit und Nähe zur Praxis. Zu den Schwächen gehören seine Ausführlichkeit, seine Festlegungen, die schnelle Alterung und gelegentlich auch seine Unvollständigkeit" (Steiner 1999: 47f.).

Inhalte von Konzeptionen

Orientiert man sich an der Definition von A. Steiner, so muss eine Konzeption vier Hauptinhalte in sich vereinen:

- eine Analyse des Bestands, der Voraussetzungen, des Ist-Zustandes, aber auch des (pädagogischen) Bedarfs
- darauf ausgerichtete Zielsetzungen für das pädagogische Handeln
- operationalisierte, also klar formulierte und überprüfbare Methoden und Teilschritte zur Erreichung der Zielsetzungen
- Formulierung möglicher Maßnahmen bzw. Kontrollmöglichkeiten, um diese Zielerreichung zu überprüfen.

M. Mannheim-Runkel und U. Taplik haben aus diesen Inhalten sieben notwendige Planungsschritte für die Konzeptentwicklung formuliert:

„1. Die Analyse des Bedarfs und des Bedürfnisses nach Handlung liegt dem Konzept zugrunde: Welcher gesellschaftliche und institutionelle Bedarf an Handlungen kann festgestellt werden? Welche Bedürfnisse nach Handlung von Seiten der SozialpädagogInnen hat die Zielgruppe/haben die Zielgruppen? Beides muß mit „passenden" Instrumenten ermittelt werden.
2. Die Formulierung der Zielvorstellungen der zukünftig Handelnden. Was sind die Ziele und Zwecke meiner Handlung? Was sollen die Handlungen konkret bewirken?
3. Die Auswahl und Festlegung der Inhalte und „Instrumente", mit denen die Ziele verfolgt und erreicht werden sollen.
4. Die Analyse der Rahmenbedingungen und der einwirkenden Faktoren, unter denen gehandelt werden soll, muss im Konzept enthalten sein, ebenso wie die Folgerungen, wie diese Rahmen und Faktoren das Handeln beeinflussen.
5. Im Konzept müssen weiter die Ressourcen, die zeitliche Dimension und allgemeine Kostenfragen berücksichtigt werden.
6. Die Bedingungen, unter denen die Handlungen vor Ort umgesetzt werden sollen, müssen im Konzept eingeplant werden.
7. In cinem Konzept muß auch die personelle Dimension geplant werden: Wer macht was, wer hat welche Verantwortlichkeiten, wer hat welche Kompetenzen bei der Umsetzung des Konzeptes?
   Ein Konzept entwickeln bedeutet, diese Planungsschritte zu vollziehen" (Mannheim-Runkel/Taplik 1998: 46).

Abschließend müssen im Konzeptionserstellungsverfahren die getroffenen Entscheidungen nochmals – auch während der konkreten Umsetzung – überprüft werden. Hierbei geht es darum, grundsätzliche Fragen zu beantworten, wie:

- Dienen die beschlossenen Maßnahmen tatsächlich der Behebung der festgestellten Defizite unter Berücksichtigung der vereinbarten Zielsetzungen?
- Können wir alle beschlossenen Maßnahmen finanziell, personell, politisch usw. durchsetzen und auch einen mittelfristigen Erhalt gewährleisten?
- Werden die Maßnahmen entsprechend der Vorgaben umgesetzt und auch von der Zielgruppe angenommen?
- Haben sich Bedarfe evtl. verändert und machen eine Umstrukturierung des Angebots notwendig?
- Gibt es neue, evtl. nicht planbare oder übersehene Problemlagen?
- Sind Anpassungen und Korrekturen für eine effizientere Aufgabenwahrnehmung notwendig?

Gliederungsvorschlag für einen Konzeptionstext für ein Kooperationsprojekt zwischen Schule und Jugendhilfe

Nr.	*Konzeptionsbestandteile*
1.	Einführung – Präambel (Wie kam es zu der Konzeption, welcher Entwicklungsimpuls liegt ihr zu Grunde? Welchem Ziel soll die Konzeption dienen und von wem wurde sie verfasst?)
2.	Werte, Leitziele (Global-/Richtziele), evtl. Hinweis auf ein vorhandenes Leitbild der Schule, die Hintergründe zum Träger(-projekt) der Schulsozialarbeit oder die zugrunde liegenden Gesetze (z.B. das SGB VIII)
3.	Ausgangslage
3.1	Allgemeines zum Standort und zur Einrichtung (Ort, Schulform und -größe, sonstige beteiligte Institutionen)
3.2	Beschreibung und Analyse der Situation a) Situations-/ Umfeld-/ Sozialraum- und Lebensweltanalyse (z.B. sozialer Brennpunkt, Zuwanderung, Fremdenfeindlichkeit, abweichendes Verhalten, Bezogen auf die konkrete Schule: Absentismus, Schulversagen, vertretene Gruppierungen unter den Schüler/-innen usw.) – enthält auch: Zielgruppenanalyse (Beschreibung, Interessenlage, Bedürfnisse, Defizite und Probleme). Zielgruppen können dabei im Rahmen der Schulsozialarbeit sowohl die Lernenden sein, aber auch Lehrende, Eltern, Projektträger usw., b) Bestand: Bereits vorhandene Angebote und Programme, Infrastruktur usw. für Kinder und Jugendliche (räumlich, personell, haupt- und ehrenamtlich), c) die realen aktuellen politischen, administrativen und finanziellen Rahmenbedingungen bezogen auf die konkrete Arbeit (z.B. die Rahmenbedingungen die durch die Schulleitung vorgegeben sind und die finanziellen Spielräume).
3.3	Zusammenfassung und Bündelung der Analyse zu 3.2 a-c Die wesentlichen Merkmale der Ausgangslage (komprimiert).
4.	Zu lösende Probleme - Bedarfe - Ziele
4.1	Aus den Werten/Richtzielen für eine bestimmte Situation und Lage (und Zielgruppe) abgeleitete Zielformulierungen im Sinne von „Outcome", „Output" und „Impact" [1] (z.B. Verbesserung der Engagementbereitschaft und des Partizipationsverhaltens von Kindern und Jugendlichen in der Schule).

1 Neben den Zielebenen „Leitziel", „Mittlerziel" und „Handlungsziel" wird im Rahmen komplexer Konzepte auch nach weiteren Zielkategorien unterschieden. Dabei bezeichnen *Output-Ziele* solche auf der Ebene der Leistungen, *Outcome-Ziele* beschreiben die angestrebten Wirkungen von Leistungen. Diese Unterscheidung ist wichtig, um sowohl die erstrebenswerten Maßnahmen (z.B. die Einrichtung eines Schüler/-innentreffs um neue Aufenthaltsmöglichkeiten zu schaffen) als auch die Wirkung dieser Maßnahme (z.B. Schüler/-innen nutzen das gesunde Snack-Angebot im Schüler/-innentreff, Schüler/-innen nutzen die neu geschaffenen Aufenthaltsmöglichkeiten und bringen sich aktiv in die Gestaltung des Schüler/-innentreffs ein ...) zu bedenken. Dabei dürfen Maßnahmen und Wirkungen nicht miteinander verwechselt oder gleichgesetzt werden. Eine Dritte

4.2	Bedarfsfeststellung Abgleich der Situationsanalyse, der Werte/Richtziele, Feinziele usw. und der realen politischen, administrativen und finanziellen Ausgangslage (Rahmenbedingungen, Pkt. 3.2 c) und Wünsche und Entscheidungen des Trägers (der Schule, des zuständigen Gremiums, der Projektleitung usw.), und daraus resultierende Bedarfsfeststellung.
5.	Theoretische Grundlagen
5.1	Theoretische Hintergründe der Konzeption und ihrer Grundausrichtung (Ansatz, Gesamtstrategie), Schüsselbegriffe und Schüsselaussagen.
5.2	Strategische Konsequenzen: Grundansatz, d.h. Grundrichtung des Projektes oder Programms (des pädagogischen Ansatzes, Präventionskonzeptes u.ä.).
6.	Der Erreichung der Outcome-/ Output-/ Impact-Ziele dienendes „Produkt“ Handlungsprogramm: Maßnahmen, Projekte, Angebote
6.1	a) Themen/ Gegenstände Liste: Kurzüberblick zu den Programm- und Angebotsthemen der Kooperation (der Schulsozialarbeit)
6.2	b) einzelne Methoden Liste: Kurzüberblick zu den Handlungs- und Arbeitsformen, Medien
6.3	c) Die einzelnen Programmelemente, Angebote u.ä., Gesamt-Überblick: Liste.
6.4.	Aufschlüsselung der einzelnen Angebote als Einheit von Themen und Methoden: kurze Skizzen.
6.5.	Aufgaben Für die Realisierung des Handlungsprogramms zu erledigende konkrete Aufgaben: Kurzüberblick.
7.	Rahmenbedingungen, Ressourcen (bezogen auf das entwickelte Programm der Kooperation [Schulsozialarbeit]) • räumliche • zeitliche (Zeitbudget) • sächliche • personelle • finanzielle • weiche Faktoren (z.B. vorhandene Kooperationen, schon funktionierende Programme und Angebote).
8.	Gemeinwesenbezug und Vernetzung des Kooperationsprojektes Blick auf die gesamte Kommune, lokale Verankerung - Vernetzung mit anderen Institutionen usw. Zusammenarbeit und Zuständigkeitsverteilung in der Problembearbeitung mit anderen Institutionen/ Gremien
9.	Ablaufplanung des Gesamtprojektes bzw. Zeitplan für die Umsetzung des Konzepts in der Schule und im Sozialraum Phasen, Zeitplan
10.	Reflexion – Evaluation – Qualitätssicherung Welche Evaluationsform soll gewählt werden? Wie werden die Ziele überprüft und die eigene Arbeit bewertet? Möglichkeiten bieten z.B. die unterschiedlichen Formen der Evaluation: • Fremdevaluation • Selbstevaluation • Kollegiale Evaluation • Rückkoppelung: Permanente Veränderung und Verbesserung der Arbeit, Fortschreibung der Konzeption.
11.	Grenzen und Perspektiven der Konzeption
	(Einige der Unterpunkte sind je nach Verwendungszweck der Konzeption unterschiedlich zu gewichten, abzuwandeln, kürzer oder länger zu fassen oder umzuformulieren).

Abb. 3: Gliederungsvorschlag für einen Konzeptionstext im Rahmen von Schulsozialarbeit (Stange 2005: 10f.)

Zielkategorie wird als „*Impact*“ bezeichnet, sie beschreibt die angestrebten gesellschaftlichen Wirkungen, also die sozialen und ökonomischen Veränderungen, die angestrebt werden (z.B. die sinkende Vandalismusrate in der Schule durch die Übernahme von Verantwortung für die eigenen Räume und die Schule insgesamt).

Gliederungsvorschlag für ein kleines „Konzept“, z.B. eine einzelne Maßnahme (petit gedruckt ein exemplarisches Beispiel zur Verdeutlichung):

1. Ausgangslage

Hier werden Angaben zu bereits vorhandenen Hintergrundinformationen gemacht, zu Teilnehmenden, der Gruppengröße, ggf. auch zu bekannten Bedürfnissen oder Bedarfen.

Beispiel:

Im Rahmen der Gespräche im Schüler/-innentreff wurde festgestellt, dass die Schüler/-innen dort wenig über die Abläufe im Schulalltag wissen. Es herrscht die Meinung, der Schulleiter sei alleiniger „Herrscher“ in der Schule und würde alle Abläufe alleine bestimmen. Sieben Lernende im Alter von 13 bis 15 Jahren möchten eine Sitzung der Schulversammlung besuchen, dies wird durch die Schulsozialarbeiterin unterstützt und angeleitet.

2. Inhalte/Themen

Hier werden die möglichen Themen und Inhalte dargestellt.

Beispiel:

Im Rahmen des Besuchs der Schulversammlung können die Themen „Rolle der Schulleitung“, „Ablauf von Sitzungen“, „Befugnisse der Lehrerkonferenz“, „Mitspracherecht der Schüler/-innen- und Elternvertretungen“, „Entscheidungsprozesse in der Schule“ usw. eine Rolle spielen.

3. Ziele

Hier werden die mit der Einheit verbundenen Ziele kurz benannt, dabei gelten die Hinweise zur Zielformulierung.

Beispiel:

- Alle Schüler/-innen nehmen an der gesamten Veranstaltung teil und stellen im Verlauf des Abends mindestens eine Frage zum Thema.
- Nach der Veranstaltung kennen alle Jugendlichen die verschiedenen in der Schulversammlung vertretenen Gruppierungen.
- Nach der Veranstaltung wissen die Jugendlichen, wie die Entscheidungen an der Schule getroffen werden.
- usw.

4. Dauer:

Je nach Art und Umfang der Maßnahme wird die Dauer entweder fest terminiert oder diese bis zur Erreichung eines (Teil-) Ziels festgelegt.

Beispiel:

Treffen mit den Jugendlichen um 15.00 Uhr, Ende der Veranstaltung ca. 19.00 Uhr, sollte die Sitzung länger dauern, entsprechend später.

5. Methoden:

Hier werden in kurzen Stichworten die Methoden dargestellt.

Beispiel:

- Gruppengespräch
- Hospitation
- Auswertungsgespräch
- Reflexion
- Postererstellung.

6. Hilfsmittel (Material, Medien, Technik)

Erläutert werden ggf. benötigte Hilfsmittel.

Beispiel:
Material für die Posterpräsentation am Folgetag, Liste der Schulversammlungsmitglieder, Kopien der Schulgesetze und des Leitbilds der Schule.

7. Voraussetzungen und Rahmenbedingungen

- Äußere Voraussetzungen (Räume, Ressourcen)
- Personelle Voraussetzungen
- Sonstiges (z.B. Kosten, Anmerkungen usw.).

Beispiel:
Benötigt wird eine Begleitperson, die bei der Einführung durch den Schulleiter unterstützt wird. Für Einführung und Abschluss wird ein separater Raum (der Schüle/-innentreff) benötigt, in dem die Gruppe ungestört ist und in dem das Präsentationsposter erstellt werden kann. Daher muss er mit einem Tisch und mindestens sechs Stühlen ausgestattet sein. Für die Materialien zum Basteln sowie die Getränke während der Postererstellung stehen insgesamt 25 € aus dem Etat zur Verfügung.

8. Durchführung/Ablauf

Hier wird der Ablauf dargestellt, je nach Art des Konzeptes ausführlich oder als Überblick.

Beispiel:

- 15.00 Uhr: Vorgespräch im Schüler/-innentreff, Informationsaustausch
- 16.15 Uhr: Einführungsgespräch mit dem Schulleiter, Erläuterung des Sitzungsablaufs
- 16.30 Uhr Teilnahme an der Schulversammlungssitzung
- Ca. 18.30 Uhr ggf. anschließendes Gespräch mit Mitgliedern der Schulversammlung, insb. der Schüler/-innenvertretung
- Ca. 18.45 Uhr kurze Auswertung
- Ca. 19.00 Uhr Verabschiedung
- Am folgenden Tag: Reflexion und Erarbeitung eines Informationsposters für die anderen Besucher/-innen des Treffs

9. Evaluation

Hier wird dargelegt, wie die Auswertung und Überprüfung der Zielerreichung geschieht.

Beispiel:
Im Rahmen des Auswertungsgespräches und bei der Erstellung des Präsentationsposters wird durch die Schulsozialarbeiterin überprüft, ob die Ziele erreicht wurden (z.B. ob die Mitglieder der Schulversammlung allen bekannt sind). Mittels eines Feedbackbogens erhalten die Jugendlichen die Möglichkeit zur Rückmeldung und können dabei auch weitere Wünsche zur thematischen Weiterarbeit formulieren.

4 Zusammenfassung

Einige Elemente der Konzeptionsentwicklung sind jedem Menschen ein Begriff. Wir planen und strukturieren unseren Alltag ständig und streben damit das Erreichen bestimmter Ziele an. Die bewusste Auseinandersetzung und gemeinsame Aushandlung von Zielen, der Diskurs über die zur Zielerreichung möglichen Methoden und die Auswertung der geplanten Maßnahmen durch Formen der Evaluation sind aber noch zu selten bewusst gestaltete Elemente der Sozialen Arbeit.

Das Thema „Konzeptionsentwicklung“ ist für die Gesellschaft und die (pädagogische) Praxis hochrelevant. Häufig wird gerade die Soziale Arbeit von außen als „unprofessionell“ bewertet, die Arbeit z.B. als „Spielen und Beaufsichtigen von Kindern und Jugendlichen“ abqualifiziert. Auch im Rahmen von Schulsozialarbeit wird immer wieder das Argument verwendet, diese diene vor allem der Betreuung von (Problem-) Jugendlichen und sei hauptsächlich „Feuerwehr“ bei auftretenden Problemen mit Schüler/-innen. Zudem besteht häufig ein „Gefälle“ im Ansehen der Arbeit des Lehrkörpers und der Schulsozialarbeit.

Durch die bewusste Auseinandersetzung mit operationalisierbaren Zielen, den angestrebten Wirkungen (Outcome, Output, Impact), den dazugehörenden Methoden und Evaluationsprozessen und der Veröffentlichung dieser Planungsschritte kann diesen Umständen begegnet werden.

Für die eigene Praxis bietet die Konzeptionsentwicklung nicht nur die Chance, sich selbst klarer über das eigene Handeln zu werden, sondern auch anschließend eine Möglichkeit zu haben, zu überprüfen, ob die Ziele erreicht wurden und ob die eingesetzten Methoden dafür geeignet waren. Nur durch konsequente Planung der eigenen Handlungen wird also mittel- und langfristig eine valide Beurteilung der eigenen Arbeit – und damit ein Erkennen der eigenen Stärken und Schwächen – möglich.

Konzeptionen können dabei als Umsetzungsgrundlage betrachtet werden, die Informationen zu

a) dem Ist-Stand (Bedingungen und Voraussetzungen des Handelns)
b) den darauf bezogenen Zielsetzungen auf abstrakter und operationalisierter Ebene
c) den Methoden und Maßnahmen zur Zielerreichung
d) und den Verfahren zur Überprüfung der Erreichung der Ziele enthalten.

Konzeptionen stellen daher einen „Wurf in die Zukunft“ dar, da sie Ziele formulieren, die während oder in Folge des Projekts erreicht werden sollen.

Dabei sollte eine Konzeption sowohl die übergeordneten Ziele (sog. *Leitziele*) enthalten, als auch die daraus abgeleiteten konkreteren *Mittlerziele* und die relativ stark operationalisierten und damit überprüfbaren *Handlungsziele.*

Diesen Handlungszielen lassen sich dann konkrete Maßnahmen zuordnen, die ebenso in der Konzeption benannt werden, wie die Instrumente zur Überprüfung und die möglichen Grenzen und Perspektiven der Konzeption.

Literatur

Beywl, Wolfgang/Schlepp-Winter, Ellen (1999): Zielfindung und Zielerklärung – ein Leitfaden -. Schriftenreihe Qs – Materialien zur Qualitätssicherung in der Kinder- und Jugendhilfe. Heft 21. Düsseldorf: Bmfsfj

Deinet, Ulrich/Sturzenhecker, Benedikt (2001): Konzepte entwickeln. 2. Auflage. Weinheim und München: Juventa

Eylert, Andreas (2004): Konzeptionen für die Kinder- und Jugendarbeit partizipativ entwickeln – ein Seminarbaukasten. Unveröffentlichte Diplomarbeit. Lüneburg

Graf, Pedro/Spengler, Maria (2000): Leitbild- und Konzeptentwicklung. 3. überarbeitete und erweiterte Auflage. Augsburg: Ziel

Mannheim-Runkel, Monika/Taplik, Ursula (Hrsg.) (1998): Konzeptentwicklung in der Jugendarbeit. Frankfurt am Main: Haag + Herchen

Pfeiffer, Alexander (2001): Konzeptionen in der Jugendarbeit: Produkt und Kundenorientierung. In: Deinet/ Sturzenhecker (2001): 129-143

Schilling, Johannes (1993): Didaktik/Methodik der Sozialpädagogik. Neuwied/Kriftel/Berlin: Luchterhand

Stange, Waldemar (2005): Konzeptionsentwicklung und -planung, Materialien zur Weiterbildung zur Präventionsfachkraft. Reader 3. Lüneburg: Fachhochschule Nordostniedersachsen, Fachbereich Sozialwesen. Land Niedersachsen

Steiner, Alfred (1999): Jugendpolitik jetzt! 2. Auflage. Herausgegeben von Schweizerische Stiftung pro juventute. Zürich: Atlantis

Waldemar Stange

Kooperation gestalten: Konzeptgrundlage „Sozialraum- und Lebensweltanalyse“

1 Warum Sozialraum- und Lebensweltanalyse in Präventions- und Kooperationsarbeit?

1.1 Wann braucht man Sozialraum- und Lebensweltanalysen? – Typische Verwendungssituationen in kommunalen Präventionsprojekten[1]

Strukturen, Modelle und Projekte zur Kooperation von Jugendhilfe und Schule werden im jeweiligen Umfeld und nicht im luftleeren Raum platziert. Wenn sie wirksam sein sollen, müssen sie angepasst werden an die realen lokalen Bedingungen. Einerseits muss vor und während der Implementation von Präventions- und Kooperationsstrukturen, -modellen und -projekten eine sorgfältige Analyse der Rahmenbedingungen für das Modell oder Projekt vorgenommen werden (*Situations- und Umfeldanalyse*). Dieser Blick nach außen ist wichtig, weil die internen Prozesse natürlich ständig durch die externen Bedingungen und Vorgänge beeinflusst werden.

Eine sorgfältige Analyse der Ausgangslage muss aber andererseits auch noch in einem zweiten Sinne vorgenommen werden: Das sozialräumliche Umfeld hat eine wichtige Funktion als Quelle für die *Findung von Zielen, Zielgruppen und Themen* (Problemen, Defiziten, Wünschen, Bedarfen) und zur *Bildung von Hypothesen über Problemlagen im lokalen Raum.*

Allein dieser zweite Aspekt soll im Mittelpunkt des folgenden Beitrags stehen. Er wird in der Fachliteratur unter dem Stichwort „Sozialraum- und Lebensweltanalyse“ diskutiert. Es geht um eine Untersuchung des Sozialraumes und der in ihm lebenden Zielgruppen der Kinder und Jugendlichen und der für sie relevanten Erwachsenen.

Im Rahmen der Verfahrensschritte der Jugendhilfeplanung würde man hiermit die *Bedürfnis- und Interessenserhebung*, die *Zielbestimmung* und *Bedarfsermittlung* in den Sozialräumen des örtlichen öffentlichen Trägers – i.d.R. des Kreises – erfassen (auch wenn es wie in unserem Fall nur um einen einzelnen Sozialraum gehen sollte).

Im Folgenden wird begründet, weshalb aus fachlicher Sicht (insbesondere auch auf dem Hintergrund des Kinder- und Jugendhilfegesetzes) bei der Erfassung dieser Bedingungen und Einflussfaktoren der Blick nicht nur in einem allgemeinen Sinne sozialräumlich sein, sondern im Sinne von „kleinräumig“ gedacht werden soll.

---

1 Im Folgenden wird die spannende Frage ausgespart, ob nicht inzwischen vielleicht Medien als Erfahrungsräume einen Widerspruch zum Lebensweltansatz bilden könnten. „Medien schaffen ‚Medienwelten', die sich Jugendliche aneignen, sie erhalten damit eine besondere räumliche Qualität. Medienangebote transportieren Stimmungen, Gefühle und Orientierungen, die vorhandene Bedürfnisse und Phantasien ansprechen“ (Niesyto, zit. n. Böhnisch/Münchmeier 1990: 71).

Einem *möglichen Einwand* sei hier gleich zu Anfang begegnet: Auch für Einrichtungen mit regionalem und überregionalem Einzugsbereich ist der Sozialraum relevant. Einerseits müssen solche Einrichtungen natürlich grobe Kenntnisse über die Sozialräume haben, aus denen ihre Zielgruppen kommen, andererseits – und viel wichtiger – sollten die Einrichtungen selbst ihre lokale und sozialräumliche Eingebundenheit (z.B. im Sinne von „Öffnung der Schule" oder „Gemeinwesenorientierte Schule") sehen. Auch bei Gymnasien und Hochschulen ist eine Verankerung im Nahraum durchaus möglich und wünschenswert, z.B. indem regionale und lokale Projekte durchgeführt werden.

Zur thematischen Orientierung solcher Sozialraum- und Lebensweltanalysen ist noch anzumerken, dass eine Untersuchung des Sozialraumes und der darin lebenden Zielgruppen die Gesamtpalette – entgegen einer verbreiteten Konvention in diesem Bereich – nicht nur die subjektiven Einstellungen der Mädchen und Jungen, sondern sämtliche Gegenstände (Themen) in den Blick nehmen muss, von denen die Kinder und Jugendlichen direkt und indirekt betroffen sind. Bezugspunkt ist also das gesamte Themenspektrum einer „kinder- und familienfreundlichen Umwelt", die das SGB VIII (§§ 1-4) meint. Dazu gehören die materiell-objektiven Bedingungen wie Ökologie, Verkehr, Sicherheit usw. ebenso wie der Wohnungsbau und die pädagogischen Einrichtungen, d.h. nicht nur die Gegenstände der kommunalen Kinder- und Jugendpolitik im engeren Sinne (kommunale Jugendpläne mit Infrastruktur- und Programmplanung). Alles das wirkt massiv in die Lebenswelt von Kindern und Jugendlichen hinein. Und daran soll sich Prävention bewähren.

Weiterhin wird es um den *Bestand* an Kinder- und Jugendinfrastruktur, an Einrichtungen, Programmen, Maßnahmen, Projekten und ihre *Zugänglichkeit* für Kinder- und Jugendliche gehen. Es wird also einerseits um eine Gesamtaufnahme der *Defizite, Probleme und Schwächen* des Sozialraumes in Bezug auf Kinder und Jugendliche gehen, andererseits um die *Stärken, Potenziale, Ressourcen, Wünsche und Bedürfnisse*.

1.2 Begriffsklärung

Jordan (vgl. zum Folgenden Jordan 1998: 335ff. und 356ff.) trifft folgende Unterscheidungen:

Jede Region (Stadt, Kreis) gliedert sich in eine Vielzahl von *Subbereichen*: Sie stellt also kein homogenes Gebilde dar, sondern weist unterschiedliche *Feinstrukturen* auf, die sich in eine Vielzahl von Teilbereichen mit eigener Siedlungsstruktur, Infrastruktur usw. untergliedert und *soziale Nahräume* definiert: kleinräumige Sozialräume wie Stadtteil, Quartier, Kiez, Straßenzüge, Dorf u.ä.

Soziale Nahräume sind *soziale Mikrokosmen*, die massiven Einfluss auf Werte, Normen und Einstellungen der dort lebenden Menschen haben, allein schon aufgrund der Tatsache, dass die meisten Menschen hier lange und überwiegend leben und sie teilweise selten verlassen.

Die Lebensverhältnisse von Kindern, Jugendlichen, jungen Erwachsenen und ihren Familien in einer Stadt – in einem Stadtteil, Milieu, Kiez – sind zum einen durch die räumliche Beschaffenheit und zum anderen durch die objektive und subjektive Struktur der sozialen Situation geprägt. Möchte man nun begründete Aussagen über die Qualität einer Gemeinde im Hinblick auf die Lebensbedingungen von Kindern, Jugendlichen, jungen Erwachsenen und Familien treffen, müssen beide Aspekte, die räumliche und die soziale Situation in der Gemeinde, berücksichtigt werden.

Der Begriff *Sozialraum*, eine Verknüpfung der beiden Begriffe sozial und Raum, soll die Wechselwirkung zwischen sozialer Situation und räumlicher Beschaffenheit zum Ausdruck bringen (vgl. Landkreis Rosenheim 2003: 13):

Der Raum prägt das Soziale: Für Menschen bedeutsame Lebensbedingungen sind regional beeinflusst, z.B. über die Qualität von Wohnquartieren, die Infrastruktur der Versorgung (Geschäfte, Behörden, Ärzte etc.) oder die Einzugsbereiche von Einrichtungen und Angeboten für Kinder. Die Bedeutung des Raumes für die Lebensqualität ist vor allem für Kinder sehr groß, da sie aufgrund ihrer geringeren Mobilität auf die Region, Sozialraum und das unmittelbare Wohnumfeld angewiesen sind.

Das Soziale prägt den Raum: Soziale Merkmale wie Altersaufbau, Einkommensverhältnisse, Familiengröße und -zusammensetzung, Nationalität, Bildungsgrad oder Religion bestimmen das Milieu und somit auch die Lebensqualität einer Region. Je stärker eine Region durch Prozesse sozialer Auswahl und Schichtung geprägt wird, desto bestimmender wird die Prägung des Raumes durch soziale Probleme.

Die jeweilige *soziale Beschaffenheit von Räumen* prägt die jeweils *typischen sozialen Problemlagen* von jungen Menschen, weil die aktive Aneignung der Umwelt bei ihnen immer raumbezogen geschieht.

Es entstehen also *sozialräumlich gebrochene Bedingungen des Aufwachsens* von Kindern und Jugendlichen. Diese Prozesse wurden in der Sozialisationsforschung in einer Erweiterung des Blicks auf zusätzliche lokale Ungleichheiten und Bedingungen gezielt aufgegriffen: „*Sozialökologie*" wurde ein Begriff der sog. Chicagoer Schule. Ergebnis solcher Überlegungen war die Erkenntnis, dass *soziale Ungleichheit* von räumlichen Faktoren beeinflusst wird in der Weise, dass die räumlich-soziale Gliederung meistens aufgrund der Konkurrenz um die besten Wohn- und Lebensorte entsteht.

Aber auch *geografische, kulturelle, politische und administrative* Einflüsse (Wahlbezirke, politische bezirkliche Organisation, sozialräumlich strukturierte Förderbedingungen u.ä.) lassen komplexe soziale Ökosysteme entstehen. Es gibt also keinen „Raum an sich", sondern jeder Raum hat eine bestimmte soziale Bedeutung und soziale Folgen. Deshalb müssen immer die Wechselwirkungen von räumlich-physischen Variablen und sozialen Sozialisationsfaktoren berücksichtigt werden.

Das komplexe sozialräumlich zu erfassende *Soziale* ist aber ein Zusammenhang, der – im Gegensatz zum Raum – nicht unmittelbar beobachtet und bewertet werden kann. Beobachtbare Fakten, die gezählt und ausgewertet werden können, lassen nur indirekt Rückschlüsse auf die Qualität des Sozialen zu. D.h.: *Objektive Strukturdaten* sagen noch nichts über die „weichen", lebensweltlich gefärbten Faktoren wie *Werte, Einstellungen, Bewertungen, Gefühle, subjektive Betroffenheiten und Wahrnehmungen von Lebensqualität, Zufriedenheit u.ä.* aus. Diese Faktoren können relativ unabhängig von den „objektiven" sozialstrukturellen Daten einen gewissen *Eigensinn* und eine Eigengesetzlichkeit entfalten. Z.B. werden subjektive Vorstellungen, Orientierungen und Perspektiven sowie lokale Traditionen und Lebensstile, historische Bezüge, Selbsthilfetraditionen und -potenziale durch objektive Strukturdaten nicht erfasst. Das alles wird nur greifbar, wenn man in den Sozialraum geht und ihn separat und kleinräumig betrachtet.

Die Erkenntnis von Husserl und Schütz ist – ausgehend von einer verstehenden Soziologie –, dass einzelne Individuen, bestimmte Gruppierungen oder Kulturen ihre Lebenswelt mit spezifischen Deutungen versehen, welche die Sinnbezüge ihres Handelns bestimmen (Deinet/Krisch 2002: 32). Thiersch interpretiert im Rahmen der lebensweltorientierten sozialen Arbeit den Menschen in seinem „Alltagsverhältnis, in seinen subjektiven Erfahrungen, Deutungs- und Handlungsmustern als auch in der Bewältigung seiner Aufgaben und Ressourcen, die in dieser Lebenswelt verfügbar sind oder aktiv werden können“ (Thiersch 2001: 780).

„Die alltägliche Lebenswelt ist die Wirklichkeitsregion, in die der Mensch eingreifen und die er verändern kann“ (Schütz/Luckmann 1975: 24). Diese alltägliche Lebenswelt umfasst z.B. Wohnen, Nachbarschaft, Konsum, Freizeit, Arbeit, Bildung (Schule), Gesundheit, Verkehr und vor allem soziale Beziehungen. In einer Sozialraum- und Lebensweltanalyse müssen gerade diese Facetten der Lebenswelt berücksichtigt werden und ihre Bedeutung für die Planung von Angeboten zur Prävention und entsprechenden Kooperationsprojekten von Schule und Jugendhilfe untersucht werden. In diesem Sinne betrachtet Lebensweltanalyse deshalb z.B. die Orte und Räume der Kinder und Jugendlichen in ihrer Bedeutung und Funktion oder z.B. spezifische Szenen und Cliquen in einem Stadtteil oder Dorf in ihrer lebensweltlichen Verwobenheit (vgl. Deinet/Krisch 2002: 48f.).

Die Erfassung solcher Aspekte ist mit *quantitativen* Methoden nur schwer möglich. Für kleinräumige Lebensweltanalysen sind *qualitative* Methoden wie z.B. teilnehmende Beobachtung, Interviews, Begehungen usw. besser geeignet. Nähert man sich z.B. einer Ortschaft, so ist ihr „Gesicht“ schnell erkennbar. „Mit Graffiti besprühte Häuserwände, ausgebaute Verkehrswege oder schmale Gassen, Hochhäuser oder Reihenhäuser lassen bereits auf den ersten Blick Unterschiede erkennen. Wie verschieden die spezifischen Lebenswelten von Kindern, Jugendlichen und Erwachsenen in den einzelnen Stadtteilen, oder z.B. Straßenzügen etc. sind, ist bereits äußerlich erkennbar“ (Bohn/Kreft/Segel 1997: 27).

D.h.: Es sind immer zwei grundsätzlich verschiedene Blickwinkel zu unterscheiden: Man kann den Sozialraum als *Struktur sozialökologischer Lebensverhältnisse* betrachten – messbar durch die Ermittlung von *quantitativen* Strukturdaten. Diese *objektiven Daten* (Demografie, Bildung, Einkommen, Arbeitslosigkeit) haben Wirksamkeit und Realität – unabhängig von der Wahrnehmung der im Sozialraum lebenden Individuen.

Der zweite Blickwinkel der *sozialkulturellen Lebenswelten* betont, dass diese sich nicht einfach linear aus den sozialstrukturellen Daten ergeben.

Lebenszufriedenheit steht immer in engem Zusammenhang mit beiden Aspekten – den objektiven Daten der Lebensqualität und den „weichen“, subjektiven und sozial-kulturellen Faktoren.

Aus diesem Grunde sind bei allen Sozialraumuntersuchungen immer sowohl quantitative – auf das Sozialstrukturelle abzielende – und qualitative – auf das Subjektive, Lebensweltliche und Sozialkulturelle abzielende – Erhebungsmethoden miteinander zu verbinden (Mehrebenenansatz).

Die beschriebene Doppelstruktur spiegelt sich auch im Doppelbegriff „Sozialraum- und Lebensweltanalyse“ wider, die sich auf zwei unterschiedliche Zugänge bezieht: Bei einer *„reinen Sozialraumanalyse“* steht die Verwendung statistischen Datenmaterials z.B. zur Bevölkerungsentwicklung oder anderen relevanten Bereichen des jeweiligen Sozialraums wie Arbeitslosigkeit, Ausländeranteil usw. im Mittelpunkt. Außerdem werden hier eher quantitative Methoden eingesetzt wie sozialstatistische Sekundäranalysen und bestimmte Arten von Fragebögen. In der „*Lebensweltanalyse*“ kommen vor allem die qualitativen Methoden aus dem Feld der empirischen Sozialforschung (z.B. ethnografische und biografische Forschungsmethoden) zum Einsatz[2], die häufig aufbereitet werden als *pädagogische und partizipative Methoden der Jugendarbeit*, damit auch in einfachen Praxiszusammenhängen anwendbar sind und in kleinen Feldforschungen zum Einsatz kommen (vgl. Deinet/Krisch 2002: 58f.).

1.3 Der Aspekt der Kleinräumigkeit von Sozialraum- und Lebensweltanalysen

Zur sozialräumlich-kleinräumigen Orientierung von pädagogischen und sozialarbeiterischen Angeboten (auch von Partizipationsangeboten) ist Folgendes festzuhalten (vgl. zum Folgenden Jordan 1998: 335ff. und 356ff.):

Gesellschaftliche Prozesse wie „relative Verarmung“ oder „Individualisierung von Lebenslagen“ treten auf lokaler Ebene in unterschiedlichen Intensitäten und Facetten auf. Für *Personen mit geringer räumlicher Mobilität* (Kinder, Jugendliche, Alleinerziehende, ältere Menschen, Personen mit niedrigem Einkommen usw.) ist der *soziale Nahraum* der zentrale Lern- und Lebensbereich. Hier wird wesentlichen persönlichen Kontakten und Tätigkeiten wie der Freizeitgestaltung nachgegangen.

Globale gesellschaftliche Entwicklungen wie Wirtschaftsentwicklung, Arbeitslosigkeit usw. spiegeln und brechen sich in den Sozialräumen ganz unterschiedlich, und zwar je nach *Grad der Segregation* – also der einseitigen sozialen Absonderung und Zusammensetzung der Wohnbevölkerung, der räumlichen Segmentierung: Es kann so zu unterschiedlicher Kumulation von Problemlagen in unterschiedlichen Sozialräumen kommen.

Je kleinräumiger die Betrachtung wird, desto *homogener* werden in der Regel die Bevölkerungsgruppen (Zielgruppen): Auf Kreisebene oder gesamtstädtischer Ebene können wir noch eine gewisse Durchmischung der Bevölkerungsstruktur haben, auf Stadtteil- und Quartiersebene bzw. Straßenebene aber schon eine Konzentration auf bestimmte Bevölkerungsgruppen, d.h. *auf kleinräumigerer Ebene nehmen die Segregationsprozesse zu.* Durch das überwiegende Leben innerhalb bestimmter räumlich konzentrierter Gruppen ohne Kontakt zu anderen Gruppen entstehen und verfestigen sich spezifische *Subkulturen* mit eigenen Werten und Normen – gerade auch auf der Ebene der Jugendkulturen und Cliquen.

Zwei verglichene Städte können z.B. ein identisches Durchschnittseinkommen der Wohnbevölkerung aufweisen; die Verteilung der Einkommen kann jedoch zwischen beiden so unterschiedlich sein, dass es in der einen eine deutliche Differenzierung nach arm und reich gibt, während in der anderen eine starke Mittelschicht ausgeprägt ist. Globale Werte wie Anteil von Ausländer/-innen, Arbeitslosenquote und Obdachlosenanzahl verraten nicht unbedingt, dass in der einen Region „sozial entmischte Gebiete“ (Problemregionen) entstanden sind, während eine andere eher gemischte Strukturen aufweist. Auch bundesweite Daten aus Jugendforschungen sagen nichts aus über reale Verhältnisse und Abweichungen in einem Sozialraum.

2 Es kommen aber auch Fragebögen mit qualitativer Intention infrage.

Objektive globale Entwicklungen und Strukturdaten können sich also sozialräumlich unterschiedlich brechen und dadurch *unterschiedliche Bedürfnisse und Bedarfe* erzeugen. Beispiele: Nachbarschaftshilfe auf dem Lande oder Familienstrukturen mit oder ohne Großeltern u.ä. führen zu ganz unterschiedlichen Bedürfnissen auf ergänzende Betreuung.

Für eine strukturell orientierte Jugendhilfeplanung auf der Ebene des Kreises oder der kreisfreien Stadt ist der *Raumbezug der Daten* also von großer Bedeutung (Feststellung unterversorgter Regionen, Konzentration von Ziel- bzw. Problemgruppen etc.). Das gilt analog wiederum auch auf der Ebene der einzelnen Gemeinde oder des Stadtteils mit ihren Teilbereichen.

Eine *Betrachtung zu großer Gebietseinheiten* birgt immer die Gefahr in sich, innere Strukturen dieser Einheiten zu vernachlässigen. Diese inneren Strukturen werden nivelliert und haben nur dann noch eine Chance, auf übergeordneter Ebene bemerkbar zu werden, wenn sie stark ausgeprägt sind.

Aus allen diesen Gründen gibt es auch nicht einfach nur eine rein quantitativ – aufgrund der Sozialstrukturdaten – festzustellende Notwendigkeit kompensatorischer Sozial- und Dienstleistungen (Bedürfnisse und Bedarfe) in einer Region. Der konkrete lokale Bedarf an Maßnahmen und Angeboten ist immer abhängig von einem komplizierten sozialökologisch vermittelten Zusammenhang von *objektiven Problemlagen* auf der einen und *Selbsthilfepotenzialen, subjektiven Auffassungen* des Leistungsanspruchs, subjektiven *Erwartungen, Bedürfnissen, Normen, Einstellungen, Traditionen* usw. (Lebenswelten) auf der anderen Seite. In jedem Sozialraum herrschen in Bezug auf Lebenslagen und Lebensverhältnisse der Kinder und Jugendlichen andere Bedingungen vor und somit andere Bedarfe an Maßnahmen und Angeboten, die deshalb immer individuell und passgenau, d.h. in direkter Abhängigkeit von den sozial-räumlichen Bedingungen konzipiert werden müssen.

Alle diese Aspekte haben dazu geführt, dass die Sozialraum- und Lebensweltorientierung 1990 als *Strukturprinzip der Jugendhilfe und der Jugendhilfeplanung* in das SGB VIII (KJHG) Eingang fand, „eine sozialräumlich ausgerichtete Analyse und Planung“ (Jordan 1998: 332) und eine sozialräumlich organisierte Aus- und Umgestaltung der Jugendhilfe verlangt wird, was bedeutet, dass im Prinzip statt einer *flächendeckenden* eine *bedarfsgerechte dezentralisierte und regionalisierte* Angebotsstruktur der Jugendhilfe vorgehalten wird. Dabei sollen laut § 80 Abs. 2 SGB VIII Einrichtungen und Dienste so geplant werden, dass junge Menschen und Familien in gefährdeten Sozialräumen besonders gefördert werden. Hinweise auf solche unversorgten Gebiete und Zielgruppen kann es nur aufgrund einer kleinräumigen Datenerhebung und dadurch ermöglichten Vergleichen von Planungsräumen geben.

Was heißt nun eigentlich „*klein*“ (vgl. zum folgenden: Jordan/Schone 1988: 356ff.)? Es gibt zurzeit keine wirklich fest entwickelten und verbindlichen Standards für die Größenbestimmung und auch keine exakten Verfahren zur Festlegung lokaler und regionaler Einheiten. Die administrativen Raumstrukturen (Stadt/Kreis, Bezirke, Ortsteile etc.) entsprechen im Übrigen auch nicht immer den sozial gewachsenen Strukturen. Im Prinzip ist das Merkmal der Kleinräumigkeit je nach Fragestellung *unterschiedlich* zu behandeln:

Bei der Frage nach ausreichenden Frei- und Spielflächen für Kleinkinder werden z.B. sehr kleine Gebietseinheiten zugrunde gelegt. Räume für die Kindergartenbedarfsplanung („zumutbare Entfernung“ der Einrichtung zur Wohnung ca. 15 – 20 Minuten Fußweg) werden ebenfalls noch sehr kleinteilig betrachtet. Bei anderen Angeboten der Jugendhilfe (z.B. Horte, Jugendarbeit, Einzugsbereiche des Allgemeinen Sozialen Dienstes, Kinder- und Familienhilfezentren, Familienbildung) sind größere Einzugsbereiche sinnvoll.

Auch die üblichen Bezugsebenen für statistische Daten der Städte und Gemeinden zeigen unterschiedliche Systematiken: Der *„Baublock“* ist die kleinste Gebietseinheit, für die man Daten erhalten kann (identifizierbar über eine Baublocknummer). Die Größe von Baublöcken liegt bei ca. 200 Einwohner/-innen. Mehrere Baublöcke werden zu einem *„statistischen Gebiet“* zusammengefasst, was aber ein absolut „künstliches“ Gebiet ist. Die Größe eines „statistischen“ Gebietes ist mit ca. 2.000 Einwohner/-innen zu veranschlagen. Stadtteile/Ortsteile sind häufig mit Baublöcken, aber nicht zwingend mit den statistischen Gebieten kompatibel, was Untersuchungen nicht gerade einfacher macht.

Meistens wird aber auf die Bezugsebene der Stadtteile bzw. Ortsteile zurückgegriffen. Da es sich aber bei den Orts- bzw. Gemeindeteilen meistens um historische bzw. politische Gebietsabgrenzungen handelt, können diese in ihren Größenordnungen sehr stark variieren (z.B. zwischen 1.500 und 10.000 Einwohner/-innen).

Bei der Datenaufbereitung von Jugendhilfedaten (insb. solchen mit niedrigen Fallzahlen wie in der Jugendgerichtshilfe oder den Hilfen zur Erziehung) sollte eine Untergrenze von etwa 5.000 Einwohner/-innen nicht unterschritten werden (sonst gibt es z.B. Verzerrungen bei den Prozentuierungen).

2 Das Verfahren der Sozialraum- und Lebensweltanalyse in der Jugendhilfeplanung und ihr Transfer in die Planung von Präventions- und Kooperationsprojekten

2.1 Einleitung

Nach fachlich einhelliger Meinung hat die Jugendhilfeplanung heute sozialräumlich, d.h. kleinräumig zu erfolgen (vgl. dazu Abschnitt 1.3). Das klassische Vorgehen der Jugendhilfeplanung sieht hierzu – auch für Teil-Fachplanungen wie für die Jugendarbeit und kommunale Jugendpläne – ein Standard-Verfahren mit folgenden Verfahrensschritten vor (vgl. dazu Jordan/Schone 2000: 57ff., insb. 66, 183; Landkreis Stade 2002):

Wenn man das übliche Standard-Planungsschema der Jugendhilfeplanung zugrunde legt, sind im Kern folgende Schritte unverzichtbar: 1. Sozialraumbeschreibung, 2. Bedürfnisse, Probleme, Defizite ermitteln, 3. Bestandsaufnahme der Angebote, Programme, Dienste, Maßnahmen, Projekte und Veranstaltungen, 4. Bestandsbewertung, 5. Bedarfsfeststellung, 6. Maßnahmen- und Projektentwicklung, 7. Realisierung.

Wenn man dieses Planungsschema der Jugendhilfeplanung ansetzt, spielt die Sozialraum- und Lebensweltanalyse eine zentrale Rolle

- bei der Sozialraumbeschreibung
- bei der Ermittlung von Interessen – Bedürfnissen – Problemen (Kinder- und Jugendbefragung, Sozialraum und Lebensweltanalysen)
- bei der Bestandsaufnahme der Angebote, Programme, Dienste, Maßnahmen, Projekte und Veranstaltungen.

Wenn es nun um die Entwicklung, Implementierung und Durchführung von Präventions- und Kooperationsprojekten geht, erschließt sich ebenfalls ein sehr hoher Stellenwert der Sozialraum- und Lebensweltanalyse.

Man kann sich als Ausgangslage in etwa folgendes Beispiel vorstellen: Für einen Stadtteil soll vom Jugendamt (Jugendpflege) aus mit einem Team aus den Stadtteileinrichtungen, den freien Trägern im Stadtteil und den Schulen ein Gesamtkonzept für Präventions- und Kooperationsstrukturen und -modelle und gemeinsame Projekte entwickelt werden.

Es lässt sich zeigen, dass die Sozialraum- und Lebensweltanalyse – wie im unten vorgestellten Planungsschema der Jugendhilfeplanung – auch bei einem solchen Gesamtprojekt, das dem Muster der Projekt- und Beteiligungsspirale (vgl. Stange 1998) folgen könnte, weil das KJHG Partizipation in der Jugendhilfeplanung vorschreibt, gleich an mehreren Stellen relevant wird. Im entsprechenden *Phasenschema* für Projekte gibt es vier Hauptphasen: *1. Basisphase, 2. Lösungsphase. 3. Planungsphase. 4. Realisierungsphase.*

Wenn wir dieses Phasenschema mit dem auf der nächsten Seite dargestellten Planungsschema für die Jugendhilfeplanung verbinden und die Orientierung an der sozialräumlich-kleinräumigen Gemeinde- oder Stadtteilsituation mitdenken, ergibt sich folgende Einordnung:

- *Basisphase*: Initiative – Analyse – Bedarf
- *Lösungsphase*: Ideenfindung – Prüfung – Prioritäten
- *Planungsphase*: Politik – Organisation – Verwaltung
- *Realisierungsphase*: Verwirklichung – Evaluation – Nachhaltigkeit.

Die Sozialraum- und Lebensweltanalyse kommt also an mehreren Stellen ins Spiel:

1. Sie dient in der *Basisphase* (Teil „Untersuchungsphase") in erster Linie als Quelle für die Findung von Zielgruppen und Themen und Basis der Hypothesenbildung zu Problemen im Sozialraum (für die spätere Entwicklung von Modellen und Strategien der Prävention) – und zwar bei der Sozialraumbeschreibung (Sozialstrukturdaten, Lebensbedingungen), bei der Interessen-Bedürfnis-Problem-Ermittlung (Kinder- und Jugendbefragung zur Lebenssituation/zu Projektwünschen usw.) und bei der Bestandsaufnahme der Angebote, Programme, Dienste, Maßnahmen, Projekte und Veranstaltungen mit Präventionselementen im Stadtteil.

2. In der der *Lösungsphase* als Interpretations- und Entscheidungshilfe für die Bestandsbewertung und Bedarfsfeststellung und bei der Konzeptionsentwicklung, d.h. bei der Maßnahmen- und Projektesammlung (Ideenfindung I) und der Ausgestaltung und Konkretisierung (Ideenfindung II).

3. In der *Planungsphase* und in der *Realisierungsphase* (bei der Implementation, aber auch beim Regelbetrieb), sekundär auch als permanente Rahmenbedingung und Einflussfaktor im Sinne von Förderung oder Störung (im Sinne von „*Umfeldanalyse*").

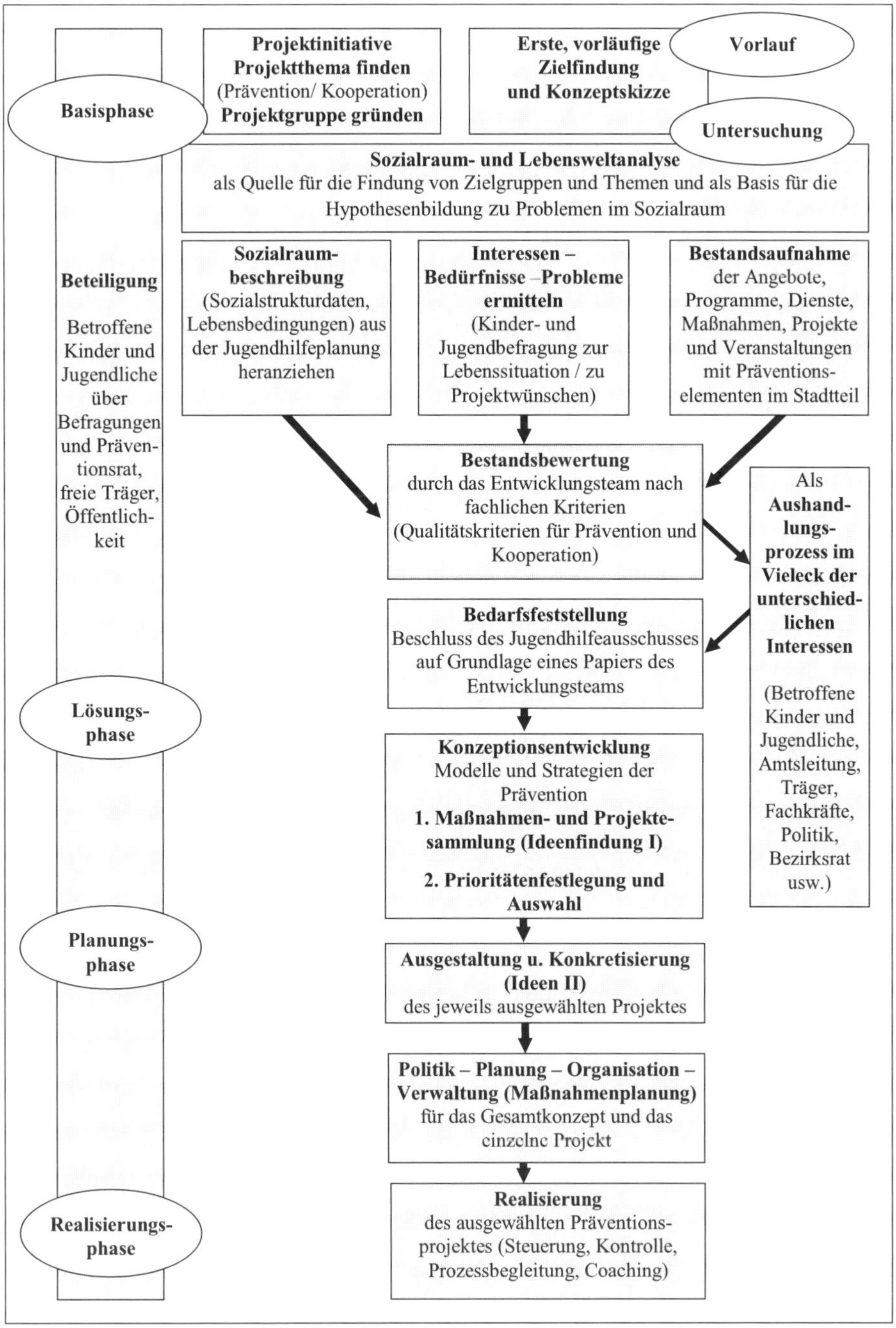

Abb. 1: Phasenschema: Sozialraum- und Lebensweltanalyse im Präventionskontext

2.2 Typische Ausgangslagen bei der Entwicklung von Präventions- und Kooperationsprojekten

Ausgangspunkt können die eigene Einrichtung (die Organisation, der Verein, der Verband), auch die sozialräumlichen politischen und administrativen Institutionen wie Bezirksrat, Bezirkssozialarbeit, die Stadtteilkonferenz im Rahmen der Jugendhilfeplanung, die Sozialraumkonferenz, der Präventionsrat usw. sein.

Eine *interne Gruppe*, z.B. das Team einer Einrichtung (ggf. verbunden mit einer Inhouse-Fortbildung), eine Gruppe aus einer Sozialraumkonferenz, eine Schule aus dem Stadtteil im Rahmen eines Schulprojektes usw. werden initiativ oder werden beauftragt.

Oder eine *externe Gruppe*, z.B. eine Hochschule oder Fachschule, ein Institut für Jugendhilfeplanung, eine im Sozialraum tagende Fortbildungsgruppe aus der gesamten Stadt usw. wird beauftragt.

Die Absichten (die Zielsetzung), die hinter einer solchen Sozialraum- und Lebensweltanalyse stehen können, könnten z.B. sein:

- die Programm- und Angebotsentwicklung im Bereich der Präventionsangebote für ein Jahr
- die Entwicklung und Planung einer längerfristigen Gesamtkonzeption für Prävention im Sozialraum oder für eine einzelne Einrichtung (z.B. eine Schule)
- der Erwerb von Hintergrundinformationen für einzelne Maßnahmen, Projekte.

Es kann aber auch – zumindest als Nebenabsicht – die Intention sein,

- eine Aktivierung und Mobilisierung der Bewohner/-innen des Stadtteils in Gang zu setzen
- Öffentlichkeitsarbeit und Werbung (Imagepflege) für die eigene Einrichtung zu betreiben
- oder ganz einfach spannende pädagogische Aktionen für Kinder und Jugendliche durchzuführen.

Die genannten Maßnahmen – die ja sämtlich in den Bereich der Planung gehören – sollten partizipativ (vgl. Stange 2007) durchgeführt werden.

2.3 Das Untersuchungsdesign von Sozialraum- und Lebensweltanalysen im Rahmen von Präventions- und Kooperationsprojekten

Wie geht man nun sinnvoll und fachgerecht vor und welchen Aufwand betreibt man?

Man kann je nach Ausgangslage, Zielsetzung und Ressourcen die Sozialraumanalyse auf einfache oder komplexe Weise betreiben. Wir werden im Folgenden zunächst die aufwendigere und komplexe Variante (die „Große Strategie“) beschreiben, um dann in einem nächsten Schritt zu zeigen, wie man daraus mit wenigen Mitteln relativ schnell und ganz einfach die schlichte Variante (die „Kleine Strategie“) ableiten kann.

Wir benötigen bei beiden Varianten – wie im Abschnitt 1.2 entwickelt – aber immer Informationen aus mehreren Bereichen:

- Objektive Daten zur Lebensqualität (z.B. Demografie, Bildung, Einkommen, Arbeitslosigkeit), die unabhängig von der Wahrnehmung der im Sozialraum lebenden Individuen Wirksamkeit und Realität haben: Daten zur Sozialstrukturanalyse
- Informationen aus Kinder- und Jugendbefragungen (quantitatives und qualitatives Material zu Interessen, Bedürfnissen und Problemen)
- Materialien zur qualitativen Gebietstypisierung (z.B. Verkehrssituation, bauliche, ökologische, visuelle Situation usw.)
- Daten zum Bestand an Einrichtungen, Programmen, Maßnahmen und Projekten im Bereich „Präventions- und Kooperationsangebote".

Wie kann man nun eine Sozialraum- und Lebensweltanalyse strategisch und methodisch angehen? Welche Abfolge ist sinnvollerweise einzuhalten? Dazu der folgende idealtypische *Musterablauf* einer kompletten Sozialraum- und Lebensweltanalyse (die „*Große Strategie*"):

Strategie der Sozialraum- und Lebensweltanalyse: die Schritte im Einzelnen

A. Orientierung

1. Exploration: Orientierung und erste Hypothesenbildung
1.1 Flanierende Begehung ohne Begleitung: Ersteindruck zu den Rahmenbedingungen für Kinder und Jugendliche)
1.2 Gespräch mit den lokalen Hauptakteuren/-innen: Bürgermeister/-ingespräch, auch Gemeindegespräch, Kinder- und Jugend-Hearing, Info-Vortrag durch Fachexperten/-innen u.ä.
1.3 Experteninterviews/Leitfaden-Interviews – auch mit Mitarbeiter/-innen von pädagogischen Einrichtungen

2. Qualitative Gebietstypisierung durch Felderkundungen/Begehungen
Gebietstypische Merkmale und Besonderheiten erfassen und erste sozialräumliche Zielgruppeninformationen
2.1 Strukturierte Begehungen mit Erwachsenen: mit Begleitung durch Personen aus dem Stadtteil, d.h. Stadtteil-Schlüsselpersonen
2.2 Strukturierte Begehungen mit Jugendlichen: als Gegen-Check
2.3 Strukturierte Begehungen mit Kindern („Streifzüge"): Kinder zeigen den Stadtteil in Begleitung von Erwachsenen (Treffpunkte, Spielräume, positive und negative Orte, Streifräume) – als Gegen-Check
2.4 Ggf. als Ergänzung: Sozialfotografie und Sozialvideografie durch Kinder/Jugendliche

B. Sekundäranalyse von Daten

3. Quantitative Gebietstypisierung: Sozialstrukturanalyse
Daten zur Sozialstruktur des Sozialraumes: demografische Daten, allgemeine Sozialstatistik, Daten der Jugendhilfeplanung usw. – durch Dokumentenanalyse, Experteninterview/Leitfaden-Interviews

4. Bestandserhebung
Infrastruktur, Institutionen, Organisationen, Angebote, Programme.
Durch Dokumentenanalyse, Fragebogen, Experteninterviews/Leitfaden-Interviews

C. Hauptuntersuchung

5. Erwachsenenbefragung
Leitfaden-Interviews mit (Stadtteil-) Sozialraum-Schlüsselpersonen, Gespräche mit Institutionen, gezieltes Aufsuchen von konzeptionell wichtigen Zielgruppen

6. Kinder – und Jugendbefragung (qualitative Verfahren)
6.1 Leitfaden-Interviews (Einzelinterviews, Gruppeninterviews)
Mit Jugendlichen und Gruppendiskussionen:
a. verschiedene geschlossene Gruppen (Cliquen), b. Fokusgruppen
6.2 Ggf. als Ergänzung: Peer-Interviews am Gruppenort, mit oder ohne Videokamera, als Einzelinterview, Gruppeninterview oder Gruppendiskussion
6.3 Interviews mit Kindern: Subjektive Landkarte (als narrative Landkarte, Befragung von jüngeren Grundschulkindern), einfache Leitfaden-Interviewformen mit älteren Kindern (z.B. Spielraum-Fragebogen für Kinder als Interviewleitfaden oder Kurzinterviews im Rahmen des schnellen Sozialraum-Checks). Ersatzweise für die subjektive Landkarte: Aktivierendes Bewegungsinterview mit Kindern (mit 1-2-3-Spiel u.ä.)
6.4 Mögliche Ergänzungen (je nach Zielsetzung und Erkenntnisinteresse):

- Teilnehmende Beobachtung: Topografische Beobachtung mit festem Standort: Schulhof, Schulklasse, Kita, Spielplatz/Bauspielplatz, Sport, Plätze, Rathaus, Disco, Café, Kneipe, insb. Cliquen-Orte (Jugendtreffpunkte, Bushäuschen, Geschäfte usw.)
- Jugendkulturen-Kataster/Cliquen-Kataster
- Nadelmethode: z.B. als Nutzeranalyse von Jugendzentren
- Cliquen-Portrait: Beschreibung einzelner Cliquen
- Fremdbild-Erkundungen: Straßeninterviews mit Tonband oder Video
- Objektive Landkarte: Bepunktung von „guten Orten/ schlechten Orten", Treffpunkten, Bewegungsdiagramme durch Kinder (Mobilität) usw.
- Foto-Stadtplan
- Spielplatztest
- Stadtteilforscher-Aktionen mit Kindern (nicht als Zeige- und Begehungsform, sondern als systematische Untersuchung des Stadtteils durch Kinder)

7. Kinder- und Jugendbefragung: quantitative Verfahren (klassische Fragebögen)
7.1 Jugendfragebogen
7.2 Spielraum-Fragebogen für Kinder: Fragebogen zur Spielraumanalyse
7.3 Elternfragebogen für kleinere Kinder (bis 6 Jahre)

D. Transfer

8. Verarbeitung (Auswertung) und Aufbereitung der Ergebnisse
8.1 Systematische Auswertung
8.2 Darstellung und Aufbereitung der Ergebnisse
Bericht/ Dokumentation, Broschüre, Sozialatlas, Kinderstadtplan, Freizeit-Kreis- und Regionalplan für Jugendliche, kommunaler Jugendplan u.ä.

9. Präsentation der Ergebnisse
Öffentliche Präsentationsveranstaltung, z.B. Versammlung von Bürger/-innen, Versammlung von Jugendeinwohner/-innen, Podiumsdiskussion, Ausstellung (Metaplan-Tafeln, Folien, Fotos, Dia-Vortrag/ Powerpoint, Bericht/ Dokumentation, Broschüre, Video- und Tonband-Präsentation

Bei einer umfassenden Konzeptionsentwicklung „Prävention" oder einer Implementation von umfangreichen Kooperationsstrukturen für Jugendhilfe und Schule für eine ganze Stadt oder einen ganzen Stadtteil, die dann mehrere Jahre halten sollen, lohnt sich der Aufwand, die einzelnen Schritte ausführlicher zu gestalten und einen genauen Quotenplan für Interviews usw. zu entwickeln, auch einige der Ergänzungsmethoden hinzuzunehmen und einen guten Fragebogen zu machen. Dann sind natürlich Zeit- und Personalanforderungen größer. In einer solchen Situation ist es gut, wenn man viele verschiedene Methoden mixt („Triangulation"). Das verbessert die mehrdimensionale Sichtweite, die bei Lebensweltuntersuchungen wichtig ist. Und das erhöht die „Trefferwahrscheinlichkeit".

Die Hauptphasen können aber je nach Ausgangslage und Zielsetzung auch ganz schlicht, einfach und unaufwendig, also viel weniger umfangreich als oben geschildert ausgefüllt werden:

Die „Kleine Strategie" - einfach und unaufwändig

Die Schrittfolge der Strategie wird nur als grobe formale Hülse betrachtet, die man in der Abfolge im Prinzip zwar immer einhalten sollte, aber unterschiedlich intensiv füllen kann. So kann man dann z.B. die *komprimierte Sonderlinie* fahren:

- Ersatzweise für 5.–7. (z.T. 2.): *Schneller Sozialraum-Check* (Delphi-Stationenlauf) für Erwachsene, Jugendliche und ältere Kinder:
  Als Schnellverfahren geeignet für große Gruppen. Enthält u.a. Objektive Landkarten (gute Orte/ schlechte Orte, Treffpunkte, Bewegungsdiagramme von Kindern: Mobilität), Foto-Stadtplan, Jugendkulturen-Kataster/ Cliquen-Kataster, Poster-Fragebogen u.ä.

- Ersatzweise für 5.–7. (z.T. 2.): *Sozialraumwerkstatt* (Variante der Zukunftswerkstatt)
  Als Ultrakurz-Gesamtverfahren geeignet (mit Untersuchungs-/Kritik-Phase, Lösungs- und Umsetzungsphase, mit einer einzigen, nach Schlüssel zusammengesetzten Fokusgruppe (z.B. mit Stellvertreter/-innen /Erwachsenen-Schlüsselpersonen und -expert/-innen oder nur mit Jugendlichen oder gemischt), ggf. auch zwei parallele Sozialraumwerkstätten mit Erwachsenen/Jugendlichen)

3 Exemplarische Praxis-Bausteine aus der Strategie der Sozialraum- und Lebensweltanalyse im Präventions- und Kooperationsbereich

3.1 Einleitung[3]

Die Bausteine der Sozialraum- und Lebensweltanalyse können hier nicht im Einzelnen nachgezeichnet werden – schon gar nicht auf anwendungsrelevantem Niveau. Eine kurze Auflistung mit einigen knappen Anmerkungen muss hier genügen. Interessanter erscheint die abschließende Skizzierung einiger an der Universität Lüneburg im Rahmen von kommunalen Präventionsprojekten grundständig neu entwickelter innovativer Methoden, die bisher noch nicht publiziert wurden, wie z.B. des Bewegungsinterviews, der Sozialraumwerkstatt oder des Schnellen Sozialraum-Checks (Abschnitt 3.2).

Praxisbaustein 1: Sozialstrukturanalyse
Eine der ersten Aktivitäten im Rahmen von Sozialraum- und Lebensweltanalysen ist die Beschreibung und Analyse der Lebensverhältnisse über die Sammlung aller relevanten statistischen Daten, z.B. Daten des Sozialraumes zur Demografie, zur wirtschaftlichen Entwicklung, Arbeitslosigkeit, zur Schulsituation, zu den Jugendhilfefällen, zur Kriminali-

3 Auf der Basis von Stange/Karstens 2006 (und Karstens/Nehls 2005: insb. 198ff.; Witte 2005: 65ff.).

tätsstatistik usw. Gut aufgestellte Jugendämter verfügen im Allgemeinen schon über ausgezeichnete statistische Sozialraumbeschreibungen für jeden ihrer Sozialräume und schreiben diese regelmäßig fort. Es ist also sinnvoll und effektiv, diese zu nutzen. Für den Fall, dass man selber diese Daten recherchieren muss, ist eine pragmatische und verwendungsnahe Struktur der Datensammlung zugrunde zu legen (Jordan/Schone 1999: 115ff., 351ff.; weitere Beispiele bei Karsten/Nehls 2005: 79f.).

Eine besonders häufige Verwendungssituation für *einfache* Sozialstrukturanalysen ist es, ausgewählte Daten zu sammeln, die nur für eine einzelne soziale Einrichtung (Schule, Jugendzentrum, Kindertagestätten, Sportverein) im Stadtteil relevant sind.

Beispiele für solche einfachen und relativ unaufwendigen Sozialstrukturanalysen in Form von *Checklisten* (Sammlung und Auswertung von statistischen Daten und Materialien: Sozialstatistik, Bestand/soziale Infrastruktur – aber auch Hintergrundinformationen zum Stadtteil, zu Stadtplanung, Baugeschichte, Sozialgeschichte, aktueller politischer Situation, Problemen etc.) gibt R. Thiersch (2000: 11ff., 13ff.). Sie zeigt dabei am Beispiel des Kindertagesstätten-Bereichs, dass es sinnvoll und hilfreich ist, Checklisten zur Erhebung rein einrichtungsbezogener Daten (R. Thiersch 2000: 14, 11ff.) zu nutzen.

Im Rahmen derartiger Verwendungssituationen sollte das ganze Team der Einrichtung mitarbeiten. Auf Metaplan-Karten oder Wandzeitungen wird das gemeinsame Wissen zusammengetragen und ggf. bis zu den nächsten Teamsitzungen ergänzt. Selbstverständlich fließen alle in der Einrichtung ohnehin vorhandenen statistischen Daten in die Analyse ein.

Solche Checklisten müssen im Übrigen nicht fertig übernommen werden. Sie lassen sich leicht selber herstellen und an die eigene Situation anpassen.

Praxisbaustein 2: Quantitative Kinder- und Jugendbefragungen

Der Vorteil schriftlicher Befragungen im Rahmen von Sozialraumanalysen mittels Fragebogen liegt darin, dass mit relativ wenig Personal und vergleichsweise geringen Kosten eine hohe Anzahl von Probanden gleichzeitig befragt werden kann. Auch zeigt die Erfahrung, dass bei öffentlichen Präsentationen von Untersuchungsergebnissen, den quantitativen Ergebnissen – auch wenn das in dieser Ausschließlichkeit gerade bei Lebensweltuntersuchungen fragwürdig sein mag – den Zahlen mehr Überzeugungskraft zugeschrieben wird. Das kann für die Weiterarbeit durchaus von Nutzen sein.

Beim Fragebogen als einer „stark strukturierten Befragung“ muss bei der Entwicklung und Konstruktion allerdings viel Zeit eingeplant und viel Sorgfalt aufgewendet werden.

Die Einzelheiten der Standard-Vorgehensweise bei quantitativen Forschungen können hier nicht vorgestellt werden. Dazu wird im Übrigen auf die entsprechenden Lehrbücher verwiesen (vgl. dazu z.B. Steinert/Thiele 2000: 215f.; Diekmann 2005; Kromrey 2003; Mayer 2002; Moser 1997; Schnell 2005).

Wenn solche schriftlichen Befragungen partizipativ angelegt werden sollen, bietet es sich an, diese zusammen mit Jugendlichen (insb. Schüler/-innen) durchzuführen. Viele Jugendparlamente, Jugendringe und Schulen haben solche Befragungen als Partizipationsprojekte realisiert. Unterstützung bietet in diesem Zusammenhang die Software *Grafstat*. Sie ist ein Programm, das für sozialwissenschaftliche Studien von Schüler/-innen geschrieben wurde.[4] Diese Software ermöglicht es auch jugendlichen Forscher/-innen unter Anleitung technisch saubere Fragen zu entwickeln und ein ausfüllfertiges Druckformular oder ein HTML-Formular des Fragebogens zu erstellen. Mit Grafstat kann man seine gesammelten Daten auf sehr einfache Weise erfassen, gestalten, auswerten, dokumentieren und präsentieren.

Praxisbaustein 3: Qualitative Verfahren der Sozialraum- und Lebensweltanalyse
Probleme und Schwierigkeiten des qualitativen Forschens und daraus resultierende Anforderungen können hier nicht dargelegt werden (siehe dazu Friebertshäuser/Prengel 1997). Interessant ist in diesem Bereich aber, dass neben dem hohen fachlichen Ertrag (Aussagen zu den subjektiven Lebenswelten) – sozusagen als Nebeneffekt – auch erhebliche pädagogische Potenziale in dieser Untersuchungsstrategie stecken. Qualitative Forschungsmethoden können im Rahmen von Sozialraumanalysen sozusagen pädagogisch gewendet und Gegenstand von kooperativen Präventionsprojekten werden! Hier ist an den Diskurs zum Zusammenhang von Ethnografie und Jugendarbeit zu erinnern.

Die Methodik der Jugendarbeits-Ethnografie – etwa die teilnehmende Beobachtung oder die Erkundung – ist angelehnt an das beschiebene neugierige Erforschen fremder Zivilisationen. Z.B. kann man die oft ungewohnten und fremdartig erscheinenden Gewohnheiten jugendlicher Peer-Groups in diesem Sinne betrachen und so besser verstehen lernen.

Nun gehörte es ja ohnehin schon immer zum professionellen Handwerkszeug guter Jugendhilfe und Jugendarbeit, sich über die Lebenswelt der Jugendlichen, d.h. soziale, familiäre und biografische Hintergründe genauer zu informieren. Es ging dabei wie auch bei der eigentlichen ethnografischen Jugendarbeit i.e.S. immer um die wechselseitige Vermittlung der unterschiedlichen Wahrnehmungsperspektiven und z.T. um eine regelrechte Übersetzungsarbeit – z.B. dann, wenn die unterschiedliche Sprache von jugendlicher Subkultur und Bürokratie ein direktes Gespräch erschweren. Auch bei den Aktivitäten zur Planung von Angeboten und Maßnahmen, der Entwicklung und Fortschreibung von Konzeptionen sowie der Reflexion der Praxis werden immer wieder subjektive Aussagen über Bedürfnisse und Bedarfe der Kinder und Jugendlichen aus ihrer Lebenswelt benötigt, die angemessen zu deuten sind. Es gibt vielfältige ethnografisch zu interpretierende Ansätze, um die Lebenswelten von Jugendlichen auf methodisch angeleitete Weise zu erkunden und zu verstehen (vgl. Appel/Stötzel 1999: 2ff., Lindner 2001). Viele dieser hochwirksamen und aktivierenden Methoden wurden für die Jugendarbeit in pädagogischer Absicht adaptiert und haben sich in der Praxis bewährt (vgl. u.a. Appel/Stötzel 1999: 4ff.), z.B.

- Subjektive Landkarten
- Stadtteilbegehung und fotografische Stadtteilerkundung
- Nadeluntersuchung
- Strukturierte Sozialraumbegehung
- Teilnehmende Beobachtung, insb. topografische Beobachtung mit festem Standort (Schulhof, Schulklasse, Kita, Bauspielplatz, Sport, Plätze, Rathaus, Disco, Café, Kneipe, Cliquen-Orte und Jugendtreffpunkte, Bushäuschen, Geschäfte usw.)

4 Das Programm ist für einen Beitrag von 4,- Euro bei der „Bundeszentrale für politische Bildung“ erhältlich bzw. steht als Download bereit.

- Fremdbilderkundung
- Gruppeninterview und Gruppendiskussion
- Cliquenkataster
- Leitfadeninterviews mit Schlüsselpersonen
- Bewegungsstadtplan (Der Sozialraum wird mit Farbe als Stadtteilkarte auf dem Schulhof visualisiert und die Jugendlichen werden dann in diesem begehbaren Modell befragt.)
- Spielplatz-Test (Kinder prüfen anhand von Checklisten Spielplätze ihrer Umgebung)
- Stadtteilforscher-Aktionen mit Kindern (nicht als Zeige- und Begehungsform, sondern als systematische Untersuchung des Stadtteils durch Kinder).

Weitere Methoden der Sozialraum- und Lebensweltanalyse, die in der jüngsten Zeit an der Universität Lüneburg völlig neu entwickelt und erfolgreich evaluiert und in die Praxis implementiert wurden, sind

- die Sozialraumwerkstatt
- das Bewegungsinterview
- der Schnelle Sozialraum-Check
- der Aktivierende Posterfragebogen
- die Objektive Landkarte (Punktmethode).

Zur strategischen Einbindung solcher Methoden – z.B. im Rahmen von Fortbildungsveranstaltungen (Inhouse) zur Konzeptionsentwicklung – kann hier nicht weiter eingegangen werden. Das gilt auch für deren Einsatz im Rahmen der Methode *PRA* (*Participatory Rapid Appraisal* – Schnelle Partizipatorische Datenerhebung), einer Methode aus der Entwicklungshilfe, die an der Universität Lüneburg erfolgreich für Länder der ersten Welt adaptiert wurde (siehe dazu Stange 2008). Dabei untersucht z.B. ein studentisches Forscherteam in einem einwöchigen intensiven Feldaufenthalt einen Sozialraum mit dem gesamten Arsenal an ethnografischen Methoden, wertet die Daten gleich vor Ort gemeinsam aus und präsentiert die Ergebnisse – einschließlich erster Empfehlungen – den Einwohnern und Einwohnerinnen in einer öffentlichen Veranstaltung am Ende der Woche.

3.2 Innovativ und effektiv: neue qualitative Methoden der Sozialraum- und Lebensweltanalyse im Präventionsbereich

3.2.1 Sozialraumwerkstatt (Stange 2005a)

Die *Sozialraumwerkstatt* ist eine schnelle und effektive Methode. Auch wenn sie als ergänzende Methode innerhalb umfangreicherer Methodensettings eingesetzt werden kann (insb. bei Jugendlichen), so soll sie doch idealtypisch (zumindest bei Erwachsen) andere Schritte und Methoden ersetzen. D.h. es werden alle erforderlichen Informationen (auch zur Sozialstrukturanalyse und zur Bestandsaufnahme) hier erhoben. Das setzt natürlich klug und effektiv zusammengesetzte Fokusgruppen mit Sozialraumexperten (auch Experten aus Pädagogik, Politik, Verwaltung) voraus, die in der Lage sind, die relevanten Informationen und Einschätzungen zu geben. Darüber hinaus werden neben Fakten und Wissen vor allem subjektive lebensweltliche Einschätzungen und Einstellungen erfragt. Sozialraumwerkstätten für Jugendliche und Erwachsene sollten immer getrennt durchgeführt werden. Nur so kommen – zumindest auf Seiten der Jugendlichen – aussagekräftige und authentische Ergebnisprofile zustande.

Bei Sozialraumwerkstätten mit Jugendlichen verschieben sich allerdings die Akzente. Zwar können prinzipiell auch bei ihnen wichtige Informationen zum Bestand erfragt werden, der Kern der Auseinandersetzung bezieht sich aber auf subjektive lebensweltliche Wahrnehmungen und ihr in der Regel sehr wertvolles spezielles Erfahrungs- und Alltagswissen über den Sozialraum, das uns Erwachsenen nicht direkt zugänglich ist. Sie sind ja durchaus Expertinnen und Experten in eigener Sache. Sie äußern sich z.B. zum Freizeitverhalten der im Sozialraum lebenden Jugendlichen, zu Problemschwerpunkten aus Sicht der Jugendlichen, zur positiven oder negativen Wahrnehmung einzelner Orte und Institutionen innerhalb des Sozialraumes, zu Cliquen, Randgruppen usw. Bei Jugendlichen wird teilweise nicht mit Fokusgruppen, sondern mit homogenen Gruppen (z.B. Schulklassen) gearbeitet.

Die Sozialraumwerkstatt ist ein Konzept nach dem Muster einer eintägigen Zukunftswerkstatt. Wesentlich: Alle Informationen werden in einer einzigen Veranstaltung erhoben. In einer Sozialraumwerkstatt geht man in etwa folgendermaßen vor: Es werden – wie in einer Zukunftswerkstatt – im Rahmen eines interaktiv moderierten (statt „geleiteten"), offenen und spielerischen methodischen Gerüsts mit dem sog. „Visualisierungsverfahren" (auf farbigen Moderationskärtchen) Stellungnahmen in Kleingruppen erarbeitet. Die grundsätzliche Strategie nähert sich stark dem halbstrukturierten bis offenen Interview an (wenn auch als Kleingruppen-Selbstinterview), das – anders als bei geschlossenen Fragen – eine sehr breite Palette und Vielfalt von Antworten möglich macht und dabei das Potenzial von Gruppen nutzt. Dabei wird in folgenden Schritten vorgegangen:

1. Bestandsaufnahme und Kritik

Diese erste Phase ist viel umfangreicher und differenzierter als in der klassischen Zukunftswerkstatt, und hat auch einen anderen Charakter, da sie vor allem zur ausführlichen Datenerhebung genutzt wird:

- „Anwärmer" durch Matrix-Bepunktungen: „Wie jugendfreundlich ist …?"
- Beantwortung von Leitfragen, z.B. „Was gibt es bereits an Angeboten in ..."? (Bestand)
- „Was läuft gut für Jugendliche in ...?"
- „Was gibt es an der Jugendsituation in ... zu kritisieren? – „Welche Probleme gibt es für Jugendliche?"
- Bewertungen/Prioritäten-Bildungen („Shit-Listen")
- Objektive Landkarte (siehe 3.2.5)
- Jugendkulturen- und Cliquenkataster (siehe 3.2.3).

2. Lösungs- und Verbesserungsvorschläge – Ideen – Wünsche und Träume
(Ideenfindungs- und Kreativmethoden):
- „Unsere Wünsche und Ideen für unsere Gemeinde"
- „Welche Lösungen gibt es für die genannten Problemschwerpunkte? – Vorschläge und Ideen für Einzelmaßnahmen und Projekte"

3. Umsetzung und Planung
- Maßnahmen- und Projektsammlung und -auswahl: Maßnahmenlisten, Liste von Leitprojekten, Prioritäten
- Forderungskataloge
- ggf. kurze Ausarbeitung von Projektskizzen und groben Umsetzungsskizzen
- ggf. schon Aktionspläne und Festlegung erster Aktivitäten.

Die Sozialraumwerkstatt nutzt ansonsten viele kreative und spielerische Ergänzungsmethoden und bietet gerade Jugendlichen interessante Ausdrucksmöglichkeiten. Sie greift besonders dann gut, wenn Gruppen aktiviert und motiviert werden sollen und – ganz zentral – Akteure für die später folgenden Umsetzungen und Projekte gewonnen werden sollen (Nucleus-Strategie). Sie ist dann besonders sinnvoll, wenn wenig Zeit vorhanden ist und sozusagen eine Kurz-Strategie gefahren werden muss. Die Sozialraumwerkstatt ist aber nicht nur schnell. Sie ist auch sehr effizient: Es gelingt die Erfassung vieler Daten in sehr kurzer Zeit. Sie führt wegen des gegenüber den anderen Methoden größeren Zeitbudgets auch zu einer größeren Durchdringung der Sachverhalte, erhöht die Qualität und hat viel größere einstellungsverändernde und emotionale Wirkungen als die anderen Methoden.

Besondere Vorzüge entfaltet die Sozialraumwerkstatt, wenn die Grundgesamtheit der Untersuchung sehr klein ist (in Dörfern oder kleineren Stadtteilen) und man ggf. im Sozialraumworkshop fast alle Jugendlichen erfassen kann.

Der gesamte Prozess wird schriftlich dokumentiert und der Verwaltung, der Politik und Pädagogik (Jugendpflege), aber auch den Betroffenen zur Verfügung gestellt. Die Ergebnisse fließen in die Optimierung der Konzeptionsentwicklung für die Kinder- und Jugendarbeit ein.

3.2.2 Bewegungsinterview für Kinder (Stange 2005b)

Befragungen im Kinderbereich sollten besonders motivierend gestaltet werden und einen starken Beteiligungsakzent haben. Das leistet das sog. „Bewegungsinterview". Es versucht, in spielerischer und aktivierender Form Aussagen von Kindern zu bestimmten Fragestellungen aus ihrer Lebenswelt zu erhalten (durch interaktive didaktische Interviewimpulse). Der Vorteil dieser Methode besteht neben dem hohen Aktivierungs- und Spaßcharakter darin, dass man schnell und simultan viele Kinder (ab der 3. Klasse) befragen kann (z.B. 60 bis 80 Kinder in zwei Stunden). Das Bewegungsinterview ist also eine Großgruppenmethode und findet in Kooperation mit Schulen in der Turnhalle statt.

Erhoben werden Einschätzungen und Bewertungen des Sozialraumes und der eigenen Lebenswelt und das Erfahrungs- und Alltagswissen der Kinder, z.B.

- Daten über das Freizeitverhalten der im Sozialraum lebenden Kinder und Jugendlichen, die Freizeit- und Vereinsangebote usw.
- Einschätzungen zur Lebenswelt Schule, zur Schulhofsituation usw.
- Problemschwerpunkte aus Sicht der Kinder, Bedrohungssituationen (Sicherheitsgefühl)
- die Mobilität, Informationen über die Nutzung von Straßen und Wegen zur Schule und im Rahmen der Freizeitgestaltung (insbesondere Gefahrenpunkte im Verkehr)
- Informationen über die positive oder negative Wahrnehmung einzelner Orte innerhalb des Sozialraumes, über Treffpunkte, angstbesetzte und problematische Orte
- Daten zur zeitlichen Verplanung des Alltags; usw.

Im Bewegungsinterview werden – im Rahmen eines spielerischen methodischen Gerüstes (zu Bewegung und begleitender Musik sind Aufgaben zu erfüllen) – die Bewegungsimpulse im Raum als intensiver Interviewanlass genommen. Man geht in etwa so vor:

1. Das Spiel „1-2-3“
Es ist einem Spiel für Kinder im Fernsehen nachbildet: Die Kinder hüpfen zu Musik auf verschieden Befragungs- und Antwortfeldern in der Turnhalle hin und her. Sie beantworten die gestellte Frage zunächst ganz einfach durch Hinstellen auf eines der Antwortfelder. Dort werden sie dann nach Begründungen und Einschätzungen befragt, die protokolliert werden.

2. Der Fotostadtplan
Wichtige Orte aus dem Sozialraum sind auf Moderationstafeln durch stark vergrößerte Fotos repräsentiert. Sie bilden den Stadtteil räumlich nach. Die Stationen stehen für bestimmte Orte, Treffpunkte, Spielorte des Stadtteils – auch für Geschäfte, Schulen, Sportplätze, Fahrradwege, Ampeln, Bushaltestellen usw.

Die Kinder antworten auf Fragen durch Bewegung, Hinstellen, Abgehen von Wegen (quasi als „Lauf- und Stellsoziogramm“). Z.B. werden bestimmte Orte gewählt: schöne, schlechte, angstbesetzte, gefährliche (Kriminalität, Sicherheitsgefühl), erlebnishaltige Orte, Lieblingsorte.

Im Rahmen von Interviews erläutern die Kinder danach ihre Entscheidung, die (auf Karten kodiert) mitgeschrieben wird.

Es können auch bestimmte Orte und Einrichtungen bewerten werden (z.B. Bepunktungsaktionen zur jeweiligen Orts-Qualität oder Bewertungen z.B. über ein Poster-Polaritätsprofil vorgenommen werden.

Es können auch Zeiten durchgespielt werden (Zeitbudget-Erfassung): An welchen Orten sind die Kinder zu einem bestimmten Zeitpunkt? Wie viel Zeit verbringen sie am jeweiligen Ort, was tun sie dort?

Auch Bewegungsdiagramme (Mobilität: Wege kennzeichnen, gefährliche Stellen festlegen) können erstellt werden und ökologische Zonen oder Aktionszonen erfasst werden (Bewegungsradius im Raum kennzeichnen).

Die Fotos für den Stadtplan können – wenn dies nicht durch die Vorbereitungsgruppe geschehen soll – mit Kindern vorab in einem zusätzlichen Sozialfotografie-Projekt hergestellt werden.

3. Kreativ-Aufgabe (als Ruhephasen-Element)
Malen eines Riesen-Kollektiv-Gemäldes („Tapetenpanorama“): „Was mir an meinem Wohnort am wichtigsten ist ...“

4. Wünsche und Ideen erfassen
Neben vielen eingestreuten aktivierenden Großgruppenspielen und Übungen, die alle die Funktion haben, Erzähl- und Sprechimpulse für Kinder zu schaffen, ist auch eine Form der Ideenfindung eingeschlossen. Zum Abschluss der Veranstaltung werden die Kinder nach ihren Verbesserungsvorschlägen, Lösungen und Wünschen gefragt. Auf einer blauen Folie legen sie im „Meer der Wünsche und Träume“ ihre Ideenkarten ab.

Der gesamte Prozess wird schriftlich dokumentiert und den Betroffenen auch zur Verfügung gestellt. Danach fließen die Ergebnisse in die Optimierung der Konzeptionsentwicklung der betreffenden Schule und der Kinder- und Jugendarbeit in der Gemeinde ein.

3.2.3 Schneller Sozialraum-Check (Stange 2005c)

Der „Schnelle Sozialraum-Check“ („Interview-Stationenlauf“) ist eine *Großgruppen-Veranstaltung* mit einer sehr kompakten Befragung von möglichst vielen Personen in kurzer Zeit („schnell“). Sie ist ein Konzept, das – in Abwandlungen – sowohl für Kinder als auch für Jugendliche angewendet werden kann. Erhoben werden wie bei der Sozialraumwerkstatt Daten zu subjektiven lebensweltliche Wahrnehmungen, zum Erfahrungs- und Alltagswissen im Sozialraum.

Den „Schnellen Sozialraum-Check“, führt man in ca. 2 – 4 Stunden ohne Weiteres mit bis zu 100 Jugendlichen und/oder Erwachsenen (bei Kindern etwas weniger) in einem größeren Raum (Turnhalle, Aula, Jugendzentrum) durch. Es handelt sich also um eine Großgruppenmethode. Die Teilnehmenden können in einer ersten Variante simultan in rotierenden Kleingruppen nacheinander eine Reihe von Interviewständen anlaufen. Diese Variante ist für Kinder gut geeignet und wird an jedem Stand moderiert. Die Interviewleitfragen sind visualisiert und bei Kindern auch illustriert durch Fotos oder Comics.

In einer zweiten Variante kommen Einzelne, Paare oder Mini-Gruppen zeitverschobenen z.B. an einem Nachmittag zum Interview-Ort, was den großen Vorteil zeitlicher Flexibilität für diejenigen hat, die arbeiten. Sie müssen auch jeweils nur ca. eine gute Stunde investieren, was den Sozialraumcheck für die Befragten eben zu einem „schnellen“ macht. Diese Variante wird meistens auch nicht an den Stationen moderiert, sondern erfolgt sozusagen als Selbstinterview, indem die Befragten die visualisierten und ggf. erläuterten Leitfragen durch Moderationskärtchen schriftlich beantworten.

Die Ankommenden werden durch die Moderatoren begrüßt und betreut („Empfangs-kommitee“ für einen freundlichen, informativen, Sicherheit gebenden Einstieg) und in ihre Aufgabe (quasi in die Rolle von *Forschern, Testern oder recherchierenden Journalisten* im Sozialraum) eingewiesen.

Das Arrangement eines schnellen Sozialraumchecks erfordert einen größeren Raum ohne Tische (Turnhalle, Aula), in dem in einem großen Kreis ca. 30 Moderationstafeln zu Stationen mit thematischen Schwerpunkten und entsprechenden Interviewleitfragen zusammengestellt werden. Die Leitfragen entsprechen im Wesentlichen denen eines Interviews. Außer dieser Standardmethode werden auch Stationen mit weiteren Methoden zur Erfassung von Sozialraum- und Lebensweltzusammenhängen eingestreut, z.B.

- sog. Jugendkulturen- und Cliquen-Kataster (Raster auf Postern mit Kategorien zur Erfassung von Cliquen im Sozialraum)
- Objektive Landkarten (Kinder- und Jugend-Landkarten): auf vergrößerten Stadtteilplänen erfolgen Bepunktungen (siehe 3.2.5).

Der „Schnelle Sozialraum-Check“ kann sowohl als sog. „Delphi-Stationenlauf“ durchführt werden (der so heißt, weil die Bearbeiter-Gruppen wie bei der berühmten Delphi-Methode der Zukunftsforschung die Ergebnisse ihrer Vorgruppe auf Moderationstafeln bereits visualisiert vorfinden und dann ergänzen und fortschreiben). Er kann aber auch nach der Regel realisiert werden, dass die Moderationskarten vor jedem Stationenwechsel umgedreht und somit nicht lesbar an die Tafeln gehängt werden.

3.2.4 Der Aktivierende Posterfragebogen (Stange 2005d)

Beim *Aktivierenden Poster-Fragebogen* handelt es sich um auf Metaplan-Tafeln vergrößerte A0-Fragebögen, die durch Bepunktung bearbeitet werden. Diese Methode ist eher für Jugendliche und Erwachsene geeignet. Sie ist i.d.R. nur sinnvoll als Großgruppenveranstaltung – insbesondere wenn man noch während einer aktivierenden Veranstaltung sofort ein Ergebnis präsentieren will.

Der Vorteil dieser Methode (neben dem Nachteil, dass man die Punktergebnisse der anderen sehen kann) liegt darin, dass die Daten nicht unkontrollierbar für die Betroffenen verschwinden, sondern ihnen unmittelbar zur Verfügung gestellt werden können, dass also sofort ein Ergebnis vorliegt und man gemeinsam darüber reden kann. Insofern hat diese Methode einen stark aktivierenden partizipativen Effekt.

Diese Methode kann gut mit der Objektive Landkarte (siehe 3.2.5) und dem Jugendkulturen- und Cliquen-Kataster kombiniert werden. In der moderierten Version können auch kurze Intervieweinheiten (Begründungen und Erläuterungen oder offene Fragen) integriert werden.

3.2.5 Die objektive Landkarte (Punktmethode) (Stange 2005e)

Die Kinder bzw. Jugendlichen kleben farbige Punkte in stark vergrößerte Stadtteilpläne auf Moderationstafeln. Sie beantworten durch Bepunktung bestimmte Fragestellungen: Es geht dabei um das gesamte Spektrum der Kinder- und Jugend-Themen im Sozialraum und der Lebenswelt.

Insbesondere geht es um die sozialräumliche Fixierung von Treffpunkten (Lieblingsorten), gefährlichen Orten (z.B. im Verkehr), angstbesetzten Orten (z.B. schlecht beleuchteten), um gute Orte, schlechte Orte, um Bewegungsdiagramme (Mobilität) oder ein schlichtes verräumlichtes Zeitdiagramm (Wie lange halte ich mich wo auf?) u.ä. Die Kinder und Jugendlichen einigen sich in ihrer jeweiligen Kleingruppe auf die entsprechenden Orte und vermerken die Begründungen für ihre Wahl schriftlich auf dem Plan oder erläutern den Interviewern (Moderatoren), die für sie schreiben, ihre Wahl.

Die *Objektive Landkarte* ist nicht einfach eine schlichte Bepunktung, sondern im Kern eine Gruppeninterview-Methode. D.h. die Interviewer fassen mit über den jeweilig bepunkteten Ort weit hinaus gehenden Lebensweltfragen nach (etwa zu Gewalt, Vandalismus, Drogen u.ä.). Der Plan und die Bepunktung sind sozusagen nur der Erzählimpuls, der allerdings aufgrund der Visualisierung und räumlichen Orientierung hervorragend funktioniert.

Die *Objektive Landkarte* kann mit dem *Jugendkulturen- und Cliquen-Kataster* oder mit Teilen des *Fotostadtplanes* für Kinder (z.B. Bewertung der dort durch Fotos visualisierten einzelnen Orte) kombiniert werden.

3.2.6 Zusammenfassende Bemerkung

Die hier skizzierten fünf innovativen Methoden sind an der Universität Lüneburg in zahlreichen Feldaufenthalten im Rahmen von Sozialraum- und Lebensweltanalysen intensiv erprobt und über Fortbildungen erfolgreich implementiert worden. Ein Methodenhandbuch ist in Vorbereitung (Stange 2008). Dort werden auch einfache, für die Praxis adaptierte qualitative *Auswertungsverfahren* zu finden sein– z.B. schnelles induktives Systematisieren und Clustern mit der Metaplanmethode. Wesentlich erscheint es, festzuhalten, dass man diese fünf Ansätze nicht miteinander vermengen sollte. Sie haben alle eine andere Indikation, verfügen über einen gewissen Eigensinn. Es spricht viel dafür, diese Methoden trennscharf halten. Dabei ist es aber im Grunde gleichgültig, welche dieser fünf Methoden oder als Alternative welchen Teil der unter 3.1 genannten klassischen ethnografischen Methoden der Jugendarbeit man einsetzt. Sie erfüllen alle denselben Zweck und sind sozusagen nur das Netz, mit dem die lebensweltlichen Einschätzungen der Kinder und Jugendlichen „gefangen" werden. Es kommt nur darauf an, die Potenziale der jeweils gewählten qualitativen Methode voll auszuloten und zu entfalten.

4 Ausblick: Chancen und Vorteile von Sozialraum- und Lebensweltanalysen im Rahmen von Präventions- und Kooperationsprojekten

Die besonderen Chancen und Vorteile, die Sozialraum- und Lebensweltanalysen bieten – zumal wenn sie im Gewand der neueren pädagogisch gewendeten ethnografischen Methodik erscheinen (Abschnitt 3.1) – seien abschließend und gerade im Hinblick auf die quantitativen Ansätze in einer kurzen Liste zusammengefasst (vgl. Deinet/Krisch 2002: 38f., 52):

- Möglichkeit zur Nutzung der Ergebnisse im Rahmen der Konzeptentwicklung (für Präventionskonzepte) in der offenen Kinder- und Jugendarbeit, der Schule und im Kooperationsbereich zwischen Schule und Jugendhilfe
- verbesserte Chancen zur Entwicklung differenzierter und der Sozialraumstruktur angepasster kooperativer Angebote im Stadtteil, Bezirk oder Dorf
- die qualitativen Daten, z.B. die Untersuchung der Orte und Räume von Kindern und Jugendlichen, kommen der pädagogischen Arbeit i.e.S. direkt zugute; diese kann nun in Bezug auf die Zielgruppenwahl, die Inhalte, die Ziele und die angepassten Methoden maßgeschneidert konzipiert werden
- Eröffnung von Beteiligungsmöglichkeiten (partizipativer Charakter der Methoden).
- Umfassende Lebensweltanalysen (mit ihrer besseren Erfassung der Lebenswelten von Kindern und Jugendlichen) sind nützlich im Rahmen einer einrichtungsbezogenen Qualitätsdarstellung der Präventions- und Kooperationsarbeit. Sie fördern ihre Anerkennung und ihren Bekanntheitsgrad. Dabei ist es von Nutzen, dass sozialraumorientierte Lebensweltanalysen in der beschriebenen Form so konkret sind, dass sie auch für Nichtfachleute verständlich gemacht werden können.

Literatur

Appel, Michael/Stötzel, Angelika (1999): Ethnographische Methoden in der Jugendarbeit. Unveröff. Papier. Hannover

Bertelsmann Stiftung (Hrsg.) (2006): Ausbildung von Prozessmoderatoren für die Beteiligung von Kindern und Jugendlichen – Handbuch 2 „Partizipationsprojekte starten: Ideenfindung und Situationsanalyse". Gütersloh: Bertelsmann Stiftung

Bohn, Irina/Kreft, Dieter/Segel, Gerhard (1997): Kommunale Gewaltprävention. Eine Handreichung für die Praxis. Das Aktionsprogramm gegen Aggression und Gewalt. Münster: Votum

Böhnisch, Lothar/Münchmeier, Richard (1990): Pädagogik des Jugendraums. Zur Begründung und Praxis einer sozialräumlichen Jugendpädagogik. Weinheim und München: Juventa

Deinet, Ulrich/Krisch, Richard (2002): Der sozialräumliche Blick der Jugendarbeit. Methoden und Bausteine zur Konzeptentwicklung und Qualifizierung. Opladen: Leske + Budrich

Diekmann, Andreas (2005): Empirische Sozialforschung. Grundlagen, Methoden, Anwendungen. 13. Auflage. Reinbek bei Hamburg: Rowohlt

Friebertshäuser, Barbara/Prengel, Annedore (Hrsg.) (1997): Handbuch Qualitative Forschungsmethoden in der Erziehungswissenschaft. Weinheim und München: Juventa

Jordan, Erwin/Schone, Reinhold (Hrsg.) (1998): Handbuch Jugendhilfeplanung. Münster: Votum

Jordan, Erwin (1998): Sozialraum und Jugendhilfeplanung. In: Jordan/Schone (Hrsg.) (1998): 331ff.

Jordan, Erwin/Schone, Reinhold (Hrsg.) (2000): Handbuch Jugendhilfeplanung. Grundlagen, Bausteine, Materialien. 2. Auflage. Münster: Votum

Karstens, Birgit/Nehls, Annekathrin (2005): Innovative Methoden der Sozialraum- und Lebensweltanalyse in der Jugendhilfeplanung – dargestellt an der Samtgemeinde Amelinghausen. Unveröff. Diplomarbeit. Lüneburg

Kromrey, Helmut (2003): Empirische Sozialforschung. Modelle und Methoden der standardisierten Datenerhebung und Datenauswertung. 11., überarb. Auflage. Stuttgart: Lucius & Lucius
Landkreis Rosenheim (Hrsg.) (2003): Sozialstrukturanalyse für den Landkreis Rosenheim unter besonderer Berücksichtigung jugendhilferelevanter Fragestellungen.
Rosenheim: http://www.landkreis-rosenheim.de/jugendamt-sozialstrukturanalyse.pdf
Mayer, Horst O. (2002): Interview und schriftliche Befragung. München: R. Oldenbourg Verlag
Moser, Heinz (1997): Instrumentenkoffer für den Praxisforscher. Freiburg i. Br.: Lambertus
Moser, Heinz (2003): Instrumentenkoffer für die Praxisforschung. Zürich: Verlag Pestalozzianum
Schütz, Alfred/Luckmann, Thomas (1975): Strukturen der Lebenswelt, Band 1, Frankfurt am Main 1975: 25-41, 133-154
Stange, Waldemar (1998): Planen mit Phantasie. Zukunftswerkstatt und Planungszirkel für Kinder und Jugendliche. 3. Auflage. Berlin: Deutsches Kinderhilfswerk e.V.; Kiel: Aktion Schleswig-Holstein – Land für Kinder
Stange, Waldemar (2005a): Die Sozialraumwerkstatt für Jugendliche und Erwachsene. Unveröff. Papier. Lüneburg
Stange, Waldemar (2005b): Das Bewegungsinterview für Kinder. Unveröff. Papier. Lüneburg
Stange, Waldemar (2005c): Der Schnelle Sozialraumcheck für Kinder und Jugendliche. Unveröff. Papier. Lüneburg
Stange, Waldemar (2005d): Der aktivierende Posterfragebogen. Unveröff. Papier. Lüneburg
Stange, Waldemar (2005e): Die objektive Landkarte (Kinder- und Jugendlandkarte). Unveröff. Papier. Lüneburg
Stange, Waldemar/Karstens, Birgit (2006): Sozialraum- und Lebensweltanalyse. In: Bertelsmann Stiftung (Hrsg.) (2006). Modul 5: 1ff.
Stange, Waldemar (2007): Partizipation von Kindern und Jugendlichen im kommunalen Raum. Grundlagen. Münster. Im Erscheinen
Stange, Waldemar (2008): Strategie der Sozialraum- und Lebensweltanalyse. Münster. Im Erscheinen
Steinert, Erika/Thiele Gisela (2000): Sozialarbeitsforschung für Studium und Praxis. Frankfurt am Main: Fortis
Terhart, Ewald (1997): Entwicklung und Situation des qualitativen Forschungsansatzes in der Erziehungswissenschaft. In: Friebertshäuser/Prengel (1997): 27-42
Witte, Yvonne (2005): Jugendkonferenzen im Landkreis Stade dargestellt am Beispiel der Gemeinde Harsefeld. Eine qualitative Studie. Unveröff. Diplomarbeit. Lüneburg
Zimmermann, Gerhard (2002): Jugendhilfeplanung. Veranstaltungsskripte. Lüneburg

Technische Quellen und Hilfsmittel

- VERBI Software. Consult. Sozialforschung GmbH (2001): MAXQDA 2001. MAX Qualitative Datenanalyse, Berlin
- Niedersächsisches Landesamt für Statistik (Hrsg.) (2004): CD-ROM Statistik-Datenbank. Ausgabe 2004. Hannover
- Wilhelms-Universität Münster/Bundeszentrale für politische Bildung (Hrsg.) (2004): Forschen mit GrafStat. Erw. Neuauflage. Bonn
- Landkreis Stade (2000/2002): Jugendhilfe- und Sozialplanung. CD. Stade

Weiterführende Literatur

Blinkert, Baldo (1993): Aktionsräume von Kindern in der Stadt. Eine Untersuchung im Auftrag der Stadt Freiburg. Pfaffenweiler: Centaurus
Bundesministerium für Jugend, Familie, Frauen und Gesundheit (Hrsg.) (1990): Achter Kinder- und Jugendbericht. Bericht über Bestrebungen und Leistungen der Jugendhilfe. Bonn
Deinet, Ulrich/Sturzenhecker, Benedikt. (Hrsg.) (1996): Konzepte entwickeln, Weinheim und München: Juventa
Deinet, Ulrich (1998): Das sozialräumliche Muster in der Offenen Jugendarbeit. In: Deinet/Sturzenhecker (Hrsg.) (1998): 211ff.
Deinet, Ulrich (1999): Sozialräumliche Jugendarbeit. Eine praxisbezogene Anleitung zur Konzeptentwicklung in der Offenen Kinder- und Jugendarbeit. Opladen: Leske + Budrich
Deinet, Ulrich/Sturzenhecker, Benedikt (Hrsg.) (1998): Handbuch Offene Jugendarbeit. Münster: Votum

Deinet, Ulrich/Sturzenhecker, Benedikt (Hrsg.) (2000): Jugendarbeit auf dem Land. Opladen: Leske + Budrich
Deutscher Verein für öffentliche und private Fürsorge (Hrsg.) (1997): Fachlexikon der sozialen Arbeit. 4. Auflage, Frankfurt a. M.: Eigenverlag des Deutschen Vereins
Dubiel, Marion/Haimerl, Matthias (1997): Gemeinde für Kinder – Gemeinde für alle. Möglichkeiten der Kinderfreundlichkeitsprüfung – dargestellt am Beispiel der Gemeinde Schafflund. Unveröff. Diplomarbeit. Lüneburg
Feldmann, Ursula et al. (1996): Handbuch der örtlichen Sozialplanung. Schriften des Deutschen Vereins für öffentliche und private Fürsorge. Schrift 265. Frankfurt a. M.
Flick, Uwe (2002): Qualitative Sozialforschung. Hamburg: RoRoRo
Friebertshäuser, Babara (1997): Feldforschung und teilnehmende Beobachtung. In: Friebertshäuser/Prengel (Hrsg.) (1997): 525f
Friedrich-Ebert-Stiftung (Hrsg.) (2003): Mitmischen!? Ein Gutachten von Jugendlichen zu Freizeitangeboten in Dresden. Dresden: Eigenverlag
Fuhs, Burkhard (1997): Fotografie und qualitative Forschung. In: Friebertshäuser/Prengel (Hrsg.) (1997): 265-285
Gerdes, Klaus (Hrsg.) (1979): Explorative Sozialforschung. Stuttgart: Enke
Girtler, Roland (1998): Methoden der qualitativen Sozialforschung – Anleitung zur Feldarbeit, 2. Auflage. Wien
Girtler, Roland (2001): Methoden der Feldforschung. 4., völlig neu bearb. Auflage. Köln
Gläss, Holger/Herrmann, Franz (1997): Strategien der Jugendhilfeplanung. Theoretische und methodische Grundlagen für die Praxis. 2. Auflage. Weinheim und München: Juventa
Heinze, Thomas (1987): Qualitative Sozialforschung – Erfahrungen, Probleme und Perspektiven, Opladen: Westdt. Verlag
Heinzel, Frederike (1997): Qualitative Interviews mit Kindern. In: Friebertshäuser/Prengel (Hrsg.) (1997): 396- 413
Holzmann, Steffi (2005): Neue Methoden der Sozialraum- und Lebensweltanalyse. Entwicklung eines Handbuchs zur Durchführung von Großgruppenmethoden. Unveröff. Diplomarbeit. Lüneburg
ISS-Institut für Sozialarbeit und Sozialpädagogik e.V. (1997): Kommunale Sozialberichterstattung – Sozialraumanalyse – für den Landkreis Lüneburg unter besonderer Berücksichtigung der Jugendhilfeperspektive. Frankfurt a. M.: Eigenverlag ISS
Jordan, Erwin/Schone, Reinhold (1992): Jugendhilfeplanung – aber wie? Eine Arbeitshilfe für die Praxis. Münster: Votum
Jordan, Erwin/Stork, Remi (1998): Beteiligung in der Jugendhilfeplanung. In: Jordan/Schone (Hrsg.) (1998): 519 ff.
Jüttemann, Gerd/Thomae, Hans (Hrsg.) (Jahr): Biographische Methoden in den Humanwissenschaften. Weinheim: Beltz
Kiesel, Doron/Scherr, Albert/Thole, Werner (Hrsg.) (1998): Standortbestimmung Jugendarbeit. Theoretische Orientierungen und empirische Befunde. Schwalbach/Ts., Wochenschau Verlag
Kirchhoff, Sabine/Kuhnt, Sonja/Lipp, Peter/Schlawin, Siegfried (2003): Fragebogen – Datenbasis, Konstruktion und Auswertung. 3. Auflage. Opladen: VS-Verlag
Kreft, Dieter/Mielenz, Ingrid (1996): Jugendhilfeplanung. In: Kreft/Mielenz (Hrsg.) (1996): 319ff.
Kreft, Dieter/Mielenz, Ingrid (Hrsg.) (1996): Wörterbuch Soziale Arbeit. Aufgaben, Praxisfelder, Begriffe und Methoden der Sozialarbeit und Sozialpädagogik. 4., vollständig überarb., erw. Auflage. Weinheim/Basel: Beltz
Krisch, Richard (1999): Fremdbilderkundung; Strukturierte Stadtteilbegehung. In: Deinet (1999): 81-82
Krisch, Richard (2001): Zur Anwendung von Methoden sozialräumlich orientierter Lebensweltanalysen in der Jugendarbeit. In: Lindner (Hrsg.) (2001): 147-169
Lindner, Werner (2000): Grenzen der Sozialraumorientierung in der Jugendarbeit. Unveröff. Manuskript. Hannover
Lindner, Werner (Hrsg.) (2001): Ethnographische Methoden in der Jugendarbeit. Opladen: Leske+ Budrich
Lukas, Helmut/Strack, Gerhold (Hrsg.) (1996): Methodische Grundlagen der Jugendhilfeplanung. Freiburg i. Br.: Lambertus
Lutz, Manuele/Behnken, Imbke/Zinneker, Jürgen (1997): Narrative Landkarten. In: Friebertshäuser/Prengel (Hrsg.) (1997): 414-435
Magistrat der Stadt Witzenhausen/Landesjugendamt Hessen (Hrsg.)/Ewig, Jörn et al. (2000): „ … toll, dass wir gefragt werden …“. Die Bewegungslandkarte. Eine Methode zur Kinderbeteiligung. Witzenhausen: Eigenverlag
Mannheim-Runkel, Monika/Taplik, Ursula (Hrsg.) (1998): Konzeptentwicklung in der Jugendarbeit. Frankfurt a. M.: Haag + Heerchen

Marin, Ernst/Wawrinowski, Uwe (1991): Beobachtungslehre. Weinheim und Basel: Beltz
Merten, Roland (Hrsg.) (2002): Sozialraumorientierung. Zwischen fachlicher Innovation und rechtlicher Machbarkeit. Weinheim und München: Juventa
Münder, Johannes et al. (2003): Frankfurter Kommentar zum SGB VIII: Kinder- und Jugendhilfe. 4. Auflage. Weinheim, Berlin, Basel: Juventa
Münder, Johannes/Becker, Sabine (1998): Rechtliche Aspekte von Jugendhilfeplanung und Jugendhilfeplänen. In: Jordan/Schone (Hrsg.) (1998): 207ff.
Oetke, Dirk (2001): Strategien ethnographischer Sozialraumanalyse unter besonderer Berücksichtigung der Partizipation von Kindern und Jugendlichen. Unveröff. Diplomarbeit. Lüneburg
Ortmann, Norbert (1996): Methoden zur Erkundung von Lebenswelten. In: Deinet / Sturzenhecker (Hrsg.) (1996): 26ff.
Ortmann, Norbert (1999): Die Stadtteilerkundung mit Schlüsselpersonen; Nadelmethode; Jugendkulturenkataster; Leitfaden-Interview mit Schlüsselpersonen. In: Deinet (1999):74-76
Otto, Hans-Uwe/Thiersch, Hans (2001): Handbuch Sozialarbeit/ Sozialpädagogik. 2., überarb. Auflage. Neuwied und Kriftel: Luchterhand
Prengel, Annedore (1997): Zur Bedeutung von Praxisforschung in Erziehung und Erziehungswissenschaft. In: Friebertshäuser/Prengel (Hrsg.) (1997): 599-627
Preuss-Lausitz, Ulf et al. (1983): Kriegskinder, Konsumkinder, Krisenkinder. Weinheim, Basel: Beltz
Projektgruppe WANJA (2000): Handbuch zum Wirksamkeitsdialog in der Offenen Kinder- und Jugendarbeit. Qualität sichern, entwickeln und verhandeln. Münster: Votum
Rauschenbach, Thomas/Thole, Werner (Hrsg.) (1998): Sozialpädagogische Forschung. Weinheim und München: Juventa
Reutlinger, Christian (o. J.): Stadt. In: Schröer/Struck/Wolf (Hrsg.) (2002): 255ff.
Scherr, Albert (1998): Konzeptionsentwicklung als Mitarbeiterqualifizierung und Qualitätssicherung in der offenen Jugendarbeit. In: Mannheim-Runkel/Taplik (Hrsg.) (1998): 13ff.
Schnell, Reiner. (2005): Methoden der empirischen Sozialforschung. 7., völlig überarb. und erw. Auflage. München: Oldenbourg
Schone, Reinhold (1998): Organisation von Planungsprozessen. In: Jordan/Schone (Hrsg.) (1998): 121ff.
Schröer, Wolfgang/Struck, Norbert/Wolf, Mechthild (Hrsg.) (2002): Handbuch Kinder und Jugendhilfe, Weinheim und München: Juventa.
Schumann, Michael (1998): Dimensionen des sozialräumlichen Untersuchungsansatzes. In: Mannheim-Runkel/Taplik (Hrsg.) (1998): 193ff.
Sengling, Dieter (1996): Sozialökologie. In: Kreft/Mielenz (Hrsg.) (1996): 546f.
Stimmer, Franz (Hrsg.) (2000): Lexikon der Sozialpädagogik und der Sozialarbeit. 4., völlig überarb., erw. Auflage. München und Wien: Oldenbourg
Sturzenhecker, Benedikt (1999): Cliquenportrait. In: Deinet (1999): 80-81
Thiersch, Hans (1998): Lebensweltorientierte soziale Arbeit und Forschung. In: Rauschenbach/Thole (Hrsg.) (1998): 81-96
Thiersch, Renate (2000): Wie, was, wo, wann und mit wem? – Sozialraumanalyse konkret. In: Theorie und Praxis der Sozialen Arbeit. Jg. 52 H. 5/2000: 11ff.
van der Loo, Hans/van Reijen, Willem (1992): Modernisierung Projekt und Paradox. München: DTV
von Spiegel, Hiltrud (1997): Offene Arbeit mit Kindern – (k)ein Kinderspiel. Münster: Votum
Weskamp, Peter (1996): Sozialraumanalytische Praxis als Basis für die Konzeptentwicklung in der offenen Jugendarbeit. In: Deinet/Sturzenhecker (Hrsg.) (1996): 18ff.
Zeiher, Helga (1983): Die vielen Räume der Kinder. Zum Wandel räumlicher Lebensbedingungen seit 1945. In: Preuss-Lausitz et al. (1983): 176-222.
Zeiher, Hartmut J./Zeiher, Helga (1994): Orte und Zeiten der Kinder. Soziales Leben im Alltag von Großstadtkindern. Weinheim und München: Juventa

Wolfgang Fänderl

Bildung von Netzwerke(r)n

1 Erwartungen

In den drei Worten des Titels steckt bereits die Mehrdeutigkeit, mit der sich dieser Beitrag auseinandersetzen wird: „Wie vernetzen sich unsere Bildungseinrichtungen bzw. wir als Menschen dieser Einrichtungen?“ „Welche (Bildungs-) Maßnahmen fördern bzw. fordern Netzwerke?“ „Wie bilde ich mich bzw. andere als Netzwerker/innen weiter?“

Gestatten Sie zu Beginn ein wenig Provokation: Die passendsten Antworten auf diese Fragen finden Sie nicht in diesem Buch, sondern bei Ihnen in Ihren Netzwerken! Wenn Sie den Hintergrund von „Netzwerken“ noch besser verstehen möchten, die Optionen Ihres eigenen Netzwerks bewusster wahrnehmen und nutzen wollen … dann lesen Sie weiter!

Warum bilde ich mir ein, hierzu mehr zu wissen? Als Erziehungswissenschaftler mit viel Praxiserfahrung habe ich offene und strukturierte Jugendarbeit kennengelernt, zu reformpädagogischen Schulmodellen meine Magisterarbeit geschrieben und ein Zentrum für Interkulturelle Kommunikation in München mit aufgebaut. Dabei erlebte ich hautnah die praktische Zusammenarbeit mit Schulen und anderen Einrichtungen der Jugend- und Erwachsenenbildung.

Die wissenschaftliche Leitung eines Projekts an der Universität München für die Bertelsmann-Stiftung verschaffte mir internationalen Einblick in methodische Ansätze, die Beteiligung, Vernetzung und freiwilliges Engagement unterstützen. So entstand in Zusammenarbeit mit zahlreichen Fachkollegen/innen u.a. das Projektverfahren „Gemeinsinn-Werkstatt“ mit dem Handbuch „Beteiligung übers Reden hinaus“ (Fänderl 2005). Inzwischen bin ich als „Vernetzungsberater“ für Ministerien, Kommunen, Stiftungen, Unternehmen und Bildungseinrichtungen tätig.

Die „vernetzte Bildung“ und die „bildende Vernetzung“ von Kindern, Jugendlichen und Erwachsenen, von Menschen, Institutionen und Interessengruppen sehe ich als zentrale Aufgabe unserer Gesellschaft!

Abb. 1: Beitragsthemen als Mindmap

2 Begriffe

„Soziale Netze“ entstehen und vergehen, und letztlich ist es nicht ein soziales Netz, das uns trägt und verbindet, sondern es sind mehrere! „Soziale Netzwerke“ richten sich inhaltlich auf ein gemeinsames „Werk(en)“ aus und können als „offene Gemeinschaften“ mit ähnlichen Werten, Interessen bzw. Zielsetzungen bezeichnet werden. Bei Bedarf bilden sich daraus „gesellschaftliche Gruppen“ und „Institutionen“ (z.B. Familie, Unternehmen, Interessensverbände), die geschlossener, verbindlicher und nachhaltiger vorgehen als „offene Gemeinschaften“.

Zum einen hat „Vernetzung“ den Ruf, durch gezielte, bedarfsorientierte Kooperationen einzelner Menschen und Organisationen die Wirksamkeit im global vernetzten Alltag zu erhöhen. Unternehmen wie Non-Profit-Organisationen erzielen durch Netzwerke höhere Effektivität und Effizienz. Das Internet als virtuelle Vernetzungsplattform zeigt, was in extrem kurzer Zeit an Informationszuwachs und Kontaktoptionen möglich ist. Und manchen erscheinen flexible im Vergleich zu institutionalisierten Beziehungsformen, die Verheißung von Freiheit und Unabhängigkeit zu sein.

Zum anderen kommt das übliche „Networking“ in Verruf, nur oberflächliche Kontakte hervorzubringen (Visitenkarten-Partys) und damit beliebig, unzuverlässig und unberechenbar zu sein. Ebenso in Verruf: das „Old Boy Network“, die „Seilschaft“ oder der „Filz“ von „Amigos“, die als Machtzirkel sich gegenseitig fördern, andere ausschließen und damit nichts mit „offenen Gemeinschaften“ zu tun haben.

Jede Freiheit hat ihre Grenzen, jede Bindung hat ihre Verantwortung. Das gilt auch und vor allem für Netzwerke im Sinne „offener Gemeinschaften“, deren Besonderheit ein hohes Maß an Freiwilligkeit ist. Freiwilliges Engagement ist jedoch wie Schnee, den man nicht zu fest drücken darf, sonst verfestigt er sich zu Eis oder verflüchtigt sich zu Wasser.

In diesem Zusammenhang hat der Mensch als Ausgangspunkt freiwilligen Engagements an Bedeutung gewonnen. Er ist als „Netzwerkknoten“ und „Vernetzungsinstanz“ sowohl passiv vernetzt als auch aktiv vernetzend, und dadurch für die Gestaltung der sozialen Netze mitverantwortlich. Auch wenn er nichts tut, hat dies Gültigkeit, denn man kann ebenso wenig „nicht kommunizieren“ (Watzlawick 1969) wie man „nicht vernetzt sein“ kann. Aber auch „Institutionen“ und „gesellschaftliche Gruppen“, in denen Menschen Rollen einnehmen, können Netzwerkknoten sein und somit zur Unterstützung von Vernetzung beitragen. Durch ihre langfristige Ausrichtung, verbindlichen Strategien und strukturellen Ressourcen können sie für angemessene Rahmenbedingungen sorgen. Durch unzureichenden Umweltbezug, unangemessene Aufgabendelegation und unnötigen Gruppendruck können sie aber auch kontraproduktive Eigendynamik erzeugen, die sie selbst und andere gefährdet.

Wie sich zeigt, sind die Aspekte von Netzwerken vielschichtig, die Grenzen sind fließend, und ohne mit einer „endgültigen“ Definition aufwarten zu wollen, wird eines deutlich: Vernetzung ist komplex und „Vernetzungskompetenz“ wird von uns allen dringend gebraucht, um gegenwärtige wie zukünftige Herausforderungen zu meistern.

3 Mehrwerte

Warum das alles? Warum es nicht den vielen anderen gleichtun und Komplexität einfach ignorieren? Die einfache Antwort: Ignoranz zahlt sich langfristig nicht aus! Ein Schuldirektor oder eine Einrichtungsleiterin der Jugendhilfe müssen gesellschaftliche, institutionelle und zwischenmenschliche Vernetzungsebenen im Blick behalten (vgl. Abbildung 2), um erfolgreich arbeiten zu können. Da sind einzelne Jugendliche, ihre Eltern, Kollegen und Vorgesetzte im internen Vernetzungsprozess ebenso zu beachten wie die externen Kooperationen mit anderen Institutionen und gesellschaftlichen Gruppen. Und diese Achtsamkeit unterschiedlichen Partnern gegenüber gilt nicht nur für erwachsene Führungspersonen, sondern letztlich auch für unsere nachwachsenden Generationen.

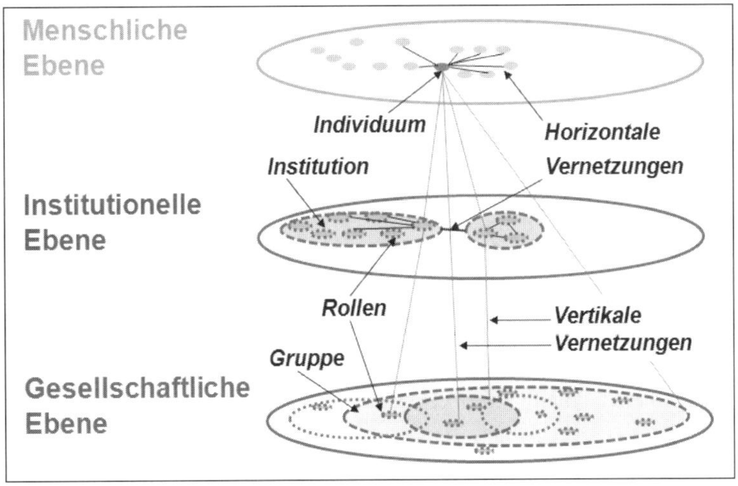

Abb. 2: Vernetzungsebenen

Komplexität braucht eine offene, kooperative und fehlerfreundliche Grundeinstellung sowie die Bereitschaft, sich gemeinsam weiter zu entwickeln, um nachhaltig erfolgreich zu sein. Auch das Change-Management der Wirtschaft funktioniert vor allem dann, wenn es das ganze System berücksichtigt und einbezieht. „Komplex heißt nicht notgedrungen kompliziert und das Verständnis von Systemen ist nicht unbedingt schwieriger als das von Einzeldingen, nur bedarf es dazu anderer Voraussetzungen und Instrumente“ (Vester 2001: 26).

Die zu Beginn erwähnten drei Vernetzungsebenen verbinden persönliche, institutionelle wie gesellschaftliche Vernetzungsprozesse. Dazu braucht es über den analytischen Wert hinaus auch einen praktischen Mehrwert für alle Beteiligten: den „Triple-Win“! In Anlehnung an den aristotelischen Spruch „Das Ganze ist mehr als die Summe seiner Teile“ ergänzen wir den gruppendynamischen Win-Win-Effekt (persönlicher und gegenseitiger Nutzen) um die gesellschaftliche Komponente. Diese Potenzierung des Mehrwerts lässt sich mit folgender Formel – übrigens von einer Schülerin entwickelt – darstellen:

$$1^1 + 1^1 + 1^1 < (1 + 1 + 1)^{1+1+1}$$

Formel 1: Triple-Win-Formel der Gemeinsinn-Werkstatt

Es lohnt, bei komplexen Herausforderungen auf alle drei Ebenen zu achten, adäquate Vernetzungsansätze zu nutzen und die Potenzen in Synergie zu bringen.

4 Motivationen

Im Rahmen des Gemeinsinn-Projekts wurde bereits 2000 eine weitere Veranschaulichung entwickelt: die „Motivationsformel“. Mit der Notwendigkeit vor Augen, freiwilliges Engagement von Altruismus zu unterscheiden, fielen mir beim Nachhilfeunterricht die sechs deutschen Modalverben auf. Nach gründlicher Reflexion und Definition wurde daraus eine Formel, die veranschaulicht, um was es geht:

$$\frac{\text{Können} + \text{Mögen} + \text{Wollen}}{\text{Müssen} + \text{Dürfen} + \text{Sollen}}$$

> 1: von innen motiviert, selbstbestimmt, sinnorientiert
< 1: von außen motiviert. fremdbestimmt. zweckorientiert

Formel 2: Motivationsformel der Gemeinsinn-Werkstatt

Das zugehörige Bild intrinsisch motivierter Vernetzung (vgl. Abbildung 3) zeigt, dass das ICH im Zentrum steht und sich mit Hilfe der offenen Rahmenbedingungen und der vernetzten Partner (WIR) entwickeln kann, möchte und will.

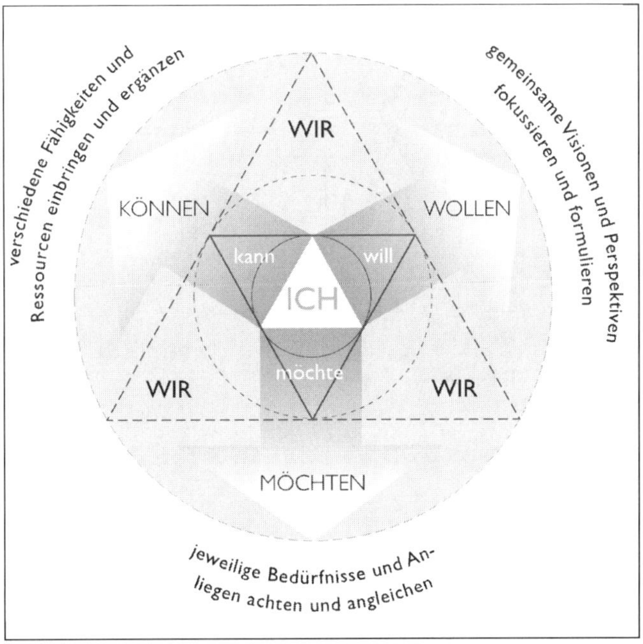

Abb. 3: Intrinsische Motivation

Das Bild extrinsisch motivierter Gruppenbildung (vgl. Abbildung 4) betont hingegen den hohen Einfluss der institutionellen Rahmenbedingungen, welche dem Individuum die Rolle des DU zuschreiben, das entsprechend der Vorgaben funktionieren muss, darf und soll.

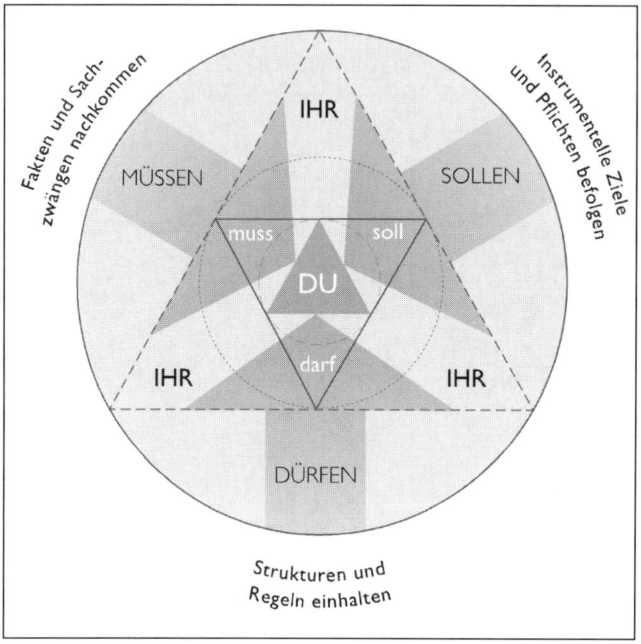

Abb. 4: Extrinsische Motivation

Das, was für Menschen wirklich zählt (Zähler), ist zu stärken, und die nennenswerten instrumentellen Regelungen (Nenner) sind so gering wie möglich zu halten, damit sich freiwilliges Engagement einstellen und entwickeln kann. Diese Motivationsformel gibt Vernetzungsprozessen Orientierung, nicht nur beim Einstieg, sondern vor allem in den späteren Phasen, wenn die Anfangsbegeisterung vom Netzwerkalltag meist verdrängt wurde.

5 Perspektiven

Komplexe Vernetzungsprozesse, wie zwischen Schule und Jugendhilfe, brauchen echte Perspektiven, um sie freiwillig und voller Elan anzugehen. Dieses Buch gibt bereits eine Reihe guter Gründe, warum es Sinn macht zusammenzuarbeiten und für wen es Sinn macht: Kinder und Jugendliche, Eltern, Mitarbeitende, Politiker etc.

Dennoch kann auch dieses Buch weder die Situation noch die Perspektive der Menschen vor Ort voraussehen und bleibt damit im besten Falle exemplarisch. Die situativen, menschlichen Perspektiven vor Ort sind entscheidend. Erst wenn sich Menschen, Institutionen wie Interessengruppen gut vertreten bzw. eingebunden fühlen, kann es gelingen, die Vernetzung über Veranstaltungen und Projekte hinaus zu verbessern (vgl. Abbildung 5).

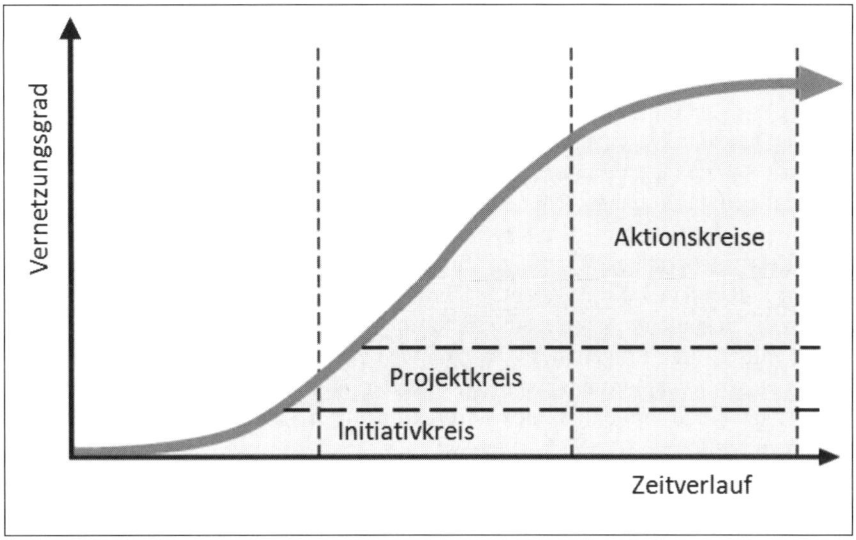

Abb. 5: Nachhaltigkeits-Kurve und Beteiligungsebenen

Im Projektverfahren *Gemeinsinn-Werkstatt* wird deshalb im ersten Schritt zum gemeinsamen „brennenden Anliegen" ein Initiativkreis gebildet. Er besteht aus Schlüsselpersonen, die guten Zugang zu allen betroffenen Interessengruppen haben und deren Perspektiven vertreten können. Dadurch kann bereits bei der Themenfindung und Planung des Projektrahmens vieles von dem besprochen und berücksichtigt werden, was in anderen Beteiligungsprozessen relativ spät passiert. Die frühzeitige Identifikation der zukünftigen Beteiligten mit dem Gesamtprozess erleichtert die vielen weiteren Schritte (vgl. Fänderl 2005).

Wer könnte die Vernetzung von Schule und Jugendhilfe besser voranbringen als ein gruppenübergreifender Initiativkreis? Welches Thema könnte spannender und anziehender sein, als eines, das alle Schlüsselpersonen gleichermaßen bearbeiten möchten? Welcher Prozess kann mehr Begeisterung und Engagement fördern als jener, mit dem sich alle Gruppen identifizieren können?

6 Ressourcen

Wenn es um Ressourcen geht, fällt uns häufig Killerargument Nr. 1 ein: „Dafür haben wir kein Geld!". Sehen wir es gelassener, aus einer anderen Perspektive, dann kommen Fördergelder in der Regel von Institutionen, die von Menschen geleitet werden. Gibt es also wichtige menschliche Anliegen, werden sich Menschen und mit ihnen die Institutionen nur selten verschließen. Sie können zum passenden Zeitpunkt und mit den entsprechenden Argumenten bzw. Anträgen dafür gewonnen werden.

Mit etwas Abstand wird auch offensichtlich, dass Vernetzungsprozesse weit mehr Ressourcen benötigen als Geld. Vernetzung braucht u.a. inhaltliches Know-how, methodisches Vorgehen, wertschätzende Rahmenbedingungen, ergänzende Kontakte … und die kommen – mit Blick auf Killerargument Nr. 1 – nicht nur aus „Übersee“, sondern aus dem nächsten Umfeld. Auch beim Vernetzen lautet die Devise: „Global denken, regional handeln!“ (Agenda 21), und das fängt bei den direkt Betroffenen vor Ort an.

Gerade deswegen schätze ich sehr den aus Amerika kommenden Ansatz des „Appreciative Inquiry“ (zu Deutsch: Wertschätzende Erkundung; vgl. dazu Bonsen/Maleh 2001). Da wir alle schon mit Schule zu tun hatten und die Bandbreite der Jugendhilfe groß genug ist, um damit Kontakt gehabt zu haben, können wir beim Thema alle mitreden. Konzentrieren wir uns zu Beginn auf eigene positive Beispiele, fördert das in kürzester Zeit individuell erlebtes und kollektiv lebendiges Wissen zu Tage (vgl. Wertschätzendes Ressourceninterview). Im besten Fall entsteht ein angeregtes Klima, in dem wir gerne voneinander lernen können, miteinander gestalten möchten und uns füreinander einsetzen wollen.

Beispielhaft folgen hier Fragen des „*Wertschätzenden Ressourceninterviews*“ (angelehnt an *Appreciative Inquiry*) zum Thema „*Vernetzung und Kooperation von Schule und Jugendhilfe*“; der jeweilige Fragenkomplex wird assoziativ beantwortet, bevor zum nächsten weitergegangen wird:

- Können Sie sich an ein eigenes Beispiel (als Jugendliche/r oder Erwachsene/r) erinnern, in welchem die Vernetzung und Zusammenarbeit zwischen Schule und Jugendhilfe besonders gut geklappt hat? Welche Geschichte fällt Ihnen ein, die bemerkenswert positiv verlief? (*Erzählen/Discovery 1*)
- Wenn Sie das Erlebnis mit etwas Abstand betrachten, was hat die Situation unterstützt und gefördert? Welche Umstände, Menschen, Vorgehensweisen waren verantwortlich für die positive Entwicklung? Was haben Sie selbst dazu beigetragen? (*Erkennen/Discovery 2*)
- Stellen Sie sich vor, es sind 3 Jahre ins Land gegangen und die Kooperation von Schule und Jugendhilfe hat sich entscheidend verbessert. Wie hat sich die Situation entwickelt? Was hören, sehen und spüren Sie nach diesen Jahren erfolgreicher Vernetzungsarbeit? (*Erträumen/Dream*)
- Diese positive Zukunft vor Augen: Was ist zu tun, damit die Ziele erreicht werden? Welche konkreten Schritte sind in den nächsten Wochen und Monaten anzugehen? Wen braucht es noch dazu? (*Entwickeln/Design + Destiny*)

7 Evolutionen

Mit der evolutionären Besonderheit lernfähige Wesen zu sein, können wir als Menschen aus eigenen wie fremden Erfahrungen, Erfolgen wie Fehlern lernen. Darüber hinaus gelingt es uns Analogien zu bilden und Erkenntnisse auf andere Kontexte zu übertragen. Wenn ich z.B. gelernt habe, mit Hilfe der Mediation einen Konflikt in der eigenen Einrichtung zu lösen, kann ich den Ansatz auch im familiären Kontext einsetzen … und umgekehrt.

Unser Beziehungsnetzwerk nahm seinen Anfang in der Familie und mit zunehmendem Alter wuchs die Bedeutung von Freunden, Pädagogen, Beziehungspartnern, Arbeitskollegen bis hin zu Mitbürgern. Bei der Entwicklung von einer Vernetzungsstufe zur nächsten haben wir manche Kontakte aufrechterhalten, andere abgebrochen oder in ihrer Priorität zurückgestellt. Neue Vernetzungspartner und Impulse waren hilfreich, um neue Erfahrungen zu sammeln, die eigene Meinung und die eigene Persönlichkeit herauszubilden.

Auch hier hat die deutsche Grammatik eine bemerkenswerte Eselsbrücke zu bieten: die Personalpronomen. Das ICH entwickelt sich in der Beziehung zum DU (vgl. Buber 1962a), aber erst die Integration des ER, SIE und ES in die gemeinsamen Überlegungen und Handlungen führt zum gemeinsinnigen WIR. Dieses WIR grenzt sich gegenüber Außenstehenden nicht konfrontativ ab, soweit die Beziehungen auf Wertschätzung und Gegenseitigkeit beruhen. Auf Gruppenebene gibt es eine Parallele: WIR und IHR entwickeln mit SIE einen erweiterten WIR-Begriff auf gesellschaftlicher Ebene. Das Geheimnis der Vernetzung liegt in der Berücksichtigung und Integration der „dritten Person" als ergänzendes, ganzheitliches Moment. Vernetzungsevolution hat nach dieser Überlegung einen schrittweisen Entwicklungsprozess vor sich, bis hin zum globalen WIR und darüber hinaus (vgl. Abbildung 6).

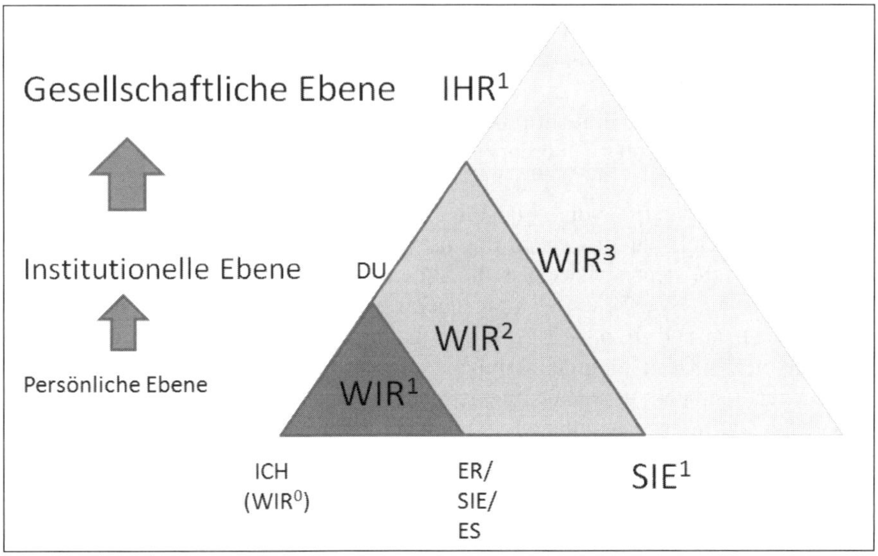

Abb. 6: Vernetzungsevolution

Wer versuchen möchte, auf Anhieb dreidimensionales Schach zu spielen, wird schnell frustriert sein. Grundregeln und Erfahrungen sind leichter auf einfacher Ebene zu lernen und mit etwas Übung kann dann eine weitere Ebenen hinzukommen. Gehen wir zu schnell vor, sind wir überfordert und finden Schach selbst uninteressant.

Schule und Jugendhilfe sind prädestinierte Lernfelder, auf denen man sich Beziehungs-, Beteiligungs- und Vernetzungs-Know-how aneignen kann. Die Theorie ist dabei meist sekundär … die Praxis ist entscheidend! Das Bild gelebter Vernetzung ist 1000-mal effektiver als 1.000 Worte in Büchern und Unterricht. Das gilt für Schulstunden und Projekte der Jugendarbeit genauso wie für die Lehrveranstaltungen an der Hochschule (vgl. Beispiel).

„*Methoden der Bürgerbeteiligung*" biete ich als Übung seit 2006 nun zum dritten Mal an, und es dient als Beispiel für vernetzte Bildungspraxis im Rahmen des politikwissenschaftlichen Lehrstuhls der Ludwig-Maximilians-Universität München. Die Studierenden tauschen sich nicht nur theoretisch über Beteiligungsansätze aus, sondern praktizieren kooperative Zusammenarbeit auf direkter wie virtueller Ebene (www.buergerbeteiligung.de.vu), bei der Auswahl, Umsetzung und Veröffentlichung ihrer Forschungsarbeiten ebenso wie bei der Gestaltung einer Fachtagung mit Experten. Die anspruchsvolle Übung hilft ihnen beim Sammeln neuer praktischer wie theoretischer Erfahrungen für den späteren Forschungs- und Arbeitsalltag.

Beispiel: Methoden der Bürgerbeteiligung

8 Instrumente

Ähnlich wie ein Fischernetz Handwerkszeug benötigt und Techniken erfordert, um es entstehen zu lassen, einzusetzen und instand zu setzen, bedarf auch das zwischenmenschliche Netzwerk der Instrumente und Fertigkeiten. Dies gilt umso mehr, als Beziehungsnetzwerke meist unsichtbar und unreflektiert entstehen und erst dann ins Bewusstsein gelangen, wenn etwas schief läuft. Bei Workshops und Beratungsprozessen frage ich deshalb, was die Beteiligten selbst schon kennen und es ist jedes Mal verblüffend, wie viel Wissen um Vernetzungsprozesse bereits da ist. Es braucht relativ wenig, um Vernetzung lebendig werden zu lassen: gezieltes Fragen und gutes Zuhören.

Heute sehe ich meine Aufgabe darin, Fragen und Antworten in Reibung zu bringen. Neudeutsch spricht man gerne von „Matching", was wie das Aufeinandertreffen von Streichholz mit Reibefläche zu zündenden Impulsen führen kann. Dabei hilft es, wenn der Raum voll ist mit verschiedenen Menschen, die Unterschiedliches wissen und können, aber etwas Ähnliches wollen. Wer am Vormittag noch eine Frage einbringt, kann schon am Nachmittag aus eigenen und fremden Ressourcen passende Antworten gefunden haben. Es liegt weitgehend an der Gestaltung des Rahmens und des Miteinanders, ob Schätze gehoben werden können, die latent in jedem von uns schlummern.

Es ist höchste Zeit, unsere Instrumente (sprich: Prozessverfahren) und Fertigkeiten zu verfeinern, um unterschiedlichen Situationen entsprechend begegnen zu können. „Wer als einziges Werkzeug den Hammer kennt, sieht jedes Problem als Nagel", meinte schon Paul Watzlawick. Die prozedurale Welt wartet darauf, entdeckt zu werden, und damit ist nicht nur Didaktik gemeint. Es ist der gekonnte Umgang mit Vernetzungsprozessen von persönlicher bis gesellschaftlicher Ebene, von der Zweierbeziehung zur Großgruppenmoderation, im geschäftlichen wie privaten Umgang. Die Palette ist breit und würde den Rahmen dieses Artikels sprengen.

Aus dem Forschungs- und Entwicklungsnetzwerk der Gemeinsinn-Werkstatt hat sich 2003 ein gemeinnütziger Verein entwickelt, der ein Webportal betreut (www.netzwerk-gemeinsinn.net). Dort werden nicht nur im Baukasten des Projektverfahrens (vgl. Abbildung 7), sondern auch im Beteiligungsmagazin eine Vielzahl von Hinweisen und Anregungen frei zur Verfügung gestellt, die freiwillige Vernetzungsprozesse unterstützen und Kompetenzen aufbauen helfen.

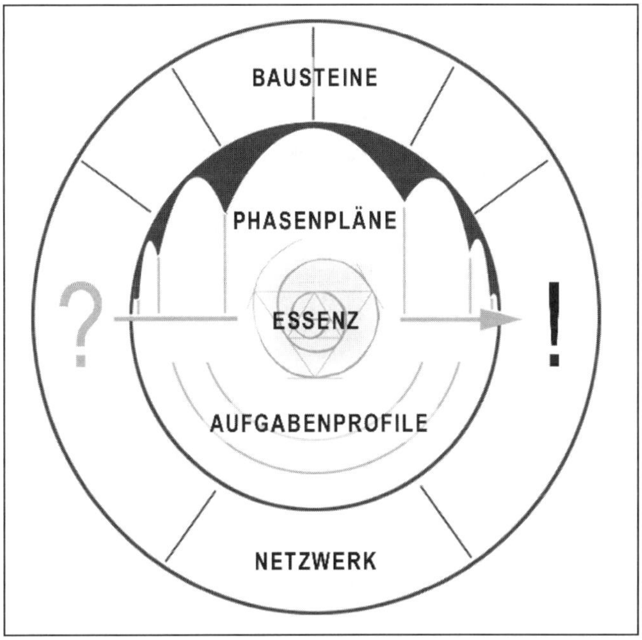

Abb. 7: Gemeinsinn-Werkstatt-Baukasten

9 Integrationen

Wenn die Vernetzungsevolution dazu geführt hat, erfahrene Netzwerkerinnen und Netzwerker aus uns zu machen, wir als Bildungsexperten dazu jahrelange Aus- und Fortbildungen genossen haben, fragt sich, warum es teilweise immer noch schwer fällt, die Vernetzung im Alltag leicht und erfolgreich zu gestalten?

Es hat mit der Realisierung von Vernetzungsprozessen übers Reden hinaus zu tun. Erst im Handeln tauchen all jene Unwägbarkeiten und Unzulänglichkeiten eigener Vernetzungskunst auf, welche wir nur ungern wahrnehmen und allzu gerne vom Tisch fegen oder auf andere schieben, bevor wir sie uns selbst anrechnen. Das *Beteiligungsverfahren Gemeinsinn-Werkstatt* hat deshalb verschiedene Rollen anzubieten die ineinander greifen (Aufgabenbereiche) und sukzessive aufeinander aufbauen (Beteiligungskreise; vgl. Abbildung 8).

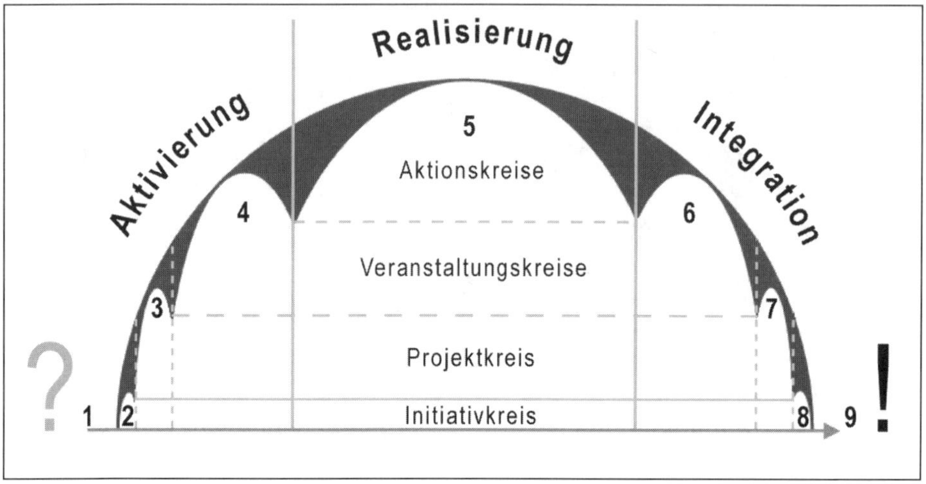

Abb. 8: Komplexitätskurve der Gemeinsinn-Werkstatt mit Beteiligungsschritten

Außerdem wurde neben der Aktivierung und Realisierung, die „Integration“ von Erkenntnissen zum Standard erklärt. Die Reflexion und Dokumentation inhaltlicher wie beziehungstechnischer Fähigkeiten und Verbesserungshinweise ist die effektivste Maßnahme, sich und andere fortzubilden. In technischen Foren des Internets ist dies schon längst gängige Praxis. Aber was ist mit „Sozialtechniken“? Integration von Erkenntnissen kann als bewusster Ausleseprozess in der Erntezeit gesehen werden, damit förderliches Saatgut ausgewählt und für neue Prozesse nutzbar gemacht werden kann. Zum Abschluss deshalb noch ein paar Fragen in Bezug auf aktuelle Vernetzungsprozesse (vgl. Reflexionsfragen zur Vernetzung).

- Haben wir das gemeinsame Ziel noch im Blick? Haben wir den Sinn der Kooperation verstanden und können wir ihn begeistert tragen und vermitteln? Sind im Laufe der Zeit andere Ziele wichtiger geworden und konnten wir das den Partnern offen mitteilen? (WAS)
- Sind wir mit den passenden Synergie-Partnern zusammen? Sind wir von den Werthaltungen her zu unterschiedlich bzw. von den Fähigkeiten her zu einheitlich, um erfolgreich Teamwork betreiben zu können? Wer könnte uns bei den Vorhaben noch gut ergänzen? (WER)
- Beobachten wir unseren Vernetzungsalltag regelmäßig? Wie oft nehmen wir Perspektivenwechsel vor? Wie häufig reflektieren wir unsere Umgangsformen und lassen Feedback anderer zu? Was haben wir aus Erfolgen und Fehlern gelernt? (WIE)

Beispiel: Reflexionsfragen zur Vernetzung

10 Ausblicke

Gerade bei großen gesellschaftlichen und globalen Herausforderungen wird die Vernetzungsfähigkeit zur wichtigsten Schlüsselqualifikation in einer komplexer und schnelllebiger werdenden Zeit.

Je stärker Sie als Pädagoginnen oder Pädagoge selbst auf Vernetzung setzen, die Kompetenzen Ihrer „Junior-Experten" (= Kinder und Jugendliche) und „Partner-Experten" (= Kollegen, Eltern etc.) bewusst einbeziehen, sich „externe Experten" ins Haus holen oder besuchen, desto stärker wachsen Akzeptanz und Synergie. Zentral ist dabei die Wertschätzung eigener und anderer Fähigkeiten sowie die Zuversicht in selbstorganisierte Prozesse. Vernetzende Bildungsexperten, wie die Reformpädagogin Maria Montessori (1870-1952), bringen zur passenden Zeit im entsprechenden Rahmen, Lernwillige mit Medien und Wissensträgern zusammen und sind damit die Wegbereiter nachfolgender Generationen in einer global zu vernetzenden Welt.

Zurück zur provokanten Aussage am Anfang: „Die passendsten Antworten (...) finden Sie nicht in diesem Buch, sondern bei sich in Ihren Netzwerken!". Sie ahnen inzwischen, was ich unter Vernetzung verstehe, wie Sie Ihr Netzwerk besser nutzen können und was Sie davon erwarten können! Um jedoch vom Wissen ins Handeln zu kommen, braucht es Engagement und Tatkraft und Beteiligung übers Reden hinaus.

Literatur

Apel, Hans. J./Knoll, Michael (2001): Aus Projekten lernen. Grundlegung und Anregungen, München: Oldenbourg Schulbuchverlag

Böhm, Uwe (1996): Jugendarbeit und Schule. Essen: Die Blaue Eule

Buber, Martin (1962a): Ich und Du. In: Buber (1962b): 77-170

Buber, Martin (1962b): Werke, Erster Band - Schriften zur Philosophie. München und Heidelberg: Kösel und Lambert Schneider

Fänderl, Wolfgang (Hrsg.) (2005): Beteiligung übers Reden hinaus. Gemeinsinn-Werkstatt: Materialien zur Entwicklung von Netzwerken. Gütersloh: Bertelsmann Stiftung

Hollstein, Betina/Straus, Florian (2006): Qualitative Netzwerkanalyse. Konzepte, Methoden, Anwendungen. Wiesbaden: VS-Verlag für Sozialwissenschaften

Ley, Astrid/Weitz, Ludwig (Hrsg.) (2003): Praxis Bürgerbeteiligung. Ein Methodenhandbuch; Bonn: Stiftung Mitarbeit und Agenda Transfer

Vester, Frederic (2001): Die Kunst vernetzt zu denken. Ideen und Werkzeuge für einen neuen Umgang mit Komplexität. Stuttgart: DVA

Watzlawick, Paul et al. (1969): Menschliche Kommunikation. Formen, Störungen, Paradoxien. Bern: Huber

Zur Bonsen, Matthias/Maleh, Carol (2001): Appreciative Inquiry (AI): Der Weg zu Spitzenleistungen. Weinheim: Beltz

Webseiten

- www.netzwerk-gemeinsinn.net
- www.bildung-staerkt-menschen.de
- www.wegweiser-buergergesellschaft.de
- www.buergerbeteiligung.de.vu

Rolf Krüger

Wie gründet man einen eingetragenen Verein als freier Träger der Jugendhilfe?

1 Vorbemerkung

Wenn im Schnittbereich zwischen Jugendhilfe und Schule neue Aktivitäten entfaltet werden sollen und kein geeigneter freier Träger der Jugendhilfe hierzu bereit ist, wird es notwendig sein, einen neuen Träger zu gründen. Ein ähnliches Problem tritt dann auf, wenn es sinnvoll erscheint, dass sich ein Förderverein an einer Schule konstituiert. Mit der Gründung einen neuen Trägers ist die Frage nach seiner möglichen Rechtsform zu stellen. Im Rahmen dieser Fragestellung kommen hierfür nur die sogenannten Vereine im weiteren Sinne in Betracht. Nur diese können gemeinnützig sein, können öffentlich anerkannt werden und setzen kein Stiftungsvermögen voraus. Betrachtet man ihre rechtliche Struktur systematisch, so ergibt sich folgendes Schaubild:

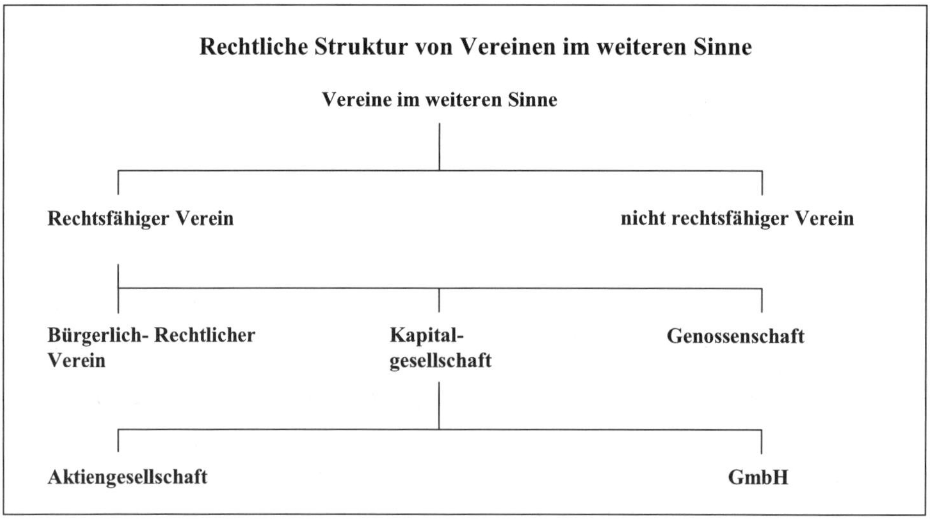

Abb. 1: Rechtliche Strukturen von Vereinen im weiteren Sinne

Wir werden uns im Weiteren nur mit den rechtsfähigen Vereinen und dort nur mit dem bürgerlich-rechtlichen Verein – dem sogenannten „eingetragenen Verein“ befassen. Dies ergibt sich daraus, dass der nicht rechtsfähige Verein mit Haftungsproblemen seiner Mitglieder einhergeht. Kapitalgesellschaften benötigen bereits bei ihrer Gründung nicht unerhebliche Geldmengen, Genossenschaften dürfen nur für ihre Mitglieder tätig sein, d.h. also nicht für Dritte (vgl. Krüger 1998: 12f.).

2 Die rechtlichen Rahmenbedingungen des eingetragen Vereins als freier Träger der Jugendhilfe

Wir werden uns im Folgenden mit den vereinsrechtlichen Vorschriften des Vereinsgesetzes, den Vorschriften der Abgabenordnung, die für die Fragen des Gemeinnützigkeitsrechtes relevant sind, sowie mit Angelegenheiten der öffentlichen Anerkennung als freier Träger der Jugendhilfe befassen.

2.1 Vereinsrechtliche Regelungen des BGB

Das Recht des bürgerlich-rechtlichen Vereins ist in den §§ 21 – 79 des BGB geregelt. Ein Verein ist eine auf Dauer angelegte freiwillige Verbindung einer größeren Anzahl von Personen, die einen gemeinsamen Zweck erreichen wollen und sich hierzu nach einer Satzung körperschaftlich organisieren. Hierzu gehört ein Vorstand, die Besorgung von Angelegenheiten durch Beschlussfassung der Mitglieder sowie das Auftreten als Einheit. Darüber hinaus wird ein Gesamtname geführt (vgl. Stöber 1988: 19). Vereine können eine wirtschaftliche oder eine ideelle Zielsetzung haben. In dem hier ausgeführten Zusammenhang interessieren uns jedoch nur die sogenannten Idealvereine.

Vereine können rechtsfähig oder nicht rechtsfähig sein. Ein rechtsfähiger Idealverein kann unter seinem Namen am Rechtsleben teilhaben. Er erwirbt die Rechtsfähigkeit durch Eintragung in das Vereinsregister beim Amtsgericht seines Sitzes und führt dann den Zusatz „e.V.“. Die Eintragung ist vom Vorstand anzumelden. Sie hat in notariell beglaubigter Form und unter Beifügung der von den Gründungsmitgliedern unterschriebenen Satzung zu erfolgen. Auf den nicht rechtsfähigen Verein soll wegen seiner geringen Bedeutung nur am Rande eingegangen werden.

Der Verein handelt durch seine Organe. Als Organe zwingend vorgeschrieben sind der Vorstand – § 26 BGB – und die Mitgliederversammlung – § 32 BGB. Die Satzung des Vereins kann weitere Organe vorsehen. „Die Gründung des Vereins erfolgt durch Einigung der Gründe, den Verein zu errichten, die für ihn geschaffene Satzung wirksam werden zu lassen, um ihm als Mitglied anzugehören. Die Gründung des Vereins macht die Bestellung des ersten Vorstands durch die Vereinsgründer erforderlich“ (Stöber 1988: 22).

Ein Verein kann nur dann in das Vereinsregister eingetragen werden, wenn er mindestens sieben Vereinsmitglieder hat (§§ 56, 59 Abs. 3 BGB).

Mitglieder eines Vereins können auch juristische Personen des Privatrechts oder des öffentlichen Rechts sein. Soweit die Gründungsmitglieder natürliche Personen sind, müssen sie geschäftsfähig sein (vgl. Stöber 1988: 22).

Neben den gesetzlichen Bestimmungen des Vereinsrechts wird die Verfassung eines Vereins durch die Satzung geregelt. Soweit es keine Bestimmungen des Vereinsrechts verletzt, ist ihre Gestaltung frei. Der § 40 BGB regelt, dass die Bestimmungen der §§ 27 Abs. 1 und 3, 28 Abs. 1, 32, 33 und 38 BGB nur Anwendung finden, wenn die Satzung nichts anderes bestimmt. Die Vereinssatzung muss mindestens folgende Vorschriften enthalten:

a) Zweck des Vereins
b) Name des Vereins
c) Sitz des Vereins
d) die Angabe, dass der Verein in das Vereinsregister eingetragen werden soll.

Sie soll weiter enthalten:

a) Bestimmungen über Ein- und Austritt der Mitglieder
b) Bestimmungen über die Beiträge
c) Bestimmungen über die Bildung des Vorstands
d) Bestimmungen über die Mitgliederversammlung
e) Bestimmungen über die Beurkundung der Versammlungsbeschlüsse
f) den Tag der Errichtung
g) die Unterschriften von mindestens sieben Mitgliedern.

Für den Fall, dass der Verein gemeinnützig sein soll, sind die entsprechenden Anforderungen der Abgabenordnung §§ 51 – 68 mit aufzunehmen. Der eingetragene Idealverein haftet stets nur mit seinem Vermögen, er haftet auch für die Handlungen seiner Organe (§ 30 BGB). Eine Mithaftung der Mitglieder findet nur dann statt, wenn dies ausdrücklich in der Satzung vorgesehen ist (vgl. Sauter/Schweyer 1986: Rdnr. 347).

Der nicht eingetragene Idealverein ist wie der eingetragene Verein ein Personenverband mit körperschaftlicher Verfassung, er kann jedoch im Rechtsverkehr nicht als eigene Rechtpersönlichkeit auftreten. Nach § 54, Satz 1 BGB finden auf den nicht rechtsfähigen Verein die Vorschriften über die Gesellschaft – §§ 705ff. BGB – Anwendung. Diese Verweisung auf das Gesellschaftsrecht hat jedoch in der Praxis ihre Bedeutung verloren (BGHG, 42: 210ff.). Auch für den nicht rechtsfähigen Verein gilt weitgehend das Vereinsrecht des BGB. Es wird davon ausgegangen, dass die Vorschriften des Gesellschaftsrechts durch die Satzung stillschweigend ausgeschlossen sind (vgl. Stöber 1988: 314).

Schwierigkeiten können sich jedoch wegen der fehlenden Rechtsfähigkeit beim Führen von Rechtsstreitigkeiten ergeben. Weiter ist darauf zu achten, dass die persönliche Haftung der Mitglieder des nicht eingetragenen Vereins durch Satzung ausgeschlossen ist, um unnötige Haftungsrisiken zu vermeiden. Dieser Ausschluss ist zulässig und wirksam (vgl. Stöber 1988: 321).

2.2 Die Einwirkung des öffentlichen Vereinsrechtes

Das öffentliche Vereinsrecht ist im Vereinsgesetz niedergelegt. Es findet Anwendung auf alle Vereine im weiteren Sinne und darüber hinaus auch auf Zusammenschlüsse mit anderen Rechtsformen.

Der hier verwendete Vereinsbegriff ist also viel weiter gefasst als der des bürgerlichrechtlichen Vereins (vgl. Schnoor 1965: § 2 Rdnr. 11, 12). Nach § 3 des Vereinsgesetzes können Vereine verboten werden, wenn ihre Zwecke oder ihre Tätigkeiten den Strafgesetzen zuwiderlaufen, wenn sie sich gegen die verfassungsmäßige Ordnung oder den Gedanken der Völkerverständigung richten. Wichtig für den Bereich der Sozialarbeit können noch die Vorschriften des § 14 über die Ausländervereine werden. Ausländervereine können über die allgemeinen Verbotsgründe hinaus auch verboten werden, wenn sie die innere oder äußere Sicherheit oder sonstige erhebliche Belange der Bundesrepublik Deutschland oder die öffentliche Ordnung gefährden (vgl. Schnoor: §§ 14, 15 Rdnr. 11ff.).

2.3 Zum Begriff der Gemeinnützigkeit

Bei der Gemeinnützigkeit handelt es sich um einen steuerrechtlichen Begriff, der seine Grundlage in dem dritten Abschnitt der Abgabenordnung von 1977 findet. Die Vorschriften des 3. Abschnittes der Abgabenordnung finden nur dann Anwendung, wenn ein anderes, konkretes Steuergesetz eine Steuervergünstigung wegen ausschließlicher und unmittelbarer Verfolgung gemeinnütziger Zwecke einer Körperschaft einräumt (§ 51 AO). Dieselben Steuervergünstigungen können auch wegen Verfolgung mildtätiger oder kirchlicher Zwecke erlangt werden. Für den Bereich der freien Träger der Sozialarbeit kommt jedoch besonders die Förderung gemeinnütziger Zwecke in Frage (§ 52 – 54 AO). Gemeinnützige Zwecke werden dann angenommen, wenn die Tätigkeit einer Körperschaft darauf gerichtet ist, die Allgemeinheit auf materiellem, geistigem oder sittlichem Gebiet selbstlos zu fördern. Der Begriff der Allgemeinheit bedeutet, dass sich die Förderung nicht auf einen kleinen fest abgeschlossenen Personenkreis beziehen darf. Unter dieser Voraussetzung wird als Förderung der Allgemeinheit u.a. besonders anerkannt: die Förderung der Jugendhilfe, der Altenhilfe, des öffentlichen Gesundheits- und Wohlsfahrtswesens. Ausschließlichkeit im Sinne des § 51 liegt vor, wenn eine Körperschaft nur steuerbegünstigte satzungsmäßige Zwecke verfolgt. Unmittelbarkeit bedeutet, dass steuerbegünstigte Körperschaften selbst steuerbegünstigte Zwecke verfolgen (§ 56 AO). Es ist jedoch zulässig, wenn eine steuerbegünstigte Körperschaft Mittel für eine andere steuerbegünstigte Körperschaft beschafft (§§ 59 – 63 AO). Die Steuervergünstigung wird nur gewährt, wenn die Satzungen der entsprechenden Körperschaften vorsehen, dass die gemeinnützigen Zwecke ausschließlich und unmittelbar verfolgt werden, die tatsächliche Geschäftsführung diesen Satzungsbestimmungen entspricht und in der Satzung festgelegt ist, dass das Vermögen der Körperschaft bei Auflösung einem steuerbegünstigten Zweck zufließt (§§ 59 – 63 AO).

Auch die Unterhaltung eines wirtschaftlichen Geschäftsbetriebes gilt als steuerbegünstigt, wenn dieser im Bereich der Wohlfahrtspflege angesiedelt ist. Unter Wohlfahrtspflege wird hier der planmäßige, zum Wohl der Allgemeinheit und nicht des Erwerbs wegen ausgeübter Sorge für Not leidende oder gefährdete Mitmenschen verstanden. Die Sorge kann sich auf das gesundheitliche, sittliche, erzieherische oder wirtschaftliche Wohl erstrecken und Vorbeugung oder Abhilfe bezwecken – §§ 66 und 69 AO. Zum Verfahren zur Erlangung der Steuervergünstigungen kann noch mitgeteilt werden, dass entsprechende Anträge an die örtlich zuständigen Finanzämter unter Beifügung der Satzung der Körperschaft zu stellen sind. Die Finanzämter erteilen dann in der Regel einen vorläufigen Befreiungsbescheid, der nach Ablauf von 18 Monaten überprüft wird, danach erfolgt eine regelmäßige Überprüfung in Abständen von drei Jahren. Bei Körperschaften, die sich noch in der Gründungsphase befinden, empfiehlt sich eine Vorab-Einreichung des Satzungsentwurfes beim zuständigen Finanzamt, um spätere u.U. aufwendige Satzungsänderungen zu vermeiden. Gemeinnützige freie Träger der Sozialarbeit sind von folgenden Steuern befreit:

a) Körperschaftsteuer
b) Gewerbesteuer
c) Schenkungs- und Erbschaftssteuer

Steuervorteile erhalten entsprechende Körperschaften bei der:

a) Umsatzsteuer (Mehrwertssteuer)
b) Lotteriesteuer.

Zuwendungen an gemeinnützige freie Träger der Sozialarbeit sind bei der Einkommenssteuer bzw. bei der Körperschaftssteuer abzugsfähig – § 10 EStG und § 9, Ziff. 3 KStG.

2.4 Wie wird man öffentlich anerkannter freier Träger der Jugendhilfe?

Öffentlich anerkannte freie Träger der Jugendhilfe haben ein grundsätzliches Mitwirkungsrecht im Jugendhilfeausschuss. Außerdem dürfen nur sie *dauerhaft* gefördert werden.

Das Anerkennungsverfahren ist im § 75 KJHG geregelt. Es besagt, dass freie Träger der Jugendhilfe nur anerkannt werden können, wenn sie

1. auf dem Gebiet der Jugendhilfe tätig sind
2. gemeinnützige Ziele verfolgen
3. aufgrund der fachlichen und personellen Voraussetzungen erwarten lassen, dass sie einen nicht unwesentlichen Beitrag zu Erfüllung der Aufgaben der Jugendhilfe zu leisten imstande sind
4. die Gewähr für eine den Zielen des Grundgesetzes förderliche Arbeit bieten.

Einen Rechtsanspruch auf Anerkennung erwerben die freien Träger erst dann, wenn sie unter den o.a. Voraussetzungen mindestens drei Jahre in der Jugendhilfe tätig waren.

Kirchen und Religionsgemeinschaften des öffentlichen Rechts – sowie die Verbände der freien Wohlfahrtspflege – gelten als anerkannte freie Träger, ohne dass sie das Verfahren durchlaufen müssen. Verbände der freien Wohlfahrtspflege sind die in der Bundesarbeitsgemeinschaft der freien Wohlfahrtspflege zusammengeschlossenen Träger (vgl. Schellhom/Wienand: § 75, Rdnr. 15).

Für die Durchführung des Verfahrens sind die örtlichen Jugendhilfeträger zuständig, wenn sich der Wirkungsbereich des freien Trägers nur auf einen Jugendamtsbereich erstreckt. Ist der freie Träger in mehreren Jugendamtsbereichen tätig, so wird das Anerkennungsverfahren vom Landesjugendamt durchgeführt. Im Innenverhältnis der Jugendämter werden die entsprechenden Entscheidungen vom Jugendhilfeausschuss getroffen, da es sich nicht um Geschäfte der laufenden Verwaltung handelt.

Literatur

Krüger, Rolf (1998): Rechtsformen und Finanzierung freier Träger der Sozialarbeit. Mechtersen: Kulturwerkstatt

Stöber, Kurt (1988): Vereinsrecht: Grundriss mit Kurzkommentierung, Rechtsprechung, Beispielen und Formularmustern. Baden-Baden: Nomos-Verlag

Sauter, Eugen/Schweyer, Gerhard (1986): Der eingetragene Verein: eine gemeinverständliche Erläuterung des Vereinsrechts unter besonderer Berücksichtigung der neuesten Rechtsprechung. München: Beck-Verlag

Schnorr, Gerhard (1965): Öffentliches Vereinsrecht: Kommentar zum Vereinsgesetz. Köln/Berlin/München: Heymann

Schellhorn, Walter/Wienand, Manfred (1991): Das Kinder- und Jugendhilfegesetz (KJHG): Sozialgesetzbuch Achtes Buch (SGB VIII); ein Kommentar für Ausbildung, Praxis und Wissenschaft. Neuwied und Darmstadt: Luchterhand

Anhang

Anhang 1: Muster einer Vereinssatzung

Satzung

§ 1 (1) Zweck des Vereins ist die Betätigung in der Jugendhilfe.
(2) Der Verein beabsichtigt, sich einem Spitzenverband der freien Wohlfahrtspflege anzuschließen.
(3) Name des Vereins ist.
(4) Vereinssitz ist ...; dort soll die Eintragung in das Vereinsregister erfolgen.
(5) Das Geschäftsjahr ist das Kalenderjahr.

§ 2 (1) Der Verein verfolgt ausschließlich und unmittelbar gemeinnützige Zwecke im Sinne der §§ 51 – 68 der Abgabenordnung.
(2) Der Verein ist selbstlos tätig; er verfolgt nicht in erster Linie eigenwirtschaftliche Zwecke.
(3) Die Mittel des Vereins dürfen nur für satzungsmäßige Zwecke verwendet werden.
(4) Soweit Mitglieder des Vereins in dieser Eigenschaft für den Verein tätig sind, können sie Erstattung ihrer Aufwendungen nur bis zum Ablauf des folgenden Geschäftsjahres verlangen.
(5) Die Mitglieder des Vereins dürfen keine Gewinnanteile und in ihrer Eigenschaft als Mitglieder auch keine sonstigen Zuwendungen aus den Mitteln des Vereins erhalten.
(6) Der Verein darf keine Personen durch Ausgaben, die seinen Zweck fremd sind oder durch unverhältnismäßig hohe Vergütungen begünstigen.

§ 3 (1) Mitglieder des Vereins können natürliche und juristische Personen sein, die gewillt sind, den Vereinszweck zu fördern. Die Anzahl der juristischen Personen unter den Mitgliedern darf 1/3 nicht überschreiten.
(2) Über die Aufnahme von Mitgliedern entscheidet auf schriftlichen Antrag der Vorstand. Die Mitgliedschaft erlischt durch Tod, Verlust der Rechtsfähigkeit, Austritt oder Ausschluss des Mitgliedes.
(3) Der Austritt kann nur zum Jahresschluss mit einer Frist von 3 Monaten erklärt werden. Der Ausschluss eines Mitgliedes erfolgt nur aus wichtigem Grund. Die ausscheidenden Vereinsmitglieder erhalten keine Anteile aus dem Vereinsvermögen.

§ 4 Die Mitglieder sind verpflichte, den von der MV festgesetzten Beitrag zu zahlen.

§ 5 Die Organe des Vereins sind:
a) die MV
b) der Vorstand

§ 6 Die MV ist das oberste Vereinsorgan. Sie beschließt über alle grundsätzlichen Angelegenheiten des Vereins und ist insbesondere zuständig für:
a) Entgegennahme des Jahresberichtes des Vorstandes
b) Abnahme der Rechnung und Entlastung des Vorstandes
c) Bestellung und Abberufung der Mitglieder/ des Vorstandes
d) Festsetzung des Mitgliedsbeitrages
e) Ausschluss von Vereinsmitgliedern
f) Satzungsänderungen
g) Auflösung des Vereins
h) Jahresplanung.

§ 7 (1) Die MV tritt mindestens einmal im Jahr zusammen. Sie wird vom Vorstandsvorsitzenden mit einer Frist von mindestens 14 Tagen unter Angabe der Tagesordnungspunkte schriftlich einberufen. Die MV ist außerdem umgehend einzuberufen, wenn mindestens 5 Mitglieder des Vereins dies verlangen.
(2) Die MV ist beschlussfähig, wenn mindestens 2/3 der Vereinsmitglieder anwesend sind. Bei der zweiten Einladung mit der gleichen Tagesordnung gilt die MV als beschlussfähig.
(3) Der/die Vorstandsvorsitzende leitet die MV. Bei seiner Verhinderung wird der Leiter oder die Leiterin gewählt.
(4) In der MV hat jedes Mitglied eine Stimme. Juristische Personen werden durch eine in die MV entsandte Person mit schriftlicher Vollmacht vertreten.
(5) Über die MV wird eine Niederschrift angefertigt, die vom dem/der Vorsitzenden und dem/der Protokollführer/-in zu unterschreiben ist.

§ 8 (1) Die MV fasst ihre Beschlüsse mit der Mehrheit der Stimmen der erschienenen Mitglieder. Bei Stimmgleichheit gilt der Antrag als abgelehnt.
(2) Beschlüsse zu § 6, Buchstaben d – g, erfordern mindestens eine 2/3-Mehrheit.

§ 9 (1) Der Vorstand obliegt die Durchführung der Arbeit des Vereins nach den Beschlüssen der MV. Hierbei kann er sich nach Maßgabe schriftlicher Dienstanweisungen haupt- und nebenamtlicher Mitarbeiter bedienen.
(2) Der Vorstand wird von der MV aus den Reihen der natürlichen Mitglieder auf die Dauer von 3 Jahren gewählt.
(3) Der Vorstand im Sinne des § 26 BGB ist der Vorstand. Er besteht aus dem Vorsitzenden, dem Schriftführer, der gleichzeitig stellvertretender Vorsitzender ist, und dem Rechnungsführer. Jedes Vorstandsmitglied ist allein vertretungsberechtigt.

§ 10 Bei Auflösung oder Aufhebung des Vereins oder bei Wegfall seines bisherigen Zwecks fällt das Vereinsvermögen nach MV-Beschluss einer anderen gemeinnützigen Körperschaft zu. Das Einverständnis des zuständigen Finanzamtes ist hierzu einzuholen.

Anhang 2: Muster für ein Gründungsprotokoll

Auf Einladung von Herrn/Frau …

versammeln sich am …
um …
in …

folgende Personen, um den Verein … zu gründen

1.

2.

3.

4.

5.

6.

7.

Herr/Frau … erklärt sich bereit, das Protokoll zu führen.

Herr/Frau … wird als Versammlungsleiter/-in bestimmt.

Herr/Frau … verteilt an die Anweisenden den Entwurf der Gemeindesatzung. Nach kurzer Diskussion wird die Satzung von den Anwesenden akzeptiert und unterschrieben.

Herr/Frau … schlägt nun vor, Herrn/Frau … zum/zur Vorsitzenden sowie Herr/Frau ... und Herr/Frau ... zum/zur stellvertretenden Vorsitzenden zu wählen.

Die Versammlung stimmt den Vorschlägen ohne Gegenstimme und ohne Enthaltungen zu.

Herr/Frau … erklärt damit den Verein für gegründet. Der/die neu gewählte Vorsitzende schließt die Sitzung um …

Unterschrift des Protokollführers/ der Protokollführerin

Unterschrift des Versammlungsleiters/ der Versammlungsleiterin

Anhang 3: Ablaufplan einer Vereinsgründung für freie Träger der Jugendhilfe

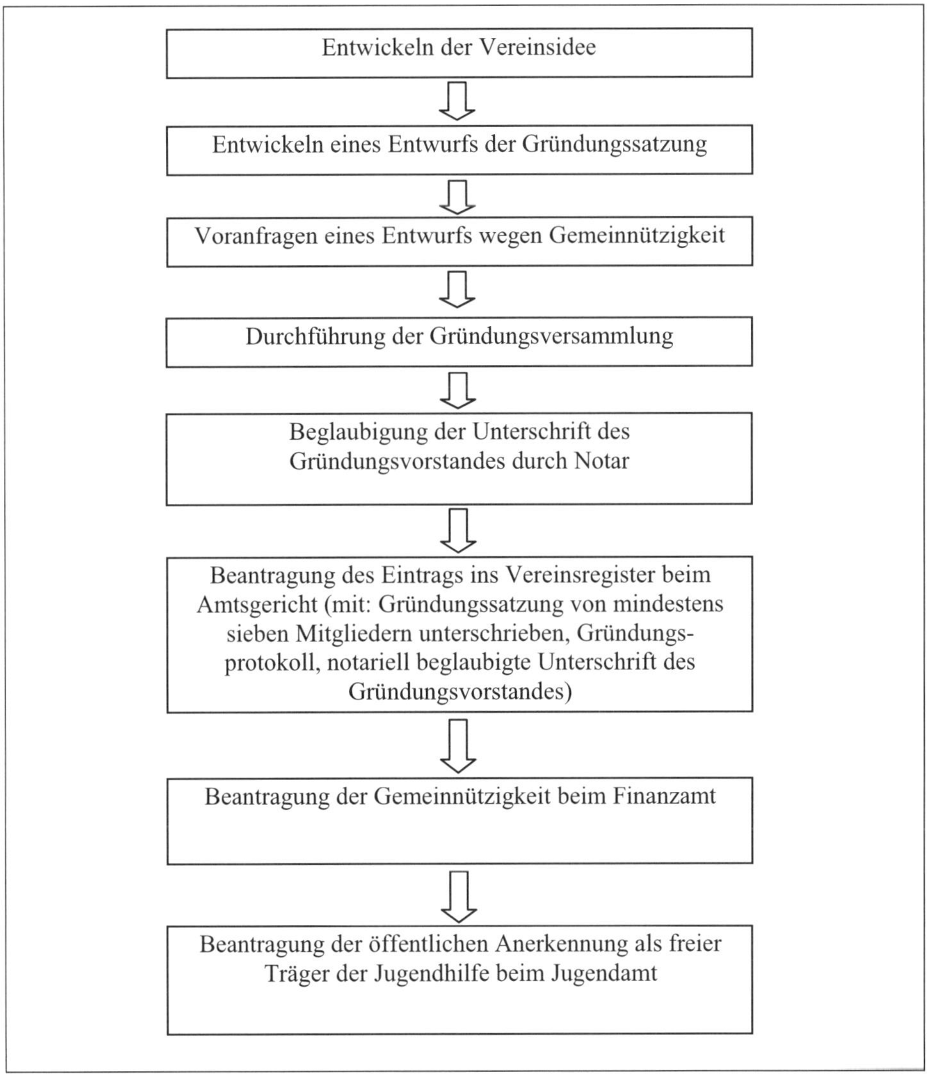

Christof Schmitt

Finanzierung von Kooperationsprojekten mit Kindern und Jugendlichen

In der Praxis mangelt es oft nicht an guten Ideen für Projekte mit Kindern und Jugendlichen, aber mitunter an einem wichtigen Element für deren Realisierung – der Finanzierung. Dem Wissen um Finanzierungsmöglichkeiten kommt im Rahmen der Realisierung von Projekten daher eine Schlüsselrolle zu. Die weite Finanzierungslandschaft wirkt aber auf die jeweilige Fachkraft häufig eher wie ein Finanzierungsdschungel. Auch wenn in diesem Kapitel keine detaillierte Landkarte ausgebreitet werden kann, so soll doch ein erster Wegweiser für die eigene Finanzierungsrecherche dargestellt werden.

1 Allgemeines

Bevor man sich auf die Suche nach geeigneten Finanzierungsmöglichkeiten begibt, ist zunächst die Frage nach einem geeigneten „Gefäß“ zu klären, in dem das Geld gesammelt werden soll. So sind beispielsweise zahlreiche Finanzierungsquellen an die Vorgabe gekoppelt, dass der Träger gemeinnützig ist. Die Standardlösung ist dabei die Gründung eines gemeinnützigen eingetragenen Vereins, auf die an anderer Stelle in diesem Buch eingegangen wird (s. vorheriger Beitrag von Rolf Krüger). Über diesen Weg wird eine bestimmte Unabhängigkeit vom eigenen Anstellungsträger erreicht und sichergestellt, dass die Gelder auch ohne Zweckbindung und die ggf. einzurichtende neue Kostenstelle ihr Förderziel erreichen.

Viele Projekte scheitern zudem, weil sie versuchen, mit einem vorgefertigten und starren Konzept Finanzierungsquellen zu erschließen. Während in einigen Bereichen eine ausgereifte Idee die Voraussetzung ist, um Gelder einzuwerben, kann sie in anderen Bereichen hinderlich sein. Viele Finanzierungsmöglichkeiten setzen bestimmte Förderbedingungen voraus, die ein Projekt erfüllen muss, wenn es Geld bekommen möchte. Die Idee ist dann auf ihre „Passgenauigkeit“ (Halfar 1999: 43) hin zu überprüfen. In diesen Fällen ist zu überlegen, inwiefern die Projektintentionen mit den Förderbedingungen als Bezugspunkt in Deckung gebracht werden können.

Gerade im sozialen Bereich ist dies oftmals möglich. Ein Beispiel aus der Finanzierungsliteratur belegt diese strategische Projektplanung. „Die EU-Profis unter den Trägern gehen noch andere Wege: Sie erkundigen sich nach den aktuellen und zukünftigen Förderabsichten, um für den Fall der Fälle eine Projektplanung direkt an der Förderung ausrichten zu können“ (Stiftung Mitarbeit 1999: 55).

Nach der Aufstellung aller für ein Projekt zu erwartenden Kosten ist zudem zu prüfen, ob bestimmte Kostenpositionen nicht auch über andere Wege als den der Anschaffung und Bezahlung zu realisieren sind. Dazu zählt beispielsweise die Einbindung von Ehrenamtlichen oder die Beschaffung von (kostenlos) geliehenen Gegenständen oder Sachspenden.

2 Öffentliche Finanzierungsmöglichkeiten

In den letzten Jahren sind zahlreiche Publikationen zum Bereich Fundraising, insbesondere zum Social-Sponsoring, erschienen. Das sollte aber nicht darüber hinwegtäuschen, dass trotz abnehmender Tendenz Aktivitäten im sozialen Bereich nach wie vor weitestgehend aus öffentlichen Mitteln finanziert werden. So vielfältig, wie die Projektideen in der Praxis, so vielfältig können dabei auch die in Frage kommenden öffentlichen Finanzierungsmöglichkeiten sein.

2.1 Leistungsgesetze

Den ersten großen Bereich stellen die (Sozial-) Leistungsgesetze dar, auf deren Grundlage eine Finanzierung aus öffentlichen Mitteln erfolgt. Hier ist zunächst der Bereich des Kinder- und Jugendhilfegesetzes (Sozialgesetzbuch VIII) zu nennen, aus denen zahlreiche Angebote im weiten Feld der Kooperation von Schule und Jugendhilfe finanziert werden können.

Hierzu zählen beispielsweise die schulbezogene Jugendarbeit und schulbezogene Jugendsozialarbeit nach §§ 11 bzw. 13 SGB VIII, wie auch die Förderung von Jugendgruppen nach § 12 Abs. 1 in Verbindung mit § 74 SGB VIII. Wichtig ist, dass damit nicht nur die Jugendverbände gemeint sind. Es kann sich dabei auch um spontane und lediglich über einen kurzen, überschaubaren Zeitraum bestehende selbstorganisierte Zusammenschlüsse handeln, wobei ein größerer Organisationsaufbau auf lokaler Ebene keine zwingende Voraussetzung ist (vgl. Münder et al. 2002: § 12 Rdnr. 4). Dem würde der Charakter eines Projektes entsprechen.

Aber auch die Hilfe zur Erziehung in Formen der sozialen Gruppenarbeit nach § 29 SGB VIII bietet Möglichkeiten für Angebote im Rahmen von Kooperationsprojekten. Hinzu kommt, dass der in § 27 SGB VIII genannte Leistungskatalog nicht abschließend ist, worauf das Wort „insbesondere" hinweist (vgl. ebd.: § 27 Rdnr. 14). Grundsätzlich ist es daher in Absprache mit dem zuständigen Jugendhilfeträger möglich, auch andere Formen der Hilfe zur Erziehung zu konzipieren. Vor dem Hintergrund der Forderung einer engeren Verknüpfung der Erziehungsinstanzen Schule und Jugendhilfe wird bereits an vielen Standorten an solchen neuen Formen von Leistungsangeboten gearbeitet.

Auch andere (Leistungs-) Gesetze kommen zunächst prinzipiell in Betracht. Werden Personalmittel benötigt, kann beispielsweise geprüft werden, ob die Projektaufgaben nicht zumindest teilweise durch Personen realisiert werden können, die förderfähig durch die Leistungen des SGB II oder III sind.

Auf der Grundlage der einzelnen Schulgesetze werden zudem den Schulträgern Mittel überwiesen, die diese wiederum den einzelnen Schulen zur Verwaltung überträgt. Auch hier sind Möglichkeiten der Förderung prinzipiell vorhanden. Entscheidend ist hierbei die politische Entscheidung der Schule, für welche Bereiche die (wenigen) frei disponiblen Mittel eingesetzt werden sollen.

Die weiteren öffentlichen Förderungsmöglichkeiten reichen darüber hinaus bis hin zum Baugesetzbuch, welches für bestimmte Projekte eine Finanzierungsmöglichkeit bereithält.

2.2 Sonderprogramme

Besonders interessant für die Finanzierung von Projekten sind die sogenannten Sonderprogramme. Sie werden für einen bestimmten Zeitraum und Förderzweck aufgelegt und sind auf kommunaler, Landes-, Bundes- und EU-Ebene zu finden. In einigen Bereichen von Deutschland werden auch auf Bezirksebene Programme aufgelegt. Die Schwierigkeit dieser Finanzierungsmöglichkeit besteht in der zeitlichen Befristung und der Aufgabe, von diesen rechtzeitig Kenntnis zu erlangen. Es gibt bezogen auf die einzelnen Ebenen verschiedene Recherchewege, von denen einige kurz benannt werden sollen.

Kommune	Land	Bund	EU
• Mandatsträger (Jugendhilfeausschuss) • Verwaltung • regionale Arbeitskreise • Presse (aber gewöhnlich nach Mittelentscheidung) • aktueller Haushaltsplan	• Presseerklärung/ Verlautbarungen • Verteiler der Landesministerien • Verteiler der Wohlfahrtsverbände • Landesjugendringe • Landesarbeitsgemeinschaften • Ministerialblatt • Pressestelle • Referatsleitung • Internetseiten der Ministerien	• Kontakte in Ministerien • Kontakte in Fachgremien/-gruppen/-institutionen • Presseerklärung/ Verlautbarungen • Internetseiten der Ministerien • Newsletter der Ministerien	• Euro Info Center • Carrefour-Stellen • Informationsbroschüren • Hochschul-Europa-Büros • Europabüros der Bezirksregierungen • Datenbanken mit Projektprofil (z.B. DELFI) • Eurodesk Datenbank (kostenlos)

Je weiter die Programmebene von der kommunalen Aktionsebene entfernt ist, desto größer muss die aktive Informationsbeschaffung erfolgen, da derartige Informationen seltener bis hierin „durchsickern". Gerade auf Landes- und Bundesebene ist noch der allgemeine Recherchehinweis zu geben, die Suche nicht von Anfang an auf die typischen Ministerien, z.B. das Sozialministerium zu begrenzen. Mit Ausnahme des jeweiligen Finanzministeriums sind Projektfinanzierungen prinzipiell zunächst durch alle Ministerien denkbar. Ob diese im Einzelfall zum Zeitpunkt der Recherche auch vorliegen, ist in Erfahrung zu bringen. Wenn dies der Fall ist, gilt jedoch: Je sonderbarer ein Ministerium für eine Finanzierung zunächst erscheint, je geringer ist die Anzahl potenzieller Mitbewerber und je größer dadurch die Förderungswahrscheinlichkeit. Bei der Recherche sollten im Übrigen auch die dem jeweiligen Ministerium zugeordneten Behörden und Institutionen in den Blick genommen werden, die zum Teil auch eigene Mittel verwalten. Dies ist zum Beispiel oftmals bei den Zentralen für politische Bildung der Fall, die dem jeweiligen Innenministerium zugeordnet sind.

Auf der EU-Ebene spielt für die Kooperation von Schule und Jugendhilfe sicherlich zunächst das neu aufgelegte Programm „Jugend in Aktion" eine Rolle. Eine Auswahl von Internetadressen zur Recherche aktueller Programme befindet sich im Anhang.

3 Weitere Finanzierungsmöglichkeiten

Im Folgenden soll eine Auswahl weiterer Finanzierungsmöglichkeiten kurz vorgestellt werden. Da insbesondere im Bereich der Programmfinanzierung Zuschüsse gezahlt werden, die nur einen Teil der Projektkosten abdecken, gilt es nach Möglichkeiten zu suchen, Finanzierungsquellen zu erschließen, die als zusätzlich einzubringende Eigenmittel in der öffentlichen Förderung akzeptiert werden. Darüber hinaus bieten einige die Möglichkeit, das Projekt vollständig gegenzufinanzieren. Die steuerrechtliche Behandlung einiger Einnahmen muss an dieser Stelle ausgespart werden. Auch hier sei auf die weiterführende Literatur verwiesen.

3.1 Mitgliedsbeiträge

Wenn die Organisation, wie vorgeschlagen, vereinsrechtlich verfasst ist, besteht die Möglichkeit, Mitgliedsbeiträge zu erheben. Diese können, wenn der Verein gemeinnützig ist, steuermindernd von den Mitgliedern geltend gemacht werden. Um Mitgliedsbeiträge erheben zu können, muss ein entsprechender Passus in der Satzung enthalten sein. Hierbei ist es nicht sinnvoll, den Mitgliedsbeitrag oder eine Staffelung der Beiträge in die Satzung aufzunehmen. Eine Veränderung müsste über eine Satzungsänderung laufen, die ihrerseits Geld kostet. Es ist daher ein Passus zu wählen, der darauf abstellt, dass Beiträge erhoben werden, Näheres aber eine Beitragsordnung oder die Mitgliederversammlung regelt. Einnahmen über Mitgliedsbeiträge sind in der Regel gering, aber langfristig sowohl in Höhe wie Zahlungseingang kalkulierbar.

3.2 Stiftungsmittel

Die Möglichkeiten einer finanziellen Förderung durch Stiftungen sind so vielfältig und unübersichtlich wie bei kaum einer anderen Finanzierungsart. Es gibt operative und fördernde Stiftungen. Da nur fördernde Stiftungen Gelder vergeben, sollte hier der Fokus der Recherche liegen. Zunächst ist es wichtig, einen Überblick über potenzielle Stiftungen zu gewinnen. Wenig hilfreich sind hier zum Teil teure Stiftungshandbücher. Sowohl das Internet als auch CD-Roms bieten hier bessere Alternativen. Eine Empfehlung findet sich im Anhang. Da Stiftungen in Deutschland nicht der Publizitätspflicht unterliegen, sind aber viele von ihnen nicht über diese Wege recherchierbar. Die vor Ort tätigen Stiftungen sind möglicherweise schwieriger ausfindig zu machen, allerdings ist dadurch auch die Anzahl der Antragsmitbewerber/-innen geringer.

Bei der Recherche ist zu beachten, dass jede Stiftung streng an ihre Satzung gebunden ist, eine flexible Förderung kommt daher nicht in Betracht. Die Fördervoraussetzungen sind also als erstes zu überprüfen. Für die Auswahl einer geeigneten Stiftung sind danach sicherlich Faktoren wie maximale Förderungshöhe, Antrags- und Nachweisverfahren sowie zeitliche Verfügbarkeit der Stiftungsgelder hilfreich. Hierbei gibt es keine verbindlichen

Standards, da jede Stiftung eigene Förderbedingungen setzen kann. Diese zunächst große Unübersichtlichkeit sollte jedoch nicht abschrecken, da Stiftungen gerade bei der erstmaligen Durchführung eines Projektes ideale Förderpartner sein können.

3.3 Geldauflagen der Strafjustiz

Geldauflagen sind „gerichtlich oder staatsanwaltschaftlich festgesetzte Ahndungen von strafrechtlichem Fehlverhalten" (Krüger 1998: 35) und haben nichts mit dem Begriff der Bußgelder zu tun, deren Geldbeträge direkt in den öffentlichen Haushalt eingehen. Die rechtlichen Grundlagen sind in drei strafrechtlich relevanten Gesetzen zu finden, dem Jugendgerichtsgesetz (§§ 15, 23, 46, 47 JGG), dem Strafgesetzbuch (§ 56b StGB) und der Strafprozessordnung (§§ 153a, 156a StPO). Daneben können auch Finanzämter für Fahndung und Steuerstrafsachen, die in den einzelnen Bundesländern teilweise unterschiedlich benannt sind, Geldauflagen festsetzen.

Grundsätzlich sind Richter/-innen nicht an Weisungen gebunden. Diese prinzipielle Weisungsfreiheit gilt allerdings nicht für die Staatsanwaltschaft. Hieraus folgt, dass ein verbindliches bundeseinheitliches Verfahren zur Erlangung von Geldauflagen nicht vorhanden sein kann. Trotz dieser Freiheit bei der Vergabe von Geldauflagen, greifen Richter/-innen in der Regel auf ein Verzeichnis für gemeinnützige Institutionen zurück. Diese Listen tragen in den einzelnen Bundesländern unterschiedliche Namen und werden in der Regel bei den Landgerichten bzw. Oberlandesgerichten geführt.

Um in eine Liste aufgenommen zu werden, bedarf es eines Antrags. Welche Angaben hierfür nötig sind, kann über das zuständige Amts- oder Landesgericht in Erfahrung gebracht werden. Auch die Voraussetzungen um in der Liste zu bleiben, variieren leicht von Bundesland zu Bundesland. Das Verfahren selbst jedoch ist kostenlos. Antragsberechtigte sind gemeinnützige Institutionen und in einigen Bundesländern, wie zum Beispiel Niedersachsen, seit kurzem auch öffentliche Träger und Institutionen wie Gemeinden oder Schulen.

Die Aufnahme in eine Liste stellt jedoch noch keine Garantie für das Fließen von Geldauflagen dar. Jetzt gilt es Kontakt zu den Richter/-innen, Staatsanwälten und -anwältinnen bzw. dem entsprechenden Finanzamt herzustellen. Hier muss auf die Aufnahme in die Liste gedrungen werden und die eigene Institution vorgestellt werden. Welche Kontaktaufnahme hier Erfolg hat, hängt eng mit den konkret handelnden Personen zusammen. So finden beispielsweise einige Richter/-innen vorbereitete Überweisungsträger hilfreich, andere fühlen sich durch diese eher bedrängt. Wichtig für eine langfristige Sicherung dieser Beträge ist das Halten des Kontakts, insbesondere wenn Geldauflagen geflossen sind.

3.4 Spielbanken und Konzessionsabgaben

In einigen Bundesländern sind Spielbanken dazu verpflichtet, einen Teil ihres Gewinns gemeinnützigen Zwecken zuzuführen (vgl. Kolhoff 2002: 109). Grundlage hierfür sind die Spielbankgesetze der Bundesländer. Diese weichen jedoch voneinander ab, so dass auch hier jeweils die zutreffenden Bestimmungen und Antragsverfahren recherchiert werden müssen.

Darüber hinaus sind öffentlich-rechtliche Sparkassen und manchmal auch monopolartige Energieversorgungsunternehmen, aufgrund von satzungsrechtlichen oder vertraglichen Vorschriften, dazu verpflichtet, einen Teil ihres Gewinns gemeinnützigen Zwecken zuzuführen. In der Regel werden diese Gelder über staatliche beziehungsweise kommunale Behörden an die gemeinnützigen Träger verteilt, wobei die Vergabe nicht immer nach nachprüfbaren Richtlinien erfolgt und oft öffentlich nicht bekannt wird (vgl. Krüger 1998: 35).

3.5 Erbschaften und Vermächtnisse

Diese Finanzierungsmöglichkeit ist nicht ganz unumstritten und bedarf im Rahmen der Akquisition eines feinfühligen Umgangs sowie eines hohen Zeitaufwandes (vgl. Albert et al. 2006: 400ff.). Tatsache ist jedoch, dass derzeit und in den nächsten Jahren große Geldmengen von der „Gründergeneration" vererbt werden. Viele von diesen Menschen haben keine Erben oder diese sind nicht zu ermitteln (vgl. Urselmann 2002: 109). Die Intention der Personen, über ihren Tod hinaus etwas Gutes für die Zukunft zu tun, hat neben dem Engagement für die Umwelt sicherlich auch eine breite Schnittmenge zur Arbeit mit Kindern und Jugendlichen, die es herauszustellen gilt. Generationsverbindende und übergreifende Projekte zwischen jung und alt können dabei eine Möglichkeit sein, sich in diesem schwierigen Finanzierungssegment zu bewegen. Mit künftigen Erblasser/-innen, Erb/-innen, Notariaten, Rechtsanwält/-innen und Seniorenheimen Kontakt aufzunehmen, ohne indiskret und aufdringlich zu werden, verlangt dabei besondere Kompetenzen. Gleiches gilt für die Beachtung rechtlicher Rahmenbedingungen. So sind Vermächtnisse, auch Legate genannt, als Teil eines Erbgutes attraktiver als Erbschaften, die auch Schulden enthalten und daher auch einen negativen Geldbetrag bedeuten können.

3.6 Spenden

Um eine Spende handelt es sich im klassischen Sinne, wenn keine Gegenleistung erwartet wird. Es lassen sich dabei verschiedene Spendenarten unterscheiden: Die Barspende, die Sachspende sowie die Aufwandsspende. Die Barspende ist die bekannteste und häufigste Form der Spende, indem einer Organisation Geld zukommt, das in der Regel variabel im Rahmen der Vereinsziele eingesetzt werden kann. Eine Ausnahme stellt die zweckgebundene Spende dar, die an einen bestimmten, konkreten Zweck gebunden ist.

Bei der Sachspende werden der Organisation Gegenstände überlassen, die sonst erst durch Geldwert beschafft werden müssten. Bei der Aufwandsspende geht es hingegen um die Bereitstellung benötigter Dienstleistungen. Auch ehrenamtliche Tätigkeiten können also zunächst Aufwandsspenden sein. In Abhängigkeit davon, ob der/die Spender/-in eine Privatperson oder ein Unternehmen ist, gelten unterschiedliche (steuer-) rechtliche Bestimmungen, die es zu beachten gilt, wenn die Spende steuerverkürzend für den/die Spender/-in wirken soll. Die Organisation stellt im Gegenzug zum Spendenerhalt eine Zuwendungsbestätigung aus. Diese hat je nach Spendenart bestimmte Angaben zu enthalten. Vordrucke und Auskünfte hierzu bekommt man in der Regel bei den Finanzämtern oder den Oberfinanzdirektionen.

Ein anderes Thema ist, wie man an (Bar-) Spenden gelangt. Hierzu gibt es in der Praxis und Literatur zahlreiche Ideen und Wege, von denen hier nur einige genannt sein sollen. Zunächst zählen hierzu Anlass- oder auch Ereignisspenden. So verzichten Menschen und Unternehmen bei (runden) Geburtstagen, Jubiläen und Hochzeiten auf Geschenke und ersuchen stattdessen um eine Spende für eine Organisation oder ein Projekt. Gleiches gilt bei Kondolenzspenden, bei denen darum gebeten wird, von Blumen und Kränzen abzusehen und die Gelder lieber einem bestimmten gemeinnützigen Zweck zukommen zu lassen (vgl. Urselmann 2002: 141).

Andere Möglichkeiten der Spendengewinnung reichen vom Aufstellen von Sammelbüchsen über die Initiierung von Spendenläufen, Haus- und Straßensammlungen, Spendenbriefen und Spendenmailings sowie Spendenparlamenten bis hin zu Aktionen im Rahmen von Öffentlichkeitsarbeit, wie Ausstellungen, Tagen der offenen Tür, Vortragsreihen etc.

3.7 Social-Sponsoring

Im Gegensatz zur Spende ist Social-Sponsoring ein Geschäft auf Gegenseitigkeit, mit dem Ziel des Imagetransfers. Über soziales Engagement soll ein positives Image eines Unternehmens erreicht und dessen Bekanntheitsgrad erhöht werden (vgl. Haibach 2006: 209). Hierbei können prinzipiell zwei Probleme auftreten. Zum einen kann sich herausstellen, dass die Organisation oder ein Projekt kein (großes) positives Image hat. Zum anderen kann das Unternehmen ein so schlechtes Image haben, dass dies auf die Organisation „abfärbt". Zudem ist zu überlegen, ob jedes Unternehmen für jedes Projekt ein sinnvoller Partner ist. So ist fraglich, ob man eine Marke von Alkopops in eine Kampagne gegen Alkoholmissbrauch einbinden sollte.

Kommt eine Sponsoring-Partnerschaft zustande, ist es in jedem Fall sinnvoll, einen schriftlichen Sponsoring-Vertrag abzuschließen, der die gegenseitigen Rechte und Pflichten konkretisiert. Darüber hinaus sollte im Vorfeld die steuerrechtliche Behandlung der Sponsorgelder auf Seiten der empfangenden Organisationen geklärt werden, für die ggf. Steuern anfallen können.

3.8 Lotterien und Tombolas

Hier ist zunächst zwischen Lotterien und Tombolas zu unterscheiden, die in eigener Regie und durch Dritte durchgeführt werden. Dieser Marktbereich ist in Deutschland stark reglementiert und fällt in die Zuständigkeit der Länder, was eine allgemein gültige Übersicht erschwert (vgl. Urselmann 2002: 140). Mindestens 25% des verkauften Spielkapitals müssen als Zweckertrag für einen vorgesehenen steuerbegünstigten Zweck ausgeschüttet werden. In der Regel werden die Gelder auf Landesebene an die Verbände der freien Wohlfahrtspflege und andere wichtige Organisationen nach einem bestimmten Schlüssel verteilt, die diese teilweise intern weitergeben. Bei anderen Lotterien besteht die Möglichkeit, auch direkt einen Antrag auf Förderung zu stellen, wie beispielsweise bei der „Aktion Mensch".

Bei öffentlich durchgeführten Lotterien und Tombolas in eigener Regie sind zahlreiche steuerliche sowie auch andere rechtliche Vorgaben zu beachten. Sie sind erlaubnispflichtig. Nähere Auskünfte über Zuständigkeiten und Vorgaben erhält man in der Regel über die Gemeinde- bzw. Stadtverwaltung. Werden Lotterien und Tombolas in nichtöffentlichem Rahmen, zum Beispiel unter den Mitgliedern eines Vereins, durchgeführt, unterliegen sie weder einer Erlaubnis- noch einer Steuerpflicht.

3.9 Wirtschaftliche Betätigung

Organisationen und Projekte erzielen oft Einnahmen über Aktivitäten, die steuerrechtlich dem so genannten wirtschaftlichen Geschäftsbetrieb zugeordnet werden. Hierzu zählen beispielsweise Eintrittsgelder für Benefizveranstaltungen, Vorträge, Ausstellungen, Disko- und Tanzveranstaltungen oder auch Theateraufführungen. In der Regel tritt man hier – vielleicht auch unbeabsichtigt – in Konkurrenz zu kommerziellen Anbieter/-innen. Die steuerrechtliche Folge ist jedoch, dass man umsatz- und körperschaftssteuerpflichtig wie ein normales Unternehmen wird. Wenngleich es Freibeträge gibt, bis zu denen keine Steuern anfallen, sollte dies im Vorfeld bedacht werden. Viele Träger gehen in der Praxis sehr unkompliziert mit dieser Thematik um. Das sollte jedoch nicht über die möglichen steuerrechtlichen Folgen hinwegtäuschen.

Gleiches gilt für Einnahmen durch den Verkauf von Waren. Im Rahmen der genannten Veranstaltungen, auch auf Straßenfesten, Basaren oder Flohmärkten, werden oft Waren zum Verkauf angeboten, von Getränken über Speisen bis hin zu durch Kinder und Jugendliche hergestellten Produkten. Werden durch den Träger gebührenpflichtige Serviceleistungen, z.B. durch Ehrenamtliche erbracht, sind die so erzielten Einnahmen dem wirtschaftlichen Geschäftsbetrieb zuzuordnen. Aber auch Erlöse aus Versteigerungen und Charity-Auktionen können hierzu zählen. Da diese steuerrechtliche Zuordnungen und Folgen im Einzelfall überprüft werden müssen, ist es sinnvoll, sich beraten zu lassen. Die Erfahrung zeigt allerdings, dass derzeit nur wenige Steuerberater in diesem Bereich die notwendigen Kenntnisse besitzen.

3.10 Weitere Finanzierungsmöglichkeiten

Neben den dargestellten Wegen gibt es noch zahlreiche andere Möglichkeiten, finanzielle Unterstützung zu erhalten. So kann der Kontakt zu den örtlichen Kreisen der Rotarier oder Lions-Club-Mitgliedern sinnvoll sein. Auch einige Landespräventionsräte besitzen ein eigenes Budget zur Förderung von Projekten. Daneben gibt es viele andere Institutionen, die Gelder von verschiedenen Stellen erhalten und davon ihrerseits Projekte finanziell unterstützen, wie zum Beispiel das Deutsche Kinderhilfswerk.

4 Zusammenfassung

Die Finanzierungslandschaft ist permanent in Bewegung. Eines ist jedoch sicher: Für die Finanzierung von Projekten gibt es zahlreiche Möglichkeiten, die allerdings zu finden und zu erschließen sind. Eine zentrale Voraussetzung für die Beschaffung von Geldern ist daher Zeit. Ist man bereit, diese zu investieren und kombiniert man diese mit der Planung und Umsetzung einer flankierenden Öffentlichkeitsarbeit, die mittel- bis langfristig angelegt ist, hat man die besten Voraussetzungen für eine erfolgreiche Mittelakquise.

Literatur

Albert, Judith et al. (2006): Erbschaftsfundraising. In: Fundraising Akademie (Hrsg.) (2006): 396–408

Billeter, Hanspeter/List-Gessler, Brigitte (2006): Bußgeldmarketing. In: Fundraising Akademie (Hrsg.) (2006): 410-420

Fundraising Akademie (Hrsg.) (2006): Fundraising. Handbuch für Grundlagen, Strategien und Instrumente. Wiesbaden: Gabler

Halfar, Bernd (Hrsg.) (1999): Finanzierung sozialer Dienste und Einrichtungen. Baden-Baden: Nomos

Haibach, Marita (2006): Handbuch Fundraising. Spenden, Sponsoring, Stiftungen in der Praxis. Frankfurt/Main/New York: Campus

Krüger, Rolf (1998): Rechtsformen und Finanzierung freier Träger der Sozialarbeit. Mechtersen

Münder, Johannes et al. (2002): Frankfurter Lehr- und Praxiskommentar zum KJHG / SGB VIII. Münster: Juventa

Stiftung Mitarbeit (Hrsg.) (1999): Fundraising. Arbeitshilfe für Selbsthilfe- und Bürgerinitiativen Nr. 21. Bonn: Stiftung Mitarbeit

Urselmann, Michael (2002): Fundraising. Erfolgreiche Strategien führender Nonprofit-Organisationen. Bern/Stuttgart/Wien: Haupt

Weiterführende Literatur

Fäh, Bruno/Notter, Thomas B. (2000): Die Erbschaft für eine gute Sache. Ein Handbuch für Fundraiser auf Legatsuche. Bern/Stuttgart/Wien: Haupt

Krüger, Rolf (2007): Organisation und Finanzierung freier Träger. Berlin: Lehmann Media

Schmitt, Christof (2007): Finanzierung von Projekten mit Kindern und Jugendlichen. Ein Überblick über Grundlagen, Möglichkeiten und Grenzen der Geldmittelakquisition. In: Stange (Hrsg.) (2007): Im Erscheinen

Stange, Waldemar (Hrsg.) (2007): Strategien der Partizipation von Kindern und Jugendlichen im kommunalen Raum. Band II: Offene Formen - Kinder- und Jugendparlamente - Projektansatz. Münster (Im Erscheinen)

Auswahl von Internetadressen zur Finanzierungsrecherche

- http://www.webforum-jugend.de (Stand: 30.06.2007)
- http://www.eurodesk.org (Stand: 30.06.2007)
- http://www.stiftungsindex.de (Stand: 30.06.2007)
- http://www.wettbewerbe.info (Stand: 30.06.2007)
- http://www.jungefilmszene.de/foerdrng/index.htm (Stand: 30.06.2007)
- http://www.wegweiser-buergergesellschaft.de/ (unter Engagementförderung) (Stand: 30.06.2007)
- http://www.aktion-mensch.de (Stand: 30.06.2007)
- http://diegesellschafter.de (Stand: 30.06.2007)

Waldemar Stange

Partizipation von Kindern und Jugendlichen im Schnittfeld von Schule und Jugendhilfe

1 Vorbemerkung: Moderne Kommunale Kinder- und Jugendpolitik setzt auf Beteiligung von Kindern und Jugendlichen

In der kommunalen Planung setzt sich seit einigen Jahren der kommunikative Planungsansatz durch. Er zielt auf eine Belebung der lokalen Demokratie. Die Einwohnerinnen und Einwohner werden nicht mit fertigen Planungen oder gar deren Umsetzung konfrontiert, sondern von Beginn an in Gestaltungsprozesse integriert.

Beteiligung heißt nun nicht, dass auf Fachleute verzichtet wird, aber an die Stelle technokratischer Planung tritt der Dialog in den verschiedensten kommunalen Projekten vom Freizeitbereich bis zum Schulbau, aber auch bei umfassenderen Prozessen wie der Dorferneuerung oder der Stadtteilsanierung. An „Runden Tischen“ setzen sich Menschen aus unterschiedlichen Lebens- und Arbeitsbereichen zusammen, um am Zukunftsbild ihrer Gemeinde mitzuwirken. Und „Einwohner/-innen“ sind im rechtlichen Sinne nicht nur die erwachsenen „Bürger/-innen“, sondern auch die Kinder und Jugendlichen einer Kommune.

Wird bei der kinderfreundlichen Optimierung unserer Städte und Gemeinden auf die Mithilfe der Kinder und Jugendlichen als Expertinnen und Experten in eigener Sache verzichtet, muss bei vielen Themen, von denen Kinder und Jugendliche betroffen sind und von denen sie etwas verstehen, mittlerweile von einem planerischen Kunstfehler gesprochen werden. Besonders auch deshalb, da ihnen oft preiswertere Alternativen zu Infrastrukturen einfallen als den erwachsenen Fachleuten.

Wer also auf die Beteiligung von Kindern und Jugendlichen als Expertinnen und Experten in eigener Sache verzichtet, bewegt sich wohl planerisch nicht so ganz auf der Höhe der Zeit. Denn der „kommunikative Planungsansatz“ wird immer mehr zum Standard in der Architektur, Landschaftsarchitektur, beim Wohnungsbau sowie in der Stadt- und Gemeindeentwicklung. Aus diesem Grunde haben inzwischen mehrere Bundesländer die Beteiligung von Kindern und Jugendlichen an sie betreffenden Entscheidungen der Kommune in ihren Gemeindeordnungen gesetzlich vorgeschrieben.

Diese Grundüberlegungen sollen im Folgenden im Hinblick auf das spezifische kommunale Schnittfeld von Schule und Jugendhilfe betrachtet werden.

2 Die Kommune als Ort lebendiger Demokratie: Mitbestimmung setzt auf Vielfalt

Welche Möglichkeiten stehen uns zur Verfügung, Kinder und Jugendliche auf kommunaler Ebene zu beteiligen?

Ich unterscheide bei den Formen der Beteiligung *sieben Hauptkategorien* im Sinne von *Grundformen* oder *Strategien der Interessensvertretung und Beteiligung von Kindern und Jugendlichen* (im folgenden „Kinder" immer im Sinne der UN-Konvention: Menschen bis 18 Jahren). Dazu gehören sowohl Interessenvertretungen durch Erwachsene (*indirekte Beteiligung* – siehe insb. Nr. 1 unten) und Interessensvertretungen durch Kinder selber (*direkte Beteiligung*). Es soll dabei *inhaltlich* gehen um *soziale und politische* Beteiligung. Das heißt, es geht um ein relativ breites Spektrum von Themen, die auf der einen Seite ganz eindeutig dem politischen Bereich i.e.S. zuzuordnen sind. Ich lege hier eine Definition des Politischen als „Regelung der gemeinsamen Angelegenheiten" innerhalb und außerhalb politischer Institutionen mit dem Zusatzkriterium der Öffentlichkeit (bzw. des öffentlichen Raumes) zugrunde (auch im Sinne von Kants Merkmal der Mündigkeit: Nicht irgendeinen Gebrauch des eigenen Verstandes zu machen, sondern „von seiner Vernunft in allen Stücken *öffentlichen Gebrauch* zu machen.").

Auf der anderen Seite des Spektrums liegen dann soziale Aspekte in nicht öffentlich verhandelten (aber öffentlich verantworteten) dialogischen pädagogischen Bezügen oder soziale Thematiken der Peergroup oder der Familie.

Die Grundformen (Strategien) der Beteiligung beziehen sich im Prinzip jeweils auf das Gesamtspektrum der sozialen und politischen Beteiligung – mit einer Ausnahme: Die Grundform 4. „Alltagspartizipation" spielt im Bereich der politischen Beteiligung i.e.S. faktisch nur eine geringe Rolle, da hier fast ausschließlich alltägliche Themen mit ganz klar ebenso alltäglichen Formen im Bereich der Familie oder der Peer-Group (denen gerade das Kriterium der Öffentlichkeit fehlt) verhandelt werden.

Wer also die politische Beteiligung i.e.S. im Auge hat, könnte diesen Bereich hier vernachlässigen. Allerdings spricht auch viel dafür, einen eher breiten Politikbegriff zugrunde zu legen und dieses Gebiet zumindest nicht zu sehr zu vernachlässigen. Denn einerseits könnte es sein (worüber wir noch zu wenig wissen), dass gerade in diesem Bereich erhebliche Grundlagen für die Partizipationsbereitschaft gelegt werden. Andererseits kann ein zunächst eingeschränktes rein soziales Thema in ein politisches umkippen (z.B. das rein private soziale Freizeitproblem einer Peergroup beim Fußballspielen auf dem Rasen im Wohnumfeld gewinnt konflikthaft öffentliche Relevanz). Die Trennungslinie ist also nicht immer leicht zu ziehen.

Überblick: Grundformen der Beteiligung

1) *Stellvertretende Formen (stellvertretende Wahrnehmung von Kinderinteressen durch Erwachsene)*
   - insb. Kinderbüros – Kinderbeauftragte – Kinderanwälte (auch Lobbyverbände für Kinderrechte u.ä.)

   Kategorien: Politik *für* Kinder, indirekt, verbindlich

2) Beteiligung an den Institutionen der Erwachsenwelt

- Stadtteilkonferenzen (z.B. in der Jugendhilfeplanung)
- Jugendliche als bürgerliches Mitglied im Sozial- oder Jugendausschuss
- Wahlrechtsänderungen zugunsten von Jugendlichen (Kommunales Wahlrecht ab 16 Jahren in einigen Bundesländern, Kinderwahlrechts-Debatte).

Es handelt sich hier eindeutig nicht um punktuelle Beteiligungsformen, da sie auf Dauer angelegt und rechtlich und institutionell fixiert und strukturell verankert sind.
Kategorien: Politik *mit* Kindern, indirekt, verbindlich

3) Punktuelle Beteiligung („Kleine Formen")

Nur mit eingeschränkter Reichweite (von Anzahl und Dauer – d.h. von geringer Häufigkeit – aber auch vom Inhalt her und vom Grad ihrer Institutionalisierung her). Das heißt nicht, dass diese Formen unwichtig wären. Zum einen sind sie sehr gut geeignet zum Anfangen. Zum anderen sind etwa die kleinen alltäglichen Formen der Beteiligung sehr häufig und ihre Wirkungen sind – auch wenn die Themen nicht so breit angelegt, also eher alltäglich, sind – von allen Formen möglicherweise am intensivsten und nachhaltigsten).

3.1) Vorformen der Beteiligung (insb. Lernen, Information usw.)

- Kinder und Jugendliche im Parlament (Aktionen und Begegnungen mit Politikern/Politikerinnen, Besuche im Stadtrat oder im Landtag mit simulierten Sitzungen)
- Planspiele „Jugendkreistag" ohne echte Antrags- und Entscheidungsbefugnisse, wie sie z.B. in verschiedenen Landkreisen Schleswig-Holsteins seit Langem Praxis sind
- Planspiele und Brettspiele „Kommunale Beteiligung"
- Informationsbroschüren für Jugendliche: „Kommunale Beteiligung".

3.2) Einfache Informationserhebung und Interessenermittlung

- norwegische Punktuntersuchung (bunte Punkte auf Stadtteilkarten z.B. zum Verkehr)
- Mal- und Zeichenaktion (mit Ausstellung)
- Wunsch- und Meckerkasten
- alle Befragungen
- Fotostreifzüge
- Kinder- und Jugendsprechstunde des Bürgermeisters bzw. der Bürgermeisterin
- Informationsveranstaltungen für Kinder und Jugendliche usw.

3.3) Verfahren der punktuellen Problemklärung

- Politikerkontakte, z.B. Besuche von Politiker/-innen in Schulen, Rathausbesuche von Schulen usw.
- Kinder- und Jugendsprechstunde des Bürgermeisters/der Bürgermeisterin
- Kinder- oder Jugend-Anhörungen.

3.4) Medienorientierte Beteiligung: Beteiligung von Kindern an der Gestaltung

- des Radioprogramms
- des Fernsehprogramms
- Internet-Wahlen (z.B. parallele Aktionen zur Bundestagswahl)

- der Internet-Seiten, Chats usw.
- die medienorientierte Beteiligungsform (auch das Internet als Beteiligungsmedium) hat zzt. faktisch noch punktuellen Charakter, da hier keinerlei Entscheidungen getroffen werden können. Auch von einer flächendeckenden Verbreitung von Beteiligungsanlässen mit dem Ziel von materiellen Änderungen kann noch keine Rede sein. Das Medium Internet wird zzt. – was Beteiligung betrifft – eher nur in der Informations- und Kommunikationsdimension genutzt. Für Erwachsene (aber prinzipiell auch durch Jugendliche nutzbar) gibt es in einigen Kommunen die Möglichkeit, sich über Bebauungspläne u.ä. zu informieren und Einwendungen zu machen. Langfristig wird sich dieses Medium aber wohl zu einer völlig eigenständigen 8. Form der Beteiligung entwickeln – bis hin zu der Möglichkeit per Internet zu wählen und zu entscheiden („Elektronische Demokratie").

Kategorien: Politik mit Kindern, z.T. direkt, z.T. indirekt, im Allgemeinen. relativ unverbindlich

4) Alltägliche Formen der Partizipation (insbes. in der Familie und in pädagogischen Situationen)

Bei dieser Beteiligungsform geht es um alltägliche Verfahren zur Bewältigung von ebenfalls alltäglichen Themen und Problemen vor allem in der Familie, in pädagogischen Situationen[1], in der Jugendgruppe, in individuellen Beziehungen informeller Gruppen[2], im Alltagsleben des Dorfes, des Stadtteils. Sie betrifft alle Kinder und Jugendlichen und nicht nur eine Auswahl von Delegierten. Sie finden sehr häufig – eben alltäglich statt – haben eher eine Mikrostruktur und sind dialogisch angelegt. Ihre Wirkung ist möglicherweise aber – auch wenn die Themen nicht so breit angelegt, eben alltäglich sind – von allen Formen am intensivsten und nachhaltigsten – könnte aber wohl zumindest wichtige Voraussetzungen für die Entwicklung von Partizipationsbereitschaft liefern.

Die Alltäglichen Formen der Partizipation haben innerhalb der sieben Formen der Beteiligung (was in Analyse und Praxis beachtet werden sollte), einen besonderen Stellenwert wegen ihrer größeren Anzahl/Häufigkeit und Dauer gegenüber den anderen Formen – d.h., dass sie wohl eine große Wirkung haben dürften.

Zur Kategorie der alltäglichen Partizipationsformen beispielsweise in Kindergärten zählen etwa:

- Alltägliche Mitbestimmung in einfachen, dialogischen Gesprächssituationen
- spontane Kreisgespräche (Stuhlkreis)
- Nein – Sagen dürfen
- „Schweigestein" im Kindergarten (Wallrabenstein): Rot („Ich möchte nicht gestört werden!") oder grün („Ich bin ansprechbar").

Kategorien: „Politik" (besser „Aushandlungsprozesse") *mit* Kindern, direkt, wenn auch nicht rechtlich verbindlich – so doch psychologisch, einstellungs- und wertemäßig (Grundhaltung, die aber über Leitbild, Konzeption und Fortbildung verankert werden kann)

1 In Kindergarten, Schule, Jugendzentrum
2 Z.B. in der Nachbarschaft, im Freizeitbereich, im Kindergarten, im Sportverein.

5. und 6. sind Kinder- und Jugend-Interessensvertretungen: Beteiligung über Gremien und Versammlungsformen. Hier sind zwei Grundrichtungen zu unterscheiden – die repräsentativen und die offenen Formen:

5) Repräsentative bzw. Parlamentarische Formen

5.1) Kinder- und Jugendparlamente
- kommunale Kinder- und Jugendparlamente
- Jugendkreistage
- Landtag der Jugend
- Schüler/-innenvertretungen einer einzelnen Schule (SV).

5.2) Kinderbürgermeister
- Kinderbürgermeister in Italien (z.B. in Aula) mit echten Kompetenzen (und Haushalt).

5.3) Kinder- und Jugendbeiräte
- Kinder- und Jugendbeiräte auf kommunaler Ebene, in Schleswig-Holstein oft in der Hauptsatzung der Gemeinde verankert wie andere Beiräte auch
- auf Kreisebene als Unterausschuss des JHA mit Kindern und Jugendlichen.

5.4) Verbandsbezogene Repräsentativformen der Beteiligung
- Jugendverbände auf Kreis-, Landes- und Bundesebene
- Orts-, Kreis-, Landes-, Bundesjugendringe.

Kategorien: Politik *durch* Kinder, indirekt, verbindlich

6) Offene Versammlungsformen

Veranstaltungsformen ohne direkte äußere Anlehnung an „parlamentarische Gremienformen" und ohne Wahlen (Jedes Kind kann teilnehmen.), z.B.
- offene Kinder- und Jugendforen
- Kinderversammlungen
- Jugendeinwohner/-innenversammlung.

Kategorien: Politik *durch* Kinder, direkt – z.T. indirekt (die Versammelten entscheiden auch für andere), z.T. unverbindlich, z.T. verbindlich

7) Projektorientierte Verfahren der Partizipation

Hier handelt es sich um die produkt- und ergebnisorientierte Arbeit an einem eingegrenzten, eng umrissenen und an einem starken Bedürfnis der Kinder und Jugendlichen orientierten Thema. Es wird nicht die Gesamtpalette aller jugend-spezifischen Themen und Probleme wie in den o.g. Gremien behandelt. Dieses Verfahren zielt auf die pädagogisch besonders reizvolle Fertigstellung in einem vereinbarten und gut überschaubaren Zeitraum, z.B. beim Spielplatzbau, Schulhofumbau u.ä. Typische Durchführungsformen sind dabei:
- Zukunftswerkstatt
- Planungszirkel
- Spielplatzplanungsparty
- Verkehrsplanungs-Check
- Bauplanungs-Check

- Planerworkshop unter Beteiligung von Kindern und Jugendlichen
- umfassendere Strategien mit mehreren Bausteinen wie die Projekt-Beteiligungsspirale „Planen mit Fantasie“ (Sensibilisierungs- und Vorlaufbaustein, Ideenfindung, Planungszirkel, Realisierungsbaustein)

Kategorien: Politik *durch* Kinder, direkt, verbindlich (wenn ein Projekt in der Praxis – was häufiger passiert – einen unverbindlichen Status hat, z.B. weil die Umsetzung in keiner Weise garantiert wird, handelt es sich eindeutig um einen fachlichen Kunstfehler.)

3 Ermutigung: Anregungen und Praxiserfahrungen aus Skandinavien

Dass kommunale Beteiligungen sinnvoll und vor allem effektiv sind, bestätigt uns ein Blick nach Norden[3]: Seit 1992 arbeiten etwa 400 schwedische Schulen an der Umgestaltung ihrer Schulhöfe. Schulgelände seien in der letzten Zeit – so die diesen Umbau koordinierende Gruppe „Skolans Uterum“ – immer mehr entdeckt worden als

- neue Lernräume – besonders Lernräume für Umwelterziehung[4]
- als Spielraum einer Vielfalt von Aktivitäten, die die immer vereinzelter aufwachsenden jungen Menschen am Ende des 20. Jahrhunderts nötiger haben als jemals zuvor
- ein Platz für aktive Bürger/-innenmitbestimmung
- ein Platz für Schuldemokratie und
- nicht zuletzt als ein wertvolles, meist schlecht genutztes Gelände.

Besonderer Wert wird auf die Entwicklung von Schüler/-innenmitbestimmung gelegt, und zwar aus denselben Gründen, die auch bei uns heiß diskutiert werden: Rückzug von immer mehr jungen Menschen aus Politik und Gesellschaft.

In Skandinavien wird in den letzten Jahren die Forderung nach einer zivilen Bürger/-innengesellschaft, nach kommunaler Demokratie lauter. Wie in Dänemark immer wieder auf den Zusammenhang von Mitbestimmung und Verantwortung verwiesen wird, stellt auch „Skolans Uterum“ einen Zusammenhang zwischen der Beteiligung an einem Projekt und der Übernahme von Verantwortung her: Dies ist meine Schule und ich bin stolz darauf.

Die Umweltpsychologin Ann Johansson von der Universität Stockholm hat untersucht, welche Wirkungen die Beteiligung von Schülerinnen und Schülern an der Umgestaltung ihrer Schule hat. Ihr wesentliches Ergebnis ist, dass sich die Einstellungen hinsichtlich Verantwortung, Engagement und der Wahrnehmung von Einflussmöglichkeiten auf Entscheidungen in der Kommune generell geändert haben.

---

3 Vgl. Johansson, A.: Kontakt, Ansvar, Medinflytande, in: Skolans Uterum (Hrsg.): Nyhetsbrev 3/96
4 Hier beruft man sich auf die Agenda 21.

Die Schülerinnen und Schüler der Pilotschulen sind sorgfältiger im Umgang mit ihrem Umfeld und im Unterricht als die Schülerinnen und Schüler anderer Schulen, deren Schulhof nicht verändert wurde. Die Jugendlichen der Pilotschulen zeigen eine andere Einstellung gegenüber Autoritäten. Diese andere Einstellung werden sie nach dieser Untersuchung vermutlich sogar mit in die Gesellschaft hinausnehmen. Die Schülerinnen und Schüler der Pilotschulen erleben auch, dass sie – anders als diejenigen anderer Schulen – wegen der Gestaltung des äußeren Umfeldes größeren Einfluss auf die Gestaltung der Schule an sich haben. Die Befragten an den Pilotschulen meinen größtenteils, dass die Arbeiten zur Gestaltung des Schulhofes von Schülerinnen und Schülern sowie Lehrerinnen und Lehrern gemeinsam durchgeführt und nicht in größerem Umfang an Unternehmen abgegeben werden sollten. Sie sind ferner der Meinung, dass es in die Verantwortung aller fällt, den Müll auf dem Schulhof aufzusammeln. Sie sind auch eher gewillt, in unterschiedlichen Arbeitsgemeinschaften mitzuwirken, wenn sie den Unterricht, die Außenanlagen und die Räumlichkeiten der Schule beeinflussen können.

Die Untersuchung von Ann Johansson deutet auch darauf hin, dass die Arbeit von "Skolans Uterum" ein Ansatz zur Konfliktminimierung im Gemeinwesen ist.

4 Zur Reichweite der Partizipation: Das Spektrum der Gegenstände (Themenbereiche) für die Beteiligung von Kindern und Jugendlichen

Ich illustriere das breite Spektrum möglicher Gegenstände von Partizipation, um das sich insbesondere die Jugendhilfe zu kümmern hat, das aber gerade auch in allen kooperativen Projekten zwischen Schule und Jugendhilfe eine Rolle spielen kann und soll, anhand einer einfachen Liste von Themen, die von mir und meinem Team oder von mir ausgebildeten Moderator/-innen im Rahmen der Demokratiekampagne in Schleswig-Holstein im gesamten Aktionsfeld der Kommune – und zwar sowohl in der Jugendhilfe als auch der Schule als auch in ihrem Schnittfeld – schon einmal realisiert wurden, um dann im nächsten Abschnitt zwei dieser Themenbereiche und Projekte, bei denen Jugendhilfe und Schule gemeinsam eine Rolle gespielt haben, ausführlicher darzustellen:

- Spielplätze, Spiellandschaften, Spielraumplanung
- Freizeitbereich
- naturnahe Umgestaltung des Umfeldes von Kindertagesstätten und Jugendzentren
- kinderfreundliche Dorfentwicklung
- Stadtteilsanierung
- Stadtplanung, Stadtentwicklung, Bauleitplanung
- kindgerechter Wohnungsbau, Gestaltung des Wohnumfeldes
- Verkehrsplanung (Radwegeplanung, Schulwegsicherungen usw.)
- Schulbereich: Mitbestimmung bei Inhalten und Formen des Lernens, Strukturen des Schullebens (Regeln usw.), Schulhofumgestaltungen, auch Beteiligung bei der Schulbauplanung
- Umwelt- und Naturschutz: Naturerlebnisraum Verpflegungseinkauf, der Vermeidung von Verpackungsmüll usw.

- Entwicklung von Konzeptionen für Jugendfreizeitstätten, Kinderkulturhäuser, die Jugendverbandsarbeit etc.
- Alltagsthemen in sozialen Nahräumen: in Kindertagesstätten, in der Familie usw. (z.B. Beteiligung der Kinder an der Festlegung von Lern- und Arbeitsthemen, Arbeitsformen u.ä.) und die
- Alltagsthemen im Alltagsleben der Kommune (Dorf, Stadtteil), im Sportverein usw. (anstehende kleinere Veränderungen, Maßnahmen, Veranstaltungen u.ä.).

Die große thematische Breite der Mitwirkungsmöglichkeiten von Kindern und Jugendlichen werde ich nun an zwei beispielhaften Bereichen darstellen: Verkehr und Dorferneuerung.

4.1 Beispiel 1: Kinder und Verkehr

Eine der wichtigsten Komponenten, die die Entwicklung von Kindern beeinflussen, sind neben den Anlagen des Kindes, den sonstigen inneren Bedingungen der Persönlichkeitsentwicklung, den emotionalen und sozialen Bindungen des Kindes an erwachsene Bezugspersonen und später den Peer-Groups vor allem die äußeren Lebensbedingungen und Lebensumstände. Im Folgenden soll skizziert werden, wie Kinder in ihren diesbezüglichen Alltagsräumen so früh wie möglich an Entscheidungen beteiligt werden können.

Lässt sich die Verkehrssituation in unseren Städten durch die Beteiligung von Kindern und auch Jugendlichen verbessern? Wir bejahen diese Frage ausdrücklich angesichts der Erfahrungen, die z.B. in der dänischen Stadt Odense auf Fünen gemacht wurden.[5] Auch wenn in Dänemark der städtische Lebensraum für Kinder durchgehend nicht so gefährlich ist wie in der Bundesrepublik, ragten die Unfallzahlen in der Stadt Odense in den 70er und Anfang der 80er Jahre doch aus dem dänischen Durchschnitt heraus.

Die Kommunen in Dänemark sind aufgrund eines Erlasses des Unterrichtsministeriums verpflichtet, für die Sicherheit von Schulkindern in Schulen, auf dem Schulweg und in der Wohnumgebung zu sorgen. Schon 1978 richtete die Kommune Odense eine Arbeitsgruppe ein, die ein Pilotprojekt für vier Schulen ausarbeitete. Auf Luftfotos zeichneten Kinder die Wege zu ihren Schulen oder Freizeitaktivitäten ein. Die Kinder kennzeichneten weiter die Stellen, von denen sie meinten, dass sie gefährlich sind und sie gaben an, mit welchen Verkehrsmitteln sie sich bewegten. Das Pilotprojekt wurde in Zusammenarbeit mit den Schulen und Klassenlehrer/-innen entwickelt. Die Wege zu den Freizeitstätten wie Jugendzentren und Sportstätten wurden einbezogen, da viele Unfälle von Kindern auf diesen Wegen zu verzeichnen waren.

Vor dem Hintergrund dieses Pilotprojektes wurde 1981 eine Untersuchung beschlossen, in die alle Schulen in Odense einbezogen wurden. Es wurde mit folgenden Instrumenten gearbeitet:

5 Vgl.: Odense-Kommune (1994): Skoleveje i Odense.. Odense

- Fragebogen zu den Prioritäten bei Schulwegen und Wegen zu Freizeitstätten in allen 3., 6. und 9. Klassen der dänischen Volksschulen6. Es waren also auch 8- und 9-jährige sowie 12- und 13-jährige Kinder beteiligt.
- Die Schulwege und die Wege in der Freizeit wurden auf großen Luftaufnahmen eingezeichnet. Wieder wurden die gefährlichen Stellen gekennzeichnet.
- Die Schülerinnen und Schüler entwickelten Skizzen mit Problemlösungen, bauten Modelle und entwickelten eine Prioritätenliste ihrer Vorschläge.

Danach wurde das Gesamtprojekt des Schulwegeumbaus nach folgenden Kriterien weiterentwickelt:

- der Zahl der Kinder und Autos, die die eingezeichneten Wege benutzen
- der Einschätzung der Gefährlichkeit durch die Schülerinnen und Schüler
- der Einschätzung der Schulen zur Gefährlichkeit der Schulwege und
- der Zahl der Unfälle, die in der Ambulanz der Universitätsklinik in Odense registriert wurden.

In Zusammenarbeit mit dem für Straßenbau zuständigen kommunalen Amt und den Schulen wurden Pläne zur besseren Schulwegsicherung entwickelt, wobei sich sehr hohe Bodenschwellen als außerordentlich wirksam erwiesen haben.

Das Schulweg-Sicherungsprojekt unter Einbeziehung von Kindern und Jugendlichen ist einmalig in Europa. Bemerkenswert ist der Effekt, dass bei den 12 größten Verkehrsberuhigungsmaßnahmen, die in den Jahren 1981 bis 1986 durchgeführt wurden, die Anzahl der registrierten Personenschäden in der Ambulanz der Universitätsklinik um 82% reduziert werden konnte. Die gemessenen Geschwindigkeiten sind erheblich reduziert worden. Insgesamt sind in der Zeit von 1978 bis 1989 Unfälle mit Personenschaden auf den Straßen in Odense um 42% zurückgegangen; dies ist der Rekord in Dänemark.

Städte, die dem Muster von Odense – allerdings nicht mit demselben Aufwand – gefolgt sind, haben ihre Unfälle um folgende Prozentzahlen senken können:

- Aarhus: 30%
- Esbjerg: 17%
- Aalborg: 28%
- Randers: 37%.

Das für Straßenbau zuständige Amt hat nicht die der Polizei bekannten Schäden, sondern die in den Ambulanzen registrierten Schadensfälle zum Ausgangspunkt dieser Statistik genommen. Der Grund dafür ist darin zu sehen, dass die Schäden, die der Polizei bekannt sind, nur etwa einem Drittel der in den Klinikambulanzen registrierten Unfälle entsprechen.

Der gesamte Prozess der kinderfreundlichen Sanierung der Schulwege ist selbstverständlich von den Schulen begleitet worden. Wichtig erscheint uns, dass hier Kinder und auch Jugendliche als Expert/-innen in eigener Sache an Planungen beteiligt worden sind und der Erfolg – die erhebliche Reduzierung von Personenschäden auf Schulwegen – gibt

6 Dänemark kennt wie die meisten weit entwickelten Industriestaaten kein gegliedertes Schulsystem.

diesem Verfahren recht. Wichtig erscheint uns auch, dass die Kinder und Jugendlichen die Bauprojekte laufend verfolgen konnten. Offensichtlich ist das Schulwegeprojekt in Odense so erfolgreich geworden, dass die Schulen bei einer Befragung im Jahr 1990 keinen Bedarf an größeren weiteren Projekten sahen, sondern nur kleine Änderungsvorschläge machten. Bemerkenswert ist auch, dass in Odense die Mitarbeiter/-innen eines „technischen" kommunalen Amtes auf die Schüler/-innen sowie ihre Schulen zugegangen sind.

Nach dem Kinder- und Jugendhilfegesetz ist es eigentlich die Aufgabe der Jugendämter, bei Kenntnis solch erfolgreicher Projekte auf die für den Verkehr zuständigen kommunalen Ämter zuzugehen und in verwaltungsinternen Arbeitsgruppen die Lebensqualität von Kindern in Verkehrsräumen zu verbessern. Was hindert eigentlich deutsche Jugendämter an solchen Initiativen?

Das Ergebnis des Projektes „Skoleveje i Odense" stützt nachdrücklich die These, dass sich eine Planungsbeteiligung von Kindern und Jugendlichen besonders dort empfiehlt, wo sie Expert/-innen in eigener Sache sind.[7]

Allerdings muss in diesem Kontext darauf hingewiesen werden, dass sich die Reduzierung von Unfallzahlen für eine dänische Kommune „rechnet", weil sie auch – anders als in der Bundesrepublik – für das kommunale Gesundheitssystem verantwortlich ist. Vorbeugen lohnt sich in Dänemark also mehr als in Deutschland, wo der „Egoismus der Subsysteme" dafür sorgt, dass Probleme nicht systematisch und kooperativ gelöst werden. Einer Stadt wie Kiel kann es letztlich gleich sein, wie viele Kinder auf ihren Straßen verunglücken: Kostenträger der Folgen sind Krankenkassen oder Privatversicherung.

Adriaan Schelling weist darauf hin, dass in Dänemark grundsätzlich Kinder als Menschen betrachtet werden, aber nicht als kleine Erwachsene. „Allgemein wird erkannt und akzeptiert, dass der Verkehr an die Kinder angepasst werden muss und nicht umgekehrt (...). Auch die dänischen Richtlinien für die Planung und Gestaltung von städtischen Straßen aus dem Jahr 1991 bauen auf diesen Grundsatz auf. Die Anordnung von einem Hauptverkehrsnetz für den Autoverkehr und einem Netz von Fuß- und Radwegen einerseits und ruhige Wohngebiete – und in vorhandenen Gebieten wenn nötig auch beruhigte – andererseits wird von diesen Richtlinien gefordert." [8]

Der Projektleiter der kinderfreundlichen Verkehrsberuhigung in Odense hat in einem Gespräch darauf hingewiesen, dass die überraschend hohe Reduzierung der Verkehrsunfälle darauf zurückzuführen sei, dass die Ideen der Kinder und Jugendlichen wirklich ernst genommen und zu einem großen Teil umgesetzt worden sind.

7 Odense-Kommune: Skoleveje i Odense. Odense 1994

8 Schelling, A.: Ideen aus Dänemark. In: Ministerium für Arbeit, Gesundheit und Soziales des Landes Nordrhein-Westfalen (Hrsg.) (1997): Alles, wo's hingehört ... Plädoyer für eine Trennung von Kinderspiel und Autoverkehr. Düsseldorf: 55.
Siehe dazu auch die Vorschläge von Knoflacher, H.: Für eine neue Stadtentwicklung. In: Deutsches Kinderhilfswerk/Landschaftsverband Westfalen-Lippe (Hrsg.) (1997): Kids reden mit – Dialog mit Kindern und Jugendlichen. Berlin/München: 65ff..

4.2 Beispiel 2: Kinderfreundliche Dorferneuerung

Verfahren der Dorferneuerung haben in Deutschland eine lange Tradition. Dabei gibt es einen deutlichen Nachholbedarf: die Berücksichtigung von Kinderinteressen und die direkte Beteiligung von Kindern in diesem Prozess. Dorfentwicklung gemeinsam mit Kindern soll helfen bei der Umsetzung der Leit-Norm des § 1 („Kinder- und familienfreundliche Umwelt") der Modellvorstellung eines „kinderfreundlichen Dorfes" näherzukommen. Dazu ein Beispiel aus Schafflund in Schleswig-Holstein.

In Schafflund wurde der Prozess der kinderfreundlichen Dorferneuerung mit der „Strategie der Partizipativen Dorfentwicklung" – einer Beteiligungsspirale in vier Stufen (Phasen) – mit einer umfassenden Kinderfreundlichkeitsprüfung begonnen, die von allen Beteiligten sehr ernst genommen wurde und eine große Impulswirkung entfalten konnte.

Diese Kinderfreundlichkeitsprüfung von Schafflund umfasste folgende Instrumente:

- einen Elternfragebogen für Kinder von 0 bis 6 Jahren
- einen Elternfragebogen für Kinder im Alter von 6 bis 10 Jahren
- eine Modellbauaktion mit Kindern im Alter von 9 bis 11 Jahren und anschließender Befragung der Kinder im Modell (mit einem Leitfaden zu Schwerpunkten der Kinderfreundlichkeit)
- eine Dorfforscheraktion mit Kindern im Alter von 11 bis 12 Jahren (Video-, Foto- und Tonband-Streifzüge zu kinderrelevanten Problemstellen und positiven Aufenthaltsorten), realisiert mit der Dänischen Schule
- eine Bepunktungsaktion mit Jugendlichen, bei der in Gemeindeplänen z.B. Gefahrenpunkte im Verkehr gekennzeichnet wurden
- einen Jugendfragebogen für das Alter von 14 bis 17 Jahren
- einen Expertenleitfaden für Menschen mit Spezialkenntnissen im Dorf (Kindergarten, Polizei, Pastor, Schule, Verwaltung usw.).

Das Interessante an diesem Methodenmix war, dass den Kindern und Jugendlichen viele zusätzliche Elemente angeboten wurden, die visuell-handlungsorientiert waren und ihre Artikulationsmöglichkeiten enorm verbesserten.

Die Kinderfreundlichkeitsprüfung hatte eine durchschlagende Wirkung in Schafflund. Die Ergebnisse wurden auf zwei Einwohner/-innenversammlungen (von der eine das einzige Thema „Kinderfreundlichkeitsprüfung" hatte, sozusagen im Sinne des Projektes eine Auftakt-Bürger/-innenversammlung) mit großer Resonanz vorgestellt. Die Gemeinde war auch bereit, aus den Ergebnissen der Kinderfreundlichkeitsprüfung Konsequenzen zu ziehen, so wurde z.B. der Arbeitskreis „Kindgerechte Verkehrsplanung" eingerichtet.

Bezüglich der Stufe 2 der Partizipativen Dorfentwicklung (Ideenentwicklung und Mobilisierung) gab es ein exemplarisches Projekt mit großer Binnen- und Außenwirkung, welches ein ganzes Gemeinwesen in seinen Bann zog und schließlich alle „infizierte": das Schulhof-Projekt (mit hervorragenden Personen, mit der Impulswirkung eines Jugendclubs usw.). Die Ideenfindung (Stufe 3) wurde über eine Serie von Zukunftswerkstätten (später auch noch zu anderen Themen) vorangetrieben.

Das Nucleus-Projekt, das auf alle Bereiche ausstrahlte (Schulhofumgestaltung), und die Kinderfreundlichkeitsprüfung wurden in Gesprächskreisen (Gemeindegespräch, projektbegleitendem Arbeitskreis) weiter bearbeitet und gefiltert. So wurden in der 4. Stufe (Konzeption und Entscheidung) in einem der standardmäßigen Gemeindegespräche mit Vertreter/-innen aus den Schulen, dem Schulausschuss, den Sportvereinen, der Amtsverwaltung und dem Bürgermeister – auf der Basis der Kinderfreundlichkeitsprüfung und der Ländlichen Entwicklungs- und Strukturanalyse (LSE) – folgende Leitprojekte für „Dorf für Kinder – Dorf für alle“ ausgewählt:

- die Schulhofumgestaltung am Schulzentrum
- die Gestaltung des Schulhof- und Freizeitgeländes an der Dänischen Schule
- die Spielraumplanung Westerheide/Amselweg
- die kindgerechte Verkehrsplanung
- die Umgestaltung des Freibads Waldeck
- der Kinder- und Jugendtreff am Tennisplatz
- die Homepage Schafflund
- die Kommunikation zwischen den Schulen im Grenzgebiet/Austausch mit Tinglev/ Kinderfreundliche Dorfentwicklung im Grenzbereich
- Sportangebote des SSV-Schafflund (Überprüfung durch Jugendliche und Vorschläge für neue Angebote).

Diese Auflistung macht deutlich, dass das „Nucleus-Projekt“ Schulhofumgestaltung nicht isoliert dasteht, sondern vor dem Hintergrund eines breiteren, umfassenderen Prozesses betrachtet werden muss, der im Prinzip eine ganze Gemeinde und ein ganzes Amt erfasst hat.

Außerdem ergab sich die Möglichkeit, insbesondere in der 5. Phase (Planungszirkel), einige neue Partizipationsinstrumente zu erproben, die sonst eher am Rande bedacht werden, z.B.:

- eine Planerkonferenz mit Expert/-innen (bis hin zum Landwirtschaftministerium), auf der u.a. die Ergebnisse der Kinderfreundlichkeitsprüfung diskutiert wurden (Fachlichkeit im Dienste der Partizipation)
- einen parallelen Planerworkshop zu einer Spielraum-Zukunftswerkstatt von Kindern; nach den Kinderentwürfen arbeiteten mehrere Expert/-innen an der Umsetzung der Kinderwünsche und stellten sich anschließend dem Votum der Kinder
- ein Experteninput im Beteiligungsprozess: ein Spielraumexperte informierte jeden Tag mit einem Diavortrag zwei parallele Zukunftswerkstätten mit Kindern und Eltern und gab anregende Impulse
- eine Problemmoderation: als während des Beteiligungsprozesses im Schulhofprojekt gewisse Schwierigkeiten und Konflikte zwischen den beiden beteiligten Schulen entstanden, wurde mit gutem Erfolg eine extern moderierte Veranstaltung realisiert, ein spannender Aspekt (Mediation), der in der sonstigen Beteiligungsdebatte oft vernachlässigt wird.

In der 6. Phase (Realisierungsphase) haben die Beteiligten schließlich selber Verantwortung übernommen und handfest mitgeholfen, z.B. beim Umbau des Schulhofes (s.u.).

5 Vorteile des Beteiligungsansatzes

Was bringt der Kommune die Partizipation von Kindern und Jugendlichen? Was könnten Beteiligungsansätze wie das gerade beschriebene Beispiel bewirken? Dieter Tiemann, der Spiritus Rector der Bemühungen um mehr Kinderfreundlichkeit, hat im Rahmen der von ihm initiierten „Demokratiekampagne“[9] in Schleswig-Holstein am Beispiel der Schafflunder Dorfentwicklung bereits früh auf folgende Vorteile von Kinder- und Jugendbeteiligung auf kommunaler Ebene hingewiesen:

5.1 Kinder und Jugendliche werden durch eine umfassende Partizipation im kommunalen Raum – gerade in Kooperationsprojekten – auf das politische Erwachsenenleben vorbereitet

Lokale Erfahrungen und Alltagsdemokratie als Regelfall sind die positive Grundlage für die spätere Auseinandersetzung mit der „großen“ Politik. Dabei kommt es

- zur Förderung von Engagementsbereitschaft bei der Lösung kommunaler Probleme, bei Projekten, in Kinder- und Jugendgremien usw.
- zur Förderung von Vertrauen in die demokratischen Institutionen
- zur Stärkung des Glaubens an die eigenen Einflussmöglichkeiten und die Veränderbarkeit der eigenen Lebensbedingungen
- zur intensiven Selbsterfahrung der Schwierigkeiten und Vorzüge einer partizipativen Kooperation verschiedener Vereine, Verbände, Institutionen, einzelner Akteur/-innen auf lokaler Ebene.

Im Zuge des gerade beschriebenen Modellprojektes zur kinderfreundlichen Dorfentwicklung wurde z.B. in Schafflund eine Zukunftswerkstatt mit einer 4. Klasse der Grundschule „Schafflund für Kids“ durchgeführt, um die Vorstellungen von Kindern zur Dorfentwicklung zu erfahren und qualitatives Material zu gewinnen. Dabei wurde folgende Frage gestellt:

> „Stell Dir vor, in Deinem Dorf wird etwas für Kinder geplant, z.B. ein Spielplatz, eine Sportanlage oder ein Fahrradweg. Meistens arbeiten an so einer Planung Erwachsene mit. Würdest Du gerne mit anderen Kindern bei der Planung mitsprechen, um Deine Ideen und Vorschläge einbringen zu können?".

9 Tiemann, D. (1996): Alltagsdemokratie und Kinderfreundlichkeit. In: Unsere Jugend 9/1996

Alle Kinder kreuzten die Spalte „ja“ an und ergänzten dies um Argumente wie:

- „weil wir auch mitsprechen wollen
- weil wir Kinder bessere Ideen haben
- weil es mir Spaß macht
- weil ich finde, dass Kinder mitplanen sollten.“

Beteiligung und Mitwirkung führen offenbar zur Übernahme von Verantwortung für das eigene Gemeinwesen. Folgende Beispiele können angeführt werden:

- In Schafflund waren 20% der Schülerinnen und Schüler spontan bereit, sich in ihrer Freizeit am Umbau ihres Schulhofes zu beteiligen.
- Sie wurden wirklich und handfest aktiv und bauten den Schulhof mit Unterstützung von Fachleuten, Landschaftsarchitekten usw. um.
- Da eine Finanzierungslücke bei der Realisierung der Schulhofplanung entstand, entwickelten die Schüler/-innen selbst die Idee, an einem „Dienstleistungstag“ ihre Arbeitskraft in der Region zur Verfügung zu stellen. Durch Pflege des Friedhofes, Hilfsarbeiten bei Baufirmen, in Gärtnereien, in der Käserei usw. erarbeiteten einige hundert Schüler/-innen 13.000 DM in ihrer Kommune, die sie für den Umbau ihres Schulhofs zur Verfügung stellten.
- Sie nahmen auch ihren Jugendclub in der Schule selber in die Hand und vieles andere mehr.

Es darf also mit Fug und Recht gesagt werden, dass die Jugendlichen bereits angefangen haben Verantwortung zu übernehmen. Dabei wird die „Regelung der gemeinsamen Angelegenheiten“ – also Politik – nicht als etwas Fernes oder persönlich Unbedeutendes und Unwichtiges gesehen, sondern als etwas Positives und Nahes („Nahraumdemokratie“) erfahren. Es erfolgt eine Erhöhung der Identifikation mit dem eigenen Gemeinwesen und seinen Einrichtungen. In vielen Projekten in Schafflund haben die Kinder und Jugendlichen bei öffentlichen Präsentationen am Ende von Zukunftswerkstätten stolz festgestellt: „Das haben wir für unser Dorf geschaffen!“. Sie empfinden sich dabei zunehmend als wertvolle und bedeutsame Mitglieder der Kommune. Nebenbei sei noch festgehalten, dass erfolgreiche Projekte nachweislich ein wichtiger motivationaler Faktor sind und der Förderung von sozialer und politischer Phantasie und Neugier dienen.

5.2 Beteiligung führt zu einer Belebung des Gemeinwesens

Ein hoher Aktivierungsgrad des ganzen Gemeinwesens zeigt sich:

- wenn eine Kinderfreundlichkeitsprüfung auf einer öffentlichen Einwohner/-innenversammlung zu einem vollen Haus führt, also ernst genommen wird
- wenn beim Schulhofprojekt nicht nur die Schüler/-innen und Lehrkräfte, sondern auch Hausmeister und viele Bürger/-innen (auch materiell) unterstützend tätig werden

- wenn ein erstes Projekt dann so anregend wirkt, dass immer neue und interessantere Anstöße, Projekte und Entwicklungen entstehen und die Ideen und Impulse nur so sprudeln und quer durch die Gruppierungen des Dorfes alle mitmachen
- wenn Kooperationszusammenhänge und Netzwerke im Schnittfeld von Schule und Jugendhilfe durch intensive Teilhabe aller Akteur/-innen stabilisiert und aktiviert werden.

5.3 Partizipation von Kindern und Jugendlichen führt zu einer Verbesserung der Qualität und Effizienz kommunaler Planungen und Entscheidungen

Die Nutzung der Expert/-innenschaft von Kindern und Jugendlichen in Bereichen, die für sie überschaubar sind, die Nutzung der Ressourcen von Vielen statt von Wenigen, die Erhöhung der Menge und der Qualität des Ideen- und Vorschlags-Outputs für kommunale Vorhaben, die Reduzierung von Fehlerquellen, z.T. die Verbilligung, z.T. die bessere Qualität solcher Projekte, sind nicht zu übersehende Vorteile für die Kommune. Vor allem aber ist die größere Zielgenauigkeit bei Maßnahmen zu nennen. Wenn Kinder in einer Bürgermeistersprechstunde in Schafflund genaueste Informationen über kaputte Geräte auf Spielplätzen geben können oder in Zukunftswerkstätten und Planungszirkeln, z.B. in der dänischen Schule, anwesenden Planern und Fachleuten sehr genau und qualifiziert räumliche und technische Hinweise zur Ausgestaltung ihres Spielgeländes geben können, wird deutlich, auf welcher Ebene Kinder mitarbeiten können.

5.4 Die Partizipation von Kindern und Jugendlichen führt zu einer Konfliktminimierung im Gemeinwesen und zu einer Erhöhung der Lebensqualität

Kinder, Jugendliche und Eltern sind oft so etwas wie ein „Problem- und Konflikt-Radar". Sie sind sehr sensible Seismografen, die Schwierigkeiten und Probleme bereits in der Entstehung aufzeigen. Wenn man die Beteiligten aufmerksam beobachtet, sie ernst nimmt, viel mit ihnen redet und auf sie hört, kann man rechtzeitig wichtige Informationen sammeln. Statt bei Konfliktlagen auf Konfrontationskurs zu gehen, kann man sie bei der Erarbeitung von Problemlösungen beteiligen. So kann es auch zur immer wieder angemahnten Vandalismus-Prophylaxe kommen.

Dass es im Rahmen von Beteiligungsprozessen zu einer Verbesserung der Beziehungen zwischen Bürger/-innen (jungen wie erwachsenen) und den Politiker/-innen bzw. der Verwaltung kommt, liegt ebenfalls auf der Hand. Insgesamt verbessert sich durch die der Beteiligung inhärente intensivere Kommunikation aller beteiligten Gruppen[10] schließlich das Gesamtklima im Gemeinwesen. Aus allen diesen Aspekten heraus ergibt sich eine Erhöhung der Lebensqualität für alle!

10 In Schafflund zu beobachten anhand der kontinuierlichen Weiterentwicklung der an vielen anderen Orten ja auch oft komplizierten Beziehungen zwischen den verschiedenen Schulen.

5.5 Partizipation von Kindern und Jugendlichen hat auch ökonomische Folgen, da Kinderfreundlichkeit zum wichtigen Standortfaktor wird

Alle genannten Aspekte und Wirkungen von Beteiligung sind ein zentraler Beitrag zu mehr Kinderfreundlichkeit. Und die wird zunehmend ein wichtiger Standortfaktor.[11] Kommunale Planung sollte immer daran denken, dass Kinder- und Familienfreundlichkeit für Städte, Kreise und Gemeinden ein wichtiger Standortfaktor geworden ist, weil die Standortentscheidungen der Unternehmen sich immer mehr „auch an sozialen, kulturellen und ökologischen Bedingungen" einer Kommune orientieren.

Sie sollte auch berücksichtigen, dass der Zuzug von Familien oder ihr Bleiben nachweislich vom kinderfreundlichen Gesamtklima der Kommune abhängt. Dass genügend Familien mit Kindern in der Kommune bleiben, ist auch deshalb wichtig, weil sie nicht zu unterschätzende Träger wirtschaftlicher Leistungen sind (durch Konsum und Steueraufkommen, aber auch dadurch, dass leistungsfähige Familien die öffentlichen Hände von sozialen Kosten entlasten). Leistungsfähige Familien und intakte soziale Netzwerke erbringen unverzichtbare Leistungen, die anders nicht erfüllt werden können. Sie wirken in den Städten, Gemeinden und Kreisen wie eine kleine – aber äußerst effiziente – soziale Infrastruktur. Ersatzleistungen müssten von der Gemeinschaft teuer bezahlt werden.

Kinder- und Familienfreundlichkeit hat also große Bedeutung für das soziale, kulturelle und wirtschaftliche Leben der Kommune. Die Kommune braucht Kinder und ihre Familien. Kinderfreundlichkeit wird zunehmend eine zentrale Bedeutung für die positive Weiterentwicklung von Kommunen gewinnen. Diese ist untrennbar verbunden mit einem ausreichenden und ernst gemeinten Grad an Partizipation.

Es ist nicht allein wichtig, dass man – wie in Schafflund mit dem ausdrücklichen Hinweis auf die Kinderfreundlichkeit der Gemeinde und der Beteiligung der Kinder an der Dorferneuerung – werben und so mehr Bauplätze verkaufen kann als anderswo.[12] Wichtiger ist, wenn in einem Dorf Folgendes gesagt werden kann:

„Zwischenzeitlich ist die Beteiligung für die Kinder und Jugendlichen zur Selbstverständlichkeit geworden. (...) Der befürchtete Wandel Schafflunds zu einem reinen Schlafdorf hat glücklicherweise nicht stattgefunden. Es ist zu beobachten, dass trotz des enormen Zuzugs junger Familien die Dorfbewohner sich mit dem positiven Image ihrer Gemeinde identifizieren. Dies liegt insbesondere daran, dass die Eltern über die Aktivitäten der Kinder automatisch einbezogen werden. Die Gemeinde hofft, durch die Orientierung an den Bedürfnissen junger Menschen noch attraktiver zu werden."[13]

---

11 Siehe dazu: Institut für Entwicklungsplanung und Strukturforschung der Universität Hannover: Familien- und Kinderfreundlichkeitsprüfung in den Kommunen: Erfahrungen und Konzepte. Abschlussbericht (Materialien zur Familienpolitik Nr.2 / IES-Bericht 215.97). Bonn 1998: 12ff. und 47ff.

12 „Kinderfreundlichkeit und Partizipation" als „Standortfaktor" und Bestandteil von „Gemeindemarketing"

13 Resümee des Schafflunder Bürgermeister zur Halbzeit des Modellprojektes „Dorf für Kinder – Dorf für alle"

6 Schlussbemerkung: Mitbestimmung und Mitverantwortung sind zwei Seiten einer Medaille

Die Beteiligung von Kindern und Jugendlichen bei allen Angelegenheiten, die sie betreffen, ist eine Schlüsselentscheidung der Gesellschaft. Hier entscheidet sich, ob so früh wie möglich die Auseinandersetzung mit eigenen und anderen Interessen, individuellen Ansprüchen und übergreifenden Gemeinschafts- und Gesellschaftsinteressen praktiziert und geübt werden kann.

Hier entscheidet sich auch, ob eine demokratische Gesellschaft wirklich an der Weiterentwicklung ihrer Demokratie interessiert ist. Mitbestimmung darf dabei nicht eine mehr oder weniger exotische Ausnahme im Leben von Kindern und Jugendlichen sein, sondern muss zum Regelfall werden. Wir brauchen eine breit angelegte und vielfältige Mitbestimmungskultur, die das Aufwachsen von Kindern und Jugendlichen in der Bundesrepublik entscheidend prägt.

Diese Mitbestimmungskultur ist zugleich eine Verantwortungskultur. Das „Aktivitetshuset" der dänischen Minderheit in Flensburg gibt Jugendlichen diese Mitbestimmung: Wer für die Computer-, Druck- oder Videowerkstatt einen „Führerschein" erwirbt, erhält einen Schlüssel für das Aktivitätszentrum, mit dem man auch die Tür zu jener Werkstatt öffnen kann, für die man technisch ausgebildet ist. Die Hausaufgaben können so am Sonntag auf dem Computer geschrieben werden. Wenn ein Schulfreund oder eine Schulfreundin dazukommt, kann man sich Kaffee kochen und hinterlegt das Geld in einer offenen Schale. Die Schulzeitungsredaktion des dänischen Gymnasiums Duborg stellt in dem „Aktivitetshuset" ihre Zeitung her. Die Papierkosten werden nach Verbrauch abgerechnet – das Haus hat hier immer eine ausgeglichene Bilanz. In den letzten 10 Jahren ist lediglich einmal ein Drucker vorübergehend „entliehen" worden, der später zurückgebracht wurde, und dies bei Hunderten von ausgegebenen Schlüsseln.

Wenn z.B. solche Projekte im Rahmen von Kooperationsvorhaben von Schule und Jugendhilfe Alltag wären (Schulen arbeiten im örtlichen Jugendzentrum) und Schule dabei die erheblich größeren Freiheitsgrade informeller Bildung in außerschulischen Jugendhilfeeinrichtungen nutzt, kann das Partizipationspotenzial vor Ort schlagartig erhöht werden.

Wer so selbstverständlich wie in den geschilderten Projekten in das politische Leben einer Kommune hineinwächst, wird sich im Erwachsenenalter vielleicht nicht unbedingt politisch in einer Partei betätigen. Es geht aber nicht nur um das Erlernen von Demokratie in einem politischen System, sondern auch um das Erlernen von Demokratie als alltägliche Lebensform. Die Förderung der Engagementbereitschaft, die Förderung von Vertrauen in die lokalen demokratischen Institutionen, die praktische Erfahrung der eigenen Einflussmöglichkeit und der Veränderbarkeit der eigenen Lebensbedingungen, verbunden mit der Übernahme von Verantwortung für das eigene Gemeinwesen, dürften die politische Sozialisation von Kindern und Jugendlichen nachhaltig prägen. Die Regelung der „gemeinsamen Angelegenheiten" wird nicht als etwas Fernes oder persönlich Unbedeutendes und Unwichtiges wahrgenommen, sondern als etwas Positives und Nahes erfahren. Die durch Beteiligung verbundene Erhöhung der Identifikation mit dem eigenen Gemeinwesen und seinen Einrichtungen schafft langfristig eine Erhöhung der Lebensqualität für alle.

Literatur

Deutsches Kinderhilfswerk (Hrsg.) (1993): Parlament der Kinder. Berlin: Eigenverlag Deutsches Kinderhilfswerk
Deutsches Kinderhilfswerk/Landschaftsverband Westfalen-Lippe (Hrsg.) (1997): Kids reden mit – Dialog mit Kindern und Jugendlichen. Berlin/München: Eigenverlag Deutsches Kinderhilfswerk
Institut für Entwicklungsplanung und Strukturforschung der Universität Hannover (1998): Familien und Kinderfreundlichkeitsprüfung in den Kommunen: Erfahrungen und Konzepte. Abschlussbericht. Materialien zur Familienpolitik Nr.2/ IES-Bericht 215.97. Bonn
Johansson, Ann (1996): Kontakt, Ansvar, Medinflytande. In: Skolans Uterum (Hrsg.): Nyhetsbrev. 3/96
Jugendwerk der Deutschen Shell (Hrsg.) (1992): Jugend '92. Opladen: Leske + Budrich
Knoflacher, Hermann (1997): Für eine neue Stadtentwicklung. In: Deutsches Kinderhilfswerk/Landschaftsverband Westfalen-Lippe (Hrsg.) (1997): 65ff.
Ministerium für Arbeit, Gesundheit und Soziales des Landes Nordrhein-Westfalen (Hrsg.) (1997): Bericht der Tagung: Alles, wo's hingehört .... Plädoyer für eine Trennung von Kinderspiel und Autoverkehr. Düsseldorf:
Odense-Kommune (1994): Skoleveje i Odense. Odense
Schelling, Adriaan (1997): Ideen aus Dänemark. In: Ministerium für Arbeit, Gesundheit und Soziales des Landes Nordrhein-Westfalen (Hrsg.) (1997): 55
Skolans Uterum (Hrsg.) (1996a): Nyhetsbrev. 3/96: Stockholm
Tiemann, Dieter (1996b): Kinderfreundliche Dorfentwicklung. Unveröffentlichtes Arbeitspapier. Kiel
Wallrabenstein, Wulf (1996a): "Ich möchte nicht gestört werden". In: Die Grundschulzeitschrift. 100/1996(a). 16f.

Weiterführende Literatur

Ballerup Kommune (1996): Bo i By. Ballerup
Barneombudsmanden (Hrsg.) (1995): På spaning efter Børn Konventionen – En Kommunstudie. Stockholm
Barnombudsmanden (Hrsg.) (1995): Barn om Barnets Rättigheter. Stockholm
Beck, Ulrich (1997a): Kinder der Freiheit: Wider das Lamento über den Werteverfall. In: Beck (Hrsg.) (1997): 9-30
Beck, Ulrich (Hrsg.) (1997): Kinder der Freiheit. Frankfurt a.M.: Suhrkamp
Blinkert, Baldo (1993): Aktionsräume von Kindern in der Stadt. Pfaffenweiler: Centaurus
Böhnisch, Lothar/Funk, Heide/Huber, Josef/Stein, Gebhard (Hrsg.) (1991): Ländliche Lebenswelten. München: DJI
bsj-Mädchenprojekt, Initiativgruppe Eulenkopf (1995): Mit eigener Hand .... Mädchen und Jungen gestalten ein Spielgelände. Marburg
Bruner, Franziska/Winckelhofer, Ursula/Zinser, Claudia (1999): Beteiligung von Kindern und Jugendlichen in der Kommune. Ergebnisse einer bundesweiten Erhebung. München: Deutsches Jugendinstitut
Brunsemann, Claudia/Stange, Waldemar/Tiemann Dieter (1997): mitreden, mitplanen, mitmachen. Berlin/Kiel: Sozialministerium
Bundesministerium für Familie, Senioren, Frauen und Jugend (Hrsg.) (1995): Kinder- und Jugendhilfegesetz (Achtes Buch Sozialgesetzbuch 7). Bonn: BMFSFJ
Dansk Ungdoms Fællesråd (Hrsg.) (1993): Nærdemokrati: Unge med i billedet. Kopenhagen
Deutscher Bundestag – Kommission zur Wahrnehmung der Belange der Kinder (Kinderkommission) (Hrsg.) (o.J.): Wortprotokoll der Anhörung der Kinderkommission des Deutschen Bundestages zur Frage der Mitwirkungsrechte von Kindern am Montag, 05.02.1996, 10.00 bis 14.00 Uhr. Bonn, Bundeshaus. o.O.
Flade, Antje/Kustor, Beatrice (Hrsg.) (1996): Raus aus dem Haus. Frankfurt a.M./New York: Campus
Forschungsstelle für Spielraumplanung (o.J.): Wir stellen uns vor. Hohenahr-Altenkirchen
Frädrich, Jana/Jerger-Bachmann, Ilona (1995): Kinder bestimmen mit. München: Beck
Fthenakis, Wassilios E./Engelhard, Dorothee (Hrsg.) (1997): Handbuch der Elementarerziehung: pädagogische Hilfen zur Arbeit in Tageseinrichtungen für Kinder. Loseblattsammlung. Seelze-Velber: Kallmeyer
Gesetz- und Verordnungsblatt für Schleswig-Holstein: Gesetz zur Änderung des kommunalen Verfassungsrechts 1995 vom 22.12.1995, 1/1996
Giebeler, Karl (Hrsg.) (1996): Aufstand – für eine lebenswerte Zukunft. München: Ökologie und Pädagogik
Gross, J.-P. (1996): Kindergemeinderäte in Frankreich. In: am wort. 4/1996
Hattenhauer, Hans (1997): Über das Minderjährigenwahlrecht. In: Palentin/Hurrelmann (1997): 238ff.
Hermann, Michael (1996a): Jugendgemeinderäte in Baden-Württemberg. Pfaffenweiler: Centaurus

Hermann, Michael (1996b): Partizipation junger Menschen in Europa. In: am wort. 4/1996: 7-9
Hielscher, Hans (Hrsg.) (1976): Materialien zur sozialen Erziehung im Kindesalter. Heidelberg: Quelle und Meyer
Hurrelmann, Klaus (1994): Die Politikverdrossenheit ist in Wirklichkeit eine Politikerverdrossenheit. Unver. Manuskript. Bielefeld
Hurrelmann, Klaus (o.J.): Jugendliche an die Wahlurnen! In: Deutscher Bundestag – Kommission zur Wahrnehmung der Belange der Kinder (Kinderkommission) (Hrsg) (o.J.)
Hurrelmann, Klaus (1997a): Die ausgebremste Generation. In: Greenpeace-Magazin. März/April 1997
Hurrelmann, Klaus (1997b): Kinder brauchen Spielräume. In: Spielraum und Freizeitwert. 2/1997
Hurrelmann, Klaus Palentin, Christian (1997): Jugend und Politik. Neuwied: Luchterhand
Kommunale Beratungsstelle für Kinder- und Jugendinitiativen/Dr.-Karl-Renner-Institut (Hrsg.) (1995): Viel zu laut... . Graz: Eigenverlag Kommunale Beratungsstelle
Kirschner, D. (1996): LOGO - der Stadtjugendrat. Graz. In: am wort. 2/1996
Knauer, Raingard/Brandt, Petra (1998): Kinder können mitentscheiden. Neuwied, Kriftel, Berlin: Luchterhand
Landesjugendreferat Österreich/Komm. Beratungsstelle für Kinder- und Jugendinitiativen/Bundesministerium für Umwelt, Jugend und Familie (Hrsg.) (1994): Kinder- und Jugendbeteiligungsmodelle. Graz
Liedtke, Harry (1993): Kinder- und Jugendparlament St. Augustin. In: Deutsches Kinderhilfswerk (Hrsg.) (1993)
Liegle, Ludwig (1989): Kinderrepubliken. In: Zeitschrift für Pädagogik. 3/1989
Lienau, M. (1994): Der Kinderbürgermeister von Aulla, Italien. Gesendet am 04.05.1994 in "Themen des Tages", NDR 4. Abgedruckt in: Aktion Schleswig-Holstein – Land für Kinder (Hrsg.) (1995): Beteiligung von Kindern und Jugendlichen im ländlichen Raum. Kiel: Sozialministerium
Linder Wolf/Vatter Adrian.. (1996): Evaluation von Partizipationsverfahren. In: Selle (Hrsg) (1996): 181-188
Lunds skolförvaltning (Hrsg.) (1994): Gröna skolgårdar. Lund
Merk, Peter (1996): Umweltzerstörung und Kinderfreundlichkeit – Kinderrechtler und kinderpolitischer Ansatz. In: Giebeler (Hrsg.) (1996): 53-69
Merk, Peter (1997): Wahlrecht ohne Altersgrenzen. In: Hurrelmann/Palentin (1997): 260ff.
Meyer, Thomas. (1996): Kinder und Politik. In: Ministerium für Arbeit, Gesundheit und Soziales des Landes Nordrhein-Westfalen (Hrsg.) (1996): 27- 41
Ministerium für Arbeit, Gesundheit und Soziales des Landes Nordrhein-Westfalen (Hrsg.) (1996): Mittendrin und Aussenvor – Kinderbeteiligung und Alltagsdemokratie. Düsseldorf
Ministerium für Bauen und Wohnen des Landes NRW (Hrsg.) (1993): Bau- + Wohnhits von Kids. Unna
Ministerium für Kultur, Jugend, Familie und Frauen des Landes Rheinland-Pfalz (Hrsg.) (1995): Kinderfreundliches Rheinland-Pfalz, Nützliche Tips für engagierte Kommunen. Mainz
Ministerium für ländlichen Raum, Ernährung, Landwirtschaft und Forsten Baden-Württemberg (Hrsg.) (1989): Dorfentwicklung – auch für die Kinder. Stuttgart
Neumann, U. (1996): Jugendparlament Wittingen: Politische Partizipation in der Praxis. In: Jugendhilfe in Niedersachsen. 6/1996.
Palentin, Christian/Hurrelmann, Klaus (1997): Jugend und Politik. Neuwied: Luchterhand
Schändlinger, Michaela (1996): Partizipation von Mädchen und Jungen in der Planung. In: Flade/Kustor (Hrsg.) (1996)
Schmidt; Anne (1986): Kann der Dorfkindergarten Kulturträger sein? Erfahrungsbericht. In: Theorie und Praxis der Sozialpädagogik. 3/1986. 138ff.
Schröder, Richard (1996): Kinder reden mit! Beteiligung an Politik, Stadtplanung und -gestaltung. Weinheim, Basel: Beltz
Schröder, Richard (1996): Freiräume für Kinderträume. Weinheim und Basel: Beltz
Selle, Klaus (Hrsg.) (1996): Planung und Kommunikation. Wiesbaden und Berlin: Bauverlag
Skolans Uterum (1996b): En Dokumentationstidning frå Projektet Skolans Uterum, Stockholm
Sozialministerium Schleswig-Holstein (1995): Bevölkerung im Alter unter 18 Jahren. Unver. Arbeitspapier. Kiel
Spalink-Sievers, Johanna (1995): ... und es geht doch - Planen mit Kindern. In: Landschaftsarchitekten. 3/1995. 14-15
Stadt Köln, Der Oberstadtdirektor, Amt für Kinderinteressen (Hrsg.) (1994): Interessenvertretung – Kinder planen mit. Köln
Stadt Köln, Der Oberstadtdirektor, Amt für Kinderinteressen (Hrsg.) (1995a): Interessenvertretung – Zu Hause in Kalk – Kinder planen mit. Köln
Stadt Köln, Der Oberstadtdirektor, Amt für Kinderinteressen (Hrsg.) (1995b): Interessenvertretung – Alltagsdemokratie mit Kindern. Köln
Stange, Waldemar (1996a): Planen mit Phantasie. Berlin/Kiel: Aktion Schleswig-Holstein - Land für Kinder

Stange, Waldemar (1996b): Planen mit Phantasie – Zukunftswerkstatt und Planungszirkel als Bausteine der Beteiligungsspirale. In: Deutsches Kinderhilfswerk (1997): 15 - 146

Stange, Waldemar (1997a): Kinderfreundliche Dorfentwicklung I. In: Fthenakis/Engelhard (Hrsg.) (1997): 4.25

Stange, Waldemar (1997b): Kinderfreundliche Dorfentwicklung II. In: Fthenakis/Engelhard (Hrsg.) (1997): 4.26

Stiftung Mitarbeit/Deutsches Kinderhilfswerk/Kinderbeauftragter der Landesregierung Nordrhein-Westfalen (Hrsg.) (1993): Kinderpolitik – Kinderbeteiligung. Bonn

Stiftung Mitarbeit (Hrsg.) (1993): Kinder als Mitbürger. Ein dänisches Projekt zur Teilnahme, Mitbestimmung und Mitverantwortung von Kindern am gesellschaftlichen Leben. Bonn

Tiemann, Dieter (1976): Politische Erziehung im Elementar- und Primarbereich – Indoktrination oder notwendige Vorbedingung einer Demokratisierung der Gesellschaft? In: Hielscher (Hrsg.) (1976): 31 - 53

Tiemann, Dieter (1984): Alternative Zukünfte und emanzipatorische Erziehung. Bremen. Diss. Universität Bremen

Tiemann, Dieter (1996a): Alltagsdemokratie und Kinderfreundlichkeit. In: Unsere Jugend. 9/1996

Tiemann, Dieter/Wiebusch, Rainer (1996): Alltagsdemokratie und Kinderfreundlichkeit in Schleswig-Holstein. In: Stange (1996a): 11ff.

Verein Spiellandschaften Niederösterreich (1995): Die Spielforscher sind los! Wien: Eigenverlag

Wallrabenstein, Wulf (1996b): Kinderrechte im Alltag. In: Die Grundschulzeitschrift. 100/1996(b): 19

Wintersberger, Helmut (1995): Mythos zur Realität. In: Komm. Beratungsstelle für Kinder- und Jugendinitiativen/ Dr. Karl Renner-Institut (Hrsg.) (1995)

Witte, Fritjof (1995): Alltagspartizipation und Demokratiepraxis – Beteiligung von Kindern und Jugendlichen in Flensburg. Im Manuskript. Flensburg

Nina Krüger

Öffentlichkeitsarbeit für soziale und pädagogische Berufe

1 Warum Öffentlichkeitsarbeit?

„Ich will mich nicht in den Vordergrund drängen" ist ein häufiges Argument, einen breiten Bogen um die Medien zu machen. Gerade Menschen, die in sozialen Berufen arbeiten, wollen oft lieber im Hintergrund agieren, sich und ihre Sache nicht „verkaufen". PR und Öffentlichkeitsarbeit sei Spielfeld großer Firmen mit einem professionellen Marketingapparat. Doch die Medien lassen sich auch für Non-Profit-Institutionen instrumentalisieren. Durch gezielte Öffentlichkeitsarbeit, die nicht mit Werbung zu verwechseln ist, können nicht nur mögliche Zielgruppen mobilisiert und informiert, sondern auch politischer Druck ausgeübt werden.

Deshalb ist es wichtig, eine offensive Haltung gegenüber der Presse einzunehmen. Die Medien kommen an ihre Nachrichten, weil sie informiert werden. Nur selten recherchieren Lokal-Redakteure und Redakteurinnen ihre Themen selbst – sie beziehen ihre Informationen aus Agenturmeldungen, Pressemitteilungen und Polizeiberichten. Damit Themen in die Medien finden, müssen bestimmte Schranken durchbrochen werden. Dazu sind Kenntnisse über den Aufbau von Redaktionen und deren Funktionsweise unumgänglich.

2 Was interessiert die Medien?

Journalistinnen und Journalisten bekommen täglich eine Flut von Einladungen zu Gesprächen, Präsentationen und Pressekonferenzen, die nicht alle wahrgenommen werden können, da der Platz in der Zeitung und die Sendezeit im Rundfunk begrenzt sind. Um nicht in der Informationsflut zu ersticken, benutzen Redakteur/-innen bestimmte Selektionskriterien. So erfährt das Publikum nur einen Bruchteil der Geschehnisse eines Tages. Die Rolle der Journalist/-innen im Nachrichtenfluss wird auch mit dem Bild des Gatekeepers, des Torwarts, verglichen. Sie entscheiden, welche Nachrichten „durchkommen" und welche nicht. Natürlich spielen da auch subjektive Kriterien der Redakteur/-innen eine Rolle (Was interessiert mich selbst?). Weit größer ist allerdings der Einfluss der „Linie des Blattes", beziehungsweise des Programmkonzepts. Grundsätzlich werden Themen gewählt, die eher das Abweichende als das Normale, eher das Neue als das Bestehende, eher die Probleme als die Lösungen zeigen.

Ein wichtiger Faktor ist Aktualität, das Ereignis sollte am jeweiligen Tag oder in der Zukunft stattfinden. Ein gewöhnlicher Tag der offenen Tür, der drei Monate zurückliegt, ist für die Medien nicht mehr interessant. Auch die räumliche Nähe ist gerade für Lokalzeitungen und Regionalsender entscheidend. Das heißt: Die Eröffnung eines neuen Jugendtreffs in Leipzig wird das Göttinger Tageblatt nicht beachten. Auch diese Faktoren haben Gewicht:

- Kuriosität (zum Beispiel „Um den Umgang mit Tieren zu lernen, hat eine Grundschulklasse sich einen Klassenhund angeschafft")
- Dramatik (zum Beispiel „Eine 18-Jährige sucht seit zwei Jahren einen Ausbildungsplatz")
- Betroffenheit (zum Beispiel „In drei Kindertagesstätten in Hameln werden Gelder gekürzt" – das interessiert in der Regel alle Eltern mit kleinen Kindern)
- Emotionalität (zum Beispiel „Eine hervorragend integrierte Familie mit vier kleinen Kindern wird abgeschoben")
- Folgenschwere (zum Beispiel „Das einzige Jugendzentrum in Northeim wird geschlossen – wo sollen die Jugendlichen jetzt hin?").

Natürlich ist das nur ein verkürzter Einblick in die medialen Nachrichtenfaktoren. Häufig reicht schon einer der angeführten Selektionsaspekte, um den Sprung in die Zeitung oder den Rundfunk zu schaffen. Gerade Lokal- und Regionalzeitungen drucken bereits Berichte über weniger spektakuläre Ereignisse wie ein Kinderfest. Es geht darum, die Menschen des Einzugsgebietes „im Blatt zu haben" – auch bei geringem Nachrichtenwert.

Die Intensität, mit der Selektionskriterien angelegt werden, ist außerdem saisonal bedingt: Gerade in Zeiten schlechter Nachrichtenlage, das sind traditionell die Sommerferien, sind fast alle Redaktionen für Themenvorschläge und Termine jeder Art dankbar.

3 Wie sind Redaktionen aufgebaut?

Die Themenfülle, die Medien täglich zu bewältigen haben, wird in der Regel zwischen verschiedenen Ressorts aufgeteilt.

Klassische Tageszeitungsressorts sind Politik, Wirtschaft, Kultur, Sport und Lokales. In den letzten Jahren sind, je nach Zeitungstyp und Marktkonzept, neue Ressorts wie Verbraucherfragen, Wissenschaft und Lifestyle entstanden. Auch Jugendseiten haben sich immer mehr etabliert und werden teilweise sogar von jungen Menschen selbst gestaltet. Sind Themen auf den ersten Blick nicht eindeutig einem Ressort zuzuordnen, wird in Redaktionskonferenzen entschieden, wer das Thema bearbeitet. Das Prestige der einzelnen Ressorts hat sich in den letzten Jahren bei den Zeitungen grundlegend verändert. Das Lokale hat an Beachtung gewonnen und findet sich oft schon auf der Titelseite wieder.

Beim Rundfunk wird von Redaktionen, Abteilungen, Teams oder Bereichen gesprochen. Die Aufteilung der Themenbearbeitung wird primär von der Größe und Organisationsform des Rundfunkveranstalters, den Programmkonzepten und Sendezeiten bestimmt. Vor allem bei privaten Sendern gibt es eine weniger strikte Trennung zwischen den einzelnen Bereichen als bei den öffentlich-rechtlichen Anbietern. Jeder Sender verfügt über eine andere Organisationsstruktur: Möglich sind funktionale Organisationsmuster (zum Beispiel eine Einteilung nach Musik und Wort, Information und Zeitgeschehen usw.) und programmorientierte Formen (zum Beispiel nach Sendestrecken).

4 An wen muss ich mich wenden?

Journalist/-innen sind in zahlreichen arbeitsrechtlichen Verhältnissen tätig. Um eine Pressemitteilung abzugeben, muss man sich nicht gleich an die Chefredaktion wenden. Diese kümmert sich um die Organisation der Redaktion und vertritt sie innerhalb des Verlages oder Senders. Im Außenverhältnis übernimmt die Chefredaktion die Repräsentation. Sie entscheidet letztendlich, was veröffentlicht werden darf. In Absprache mit Verleger/-in, beziehungsweise Intendant/-in oder Geschäftsführung, trifft sie auch Personalentscheidungen.

Die einzelnen Bereiche haben Ressortleiter/-innen. Diese verteilen die zu bearbeitenden Themen und korrigieren gegebenenfalls fertige Beiträge. Die Ressortleitung hat eine Mittlerfunktion zwischen Chefetage und Redaktion. Wer den Medien eine Pressemitteilung oder einen Themenvorschlag zukommen lassen will, kann sich zuerst an die Ressortleitung wenden. Diese wird die Information dann an entsprechende Redakteur/-innen weiterleiten.

Denn Redakteur/-innen haben oft spezielle Schwerpunktthemen, wie zum Beispiel Schule oder Kirche. Sie entscheiden, über was in diesem Bereich berichtet wird. Redakteur/-innen sind in der Regel offen für Anregungen und können zu festen Ansprechpartner/-innen werden – ohne den Umweg über die Ressortleitung.

Interessant sind auch Mitarbeiter/-innen im sogenannten Volontariat. Das sind angehende Redakteurinnen und Redakteure, die meist nach einem Studium bis zu zwei Jahre lang in verschiedenen Redaktionen ausgebildet werden. Dabei wechseln sie alle paar Monate das Ressort. Sie übernehmen Termine für die Redakteur/-innen und betreuen teilweise auch eigene Gemeinden oder Themen. Oft bringen sie frischen Wind in eingespielte Teams und sind auch für Themen zu begeistern, die vielleicht in der bisherigen Berichterstattung vernachlässigt wurden.

Medienkontakt kann auch über Freie Mitarbeiter/-innen hergestellt werden. Das können sowohl nebenberuflich beschäftigte Student/-innen als auch ausgebildete Redakteur/-innen sein. Sie werden pro Zeile oder Beitrag oder nach einer festen monatlichen Pauschale bezahlt. Sogenannte Freie sind sehr offen für neue Themen, die sie ihrer Redaktion anbieten können – denn jeder Beitrag bringt ihnen Geld.

5 Der richtige Zeitpunkt

Journalisten und Journalistinnen haben häufig Abendtermine und kommen darum morgens entsprechend spät in die Redaktion. Redaktionskonferenzen gibt es meistens vormittags (gegen 10 Uhr), mittags (gegen 13 Uhr) und am frühen Abend (gegen 18 Uhr). Die günstigste Zeit Journalist/-innen zu kontaktieren ist der späte Vormittag. Dieser Zeitraum ist auch ideal für Pressekonferenzen.

6 Kontaktaufnahme

Um gezielte Öffentlichkeitsarbeit zu betreiben, muss man wissen, welche Zeitungen, Sender, Behörden und Institutionen informiert werden sollen. Dazu ist ein Presseverteiler sinnvoll. Zum Aufbau sollten regelmäßig Tageszeitungen und andere Publikationen gelesen werden (Über welche Themen wird berichtet? Wer berichtet über was?). Zudem ist es sinnvoll, Adressen von Journalist/-innen aufzuheben, mit denen man bereits Kontakt hatte. So sollen so viele Anschriften, Telefonnummern und E-Mail-Adressen wie möglich zusammenkommen.

Die Daten sollten systematisch, zum Beispiel in einer Kartei, aufbereitet werden. Neben Name, Adresse, Medium, Ressort, Position, Telefon- und Faxnummer sowie E-Mail-Adresse, sollten hier auch persönliche Angaben aufgeführt werden (Welchen Eindruck hat er/sie gemacht? Ist er/sie gut informiert? Wann hat er/sie Redaktionsschluss? Welche Text- und Sendelängen sind im jeweiligen Medium normal?).

Oft ist es ausschlaggebend, dass man sich nicht erst bei Bedarf, sondern schon vorher mit potenziellen Gesprächspartner/-innen in Verbindung setzt. So sollte zum Beispiel die neue Schulsozialarbeiterin an der Gesamtschule Ahnatal gleich zu Beginn den Kontakt zu den Medien suchen – auch wenn es nur darum geht, sich vorzustellen. Anschließend ist es wesentlich einfacher, eigene Themen in den Medien zu positionieren.

7 Die Pressemitteilung

Eine Pressemitteilung sollte nicht länger als eineinhalb DIN-A4-Seiten sein. Die wichtigsten Informationen gehören an den Anfang:

- In einer „Headline" steht die Kernaussage. Hier reichen manchmal auch Schlagworte, ein vollständiger Satz ist also nicht zwingend.
- Dann folgt der „Leadsatz" oder „Lead-Absatz", in dem dicht formuliert die gesamte Aussage zu finden ist. Dieser Part sollte fett gedruckt werden.
- Im Mittelteil werden notwendige Erklärungen geliefert.
- Zusatzinformationen, die zum Verständnis der Pressemitteilung nicht unbedingt notwendig sind, stehen am Ende. Das können zum Beispiel die Mitarbeiter/-innenzahlen oder die Historie einer Organisation sein.
- Ganz wichtig: In einer Pressemitteilung muss immer der/die Ansprechpartner/-in mit Telefonnummer genannt werden, bestenfalls auch der Handynummer. Sinnvoll sind auch E-Mail-Adresse und Homepage der jeweiligen Einrichtung.

Eine Pressmitteilung sollte immer die W-Fragen (Wer hat was, wann, wo, wie und warum getan?) beantworten. Dabei muss der/die Verfasser/-in sich immer an Fakten, nicht an Vermutungen halten. Das heißt: Eine gute Pressemitteilung enthält keine eigene Meinung, es sei denn, es werden Personen zitiert.

Auch der Stil ist entscheidend. Sätze sollten kurz sein und keine Fremdwörter enthalten, die nicht im normalen Sprachgebrauch verwandt werden. Abkürzungen dürfen nie ohne vorherige Erklärung benutzt werden. Personen werden grundsätzlich mit Vor- und Nachnamen genannt.

Formal sollte eine Pressemitteilung mit dem Logo und der Adresse der Einrichtung versehen werden.

8 Die Pressekonferenz

Es gibt viele Gründe für eine Pressekonferenz: die Eröffnung einer Einrichtung, der Abschluss einer Tagung oder die Richtigstellung falscher Informationen. Es sollte ein wichtiges Ereignis sein, zu dem alle Pressevertreter/-innen der Region eingeladen werden.

8.1 Organisation

Schon die Terminwahl ist entscheidend: Gibt es Konkurrenzveranstaltungen? Die beste Zeit für eine Pressekonferenz ist in der Regel der späte Vormittag, denn dann sind die Chancen gut, dass das Thema auch am nächsten Tag in der Zeitung steht.

Ist der Termin klar, müssen die Rahmenbedingungen geklärt werden: Wo findet die Pressekonferenz statt? Sollen die Gäste nur Getränke oder auch Essen bekommen?

Im Raum sollten genügend Tische und Stühle für alle Medienvertreter/-innen vorhanden sein. Auch ein Ruheraum für spätere Einzelinterviews ist sinnvoll. Die Vertreter/-innen der Einrichtung sollten gut sichtbar auf einer Art Podium positioniert werden können.

Sind die Formalitäten geklärt, müssen die Einladungen bis zu zwei Wochen vorher an die Redaktionen verschickt werden – mit der Bitte um Anmeldung. Zwei bis drei Tage vor der Pressekonferenz ist es sinnvoll, telefonisch nachzufragen: Wird der/die Journalist/-in wirklich kommen? Auf dieser Basis kann dann eine Liste der Teilnehmenden erstellt werden.

Die Vertreter/-innen des Hauses sollten Namensschilder tragen, auf dem Podium sind zusätzliche, gut lesbare Hinweise auf Name und Funktion sinnvoll. Sollte der Ort der Pressekonferenz etwas versteckt liegen, sind Hinweisschilder unumgänglich.

8.2 Pressemappe

Die Pressemappe wird bei der Pressekonferenz ausgegeben oder an verhinderte Journalist/-innen verschickt. Sie enthält einen Programmablauf, eine Liste der Redner/-innen (mit Vor- und Nachname, Titel und Funktion), die Reden und Statements im genauen Wortlaut (mit dem Hinweis: Es gilt das gesprochene Wort), die Pressemitteilung und im Idealfall aktuelles Material, Fotos und Hintergrundinformationen.

8.3 Ablauf und Nachbereitung

Nach einer kurzen Begrüßung und der Vorstellung der Redner/-innen sollte eine Person das wesentliche Anliegen der Veranstaltung in einem Eingangsstatement präsentieren. Wesentliche Fragen sollten von den Veranstalter/-innen schon jetzt beantwortet werden. Wichtig ist es, Zeit für Diskussionen zu lassen und anschließende Einzelinterviews einzuplanen.

Nach der Veranstaltung ist es Zeit für die Erfolgskontrolle. Dabei sollten folgende Fragen beantwortet werden: Sind alle eingeladenen Medienvertreter/-innen erschienen? Wurden Fragen ausreichend beantwortet? Sind technische oder organisatorische Probleme aufgetreten? Wurden neue Kontakte geknüpft?

9 Das Interview

Ein Interview zu geben, ist immer auch mit Aufregung verbunden. Eine gute Vorbereitung und Absprachen mit dem Journalisten oder der Journalistin können unangenehme Überraschungen und die Angst vor einer öffentlichen Blamage erheblich eindämmen.

Es existieren verschiedene Interviewtypen: das *Interview zur Sache* (zum Beispiel „Das Jugendzentrum platzt aus allen Nähten“), das *Interview zur Person* (zum Beispiel „Nach 30 Jahren geht die Leiterin der Kindertagesstätte in den Ruhestand – sie zieht Bilanz und spricht über ihre Zukunftspläne“) und das *Meinungsinterview* (zum Beispiel „Wie schätzen Sie die Gefahr von Computerspielen ein?“). Es ist wichtig, im Vorfeld genau zu klären, um was für ein Interview es sich handeln soll.

Nachdem das Thema abgesprochen wurde, sollte man sich genauer informieren: Gibt es Zahlen, die genannt werden müssen? Was muss gesagt werden, was ist eher unwichtig?

Notizen können sinnvoll sein, ein großer Fehler wäre allerdings ein vorformulierter Text, der einfach nur abgelesen wird. Gerade im Rundfunkbereich sind solche Statements nicht zu gebrauchen. Stichwortzettel sind bei großer Aufregung in Ordnung, besser ist das freie Gespräch. Es ist wichtig, die Journalist/-innen genau über Namen und Funktion zu unterrichten, damit es später nicht zu Fehlern kommt.

Die Antworten sollten kurz und prägnant sein, bei unklaren Fragen darf man nachhaken. Es ist schön, Beispiele zu geben und, wenn es das Thema hergibt, lebendig zu erzählen.

Im Rundfunkbereich sollte man darauf achten, langsam und eher umgangssprachlich zu reden. Gleichzeitig ist es wichtig, an die begrenzte Zeit zu denken. Gesten sollten gerade bei Fernsehinterviews sparsam eingesetzt werden.

Wie auch bei der Pressemitteilung kommt bei der Interview-Antwort das Wichtigste zuerst, danach sind Erläuterungen und Ergänzungen möglich.

10 Was dürfen Journalistinnen und Journalisten? Rechte und Pflichten

Journalist/-innen haben einen großen Freiheitsspielraum, stoßen aber auch auf Schranken. Sie sind rechtlich zu intensiver Recherche und Wahrheitstreue verpflichtet. Die Sorgfaltspflicht ist, mit Ausnahme des hessischen, in allen Landespressegesetzen verankert. Das heißt: Alle Nachrichten müssen vor ihrer Verbreitung mit der nach den Umständen gebotenen Sorgfalt auf Wahrheit, Inhalt und Herkunft geprüft werden. Die Sorgfaltspflicht bezieht sich nicht nur auf die Nachricht, sondern auch auf Kommentar, Glosse und andere meinungsäußernde Darstellungsformen. In besonderem Maß gilt sie im Hinblick auf die Persönlichkeitsrechte des Einzelnen. Vorsätzliche oder fahrlässig unrichtige Veröffentlichungen können zu Schadensersatz verpflichten, ein Unterlassungsgebot oder einen Widerruf nach sich ziehen.

Ganz wichtig: Es wird immer zwischen Tatsachenbehauptungen und Meinungsäußerungen unterschieden. Eine Tatsachenbehauptung kann falsch oder richtig sein. Unrichtige Darstellungen von Tatsachen können rechtliche Folgen haben. Anders sieht das bei Meinungsäußerungen aus. Das sind subjektive Beurteilungen, für die kein Wahrheitsbeweis angetreten werden muss.

Schreibt ein Journalist oder eine Journalistin also einen bissigen Kommentar, der lediglich auf Meinungsäußerungen beruht, kann man dagegen nicht vorgehen. Verbreitet er/sie jedoch offensichtlich falsche Tatsachen, sind rechtliche Schritte möglich.

11 Die Gegendarstellung

Gegendarstellungsfähig sind nur Tatsachenbehauptungen, nicht jedoch Wertungen oder Meinungsäußerungen. Es ist unerheblich, ob die Tatsachenbehauptungen des/der Betroffenen richtig sind, da es nur auf die Darstellung aus Sicht des/der Betroffenen ankommt.

Eine Gegendarstellung muss bestimmte formale Kriterien erfüllen. Sie muss schriftlich und unterschrieben unverzüglich, bei Tageszeitungen spätestens 14 Tage nach Veröffentlichung des beanstandeten Textes, eingereicht werden und darf nicht länger als dieser sein. Sie darf keinen strafbaren Inhalt haben. Das Presseorgan ist verpflichtet, die Gegendarstellung ohne Kürzungen in der nächstmöglichen Ausgabe und in der gleichen Schrift wie der beanstandete Text abzudrucken. Das Gegendarstellungsrecht gilt für gedruckte Medien, Hörfunk und Fernsehen (vgl. Mast 2000: 131ff.).

Weiterführende Literatur

Bredemeier, Karsten (1998): Medienpower – Erfolgreiche Kontakte zur Presse. München: Admos Media

Fesenfeld, Bergit (2001): Kinderrechte sind (k)ein Thema! Praxishandbuch für die Öffentlichkeitsarbeit. Münster: Juventa

Mast, Claudia (2000): ABC des Journalismus. Konstanz: UvK-Medien

Waldemar Stange

Die Moderationsmethode als Mittel zur Gestaltung von Präventions- und Kooperationsprojekten: Partizipation und Visualisierung[1]

1 Einleitung: die VIPP-Methode in der Präventionsarbeit

Im Kontext der Kooperation von Schule und Jugendhilfe gewinnt gerade im Rahmen von Vernetzungsstrategien ein Instrument der Kooperationsgestaltung zunehmend an Bedeutung, das sich in bewusster Abgrenzung von allen eindimensionalen Konzepten der Lenkung, Leitung und Führung partizipativ profilieren will: der Moderationsansatz. Er wird hier in der praxiserprobten Version mit integrierter Visualisierungstechnik beschrieben, erhebt aber den Anspruch, weit mehr zu sein als eine Technik. Er ist nicht nur eine Gruppen- und Teamtechnik, sondern vor allem auch eine Philosophie und Grundhaltung.

Die Abkürzung „VIPP" soll für „Visualisierung in Partizipationsprozessen" stehen. Es geht also um die Gestaltung und Begleitung von Partizipationsprozessen von Kindern, Jugendlichen und Erwachsenen mithilfe von Gruppen- und Visualisierungsmethoden auf dem Hintergrund einer spezifischen Werthaltung. Die Methode VIPP bedient sich dabei verschiedener Materialien, deren Anwendung besonderen Regeln unterliegt.

Der VIPP-Ansatz ist nicht im pädagogischen Kontext und schon gar nicht im Rahmen der Präventionsarbeit entwickelt worden. Er geht ursprünglich auf die von der Firma „Metaplan" für den betrieblichen Bereich entwickelte Moderationsmethode zurück. Hinter „Metaplan" verbirgt sich ein Eigenname, der zunächst einmal für das Ende der 60er Jahre entstandene sog. „Quickborner Team" stand. Dabei ging es aber immer nur um Erwachsene und den wirtschaftlichen Sektor. Im sozialen Bereich setzte sich diese Methode erst spät durch (vgl. z.B. den spannenden Ansatz der Verbindung von Partizipation und Visualisierung bei Unicef Bangladesh 1993). Für Kinder und Jugendliche wurde die Methode Mitte der 80er Jahre durch ein Team der Universität Lüneburg adaptiert und – durch Förderung von Robert Jungk – im Zusammenhang mit der Gestaltung kommunaler Beteiligungsprozesse insb. in Zukunftswerkstätten eingesetzt. Beide Entwicklungsstränge nutzen ähnliche Methoden und z.T. auch die gleichen Materialien, die in der konkreten Ausführung dann aber kind- und jugendgerecht variiert wurden (vgl. dazu das Standardwerk „Planen mit Phantasie", Stange 2001). Dabei ist die Kernmethodik auch auf Beteiligungsprozesse zugeschnitten worden. Es gibt aber in der Praxis deutliche Unterschiede. So wird VIPP – im Unterschied zur Ursprungsvariante – im sozialen Sektor, gerade in Präventions- und Kooperationsprojekten methodisch meistens nicht ganz so streng gehandhabt bzw. offener und kreativ mit anderen Methoden kombiniert. Es gibt aber auch Überschneidungen. Metaplan und VIPP entstanden beide letztlich aus einer „Mischung aus Interaktions-, Partizipations-, Frage-, Antwort- und Bewertungs- und Visualisierungstechnik" (Decker 1985: 328ff.).

---

1 Auf der Basis eines gemeinsamen Beitrages mit Kristin Hartmann und Steffi Holzmann (Stange/Hartmann/Holzmann 2006)

Mit der Moderationsmethode führt man Menschen bei der Arbeit in Gruppen. Ein oder mehrere Moderatoren steuern einen offenen Gruppenprozess. Die Moderationsmethode VIPP bringt Menschen in Kommunikation und Interaktion. Die Interaktion ist nicht nur grundlegendes Prinzip, sondern auch ein äußeres Kennzeichen der Moderation. VIPP ist stark partizipatorisch ausgerichtet, weshalb sie aus der Beteiligungsarbeit mit Kindern und Jugendlichen nicht mehr wegzudenken ist.

Die Moderation nach VIPP orientiert sich an Erkenntnissen der Lern- und Gruppenpsychologie[2]. VIPP verschafft dem Einzelnen Orientierung und ermöglicht Struktur und Ordnung. In den unterschiedlichsten Gesprächssituationen sind mit dem Einsatz von entsprechenden Kommunikations- und Visualisierungstechniken alle jederzeit auf dem gleichen Stand. So werden alle wesentlichen Äußerungen und Beiträge der Teilnehmenden und somit der zentrale Gesprächsverlauf, also „der rote Faden“, sichtbar gemacht. Alle erkennen diesen „roten Faden“ selbst, was die Moderation von ständiger Kontrolle entlastet.

Das simultan entstehende „optische Protokoll“ ist jedem Gruppenmitglied jederzeit vor Augen (und erspart Notizen). Visualisierung erlaubt simultane Wortbeiträge. Das „optische Protokoll“ ermöglicht den Teilnehmenden, an mehreren Enden parallel weiterzudenken. VIPP führt zur Zielorientierung und fördert damit Problemlöse- und Lernprozesse.

Eine Klassische Gesprächsführung in der Projektleitung z.B. von Präventionsprojekten und Arbeitsgruppensitzungen von Kooperationsvorhaben mit Erwachsenen oder Kindern und Jugendlichen unterscheidet sich von VIPP-Moderation erheblich: In der klassischen Gesprächsführung muss die Gruppenleitung erahnen, ob eine geäußerte Meinung repräsentativ für die Gruppenmeinung ist. Bei VIPP wird der Gesamtstand der Gruppe durch die visuelle Technik permanent für alle transparent. Bei der klassischen Gesprächsführung handelt es sich um ein lineares, sequenzielles Verfahren und deshalb kann die Diskussion von Alternativen auch nur nacheinander erfolgen. Bei VIPP erlaubt die parallele Visualisierung von allen simultane Wortbeiträge, die der/die Moderator/-in formal ordnet. Dennoch

---

2 Lernpsychologische Erkenntnisse zur menschlichen *Gedächtnisleistung* im Arbeits- oder Kurzzeitgedächtnis und im Langzeitgedächtnis (hoher Behaltensgrad durch optische Ordnung, Lenkung und Strukturierung großer Informationsmengen, Verwendung mehrerer Kommunikationskanäle);
Erkenntnisse zur Nutzung sowohl der *„rationalen“ linken* als auch der *„emotionalen“ rechten Gehirnhälfte* (Verzahnung von linearen, begrifflichen – mit Worten und Symbolen operierenden – analytischen und schlussfolgernden, logisch-systematischen – also „digitalen“ – Denk- und Erkenntnisformen mit spontan-intuitiven, bildhaften – mit Farben, Formen, räumlichen Vorstellungen arbeitenden, also „analogen“ – Erkenntnisformen;
Handlungsstrukturtheorie (der Mensch als aktives, tätiges Wesen mit dem Bedürfnis nach vollständiger, an seinen Zielen orientierten Kontrolle der eigenen Lebensbedingungen);
Ganzheitliches Ablaufen aller psychischen Prozesse (Prozesse wie Kognitionen – sinnliche Wahrnehmung, Sprache, Denken – und Emotionen ganzheitlich eingebettet in die aktiven Tätigkeits-, und Handlungsstrukturen), Integration von thematischen Sachbezügen und emotionalen Bezügen);
Ziele des Lernens nicht nur auf *Stoff- bzw. Inhaltserarbeitung* bezogen (Objekt- bzw. Sach-Dimension), sondern auch auf *persönliche Entfaltung und Förderung* (personale Dimension – außer dem Sachlernen auch die Persönlichkeitsentfaltung) sowie auf Kommunikation. (Vgl. Decker 1985: 328ff.; Führung und Verantwortung 2000: 147f.)
Erfahrungsorientiertes Lernen (Kolb) und *interaktionelle Lernmethode* (im Gegensatz zum passiven Zuhören: aktive Teilnahme der Lernenden am Lernprozess, alle Gruppenteilnehmer/-innen aktiv in den Moderationsprozess einbezogen, zur Diskussion, Aktion und Reaktion zu ermutigt, gegenseitige Stimulation der Teilnehmenden, gemeinsames Reflektieren und das Lernen untereinander, Wandel von der Einweg-Kommunikation zur Zwei- bzw. Mehrweg-Kommunikation, Eigenaktivität entfalten, den Lehr-, Lern- und Handlungsprozess selbst beeinflussen, selbstständig Probleme angehen und lösen).

kann die Gruppe ihren „roten Faden“ immer selbst erkennen. Auch muss sich niemand aufgrund des „optischen Protokolls“ Notizen machen und man kann an mehreren Enden gleichzeitig weiterdenken. Dieses simultan entstehende „optische Protokoll“ ist jedem Gruppenmitglied jederzeit vor Augen (Schnelle-Cölln 1983: 72).

2 Anwendungsfelder, Prinzipien und Ziele von VIPP in der Präventions- und Kooperationsarbeit

VIPP verfolgt eine Reihe übergeordneter Ziele, die den Charakter von orientierenden Prinzipien der Gruppenarbeit z.B. in den Projekten, Arbeitsgemeinschaften, Meetings und Gesprächen von Präventionsprojekten haben:

- breite Beteiligung aller sichern (Wer partizipatorische Kooperationsprojekte entwickelt muss auch selber beteiligen.)
- Nutzung der Ressourcen aller, Enthierarchisierung von Entwicklungs- und Problemlöseprozessen: Nicht nur „oben“, gerade auch „unten“ gibt es viele Ressourcen, viel Spezialwissen, Expert/-innenschaft, Handlungspotenzen (Präventionsprojekte bringen mehr, wenn man die Ideen und Vorschläge nicht nur der „Macher“ berücksichtigt.)
- Transparenz in der Projektarbeit durch permanente Visualisierung
- Ziel- und ergebnisorientiertes Arbeiten sicherstellen, Gruppen von der Unverbindlichkeit zum Konkreten bringen (Die Komplexität von Präventionsvorhaben erzeugt gefährliche Zieldiffusität und lenkt oft auf Nebenwege und schränkt dadurch die Effektivität ein.)
- Aktivierung – Motivierung – Mobilisierung (Nachhaltig angelegt Präventionsarbeit ist nur mit vielen dauerhaft motivierten Personen vorstellbar.)
- Effektivierung und Demokratisierung gleichzeitig (Bei ja immer knappen Ressourcen muss der Beteiligungsprozess immer auch gute Ergebnisse haben, sonst wird er konterkariert.)
- den Arbeitsprozess von Gruppen verändern: vom „Reden“ zu effektivem und befriedigendem Arbeiten kommen
- für die Umsetzung von Arbeitsergebnissen sorgen können (VIPP erlaubt auf besonders effektive wie einfache Art Konsensentscheidungen und Umsetzungsplanung der Gruppe, die dann auch von allen getragen werden).

Hauptverwendungszusammenhänge von VIPP

Die Moderationsmethode VIPP ist in Gruppen mit Kindern, Jugendlichen und Erwachsenen vielfältig einsetzbar. Ursprünglich war VIPP nur für Erwachsene gedacht. VIPP ist inzwischen aber optimal adaptiert und kann mit kreativen Abwandlungen auch bei Kindern und Jugendlichen Anwendung finden. Jedoch muss ein Mindestalter (ca. ab der 3. Schulklasse) eingehalten werden, da Lese- und Schreibfähigkeiten erforderlich sind – es sei denn, die Kinder schreiben nicht selber (Zurufmethode, „Sekretärsmethode“). Typische Anwendungssituationen von VIPP in der Präventions- und Kooperationsarbeit:

- in Projekten, Lerngruppen, Gesprächen, Sitzungen, Besprechungen, Konferenzen, Arbeitsgruppen etc. (auch formellen Gruppen, Gremien, Ausschüssen), z.B. im Kriminalpräventiven Rat oder anderen Vernetzungsgremien
- in den methodischen Arrangements von Präventionsprojekten für Kinder und Jugendliche, z.B.
  - in Zukunftswerkstätten, bei Planungszirkeln und Projektarbeiten
  - bei Veranstaltungen im Rahmen von Sozialraum- und Lebensweltanalysen (z.B. Sozialraumwerkstatt), in denen der die wichtigsten Defizite, Probleme, Bedürfnisse und Potenziale von Zielgruppen präventiver Projekte erhoben werden
- in Vernetzungsaktivitäten mit sozialräumlichen Akteuren von Präventionsarbeit in der Startphase von Konzeptionsentwicklungen und dem Start von Großprojekten, bei denen Großveranstaltungsformate eingesetzt werden sollen wie Informations- und Disku-Märkte, Open Space-Veranstaltungen, Zukunftskonferenzen, Search-Conferences (Großgruppenmethoden für Personengruppen bis 500) etc.
- Strukturierung von Problem- und Konfliktlösungen (Konfliktmanagement bei sozialen und politischen Konflikten, Mediation) – sei es als Mittel der Intervention im Gemeinwesen oder innerhalb der Projektgruppe
- in Trainings- und Seminarveranstaltungen, z.B. Sozialtrainings und Konfliklotsenschulungen
- bei Öffentlichkeitsaktionen.

Beispiel: Gespräche, Sitzungen, Besprechungen etc. in der Planung und Durchführung von Präventions- und Kooperationsarbeit

Eine der oben genannten wichtigen Anwendungssituationen sind Gespräche, Sitzungen, Besprechungen etc. als Vernetzungsinstrument. Sie sind ein wesentlicher Bestandteil im heutigen Kooperationsalltag und eine häufige Anwendungssituation in der Praxis sozialer Projekte. In unterschiedlich großen Gruppen werden hier Fragen geklärt, die für die weitere Arbeit von Bedeutung sind und an denen die Teilnehmenden aus den unterschiedlichen Kooperationszusammenhängen partizipieren sollen. Dazu gehören beispielsweise: Wer? Was? Bis wann? Mit welchen Mitteln? Auf welche Art und Weise? Mit welchem Ergebnis? Wem wird berichtet? Wer kontrolliert das Ergebnis? Gruppen und Einzelakteure/-innen werden zusammengeholt, wenn es darum geht, Probleme zu lösen, Erfahrungen auszutauschen, Pläne zu schmieden, um zu lernen. Sie arbeiten dabei auf konkrete, präzise Ziele hin. Die Notwendigkeit der Effektivität von Besprechungen, nicht nur im Hinblick auf die Kostenfrage, ist unumstritten. VIPP ist in diesem Sinne eine geeignete Methode zur Steigerung der Effektivität.

Beispiel: Präventionsprojekte mit Kindern und Erwachsenen

Die VIPP-Methode entfaltet ihre eigentliche Stärke bei Problemlöse- und Planungsprozessen in Projekten gerade auch im diesem Präventionsbereich. Keine andere Methode schafft es – gerade in Projektgruppen aus einem breitgefächerten und vernetzten Kooperationsbereich, die sehr heterogene Netzwerkpartner/-innen und Altersgruppen zusammenbringen müssen – so perfekt Ergebnisse zu erzeugen, zu bündeln und Menschen zum Handeln zu bringen. Das liegt mit Sicherheit an der sehr strukturierenden und sachorientierenden Potenz dieser Methode, gerade in unübersichtlichen Situationen.

Beispiel: Herbeiführung von Entscheidungen

In allen Projekten und Planungsvorhaben müssen Entscheidungsalternativen strukturiert und Entscheidungen getroffen werden. Die Moderation nach VIPP eignet sich besonders gut dazu (Visualisierung der Alternativen, Auswahl durch Bepunktung durch die Gesamtgruppe). Sie ist gerade dann besonders wirksam, wenn wenig Zeit zur Verfügung steht, viele Informationen mit einfließen müssen (z.B. für von vielen Beteiligten zu tragende Entscheidungen im Bereich der Planung oder der Konzeptionsentwicklung), wenn sehr heterogene Netzwerkpartner/-innen im Kooperationsbereich gemeinsam handeln müssen. Mithilfe der Moderation wird der Prozess versachlicht und die Gruppe findet eine Richtung. Dabei werden die Erfahrung und die Beteiligung jedes und jeder Einzelnen herausgefordert. Es kommt darauf an, die Bildung von Meinungen zu fördern und bewusste und rationale Entscheidungen zu erzeugen. Die Gruppe wird zu einem Ergebnis gebracht, das alle gemeinsam weiterbringt und schließlich von allen getragen wird, weil es in einem transparenten Verfahren von allen gemeinsam entschieden wurde.

In den gerade aufgelisteten Anwendungssituationen stellen sich verallgemeinerbare Aufgaben, die mit VIPP besser bewältigt werden: Das Sammeln von Stichworten zu einem Thema (Gesamtaufnahme, Bestandsaufnahme, Bedarfsermittlung), eine geordnete Zielfindung, die kreative Ideenfindung, insbesondere aber das Treffen von Entscheidungen und die Ergebnissicherung sind mit dem visualisierten Moderationsverfahren besonders leicht und effektiv möglich. Planungsprozesse jeglicher Art (insb. die Organisation von Abläufen und die Aufgabenverteilung), die Entwicklung von Konzepten, Strategien, Plänen – aber auch Informationsvermittlung/Präsentation, Erfahrungsaustausch und das gezielte Geben von Diskussionsimpulsen werden durch die Moderationsmethode erleichtert.

3 Kompatibel mit guter Präventions- und Kooperationsarbeit: Philosophie und Grundhaltung von VIPP

Gute Präventionsarbeit ist nur denkbar, wenn die Betroffenen der Projekte und Maßnahmen sozusagen mit ins Boot geholt werden: Nur wenn sie ernst genommen werden und eine realistische Chance haben, sich zu beteiligen und Ihre Vorstellungen mit einzubringen, werden die Maßnahmen greifen. Wir wissen z.B. inzwischen sehr genau aus der Anwendung der Dienstleistungstheorie der Partizipation auf die Gestaltung der Hilfemaßnahmen für Kinder und Jugendliche in schwieriger Situation im Rahmen des SGB VIII, dass diese Angebote nur greifen, wenn ein ausreichender Grad an Beteiligung sicher gestellt ist (Schnurr 2001: 1332ff.; Kriener 1999: 27f.) Dies entspricht exakt dem Grundverständnis der Moderationsmethode: Aus *Betroffenen* werden *Beteiligte* gemacht. VIPP ist stark partizipatorisch ausgerichtet. Das Wissen aller zu nutzen und zu vervielfältigen ist Kern dieser spezifischen Geisteshaltung. Die Moderation arbeitet aber auch individuell und lässt die Gruppenzusammensetzung offen, „damit eine motivierte, reife Zusammenarbeit möglich ist“ (Neuland 1995: 59).

Im Idealfall macht sich die Moderation überflüssig, da die Gruppe in ihrer erreichten Reife ihre Aufgaben in Eigenregie weiterführen kann (vgl. Neuland 1995: 59).

Die Wurzeln der Moderation nach VIPP „liegen in der Pädagogik, Humanistischen Psychologie, Soziologie und Gruppendynamik. Grundlage ist eine spezielle Wertehaltung zu Menschen. Sie findet Ausdruck im demokratischen Arbeitsstil der Gruppe, im verantwortlichen Denken und Handeln des einzelnen und der Akzeptanz gegenüber Andersdenkenden. Ziel der Wertehaltung ist: Humanes Lernen und Arbeiten“ (Neuland 1995: 59).

Moderation kann auch als Führungsstil betrachtet werden. Das moderierende Führen ist aber durch ein bestimmtes Rollenverständnis gekennzeichnet. In einer partizipativen und partnerschaftlichen Form wird nicht hierarchisch nach unten geleitet, „sondern gemeinsam und netzförmig, wie unter Gleichen“ (Neuland 1995: 90). Die Moderation muss „die Gruppe selbst entscheiden lassen, zumindest aber ihr Wissen, ihre Vorstellungen und ihre Ideen in seine Entscheidungen einbeziehen“ (Seifert 2001: 87). Sie soll nicht vorgeben, was richtig und in diesem Fall zu tun ist, sondern die Gruppe fragen und Spielregeln mit ihr aushandeln. Die Moderator/-innen sind also nicht die alleinigen Gestalter des Prozesses. Die Hauptaufgabe der Moderation ist im Wesentlichen, die individuelle und situationsspezifische Steuerung des Prozesses und die Aufrechterhaltung der optimalen Arbeits- und Lernatmosphäre mit der Förderung der Stärken der Einzelnen. Als Dienstleister/-in der Gruppe unterstützt der/die Moderator/-in Zielbildung und -erreichung. Die Verantwortung für Themen und Inhalte folgt – wenngleich wichtig – erst an zweiter Stelle.

4 Vorteile von Visualisierung in den Arbeitszusammenhängen von Prävention und Kooperation

Eine Methode wie die Moderation als zentrales Mittel der Kooperationsgestaltung muss sowohl in ihren Techniken wie in ihrer Philosophie kompatibel seine mit den die Projekte tragenden Theorien und Vernetzungskonzepten und mit ihren Zielsetzungen übereinstimmen. Visualisierung bedeutet ja zunächst einmal, einen Sachverhalt bildhaft zu übersetzen. Bei VIPP geht die Visualisierung aber über die sonst häufig übliche optische Präsentation und Begleitung von Vorträgen hinaus: Sie ist die optische Sprache der Gruppenarbeit. Visualisierung verfolgt hier Ziele wie die Aufmerksamkeit der Empfänger auf das Wesentliche zu konzentrieren, den Redeaufwand zu minimieren, das Behalten zu fördern, Orientierungshilfen zu geben („roten Faden“ zu erkennen und zu behalten), den Zugriff zu bereits gesammelten Gedanken und Ideen zu erleichtern („nachblättern“), zusätzliche Verknüpfungspunkte zu erkennen und neue Assoziationen zu wecken.

Gerade in den Arbeitszusammenhängen von Prävention und Kooperation bringt Visualisierung erhebliche Vorteile:

- Jeder/jede hat die Chance, mitzumachen.
- Die Methode aktiviert; niemand „schweigt“.
- „Wortbeiträge“ sind besser verteilt. Sie gehen nicht verloren.
- „Wortbeiträge“ können prägnant und kurz sein.
- Das Protokoll liegt sofort und unverfälscht vor.

- Struktur, Umfang und Lücken von Gedankensammlungen sowie deren Variationen werden deutlich.
- Visualisierung fördert Entlastung des/der Einzelnen – die Aufnahmebereitschaft bleibt längere Zeit erhalten.
- Identifikation mit dem Ergebnis, jeder/jede sieht seinen/ihren Beitrag.

5 In kommunalen Präventionsprojekten systematisch vorgehen: die Methodik – ein Kurzüberblick

Zunächst einmal: Welche Materialien und Medien werden bei VIPP verwendet?

- Moderationswände („Pinnwände")
- Moderationsposter, Papierbögen („Leerposter")
- Moderationskarten in unterschiedlichen Farben (gelb, grün, weiß und orange) und Formen (Rechtecke, Streifen, Wolken etc.)
- Stifte mit keilförmiger Spitze in zwei Größen
- Sonstiges Material: Nadeln, Matrix (Bewertungsraster) usw.

Im Umgang mit diesen Materialien sind beim Einsatz der Moderationsmethode in methodischer Hinsicht eine Reihe von Punkten zu beachten[3]:

Bei der Vorbereitung eines Moderationsprozesses

- Zielklärung (Was soll erreicht werden?)
- Teilnehmer/-innenanalyse (Wer wird teilnehmen? Welche Vorerfahrungen haben die Teilnehmenden?)
- Rahmenbedingungen (z.B. Raumgröße und -anzahl für Kleingruppenarbeit, technische Ausstattung, Arbeitsmittel sowie zeitlicher Rahmen)
- Ablaufplanung (Veranstaltungsplan).

Bei den Aufgaben des Moderators/der Moderatorin

- die Gruppe durch den Prozess führen und leiten
- „Geburtshelfer/-in für Ideen" sein
- Zusammenfassen der Zwischenergebnisse
- eine angenehme Atmosphäre schaffen
- Ergebnisse festhalten
- aktivierende, weiterführende Fragen stellen
- motivieren

3 Auf die Besonderheiten der VIPP-Arbeit mit Kindern und Jugendlichen kann hier leider nicht im Einzelnen eingegangen werden. Stichworte dazu wären z.B.

- Alter: ab ca. der 3. Klasse, da Kinder dann besser lesen und schreiben können
- kürzere Einheiten, mehr Pausen und Spiele
- kreativere Gestaltung der Einheiten, z.B. Meckerwand
- Einheiten durch andere partizipatorische Elemente ersetzen, z.B. Modellbau.

- Ideen und Anregungen der Gruppe nach außen hin vertreten
- sich kurz fassen und zurückhalten.

Bei den Aufgaben des Co-Moderators/der Co-Moderatorin
- Kommunikation mit dem/der Hauptmoderator/-in
- Unterstützung
- Blickkontakt zur Gruppe halten
- in Pausengesprächen sensible/-r Beobachter/-in und Gesprächspartner/-in der Gruppe sein
- Bereithalten des Materials (immer einen Schritt voraus sein!)
- bei der Zuruffrage die Beiträge der Teilnehmer/-innen aufschreiben
- Moderation von Kleingruppen übernehmen.

Beim Verhalten des Moderators/der Moderatorin in schwierigen Situationen
- bei persönlichen Angriffen gegen An- oder Abwesende: sofort unterbrechen
- Grundsatzdebatten unterbinden
- bei Zwischenrufen: nur aufgreifen, wenn sie inhaltlich förderlich sind, ansonsten ignorieren oder darum bitten, sie zu unterlasse
- bei Killer-Phrasen: auf Möglichkeiten der Gruppe verweisen.

Beim Formulieren von Fragen
Richtig formulierte Fragen sind sehr wichtig in einer Moderation. Sie sollen neugierig machen, anregen und eine Diskussion bzw. Interaktion auslösen. Eine Frage sollte z.B.
- offen gestellt sein und ein breites Antwortspektrum zulassen
- kurz und prägnant formuliert sein
- konkret und eindeutig sein
- Meinungen, Vorschläge, aber kein Spezialwissen erfragen.

Beim zielgerichteten Einsatz der wichtigsten Methoden in der Praxis präventiver Projekt- und Lerngruppen[4]

---

4 In der konkreten Arbeit sind eine Reihe von Regeln zu beachten, z.B. *Visualisierungsregeln*
- nur ein Aspekt auf eine Karte.
- pro Karte: Halbsätze, maximal sieben Wörter, höchstens drei Zeilen.
- Druckbuchstaben, Groß- und Kleinbuchstaben verwenden.
- bewusste Komposition einer Visualisierung.
- Moderationsmarker (kleine Stifte) für kleine Moderationskarten verwenden.
- Trainermarker (große, dicke Stifte) für Streifen oder Wolken.
- Moderationswände mit ihren Karten etc. sollen aus acht Metern Entfernung lesbar sein.
- Schrift: Verhältnis von Groß- zu Kleinbuchstaben in etwa 1 : 2/3.
- üben, üben, üben!

Gesprächsregeln
- alle sind gleichberechtigt: Jeder/jede schreibt zunächst still für sich. Rückfragen und Diskussionen sind erst am Ende möglich. Begrenzung der Redezeit für Wortbeiträge auf z.B. 30 Sekunden.

Präsentationsregeln
Blickkontakt zur Gruppe halten, damit die Teilnehmenden sich direkt angesprochen fühlen.
- frontal zur Gruppe stehen.
- nichts verdecken (neben, und nicht vor, der Tafel stehen).
- mit der Hand über das Poster führen, damit die Gruppe folgen kann.

Die Kartenfrage

- Die Kartenfrage ist eine schriftliche Diskussion, in der alle Teilnehmenden ihre Gedanken und Argumente auf Karten schreiben, diese dann ordnen und so zur Weiterarbeit aufbereiten. Varianten:
  - einfache Kartenfrage (eine Kartenfarbe)
  - doppelte Kartenfrage (zwei Kartenfarben zu zwei verwandten Inhalten)
  - mehrfache Kartenfragen (Verwendung mehrerer Kartenfarben, i.d.R. max. drei).

Die Zuruffrage

- Die Zuruffrage ist eine schriftliche Sammlung von Gedanken, Argumenten etc., bei der nicht die Teilnehmenden schreiben, sondern die Co-Moderation. Die Teilnehmenden rufen ihre Antwort zu.

Die Gewichtungsfrage

- erfolgt nach einer Karten- oder Zuruffrage.
- Die wichtigsten Themen für die Weiterarbeit werden durch das Kleben von Punkten (auf Karten oder Cluster) ermittelt.
- Klebepunkte werden ausgezählt – es entsteht eine Rangfolge bzw. Gewichtung.

Anwärmer

- angefangene Sätze, die von den Teilnehmenden ergänzt werden
- für den Einstieg in ein Thema oder eine Veranstaltung, zum „Warmwerden".

Bepunkten

- Ein-Punkt-Frage, Mehr-Punkt-Frage oder These regen die Teilnehmenden an, ihre Antwort mittels Klebepunkt z.B. in eine Matrix oder eine Skala zu setzen.

Speicher, Listen, Kataloge, Pläne

- fassen Ergebnisse übersichtlich in Tabellenform zusammen
- eignen sich für die Ergebnissicherung
- geben einen Überblick über die Inhalte, eine Rang- und Reihenfolge.

Eine vom Preis-Leistungs-Verhältnis her sehr empfehlenswerte Einführung in das methodische Handling[5] des Moderationsansatzes bietet: Seifert, Josef W. (1992): Visualisieren – Präsentieren – Moderieren. Speyer: Gabler-Verlag

5 Auf typische Schwierigkeiten und Einzeltipps zum methodischen Vorgehen kann hier nicht im Einzelnen eingegangen werden (z.B. Kartenflut: Begrenzung der Karten, Zeit zum Antworten begrenzen oder Höchstkartenzahl pro Teilnehmer/-in ansagen; z.B. Clustern und Oberbegriffe als Zeitfresser: Pause oder Spiel, aber nur in Ausnahmefällen entfallen lassen oder überspringen). Dazu sei auf die entsprechenden guten Einführungen aus der Fachliteratur verwiesen (z.B. Klebert/Schrader/Straub 1987; Langner-Geissler/Lipp1991; Seifert 1992).

6 In Präventionsprojekten systematische Abläufe entwickeln: Moderationsszenarien

Die Planung und Durchführung von Moderationsszenarien, Gesprächsplänen und Veranstaltungs- und Sitzungsdramaturgien wird z.B. anhand folgender Fragen realisiert:

Wer sind die Teilnehmenden (z.B. betroffene Jugendliche, Politik und Verwaltung, Jugendarbeit, Präventionsrat)? Was ist das Ziel des Treffens? Wie kann die Dramaturgie Methodenwahl, Zeitplanung und Material angemessen berücksichtigen? Wer wird moderieren? Ist eine Co-Moderation notwendig?

Bei der Planung unterschiedlicher Moderationsszenarien müssen die einzelnen VIPP-Methoden aus dem Abschnitt 5 benannt werden. Bei allen Methoden müssen jeweils bestimmte zielführende Aspekte beachtet werden, um die notwendige Effizienz der Methode zu erreichen. Die interaktionelle Sequenz besteht immer aus Trailer („Anwärmer", „Aufriss"), einer Problembearbeitung, der Vertiefung und dem Abschluss.

In Sitzungen und Besprechungen empfiehlt es sich, dass Themen mit der Zuruffrage gesammelt und mit der Kartenfrage vertieft bearbeitet werden. Die wichtigsten Ergebnisse können mit einer Punktbewertung gefiltert werden. Der Tätigkeitskatalog sorgt für die Umsetzung und die Sicherung des Ergebnisses.

Ähnlich einsetzbar wie der Tätigkeitskatalog ist die Empfehlungsliste. Gemeinsam mit der Gruppe wird ein Beispiel erarbeitet. Die Teilnehmenden arbeiten zu zweit oder dritt an der Lösung weiter.

7 Grenzen

Die Eignung der Moderationsmethode VIPP ist – wie bei allen anderen Methoden auch – im Vorfeld zu prüfen. Sind die Voraussetzungen gegeben, erleichtert sie aber die Arbeit enorm. Deshalb ist sie aus der sozialen Praxis in Präventions- und Kooperationsprojekten inzwischen nicht mehr wegzudenken. VIPP verfolgt klare Ziele. Dazu gehört, in kurzer Zeit über zusammengefasste Kernaussagen ergebnisorientiert und effizient zu arbeiten. Ergebnisse werden von allen mitgetragen, was durch den gemeinsamen, visualisierten und transparenten (und damit Missverständnissen vorbeugenden) Entstehungsprozess gesichert wird.

Nichtsdestotrotz ist VIPP nicht immer ausreichend, beispielsweise in Situationen der kognitiven Wissensvermittlung oder wenn der Entscheidungsspielraum stark begrenzt ist und somit für kreative Lösungen kein Raum bleibt. Ähnlich verhält es sich, wenn purer Gewinn oder Verlust das Ziel des Prozesses ist oder die Gruppenmitglieder in totalen Abhängigkeitsverhältnissen zueinander stehen. Dann ist VIPP eindeutig nicht geeignet. Die Gruppenmitglieder sollten auch lesen und schreiben können, was in einigen sozialen Projekten ja keineswegs sichergestellt ist.

Literatur

Decker, Franz (1985): Aus- und Weiterbildung am Arbeitsplatz. Neue Ansätze und erprobte berufspädagogische Programme. München: Lexika-Verlag

Führung und Verantwortung (2000): Erfolgreich moderieren. Seminarreihe Kiel

Klebert, Karin/Schrader, Einhard/Straub, Walter (1987): KurzModeration. Anwendung der Moderationsmethode in Schule und Hochschule, Kirche und Politik, Sozialbereich und Betrieb, Familie bei Besprechungen und Präsentation. Hamburg: Windmühle

Klebert, Karin/Schrader, Einhard/Straub, Walter (1991): ModerationsMethode. Gestaltung der Meinungs- und Willensbildung in Gruppen, die miteinander lernen und leben, arbeiten und spielen. Hamburg: Windmühle

Kriener, Martina/Petersen, Kerstin (o.J.): Partizipation von Mädchen und Jungen als Recht und als sozialpädagogische Handlungsmaxime - Ziel eines Praxisprojektes in der Jugendhilfe. In: Kriener/Petersen (Hrsg.) (1999): 20ff.

Kriener, Martina/Petersen, Kerstin (Hrsg.) (1999): Beteiligung in der Jugendhilfepraxis. Münster: Votum

Langner-Geissler, Traute/Lipp, Ulrich (1991): Pinnwand, Flipchart und Tafel. Mit den Augen lernen. Bd. 3. Weinheim und Basel: Beltz

Neuland, Michéle (1995): Neuland Moderation. Eichenzell: Neuland-Verlag für lebendiges Lernen.

Schnelle-Cölln, Telse (1983): Visualisierung. Die optische Sprache in der Moderation. Metaplan-Reihe Heft 6. Quickborn

Seifert, Josef W. (1992 u. 2001): Visualisieren – Präsentieren – Moderieren. Speyer: Gabal Verlag

Stange, Waldemar (2001): Planen mit Phantasie. Zukunftswerkstatt und Planungszirkel für Kinder und Jugendliche. 5. Auflage. Berlin: Deutsches Kinderhilfswerk e.V.; Kiel: Aktion Schleswig-Holstein - Land für Kinder

Stange, Waldemar/Hartmann, Kristin/Holzmann, Steffi (2006): Ausbildung von Prozessmoderatoren für die Beteiligung von Kindern und Jugendlichen - Handbuch 4 „Projekte moderieren“ (Visualisierung in Partizipationsprozessen). Hrsg. von der Bertelsmann Stiftung. Gütersloh

Unicef Bangladesh (1993): VIPP – Visualisation in Partizipatory Programmes. Dhaka: Unicef Bangladesh

Weiterführende Literatur

Bataillard, Victor (o.J.): Die Pinnwand-Technik. Ein Leitfaden für den Einsatz in der Unternehmens-Praxis. Zürich: Verlag Organisator AG

Böning, Uwe (1991): Moderieren mit System. Besprechungen effizient steuern. Wiesbaden: Gabler

Bredemeier, Karsten/Schlegel, Hartmut (1991): Die Kunst der Visualisierung. Zürich/Wiesbaden: Orell-Füssli

Brunsemann, Claudia/Stange, Waldemar/Tiemann, Dieter (1997): Mitreden – Mitmachen – Mitplanen. Kinder und Jugendliche in der Kommune. Berlin/ Kiel: Sozialministerium

Cloyd, Helga/Schrader-Klebert, Karin/Schleiermacher, Karl/Schnelle, Eberhard (1973): Gesprächstechnik für Gruppen. Metaplanreihe 2. Quickborn: Eigenverlag Metaplan

Decker, Franz (1988): Gruppen moderieren – eine Hexerei? Die neue Teamarbeit. München: Lexika

Dierichs, Joachim/Helmes, Berthold/Schrader, Einhard/Straub, Walter (1984): Workbook. Ein Methoden-Angebot als Anleitung zum aktiven Gestalten von Lern- und Arbeitsprozessen in Gruppen. Essen: Windmühle

Feix, Nereu (1992): Moderationsmethoden und Synaplan. Mannheim: v. Brandt

Hartmann, Martin/Rieger, Michael/Pajonk, Brigitte (1997): Zielgerecht moderieren. Weinheim und Basel: Beltz

Hausmann, Gert (1993): Moderation. Mit Moderation Probleme in Gruppen lösen. Weinheim und Basel: Beltz

Metaplan-GmbH (Hrsg.) (1992): Fibel zur Metaplantechnik: Wie man mit der Metaplantechnik Gruppengespräche moderiert. Quickborn: Eigenverlag Metaplan

Meyer, Horst (1986): Neue Methoden in der Moderationsmethode. Weinheim: Beltz

Müller-Schwarz, Uli/Weyer, Bernhard (1991): Präsentationstechnik. Mehr Erfolg durch Visualisierung bei Vortrag und Verkauf. Wiesbaden: Gabler

Namokel, Herbert (1988): Die moderierte Besprechung (inkl. Video). Mainz: Namokel & Tosch

Neuland GmbH (2006): Neuland. Produkte für lebendiges Lernen. Materialkatalog. Eichenzell: Neuland-Verlag für lebendiges Lernen.

Otto, Hans-Uwe/Thiersch, Hans (2001): Handbuch Sozialarbeit/ Sozialpädagogik. 2., überarb. Auflage. Neuwied und Kriftel: Luchterhand

Nitor GmbH (2006): Nitor. Moderations- und Visualisierungs-Equipment für die Metaplan-Methode. Materialkatalog. Rellingen: Nitor

Paschen, Wolf (1993): Moderationsmethode als Planungs-, Visualisierungs- und Beteiligungsverfahren im Non-Profit-Bereich. Unveröffentlichtes Manuskript. Lüneburg
Riegger, Marianne (1983): Lernstatt erlebt. Praktische Erfahrungen mit Gruppeninitiativen am Arbeitsplatz. Essen: Windmühle
RKW-Handbuch Führungstechnik und Organisation. Berlin: Erich Schmidt Verlag
Ruddies, Günther/Willi, Eugen (1985): Denkzeichnen. Denken sichtbar machen. Villingen-Schwenningen: Neckar
Schnelle, Eberhard (Hrsg.) (1982): Metaplan Gesprächstechnik. Kommunikationswerkzeug für die Gruppenarbeit. Metaplan-Reihe Heft 2. Quickborn: Eigenverlag Metaplan
Schnelle, Wolfgang/Stoltz, Inga (1989): Interaktionelles Lernen. Leitfaden für die Moderation lernender Gruppen. Quickborn: Metaplan GmbH
Schnelle-Cölln, Telse (1988): Optische Rhetorik für Vortrag und Präsentation. Ein Leitfaden. Quickborn: Metaplan GmbH
Schrader, Einhard/Biehne, Joachim (1988): Auswählen, Verdichten, Gestalten. Ein Lernprogramm zur optimalen Gestaltung von Informationen. Essen: Windmühle
Schrader, Einhard/Gottschall, Arnulf/Runge Thomas. (1984). Der Trainer in der Erwachsenenbildung. Rolle, Aufgaben, Verhalten. München: Hanser.
Schrader, Einhard/Straub, Walter (1978): Darstellungstechniken und Technik der Auswahl und Verdichtung von Informationen. In: RKW-Handbuch Führungstechnik und Organisation (1978)
Schnurr, Stefan: Partizipation. In: Otto/Thiersch (Hrsg.) (2001): 1330 ff.
Stange, Waldemar/Paschen, Wolf (1994): Praxishandbuch Zukunftswerkstätten. Methoden, Materialien, Konzepte. Kiel: Sozialministerium
Stange, Waldemar (1993): Zukunftswerkstatt. Anstoß – Handbuch für die Arbeit vor Ort. Bonn
Wohlgemuth, André C. (Hrsg.) (1993): Moderation in Organisationen. Problemlösungsmethode für Führungsleute und Berater. Bern: Haupt Verlag

Rolf Krüger

Probleme des Datentransfers zwischen Jugendhilfe und Schule

1 Zusammenarbeit von Schule und Jugendhilfe und informationelle Selbstbestimmung als Grundrecht

Schule und Jugendhilfe sind durch die jeweiligen rechtlichen Grundlagen zur Zusammenarbeit aufgefordert. Bei genauerer Betrachtung stellt sich dieser Aufruf zur Zusammenarbeit jedoch etwas differenzierter dar. Zunächst kann allgemein festgestellt werden, dass sich die Forderung nach Zusammenarbeit lediglich institutionell auswirkt, d.h. Informationen dürfen nur transferiert werden, soweit es keine personenbezogenen Daten sind.

Einige Landesschulgesetze sehen ausdrücklich die Zusammenarbeit von Schule und Trägern der Jugendhilfe vor, so z.B. § 25 Abs. 3 Nds. Schulgesetz oder § 59 SchulG M.-V.. Andere Bundesländer haben diese Aufgabe der Schule jedenfalls nicht ausdrücklich geregelt. Der § 81 SGB VIII verpflichtet im Gegenzug nur die öffentlichen Träger der Jugendhilfe zur Zusammenarbeit mit Schulen und den Stellen der Schulverwaltung. Wenn freie Träger der Jugendhilfe also zur Zusammenarbeit mit Schulen bereit sind, so tun sie dies ohne gesetzliche Verpflichtung.

Dass aus der Verpflichtung zur Zusammenarbeit von Schule und Jugendhilfe keineswegs das Recht folgt, z.B. personenbezogene Daten über Minderjährige auszutauschen, ergibt sich auf allgemeiner Ebene aus dem sogenannten Volkszählungsurteil des Bundesverfassungsgerichtes vom 15.12.1983 (BVerfGE 65: 1-71). Mit dieser Entscheidung wurde dem Recht auf informationelle Selbstbestimmung Grundrechtscharakter eingeräumt.

Galt früher das Prinzip, dass im Umgang mit persönlichen Informationen alles erlaubt ist, sofern es nicht ausdrücklich verboten ist, so bedarf nun jede Verwendung persönlicher Informationen einer besonderen Rechtfertigung (vgl. Mörsberger 1985: 29). Wenn also personenbezogene Daten zwischen Schule und Jugendhilfe ausgetauscht werden sollen, bedarf es hierzu jeweils einer rechtlichen Rechtfertigungsgrundlage. Das allgemeine Amtshilfeprinzip aus Art. 95 Abs. 1 GG steht dieser Auffassung nicht entgegen. Es greift erst, wenn zuvor die datenschutzrechtlichen Vorschriften beachtet werden. Inhaber der Datenschutzrechte sind die jeweils Betroffenen natürlichen, ggf. auch juristischen Personen. Bei Minderjährigen entscheiden grundsätzlich an ihrer Stelle die Personensorgeberechtigten über den Umgang mit ihren personenbezogenen Daten, es sei denn, es handelt sich um sogenannte höchstpersönliche Daten (z.B. Eingriffe in die körperliche Integrität, Schwangerschaftsabbrüche u.ä.). In diesen Fällen entscheiden Minderjährige selbst über ihre Daten, wie sie aufgrund ihres individuellen Entwicklungsstandes die Tragweite ihrer Entscheidung überschauen können (vgl. Proksch 1996: 172).

2 Datenschutz in der Jugendhilfe

Zunächst ist in der Jugendhilfe der Datenschutz durch die Träger der öffentlichen Jugendhilfe vom Datenschutz durch freie Träger zu unterscheiden.

2.1 Datenschutz durch Träger der öffentlichen Jugendhilfe

Wie alle Sozialbehörden sind auch die Jugend- und Landesjugendämter zum sogenannten Sozialdatenschutz verpflichtet. Dies ergibt sich aus § 67 Abs. 1 Satz 1 SGB X i.V.m. § 35 SGB I. Sozialdaten definieren sich durch ihre Personenbezogenheit und durch ihre Beziehung zur Aufgabenerfüllung einer Jugendbehörde. Der Sozialdatenschutz dient dem Anspruch der Betroffenen auf Einhaltung des Grundrechtes auf informationelle Selbstbestimmung.

Gesetzliche Grundlagen für den Sozialdatenschutz in der Jugendhilfe finden sich in den §§ 61 – 68 SGB VIII, in § 35 SGB I und den §§ 67 – 85a SGB X. Nach den allgemeinen Regeln des Sozialrechts sind die bereichsspezifischen Regelungen des SGB VIII vorrangig vor den Regeln des SGB I und X.

Das Datenschutzrecht in der öffentlichen Jugendhilfe folgt einer Reihe von Grundprinzipien. Es sind zu unterscheiden die speichernde Stelle, der/die Betroffene und Dritte. Die Tatbestände, die eine Erhebung, Verarbeitung und Nutzung von Sozialdaten durch die Jugendverwaltung erlauben, sind im Gesetz einzeln und abschließend aufgeführt. Sozialdaten dürfen nur zu dem Zwecke verarbeitet und erhoben werden, zu dem sie befugt erhoben bzw. übermittelt worden sind. Daten dürfen nur erhoben werden, soweit sie erforderlich sind. Sie sind grundsätzlich bei den Betroffenen selber zu erheben, der § 67a SGB X lässt hierzu nur wenige Ausnahmen zu.

Grundsätzlich dürfen Sozialdaten nur dann übermittelt werden, wenn eine gesetzliche Übermittlungsbefugnis vorliegt. Im Einzelnen kommen in Betracht:

- die Einwilligung der Betroffenen (schriftlich und konkret)
- Übermittlung für Aufgaben der Polizeibehörde, der Staatsanwaltschaften und Gerichte,
- Übermittlung für die Erfüllung sozialer Aufgaben und für die Durchführung des Arbeitsschutzes
- Übermittlung für die Erfüllung besonderer gesetzlicher Pflichten und Mitteilungsbefugnisse
- Übermittlung für den Schutz der inneren und äußeren Sicherheit
- Übermittlung für die Durchführung eines Strafverfahrens
- Übermittlung bei Verletzung der Unterhaltspflicht und des Versorgungsausgleiches
- Übermittlung von Sozialdaten für die Forschung und Planung (vgl. Proksch 1996: 50ff.).

Durch die Sondervorschrift des § 64 SGB VIII wird die Befugnisgrundlage jedoch nochmals erheblich eingeschränkt. Eine Offenbarung von Sozialdaten im Bereich der öffentlichen Jugendhilfe ist auch nicht zulässig, wenn durch sie der Erfolg einer zu gewährenden

Leistung in Frage gestellt wird. Nach § 64 Abs. 2 SGB VIII ist weiterhin zu beachten, dass zwischen einzelnen Stellen desselben Jugendamtes Datenoffenbarungen nur unter Beachtung dieser Vorschrift zulässig sind. Innerhalb des Jugendamtes sind die Sozialdaten aus dem Bereich der persönlichen und erzieherischen Hilfen und dem Bereich der Amtpflegschaft/Amtsvormundschaft besonders – d.h. auch intern – geschützt (vgl. Münder et al. 1998: § 65, Rz 1 und § 68, Rz 1).

2.2 Datenschutz durch Träger der freien Jugendhilfe

Die Regelung des Sozialdatenschutzes aus dem SGB I, X und VIII gelten nicht unmittelbar für freie Träger der Jugendhilfe. Die kirchlich freien Träger haben Datenschutzregeln in ihrem jeweiligen Kirchenrecht verankert. Dies war notwendig, weil wegen der sogenannten Kirchenautonomie aus Art. 140 GG der Bundesgesetzgeber gehindert ist, Regelungen für den kirchlichen Bereich zu treffen.

Für die anderen freien Träger gilt das Bundesdatenschutzgesetz. Danach ist das Speichern, Verarbeiten und Übermitteln personenbezogener Daten zulässig im Rahmen der Zweckbestimmung eines Vertragsverhältnisses oder vertragsähnlichen Vertrauensverhältnisses mit den Betroffenen, soweit es zur Wahrung berechtigter Interessen der speichernden Stelle erforderlich ist und kein Grund zu der Annahme besteht, dass das schutzwürdige Interesse der Betroffenen an dem Ausschluss der Verarbeitung und Nutzung überwiegt. Im Übrigen ist jeder freie Träger verpflichtet, die personenbezogenen Daten derjenigen, mit denen er in einem Vertragsverhältnis steht, als vertragliche Nebenpflicht aus § 242 BGB zu schützen. Er darf sie nur übermitteln, soweit die Betroffenen damit einverstanden sind, zur Erfüllung von gesetzlichen Pflichten, zur Abwehr von gegenwärtigen Gefahren für Leben, Gesundheit und persönlicher Freiheit, zur Abrechnung und Durchsetzung von Ansprüchen und zur Wahrung sonstiger eigener Interessen (vgl. Papenheim/Baltes 1996: 189f.).

Daneben können mittelbar durch entsprechende Vereinbarungen zwischen öffentlichen und freien Trägern der Jugendhilfe die Grundsätze des Sozialdatenschutzes auch bei freien Trägern zur Anwendung kommen. Solche Vereinbarungen sind abzuschließen, wenn der öffentliche Träger Einrichtungen und Dienste der freien Träger in Anspruch nimmt. Dies ergibt sich aus § 61 Abs. 4 SGB VIII.

3 Datenschutz durch die Schule

Beim Datenschutz durch die Schule, bezogen auf die Zulässigkeit der Übermittlung von Daten an Dritte, ist zunächst der interne Bereich vom externen Bereich zu unterscheiden. Uns interessiert hier nur der externe Bereich. Da Schulrecht grundsätzlich Landesrecht ist, ergeben sich in den einzelnen Bundesländern unterschiedliche Strategien des Umgangs mit dieser Frage. Es können dabei zwei Regelungspfade festgestellt werden:

1. Eigenständige Datenschutz- und Datentransferregelung im Schulrecht, entweder abschließend im Schulgesetz, so z.B. § 64 Abs. 3 Schulgesetz des Landes Berlin, oder er-

gänzend im Schulgesetz in einer Verordnung, so z.B. VO zu § 50 Abs. 9 des Schulgesetzes Schleswig-Holsteins.
2. Verweis auf die Datenschutz- und Datentransferregelung im jeweiligen Landes-Datenschutzgesetz. Inhaltlich sind die Regelungen alle sehr ähnlich.

Die systematische Ableitung und die inhaltliche Beschreibung der Regelungen werden hier am Beispiel Niedersachsens dargestellt.

Die Frage der Zulässigkeit der Weitergabe personenbezogener Daten von Schüler/-innen ist im Nds. Datenschutzgesetz geregelt. Die Anwendung für den Bereich der Schule ergibt sich aus § 2. Schulen sind untere Landesbehörden.

Der § 11 des Gesetzes regelt auch die Datenübermittlungsbefugnis an öffentliche Träger der Jugendhilfe. Sie ist unter folgenden Voraussetzungen gegeben:

- bei Einwilligung der Betroffenen (schriftlich und konkret)
- wenn bei Gelegenheit der rechtmäßigen Aufgabenerfüllung Anhaltspunkte für Straftaten oder Ordnungswidrigkeiten festgestellt wurden und die Verfolgung geboten ist
- wenn eine Rechtsvorschrift dies vorsieht und die Datenübermittlung für Schule und Jugendhilfe erforderlich ist.

Der § 13 regelt den gleichen Sachverhalt für freie Träger. Hier gilt zusätzlich zu den Erfordernissen des § 11, dass die Datenübermittlung entweder

- für Schulaufgaben erforderlich ist
- der/die Empfänger/-in ein rechtliches Interesse an der Übermittlung glaubhaft macht und das gegenläufige Interesse der Betroffenen nicht überwiegt
- die Datenübermittlung im öffentlichen Interesse liegt und der/die Betroffene nicht widerspricht.

Für die Frage, ob die minderjährige Person selber als Betroffene/-r anzusehen ist oder für sie/ihn die Personensorgeberechtigten zu handeln haben, gilt dasselbe wie im Jugendhilfebereich.

4 Zur Bedeutung der Schweigepflicht durch Sozialarbeiter/-innen und Lehrkräfte

Verschwiegenheit ist seit jeher eine Grundvoraussetzung helfender Berufe und auch von sogenannten Amtsträger/-innen. Sie ist als persönliche, mit Strafe bei Zuwiderhandlung bewehrte Norm in § 203 StGB festgehalten. Die Vorschrift schützt sowohl das besondere individuelle Interesse der Hilfesuchenden an der Verschwiegenheit der Fachkräfte als auch das Interesse der Allgemeinheit an der Verschwiegenheit bestimmter Berufe und der öffentlichen Verwaltung (vgl. Proksch 1996: 155).

Strafrechtlich sanktioniert wird das unbefugte Offenbaren fremder Geheimnisse durch

- Angehörige bestimmter Berufe, deren Auszubildende und Hilfskräfte (in unserem Zusammenhang: staatlich anerkannte Sozialarbeiter/-innen und Sozialpädagogen/-innen und Berater/-innen in Ehe-, Familien-, Erziehungs- und Jugendfragen sowie Mitglieder einer Beratungsstelle nach § 218 StGB)

- Amtsträger/-innen (das sind Personen, die nach deutschem Recht verbeamtet sind oder sonst dazu bestellt, bei einer Behörde Aufgaben der öffentlichen Verwaltung wahrzunehmen).

Zusammenfassend kann also gesagt werden, dass alle Lehrkräfte an öffentlichen Schulen, unabhängig davon, ob sie verbeamtet sind oder nicht, und alle staatlich anerkannten Dipl.-Sozialarbeiter/-innen/Dipl.-Sozialpädagogen/-innen von der Vorschrift erfasst werden. Dies gilt auch für in der Ausbildung befindliche Personen oder Hilfskräfte. Nicht betroffen sind Lehrkräfte privater Schulen und z.B. Dipl.-Pädagogen/-innen, es sei denn, sie arbeiten in einer der zuvor genannten Beratungsstellen.

Nicht unbefugt zu offenbaren sind „fremde Geheimnisse". Dies sind alle Informationen, an deren Nicht-Weitergabe die hilfesuchende Person ein persönliches Interesse hat und die eine andere Person betreffen. Weiterhin muss dieses fremde Geheimnis den Geheimnisverpflichteten in dieser Eigenschaft anvertraut worden sein, d.h. also, die Kenntnisnahme als Privatperson reicht nicht aus. Der Straftatbestand ist ein sogenanntes Antragsdelikt, d.h. es wird nur auf Antrag des/der Geschädigten verfolgt. Bei Schuldspruch steht dem Gericht ein Strafrahmen von Freiheitsstrafe bis zu 2 Jahren oder Geldstrafe zur Verfügung.

5 Grenzen des Datenschutzes

Neben der Zulässigkeit des Datentransfers wegen Einwilligung der Betroffenen und wegen einer besonderen gesetzlich bestimmten Erlaubnis ist der Datentransfer auch dann zulässig, wenn ein Fall des sogenannten rechtfertigenden Notstandes im Sinne des § 34 StGB vorliegt. Hiermit ist gemeint, dass dann keine rechtswidrige Handlung vorliegt, wenn jemand in einer gegenwärtigen, nicht anders abwendbaren Gefahr für Leben, Leib, Freiheit, Ehre, Eigentum oder ein anderes Rechtsgut eine Tat begeht, um die Gefahr von sich oder anderen abzuwenden. Voraussetzung ist allerdings eine Güterabwägung zwischen der Qualität des zu schützenden Rechtsgutes einerseits und der Qualität der angewendeten, sonst rechtswidrigen Tat andererseits. Eine Berufung auf den rechtfertigenden Notstand ist nur zulässig, wenn das geschützte Interesse das beeinträchtigte wesentlich übersteigt.

Literatur

Bundesverfassungsgericht (Hrsg.) (1984): Entscheidungen des Bundesverfassungsgericht, Band 65. Tübingen: Mohr

Mörsberger, Thomas (Hrsg.) (1985): Verschwiegenheitspflicht und Datenschutz: ein Leitfaden für die Praxis der sozialen Arbeit. Freiburg im Breisgau: Lambertus-Verlag

Proksch, Roland (Hrsg.) (1996): Sozialdatenschutz in der Jugendhilfe. Münster: Votum-Verlag

Münder, Johannes et al. (1998): Frankfurter Lehr- und Praxiskommentar zum KJHG/ SGB VIII. Münster: Votum-Verlag

Papenheim, Heinz-Gert/Baltes, Joachim (1996): Verwaltungsrecht für die soziale Praxis. Frechen: Verlag Recht für die soziale Praxis

Woltering, Herbert/Bräth, Peter (1998): Niedersächsisches Schulgesetz. Handkommentar. Stuttgart: Boorberg

Rolf Krüger

Zivilrechtliche Haftungsrisiken bei der Zusammenarbeit von Schule und Jugendhilfe

1 Vorbemerkungen

Bei der Zusammenarbeit von Schule und Jugendhilfe gibt es unterschiedliche Möglichkeiten, wer der tatsächliche Veranstalter von Einzelmaßnahmen ist. Dies kann die Schule, ein öffentlicher Jugendhilfeträger (bzw. eine kreisangehörige Gemeinde, die nicht öffentlicher Jugendhilfeträger ist) oder ein freier Träger sein. Je nach dem, für welche Veranstalter man sich entscheidet, gibt es in einem Schadensfalle unterschiedliche zivilrechtliche Haftungsproblematiken.

Nach welchen Gesichtspunkten die Entscheidung für einen bestimmten Veranstalter getroffen wird, ist also auch von der Frage der Haftungsrisiken abhängig. In der Regel ist es durch relativ einfache Strategien möglich, eine gewillkürte Entscheidung herbeizuführen, wer Veranstaltungsträger sein soll.

Wählt man die Schule aus, so ist es notwendig einen positiven Beschluss der Schulkonferenz herbeizuführen oder hilfsweise die Schulleitung zu einer Entscheidung zu bewegen.

Auf der Seite der Jugendhilfeträger wird in der Regel der Träger, der auch Anstellungsträger des Personals ist, als Veranstaltungsträger auftreten. Allerdings ist dies nicht zwingend. Es wäre durchaus auch denkbar, dass das Jugendamt an der Schule eine Veranstaltung durchführt, obwohl ein freier Träger Anstellungsträger der PRINT-Fachkräfte ist oder auch umgekehrt.

Es ist sogar möglich, dass ein weiterer freier Träger (möglicherweise eine eigene Neugründung) als Veranstaltungsträger auftritt.

2 Mögliche Haftungsrisiken

Das BGB kennt grundsätzlich zwei unterschiedliche Haftungsgründe. Diese sind

- die sogenannte deliktische Haftung
- die Haftung aus einer Vertragsverletzung.

Unter deliktischer Haftung versteht man, dass jemand dafür einzustehen hat, wenn ein Schaden aus einer verbotenen Handlung oder Unterlassung herrührt.

Bei der Haftung aus Vertragsverletzung geht es darum, dass für einen Schaden eingestanden werden muss, der dadurch entstanden ist, dass eine Leistung aus einem Vertrag nicht oder nicht hinreichend erbracht wurde.

Weiter muss noch unterschieden werden zwischen der Haftung des Trägers und der Haftung des/der Sozialarbeiter/-in bzw. des/der Sozialpädagogen/-in oder Sonstigen, sowie die Frage, ob die zu betreuenden Minderjährigen oder Dritte die Geschädigten sind.

	Schule als Verwaltungsträger		**Jugendhilfe als Verwaltungsträger**	
	Deliktische Haftung	Haftung aus Vertragverletzung	Deliktische Haftung	Haftung aus Vertragsverletzung
Haftung des Trägers	Ja, im Wege der Staatshaftung bei Personenschäden allerdings verdrängt durch gesetzliche Unfallversicherung	Nein, da Schulbesuch öffentlich-rechtlich geregelt ist	Ja, allerdings Möglichkeit der Haftungsentlastung zu Lasten des/der Sozialarbeiters/-in	Ja, ergibt sich aus § 278 BGB
Haftung des/der Sozial-arbeiters/-in	Indirekt wegen der Regressmöglichkeit des Staates	s. o.	Ja, ergibt sich aus §§ 832 und 823 BGB	Indirekt im Wege des Regress wegen gleichzeitiger Verletzung des Arbeitsvertrages

Abb. 1: Haftung

3 Die Haftungsfrage im Einzelnen

Hier soll nun aufgeführt werden, wie sich die Haftungsfrage je nach Veranstaltungsträger und Haftendem darstellen.

3.1 Die zivilrechtliche Schadenshaftung, wenn Jugendhilfe Veranstaltungsträger ist

Zunächst soll die Frage geklärt werden, aus welchem rechtlichen Grund denn die Haftungsfrage im Bereich der Jugendhilfe relevant werden kann.

Mit der Zustimmung der Personensorgeberechtigten, dass ihr Kind z.B. an einer Veranstaltung der Jugendhilfe teilnimmt, entsteht ein sogenannter Erziehungsvertrag. In der Regel wird dieser Vertrag im Bereich der Jugendarbeit stillschweigend zustande kommen.

Der Vertrag überträgt dem Veranstalter für die Zeitdauer der Maßnahme das Recht und die Pflicht, die minderjährige Person zu erziehen, zu beaufsichtigen und den Aufenthalt zu bestimmen. Der Veranstalter kann diese Aufgabe nur erfüllen, indem er sie an einen sogenannten Erfüllungsgehilfen, z.B. eine/-n Sozialarbeiter/-in, delegiert. Es entsteht also folgende Vertragsbeziehung:

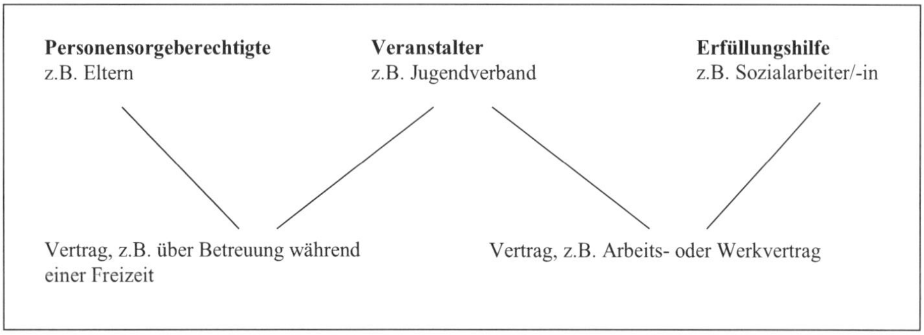

Abb. 2: Vertragsbeziehungen

Aus diesem doppelten Vertragsverhältnis folgt zweierlei:

1. Vorausgesetzt, ein Schaden wurde bei einer minderjährigen oder einer dritten Person schuldhaft verursacht, so kann Schadensersatz sowohl beim Veranstalter als auch bei dessen Erfüllungsgehilfen verlangt werden.
2. Aus der vertraglichen Übernahme folgt weiter, dass das Rechtsverhältnis zwischen Minderjährigen einerseits und Veranstalter und Erfüllungsgehilfen andererseits dem Personensorgerecht ähnlich sind, d.h., dass an den/die Betreuer/-in die gleichen Anforderungen zur Erfüllung, z.B. seiner/ihrer Aufsichtspflicht gestellt werden wie an die Personensorgeberechtigten, nicht größere. Schadensersatz ist jedoch nur dann zu leisten, wenn eine Schädigung voraussichtlich oder fahrlässig eingetreten ist. Eine Schädigung ist dann vorsätzlich, wenn:
   - vorauszusehen war, dass ein Erziehungsverhalten zu irgendwelchen Schäden führen würde
   - wenn der/die Erzieher/-in die Pflichtwidrigkeit seines/ihres Verhaltens gekannt hat
   - wenn der/die Erzieher/-in den Eintritt des Schadens will oder billigend in Kauf nimmt.

Fahrlässig handelt derjenige, der die im Verkehr erforderliche Sorgfalt außer Acht lässt – § 276 Abs. 1 Satz 2 BGB. Für die Aufsichtspflichtverletzung spielt jedoch auch der Grad der Fahrlässigkeit eine Rolle. Es wird darum noch neben der gewöhnlichen Fahrlässigkeit auch die grobe Fahrlässigkeit und die leichte Fahrlässigkeit berücksichtigen. Nach diesen grundsätzlichen Überlegungen soll nun auf einzelne Haftungstatbestände eingegangen werden.

Die Haftung der Erziehungsperson nach den §§ 832 und 823 BGB

Zunächst muss unterschieden werden zwischen Schäden, die eine zu beaufsichtigende minderjähriger Person Dritten zufügt – § 832 BGB – und Schäden, die die zu beaufsichtigende minderjährigen Person selbst betreffen – § 823 BGB.

Bei der Haftung aus § 823 BGB ist zu beachten, dass grundsätzlich davon ausgegangen wird, dass der/die Erzieher/-in Schuld an einer eingetretenen Schädigung ist. Das bedeutet, dass der/die Sozialarbeiter/-in den Nachweis erbringen muss, dass er/sie der Aufsichtspflicht genügt hat, will er/sie sich von der Haftungsverpflichtung entlasten. Eine Haftung tritt allerdings auch dann nicht ein, wenn der Schaden auch bei gehöriger Aufsicht entstanden wäre. Die Schäden einer zu beaufsichtigenden minderjährigen Person werden aus der Schadensersatzpflicht des/der Sozialarbeiters/-in nach § 832 BGB abgedeckt. Scheinbarer Vorteil für den/die Erzieher/-in ist bei diesem Rechtssatz, dass nicht automatisch davon ausgegangen wird, dass es der Verursacher eines eingetretenen Schadens ist, die Rechtssprechung geht jedoch inzwischen davon aus, dass in diesem Fall von dem sogenannten Beweis des ersten Anscheins auszugehen ist. Das bedeutet, allein der Tatbestand, dass eine aufsichtsbedürftige minderjährige Person geschädigt worden ist, weist nach den Erfahrungen des Lebens darauf hin, der/die Erzieher/-in habe dies durch eine schuldhafte Verletzung seiner Aufsichtspflicht bewirkt.

Die Haftung des Trägers nach §§ 831 und 278 BGB

Der § 831 beschreibt die Haftung des Trägers für den Erfüllungsgehilfen und bedeutet, dass der Träger grundsätzlich für alle Schäden infolge einer Aufsichtspflichtverletzung seines Personals haftet. Es sei denn, er hätte bei der Einstellung des Personals und der zur Verfügungsstellung der Räumlichkeiten, Material etc. die erforderliche Sorgfalt (Überprüfung der Qualifikation, Berufserfahrung, Zuverlässigkeit etc.) beachtet und berücksichtigt. Diese Haftung betrifft sowohl die Schäden der minderjährigen Person als auch die Schäden Dritter. Die sogenannte Vertragshaftung aus § 278 BGB bezieht sich lediglich auf die Schäden der Minderjährigen. Hier hat allerdings der/die Geschädigte bzw. sein/ihr gesetzlicher Vertreter die Aufsichtspflichtverletzung darzulegen und nötigenfalls zu beweisen, während ihm dies, wenn er seinen Anspruch auf § 832 BGB stützt, wegen Beweises des ersten Anscheins erspart bleibt.

Ein Entlastungsbeweis des Trägers ist nicht möglich. In der Praxis kann eine mögliche Klage auf Schadensersatz hilfsweise auf die jeweils ungünstigere Rechtsvorschrift mit gestützt werden. Auch das gleichzeitige Verklagen sowohl des/der betroffenen Erziehers/-in als auch des Trägers ist möglich und üblich.

3.2 Die zivilrechtliche Schadenshaftung, wenn die öffentliche Schule Veranstaltungsträger ist

Die komplizierte Regelung des BGB zur Schadensersatzhaftung werden in diesem Fall durch die Bestimmung zur Staatshaftung aus Artikel 34 GG überlagert. Die Durchführung von Schulveranstaltungen ist die Ausübung eines öffentlichen Amtes, aus diesem Grunde haftet der Staat für fehlerhaftes und damit Schaden begründendes Handeln oder Nichthandeln seiner Mitarbeiter/-innen. Die Form der Rechtsbeziehung zwischen Staat und Mitarbeiter/-innen ist unerheblich.

Bei Körperschäden, die bei den Schüler/-innen ggf. entstehen, wird die allgemeine Staatshaftung nochmals dadurch verdrängt, dass alle Lernenden während des Schulunterrichts oder auch schulischer Veranstaltungen und auf dem direkten Weg dorthin beitragsfreie Mitglieder der gesetzlichen Unfallversicherung nach § 2 Abs. 1, Nr. 8b SGB VII sind.

Die allgemeine Staatshaftung und die Leistungen der gesetzlichen Unfallversicherung befreien einen/eine pädagogischen/-e Mitarbeiter/-in bei schulischen Veranstaltungen zwar davon, dass direkt bei ihm ein Schadensersatzanspruch geltend gemacht werden kann. Allerdings kann nach Art. 34 Satz 2 GG der Staat ihn/sie in Regress nehmen, wenn er/sie vorsätzlich oder grob fahrlässig gehandelt hat.

4 Möglichkeiten der zivilrechtlichen Haftungsentlastung

Es gibt sehr unterschiedliche Möglichkeiten das Haftungsrisiko zu mindern. Träger und Erzieher/-innen trifft die Haftung nicht mehr in vollem Umfang, wenn ein Mitverschulden der geschädigten Person nachzuweisen ist. Das gleiche gilt für ein Mitverschulden der zu beaufsichtigenden minderjährigen Person (soweit sie deliktfähig ist oder sonst eine unzumutbare Härte auftreten würde), ihres Personensorgeberechtigten oder einer dritten Person – § 254 BGB.

Eine Haftungsüberschiebung zwischen Erzieher/-innen und Träger könnte sich aus folgender Überlegung ergeben: Entsprechend der gängigen Vorstellung, dass das Arbeitsverhältnis eine soziale Gemeinschaft zwischen Arbeitgeber/in und Arbeitnehmer/-in schafft, ist der/die Arbeitgeber/-in zur Fürsorge für die Personen des/der Arbeitnehmers/-in verpflichtet. Soweit ersichtlich, ist die allgemeine Fürsorgepflicht des/der Arbeitgebers/-in weder in der Rechtssprechung noch in arbeitsrechtlichen Normen je dahingehend konkretisiert worden, dass der/die Arbeitnehmer/-in dank ihr einen Anspruch gegen die Arbeitgeber/-innen hat, von Schadensersatzansprüchen Dritter, die im Zusammenhang mit seiner/ihrer Arbeit stehen, freigestellt zu werden. Eine reale Möglichkeit der Haftungsentlastung liegt allerdings in der sich immer stärker durchsetzenden Annahme, dass Erzieher/-innentätigkeit eine sogenannte „schadensgeneigte Arbeit" ist. Allerdings lässt sich hieraus nur eine Haftungsentlastung im Innerverhältnis zwischen Erzieher/-innen und Träger folgern. Eine vernünftige Lösung des Problems lässt sich aber nur durch Abschluss einer privatrechtlichen Haftpflichtversicherung erreichen. Aus der Fürsorgepflicht des Dienstherrn kann u.U. gefolgert werden, dass dieser die Kosten hierfür zu tragen hat.

Thomas Schmehl

„Kollegiale Beratung“ im Rahmen von Kooperationsprojekten „Schule und Jugendhilfe“

1 Vorwort

Im Alltag der Sozialen Arbeit ergeben sich immer wieder Fragestellungen und Probleme, die der Reflexion des eigenen Handelns und einer inhaltlichen Neuausrichtung bedürfen. Hiervon sind auch die vielen Kooperationsprojekte von Jugendhilfe und Schule betroffen. Im sozialen Bereich hat sich deshalb eine selbstverständliche positive Haltung zur Notwendigkeit von professionellen Reflexionsverfahren wie Supervision und Coaching entwickelt. Dies trifft leider nicht im gleichen Maße auf das System Schule zu. So ist eine professionelle Reflexion des Schulalltages mit seinen hohen Belastungen eher die Ausnahme.

Doch auch im sozialen Bereich lässt vieles zu wünschen übrig. Angesichts knapper Kassen gibt es leider die Tendenz, die notwendigen Reflexionsprozesse nur noch bei schwerwiegenden Schwierigkeiten und Problemen zu genehmigen. Aufgrund der Zunahme von starken und belastenden Problemen im sozialen Bereich ist dies sicherlich ein Trend, der sich negativ auf die Qualität der sozialen Arbeit auswirken wird.

Das hier vorgestellte Konzept der „Kollegialen Beratung“ ist ein systematisches Verfahren zur Reflexion des beruflichen Alltags, das ohne externe professionelle Berater/-innen auskommt. Durch den Verzicht externer Berater/-innen fallen – neben der zur Verfügung gestellten Arbeitszeit – keine weiteren Kosten an. Die Teilnehmer/-innen orientieren sich an einer einfachen und klaren Beratungsstruktur, die Umsetzung ist ohne besondere Vorkenntnisse möglich. Dabei profitieren die Teilnehmer/-innen von den unterschiedlichen fachlichen Sichtweisen, wie sie z.B. in den Kooperationsprojekten von Jugendhilfe und Schule vorhanden sind.

2 Was ist „Kollegiale Beratung“?

Die „Kollegiale Beratung“ hatte ihren Ursprung in den 70er Jahren und wurde als Reflexionsinstrument in der Ausbildung von Lehrkräften eingesetzt. Die Referendare hatten dort die Möglichkeit, ihre Probleme im Umgang mit Schüler/-innen in der Praxis in Kleingruppen zu reflektieren. Anfangs wurde diese Beratung von Psychologen/-innen angeleitet. Später entwickelte sich die selbstorganisierte Beratungsform. Die Gruppen von Lehrkräften konnten ihre „Fälle“ selbstständig anhand einer einfachen Beratungsstruktur durchführen. Seit dieser Zeit hat die kollegiale Beratung im sozialen und pädagogischen Bereich mehr und mehr an Bedeutung gewonnen. Heute beschränkt sich dieses Beratungsformat jedoch nicht mehr nur auf die „historischen“ Berufsfelder, sondern findet auch mehr und mehr Anwendung im Wirtschaftssektor.

Im Laufe der Zeit hat sich jedoch eine Vielzahl von Varianten herausgebildet, die sich in Begrifflichkeiten wie Intervision, Peer-Supervision, Kollegiale Supervision, Kooperative Beratung oder Kollegiales Coaching wiederfinden. Diese Konzepte unterscheiden sich durch die Anzahl der Phasen, ihre Funktionen und die Komplexität wie auch hinsichtlich ihrer Grundausrichtung. Allerdings beinhalten alle Konzepte ein strukturiertes Vorgehen sowie die aktive Beteiligung der Teilnehmenden.

3 Vorteile der Kollegialen Beratung

In der Grundform der Kollegialen Beratung wird auf externe Berater/-innen verzichtet; das Konzept wird im direkten Praxisbezug der beteiligten Kolleg/-innen eingesetzt. Damit ist sie eine kostengünstige, zeitökonomische, bedarfs- und adressat/-innenorientierte Ergänzung zur Supervision und zum Coaching. Sie eignet sich gut für selbst angeleitete Gruppen aus unterschiedlichen Handlungs- und Berufsfeldern und ermöglicht eine Zusammenarbeit von Mitarbeiter/-innen auch mit unterschiedlichen Kompetenzen und Hierarchiestufen. Als Verfahren, das unmittelbar vor Ort an der pädagogischen Basis ansetzt, kann es spezifische Gegebenheiten berücksichtigen; Veränderungen und Innovationen können bei geringem Mitteleinsatz erreicht werden (Schlee/Mutzeck 1996: 10-12).

Die klare Struktur und die hohe Transparenz der Beratungsschritte verhindern, dass vorschnelle Bewertungen und Lösungen produziert werden. Ratsuchenden wird die Möglichkeit gegeben, zur eigenen Lösung zu gelangen. Auch Kolleg/-innen, die sich in der Fallbesprechung passiv verhalten, erhalten Anregungen und Handlungsmöglichkeiten für ähnlich gelagerte eigene Probleme und Praxissituationen (Fallner/Gräßlin 1990: 4, 14; Rotering-Steinberg in Schlee/Mutzeck 1996: 102).

4 Grenzen der Kollegialen Beratung

Die Kollegiale Beratung ermöglicht es – neben der fachlichen Dimension – auch persönliche Themen wie Unsicherheiten, Misserfolge, Lustlosigkeit und Erschöpfung sowie Probleme mit dem Klientel oder Kolleg/-innen mit einzubeziehen. Hierbei geht es jedoch nicht um die Aufarbeitung grundsätzlicher persönlicher Schädigungen und Blockierungen. Das ist alleine einem therapeutischen Prozess vorbehalten (Fengler in Schlee/Mutzeck 1996: 24f.).

Eine weitere Einschränkung ergibt sich, wenn fehlendes Vertrauen oder komplexe Spannungen und Konflikte im Team die Sachinhalte stark dominieren. Derartige Beziehungsstörungen sollten im Rahmen einer Supervision (in Anwesenheit einer externen neutralen Instanz) bearbeitet werden (Fengler in Schlee/Mutzeck 1996: 24f.).

5 Ziele der Kollegialen Beratung

Die Kollegiale Beratung zielt auf die Unterstützung und Stärkung der im spezifischen Praxisfeld arbeitenden Kolleg/-innen sowie der Erweiterung ihres professionellen Handlungsspielraumes. Die Implementierung eines derartigen Reflexions- und Problemlöseinstruments ist ein wichtiger Bestandteil der Qualitätssicherung. Die Sicherstellung und die Weiterentwicklung der Qualität in der beruflichen Praxis ist mittlerweile in vielen Leitbildern und Leistungsbeschreibungen ein fester Bestandteil.

Tietze ordnet diesem Hauptziel drei Teilziele unter (ebd. 2003: 19-23):

- Problemlösung und Ideenfindung „on the job"
  Durch die Sichtweisen, Erfahrungen und Kompetenzen der beteiligten Kolleg/-innen erhält der/die Ratsuchende eine Vielzahl von neuen Sichtweisen, Ideen und Empfehlungen. Dies führt zu einer Erhöhung der Wahlmöglichkeiten, Handlungswege und zu einer Verbesserung des beruflichen Handelns. Davon profitiert nicht nur der/die Fallerzähler/-in, sondern im gleichen Maße die beratenden Kolleg/-innen. Die aktive Auseinandersetzung mit den Problemen und Schwierigkeiten im Job führen zu einer Verminderung der Belastungen und sind Voraussetzung für eine Zufriedenheit im Beruf.

- Reflexion der beruflichen Tätigkeit
  Durch den Beratungsprozess findet begleitend eine Auseinandersetzung mit der eigenen Berufsrolle und den eignen Handlungsmaximen statt. Dieser Reflexionsprozess führt dazu, dass jede Kollegin und jeder Kollege mit unterschiedlichen Handlungsansätzen konfrontiert wird und so das eigene Handeln immer wieder überprüft.

- Qualifizierung von Schlüsselkompetenzen
  Die Durchführung der Kollegialen Beratung ist gleichzeitig und begleitend eine Qualifizierung der Teilnehmenden in wichtigen Schlüsselkompetenzen. So werden im Beratungsprozess Kompetenzen wie kommunikative und interaktionelle Fähigkeiten, strukturierte Gesprächsführungs- oder Fragetechniken und Methodenkompetenzen in der Ideenfindung und Problemlösung vermittelt.

Neben diesen Teilzielen erreicht die Kollegiale Beratung eine intensive Gruppenarbeitserfahrung und führt zu einer Erweiterung der Selbstorganisationsfähigkeit.

6 Voraussetzungen für die Kollegiale Beratung

Damit die Kollegiale Beratung zu einem fruchtbaren und wertvollen Prozess wird, sind einige Voraussetzungen für das Gelingen notwendig:

- Vertrauen
  Nur wenn sich die Teilnehmenden untereinander vertrauen und offen miteinander sprechen können, ohne „Angst" haben zu müssen von jemanden verletzt oder abgewertet zu werden, besteht die Möglichkeit, sich offen und ehrlich auf Beratungsprozesse einzulassen.
- Vertraulichkeit
  Es ist wichtig eine Vereinbarung untereinander zu treffen, dass Inhalte und Abläufe der Kollegialen Beratung nicht an Außenstehende weitergegeben werden.
- Wertschätzung
  Für einen guten und positiven Beratungsprozess ist die positive und wertschätzende Haltung der Kolleg/-innen untereinander notwendig. Nur dann entsteht Offenheit und die Bereitschaft, sich auch mit seinen fachlichen Problemen und Schwierigkeiten zu zeigen.
- Unterstützung
  Die Kollegiale Beratung lebt davon, dass die beratenden Kolleg/-innen ihre Sichtweisen und Lösungsideen in den Beratungsprozess einbringen. Diese Unterstützung ist wichtig für den/die Fallerzähler/-in auf der Suche nach den jeweiligen Handlungsmöglichkeiten.
- Setting
  Das klare Setting der Beratungsphasen ist nicht veränderbar. Der logische Phasenaufbau sowie die Rollentrennung garantiert eine ressourcenorientierte Problemlösung.

7 Kollegiale Beratung konkret

Alle Ansätze der kollegialen Beratung strukturieren den Beratungsprozess in verschiedene Phasen. Diese systematische Herangehensweise gibt Sicherheit in der Durchführung und gewährleistet, dass das Beratungsziel auch von ungeübten Teilnehmenden in der dafür vorgesehen Zeit erreicht wird. Ein weiteres Strukturelement der Kollegialen Beratung ist eine Rollentrennung im Beratungsprozess. Diese Rollentrennung gliedert die Verantwortlichkeiten im Prozess und stellt sicher, dass die Ergebnisse festgehalten werden. Die hier dargestellte Beratungs- und Rollenstruktur orientiert sich an Kim-Oliver Tietze, „Kollegiale Beratung" (Tietze 2003: 42ff.).

Allerdings ist in dieser Darstellung auf die Phase Methodenwahl (ebd. 2003: 90) verzichtet worden. Sie bietet dem Beraterteam aufgrund vieler dargestellter methodischer Möglichkeiten zusätzliche Beratungsoptionen (ebd. 2003: 115ff.). Diese sind für eine beratungserfahrene Gruppe hilfreich. Für die Grundform ist diese Phase jedoch nicht erforderlich.

7.1 Rollen in der Kollegialen Beratung

Für die Durchführung der Kollegialen Beratung werden unterschiedliche Rollen mit spezifischen Aufgaben benötigt.

Moderator/-in
- Fallerzähler/-in
- Kollegiale Berater/-in
- Protokollant/-in.

Moderator/-in
Der/die Moderator/-in hat die Aufgabe, die Person, die den Fall eingibt, sowie das beratende Team durch die einzelnen Phasen der kollegialen Beratung zu führen und den Prozess zu strukturieren.

Die Rolle des/der Moderators/-in ist nicht fest mit einer bestimmten Person verbunden, sondern wird für die Dauer eines Beratungsdurchgangs von den anderen Teilnehmenden beauftragt. Damit sich der/die Moderator/-in auf diese Aufgabe konzentrieren und den Beratungsprozess qualifiziert steuern kann, ist es nicht zwingend notwendig, sich inhaltlich einzubringen.

Die wichtigsten Aufgaben: Der/die Moderator/-in ...
- achtet auf die Einhaltung des Ablaufschemas und der Zeiten
- achtet auf einen respektvollen Umgang miteinander und das empathische Herangehen der Beteiligten an den Fall (nicht analytisch, belehrend oder bewertend)
- schützt die Teilnehmenden vor zu weitgehenden Fragen und Herausforderungen
- erinnert an Sprachformeln („Ich als ...“), Regeln und Rollen und überwacht deren Einhaltung (Tietze 2003: 53ff.).

Fallerzähler/-in
Der/die Fallerzähler/-in bringt ein Thema, eine Situation oder einen Fall in die kollegiale Beratung ein. Dabei werden alle Informationen, die aus der individuellen Sichtweise des/der Fallerzählers/-in wichtig sind, berichtet. Die ratsuchende Person sollte diese Darstellung so konkret und plastisch wie möglich beschreiben. Dabei kommt es nicht nur auf die Sachinformationen an. Gedanken, Gefühle und körperliche Reaktionen spiegeln die begleitende Innenansicht des/der Fallerzählers/-in wieder und sind in ihrer Bedeutung gleichberechtigt mit den Sachinformationen.

Die wichtigsten Aufgaben: Der/die Fallerzähler/-in ...
- schildert die Ausgangssituation und sein/ihr Erleben in einer spontan formulierten Erzählung
- formuliert eine Leitfrage (Schlüsselfrage, Vertrag) am Ende der Darstellung, deren Beantwortung sich die falleingebende Person erhofft
- hört den Berater/-innen in der Beratungsphase zu und lässt deren Äußerungen auf sich wirken
- nimmt am Ende Stellung zu einigen Gedanken und Vorschlägen der Berater und Beraterinnen, ohne sich dabei zu rechtfertigen, und zieht ein vorläufiges Resümee (ebd. 2003: 52f.).

Kollegiale Berater/-in
Die übrigen Teilnehmenden nehmen die Rolle der Berater und Beraterinnen ein. Während der Falldarstellung und der Formulierung der Leitfrage hören sie aufmerksam zu und versuchen die Situation zu erfassen.

Die wichtigsten Aufgaben: Die Berater/-innen ...

- stellen Verständnisfragen am Ende der Themendarstellung, um die Geschichte besser zu verstehen. Allerdings ist es hier nicht notwendig in die Überdetaillierung zu gehen
- Nach der Falldarstellung und der Formulierung der Leitfrage findet im Beratungsteam untereinander ein Austausch über das vorgegebene Thema in Form von Ideen, Gedanken, Vorschläge oder Hypothesen statt (ebd. 2003: 55).

Protokollant/-in
Ein/-e Teilnehmer/-in übernimmt die Aufgabe des Protokollierens, um den/die Fallerzähler/-in und den/die Moderator/-in zu entlasten. Es ist jedoch nicht notwendig alle Gesprächsinhalte festzuhalten.

Die Beratungsdokumentation sollte mindestens jedoch folgende Inhalte enthalten:

- Thema
- Leitfrage
- Ideen, Vorschläge des Beratungsteams
- Reaktion und Handlungsimpuls des/der Falleingebers/-in.

7.2 Phasen der Kollegialen Beratung

Rollenverteilung (5') (Casting)
In dieser Phase werden die Rollen in der kollegialen Beratung von den anwesenden Teilnehmenden besetzt. Es hat sich bewährt, zunächst zu klären, wer die Aufgaben der Moderation im Beratungsprozess übernimmt. Der/die Moderator/-in kann dann durch die weitere Phase führen und bei der Klärung der weiteren Rollen (Fallerzähler/-in, Protokollant/-in, Berater/-in) behilflich sein (vgl. Tietze 2003: 64f.).

Vorstellung der Situation (5' – 10') (Spontanerzählung)
Die fallerzählende Person schildert nun alle wichtigen Informationen, die aus ihrer individuellen Sichtweise wichtig sind, aber auch subjektive Gedanken, Gefühle und körperliche Reaktionen zum Thema. Die Berater/-innen haben nun die Gelegenheit, Verständnisfragen an den/die Fallerzähler/-in zu stellen. Allerdings soll dies nicht ausufern. Gelegentlich kommt es vor, dass die Möglichkeit zur Nachfrage zu einer Fachdiskussion mit der fallerzählenden Person führt und ggf. schon Lösungsvorschläge zur Leitfrage beinhaltet. Dies ist unbedingt zu vermeiden (vgl. ebd. 2003: 74f.).

Leitfrage (5') (Schlüsselfrage)
Für die folgende Beratung ist es wichtig, der Beratungsgruppe einen „Auftrag" in Form einer konkreten Leitfrage zu erteilen. Sie gibt die Klärungsrichtung vor und bietet der beratenden Gruppe Orientierung (vgl. ebd. 2003: 83).

Beratungsphase (10' – 15')
In dieser Phase tauscht sich das Beratungsteam zur formulierten Leitfrage und unter Berücksichtigung des dargestellten Falls aus. Dies kann durch ein einfaches Brainstorming geschehen oder durch den Vergleich mit ähnlichen Fällen. Auch ist es möglich, Hypothesen zu formulieren, Lösungsideen zu entwickeln oder Vermutungen zu äußern. Wichtig ist jedoch, dass das Gespräch unter den Berater/-innen geführt wird.

Die fallerzählende Person darf in dieser Phase nicht angesprochen werden, sondern hört lediglich aufmerksam zu. Dabei beobachtet er/sie auch seine/ihre (eigenen) körperlichen Reaktionen zu den einzelnen Teilen des Beratungsgesprächs und erhält so wichtige Informationen für die Beantwortung der selbst gestellten Leitfrage. Für die fallerzählende Person ist in dieser Phase der Reiz sehr groß, spontan auf einen Gedanken des beratenden Teams zu reagieren. Dies würde jedoch bedeuten, dass sie die aufnehmende Haltung verlässt und so um die Möglichkeit gebracht wird, wichtige Informationen für ihren Fall zu erhalten (vgl. ebd. 2003: 96).

Entscheidung und Abschluss (5' – 10')
In der Abschlussphase der kollegialen Beratung gibt der/die Fallerzähler/-in ein Feedback über die jeweiligen Reaktionen während der Fallberatung und seine/ihre frisch gewonnen Eindrücke. Darüber hinaus teilt er/sie dem beratenden Team mit, welche konkreten Handlungsoptionen „ins Auge gefasst" werden. Dabei ist darauf zu achten, dass der/die Fallerzähler/-in klare Handlungsoptionen formuliert. Schwammige Aussagen wie „sollte", „könnte" oder „mal versuchen" sollten wertschätzend konfrontiert werden. Sie beinhalten in ihrer inneren Haltung das Scheitern und sind für die Weiterentwicklung nicht konstruktiv.

Auch die „Berater/-innen" haben nun die Möglichkeit, persönliche Bilanz zu ziehen. Die Phase „Entscheidung und Abschluss" wird mit einer Rückmeldung an die Moderation über die Steuerung des Beratungsprozesses abgeschlossen.

Literatur

Fallner, Heinrich/Gräßlin, Hans-Martin (1990): Kollegiale Beratung. Eine Systematik zur Reflexion des beruflichen Alltags. Hille: Ursel Busch Fachverlag

Fengler, Jörg (1996): Themen und Ebenen der Supervision. In: Schlee/Mutzeck (Hrsg) (1996): 23-53

Pallasch, Waldemar/Mutzeck, Wolfgang/Reimers, Heino (Hrsg.) (1992): Beratung-Training-Supervision. Weinheim: Juventa

Rotering-Steinberg, Sigrid (1996): Kollegiale Supervision in informellen Gruppen für Pädagoginnen und Pädagogen. In: Schlee/Mutzeck (Hrsg.) (1996): 100 – 125

Schlee, Jörg/Mutzeck, Wolfgang (Hrsg.) (1996): Kollegiale Supervision. Modelle zur Selbsthilfe für Lehrerinnen und Lehrer. Heidelberg: Winter Universitätsverlag

Tietze, Kim-Oliver (2003): Kollegiale Beratung: Problemlösungen gemeinsam entwickeln. Reinbek: Rowohlt Tb.

Rolf Krüger

Einführung in das Recht der materiellen Grundsicherung

1 Vorbemerkung

Inzwischen ist es kein Geheimnis mehr, dass viele Schulkinder und ihre Eltern von Leistungen der sozialen Grundsicherung leben müssen. Lehrkräfte, Schulsozialarbeiter/-innen und auch Fachkräfte der Jugendhilfe sollten einerseits eine realistische Einschätzung der finanziellen Leistungsfähigkeit der von ihnen betreuten jungen Menschen haben und sich andererseits zumindest Grundkenntnisse der möglichen Unterstützungsleistungen aneignen, um in einfachen Sachverhalten beraten zu können oder bei komplizierten Problemen rechtzeitig an spezialisierte Beratungsstellen zu verweisen.

Zum 01.01.2005 sind die neuen Regelungen zur materiellen Grundsicherung in Kraft getreten. Die Rechtsvorschriften sind auf zwei Gesetze verteilt, nämlich das SGB II und das SGB XII. Um Missverständnisse zu vermeiden, sei gleich klargestellt, dass entgegen politischer Verlautbarungen und vieler Pressemeldungen Arbeitslosenhilfe und Sozialhilfe gerade nicht zusammengelegt wurden. Vielmehr finden wir nun drei Formen der materiellen Grundsicherung vor. Neu ist allerdings, dass die bisherige Arbeitslosenhilfe weitgehend auf Sozialhilfeniveau gesenkt wurde und dass das bisherige Grundsicherungsgesetz mit dem Sozialhilferecht verschmolzen wurde.

Weiteres besonderes Merkmal der Veränderung ist der fast vollständige Wegfall der sogenannten einmaligen Beihilfen bei allen drei Formen der materiellen Grundsicherung. Bei allen drei Leistungsformen besteht kein Anspruch auf Wohngeld.

Wenn dem Grunde nach ein Anspruch auf Berufsausbildungsbeihilfe oder Leistungen nach dem Bafög besteht, können keine Leistungen nach SGB II oder HLU gewährt werden.

Empfänger/-innen von Arbeitslosengeld II sind Mitglied in der Renten-, Kranken- und Pflegeversicherung. Für ihre Familienmitglieder besteht Kranken- und Pflegeversicherung im Rahmen der Familienversicherung nach SGB V.

Für Empfänger/-innen von HLU und von Grundsicherung im Alter und bei Erwerbsminderung werden die Beiträge für die Kranken- und Pflegeversicherung übernommen, wenn keine andere Stelle sie zahlt.

2 Welche Form der Grundsicherung ist die jeweils Richtige?

Die Zuweisung der jeweiligen Grundsicherungsform richtet sich ausschließlich nach der Frage der individuellen Arbeitsfähigkeit. Allgemein gilt darüber hinaus das Prinzip der Hilfebedürftigkeit und, mit Ausnahme der Grundsicherung im Alter und bei Erwerbsminderung, das Prinzip der Pflicht zur Aufnahme von Erwerbstätigkeit. Diese Pflicht ist aber eingeschränkt, insbesondere bei der Erziehung und Versorgung von Kindern.

Folgende Formen der materiellen Grundsicherung kommen in Betracht:

- Arbeitslosengeld II
  Bei Arbeitsfähigkeit auf dem Normalarbeitsmarkt von mindestens 3 Stunden täglich an 5 Arbeitstagen pro Woche und Vorliegen von Hilfebedürftigkeit.

- Hilfe zum Lebensunterhalt
  Bei Nicht-Vorliegen der Voraussetzungen des Arbeitslosengeldes II und Nicht-Vorliegen der Voraussetzungen der Grundsicherung im Alter und bei dauerhafter Erwerbsminderung bei gleichzeitiger Hilfebedürftigkeit.

- Grundsicherung bei Alter und Erwerbsminderung bei Vollendung des 18. Lebensjahres und dauerhafter Erwerbsminderung und Hilfebedürftigkeit oder Vollendung des 65. Lebensjahres und Hilfebedürftigkeit.

Die Hilfebedürftigkeit bei allen drei Formen wird festgestellt durch einen Vergleich zwischen einem gesetzlich festgelegten Bedarf einerseits und dem vorhandenen monatlichen Einkommen andererseits. Darüber hinaus liegt Hilfebedürftigkeit nur dann vor, wenn der laufende Lebensunterhalt nicht aus vorhandenem – gesetzlich definiertem – Vermögen bestritten werden kann. Die Vermögenswerte, die vor Einsetzen der Hilfe zu verbrauchen sind, sind bei Arbeitslosengeld II höher als bei der HLU und der Grundsicherung für Alte und Behinderte.

Die Hilfeformen nach SGB II und der HLU kennen den Begriff der Bedarfsgemeinschaft. Zur Bedarfsgemeinschaft nach SGB II gehören:

- die erwerbsfähigen Hilfebedürftigen
- die im Haushalt lebenden Eltern (oder der Elternteil) eines unverheirateten, minderjährigen und erwerbsfähigen Kindes
- als Partner/-in des erwerbsfähigen Hilfebedürftigen, der nicht dauernd getrennt lebende Ehegatte/-in oder die Person, die mit dem erwerbsfähigen Hilfebedürftigen in eheähnlicher Gemeinschaft lebt oder der/die nicht dauernd getrennt lebender/-e Lebenspartner/-in.

Bei der HLU gehören zur Bedarfsgemeinschaft die Ehegatten, Ehegattinnen und Lebenspartner/-innen sowie die minderjährigen unverheirateten Kinder, soweit sie ihren notwendigen Lebensunterhalt nicht aus ihrem Einkommen und Vermögen beschaffen können. Weitere Voraussetzung für alle Mitglieder der Bedarfsgemeinschaft ist, dass sie zusammenleben.

Personen, die in eheähnlicher Gemeinschaft leben, dürfen hinsichtlich der Voraussetzung sowie des Leistungsumfangs nicht besser gestellt werden als Ehegatten und Ehegattinnen.

2.1 Arbeitslosengeld II

Der Bedarf in diesem Sicherungssystem besteht aus folgenden Ansprüchen:

a) Arbeitslosengeld II für die Hilfeempfänger, zzt. 345,- € (Regelsatz)
b) Sozialgeld für die Mitglieder der Bedarfsgemeinschaft und zwar 80% des Regelsatzes für Personen, die das 15. Lebensjahr vollendet haben und 60% des Regelsatzes für die Personen, die das 15. Lebensjahr noch nicht vollendet haben.
c) Ggf. Mehrbedarfe für bestimmte Personengruppen:
   - Erwerbsfähige und hilfebedürftige werdende Mütter nach der 12. Schwangerschaftswoche – 17% des maßgeblichen Regelsatzes
   - Alleinerziehende mit einem Kind unter 7 Jahren oder mit zwei Kindern unter 16 Jahren – 35% des maßgeblichen Regelsatzes, bei mehr als drei Kindern gibt es eine Sonderregelung
   - Behinderte Hilfebedürftige, die Leistung nach § 33 SGB IX erhalten – 35% des maßgeblichen Regelsatzes
   - Erwerbsfähige Hilfebedürftige, die eine kostenaufwändige Ernährung aus medizinischen Gründen benötigen.
d) Angemessene Kosten der Unterkunft und für Heizung. Die Angemessenheit wird überprüft im Hinblick auf die Größe der Wohnung (herrschende Rechtsauffassung: 50 m^2 für die erste Person und jeweils 10 m^2 für jede weitere Person) und im Hinblick auf den m^2-Preis. Der richtet sich nach dem örtlichen Mietpreisniveau.
e) Ggf. befristeter Zuschlag nach dem Bezug von Arbeitslosengeld im ersten Jahr 2/3 des Unterschiedbetrages zum Arbeitslosengeld I, jedoch höchstens 160,- €, bei Partner/-innen höchstens 320,- € und je weitere 60,- € pro Kind. Im zweiten Jahr gilt die Hälfte der Beträge.
f) Ggf. Einstiegsgeld bei Aufnahme einer Tätigkeit. Die Höhe ist noch nicht bekannt, da die entsprechende Durchführungsverordnung noch nicht ergangen ist.

Diesem Bedarf wird das Einkommen gegenübergestellt. Zum Einkommen zählen grundsätzlich alle bereiten Mittel, die regelmäßig zufließen. Nicht zum Einkommen zählt das Elterngeld. Vom Einkommen sind die gesetzlichen Abgaben sowie i.d.R. ein Betrag von 100,- € für notwendige Versicherungen und die steuerrechtlichen Werbungskosten abzuziehen. Liegt das so bereinigte Einkommen bei 100,- € bis 800,- €, so sind weitere 20% abzugsfähig. Für den Teil des Einkommens, der 800,- € übersteigt und nicht mehr als 1.200,- € beträgt (bzw. 1.500,- € bei mindestens einem minderjährigen Kind), werden weitere 10% des Einkommens abgesetzt.

Bei Vermögen ist das selbstbewohnte angemessene Einfamilienhaus geschützt, sowie ein Freibetrag von 150,- € pro Lebensjahr des Hilfebeziehenden und seinem/seiner Ehepartner/-in (bzw. nicht-eheliche/-n Lebenspartner/-in), mindestens jedoch 3.100,- € und höchstens 9.750,- €. Für Kinder besteht ein Freibetrag von 3.100,- €. Weiter gibt es einen Freibetrag von 750,- € pro Mitglied der Bedarfsgemeinschaft für Anschaffungen und einen Freibetrag von je 250,- € pro Lebensjahr für den Hilfeerhaltenden und die Ehegatten und Ehegattinnen – höchstens jedoch 16.250,- € für die Altersvorsorge. Pro arbeitsfähigem Mitglied der Bedarfsgemeinschaft ist auch ein angemessenes Kfz geschützt.

2.2 Hilfe zum Lebensunterhalt (HLU)

Der Bedarf der HLU errechnet sich ähnlich wie bei Arbeitslosengeld II. Er besteht aus dem

a) Regelsatz für den Haushaltsvorstand, zzt. 345,- €
b) dem Regelsatz für die Mitglieder der Bedarfsgemeinschaft entsprechend dem Sozialgeld des Arbeitslosengeldes II
c) ggf. Mehrbedarf wie beim Arbeitslosengeld II, jedoch ergänzt um einen Mehrbedarf von 17% des maßgeblichen Regelsatzes für Personen, die erwerbsunfähig sind und einen Schwerbehindertenausweis mit dem Merkzeichen „G“ besitzen
d) den angemessenen Kosten für Unterkunft und Heizung wie beim Arbeitslosengeld II.

Dieser Bedarf wird dem Einkommen gegenübergestellt. Vom Einkommen sind die gesetzlichen Abgaben, die Kosten notwendiger Versicherung (ohne Pauschbetrag) und die steuerrechtlichen Werbungskosten (ohne Pauschbetrag) abzuziehen.

Auf das so bereinigte Einkommen wird ein weiterer Freibetrag von 30% des Einkommens gewährt, soweit es Erwerbseinkommen ist.

Beim Vermögen ist das selbstbewohnte angemessene Einfamilienhaus geschützt sowie ein Freibetrag von 1.600,- € für den Haushaltsvorstand, ein Freibetrag von 614,- € für den Ehegatten sowie ein Freibetrag von je 256,- € für jedes weitere Mitglied der Bedarfsgemeinschaft. Grundsätzlich hat der Sozialhilfeträger eine Rückgriffmöglichkeit bei Unterhaltspflichtigen 1. Grades in auf- und absteigender Linie, nicht jedoch, wenn die Hilfebedürftige schwanger ist oder ein Kind bis zum 6. Lebensjahr erzieht.

2.3 Grundsicherung bei Alter und bei Erwerbsminderung

Die Berechnung dieser Leistung regelt sich bezüglich des Bedarfes und der Feststellung des einzusetzenden Einkommens wie bei der HLU. Bei den Vermögensfreigrenzen erhöht sich der Betrag des Haushaltsvorstandes auf 2.600,00 €. Ein Rückgriff auf nach bürgerlichrechtlichen Vorschriften Unterhaltspflichtige ist erst zulässig, wenn diese ein Jahreseinkommen haben, das höher ist als 100.000,00 €. Weiter scheidet der Rückgriff aus, wenn die Hilfebedürftige schwanger ist oder ein Kind bis zum 6. Lebensjahr erzieht.

2.4 Einmalige Beihilfen

Bei allen drei Hilfesystemen besteht zusätzlich zur laufenden Unterstützung ein Anspruch auf folgende einmalige Beihilfen:

- Erstausstattung für die Wohnung, einschließlich Haushaltsgeräte
- Erstausstattung für Bekleidung, einschließlich bei Schwangerschaft und Geburt
- Kosten mehrtägiger Klassenfahrten im Rahmen der schulrechtlichen Bestimmung.

Die Rechtssprechung hat inzwischen geklärt, dass Erstausstattungen auch mehrmals in einer Biografie gewährt werden können. Anspruch auf einmalige Beihilfe haben auch Hilfebedürftige, die keine laufenden Leistungen erhalten, jedoch den Bedarf an einmaligen Leistungen aus eigenen Einkommen nicht voll decken können. Ihr überschießendes Einkommen wird allerdings für einen Zeitraum von sechs Monaten anteilig berücksichtigt.

3 Zuständigkeit und Verfahren

Sachlich zuständig für die Gewährung der materiellen Leistung nach SGB II sind, mit Ausnahme der Kosten für Unterkunft und Heizung, die örtlichen Agenturen für Arbeit. Die Leistung für Unterkunft und Heizung haben die Landkreise und kreisfreien Städte zu erbringen. Die örtliche Zuständigkeit richtet sich nach dem gewöhnlichen Aufenthalt des/der Hilfebedürftigen.

Die Agentur für Arbeit und die kommunalen Träger errichten für die Durchführung der Aufgaben nach SGB II Arbeitsgemeinschaften. Diese Arbeitsgemeinschaften nehmen die Aufgaben der Agentur für Arbeit nach SGB II wahr. Die kommunalen Träger sollen ihre Aufgaben der Arbeitsgemeinschaft übertragen. Die notwendigen Verwaltungsakte werden durch die Arbeitsgemeinschaft erlassen. Sie ist auch Widerspruchsbehörde. In einer Art Modellversuch besteht auch die Möglichkeit, dass in ausgewählten Landkreisen und kreisfreien Städten alle Aufgaben nach dem SGB II von diesen durchgeführt werden (sogenanntes Optionsmodell). Soweit sonst die Agenturen für Arbeit zuständig wären, handeln die Kommunen im Auftrag des Bundes.

Sachlich und örtlich zuständig für die HLU sind die Landkreise und kreisfreien Städte. Nach Landesrecht können sie ggf. kreisangehörige Gemeinden zur Durchführung der Aufgaben heranziehen. Die Leistung ist zu gewähren, wenn der Hilfebedarf bekannt wird.

Sachlich und örtlich zuständig für die Grundsicherung für Alte und erwerbsgeminderte Personen sind die Landkreise und kreisfreien Städte, soweit landesrechtlich nichts Abweichendes geregelt ist. Der gewöhnliche Aufenthalt ist maßgeblich für die örtliche Zuständigkeit.

Wer Widerspruchsbehörde bei der HLU und der Grundsicherung für Alte und erwerbsunfähige Personen ist, ist bisher gesetzlich nicht geregelt, dies ist offensichtlich ein Versehen des Gesetzgebers. Dies gilt mit Ausnahme des Falles, dass die Aufgaben einer kreisangehörigen Gemeinde übertragen wurden – in diesem Fall ist der Landkreis Widerspruchsbehörde.

Arbeitslosengeld II und die Grundsicherung für Alte und erwerbsgeminderte Personen ist von einem Antrag abhängig. Für die Gewährung von HLU reicht, dass dem Sozialhilfeträger der Hilfebedarf bekannt wird.

Bei allen Leistungen ist der Rechtsmittelweg zu den Sozialgerichten gegeben. Er beginnt mit dem Widerspruch. Der Widerspruch hat mangels einer anderen Regelung im Sozialgerichtsgesetz (SGG) keine aufschiebende Wirkung. Der Widerspruchsbescheid ergeht kostenfrei, notwendige Auslagen sind bei Abhilfe zu erstatten. Nach einem erfolglosen Widerspruchsverfahren kann vor dem Sozialgericht geklagt werden. Die örtliche Zuständigkeit folgt dem gewöhnlichen Aufenthaltsort des/der Klägers/-in.

Nach erfolgsloser Klage ist die Berufung zum Landessozialgericht möglich, wenn sie von der 1. Instanz zugelassen wurde oder eine Nichtzulassungsbeschwerde bei der 2. Instanz erfolgreich war. Gleiches gilt entsprechend für die Revisionen zum Bundessozialgericht. Die Verfahren im 1. und 2. Rechtszug sind anwaltsfrei. Beim Revisionsverfahren besteht Anwaltszwang. Gerichtskosten werden in der Regel in der Sozialgerichtsbarkeit nicht erhoben. Die Parteikosten trägt der Unterlegene. In eiligen Angelegenheiten ist auch der Erlass einer einstweiligen Anordnung möglich und zwar in jedem Zustand des Verfahrens.

Hat eine Behörde nach 6 Monaten eine Angelegenheit ohne hinreichenden Grund nicht abschließend bearbeitet, so besteht die Möglichkeit der Untätigkeitsklage. Handelt es sich um eine ausstehende Widerspruchsentscheidung, gilt eine Dreimonatsfrist.

Die Rechtsmittelfristen betragen für Widerspruch, Klage, Berufung und Revision einen Monat nach Bekanntgabe der angegriffenen Entscheidung. Die Revisionsbegründung ist mit einer weiteren Frist von zwei Monaten vorzulegen. Auch die Beschwerdefrist bei abgelehnten einstweiligen Anordnungen beträgt einen Monat.

Anhang

Anhang 1: Berechnungsbogen für Arbeitslosengeld II

Bedarf	Einkommen
I. Regelbedarf 1. Person 2. Person II. Sozialgeld 1. Person 2. Person 3.Person III. Mehrbedarfe 1. 2. IV. Kosten für Unterkunft und Heizung V. ggf. befristeten Zuschlag VI. ggf. Einstiegsgeld	I. Einkommensart 1 Einkommensart 2 Einkommensart 3 Einkommensart 4 II. abzüglich Steuern und Sozialversicherungsabgaben III. abzüglich 100,- € oder abzüglich Kosten notwendiger privater Versicherungen mindestens 30,00 € und abzüglich Werbungskosten mindestens 15,33 € IV. abzüglich der Freibeträge bei Erwerbsfähigkeit
Summe 1	Summe 2

Zahlbetrag = Summe 1

\- Summe 2

Anhang 2: Berechnungsbogen für HLU und Grundsicherung

Bedarf	Einkommen
I. Regelbedarf 1. Person 2. Person 3. Person 4. Person II. Mehrbedarfe 1.Person 2.Person 3.Person III. Kosten für Unterkunft und Heizung	I. Einkommensart 1 Einkommensart 2 Einkommensart 3 Einkommensart 4 II. abzüglich Steuern und Sozialversicherungsabgaben III. abzüglich Beiträge für notwendige Versicherungen IV. abzüglich Werbungskosten V. ggf. abzüglich Arbeitsförderungsgeld nach SGB IX VI. ggf. abzüglich 30% des Einkommens aus Erwerbstätigkeit (Sonderregelung bei Einkommen aus WfBM-Tätigkeit)
Summe 1	Summe 2

Zahlbetrag = Summe 1

\- Summe 2

Anhang 3: Formschreiben zur Bescheinigung einer mehrtägigen Klassenfahrt

Bescheinigung

.... ist Schüler / Schülerin der Klasse ...... unserer Schule.
Er / Sie nimmt vom .... bis ...... an einer Klassenfahrt teil.

Es handelt sich um eine Klassenfahrt im Rahmen der schulrechtlichen Bestimmungen.

Ort, Datum Stempel der Schule

Weiterführende Literatur

Münder, Johannes (2005): Sozialgesetzbuch II. Grundsicherung für Arbeitssuchende, Baden-Baden: Nomos Verlag

Schellhorn, Walter/Schellhorn, Helmut/Hohm, Karl- Heinz (2006): SGB XII. Kommentar zum Sozialgesetzbuch XII, 17. neu bearbeitete Auflage, München: Luchterhand

Internetadressen

- www.Arbeitnehmerkammer.de
- www.Tacheles.de

Raingard Knauer

Evaluation und Qualitätsentwicklung in der Kooperation von Jugendhilfe und Schule

Evaluation meint die Beschreibung, Analyse und Bewertung von Prozessen und Organisationseinheiten. Evaluation gilt heute als eine der klassischen Schritte methodischen Handelns. Sie zielt darauf ab, durch eine datenbasierte Bewertung von Handlungsalternativen zu einer rationaleren Entscheidungsfindung beizutragen (vgl. Heiner 2001: 481). Damit spielt sie insbesondere bei der Kooperation zweier sich zwar nahe stehender und doch sehr unterschiedlicher Systeme, wie es die Jugendhilfe und die Schule darstellen, eine wichtige Rolle, um die Qualität der Angebote zu beurteilen und weiter zu entwickeln.

Im Folgenden werden nach einer Darstellung der fachlichen Besonderheiten dieses Evaluationsfeldes verschiedene Formen von Evaluation dargestellt, ein mögliches Ablaufmodell für Evaluationen im Kooperationsfeld erläutert und Anforderungen an die Beteiligten beschrieben.

1 Kooperation von Jugendhilfe und Schule – zu den Besonderheiten des Evaluationsfeldes

„Schule und Jugendhilfe müssen an einem Strang ziehen“ – so fordert die Bundesregierung in ihrer Stellungnahme zum Zwölften Kinder- und Jugendbericht unter der Überschrift “Auf dem Weg zu kommunalen Bildungslandschaften“ (vgl. Bundesministerium für Familie, Senioren, Frauen und Jugend 2005: 14). Jugendhilfe und Schule arbeiten mit den gleichen Jugendlichen und zum Teil mit ähnlichen Aufgaben (Bildung, Erziehung und Betreuung). Dass trotz dieser Nähe die Kooperation beider Partner nach wie vor schwierig ist, hängt mit den unterschiedlichen auch theoretisch begründeten Fachlogiken, Systembedingungen und Arbeitsweisen beider Institutionen zusammen. Hinzu kommt, dass Jugendhilfe und Schule sich aus unterschiedlichen Machtpositionen heraus begegnen. Damit erweist sich in der Praxis gerade die scheinbare Nähe der beiden Partner als besondere Herausforderung für die Beteiligten und stellt spezifische Anforderungen an Evaluationen in diesem Feld.

Eine Kooperation von Jugendhilfe und Schule kann innerhalb der Schule stattfinden (z.B. im Rahmen von offenen oder gebundenen Ganztagsschulen, Schulsozialarbeit etc.).

Sie kann aber auch zwischen den jeweils eigenständig agierenden Angeboten beider Handlungsfelder erfolgen, wie das folgende Schaubild zeigt:

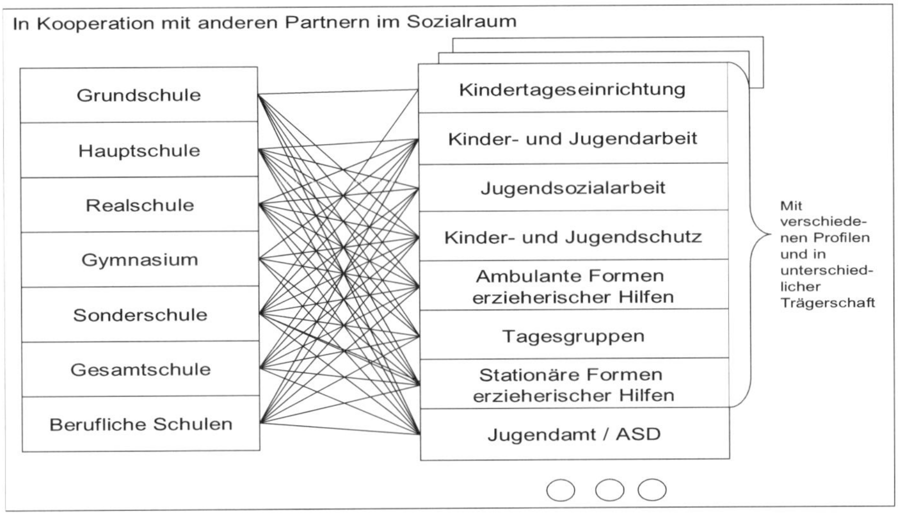

Abb. 1: Kooperationsangebote

Besondere Anforderungen an eine Zusammenarbeit von Jugendhilfe und Schule stellen sich

- an den Übergängen im Lebenslauf der Kinder und Jugendlichen: z.B. der Kooperation von Kindertageseinrichtung und Schule, Angeboten bei Schulübergängen und der Berufsfindung
- bei der Gestaltung gemeinsamer Bildungsorte: z.B. der Zusammenarbeit von Schule und offener Jugendarbeit oder einer Konzeptionierung von Schule als Lebensort unter Einbeziehung von Angeboten der Jugendhilfe (z.B. im Bereich von Ganztagschulen)
- bei Angeboten, die auf Problemlagen von Kindern und Jugendlichen bzw. ihrer Familien antworten. Dies sind z.B. Verabredungen zwischen Schule und ASD, Tagesgruppen an Schulen, Konzepte zur Verminderung von Schulabsentismus, Präventionsangebote etc.

Dabci ist cinc institutionell verankerte, auf Dauer angelegte Zusammenarbeit von Jugendhilfe und Schule nach wie vor noch nicht die Regel. Häufig findet die Zusammenarbeit zunächst in Projektform statt, ist zeitlich begrenzt und personell nicht abgesichert. In diesen Fällen ist eine Evaluation der Projekte in besonderem Maß mit Legitimationserwartungen verbunden (z.B. als Grundlage für eine Weiterfinanzierung oder für die Bewilligung weiterer Projekte).

Die Evaluation im Handlungsfeld Jugendhilfe und Schule ist entscheidend davon abhängig, wie gut es zu Beginn der Kooperation gelungen ist, gemeinsame Ziele zu beschreiben und zu operationalisieren. Hier spielt die Perspektive, aus der heraus die Ziele beschrieben werden, eine entscheidende Rolle. Dabei kann es nicht darum gehen, die Ziele primär aus der Sicht der beteiligten Institutionen heraus zu formulieren (Was muss die Kooperation leisten, damit die eigene Institution besser arbeiten kann?). Letztlich geht es um einen Perspektivenwechsel: Kooperationsangebote von Jugendhilfe und Schule müssen ihre Qualität daran messen, wie gut es ihnen gelingt, die Belange der Kinder und Jugendlichen und ihre Bildungsprozesse in den Mittelpunkt zu stellen. Nicht mehr das Funktionieren einer Institution, sondern die Leistungen dieser Institution für die Entwicklung junger Menschen dienen als *Maßstab für Qualität*. Dies wird auch im Zwölften Kinder- und Jugendbericht gefordert: „Nicht die einzelnen Systeme, etwa der Kindergarten, die Schule oder die Jugendarbeit, stehen somit im Mittelpunkt der Betrachtung, nicht deren innere Konsistenz und deren öffentliche Anerkennung können mithin der Maßstab sein, sondern die an der kognitiven, sozialen und emotionalen Entwicklung der Kinder und Jugendlichen festzumachenden Wirkungen. Die Fähigkeit der Systeme, einen effektiven Beitrag zu Bildung, Betreuung und Erziehung von Kindern und Jugendlichen zu leisten, wird demnach zum Maßstab ihrer Relevanz“ (Bundesministerium für Familie, Senioren, Frauen und Jugend 2005: 338).

Evaluation braucht einen Maßstab und damit die Einigung auf *Qualitätsstandards*, die Orientierung für eine Evaluation der Kooperationsangebote geben können. Klassischerweise wird Qualität unterschieden in *Ergebnis-, Struktur- und Prozessqualität*. Diese gilt es für die Kooperation von Jugendhilfe und Schule unter der Perspektive von Bildung, Erziehung und Betreuung, ergänzt um die jeweils spezifischen Leistungen guten Unterrichts und sozialpädagogischer Unterstützung, zu spezifizieren (vgl. Knauer 2006).

- *Ergebnisqualität* beschreibt das Ergebnis bzw. die Wirkung einer Leistung – hier der Kooperation von Jugendhilfe und Schule. Wie können Kinder und Jugendliche, Mütter und Väter, Jugendhilfe und Schule von der Kooperation profitieren? Wie gut ist es durch die Kooperation gelungen, die Bildungs-, Erziehungs- und Betreuungsqualität für Kinder und Jugendliche zu verbessern? Wie gut unterstützen Kooperationsangebote Kinder, Jugendliche und Eltern darin, Lebensbewältigungskompetenzen und Gestaltungskompetenzen zu erwerben (vgl. Deinet/Icking 2006: 18)?

- *Strukturqualität* meint den Grad, in dem die Strukturen zu einer guten Qualität der Arbeit beitragen. Kooperationen von Jugendhilfe und Schule stehen bezüglich ihrer Strukturqualität vor besonderen Herausforderungen, müssen sie doch die unterschiedlichen Systeme beider Institutionen miteinander in Einklang bringen. Gute Kooperation benötigt tragfähige Strukturen, die eine Zusammenarbeit der handelnden Fachkräfte in Bezug auf die gemeinsamen Aufgaben unterstützen und nicht behindern. Eine Evaluation kann unter der Perspektive der Strukturqualität danach fragen,
  - wie gut das Kooperationskonzept aus Sicht der Beteiligten und Betroffenen ist und wie es umgesetzt wird
  - ob Diskussionsstrukturen existieren und alle Beteiligten sich diese gleichberechtigt nutzen können
  - ob Entscheidungs- und Verantwortungsstrukturen geklärt und allen bekannt sind

- ob Vernetzungsstrukturen in der Region existieren und gepflegt werden
- ob genügend finanzielle, räumliche, zeitliche und fachliche Ressourcen vorhanden sind
- wie gut die Dokumentation als Grundlage für eine fachliche Reflexion und Evaluation gelungen ist etc.

• *Prozessqualität* in Kooperationsangeboten von Jugendhilfe und Schule erfordert, unterschiedliche Wahrnehmungen miteinander in Verbindung zu bringen: Wie erleben die Betroffenen (Kinder, Jugendliche, Eltern) und Beteiligten (Lehrkräfte, sozialpädagogische Fachkräfte, aber auch Politik und Verwaltung bzw. die Öffentlichkeit vor Ort) die Prozesse in der Kooperation? Es geht um die Frage, wie die Beteiligten ihr Handeln verbessern können, um die gemeinsam formulierten Ziele zu erreichen. Eine Evaluation der Prozessqualität kann fragen
  - ob die gemeinsam formulierten Ziele hinreichend konkret sind, um handlungsleitend sein zu können
  - ob die fachlichen Perspektiven hinreichend geklärt sind
  - ob Absprachen eingehalten werden
  - ob die Prozesse allen transparent sind
  - ob die unterschiedlichen Zielgruppen angemessen erreicht werden
  - ob Partizipation für Betroffene und Beteiligte ermöglicht wird
  - wie hoch die Bereitschaft ist, sich auf die jeweils andere Perspektive (der Schule, der Jugendhilfe) einzulassen
  - ob sich die Bereitschaft und Fähigkeit, Differenz (bei den Kindern und Jugendlichen, den Eltern aber auch den Fachkräften) wahrzunehmen bei allen Beteiligten verstärkt
  - ob der Sozialraum einbezogen wird.

Ohne eine Einigung auf gemeinsame Standards ist eine Evaluation von Kooperationsangeboten zwischen Jugendhilfe und Schule nicht möglich.

2 Evaluationsformen

In der Literatur werden zahlreiche Evaluationsformen unterschieden. Im Folgenden werden in Anlehnung an Moser (2003) und Heiner (2001) vier Evaluationsformen kurz vorgestellt.

• *Formative versus summative Evaluation:*
  Bei dieser Unterscheidung steht die Funktionalität der Evaluation im Vordergrund.
  - Summative Evaluationen finden am Ende eines Projekts statt und dienen i.d.R. der gutachterlichen Bilanzierung des Geleisteten. Damit werden sie häufig für eine Legitimation und Weiterentwicklung von Projekten genutzt. Sie haben den Vorteil, dass durch sie bilanzierende Aussagen über ein Praxisvorhaben gemacht werden können, verbunden mit dem Nachteil, dass Ergebnisse in das laufende Verfahren nicht mehr eingespeist werden. Beispiel: Die summative Evaluation des Projekts

„pädagogische Insel" (mit Tagesgruppenplätzen nach § 32 SGB VIII) nach dem ersten Jahr soll Grundlage für die Entscheidung einer institutionellen Förderung durch den Jugendhilfe- und den Schulträger sein.

- Formativen Evaluationen geht es um die Unterstützung und Verbesserung laufender Programme und damit um eine Beeinflussung des Praxisvorhabens durch Datenfeedback (vgl. Moser 2003: 43; Heiner 2001; Moser 2003: 486). Sie dienen damit primär einer laufenden Qualitätsüberprüfung. Beispiel: Im Projekt „pädagogische Insel" wird von den Mitarbeitern als formative Evaluation eine vierteljährige Stärken-Schwächen-Analyse durchgeführt, deren Ergebnisse in die Verbesserung der laufenden Arbeit einfließen.

• *Externe versus interne Evaluation:*

Diese Klassifikation orientiert sich an der Organisation der Evaluation.

- Bei der externen Evaluation erfolgt die Reflexion aus einer Außenperspektive. Sie wird durch Fachleute durchgeführt, die nicht der untersuchten Organisationseinheit angehören. Externe Evaluationen gelten aufgrund der Nicht-Eingebundenheit der Evaluateure als objektiver und werden daher bei Projekten genutzt, die als besonders umstritten gelten und bei denen die Legitimation im Vordergrund steht (vgl. Heiner 2001: 486). Beispiel: In einer Ganztagsschule sind zwei Schulsozialpädagogen tätig, um die Zunahme von Schulabsentismus zu verringern. Die Weiterfinanzierung des Projekts durch die Kommune wird von einer externen Evaluation abhängig gemacht.

  Externe Evaluateure können die Vielschichtigkeit fachlichen Handelns eventuell aber nur begrenzt wahrnehmen, da sie mit den Prozessen und den Rahmenbedingungen des jeweiligen Projekts nur bedingt vertraut sind.

- Bei einer internen Evaluation geschieht die Untersuchung durch Fachkräfte im eigenen System. Interne Evaluation lässt sich wiederum als interne Fremdevaluation und Selbstevaluation durchführen. Bei der internen Fremdevaluation wird das Handeln durch andere Personen des eigenen Systems untersucht (Schulen werden durch Lehrkräfte anderer Schulen evaluiert). In der Selbstevaluation untersuchen die Fachkräfte das eigene Handeln. Interne Evaluationen sind besonders dann geeignet, wenn der reflexive Diskurs zwischen denen am Projekt Beteiligten im Vordergrund steht. Sie zielen primär auf die Qualifikation der Fachkräfte durch eine datenbasierte systematische Reflexion des eigenen Handelns (vgl. Heiner 2001: 486; Spiegel 2004). Beispiel: Im gleichen Projekt verständigen sich Lehrkräfte und Schulsozialarbeiter darauf, im Rahmen einer internen Evaluation zu erkunden, in welcher Klassenstufe sich erste Anzeichen für Schulabsentismus besonders häufen, um Schwerpunkte für die weitere Arbeit zu bestimmen.

  Interne Evaluationen bergen aber die Gefahr, dass „blinde Flecken'" systematisch unbeleuchtet bleiben (dies ist einer der Gründe, warum Einrichtungen mit hochsensiblen Bereichen, wie z.B. medizinische Labors, auf eine externe Evaluation auf keinen Fall verzichten können).

- *Wissenschaftliche versus pragmatische Evaluation:*
Diese Unterscheidung bezieht sich auf den Anschluss an Wissenschaft (vgl. Moser 2003: 44) und verweist auch auf das Verhältnis zwischen Evaluation und Evaluationsforschung (vgl. Heiner 2001: 481):
  - Eine wissenschaftlich orientierte Evaluation muss den Anforderungen wissenschaftlichen Arbeitens sowohl theoretisch als auch methodisch entsprechen. Beispiel: Im Rahmen eines Forschungsprojekts wird die Qualität des Ganztagsangebots (als Kooperation von Jugendhilfe und Schule) untersucht.
  - Eine pragmatische Evaluation ist direkt auf die Bedürfnisse und Problematiken eines Projekts bezogen. Beispiel: Lehrkräfte und Sozialpädagogen entwickeln einen kurzen Befragungsbogen für die Freizeitangebote der Ganztagsschule, die von den Schülern jeweils vierteljährig ausgefüllt werden.

Evaluationen können in Bezug auf ihr Verhältnis zur Wissenschaft ganz unterschiedlich angelegt sein. „Entscheidend für die jeweilige Mixtur ist das Rollenverständnis der Evaluator/-in, die sich als reine Wissenschaftler/-in oder auch als Praxisberater/-in verstehen kann oder beide Rollen zu kombinieren vermag“ (Heiner 2001: 481).

Schließlich lassen sich unterschiedliche Schwerpunkte der Evaluation unterscheiden: Maja Heiner unterscheidet in Anlehnung an Stufflebeam zwischen vier Schwerpunkten von Evaluation nach dem CIPP-Model: Context, Input, Process, Product (vgl. Heiner 2001: 487). Dies weist Parallelen zur oben beschriebenen Produkt-, Struktur- und Prozessqualität eines Praxisvorhabens auf:

- Context – Umwelt, hier geht es um Rahmenbedingungen, Auftraggeber, Adressaten und andere Beteiligte
- Input – Aufwendungen für das Programm, Ressourcen
- Process – Verfahren der Leistungserbringung, Interaktionsstrukturen und Beziehungen unter den Beteiligten
- Product – Ergebnis im Verhältnis zum Aufwand und den verwendeten Methoden.

Auch wenn bei der Entscheidung für ein Evaluationskonzept rationale Kriterien herangezogen werden müssen (Ziel, Verwertungszusammenhang, Ressourcen etc.), ist die Wahl eines Evaluationsmodells immer auch eine Wertentscheidung (vgl. Heiner 2001: 482).

3 Evaluationsplanung

Die Planung einer Evaluation beinhaltet die Klärung des Evaluationsauftrags bzw. der konkreten Fragestellung sowie der Rahmenbedingungen. Sie setzt eine Operationalisierung der Kriterien voraus, eine Planung des methodischen Vorgehens sowie eine Klärung der Präsentation und Verwendung der Ergebnisse. Der Ablauf einer Evaluationsplanung kann wie folgt zusammengefasst werden:

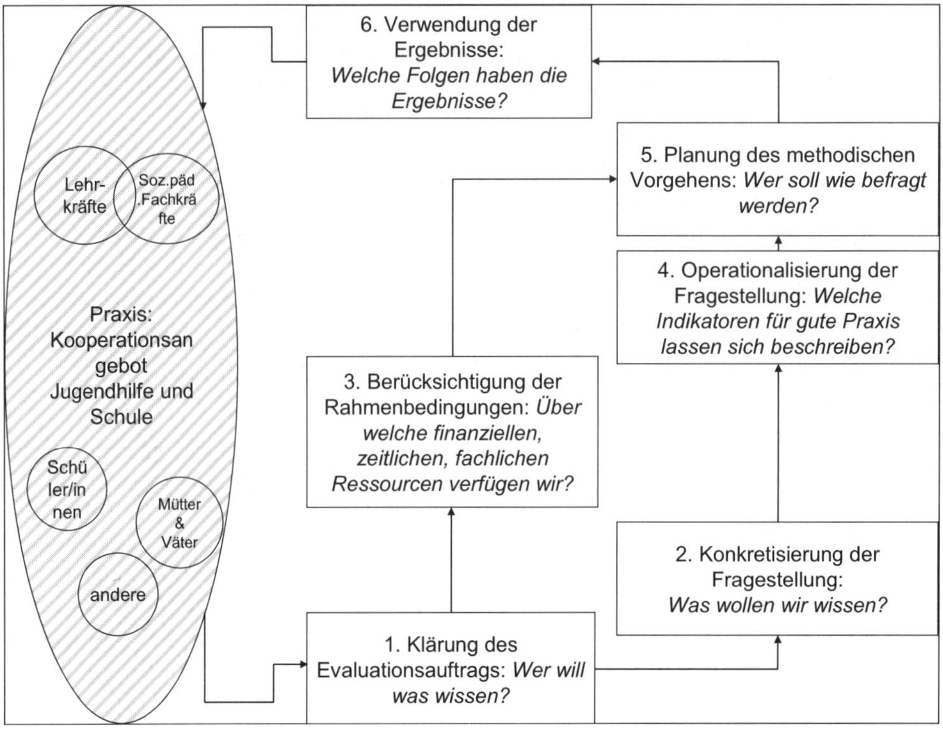

Abb. 2: Ablauf einer Evaluationsplanung

3.1 Klärung des Evaluationsauftrags

Am Anfang jeder Evaluation steht eine Klärung des Auftrags. Dabei müssen insbesondere folgende Fragen geklärt werden:

Wer ist Auftraggeber?	Auftraggeber einer Evaluation können von außen kommen (z.B. das finanzierende Ministerium) oder aus dem Feld selbst (Schulleitung, Jugendhilfeträger, Kooperationsteam). Auftraggeber verbinden mit einer Evaluation i.d.R. bestimmte Interessen, die den weiteren Prozess mit beeinflussen.
Wozu dient die Evaluation?	Evaluationen sind zielorientiert. Sie können u.a. • der Legitimation nach außen dienen (z.B. gegenüber Geldgebern) • eine Optimierung des professionellen Handelns im Feld anstreben • die Fortschreibung und Weiterentwicklung des Konzepts begründen oder auch zur Mehrung wissenschaftlichen Wissens beitragen.

Im ersten Schritt geht es darum, die Erwartungen an die Evaluation abzuklären.

3.2 *Konkretisierung der Fragestellung*

Zur Auftragsklärung gehört auch die Konkretisierung der Fragestellung.

Welche inhaltlichen Fragen sollen beantwortet werden?	Evaluationen haben i.d.R. thematische Schwerpunkte. Häufig steht die Frage nach der Zielerreichung im Vordergrund: Sind die angestrebten Ziele erreicht worden und welche Faktoren waren förderlich oder hinderlich bei der Zielerreichung? Es können aber auch gezielt einzelne Bereiche der Strukturqualität (Wie gut ist die Kooperation in den Strukturen der Schule bzw. der Jugendhilfe verankert?) oder der Prozessqualität (Wie beurteilen die Jugendlichen ihre Mitwirkungsmöglichkeiten?) evaluiert werden.
Welche Perspektiven sollen berücksichtigt werden?	Die Ergebnisse einer Evaluation unterscheiden sich je nach der Perspektive, die erfragt wird. Gerade in Kooperationsverfahren sollte grundsätzlich eine mehrperspektivische Anlage der Evaluation angestrebt werden, also gezielt nach der Perspektive der Betroffenen, Kinder und Jugendlichen sowie der Lehrkräfte und der sozialpädagogischen Fachkräfte gefragt werden. Darüber hinaus können weitere Betroffene und Beteiligte zu Wort kommen (Mütter, Väter, der Träger, Vertreter der Kommune etc.).
Welche „Nebenwirkungen" kann die Evaluation haben?	Gerade in angespannten Arbeitsverhältnissen kann ein Verdacht, dass über den offiziellen Auftrag hinaus „geheime Aufträge" mit der Evaluation verbunden sind, diese erschweren bzw. die Ergebnisse beeinflussen. Dies gilt es bei der Evaluationsplanung zu berücksichtigen und ggf. zu thematisieren.

Am Ende dieser Phase sollten alle Beteiligte wissen, welcher Fragestellung in der Evaluation nachgegangen wird und wozu diese dient.

3.3 *Berücksichtigung der Rahmenbedingungen*

Die Entscheidung für ein Evaluationskonzept bzw. Art und Umfang der Evaluation hängt entscheidend von den zur Verfügung stehenden Rahmenbedingungen ab. Neben der Klärung von Verantwortlichkeiten und der Entscheidung für ein Evaluationskonzept spielen vor allem die für die Evaluation zur Verfügung stehenden Ressourcen eine wichtige Rolle.

Welche finanziellen Ressourcen stehen zur Verfügung?	Die finanziellen Aufwendungen für eine Evaluation können durchaus unterschiedlich sein. So ist eine externe Evaluation aufgrund der hierfür notwendigen Honorarmittel deutlich teurer als eine Selbstevaluation, für die vor allem Arbeitszeit benötigt wird. Bei der Entscheidung für ein qualitatives Vorgehen müssen ggf. Kosten für Transkriptionen berücksichtigt werden. Hinzu können weitere Kosten kommen (Druck- und Kopierkosten, Porto, Telefon etc.).
Wie viel Zeit steht zur Verfügung?	Nicht immer kann man den Zeitrahmen für eine Evaluation selbst festlegen. Häufig ist die Zeitplanung von äußeren Faktoren vorgegeben, z.B. durch den Abschluss des Projekts oder Ferientermine.
Welche Kompetenzen können eingebracht werden?	Eine Evaluation benötigt methodische Kenntnisse. Sofern diese nicht von außen eingekauft werden können, gilt es zu klären, wer welche Kompetenzen in die Evaluation einbringen kann.
Wer ist verantwortlich?	Die Verantwortlichkeiten für die Planung und Durchführung der einzelnen Evaluationsschritte müssen geklärt und abgesprochen sein, ebenso die Frage, wer was organisiert.
Was passiert mit den Ergebnissen?	Schließlich gilt es schon früh zu klären, was mit den Ergebnissen passieren soll. Sollen diese im Team intern verbleiben oder dem Träger vorgestellt werden? Sollen sie mit den Schülern und Eltern diskutiert oder gar im Internet veröffentlicht werden?
Welche Evaluationsform wird gewählt?	Welche Evaluationsform gewählt wird, kann nicht immer vom Team selbst entschieden werden (wenn die Finanzierungszusage z.B. mit der Forderung nach einer externen summativen Evaluation verbunden ist). Auch die zur Verfügung stehenden Ressourcen haben Einfluss auf die endgültige Wahl der Evaluationsform.

Diese Rahmenbedingungen müssen bei Entscheidungen bezüglich des Ablaufs der Evaluation an verschiedenen Stellen berücksichtigt werden.

3.4 Operationalisierung der Merkmale

Evaluation basiert auf einer Operationalisierung der zu untersuchenden Merkmale. Operationalisierung meint die Beschreibung von Indikatoren, bei deren Vorhandensein man davon ausgeht, dass die angestrebten Ziele/Standards erreicht wurden, mit anderen Worten: es geht um Merkmale einer guten Praxis. Indikatoren gewinnt man, indem aus den in der Konzeption beschriebenen Wirkungs- und Handlungszielen Bewertungsmaßstäbe erschlossen werden (vgl. Spiegel 2004: 226). Die Erschließungsfrage lautet: „An welchen Indikatoren können wir erkennen, dass wir unser methodisches Handeln ‚gut' gestaltet haben?" (Spiegel 2004: 227).

Welche Indikatoren beschreiben gutes professionelles Handeln?	Indikatoren können sich auf die Ergebnisebene, die Prozessebene oder die Strukturebene beziehen. Dabei gilt es immer, die unterschiedlichen Perspektiven zu berücksichtigen. • Wurden Handlungsziele aus der Sicht unterschiedlicher Betroffener und Beteiligter erreicht? • Wie werden die Prozesse von den Betroffenen und Beteiligten beurteilt? • Wie werden die strukturellen Verankerungen der Kooperation von den Betroffenen und Beteiligten beurteilt?
Welche Hypothesen über Zusammenhänge werden vermutet?	Eine Operationalisierung basiert immer auf Hypothesen über Zusammenhänge. Diese können sowohl theoretisch begründet als aus Erfahrungen der Alltagspraxis heraus formuliert werden. Für die Operationalisierung – als Grundlage für die spätere Entwicklung von Evaluationsinstrumenten – müssen diese Hypothesen geklärt und reflektiert werden.

Durch die Operationalisierung der Merkmale, die auf gute Praxis hinweisen, konkretisiert sich die Evaluation inhaltlich. In dieser Phase ist eine reflektierte und theoretische Klärung im Evaluationsteam sehr wichtig. Misslingt die Operationalisierung, ist die Aussagekraft der Evaluation gering. Daher sollten die Beteiligten die Operationalisierung sehr sorgfältig bearbeiten.

3.5 Planung des methodischen Vorgehens

Wenn die Fragestellung geklärt ist und die zu untersuchenden Faktoren operationalisiert, kann das konkrete methodische Vorgehen geplant werden. Hier gilt es zum einen, das Untersuchungssample zu konkretisieren, zum anderen die konkreten Evaluationsmethoden zu entwickeln. Dabei kann man sich Methoden sowohl der quantitativen als auch der qualitativen Sozialforschung bedienen.

Wer soll befragt werden?	Grundsätzlich ist zu unterscheiden zwischen Betroffenen (also diejenigen, für die Kooperationsangebote von Jugendhilfe und Schule entwickelt werden: Kinder, Jugendliche, Mütter, Väter) und Beteiligten (diejenigen, die in diesen Angeboten professionell handeln: Lehrkräfte, sozialpädagogische Fachkräfte, Ehrenamtliche etc.). Wer in einer Evaluation befragt wird, ist abhängig von der Fragestellung. Die Schlüsselfrage an dieser Stelle lautet: Wer kann uns in Bezug auf unsere Fragestellung Auskunft geben?
Was zeichnet die Befragten aus?	Vor der Wahl der endgültigen Befragungsmethode gilt es, zu eruieren, welche Eigenschaften der zu Befragenden bei der Wahl der Methode zu berücksichtigen sind: Sprachkenntnisse, Motivation, Alter, Geschlecht, Konzentrationsfähigkeit etc.
Quantitatives oder Qualitatives vorgehen?	Quantitative Befragungen vermitteln den Eindruck größerer Objektivität, sie sind häufig aber auch weniger aussagekräftig (gerade wenn es um das Verstehen der Qualität von Prozessen geht). Qualitative Verfahren (z.B. Interviews mit Schülern oder Fachkräften) können stärker in die Tiefe gehen, beschränken sich aber i.d.R. auf kleinere Fallzahlen. Trotz des größeren Aufwandes sollten immer dann, wenn es um Verstehen und nicht in erster Linie um Kennzahlen geht, auch qualitative Verfahren verwendet werden (vgl. Moser 2003: 22ff.).
Welche Methode soll gewählt werden?	Grundsätzlich kann man in der Evaluation alle Methoden der Sozialforschung anwenden: • Fragebögen: hier können sowohl geschlossene Fragen als auch offene Fragen verwendet werden. Die Fragen müssen trennscharf sein und jeweils nur einen Aspekt behandeln. • Leitfadeninterviews (z.B. mit Jugendlichen, Eltern, Lehrkräften, sozialpädagogischen Fachkräften, dem Träger etc.) • Aktenanalysen (z.B. Falldokumentationen oder Sitzungsprotokolle) • Gruppendiskussionen (z.B. von Klassen, von Mädchen und/oder Jungen, von Lehrkräften und/oder sozialpädagogischen Fachkräften etc.). Gerade in der Evaluation von Kindern gibt es darüber hinaus aber vielzählige weitere Befragungstechniken, die z.B. auf spielerischen Vorgehensweisen basieren (vgl. Sturzbecher 2001).
Welche Hinweise für Modifikationen ergibt der Pretest?	Jede Evaluation sollte zuvor in einem Pretest geprüft werden. Erst hier zeigt sich ihre Alltagstauglichkeit. So kann deutlich werden, dass die Fragen zu komplex sind oder nicht eindeutig. Es können sich Hinweise auf die Reihenfolge der Fragen ergeben oder die Gestaltung des Befragungssettings.
Wie viele Personen sollen wo befragt werden?	Während bei quantitativen Methoden eher größere Zahlen befragt werden können (alle Kinder und Jugendlichen, alle Lehrkräfte und sozialpädagogischen Fachkräfte), wird man bei qualitativen Verfahren die Zahl der Befragten eher kleiner halten. Auch der Ort der Evaluation sollte in Abhängigkeit von der Fragestellung und der Zielgruppe bewusst ausgewählt werden.
Zu welchem Zeitpunkt soll die Evaluation stattfinden?	Häufig finden Evaluationen während oder zum Abschluss eines Projektes statt. Es kann aber auch gezielt eine Befragung vor Beginn des Projekts stattfinden, um im Pre-Post-Vergleich Veränderungen gezielt feststellen zu können.

Wie werden die Ergebnisse festgehalten?	Insbesondere bei qualitativen Verfahren muss die Art und Weise der Dokumentation vorher geklärt werden. Bei Interviews oder Gruppendiskussionen ist i.d.R. eine Tonbandaufzeichnung erforderlich.
Wie soll ausgewertet werden?	Die Art und Weise der Auswertung sollte schon bei der Planung berücksichtigt werden. Qualitative Verfahren erfordern relativ hohen Aufwand in der Auswertung (u.a. durch die notwendige Transkription), quantitative Verfahren sind hier schneller, insbesondere, wenn die Auswertung elektronisch unterstützt werden kann.

Bei der Planung der Evaluation werden an vielen Stellen Einengungen erfolgen müssen: sowohl inhaltlich (z.B. eine Entscheidung dafür, im ersten Schritt zunächst die Kinder und Jugendlichen zu befragen und andere Perspektiven auszublenden) als auch pragmatisch (z.B. eine Beschränkung auf eine schriftliche Befragung der am Projekt beteiligten Fachkräfte, da für andere Verfahren sowohl Geld als auch Know-how fehlen).

3.6 Präsentation und Verwendung der Ergebnisse

Schließlich gilt es, die Ergebnisse zu präsentieren und Folgen für die Veränderung der Praxis zu formulieren.

Wem werden die Ergebnisse präsentiert?	Die Evaluation der Kooperation von Jugendhilfe und Schule kann Grundlage der Entscheidungsträger für weitere Planungen sein, die Praxis verbessern oder die wissenschaftliche Diskussion befruchten. Je nach Evaluationsauftrag (vgl. Schritt 1) werden die Ergebnisse unterschiedlichen Zielgruppen präsentiert und mit diesen diskutiert.
Welche Auswirkungen auf die Praxis ergeben sich?	Evaluationen sind kein Selbstzweck, sondern dienen der Veränderung der Praxis. Daher gilt es, die Ergebnisse zu kommunizieren und in Handlungskonzepte einfließen zu lassen.

4 Anforderungen an die Beteiligten

Ziel der Kooperation von Jugendhilfe und Schule sind bessere Bedingungen des Aufwachsens von Kindern und Jugendlichen und der Abbau sozialer Benachteiligungen. Evaluationen gemeinsamer Vorhaben können dazu beitragen, die Praxis von Kooperation in diesem Sinne zu verbessern. Dazu ist es notwendig, dass die Fachkräfte aus Schule und Jugendhilfe bereit sind, ihr eigenes Handeln und die Strukturen, in denen sie handeln, selbstkritisch zu hinterfragen. Es gilt, fachliche Selbstverständlichkeiten immer wieder auf ihre Zielführung und Verfahrensqualität hin zu überprüfen.

Dabei stehen die beteiligten Fachkräfte von Jugendhilfe und Schule vor der Herausforderung, gleichzeitig Gemeinsames und Spezifisches zu erkunden:

- Gelungene Kooperation von Jugendhilfe und Schule basiert auf *gemeinsamen Zielen* und gemeinsamem Handeln. Evaluationen fragen danach, ob und wie diese gemeinsamen Ziele durch gemeinsames Handeln erreicht wurden.
- Gelungene Kooperation von Jugendhilfe und Schule braucht gleichzeitig gerade die unterschiedlichen *spezifischen Kompetenzen* beider Berufsfelder. In Kooperationsangeboten gilt es, die Unterschiede von Jugendhilfe und Schule produktiv zu machen (vgl. Balins/Demmer/Rademacker 2005: 11). Evaluationen in Kooperationsangeboten fragen also immer auch nach dem Beitrag der spezifischen Fachkompetenzen von Jugendhilfe und Schule.

Die Evaluation von Kooperationsangeboten im Feld „Jugendhilfe und Schule“ behandelt immer mindestens zwei Fragen: „Was ist unser gemeinsames Ziel?“ und „Wer kann was aufgrund seiner spezifischen Profession zur Zielerreichung beitragen?“.

Literatur

Balins, Peter/Demmer, Marianne/Rademacker, Hermann (2005): Leitgedanken zur Kooperation von Schule und Jugendhilfe. Frankfurt am Main: Herausgeber: Gewerkschaft Erziehung und Wissenschaft

Bundesministerium für Familie, Senioren, Frauen und Jugend (2005): Zwölfter Kinder- und Jugendbericht : Bericht über die Lebenssituation junger Menschen und die Leistungen der Kinder- und Jugendhilfe in Deutschland; Bildung, Betreuung und Erziehung vor und neben der Schule. Berlin: DJI-Verlag

Deinet, Ulrich/Icking, Maria (2006): Jugendhilfe als Partner der Schule - die Öffnung zu informellen und nichtformellen Bildungsbereichen. In: Deinet/Icking (Hrsg.) (2006): 11-20

Deinet, Ulrich/Icking, Maria (Hrsg.) (2006): Jugendhilfe und Schule. Analysen und Konzepte für die kommunale Kooperation. Opladen: Leske + Budrich

Heiner, Maja (2001): Evaluation. In: Otto/Thiersch (Hrsg.) (2001): 481-95

Knauer, Raingard (2006): Kooperation von Jugendhilfe und Schule im Spannungsfeld unterschiedlicher Anforderungen. In: Deinet/Icking (Hrsg.) (2006): 35-53

Moser, Heinz (2003): Instrumentenkoffer für die Praxisforschung. Freiburg: Lambertus Verlag

Otto, Hans-Uwe/Thiersch, Hans (Hrsg.) (2001): Sozialarbeit/ Sozialpädagogik. Neuwied, Kriftel: Luchterhand

Spiegel, Hiltrud von (2004): Methodisches Handeln in der Sozialen Arbeit. Basel: Reinhardt Verlag

Sturzbecher, Dietmar (Hrsg.) (2001): Spielbasierte Befragungstechniken. Interaktionsdiagnostische Verfahren für Begutachtung, Beratung und Forschung. Göttingen, Bern, Toronto: Hogrefe Verlag

III. Best Practice

Jutta Sengpiel / Stephan Fabriczek / Sylke Troch

Von „Keep Cool“ zu „Schüler gestalten Schule“

1 Präventionsdimensionen

Präventionszugang: personenorientiert, systembezogen
Zeitl. Differenzierung: primär- und sekundärpräventiv
Problemspezifität: Gewalt/unspezifisch
Genderbezug: -
Ethnischer Bezug: -
Institutionsbezug: Schule/Jugendhilfe
Sonstige Dimension: partizipativ

2 Tabellarische Kurzübersicht

Aktionsfeld (Handlungsfeld, Institution, Organisation)	Hauptschule (HS) Cranachstraße in Wolfenbüttel, Jugendzentrum Wolfenbüttel
Inhalt/Gegenstand	Gewaltprävention
Akteure/-innen/ beteiligte Personen	
• Zielgruppen/ Teilnehmer/-innen	Schüler/-innen der 7./8. Klasse und der 9./10. Klasse der Hauptschule
• Leitung, Moderation usw.	Jutta Sengpiel (Hauptschullehrerin), Sylke Troch (EFB-Referentin), Stephan Fabriczek (EFB Referent)
• Träger	HS Cranachstraße
• Projektpartner/-innen, Kooperationen	Evangelische Familien-Bildungsstätte Wolfenbüttel
Kommunale Rahmenbedingungen	
• Ort	Stadt Wolfenbüttel
• Bundesland	Niedersachsen
• Region	Landkreis Wolfenbüttel
• Einwohner/-innenzahl	ca. 53.341
• Kommune Trägerin eines eigenen Jugendamtes?	ja – Jugendamt Landkreis Wolfenbüttel
Laufzeit: **Dauer insgesamt**	Anfang Schuljahr 1999/2000 – Ende Schuljahr 2000/ 2001 2 Jahre
Kurzbeschreibung: Aus einem Training zur Konfliktbearbeitung („Keep Cool“) erwächst in der HS Cranachstraße das Präventionsprojekt „Schüler gestalten Schule“ („SGS“) mit dem Ziel, Schüler/-innen in ihrer Eigenverantwortung zu stärken und stärker in die Gestaltung der Schule einzubeziehen, im Sinne einer Verantwortungsübernahme für das eigene Umfeld. Das Programm „SGS“ versucht dabei, die ganze Schule mit einzubeziehen, d.h. eine möglichst hohe Beteiligung aller Lehrkräfte im Sinne einer innerschulischen Vernetzung zu ermöglichen, als Voraussetzung für Nachhaltigkeit. Entsprechend sind die Bausteine von SGS aufgebaut: 1. Schülerpraxis Umsetzung der Gestaltungsideen der Schüler/-innen in Form eines Wahlpflichtkurses. 2. Lehrgang/Training außerhalb der Schule für alle Klassen in Kooperation mit dem Jugendzentrum und 3. Kurzprojekte und Unterrichtsideen als „Ideenpool“ für das Kollegium.	

3 Ausgangslage und Zielsetzung

„Keep Cool“ ist ein Anti-Gewalt- und Konflikttraining, welches als Kooperationsprojekt der Evangelischen Familien-Bildungsstätte (EFB) zwischen Kirchengemeinde und Schule erstmalig im Programm 1999/2000 angeboten wurde. Es besteht aus einem offenen Konzept, damit in Absprache mit dem Kooperationspartner ein für die Zielgruppe und den vorgegebenen Zeitrahmen passendes Konzept entwickelt werden kann.

Die beiden Referent/-innen Sylke Troch und Stephan Fabriczek haben mit dem Programm schon in ihrem Arbeitsfeld, dem städtischen Jugendfreizeitzentrum Wolfenbüttel, gute Erfahrungen gemacht.

Gemeinsam haben die Schule und die EFB vereinbart, dass ein langfristiges Projekt, vorerst über ein Schuljahr, wenn möglich dauerhaft, angestrebt werden soll.

Ziele von „Keep Cool“

- die Inszenierung eines Dialoges über Gewalt und Konfliktsituationen
- die Konfrontation Jugendlicher mit eigenen und vorgegebenen Konflikt- und Gewaltsituationen
- Verdeutlichung der Hintergründe und der Anatomie von Konflikten über Übungen und Spiele
- konstruktive Handlungsstrategien über Rollenspiele einüben und erweitern – Erweiterung des eigenen Handlungsrepertoires.

Aus dem Projekt „Keep Cool“ entwickelte sich dann, nach Ablauf des Schuljahres, das Projekt „Schüler gestalten Schule“, welches über den Zeitraum von einem Jahr stattfand.

Ziele von „Schüler gestalten Schule“

- Stärkung des Selbstwertgefühls der Schüler/-innen über die Erlangung sozialer Kompetenzen
- Die drei Bausteine sollen es dem Kollegium ermöglichen, sich auf unterschiedlichen inhaltlichen Ebenen, mit selbst gewähltem zeitlichen Rahmen, an dem Programm zu beteiligen.
- Vernetzung der Schule mit außerschulischen Institutionen und die Kooperation mit Mitarbeiter/-innen der Jugendhilfe
- Die inhaltliche Ausgestaltung des 3. Bausteines kann flexibel, auf jeweilige aktuelle Bedürfnisse hin, erfolgen.
- Die Bausteine bilden den Rahmen, die konkrete inhaltliche Ausgestaltung geschieht innerhalb des jeweiligen Bausteins gemeinsam mit allen Beteiligten.

4 Vorgehensweise/Bausteine

4.1 „Keep Cool“

Das Programm orientiert sich an den Bausteinen des Trainingshandbuches „Konflikte selber lösen“ und fand in zwei Unterrichtsstunden in der Woche mit allen 7. und 8. Klassen der Schule statt.

Projektverlauf 1. Schulhalbjahr 1999/ 2000
Baustein 1: Einstieg
- Gruppenfindung
- Festlegung der Gruppenregeln
- Einübung und Verankerung von Gesprächs- und Verhaltensregeln
- Austausch über Gewalt- und Konflikterfahrungen.

Baustein 2: Konfliktdefinition und -analyse
- Begriffsbestimmung, positive Begriffbestimmung
- Problemlandkarte
- Struktur von Konflikten
- eigenes Verhalten in Konflikten und Konfliktlösungsstrategien.

Baustein 3: Kommunikation und Mediation
- Kommunikationsübungen
- Mediation.

Baustein 4: Gewalt
- Gewalterfahrungen
- Ursachen
- Vermeidungen und Gegenwehr.

Aus den Ergebnissen und dem Wunsch heraus, etwas zur Verbesserung des Schulklimas zu tun, entstand die Idee zu dem Schüler/-innen-Projekt „Pause ohne Zoff“.

Projektverlauf 2. Schulhalbjahr 1999/2000
Projektfindung/Ideenwerkstatt
Projektgruppen:
- Cafeteria
- Pausen-Radio
- Volleyballfläche
- Skaterflächen.

Projektplanung
- Wie soll das Projekt angegangen werden?
- Was ist dafür notwendig?

Absprachen mit den Verantwortlichen
- Vorbereitung der Projektvorstellung
- Suche nach Verbündeten
- Entwickelung und Erprobung von Verhandlungsstrategien.

Durchführung der „Verhandlungen"
- Verhandlungen mit dem Rektor
- Verhandlungen mit dem Schulförderverein
- Verhandlungen mit dem Schulamt.

Projektdurchführung
- z.B. Eröffnung des Cafeteriabetriebs.

Öffentlichkeitsaktionen
- Information der Mitschüler/-innen und der Lehrkräfte über Plakate, Umfragen, Bitte um Unterstützung, etc.
- Informations- und Flohmarktstand in der Fußgängerzone.

Aus den Erfahrungen dieses Projektes entwickelte sich „Schüler gestalten Schule (SGS) – Drei Bausteine der Gewaltprävention".

4.2 „Schüler gestalten Schule – Drei Bausteine der Gewaltprävention"

Baustein 1: SGS Wahlpflichtkurs
In einem zweistündigen Wahlpflichtkurs der 9. und 10. Klassen wurde zusammen überlegt, welche Projekte gemeinsam für das kommende Schuljahr entwickelt werden können. Der Kurs fand in den Räumen des Jugendzentrums statt. Bei einer Kartenabfrage bildeten sich vier Projektgruppen:
- Projekt Volleyballfeld
- Projekt Toiletten
- Projekt Pausenradio
- Projekt Die Wand.

Die Projekte wurden in der Planung, Durchführung etc. jeweils von einem Betreuer/einer Betreuerin begleitet.

Baustein 2: SGS Lehrgang „Keep cool for School"
Der Lehrgang mit den Schwerpunkten Analyse von Gewaltsituationen im Schulalltag, Reflexion des eigenen Verhaltens, Erarbeitung von Handlungsalternativen in Konfliktsituationen und Verbesserung des Sozialklimas in der Klasse fand an zwei aufeinanderfolgenden Vormittagen in den Räumen des Jugendzentrums statt.

Das Grundprogramm des Lehrganges orientierte sich an dem Projekt „Wir werfen nicht mit Steinen" – „Wie kann ich kreativ streiten lernen" der Gesamtschule Wuppertal.

Baustein 3: SGS Kurzprojekte und Unterrichtsideen
Die Lernkultur soll durch Projektangebote von außerschulischen Partner/-innen verändert werden. Kommunikations- und Konfliktlösungstrainings sollen ein Bestandteil „normalen“ Unterrichts werden und das Schulklima soll durch Einbindung von erlebnispädagogischen Angeboten verändert werden.

Hier wurden das Kurzprojekt „Schritte gegen Tritte“ mit vier Klassen, ein „Kooperatives Lösungstraining“ aus dem Buch „Streiten, Vermitteln, Lösen“ in einem Unterrichtsprojekt und eine erlebnispädagogische Klassenfahrt durchgeführt.

5 Ergebnisse

„Keep Cool“/„Pausen ohne Zoff“
Durch die Projektarbeit konnte Schulöffentlichkeit hergestellt werden und Schule mitzugestalten wurde erlebbar. Die Identifikation der Schülerinnen und Schüler mit ihrer Schule wurde gestärkt und auf eigenen Wunsch in die Öffentlichkeit transportiert.

Obwohl die meisten Projekte nicht abgeschlossen werden konnten, hat „Keep Cool“ dennoch Wirkung auf die Schüler/-innen, das Schulklima und das Schulkonzept genommen.

Das Programm „SGS“ hatte lange nach Ablauf der Projektlaufzeit Bestand in der Schule und erfreute sich bei den Schüler/-innen einer hohen Beliebtheit. Das Schulgebäude drückte die positive Einstellung der Schüler/-innen deutlich aus – Sachbeschädigungen gingen in dieser Zeit zurück. Der Baustein 2 „Lehrgang im Jugendfreizeitzentrum“ lief als erfolgreichster Baustein. Hier konnte fast das gesamte Kollegium miteinbezogen werden. Als Gesamtkonzept konnte SGS in die Schule nicht nachhaltig integriert werden, nach personellem Wechsel wurde es beendet.

6 Förderliche und hinderliche Bedingungen

Förderlich für das Projekt war die Zusammenarbeit mit den Referent/-innen, da sie z.B. in ihrer Zeitgestaltung viel flexibler waren und daher Angebote auf den Nachmittag ausgedehnt werden konnten. Der außerschulische Lernort Jugendfreizeitzentrum war eine entscheidende Gelingensbedingung für die erfolgreiche Durchführung des 2. Bausteins SGS-Lehrgang. Gerade für die hier verfolgte Thematik war es wichtig, die Schule verlassen zu können. Die Schüler/-innen konnten sich viel eher auf die Themen einlassen.

Hinderlich für die Durchführung des Projektes war die Reduzierung der geplanten vier Werkstattstunden auf zwei Unterrichtsstunden pro Woche als Wahlpflichtkurs. Außerdem wurde die Planungsarbeit zwischen Referent/-innen und Lehrkräften durch unterschiedliche Arbeitszeiten und kurze Pausen im Schulbetrieb erschwert.

Die Personengebundenheit des Projektes erwies sich hinsichtlich der Nachhaltigkeit als problematisch. So konnte es nicht wirklich in die Schule integriert werden, sondern war eher das Projekt „einiger Lehrer“.

Ressourcen
Über die Projektlaufzeit standen die Referent/-innen im Rahmen ihrer Arbeitszeit im Jugendfreizeitzentrum zur Verfügung. Die Schule besetzte den Wahlpflichtkurs vorübergehend mit zwei Lehrkräften.

7 Material

Zu dem Projekt gibt es eine Ausstellung, die den Verlauf und die Erfolge von „Keep cool“ und „SGS“ mit vielen Fotos und Materialien sehr gut veranschaulicht. Das Projekt wurde in einer schriftlichen Dokumentation von den Projketleiter/-innen vorgestellt.

Kontakt

Ansprechpartner/-innen	Jutta Sengpiel	Stephan Fabriczek, Sylke Troch
Anschrift	Landesschulbehörde, Abt. Braunschweig, Wilhelmstraße 62-69 38100 Braunschweig	Stadtjugendpflege Großer Zimmerhof 28a 38300 Wolfenbüttel
Telefon	0531 / 48 43 24 8	05331 / 86 24 2
E- Mail	Jutta.sengpiel@ lschb-bs.niedersachsen.de	stephan.fabriczek@ wolfenbuettel.de sylke.troch@wolfenbuettel.de

Frank Wesendrup / Barbara Beckmann

Konfliktlotsenausbildung in Schule und Jugendarbeit

1 Präventionsdimensionen

Präventionszugang:	personenorientiert, systembezogen
Zeitl. Differenzierung:	primär-, sekundärpräventiv
Problemspezifität:	Gewalt
Genderbezug:	-
Ethnischer Bezug:	-
Institutionsbezug:	Schule/Jugendhilfe
Sonstige Dimension:	Peer-education-Ansatz

2 Tabellarische Kurzübersicht

Aktionsfeld (Handlungsfeld, Institution, Organisation)	Schule und offene Jugendarbeit in Lingen
Inhalt/Gegenstand	Vernetzung, Umgang mit Konflikten
Akteure/-innen/ beteiligte Personen	
• Zielgruppen/ Teilnehmer/-innen	Lehrkräfte der Lingener Schulen, hauptamtliche Mitarbeiter/-innen der offenen Jugendarbeit sowie Jugendliche zwischen 14 und 20 Jahren
• Leitung, Moderation usw.	Frank Wesendrup (Stadt Lingen, FB Jugend, Arbeit und Soziales), Barbara Beckmann (Gesamtschule Emsland), Markus Drees (Kath. Jugendbüro Dekanat Lingen), Jürgen Blohm (VHS Lingen), Karin Kraul (Dipl. Sozialarbeiterin und Mediatorin), Angelika Roeloffs-Poppe (Frauenbeauftragte und Mediatorin)
• Träger	Stadt Lingen
• Projektpartner/-innen, Kooperationen	Gesamtschule Emsland Volkshochschule Lingen Kath. Jugendbüro Dekanat Lingen
Kommunale Rahmenbedingungen	
• Ort	Stadt Lingen
• Bundesland	Niedersachsen
• Region	Landkreis Emsland
• Einwohner/-innenzahl	56.569
• Kommune Trägerin eines eigenen Jugendamtes?	ja
Laufzeit: **Dauer insgesamt**	Januar 2004 – Juli 2005 18 Monate, das Projekt läuft heute in den jeweiligen Einrichtungen unter eigener Regie weiter. Es finden noch regelmäßige Vernetzungstreffen der Hauptamtlichen sowie der Jugendlichen statt.
Kurzbeschreibung: Die Ausbildung wurde umgesetzt durch: 1. Informationsveranstaltungen in Schule und Jugendarbeit, 2. die Ausbildung der Multiplikator/-innen, 3. die Ausbildung der Jugendlichen, 4. die Umsetzung des Projektes in den Einrichtungen, 5. eine Praxisberatung/Vernetzung. Die Zielsetzung des Projektes war Gewaltprävention, Bildung eines dauerhaften Kompetenznetzes aus Konfliktlotsen in Schule und Jugendarbeit.	

3 Ausgangslage und Zielsetzung

Konflikte in Schulen

Der Gedanke, eine Konfliktlotsen- und -lotsinnenausbildung an Schulen einzurichten, beruht auf der Tendenz, Schule als sozialen Brennpunkt zu betrachten, an dem sich vielerlei Probleme individueller, organisatorischer und gesellschaftlicher Art manifestieren. Abweichungen von der normalen kindlichen Entwicklung werden immer häufiger schon bei sehr jungen Schüler/-innen konstatiert und führen zu einem Anstieg auffälliger Verhaltensweisen, die sich oft durch Gewaltausbrüche und mangelnde Konfliktfähigkeit äußern.

Lehrkräfte sind mit Verhaltensweisen von Kindern und Jugendlichen konfrontiert, auf die sie nicht adäquat reagieren können. Vielerorts fehlen entsprechende Handlungskonzepte für einen vernünftigen Umgang mit Konflikten und Gewalt in der Schule.

Mediation ist eine Form der Konfliktbewältigung, die Lehrkräfte und Schüler/-innen entsprechende Werkzeuge an die Hand gibt, um an ihrer Schule eine neue „Streit- und Konfliktkultur", eine neue Form der Gewaltprävention und Friedenserziehung zu installieren.

Konflikte in der außerschulischen Jugendarbeit

Wie in der Schule, so spiegeln sich gesamtgesellschaftliche Tendenzen immer auch in der außerschulischen Jugendarbeit wider, was bedeutet, dass sie sich dieser Herausforderung ebenso stellen muss wie die Schule. Jugendarbeit hat allerdings die große Chance, Jugendliche auf anderen Ebenen anzusprechen als die „Erziehungsinstitutionen" Schule und Eltern.

Aus diesem Grund erachteten wir es als sinnvoll, das geplante Konfliktlotsenprogramm nicht auf den Bereich Schule zu beschränken, da sich Kinder und Jugendliche zu einem Großteil ihrer Zeit in beiden Bereichen bewegen. Es gilt also, ihre zentralen Lebensmittelpunkte zu berücksichtigen.

So wird hier die Möglichkeit geboten, Infrastrukturen zur Vernetzung von Schule und Jugendarbeit zu schaffen und deren Zusammenarbeit zu stärken.

Ziele des Projektes

Die Ziele einer Konfliktlotsen/-innenausbildung in der außerschulischen Jugendarbeit decken sich grundsätzlich mit denen der Schule. Es gibt nur einige strukturelle Unterschiede:

- Intensivierung der Kooperation von Schule und außerschulischer Jugendarbeit
- Bildung eines Kompetenznetzes von Konfliktlotsen und -lotsinnen
- Grundsatzentscheidung über den Umgang mit Gewalt und Konflikten in Schule und Jugendarbeit
- Institutionalisierung einer selbstständigen und dauerhaften Schlichtergruppe
- Erwerb von Kompetenzen in den Bereichen: Konfliktbearbeitung und Vermittlung (Förderung von Konfliktfähigkeit und konstruktiver Konfliktregelung)
- Verantwortungsbewusstsein wecken, Toleranz und Autonomie stärken
- Vorbildfunktion der Konfliktlotsen und -lotsinnen einfordern
- Handlungsdefizite bzgl. sozialer Verhaltensweisen abbauen
- Konfliktkompetenz entwickeln.

4 Vorgehensweise/Bausteine

- Jan. 04 – März 04: Konzepterstellung, Sicherstellung der Finanzierung und Werbung für das Projekt in den Schulen und Einrichtungen der offenen Jugendarbeit in Lingen
- März 04 – Mai 04: Informationsveranstaltungen in den zur Teilnahme bereiten Institutionen
- 14. und 15. Mai 04: Multiplikator/-innenausbildung „Mediation in Schule & Jugendarbeit"
- 12., 13., 20. Nov. 04: Ausbildung zum Konfliktlosen/zur Konfliktlotsin für die Jugendlichen aus Schule und Jugendarbeit
- ab 15. Mai 04: Beginn der Umsetzung des Projektes in den einzelnen Institutionen
- Jan. 05 – Juli 05: Drei Praxisberatungstermine für die Multiplikator/-innen, drei Praxisberatungstermine für die Konfliktlotsen und -lotsinnen, ein gemeinsamer Praxisberatungstermin.

Das Projekt läuft heute in den jeweiligen Einrichtungen unter eigener Regie weiter. Es finden noch regelmäßige Vernetzungstreffen der Hauptamtlichen sowie der Jugendlichen statt.

5 Ergebnisse

Erfolgreich absolvierten sechs hauptamtliche Mitarbeiter/-innen der offenen Jugendarbeit sowie zwölf Lehrkräfte (3x Haupt- und Realschule, 2x Gesamtschule, 7x Gymnasium) das gemeinsame Seminar „Einführung in die Schul- und Jugendmediation". Die Zusammensetzung aus Sozialarbeiter/-innen und Lehrkräften erwies sich als sehr positiv.

Das gemeinsame Seminar „Ausbildung zum Konfliktlosen/zur Konfliktlotsin in Schule und Jugendarbeit" absolvierten 14 Jugendliche (Alter 14 – 20 Jahre, 6x männlich, 8x weiblich, 4x offene Kinder- und Jugendarbeit, 3x Haupt- und Realschule, 2x Gesamtschule, 5x Gymnasium) erfolgreich. Die relativ große Altersspanne sowie die verschiedenen Schulformen stellten dabei kein Problem dar; erfreulicherweise war die Atmosphäre durch gegenseitige Akzeptanz und Kommunikationsbereitschaft geprägt.

In den Praxisberatungsgruppen war die Kommunikation zwischen den verschiedenen Gruppen sehr effektiv. Insbesondere der Erfahrungsaustausch über die mögliche Implementierung des Projektes in den jeweiligen Institutionen führte bei allen Beteiligten zu mehr Rückhalt und Sicherheit in der Durchführung. So konnten AGs für Konfliktlotsen und -lotsinnen eingerichtet, Schlichtungsräume bereitgestellt, Projektwochen zum Thema durchgeführt sowie höhere Akzeptanz in den jeweiligen Kollegien geschaffen werden.

Inzwischen werden durch dieses gemeinsame Projekt jährlich ca. 100 neue Konfliktlotsen und -lotsinnen ausgebildet.

Auch die Beratungstreffen der Jugendlichen verliefen sehr zufriedenstellend. Sie berichteten über bereits erfolgreich durchgeführte Schlichtungen und nutzten die Zeit für einen Austausch über positive und negative Gegebenheiten. Der regelmäßige Austausch vermittelte ihnen größere Sicherheit in ihrer Arbeit als Konfliktlotsen und -lotsinnen. In diesem Zusammenhang haben die Jugendlichen eigene Standards für eine erfolgreiche Umsetzung des Projektes entwickelt. Zurzeit finden jährlich ca. zwei – drei Praxisberatungstreffen statt, sowohl für die Multiplikatoren/Multiplikatorinnen und die Jugendlichen als auch gemeinsame Termine. Die Jugendlichen haben ein gemeinsames Erkennungszeichen (Schlüsselband mit Ausweis) entworfen.

6 Förderliche und hinderliche Bedingungen

Die Zusammensetzung aus Sozialarbeiter/-innen und Lehrkräften erwies sich als sehr positiv. Die relativ große Altersspanne sowie die verschiedenen Schulformen stellten bei der gemeinsamen Ausbildung der Jugendlichen kein Problem dar; erfreulicherweise war die Atmosphäre durch gegenseitige Akzeptanz und Kommunikationsbereitschaft geprägt.

Lehrkräfte waren schwer zu gewinnen, da sie häufig nicht für solche Weiterbildungen, die Umsetzung in der Schule und die Betreuung der Konfliktlotsen und -lotsinnen vom Unterricht freigestellt werden.

7 Materialien

Das Konzept der Konfliktlotsenausbildung kann unter dem folgenden Link runtergeladen werden: http://www.lingen.de/index.php?idart=1419&lang=1&parent=136&idcat=138

Kontakt

Ansprechpartner/-innen	Frank Wesendrup	Barbara Beckmann
Anschrift	Stadt Lingen Elisabethstr. 14-16 49808 Lingen (Ems)	Gesamtschule Emsland Heidekampstr. 1 49809 Lingen (Ems)
Telefon	0591 / 91 44 577	0591 / 61 064 15
Fax	0591 / 91 44 582	0591 / 61 064 10
E-Mail	f.wesendrup@lingen.de	schulleitung@gesamtschule-emsland.de
Internet (Homepage)	www.lingen.de	www.gesamtschule-emsland.de

Tuulia Koskus-Gärtner

Wohlbefinden in der Schule – Wohlfühlwoche WOW

1 Präventionsdimensionen

Präventionszugang:	systemorientiert
Zeitl. Differenzierung:	primär- und sekundärpräventiv
Problemspezifität:	Schulklima
Genderbezug:	ja
Ethnischer Bezug:	-
Institutionsbezug:	Schule
Sonstige Dimension:	partizipativ

2 Tabellarische Kurzübersicht

Aktionsfeld (Handlungsfeld, Institution, Organisationen)	Hauptschule Dorum in Zusammenarbeit mit der Jugendhilfestation Langen/ DRK–JHST
Inhalt/Gegenstand	Wohlbefinden in der Schule im Sinne eines ganzheitlichen bio-psycho-sozialen Wohlbefindens (allgemeinpräventiv), Fokus auf Förderung (*Für* statt *Gegen*)
Akteure/-innen/ beteiligte Personen	
• Zielgruppen/ Teilnehmer/-innen	Schüler/-innen der HS Dorum (356; Jahrgänge 5 – 10), Eltern/Erziehungsberechtigte, Lehrkräfte (22) und Mitarbeiter/-innen (4) der Schule
• Leitung, Moderation usw.	Tuulia Koskus-Gärtner (JHST), Sven Masurat (HS Dorum)
• Träger	HS Dorum, Landkreis Cuxhaven und Jugendhilfestation Langen – DRK Kreisverband Wesermünde im Landkreis Cuxhaven
• Projektpartner/-innen, Kooperationen	Eltern, Samtgemeinde Land Wursten, Jugendschutz, Sportvereine/Bogensport, Freizeitstätten, Feuerwehr, Ärzte, Gesundheitsamt, Tanzschule, Geschäfte etc.
Kommunale Rahmenbedingungen	
• Ort	Dorum (24,32 km^2) in der Samtgemeinde Land Wursten (116,97 km^2), ländlich
• Bundesland	Niedersachsen
• Region	Landkreis Cuxhaven
• Einwohner/-innenzahl	Dorum: 3.595, Land Wursten: 9.722
• Kommune Trägerin eines eigenen Jugendamtes?	nein
Laufzeit: Dauer insgesamt	August 2005-Juli 2006, das Schuljahr 2005-2006

Kurzbeschreibung:
„Ein Kind kann nur gut lernen, wenn es sich wohlfühlt“ als Projektmotto sowie die Grundannahme, dass Schule selten als „Wohlfühlort“ im Sinne ganzheitlichen Lernens erlebt wird, standen im Vordergrund des Projektes. *Ziel* war es, für die pädagogische Bedeutung und präventive Wirkung des Wohlbefindens in der Schule zu sensibilisieren und diesbezüglich einen Prozess in Gang zu setzen. *Projektverlauf*: Befragung → Auswertung → Ergebnispräsentation → Gründung von Interessens-/Arbeitsgruppen → Wohlfühlwoche → Evaluation → Weiterentwicklung

3 Ausgangslage und Zielsetzung

„Ein Kind kann nur gut lernen, wenn es sich wohlfühlt.“ Diese Grundlage finnischer Bildungspolitik haben wir als Motto unseres Projektes „Wohlbefinden in der Schule“ gewählt. Dass das bio-psycho-soziale Wohlbefinden eines Kindes sein Ich stärkt und dass Lernen immer und überall stattfindet, sind keine neuen pädagogischen Einsichten. Dennoch wird der Förderung des Wohlbefindens in der Bildungspolitik und innerhalb der Schule, wo Kinder und Jugendliche einen Großteil ihres Lebens verbringen, wenig Bedeutung beigemessen. Präventionsmaßnahmen sind häufig störungszentriert.

Wohlbefinden ist laut WHO ein Grundrecht und Aufgabe der Schule dafür zu sorgen, dass

> „alle pädagogischen Möglichkeiten dahingehend ausgeschöpft werden sollten, Schülerinnen und Schüler zu befähigen, ihr Selbstwertgefühl zu entwickeln, ihren Lebensmut zu fördern, sie zu aktiver und kreativer Lebensgestaltung zu motivieren und sie konfliktfähig für die Bewältigung schwerer Lebensphasen zu machen“ (WHO 1946 und 1994; vgl. Schumacher et al. 2003).

Eine der Grundannahmen unseres Projektes war, dass Schule diese Forderungen der WHO nicht erfüllt und viele Kinder und Jugendliche sich in der Schule nicht wohlfühlen. Um herauszufinden, wie die Betroffenen, Schüler/-innen, Lehrkräfte und Eltern, aus ihrer subjektiven Sicht den Schulalltag tatsächlich erleben, wollten wir die kleinen und großen Expertinnen und Experten in der Hauptschule Dorum zu ihrem Wohlbefinden befragen.

Für unser allgemeinpräventiv angelegtes Projekt haben wir folgende Grobziele mit personen- und systemorientierten Zugängen gesetzt:

- Sensibilisierung für die Vielschichtigkeit des Wohlbefindens innerhalb der Schule
- Bewusstheit für die pädagogische Bedeutung und präventive Wirkung des Wohlbefindens in Lern- und Arbeitszusammenhängen wecken (Perspektivenwechsel)
- Wohlfühlkriterien in der Schule aus dem subjektiven Erleben heraus entwickeln
- Veränderungsmöglichkeiten erarbeiten, ausprobieren und überprüfen
- Schule als Lebensort und nicht nur als Unterrichtsort erleben
- einen Prozess zur Förderung des Wohlbefindens in Gang setzen (Bottom Up) und erste Entwicklungsschritte als „Anreiz“ für Weiterentwicklungen initiieren (keine Feuerwerkspädagogik).

4 Vorgehensweise/Bausteine

Zielgruppe
Die HS Dorum wurde im Schuljahr 2005/2006 von 356 Schüler/-innen in 18 Klassen in den Jahrgängen 5 – 10 besucht. Der Ausländer/-innenanteil betrug ca. 5 – 10%. In der Schule arbeiteten 22 Lehrkräfte (14 w/8 m).

Zwischen der HS Dorum und der Jugendhilfestation/DRK Langen (JHST) gab es bereits Schnittpunkte durch gemeinsame Projekte. Eine Annäherung erschien auf beiden Seiten sinnvoll, insbesondere in Bezug auf die Annäherung von schul- und sozialpädagogischen Sicht- und Vorgehensweisen. Innerhalb der Schule sind alle Kinder, Jugendlichen, ihre Eltern und Lehrkräfte leicht erreichbar.

Verfahren/ Projektverlauf

- Informationsarbeit:
  Alle Beteiligten (Schüler/-innen, Eltern, Lehrkräfte, externe Helfer/-innen, Samtgemeindeverwaltung, Presse etc.) wurden über Grundlagen, Ziele und den geplanten Verlauf informiert (u.a. in persönlichen Gesprächen, Konferenzen, Informationsschreiben, Telefonaten).
  Ziele: Interesse wecken, Zusammenarbeit anregen, eigene Ideen einbringen

- Phase I. Befragung:
  Entwurf eines zweiseitigen Fragebogens:
  Seite 1) quantitativ: „Wohlfühlen in der Schule bedeutet viel" mit Fragen in fünf Bereichen über die Schüler/-in-Schüler/-in-Beziehung; die Lehrer/-in-Schüler/-in-Beziehung; die Unterrichtsgestaltung; die äußere Umgebung; den Umgang mit Problemen und fünf Antwortkategorien (sehr wohl/ wohl/ geht so/ unwohl/ sehr unwohl);
  Seite 2) qualitativ: „Unsere Schule geht uns alle an" mit den drei Kategorien „Schatzkiste" (Ich fühle mich in der Schule wohl, weil ...), „Papierkorb" (Ich fühle mich in der Schule unwohl, weil ...), „Quelle" (Meine Wünsche, damit sich alle wohlfühlen können).
  Die anonyme Befragung wurde während einer Schulstunde jeweils parallel in zwei Klassen durchgeführt. 90% der Schüler/-innen (146 w/174 m), 72,7% der Lehrkräfte und Mitarbeiter/-innen (7 w/11 m) und 10,3% der Eltern (26 w/7 m) nahmen an der Befragung teil.
  Ziele: Partizipation, Ernst-Nehmen der individuellen Empfindungen und Meinungen, Mut zur persönlichen Meinungsäußerung

- Phase II. Auswertung und Ergebnisse:
  Mit vorbereiteten Auswertungsbögen haben Schüler/-innen einer jeweils anderen Klasse die Auswertung durchgeführt. Elternfragebögen wurden durch die Elternvertretung, die Fragebögen der Lehrkräfte durch die Projektleitung (JHST) ausgewertet.
  Die Ergebnisse der quantitativen Befragung wurden in Säulen- und Kreisdiagrammen festgehalten. Aus den Ergebnissen der qualitativen Analyse wurden jahrgangs-, geschlechtsspezifische und die ganze Schule betreffende Top-10-Listen angefertigt; aus allen Nennungen wurden acht Wohlfühlbereiche „geclustert", die als Grundlage für spätere Arbeitsgruppen dienten.

Ziele: Partizipation, Sensibilisierung für Empfindungen anderer, Interesse am Prozess wach halten

- Phase III. Präsentation der Ergebnisse:
  Alle o.g. nach Jahrgängen sortierten Säulen- und Kreisdiagramme sowie bedeutende Inhalte der acht Wohlfühlbereiche wurden auf selbstentworfenen Plakaten dargestellt und in den Schulfluren aufgehängt. In einem Logowettbewerb entwarfen Schüler/-innen ein „WOW"–Logo. Fotos über den bisherigen Prozess wurden auf Stelltafeln ausgestellt.
  In Präsentationsveranstaltungen auf der Schulbühne ging es darum, die wichtigsten Ergebnisse aus der quantitativen Analyse zusammengefasst darzustellen (PowerPoint) und die Ergebnisse der qualitativen Analyse in den Bereichen „Schatzkiste", „Papierkorb", „Quelle" von Schüler/-innen, Eltern und Lehrkräften in einer symbolischen Aktion zu präsentieren. Dazu wurden Ausschnitte aus den Filmen „Spitze" und „Treibhäuser der Zukunft" gezeigt. Es gab eine Abendveranstaltung für Eltern, Lehrkräfte, externe Helfer/-innen, Samtgemeindeverwaltung, Presse etc. und drei Vormittagsveranstaltungen für Schüler/-innen.
  Ziele: Ergebnisse als Folge der Befragung erkennen, Mut zur Äußerung persönlicher Empfindungen, öffentliches Interesse wecken

- Phase IV. Arbeitsgruppen:
  Aus den acht Wohlfühlbereichen wurden acht Arbeitsgruppen mit Vertreter/-innen von allen Beteiligten gebildet. Diese AGs wurden von Schüler/-innen wie folgt betitelt:
  - Miteinander in der Schule (Schüler/-in-Schüler/-in- und Lehrkraft-Schüler/-in-Beziehungen, Umgang mit Problemen)
  - Baumeister (bauliche Gestaltung der Schule)
  - Kreativwerkstatt (ästhetische Gestaltung der Schule)
  - Spaß beim Lernen (Unterrichtsgestaltung)
  - Speisekarte (körperliches Wohlbefinden)
  - Putzteufel (Sauberkeit und Hygiene)
  - Spaßfabrik (Schule, Freizeit, Kultur)
  - Ordnungshüter (Schulorganisation und -struktur).

  Jede AG bekam eine Mappe mit allen Ergebnissen der qualitativen Analyse.
  Ziele: Partizipation, aktiv handeln, individuelle kreative Potenziale nutzen, von- und miteinander lernen, Schwerpunkte setzen, Realitätsbezug zw. Wunsch und Wirklichkeit herstellen

- Phase V. Wohlfühlwoche WOW:
  Während der Wohlfühlwoche wurden die in den AGs erarbeiteten Veränderungsideen realisiert. Der Unterricht wurde unter Berücksichtigung der gemeinsam erarbeiteten Wohlfühlbedingungen weitergeführt. Wichtige Grundprinzipien waren u.a. Beachtung von Atmosphäre, positive Beziehungsgestaltung, Respekt, Wertschätzung, Ermutigung, Rücksicht, Mut, Rituale, Spaß, Ästhetik. Diese wurden mit Leben gefüllt durch Wochenplanarbeit, Beteiligung an außerschulischen Vor- und Nachmittagsangeboten (z.B. Tanz, Musik, Bogenschießen, Bauen, Entspannung, Vorträge), Pausenfrühstück, Mittagessen, ästhetische Gestaltung der Schule etc.. Weitere Eckpfeiler waren u.a. der Ru-

heraum (von Schüler/innen eingerichtet) sowie „Sorryletter“-Helfer/-innen (Möglichkeit, mit ihnen Entschuldigungsbriefe nach „Stufen der Verantwortung“ [www.kids skills.org] zu verfassen). Zum Wochenabschluss gab es ein Fest mit Präsentationen von Arbeits- und Lernergebnissen und der neuen durch ein Schüler/-innencasting gegründeten Schulband.

Ziele: Erkennen von Erfüllbarkeit und Realisierbarkeit der Wünsche/Visionen als Folge von Bedürfnisermittlung und gemeinsamer Arbeit, alternative Formen des Schulalltags selbst gestalten und kennenlernen, Spaß beim ganzheitlichen Lernen erleben, sich wohlfühlen

- Phase VI. Evaluation:
  Mit einem Evaluationsbogen haben Schüler/-innen und Lehrkräfte die WOW bewertet. Alle Lehrkräfte und jeweils eine Klasse pro Jahrgang erhielten außerdem probeweise einen Selbsteinschätzungsbogen des Sozialverhaltens.
  Ziele der Evaluation: Ermittlung subjektiver Wohlfühlfaktoren, Aufschluss über die Wirksamkeit der realisierten Veränderungen, Ideen für Weiterentwicklungsmöglichkeiten.
  Ziele der Selbstbewertung: ihre Brauchbarkeit für den Schulalltag überprüfen

5 Ergebnisse

- *Dokumentation:*

Umfangreiche Materialmappen und Dateien mit Tabellen und Diagrammen; Plakatierungen und (Foto-) Ausstellungen zur Befragung, Auswertung, Evaluation und „Früchte des Projektes“, Schüler/-innen-Selbsteinschätzung etc; Link zur Wohlfühlwoche WOW auf der Homepage der Hauptschule Dorum (Computer-AG der HS Dorum); Schülerzeitung, einige Artikel in der Lokalpresse, ein kurzes Interview (Radio „Energy-Bremen“); ausführliche Dokumentation des Projektes.

- *Inhaltliches Ergebnis:*

Alle während der WOW realisierten und am positivsten bewerteten „Wohlfühlbedingungen“ hatten einen gemeinsamen Nenner: Selbstbestimmung und Selbststeuerung des Lernens. Ganz oben in der Rangliste standen selbstständiges Lernen, Wochenplan, offener Schulbeginn, AGs und der Ruheraum. Als weitere wichtige Wohlfühlfaktoren stellten sich der Versorgungsaspekt und das Sich-Kümmern heraus – öfter bei Jungen (z.B. Mahlzeiten, Verschönerung der Schulumgebung, Versprechen der Gemeinde, eine Bushaltestellenüberdachung zu verwirklichen). Auch der Spaßfaktor war von Bedeutung – öfter bei Mädchen (z.B. Schulband, Tanzen, Hip-Hop mit „You Can Dance“-Gewinner/-in).

- *Schlussfolgerung:*

Die Evaluationsergebnisse machen zum einen deutlich, dass zwischen eigenständigen Schüler/-innenentscheidungen und Erwachsenenverantwortung genauer differenziert werden muss. Sowohl die Gewöhnung an ein Zuviel des einen als auch an ein Zuwenig des anderen stört erheblich das Wohlbefinden.

Zum anderen haben die Ergebnisse gezeigt, dass Wohlbefinden während der WOW nicht von kostenaufwändigen Angeboten abhing. Dazu trugen eher Engagement, Interesse, positive Beziehungsgestaltung, Vertrauen in Fähigkeiten von Schüler/-innen, alternative pädagogische Vorgehensweisen, Partizipation und Kreativität bei. Dies weist auf notwendige Strukturveränderungen hinsichtlich individueller Lernpläne, neuer Tagesstrukturen etc. hin, die ganzheitliches Lernen ermöglichen – aber auch auf die Notwendigkeit von Veränderungen in pädagogischen Sichtweisen. Gerade bei einer Neugestaltung der Zusammenarbeit zwischen Schule, Jugendhilfe, Soziales und Gesundheit sind diese gefragt.

Das Projekt war ein Versuch und bot die Möglichkeit, alte Strukturen und Sichtweisen für eine kurze Zeit aufzulockern. Während der WOW hat der Reiz des Neuen zu einer meist positiven Grundstimmung beigetragen. Manches hat für Unruhe und Chaos in den Routinen des Schulalltags gesorgt und auch Widerstände hervorgerufen. In den meisten Bereichen wurden danach leider alte Ordnungen wieder hergestellt.

Plakate an Wänden der Schulflure erinnern noch an Prinzipien des Projektes wie: ‚**A**tmosphäre – **B**eziehung – **C**ourage. Es stimmt jedoch nachdenklich und traurig, wenn ein Schüler im Schulflur auf seinen Schulverweis wartet, dabei das „ABC der WOW“ liest und sagt: „Daran hält sich hier sowieso keiner, vor allem die Lehrer nicht“.

Auf Initiative der JHST/DRK wurde ein Fortführungsprojekt: „Aufbau einer verbindlichen multiprofessionellen Zusammenarbeit zur Förderung des Wohlbefindens von Kindern und Jugendlichen in der Schule“ angeregt. Erste Ergebnisse liegen bereits vor.

6 Förderliche und hinderliche Bedingungen

- *Erfolgsfaktoren:*

Erkenntnispotenziale, Begeisterungsfähigkeit, Dankbarkeit, Kreativität und Unbefangenheit von Schüler/-innen der HS Dorum; positiver Zugang durch das Projektthema, bejahende, offene Atmosphäre, Ernstnehmen der Kinder; Engagement Einzelner; Ideenvielfalt vieler AGs, Bereicherung durch unterschiedliche Sichtweisen, Beteiligung außerschulischer Bereiche, unbürokratische Organisation, Ausdauer, Berufserfahrung, klare Strukturierung der Befragungsergebnisse, Beharrlichkeit, Humor, nette private Kontakte, Flexibilität der Arbeitsbedingungen und liberale Arbeitsatmosphäre innerhalb der JHST/DRK und die Möglichkeit mit eigener Budgetierung inhaltlich umzusteuern

- *Schwierigkeiten:*

Fehlendes Interesse, mangelnde Beteiligung/Motivation/Begeisterungsfähigkeit/(Kontakt-) Freude/Engagement vieler Eltern, mancher Lehrkräfte und der Bezirkssozialarbeiterinnen des Amtes Jugendhilfe; auf Fremdbestimmung aufbauende Arbeitsstrukturen und Arbeitshaltungen (Erwartung von Voraussagbarem, klarer Arbeitsanweisungen, Festhalten an Dienstanweisungen); mangelnde Prozessorientierung; Überforderung der Lehrkräfte und daraus resultierende Abneigung, zusätzliche Termine wahrzunehmen; ungenügender Informationsfluss innerhalb der Schule; spürbare, aber nicht offen thematisierte Widerstände; mangelnde Bereitschaft, Befindlichkeiten zu klären; Behinderungen durch ungeklärte Konfliktsituation zwischen Haupt- und Realschule Dorum; ungleiche Arbeitsteilung zwischen Schule und Jugendhilfestation; Unverbindlichkeit der lokalen Presse; politische Ebene wurde zu wenig über das Projekt in Kenntnis gesetzt

- *... und ihre Überwindung:*

die Einstellung, nicht ohne, sondern gerade wegen oder trotz Schwierigkeiten voranzuschreiten, Motivieren, Beharrlichkeit, Nachsicht, „Lob des Fehlers!"

- *Ressourcen:*

Personelle Ressourcen:
Schule: Schüler/-innen (alle Klassen, Schüler/innenvertretung, Kunstwahlpflichtkurse, Computer-AG, Streitschlichter/-innen, Schüler/-innenzeitung), kommissarische und stellvertretende Schulleitung, Lehrkräfte, Schulsozialpädagogin, Schulassistent, Schulsekretärin, Hausmeister, Eltern, Elternvertretung; JHST: Leitung, Mitarbeiter/-innen, Praktikantinnen, Fahrerinnen; Externe: Jugendschutz, Jugendfreizeit, Landfrauen, Sportvereine, Bogensport, Tanzschule, Trommler, Feuerwehr, Ärzte, Gesundheitsamt, Ergotherapeuten, Samtgemeindebürgermeister und -verwaltung, ortsansässige Helfer/Sponsoren
Hilfsmittel:
Schule: Kopien, PCs, PowerPoint, Laminiergerät, Werkzeug, Verteiler, Briefe, Moderationsmaterial; JHST: Kopien, PCs, Sozialraumatlas, Briefe, Mappen, Stellwände, Fotokartons, Farben, Fotos, Farbdrucke, Moderatorenkoffer; Sponsoren: Farben, Fliesen, Holz, Pflanzen, Nahrungsmittel
Räumliche Ressourcen: Schule (Klassenräume, Bühne, Hörsaal, Pausenhallen, Sporthalle, Werkräume, Küche, Computerräume, Schulgarten); JHST (Gruppenraum, Kleinbus, Büros)
Finanzierung:
JHST/DRK, Schule, Sponsor/-innen

7 Materialien

Befragungs-, Auswertungs- und Evaluationsergebnisse und Ergebnisse der Selbstbewertung (Tabellen, Diagramme, Mappen, Word- und PDF-Dateien, Plakate, Fotos, Ausstellung); Wohlbefinden in der Schule – Wohlfühlwoche WOW, Projektdokumentation

8 Sonstiges

Im Rahmen des Projektes habe ich eine kleine Vergleichsbefragung in zwei finnischen Schulen durchgeführt, die interessante Unterschiede bezüglich des Wohlbefindens von Schüler/-innen aufwies. Solange deutsche Schulen noch nicht von einer Verknüpfung von familien-, bildungs- und gesundheitspolitischen Konzepten, universellen Maßnahmen und Vertrauen erweckenden Netzwerken oder ebensolchen Eignungstests vor dem Lehrer/-innenstudium profitieren, erscheint es sinnvoll, Präventionsprojekte, Fortbildungen für Lehrkräfte und Bottom-Up-initiierte Veränderungen mehr auf positive Zugänge zu fokussieren: auf *Für* statt *Gegen*, Vertrauensbildung statt Kontrolle, auf Förderung statt Bekämpfung, auf eine forschende Haltung und emotionale Intelligenz statt auf Wissensvermittlung, auf Erwachsenenverantwortung anstelle von etablierten Zuständigkeitsregelungen. Gerade innerhalb der Hauptschule, die viele Kinder aus Migranten- und benachteiligten Familien besuchen, ist die Förderung individuellen Lernens und der kreativen Potenziale eines jeden

Einzelnen notwendig. Sie ermöglichen „Korrektiverfahrungen“ und konstruktive Ausdrucksformen von schwer verbalisierbaren Empfindungen. Zu konkreten Aufgaben von Erwachsenen sollte bei Nachmittagsangeboten das Sicherstellen kostenloser Schulmahlzeiten gehören, ebenso wie die Erweiterung der Beförderung der Schüler und Schülerinnen im ländlichen Bereich. Ein solches Handeln spricht eine deutliche Sprache der Wertschätzung, die Kinder und Jugendliche sehr gut verstehen.

Zu den Aufgaben der im Anschluss an das Projekt initiierten multiprofessionellen Teams sollten die Sorge um solche allgemeinen Wohlfühlbedingungen innerhalb der Schule ebenso gehören wie die Sorge um die Situation einzelner Schüler/-innen, die sich – ob aus emotionalen, sozialen oder materiellen Gründen – in der Schule unwohl fühlen.

„Die Schule sollte sich Kindern gegenüber verhalten wie ein reifer Erwachsener!“, sagt man in Finnland. Auf ihrem Weg zu einem Wohlfühlort wünsche ich der Schule eine solche Reife, Unterstützung durch andere Professionen und etwas mehr Vertrauen, Begeisterungsfähigkeit und Mut zum Neuen.

Quellen

Koskus-Gärtner, Tuulia/Masurat, Sven (2006): Wohlbefinden in der Schule, Wohlfühlwoche–WOW. Dokumentation im Rahmen der Tandemweiterbildung des Forschungsprojekts NetzwerG an der Universität Lüneburg

Schumacher, Jörg et al. (Hrsg.) (2003): Diagnostische Verfahren und Lebensqualität. Göttingen: Hogrefe Verlag

www.kidsskills.org/German/verantwortung/

Kontakt

Ansprechpartnerin	Tuulia Koskus-Gärtner
Anschrift	Jugendhilfestation Langen Leher Landstraße 2a 27607 Langen
Telefon	04743 / 94 98 13
Fax	04743 / 94 98 29
E-Mail	koskus.gaertner@tiscali.de
Internet (Homepage)	www.drk-kv-wesermuende.de/jugendhilfe/index.html

Antje Schmidt / Almut Hetzel

„Juntos – tâ´t ça – gemeinsam": das „internationale Projekt" der Hauptschulklasse 9e

1 Präventionsdimensionen

Präventionszugang:	personenorientiert (systembezogen)
Zeitl. Differenzierung:	primär- und sekundärpräventiv
Problemspezifität:	Migration, Rechtsextremismus
Genderbezug:	-
Ethnischer Bezug:	ja
Institutionsbezug:	Schule
Sonstige Dimension:	partizipativ, Peer-education-Ansatz

2 Tabellarische Kurzübersicht

Aktionsfelder (Handlungsfeld, Institution, Organisationen)	Hauptschule Norden, Jugendcafé „Markt 30"
Inhalte/Gegenstand	Die Auseinandersetzung mit verschiedenen Kulturen als Basis für ein konfliktfreies Zusammenleben
Akteure/-innen/ beteiligte Personen	
• Zielgruppen/ Teilnehmer/-innen	Hauptschulklasse 9e, 5. und 6. Klassen der Hauptschule, Kinder und Jugendlichen im ev.-luth. Jugendcafé „Markt 30"
• Leitung, Moderation usw.	Antje Schmidt, Lehrerin Almut Hetzel, Diplom- Pädagogin
• Träger	Hauptschule Norden
• Projektpartner/-innen, Kooperationen	Ev.-luth. Jugendcafé „Markt 30", Ludgerigemeinde Norden
Kommunale Rahmenbedingungen	
• Ort	26506 Norden
• Bundesland	Niedersachsen
• Region	Landkreis Aurich
• Einwohner/-innenzahl	ca. 25.000
Laufzeit: **Dauer insgesamt**	März 2006-Juni 2006 4 Monate

Kurzbeschreibung:
In der Schule entstanden immer wieder Spannungen zwischen den Schüler/-innen verschiedener Nationen. Obwohl in der Klasse 9e die meisten Nationen vertreten waren, war diese Klasse ein positives Beispiel für ein friedvolles Zusammenleben. Sie erarbeiteten eine Aktionswoche für die jüngeren Schüler/-innen, damit sie sich mit den verschiedenen Kulturen auseinandersetzen und positive Erfahrungen mit Menschen verschiedener Nationalitäten machen konnten.

3 Ausgangslage und Zielsetzung

- *Rahmenbedingungen*

Das vorliegende Projekt wurde an der Hauptschule Norden (Ostfriesland) durchgeführt.

Norden ist eine Kleinstadt mit überwiegend landwirtschaftlich geprägten Ortsteilen. Dem Tourismus kommt als Wirtschaftsfaktor große Bedeutung zu, allerdings bietet er für viele nur saisonal Arbeit. Daher beträgt die Arbeitslosenquote im Durchschnitt 16%.

Der Anteil ausländischer Mitbürger/-innen liegt bei 4%. Im Bereich der Hauptschule Norden befindet sich eine Clearing-Stelle, in der Kinder und Jugendliche untergebracht sind, deren Aufenthaltsstatus noch ungeklärt ist. Für deren Beschulung ist die Hauptschule Norden zuständig.

Im Schuljahr 2005/06 besuchten 419 Jugendliche die Hauptschule Norden, von denen 99 einen Migrationshintergrund hatten (29 Aussiedler/-innen und 70 Ausländer/-innen aus 16 Nationen).

- *Anlass*

Durch das Zusammentreffen der verschiedenen Kulturen entstanden immer wieder Spannungsfelder. Hier wurde Handlungsbedarf deutlich. Im Schuljahr 2005/06 waren besonders in den 5. und 6. Klassen Streitigkeiten mit ausländerfeindlicher Tendenz an der Tagesordnung. Die Klasse 9e wiederum, die sich aus neun Nationen zusammensetzte, war ein positives Beispiel für ein im Hinblick auf Ausländerfeindlichkeit konfliktfreies Zusammenleben.

- *Zielgruppe und Zielsetzung*

Daraus ergab sich, dass die Klasse 9e für die 5. und 6. Klassen der Hauptschule und die Kinder und Jugendlichen im ev.-luth. Jugendcafé „Markt 30“ eine Aktionswoche erarbeitete. Zielsetzung war die Auseinandersetzung mit verschiedenen Kulturen. Die Schüler/-innen sollten positive Erfahrungen mit Menschen verschiedener Nationalitäten machen. Es sollte Verständnis füreinander geweckt werden sowie Hemmschwellen abgebaut werden. Die Konzeption war gedacht als frühzeitig ansetzende, primäre, in Ansätzen sekundäre Prävention.

4 Vorgehensweise/Bausteine

Das Projekt gliederte sich in verschiedene Phasen. Im Vorfeld (März 2006) wurde zunächst eine Fragebogenaktion durchgeführt. Die Klasse 9e bereitete in der Zeit vom 28.03. – 08.06.2006 in Doppelstunden und an Projekttagen die Aktionswoche vor. (In dieser Zeit lagen ein Praktikum und die Osterferien.) Die Präsentationstage fanden vom 12. – 15.06.2006 statt. Das Projekt endete mit einer anschließenden Auswertung.

- *Phase 0*

In der gesamten Schule wurde eine Fragebogenaktion durchgeführt, um festzustellen, wie die Selbstwahrnehmung der Lernenden in Bezug auf den Umgang mit ausländischen Mitschüler/-innen ist. Es wurde unter anderem erfragt, ob sie schon in einem anderen Land waren und ob sie Freunde aus anderen Ländern haben. Zu der Frage „Aus welchem Land kommen die meisten ausländischen Schüler/-innen unserer Schule?“ lautete die Antwort vielfach: „China“ (Es gibt nur einen Chinesen – und dieser ist in Klasse 9e). Das zweite bemerkenswerte Ergebnis war, dass 54,53% mit „ja“ auf die Frage antworteten, ob ihre Schule ausländerfeindlich sei. Demgegenüber steht die Tatsache, dass 84,64% der Befragten angaben, Freunde aus anderen Ländern zu haben.

- *Phase 1*

Der ausgewertete Fragebogen war die Basis für das Heranführen der Klasse 9e an das Projekt. Im Unterrichtsgespräch wurde der Frage nachgegangen, wann Rassismus beginnt und ob es möglich ist, etwas präventiv gegen Rassismus an ihrer Schule zu tun. Mit Hilfe der „Kopfstand-Methode“ erarbeiten die Schüler/-innen, welchen Umgang zwischen den Kulturen sie sich für ihre Schule nicht wünschen. Die Moderation bei dieser Kartenabfrage lag dabei hauptsächlich in Händen der Schüler/-innen. Der gedankliche Schritt von „So sollte es sein“ zur Frage „Was können wir als Multi-Kulti-Klasse tun?“ war nicht weit. Über viele Diskussionen entschieden sie, gemeinsam eine Ausstellung zu gestalten, in der die in der Klasse vertretenen Nationen vorgestellt werden sollten. Im Rahmen einer Aktionswoche sollten dann alle Sinne angesprochen werden. Die Botschaften der entsprechenden Nationen wurden mit der Bitte um Material angeschrieben.

Als Logo wünschte sich die Klasse „irgendwas mit einer Weltkarte oder Flaggen“ mit dem Titel des Projektes: „juntos“ (portugiesisch) – „tâ´t ҫa“ (vietnamesisch) – „gemeinsam“.

- *Phase 2*

Mit Hilfe eines Fühlsacks, gefüllt mit Alltagsgegenständen aus verschiedenen Ländern (z.B. eine russische Glückwunschkarte, chinesische Essstäbchen), wurde jede Klasse der Zielgruppe an das Thema herangeführt. Einige der Gegenstände waren ihnen aus ihrem Lebensumfeld bekannt, andere waren ihnen fremd. Die Schüler/-innen nahmen jeweils einen Gegenstand heraus, hielten ihn hoch, kommentierten ihn und legten ihn in die Mitte des Stuhlkreises. In allen Klassen reagierten die Schüler/-innen interessiert. Um die Schüler/-innen nicht zu überfordern, sollte jeweils eine Klasse an einem Präsentationstag in der Aktionswoche eingeladen werden. Das heißt, die anschließende Gruppenarbeit beschränkte sich auf zwei bis drei Länder.

Das Vorwissen der Schüler/-innen wurde in Kleingruppen im Rahmen einer Kartenabfrage ermittelt. Sie schrieben auch auf, was sie über diese Länder wissen wollten. Die Ergebnisse dieser Abfragen waren die Grundlage für Phase 3.

Zeitgleich wurde die Verbindung zu den Mitarbeitern des Jugendcafés der ev.-luth. Jugend und dem zuständigen Diakon aufgebaut. Nach einem Ideenaustausch wurde entschieden, dass ein gemeinsamer Aktionsnachmittag geplant werden sollte.

- *Phase 3*

Für die Aktionstage fertigten die Schüler/-innen in Gruppenarbeit Plakate für die Länder Angola, Kongo, China, Vietnam, Deutschland, Russland, Kasachstan, Serbien-Montenegro und Spanien an. Hierzu recherchierten sie Informationen im Internet, verwendeten (sofern vorhanden) Material aus den Botschaften und fragten in ihren Familien nach. (In jeder Gruppe war ein/-e Schüler/-in aus dem jeweiligen Land.) Die Länder wurden zu vier passenden Gruppen zusammengezogen, die während der Präsentation in der Aktionswoche jeweils an einem Tag Thema sein sollten: ein Afrika-Tag, ein Asia-Day, ein Russland/Kasachstan-Tag und ein Europa-Tag.

Die Aussicht, dass sie für jeden Tag landestypisch kochen würden, begeisterte viele der Schüler/-innen. Es hatte sich im Hauswirtschaftsunterricht der letzten Schuljahre gezeigt, dass die Schüler/-innen dieser Klasse (und zwar nicht nur die Mädchen!) gerne praktisch in der Küche tätig waren. Jeder war jetzt aufgefordert, landestypische Rezepte in die Schule mitzubringen.

Die Idee, die Ausstellung im Flur vor der Teestube der Schule zu installieren und als Blickfang dort ein Zelt aufzubauen, traf ebenfalls auf Zustimmung. Das Zelt sollte als Verbindungselement zwischen der Teestube und Schüler/-innendisco auf demselben Flur fungieren. Der Rest des Flures sollte ebenfalls Ausstellungsfläche sein. Vorteilhaft war auch, dass die Küche an den Flur grenzt, sodass für Essensnachschub gesorgt wäre.

Jede Gruppe bereitete außerdem eine Aktion für die Besucher/-innen vor (ein Spiel, ein Bastelangebot oder ähnliches) und suchte landestypische Musik aus (möglichst das, was Jugendliche hören, nicht unbedingt Folklore).

Kurz vor Beginn der Aktionswoche wurde mit selbstgestalteten Plakaten geworben, eine umfangreiche Einkaufsliste erstellt und in sämtlichen Lebensmittelfachgeschäften Nordens eingekauft.

- *Phase 4*

Die Aktionstage von Montag bis Donnerstag verliefen in der Schule immer nach demselben Muster: Gleich morgens in der ersten Stunde trafen sich die Schüler/-innen in der Küche und im Flur. Eingeteilt in Gruppen fingen sie an zu kochen und den Flur jeweils zum Thementag passend zu gestalten (Zelt aufbauen, Plakate auf- und umhängen, Spiele oder Bastelaktionen aufbauen). Aus der Küche erschallte schon gleich die Musik der jeweiligen Länder. Die Stimmung übertrug sich durch die Schule, sodass Schüler/-innen in der Pause oder in Freistunden neugierig vorbeischauten und teilweise sogar mitarbeiteten.

Die jeweils eingeladene Klasse wurde von der zuständigen Gruppe in der 5. Stunde begrüßt. Die Gäste durften sich in der Ausstellung umsehen. Es folgte eine Gesprächsrunde in der Teestube, bei der sie Fragen zu den vorgestellten Ländern stellen durften. Anschließend nahmen sie an den Aktionen teil, immer begleitet von fremden Klängen. In der Zwischenzeit war das Essen von den Schüler/-innen fertig gestellt worden, die erst an den anderen Tagen an der Reihe waren. Das Essen wurde in kleine Portionen aufgeteilt und in der Teestube mit Schildern versehen aufgebaut, damit alle alles probieren konnten. Nach der sechsten Stunde war die Ausstellung für alle Jugendlichen der Hauptschule zugänglich. Dieses Angebot wurde von vielen genutzt.

Besondere Highlights in dieser Woche waren der Flamenco-Auftritt einer Spanierin, das Zöpfeflechten der afrikanischen Gruppe und dass am Mittwoch für 80 Personen drei asiatische Gerichte mit Nachtisch zubereitet wurden (normalerweise stellte die Schule einen Mittagstisch). Erstaunlich war, dass trotz der großen zubereiteten Mengen die Probierhappen nicht gereicht hatten, denn das Interesse an den fremden Speisen war überdurchschnittlich groß. Die Nachfrage war erstaunlich, da die Schüler/-innen sonst eher vorsichtig sind, was Neues angeht.

Am Donnerstagmittag zog die ganze Ausstellung in das ev.-luth. Jugendcafé „Markt 30“. Ab- und Aufbauaktionen waren eine Zusammenarbeit der Schüler/-innen der 9e und der Jugendlichen aus dem Café. Nachmittags kam der „Kindertreff“ der ev.-luth. Kirche vorbei, um an den Aktionen teilzunehmen und die Speisen zu probieren. Nach anfänglicher Scheu gegenüber den „Großen“, machten sie begeistert mit. Alle Kinder hatten anschließend einen bunten, geflochtenen Zopf.

- *Phase 5*

Die Lehrkräfte der eingeladenen Klassen erfragten bei ihren Schüler/-innen, wie ihr Eindruck von den Aktionstagen war. Einige Klassen schrieben Berichte, andere wiederum reichten eine Liste ein, was ihnen gefallen oder nicht gefallen hatte. Die Rückmeldung war überwiegend positiv. Der Leiter des „Kindertreffs“ war begeistert davon, wie die Schüler/-innen der 9e das Thema aufbereitet hatten und mit seinen Schützlingen umgegangen waren.

Am Freitag nach den Aktionstagen wurde gemeinsam mit der Klasse 9e über das Projekt reflektiert. Als Grundlage dienten die Rückmeldungen der eingeladenen Klassen und des Jugendcafés. Vor der Gesprächsrunde hatten die Schüler/-innen der 9e mit einer Punktabfrage ihre Meinung darüber kundgetan, wie sie das Projekt empfunden hatten. Von den 22 Befragten bewerteten 16 das Projekt mit „sehr gut“ und sechs mit „gut“.

5 Ergebnisse

Uns fiel auf, dass die Schüler/-innen aus den verschiedenen Nationen sich vorher noch nicht so viel mit ihrem Land beschäftigt hatten. Sie waren stolz auf ihre Heimat, aber konnten aus dem Infomaterial noch vieles dazulernen. Ihr Selbstverständnis veränderte sich positiv.

Essen und Musik stellten sich als geeignete Elemente zum Erschließen anderer Nationen heraus. Die Rezepte und die Musik wurden innerhalb der Schule klassen- und nationenübergreifend weitergegeben. Die Konflikte mit ausländerfeindlicher Tendenz innerhalb der 5. und 6. Klassen nahmen deutlich ab. Die Schüler/-innen stellten überrascht fest, wie viele Nationen es an ihrer Schule gab. Erst später bemerkten wir in Schlichtungsgesprächen, dass Vorurteile abgebaut werden konnten.

Das Selbstbewusstsein der Jugendlichen der 9e hat sich im Laufe der Woche verstärkt. Zu Beginn des Projektes verzweifelten sie an kleinen Dingen, später gingen sie größere Aufgaben selbstbewusst an.

Nachhaltig bedeutsam ist, dass der Kooperationspartner den Fokus vom Brennpunkt Schule weg verschob und gerade auch jüngere Kinder angesprochen wurden. Selbst ein Jahr danach wird noch über dieses Projekt geredet und der Wunsch geäußert, es zu wiederholen.

Und ... man sollte Spaß an der Sache haben ... wir hatten ihn auf jeden Fall!

6 Förderliche und hinderliche Bedingungen

- *Äußere Rahmenbedingungen*

Da das Projekt größtenteils in der Schule stattfand, standen sämtliche benötigten Räume und Materialien zur Verfügung. Der Bus zum Transport der Ausstellung zum Jugendcafé wurde von der ev.-luth. Jugend gestellt. Das Kollegium und die Mitarbeiter/-innen der Schule änderten den schulischen Ablauf in der Aktionswoche aufgrund des Projektes und die Schüler/-innen der 9e wurden freigestellt. Die gesamte Schule zeigte großes Interesse an dem Projekt. Die örtliche Presse berichtete zweimal ausführlich über die Aktionswoche.

- *Schwierigkeiten*

Während der Phase 3 stellte sich heraus, dass Doppelstunden zur Erarbeitung der Plakate nicht ausreichten, da die Schüler/-innen in der zweiten Stunde erst richtig ins Thema gefunden hatten. Nach dem zweiwöchigen Praktikum und den Osterferien hatten die Schüler/-innen Schwierigkeiten, wieder in das Thema zu finden.

- *Finanzierung*

Das ganze Projekt hat 423,12 € gekostet, die vom Förderverein der Hauptschule Norden gesponsert wurden. Die eingeladenen Klassen hatten einen kleinen Unkostenbeitrag für die angebotenen Speisen im Vorfeld entrichtet. Das Mittagessen am Mittwoch wurde ebenfalls für einen Unkostenbeitrag ausgegeben. Im Jugendcafé wurde eine Spendendose aufgestellt.

7 Materialien

Das Projekt wurde von Antje Schmidt und Almut Hetzel im Rahmen der Weiterbildung schriftlich dokumentiert und eine Dokumentations-DVD wurde erstellt.

Kontakt

Ansprechpartnerinnen	Antje Schmidt und Almut Hetzel
Anschrift	Hauptschule Norden An der Wildbahn 30 a 26506 Norden
Telefon	04931 / 12 06 8
Internet (Homepage)	www.hauptschule-norden.de

Astrid Meine / Manfred Bonse

Durchblick: Erwerb von Lernkompetenzen

1 Präventionsdimensionen

Präventionszugang:	personenorientiert
Zeitl. Differenzierung:	primär- und sekundärpräventiv
Problemspezifität:	Lernkompetenzdefizite
Genderbezug:	-
Ethnischer Bezug:	-
Institutionsbezug:	Schule
Sonstige Dimension:	-

2 Tabellarische Kurzübersicht

Aktionsfeld (Handlungsfeld, Institution, Organisation)	Aueschule Wendeburg – Musikraum; „Grünes Klassenzimmer" im Waldgebiet Tadensen; Gemeindejugendpflege Wendeburg
Inhalt/Gegenstand	Kenntnisse der Lerntypen, Effektives Üben, Mind-Mapping, Mentales Visualisieren, Markieren/Visualisieren
Akteure/-innen/ beteiligte Personen	
• Zielgruppen/ Teilnehmer/-innen	Beide 6. bzw. 7. Hauptschulklassen der Aueschule Wendeburg mit 20 Schülerinnen und 13 Schülern
• Leitung, Moderation usw.	Frau Astrid Meine/ Lehrerin, Herr Manfred Bonse/ Gemeindejugendpfleger
• Träger	Aueschule Wendeburg
• Projektpartner/-innen, Kooperationen	Frau Helga Schuchardt/ Klassenlehrerin der H 6.2/ 7.2, Eltern
Kommunale Rahmenbedingungen	
• Ort	Wendeburg
• Bundesland	Niedersachsen
• Region	Gemeinde Wendeburg, Landkreis Peine
• Einwohner/-innenzahl	ca. 10.500
• Kommune Trägerin eines eigenen Jugendamtes?	nein
Laufzeit: **Dauer insgesamt**	vom 26. April 2006 bis 4. Oktober 2006 5 Monate – 1 Woche – 1 Tag

Kurzbeschreibung:
Im Projekt Durchblick sollten die Schüler/-innen der beiden Klassen anhand verschiedener Praxisbausteine mehr Lernkompetenzen erwerben, damit sie auf die von den Ausbildungsbetrieben gewünschten Anforderungsprofile und für den Wandel im Berufsleben befähigt werden. Weiter sollten sie auf eine positive Integration in die Gesellschaft vorbereitet werden.

3 Ausgangslage und Zielsetzung

Im Niedersächsischen Schulgesetz ist festgelegt, welchen Bildungsauftrag die Hauptschule hat. Sie soll den Schüler/-innen eine grundlegende Allgemeinbildung vermitteln, die eine gründliche Vorbereitung auf einen berufsbezogenen Bildungsweg einschließt. Außerdem sollen Kernkompetenzen gefördert werden, die für eine sinnvolle, eigenverantwortlich gestaltete Lebensführung in persönlicher und wirtschaftlicher Hinsicht notwendig sind.

Im Erlass „Die Arbeit in der Hauptschule" werden viele Detailziele formuliert, von denen einige mit den Zielen des Projektes übereinstimmen. Weiter könnte das Projekt ein Teil eines neu zu gewinnenden schulischen Profils im Rahmen der Einführung der *Eigenverantwortlichen Schule* sein.

Das Ziel des Projektes war der Erwerb von mehr *Lernkompetenz.* Dazu gehören die *Sachkompetenz*, die Methodenkompetenz, die *Sozialkompetenz* und die *Selbstkompetenz.* Die Schüler/-innen sollten also lernen und üben:

- Erfahrungen und Erkenntnisse auszutauschen
- Ziele gemeinsam auszuhandeln
- Handlungen zu planen
- Arbeitsschritte zu organisieren
- mit jedem/jeder in der Klasse oder Lerngruppe arbeiten zu können
- sich zu einigen
- kommunikative Fähigkeiten zu erwerben und auszubauen.

4 Vorgehensweise/Bausteine

Vor dem Projektbeginn fand ein Informationsabend für die Eltern der Schüler/-innen statt.

Das Projekt bestand aus sechs Bausteinen die jeweils an einem Schultag stattfanden:

- *Baustein 1: Lerntypen*

Die Schüler/-innen konnten anhand eines Lerntypentests erfahren, wie sie am besten lernen. Ihnen wurde mit praktischen Übungen verdeutlicht, wie Lernen mit allen Sinnen und verschiedene Strategien ihren Lernerfolg steigern.

- *Baustein 2: Effektiv Üben*

Sie lernten, wie wichtig „Lernen mit Wiederholungen" und „Lernen mit Pausen" ist. Sie lernten die verschiedenen Gedächtnisformen kennen und bekamen Strategien an die Hand, wie sie möglichst viele Informationen in das Langzeitgedächtnis transportieren können.

- *Baustein 3: Mind-Mapping*

Die Schüler/-innen lernten anhand praktischer Übungen die Methode Mind-Map kennen.

- *Baustein 4: Mentales Visualisieren*

Sie lernten das „Verbildern“ von Gegenständen, Fakten, Abläufen als Instrumentarium kennen, um ihre Gedächtnisleistung verbessern zu können.

- *Baustein 5: Markieren/Strukturieren*

Die Schüler/-innen erhielten eine Hilfe, um den Inhalt eines Textes „knacken“ zu können. Sie sollten lernen, Schlüsselbegriffe zu erkennen, systematisch zu markieren, eine Struktur zu bilden und Textinformationen auszuwerten.

- *Baustein 6: Projektabschluss*

Die Schüler/-innen sollten am Ende ihrer Anstrengungen einen positiven Abschluss haben. Diese Erkenntnis sollten sie auf ihr normales Leben übertragen. Daher bestand der letzte Projekttag aus vielen verschiedenen Spielen und Aktionen. Am Ende wurde gemeinsam am Grillfeuer gegessen.

- *Energizer (Aktivierungsspiele)*

Die Spiele unterstützten das Miteinander-Auskommen, sich Mitteilen und die Zusammenarbeit; indem man miteinander lacht, spricht und Spaß hat. Daher wurden in die Bausteine immer wieder Aktivierungsspiele eingebettet.

5 Ergebnisse

Beim Projektabschluss wurde an alle Schüler/-innen ein Fragebogen verteilt, um herauszubekommen, welche Stärken und Schwächen das Projekt hatte.

Folgende Ergebnisse sind herausgekommen:

- Baustein 1 konnte ihnen gut vermittelt werden
- Baustein 3 „Mind-Map“ wird von 20 der Befragten nicht angewendet
- Baustein 4 „Markieren/Strukturieren“ wird von 27 Schüler/-innen angewendet
- Baustein 5 „Visualisieren“ wird von mehr als zwei Drittel der Kinder angewendet.

Bei der zweiten Befragung wurden die Schüler/-innen aufgefordert, in ganzen Sätzen zu verschiedenen Fragestellungen eine Rückmeldung zu geben. Dabei kam heraus, dass die Spielaktionen am besten angekommen sind und dass das Schreiben den Schüler/-innen am wenigsten gefallen hat.

6 Förderliche und hinderliche Bedingungen

- *Erfolgsfaktoren*

Der Elternabend war eine wichtige Voraussetzung, da die Eltern ihre Motivation für das Thema mit nach Hause nahmen und auf die Kinder übertragen haben.

- *Schwierigkeiten und ihre Überwindung*

Hinderlich war die Schulklingel beim ersten Projekttag im Musikraum der Schule, da es dadurch schwierig war, die Kinder in einen eigenen Rhythmus mitzunehmen. Weiter war das Erstellen einer Mind-Map für Schüler/-innen schwieriger als gedacht. Hierfür sollte eventuell mehr Zeit veranschlagt werden.

Bei der Zeitplanung sollte darauf geachtet werden, dass die Termine nicht genau nach den Ferien liegen, da die Kinder sich erst wieder in den Schulalltag einleben müssen.

- *Ressourcen*

Material:

- Aktivierungsspiele
- Arbeitsblätter
- Projektmappen
- Elternbriefe
- Fragebögen zur Evaluation
- Stellwände
- Materialkoffer.

Personelle Ressourcen:

Das Projekt wurde von zwei Fachkräften durchgeführt. Weiter wurde die Mithilfe der Eltern im Sinne von Fahrdiensten benötigt.

Räumliche Ressourcen:

Für die Durchführung benötigt man einen größeren Raum, in dem die Möglichkeit zu Arbeiten und Spielen besteht. Außerdem sollte ein Außengelände für Aktivierungsspiele zur Verfügung stehen.

- *Finanzierung*

Die Kosten des gesamten Projektes lagen bei 100 € und wurden von der Jugendpflege Wendeburg übernommen.

7 Material

Schriftliche Dokumentation von Astrid Meine und Manfred Bonse

Kontakt

Ansprechpartner/-innen	Astrid Meine	Manfred Bonse
Anschrift	Aueschule Wendeburg Meierholz 44 38176 Wendeburg	Gemeinde Wendeburg Am Anger 5 38176 Wendeburg
Telefon	05303 / 20 41	05303 / 91 11 46
E- Mail	Aueschule-wendeburg@ t-online.de	bonse@wendeburg.de

Anette Bartsch

„Ballern, klicken, zocken – Wie gefährlich sind Computerspiele?“ Eine Projektwoche mit Medienerfahrungen für Eltern und Lehrkräfte

1 Präventionsdimensionen

Präventionszugang:	personenbezogen
Zeitl. Differenzierung:	primär- und sekundärpräventiv
Problemspezifität:	Umgang mit Computerspielen
Genderbezug:	-
Ethnischer Bezug:	-
Institutionsbezug:	-
Sonstige Dimension:	-

2 Tabellarische Kurzübersicht

Aktionsfeld (Handlungsfeld, Institution, Organisation)	Gemeinde Seevetal, Ortsteile Meckelfeld, Fleestedt und Maschen. Orientierungsstufe, Realschule (RS) und Hauptschule (HS), sowie weitere Kooperationspartner/-innen
Inhalt/Gegenstand	Medienprojektwoche für Erwachsene, praktische Erfahrungen an den Computern, Fachvorträge, Suchtgefahr durch PC Spiele?, Was reizt an „Ballerspielen“?, Podiumsdiskussion. (Das Projekt war allgemeinpräventiv)
Akteure/-innen/ beteiligte Personen	Planungsteam (siehe Leitung) und zahlreiche Kooperationspartner/-innen
• Zielgruppen/ Teilnehmer/-innen	Eltern und Lehrkräfte, 250 Besucher/-innen der mobilen und festen Computerspielplätze, 120 Besucher/-innen der Vorträge.
• Leitung, Moderation usw.	Mitglieder des Präventionsrates, Mitarbeiterin des Jugendzentrums, Mitarbeiter des Mobilen Medienprojektes, Mitarbeiter des Jona-Bus-Projektes und die Präventionsfachkraft.
• Träger	Präventionsrat Seevetal e.V.
• Projektpartner/-innen, Kooperationen	Orientierungsstufe, RS, HS Meckelfeld, Mobiles Medienprojekt, Jugendzentrum Meckziko, Jugendpflege Seevetal, Bücherei Seevetal, Jona-Bus-Projekt des Kirchenkreises Hittfeld, Präventionsrat Seevetal e.V., Gewerbevereine Meckelfeld/Maschen, jugendliche PC-Spieler, LK Harburg, PRINT-Projekt Seevetal
Kommunale Rahmenbedingungen	
• Ort	Gemeinde Seevetal, Ortsteile Meckelfeld, Maschen und Fleestedt
• Bundesland	Niedersachsen
• Region	Landkreis Harburg
• Einwohner/-innenzahl	Seevetal = 40.000, Meckelfeld = 9.400
• Kommune Trägerin eines eigenen Jugendamtes?	nein
Laufzeit **Dauer insgesamt**	24. März bis 30. März 2003 7 Tage
Kurzbeschreibung: Erwachsene sollten die Gelegenheit bekommen *selber Computerspiele* zu *erproben*. Der *Dialog zwischen den* Generationen und eigene praktische Erfahrungen standen in Vordergrund. Hierzu wurden mobile „Spielplätze“ und zahlreiche Fachvorträge angeboten.	

3 Ausgangslage und Zielsetzung

Im April 2002 gab es den Amoklauf des Robert S., infolgedessen wurde umfangreich über die Auswirkungen von Computerspielen auf Jugendliche diskutiert. Im Präventionsrat Seevetal entstand die Idee, diesbezüglich ein präventives Konzept zu entwickeln. Mangelnde Kenntnisse der „Erwachsenenwelt“ über Computerspiele, welche die Jugend faszinieren, wurden als ein Grund einer verebbenden Kommunikation zwischen den Generationen gesehen.

Das Ziel der Projektwoche sollte sein, den Kontakt zwischen „alt und jung“ wieder zu beleben. Dafür war es notwendig, dass Erwachsene sich auf die Welt der Jugendlichen einließen, um deren Reiz zu verstehen.

4 Vorgehensweise/Bausteine

Die Projektwoche bestand aus vier Bausteinen:

- *Mobile Computerspielplätze auf den Marktplätzen*

An drei Vormittagen stand ein Doppeldeckerbus (der sonst für die Jugendarbeit genutzt wurde) auf den Marktplätzen von Meckelfeld, Maschen und Fleestedt.

Ausgestattet war dieser „Spielplatz“ mit sechs Computern und fachkompetenten Jugendlichen, die den Erwachsenen Spiele wie „Counterstrike“ und „Age of Empire“ erklären konnten. Durch den Standort auf dem Marktplatz wurden Erwachsene erreicht, die sich nicht gezielt mit dem Thema auseinandersetzen wollten. Dieses Angebot nutzten ca. 100 Erwachsene.

- *Öffnung der Computerräume der Schulen und im Jugendzentrum*

An drei Nachmittagen stellten die Orientierungsstufe, die Realschule, die Hauptschule und das Jugendzentrum ihre Computerräume zur Verfügung. Auch dort wurde den Lehrkräften und Eltern von Jugendlichen erklärt, wie deren Lieblingsspiele funktionieren (die Auswahl der Spiele wurde im Vorfeld mit der Arbeitsgruppe abgestimmt). Ca. 150 Eltern und Lehrkräfte nahmen das Angebot wahr.

- *Vorstellung pädagogisch wertvoller Spiele in der Bücherei*

In der Gemeindebücherei Seevetal bestand die Möglichkeit Spiele zu testen, die von Erwachsenen als „sinnvoll“ bezeichnet wurden. Besonders für jüngere Kinder konnten Lern- und Spaßspiele erprobt werden.

- *Fachvorträge am Abend*

Der vierte Bereich befasste sich theoretisch mit vielen Facetten des Computerspielens:

- Vortrag von Herrn Prof. Dr. Pfeiffer (Kriminologe) zur Auftaktveranstaltung
- Vortrag von Herrn J. Niklaus (Psychotherapeut) „Suchtgefahr von PC-Spielen"
- Vortrag von Herrn J. Wiemken (Dipl.-Sozialpädagoge) „Search & Play" der Bundeszentrale für politische Bildung Niedersachsen
- Vortrag von Herrn S. Baumgart (Dipl.-Sozialpädagoge) „Warum Computerspiele faszinieren?"
- Podiumsdiskussion zwischen den Generationen
- Eltern, Lehrkräfte, Jugendliche und Gäste diskutierten über ihre Ansichten zum Thema „Wie gefährlich sind Computerspiele?".

Die abendlichen Vorträge wurden von insgesamt 120 Teilnehmer/-innen besucht.

Am Sonntag wurde das Thema Computerspiele vom evangelischen Pastor in Meckelfeld mit in den Gottesdienst aufgenommen.

5 Ergebnisse

Fragebögen wurden als Evaluationsmethode gewählt. Viele Teilnehmende füllten diese auch gewissenhaft aus, sodass wir folgende Ergebnisse gewannen:

- Die Diskussion zwischen Eltern, Lehrkräften und Jugendlichen wurde angeregt
- Computerspiele waren in dieser Woche ein allumfassendes Thema in Seevetal
- viele Erwachsene erlebten zum ersten Mal, dass Computerspiele Spaß machen und Zeit und Raum beim Spielen in Vergessenheit geraten können
- auch wenn Inhalte der Spiele nicht „gemocht" wurden, erkannten viele Teilnehmer/-innen einen Reiz durch die Grafik und den Spielverlauf
- Verbote der Spiele durch Eltern oder Gesetzgeber sind leicht zu umgehen, deshalb ist die Diskussion mit den Jugendlichen ein wichtiger Weg.

Viele Teilnehmende wünschen sich Folgeveranstaltungen, besonders zu dem Thema „Internet".

Die Planung dieser Projektwoche war sehr zeitumfassend, da u.a. sehr viele Akteure und Akteurinnen beteiligt waren. Dieser große Umfang war jedoch maßgeblich wichtig für den Erfolg des Projektes.

6 Förderliche und hinderliche Bedingungen

- *Erfolgsfaktoren*

Die enge Zusammenarbeit der Planungsgruppe mit den weiteren Kooperationspartner/-innen war ein wichtiger Faktor für den Erfolg des Projektes. Da der Präventionsrat als Veranstalter sehr eng miteinbezogen wurde, konnten seine guten Kontakte zur heimischen Wirtschaft für die Planung und Finanzierung genutzt werden. Weiterhin bestand in Meckelfeld schon vor dem Projekt eine sehr enge Kooperation des Print-Projektes mit der Jugendpflege, den Jugendzentren und dem Präventionsrat. Diese Verbindungen boten eine gute Grundlage der erfolgreichen Zusammenarbeit.

- *Schwierigkeiten und ihre Überwindung*

Durch die Beteiligung der verschiedensten Akteure gab es immer wieder Probleme bei den Absprachen. Trotz regelmäßiger Treffen und Protokolle kam es zu unterschiedlichen Informationsständen bezüglich des Planungsstandes. Gemindert wurde dieses durch die kontinuierliche Leitung des Projektes durch die Präventionsfachkraft, sie war hauptamtlich beschäftigt und für alle Beteiligte Ansprechpartnerin.

- *Ressourcen*

Material/Technik und räumliche Ressourcen:
- PC-Räume der Schulen
- Doppeldecker-Bus für die mobilen „Spielplätze" und entsprechende PCs
- Computerspiele
- Mehrzweckhalle der Realschule für die abendlichen Vorträge
- Plakate und Handzettel für die Werbung
- Fragebögen zur Evaluation.

Personelle Ressourcen:
- S. Baumgart/G. Gunkel (Mobiles Medienprojekt) = Technik und päd. Herangehensweise
- P. Linnenkohl (Leitung Jona-Bus-Projekt) = Betreuung der mobilen „Spielplätze"
- H. Fuhrmann (Leiter Orientierungsstufe, 2. Vors. Präventionsrat Seevetal) = Vater der Idee
- G. Meidorn (Leiterin Gemeindebücherei) = Vorstellung der „guten Computerspiele" in der Bücherei
- B. Schulze (Mitarbeiterin Jugendzentrum) = Leitung der Spielplätze im Jugendzentrum und Kontaktfrau zu den Jugendlichen
- A. Bartsch (PRINT-Projekt) = Gesamtkoordination des Projektes
- Hinzu kamen 15 Jugendliche, die den Erwachsenen ehrenamtlich die Spiele erklärten.

- *Finanzierung:*

Gesamtkosten		Einnahmen	
1895 €		1839 €	
Honorare	960 €	Zuschuss LK Harburg	750 €
Plakate	429 €	Spenden	946 €
Bewirtung	506 €	Verkauf v. Getränken	143 €
Die Differenz von 56 € übernahm der Präventionsrat Seevetal e.V.			

7 Materialien

Das Projekt wurde in einer „CD-Dokumentation" festgehalten, sie beinhaltet Planung, Organisation, Material, Pressespiegel, Videos, Fotos und Radiobeiträge zur Medienprojektwoche. Zu beziehen ist die CD für 5,- € (plus Versand) beim Projekt Mobile Medienarbeit, Lauensteinstraße 1 in 21339 Lüneburg, Tel. 04131/ 77 88 37.

8 Sonstiges

Das Projekt war sehr erfolgreich, viele Erwachsene erhielten zum ersten Mal Einblicke in die (Computer-) Welt der Jugendlichen. Die zahlreichen positiven Presseberichte zeigten auch die Relevanz des Themas in unserer Gesellschaft.

Im Anschluss an dieses Projekt entwickelte sich ein Fortbildungsangebot für Eltern zum Thema „Sicherheit im Internet" und eine Einheit für Jugendliche zu dem selben Thema.

Kontakt

Ansprechpartnerin	Anette Bartsch, geb. Töpel
Anschrift	Kiefernweg 2 21447 Handorf

Silke Deibert / Anne Elbers

Mann O Mann & Frauensachen

1 Präventionsdimensionen

Präventionszugang:	personenorientiert
Zeitl. Differenzierung:	primär- und sekundärpräventiv
Problemspezifität:	Geschlechtsrollenstereotype
Genderbezug:	ja
Ethnischer Bezug:	-
Institutionsbezug:	Schule
Sonstige Dimension:	-

2 Tabellarische Kurzübersicht

Aktionsfeld (Handlungsfeld, Institution, Organisation)	Berufsbildende Schulen I (BBS I) Wirtschaft und Verwaltung in Northeim
Inhalt/Gegenstand	Bei dem Projekt geht es darum, Schüler/-innen ein Bewusstsein zu vermitteln, was es heißt, ein Geschlecht zu haben, worin die Unterschiede zwischen Frau und Mann liegen und was diese ausmachen.
Akteure/-innen/ beteiligte Personen	
• Zielgruppen/ Teilnehmer/-innen	Schüler/-innen des Jahrganges 11, Fachgymnasium (FG) Wirtschaft der BBS I
• Leitung, Moderation usw.	Silke Deibert, Dipl.-Pädagogin, zum Projektzeitpunkt Mädchenreferentin im Rahmen des niedersächsischen Förderprogramms „Lebensweltbezogene Mädchenarbeit" beim Landkreis Northeim; Anne Elbers, Handelslehrerin mit Zweitfach ev. Religion, Beratungslehrerin
• Träger	Berufsbildende Schulen I (BBS I) Wirtschaft und Verwaltung in Northeim
• Projektpartner/-innen, Kooperationen	Axel Drescher, Handelslehrer mit Zweitfach ev. Religion; Alexander Graf, Handelslehrer mit Zweitfach Politik; Jugendpflege des Landkreises Northeim; Olaf Jantz, Verein „Mannigfaltig e.V.", Hannover, als Referent
Kommunale Rahmenbedingungen	
• Ort	Northeim
• Bundesland	Niedersachsen
• Region	Landkreis Northeim
• Einwohner/-innenzahl	mehr als 20.000
• Kommune Trägerin eines eigenen Jugendamtes?	
Laufzeit: **Dauer insgesamt**	vom 16.02.2006 bis 13.07.2006 5 Monate
Kurzbeschreibung: In der Arbeit mit 16- bis 18-jährigen Schüler/-innen des FGs verfolgten wir einen geschlechtsspezifischen Ansatz unter der Fragestellung „Was ist typisch weiblich/typisch männlich?". Das Ziel vor dem Hintergrund der Sensibilisierung für geschlechtsspezifische Verhaltensweisen war, Überlegungen zur eigenen Berufswahl und Lebensplanung zu hinterfragen und darüber hinaus Alternativen anzudenken.	

3 Ausgangslage und Zielsetzung

Wir, Silke Deibert und Anne Elbers, trafen uns beim ersten Seminar der Weiterbildung zur Präventionsfachkraft in Barendorf. Wir kannten uns nicht, fanden aber trotzdem die Idee spannend, als Tandem ein gemeinsames Projekt durchzuführen. Wir verwarfen die Idee, an der BBS 1 in Northeim eine Dienstbesprechung zum Thema Gewalt vorzubereiten und auch die, einen Kurs zur Verbesserung des Sozialverhaltens in Berufsfachschulklassen durchzuführen. Nachdem Anne Elbers Besuch von ihrem Neffen und dessen Freundin hatte (18/16 Jahre alt) und sich wunderte, wie rollenstereotyp sich diese jungen Menschen verhielten (Fernsehverhalten: junger Mann wird genötigt, „Desperate Housewives" zu sehen, seine Fußballleidenschaft wird wiederum von ihr abwertend kommentiert), entstand im Brainstorming die Idee, mit Schüler/-innen der BBS 1 zu geschlechtsspezifischen Verhaltensweisen und Perspektiven zu arbeiten und die jungen Leute ihre Einstellungen und Verhaltensweisen reflektieren zu lassen.

- *Ziel des Unterrichtsprojektes*

Die Schüler/-innen sollten während des Projekts die Möglichkeit haben, zu reflektieren, wie sie in ihrem Verhalten, ihren Einstellungen und ihren Lebens- und Berufsentwürfen von ihrer Geschlechtlichkeit beeinflusst und gelenkt werden.

Vorteile in Bezug auf Verhaltenssicherheiten und Nachteile in Bezug auf unbewusste eigene Beschränkungen sowie erlebte gesellschaftliche Einschränkungen sollten erkannt und bewusster in die eigene Perspektivplanung einbezogen werden.

Sie sollten ein stärkeres Bewusstsein dafür bekommen, was es heißt, weiblich oder männlich zu sein. Die Schüler/-innen sollten außerdem hinterfragen, ob und inwiefern es sich wirklich erfüllt hat, dass geschlechts- und milieuunabhängig Akzeptanz, Toleranz und Selbstverständnis in Bezug auf die gewünschte Berufs- und Lebensbiografie bestehen. Hat sich im 21. Jahrhundert ein Wandel zu mehr Souveränität vollzogen? Existiert eine „tatsächliche" Emanzipation der Geschlechter?

Sie sollten die Möglichkeit erhalten, sich in Menschen hineindenken und -fühlen zu können, die mit ihrer jeweiligen Geschlechtsidentität nicht zurechtkommen. Die Schüler/-innen sollten so ihre Kompetenzen in Bezug auf ihre eigene Lebens- und Berufsplanung verbessern und mit größerer Achtung und mehr Interesse andere Lebenswege betrachten.

4 Vorgehensweise/Bausteine

Die Vorbereitung zum Projekt erforderte mehrere Sitzungen und Absprachen zwischen Gruppenleiterinnen und formal verantwortlichen Lehrern. Inzwischen hatten wir uns als Team „Werte und Normen“ konstituiert, welches schulorganisatorische Vorgaben erfüllen musste und sich um die Planung und Durchführung des Projekts kümmerte. Die Arbeit in diesem Schulteam machte es notwendig, auch andere Kollegen zu informieren und zu Besprechungen einzuladen.

Wir führten unser Projekt jeweils donnerstags in der 7. und 8. Stunde (13:05 – 14:35 Uhr) durch. Alle Jugendlichen der Jahrgangsstufe 11, die im Fach „Werte und Normen“ unterrichtet wurden, wurden in vier geschlechtsspezifische Gruppen aufgeteilt und den Betreuungskräften Frau Elbers, Frau Deibert, Herrn Drescher und Herrn Graf zugeteilt. Das Projekt selber bestand aus mehreren Elementen. In den Gruppen waren 10 – 15 Personen, manchmal gab es auch Arbeitsaufträge für Kleingruppen, das waren dann 3 – 5 Personen.

Betreuer/-in der Gruppe	Elbers Mädchen	Drescher Jungen	Deibert Mädchen	Graf Jungen
16. Feb	Projektvorbesprechung/-einführung im *Plenum*			
23. Feb	Übungen mit Standbild und Metaplan themengleich in *Gruppen*			
02. Mrz	Bennys Beziehungs-kiste	Textbearbeitung Eugenides	Textbearbeitung Eugenides	Textbearbeitung Eugenides
09. Mrz	Textbearbeitung Eugenides	Bennys Beziehungs-kiste	Texbearbeitung Gaschke	Texbearbeitung Gaschke
16. Mrz	Texbearbeitung Gaschke	Texbearbeitung Gaschke	Bennys Beziehungs-kiste	Neue Wege für Jungs
23. Mrz	Neue Wege für Jungs	Neue Wege für Jungs	Neue Wege für Jungs	Bennys Beziehungs-kiste
30. Mrz	Präsentation der bisherigen Ergebnisse im *Plenum*			
06. Apr 13. Apr	Osterferien			
20. Apr	Vorbereitung Berufsorientierung in *Gruppen*			
27. Apr	Erzählcafé in *Gruppen*			
04. Mai - 06. Jul	Unterrichtseinheit über Weltreligionen mit Referaten zu ethischen Themen, durchgeführt ausschließlich von den Fachlehrern Graf und Drescher in den ursprünglichen Kursgruppen			
13. Jul	Abschlussveranstaltung mit dem auswärtigen Referenten im *Plenum*			

- *Projekteinführung im Plenum*

Am 16. Februar 2006 wurde das Projekt als Ganzes den Schüler/-innen der gesamten Jahrgangsstufe 11 vorgestellt. Die theoretischen Grundlagen wurden mit Hilfe einer Powerpoint-Präsentation im Medienraum erläutert und die einzelnen Vorhaben angesprochen.

- *Übung mit Standbild und Metaplan*

In dieser Einheit wurden Geschlechterstereotype (z.B. typische weibliche/männliche Körperhaltungen, Eigenschaften etc.) relativ spontan als Standbild dargestellt. Dies dient als Einstieg zu einer Stunde mit der Moderationsmethode: Die Geschlechtsstereotypen wurden auf Karten geschrieben, gesammelt, geordnet und auf Metaplantafeln gepinnt. Die vier Gruppen erstellten je zwei Tafeln.

- *Bennys Beziehungskiste*

Für Bennys Beziehungskiste gilt, dass das Material gleichzeitig die Methode ist. Bennys Beziehungskiste ist ein interaktiver Fortsetzungsroman mit Handlungsalternativen auf Karteikarten. Sie besteht aus 160 DIN-A5-Karteikarten, die in einer vorgegeben Reihenfolge in Umschlägen in einem Pappkarton stecken. Auf jeder Karteikarte gibt es Entscheidungsalternativen, die Gruppe muss zum Beispiel am Anfang entscheiden, ob Benny sich für Jungen oder Mädchen interessiert. Auf den Karten steht dann die Nummer der Karte, mit der die Geschichte weitergeht.

- *Textbearbeitung: Eugenides „Middlesex"*

Bei der Bearbeitung des Textauszugs aus dem Buch „Middlesex" von Jeffrey Eugenides musste der Text zunächst in Einzelarbeit gelesen werden, Verständnisfragen wurden dann im Gruppengespräch geklärt. Danach sollten die Schüler/-innen kurz in ihren eigenen Worten erklären, wie sich Frauen bewegen und wie sich Männer bewegen. Es folgten ein Rollenspiel zu diesem Thema, eine Gruppendiskussion und dann die Erstellung eines Plakates in Kleingruppen zur Präsentation der Ergebnisse.

- *Textbearbeitung: Gaschke „Die Emanzipationsfalle"*

Der Textauszug „Die Emanzipationsfalle" von Susanne Gaschke musste zunächst gelesen werden. Der Textauszug entstammte dem letzten Kapitel des Buches und fasst ihre Auffassung zur Gestaltung weiblicher Lebensläufe zusammen. Die Schüler/-innen bekamen den Arbeitsauftrag dazu in Kleingruppenarbeit Lebensläufe als Plakat oder Word-/Powerpoint-Datei zu entwickeln. Die anschließende Reflexion erfolgt im Gruppengespräch.

- *Neue-Wege-fuer-Jungs.de*

Die Homepage „neue-wege-fuer-Jungs.de" wurde in Einzelarbeit erforscht, dann wurden im Gruppengespräch Verständnisfragen geklärt, in Kleingruppenarbeit Pro- und Contra-Argumente für Sozialarbeit, die ausdrücklich Jungen fördert, gesammelt. Abschließend sollte in Kleingruppen je eine Geschichte über eine im sozialen Sinne positive Veränderung im Lebenslauf eines jungen Mannes erfunden werden.

- *Präsentation der Ergebnisse*

Als alle Gruppen die Kleingruppenarbeit erledigt hatten, erfolgte eine moderierte Präsentation der Ergebnisse im großen Plenum im Medienraum der Schule. Hier konnten nicht alle Kleingruppenergebnisse der letzten fünf Wochen präsentiert werden, die Leiter/-innen behielten sich daher vor, Ergebnisse auszulosen bzw. auszuwählen.
Parallel zur Durchführung der obengenannten Elemente arbeiteten wir an der Vorbereitung der Highlights des zweiten Projektteils. In diesem Teil wurden die geschlechtsspezifischen Gruppen aufgehoben.

- *Erzählcafés*

Mit dieser Methode sollen jugendliche „Berufswähler/-innen“ motiviert werden, über ihre berufliche Zukunft und ihre Lebensplanung nachzudenken. In einem Erzählcafe wird den Schüler/-innen eine Vielfalt von Berufs- und Lebensbiografien vor Auge geführt. In kleinen Schüler/-innenrunden erzählen Frauen und Männer mit unterschiedlichen, geschlechtstypischen als auch geschlechtsuntypischen Berufen, Berufswegen, Lebensformen und Herkünften. Durch authentische, lebendige und spannende Erzählungen erhalten die Schüler/-innen die Möglichkeit der Identifikation mit „ihrer Berufsvertreterin“ oder „ihrem Berufsvertreter“. Sie erfahren, dass es keinen idealtypischen Weg gibt, dass die erste Berufsentscheidung nicht die letzte sein muss und dass Umwege und Brüche keine Katastrophe bedeuten. Vor allem sollen sie ermutig werden, über das geschlechtstypische Berufswahlspektrum hinauszublicken (Meyer 2001: 15).

In unserem Erzählcafe hatten wir drei Gäste: Frau Büttner, Physikerin beim Max-Planck-Institut, Katlenburg-Lindau bei Northeim; Frau Stegemann, Ausbilderin im Bereich Tischlerei in einer überbetrieblichen Maßnahme für junge Erwachsene, Göttingen; Frau Bruns, Heilerziehungspflegerin, Siensen bei Uslar. Wir teilten die Schüler/-innen nach einer Vorstellung im Plenum in drei Gruppen ein, in denen sich die Schüler/-innen aus den vorherigen homogenen Projektgruppen jeweils bunt mischten. Außerdem klärten wir den zeitlichen Ablauf: Wir blieben bei unseren üblichen 90 Minuten und wechselten nach ungefähr der Hälfte der Zeit die Gruppen.

Da jede/-r Schüler/-in nur zwei der drei Gäste erlebt hatte (aus Zeitgründen so entschieden), blieb für die beiden Lehrer ein guter Ansatz für das Nachgespräch in der nächsten Woche, denn es mussten alle erlebten Gäste erläutert werden, damit jede/-r über alles informiert war.

- *Unterrichtseinheit über Weltreligionen*

Nach dem Erzählcafé führten Herr Graf und Herr Drescher die Unterrichtseinheit über Weltreligionen durch. Im Unterricht im Fach „Werte und Normen“ ist für den Jahrgang 11 vorgesehen, dass man sich mit den Grundlagen und ethischen Auswirkungen der Religionen beschäftigt. Es bieten sich vielerlei Bezüge, speziell im Islam, zu unserem Projekt an. Immer wieder konnte aufgegriffen werden, wie die Lebensperspektiven von der religiösen Zugehörigkeit mit geprägt werden.

- *Vortrag über interkulturelles Lernen von Olaf Jantz*

Herr Jantz brachte neben viel Wissen Bilder über seine Arbeit und viele andere Projekte in Hannover mit, stieg aber ein mit Bildern von – Fußballfans! Es war die Woche nach der Fußball-WM und damit weckte er trotz höchstsommerlicher Temperaturen noch einmal Interesse bei den doch zuverlässig erschienenen Schüler/-innen. Er wies auf kulturell bedingte Besonderheiten im Feiern von Siegen und Ertragen von Niederlagen hin, kam dann auf sehr unterschiedliche sozialpädagogische Projekte mit jungen Männern/jungen Frauen aus unterschiedlichen Kulturkreisen zu sprechen und wies unter anderem auf ein Sportprojekt für muslimische Mädchen hin, das zu dieser Zeit in einer Moschee durchgeführt wurde. Damit hatte er den abschließenden inhaltlichen Bogen gezogen von „Mann O Mann &

Frauensachen“ bis zur Einheit über Weltreligionen. Auch hier wurde deutlich, dass geschlechtstypische Entwicklung und mancherlei Freizeitaktivitäten eng mit kulturell und religiös motivierten Überzeugungen zusammenhängen.

5 Ergebnisse

Eine Evaluation mit einer formalen Methode hat nicht stattgefunden, wir haben jedoch versucht, das Stimmungsbild der Schüler/-innen einzufangen und uns nach einigen Terminen zusammengesetzt um zu reflektieren, was gut und was vielleicht nicht so gut gelaufen war. Dabei stellten wir fest, dass

- die Geschlechtertrennung spannender war, als die Teilnehmer/-innen am Anfang zugestehen wollten
- die Bereitschaft zur Verlängerung eines Termins oder zum Wechsel an einen anderen Ort sehr groß war (wir nahmen beides nicht in Anspruch, wurden aber positiv darauf angesprochen, was nach unserer Erfahrung auf eine gute Grundstimmung hinweist)
- wir bei den Arbeitsaufträgen mehr darauf achten müssen, dass uns immer das Gespräch mit den Teilnehmer/-innen am wichtigsten ist, manchmal kann eine Aufgabe weggelassen werden, damit genügend Zeit für die Reflexion bleibt
- wir die Präsentation in der Großgruppe gut fanden, weil sich Schüler/-innen, die mehrere Wochen an den gleichen Inhalten gearbeitet hatten, austauschten
- das Erzählcafé für uns Lehrkräfte eine methodische Bereicherung und
- für die Schüler/-innen eine gute Abwechslung war.

6 Förderliche und hinderliche Bedingungen

- *Hinderliche Bedingungen/ Schwierigkeiten*
  - Die Schüler/-innengruppen nach Geschlechtern aufzuteilen und jeweils die richtige Betreuungskraft zuzuweisen kann problematisch sein.
  - Während der Durchführung ist immer wieder das Raumproblem zu beachten, da wir doppelt so viele Räume benötigten, wie den Kursen sonst zur Verfügung standen.
  - Der Vorbereitungsaufwand für uns war relativ hoch, da wir das Material zusammenstellen mussten. Für Nachahmer/-innen empfehlen wir, die Bücher von Eugenides und Gaschke zuvor zu lesen, denn es kommen bestimmt Fragen zu den Texten.
  - Bei der Durchführung müssen die Gruppenleiter/-innen immer wieder miteinander kommunizieren, damit Absprachen über Geschafftes und noch Ausstehendes getroffen werden können. Unsere Gruppen arbeiteten unterschiedlich schnell und wir sprachen miteinander ab, welche Gruppe auf welche Aufgaben oder gesamte Arbeitsaufträge verzichten sollte.

- *Ressourcen*

Personelle Ressourcen:
Entsprechend viele Betreuerinnen und Betreuer für jeweilige Mädchen-/Jungengruppen; das Erzählcafé benötigt mehrere Protagonisten/-innen; eine Person für ein Highlight zum Abschluss, der/die im Genderbereich Sozialarbeit/-pädagogik oder interkulturell arbeitet.
Räumliche Ressourcen:
Bei vier Gruppen werden vier Räume benötigt, gelegentlich Computerräume, ein großer Raum für Plenumsveranstaltungen.
Hilfsmittel:
Powerpoint, Beamer, Leinwand für die Einführung, Präsentation und Schlussvortrag; vorbereitete Plakate (2 x 4 für die erste Einheit), Karteikarten, Digitalkameras; Flipchartblätter (4 x 4 für Eugenides), Digitalkamera; Flipchart, Plakat oder Computerarbeitsplatz für Gaschke (4 x 4); die Box „Bennys Beziehungskiste“; Computerräume für die Homepage „Neue Wege für Jungs“; normales Schreibpapier, Stifte, viele dicke Stifte für Plakate und Flipcharts; Ausstattung für ein Erzählcafé (Getränke, Kekse) in mindestens drei Räumen.

- *Finanzierung:*

In der Form, wie wir es durchgeführt haben, verursachte das Projekt Kosten in Höhe von ungefähr 750,00 €. Ein Drittel davon wurde vom Schuletat übernommen, zwei Drittel trug der Landkreis Northeim. Es gibt für solche und ähnliche Projekte einen Topf für genderbezogene Arbeit beim Jugendamt.

7 Materialien

Schriftliche Dokumentation „Mann O Mann & Frauensachen“ von Silke Deibert und Anne Elbers im Rahmen der Tandem-Weiterbildung des Forschungsprojekts NetzwerG.

Quellen

Eugenides, Jeffrey (2005): Middelsex. Reinbeck bei Hamburg: Rowohlt Taschenbuch Verlag
Gaschke, Susanne (2005): Die Emanzipationsfalle. München: Bertelsmann Verlag
Meyer, Regina (2001): In: Regionalgruppe Berufsorientierung Südniedersachsen 2001: 15
Regionalgruppe Berufsorientierung Südniedersachsen (Hrsg.) (2001): Von no future keine Spur.
www.neue-wege-fuer-jungen.de

Kontakt

Ansprechpartnerinnen	Silke Deibert	Anne Elbers
Anschrift	Neustadt 8 37120 Bovenden-Harste	BBS I Northeim Sudheimer Str. 36-38 37154 Northeim
Telefon	05593 / 93 71 11	05551 / 98 44 0

Silke Raupers / Ines Johlen

Der Klassenrat

1 Präventionsdimensionen

Präventionszugang:	systembezogen, personenbezogen
Zeitl. Differenzierung:	primär- und sekundärpräventiv
Problemspezifität:	unspezifisch, demokratische Defizite
Genderbezug:	-
Ethnischer Bezug:	-
Institutionsbezug:	Schule
Sonstige Dimension:	partizipativ

2 Tabellarische Kurzübersicht

Aktionsfeld (Handlungsfeld, Institution; Organisation)	Wilhelm Raabe Schulzentrum Eschershausen
Inhalt/Gegenstand	Bildung eines Klassenrates zur Einübung gelebter Alltagsdemokratie
Akteure/-innen/ beteiligte Personen	
• Zielgruppe/ Teilnehmer/-innen	Klasse 6b Realschule Eschershausen 7 Mädchen und 10 Jungen zwischen 11 und 12 Jahren
• Leitung, Moderation, usw.	Ines Johlen, Klassenlehrerin der Klasse 6b Eschershausen und Silke Raupers, Sozialpädagogin am Schulzentrum
• Träger	Wilhelm Raabe Schulzentrum Eschershausen
• Projektpartner/-innen, Kooperation	entfällt
Kommunale Rahmenbedingungen	
• Ort	37632 Eschershausen
• Bundesland	Niedersachsen
• Region	Landkreis Holzminden im Weserbergland, zur Samtgemeinde Eschershausen zählen die Gemeinden Dielmissen, Eimen, Holzen und Lürdissen
• Einwohner/-innenzahl	7.000
• Kommune Trägerin eines eigenen Jugendamtes	nein
Laufzeit	seit September 2005
Kurzbeschreibung: Der Klassenrat ist eine regelmäßig stattfindende und klar strukturierte Gesprächsrunde, in der sich die Schüler/-innen und die Klassenlehrkraft gemeinsam über konkrete Anliegen der Klassengemeinschaft und des Schullebens auseinandersetzen, diskutieren und möglichst einvernehmliche Lösungen finden. Somit bietet der Klassenrat ein Instrument zur Einübung gelebter Alltagsdemokratie. Eine Verbesserung der Gruppendynamik, der Sozialstruktur und der Kommunikation wird erreicht. Meinungsbildung, Kritikfähigkeit, das Vertreten eigener Interessen und Rücksichtnahme werden gefördert.	

3 Ausgangslage und Zielsetzung

- *Ausgangslage*

Am Schulzentrum Eschershausen besteht ein weit gefächertes Angebot verschiedener präventiver Projekte, in denen sich die Schüler/-innen freiwillig engagieren können. Nach außen ist die Schule geöffnet und kooperiert beispielsweise mit der Musikschule und einer Tanzschule. Vielzählige fest etablierte Arbeitsgemeinschaften sowie ein halbjährlich wechselndes AG-Angebot stehen den Lernenden zur Auswahl. Bei regelmäßig stattfindenden Umfragen unter der Schülerschaft erkennen wir, dass es ihnen schwerfällt, ihre eigenen Wünsche und Interessen zu formulieren und sie zu vertreten.

- *Allgemeine Ziele*

Erlernen von Alltagsdemokratie: Den Schüler/-innen sollen demokratische Grundhaltungen vermittelt werden. Der Klassenrat ermöglicht ihnen zu erleben, wie eine demokratische Gesellschaft funktionieren kann. Die Schüler/-innen lernen an konkreten Themen, die sie betreffen, gemeinsam, gewaltfrei und konstruktiv Lösungen zu erarbeiten. Der Klassenrat wirkt somit direkt gewaltpräventiv und soll gleichzeitig Modell für ein größeres gesellschaftliches Zusammenleben sein.

Partizipation: Die Schüler/-innen sollen dazu befähigt werden, an der Gestaltung und Umsetzung des Schulalltags zu partizipieren. Sie erleben im Klassenrat, dass sie für die Lösung von Problemen und Konflikten, wie für den Umgang in der Klassengemeinschaft insgesamt Verantwortung tragen. Die gesamte Klasse trägt den Entscheidungsprozess und die Aufgabenbewältigung. Die Akzeptanz für Lösungen und deren Umsetzung steigt, wenn sie gemeinsam erarbeitet und per Abstimmung festgelegt werden können. Die Realisierung der Ergebnisse lässt sie neue Möglichkeiten im Klassenverband und im System Schule entdecken und erfahren. Es wird möglich, Eigeninitiative zu entwickeln, Kritik zu üben und neue Wege und Methoden zu erproben.

- *Spezifische Ziele*

Neben diesen Hauptzielen wirkt sich der Klassenrat auf verschiedenen Ebenen positiv auf alle Beteiligten aus. Geschult werden unter anderem folgende Kompetenzen:

Personale Kompetenzen	**Soziale Kompetenzen**	**Methodische Kompetenzen**
Selbst-/Fremdwahrnehmung	Kommunikationsfähigkeit	Modelle zur Konfliktlösung
Identitätsentwicklung	Konfliktfähigkeit	Protokollieren
Umgang mit Gefühlen	Empathie	Moderation
Konzentrationsfähigkeit	Teamfähigkeit	Reflektieren
Eigenverantwortung	Verantwortungsbereitschaft	
Selbstvertrauen	Toleranz	
Selbstwirksamkeit		

4 Vorgehensweise/Bausteine

Der Klassenrat ist für alle Schulklassen geeignet, in denen demokratische Grundhaltungen vermittelt werden sollen, die lernen sollen, wie sie an ihrem Schulalltag partizipieren können und die Methoden an die Hand bekommen sollen, um gewaltfrei miteinander zu kommunizieren und akzeptable Lösungen für ein gutes Miteinander zu entwickeln.

- *Einführung des Klassenrates*

Den Schüler/-innen wird die Technik des Klassenrats anschaulich nahe gebracht. Er findet regelmäßig, einmal wöchentlich für eine Schulstunde statt. Die einzelnen Schritte werden an einer Stellwand durch Plakate visualisiert.

- *Rollen im Klassenrat*

Für die Durchführung einer Klassenratssitzung gibt es vier verschiedene Rollen, die von Schüler/-innen übernommen werden. Zu Beginn jeder Sitzung werden diese Rollen neu vergeben, so dass jede/-r Schüler/-in die unterschiedlichen Aufgaben trainiert.

- Der/die Moderator/-in ...
  - eröffnet den Klassenrat
  - beginnt mit der positiven Runde
  - erteilt dem/der Protokollant/-in das Wort für das vorherige Protokoll
  - sammelt aktuelle Themen
  - ruft die Themen auf, erteilt das Wort, fasst Gesagtes zusammen und lässt abstimmen
  - schließt den Klassenrat
- Der/die Protokollant/-in ...
  - verliest das vorherige Protokoll
  - schreibt die Beschlüsse im Protokollheft mit
- Der/die Zeitwächter/-in ...
  - erinnert 10 Minuten vor Ende der Stunde an die Zeit, damit der Klassenrat in Ruhe beendet werden kann
- Der/die Beobachter/-in ...
  - führt eine Liste über Regelverstöße und Störungen. Die Liste wird zum Ende der Stunde besprochen.

- *Ablauf einer Klassenratsitzung*

Die Klasse findet sich im Stuhlkreis zusammen

1. Der/die Moderator/-n eröffnet den Klassenrat.
2. Der/die Moderator/-n bittet den/die Protokollant/-innen das Protokoll vom letzten Mal zu verlesen.
3. Reflexion der Ergebnisse des letzten Klassenrates
4. Sammlung aktueller Anliegen und Probleme
   - Der/die Moderator/-in liest die Aufzeichnungen der Themenplakate vor.
   - Der/die Moderator/-in fragt nach aktuellen Themen.
   - Die Themen werden an der Tafel notiert und nach Gewichtung sortiert, in welcher Reihenfolge sie abgearbeitet werden sollen.

5. Probleme und Anliegen werden besprochen
   - Der/diejenige, der/die ein Thema einbringt, schildert es zunächst aus seiner/ihrer Sicht.
   - Beteiligte haben die Möglichkeit zuerst Stellung zu nehmen.
   - Die Klasse kann hilfreiche Informationen ergänzen.
6. Wir suchen eine Lösung und einigen uns
   - Sammeln von Lösungsvorschlägen (Brainstorming)
   - Sortieren und Bewerten der Vorschläge
   - Eine Lösung wird ausgewählt, gegebenenfalls durch Abstimmung herbeigeführt.
7. Wir schreiben das Ergebnis auf.
8. Der/die Beobachter/-in informiert über Regelverstöße.
9. Der/die Moderator/-in schließt die Sitzung.

Zu den neun Punkten haben wir farbige DIN-A-4 Plakate gestaltet, die der/die Moderator/-in entsprechend aufzeigt. Durch diese klare Struktur haben die Schüler/-innen einen Leitfaden, der ihnen ermöglicht, ihre Themen systematisch abzuarbeiten und zu gemeinsamen Lösungen zu finden.

- *Themensammlung*

In der Klasse wird eine Klassenrat-Stellwand mit drei Plakaten eingerichtet. Auf dem Plakat „Ich schlage vor“, notieren die Schüler/-innen aktuelle Anliegen. Daneben existieren die Plakate „Ich kritisiere“ und „Ich lobe“. Jeder Eintrag muss mit dem/der Autor/-in versehen sein, anonyme Beiträge werden im Klassenrat nicht berücksichtigt.

- *Regeln für den Klassenrat*

Die erste Klassenratsitzung eignet sich dafür, gemeinsam Regeln zu erarbeiten, die speziell für den Klassenrat gelten sollen. Hierbei wird der Ablauf des Klassenrats eingeübt und die notwendigen Regeln entstehen durch die Schüler/-innen selbst.

- Beispiel unserer Regeln:
- Wir dulden keine Beleidigungen.
- Wir hören einander zu und lassen uns gegenseitig aussprechen.
- Wir diskutieren sachlich, mit Vorschlägen und Begründungen.
- Wird jemand beschuldigt, darf er zuerst Stellung nehmen.

- *Freiwilligkeit*

Nachdem die Klasse das Prinzip des Klassenrats kennengelernt hat, muss ihr die Möglichkeit gewährt werden, sich für oder gegen ihn zu entscheiden. Die Freiwilligkeit ist zwingend, da der Klassenrat darauf baut, gemeinsame Lösungen zu finden. Werden die Schüler/-innen – oder nur einige von ihnen – gezwungen über ein Thema zu reden, werden sie irgendeiner Lösung zustimmen und sich später nicht daran halten oder stören, um den Widerstand gegen das Vorgehen zu zeigen.

5 Ergebnisse

Das Projekt wurde von uns mittels teilnehmender Beobachtung, Stimmungsumfragen und Gruppengesprächen mit der Klasse 7b RS, mit den Eltern in Einzelgesprächen und an einem hierfür einberufenem Elternabend reflektiert.

- *Erreichte Ziele*
- Mehr Demokratie im Schulalltag
- Partizipation erlernt und angewendet
- Kraft der Gruppe erfahren
- Klassengemeinschaft gestärkt
- Stärken jedes Einzelnen in der Gruppe wertschätzen gelernt
- Feedbackkultur etabliert.

- *Folgen*
- Die 7b RS fordert auch weiterhin den Klassenrat ein.
- Elternabende werden weiterhin durch diese Methode unterstützt.
- Eltern unterstützen die Arbeit des Klassenrates und fordern die Fortführung.
- Weitere Klassenräte in anderen Klassen werden eingerichtet.
- Die Konfliktlotsen und -lotsinnen der Schule und die SV arbeiten nach der Struktur des Klassenrats.

6 Förderliche und hinderliche Bedingungen

- *Erfolgsfaktoren*

Das Projekt ist nicht geeignet,

- wenn die Klasse/mehrere Schüler/-innen sich gegen den Klassenrat entscheiden
- wenn aus Zeitgründen der Klassenrat nicht regelmäßig stattfinden kann
- wenn Lehrkräfte im Klassenrat ein Disziplinierungsinstrument sehen.

- *Ressourcen*

Materiell: Formblatt als Kopiervorlage für das Protokoll, einlaminierte Strukturbögen für den Ablauf des Klassenrats, Stellwand, Lob-Kritik-Themenzettel als Kopiervorlage.
Personell: Optimal ist neben der Klassenlehrkraft eine zweite neutrale Person, die bei der Einführung des Klassenrats unterstützt.
Räumlich: Ein Klassenraum, der groß genug für einen Stuhlkreis ist.
Finanzierung: entfällt

7 Materialien

Schriftliche Dokumentation „Der Klassenrat“ von Ines Johlen und Silke Raupers, 2007; Ausstellungsplakate.

8 Sonstiges, Gesamteinschätzung

Das Projekt wird von uns Projektleiterinnen als gelungen angesehen, da weit mehr als die gesteckten Ziele erreicht werden konnte. Ebenso erachten die Beteiligten den Klassenrat als sinnvoll und hilfreich und fordern ihn für die kommenden Jahre ein. Der Klassenrat konnte in dieser Klasse sehr gut etabliert werden, da ein hohes Maß an Kontinuität und Engagement aller Beteiligten gewährleistet war.

Quellen

Blum, Eva/Blum, Hans-Joachim (2006): Der Klassenrat. Mülheim an der Ruhr: Verlag an der Ruhr
Freinet, Celestin (1979): Die moderne französische Schule. Hrsg. von Jörg Hans. Paderborn.
Hierdeis, Bernhard/Greßirer, Hans (2005): Die Klasse – Basis erzieherischer Arbeit. Donauwörth: Auer Verlag
Müller, Edwald Th. (1999): Auf dem Weg zum Klassenrat. Sinntal-Züntersbach: RDI Verlag

Kontakt

Ansprechpartnerinnen	Ines Johlen und Silke Raupers
Anschrift	Wilhelm Raabe Schulzentrum Eschershausen Haupt- und Realschule Jahnstr. 1 37632 Eschershausen
Telefon	05534 / 21 82
Fax	05534 / 94 12 30

Dirk Meinhardt / Petra Böckmann / Simone Meyer

Berufsfahrplan

1 Präventionsdimensionen

Präventionszugang:	personenorientiert, systembezogen
Zeitl. Differenzierung:	primärpräventiv
Problemspezifität:	Übergang Schule-Beruf
Genderbezug:	-
Ethnischer Bezug:	teilweise
Institutionsbezug:	Schule/außerschulische Träger
Sonstige Dimension:	-

2 Tabellarische Kurzübersicht

Aktionsfeld (Handlungsfeld, Institution, Organisation)	Haupt- und Realschule (HRS) Leharstraße in Cloppenburg, Berufsbildende Schulen (BBS) am Museumsdorf Cloppenburg
Inhalt/Gegenstand	Aufzeigen verschiedener Möglichkeiten, eine Ausbildung zu erlangen durch Netzwerkarbeit und Praktika in örtlichen Betrieben.
Akteure/-innen/ beteiligte Personen	
• Zielgruppen/ Teilnehmer/-innen	Hauptschüler/-innen sowie Schüler/-innen der Berufsbildenden Schulen
• Leitung, Moderation usw.	Dipl.-Sozialpädagogin Simone Meyer, tätig an der HRS Leharstraße im Kooperationsprojekt zur Profilierung der HS des Caritas-Sozialwerkes, die Studienräte Petra Böckmann sowie Dirk Meinhardt von der BBS am Museumsdorf
• Träger	Kooperationsprojekt des Caritas-Sozialwerks Cloppenburg, der Haupt- und Realschule Leharstraße in Cloppenburg und der Berufsbildenden Schulen (BBS) am Museumsdorf Cloppenburg
• Projektpartner/-innen, Kooperationen	HRS Leharstraße, BBS am Museumsdorf; weitere beteiligte Institutionen: Berufsberatung der Agentur für Arbeit Cloppenburg, Caritas-Sozialwerk Cloppenburg, u.a. Pro-Aktiv-Center (PACE) und örtliche Betriebe.
Kommunale Rahmenbedingungen	
• Ort	Stadt Cloppenburg
• Bundesland	Niedersachen
• Region	Landkreis Cloppenburg
• Einwohner/-innenzahl	31.622 (Stadt Cloppenburg), 156.215 (Landkreis Cloppenburg)
• Kommune Trägerin eines eigenen Jugendamtes?	ja (Landkreis Cloppenburg)
Laufzeit: Dauer insgesamt	seit Februar 2006 bis auf weiteres, das Projekt läuft mit einer Periodizität von 2 Jahren
Kurzbeschreibung: Dieses Projekt hat das Ziel, Hauptschüler/-innen mithilfe eines Netzwerks aus Hauptschule, Berufsbildenden Schulen und den Trägern der Berufsvorbereitung, insbesondere dem Caritas-Sozialwerk, unter Einbeziehung von Praktika in eine Ausbildung oder eine Arbeitstätigkeit zu bringen. Dabei wird ein begleitender und vernetzter Übergang der unterschiedlichen Institutionen angestrebt, bei dem die Elternarbeit verstärkt mit eingebunden werden soll. Aufgrund eines präventiven Ansatzes ab Klasse 8 in der Hauptschule soll den Jugendlichen die Möglichkeit einer frühzeitigen und nachhaltigen Berufsorientierung gegeben werden.	

3 Ausgangslage und Zielsetzung

Immer stärker steigen die Anforderungen betrieblicher Ausbildungen, sodass der Einstieg gerade von Hauptschüler/-innen insgesamt erschwert wird.

Die mangelnde Verzahnung der Betreuung der Lernenden beim Übergang von der Hauptschule zu den Berufsbildenden Schulen sowie auch der fehlende Gesamtüberblick über die vielfältigen Bildungsmöglichkeiten an den weiterführenden Schulen erschweren den Übergang in eine Ausbildung oder Arbeitsaufnahme.

Aus diesem Grund haben die Haupt- und Realschule Leharstraße, die BBS am Museumsdorf und das Caritas-Sozialwerk in Cloppenburg ein gemeinsames Projekt, den „Berufsfahrplan", im Jahr 2006 initiiert.

- *Inhalt und Ziele*

Oftmals äußern sich Hauptschüler/-innen in Bezug auf ihren Berufseinstieg realitätsfremd. Insbesondere Absolvent/-innen mit Migrationshintergrund verkennen häufig die ständig steigenden Anforderungen betrieblicher Ausbildungen.

Darüber hinaus sind eine mangelnde Verzahnung im Rahmen der Betreuung der jungen Menschen beim Übergang von der HS zur beruflichen Schule sowie ein fehlender Gesamtüberblick über die vielfältigen Bildungsmöglichkeiten an Berufsbildenden Schulen Gründe, die einen problemlosen Übergang in eine Berufsausbildung verhindern. Deshalb kommt es vor, dass z.B. der Besuch einer einjährigen Berufsfachschule ohne Eingangsvoraussetzungen in eine Schulkarriere mündet, die von Motivationslosigkeit seitens der Jugendlichen geprägt ist. Außerdem findet nach Abschluss der angesprochenen Schulformen keine Nachbetreuung der Jugendlichen statt. Aufgrund dieser nicht länger hinnehmbaren Entwicklungen soll das Projekt „Berufsfahrplan" Hauptschüler/-innen in Form eines Netzwerkes aus HS, BBS und den Trägern der Berufsvorbereitung – insbesondere dem Caritas-Sozialwerk – unter Einbeziehung langfristiger Praktika in örtlichen Betrieben Möglichkeiten aufzeigen, in eine Ausbildung zu gelangen. Dabei wird ein begleitender und vernetzter Übergang der unterschiedlichen Institutionen angestrebt, bei dem die Elternarbeit verstärkt in den Vordergrund gebracht werden soll.

4 Vorgehensweise/Bausteine

- *Zielgruppe*

Die Zielgruppe des Berufsfahrplans sind Hauptschüler/-innen sowie Schüler/-innen der Berufsbildenden Schulen.

Die meisten dieser Jugendlichen haben nach Beendigung der Schule keine berufliche Perspektive und bleiben unversorgt. So konnten aus einer einjährigen Berufsfachschulklasse ohne Eingangsvoraussetzung des Schuljahres 2004/2005 mit 25 Lernenden lediglich zwei Schüler und eine Schülerin nach Abschluss des Schuljahres eine Ausbildung zum Kaufmann/zur Kauffrau im Einzelhandel beginnen. Weitere fünf Schüler/-innen schafften den Sprung in das zweite Jahr der Berufsfachschule, um den Sekundarabschluss I zu erwerben. Alle übrigen Jugendlichen (68% der Klasse) waren mit Beginn des Ausbildungsjahres unversorgt bzw. sind in Schulformen anderer Berufsfelder untergekommen. Gerade Jugendliche mit Migrationshintergrund erhalten durch die Eltern wenig Unterstützung bei der Berufsorientierung und -findung. Sowohl die mangelnde Verzahnung bei der Betreuung der Schüler/-innen beim Übergang von der HS zur BBS als auch der fehlende Gesamtüberblick über die vielfältigen Bildungsmöglichkeiten an der BBS erschweren den Übergang in eine Ausbildung oder Arbeitsaufnahme.

- *Realer Projektverlauf*

Ein genauer strukturell und zeitlich dargestellter Ablauf des Berufsfahrplanes ist folgender Übersicht zu entnehmen:

Nr.	Geplante Schritte	Zeitraum	Betreuung
1	14-tägiges Betriebspraktikum der Klassen 8 der Hauptschule	Januar	Klassenlehrer und Sozialpädagogin im Projekt „Profilierung der Hauptschule“
2	Einwöchiges Schnupperpraktikum der Klassen 8 an der BBS Technik und BBS am Museumsdorf	Februar	Klassenlehrer, Sozialpädagogin im Projekt „Profilierung der Hauptschule“ und Lehrkräfte der BBS
3	Informationsveranstaltung von örtlichen Betrieben für die Klassen 8 an der Hauptschule	März/April	Klassenlehrer und Sozialpädagogin im Projekt „Profilierung der Hauptschule“ und Personalchefs
4	Informationsveranstaltung im BIZ der Agentur für Arbeit	Juni	Klassenlehrer und Sozialpädagogin im Projekt „Profilierung der Hauptschule“, Berufsberatung
5	Informationsabend der Berufsberatung und der berufsbildenden Schulen für die Schüler/-innen der Klasse 9 und ihrer Eltern	September	Klassenlehrer und Sozialpädagogin im Projekt „Profilierung der Hauptschule“, Lehrkräfte der BBS und Berufsberatung
6	Dreiwöchiges Betriebspraktikum der Klassen 9 der Hauptschule	September/ Oktober	Klassenlehrer und Sozialpädagogin im Projekt „Profilierung der HS“
7	Informationstag der berufsbildenden Schulen für die Klassen 9 der Hauptschule	Dezember	Lehrkräfte der BBS, Klassenlehrer und Sozialpädagogin im Projekt „Profilierung der Hauptschule“
8	Bewerbung für die berufsbildenden Schulen	Januar/ Februar	Klassenlehrer und Sozialpädagogin im Projekt „Profilierung der Hauptschule“
9	Ausgewählte (schwächere) Schüler/-innen wechseln in eine Berufsfachklasse mit einem hohen Praxisanteil („Praxisklasse“) in den Bereich Wirtschaft an die BBS am Museumsdorf	ab August	Lehrkräfte der BBS, Sozialpädagogin
10	Informationsabend für die Eltern der Praxisklasse	September	Lehrkräfte der BBS, Sozialpädagogin, Berufsberatung
11	Schüler/-innen führen im zweiten Halbjahr einen Praxistag pro Woche durch	von Februar bis Juli	Lehrkräfte der BBS, Sozialpädagogin, Berufsberatung und Mitarbeiter der Jugendberufshilfedienste des Caritas-Sozialwerkes (PACE)
12	Aufnahme einer Ausbildung oder einer Arbeit bzw. nachgehende Betreuung	ab September	Berufsberatung und Mitarbeiter der Jugendberufshilfedienste des Caritas-Sozialwerkes (PACE)

- *Merkmal des Projektes*

Der besondere Aspekt des dargestellten Berufsfahrplans liegt in der erstmaligen Vernetzung der aufgezählten Institutionen. Durch eine kontinuierliche und engagierte Zusammenarbeit der verschiedenen Fachkräfte ist eine hohe Erreichbarkeit des Projektzieles gewährleistet. Zudem sollen die Jugendlichen durch eine intensive Einbindung der Eltern innerhalb des Projektes frühzeitig und gezielt auf das Berufsleben vorbereitet werden.

5 Ergebnisse

Durch die frühzeitige Auseinandersetzung der Hauptschüler/-innen mit dem Thema der Berufsorientierung und der begleitenden Unterstützung der unterschiedlichen Institutionen einschließlich der aktiven Elternarbeit ist es gelungen, den Jugendlichen einen größeren Einblick in die Möglichkeiten der Berufswelt zu geben. Es ist davon auszugehen, dass die Lernenden durch die Einführung des Berufsfahrplans eine realistischere Einschätzung ihres zukünftigen Berufes erhalten. Abschließende Aussagen über den Verlauf des Projektes und zu möglichen Ergebnissen können zum jetzigen Zeitpunkt noch nicht gemacht werden.

Nach Abschluss des Schuljahres 2006/2007 ist eine Erhebung über die o.g. Zielgruppe geplant. Zudem soll durch eine Befragung der Praktikumsbetriebe und der Eltern festgestellt werden, inwieweit eine Verbesserung der Ausbildungsreife der Schüler/-innen eingetreten ist.

6 Förderliche und hinderliche Bedingungen

- *Äußere Rahmenbedingungen/Ressourcen – Finanzierung*

Die Sozialpädagogin Simone Meyer wird im Rahmen des Kooperationsprojektes zur Profilierung der Hauptschule (Partner: Caritas-Sozialwerk, Stadt Cloppenburg und HRS Leharstraße) durch das Land Niedersachsen finanziert. Zusätzlich anfallende Stunden werden aufgrund einer Vereinbarung zwischen der BBS und dem Caritas-Sozialwerk getragen. Frau Böckmann und Herr Meinhardt werden innerhalb ihrer Lehrertätigkeit über das Land Niedersachsen bezahlt.

7 Materialien

Das Projekt wurde in einer Dokumentation von Petra Böckmann, Simone Meyer und Dirk Meinhardt festgehalten.

8 Sonstiges

- *Weiterentwicklung des Projektes*

Parallel zur Planung des Projektes „Berufsfahrplan“ hat das Land Niedersachsen der BBS den Zuschlag für einen Schulversuch genehmigt, deren Inhalte nahezu identisch zum Projekt sind. Eingerichtet werden an 12 ausgewählten Berufsbildenden Schulen sog. einjährige Berufseinstiegsklassen, kurz BEK. Im August 2006 startete der auf zwei Jahre angelegte Schulversuch.

Ziel des Modellversuches ist es, Jugendlichen mit sehr schwachem oder fehlendem Hauptschulabschluss eine bessere berufliche Perspektive zu geben. Damit ist die BEK vorrangig für Jugendliche konzipiert, die den fehlenden Hauptschulabschluss nachholen wollen und Unterstützung bei der Berufsorientierung benötigen.

Die BBS am Museumsdorf beginnen zunächst mit einer Berufseinstiegsklasse. Eine wesentliche Grundlage der unterrichtlichen Arbeit in dieser Klasse stellt der „Berufsfahrplan“ dar.

Kontakt

Ansprechpartner/-innen	Petra Böckmann	Dirk Meinhardt	Simone Meyer
Anschrift	Berufsbildende Schulen am Museumsdorf Cloppenburg	Berufsbildende Schulen am Museumsdorf Cloppenburg	Caritas-Sozialwerk St. Elisabeth Cloppenburg
Telefon	04471 / 92 22 0	04471 / 92 22 0	0160 / 92 50 56 78
Fax	04471 / 92 22 30	04471 / 92 22 30	
E-Mail	info@bbsam.de	info@bbsam.de	caritas-hs-clp@gmx.de
Internet (Homepage)	www.bbsam.de	www.bbsam.de	www.caritas-sozialwerk.de

Nico Rettcher / Jörg Kreusel

„Nationalsozialismus – Nationalismus in der Zeit von 1933 – 1945“ im Ländervergleich (Deutschland, Frankreich, Italien, Polen)

1 Präventionsdimensionen

Präventionszugang:	personenorientiert
Zeitl. Differenzierung:	primär- und sekundärpräventiv
Problemspezifität:	Rechtsextremismus
Genderbezug:	-
Ethnischer Bezug:	-
Institutionsbezug:	Schule/Jugendhilfe
Sonstige Dimension:	-

2 Tabellarische Kurzübersicht

Aktionsfeld (Handlungsfeld, Institution, Organisation)	Jugendpflege der Gemeinde Hude in Kooperation mit der Peter-Ustinov-Schule (Hude). Das Projekt wurde in Hude konzeptioniert und organisiert und im polnischen Nowe Miasto durchgeführt.
Inhalt/Gegenstand	Beschäftigung mit der Zeit zwischen 1933 und 1945 auf nationaler Ebene; Vergleich der nationalen Ergebnisse auf internationaler Ebene.
Akteure/-innen/ beteiligte Personen	Teilgenommen haben folgende Nationen: Deutschland (Hude und Kröpelin), Polen (Nowe Miasto), Italien (Fiume Veneto), Frankreich (Arnage)
• Zielgruppen/ Teilnehmer/-innen	Ca. 80 Jugendliche der verschiedenen Nationen. Teilnehmer/-innen aus Deutschland waren 14 Jugendliche des 9. Jahrgangs der Peter-Ustinov-Schule in Hude (Realschule), sieben Jungen und sieben Mädchen in der Alterstufe zwischen 14 und 16 Jahren.
• Leitung, Moderation usw.	Nico Rettcher, Fachlehrer Geschichte, Peter-Ustinov-Schule und Jörg Kreusel, ehrenamtlicher Gemeindejugendpfleger, Gemeine Hude
• Träger	Organisatorischer Träger des Projektes war die Jugendpflege der Gemeinde Hude in Kooperation mit der Peter-Ustinov-Schule (Hude). In den anderen Nationen waren die jeweiligen Gemeinden und Schulen verantwortliche Partner des Projektes.
• Projektpartner/-innen, Kooperation	Schulen (beteiligte Nationen), Jugendhilfe (Hude), Gemeinden (beteiligte Nationen)
▪ **Kommunale Rahmenbedingungen**	Kooperation zwischen Schule und Jugendhilfe, Kooperation zwischen verschiedenen Gemeinden auf unterschiedlichen Ebenen, Kooperation der Schulen auf internationaler Ebene
• Ort	Hude
• Einwohner/-innenzahl	ca. 15.000
• Region, Landkreis	Oldenburg
• Bundesland	Niedersachsen
• Kommune Trägerin eines eigenen Jugendamtes?	nein
Laufzeit **Dauer insgesamt**	August 2004 bis Juli 2005, die Vorbereitungsphase begann im August 2004 und endete mit der Projektwoche der Peter-Ustinov-Schule im Juni 2005.

3 Ausgangslage und Zielsetzung

Bei einem Besuch des Konzentrationslagers Stuthof (Polen) mit einer Jugendgruppe 2003 wurde festgestellt, dass das begrenzte Faktenwissen der Jugendlichen über die Zeit des Nationalsozialismus nicht ausreichte, ein differenziertes, interkulturelles Geschichtsbewusstsein zu manifestieren, welches zu einem Handlungsbedürfnis gegen Rassismus und Rechtsextremismus in der heutigen Zeit motiviert.

Im Rahmen der Fortbildung des Geschichtslehrers Nico Rettcher und des ehrenamtlichen Gemeindejugendpflegers Jörg Kreusel zur Präventionsfachkraft entstand der Gedanke, dieses Defizit in einem Projekt auszugleichen. Es kam zu einer Zusammenarbeit zwischen Peter-Ustinov-Schule und Kulturhof. Gemeinsam wurde das Projekt geplant und durchgeführt.

Als erstes stellt sich die Frage, worin der Sinn eines Projektes liegt, in dem ein Abschnitt der Geschichte der einzelnen Nationen von Jugendlichen aufgearbeitet und verglichen werden soll.

Die Erarbeitung von historischen Themen setzt das Wissen voraus, dass die Rekonstruktion von Vergangenheit notwendig an die Erkenntnismöglichkeiten, die Deutungswünsche und die lebensweltlichen Fragestellungen einer Gegenwart gebunden ist: Die Perspektive des Betrachters bestimmt die Deutung! Das macht ein internationales Projekt, das einen geschichtlichen Abschnitt aus der Perspektive von Jugendlichen vergleicht, interessant.

Schüler/-innen haben gewisse familiär und gesellschaftlich geprägte Denkmuster bezüglich ihrer individuellen Geschichte und der Geschichte ihrer Nation.

Geschichtsunterricht und geschichtlich ausgerichtete Projekte sollen dazu beitragen, Jugendliche zu befähigen, Kriterien des Geschichtsbewusstseins (das Bewusstsein der Zeit, der Wirklichkeit, der Historizität, der Identität – sowie ein politisches, ökonomisch-soziales und moralisches Vorstellungsvermögen) permanent kritisch zu hinterfragen und bestehende Denkmuster ggf. zu modifizieren. Dies geschieht an Fragestellungen, Kategorien und Denkmethoden einer Disziplin, die eine objektiv mögliche und übliche Weise darstellt, die Wirklichkeit denkend zu betrachten und zu ordnen. Damit ist das mancherorts fortdauernde Missverständnis widerlegt, Geschichtsunterricht habe historisches Wissen – d.h. deutende Urteile, die durch Verknüpfung von konstatierenden Urteilen entstanden sind – an Schüler/-innen bzw. Jugendliche zu vermitteln. Eine solche Vermittlung ist die potenziell ideologieträchtige Vermittlung fertiger Urteile.

Ziel des Projektes war, den Teilnehmer/-innen die Geschichte des Nationalsozialismus bewusst zu machen – Geschichtsbewusstsein entwickeln zu lassen. Wissen, d.h. historische Fakten, sind vermittelbar, Bewusstsein kann sich nur in einer motivierten Situation bei der Auseinandersetzung mit einer Thematik bilden.

Solch eine Situation für die Teilnehmer/-innen zu schaffen – und zwar auf internationaler Ebene – und die Arbeitsergebnisse, Erfahrungen und Emotionen der unterschiedlichen Nationalitäten zu reflektieren und nutzbar, auswertbar zu machen, war unser Ziel.

4 Vorgehensweise/Projektverlauf

Im Mai 2005 fand ein *Vorbereitungstreffen* mit Betreuern des Projektes (Gemeindemitglieder, Jugendpflege, Lehrkräfte) und einigen Teilnehmer/-innen in Polen statt, um das eigentliche Projekt im Juli abschließend vorzubereiten.

Von August bis Mai 2005 wurden 15 Stellwände zum Thema erarbeitet. In einer *Projektwoche im Juni* wurde von den Teilnehmer/-innen ein eigenes Theaterstück in Anlehnung an das Buch „Die Welle“ von Morton Rhue erarbeitet.

Die eigentliche Durchführung des internationalen Projektes fand vom 2. – 9. Juli 2005 in Nowe Miasto, Polen, statt.

- *Der erste Tag (02.07.2005), Samstag*

Um 6:00 Uhr morgens war Abfahrt in Hude am Kulturhof. Um ca. 10:00 Uhr wurde ein Zwischenstopp in Kröpelin eingelegt, die Kröpeliner-Gruppe stieg zu. Ankunft war um ca. 22:00 Uhr in Nowe Miasto. Es folgte die Zimmerverteilung und ein Nachtessen.

- *Der zweite Tag (03.07.2005), Sonntag*

- Gemeinsames Frühstück in der Mensa der Schule. Anschließend begann die offizielle Begrüßung der Gäste (ohne die französischen Schüler/-innen, die erst abends anreisten). Es wurden Reden gehalten, die Nationalhymnen gesungen und Geschenke der Gemeinden überreicht.
- Präsentation der von den polnischen Schüler/-innen umfangreich erarbeiteten Ausstellung
- Alle Nationen pflanzten mitgebrachte Bäume auf einer Freifläche der Schule
- polnisches Mittagessen im Freien, danach Freizeit
- Abends: Schuldisco und Lagerfeuer, die spätabends angekommenen französischen Schüler/-innen pflanzten ihre Bäume um ca. 23:00 Uhr.

- *Der dritte Tag (04.07.2005), Montag*

Nach einem Frühstück begann die erste gemeinsame inhaltliche Auseinandersetzung mit der Thematik. Dieser Tag war sehr anstrengend, da wirklich ca. 10 Stunden von allen Schüler/-innen konsequent durchgearbeitet wurde. Die Gruppen präsentierten ihre erarbeiteten Ergebnisse und stellten sie zur Diskussion. Der Ablauf wiederholte sich bei allen Gruppen:

- Präsentation der jeweiligen Nation
- Besprechung der Eindrücke (getrennt nach Nationen)
- Äußerung von Kritik (positiv, negativ) im Plenum, Stellungnahme der vorstellenden Nation.

Polen	• umfangreiche Ausstellung • Zeitzeugen eingeladen (diese hatten zum Teil Modelle von Lagern nachgebaut und beantworteten Fragen der Schüler/-innen) • Theater
Deutschland	• Ausstellung: Im ersten Bereich (Chronik) werden die wichtigsten Ergebnisse des jeweiligen Jahres kurz dargestellt. Der zweite Teil setzt sich mit Jugend, der dritte mit dem Thema Judenverfolgung und der vierte mit Widerstand auseinander. • Theater

Kröpelin	• Präsentation der von ihnen erarbeitete Broschüre: *„Zeiten vergehen, Menschen vergessen – wir forschen,* Kröpelin vor 70 Jahren“
Italien	• Filmvorführung des Musicals, das von ihnen auf dem Marktplatz in Fiume Veneto aufgeführt wurde.
Frankreich	• Multimediale Präsentation; inhaltlich beschäftigten sie sich mit dem „vergessenen Lager“ von Mulsanne (heute: die Rennstrecke le Mans), mit einem Internierungslager für Zigeuner und mit Widerstandsgruppen. Im Zentrum der Präsentation stand die selbstkritische Frage, wie es möglich war, dass Millionen von Franzosen mit deutschen Besatzern kollaborierten, dass sie rassistische Gesetze (welche einen Teil der Bevölkerung diskriminierten) annahmen.

- *Der vierte Tag (05.07.2005), Dienstag*

Am Vormittag wurden die Ergebnisse des Vortages noch einmal vor dem gesamten Plenum zusammengefasst. Es war zu spüren, dass die Schüler/-innen eine Pause brauchten. So fuhren wir erst zu einem nahe gelegenen See, um das schöne Wetter beim Bad zu genießen.

Um 15:00 Uhr kamen wir wieder an der Schule in Nowe Miasto an und begannen mit der geplanten Freilichtmalerei. Sinn dieser Aktion war es, die Jugendlichen die gemeinsame Arbeit der Nationen an der Thematik auf jeweils einem Banner darstellen zu lassen – diese sollten beim Friedensmarsch am Abend getragen werden. Oberbegriff für die Jugend war bei diesem Thema „Jugend für Frieden“.

Von 17:00 bis 18:30 Uhr hörten wir einen Vortrag des motivierten Historikers Dr. Korecki (Buch: „Die Geschichte des Ortes Nowe Miasto in den Jahren 1918 – 1945“). Er präsentierte und verdeutlichte seine Erkenntnisse mithilfe von Fotografien aus der Zeit.

Bei dem „Weißen Friedensmarsch“ um 21:30 Uhr wurden die erarbeiteten Banner sowie Fackeln getragen. An den vier Nationaldenkmälern des Ortes wurden von ganz in weiß gekleideten Jugendlichen Blumengebinde niedergelegt. Am letzten Denkmal gab es ein Treffen mit der Bürgermeisterin, Reden von Schüler/-innen aller Nationen und eine Schweigeminute. Hier endete der Friedensmarsch mit den Präsentationen der einzelnen Nationen.

- *Der fünfte Tag (06.07.2005), Mittwoch*

Ausflug nach Krakow. Dort angekommen folgte ein gemeinsames Mittagessen in einem Restaurant. Ab 14:00 Uhr gab es eine Stadtführung (u.a. Besichtigung Wawel, Krakauer Marktplatz, Weg der Könige) und im Anschluss eine Stunde Freizeit für die Jugendlichen. Übernachtet wurde in einem Hotel in Wadowice.

- *Der sechste Tag (07.07.2005), Donnerstag*

Am Vormittag ging es nach Wadowice. Hier wurde das Geburtshaus des verstorbenen Papstes Johannes Paul II. besichtigt.

Am Nachmittag besichtigten wir die Gedenkstätte Auschwitz. Die Schüler/-innen waren auf den Besuch vorbereitet worden. Trotzdem war hier die Betroffenheit fast greifbar. Der erste Teil der Besichtigung fand im Stammlager mit der Ausstellung statt, der zweite Teil in Auschwitz Birkenau.

Die Rückfahrt nach Nowe Miasto erfolgte am Abend. Die italienische Gruppe ist aus logistischen Gründen von Auschwitz direkt zurück nach Italien gefahren.

- *Der siebte Tag (08.07.2005), Freitag*

Am Vormittag hatten die Jugendlichen Freizeit, um im Ort kleinere Mitbringsel für ihre Familien und Freunde zu kaufen. Um 12:00 Uhr war eine kurze offizielle Verabschiedung. Auf der Rückfahrt haben wir noch einen kurzen Zwischenstopp in Thorn gemacht.

- *Der achte Tag (09.07.2005), Samstag*

Ankunft in Hude um ca. 7:00 Uhr am Morgen.

5 Ergebnisse/Erkenntnisse

Ziel war es, die Projektergebnisse – sowie die gemachten Erfahrungen der Jugendlichen – ausstrahlen zu lassen auf andere Jugendliche ihrer Altersgruppe und die allgemeine kommunale Öffentlichkeit.

Dies geschah durch Zusammenarbeit mit der lokalen Presse und durch zwei öffentliche Ausstellungen der Dokumentation des Projektes mithilfe der Schautafeln. Außerdem gab es zwei Theaterabende, bei denen die Teilnehmenden das selbstständig erarbeitete Theaterstück präsentierten. Des Weiteren wurde eine Videodokumentation über das Projekt erstellt.

Bei der Durchführung des Projektes stellten wir alle fest, dass es erhebliche Unterschiede zwischen den Jugendlichen der verschiedenen Nationen im Umgang mit ihrer eigenen Geschichte gibt.

Patriotismus (nicht negativ besetzt!) und Geschichtsbewusstsein scheinen sehr eng zusammenzuhängen. Die deutschen Jugendlichen haben nicht mitgesungen, als zur Begrüßung die deutsche Nationalhymne angestimmt wurde. Und auch in den Präsentationen war zu beobachten, dass keine der anderen Nationen so kritisch mit der eigenen Geschichte und auch der aktuellen politischen und gesellschaftlichen Situation des eigenen Landes umgegangen ist wie die deutschen Jugendlichen.

Dies war so signifikant, dass es von den Jugendlichen (nicht nur den deutschen) thematisiert wurde.

6 Förderliche und hinderliche Bedingungen des Projektes

- *Personelle Ressourcen*

Die Gemeinden Hude, Kröpelin (beides Deutschland), Fiume Veneto (Italien), Arnage (Frankreich) und Nowe Miasto (Polen) sind Partnerstädte und pflegen außergewöhnlich intensive Kontakte. Es gibt jährlich einen Schüler/-innenaustausch zwischen den Gemeinden. Des Weiteren werden Jugendfreizeiten und Begegnungen für Erwachsene auf Gemeindeebene angeboten. Auch auf kirchlicher Ebene gibt es vielfältige Kontakte der Partnergemeinden. Die Schulen haben sich in dieses Netzwerk eingegliedert und nutzen vorhandene Strukturen.

- *Räumliche Ressourcen*

Die Unterbringung erfolgte im Gymnasium des Ortes Nowe Miasto. Sowohl die Teilnehmer/-innen als auch die Betreuer/-innen wurden in Klassenzimmern (nach Geschlechtern getrennt) untergebracht. Dies wurde von allen als sehr positiv empfunden, da so ein wirkliches Zusammenleben aller beteiligten Nationen über den gesamten Zeitraum gewährleistet war. Da in Polen zur Zeit des Projektes Sommerferien waren, stand uns die gesamte Schule mit allen Räumen zur Verfügung.

Während der Vorbereitung in Hude konnte von uns der Huder Kulturhof (vor allem für die Theaterproben) und die Schule (Kunst-, Werk- und Computerräume, Bibliothek) genutzt werden.

- *Finanzierung*

Es wurde versucht, auf lokaler, regionaler, nationaler und europäischer Ebene finanzielle Unterstützung für das Projekt zu akquirieren.

- Tragende Säule des Projektes sollten Fördergelder aus dem EU-Aktionsprogramm „Jugend“ sein. Hier wurde ein Betrag von 12.950 € – dies entsprach zum Zeitpunkt der Planung 50% der Gesamtkosten – beantragt. Dieser Antrag wurde entgegen der mündlichen Auskünfte von Mitarbeitern des Förderungsbüros nicht genehmigt.
- Ein Antrag wurde beim „Deutsch-polnischen-Jugendwerk“ gestellt, welcher teilweise genehmigt wurde.
- Der Landkreis Oldenburg unterstützte das Projekt mit ca. 300 €. Die teilnehmenden Gemeinden steuerten aus entsprechenden Töpfen jeweils 1.000 € bei. Des Weiteren bekamen wir Spenden in Höhe von 650 € von Huder Geschäftsleuten. Die restlichen Kosten wurden über den Haushalt der organisierenden Gemeinde Hude beglichen.
- Die Teilnehmer/-innen entrichteten einen Eigenbeitrag von 50 € pro Person.

7 Materialien

Schriftliche Dokumentation, Videodokumentation, Ausstellung (15 Stellwände), multimediale Präsentation (PowerPoint), umfangreiche Fotodokumentation.

8 Sonstiges, Bemerkungen, Ausblick

Das Projekt hatte eine Fortsetzung im Jahr 2006 in Hude zum Thema „Nationale Identität im internationalen Vergleich“ und wird auch im Jahr 2007 und voraussichtlich 2008 zu anderen Themen mit den beteiligten Nationen fortgesetzt.

Kontakt

Ansprechpartner	Nico Rettcher	Jörg Kreusel
Anschrift	Auerhahnweg 36d 27798 Hude	Glatzer Str. 8 27798 Hude

Peter Klösener / Helga Hettlich / Michaela Truß

Fit für's Leben – Jugendverbände in Kooperation mit Schule

1 Präventionsdimensionen

Präventionszugang:	personenorientiert
Zeitl. Differenzierung:	primärpräventiv
Problemspezifität:	Beispiel a: Übergang Schule – Beruf/ Beispiel b: unspezifisch
Genderbezug:	-
Ethnischer Bezug:	Beispiel b: 80-85% der Schüler/-innen mit Migrationshintergrund
Institutionsbezug:	Schule/Jugendhilfe
Sonstige Dimension:	Beispiel a: - / Beispiel b: Peer-education-Ansatz

2 Tabellarische Kurzübersicht

Aktionsfeld (Handlungsfeld, Institution, Organisation)	Belmer Ganztagsschule (GTS) (Projektbeispiel a); Haupt- und Realschule (HRS) Cloppenburg (Projektbeispiel b)
Inhalt/Gegenstand	Projektbeispiel a: Lebens- und Berufswahl von Jugendlichen; Projektbeispiel b: Förderung sozialer Kompetenzen
Akteure/-innen/ beteiligte Personen	
• Zielgruppen/ Teilnehmer/-innen	Beispiel a: Schüler/-innen der Klassen 9 — 10; Beispiel b: Schüler/-innen der Klassen 5 und 7
• Leitung, Moderation usw.	Beispiel a: Peter Klösener, Dipl.-Sozpäd./Sozialmanager, BDKJ-Diözesanreferent, Helga Hettlich, Dipl.-Sozpäd., BDKJ-Referentin für Schulkooperationen; Beispiel b: Michaela Truß, Dipl.-Sozpäd., Jens Schultzki, Jugenddiakon, Silke Meine, Ehrenamtliche, Ev. Jugend
• Träger	Beispiel a: Kooperationsprojekt der CAJ (Christliche ArbeiterInnen Jugend Osnabrück) und Belmer GTS; Beispiel b: Kooperationsprojekt der Evangelischen Jugend Oldenburg mit einer Haupt- und Realschule in Cloppenburg
• Projektpartner/-innen, Kooperationen	Bund der Deutschen Kath. Jugend (BDKJ), Arbeitsgemeinschaft der Ev. Jugend Niedersachsen e.V. (aejn e.V.); beide Projekte waren Mikroprojekte im Rahmen der Kampagne „NextNetz", die vom Nds. Ministerium für Soziales, Frauen, Familie und Gesundheit aus Mitteln des Europäischen Sozialfonds gefördert wurden.
Kommunale Rahmenbedingungen	
• Ort	Beispiel a: Belm; Beispiel b: Stadt Cloppenburg
• Bundesland	Niedersachen
• Region	Beispiel a: Landkreis Osnabrück; Beispiel b: Landkreis Cloppenburg
• Einwohner/-innenzahl	Beispiel a: 14.000; Beispiel b: 32.000
• Kommune Trägerin eines eigenen Jugendamtes?	Beispiel a: nein Beispiel b: nein
Laufzeit: **Dauer insgesamt:**	Beispiel a + b: 1 Jahr als Projekt im Rahmen des Nds. Förderprogramms „NextNetz"; Beispiel a: bisher 1,5 Jahre; Beispiel b: eine Weiterführung ist in Planung

Kurzbeschreibung:
Die Arbeitsgemeinschaft der Ev. Jugend Niedersachsen e.V. (aejn e.V.) und der Bund der Deutschen Katholischen Jugend (BDKJ) initiieren Projekte in Zusammenarbeit von Jugendverbänden und Schulen mit dem Ziel, soziale Kontakte, persönliche sowie schulische und berufliche Orientierung und soziale Kompetenzen zu vermitteln. Die Projekte werden an den Schulen als regelmäßige Angebote am Nachmittag oder im Rahmen von Projekttagen außerhalb von Schulen durchgeführt. Exemplarisch sollen hier zwei Projekte vorgestellt werden.

3 Ausgangslage und Zielsetzung

Jugendverbände und Schulen kooperieren bereits seit Langem miteinander – die Bandbreite von Aktivitäten zeigt sich u.a. in der Gestaltung von Schüler/-innen-Cafés oder schulischen Projekttagen. Mit dem aktuellen Ausbau des Netzes von Ganztagsschulen in Deutschland müssen zusätzliche Aspekte berücksichtigt werden:

- *Schule öffnet sich dem sozialen Raum*: zur Vermittlung von Orientierung im außerschulischen Bereich werden Kooperationen mit Vereinen, Verbänden und weiteren Institutionen der Gemeinde/des Stadtteils eingegangen.
- *Bildungsbezogener Mehrwert*: aufgrund des „PISA-Schocks" versprechen sich politisch Verantwortliche von der Einrichtung der Ganztagsschulen einen bildungsbezogenen Mehrwert – und konfrontieren Schulen und deren Kooperationspartner/-innen mit hohen Erwartungen.
- *Besetzung von Zeitfenstern*: die Ausdehnung der täglichen Schulzeit in den Nachmittag konfrontiert außerschulische Träger der Jugendarbeit mit der Frage, wann und wie sie Kinder und Jugendliche künftig mit eigenen Angeboten erreichen können.
- *Finanzielle Grenzen*: die Finanzierung der Ausweitung des Ganztagsschul-Netzes durch die Bundesregierung geht zumeist mit geringen oder fehlenden Budgets der einzelnen Schulen für zusätzliche Stunden von Lehrkräften oder Honorarmitteln einher.
- *Jugendverbände als Kooperationspartner*: ein verstärktes Engagement von Jugendverbänden an Schulen liegt mit der Öffnung der Schulen nahe, erweist sich jedoch aufgrund von organisatorischen Rahmenbedingungen oft als schwierig.

Um frühzeitig praxisrelevante Erfahrungen für die weitere Entwicklung des Arbeitsfeldes auswerten zu können, haben sich die Arbeitsgemeinschaft der Evangelischen Jugend Niedersachsen e.V. (aejn) und der Bund der Deutschen Katholischen Jugend (BDKJ) entschlossen, Projekte in Zusammenarbeit von Jugendverbänden und Schulen zu initiieren. Zwei dieser Projekte sollen im Folgenden exemplarisch vorgestellt werden: „Fit for the job" – Ein Projekt der Christlichen Arbeiter/-innen Jugend Osnabrück (CAJ) (im Folgenden Projektbeispiel a) und „STEP: Selbstsicherheit-Teamarbeit-Erlebnis-Perspektive" – Ein Projekt der Evangelischen Jugend Oldenburg (im Folgenden Projektbeispiel b).

4 Vorgehensweise

4.1 Projektbeispiel a

- *Inhalt und Ziele*

Thema des Projekts „Fit for the Job“ ist die Lebens- und Berufswahl von Jugendlichen. Ein wichtiger Baustein ist u.a. ein individuelles Bewerbungstraining, welches das Verfassen von Bewerbungsanschreiben, Telefontraining, Einstellungstests und das Einüben von Vorstellungsgesprächen umfasst. Die Auseinandersetzung mit den Erwartungen der Wirtschaft an Auszubildende soll darüber hinaus Hilfestellung in der individuellen Berufswahl geben und einen realistischen Blick für die Zukunft ermöglichen, um unreflektierte Vorstellungen und somit mögliche Ausbildungsabbrüche zu vermeiden.

Zudem soll das Projekt Jugendliche in ihrer persönlichen Entwicklung fördern und helfen, soziale Kompetenzen zu entwickeln. Die inhaltliche Basis hierfür sind u.a. Bestandteile der Juleica-Ausbildung wie Führungsstile, Aufgaben einer Spielleitung, etc.. Die dadurch gewonnenen persönlichen und sozialen Kompetenzen sollen wiederum genutzt werden, um das erarbeitete Wissen und die gemachten Erfahrungen im Rahmen neuer Veranstaltungen an andere Jugendliche weiterzugeben, die vor allen Dingen der CAJ oder der Hauptschule (HS) Belm angehören. Beispielhaft ist hier die Tätigkeit als Teamer/-in bei Berufsorientierungstagen von Schüler/-innen der 8. Klasse der HS Belm zu nennen.

- *Zielgruppe*

Das Angebot richtet sich an alle Schüler/-innen der Klassen 9 und 10. Die Zahl der Teilnehmenden ist begrenzt auf 12 Schüler/-innen.

- *Realer Projektverlauf*

Regelmäßiges Projektangebot am Nachmittag an der Belmer Ganztagsschule.

- *Bausteine*

Beispielhafte Methoden und Aktionen sind:

- Verfassen von Bewerbungsanschreiben, Telefontraining
- Training des Verhaltens bei Einstellungstests, Üben von Aufgaben aus Einstellungstests, Einüben von Vorstellungsgesprächen
- Exkursionen zu unterschiedlichen Einrichtungen (Arbeitsamt etc.), Kontaktgespräche mit der hiesigen Wirtschaft
- Zukunftswerkstatt „10 Gebote für Ausbildungsbetriebe“.

- *Äußere Rahmenbedingungen/Ressourcen:*

Das Projekt „Fit for the job“ ist eines von vielen Mikroprojekten im Rahmen der Kampagne „NextNetz“, die vom Niedersächsischen Ministerium für Soziales, Frauen, Familie und Gesundheit aus Mitteln des Europäischen Sozialfonds gefördert wird.

4.2 Projektbeispiel b

- *Inhalt und Ziele*

Die Förderung sozialer Kompetenzen wie Kooperations- und Kommunikationsfähigkeit stehen im Mittelpunkt des Projektes „STEP“, das die Ev. Jugend Oldenburg mit Schulklassen einer HRS aus Cloppenburg durchführt. Die Vermittlung von Schlüsselkompetenzen zur Bewältigung des gesellschaftlichen und beruflichen Alltags sind Herausforderungen, denen sich Familie, Schule als auch Jugendverbände verstärkt zu stellen haben. Jugendverbände verstehen sich seit je her als ein Ort, an dem Jugendliche diese Kompetenzen erlangen können. Das Projekt „STEP“ gestaltet diese Vermittlung in Kooperation mit Schulen.

- *Zielgruppe*

Das Angebot richtet sich an geschlossene Klassenverbände und findet außerhalb der Schule statt.

- *Realer Projektverlauf*

Das Projekt findet mit Schulklassen einer Haupt- und Realschule in Cloppenburg statt. Es gliedert sich in drei Phasen:

Phase 1: Informationstreffen zum gegenseitigen Kennenlernen sowie zur Projektvorstellung zwischen dem Projektteam und den jeweiligen Schulklassen
Phase 2: Dreitägige Schulprojekttage
Phase 3: Auswertungstreffen mit den Schulklassen.

- *Bausteine*

Mit erlebnispädagogischen Methoden aus dem Niedrigseilbereich werden die Schüler und Schülerinnen im Projektverlauf in verschiedene Situationen versetzt, in denen sie ihre Team- und Kooperationsfähigkeit erproben und weiterentwickeln können. Problemlösungsaufgaben, die Zusammenarbeit, Absprache, Rücksicht, Vertrauen und Kreativität fordern, setzen am praktischen Tun und Erleben der Jugendlichen an. Reflexionseinheiten sorgen für einen Transfer der Erlebnisse in ihre alltägliche Schulsituation.

- *Merkmal des Projektes*

Eine Besonderheit des Projektes liegt in der intensiven Einbindung jugendlicher Ehrenamtlicher in die Projektgestaltung und Projektdurchführung. Wochenendfortbildungen und mehrere Einzeltreffen dienten dazu, ehrenamtliche Mitarbeitende für die Schulprojekttage zu qualifizieren, mit ihnen gemeinsam das Programm der Projekttage zu entwickeln sowie ein Vorbereitungstreffen mit den Klassen zu konzipieren. Auch in der Durchführung und Auswertung der Schulprojekttage sind ehrenamtliche Mitarbeitende in leitender Funktion.

- *Äußere Rahmenbedingungen/Ressourcen:*

Das Projekt „STEP“ war ebenfalls eines von vielen Mikroprojekten im Nds. Förderprogramm „NextNetz“.

5 Förderliche und hinderliche Bedingungen

- *Erfolgsfaktoren*

Aus den bisherigen Erfahrungen, die Jugendverbände in Kooperationen mit Schulen sammeln konnten, kristallisieren sich aus Sicht der Jugendverbände verschiedene Eckpunkte für eine gelingende Kooperation heraus. Im Folgenden sollen einige davon kurz beschrieben werden.

- *Begegnung auf Augenhöhe*: Der Weg, die Methoden und Ansätze, wie Jugendverbände und Schule ihrem Bildungsauftrag nachkommen, unterscheiden sich erheblich. Umso bedeutender ist für eine gelingende Kooperation, dass beide Seiten wertschätzend und anerkennend diese Differenzen aufgreifen, Chancen darin erkennen und gestalten. Gemeinsame Fortbildungen und Orte des Austausches müssen hierfür verstärkt ausgebaut werden.
- *Kontaktpersonen an Schulen*: Erfahrungen zeigen: Kooperationen mit Schulen gelingen oft dann, wenn es an den Schulen direkte und verantwortliche Kontaktpersonen für die Jugendverbände gibt. Sowohl in Bezug auf die Klärung organisatorischer Fragen im Projektverlauf als auch zur Gewährleistung guter Kommunikation zwischen den Kooperationsbeteiligten sind sie von Relevanz.
- *Einbindung in das Schulprogramm*: Im Sinne eines gemeinsam gestalteten Lernortes für Schüler/-innen (s. z.B. 12. Kinder- und Jugendbericht) sind noch weitreichende Entwicklungen in der Kooperation von Schule und Jugendverbänden nötig. Die Einbindung und Abstimmung der Angebote außerschulischer Träger in das Schulprogramm, das an einzelnen Orten stattfindet, ist ein guter Schritt in die richtige Richtung. Der Regelfall ist bislang aber, dass Angebote der Jugendverbände an das reguläre Schulprogramm „angehängt" werden.

- *Ressourcen*

Personelle Ressourcen: Die größten Ressourcen der Jugendverbände sind Engagement und Kompetenz von Jugendlichen, die sich ehrenamtlich engagieren. In der Kooperation mit Schulen ist es aufgrund der eigenen Schulpflicht der Ehrenamtlichen nicht leicht, auf diese Ressourcen zurückzugreifen. Hier bedarf es deutlicherer Flexibilisierungen und Freistellungen für Ehrenamtliche, die sich in Schulkooperationen engagieren.
Räume: Einige jugendverbandliche Angebote benötigen außerschulische Räume, andere sind problemlos in den Schulkontext einzugliedern. Beide Möglichkeiten müssen gewährleistet sein und projektbezogen sowie flexibel gehandhabt werden.

Kontakt

Ansprechpartner/-innen	Peter Klösener	Helga Hettlich	Michaela Truß
Anschrift	BDKJ-Diözesanverband Osnabrück Domhof 2 49074 Osnabrück	BDKJ-Diözesanverband Osnabrück Domhof 2 49074 Osnabrück	Landesjugendpfarramt der Ev.-Luth. Kirche Oldenburg Haareneschstr. 58 26121 Oldenburg
Telefon	0541 / 31 82 36	0541 / 31 82 41	0441 / 77 01 40 3
Fax	0541 / 31 82 48	0541 / 31 82 48	0441 / 77 01 49 9
E-Mail	kloesener@bdkj-osnabrueck.de	hettlich@bdkj-osnabrueck.de	michaela.truss@ejomail.de
Internet	www.bdkj-osnabrueck.de	www.bdkj-osnabrueck.de	www.ejo.de

Karin Haller / Karin Emse / Tomas Wieland

Zuspätkommer – Einstieg zum Ausstieg?

1 Präventionsdimensionen

Präventionszugang:	personenorientiert, systembezogen
Zeitl. Differenzierung:	primär- und sekundärpräventiv
Problemspezifität:	Schulabsentismus
Genderbezug:	-
Ethnischer Bezug:	-
Institutionsbezug:	Schule
Sonstige Dimension:	Peer-education-Ansatz

2 Tabellarische Kurzübersicht

Aktionsfeld (Handlungsfeld, Institution, Organisation)	Hauptschule (HS) im Schulzentrum Badenstedt, Hannover
Inhalt/Gegenstand	Vermeidung von Schulabsentismus
Akteure/-innen/ beteiligte Personen	
• Zielgruppen/ Teilnehmer/-innen	Schülerinnen und Schüler der Hauptschule (HS) Badenstedt
• Leitung, Moderation usw.	Karin Haller, Konrektorin der HS Badenstedt; Dipl. Sozialpädagogin Karin Emse und Dipl. Sozialpädagoge Thomas Wieland, Kinder- und Jugendtreff Desperados – Kreisjugendwerk AWO Region Hannover
• Träger	HS im SZ Badenstedt, Kreisjugendwerk der AWO Region Hannover
• Projektpartner/-innen, Kooperationen	Weitere beteiligte Institutionen: keine
Kommunale Rahmenbedingungen	
• Ort	Badenstedt
• Bundesland	Niedersachsen
• Region	Stadt Hannover
• Einwohner/-innenzahl	500.000
• Kommune Trägerin eines eigenen Jugendamtes?	ja
Laufzeit: **Dauer insgesamt:**	erster Baustein Januar-Mai 2005, zweiter Baustein Februar-April 2006; Januar 2005 bis April 2006
Kurzbeschreibung: Hier wurde dem Zuspätkommen, das oft einen Einstieg in Schulabsentismus darstellt, präventiv entgegengewirkt. Im 1. Teil des Projektes wurde erhoben, wie viele Schüler/-innen zu spät in den Unterricht kamen. Schüler/-innen führten Interviews mit Schüler/-innen durch, die zu spät in Schule/Unterricht kamen, um deren Gründe zu erfragen, sowie mit Lehrkräften zu deren Umgang mit dem Zuspätkommen. Die gewonnenen Erkenntnisse waren Grundlage für den 2. Projektteil. Hier ging es um die Entwicklung eines praktischen, nachhaltigen Konzepts zum Umgang mit „Zuspätkommern“. Geschulte Schüler/-innen erarbeiteten mit zu spät kommenden Schüler/-innen Hilfsmöglichkeiten, um weitere Verspätungen zu vermeiden oder zu reduzieren.	

3 Ausgangslage und Zielsetzung

Das Versäumen einzelner Stunden oder gelegentliches Schwänzen sind häufig der Einstieg in den Prozess des dauerhaften Schulabsentismus. Je länger Schülerinnen und Schüler gefehlt haben, desto mehr nehmen Beziehungen zu Mitschüler/-innen und Lehrkräften ab. Das Bewusstsein, eine Menge Stoff versäumt zu haben, Angst vor Spott oder Repressalien wirken sich hemmend darauf aus, wieder zur Schule zu gehen. Einige Schüler/-innen sind unfähig, den Schulalltag zu organisieren und durchzustehen. Konflikte mit Lehrkräften treten auf. So kann es dazu kommen, dass sie immer häufiger, schließlich dauerhaft der Schule fern bleiben.

Die zu spät kommende Person steht mehr und mehr isoliert der Schule gegenüber. Eine Integration wird immer schwieriger (vgl. Deutsches Jugendinstitut e.V. 2004).

Es gibt Jugendliche, die den Schulbesuch aufgrund einer bewussten Entscheidung verweigern. Oft liegen auch andere Gründe vor, etwa Belastungen in den Lebensverhältnissen der betroffenen Kinder und Jugendlichen. Zu nennen sind hier Armut, zerbrechende Familien, ein problematisches elterliches Erziehungsverhalten und Gewalterfahrungen in den Familien. Deshalb ist es falsch, nur die Jugendlichen selbst für ihr Verhalten verantwortlich zu machen (vgl. Ehmann/Rademacker 2003).

- *Inhalte („Zuspätkommer“ Teil 1 und 2)*

In unserem Projekt befassten wir uns mit dem Zuspätkommen als möglichem Einstieg in dauerhaften Schulabsentismus, dem wir präventiv entgegenwirken wollten. Anhand von Klassenbucheintragungen erhoben wir im ersten Teil des Projektes, wie viele Schüler/-innen der HS Badenstedt über einen Zeitraum von zwei Monaten zu spät in den Unterricht kamen. Um die Gründe für das Zuspätkommen zu erfahren, führten Schüler/-innen einer 9. Klasse Interviews mit zu spät in den Unterricht oder zur Schule kommenden Schüler/-innen durch, außerdem mit Lehrer/-innen zu deren Umgang mit dem Zuspätkommen. Die Erkenntnisse aus dem ersten Projektteil waren Grundlage für den nachfolgenden Projektteil. In diesem ging es darum, ganz praktisch ein nachhaltig wirkendes Konzept zum Umgang mit „Zuspätkommern“ zu entwickeln. Von uns geschulte ältere Schüler/-innen führten mit zu spät kommenden Schüler/-innen Gespräche und erarbeiteten gemeinsam mit ihnen Hilfsmöglichkeiten, um weitere Verspätungen der Betroffenen zu vermeiden oder zu reduzieren.

Inhalte, die im Projekt realisiert werden sollten:

- Reflexion über Pünktlichkeit und Unpünktlichkeit
- Datenerhebung über Verspätungen, Interviews mit Lehrer/-innen und Schüler/-innen, Fragebögen für Schüler/-innen
- Logo-Entwicklung, Planen und Durchführen eines Aktionstages zum Zuspätkommen, Präsentation der Projektergebnisse in der Schule
- Erstellung eines Hilfeplans, Gespräche und Hilfestellungen für Schüler/-innen, die häufig zu spät kommen.

- *Schüler/-innen als Experten/-innen*

Ausgehend von der These, dass Schüler/-innen, bezüglich von Motivationsgründen für das eigene und das Zuspätkommen anderer, Expertinnen und Experten sind, wollten wir die vielfältigen Erfahrungen dieser Gruppe für unsere Projektarbeit nutzen. Folgerichtig wurden von den Projektteilnehmenden die Fragebögen und Interviewfragen für Schülerschaft und Lehrkräfte entwickelt und erprobt. Aufgrund eigener Erfahrungen konnten sie Hilfsangebote erarbeiten, die an der HS Badenstedt umgesetzt werden sollten.

Durch den hohen Stellenwert, den Gleichaltrige untereinander genießen (Peergroup-education), erhofften wir uns für die Interviews durch Schüler/-innen ehrlichere Antworten der Befragten.

Durch die Entwicklung eines Hilfeplans und dessen Umsetzung für und gemeinsam mit den Zuspätkommenden, erwünschten wir uns mehr Einsicht und dadurch erfolgreichere Verhaltensveränderung, zumindest bei einzelnen zu spät kommenden Schüler/-innen.

- *Ziele des Projektes*

- Bewusstmachung von Verspätungen und Folgen von Verspätungen
- Sensibilisierung für die Notwendigkeit zeitlicher Vereinbarungen
- Sensibilisierung für die Gründe von Verspätungen
- Erstellung eines „Hilfeplans“ für häufige Zuspätkommer
- nachhaltige Reduktion des Zuspätkommens
- Prävention des Beginns von Schulabsentismus.

4 Vorgehensweise/Bausteine

- *Zielgruppe*

Zielgruppe waren alle Schülerinnen und Schüler, von Klasse 5 – 10, der HS Badenstedt.

- *Zeitstruktur*

Unser Präventionsprojekt begann mit dem ersten Baustein im Januar 2005 und endete Anfang Mai. Die Klasse arbeitete am Projekt „Zuspätkommer“ an zehn Nachmittagen jeweils zwei bis drei Schulstunden, teilweise in der Schule, teilweise im Jugendtreff Desperados. Datenerhebungen und Präsentation der Ergebnisse wurden vormittags in der Schule durchgeführt. Im August 2005 wurde in einer Schulkonferenz eine gemeinsame Entscheidung getroffen und ein Beschluss zur Verbesserung der Pünktlichkeit herbeigeführt. Der zweite Teil des Projektes fand in der Zeit von Februar – April 2006 statt.

- *Methoden*

Strukturierung von Arbeitsabläufen mit Moderationstafeln, Erstellung/Auswertung von Fragebögen mit spezieller Software (GrafStat Programm), Erstellung und Auswertung von Interviews, Spiele, Rollenspiele, Ideensprint, Dokumentation mit Digitalkamera, Bildbearbeitung und Auswertung am PC, Präsentationsmöglichkeiten.

- *Projektverlauf (Teil 1 – Januar bis Mai 2005)*

- *Klassenbuchauswertungen*: Zunächst werteten wir Klassenbucheinträge zu Fehlzeiten von Schüler/-innen aus, die für das Projekt von Dezember 2004 – Januar 2005 durch Lehrkräfte der 5. – 10. Klassen eingetragen wurden. Ergebnis: 154 Schüler/-innen waren mindestens einmal zu spät zum Unterricht erschienen, 16 Schüler/-innen waren mehr als dreimal zu spät, 15 Schüler/-innen hatten mindestens dreimal unentschuldigt einen ganzen Tag gefehlt. In einem zweiten Schritt wurde in der Klasse 9b ein Fragebogen verteilt, in dem sie zu ihrer Einstellung zum Thema „Pünktlichkeit" anonym befragt wurden.

- *Sensibilisierung der Klasse für das Thema*: Zum Einstieg diskutierten wir mit der 9b über die Themen „Pünktlichkeit/Unpünktlichkeit". Eigene Erfahrungen der Schüler/-innen wurden eingebracht und über Folgen konkreter („Zuspätkommer"-) Situationen gesprochen. Schließlich ordneten sich die Schüler/-innen unterschiedlichen Teams zu, die über mehrere Projekttreffen an einem Teilthema arbeiteten.

- *Bildung von Arbeitsgruppen (AG's):* Die Interview-AG entwickelte Fragen für die geplanten Interviews von Schüler/-innen und Lehrkräften. Mit der Methode des pädagogischen Rollenspiels wurden Zweier-Teams auf die praktische Durchführung der Interviews vorbereitet. Jeweils nach Beginn der ersten Unterrichtsstunde wurden an mehreren Tagen Interviews mit „Zuspätkommern" von dieser Gruppe durchgeführt.

  Die Fragebogen-AG hatte die Aufgabe, einen Fragebogen für häufig zu spät kommende Schüler/-innen zu entwickeln, zu verteilen und auszuwerten. Dafür wurden von Klassenlehrer/-innen insgesamt 49 Schüler/-innen aus den Klassen 5 – 10 benannt, die zu den Befragten gehören sollten. Die Fragebögen wurden durch die Klassenlehrer/-innen an die entsprechenden Schüler/-innen verteilt, von diesen ausgefüllt und zur Auswertung in die AG zurückgegeben.

  Die AG Logo/Projektname entwarf verschiedene Projektlogos und schlug Projektnamen vor, die im Plenum vorgestellt und ausgewählt wurden.

  Die Dokumentationsgruppe machte Fotos während der gesamten Projektzeit und bearbeitete diese am Computer, um sie für Dokumentationstafeln nutzen zu können. Alle Ergebnisse aus den Arbeitsgruppen wurden im Plenum vorgestellt.

  In Kleingruppen sammelten die Schüler/-innen Vorschläge, die dazu beitragen sollten, das Zuspätkommen ihrer Mitschüler/-innen zu reduzieren. Diese Vorschläge dienten zur Hilfestellung im zweiten Teil des Projektes.

- *Abschlussveranstaltung* – der Aktionstag: Mit der Gesamtgruppe wurde schließlich ein Aktionstag vorbereitet. Mit einem Umzug durch Schulgebäude und Unterrichtsräume, in Schlafanzügen, mit selbstbemalten T-Shirts, viel Krach und Plakaten lud die Klasse 9b alle interessierten Schüler/-innen und Lehrkräfte zu ihrer Projektpräsentation ein und machte mit dem Slogan „Tu was für deine Zukunft – sei pünktlich!" auf das Thema aufmerksam. Auf ansprechend gestalteten Stellwänden wurden die Befragungsergebnisse vorgestellt. In der Regel waren es ganz banale Gründe, die Schüler/-innen als Grund zum Fernbleiben am Unterricht angaben: „länger schlafen können", „mehr Freizeit haben", „keinen Ärger mit Lehrern haben" oder „keine Hausaufgaben". Einem großen Teil der befragten Schüler/-innen war es egal, ob sie zu spät in den Unterricht kommen oder nicht. Sie hatten kein schlechtes Gewissen.

- *Projektverlauf (Teil 2 – August 2005/Februar bis April 2006)*

- *Beschluss Lehrer/-innenkollegium*: Gemeinsam mit den Lehrkräften wurde der zukünftige Umgang mit sich verspätenden Schüler/-innen erarbeitet: Schüler/-innen, die verspätet zum Unterricht kommen, erhalten ein „Verspätungsformular", das sie beim Eintreffen ausfüllen müssen. Im Verspätungsformular dokumentieren die Schüler/-innen selbst die versäumte Zeit und den Grund ihrer Verspätung. Die ausgefüllten Formulare gehen an den/die Klassenlehrer/-in, der/die einzelnen Schüler/-innen nach drei gemeldeten Verspätungen pro Halbjahr zu einem „Hilfetermin" schickt und auch die Eltern darüber informiert.

- *Hilfetermine*: Der „Hilfetermin" wurde durch Schüler/-innen einer 10. Klasse, die sich freiwillig dafür anboten und denen eine erwachsene Präventionsfachkraft beratend zur Seite stand, durchgeführt. Sie wurden in einer kurzen Schulung auf die Gesprächsführung der Hilfetermine vorbereitet. Je ein Mädchen-Jungen-Team fand im Einzelgespräch mit einem „Zuspätkommer" die Gründe für die Verspätungen heraus und gab Hilfestellung zur Verhaltensänderung. In einem Protokollbogen wurden die Einzelgespräche notiert und schließlich mit den unpünktlichen Schüler/-innen eine Vereinbarung über ein zu erreichendes Ziel getroffen. Gegebenenfalls wurden Kontrolltermine durchgeführt.

5 Ergebnisse

Dem Zuspätkommen können ganz unterschiedliche Ursachen zugrunde liegen. Das aktive Zuhören, das nicht (ab-)wertende Gespräch und das gemeinsame Erarbeiten von Hilfsstrategien, möglichst mit Teams von Schüler/-innen, erwiesen sich als wirksam und zielführend. Lehrerinnen und Lehrer können, bedingt durch die Zwänge eines starren Stundenrasters, erzieherisch nicht immer konsequent und nachhaltig intervenieren. Die Bündelung erzieherischer Ressourcen von Lehrkräften, Schulsozialarbeit und Jugendhilfe unter Einbeziehung des Elternhauses erscheint uns wünschenswert und notwendig. Gerade in der Hauptschule muss der Erziehungsauftrag gegenüber dem Bildungsauftrag der Schule an Bedeutung gewinnen. Es müssen dringend Zeit- und Geldressourcen geschaffen werden, die diese Arbeit ermöglichen.

Wir haben ein gelungenes Konzept zum Umgang mit zu spät kommenden Schüler/-innen für diese Hauptschule erarbeitet. Wir sind davon überzeugt, dass es viele Schüler/-innen von dem Einstieg in den Schulabsentismus abhalten könnte.

Solange jedoch die Rahmenbedingungen nicht geschaffen werden, dass solche Projektmaßnahmen nicht nur zeitbegrenzt durchgeführt werden, wird auch dieses Konzept nicht nachhaltig und konsequent weitergeführt werden können. Das wäre notwendig, um dauerhaft dem Zuspätkommen und der Schulunlust von Schüler/-innen entgegenzuwirken.

Normsetzungen und Wertevermittlung, die Aufarbeitung von Erziehungsdefiziten, verlässliche und annehmende Beziehungsarbeit mit Schülern und Schülerinnen sind Voraussetzungen für das Gelingen von Schulbildung und damit für das Gelingen der Partizipation von benachteiligten Jugendlichen an der Gesellschaft. Darin zu investieren, wird sich lohnen und sicher auch auszahlen.

Literatur

Deutsches Jugendinstitut e.V. (2004): Förderung schulmüder Jugendlicher. Halle: Deutsches Jugendinstitut

Ehmann, Christoph/Rademacker, Hermann (2003): Schulversäumnisse und sozialer Ausschluss. Bielefeld: Bertelsmann

Kontakt

Ansprechpartner/-innen	Karin Haller	Karin Emse	Tomas Wieland
Anschrift	Hauptschule Badenstedt Plantagenstr. 22 30455 Hannover	Die Insel – KJW Region Hannover Sternenheimweg 18 30455 Hannover	Jugendtreff Desperados, KJW AWO Region Hannover Wegsfeld 36 30455 Hannover
Telefon	0511 / 16 84 29 11	0511 / 49 38 59	0511 / 475 21 90
E-Mail	haller@hs-badenstedt.de	die.insel@kjw.de	desperados@kjw.de

Andreas Kattenstroth / Christian Scharffe

Präventionsforum Kaltenmoor

1 Präventionsdimensionen

Präventionszugang:	systemorientiert
Zeitl. Differenzierung:	primärprävention
Problemspezifität:	Multiplikation der Präventionsarbeit (Vernetzung)
Genderbezug:	-
Ethnischer Bezug:	-
Institutionsbezug:	lokale Institutionen der Arbeit mit Kindern und Jugendlichen
Sonstige Dimension:	-

2 Tabellarische Kurzübersicht

Aktionsfeld (Handlungsfeld, Institution, Organisation)	Stadt Lüneburg, Stadtteil Kaltenmoor, Institutionen aus angrenzenden Stadtteilen
Inhalt/Gegenstand	Vernetzung der Präventionsarbeit im Stadtteil; Schnittstellen in der Präventionsarbeit: a) Kita´s, Grundschulen, weiterf. Schulen, b) Kita´s, Schulen, außerschul. Institutionen; Diskussion von übergreifenden Themen (roter Faden in der Präventionsarbeit, Anspruch, Ziele, Qualität, Finanzierung, Öffentlichkeit). Das Projekt war grundsätzlich allgemeinpräventiv; der sich aus der praktischen Arbeit ergebende Schwerpunkt Gewaltprävention wurde berücksichtigt
Akteure/-innen/ beteiligte Personen	Akteure aus der konkreten Präventionsarbeit in den Einrichtungen, Vertreter übergeordneter Fachdienste, Vertreter aus Einrichtungen, die noch nicht in der stadtteilbezogenen Präventionsarbeit tätig sind
• Zielgruppen/ Teilnehmer/-innen	Siehe oben (beteiligte Personen) 33 Teilnehmer/-innen
• Leitung, Moderation usw.	Christian Scharffe (Leitung), Andreas Kattenstroth (Leitung), Jan Frede (Moderation Kleingruppe III), Jana Goldmund (Moderation Kleingruppe I), Monique Wulf (Moderation Kleingruppe II)
• Träger	Kooperationsprojekt Anne-Frank-Schule und AWO SOZIALe Dienste
• Projektpartner/-innen, Kooperationen	Anne-Frank-Schule, AWO SOZIALe Dienste gGmbH, Quartiersmanagement Kaltenmoor
Kommunale Rahmenbedingungen	
• Ort	Lüneburg, Stadtteil Kaltenmoor
• Bundesland	Niedersachen
• Region	Landkreis Lüneburg
• Einwohner/-innenzahl	Lüneburg: 70.000, Kaltenmoor: 9.000
• Kommune Trägerin eines eigenen Jugendamtes?	ja
Laufzeit: **Dauer insgesamt:**	01.06.2006, von14:00 – 18:00 Uhr 1 Tag

Kurzbeschreibung:
Die Präventionsarbeit im Stadtteil Kaltenmoor läuft seit mehreren Jahren umfangreich und erfolgreich. Effektive Koordination im Arbeitskreis „Gewaltprävention“ – aber: hohe individuelle Arbeitsbelastung aller Akteure in den Institutionen. Gemeinsame, inhaltlich weitergehende Auseinandersetzung kaum möglich. Daher die Idee: Präventionsforum als Kommunikationsplattform mit mehr Zeit und gezielter inhaltlicher Vorbereitung.
Ziele: Zusammenführung aller lokalen Akteure in der Präventionsarbeit, Erweiterung des Kreises, Austausch und Vernetzung, Auseinandersetzung mit den Schnittstellen, Formulierung neuer gemeinsamer Zielsetzungen.

3 Ausgangslage und Zielsetzung

In Kaltenmoor wird seit über 3 Jahren engagierte und vielfältige Präventionsarbeit in vielen verschiedenen Einrichtungen geleistet. Ein zusätzliches Qualitätsmerkmal ist die erfolgreiche Vernetzung der Einrichtungen und ihrer Angebote. Hieraus entstand die Idee, über die alltägliche Zusammenarbeit hinaus ein Resümee des bisher Erreichten zu ziehen und zum anderen Perspektiven für die Präventionsarbeit in Kaltenmoor zu entwickeln.

4 Vorgehensweise/Bausteine

Mit der Einladung zum Präventionsforum wurde ein ausführlicher Fragebogen zur Präventionsarbeit in den Einrichtungen an die dortigen Akteure verschickt. Die Ergebnisse wurden ausgewertet, übersichtlich dargestellt und dienten als eine Grundlage für die Arbeit beim Präventionsforum.

Der Verlauf des Präventionsforums gliederte sich wie folgt:

- Input (Vortrag, Übersicht der Präventionsarbeit in Kaltenmoor, auszugsweise Vorstellung der Ergebnisse der Fragebögen)
- Kleingruppenarbeit, Aufteilung der TeilnehmerInnen in 3 Kleingruppen mit unterschiedlichen Themenschwerpunkten:
  - I) Schnittstellen in der Präventionsarbeit (Kita´s – Grundschule – weiterführende Schulen): Austausch über die Inhalte der jeweiligen Präventionsarbeit, Möglichkeiten der Verknüpfung, Wünsche, Erwartungen
  - II) Schnittstellen in der Präventionsarbeit (Kita´s und Schulen – Stadt, Jugendhilfe, Kirche, Freizeiteinrichtungen, Vereine usw.): Austausch über Inhalte der jeweiligen Präventionsarbeit, Möglichkeiten der Verknüpfung, Wünsche, Erwartungen
  - III) Präventionsarbeit in Kaltenmoor (roter Faden, Anspruch, Ziele, Qualität, Finanzierung, Öffentlichkeit): Diskussion übergreifender Themen in Bezug auf die Präventionsarbeit im Stadtteil
- Plenum: Präsentation der Ergebnisse aus den Kleingruppen durch die Gruppenleiter/-innen, offene Diskussion.

5 Ergebnisse

Durch den Einsatz von Fragebögen vor dem Präventionsforum konnten bereits viele wichtige Informationen, Einschätzungen und Wünsche der Präventionsakteure und -akteurinnen im Stadtteil gesammelt werden. Durch die Auswertung wurden Tendenzen, Stärken, Schwächen bereits erkennbar. Die Diskussionen in den Kleingruppen sowie im Plenum verdeutlichten bzw. vervollständigten diese ersten Ergebnisse dann weiter.

Von den Teilnehmenden wurde ein positives Feedback gegeben, eine Folgeveranstaltung wurde gewünscht. Hier erklärten sich die Rektorinnen von Haupt- und Realschule spontan bereit, diese zu organisieren.

Gerade die gemeinsame, vernetzte Vorgehensweise hinsichtlich der Präventionsarbeit im Stadtteil zahlt sich bei weiteren stadtteilbezogenen Vorhaben in der Präventionsarbeit bereits aus. Projekte können themenorientiert diskutiert und geplant werden, mögliche Finanzierungen trägerübergreifend und ohne „Konkurrenz" der einzelnen Institutionen organisiert werden.

Diese positive Weiterentwicklung vernetzten Arbeitens kann nicht nur in der Präventionsarbeit, sondern auch in den anderen Arbeitsfeldern im Alltag beobachtet werden.

6 Förderliche und hinderliche Bedingungen

- *Erfolgsfaktoren*

Hinsichtlich der zusammen mit den Einladungen verschickten Fragebögen erwies sich ein fortlaufender Kontakt zu den eingeladenen Akteuren und Akteurinnen als sinnvoll. So konnten diesbezügliche Nachfragen schnell geklärt und die Aussagekraft der gesammelten Ergebnisse erhöht werden. Darüber hinaus hatten diese Kontakte motivierenden Charakter, was sich letztendlich auch in der hohen Teilnehmer/-innenzahl beim Forum und der nahezu lückenlosen Anwesenheit aller Institutionen wiederspiegelte.

- *Ressourcen*

Material/Technik und räumliche Ressourcen: Räume der Anne-Frank-Grundschule; Materialien (Stellwände, Metaplanmaterial, Geschirr usw.) von AWO SOZIALe Dienste und Anne-Frank-Grundschule konnten genutzt werden.
Personelle Ressourcen: Jan Frede (Stadt Lüneburg, Quartiersmanager Kaltenmoor) = Moderation Kleingruppe; Jana Goldmund (AWO SOZIALe Dienste) = Moderation Kleingruppe; Monique Wulf (Universität Lüneburg) = Moderation Kleingruppe; Christian Scharffe (Lehrer Anne-Frank-Schule) = Gesamtkoordination des Projektes; Andreas Kattenstroth (Strassensozialarbeiter, AWO SOZIALe Dienste) = Gesamtkoordination des Projektes; hinzu kamen mehrere 1-Euro-Kräfte über Stadt, Schule und AWO SOZIALe Dienste sowie der Hausmeister der Anne-Frank-Schule.

- *Finanzierung:*

Da die beschriebenen Räumlichkeiten und Materialien über die beiden Träger kostenneutral genutzt werden konnten, entstand kein Finanzierungsbedarf.

7 Materialien

Planung, Organisation, Ablauf, Ergebnisse und Pressespiegel wurden in einer Projektdokumentation festgehalten.

8 Sonstiges

Das Projekt war aus unserer Sicht ein voller Erfolg. Das von uns gewählte Thema und das Forum als Kommunikationsplattform haben sich absolut bewährt. Besonders erfreulich ist, dass sich für die Organisation einer Folgeveranstaltung bereits Freiwillige gefunden haben. Dies bedeutet eine Multiplikation unserer Projekt-Initiative, inhaltlich und personell.

Kontakt

Ansprechpartner	Kattenstroth, Andreas	Christian Scharffe
Anschrift	AWO SOZIALe Dienste gGmbH St.-Stephanus-Passage 15 21337 Lüneburg	Anne-Frank-Grundschule Kaltenmoor Graf-Schenk-von-Stauffenberg-Str.3 21337 Lüneburg
Telefon	04131 / 862 98 16	04131 / 56 84 6
Fax	04131 / 862 98 10	
E-Mail	kattenstroth@awosozial.de	

Dieter Schulz / Thorsten Jansing

„Projekt Auszeit – Schulpflichterfüllung am außerschulischen Lernstandort“

1 Präventionsdimensionen

Präventionszugang:	personenorientiert
Zeitl. Differenzierung:	sekundär- und tertiärpräventiv
Problemspezifität:	Schulabsentismus
Genderbezug:	-
Ethnischer Bezug:	-
Institutionsbezug:	Jugendhilfe
Sonstige Dimension:	-

2 Tabellarische Kurzübersicht

Aktionsfeld (Handlungsfeld, Institution, Organisation)	Schnittfeld Schule (Allgemeinbildende Schulen, im Wesentlichen allerdings Haupt- und Sonderschulen)/Jugendhilfe
Inhalt/Gegenstand	Gründe für die Schulverweigerung aufarbeiten, Stabilisierung der Persönlichkeit, Zukunftsaussichten verbessern
Akteure/-innen/ beteiligte Personen	Ausbilder/-innen
• Zielgruppen/ Teilnehmer/-innen	Schulpflichtige Jugendliche, die den Besuch einer allgemeinbildenden Schule verweigert haben
• Leitung, Moderation usw.	
• Träger	Fachbereich für Kinder, Jugendliche und Familien der Stadt Osnabrück
• Projektpartner/-innen, Kooperationen	Landesschulbehörde, Schulen/Schulsozialarbeit, Soziale Dienste, FB Schule/Sport der Stadt Osnabrück, Jugendgerichtshilfe, Jugendhilfeeinrichtungen
Kommunale Rahmenbedingungen	
• Ort	Osnabrück, Landkreis Osnabrück
• Bundesland	Niedersachsen
• Region	Landkreis Osnabrück
• Einwohner/-innenzahl	ca. 163.020
• Kommune Trägerin eines eigenen Jugendamtes?	ja
Laufzeit: **Dauer insgesamt:**	seit 2002
Kurzbeschreibung: Das Projekt dient dazu, Jugendlichen, bei denen vereinzelte oder verfestigte Schulverweigerung auftritt, die Möglichkeit zur Bearbeitung ihrer Probleme und der Gründe der Schulverweigerung, zur Ableistung ihrer Schulpflicht und zur Reintegration in die Regelschule bzw. zum Übergang in berufsvorbereitende Maßnahmen zu bieten.	

3 Ausgangslage und Zielsetzung

- *Ziele*

Das Fernziel des Projekts ist die vollwertige Integration von Schulverweiger/-innen in die Gesellschaft. Auf dem Weg dorthin gilt das vorrangige Interesse der Reintegration in die (Regel-) Schule. Ist eine solche Rückführung nicht möglich, ist der nächste Schritt die Vermittlung in eine berufsvorbereitende Maßnahme.

4 Vorgehensweise/Bausteine

Das außerschulische Hilfsangebot „Auszeit" besteht aus zwei Säulen:
1. Fachberatung für Schulverweigerung/Clearing-Stelle für Schulverweigerer/-innen
2. Außerschulischer Lernstandort zur Erfüllung allgemeiner Schulpflicht.

- *Fachberatung für Schulverweigerung/Clearing-Stelle*

Die Fachberatung für Schulverweigerung bietet Informationen, Beratung, Unterstützung und Entwicklung von Lösungsstrategien für Schüler/-innen, die den Schulbesuch verweigern. Diese Angebote richten sich ebenso an Eltern, Lehrkräfte und andere Personen, die mit diesem Thema befasst sind. Die Fachberatung für Schulverweigerung kann konsultiert werden, wenn Schüler/-innen aufgrund schulverweigernden Verhaltens auffällig geworden sind. Ein Kontakt kann auf verschiedenen Wegen entstehen:
- Meldung einer Schulpflichtverletzung und ein daraus resultierendes Ordnungswidrigkeitsverfahren. Die Fachberatung nimmt bei Meldungen von Jugendlichen der 7.-9. Klassen allgemeinbildender Schulen Kontakt zu beteiligten und relevanten Personen/Institutionen auf
- Meldung durch die Schule/Schulsozialarbeit
- Meldung durch Eltern, hier ist eine deutlich steigende Tendenz festzustellen
- Selbstmelder/-innen
- Meldung durch den Sozialen Dienst
- Meldung durch Sonstige (Personen/Institutionen).

Vorgehensweise: Als erste Kontaktadresse fungiert die Schule (immer, sofern vorhanden, in Kombination mit der Schulsozialarbeit oder dem/der Schulpsychologen/-in). Hier erhält die Fachberatung erste wesentliche Erkenntnisse über die Jugendlichen und kommt so möglicherweise schon frühzeitig zu einer fachlichen Einschätzung hinsichtlich der schulischen Perspektive, des sozialen Umfeldes und des familiären Kontextes (soweit bekannt). Grundsätzlich wird geprüft, inwieweit die Jugendlichen dem Fachbereich für Kinder, Jugend und Familie schon bekannt sind (z.B. Sozialer Dienst, JGH). Ist dem Sozialen Dienst der „Fall" bereits bekannt, wird er direkt in die Lösungsentwicklung einbezogen. Die Federführung liegt dann ebenfalls beim Sozialen Dienst. Ist der Fall nicht bekannt, so übernimmt das „Projekt Auszeit" die schulperspektivische Verantwortung.

In der Regel wird dann der/die Schüler/-in mit einer erziehungsberechtigten oder betreuenden Person zu einem ersten Beratungsgespräch eingeladen. Hier geht es darum, herauszufinden, wo mögliche Ursachen für das schulabsente Verhalten liegen können. Aufgrund dieses Beratungsgespräches können erste Lösungsstrategien angedacht werden.

Eine Lösung kann z.B. sein, dass der/die Schüler/-in möglicherweise Kandidat/-in für eine Teilnahme im außerschulischen Lernstandort des „Projektes Auszeit“ ist. Sollte dies nicht der Fall sein und möglicherweise die Notwendigkeit einer Hilfe zur Erziehung favorisiert werden, wird der Fall an den Sozialen Dienst abgegeben. Ebenfalls möglich ist die Entwicklung eines Hilfe- bzw. Förderplanes in direkter Kooperation mit der Schule (jede Lösung wird individuell erarbeitet).

Wird eine Teilnahme im außerschulischen Lernstandort des „Projektes Auszeit“ favorisiert, findet zwischen dem/der Fachberater/-in und dem/der Schüler/-in ein intensives Clearing-Gespräch statt. Das Clearing-Gespräch ist der erste Schritt innerhalb des Aufnahmeverfahrens, welches hier chronologisch dargestellt wird:

1. Clearing
2. schriftliche Einverständniserklärung der Erziehungs-/Personensorgeberechtigten
3. schriftliches Einverständnis der Landeschulbehörde
4. Information über die Teilnahme des/der Schülers/-in an die abgebende Schule
5. Festlegung des Aufnahmetermins
6. Probezeit (ca. 4 Wochen, abhängig von der geplanten Teilnahmedauer)
7. offizielle und endgültige Aufnahme nach der Probezeit in Form des ersten Förderplangesprächs (Förderplan gilt als „vertragliche“ Bindung für die Teilnahme).

- *Außerschulischer Lernstandort*

Sozialpädagogische Einzelfallhilfe: Förderplanfortschreibung (vierwöchig); Krisenintervention, ggf. inkl. Familiengespräche; tägliche Kontrolle der Anwesenheit/Mitarbeit; Konsequent positiv ausgerichtete, sozialpädagogische Förderung
Unterricht: Aufarbeitung von Lerndefiziten; Motivation für Lernprozesse wecken; Unterricht entspricht im Wesentlichen dem Hauptschulkanon; individuelle Einstufung, Festlegung von Lerninhalten; Förderung gemäß Leistungsniveau; Erfolgserlebnisse schaffen
Werkpädagogischer Bereich: über Kreativangebote langsame Rückkehr in den strukturierten Alltag; Erlernen handwerklicher Grundlagen; durch kreatives Arbeiten sich selbst ausdrücken, Sinn „bilden“
Aktivtage als Beitrag zur Mobilisierung der Schüler/-innen: Musik- und Sportangebote; spontaner Einsatz zur Entschärfung von Konflikt-, Ermüdungs- oder Schwächephasen; durch „Abschalten/Entspannen“ die Lernbereitschaft erhöhen; die Gruppenbildung intensivieren
Soziale Übungen: soziale Kompetenz verbessern über Selbsteinschätzung, Reflexion, Feedback.

- *Teilnehmer/-innen*
  - Kurzteilnehmer/-innen (Kombination aus Schule und Auszeit, etwa 7. – 9. Kl.): Tageverhältnis: 3 Schule, 2 Auszeit; Schule bleibt als Lernraum erhalten; Neigung zur Verweigerung hat sich bei den Klienten/-innen noch nicht verfestigt; starker Akzent auf Unterricht und sozialpädagogische Betreuung; präventiver und kompensatorischer Charakter

- Teilnahme vorübergehend (begrenzte Vollzeitteilnahme im außerschulischen Lernstandort):
  Verweildauer im außerschulischen Lernstandort für einen begrenzten Zeitraum; Stärkung von Motivation und/oder Selbstwert/Selbstbewusstsein zur zeitnahen Reintegration in die Regelschule
- Langzeitteilnehmer/-innen (Reintegration nicht ohne weiteres möglich, ab 9. Kl.): absolvieren verbleibende, allgemeine Schulpflicht in „Auszeit"; Vermittlung in berufsvorbereitende Maßnahmen oder allgemeinbildende Schulen.

5 Ergebnisse

Über den gesamten Zeitraum des Projektes „Auszeit" bis heute ergibt sich ein Durchschnittswert von 80% erfolgreich vermittelter Schüler/-innen in eine Folgemaßnahme (allgemeinbildende Schule, Berufsschule, sonstige Berufsvorbereitungsmaßnahme).

Diese erfolgreiche Bilanz und das Analyseergebnis einer weiterhin erforderlichen Förderung von schulabsenten und marginalisierten Jugendlichen hat in Osnabrück zu der Entscheidung geführt, das „Projekt Auszeit" auch ohne Landesförderung im Jahr 2007 fortzusetzen und politische Beschlüsse zur dauerhaften Absicherung der Beratungsstelle „Auszeit" und des außerschulischen Lernstandortes herbeizuführen.

6 Förderliche und hinderliche Bedingungen

- *Ressourcen*

Personell: zwei sozialpäd. Fachkräfte für die Fachberatung, Arbeit mit Kooperationspartner/-innen, Einzelfallhilfen, sozialpädagogische Betreuung; zwei Lehrkräfte für Sonderschulpädagogik, Hauptschulunterricht; Honorarkräfte für gezielte, z.B. geschlechtsspezifische Angebote
Räumlich: Räume, sowohl für Unterricht als auch Einzelfallgespräche, voll ausgestattete Werkstatt

- *Finanzierung*

Finanziert wurde das Projekt über den regulären Haushalt des Fachbereiches für Kinder, Jugendliche und Familien der Stadt Osnabrück.

Kontakt

Ansprechpartner	Dieter Schulz und Thorsten Jansing
Anschrift	Projekt „Auszeit" Große Gildewart 6-9 49074 Osnabrück
Telefon	0541 / 32 32 32 7

Marcus Laube / Ulrich Siegmann / Kristin Hartmann

Schülerqualifikation gegen Rechtsextremismus

1 Präventionsdimensionen

Präventionszugang: personenorientiert
Zeitl. Differenzierung: primärpräventiv
Problemspezifität: Fremdenfeindlichkeit
Genderbezug: -
Ethnischer Bezug: -
Institutionsbezug: Schule/Jugendhilfe
Sonstige Dimension: Peer-education-Ansatz (teilweise)

2 Tabellarische Kurzübersicht

Aktionsfeld (Handlungsfeld, Institution, Organisation)	Schnittfeld Schule (Allgemeinbildende Schulen/Berufsschule)/Jugendhilfe
Inhalt/Gegenstand	Rechtsextremismus, Gewalt, Nationalsozialismus, Prävention
Akteure/-innen/ beteiligte Personen	Ausbilder/-innen; Dozent/-innen für Musik- und Jugendkulturen
• Zielgruppen/ Teilnehmer/-innen	Schüler/-innen und Lehrkräfte, Eltern, Erzieher/-innen, die im Bereich Rechtsextremismus zu Multiplikator/-innen ausgebildet werden
• Leitung, Moderation usw.	
• Träger	Förderverein Kinderzirkus Knalltüte e.V. in Kooperation mit der Jugendarbeit der Stadt Celle
• Projektpartner/-innen, Kooperationen	arpos-Institut Hannover
Kommunale Rahmenbedingungen	
• Ort	Celle
• Bundesland	Niedersachsen
• Region	Landkreis Celle/Stadt Celle
• Einwohner/-innenzahl	über 71.000
• Kommune Trägerin eines eigenen Jugendamtes?	ja
Laufzeit: **Dauer insgesamt:**	vom 08.08.2002 bis 31.07. 2003 ein Schuljahr
Kurzbeschreibung: Während der Ausbildung zu Multiplikator/-innen für das Thema „Rechtsextremismus" beschäftigen sich die Teilnehmenden zunächst mit der Informationsbeschaffung per Videofilm und Internet und erarbeiten dann mithilfe einer Zukunftswerkstatt ihre Bedürfnisse und Ideen zum Thema. Die nächsten Arbeitsschritte sind die Befragung von Mitschüler/-innen in Form eines Fragebogens und die Entwicklung einer Internetseite.	

3 Ausgangslage und Zielsetzung

- *Ziele*

Die Ziele der Multiplikator/-innenausbildung waren unter anderem, das Engagement zur Auseinandersetzung mit dem Thema zu fördern, das Selbstbewusstsein und die Widerstandskraft gegenüber „rechter" Gewalt zu stärken und die Fähigkeit zu entwickeln, z.B. Mitschüler/-innen über fremdenfeindliche Gewalt und Rechtsextremismus aufzuklären.

Die Ziele der Arbeit als Multiplikator/-innen waren unter anderem, eine umfassende Aufklärung zum Thema „Rechtsextremismus" in der Schule zu gewährleisten, Eltern und Lehrkräfte in schulische Präventionsmaßnahmen einzubeziehen, der Vereinnahmung durch „rechtsorientierte" Peergroups entgegenzuwirken und die Motivation zu stärken, sich aktiv gegen Fremdenfeindlichkeit und „rechte" Gewalt zu engagieren.

4 Vorgehensweise/Bausteine

- *Methoden im Einzelnen*

Metaplan, Zukunftswerkstatt, Internetrecherche, Befragung in Form eines Fragebogens, Aufbau einer Internetseite

- *Ablauf (Vorgehen im Einzelnen)*

Das Projekt begann mit einer Einführungsveranstaltung für alle Interessierten, bei der die Teilnehmenden erste Informationen zum Thema bekamen.

Der nächste Schritt war eine Zukunftswerkstatt, um die Bedürfnisse und Ideen der Teilnehmenden abzufragen und sich so auf die zu bearbeitenden Schwerpunkte und Themen für die gesamte Projektlaufzeit zu einigen. Die konkreten Umsetzungsideen waren dabei die Arbeit in Institutionen (Infoveranstaltungen, Diskussionen, Workshops), Trainings (Selbstverteidigung, Mediation) und Events (multikulturelle Feste/Wochen, Theater).

Danach begann die eigentliche Arbeit am Thema, wobei zunächst Videofilme angeschaut und anschließend diskutiert wurden, um vorab einige Grundlageninformationen zu erhalten.

In der nächsten Sitzung wurde im Internet recherchiert, um zu sehen, wie leicht „rechte" Seiten im Netz zu finden sind: besagte Seiten konnten über legale Suchmaschinen ohne Schwierigkeiten gefunden werden, von diesen Seiten konnten ebenso problemlos Spiele mit antisemitischem bzw. rechtsradikalem Hintergrund heruntergeladen werden.

Der nächste gemeinsam beschlossene Schritt war die Durchführung einer Befragung von zwei Schulklassen der Fachschule für Sozialpädagogik (BBS III) Celle zum Thema „Rechtsextremismus". Dazu wurden zunächst Fragen gesammelt und anschließend mit einer Mitarbeiterin des „arpos-Institutes" in wissenschaftlicher Form formuliert.

Parallel zu der Arbeit am Fragebogen wurde zusammen mit einem Medienpädagogen eine Internetseite über Rechtsextremismus gestaltet. Diese Homepage ist unter der Adresse www.vorsicht-rechts.de abzurufen und enthält unter anderem folgende Inhalte: Projektbeschreibung, Projektziele, Projektergebnisse, aktuelle Ereignisse, Internetfragebogen, Links zu ähnlichen Seiten.

Nach Abschluss der Ausbildung zum Multiplikator/-innen sollen die Teilnehmenden nun Schüler/-innen der allgemeinbildenden Schulen sowie Berufsschüler/-innen über das Thema „Rechtsextremismus" informieren und mit ihnen zum Thema arbeiten.

5 Ergebnisse

- *Methoden der Evaluation*

Gruppeninterview

- *Ergebnisse/ Erkenntnisse (positiv und negativ):*

Im Folgenden werden einige der Ergebnisse der Evaluation, die sich darauf beziehen, wie den Teilnehmenden das Projekt gefallen hat, was sie gelernt haben, stichwortartig genannt. Die präventive Wirkung des Projektes wurde nicht evaluiert.

- Die Regelung, sich für den Zeitraum eines gesamten Schuljahres für das Projekt zu verpflichten ist gut, weil so effizienter gearbeitet und mehr erreicht werden kann.
- Durch die Arbeit in Kleingruppen ist eine intensive Arbeit möglich.
- Die Ausbildung der Lehrkräfte, Eltern, Erzieher/-innen sollte unabhängig von der der Schüler/-innen ablaufen.
- Die Teilnehmenden fühlten sich ausreichend beteiligt und waren aufgrund der selbst gewählten Themen motiviert, mitzuarbeiten.
- Die Zukunftswerkstatt hat den Teilnehmenden gut gefallen.
- Die Motivation, am Projekt teilzunehmen kam unter anderem durch Erfahrungen mit „rechten" Jugendlichen zustande, durch den Wunsch, das Wissen aus den Medien zu vertiefen und durch einen bisherigen Mangel an Informationen über diese Szene.
- Diejenigen, die nicht am Projekt teilnahmen, taten dies unter anderem aus mangelndem Interesse oder aus dem Grund, dass das Thema in Celle nicht so präsent war.
- Mit ihrer Teilnahme wollten die Teilnehmenden erreichen, dass sie das Gelernte auf die Arbeit mit anderen Jugendlichen anwenden können.
- Die Teilnehmenden fühlen sich durch das Projekt fähig, selbstbewusst mit dem Thema bzw. mit Jugendlichen der „rechten" Szene umzugehen.
- Die Arbeit des Projektes wurde in der Schule in Form einer Homepage „Schüler gegen rechts" praktisch umgesetzt.
- Besuch eines bekennenden Aussteigers in der JVA Celle mit Teilnehmenden mehrerer Schulformen; alternativer Stadtrundgang zu Orten von Ereignissen während des Nationalsozialismus („Hasenjagd").

6 Förderliche und hinderliche Bedingungen

- *Ressourcen*

Personelle Ressourcen: mindestens ein/e Moderator/-in, ein/e Co-Moderator/-in, ggf. Fachkräfte für Inputs

Räumliche Ressourcen: ein großer Raum für die Arbeit im Plenum, nach Möglichkeit mindestens ein Kleingruppenraum
Hilfsmittel: Videofilme (z.B. „Wahrheit macht frei", „Juden wurden nicht vergast" und „Republikaner auf Zeit"), PC-Spiele (wie z.B. „Nazi-Moorhuhn" und „KZ-Manager"), Internet für die Recherche, Metaplanmaterial zur Visualisierung der Ergebnisse der Zukunftswerkstatt
Finanzierung: Finanziert wurde das Projekt über Mittel der Stadt Celle, der Niedersächsischen Lottostiftung und des Modellprojektes des Landeskriminalamtes Niedersachsen.

7 Materialien

Weitere interessante Informationen zum Projekt stehen auf der Homepage: www.vorsicht-rechts.de

8 Sonstiges

- *Hinweise (Tipps und Empfehlungen)*

Bei der Durchführung: Da es dem Wunsch der Jugendlichen entspricht, bietet es sich an, die Ausbildung der Erwachsenen getrennt von der der Schüler/-innen durchzuführen.
Bei der Umsetzung: Bei ihrer Arbeit als Multiplikatoren sollten die Jugendlichen zumindest in der Anfangszeit noch unterstützt werden, um Unsicherheiten abzubauen.

Diese Ausführungen sind angelehnt an die Praxisbeschreibung dieses Projekts von Kristin Hartmann (2004): Prävention im Schnittfeld von Schule und Jugendhilfe. Systematisierung von Modellen und Erstellung eines Indikationskatalogs. Unveröffentlichte Diplomarbeit, Lüneburg.

Kontakt

Ansprechpartner	Marcus Laube und Ulrich Siegmann
Anschrift	Förderverein Kinderzirkus Knalltüte e.V. Hannoversche Straße 30d 29221 Celle
Telefon	05141 / 12 66 6 oder 05141 / 12 42 7
Fax	05141 / 12 66 6

Knuth Erbe / Kristin Hartmann

„Schule ohne Rassismus – Schule mit Courage“

1 Präventionsdimensionen

Präventionszugang:	systemorientiert
Zeitl. Differenzierung:	primär- und sekundarpräventiv
Problemspezifität:	Fremdenfeindlichkeit, Diskriminierung
Genderbezug:	-
Ethnischer Bezug:	-
Institutionsbezug:	Schule
Sonstige Dimension:	-

2 Tabellarische Kurzübersicht

Aktionsfeld (Handlungsfeld, Institution, Organisation)	Schule
Inhalt/Gegenstand	Rassismus, Gewalt, Fremdenfeindlichkeit, Diskriminierung, Zivilcourage
Akteure/-innen/ beteiligte Personen	Schüler/-innen und Lehrkräfte, die innerhalb einer AG aktiv an dem Projekt mitarbeiten
• Zielgruppen/ Teilnehmer/-innen	Schüler/-innen, die innerhalb einer AG aktiv an dem Projekt mitarbeiten, alle Schulangehörigen durch Unterschriftenaktion
• Leitung, Moderation usw.	
• Träger	AKTION COURAGE e.V., Berlin
• Projektpartner/-innen, Kooperationen	Schulen, prominente Schirmfrauen und -herren, Landes- und Bundeskoordinationen, regionale und überregionale Partner/-innen aus der Jugendarbeit
Kommunale Rahmenbedingungen	
• Ort	Bundesweites Projekt mit vielen beteiligten Schulen in Niedersachsen.
• Bundesland	Niedersachen
• Region	-
• Einwohner/-innenzahl	-
• Kommune Trägerin eines eigenen Jugendamtes?	-
Laufzeit: **Dauer insgesamt:**	Seit 1995 in Deutschland, vorher bereits in Belgien (1988) und den Niederlanden (1992); Das Projekt ist ein permanenter Auftrag an die Schulen, d.h. es soll immer weitergeführt werden.
Kurzbeschreibung: Durch eine Unterschriftendsammlung in der gesamten Schule (70% der Schulangehörigen) und die Durchführung von Projekten zu den Themen „Rassismus“, „Diskriminierung“ und „Gewalt“ kann die Schule den Titel „Schule ohne Rassismus – Schule mit Courage“ erhalten, der dann in einer öffentlichen Feier von einer prominenten Patin/einem prominenten Paten und der Bundeskoordination verliehen wird.	

3 Ausgangslage und Zielsetzung

- *Ziele*

Die Ziele dieses Projektes sind die Sensibilisierung der Schüler/-innen für das Thema „Rassismus", die Förderung von Engagement der Schüler/-innen gegen Diskriminierung und Rassismus, die Förderung demokratischen Denkens und Handelns seitens der Schüler/-innen und die Qualifikation von Schülern und Schülerinnen und Lehrkräften zu Multiplikatoren.

Über all diesen Teilzielen steht selbstverständlich das Hauptziel, nämlich der dauerhafte Abbau von Rassismus, Diskriminierung und Gewalt in der Schule und der gesamten Gesellschaft.

4 Vorgehensweise/Bausteine

- *Methoden im Einzelnen*

Unterschriftensammlung, Informationsvermittlung, Projekte wie z.B. Gesprächsrunden, Theaterstücke, Lesungen, internationale Feste, Projektwochen, Ausstellungen, Befragungen

- *Ablauf (Vorgehen im Einzelnen)*

Zunächst sollte ein Team aus mindestens vier bis fünf Schüler/-innen und einer Lehrkraft, z.B. in Form einer Arbeitsgemeinschaft, gebildet werden, um die anderen Schüler/-innen, Lehrkräfte und Angestellten der Schule über das Projekt zu informieren. Dies kann beispielsweise im Unterricht, auf einem Fest, am Infobrett oder durch die Schülerzeitung geschehen.

Ist die gesamte Schule informiert, kann mit der Unterschriftensammlung begonnen werden. Dazu müssen mindestens 70% der Schüler/-innen, Lehrkräfte und Angestellten (z.B. Mitarbeiter/-innen der Verwaltung, Hausmeister oder Reinigungskräfte) die Regeln akzeptieren und mit ihrer Unterschrift folgende Aussage bestätigen: „Ich kenne die Regeln für eine Schule ohne Rassismus – Schule mit Courage" und möchte, dass unsere Schule diesen Titel erwirbt."

Parallel zu der Unterschriftensammlung werden Projekte zu den Themen „Rassismus", „Fremdenfeindlichkeit", „Gewalt" oder „Diskriminierung" geplant und durchgeführt, beispielsweise in Form von Gesprächsrunden, Theaterstücken, Lesungen, internationalen Festen, Projektwochen, Ausstellungen, Befragungen und Ähnlichem.

Sobald das erste Projekt beendet und die Unterschriftensammlung komplett ist, kommt es zu einer feierlichen Verleihung des Titels und der Übergabe des Schildes „Schule ohne Rassismus – Schule mit Courage" durch einen zuvor von den Schüler/-innen gewählten prominenten Paten, zu denen bisher unter anderem Smudo („Die fantastischen Vier"), Dirk Bach, Herbert Grönemeyer, Cem Özdemir oder Franziska van Almsick zählten.

Zu dieser Feier sollte nach Möglichkeit auch die Presse geladen werden, um die Öffentlichkeit über die Fortschrittlichkeit der Schule zu informieren und auch dort eine Sensibilisierung für das Thema „Rassismus" zu erreichen.

Um den Titel „Schule ohne Rassismus – Schule mit Courage“ zu behalten, verpflichtet sich die Schule nun, einmal jährlich ein Projekt in der oben genannten Form durchzuführen.

- *Regeln zur Erlangung des Titels „Schule ohne Rassismus – Schule mit Courage“*

a. Ich werde mich dafür einsetzen, dass es zu einer zentralen Aufgabe meiner Schule wird, nachhaltige und langfristige Projekte, Aktivitäten und Initiativen zu entwickeln, um Diskriminierungen, insbesondere Rassismus, zu überwinden.
b. Wenn an meiner Schule Gewalt, diskriminierende Äußerungen oder Handlungen ausgeübt werden, wende ich mich dagegen und setze mich dafür ein, dass wir in einer offenen Auseinandersetzung mit diesem Problem gemeinsam Wege finden, um zukünftig einander zu achten.
c. Ich setze mich dafür ein, dass an meiner Schule einmal pro Jahr ein Projekt zum Thema Diskriminierungen durchgeführt wird, um langfristig gegen jegliche Form von Diskriminierung, insbesondere Rassismus, vorzugehen.

5 Ergebnisse

Bundesweit und auch in Niedersachsen gab es eine große Resonanz in der jeweiligen Schule und in der Öffentlichkeit.

6 Förderliche und hinderliche Bedingungen

- *Ressourcen*

Personelle Ressourcen: ein Projektteam, bestehend aus mindestens vier bis fünf Schüler/-innen und mindestens einem Lehrer/ eine Lehrerin; ggf. Fachkräfte für Inputs innerhalb der Projekte
Räumliche Ressourcen: ein Raum für die Treffen des Projektteams (z.B. ein Klassenraum)
Hilfsmittel: Unterschriftenlisten, je nach Projektform z.B. Videofilme oder Ausstellungsmaterialien
Finanzierung: Das Projekt wurde größtenteils finanziert über Mittel des Europäischen Sozialfonds des Bundesministeriums für Arbeit und Sozialordnung, aber auch über Mittel des Bundesministeriums für Familie, Senioren, Frauen und Jugend, der Gewerkschaft Erziehung und Wissenschaft (GEW), der Bundeszentrale für politische Bildung, des Vereines „Gesicht zeigen! Aktion weltoffenes Deutschland e.V.“ und über Mittel von „ZAFI – Zusammenarbeit für Integration“, „Xenos – Leben und Arbeiten in Vielfalt“ sowie „entimon – gemeinsam gegen Gewalt und Rechtsextremismus“.

- *Hinweise (Tipps und Empfehlungen)*

Bei der Durchführung empfiehlt es sich, rechtzeitig für „Nachwuchs“ im Projektteam bzw. in der AG zu sorgen, damit eine kontinuierliche Arbeit auch dann gewährleistet ist, wenn ältere Schüler die Schule und somit das Projektteam verlassen.

7 Materialien

Weitere Information zu „Schule ohne Rassismus – Schule mit Courage" befinden sich auf den Webseiten

- www.aktioncourage.org
- www.schule-ohne-rassismus.org und http://nibis.ni.schule.de/nibis.phtml?menid=1370.

8 Sonstiges

Das Projekt „Schule ohne Rassismus – Schule mit Courage" wurde bereits vielfach ausgezeichnet:

- Jugendkulturpreis des Landes Nordrhein-Westfalen (1996 und 1998)
- Förderpreis „Demokratie lebt" des Deutschen Bundestages (1997 und 1999)
- Aachener Friedenspreis (1997)
- Civis-Preis des WDR Köln (1997)
- Heinrich-Bußmann-Preis der SPD Lüden (1997)
- Buber-Rosenzweig-Medaille des KoordinierungsRates e.V. der Gesellschaft für Christlich-Jüdische Zusammenarbeit.

Es gibt an mehreren hundert Schulen im gesamten Bundesgebiet Schüler/-innen-Initiativen zum Projekt „Schule ohne Rassismus – Schule mit Courage", und bisher tragen bundesweit weit über 100 Schulen den Titel.

Diese Ausführungen sind angelehnt an die Praxisbeschreibung des Projekts von Kristin Hartmann (2004):Prävention im Schnittfeld von Schule und Jugendhilfe. Systematisierung von Modellen und Erstellung eines Indikationskatalogs. Unveröffentlichte Diplomarbeit, Lüneburg.

Kontakt

Ansprechpartner	Knuth Erbe
Anschrift	Niedersächsisches Kultusministerium Koordinator Jugend und politische Bildung Schiffgraben 12 30159 Hannover
Telefon	0511 / 12 07 14 9
Fax	0511 / 12 07 45 6
E-Mail	knuth.erbe@mk.niedersachsen.de

Angaben zu den Autorinnen und Autoren

Bartsch, Anette, geb. Töpel: Diplom-Sozialpädagogin/Sozialarbeiterin (FH), zurzeit wissenschaftliche Mitarbeiterin der Leuphana Universität Lüneburg, vorher Präventionsprojekt Seevetal.

Bassarak, Herbert, Prof. Dr.: geb. 01.07.1949 in Dortmund, seit 1985 Professor für Sozialarbeit/Sozialpädagogik an der Georg-Simon-Ohm-Hochschule Nürnberg, Fakultät Sozialwissenschaften; zuvor Verwaltungsausbildung und berufliche Praxis bei der Stadt Dortmund, Studium der Sozialarbeit, der Erziehungswissenschaft und der Raumplanung in Dortmund; 1977 Leitung des Jugendamtes der Stadt Schwerte;
Arbeitsschwerpunkte: Forschung an Fachhochschulen der Sozialen Arbeit, Sozialmanagement, Modernisierung des öffentlichen Sektors, insbesondere kommunale Sozialverwaltungen und Soziale Dienste, Sozial- und Jugendhilfeplanung, Organisationsentwicklung, Jugendarbeit, Hilfe zur Erziehung, Schulsozialarbeit, Zusammenarbeit öffentlicher und freigemeinnütziger Träger, Netzwerk-arbeit und Netzwerkpolitik, Führen und Leiten, Kollegiale Beratungssysteme, Supervision und Coaching.

Beckmann, Barbara: Lehrerin, Präventionsfachkraft, Gesamtschule Emsland, Lingen;
Schwerpunkt: Prävention.

Bitzan, Maria, Prof. Dr. rer. soc.: Professorin an der Hochschule Esslingen, Fakultät Soziale Arbeit, Gesundheit und Pflege; Mitgründerin und Mitarbeiterin des Forschungsinstituts tifs – Tübinger Institut für frauenpolitische Sozialforschung e.V.;
Arbeitsschwerpunkte: Theorien Sozialer Arbeit, Gemeinwesenarbeit und soziale Stadtentwicklung, kommunale Planungen im Sozialen Bereich, Geschlechterdifferenzierung in der Jugendhilfe und Jugendhilfeplanung; Selbstverständnis und Methoden der Mädchen- und Frauenforschung, feministische Mädchenarbeit;
Mitverantwortliche des 2. Landesjugendberichts Baden-Württemberg, Begleitungen und Evaluationen in der Kooperation Schule-Jugendarbeit, „Soziale Stadt“ und kommunale Jugendplanungen.

Böckmann, Petra: Diplom-Pflegelehrerin, Berufsschullehrerin, Berufsbildende Schulen am Museumsdorf Cloppenburg.

Bonse, Manfred: Gemeindejugendpfleger, Gemeinde Wendeburg.

Bonsen, Martin, Dr. phil.: geb. 1970, Wissenschaftlicher Assistent am Institut für Schulentwicklungsforschung, Universität Dortmund;
Arbeitsschwerpunkte: Qualitätsentwicklung und Qualitätssicherung im Bildungsbereich, Vergleichende Schulleistungsmessung, Schulentwicklungsforschung, Schulleitungsforschung.

Bos, Wilfried, Prof. Dr. phil.: geb. 1953, Universitätsprofessor für Bildungsforschung und Qualitätssicherung, Fachbereich Erziehungswissenschaft und Soziologie, Universität Dortmund, Direktor des Instituts für Schulentwicklungsforschung (IFS), Leiter von PIRLS/ IGLU, TIMSS 2007, KESS;
Arbeitsschwerpunkte: Internationale Bildungsforschung, Qualitätssicherung im Bildungswesen.

Budde, Jürgen, Dr. phil.: Bildungsreferent beim Bildungsbüro Steuerboard (www. steuerboard.eu) und der Dokumentationsstelle Jungenarbeit, Hamburg;
Schwerpunkte: Männlichkeits- und Genderforschung, Jungenarbeit, empirische Bildungsforschung.

Butterwegge, Christoph, Prof. Dr.: lehrt Politikwissenschaft an der Universität zu Köln, Humanwissenschaftliche Fakultät, Erziehungs- und Sozialwissenschaften, Institut II: Politikwissenschaft.

Deibert, Silke: Diplom-Pädagogin (Freizeit- bzw. Medienpädagogin), diverse Tätigkeiten u.a. beim Landkreis Northeim, bei der Stadt Northeim, bei der VHS Göttingen e.V., als Medienpädagogin, im kommunalen Kino "Lumiere" in Göttingen, aber zumeist tätig im Bereich Berufsorientierung, sozialpädagogische Bereuung von jungen Menschen. Zwischenzeitlich Mädchenreferentin im Rahmen des Nds. Förderprogramms, "Lebensweltbezogene Mädchenarbeit".

Edelstein, Wolfgang, Prof. Dr. h.c.: emeritierter Direktor am Max-Planck-Institut für Bildungsforschung, Berlin;
Forschungsschwerpunkte: Sozialkognitive und moralische Entwicklung, Schul- und Unterrichtsforschung, Schulentwicklung und Schulreform.

Elbers, Anne: Handelslehrerin mit Zweitfach ev. Religion und Beratungslehrerin, Berufsbildende Schulen I, Northeim.

Emse, Karin: geb. am 23.04.60, Sozialarbeiterin und Mediatorin, zurzeit tätig für das Kreisjugendwerk der AWO, Region Hannover, in einer Lückekinder-Einrichtung.

Erbe, Knuth: geb. 1969, Sozialrat z.A. im Niedersächsischen Kultusministerium, Dipl.-Soziologe, Koordinator Jugend und politische Bildung in Niedersachsen, Landeskoordinator "Schule ohne Rassismus – Schule mit Courage".

Eylert, Andreas: Diplom-Sozialarbeiter/Sozialpädagoge, Moderator und Trainer für Partizipation und Kinderfreundlichkeit, derzeit wissenschaftlicher Mitarbeiter an der Leuphana Universität Lüneburg.

Fänderl, Wolfgang: Pädagoge M.A., freiberuflicher Vernetzungsberater (www.vernetzungsberatung.com), Begleiter von Großgruppenprozessen, Methodenentwickler und Lehrbeauftragter LMU München, Webredakteur Netzwerk Gemeinsinn e.V. (www.netzwerk-gemeinsinn.net).

Friebertshäuser, Barbara, Dr. phil.: Professorin für Erziehungswissenschaft am Institut für Allgemeine Erziehungswissenschaft an der Johann Wolfgang Goethe-Universität Frankfurt am Main und Direktorin am Cornelia Goethe Centrum;
Themenschwerpunkte: Statuspassagen und Rituale im menschlichen Lebenslauf, Hochschulsozialisation in Fachkulturen, Körperinszenierungen im Jugendalter, Suizidalität und pädagogische Beziehung, Lehren und Lernen an der Hochschule, Frauen, Menschenrechte und Asyl.

Fox, Reinhard Mario, Dr. phil.: Psychologe und psychologischer Psychotherapeut an der Rheumaklinik Bad Bramstedt. Erwachsenenbildungsreferent sowie Lehrbeauftragter der Universitäten Hamburg und Lüneburg; freiberuflicher Referent im Forschungs- und Entwicklungsprojekt NetzwerG der Leuphana Universität Lüneburg;
Schwerpunkte: Klinische Psychologie und Sozialpsychologie.

Haller, Karin: Lehrerin und stellvertretende Schulleiterin an der Hauptschule Badenstedt, geb. am 22.08.54.

Hartmann, Kristin: Diplom-Sozialpädagogin und Moderatorin/Trainerin, Lüneburg.

Hartwig, Luise, Prof. Dr.: Diplom-Pädagogin, Professorin für Erziehungswissenschaft an der Fachhochschule Münster, Fachbereich Sozialwesen, Schwerpunkt Jugendhilfe, Frauen- und Geschlechterforschung; Beauftragte für die Weiterbildung, 1. Vorsitzende der Beratungsstelle Südviertel e.V. Münster;
Forschung, Lehre und Weiterbildung zu Kindeswohlgefährdung, Frauen- und Mädchenarbeit, Gewalt in der Familie, Erziehungshilfen und (Kriminal-) Prävention.

Henschel, Angelika, Prof. Dr.: Sonderpädagogin, Professorin für Erziehungswissenschaft im Studiengang Sozialarbeit/Sozialpädagogik an der Leuphana Universität Lüneburg, Mitglied der Forschungs- und Entwicklungsgruppe NetzwerG;
Arbeitsschwerpunkte in Forschung und Lehre: Frauen- und Geschlechterforschung in der Sozialen Arbeit, Gender Mainstreaming, Gewalt im Geschlechterverhältnis, geschlechtsbewusste Gewaltprävention, Lebens- und Problemlagen von Mädchen und Frauen mit Behinderungen, außerschulische Kinder- und Jugendbildung, Kooperation von Schule und Jugendhilfe.

Hettlich, Helga: Diplom-Sozialpädagogin, Referentin für Schulkooperationen, BDKJ-Diözesanverband Osnabrück.

Hetzel, Almut: Diplom-Pädagogin, Schulsozialarbeit, Hauptschule Norden, Norden.

Jansing, Thorsten: geb. 1974, Diplom-Sozialpädagoge und Speditionskaufmann, Projekt „Auszeit“, zuvor viele Jahre in den meisten relevanten Formen der Jugendhilfe tätig.

Johlen, Ines: Lehrerin, Klassenlehrerin, Fachlehrerin in Deutsch, Gemeinschaftskunde, Sport und Religion, Haupt- und Realschule (HRS) Eschershausen, Eschershausen.

Kaiser, Astrid, Prof. Dr.: Carl von Ossietzky Universität Oldenburg, Institut für Pädagogik, Fakultät für Erziehungs- und Bildungswissenschaften;
Arbeitsschwerpunkte: Gender und Pädagogik, Grundschulpädagogik, Didaktik des Sachunterrichts.

Kattenstroth, Andreas: Jahrgang 1966, Diplom-Sozialpädagoge/Sozialarbeiter, AWO Soziale Dienste gGmbH, Lüneburg;
Tätigkeiten: Straßensozialarbeit, Gewaltpräventionsprojekte, Arbeit mit Migranten;
Schwerpunkte: Jungenarbeit, Gewaltprävention, Vernetzung.

King, Vera, Prof. Dr. phil: Dipl. soc., Professorin für Erziehungswissenschaft an der Universität Hamburg in der Fakultät für Erziehungswissenschaft, Psychologie und Bewegungswissenschaft;
Forschungsschwerpunkte u.a.: Sozialisations-/Bildungsprozesse und soziale Ungleichheiten, Jugend- und Adoleszenzforschung, Migration, psychosoziale Wandlungen von Familien-, Generationen- und Geschlechterbeziehungen.

Klösener, Peter: geb. 1961, Diplom-Sozialpädagoge (FH) und Sozialmanager (M.A.), Leiter der Diözesanstelle des BDKJ Osnabrück, Vorsitzender der BDKJ-Landesarbeitsgemeinschaft Niedersachsen.

Knauer, Raingard, Prof.: Professorin an der Fachhochschule Kiel, Fachbereich Soziale Arbeit und Gesundheit;
Schwerpunkte: Partizipation von Kindern und Jugendlichen, Kooperation von Jugendhilfe und Schule, Bildung in Kindertageseinrichtungen.

Koskus-Gärtner, Tuulia: Pädagogin M.A., Jugendhilfestation Langen DRK, Langen/Landkreis Cuxhaven.

Krafeld, Franz Josef, Prof. Dr.: Hochschullehrer Hochschule Bremen, Fachbereich Sozialwesen, ZEBB – Zentrum für soziale Beratung und Bildung;
Schwerpunkte: Jugendarbeit (u.a. Akzeptierende Jugendarbeit, Rechtsextremismus und Jugendarbeit), Berufsintegration.

Kreusel, Jörg: ehrenamtlicher Gemeindejugendpfleger (Gemeinde Hude), Maschinenbautechniker (Terex GmbH Delmenhorst), Mitglied im Präventionsrat der Gemeinde Hude, Hude (Oldenburg)

Krüger, Nina: geb. 1980, Studium der Diplom-Journalistik und Politikwissenschaft in Leipzig und Lyon, Volontariat bei der HNA in Kassel, Öffentlichkeitsarbeit für verschiedene NGOs.

Krüger, Rolf: geb. 1948, Sozialoberamtsrat, Lehrender Sozialarbeiter an der Leuphana Universität Lüneburg; seit 6 Jahren ist er Studiendekan bzw. Studiengangsleiter des Diplomstudienganges (FH) Sozialarbeit/Sozialpädagogik und des BA Studienganges Sozialarbeit/Sozialpädagogik; er ist Mitglied der Forschungs- und Entwicklungsgruppe NetzwerG; ehrenamtlich tätig in Vorständen freier Träger der Jugendhilfe;
Lehr- und Forschungsgebiete u.a.: rechtliche und institutionelle Rahmenbedingungen der Arbeitsfelder der Sozialarbeit, Organisation und Finanzierung der Sozialarbeit sowie Kommunale Jugend- und Sozialpolitik.

Kummer, Nicole: geb. 1978, Diplom-Pädagogin, wissenschaftliche Mitarbeiterin im Projekt TIMSS 2007 am Institut für Schulentwicklungsforschung, Universität Dortmund;
Arbeitsschwerpunkte: Vergleichende Schulleistungsmessung, Schulentwicklungsforschung, Schulsozialarbeit.

Masurat, Sven: Lehrer, Hauptschule Dorum, Dorum/Landkreis Cuxhaven.

Meinhold-Henschel, Sigrid: Projektleiterin bei der Bertelsmann Stiftung im Projekt „mitWirkung!“ – eine Initiative zur Stärkung der Kinder- und Jugendbeteiligung, Gütersloh.

Meyer, Simone: Diplom-Sozialpädagogin/Sozialarbeiterin (FH), Caritas-Sozialwerk St. Elisabeth Cloppenburg;
Schwerpunkt: Projektleiterin in zwei Projekten zur Profilierung der Hauptschule in Cloppenburg (HRS Leharstraße) und Lindern (GHRS Lindern).

Nieslony, Frank, Prof. Dr.: Professor für Sozialarbeit an der Ev. Fachhochschule Darmstadt;
Arbeitsschwerpunkte: Sozialadministration/Soziale Dienste, Jugendhilfe und Schule, Sozial- und Jugendhilfeplanung, Homosexualität und Soziale Arbeit.

Olweus, Dan, Prof. Dr.: seit 1969 Professor der Psychologie am Forschungszentrum für Gesundheitsförderung (HEMIL), Universität Bergen, Norwegen;
Dan Olweus wird international als führender Experte für die „Täter-Opfer“-Problematik im Rahmen von Mobbing unter Schüler/-innen und Jugendlichen sowie im Rahmen von Mobbing durch Lehrkräfte angesehen; er leitete 1970 die erste Forschungsstudie über Mobbing, die 1973 (Skandinavien) und 1978 (USA) unter dem Titel „Aggression in the schools: Bullies and whipping boys“ veröffentlicht wurde; ausgehend von seiner systematischen Interventionsstudie gegen Mobbing entwickelte er das Olweus-Mobbing-Präventions-Programm (Olweus Bullying Prevention Program – OBPP); sein Buch „Bullying at school: What we know and what we can do“ (1993) wurde in 15 Sprachen übersetzt („Gewalt in der Schule:

was Lehrer und Eltern wissen sollten – und tun können", 2006. 4. durchges. Aufl.. Bern: Huber). Olweus hat eine Reihe von Preisen und Anerkennungen für seine Forschungs- und Interventionsarbeit erhalten.

Popp, Ulrike, Univ.-Prof., Dr. phil.: Diplom-Soziologin, Institut für Erziehungswissenschaft und Bildungsforschung, Alpen-Adria-Universität Klagenfurt;
Arbeits- und Forschungsschwerpunkte: Schulpädagogik, schulische Sozialisationsforschung, Geschlechtersozialisation, schulische Tagesbetreuung in Österreich.

Prüß, Franz, Prof. Dr.: Institut für Erziehungswissenschaft, Lehrstuhl Schulpädagogik/ Sozialpädagogik der Ernst-Moritz-Arndt-Universität Greifswald;
Themenschwerpunkte: Entwicklung der Kooperation von Schule und Jugendhilfe, Entwicklung der Ganztagsschule und von mehr Selbstständigkeit von Schule, Probleme von Kindern und Jugendlichen in Mittel- und Osteuropa.

Rademacker, Hermann: geb. 1939, von 1964-1969 am Pädagogischen Zentrum in Berlin, 1969-1972 Westermann Verlag in Braunschweig, 1972-1974 Universität Bremen, 1974-2001 wissenschaftlicher Referent am Deutschen Jugendinstitut (DJI), seitdem im Ruhestand, selbstständig forschend und publizierend.

Raupers, Silke: Diplom-Sozialpädagogin, Schulsozialarbeit, HRS Eschershausen, Eschershausen;
Schwerpunkte: Prävention, Organisation des Ganztagsschulbetriebs.

Rettcher, Nico: Deutsch- und Geschichtslehrer (Realschule), Haupt- und Realschule Hude, Mitglied im Präventionsrat der Gemeinde Hude, Mitglied im Gemeinderat der Gemeinde Hude (Oldenburg).

Rose, Lotte, Prof. Dr. phil.: Diplom-Pädagogin, Professorin an der Fachhochschule Frankfurt am Main, Fachbereich Soziale Arbeit und Gesundheit, Geschäftsführerin des gemeinsamen Frauenforschungszentrums der Hessischen Fachhochschulen (gFFZ); Arbeitschwerpunkte: Kindheits- und Jugendforschung, Genderforschung und Gender Mainstreaming, Kinder- und Jugendarbeit, Kooperation Jugendhilfe und Schule, bewegungsorientierte Soziale Arbeit, Ernährungskulturen.

Roselieb, Horst: Ministerialrat, stellv. Referatsleiter des Referates 23 (Grundsatz- und Personalangelegenheiten der Schulaufsicht, Schulpsychologie, Gewaltprävention, Mobilität, Arbeitsschutz und Gesundheitsmanagement in der Schule) im Niedersächsischen Kultusministerium;
Arbeitsschwerpunkte: Schulpsychologie, Gewalt- und Kriminalprävention, Zusammenarbeit von Schule und Jugendhilfe sowie der Lernbereich Mobilität.

von Saldern, Matthias, Univ.-Prof. Dr. phil. habil.: Institut für Pädagogik, Leuphana Universität Lüneburg;
Schwerpunkte: Schulentwicklung, Mobbing, Gewaltprävention.

Schack, Stephan: Projektmanager bei der Bertelsmann Stiftung im Projekt „mitWirkung! – eine Initiative zur Stärkung der Kinder- und Jugendbeteiligung, Gütersloh.

Scharffe, Christian: Grund-, Haupt- und Realschullehrer, Anne-Frank-Grundschule Kaltenmoor, Lüneburg.

Schmehl, Thomas: geb. 1956, Diplom-Sozialpädagoge/Sozialarbeiter, Moderator und Trainer von Kommunikationsprozessen, Supervisor (EAS), seit 2005 in eigener Praxis tätig.

Schmidt, Antje: Grund- und Hauptschullehrerin, Hauptschule Norden, Norden.

Schmitt, Christof: Lehrender Sozialarbeiter an der Leuphana Universität Lüneburg, Mitglied und langjähriger Geschäftsführer der Forschungs- und Entwicklungsgruppe NetzwerG;
Schwerpunkte: Organisation und Finanzierung der Sozialarbeit, Schulsozialarbeit, Verwaltungslehre, Projektmanagement.

Schulz, Dieter: geb. 1957, Diplom-Sozialpädagoge und Tischler, „Projekt Auszeit", vorher viele Jahre in den meisten relevanten Formen der Jugendhilfe tätig.

Sengpiel, Jutta: Lehrerin, Beratungslehrerin, Fachkraft für Gewaltprävention, Landesschulbehörde Abt. Braunschweig, Beauftragte für Gewaltprävention/Landeskoordination;
Tätigkeitsschwerpunkte: Unterstützung der Schulen bei der Entwicklung und Implementierung von Präventionsprogrammen im Kontext von Schulentwicklungsberatung/Schulprogramm;
Unterstützung konkreter Projekte, z.B.: Buddy-Projekt, Mobbing-Interventions-Teams, Mediations- und Streitschlichter Projekte, Lions Quest;
Themenschwerpunkt: Entwicklung von Coachingverfahren und -strukturen in der Schule zur Förderung der Eigenständigkeit und der Erfahrung der Selbstwirksamkeit der Schüler/-innen.

Sommer, Jörn, Dr.: Sozialwissenschaftler, GIB Gesellschaft für Innovationsforschung und Beratung mbH in Berlin, Leiter des Bereichs Jugendpolitik und Integration; Arbeitsschwerpunkte u.a.: wissenschaftliche Begleitung von Projekten und Programmen, Evaluationen.

Stange, Waldemar, Prof.: geb. 5.6.1946, Diplompädagoge, Professor an der Leuphana Universität Lüneburg; Fakultät I – Bildungs-, Kultur- und Sozialwissenschaften, BA und MA Soziale Arbeit, Leiter des Instituts für Sozialarbeit-/Sozialpädagogik; Fachgebiete: Erziehungswissenschaft, Didaktik-Methodik der Erwachsenenbildung, Sozialarbeit mit Kindern und Jugendlichen, Sozialmanagement; Mitglied der Forschungs- und Entwicklungsgruppe NetzwerG; Leitung verschiedener Forschungs- und Entwicklungsprojekte (u.a. Elternbildung mit Unterschichteneltern, politische Bildung für Jugendliche, Partizipation, Moderatorentrainings, Kooperation von Schule und Jugendhilfe, Bundes-Modell-Projekt „Dorf für Kinder – Dorf für alle", Bundesprojekt „Beteiligungskiste – Bausteine für die Kinder- und Jugendbeteiligung", Methodenentwicklung im Bereich Partizipation: Methodendatenbank, Methodik der partizipativen Sozialraum- und Lebensweltanalyse mit der Methode PRA – Participatory Rapid Appraisal usw.); Mitglied im Projektbeirat „mitWirkung!" der Bertelsmann-Stiftung.

Thiersch, Hans, Prof. Dr. Dres. h.c.: geb. 1935, von 1970 bis 2002 Professor für Erziehungswissenschaft und Sozialpädagogik an der Universität Tübingen, emeritiert seit dem 31.03.2002; Ehrendoktor der Technischen Universität Dresden und der Universität Lüneburg;
Arbeitsschwerpunkte: Theorie der Sozialpädagogik und der Sozialen Arbeit, Sozialethik, Alltags- und lebensweltorientierte Soziale Arbeit, Fragen der Handlungskompetenz und der Institutionalisierung in Arbeitsfeldern der Sozialen Arbeit (z.B. Beratung, Erziehungshilfen, Erlebnispädagogik, Gemeindepsychiatrischer Dienst).

Thimm, Karlheinz, Prof. Dr.: Lehrer und Diplom-Pädagoge, Professor für Soziale Arbeit an der Evangelischen Fachhochschule Berlin;
Schwerpunkt: Schule und Beruf.

Truß, Michaela: geb. 1971, Diplom-Sozialpädagogin, Trainerin für Hochseilgärten, Spiel- und Theaterpädagogin, Bildungsreferentin für Jugendarbeit und Schule sowie Jugendpolitik, Landesjugendpfarramt der Ev.-Luth. Kirche in Oldenburg.

Uhle, Reinhard, Univ.-Prof. Dr.: Professor für Allgemeine Pädagogik am Institut für Pädagogik, Leuphana Universität Lüneburg;
Schwerpunkte: Bildungstheorie, historisch-systematische Pädagogik.

Wahner-Liesecke, Ingrid: Diplom-Sozialarbeiterin/Sozialpädagogin, Niedersächsisches Landesamt für Soziales, Jugend und Familie, Fachgruppe Kinder, Jugend und Familie; von 2001 – 2006 zuständige Mitarbeiterin für das PRINT-Programm; für das Jahr 2007 abgeordnet an das Niedersächsische Ministerium für Soziales, Frauen, Familie und Gesundheit, Hannover.

Wesendrup, Frank: Diplom-Sozialarbeiter, Jugendschutzbeauftragter, Präventionsfachkraft, Stadt Lingen, Fachbereich Jugend, Arbeit und Soziales, Fachdienst Jugendarbeit, Arbeitsbereich: Kinder- und Jugendschutz, Lingen;
Schwerpunkt: Prävention.
Wieland, Tomas: geb. am 06.07.59, Erzieher, Heilpädagoge und Sozialarbeiter, zurzeit tätig für das Kreisjugendwerk der AWO Region Hannover in einem kleinen Jugendtreff.

Zimmermann, Gerhard: Sozialoberamtsrat, Lehrender Sozialarbeiter an der Leuphana Universität Lüneburg, vorher arbeitete er in der praktischen Jugendhilfe; ehrenamtliches Engagement in Vorständen freier Träger der Jugendhilfe;
Lehrgebiete: Jugendhilfe, Jugendhilfeplanung sowie Sozialarbeit im Sozialisationsbereich.